高顿教育 持证无忧系列　　特许金融分析师考试备考用书 2024

CFA
二级中文教材

数量分析方法 | 经济学 | 财务报表分析

高顿教育研究院 编著

上

文匯出版社

图书在版编目(CIP)数据

CFA®二级中文教材 / 高顿教育研究院编著. — 上海：文汇出版社，2023.12
ISBN 978 - 7 - 5496 - 4123 - 9

Ⅰ.①C… Ⅱ.①高… Ⅲ.①金融—分析—资格考试—自学参考资料 Ⅳ.①F83

中国国家版本馆CIP数据核字(2023)第176294号

CFA®二级中文教材

作　　者 / 高顿教育研究院
责任编辑 / 戴　铮
封面设计 / 汤惟惟
版式设计 / 汤惟惟
出版发行 / 文汇出版社
　　　　　上海市威海路755号
　　　　　(邮政编码：200041)
印刷装订 / 上海四维数字图文有限公司
版　　次 / 2023年12月第1版
印　　次 / 2023年12月第1次印刷
开　　本 / 787毫米×1092毫米　1/16
字　　数 / 1286千字
印　　张 / 54.5
书　　号 / ISBN 978 - 7 - 5496 - 4123 - 9
定　　价 / 300.00元

高顿CFA® 助你备考无忧

- CFA二级 **学习指导手册**
- CFA二级 **知识图谱**
- CFA二级 **公式表**

教材配套专属题库

以上图书增值服务,扫码免费领取

序

回首过去,改革开放四十多年的成就令人印象深刻。我国从"人口大国",一步步走向"制造大国",进而蜕变成"经济大国",并正在努力攀登"科技大国"和"创造大国"的高峰。中国经济与世界经济,已经从"三来一补"的简单联结,升级成为血脉相通、休戚与共的深度共融。

这种转变,意味着传统营商向新商业文明的转轨,以制造业为核心的传统经济体系需要向"高端制造—互联网—金融"的三元架构体系过渡。同时,中国金融全面对外开放的号角也已吹响,对于拥有全球视野的高端金融人才的需求正在大幅提升!进入21世纪,金融行业的新业态兼具综合资产管理、金融混业与金融创新、科技与大数据全面赋能三大特点。这些新时代的变化,都要求我国尽快建立一支能力强、素质高、了解现代商业文明、风险意识比较强的金融人才队伍。这些金融人才必须熟稔国际商务、法务和金融体系,既能够对接国际经贸体系,又能够在国际经济和金融舞台上代表中国的声音。

CFA®(特许金融分析师)作为全球金融领域含金量最高的证书,无可争议地成为全球金融领域的权威认证。取得CFA®证书的中国金融精英,有能力肩负起在全球经济的"新十字路口",推动中国经济进一步规范化和国际化发展的重任。CFA®协会2020年报告指出,中国已经成为CFA®考生最多的单一地区,这必将为中国经济高质量发展奠定坚实基础。

中国学员勤奋刻苦,但用英文表述的本就复杂、深奥的金融知识,成为不少学员学习过程中的"拦路虎"。他们急需一本知识体系完整、讲述详略得当的中文教材,以提高学习效率。

促进金融实务是金融教育的意义所在。高顿教育推出这套CFA®中文教材,无论对备考学员,还是金融从业者都有很好的帮助。本套教材既可以帮助备考学员更高效地通过CFA®考试,也可以帮助他们更准确地掌握金融知识,提升工作能力。

又逢新书付梓,再次预祝新书发行成功!

祈华夏大地雄州雾列,愿中华英杰俊采星驰!

戴国强　博士
上海财经大学资深教授
教育部"国家级教学名师"
中国著名金融教育家
上海金融学会副会长、中国金融学会常务理事
曾任上海财经大学金融学院院长、MBA学院院长

前　言

金融,乃隐形的"国之重器"。金融活,经济活;金融稳,经济稳。经济是肌体,金融是血脉,两者共生共荣。

特许金融分析师(Chartered Financial Analyst,CFA®)证书是金融与投资领域无可争议的全球"黄金标准"。中国自 2000 年首次引入 CFA® 考试以来,考生人数持续井喷式增长,至今已成为全球最大考区。

高顿教育于 2017 年首度推出 CFA® 中文教材,此后每年均严格根据最新考纲更新内容,改进质量。今年,2024 版教材也如约推出。高顿教育 CFA 研究院拥有近百名全职讲师和研究员,基于十多年的教学经验与研发积累,将"靶向教学"与"体系性"有机结合,为中国 CFA® 考生量身打造了这套 CFA® 中文教材。这套教材并非知识点的简单罗列或英文版的中文翻译,而是在充分考虑中国考生的学习与思维习惯后,重新梳理和精炼了考纲要求掌握的所有知识点。力求用通俗易懂的方式把每一个复杂的考点讲解透彻,让零基础的考生也能顺畅阅读和理解。同时,标注了每一个考点的考试要求和重要程度,从而让备考更加有的放矢。

为了帮助考生更好地链接考试,本书设置了如下特色模块:

知识一点通

以平实、生动的语言,对正文抽象的知识点做出解释或补充说明。展开方式包括但不局限于举例、类比、公式推导等。

备考小贴士

提示知识点在考试中的表现形式及应对措施。内容涉及考查题型、重要程度、应试技巧、记忆方法等。

练一练

为本章知识点的考查,便于考生及时通过做题来巩固。同时,考生可以通过扫章末二维码查看练一练习题的答案及中文解析。

改革开放四十多年,中国经济走出了自己特色的道路。探索适合中国国情的金融发展之路,中国金融人责无旁贷且大有可为。大鹏一日同风起,扶摇直上九万里。如果你正在为梦想努力扇动翅膀,请站上我们的肩膀!而当梦想得以实现,也请记住"国之重器"的责任与担当。

本书得以顺利付梓,要感谢诸多在本书撰写和校审中倾心付出的老师们。七年积淀,七载提升,才有今日更加完善的这套 CFA® 中文教材。特别感谢龚圆圆老师、汪安琪老师和施袁红老师多年持续在本套教材的编写和出版中发挥中流砥柱的作用。愿我们的付出,能帮助各位 CFA® 考生高效通过考试!

对于书中疏漏之处,恳请广大读者指正,我们将持续改进。

冯伟章

CFA®,FRM

高顿教育 CFA 研究院院长

【根据 CFA® 协会要求,列出下列 CFA® 协会免责声明】

CFA® Institute does not endorse, promote, or warrant the accuracy or quality of the products or services offered by Golden Financial Training. CFA®, Chartered Financial Analyst® and CFA® Institute are trademarks owned by CFA® Institute.

目 录

第 1 部分　数量分析方法

第 1 章　多元线性回归的基本概念与假设 ⋯⋯ 3
  1.1　概述 ⋯⋯ 4
  1.2　多元线性回归的用途 ⋯⋯ 4
  1.3　多元线性回归的基本概念 ⋯⋯ 4
  1.4　多元线性回归模型的假设 ⋯⋯ 5

第 2 章　评估回归模型拟合度与解释回归结果 ⋯⋯ 9
  2.1　方差分析 ⋯⋯ 10
  2.2　拟合优度 ⋯⋯ 10
  2.3　回归系数的假设检验 ⋯⋯ 12
    2.3.1　单个回归系数的检验——t 检验 ⋯⋯ 12
    2.3.2　联合假设检验——F 检验 ⋯⋯ 12
  2.4　用多元线性回归模型预测 ⋯⋯ 13

第 3 章　模型设定相关问题 ⋯⋯ 16
  3.1　模型设定错误 ⋯⋯ 17
  3.2　错误的函数形式 ⋯⋯ 17
  3.3　回归假设的违反——异方差 ⋯⋯ 18
  3.4　回归假设的违反——序列相关 ⋯⋯ 20
  3.5　回归假设的违反——多重共线性 ⋯⋯ 21

第 4 章　多元线性回归的扩展 ⋯⋯ 26
  4.1　影响力分析 ⋯⋯ 27
    4.1.1　强影响点概述 ⋯⋯ 27
    4.1.2　高杠杆点的检测 ⋯⋯ 27
    4.1.3　异常值的检测 ⋯⋯ 27
    4.1.4　强影响点的检测 ⋯⋯ 28

4.2 哑变量 ··· 28
4.2.1 基本定义 ·· 28
4.2.2 哑变量的分类 ·· 29
4.2.3 哑变量的斜率显著性检验与解释 ··· 29
4.3 定性因变量的多元线性回归模型 ·· 31

第5章 时间序列分析 ··· 35
5.1 趋势模型(Trend Model) ·· 36
5.1.1 线性趋势模型(Linear Trend Model) ····································· 37
5.1.2 对数线性模型(Log-Linear Trend Model) ································ 38
5.1.3 趋势模型的选择与局限 ·· 39
5.2 自回归模型(Autoregressive Model) ·· 39
5.2.1 AR模型的基本定义 ··· 39
5.2.2 协方差平稳(Covariance Stationary) ···································· 40
5.2.3 AR模型的序列相关检验 ··· 41
5.2.4 均值复归(Mean Reversion) ··· 41
5.2.5 模型预测 ·· 42
5.3 随机游走(Random Walk) ··· 44
5.3.1 随机游走的基本概念 ·· 44
5.3.2 随机游走与协方差平稳 ·· 45
5.3.3 含漂移项的随机游走 ·· 45
5.4 单位根检验(Unit Root Test) ··· 46
5.4.1 基本思想 ·· 46
5.4.2 Dickey-Fuller检验 ··· 46
5.5 时间序列中的季节性因素 ··· 47
5.5.1 季节性因素的定义 ·· 47
5.5.2 季节性因素的处理 ·· 47
5.6 自回归条件异方差模型(ARCH Model) ·· 48
5.7 协整(Cointegrated) ··· 48

第6章 机器学习 ··· 54
6.1 机器学习的基本概念及其在金融领域的应用 ··································· 55
6.1.1 机器学习的基本概念 ·· 55
6.1.2 机器学习在金融领域的应用 ·· 56

6.2 机器学习模型 56
　6.2.1 过度拟合与欠拟合 56
　6.2.2 评估错误率 57
6.3 监督学习模型(Supervised Learning Model) 59
　6.3.1 惩罚回归(Penalized Regression) 59
　6.3.2 支持向量机(Support Vector Machine，SVM) 60
　6.3.3 K-邻近算法(K-Nearest Neighbor，KNN) 61
　6.3.4 分类回归树(Classification and Regression Tree，CART) 62
　6.3.5 集成学习与随机森林(Ensemble Learning and Random Forest) 64
6.4 非监督学习模型(Unsupervised Learning Model) 65
　6.4.1 主成分分析(Principal Components Analysis，PCA) 65
　6.4.2 分层聚类(Hierarchical Clustering)：分裂聚类(Divisive Clustering)与合并聚类(Agglomerative Clustering) 66
　6.4.3 K-均值算法 67
6.5 深度学习模型(Deep Learning Model) 69
　6.5.1 神经网络(Neural Networks) 69
　6.5.2 深度学习(Deep Learning)与增强型学习(Reinforcement Learning) 70

第7章 大数据分析 73

7.1 大数据分析在投资领域的应用 74
　7.1.1 结构化数据与非结构化数据 74
　7.1.2 投资领域的大数据分析 74
7.2 金融大数据分析的步骤 75
　7.2.1 结构化数据的机器学习建模 75
　7.2.2 非结构化数据的机器学习建模 75
7.3 数据的准备与整理 76
　7.3.1 结构化数据的准备与整理 76
　7.3.2 非结构化数据的准备与整理 78
7.4 数据探索的目标与方法 81
　7.4.1 结构化数据的探索 81
　7.4.2 非结构化数据的探索 81
7.5 训练模型 84
　7.5.1 模型的选择 84
　7.5.2 模型表现评估 85

7.5.3 模型的调试（Tuning） ········· 87

第 2 部分　经济学

第 8 章　外汇汇率：理解均衡价值 ········· 93
8.1　汇率的买卖价差（Bid-Ask Spread） ········· 94
8.1.1　买卖价差的基本概念 ········· 94
8.1.2　买卖价差的类型 ········· 95
8.1.3　买卖价差的影响因素 ········· 96
8.2　三角套利（Triangular Arbitrage） ········· 97
8.2.1　交叉汇率（Cross-Rate） ········· 97
8.2.2　三角套利的判断及计算 ········· 100
8.3　远期合约（Forward Contract） ········· 102
8.3.1　远期的升水/贴水（Forward Premium and Discount） ········· 102
8.3.2　远期合约的盯市价值 ········· 103
8.4　国际平价关系（The International Parity Relationship） ········· 107
8.4.1　利率平价（Interest Rate Parity，IRP） ········· 107
8.4.2　购买力平价（Purchasing Power Parity，PPP） ········· 114
8.4.3　国际费雪关系（International Fisher Relation） ········· 116
8.4.4　国际平价关系之间的联系 ········· 118
8.5　外汇利差交易（FX Carry Trade） ········· 119
8.5.1　利差交易的基本概念 ········· 119
8.5.2　利差交易的投资收益 ········· 120
8.5.3　利差交易的风险管理 ········· 121
8.6　国际收支平衡（Balance of Payments Accounts） ········· 122
8.6.1　国际收支账户 ········· 122
8.6.2　国际账户对汇率的影响机制 ········· 123
8.7　汇率决定模型（Exchange Rate Determinations Models）：宏观经济政策对汇率的影响 ········· 128
8.7.1　蒙代尔-弗莱明模型（Mundell-Fleming Model） ········· 128
8.7.2　货币分析法（The Monetary Approach） ········· 130
8.7.3　组合均衡模型（Portfolio Balance Models） ········· 132
8.8　汇率管理 ········· 132
8.8.1　政府干预与资本管控 ········· 132
8.8.2　货币危机的信号（Signs of Currency Crisis） ········· 133

第 9 章 经济增长 ········· 138

9.1 经济增长的前提条件(Preconditions) ········· 139
9.1.1 经济增长的因素 ········· 139
9.1.2 发展中国家的经济发展阻力 ········· 140

9.2 经济增长与资本市场的关系 ········· 141
9.2.1 经济增长与股票市场的关系 ········· 141
9.2.2 经济增长与固定收益市场的关系 ········· 142

9.3 柯布-道格拉斯生产函数(Cobb-Douglas Production Function) ········· 144
9.3.1 柯布-道格拉斯生产函数的含义及性质 ········· 144
9.3.2 柯布-道格拉斯生产函数的应用 ········· 145
9.3.3 柯布-道格拉斯生产函数的扩展:经济增长的源泉 ········· 149

9.4 经济增长理论(Economic Growth Theories) ········· 153
9.4.1 古典理论(Classical Theory) ········· 153
9.4.2 新古典增长理论(Neoclassical Growth Theory) ········· 154
9.4.3 内生增长理论(Endogenous Growth Theory) ········· 157
9.4.4 经济增长理论的对比 ········· 159

9.5 趋同理论(Convergence) ········· 159
9.5.1 趋同的含义 ········· 159
9.5.2 趋同的类型 ········· 159
9.5.3 趋同的途径 ········· 160

9.6 开放经济的增长 ········· 161
9.6.1 新古典主义模型下的开放经济 ········· 161
9.6.2 内生增长模型下的开放经济 ········· 161

第 10 章 管制经济学 ········· 166

10.1 监管的经济学原理 ········· 167
10.1.1 监管的原因 ········· 167
10.1.2 监管的类型 ········· 168

10.2 监管者与监管工具 ········· 169
10.2.1 监管者 ········· 169
10.2.2 监管制度 ········· 170
10.2.3 监管相关性 ········· 172
10.2.4 监管工具 ········· 173

10.3 监管分析 ········· 175

10.3.1 监管的成本收益分析（Cost-Benefit Analysis） ······ 175
10.3.2 监管的影响分析 ······ 175

第3部分　财务报表分析

第11章　公司间投资 ······ 183
11.1 公司间投资分类 ······ 184
11.2 金融资产投资：IFRS 9 ······ 184
　　11.2.1 金融资产分类和计量 ······ 185
　　11.2.2 金融资产的重分类 ······ 185
11.3 联营与合营企业投资 ······ 186
　　11.3.1 权益法 ······ 186
　　11.3.2 减值（Impairment） ······ 190
　　11.3.3 公允价值计量法 ······ 191
　　11.3.4 分析注意事项 ······ 191
　　11.3.5 比例合并法 ······ 192
11.4 企业合并 ······ 192
　　11.4.1 企业合并的相关概念 ······ 192
　　11.4.2 购买法（Acquisition Method） ······ 193
　　11.4.3 购买法 vs 权益法 ······ 198
　　11.4.4 企业合并中的其他事项 ······ 199
11.5 SPE 和 VIE ······ 200

第12章　员工福利：离职后福利和基于股份支付的福利 ······ 204
12.1 员工福利的种类 ······ 205
12.2 基于股份支付的福利 ······ 205
　　12.2.1 限制性股票与股票期权 ······ 206
　　12.2.2 财务报告与税务处理的差异 ······ 209
　　12.2.3 对流通在外的股数的影响 ······ 210
　　12.2.4 财务报表建模与在估值中的考虑 ······ 212
12.3 离职后福利 ······ 213
　　12.3.1 离职后福利的种类 ······ 213
　　12.3.2 DB plan 的会计计量与披露 ······ 214
　　12.3.3 离职后福利的财务建模与在估值中的考虑 ······ 220

第 13 章　跨国经营 ······ 225

- 13.1　基本概念 ······ 226
- 13.2　外币交易（Foreign Currency Transaction） ······ 226
  - 13.2.1　外币交易的计量和披露 ······ 226
  - 13.2.2　汇兑损益对财务报表分析的影响 ······ 228
- 13.3　外币报表折算（Translation of Foreign Currency Financial Statement） ······ 228
  - 13.3.1　报表折算相关概念 ······ 228
  - 13.3.2　现行汇率法（Current Rate Method） ······ 229
  - 13.3.3　时态法（Temporal Method） ······ 230
  - 13.3.4　现行汇率法和时态法对比及财务比率的影响 ······ 236
  - 13.3.5　恶性通胀地区的报表折算 ······ 237
- 13.4　跨国经营的其他影响 ······ 240
  - 13.4.1　有效税率 ······ 240
  - 13.4.2　销售收入 ······ 240
  - 13.4.3　汇率波动 ······ 240

第 14 章　金融机构分析 ······ 245

- 14.1　金融机构的特征和类型 ······ 246
  - 14.1.1　金融机构的特征 ······ 246
  - 14.1.2　金融机构的类型 ······ 246
- 14.2　金融机构的监管 ······ 246
  - 14.2.1　巴塞尔委员会（Basel Committee） ······ 246
  - 14.2.2　其他国际组织 ······ 247
- 14.3　银行分析方法 ······ 248
  - 14.3.1　CAMELS 分析法 ······ 248
  - 14.3.2　银行分析的其他因素 ······ 255
- 14.4　保险公司分析方法 ······ 256
  - 14.4.1　保险公司基本概念 ······ 256
  - 14.4.2　财产与意外险公司 ······ 257
  - 14.4.3　人寿与健康险公司 ······ 260

第 15 章　财务报告质量评价 ······ 265

- 15.1　财务报告质量评估的概念性框架 ······ 266
  - 15.1.1　报告质量（Reporting Quality）和盈利质量（Earnings Quality） ······ 266

15.1.2 财务报告质量的六个质量层级（Quality Spectrum） ……………………… 266
15.2 财务报告质量问题 …………………………………………………………………… 266
15.2.1 财务报告质量的常见问题 ………………………………………………… 266
15.2.2 企业合并中的财务报告质量问题 ………………………………………… 268
15.2.3 会计准则与经济实质的偏离 ……………………………………………… 269
15.3 评估财务报告质量 …………………………………………………………………… 269
15.3.1 评估财务报告质量的步骤 ………………………………………………… 269
15.3.2 定量分析工具：贝内什模型（Beneish Model） ………………………… 270
15.4 盈利质量 ……………………………………………………………………………… 271
15.4.1 可持续的盈利（Recurring Earning） …………………………………… 271
15.4.2 盈利持续性的衡量 ………………………………………………………… 272
15.4.3 收入的确认 ………………………………………………………………… 273
15.4.4 费用的确认 ………………………………………………………………… 273
15.4.5 破产预测模型 ……………………………………………………………… 274
15.5 现金流质量 …………………………………………………………………………… 274
15.6 资产负债表质量 ……………………………………………………………………… 275
15.7 风险相关信息 ………………………………………………………………………… 275

第16章 财务报告综合分析 ……………………………………………………………… 280

16.1 财务报告分析过程 …………………………………………………………………… 281
16.2 财务数据处理和分析方法 …………………………………………………………… 282
16.2.1 利润来源 …………………………………………………………………… 282
16.2.2 资产负债表构成 …………………………………………………………… 283
16.2.3 部门分析和资本分配（Segment Analysis） …………………………… 283
16.2.4 盈利质量 …………………………………………………………………… 284
16.2.5 现金流分析 ………………………………………………………………… 285
16.2.6 市值分解（Decomposition） ……………………………………………… 286

第17章 财务报表建模 …………………………………………………………………… 290

17.1 财务建模 ……………………………………………………………………………… 291
17.1.1 利润表建模（Income Statement Modeling） …………………………… 291
17.1.2 资产负债表和现金流量表建模（Balance Sheet and Cash Flow Statement Modeling） ……………………………………………………………………… 294
17.2 竞争因素对价格和成本的影响 ……………………………………………………… 295

17.3 物价水平和技术进步对行业和公司的影响 ………………………… 295
　17.3.1 物价水平的影响 …………………………………………… 295
　17.3.2 技术进步的影响 …………………………………………… 296
17.4 预测期限 ………………………………………………………… 296
　17.4.1 预测期限的选择 …………………………………………… 296
　17.4.2 长期预测 …………………………………………………… 297
17.5 行为金融学因素 ………………………………………………… 297
　17.5.1 过度自信偏差（Overconfidence Bias） ………………… 297
　17.5.2 控制幻觉（Illusion of Control） ………………………… 298
　17.5.3 保守性偏差（Conservatism Bias） ……………………… 298
　17.5.4 代表性偏差（Representativeness Bias） ………………… 298
　17.5.5 确认偏差（Confirmation Bias） ………………………… 299
17.6 建立估值模型 …………………………………………………… 299

第1部分 数量分析方法

科目导学

考情分析

对于 CFA®二级考试，协会定位的培养目标是金融证券分析师，而数量分析方法是证券分析师在进行各种分析时所用到的最基本工具。本部分将介绍如何运用线性回归方法对横截面数据与时间序列数据进行分析，并介绍机器学习与大数据分析的基础知识。在学习本部分时，考生应注意以下几个方面。第一，注意使用多元线性回归的前提假设条件，只有在满足一定条件的情况下，由最小二乘法得到的回归系数才具备良好的性质。对于一些重要的假设条件（如同方差等），应掌握：如何检验是否违反该假设条件，如果违反该假设会对回归结果造成什么影响，以及如何进行技术上的处理。第二，掌握如何解读线性回归方程，包括理解多元线性回归系数的含义，了解与系数相关的各种检验。第三，了解机器学习与大数据分析的基本概念。

本部分框架图

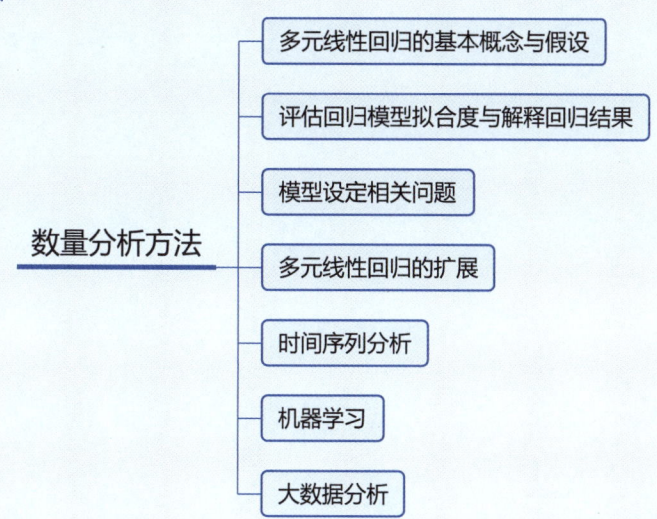

第 1 章
多元线性回归的基本概念与假设

章节导学

知识引导

一元线性回归最大的缺陷就是只考察一个自变量 X 对因变量 Y 的影响,而把其他相关因素都放入了残差项,这通常是不现实的。多元线性回归允许引入多个影响因变量的因素,从而可以在控制其他影响因素不变的情况下,考察某个自变量对因变量的偏效应。对经济金融研究来说,多数情况下需要使用非可重复的实验数据,因此,多元线性回归的偏效应就显得至关重要。

考点聚焦

在学习本章的过程中,考生应明确多元线性回归的许多概念仅是一元线性回归的拓展。考生尤其要注意理解多元线性回归独有的概念,以及其与一元线性回归的不同之处。如偏斜率系数的解释,以及模型的前提假设等,都是常见考点。

本章框架图

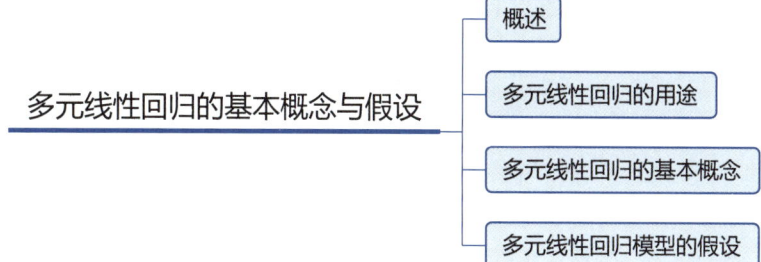

1.1 概述

多元线性回归(multiple regression)模型以多个自变量的变化来解释因变量的变化。因为在实践中,因变量的变化通常并不是由单一因素驱动,而是受多因素共同作用。因此,如果将多元线性回归应用得当,可以获得比一元回归更好的预测和解释能力。但是,如果运用不当,多元线性回归也会产生伪相关等一系列问题。

1.2 多元线性回归的用途

—考点要求—
描述(describe)多元线性回归解决的投资问题类型以及回归过程(★)

投资问题常常比较复杂,其变量变化常由多种金融和经济因素共同驱动。因此,在投资问题中,多元线性回归模型常用于:

(1) 解释变量之间的关系。例如,解释国家 GDP 增长率、货币发行量与某公司销售额增长率之间的关系。

(2) 检验现有理论的适用性。例如,检验环境、社会、公司治理(ESG)因素影响中国股票收益率的程度与影响美国股票收益率的程度是否一致。

(3) 做出预测。例如,根据国家 GDP 增长率、货币发行量的变化预测某公司股票收益率的变化。

1.3 多元线性回归的基本概念

—考点要求—
形成(formulate)多元线性回归模型,描述(describe)自变量与因变量的关系,解释(interpret)估计的回归系数(★★★)

如前所述,相比于一元回归模型,多元线性回归模型增加了自变量 X 的个数,以多个自变量的变化来解释因变量的变化。多元线性回归模型表述为:

$$Y_i = b_0 + b_1 X_{1i} + b_2 X_{2i} + \cdots + b_k X_{ki} + \varepsilon_i \tag{1.1}$$

其中,自变量 X_{ki} 有两个下标。第一个下标用于对自变量进行标号,表示第几个自变量(自变量的个数为 k 个,模型称为 k 元回归)。第二个下标用于对数据观测值(observation)进行标号,表示第几组数据(样本容量为 n,也就是说,总共有 n 组数据,即 $i=1, 2, 3, \cdots, n$。一般要求 n 必须大于 k)。

ε_i 为**残差(residual)**,是真实的 Y 值与回归等式预测的 Y 值之差(即 $\varepsilon_i = Y_i - \hat{Y}_i$),即预测的残差(error term)。

b_0 为截距系数(intercept coefficient),其指当所有自变量 X 都为 0 时,因变量 Y 的期望值。

需要指出的是,在多元线性回归中,对斜率系数的解释与一元线性回归中的有所不同,每个斜率代表了在其他自变量不变的前提下,其所对应的自变量对因变量的影响程度,常称为**偏回归系数(partial regression coefficient)**或**偏斜率系数(partial slope coefficient)**。例如,在公式(1.1)中,b_1 的含义为:在 X_2、X_3……X_k 不变的前提下,X_1 变动一个单位会引起 Y 平均变动 b_1 个单位。

> **知识一点通**
>
> 在保持其他变量不变的情况下,考察一个自变量的变化对因变量的影响,被称为偏效应(partial effect)。

接下来,同样通过普通最小二乘法(OLS)找这样一条直线,使每个点到直线的距离的平方和最小,得到估计的回归等式如下:

$$\hat{Y} = \hat{b}_0 + \hat{b}_1 X_1 + \hat{b}_2 X_2 + \cdots + \hat{b}_k X_k \tag{1.2}$$

其中,"^"表示估计值,即截距系数的估计值记作 $\hat{b}_0$,偏斜率系数的估计值记作 $\hat{b}_j$($j=1, 2, \cdots, k$)。

1.4 多元线性回归模型的假设

任何模型都是建立在前提假设的基础之上的,多元线性回归模型的假设主要有以下5条:

(1) 线性(linearity):因变量与每个自变量之间都具有线性关系。
(2) 同方差性(homoskedasticity):残差的方差恒定。
(3) 残差独立(independence of errors):残差与残差之间没有相关性。
(4) 残差服从正态分布。
(5) 自变量独立:自变量不是随机的,并且两个或更多自变量之间没有精确的线性关系。

关于回归模型假设的具体内容,将在第3章中详细阐述。

要想使用普通最小二乘法(Ordinary Least Squares,OLS)估计回归等式,必须满足以上5条前提假设。因此,在构建回归模型后,必须要检测是否违反以上前提假设。如果违反,则需要重新调整模型。

首先,通常在回归后,统计软件可以输出散点图矩阵(scatterplot matrix),其中包括因变量与每个自变量的散点图,以及任何两个自变量的散点图,也称"成对散点图"(pairwise scatterplots,pairs plot)。通过因变量与每个自变量的散点图,可以检测假设(1),即因变量与自变量之间是否具有线性关系。通过两个自变量的散点图,可以检测假设(5),即自变量之间是否有精确的线性关系。此外,通过这些散点图还可以识别出异常值(outlier)。

其次,统计软件还可以输出残差散点图,用于检测是否违反与残差有关的假设(2)和假设(3)。残差散点图包括残差与因变量的散点图,以及残差与每个自变量的散点图。如果残差散点图无明显规律,则表示没有违反假设;如果残差散点图表现出一定的规律,则意味着残差的方差不恒定,或残差之间相关(具体参见第3章)。

最后,通过统计软件输出的Q-Q图(Q-Q plot),可以检测假设(4),即残差是否服从正态分布。Q-Q图名称中的"Q"代表分位数(quantile),如果两组数据服从同一分布,则其

---考点要求---

解释(explain)多元线性回归模型的假设,并解释(interpret)如何用残差散点图检测是否违反假设(★★★)

分位数应该符合线性关系。因此，以正态分布的分位数作为横坐标，实际残差数据的分位数作为纵坐标，**如果残差服从正态分布，则 normal Q-Q 图上的点接近于一条直线。**

练一练

Robinhood, a junior fund manager, is currently in charge of writing a performance analysis report for a passive investment fund. The index tracked by this passive fund is the Shanghai-Shenzhen 300 Index (CSI 300). Robinhood analyzes the impact of the CSI 300 price-earnings ratio (PER), price-to-book ratio (PBR) and price-to-sales ratio (PSR) on the monthly return of the fund (MR), and constructs a model as shown below:

$$Y_{MR} = -0.163 + 0.030 X_{PER} + 0.162 X_{PBR} - 0.35 X_{PSR}$$

In order to verify the fit of the model, Robinhood generates a series of diagnostic charts as follows:

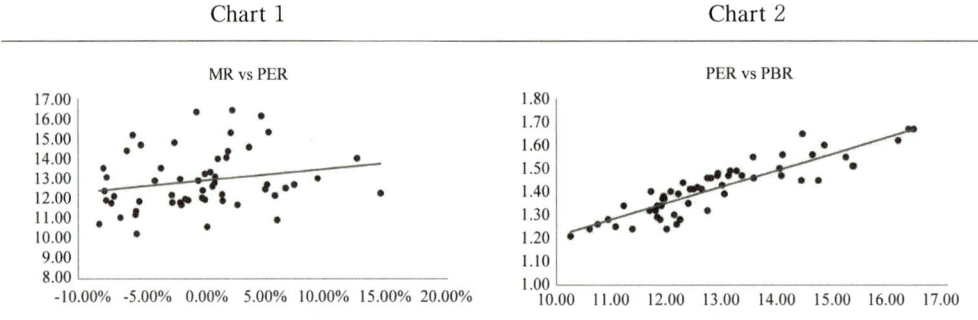

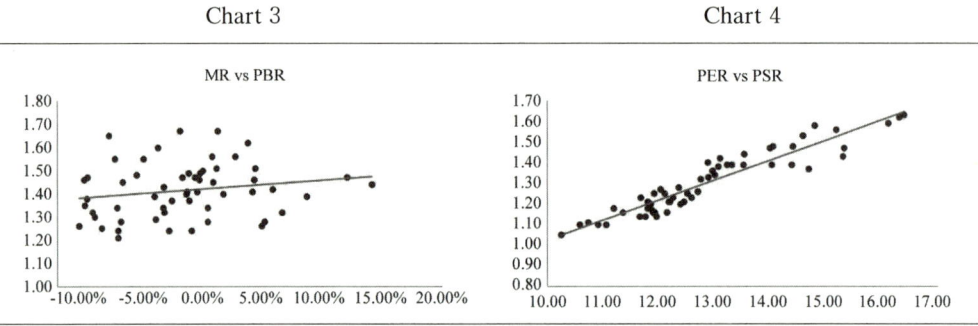

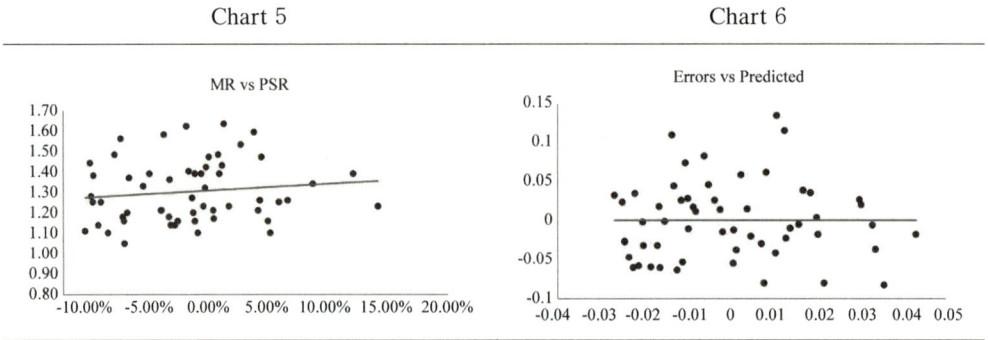

1-1　The model constructed by Robinhood belongs to：

　　A. simple linear regression model.

　　B. multiple linear regression model.

　　C. log linear regression model.

1-2　Which of the following is not the assumption for Robinhood to construct the model above?

　　A. Linearity and homoskedasticity.

　　B. Independence of errors and independent variables respectively.

　　C. Normal distribution for both residuals and independent variables.

1-3　Which statement about the slope coefficient of X_{PER} is correct?

　　A. One unit increase in X_{PER} will result in 0.03 unit increase in Y.

　　B. One unit increase in X_{PER} will result in -0.133 unit increase in Y holding other independent variables constant.

　　C. One unit increase in X_{PER} will result in 0.03 unit increase in Y holding other independent variables constant.

1-4　Which of the above diagnostic charts can be used to identify the independence of independent variables?

　　A. Chart 1 and Chart 3.

　　B. Chart 2 and Chart 4.

　　C. Chart 5 and Chart 6.

1-5　Which of the above diagnostic charts can be used to identify the existence of homoskedasticity?

　　A. Chart 1.

　　B. Chart 2.

　　C. Chart 6.

1-6　According to Chart 1-4, which assumption is most likely to be violated in the model?

　　A. Independence of independent variables.

　　B. Linearity.

　　C. None assumptions being violated.

答案与解析

1-1　B

本题考查回归模型的类型。由于 Robinhood 构造的模型中存在多个自变量，故该模型属于多元线性回归模型（multiple linear regression model），因此，正确选项为 B。

选项 A，简单线性回归模型（simple linear regression model）中只有一个自变量用于解释因变量。因此，该选项错误。

选项 C，对数线性回归模型（log linear regression model）是对自变量或因变量通过取对数的方式进行转换，构造线性回归模型，Robinhood 构造的模型并没有对变量进行对数化转换，故不属于对数线性模型。因此，该选项错误。

1-2　C

本题考查多元线性回归模型的假设。多元线性回归模型的假设主要有以下 5 条：

（1）线性（linearity）：因变量与每个自变量之间都具有线性相关性。

（2）同方差性（homoskedasticity）：残差的方差恒定。

(3) 残差独立(independence of errors):残差与残差之间没有相关性。
(4) 残差服从正态分布。
(5) 自变量独立:自变量不是随机的,并且两个或更多自变量之间没有精确的线性关系。
多元线性回归模型的假设中并不要求自变量服从正态分布,因此,选项 C 描述错误,符合题意,为正确选项。

1-3　C

本题考查多元线性回归模型系数的解释。自变量 X_{PER} 的斜率系数 0.03 表示在其他自变量固定不变的情况下,自变量 X_{PER} 增加 1 单位,被解释变量 Y 将增加 0.03 单位,因此,正确选项为 C。

选项 A,只有在其他自变量固定不变的情况下,自变量 X_{PER} 增加 1 单位,被解释变量 Y 才会增加 0.03 单位。因此,该选项错误。

选项 B,在其他自变量固定不变的情况下,自变量 X_{PER} 增加 1 单位,被解释变量 Y 将增加 0.03 单位,而并不是 $-0.133(-0.163+0.03)$ 单位。因此,该选项错误。

1-4　B

本题考查多元线性回归模型的图形诊断。若要检验自变量之间是否满足独立性的假设,需要通过两个自变量之间的散点图进行判断。Chart 2 和 Chart 4 分别表示的是自变量 X_{PER} 和 X_{PBR} 以及自变量 X_{PER} 和 X_{PSR} 之间的散点图关系,可以用来识别自变量之间是否满足独立性的假设。因此,正确选项为 B。

选项 A,Chart 1 和 Chart 3 分别表示的是因变量(Y_{MR})和自变量之间的散点图关系,可以用来识别自变量与因变量之间是否存在线性关系,而不能用于识别自变量之间是否满足独立性。因此,该选项错误。

选项 C,Chart 5 表示的是因变量(Y_{MR})和自变量之间的散点图关系;Chart 6 表示的是残差项和模型预测值之间的散点图关系,均无法反映自变量之间是否满足独立性。因此,该选项错误。

1-5　C

本题考查多元线性回归模型的图形诊断。如果要检验模型是否满足同方差性(homoskedasticity)的假设,可通过残差项和回归模型的预测值之间的散点图进行判断,Chart 6 满足条件。因此,正确选项为 C。

选项 A,Chart 1 表示的是因变量和自变量之间的散点图关系,可以用来识别因变量与自变量之间是否存在线性关系,而不能用于识别同方差性。因此,该选项错误。

选项 B,Chart 2 表示的是自变量之间的散点图关系,可以用来识别自变量之间是否存在精确的线性关系,而不能用于识别同方差性。因此,该选项错误。

1-6　A

本题考查多元线性回归模型的图形诊断。根据 Chart 2 和 Chart 4,可以看出自变量 X_{PER} 与自变量 X_{PBR} 和自变量 X_{PSR} 之间均存在精确的线性关系,表明模型可能违背了自变量相互独立的假设。因此,正确选项为 A。

选项 B,根据 Chart 1 和 Chart 3,可以看出因变量 Y_{MR} 与自变量 X_{PER} 和自变量 X_{PBR} 之间均存在一定的线性关系,并没有明显违背模型线性的假设。因此,该选项错误。

第 2 章
评估回归模型拟合度与解释回归结果

章节导学

知识引导

回归模型被构建完成且回归系数被估计出来后,可使用该模型预测因变量的值。此外,还应当评价回归模型的好坏。一元回归中已经使用方差分析法来评价回归模型的解释力,或称"拟合优度",多元线性回归将继续深入讲述方差分析法的应用。

考点聚焦

在学习本章的过程中,考生应关注通过计算指标(调整可决系数,AIC,BIC)及假设检验来评价模型的拟合优度,这些都是相当重要的考点。

本章框架图

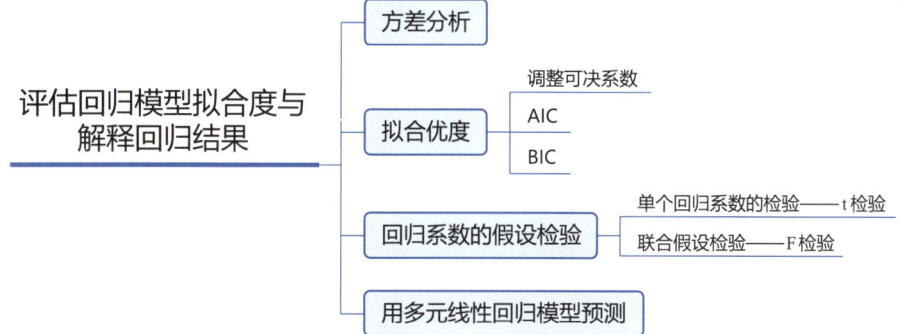

2.1 方差分析

在一元回归中,方差分析(analysis of variance, ANOVA)方法就是从总离差平方和中分解出可追溯到指定来源的部分离差平方和。方差分析的结果是一张方差分析表(ANOVA Table),可以从中求得可决系数 R^2 等指标,用来评价回归模型解释力的强弱,或称拟合优度。

多元线性回归的方差分析见表 2.1。

表 2.1　方差分析表

	自由度 (degrees of freedom, df)	平方和 (sum of squares, SS)	均方和 (mean sum of squares, MS)
回归 (Regression)	k	回归平方和(SSR)	回归均方和(MSR)=SSR/k
残差 (Error)	n−k−1	残差平方和(SSE)	残差均方和(MSE)=SSE/(n−k−1)
总和(Total)	n−1	总平方和(SST)	—

回归的自由度为 k,k 代表自变量的个数。残差的自由度为 n−k−1,n 是样本量。总自由度为以上两个自由度之和,即 n−1。

总平方和等于回归平方和(SSR)加残差平方和(SSE),即 SST=SSR+SSE。

均方和等于各自的平方和除以各自的自由度。回归均方和 MSR=SSR/k,残差均方和 MSE=SSE/(n−k−1)。

从方差分析表中数据可以计算可决系数 R^2 以及 F 统计量等,这些指标可用于评价回归模型的解释力。

2.2 拟合优度

—考点要求—
通过方差分析表度量拟合优度,评估(evaluate)多元线性回归模型解释因变量的程度(★★★)

在一元线性回归中,可决系数(coefficient of determination)是一种模型拟合优度的度量指标。可决系数 R^2 等于回归平方和(SSR)除以总平方和(SST):

$$R^2 = \frac{SSR}{SST} = 1 - \frac{SSE}{SST} \tag{2.1}$$

R^2 越大,意味着模型的解释力越强,即回归直线对样本数据的拟合度越高。

然而在多元线性回归中,用 R^2 来度量模型拟合优度就不太适合了。因为当我们在回归模型中增加自变量的个数(即从 k 元回归变为 k+1 元回归)时,不论新增的自变量是否对因变量有解释力度,R^2 绝对不会减少,而通常都是增大的。也就是说,不断增加自变量个数,模型会变得越来越复杂,其 R^2 指标会越来越大,但是新增的自变量与因变量其实可能关系不大,并不具有解释力,这种现象被称为过拟合(overfitting)。

因此,需要引入调整 R^2(adjusted R^2,$\overline{R^2}$)的概念,即当新的自变量加入时,给予 R^2 一定的惩罚。其公式如下:

$$\bar{R}^2 = 1 - \left[\left(\frac{n-1}{n-k-1}\right) \times (1-R^2)\right] \tag{2.2}$$

当新的自变量加入后,调整 R^2 既有可能增大也有可能减小。如果新增的自变量对因变量具有一定解释力(该自变量的斜率系数显著性检验的 t 统计量绝对值大于1),则调整 R^2 会增大;如果新增的自变量对因变量不具有解释力(该自变量的斜率系数显著性检验的 t 统计量绝对值小于1),则调整 R^2 会减小。

关于调整 R^2,还有如下其他性质:

(1) 调整 R^2 一定小于 R^2,甚至调整 R^2 有可能小于 0。

(2) R^2 的含义是因变量变化被解释的比率(例如,R^2 等于 0.7,表明模型可以解释因变量变化的 70%),但调整 R^2 并无此含义。

(3) R^2 和调整 R^2 均不能说明回归系数是否具有显著性,也不能说明模型拟合度的显著性,需要通过方差分析法和假设检验才能得出结论。

> **备考小贴士**
>
> 关于调整 R^2,其计算并不是主要考查内容,反而是以上定性的内容需要牢固掌握。

综上所述,当我们要做出是否应该新增自变量的决策时,应该比较新老模型的调整 R^2,而不是 R^2。除了调整 R^2 指标外,还有两个指标也可以帮助我们判断是否应该新增自变量,它们是赤池信息准则和贝叶斯信息准则。

赤池信息准则(Akaike's Information Criterion,AIC)用于比较因变量相同的各个模型的拟合优度,由日本统计学家赤池弘次创立。其公式为:

$$\text{AIC} = n \times \ln\left(\frac{\text{SSE}}{n}\right) + 2(k+1) \tag{2.3}$$

其中,n 为样本容量,SSE 为残差平方和,k 为自变量个数。公式第二项 $2(k+1)$ 可以看作对增加自变量个数的惩罚因子,因此,**AIC 指标越小,意味着模型的拟合优度越高**。

与之相类似的指标还有贝叶斯信息准则(Schwarz's Bayesian Information Criterion,BIC),其公式为:

$$\text{BIC} = n \times \ln\left(\frac{\text{SSE}}{n}\right) + \ln(n) \times (k+1) \tag{2.4}$$

不难看出,BIC 指标一般比 AIC 指标更大,因为样本容量若不是极小的话,$\ln(n)$ 应大于 2。也就是说,BIC 对增加自变量个数的惩罚比 AIC 更加严格。因此,精简的模型更适用 BIC 指标。同样地,**BIC 指标越小,意味着模型的拟合优度越高**。

> **知识一点通**
>
> 在实践中,若更关注模型的预测能力比较,则常用 AIC 指标;若更关注模型的拟合优度比较,则 BIC 指标更适用。

2.3 回归系数的假设检验

2.3.1 单个回归系数的检验——t 检验

—考点要求—
形成（formulate）多元线性回归模型中两个或更多系数的显著性假设检验，并解释联合假设检验的结果（★★★）

单个回归系数的假设检验，使用 t 检验，检验方法与一元回归相同。其原假设和备择假设为：

$$H_0: b_j = B_j \quad H_a: b_j \neq B_j$$

其中，b_j 为第 j 个斜率系数，B_j 为任意假设的常数。通常我们想要检验斜率系数是否显著不等于 0，称为斜率系数的显著性检验，其原假设和备择假设为：

$$H_0: b_j = 0 \quad H_a: b_j \neq 0$$

斜率系数显著性检验的结果，如果能够拒绝原假设，则说明第 j 个自变量 X_j 能够解释因变量的变化；如果不能够拒绝原假设，则说明第 j 个自变量 X_j 不能解释因变量的变化。

2.3.2 联合假设检验——F 检验

多元线性回归中，有时候要同时检验两个或更多回归系数的显著性，这就需要用到 F 检验。举例来说，假设有一个四元回归模型：

$$Y_i = b_0 + b_1 X_{1i} + b_2 X_{2i} + b_3 X_{3i} + b_4 X_{4i} + \varepsilon_i$$

我们称这个原始模型为**非限制模型**（unrestricted model）。假如要检验 X_3 和 X_4 联合在一起是否对因变量具有解释力（即检验 $H_0: b_3 = b_4 = 0$），相当于我们要将上述原始的非限制模型与以下二元回归模型做对比：

$$Y_i = b_0 + b_1 X_{1i} + b_2 X_{2i} + \varepsilon_i$$

此二元回归模型被称为**限制模型**（restricted model）或嵌套模型（nested model），因为其相当于将斜率系数 b_3 和 b_4 限制为 0。其原假设和备择假设为：

$$H_0: b_3 = b_4 = 0 \quad H_a: b_3 \text{ 和 } b_4 \text{ 中至少有一个不等于零}$$

这被称为回归系数的联合检验（joint hypothesis test），其 F 统计量公式为：

$$F = \frac{\dfrac{(\text{限制模型的 SSE} - \text{非限制模型的 SSE})}{q}}{\dfrac{\text{非限制模型的 SSE}}{n - k - 1}} \tag{2.5}$$

其中，q 为限制条件数，即限制模型中缺失的自变量个数。此 F 统计量服从分子自由度为 q，分母自由度为 $n-k-1$ 的 F 分布。

如果能够拒绝原假设，则说明 X_3 和 X_4 联合在一起能够解释因变量的变化；如果不能够拒绝原假设，则说明 X_3 和 X_4 联合在一起不能解释因变量的变化。

最常用的联合假设检验的原假设为所有斜率系数都等于零,备择假设为至少有一个斜率系数不等于零,即:

$$H_0: b_1 = b_2 = \cdots = b_k = 0 \qquad H_a: 至少有一个 b_j \neq 0 (j=1,2,3\cdots\cdots,k)$$

如果拒绝原假设,则说明整个回归模型从总体上看至少对因变量具有一定的解释力;如果不能拒绝原假设,则说明整个回归模型缺乏解释力。

2.4 用多元线性回归模型预测

如果已经得到了截距系数的估计值 $\hat{b}_0$,以及所有偏斜率系数的估计值 $\hat{b}_j$ (j=1, 2, ⋯, k),则在有了所有自变量值的情况下,就可以根据回归模型预测因变量的值 $\hat{Y}$:

$$\hat{Y} = \hat{b}_0 + \hat{b}_1 X_1 + \hat{b}_2 X_2 + \cdots + \hat{b}_k X_k \tag{2.6}$$

当然,因变量的预测值会存在误差,因为上述模型并不能完全解释因变量的变化,还有残差的影响。假如所有自变量值也都是预测值(即 out-of-sample prediction),那么因变量的预测误差还取决于自变量的预测误差大小。

—考点要求—
给定估计的回归系数和假设的自变量值,计算(calculate)并解释(interpret)因变量的预测值(★★★)

练一练

Giant Company is a target firm of Golden Group. The firm develops an online view game, *Battle of the Bulge*, which is one of the most popular games on the net and is also the main source of the company's revenue. Henry Fonda, a quantitative analyst in Golden Group, is required to analyze the profitability of the view game. Henry considers the profitability is highly correlated to the number of players (NOP) and product placements (PP). He collects the relative information and the analytic results are shown in Exhibit 2.1 and Exhibit 2.2. The regression model is as follow:

$$Profitability = b_0 + b_1 \times NOP + b_2 \times PP + \varepsilon$$

Exhibit 2.1 Regression Results

Variable	Coefficients	Standard Error	P-Value
Intercept	0.432 1	0.018 9	0.000
NOP	3.415 8	1.254 3	0.005
PP	6.785 1	2.162 1	0.001

Exhibit 2.2 Regression Results

R^2	0.658 7
Adjusted R^2	0.643 5
Total variation	120.56
Observations	48

After the analysis, Henry renders the report to his manager, Robert Ryan. Robert is confused between the concepts of R^2 and adjusted R^2. Henry explains that the adjusted R^2 represents the fraction of the total variation can be explained by the independent variables and the adjusted R^2 is always less than the R^2 for the same multiple regression model.

Robert suggests that Akaike's information criterion (AIC) and Schwarz's Bayesian information criterion (BIC) could be used to further evaluate the best fit of the model. So Henry calculates AIC and BIC for all variables as shown in Exhibit 2.3.

Exhibit 2.3 Goodness-of-Fit Measures for Profitability Regressed on Different Variables

Model	Variables	AIC	BIC
1	NOP only	14.7	43.33
2	PP only	15.9	44.56
3	NOP and PP	13.9	42.23

Robert finally asks Henry to predict the profitability of Giant Company next year, assuming that NOP is 100 000 and PP is 100. Henry immediately calculates predicted profitability using model 3.

2-1 Based on Exhibit 2.1, is b_1 significantly different from zero at a 5% significant level?

   A. No.

   B. Yes, because the t-statistic for b_1 with 45 degrees of freedom has a p-value that is less than 0.05.

   C. Yes, because the t-statistic for b_1 with 47 degrees of freedom has a p-value that is less than 0.05.

2-2 Based on Exhibit 2.1 and Exhibit 2.2, the F-statistic for the regression model is closest to:

   A. 43.42.

   B. 28.95.

   C. 44.39.

2-3 Is Henry's statement on adjusted R^2 correct?

   A. Yes.

   B. No, he is incorrect with the fraction of the total variation that can be explained by the independent variables.

   C. No, he is incorrect with the size relationship between R^2 and adjusted R^2.

2-4 Which of the following is a preferred measure of the best fit for the model?

   A. AIC.

   B. BIC.

   C. Both AIC and BIC.

2-5 Based on Exhibit 2.3, which model is the best fit?

   A. Model 1.

   B. Model 2.

   C. Model 3.

2-6 The predicted profitability calculated by Henry is closest to:

   A. 342 258.94.

   B. 341 580.43.

   C. 678 852.01.

答案与解析

2-1 B

本题考查回归方程系数的假设检验。首先,判断多元线性回归中关于回归系数 t 检验的自由度为 $n-k-1$,其中,n 为样本数量,k 为自变量个数,因此,该 t 检验的自由度为 $48-2-1=45$;其次,由于 b_1 系数对应的 p-value 为 $0.005<0.05(5\%)$,因此,在 5% 的显著性水平上认为 b_1 不等于 0。

因此,正确选项为 B。

2-2 A

本题考查 F 统计量的计算。多元线性回归中 SSR 为:

$$SSR = Total\ variation \times R^2 = 120.56 \times 0.6587 = 79.41$$

多元线性回归中的 SSE 为:

$$SSE = Total\ variation - SSR = 120.56 - 79.41 = 41.15$$

多元线性回归中的 F 统计量为:

$$F = \frac{SSR/K}{SSE/(n-k-1)} = \frac{79.41/2}{41.15/(48-2-1)} = 43.42$$

其中,n 为样本数量;k 为自变量个数。因此,正确选项为 A。

2-3 B

本题考查可决系数(R^2)与调整可决系数(adjusted R^2)的比较。因变量总变异中能被自变量解释的百分比称作 R^2 而不是 adjusted R^2。因此,正确选项为 B。

选项 C,adjusted R^2 是在 R^2 的基础上对自由度进行调整,其计算公式如下:$Adjusted R^2 = 1 - \left[\frac{n-1}{n-k-1} \times (1-R^2)\right]$。由于 $\frac{n-1}{n-k-1} > 1$,adjusted R^2 一定小于 R^2。因此,该选项错误。

2-4 B

本题考查模型拟合度的测量指标。BIC 是确定哪个模型拟合度最好(best fit)的首选度量指标;而 AIC 是确定哪个模型最适合用于预测的首选度量指标。因此,正确选项为 B。

2-5 C

本题考查模型拟合度的测量指标。BIC 是确定哪个模型拟合度最好(best fit)的首选度量指标,且该指标越低越好。Model 3 具有最低的 BIC 值。因此,正确选项为 C。

2-6 A

本题考查模型预测。Henry 是根据 Model 3 进行预测的,该模型同时引入自变量 NOP 和 PP,根据 Exhibit 2.1 可列出回归方程如下:

$$\widehat{Profitability} = 0.4321 + 3.4158 \times NOP + 6.7851 \times PP$$

根据假设的 NOP 和 PP 取值可得:

$$\widehat{Profitability} = 0.4321 + 3.4158 \times 100\,000 + 6.7851 \times 100 = 342\,258.94$$

因此,正确选项为 A。

第 3 章 模型设定相关问题

章节导学

知识引导

做过建模的同学都知道,建模过程中最困难的事,既不是估计回归系数,也不是方差分析,而是确定回归模型的自变量,即哪些变量的变化会影响要预测的因变量,进而需要被纳入模型中,这被称为模型设定问题。如果模型设定错误,会造成严重的后果,导致违反回归模型的前提假设。

考点聚焦

在学习本章的过程中,考生应着重关注三种回归前提假设的违反情况(异方差、序列相关和多重共线性),包括其定义,其对模型的影响,如何检测,以及如何纠正。

本章框架图

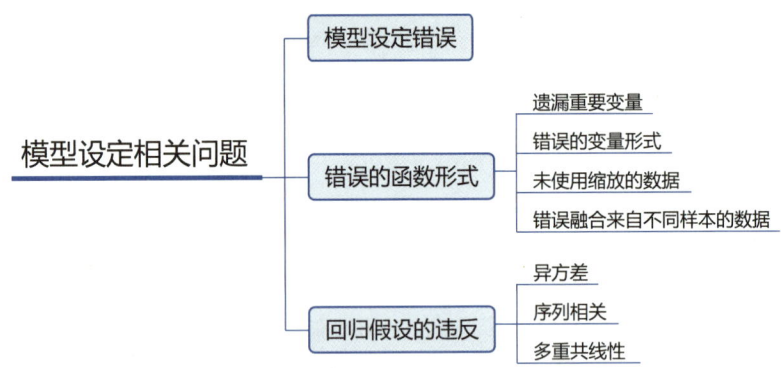

3.1 模型设定错误

模型设定(model specification)是指确定回归方程中选取的变量以及变量的函数形式。常见的模型设定错误通常采用了错误的函数形式(misspecified functional form),多数情况下会导致违反回归模型的前提假设,可能造成估计的回归系数不具有一致性,不满足无偏性和有效性。

—考点要求—
描述(describe)模型设定错误对回归分析结果的影响,以及如何避免模型设定错误(★★)

> **知识一点通**
>
> 一致性是对统计量的最基本要求。由此可见,模型设定错误导致的后果较为严重。实际上,如果模型设定错误,那么根据错误模型估计出来的系数会存在问题。

模型设定一般需遵循以下 5 条原则:
(1) 模型设定必须基于基本的经济理论。
(2) 模型中变量的函数形式必须符合该变量数据的实际特征。
(3) 模型必须越精简越好,要选取关键的变量。
(4) 模型设定必须符合 5 条经典前提假设。
(5) 模型必须通过样本外(out of sample)数据检测,以判断模型是否可以被推广使用。

3.2 错误的函数形式

错误的函数形式可分为以下四种情况:

1. 遗漏变量(Omitted Variables)

即在设定多元线性回归模型的过程中,遗漏了解释因变量的重要自变量,从而可能造成异方差和序列相关。如果遗漏变量与现有模型变量之间没有线性关系,截距项的估计量是有偏的,斜率系数的估计量是无偏的、一致的。如果遗漏变量与现有模型变量之间有线性关系,斜率系数的估计量是有偏的、不一致的。

2. 错误的变量形式(Inappropriate Form of Variables)

例如,自变量与因变量之间并没有线性关系,而对自变量取自然对数之后其与因变量才有线性关系。在这种情况下,如果没有对自变量取自然对数,而直接将自变量与因变量做线性回归,就意味着采用了错误的函数形式。

3. 未使用缩放的数据(Inappropriate Variable Scaling)

当缩放数据更合适时,在回归中使用未缩放的数据可能导致模型设定错误。通常在比较不同公司的数据时,我们要决定是否缩放变量。例如,在比较公司的财务报表时,经常使用同比财务报表(common-size financial statements),以便于比较。

4. 错误融合来自不同样本的数据(Inappropriate Pooling of Data)

在一些情况下,不能直接比较或使用来自不同样本的数据,如果直接混用就有可能造成模型设定错误。例如,2008 年金融危机后,美国的金融衍生品市场监管改革发生了较大变化,融合金融危机前的金融衍生品市场数据和危机后的金融衍生品市场数据可能会造成模型设定错误。

3.3 回归假设的违反——异方差

—考点要求—
解释（explain）异方差的类型及其对统计推断的影响（★★★）

在前述多元线性回归模型的 5 条假设中，第 2 条假设残差的方差恒定，称为同方差（homoskedasticity）。模型设定错误可能造成残差的方差不恒定，这种现象称为**异方差（heteroskedasticity）**。

异方差又可分为无条件异方差与条件异方差。其中，无条件异方差（unconditional heteroskedasticity）是指残差的方差不恒定，但与自变量不相关。无条件异方差虽然也违反假设，但不会对统计推断产生较大影响。**条件异方差（conditional heteroskedasticity）**是指残差的方差不恒定，且残差的方差与自变量相关。例如，随着 X 的增大，残差的方差增大。条件异方差会影响统计推断结论的准确性，故需要对其进行检测和纠正。

> **知识一点通**
>
> 可以通过图 3.1 来说明异方差的含义。在经验数据分析中，很多情况是不满足同方差假设的。例如，图 3.1 中横轴代表个人收入，纵轴代表个人消费。一般而言，收入越高，消费越多，这也反映在图中的线性回归直线上。然而，不同收入水平下，个人消费的变动幅度是不同的。具体而言，在收入较低的情况下，消费波动较小，这是因为对于"穷人"来说，不论个体情况如何都必须有一定的基本日常消费；而在收入较高的情况下，消费的波动较大，这是因为不同"富人"消费习惯差异很大，既有挥霍无度的"富二代"，也存在吝啬至极的"高老头"。因此，从散点图中，可以很明显地看出异方差的存在。异方差是指残差的方差不为常数，在图中，残差表示为散点到直线的正负"距离"。不难看出，这个"距离"不为常数，其绝对值随着个人收入的增大而增大，存在异方差。
>
>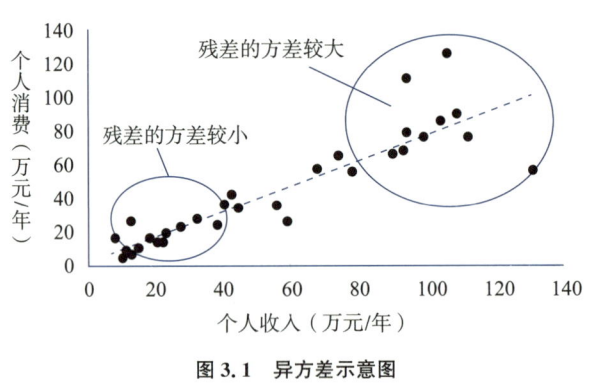
>
> 图 3.1 异方差示意图

在使用金融数据做回归时，条件异方差更有可能会造成计算的标准误偏小，因此，回归系数显著性检验的 t 统计量就偏大，从而更容易犯第一类错误，即检验结论倾向于认为自变量具有解释力，但实际上并没有。

> **知识一点通**
>
> 条件异方差情况下,估计出来的回归系数仍然是无偏和一致的,但不是有效的。条件异方差会影响回归系数显著性检验的结果。

检测条件异方差的方法有两种:残差散点图和 Breusch-Pagan 检验。

画出残差的散点图(scatter plot of residuals),就能够看到残差与自变量 X 的关系,如图 3.2 所示。

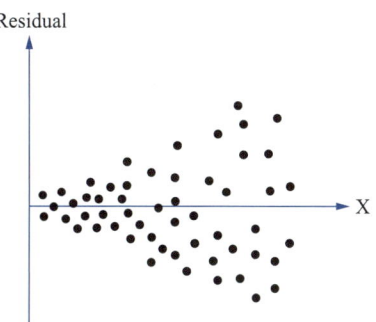

图 3.2 条件异方差的散点图解释

从图 3.2 可以看出,随着 X 的增大,残差的方差增大,故存在条件异方差。

上述方法较为主观,所以需要借助客观的假设检验方法:Breusch-Pagan 检验(BP Test,简称 BP 检验)。原假设:不存在条件异方差;备择假设:存在条件异方差。BP 检验的统计量是服从自由度为 k 的卡方分布(χ^2 distribution),其计算公式如下:

$$BP = n \times R_{res}^2 \tag{3.1}$$

这里的 R_{res}^2 是指将残差的平方与自变量 X 重新做回归得到的可决系数。值得注意的是,BP 检验是单尾检验,其拒绝域在分布的右尾。

如果 BP 检验拒绝原假设,则意味着存在条件异方差。

纠正条件异方差的方法是重新计算一个(更大的)考虑了条件异方差影响的标准误用于统计推断,这种方法被称为 robust standard errors(稳健标准误),有时也被称为 heteroskedasticity-consistent standard errors 或 white-corrected standard errors。

> **知识一点通**
>
> BP 检验的步骤如下。
>
> 第一步:建立初始回归模型:
>
> $$Y_t = b_0 + b_1 X_{1t} + b_2 X_{2t} + \varepsilon_t$$
>
> 第二步:建立新的模型,该模型的因变量为原始回归模型残差项的平方,自变量为原始回归模型的自变量,即:
>
> $$\widehat{\varepsilon_t}^2 = a_0 + a_1 X_{1t} + a_2 X_{2t} + u_t$$
>
> 第三步:使用卡方检验统计量($BP = n \times R_{res}^2$)对新模型的斜率系数做假设检验。

3.4 回归假设的违反——序列相关

—考点要求—
解释（explain）
序列相关及其
对统计推断的
影响（★★★）

前述多元线性回归模型的5条假设中，第3条假设残差是独立的随机变量，即残差之间不相关。模型设定错误可能造成残差之间具有相关性，这种现象被称为**序列相关（serial correlation）**，或称自相关（autocorrelation）。时间序列数据常会出现序列相关的问题。

序列相关分为正序列相关和负序列相关。正序列相关（positive serial correlation）是指，如果前一个残差大于0，那么后一个残差大于0的概率较大。负序列相关（negative serial correlation）是指，如果前一个残差大于0，那么后一个残差小于0的概率较大。

时间序列数据常呈现正序列相关，其影响与条件异方差类似，会导致计算的标准误偏小，回归系数显著性检验的t统计量偏大，增大犯第一类错误的概率。相应地，若呈现的是负序列相关，会导致计算的标准误偏大，回归系数显著性检验的t统计量偏小，增大犯第二类错误的概率。

除了标准误的影响之外，序列相关问题对于回归系数本身估计的影响要分情况讨论，若模型的自变量中不存在因变量的滞后项（lagged value of dependent variable），则序列相关不影响系数估计的一致性，此时系数的估计仍然有效；若模型的自变量中存在因变量的滞后项，则序列相关的存在会导致系数估计无效，此时系数的估计不再具有一致性。

通过残差的散点图能够更直观地了解正序列相关和负序列相关。散点图如图3.3所示。

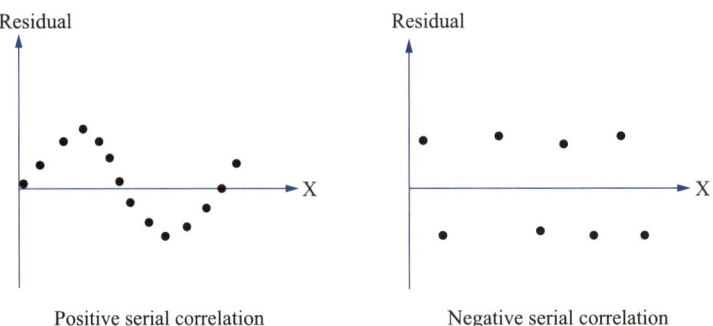

图3.3 序列相关的散点图解释

当然，我们还应借助客观的假设检验方法来检测序列相关，常用的方法有两种：Durbin-Watson检验（DW Test，简称DW检验）和Breusch-Godfrey检验（BG Test，简称BG检验）。DW检验只能检验一阶序列相关，而BG检验可以检验p阶序列相关，因此，BG检验更加稳健。

> **知识一点通**
>
> 一阶序列相关是指相邻的残差相关，二阶序列相关是指间隔一期的残差相关，以此类推。p在这里代表滞后阶数（number of lags）。具体内容可参见第5章。

在此仅简单介绍BG检验。其原假设：不存在序列相关；备择假设：存在序列相关。BG检验的统计量服从分母自由度为$n-p-k-1$、分子自由度为p的F分布。

如果 BG 检验拒绝原假设,则意味着存在序列相关。纠正序列相关的方法,与纠正条件异方差的方法类似,也就是重新计算一个考虑了序列相关影响的标准误,名称为 serial-correlation consistent standard errors, serial correlation and heteroskedasticity adjusted standard errors, Newey-West standard errors 或 robust standard errors。这些方法在纠正序列相关的同时,也纠正了条件异方差的问题。

3.5 回归假设的违反——多重共线性

前述多元线性回归模型的 5 条假设中,第 5 条假设自变量独立,即两个或更多自变量之间没有精确的线性关系。如果两个或更多自变量之间高度线性相关,那么这被称为**多重共线性**(multicollinearity)。

如果两个或更多自变量之间具有完全线性相关性(即相关系数为 1 或 −1),则无法估计回归系数。如果自变量之间并非完全线性相关,而是线性相关性较强,那么还是可以估计回归系数,但是估计值会不精确和不可靠。此外,多重共线性会导致计算的标准误偏大,回归系数显著性检验的 t 统计量偏小,增大犯第二类错误的概率,即检验结论倾向于认为该自变量不具有解释力,但实际上,该自变量与其他共线性的自变量联合在一起具有解释力。

—考点要求—
解释(explain)多重共线性及其对回归分析的影响(★★★)

> **知识一点通**
>
> 简单来说,对于多重共线性的本质,可以理解为:将一个自变量拆分成了多个(线性相关的)自变量。那么这会拖累拆分后的每个自变量的斜率系数,使得斜率系数都更加接近于 0,即 t 检验结果不显著,但整个模型实际上是具有解释力的。

存在多重共线性的典型表现是,单个斜率系数的 t 检验均不显著(即不能拒绝原假设,单个自变量均没有解释力),但是联合检验结果显著(F 检验拒绝原假设,整个模型具有解释力),并且 R^2 较大(亦表示整个模型具有解释力)。若存在上述现象,则说明很可能存在多重共线性。

除上述方法外,还可以通过计算方差膨胀因子(variance inflation factor, VIF)来检测多重共线性。在多元线性回归中,每个自变量都可以计算一个 VIF 指标,也就是总共有 k 个 VIF 指标。VIF 指标的计算,是将该自变量(X_j)作为因变量,与其他剩余 k−1 个自变量做线性回归,计算得到可决系数,记作 R_j^2。那么:

$$\text{VIF}_j = \frac{1}{1-R_j^2} \tag{3.2}$$

易知,当 R_j^2 为 0 时,VIF 指标达到下限 1,此时说明自变量 X_j 与其他 k−1 个自变量无任何线性关系。VIF 指标越大,说明存在多重共线性的可能性越大。一般在实践中,如果 VIF 指标大于 5,说明该自变量可能存在多重共线性,需要进一步研究确认;如果 VIF 指标大于 10,说明存在严重的多重共线性,模型需要纠正。

纠正多重共线性的方法包括:
(1) 去掉一个或多个共线性的自变量。
(2) 以替代变量来代替一个共线性的自变量。

(3) 增加样本容量 n。

纠正多重共线性并不容易，通常需要不断尝试剔除和增加变量，以确认最优的模型设定。但是，如果回归的目的仅仅是预测因变量，而不是拆解因变量变化的驱动因素，那么多重共线性通常不算大的问题。

违反回归模型前提假设的几种情形的总结见表 3.1。

表 3.1 违反模型假设的情形总结

名称	影响	如何检测	如何纠正
异方差	容易犯第一类错误	散点图 BP 检验	robust standard errors，heteroskedasticity-consistent standard errors，White-corrected standard errors
序列相关	正序列相关：容易犯第一类错误；负序列相关：容易犯第二类错误	DW 检验 BG 检验	serial-correlation consistent standard errors，serial correlation and heteroskedasticity adjusted standard errors，Newey-West standard errors，robust standard errors
多重共线性	容易犯第二类错误	方差膨胀因子（VIF）	去掉一个或多个共线性的自变量；以替代变量来代替一个共线性的自变量；增加样本容量 n

练一练

The Big-Alpha Fund focuses on investment in global equity, fixed income, and derivative market. Steven Zhang, CFA, an analyst in Big-Alpha, is responsible to track Orange Company. The Orange Company is a technology company in the U.S., whose sales mostly come from China. Zhang is developing a multiple regression model to predict the stock return of Orange Company (R_t, the monthly return of Orange's stock in month t). Based on past research, Zhang selects the following independent variables:

R_{SPt} = monthly return of the Standard & Poor's 500 index in month t

Δx_t = change in the USD to RMB exchange rate in month t

R_{GDP_t} = sales weighted GDP growth rate of major markets in month t

Zhang collects the data from 2013 to 2022 for his regression model. The regression results are presented in Exhibit 3.1, and ANOVA results are presented in Exhibit 3.2.

Exhibit 3.1　Zhang's Multiple Regression Results

	Coefficient	Standard Error	t-Statistic
Intercept	0.003 2	0.005 4	0.592 5
R_{SPt}	1.027 8	2.083	0.493 42
Δx_t	2.359 4	3.976	0.593 41
R_{GDP_t}	0.432 2	1.084	0.398 71

Exhibit 3.2　Zhang's Regression ANOVA

ANOVA	df	SS	MS	F	Significance of F
Regression	3	53.504 5	17.834 8	31.64	0.000 1
Residual	116	65.394 4	0.563 7		
Total	119	118.898 9			
R^2	0.45				

Based on Exhibit 3.1 and Exhibit 3.2, Zhang makes the following statements:

Statement 1: The model suffers from multicollinearity which means two or more explanatory variables are perfectly correlated with each other.

Statement 2: The model suffers from multicollinearity. Standard errors of regression coefficients will be inflated and it tends to result in Type I error in t-tests.

Statement 3: The model suffers from multicollinearity. Standard errors of regression coefficients will be inflated and the t-statistics will be underestimated.

In order to further identify which variables have multicollinearity, Zhang calculates the variance inflation factor (VIF) of each variable as shown in Exhibit 3.3.

Exhibit 3.3　Multicollinearity Test Results

Variable	VIF
R_{SPt}	3.43
Δx_t	6.27
R_{GDP_t}	12.45

After dealing with the multicollinearity in the model, Zhang finds that residual terms may present serial correlation. Zhang is considered using the Breusch-Godfrey (BG Test) to verify the existence of serial correlation, and the null hypothesis is set to present serial correlation.

Another concern on regression is the model misspecification. After validating the regression model, Zhang finds that a certain business factor variable has a significant non-zero coefficient but is not included in the model. He concludes the model is misspecified and the estimation of regression coefficients would be biased but consistent. Finally, Zhang submits the report to his superior Jason Wang. After reading the report, Wang says that heteroscedasticity should be also considered and he makes the following statements:

Statement I: Conditional heteroskedasticity creates major problems for statistical inference while unconditional heteroskedasticity does not.

Statement II: An F-test is usually used to detect the presence of heteroskedasticity.

Statement III: With heteroskedasticity present in the regression, the standard errors of the slope coefficients are most likely underestimated (especially with financial data), and Type II error may occur.

Zhang accepts Wang's suggestion and lists some ways to deal with heteroscedasticity.

3-1　Which of the statements made by Zhang is most accurate?

　　A. Statement 3.

　　B. Statement 2.

　　C. Statement 1.

3-2　Based on Exhibit 3, multicollinearity problems may exist between:

　　A. R_{SPt} and Δx_t.

　　B. R_{SPt} and R_{GDP_t}.

　　C. Δx_t and R_{GDP_t}.

3-3 Is Zhang's use of the BG Test correct?

　　A. Yes.

　　B. No, because the null hypothesis for BG Test should be no existence of serial correlation.

　　C. No, because the DW Test should be used instead of BG Test.

3-4 Is Zhang's conclusion about model misspecification correct?

　　A. Yes.

　　B. No, the estimation of regression coefficients should be unbiased.

　　C. No, the estimation of regression coefficients should be inconsistent.

3-5 Which of Wang's statements about heteroskedasticity is most likely correct?

　　A. Statement I.

　　B. Statement II.

　　C. Statement III.

3-6 Which of the following is an efficient way to correct for heteroskedasticity?

　　A. White-corrected standard errors.

　　B. Remove the independent variable with high standard error.

　　C. Increase the sample size.

答案与解析

3-1 A

本题考查多重共线性。单个系数用 t 检验不显著,但整个模型用 F 检验显著,这说明模型存在多重共线性,会导致回归系数的标准误被高估,t 检验统计量被低估,最终导致犯第二类错误。Statement 3 描述正确,因此,正确选项为 A。

选项 B,多重共线性最终应该导致犯第二类错误,非第一类错误。Statement 2 描述错误,因此,该选项错误。

选项 C,多重共线性是指两个或更多自变量高度相关,而不是完全相关。Statement 1 描述错误,因此,该选项错误。

3-2 C

本题考查方差膨胀因子(variance inflation factor, VIF)。VIF 指标越大,则说明存在多重共线性的可能性越大。一般在实践中,如果 VIF 指标大于 5,说明该自变量可能存在多重共线性;如果 VIF 指标大于 10,说明存在严重的多重共线性。变量 Δx_t 和变量 R_{GDP_t} 的 VIF 指标分别大于 5 和 10,最有可能存在多重共线性问题。因此,正确选项为 C。

3-3 B

本题考查序列相关性的检验(serial correlation)。BG 检验是验证模型是否存在序列相关性的方法之一,其原假设为模型不存在序列相关性。因此,正确选项为 B。

选项 C,DW 检验和 BG 检验都是检验模型是否存在序列相关性的方法。因此,该选项错误。

3-4 C

本题考查模型错误设定(model specification)对回归系数估计的影响。一个变量对因变量有解释力度但没被包含在模型中,这属于遗漏变量偏差问题,是一种模型错误设定,会影响估计量的无偏性和一致性,因此,正确选项为 C。

选项 B,遗漏变量偏差会影响回归系数估计的无偏性和一致性。因此,该选项错误。

3-5 A

本题考查条件异方差(conditional heteroskedasticity)和非条件异方差(unconditional heteroskedasticity)。非条件异方差一般不会造成大问题,而条件异方差会导致回归系数的标准误估计不准确,最终导致 t 检验不准确。因此,正确选项为 A。

选项 B,一般使用 BP 检验来判断是否存在条件异方差,而不是 F 检验。因此,该选项错误。

选项 C,条件异方差会导致对回归系数的标准误估计不准确,在金融数据中通常会低估标准误,导致 t 检验统计量偏大,容易犯第一类错误而不是第二类错误。因此,该选项错误。

3-6　A

本题考查异方差的修正方法。White-corrected standard errors 是修正异方差问题的有效方法之一。因此,正确选项为 A。

选项 B,去掉标准误较大的自变量并不是修正异方差的方法。因此,该选项错误。

选项 C,增大样本量也不是修正异方差的有效方法。因此,该选项错误。

第 4 章 多元线性回归的扩展

章节导学

知识引导

学习完第 1 章至第 3 章的内容后，我们可以构建出一个简单的多元线性回归模型。本章要介绍一些更为棘手的问题。首先，如果个别观测值会对回归结果产生较大影响，就需要考虑是否需要在样本中剔除这些数据。其次，如果自变量或因变量需要用到定性变量，则需要考虑不同的模型设定方式。

考点聚焦

在学习本章的过程中，考生应着重关注包含定性自变量（哑变量）的多元线性回归模型，包括其分类、斜率显著性检验与解释，这些都是常见考点。

本章框架图

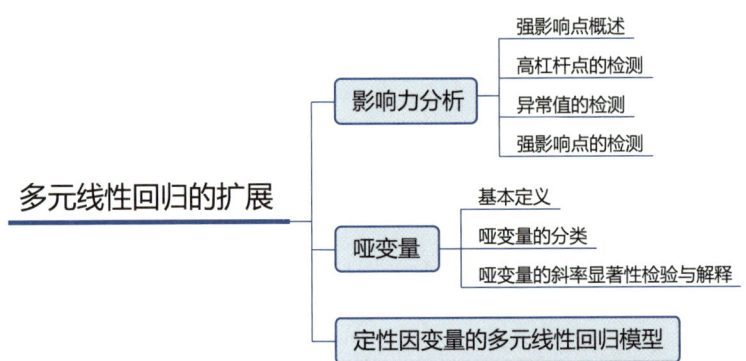

4.1　影响力分析

4.1.1　强影响点概述

有时候,少数样本观测值会对回归结果产生较大影响,称为**强影响点(influential observation)**。样本数据中包括和排除强影响点,回归结果会有显著差异。强影响点包含两种情况:

(1) 高杠杆点(high-leverage point):指自变量为极值的样本观测值。
(2) 异常值(outlier):指因变量为极值的样本观测值。

简单来说,高杠杆点和异常值就是离其他样本点较远的观测值,即通常俗称的极值。如果高杠杆点和异常值距离回归直线较近,则不产生问题。只有当高杠杆点和异常值距离回归直线较远时(其作用相当于将回归直线向其方向"拉近"),才会对估计的回归系数和模型拟合优度产生较大影响,高杠杆点和异常值才会成为强影响点。

我们可以通过散点图来直观地发现高杠杆点和异常值。当然,更重要的是通过定量的方法来检测它们。

—考点要求—
描述(describe)影响力分析,以及检测强影响点的方法(★★)

4.1.2　高杠杆点的检测

检测高杠杆点的方法是计算杠杆率(leverage)指标,记作 h_{ii}。杠杆率指标度量某个自变量的第 i 个观测值与其(n 个观测值的)均值的距离。杠杆率取值范围为 0 到 1,杠杆率越大,表示该观测值距离均值越远,即说明其可能对回归产生较大影响。实践中,如果杠杆率指标大于 $3\left(\dfrac{k+1}{n}\right)$,即认为其为潜在的高杠杆点(可能对回归结果产生较大影响)。

4.1.3　异常值的检测

检测异常值的方法是计算学生化残差(studentized residuals)。其步骤大致如下:

(1) 先以全部(样本容量为 n 的)样本观测值估计回归系数。
(2) 每次去掉一个样本观测值,用剩下的 n−1 个观测值来预测因变量。
(3) 对于第 i 个观测值,其真实的因变量值(Y_i)与将第 i 个观测值剔除后预测出的因变量值($\widehat{Y_{i^*}}$)之差,即为残差 $\varepsilon_i^* = Y_i - \widehat{Y_{i^*}}$。
(4) 将该残差除以原回归模型中残差的标准差(s_{e^*}),即为第 i 个观测值的学生化残差:

$$t_{i^*} = \frac{\varepsilon_i^*}{s_{e^*}} \tag{4.1}$$

最后,将学生化残差与自由度为 n−k−2 的 t 关键值对比。如果 $|t_{i^*}|$ 大于该关键值,即认为第 i 个观测值为潜在的异常值(可能对回归结果产生较大影响);如果 $|t_{i^*}|$ 大于 3,即认定其为异常值。

4.1.4 强影响点的检测

如前所述,高杠杆点和异常值不一定是强影响点,只有当从样本数据中剔除该数据会造成回归结果有显著差异时,即对估计的回归系数和模型拟合优度产生较大影响时,其才成为强影响点。柯克距离(Cook's Distance)指标用于衡量观测值对回归结果的影响程度:

$$D_i = \frac{\varepsilon_i^2}{k \times MSE} \times \frac{h_{ii}}{(1-h_{ii})^2} \tag{4.2}$$

其中,ε_i 为第 i 个残差,k 为自变量个数,MSE 为残差均方和,h_{ii} 为第 i 个观测值的杠杆率。

柯克距离 D_i 度量从样本数据中剔除第 i 个观测值对估计的回归结果的影响程度。柯克距离综合考虑了杠杆率和残差,也就是说,其同时度量了自变量和因变量的极值对回归模型的影响。柯克距离越大,即意味着第 i 个观测值对估计的回归结果影响越大,具体情况如下:

(1) 如果柯克距离大于 0.5,说明第 i 个观测值可能为强影响点,需要进行进一步研究。

(2) 如果柯克距离大于 1,说明第 i 个观测值很可能为强影响点。

(3) 如果柯克距离大于 $\sqrt{k/n}$,说明第 i 个观测值很可能为强影响点。

对以上三种检测方法的总结见表 4.1。

表 4.1 强影响点检测方法总结

名称	影响来源	检测指标	检测方法
高杠杆点	自变量	杠杆率 h_{ii}	$h_{ii} > 3\left(\frac{k+1}{n}\right)$,潜在的高杠杆点
异常值	因变量	学生化残差 t_i^*	$\|t_i^*\| > t$ 关键值,潜在的异常值
强影响点	自变量和因变量	柯克距离 D_i	$D_i > \sqrt{k/n}$,很可能为强影响点

4.2 哑变量

4.2.1 基本定义

—考点要求—
形成(formulate)和解释(interpret)包含定性自变量的多元线性回归模型(★★★)

到目前为止,我们接触到的自变量都是连续的。实际上,对一些定性自变量,同样可以运用回归模型来进行分析。例如,调查对象的性别是男还是女,属于城市户口还是农村户口等,这种分类数据可以用**哑变量(dummy variable)**来描述。哑变量通常也被称为虚拟变量或二值变量,其取值只能是 0 或 1。

当数据需要分 n 类时,需要 n−1 个哑变量。例如,高顿教育集团想判断内地、香港和世界其他地区考生的 CFA 考试成绩是否有显著差异,则需要引入两个哑变量 D_1 和 D_2。当样本数据为内地考生,则 $D_1=1, D_2=0$;当样本数据为香港考生,则 $D_1=0, D_2=1$;当样本数据为世界其他地区考生,则 $D_1=0, D_2=0$。

4.2.2 哑变量的分类

常见的哑变量有截距哑变量(intercept dummy)和斜率哑变量(slope dummy)两种。

首先,含有一个截距哑变量和一个连续型自变量的回归方程为:

$$Y = b_0 + d_0 D + b_1 X + \varepsilon \tag{4.3}$$

其中,D 表示哑变量,X 为连续型自变量。

当 $D=0$ 时,公式(4.3)变为:

$$Y = b_0 + b_1 X + \varepsilon \tag{4.4}$$

当 $D=1$ 时,公式(4.3)变为:

$$Y = (b_0 + d_0) + b_1 X + \varepsilon \tag{4.5}$$

当 $D=0$ 时,回归直线的截距为 b_0;当 $D=1$ 时,回归直线的截距为 (b_0+d_0)。两条回归直线的斜率相同,但截距哑变量的不同取值影响了截距大小。相对于公式(4.4)对应的回归直线,公式(4.5)对应的回归直线平行移动了 d_0 的距离。d_0 可以是正值,也可以是负值。

其次,含有一个斜率哑变量和一个连续型自变量的回归方程为:

$$Y = b_0 + b_1 X + d_1 DX + \varepsilon \tag{4.6}$$

其中,D 表示哑变量,X 为连续型自变量。

当 $D=0$ 时,公式(4.6)变为:

$$Y = b_0 + b_1 X + \varepsilon \tag{4.7}$$

当 $D=1$ 时,公式(4.6)变为:

$$Y = b_0 + (b_1 + d_1) X + \varepsilon \tag{4.8}$$

当 $D=0$ 时,回归直线的斜率为 b_1;当 $D=1$ 时,回归直线的斜率为 (b_1+d_1)。两条回归直线的截距相同,但斜率哑变量的不同取值影响了斜率大小。相对于公式(4.7)对应的回归直线,公式(4.8)对应的回归直线相当于旋转了一定的角度。同样,d_1 可以是正值,也可以是负值。

回归模型中也可同时使用截距哑变量和斜率哑变量,如:

$$Y = b_0 + d_0 D + b_1 X + d_1 DX + \varepsilon \tag{4.9}$$

当 $D=0$ 时,回归直线的截距为 b_0,斜率为 b_1;当 $D=1$ 时,回归直线的截距为 $b_0 + d_0$,斜率为 $b_1 + d_1$。可见哑变量的取值同时影响了斜率和截距。

4.2.3 哑变量的斜率显著性检验与解释

含有哑变量的多元线性回归模型与一般的多元线性回归模型一样,也可以使用 t 检验来检验斜率系数的显著性。通过以下例子,可以深入理解。

假设我们要研究考生学习时长和考生来自的地区对 CFA 考试分数的影响,构造回归模型如下:

$$Y = b_0 + b_1 X_1 + d_1 D_1 + d_2 D_2 + \varepsilon \tag{4.10}$$

其中，因变量 Y 代表某考生的考试分数，第一个自变量 X_1 代表考生的学习时长，为定量自变量。后面两个自变量 D_1 和 D_2 为截距哑变量，代表考生来自哪个地区。假设地区分为 3 类：内地、香港和世界其他地区。由于分 3 类，所以需要 2 个哑变量。如果考生来自内地，则 $D_1=1, D_2=0$；如果考生来自香港，则 $D_1=0, D_2=1$；如果考生来自世界其他地区（基准类别），则 $D_1=0, D_2=0$。

假设我们以 1 000 名考生的截面数据做回归，得到估计结果如下。

引入截距哑变量的回归分析结果

	Coefficient	Standard Error	t-Statistic	P-Value
intercept	14.48	1.217	11.901	0.00
b_1	0.12	0.016	7.626	0.00
d_1	1.95	0.694	2.811	0.00
d_2	0.51	0.854	0.597	0.54

t 统计量（或 p-value）结果显示，截距系数和前两个斜率系数均与 0 有显著差异。如：斜率系数 d_1 显著不等于 0，说明内地考生与世界其他地区考生的分数有显著差异（平均要高出 1.95 分）。但最后一个斜率系数 d_2 与 0 无显著差异，说明香港考生与世界其他地区考生的分数无显著差异（虽然平均要高出 0.51 分，但从统计上来说没有显著差别）。另外，截距系数的估计值为 14.48，表示考试分数中平均有 14.48 分无法被回归模型的自变量所解释。

假设我们再增加斜率哑变量，来研究学习时长对分数的影响在不同地区考生之间是否有差异（如：学习时长的影响对内地考生和世界其他地区考生是否一致）。则回归模型变为：

$$Y = b_0 + b_1 X_1 + d_1 D_1 + d_2 D_2 + d_3 D_1 X_1 + d_4 D_2 X_1 + \varepsilon \tag{4.11}$$

如果考生来自内地，则：$Y = (b_0 + d_1) + (b_1 + d_3) X_1 + \varepsilon$。
如果考生来自香港，则：$Y = (b_0 + d_2) + (b_1 + d_4) X_1 + \varepsilon$。
如果考生来自世界其他地区，则：$Y = b_0 + b_1 X_1 + \varepsilon$。

假设重新回归，得到的估计结果如下。

引入斜率哑变量的回归分析结果

	Coefficient	Standard Error	t-Statistic	P-Value
intercept	14.27	1.105	12.914	0.00
b_1	0.12	0.014	8.571	0.00
d_1	1.89	0.664	2.846	0.00
d_2	0.50	0.842	0.594	0.54
d_3	0.02	0.002	9.979	0.00
d_4	0.003	0.005	0.612	0.52

对于基准类别（世界其他地区考生）来说，斜率系数 b_1 的估计值为 0.12，说明学习时长每增加 1 个小时平均能带来 0.12 分的分数增长。

t 统计量(或 p-value)结果显示,斜率系数 d_3 显著不等于 0,说明内地考生学习时长每增加 1 个小时平均能带来 0.14 分的分数增长,即比世界其他地区考生多增长 0.02 分。但斜率系数 d_4 与 0 无显著差异,说明学习时长影响分数的程度对香港考生和世界其他地区考生无显著差异(虽然平均要多增长 0.003 分,但从统计上来说没有显著差别)。

4.3 定性因变量的多元线性回归模型

以上是自变量为定性变量的多元线性回归模型。有时候,我们需要模型的输出结果是分类的定性变量,而不是连续的定量数据。例如,分析师要预测某个债券会不会违约,人工智能系统要判断一条财经新闻是利好还是利空,等等。这时,就要用到因变量为定性变量的回归模型,通常采用**逻辑回归模型(logistic regression)**进行研究。

—考点要求—
形成(formulate)
和解释(interpret)
逻辑回归模型
(★)

假设 P 为某事件发生的概率(例如:债券违约的概率),则 $\frac{P}{1-P}$ 称为事件发生的赔率 (odds for an event)。再对该赔率取自然对数 $\ln\left(\frac{P}{1-P}\right)$,称为对数几率(log odds 或 logit)。逻辑回归模型即以此作为因变量,回归模型如下所示:

$$\ln\left(\frac{P}{1-P}\right) = b_0 + b_1 X_1 + b_2 X_2 + \cdots + b_k X_k + \varepsilon \qquad (4.12)$$

一旦估计出了因变量(log odds),就可以计算得到事件发生的概率 P:

$$P = \frac{1}{1 + \exp[-(b_0 + b_1 X_1 + b_2 X_2 + \cdots + b_k X_k)]}$$

当 $b_0 + b_1 X_1 + b_2 X_2 + \cdots + b_k X_k$ 趋近于正无穷时,P 趋近于 1;当 $b_0 + b_1 X_1 + b_2 X_2 + \cdots + b_k X_k$ 趋近于负无穷时,P 趋近于 0。

> **知识一点通**
>
> 注意,虽然定性因变量只能取 0 或 1 两个值,但逻辑回归模型输出结果取值介于 0 到 1 之间,反映的是定性因变量为 1 时所代表事件发生的概率。

逻辑回归模型假设残差服从逻辑分布(logistic distribution),其概率密度函数图形类似于正态分布,但尾部较肥。

逻辑回归模型中,估计回归系数使用**最大似然估计(maximum likelihood estimation,MLE)**方法,而不是最小二乘法(OLS)。最大似然估计的思想是,回归系数要使得样本观测值发生的概率最大。其计算方法是,对样本数据的概率函数取极大值,概率函数中使用的分布为二项分布(binomial distribution)。

由于因变量并非事件发生的概率 P,而是经过逻辑变换后的对数几率(log odds),故其回归系数的解释也稍有不同。例如,斜率系数的含义是,在其他自变量不变的前提下,某个自变量变化一个单位所引起对数几率(log odds)变化的程度。

在判断是否应该新增自变量时,可以用似然比检验(likelihood ratio test,LR test)来检验逻辑回归模型的拟合优度。其方法类似于普通回归模型的 F 检验(参见 2.3.2),即比较限制模型与非限制模型的拟合度。其检验统计量服从自由度为 q 的卡方分布，其中的 q 为限制条件数。

练一练

Cramer, senior analyst, is reading a report about the Chinese 5G communication industry written by his colleague Williams. Williams's report includes a regression of the monthly returns (in percent) to a 5G communication equity index on variables representing the monthly returns to the Shanghai-Shenzhen 300 Index (CSI 300 Index). The regression is estimated with previous 32 monthly observations. Williams calculates leverage (h_{ii}) and Cook's distance for each observation in the report to identify influential data. Some of the results are shown in Exhibit 4.1.

Since the leverage (h_{ii}) of the observation 27 is significantly higher than the other observations, Williams believes that observation 27 is a high-leverage point which means the extreme value is existent in the independent variable. Cramer points out that Williams's analysis of influential data is inaccurate, and suggests that Cook's Distance may be a better measure.

Exhibit 4.1 Leverage and Cook's D for Observations

Observations	h_{ii}	Cook's D
...	...	...
Observation 25	0.048	0.014 5
Observation 26	0.026	0.007 1
Observation 27	0.127	0.001 2
Observation 28	0.077	0.036 7
Observation 29	0.012	0.006 3
Observation 30	0.061	0.000 8
Observation 31	0.065	0.079 8
Observation 32	0.016	0.040 2

In the report, Williams also analyzes the impact of monthly seasonal factors by using a regression model with dummy variables and makes the following statements:

Statement 1: Twelve dummy variables should be specified, one for each month.

Statement 2: The intercept coefficient represents the average value of the dependent variable for the omitted category.

Statement 3: The regression coefficients represent the sensitivity of the dependent variable to a change in the dummy variable.

Cramer questions some of Williams's statements and reminds him that dummy variables can be used to analyze not only the effect of seasonal factors on the intercept term, but also the effect of seasonal factors on the slope term. In order to help Williams understand better, Cramer explains further through the example model with dummy variable D:

$$Y = b_0 + d_0 D + b_1 X + d_1 DX + \varepsilon$$

Finally, Cramer says that he has recently paid close attention to which companies in the 5G communication industry have a higher probability of stock repurchase in the future, and suggests that Williams can use the logistic model to analyze the factors that affect the probability of a company's stock repurchase.

4-1 Which of the following indicators is more suitable for identifying outliers in the dependent variable?

A. Leverage.

B. Studentized residuals.

C. Cook's Distance.

4-2 Is Williams correct in saying that the observation 27 is a high-leverage point?

A. No, because observation 27 has leverage less than 0.187 5.

B. No, because observation 27 has a lower Cook's distance.

C. Yes, because observation 27 has a highest leverage.

4-3 The reason for Cramer to prefer Cook's distance may be:

A. Cook's Distance is more comprehensive which accounts for both types of variables.

B. Cook's Distance can not only find influential data in statistics, but also in economics.

C. Cook Distance is the most cost-effective indicator.

4-4 Which of the statements made by Williams is correct?

A. Statement 1.

B. Statement 2.

C. Statement 3.

4-5 Based on Cramer's example model, the slope of regression line will be changed between:

A. b_1 and (b_1+d_1D).

B. b_1 and d_1D.

C. b_1 and (b_1+d_1).

4-6 Which regression method should be used if Williams uses a logistic model to analyze factors that affect the probability of a company's stock repurchase?

A. Maximum likelihood estimation (MLE).

B. Ordinary Least Squares (OLS).

C. Likelihood Ratio Test (LR test).

答案与解析

4-1 B

本题考查模型强影响点(influential observation)的检测。检测因变量是否存在异常值的方法是计算学生化残差(studentized residuals)。因此,正确选项为 B。

选项 A,杠杆率(leverage)是用于检测自变量是否存在异常值的指标。因此,该选项错误。

选项 C,柯克距离(Cook's Distance)指标用于衡量观测值对回归结果的影响程度,该指标同时度量了自变量和因变量的极值对回归模型的影响,并不是单纯用于衡量因变量是否存在异常值。因此,该选项错误。

4-2 A

本题考查模型高杠杆点(high-leverage point)的判断。实践中,如果杠杆率指标大于 $3\left(\dfrac{k+1}{n}\right)$ (其中,k 为自变量个数,n 为样本量大小),即认为其为潜在的高杠杆点,可能对回归结果产生较大影响。本题中，$3\left(\frac{k+1}{n}\right) = 3 \times \left(\frac{1+1}{32}\right) = 0.1875$。由于第 27 个观测值的杠杆率为 0.127，小于 0.1875，表明第 27 个观测值不是潜在的高杠杆点。因此，正确选项为 A。

选项 B，柯克距离(Cook's Distance)指标用于衡量观测值对回归结果的影响程度，该指标同时度量了自变量和因变量的极值对回归模型的影响，并不是单纯用于衡量是否存在高杠杆点。

选项 C，实践中，通常以杠杆率是否大于 $3\left(\frac{k+1}{n}\right)$ 来判断高杠杆点的存在。因此，该选项错误。

4-3 A

本题考查柯克距离(Cook's Distance)。柯克距离指标用于衡量观测值对回归结果的影响程度，该指标同时度量了自变量和因变量的极值对回归模型的影响，综合性更强。这更有可能是 Cramer 偏好柯克距离的原因。因此，正确选项为 A。

选项 B，柯克距离指标能用于衡量观测值对回归结果在统计学意义上的影响程度，并不能衡量在经济学意义上的影响程度。因此，该选项错误。

选项 C，柯克距离与杠杆率(leverage)、学生化残差(studentized residuals)相比，并不存在显著的成本效益优势。因此，该选项错误。

4-4 B

本题考查哑变量(dummy variable)的基本概念。当多元线性回归模型的自变量为哑变量时，截距项表示缺省项(omitted category)因变量的平均值。因此，正确选项为 B。

选项 A，在回归模型中使用哑变量时，应使用 n−1 个哑变量来区分 n 个类别，Williams 应该使用 11 个哑变量。因此，该选项错误。

选项 C，回归系数表示因变量中对应哑变量所代表的类别与缺省项之间的差值。因此，该选项错误。

4-5 C

本题考查哑变量(dummy variable)的分类。回归模型中引入斜率哑变量后，当哑变量 $D = 0$ 时，方程变为：$Y = b_0 + b_1 X + \varepsilon$，回归直线的斜率为 b_1；当 $D = 1$ 时，方程变为：$Y = b_0 + d_0 + (b_1 + d_1) X + \varepsilon$，回归直线的斜率为 $(b_1 + d_1)$。因此，正确选项为 C。

4-6 A

本题考查逻辑模型(logistic model)的回归估计方法。逻辑回归模型中，估计回归系数应使用最大似然估计(maximum likelihood estimation，MLE)方法，因此，正确选项为 A。

选项 B，普通最小二乘法(Ordinary Least Squares，OLS)适用于线性回归模型的估计。因此，该选项错误。

选项 C，似然比检验(likelihood ratio test，LR test)用于检验逻辑回归模型的拟合优度，以此判断是否应该新增自变量。因此，该选项错误。

第 5 章 时间序列分析

知识引导

本章介绍时间序列方面的知识。时间序列与一般横截面数据的本质区别在于：时间序列是按照时间顺序排列的，通常具有趋势性、季节性与周期性。由于时间序列数据通常具有序列相关的特殊性，很多情况下不能直接用前面学习的线性回归模型去预测（不满足线性回归的假设条件），而是要将时间序列进行一些处理后再回归。如何处理、构建与解读时间序列，便是这一章的主题。

考点聚焦

时间序列本身是较难的章节，一般在本科或硕士课程中单独成科，需要学习一整个学期。然而，从备考角度来看，其在 CFA® 二级只占了一章的篇幅，考生主要掌握时间序列的基本处理方法及建模即可。如协方差平稳的基本定义、检验（单位根检验）及处理方法（差分）、均值复归、随机游走模型、趋势模型、AR 模型的构建及其基本性质。MA 与 ARMA 模型虽然在原版教材中有所涉及，但不包括在考纲内，考生无须掌握。

本章框架图

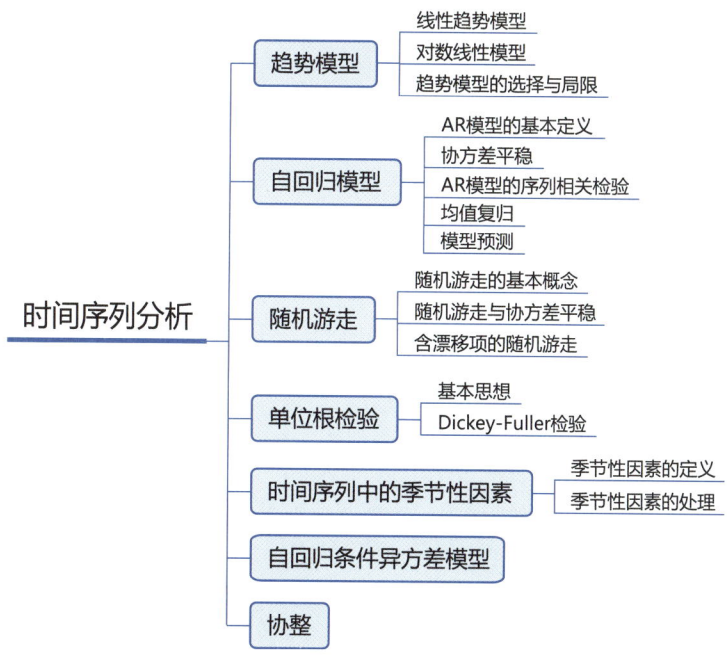

与横截面数据不同,时间序列是按照时间顺序排列的,即以时间为下标的随机变量。当我们得到一组时间序列时,就得到该随机变量一组可能实现的结果,记为$\{y_1, y_2, \cdots, y_t\}$。

> **知识一点通**
>
> 这里需要注意的是,时间序列$\{y_1, y_2, \cdots, y_t\}$中,每一个$y_i$都是一个随机变量,而不是一个随机变量$y$的$t$种可能取值。理解这一点对于理解后续有关时间序列的理论至关重要。在实务中,我们通常观测到的是一组已实现的时间序列,即得到该组随机变量一组可能实现的结果。但如果时间可以倒流,这一时间序列完全可以是另一组取值。时间序列最直观的例子就是你自己。可以想象每一刻的自己都是个随机变量,服从某个分布。现在的自己就是一组已经实现的时间序列。如果时间能倒流,当时的高考多考了20分或少考了20分,可能会在另一个平行时空得到另一组完全不一样的生活轨迹。

时间序列数据在金融中非常常见。例如,我国历年GDP增长率、某公司股价收盘价数据都是时间序列。而实务中,最令人感兴趣的问题就是对时间序列进行建模预测(试想一下,如果能构建一个准确预测股价的时间序列模型,那么离财务自由也就不远了)。然而,由于按时间排序,时间序列具有其特殊性(如趋势线、季节性与周期性),导致不能直接照搬多元线性回归模型将其运用在时间序列上。这是因为,时间序列通常违反了多元线性回归的五大经典假设条件。如何对时间序列进行处理,使其满足五大假设条件,便是本章的主题。

> **知识一点通**
>
> 时间序列最常违反的假设条件就是"残差项序列不相关"。设想,如果用y_t对y_{t-1}做一元线性回归,由于y_t与y_{t-1}高度相关(今天的你必然与昨天的你高度关联),很容易导致残差项ε_t也序列相关。

5.1 趋势模型(Trend Model)

—考点要求—
计算(calculate)
并评价(evaluate)
线性与对数线性
趋势模型(★★)

预测时间序列的最简单的一种方法即先估计时间序列中的趋势(trend),并利用趋势预测时间序列的未来值。本节介绍两种预测时间序列趋势的模型,即线性趋势模型与对数线性趋势模型。

> **知识一点通**
>
> 何谓"趋势"?通俗来讲,趋势即"大势",也就是股票投资中常说的"趋势技术分析"。许多时间序列都有趋势性。例如,图5.1是上证指数的走势图,尽管几十年来A股饱受诟病,经历过数次"股灾",但总体来看仍然具有向上的趋势。如何对这个趋势建模,将其从时间序列中提炼出来,便是本节的内容。

> 知识一点通

图 5.1 上证指数的历史走势

5.1.1 线性趋势模型（Linear Trend Model）

线性趋势模型实际上就是将时间序列本身 y_t 作为因变量，时间 t 作为自变量进行回归，如下：

$$y_t = b_0 + b_1 t + \varepsilon_t \tag{5.1}$$

其中，t 代表不同时期，取值 $1, 2, 3, \cdots, T-1, T$；b_1 表示回归斜率，大于零表示上升趋势，小于零表示下降趋势。在经济金融中，线性的时间序列通常都呈现出向上趋势，见图 5.2。

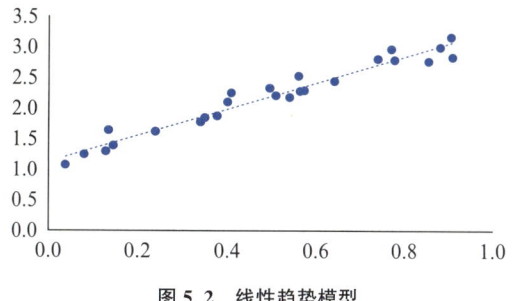

图 5.2 线性趋势模型

> 知识一点通
>
> 不难看出，公式(5.1)其实就是我们在前面学过的一元线性回归方程，只不过此处的自变量 X 为时间 t 而已，估计系数的方法也是用普通最小二乘法 OLS。当然，如果时间序列没有呈现出线性趋势，那么用线性趋势模型进行预测就会有模型设定偏误的问题（残差项会出现序列相关）。事实上，很多时间序列并不会呈现出线性趋势，线性趋势模型只能做最简化的拟合。

5.1.2 对数线性模型(Log-Linear Trend Model)

对数线性模型也称为指数趋势模型(exponential trend),在经济、金融以及商业中均非常常见,**适用于增长率为常数的时间序列(原时间序列呈指数形式增长)**。对数线性模型如下,其中,b_0 及 b_1 为常数:

$$y_t = e^{b_0 + b_1 t} \tag{5.2}$$

公式(5.2)两边同时取对数可得:

$$\ln(y_t) = b_0 + b_1 t \tag{5.3}$$

由公式(5.3)不难发现,"对数线性模型"名称的由来就是因为该时间序列的对数形式是线性的,见图5.3。图5.3的上图横轴为时间 t,纵轴为 y_t,图像呈**指数增长态势(exponential trend)**,下图纵轴为取了对数的 $\ln(y_t)$,图像呈**线性增长态势**。

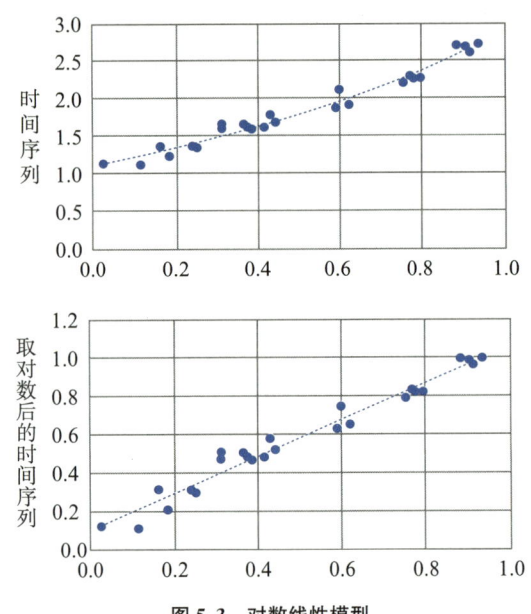

图 5.3 对数线性模型

> **知识一点通**
>
> 为什么对数线性模型适用于度量增长率为常数的时间序列呢?利用数学推导,我们进行一个简单的说明。
>
> 根据公式(5.2),不难得到 t 期与 $t+1$ 期的时间序列取值:
>
> $$y_t = e^{b_0 + b_1 \times t}, y_{t+1} = e^{b_0 + b_1 \times (t+1)}$$
>
> 故有:
>
> $$\frac{y_{t+1}}{y_t} = \frac{e^{b_0 + b_1 \times (t+1)}}{e^{b_0 + b_1 \times t}} = e^{b_1}$$

> **知识一点通**
>
> 由此可见，服从对数线性模型的时间序列的增长率确实为常数，其增长率为：
>
> $$\frac{y_{t+1}}{y_t}-1=e^{b_1}-1$$
>
> 学过微积分的考生，直接对公式(5.2)两边同时求导数即可看出增长率为常数。当然证明过程只是帮助考生理解，无须掌握。

5.1.3　趋势模型的选择与局限

1. 趋势模型的选择

对于选择何种模型估计时间序列，最简便的方法就是图像法。如果时间序列呈现线性形状，则用线性趋势模型；如果时间序列呈现出非线性形状，且增长率为常数，则用对数线性模型。

2. 趋势模型的局限

此外，如果选取的趋势模型能够很好地模拟时间序列，那么趋势模型应该满足多元线性回归模型的五大经典假设条件中的假设三，即残差项序列不相关。使用第3章的知识，可以用DW检验来判断残差项是否序列不相关，如果存在序列相关则说明趋势模型不适用。

—考点要求—
描述（describe）趋势模型的选择与局限（★★）

5.2　自回归模型（Autoregressive Model）

5.2.1　AR模型的基本定义

因为时间序列反映的是同一个体在不同时间点的取值，所以多数时间序列的一个共有特征就是当期值 y_t 与前一期值 y_{t-1} 是相关的。例如，服装店的年销售收入就是与前一年的销售收入密切相关的。**自回归模型**（autoregressive model，AR 模型）的构建就充分反映了时间序列这个特性，将因变量取 y_t，自变量取 y_{t-1} 后进行回归。具体而言，滞后一阶的 AR(1) 过程如下：

$$y_t=b_0+b_1y_{t-1}+\varepsilon_t \tag{5.4}$$

在 AR(1) 模型中，仅用过去一期的 y 来预测 y_t。一般地，可用过去 p 期的 y 来预测 y_t，即 AR(p) 模型为：

$$y_t=b_0+b_1y_{t-1}+b_2y_{t-2}+\cdots+b_py_{t-p}+\varepsilon_t \tag{5.5}$$

—考点要求—
描述（explain）AR 模型的结构（★★）

> **知识一点通**
>
> 自回归模型的思想其实非常朴素。举个生活中的例子，假设 y_t 表示你今天的心情指数，那么近期发生的事情肯定会影响你今天的心情（即 $y_{t-1},y_{t-2},\cdots,y_{t-p}$ 等）。但很久以前发生的事情，随着时间的流逝可能已经不会再影响到今天的心情了，所以公式(5.5)中的自变量只取到滞后 p 期。

5.2.2 协方差平稳（Covariance Stationary）

—考点要求—
解释（explain）协方差平稳的含义（★★）

一个杂乱无章、毫无任何规律的时间序列是无法被预测的。若想预测时间序列，至少要满足的一个前提条件是：时间序列的"结构"是"稳定"的。协方差平稳即给出了"结构稳定"的数学定义。满足以下三个条件的时间序列，称之为**协方差平稳（covariance stationary）** 的时间序列：

（1）期望值（均值）有限且为常数，即 $E(y_t)=\mu$。
（2）方差有限且为常数，即 $Var(y_t)=\sigma^2$。
（3）协方差只与滞后阶数 τ 有关，与时期 t 无关，即 $Cov(y_t, y_{t-\tau})=\gamma(\tau)$。

图 5.4 显示了两组时间序列，上图的时间序列是平稳的，下图是不平稳的（期望值不为常数）。由此可见，平稳的直观理解就是时间序列"又平又稳"——期望值恒定、方差恒定，且协方差只与滞后阶数相关。

> **知识一点通**
>
> 平稳的前两个条件相对直观，第三个条件则较难理解。第三个条件背后的含义是：时间序列之间的相关性，与时间 t 无关，只与滞后阶数相关。例如，y_{100} 与 y_{97} 之间的相关性等于 y_7 与 y_4 之间的相关性，这是因为两组时间序列的滞后阶数相差都是 3 阶。第三个条件间接地反映了时间序列的"周期性"（也就是结构平稳），只要相差阶数相同，**相关性就会周期性地不断重复**。考生需熟记协方差平稳时间序列的三个假设条件。
>
> 细心的考生会发现，图 5.4 中上图实际上就是下图水力发电量的增速。许多不平稳的经济金融时间序列，在差分或计算其增长率后都会变成平稳的时间序列。
>
>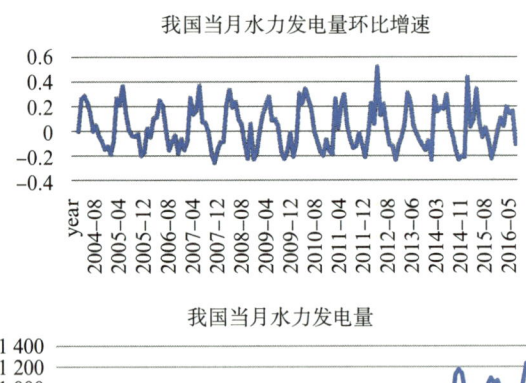
>
>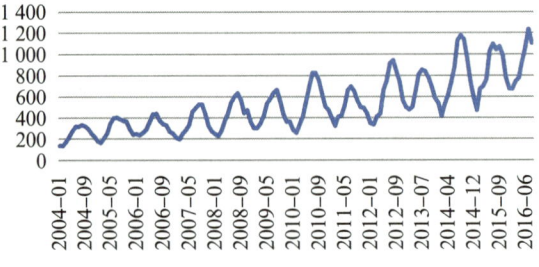
>
> 图 5.4　平稳（上图）与非平稳（下图）的时间序列

CFA® 中仅涉及一种平稳的概念,即协方差平稳。因此,为了表述方便,本书中将"协方差平稳"简称为"平稳"。**注意,如果时间序列不平稳,那么有关回归方程的系数估计是有偏的,且统计推断都是非有效的。拿到一组时间序列,第一步就是判断其是否平稳。**根据"平稳"的定义可以看出,具有趋势的时间序列(其均值随着时间上升或下降,而不是常数)不是平稳的时间序列。

> **知识一点通**
>
> 为什么要引入平稳的概念呢?这是因为时间序列与一般的横截面数据有所不同,对未经处理的非平稳时间序列直接做回归容易出现"伪回归"的现象。例如,有人曾将全球经济增长速度与全球老鼠数量进行回归。由于两者都存在上升趋势,得出的回归结果一定是显著且 R^2 很高的,但显然老鼠数量增长不能够解释经济增长。究其原因就在未经处理的非平稳时间序列是不能直接做回归的。
>
> 有的考生可能会产生疑问,一般的经济数据都具有趋势,即不平稳,那应当如何处理呢?实际上,这类数据必须进行差分除趋后才能进行回归分析或判断协整关系。后面的章节中会有相关介绍。

5.2.3 AR 模型的序列相关检验

在第 3 章中我们学到,检验残差项是否序列相关可以采用 DW 检验。然而,在时间序列中,由于 AR 模型的自变量就是因变量的滞后项,所以 DW 检验失效。只能通过直接检验残差项之间的相关系数是否显著不为零来判断回归方程是否满足假设三——即残差项不存在序列相关。

—考点要求—
解释(explain)序列相关并利用其判断 AR 模型是否适用(★★)

这里引入一个新的概念——"自相关系数"(autocorrelation)。在时间序列中,自相关系数是指时间序列 y_t 与其滞后项之间的相关系数。例如,k 阶自相关系数就是指 y_t 与 y_{t-k} 之间的相关系数。

有了自相关系数的概念后,要检验自回归模型的残差项是否序列相关,实际上**只要检验残差项之间的各阶自相关系数是否显著不为零即可**。

综上所述,AR 模型的序列相关检验可以分为以下三步:

第一,构建并估计 AR(1)模型;
第二,计算模型残差之间的自相关系数;
第三,检验残差的各阶自相关系数是否显著不为零。

5.2.4 均值复归(Mean Reversion)

均值复归是许多时间序列具有的性质,尤其对于平稳的时间序列而言。具体而言,均值复归(mean reversion)是指当前时间序列的值高于其长期均值时,未来时间序列走势倾向于下降;反之,当前时间序列的值低于其长期均值时,未来时间序列走势倾向于上升。

—考点要求—
解释(explain)并计算(calculate)均值复归水平(★★★)

> **知识一点通**
>
> 同样可以用生活中的例子来说明均值复归的特性。例如,在学生的知识水平没有显著提升的前提下,其每次考试成绩就必然呈现出均值复归的特性。偶尔一次超常发挥意味着时间序列取值高于均值,那么未来的考试成绩就倾向于下降。因此,不必因为人生暂处低谷而妄自菲薄,也不要为一时的成功而过于洋洋自得,均值最终是会复归的。

如何估计具有均值复归特性的时间序列均值呢?当具有"均值复归"特性的时间序列处于均值水平时(即已经复归到均值),对其下一期的预测值仍然应当是均值。故假设 y_t 此时处于均值水平,可得到 $y_{t+1}=y_t$。将其代入公式(5.4),有:

$$y_t = b_0 + b_1 y_t$$

由此可反推出均值复归水平 y_t 应为:

$$y_t = \frac{b_0}{1-b_1} \tag{5.6}$$

> **备考小贴士**
>
> 考生应掌握如何运用公式(5.6)计算时间序列的均值复归水平。

5.2.5 模型预测

5.2.5.1 多期预测

利用公式(5.4),不难得出 AR 模型的一期预测(已知 y_t 预测 y_{t+1})如下:

$$\hat{y}_{t+1} = \hat{b}_0 + \hat{b}_1 y_t \tag{5.7}$$

同理,如果要预测 y_{t+2},可基于公式(5.7)结果进一步预测,即有:

$$\hat{y}_{t+2} = \hat{b}_0 + \hat{b}_1 \hat{y}_{t+1} \tag{5.8}$$

从公式(5.7)与公式(5.8)不难看出,对 AR 模型进行多期预测时实际上是个迭代过程,被称为链式预测法则(chain rule of forecasting)。

> **知识一点通**
>
> 值得指出的是,多期预测结果的误差高于单期预测。这是因为,预测 y_{t+2} 时是基于 y_{t+1} 的预测值。然而,y_{t+1} 的预测值本身就存在误差,再利用其来预测 y_{t+2} 的值就将误差进一步放大了。如果预测更多期,则未来的误差将越来越大。

5.2.5.2 预测模型的选择

如何选择时间序列的预测模型呢?例如,用 AR 模型预测时间序列,那么应该构建滞后一阶的 AR(1) 模型还是构建滞后二阶的 AR(2) 模型，或者更高阶的 AR 模型呢？<u>其中一个判断标准就是预测误差</u>。

具体而言，预测误差可分为样本内预测误差与样本外预测误差。

样本内预测误差(in-sample forecast errors)是指回归标准差(SEE)，即残差项的标准差。之所以称其为"样本内"，是因为回归模型是利用历史样本数据得到的。样本内预测误差越小说明模型回归得越好。

样本外预测误差(out-of-sample forecast errors)又称为均方误(root mean squared error, RMSE)，是指模型预测值与真实数据之差平方和均值的正平方根。之所以称之为"样本外"，是因为预测值是对历史样本外的预测。**RMSE 越小说明模型预测得越好**。

—考点要求—
区分（contrast）样本内预测误差与样本外预测误差（★）

> **知识一点通**
>
> 例如，根据 1978 年到 2020 年的历史数据，回归得到有关我国 GDP 增长率的 AR(1)模型。那么，1978 年到 2020 年的历史回归数据下，AR(1)模型的残差项的方差就属于样本内预测误差。利用得到的 AR(1)模型对未来 2021 年到 2023 年的经济增长率进行预测，得到的预测值就属于样本外。随着时间的推移，将这段时间真实的 GDP 增长率与之前预测的增长率做比较，即可计算得到 RMSE。

> **备考小贴士**
>
> 不用担心 RMSE 的计算公式，题目会直接告诉考生数值。考生只需知道这个指标越小说明模型越好即可。

5.2.5.3 回归系数的不稳定性

时间序列的预测模型存在一个通病：回归系数不稳定。选取不同时间段的历史数据往往会得到不同的回归系数。甚至，如果选取不同时间段的历史数据，模型选择也会发生改变——在某段时间内，可能 AR(1)模型更适用；但在另一段时间内，可能 AR(2)模型更适用。

—考点要求—
解释（explain）时间序列模型系数的不稳定性（★）

> **知识一点通**
>
> 实操中，并没有一种通用的方法来断定选取什么时间段的历史数据去构建模型是最优的。这往往需要根据具体的研究问题来判断。例如，对于我国，直接使用 1949 年至今的 GDP 增长率数据构建模型，可能是不恰当的。这是因为，1978 年是改革开放的一个分界点，在此之前与在此之后的数据必然会发生结构性的变化。具体而言，1949 年至 1978 年之间的回归系数、模型选取可能会与 1978 年以后有很大的不同。

5.3 随机游走（Random Walk）

5.3.1 随机游走的基本概念

—考点要求—
描述（describe）随机游走模型的特征，并与平稳的时间序列进行比较（contrast）
（★★）

上一节中，我们探讨了具有"均值复归"特性的时间序列。在实务中，还存在一类时间序列，它们的走势完全没有固定的模式。这一类时间序列的特性称为"随机游走"（random walk）。

具体而言，随机游走的时间序列 y_t 是在前一期值 y_{t-1} 的基础上加上一个不可预测的随机扰动项 ε_t，即：

$$y_t = y_{t-1} + \varepsilon_t \tag{5.9}$$

其中，$E(\varepsilon_t)=0$；$E(\varepsilon_t^2)=\sigma^2$；$E(\varepsilon_t,\varepsilon_s)=0(t\neq s)$。

> **知识一点通**
>
> 关于随机游走的时间序列有三点需要注意。第一，不难看出，公式（5.9）实际上是 AR(1) 模型当 $b_0=0,b_1=1$ 的特殊情形。第二，由于残差项期望为 0，故 y_{t-1} 就是 y_t 的最好预测值。换言之，本期取值就是下一期取值的最好预测[同时对公式（5.9）两端求期望即可得]。因此，通俗地讲，随机游走的时间序列就是基于上一期的值，随机"迈一步"得到下一期的值。第三，随机游走的时间序列在实际中也非常常见。有研究表明，汇率走势实际上服从随机游走模型，甚至一些股指或个股股价在某段时期内也服从随机游走模型。这意味着，构造一些很复杂的预测模型实际上并没有比随机游走模型效果更好，股价实际上是随机在游走的！从这个角度看，如果股价随机游走，任何基本面和技术分析都是无效的。

图 5.5 显示了两条从零点出发、残差项服从标准正态分布的随机游走路径。从图中可以看出虽然每期的残差的期望为 0，但随着残差项每期的累加，两条路径的走势越来越不相同。

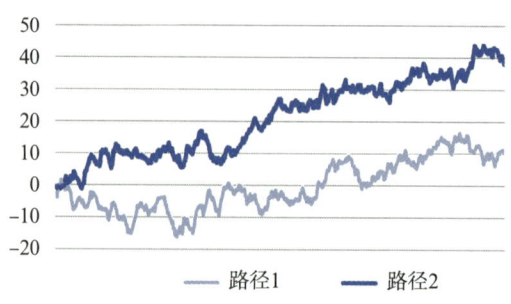

图 5.5 随机游走时间序列形成的路径

5.3.2 随机游走与协方差平稳

前文讨论有关 AR(1)模型的相关回归方法并不适用于估计随机游走模型。这是因为**随机游走的时间序列不是协方差平稳的时间序列,也不存在均值复归的特性**。具体而言,随机游走模型的均值不复归且方差不有限,不满足协方差平稳的条件。

> **知识一点通**
>
> 下面简要说明为什么随机游走的时间序列均值不复归且方差不有限。回顾前文相关内容,假设随机游走的时间序列也有均值复归的特性,那么当 y_t 处于均值复归水平时,应当保持不变。即有 $y_t = b_0 + b_1 y_t$, $y_t = b_0/(1-b_1)$。然而,如前文所述,对于随机游走的时间序列:$b_0 = 0, b_1 = 1$,即均值复归水平的分母 $(1-b_1) = 0$,故其均值复归水平不存在。
>
> 对于方差,来看一个特例。假设 $y_1 = 0$,那么 $y_2 = 0 + \varepsilon_2$。于是,y_2 的方差为 σ^2。进而 $y_3 = y_2 + \varepsilon_3 = \varepsilon_2 + \varepsilon_3$,从而 y_3 的方差为 $2\sigma^2$。以此类推,随着 t 的增大,y_t 的方差也逐步增大,没有上界。

既然随机游走的时间序列不平稳,就要先对时间序列进行处理。一种有效的处理方法就是**一阶差分(first-differencing)**,即构造一组新的时间序列 y'_t,有:

$$y'_t = \Delta y_t = y_t - y_{t-1} \tag{5.10}$$

可以证明,虽然原时间序列 y_t 不平稳,但差分后的时间序列 Δy_t 是平稳的。

> **知识一点通**
>
> 注意,根据定义公式(5.9),$\Delta y_t = y_t - y_{t-1} = \varepsilon_t$。而根据公式(5.9)下的要求,$\varepsilon_t$ 的均值为 0,方差为常数,且序列不相关,即 $E(\varepsilon_t \varepsilon_s) = 0$,实际上就分别符合了平稳时间序列的三个条件,数学上称其为白噪声。这里考生记住结论即可。

5.3.3 含漂移项的随机游走

公式(5.9)介绍的随机游走模型实际上是简单的随机游走。更一般地,随机游走模型还会包括一个漂移项(drift) b_0,如下:

$$y_t = b_0 + y_{t-1} + \varepsilon_t \tag{5.11}$$

其中,$b_0 \neq 0$;$E(\varepsilon_t) = 0$;$E(\varepsilon_t^2) = \sigma^2$;$E(\varepsilon_t \varepsilon_s) = 0 (t \neq s)$。

> **备考小贴士**
>
> 含漂移项的随机游走模型的相关结论与简单随机游走模型的基本相同,考生无须特别记忆。例如,同样由于 $b_1 = 1$,含漂移项的随机游走模型不平稳,且不存在均值复归。同理可证,差分后含漂移项的随机游走模型是平稳的。

5.4 单位根检验（Unit Root Test）

5.4.1 基本思想

—考点要求—
描述（describe）时间序列的单位根含义（★★）

单位根检验用于判断时间序列是否平稳。前文已证明，随机游走模型是非平稳的，且其系数 $b_1=1$，所以称其为"单位根"。故如果说一个时间序列有单位根，就意味着其是非平稳的。

单位根检验的基本思想是判断公式（5.4）AR(1)模型中的回归系数 b_1 的绝对值是否大于1。如果有 $|b_1|\geqslant 1$，则说明该时间序列不平稳。为方便下文说明，将 AR(1) 模型重新列示如下，即公式（5.4）：

$$y_t = b_0 + b_1 y_{t-1} + \varepsilon_t$$

> **知识一点通**
>
> 为什么 $|b_1|\geqslant 1$ 时，时间序列就不平稳呢？这里，抛开复杂的数学证明，用一个简单的反例进行说明。如前文所述，当 $b_1=1$ 时，时间序列为随机游走，不平稳。因此，我们只需对 $|b_1|>1$ 的情形进行说明即可。不妨假设 $b_1=2, y_0=2$。根据 AR(1) 模型，不考虑残差项，不难推出 $y_1=4, y_2=8, y_3=16, \cdots$ 这显然是一个均值不断上升、发散而非平稳的时间序列（时间序列的最基本要求即是均值为常数）。

然而，要通过是否满足 $|b_1|\geqslant 1$ 判断时间序列是否平稳，不能直接检验 AR(1) 模型中的 b_1 系数绝对值是否显著大于1。这会存在一个类似循环论证的逻辑错误：如果时间序列本身不平稳，那么，非平稳时间序列做回归得到的系数是有偏的，统计推断的结论也是无效的。因此，通过 AR(1) 模型结果来判断 b_1 系数也是无效的。这里需要引入新的统计检验方法——Dickey-Fuller 检验。

5.4.2 Dickey-Fuller 检验

—考点要求—
解释（explain）如何检验单位根、演示（demonstrate）如何转换含有单位根的时间序列以使其适合 AR 模型（★★）

如果时间序列 y_t 本身非平稳，不能利用 t 检验得出有关 b_1 显著性的结论，那么可以按照此前处理随机游走时间序列的方法——一阶差分。如果差分后的时间序列平稳，那么通过 AR(1) 模型得到的统计推断结论就是可靠的。这就是 Dickey-Fuller 检验的基本思想。

具体而言，公式（5.4）两边同减 y_{t-1} 有：

$$\begin{aligned}\Delta y_t &= b_0 + (b_1-1) y_{t-1} + \varepsilon_t \\ &= b_0 + b_1' y_{t-1} + \varepsilon_t\end{aligned} \quad (5.12)$$

那么，要判断 b_1 是否显著不为1实际上等价于判断新回归方程中的 b_1' 是否显著不为0。而如果差分后的实际序列 Δy_t 是平稳的，新回归方程中有关系数的统计推断就是有效的。

根据上文描述，Dickey-Fuller 检验的原假设是：$b_1'=0$（时间序列非平稳，具有单位根）；备择假设是：$b_1'<0$（时间序列平稳，没有单位根）。

> **备考小贴士**
>
> 实际上，Dickey-Fuller 检验中使用的 t 统计量的关键值和一般的 t 检验还是有所不同的。细心的考生也不难发现上文的叙述与严格的数学证明也是有差异的。但从备考的角度来说，考生最主要应掌握的还是 Dickey-Fuller 检验的用途及其原假设与备择假设的对应结论，技术上的细节可以忽略。

5.5 时间序列中的季节性因素

5.5.1 季节性因素的定义

—考点要求—
解释（explain）如何检测与处理季节性因素（★★）

如果时间序列是基于每月或每季度获得的，就有可能表现出季节性。"季节性因素"是指时间序列每年在同一时间点都会重复出现类似的走势（注意季节性因素不一定只在季度数据上体现，月度数据也可以，只要每年同一时间点重复出现的范式都是季节性因素的体现）。季节性因素源于气候、偏好和风俗习惯。例如，许多农作物的生产技术受制于气候变化的影响，产量呈现出明显的季节性因素；又如，人们偏好于夏天出门度假，于是旅游企业的收入呈现出季节性因素；再如，普遍企业习惯在春节前停产，于是 GDP 也呈现出季节性因素。

如图 5.6 所示，蓝线代表了我国从 2004 年起历年水力发电的月度数据。从图中不难看出，每年 7 月、8 月都是水力发电的高峰，这有可能和 7 月、8 月洪涝或多种因素相关。这就是季节性因素的现象。

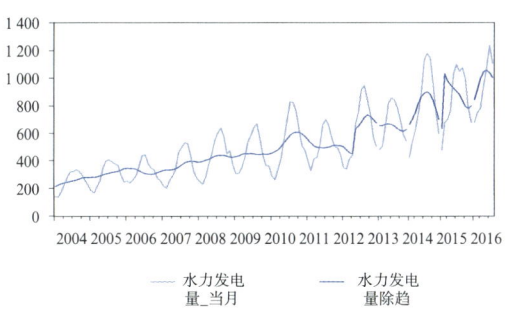

图 5.6　我国历年水力发电量（月度数据）

5.5.2 季节性因素的处理

季节性因素的处理其实非常简单。如果时间序列存在季节性特征，那么按 AR(1) 模型估计出来的残差项会存在序列相关（每年相同季节的数据存在相关性）。为了保证残差项非序列相关，只要将滞后四阶的时间序列也加入模型即可（假定考察对象为时间间隔为季度的季度数据），如下：

$$y_t = b_0 + b_1 y_{t-1} + b_2 y_{t-4} + \varepsilon_t \tag{5.13}$$

> **知识一点通**
>
> 公式(5.13)的思想非常清晰明了。例如,若要预测 2023 年第一季度的水力发电量,除了参考 2022 年第四季度的水力发电量之外,还要参考 2022 年第一季度的水力发电量。这是因为,水力发电量每年同一季度的数据会呈现出类似的模式。当然,如果是月度数据,公式(5.13)中就应当加入 y_{t-12} 项。

5.6 自回归条件异方差模型(ARCH Model)

—考点要求—
解释(explain)
并描述(describe)
ARCH 模型的
运用(★)

本节探讨时间序列的异方差问题。首先,简要回顾第 3 章介绍的同方差概念,即残差的方差为常数,与自变量的取值无关。违反这一条件,即存在异方差。在时间序列中,存在一种特殊的异方差形式,它被称为自回归条件异方差(autoregressive conditional heteroskedasticity,ARCH),指的是当前残差的方差与过去残差的方差相关。

要检验此异方差问题,必须引入自回归条件异方差模型。具体而言,ARCH(1)模型如下:

$$\varepsilon_t^2 = a_0 + a_1 \varepsilon_{t-1}^2 + u_t \tag{5.14}$$

> **知识一点通**
>
> ARCH 模型由经济学家 Engel 提出,Engel 因此获得 2003 年的诺贝尔经济学奖。ARCH 模型借助了 AR 模型的基本思想。AR 模型常用于估计资产收益率,意味着今天的收益率部分由昨天的收益率所决定。ARCH 模型则常用于估计资产收益率的方差,意味着今天市场的波动率部分由昨天市场波动率所决定。如果昨天市场波动剧烈,今天市场也大概率波动剧烈(想一想我国 2015 年的股灾中,天天千股跌停的现象)。

> **备考小贴士**
>
> ARCH 模型了解即可,原版教材没有花费很多篇幅展开介绍。

公式(5.14)中仅引入了一阶滞后项。一般地,将 1 阶到 p 阶滞后项都引入模型,即可得到 ARCH(p)模型。

5.7 协整(Cointegrated)

—考点要求—
解释(explain)
如何判断多个
时间序列之间
是否存在协整
(★)

迄今为止,前文所讨论的各种时间序列模型均仅针对一组时间序列 y_t。当涉及多组时间序列时,应当如何构建时间序列模型呢?例如,研究改革开放以来我国历年 CPI 与失业率之间的关系。这一问题涉及两组时间序列,无法直接使用 AR 模型进行估计。本节将介绍一种涉及多个时间序列的常见模型——协整。

如前文所述,如果时间序列本身非平稳(即存在单位根),那么直接进行回归得到的结论是无效的。涉及多个时间序列时亦是如此。如果每个时间序列都是平稳的,那么直接运用多元线性回归模型处理时间序列即可。反之,如果并非每个时间序列都是平稳的(只要其中一个时间序列非平稳),那么直接进行回归得到的结论是无效的,称之为"伪回归"(spurious regression)。

> **知识一点通**
>
> 实务中,很多研究报告其实都忽视了伪回归,很多看似"正确"的结论实际上都忽视了对时间序列平稳性的检验。例如,有人研究过降雨量与股市涨跌的关系,似乎从时间序列的数据上看降雨量的高低可以解释股市涨跌,但实际上这些研究都忽视了首先应对时间序列的平稳性进行检验。

特别地,如果多个时间序列均存在单位根,那么我们可以进一步判断多个时间序列之间是否存在协整关系。注意,协整关系反映了时间序列之间的长期关系,而非短期关系。如图 5.7 所示,工商银行股价与农业银行股价之间就存在长期的协整关系。① 虽然两者之间的价差不为常数,但长期来看两个银行之间的股价有一个"相对稳定"的价差。当价差过大时,可做多农业银行的同时做空工商银行的股票,以期待价差回归。反之亦然。

图 5.7 农业银行与工商银行股价之间存在协整关系

> **知识一点通**
>
> 什么是协整关系?我们这里通过一个形象的例子进行说明。协整关系反映的是长期关系。想象一个醉汉牵着一条狗在走路。由于醉汉走路是随机的,狗也会围绕着醉汉前后跑动,因此,短期内两者之间的距离是随机不可确定的。然而,长期来看,醉汉与狗之间的位置是存在协整关系的。这是因为,醉汉是用一个链条拴着狗在走路的,虽然短期无法预测两者之间的位置关系,但长期来看两者之间的距离受链条长度的限制,是可以预测的。这就是协整关系。很多金融资产价格之间虽然不能直接用因果关系解释,但可以用协整关系对其之间的长期关系进行说明,见图 5.7。

---

① 协整关系模型的构建已超出考试范围,这里不再详细展开讨论。

具体而言，多个均存在单位根的时间序列之间是否存在协整关系的判断步骤如下。

第一，将多个时间序列进行回归，模型如下：

$$y_t = b_0 + b_1 x_{1t} + b_2 x_{2t} + \cdots + b_k x_{tk} + \varepsilon_t \tag{5.15}$$

第二，用 Dickey-Fuller 检验判断公式(5.15)中的残差项 ε_t 是否为平稳的时间序列。

第三，如果 Dickey-Fuller 检验无法拒绝原假设（即残差项存在单位根），那么时间序列之间不存在协整关系。

第四，如果 Dickey-Fuller 检验拒绝原假设（即残差项不存在单位根），那么时间序列之间存在协整关系。

为方便考生记忆，我们以两个时间序列为例，将如何判断两者之间是否存在协整关系的整个逻辑关系归纳如表 5.1 所示。

表 5.1 协整关系的判断步骤

平稳性检验	结论与处理方法
两个时间序列均平稳	直接进行回归即可
一个平稳，一个非平稳	不能进行回归
两个时间序列均非平稳且回归后的残差项非平稳	不存在协整关系
两个时间序列均非平稳且回归后的残差项平稳	存在协整关系

练一练

Chris Pratt, CFA, is an industrial analyst in Jurassic Fund. He is going to predict the quarterly revenue for a chain of country inns, *Mysterious Village*. *Mysterious Village* is a chain hotel in a tropical resort where attracts tourists almost the whole year because of its tropical wonderful views and marvelous sea beach. Chris gathers 48 quarterly revenue data and intends to build a log-linear trend model to predict the revenue of the chain hotel. The data and the results of the model are shown in Figure 5.1 and Exhibit 5.1, respectively.

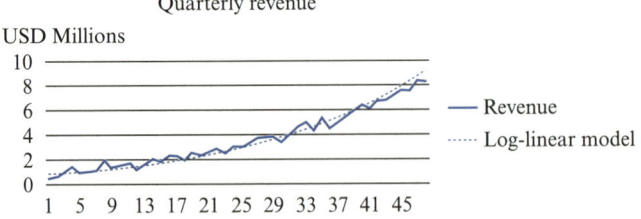

Figure 5.1

Exhibit 5.1

	Coefficients	Standard Error	p-value
Intercept	0.126 59	0.023 65	0.000 00
Time trend	0.041 87	0.001 89	0.000 00

R^2	0.921 3
Observation	48
Durbin-Watson test	0.245 1

Due to the strong tendency of the revenue data, Chris adopts the first-differencing method to process the logarithmic data and rebuild the model as follow:

$$\ln x_t - \ln x_{t-1} = b_0 + b_1 \times (\ln x_{t-1} - \ln x_{t-2}) + \varepsilon_t$$

Finishing the work, Chris runs the renewed model and the partial results are listed in Exhibit 5.2 and Exhibit 5.3.

Exhibit 5.2

Results for Dickey-Fuller Test

Time series	Value of statistic	Standard Error	t-Statistic	p-Value
$\ln x_t - \ln x_{t-1}$	−0.345 9	0.097 2	−3.558 6	0.001 0

Exhibit 5.3

Lagged Residual	Autocorrelation	Standard Error	t-Statistic
ε_{t-1}	0.373 8	0.145 9	2.562 0
ε_{t-2}	0.175 4	0.145 9	1.202 2
ε_{t-3}	0.091 7	0.145 9	0.628 5
ε_{t-4}	0.184 5	0.145 9	1.264 6

The critical t-statistic at the 5% significant level is 2.00

Casually, Ulrike Shleifer, manager of the fund, finds Chris's rebuilt model and points out that the heteroskedasticity may exist. Ulrike states: "Firstly, we should collect the residuals of the model (ε_t); secondly, we create a new regression model as follow:

$$\widehat{\varepsilon_t^2} = \alpha_0 + \alpha_1 \times \widehat{\varepsilon_{t-1}^2}$$

Lastly, we test whether the regression coefficient (α_1) is statistically less than one."

5-1 According to Figure 5.1, which of the following statements is most likely to be correct?
   A. The time series data is not covariance stationary because the expected value of the time series is inconstant.
   B. The time series data is not covariance stationary because the variance of the time series is inconstant.
   C. The time series data is not covariance stationary because time series does not show periodicity.

5-2 Based on Exhibit 5.1, the revenue for the 49th quarter is closest to:
   A. USD 8.259 6 million.
   B. USD 7.907 2 million.
   C. USD 8.830 6 million.

5-3 Based on Exhibit 5.1, if the lower and upper critical values for the Durbin-Watson test are 1.503 and 1.585 respectively, does serial correlation exist in the model?

A. Yes, there is evidence for the negative serial correlation.

B. Yes, there is evidence for the positive serial correlation.

C. Inconclusive, because the Durbin-Watson test is inappropriate for time series data.

5-4 Based on Exhibit 5.2, which of the following statements is most likely correct?

A. The original time series has a finite mean-reverting level.

B. The first-differenced time series has a finite mean-reverting level.

C. The most appropriate model for the first-differenced time series is a random walk.

5-5 Based on Exhibit 5.3, the renewed model should be adjusted by:

A. adding the second lag into the model at the 5% significant level and retest serial correlation.

B. adding the fourth lag into the model at the 5% significant level.

C. adding the first and fourth lags into the model at the 5% significant level.

5-6 Which step of Ulrike's statement is most likely incorrect?

A. First step.

B. Second step.

C. Last step.

答案与解析

5-1 A

对于时间序列数据而言，协方差平稳需要满足3个条件：

(1) 时间序列的期望值(均值)恒定。

(2) 时间序列的方差有限且恒定。

(3) 时间序列的协方差恒定且协方差仅与时间间隔相关。

从图中可以看出，Mysterious Village 连锁酒店的收入连年上升，因此，该时间序列数据的期望值(均值)是随着时间改变的，而不是固定不变的，因此，选 A。

选项 B，从图中可以得出，时间序列的方差并不随着时间的不同而不同，因此，该序列的方差是恒定的，所以选项 B 错误。

选项 C，时间序列是否存在明显的周期性不是判断协方差平稳的条件，因此，选项 C 错误。

5-2 C

先明确 log-linear model 的形式如下：

$$\ln x_t = b_0 + b_1 \times t$$

题目要求计算第 49 个季度的收入，具体过程如下：

$$\ln x_{49} = 0.126\ 59 + 0.041\ 87 \times 49 = 2.178\ 22$$

$$x_{49} = e^{2.178\ 22} = 8.830\ 6$$

因此，选 C。

5-3 B

Chris 建立的 log-linear model，其 Durbin-Watson 统计量(0.245 1)小于临界值下限(1.503)，故存在正序列相关性，因此，选 B。

选项 A，Durbin-Watson 统计量小于临界值下限，表明存在正序列相关性而不是负序列相关性。

选项 C，Durbin-Watson test 只是不适用于包含滞后项的时间序列模型(如自回归模型)，但是对于不包含滞后项的时间序列模型还是有作用的。

5-4　B

先明确 Dickey-Fuller 检验的原假设是时间序列存在单位根，根据 Exhibit 5.2 可以在 1% 的显著水平下拒绝原假设，即认为差分后的数据不存在单位根，不存在单位根意味着该序列有明确的均值回归水平，因此，选 B。

选项 A，由于本题中 Dickey-Fuller 检验是针对差分后的序列进行的，故不能反映原序列是否存在单位根以及是否有均值回归水平。

选项 C，只有当时间序列存在单位根时，才适用随机游走模型，由于差分后的序列不存在单位根，因此，不适用随机游走模型。

5-5　A

根据 Exhibit 5.3 的检验结果，四个滞后项中第一个滞后项的自相关系数的 t 检验统计量大于关键值 2.00，说明存在序列相关问题。此时可以在原模型中进一步引入二阶滞后项 x_{t-2}，然后重新检验新的模型是否仍具有序列相关问题，因此，选 A。

5-6　C

Ulrike 关于异方差性检验的论述中，第一个和第二个部分都是正确的，在建立新回归模型后应该检验 a_1 是否显著区别于 0 而不是 1，Ulrike 关于异方差检验的最后一部分陈述不正确，因此，选 C。

第 6 章
机器学习

章节导学

知识引导

机器学习(machine learning,ML)是近年来炙手可热的技术,在各领域中都得到了广泛的应用。在传统的程序范式中,程序设计犹如菜谱设计。在完成菜谱设计后只要将食材和调味料(输入数据)输入给计算机程序就能得到预定的菜肴(输出结果)。然而,固定的算法是难以有效解决许多特殊问题的,如人脸识别、垃圾邮件分类、广告智能推送等。而机器学习算法则有所不同,其核心思想是让机器去学习。对于机器学习模型来说,菜谱(程序)不是事先设定好的,而是将输入输出数据喂给机器学习模型后,让机器不断更新学习的一个过程,从而最终设计出一个最佳菜谱。本章会初步介绍,机器学习模型在金融领域中是如何应用的。

考点聚焦

自 2020 年开始"机器学习"变为一整个章节,可见 CFA® 协会对机器学习的重视。学习本章,考生应能区分机器学习模型中的监督学习与非监督学习的概念;理解什么是过拟合和欠拟合;并能理解本章介绍的各类机器学习模型的基本算法。仅用一章的篇幅是没有办法深入介绍各种机器学习模型技术的。从备考的角度来说,考生可以忽略各模型构建的技术细节。

本章框架图

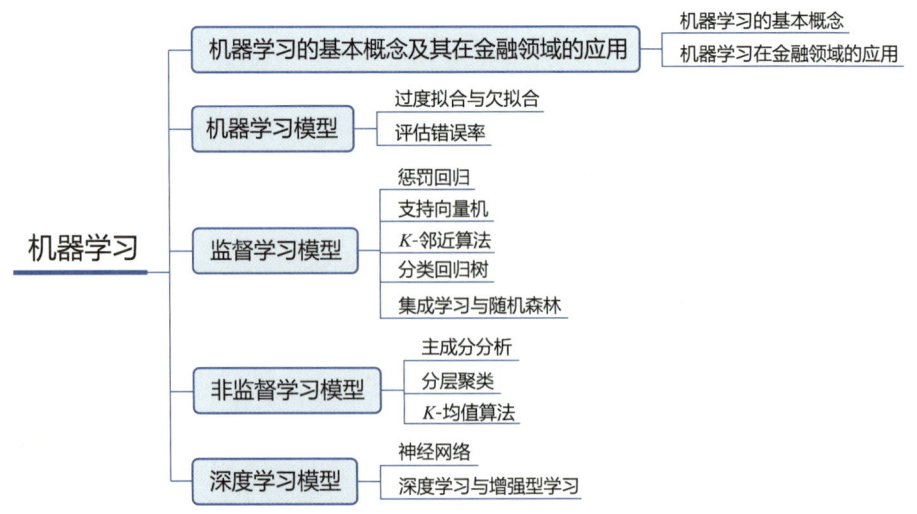

6.1 机器学习的基本概念及其在金融领域的应用

6.1.1 机器学习的基本概念

6.1.1.1 机器学习的定义

机器学习是相对于传统统计模型的建模方法。传统统计模型对数据分布有着严格的要求;而机器学习对数据的分布通常没有严格的要求。机器学习模型把数据分为训练样本(training dataset)、验证样本(validation dataset)与测试样本(testing dataset)。模型先通过训练样本来发现输入变量(inputs)与输出变量(outputs)之间的关系。随后,再利用验证样本来验证这种关系是否真的存在。最后,如果验证通过,模型利用这种关系来对新的数据进行预测,并持续跟踪关系的有效性。

通俗地讲,传统的统计模型是已知输入变量 x 和函数 $f()$,去求输出变量 $y=f(x)$。而对于机器学习模型,是已知输入变量 x 和输出变量 y,通过学习得出两者之间的函数关系 $f()$,见图 6.1。在整个学习过程中,如何得到输入变量与输出变量的关系通常是个无法说明的"黑箱"(black box)。这也是为什么对于外行人来说,机器学习如此神秘。**机器学习更适用于分析变量较多、模型不固定且具有非线性范式的模型**。

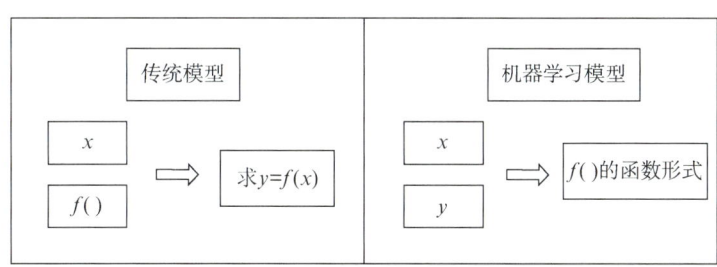

图 6.1 传统模型与机器学习模型

> **知识一点通**
>
> 机器学习与传统的统计学模型最大的区别就在于"学习"。传统的统计学模型相当于一张既定的菜谱,计算机根据菜谱"照方抓药",烹饪出事先设定的菜肴。而机器学习则不同,我们并不会给模型提供一张"固定"的菜谱,在做菜的过程中模型会不断地根据每次做出的菜的味道,不断学习,调整、改良菜谱。
>
> 在实际应用中,诸如语音识别(如 iPhone 的 Siri)、无人机驾驶等技术是很难用既定的程序来实现的,必须运用机器学习的算法才能实现。机器学习最有名的例子莫过于由谷歌开发的 AlphaGo。AlphaGo 先后击败李世石、柯洁等围棋世界冠军。围棋虽然是一种完全信息博弈(19×19 的棋盘,理论上是可以穷尽所有可能的),但穷举的计算量巨大。因此,AlphaGo 采用一种学习性的算法:它通过自己与自己下棋,不断学习,找到获胜概率最大的下法。然而,值得指出的是,**机器学习的方法主要是靠归纳、综合,而不是演绎**。因此,AlphaGo 虽然赢得了比赛,但它无法完全诠释自己赢棋的棋理。

6.1.1.2 机器学习的分类

―考点要求―
描述（describe）
监督学习、非监督学习与深度学习（★）

机器学习模型通常可以分为监督学习、非监督学习与深度学习模型三种。

顾名思义，监督学习（supervised learning）的输出数据是被"监督的"，即输出数据的分类是事前确定打上标签（label）的。例如，根据中国各地的房源数据来预测未来房价趋势。其中，输入变量可以为房子面积、地段、是否带电梯等，输出变量为"上涨""下降"。这里输出变量的分类是被事先打上标签的，要么为"上涨"，要么为"下跌"。因此，要用监督学习类的算法来进行预测。类似地，判断债券是否会违约也可以使用监督学习的算法。

与监督学习相反，非监督学习（unsupervised learning）的输出变量没有被事先打上标签。例如，在笔迹识别技术中可以使用非监督学习的算法。这时输入变量可以是千百万人的笔迹，而输出变量的分类并没有事先给定。计算机会根据笔迹输入数据的不同特征将其自行归类。

深度学习（deep learning）算法同时运用了监督与非监督学习的算法。现在比较流行的深度学习模型是神经网络模型（neural networks）。神经网络模型在 20 世纪 50 年代就已经诞生，被广泛运用于各个领域。神经网络算法的基本思想是模拟人脑神经元对信息的处理方式。神经网络由神经元（也称节点）构成，不同神经元相互连接，传递信息。每个神经元都对应一个输出函数，并被赋予相应权重，用于处理输入信息。当神经元收到输入信息时，会根据输出函数计算出输出值。如果输出值超过事先确定的阈值，该神经则会被激活并向下一个神经元传递信息。输出值神经元的层级数越多，则模型越复杂，这些层级相当于隐藏层（hidden layer），也就是通常说的黑箱。

6.1.2 机器学习在金融领域的应用

投资管理中，几乎每一环节都可以运用机器学习模型。在对客户特征进行描绘时，采用机器学习技术可以对客户类型进行归类；在客户维护与沟通环节，智能投顾能与客户充分沟通，并根据客户偏好给出投资建议。在资产配置环节，机器学习模型（如主成分分析模型）估计的方差协方差矩阵比传统的均值方差模型更加有效；在个体资产选择环节，利用各种机器学习模型，能对股票进行分类、预测、特征选择等操作，或对债券是否违约进行预测。

6.2 机器学习模型

―考点要求―
描述（describe）过度拟合，并运用恰当的方法识别（identify）过度拟合（★★）

在讲述具体的机器学习模型算法之前，先来了解评估机器学习模型表现的方法，以便更好地选择模型。

6.2.1 过度拟合与欠拟合

相比于传统统计模型，机器学习模型具有诸多优点，如机器学习模型捕捉非线性模型的能力更强、识别结构变化的能力也更强。但是，必须始终牢记的一点是，机器学习模型容易导致过度拟合的问题。

过度拟合（overfitting）是指模型在学习过程中，过度使用数据，把数据中的噪声当作了真实参数，得到了一个看似非常符合数据的模型。然而，当喂入新的数据集时，该模型就不适用了。过度拟合在量化投资中非常常见。例如，一个根据历史数据拟合出的交易策略，看似收益率极高，但在未来的实际交易中却很难盈利。

与过度拟合相对应的概念是欠拟合。欠拟合（underfitting）是指在学习过程中，把真实参数当成了噪音，从而得出了一个过于简单的模型。

可以通过图 6.2 来理解过度拟合与欠拟合。在图 6.2 中，X 与 Y 的真实关系实际上是实线所表示的二次函数关系。图中欠拟合的情形是用过于简单的一次线性函数来拟合 Y 与 X 的关系（短虚线），而过度拟合则是用了一个非常复杂的 6 次多项式来拟合 Y 与 X 之间的关系（长虚线）。6 次多项式函数看似很好地穿越了每一个训练样本点，但无论在自然科学还是社会科学中，很少有两个变量刚好呈现出 6 次函数的关系。只要换一组训练样本，这个关系便极有可能不成立了。

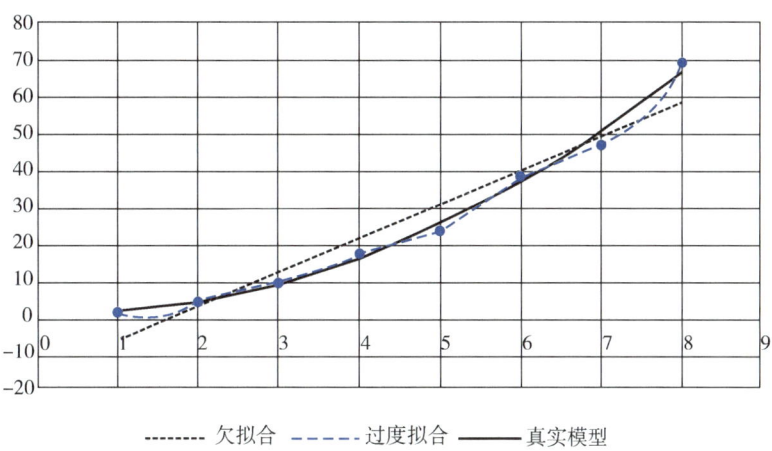

图 6.2　过度拟合与欠拟合

> **知识一点通**
>
> 过度拟合可以理解为"把偶然当成了必然"。例如，每次世界杯或者 NBA 总决赛等重要比赛举办前，总有诸如此类的报道："在 92 年的世界杯历史中，夺冠球队的主教练一定来自本国""世界杯逢 8 之年必出新冠军"。这些根据"历史数据"得出的结论看似神奇，其实都是典型的过度拟合。

6.2.2　评估错误率

6.2.2.1　数据集的分割

为了验证机器学习模型是否存在过度拟合，需要将数据集分为三个部分：第一，用于训练模型的训练样本（training sample）；第二，用于验证与调试模型的验证样本（validation sample）；第三，用于测试模型预测能力的测试样本（testing sample）。其中，训练样本与验证样本属于样本内（in-sample），测试样本属于样本外（out-of-sample）。

> **知识一点通**
>
> 这里需要注意验证样本与测试样本的区别。假定当前的时间点是 2022 年 12 月,数据范围是 2009 年 1 月至 2022 年 12 月的某只股票的日交易数据。为了验证某个预测未来收益率涨跌的机器学习模型,将 2009 年 1 月至 2020 年 12 月的数据设置为训练集,用于得到模型的参数;而将 2021 年 1 月至 2022 年 12 月的数据预留为验证集,验证构建模型的有效性;而 2023 年 1 月以后的新增数据作为测试集,测试模型在未来的表现如何,见图 6.3。
>
>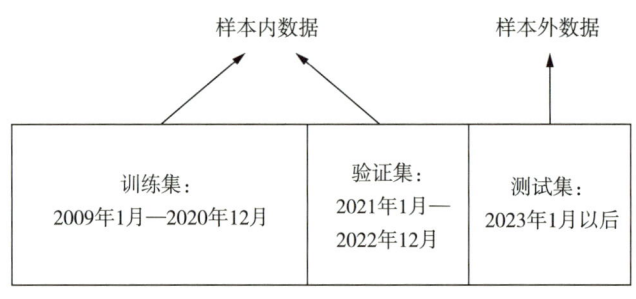
>
> 图 6.3 训练集、验证集与测试集

6.2.2.2 错误率与过度拟合

可以用两个指标评估机器模型是否存在过度拟合:样本内错误率(in sample errors)与样本外错误率(out of sample errors)。其中,错误率是指模型预测值与真实值的偏离程度。如果模型在样本内错误率很低,而在样本外错误率很高,则意味着模型存在过度拟合。

更进一步,可以将总的样本外错误率分解为三个部分。

第一,偏差错误率(bias error),衡量模型在训练样本中偏差的程度。这类错误是内生的,当模型假设越多时,偏差错误率就有可能越高。

第二,方差错误率(variance error),衡量模型在验证样本及测试样本中表现的变化程度,即换了新数据后,模型的表现是否还能维持在训练样本水平。过度拟合的模型通常方差错误率较高。

第三,基准错误率(base error),即由数据自身的随机性导致的错误率。

一般而言,模型需要在欠拟合与过度拟合之间寻求一个平衡,也就是需要在偏差错误率与方差错误率之间有个抉择,见图 6.4。

在图 6.4 中,纵轴为准确率(1−错误率),横轴为训练样本的样本容量。注意,三幅图中样本内的准确率均高于样本外的准确率。这是自然的,如果模型对样本内的数据训练的准确度都无法高于样本外的话,这个模型显然是错误的。此外,随着样本容量的增加,如果模型具有预测能力,则样本内的准确率均开始下降,样本外的准确率均开始上升。图 6.4 中的左图是欠拟合的情形,模型样本内与样本外的准确率均远低于要求的准确率,模型预测能力太低;中间的图是过度拟合的情形,样本内的准确率很高,但样本外的准确率随着样本容量的上升其上升幅度太小;右图是理想的模型,随着训练样本容量的上升,样

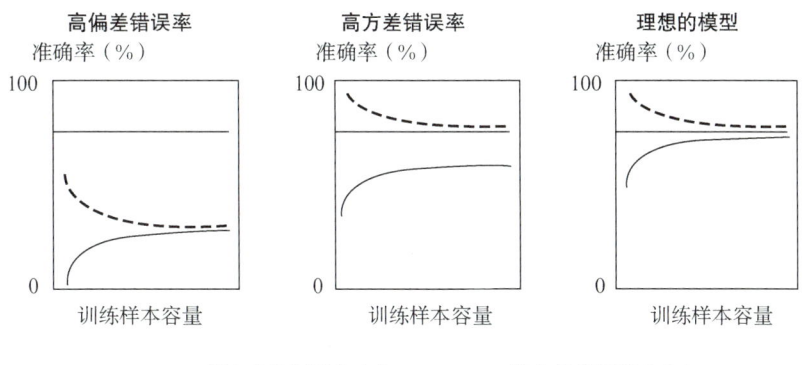

图 6.4 偏差错误率与方差错误率

本内与样本外的准确率趋于相同,并达到了预设的要求。

6.2.2.3 错误率与模型的复杂程度

通常来说,模型越复杂,偏差错误率越低(bias error),方差错误率(variance error)越高。图 6.2 中,线性模型无疑是模型复杂度最低的,但样本错误率最高(预测准确率最低),而六次函数的模型无疑是模型复杂度最高的,样本内的拟合准确率也很高(偏差错误率最低,但方差错误率会很高,存在过度拟合)。因此,模型复杂度既不宜太高也不能过低,在本例中,二次函数模型的复杂度就比较适中。

6.3 监督学习模型(Supervised Learning Model)

如前所述,监督学习模型的输出变量是事先就已经确定了标签的。但需要说明的是,这个"标签"既可以是离散的,也可以是连续的。按照标签的类型,监督学习可以分为回归(regression)和分类(classification)两大类。如果标签是连续的(比如股票的收益率),则为回归问题。如果标签是离散的(比如以 0/1 变量表示股票的涨跌,取值 1 表示股票上涨,取值 0 表示股票没有上涨),则为分类问题。求解回归和分类问题的算法不尽相同。

为了方便后文讲解,先来做一些定义。记输出变量为 Y(也称被解释变量),而输入变量(也称解释变量)有 n 个,分别记为 $X_1, X_2, \cdots, X_n$,所有输入变量的全体记为向量 X。

—考点要求—
描述(describe)监督学习的算法,包括惩罚回归、支持向量机、K-邻近算法、决策树、集成学习、随机森林等(★★)

6.3.1 惩罚回归(Penalized Regression)

惩罚回归旨在解决普通最小二乘法 OLS 在回归中可能出现的过度拟合问题。为了提高模型的解释力度,OLS 的模型中可能包含了过多的解释变量(在线性回归中学过,只要往模型中加入新的解释变量 X_i,无论该解释变量对被解释变量的解释力度如何,模型的 R^2 都是非递减的)。

解决这个问题的方法是在 OLS 的目标函数上加上惩罚项,这一做法也被称为正则化(regularization)。一个典型的惩罚回归是 LASSO(least absolute shrinkage and selection operator),其惩罚项的公式如下:

$$\text{惩罚项} = \lambda \sum_{i=1}^{n} |\hat{b_i}| \qquad (6.1)$$

其中，n 为解释变量的个数；$\hat{b_i}$ 为回归系数；λ 为一个大于 0 的常数，λ 取值越大意味着惩罚的力度越强，模型挑选解释变量越严格。

加入惩罚项后，目标函数变为了：

$$\sum_{i=1}^{n} (Y_i - \hat{Y_I})^2 + \lambda \sum_{i=1}^{n} |\hat{b_i}| \qquad (6.2)$$

根据公式(6.2)，每次加入新的解释变量时，都必须进行抉择：只有当加入新的解释变量后，能使得残差项平方和[公式(6.2)的第一项]的下降程度，超过回归系数绝对值和[公式 6.2)的第二项]上升程度时，加入新的解释变量才是可行的。

> **知识一点通**
>
> 我们可以通过一个例子来理解为何 LASSO 可以从一定程序上解决过度拟合的问题。假设下面两个回归方程具有同样小的均方误差：$y = x_1$；$y = 2x_1 - x_2$，在 $\lambda = 2$ 的情况下 LASSO 的惩罚项分别为 $2(1 \times 2)$ 和 $6[2 \times (2+1)]$。因此，LASSO 会选择第一个方程作为回归结果，从而避免了冗余的解释变量 x_2。
>
> 最后需要说明的是，λ 的取值并没有固定的计算公式，通常根据经验来判断，λ 取 0 时，LASSO 就退化为 OLS。

6.3.2 支持向量机(Support Vector Machine，SVM)

支持向量机(SVM)是当下最流行的机器学习算法之一，既可以解决分类问题，也可以解决回归问题。虽然支持向量机理论背后的数学证明比较复杂，但其基本原理非常直观。本节通过二维情形的分类问题，来简单地说明支持向量机的基本原理。

在图 6.5 中，圆圈与三角形分别代表了两个类型的样本点。例如，违约债券与非违约债券，良性肿瘤与非良性肿瘤等(下文简称为圆形与三角形)。支持向量机的基本思想就是找到一条直线，将样本空间分割为两块，落在不同区域的新样本点(正方形)将被归类为不同的类型。

从图 6.5 中可以看出，三条直线 L_1、L_2 与 L_3 都能很好地将两类样本进行分割，即直线下方为三角形类别，直线上方为圆形类别。但是哪条线作为分割线是最优的呢？假设现在加入一个新的样本点(正方形)，应该将其归为圆形类别还是三角形类别呢？根据直线 L_2 与 L_3 的划分，应将新的样本点归为圆形，而直线 L_1 则将其归为了三角形。但从常理来看，新样本点正方形离圆形样本点更近，似乎更应该归类为圆形。那么，应该用什么样的标准来选择哪条直线作为分类线呢？

为了解决上述问题，同样可以用示意图来进行解释，见图 6.6。在图 6.6 中，有三条相互平行的直线。上方和下方的平行线分别穿过了最相邻的圆圈与三角形样本点。而中间的平行线则是所有直线中到上述圆圈与三角形距离和最大的直线(这样做的目的是确定最优的分类线)。图 6.6 中，直线到圆圈与三角形的距离和记为 margin。于是，目标函数就是寻找使得 margin 取值最大的直线，从而确定最优的分类线。如果样本点的特征值从 2 维变成 n 维后，分类线也就从直线变为了超平面。

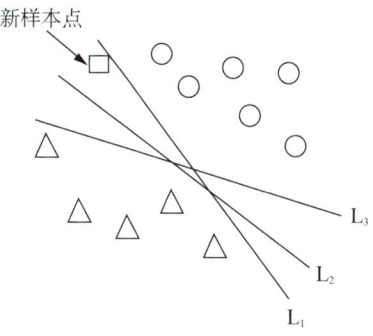

图 6.5　支持向量机的示意图

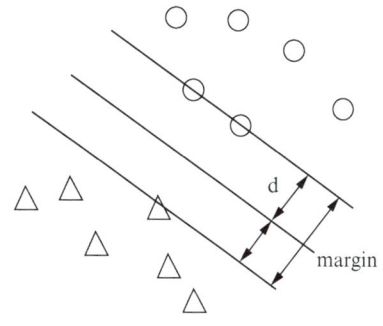

图 6.6　支持向量机的 margin

6.3.3　K-邻近算法（K-Nearest Neighbor，KNN）

K-邻近算法是非常简单但又非常实用的监督学习算法，常用于处理分类问题。K-邻近算法的思想非常直观：**考察距离新样本点最近的 K 个样本点，并将新样本点归类为 K 个样本点中出现次数最多的类别**。

如图 6.7 所示，当 $K=3$ 时，位于新样本点（小方块）附近的 3 个样本点中，两个为三角形，一个为圆形。于是，新样本点将被归为三角形样本点所属的类别。相对地，在图 6.8 中，当 $K=5$ 时，新样本点（小方块）附近的 5 个样本点中，三个为圆形，两个为三角形。于是，新样本点将被归为圆形样本点所属的类别。通过上例可以看出，新样本点的归类与 K 的取值密切相关。

K 的取值既不宜太低也不宜过高。如果取值太低的话，错误率容易过高。例如，$K=1$，相当于武断地通过距离最近的个例直接判断其归类。相反，取值太高的话，模型也就失去了意义。例如，$K=n$（n 为样本容量），此时，"邻近"二字就失去了意义，是直接通过样本总体进行投票归类了。

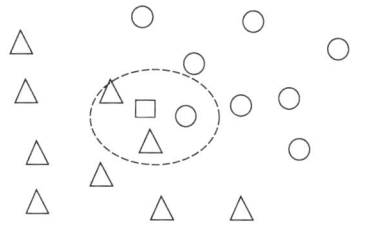

图 6.7　K-邻近算法 $K=3$

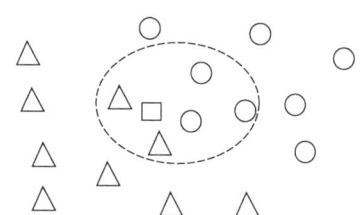

图 6.8　K-邻近算法 $K=5$

> **知识一点通**
>
> 　　除了 K 值的选择，解释变量 X 的选择对 K-邻近算法也非常重要。K-邻近算法更适合较少的解释变量。

6.3.4 分类回归树（Classification and Regression Tree，CART）

分类回归树既可用于预测离散变量（即分类问题），也可用于预测连续变量（即回归问题）。对于存在较强非线性关系的问题，通过分类回归树往往可以获得较好的结果。

下面通过一个例子来解释分类回归树的生成方法。假设得到了一个明星基金经理的持仓，希望了解该基金经理的持股偏好。首先选取三个指标进行判断：净资产收益率（ROE）、净利润率和市盈率。其中，解释变量 X 包含了所有股票以上三个指标的数值，目标变量 Y 表示基金经理是否持有该股票（1 表示持有，0 表示不持有）。

一个分类回归树中包含三类节点：根节点（root node）、决策节点（decision node）和终节点（terminal node），见图 6.9。根节点是位于树最顶端的节点，终节点是不包含分支的节点，其他节点均为决策节点。

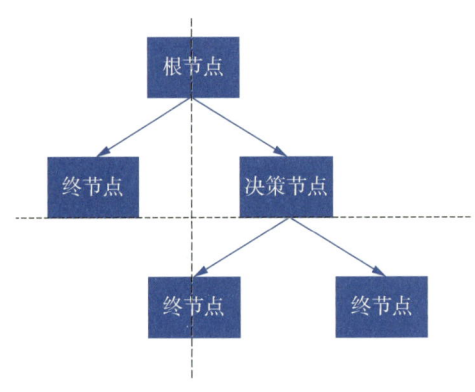

图 6.9 分类回归树示意图(1)

构建分类回归树的关键步骤是分支（bifurcate）。分支是将一个节点拆分为两个子节点的过程。每一个分支包含两个要素：变量 X_i 和切分值 c（cutoff value）。在给定 X_i 和 c 的情况下，将 $X_i \leqslant c$ 的样本分到左边的子节点；将 $X_i > c$ 的样本分到右边的子节点。

对于每一个节点，都可以计算一个分类误差（classification error）。分类回归树的构造方法要求子节点分类误差的和小于父节点。**当子节点的误差与父节点的误差小于预先设定的阈值时（即分支难以显著降低误差），则不再进行分支，该节点成为终节点。**

回到前文的例子中，首先需要确定的是根节点的分支，**即选择使得分类误差最小的一个指标和该指标的切分值**。假设经过计算，选择的指标为净资产收益，切分值为 20%，则相应的分支如图 6.10 所示。

经过一次分支，所有的股票被分为两类：一类是 ROE 小于或等于 20% 的股票（左节点）；另一类是 ROE 大于 20% 的股票（右节点）。下一步，我们继续对左、右两个节点分别进行分支。

假设在计算左节点分支时，无论哪个指标或切分值均无法显著降低分类误差。因此，左节点就成为终节点。对于分类问题，终节点的值为样本中目标变量的众数。比如，在 ROE 小于或等于 20% 的所有股票中，大部分没有被基金经理所持有，则该终节点的值为 0。至此，分类回归树的结构如图 6.11 所示。

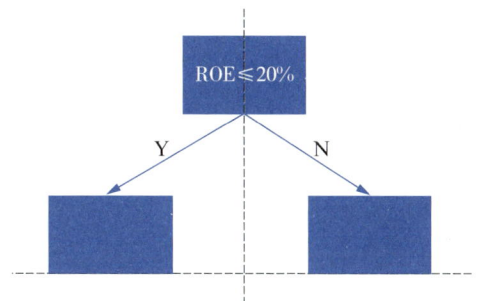

图 6.10 分类回归树示意图(2)

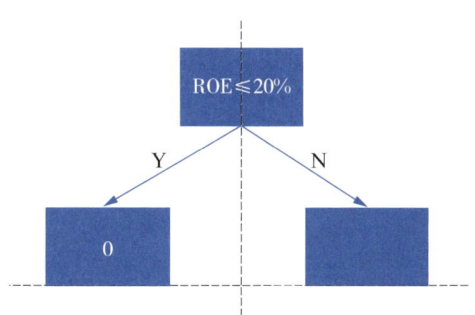

图 6.11 分类回归树示意图(3)

接下来,需要对右侧节点进行分支,直至达到终节点。分支过程不再赘述,假设最后得到了如图 6.12 所示的分类树。该分类树揭示了基金选择股票的倾向性:高 ROE、高净利润率和低市盈率。如果未来有某个股票满足 ROE 高于 20%,净利润率高于 15% 和市盈率低于或等于 30,则可以预期基金经理有较大概率会买入该股票。

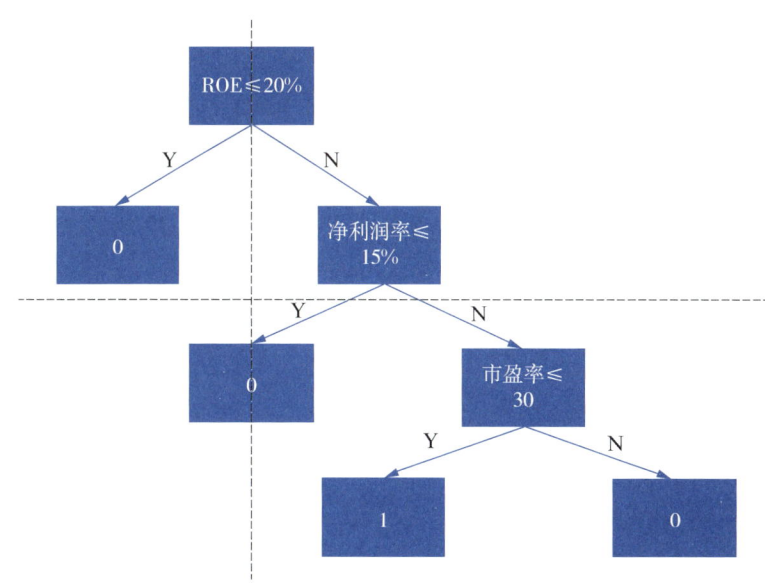

图 6.12 分类回归树示意图(4)

以上是一个利用分类回归树进行分类的例子。分类回归树的算法经过一些调整同样可以用于处理回归的问题。此时,分类回归树的终结点值为样本的目标变量的均值。

6.3.5 集成学习与随机森林（Ensemble Learning and Random Forest）

上一节介绍的决策回归树模型是利用单个模型（即一棵树）进行学习预测,而本节介绍的随机森林（random forest）模型是利用多个模型（即多棵树）进行学习预测,也称为集成学习（ensemble learning）。

集成学习模型,通常可以分为两类:一类是由不同算法的模型组成,通过投票来进行决策;另一类则是由相同的学习模型组成,通过倒脱靴（bootstrap）的技术得到的组合模型。

6.3.5.1 投票分类（Voting Classifiers）

投票分类是针对异质模型的,即每个模型的学习算法不同。

投票分类的思想非常简单:假设分别使用 KNN 模型、分类回归树模型与支持向量机模型对债券是否违约进行预测。其中,KNN 模型与支持向量机模型得出的结果是债券将违约,而分类回归树模型得出的结果是债券不会违约。那么,依据三个模型的预测结果进行唱票:债券违约的票数为 2 票,债券不会违约的票数为 1 票。于是,模型最终的投票结果是将该债券归类为违约。

> **知识一点通**
>
> 投票分类的原则是每个模型的结果为 1 票,随后进行唱票。这样做的前提是每个模型得到的结论是独立的。此外,模型的数量存在一个最优值,一旦模型数量超过这个最优值,则有可能出现过度拟合。

6.3.5.2 倒脱靴加总（Bootstrap Aggregating，Bagging）

倒脱靴加总是针对同质模型的,即每个模型的学习算法是相同的。倒脱靴方法是利用原始的训练数据,来生成 n 组新的训练数据为 n 个模型所用。**每一组新的训练数据都是通过对原始的训练数据随机放回抽样而得的**。换言之,**将原始训练数据当作总体进行 n 次抽样,从而得到 n 组新训练数据为抽样样本**。

> **知识一点通**
>
> 倒脱靴技术有助于防止过度拟合。试想,原始的训练数据被我们当作了总体反复抽样了 n 次,许多样本点会被重复使用。如果我们发现的规律仅仅是巧合,其能通过 n 个模型检验的概率是极小的。

6.3.5.3 随机森林（Random Forest）

随机森林是多个分类回归树的集合。随机森林对每棵树的结果进行投票从而得到最终的结果,即实行"少数服从多数"原则。

假设对于一个 0/1 分类的问题，随机森林中有 100 棵树。对于一个新的数据项，在这 100 棵树中有 45 棵树将其分类为 0，其余的 55 棵树将其分类为 1，那么随机森林的分类结果就应当为 1。

在随机森林中，随机性体现在每棵树的构造上。在 CART 模型中，每一次分支都将遍历所有尚未进入分支的解释变量，以决定使用哪个解释变量，从而最大限度地降低分类误差。而在对随机森林中的分类树进行分支时，遍历的是所有尚未进入分支的解释变量的一个随机子集。因而，理论上随机森林中的每一棵分类树可以均不相同。

并且，正是由于随机森林中分类树的分支是基于随机子集的，其所构建的每一棵分类树都应当比 CART 树小。因此，相比于 CART，随机森林的过度拟合风险较低。

6.4 非监督学习模型（Unsupervised Learning Model）

如前所述，非监督学习的问题中不涉及目标变量 Y。非监督学习旨在从解释变量 X 本身中挖掘信息。

6.4.1 主成分分析（Principal Components Analysis，PCA）

在机器学习中，数据的维度就是解释变量的个数。假设我们想要研究估值和盈利能力对股票收益率的影响。选取的解释变量可以包含以下 6 个（即数据维度为 6）：市盈率、市净率、市销率、毛利率、净利率和净资产收益率。其中，前 3 个指标均与估值相关，后 3 个则均与盈利能力相关。与估值相关的 3 个指标具有比较高的相关性，即市盈率较高的股票大概率也是市净率和市销率较高的股票。因此，或许仅考察市盈率就可以满足研究目的。同理，净资产收益率也许就可以很好地反映盈利能力。基于以上的分析，可以将数据的维度从 6 降低到 2，从而减少数据中的噪音并降低研究的复杂度。降维就是这样一个在不影响数据解释能力的情况下降低数据维度的过程。

主成分分析（principal components analysis，PCA）是一种常用的降维方法。主成分分析将相关性较强的解释变量聚合成为成分变量（composite variable），从而降低数据的维度。值得指出的是，PCA 在降维的过程中不是简单地删除解释变量，而是把所有解释变量综合在一起进行正交分解，并按照解释力度从高到低逐一分解出来。

下面通过上例来理解正交分解的过程。正交分解开始前，一共有 6 个变量：市盈率、市净率、市销率、毛利率、净利率和净资产收益率。通过正交分解，把 6 个变量降维到了两个相互不相关的向量 PC1 与 PC2。其中，PC1 反映了股票的估值，是市盈率、市净率与市销率 3 个高度相关变量的综合体现，解释了股票收益率变动的 60%；PC2 反映了股票的盈利能力，是毛利率、净利率与净资产收益率 3 个高度相关的财务指标的综合体现，解释了股票收益率的 25%（60% 与 25% 两个数值是假设出来的）。PC1 与 PC2 相互正交，即 PC2 解释的部分与 PC1 完全不相关。

—考点要求—
描述（describe）非监督学习的算法：包括主成分分析、k 均值聚类、分层聚类等（★）

> **知识一点通**
>
> 什么是正交呢？这个术语看起来很晦涩，其实含义非常直观。考生早在初高中时其实就接触过一对最常见的正交向量：即坐标轴中的 X 轴与 Y 轴。为什么说 X 轴与 Y 轴是正交的呢？通俗地讲，这是因为 X 轴与 Y 轴可以解释坐标系中任意一点不同的两个方面（即 X 轴方向的坐标、Y 轴方向的坐标）。

6.4.2 分层聚类（Hierarchical Clustering）：分裂聚类（Divisive Clustering）与合并聚类（Agglomerative Clustering）

本节先介绍分层聚类分析。顾名思义，聚类分析算法的基本思想是物以类聚，即将相似的样本点归为一类。注意，聚类分类属于无监督学习算法，即分类不是事先给定的。那么，如何判断样本点之间是否相似呢？一种直观的判断标准就是以样本点之间的距离来判断它们之间的相似性。

聚类算法可以大致分为两类：自上而下聚类，也称为分裂聚类（divisive clustering）；自下而上聚类，也称为合并聚类（agglomerative clustering）。

分裂聚类方法首先将所有数据都分为一个大类，然后再逐步将这个大类拆分为多个小类。例如，在图 6.13 中，可以先将样本点分为两大类：类别 2 为一大类，类别 1 与类别 3 为另一大类。随后，我们再把第二个大类细分为类别 1 与类别 3 这两个小类。自下而上的合并分类过程则正好相反，先是将样本点细分为类别 1、类别 2 与类别 3 这三个小类，随后再进行合并。例如，把类别 1 与类别 3 合并为一个大类，类别 2 单独合并为一个大类。

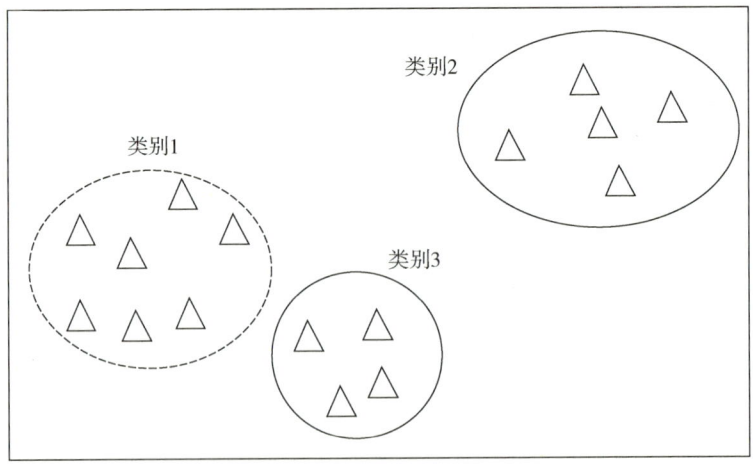

图 6.13 聚类分析算法示意图

> **知识一点通**
>
> 我们通过一个例子(见图6.14)来说明自上而下与自下而上的分类。例如,我们先根据生活习性将生物分为动物与植物;随后又根据繁殖特点,将动物分为哺乳动物与非哺乳动物;哺乳动物中又继续分为猫科动物和非猫科动物;最后又根据动物特征将哺乳动物中的猫科动物进行归类。这就是自上而下的分裂聚类。反之,我们先将所有符合猫科动物特征的动物归为一类,再根据繁殖的特征将猫科动物和非猫科动物都归为哺乳动物,这就是自下而上的合并聚类。

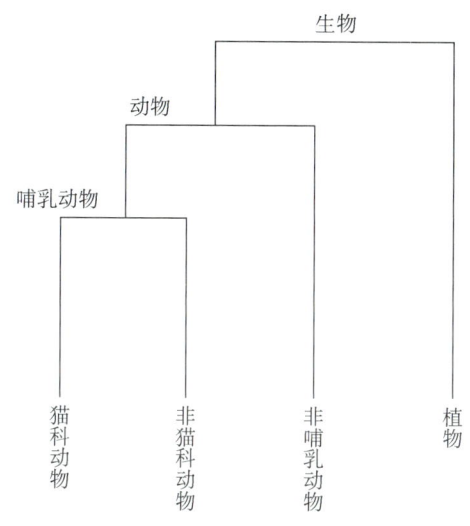

图 6.14 分裂聚类与合并聚类示意图

最后,简单地介绍一下聚类分析的技术问题。聚类分析的思想是物以类聚,将相邻距离的样本点归为一类。那么,样本之间的距离多近才算近呢? 具体而言:**使得同一类别内的样本点之间的距离尽量小(如类别1圈内的样本点间的距离尽量小),同时使得不同类别之间的样本点距离尽量大(如类别1与类别2样本点之间的距离尽量大)**。

> **知识一点通**
>
> 用于衡量样本点之间距离的指标很多,最常用的距离指标就是欧几里得距离(Euclidian distance),也就是我们在算坐标系中不同点之间距离所用的公式。

6.4.3 K-均值算法

K-均值(K-means)算法是一个经典的聚类算法,该算法采用的是自下而上的聚类方式。使用 K-均值算法需要给定聚类数 K,即想要将数据分为多少个类别。K-均值算法的步骤如下。

第一步,随机产生 K 个质心(centroids)。

第二步，计算每个数据点到这 K 个质心的距离，并将每个数据点归类为距离最近的质心所对应的类，即形成聚类。

第三步，**将新的质心定义为归类到原质心的数据点的中点（即均值）**。

第四步，如果新质心相比原质心变化很小，则停止算法；否则重新回到第二步进行计算。

下面通过一个简单情形来具体解释。如图 6.15 所示，假设在一个二维空间上有 5 个数据点，要将这 5 个点分为两类。黑色的点是随机生成的质心。虚线代表第 1 次迭代时的聚类情况。从图 6.15 中可以看出，此时得到的聚类已经是比较合理的了。不过根据算法，还需要计算新的质心，见图 6.16，黑色的点即新的质心。在这个例子中，K-均值算法仅需 2 步就得到了最终结果。

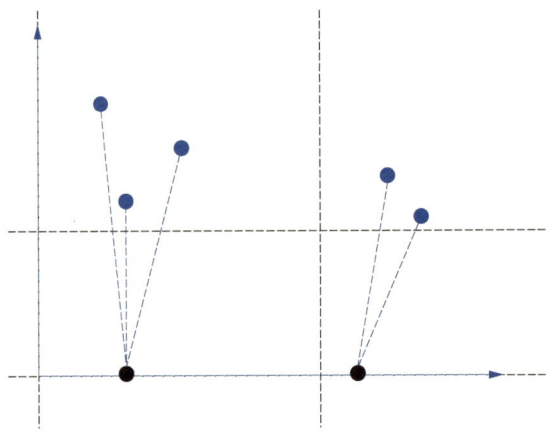

图 6.15　K-均值算法示意图(1)

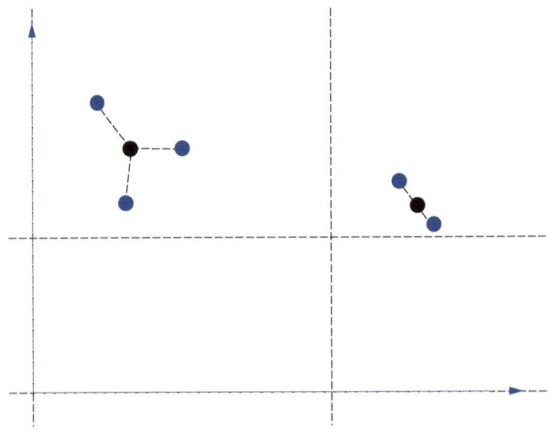

图 6.16　K-均值算法示意图(2)

6.5 深度学习模型(Deep Learning Model)

6.5.1 神经网络(Neural Networks)

—考点要求—
描述(describe)神经网络、深度学习、强化学习(★)

神经网络也被称为人工神经网络(artificial neural networks,简称 ANNs),是当下非常热门的技术。人工神经网络旨在模仿人脑神经元处理信息的模式。其实,神经网络并没有想象中的那么神秘,前文介绍的线性回归模型就是一种最简单的神经网络。通过一个例子来进行说明。

假设需要拟合一个二元线性回归模型 $y=w_1x_1+w_2x_2$,并且通过拟合得到了 w_1 和 w_2 的估计值。这样一个二元线性模型可用下面的形式表达,见图 6.17。

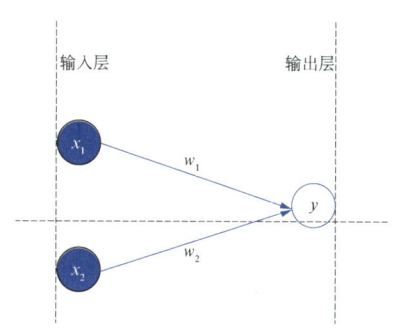

图 6.17 简单的神经网络

该模型包含了两层:x_1 和 x_2 所在的那一层称为**输入层**(input layer),y 所在的那一层称为**输出层**(output layer)。连接输入层和输出层的是 w_1 和 w_2。这其实就是一个最简单的神经网络模型。在神经网络中,w_1 和 w_2 称为权重。代表输入信息 x_1 和 x_2 的重要程度。

而更具一般性的神经网络,还包含另外两个重要特征。

第一个特征是**隐藏层**(hidden layer)。在线性回归中,输入层直接映射到输出层。而在神经网络中,在输入层和输出层之间还有一个隐藏层。网络会先根据输入层数据计算出隐藏层的数据,然后根据计算出的隐藏层的数据再计算输出层数据,见图 6.18。

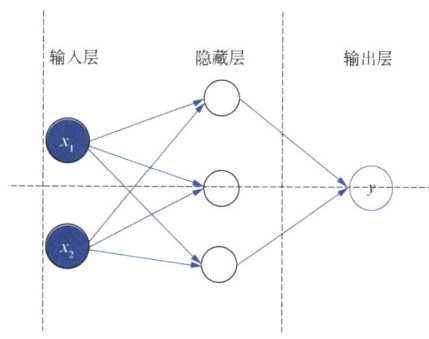

图 6.18 多层神经网络

在神经网络中，位于输入层以外节点称为**神经元（neurons）**。将以上神经网络的结构记为(2,3,1)。其中，2 表示输入变量的个数，3 表示隐藏层神经元的个数，1 表示输出变量的个数。这里的(2,3,1)称为神经网络的超参数（hyperparameters）。一个神经网络可以有多个隐藏层，如(2,3,5,1)表示一个具有两个隐藏层的神经网络，这两个隐藏层中神经元的个数分别为 3 和 5。如果一个神经网络的隐藏层个数很多（比如超过 20 层），**那么该神经网络也被称为深度学习网络（deep learning nets，DLNs）**。

神经网络区别于简单线性回归的第二个特征是激活函数（activation function）。激活函数是一个一元非线性函数。正是因为激活函数的存在，才使得神经网络具有拟合非线性问题的能力。

在线性回归中，输入层和输出层之间的关系是线性关系。而在神经网络中，每一层和下一层之间的关系是非线性的。在得到了当前层的数据后，需要两步运算来得到下一层神经元的值。

假设现在需要计算图 6.18 神经网络的隐藏层中的第一个神经元（即最上面的那个）的值。首先，计算线性组合的值：$z = w_{11}x_1 + w_{21}x_2$。其中，$w_{11}$ 表示第一个输入变量到隐藏层第一个神经元的权重，w_{21} 表示第二个输入变量到隐藏层第一个神经元的权重。然后，将 z 作为激活函数的自变量，计算得到隐藏层第一个神经元的值。

> **知识一点通**
>
> 激活函数之所以称为激活函数，就是因为其有一个激活的过程。只有当我们把自变量 z 带入激活函数计算出的数值超过一定阈值的时候，该神经元才会被激活，并向下一个神经元传递信息。这和我们真实人脑神经元的运作模式是一致的。

因此，神经网络由下列三个特征确定：每一层的权重值、超参数和激活函数。在拟合神经网络前，需要事先确定超参数和激活函数。在确定了超参数和激活函数后，就可以根据样本数据来拟合出每一层的权重值，从而构建出一个完整的神经网络。

6.5.2 深度学习（Deep Learning）与增强型学习（Reinforcement Learning）

如前文所述，当神经网络模型的隐藏层的数量超过 3 层（通常会超过 20 层）的时候，即为深度学习模型。值得指出的是，随着计算机技术的发展，在构建神经网络模型时，增加隐藏层的层数往往比增加同一层神经元的个数更加有效。因此也催生了深度模型的发展。

增强学习（reinforcement learning，RL）是指人工智能（agent）根据周围的环境（environment）采取行动，模型根据行动的结果给予人工智能奖励（reward）或惩罚，从而学习行动方式。增强学习最典型的一个运用就是 AlphaGo。AlphaGo 就是在根据对手每一次落子（环境发生变化）来判断如何行动，并根据行动的结果来决定给予奖励还是惩罚，从而不断学习最优的算法。

最后，将本章介绍的所有机器模型适用场景及分类总结为表 6.1。注意，有的模型可以同时属于多个类别。

表 6.1　机器模型的分类汇总

模型类别/变量类型	分类	连续	分类或连续
监督模型 (supervised model)	◆ 逻辑回归(logistic) ◆ 支持向量机(SVM) ◆ K-邻近算法(KNN) ◆ 分类回归树(CART)	◆ 线性回归、惩罚回归 ◆ 逻辑回归(logistic) ◆ 分类回归树(CART) ◆ 随机森林	◆ 神经网络 　(neural network) ◆ 深度学习 　(deep learning) ◆ 增强型学习 　(reinforcement learning)
非监督模型 (unsupervised model)	◆ 主成分分析(PCA) ◆ 分层聚类(hierarchical) ◆ K-均值算法	◆ 主成分分析(PCA) ◆ 分层聚类(hierarchical) ◆ K-均值算法	◆ 神经网络 　(neural network) ◆ 深度学习 　(deep learning) ◆ 增强型学习 　(reinforcement learning)

练一练

Du is an analyst at an investment company. The company focuses on capturing investment opportunities through machine learning methods. Du's main work is to analyze the risk of residential mortgages in MBS asset pool. He wants to study the credit risk of people with different loans by training models based on historical data of residential mortgages. It is known that the collected historical data indicate whether lenders are in default or not. Regression, classification, and clustering are algorithms for Du to choose from.

Du discusses the project with his colleague Liu. Liu thinks that deep learning algorithms might be a better way to solve the complexity of MBS asset pool analysis, but overfitting might be a problem.

Liu is an analyst specializing in equity investments. His current task is to use factor analysis to determine the right classes for the S&P 500 index constituent stocks and select an alternative list of investable stocks. When Liu discusses the task with his team members, they come up with the following ideas:

Guo: I prefer an unsupervised learning approach because each of the S&P 500 index constituent stocks has its name as a label, so there is no need to supervise the training process of the model.

Li: There are many factors affect stock's return, but not all of them have an important impact. Therefore, the principal components analysis (PCA) can be used to reduce the dimension, thus reducing the cost of the model training.

Zhang: Classification and regression tree is an appropriate method to divide stocks into different classes according to risk-return attributes because stock classification involves both discrete variables and continuous variables.

Liu believes that classification and regression tree is not sufficient to deal with the complex task. He wants to look for other methods to complete the classification and stock selection tasks. Currently, Liu has three options: K-nearest neighbor (KNN), K-means, and hierarchical clustering.

Wang is the head of the algorithm department, and Liu discusses the applicability of these three methods with him. Wang makes the following statements:

Statement 1: K-means is a kind of supervised method, while KNN and hierarchical clustering are unsupervised methods.

Statement 2: Hierarchical clustering doesn't need to specify the parameter k while k-means and KNN methods do.

6-1 Which of the following statements about the machine learning methods used by the company is correct?

A. In supervised learning, inputs and outputs are not labeled.

B. A model overfitting the data means it treats true parameters as if they are noise, and the model is too simplistic.

C. Deep learning may use supervised or unsupervised machine learning approaches.

6-2 Regarding Du's three alternative algorithms, which of the following statements is most likely correct?

A. Regression focuses on predicting categorical target variables.

B. Classification uses continuous target variables.

C. Clustering is suited to unsupervised machine learning.

6-3 Which of the Liu's team members is incorrect?

A. Guo is incorrect.

B. Li is incorrect.

C. Zhang is incorrect.

6-4 Which of Wang's statements is (are) correct?

A. Statement 1.

B. Statement 2.

C. Statement 1 and Statement 2.

答案与解析

6-1 C

在监督学习中，输入变量与输出变量是事先归好类的，故选项 A 描述错误。欠拟合是指模型把真实数据当做噪声，以至于模式过度简单，故选项 B 描述错误。深度学习使用监督学习和非监督学习的方法，故选项 C 描述正确。本题答案为 C。

6-2 C

回归主要使用连续型变量，而分类使用分类和排序型变量，故选项 A 和选项 B 描述错误。聚类适用于非监督学习，故选项 C 描述正确。本题答案为 C。

6-3 A

非监督模型适用于事先没有打上分类标签的数据，故 Guo 的说法错误。PCA 主成分分析的基本思想是降维，故 Li 的说法正确。CART 分类回归树既可用于预测离散型变量的分类问题，也可用于预测连续变量的回归问题，故 Zhang 的说法正确。本题答案为 A。

6-4 B

Statement 1 是错误的。考生应注意，不要将 K-means 与 KNN 算法混淆。KNN 算法是对样本点中最邻近的 k 个样本点所属类别计数，将样本点归类为计数个数最多的类别，因此，KNN 是监督学习算法。K-means 算法是先产生 k 个质心，然后将距离质心最近的样本点归为一类，是非监督学习算法，故 Statement 1 是错误的。Hierarchical clustering 是将相邻近的样本点归为一类，但同一类别的样本点有多少个不需要事先规定，Statement 2 是正确的。本题答案为 B。

第 7 章 大数据分析

章节导学

知识引导

顾名思义,大数据分析是指对规模庞大的数据进行分析。这里说的规模庞大至少包括了两层意思:一是分析的数据量庞大;二是数据所需的存储空间巨大。一些非结构化数据(如音频、视频等)不仅所占空间巨大,在技术上也需要不同于表格数据的分析方法,用EXCEL这样的常规数据分析软件是较难处理的。在金融领域,大数据分析也有着广泛的应用。本章将围绕大数据如何运用在金融领域上这个话题,讲解大数据分析的基本概念、步骤及方法。

考点聚焦

大数据分析是一门高深的学科,一章的内容只能介绍其基本概念与基本理念。因此,从备考的角度来看,本章对考生的要求并不高。考生能理解相关基本概念,对一些方法的理念有所了解即可。

本章框架图

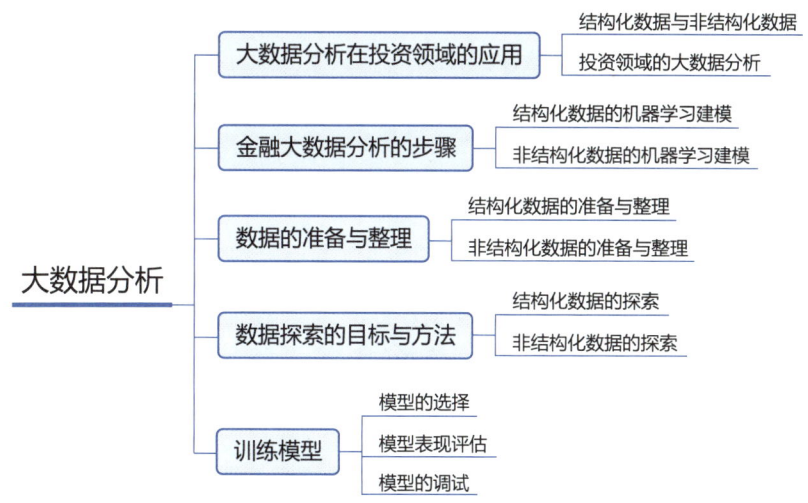

7.1 大数据分析在投资领域的应用

7.1.1 结构化数据与非结构化数据

7.1.1.1 结构化数据（Structured Data）

结构化数据是指能以二维表格形式呈现内容与逻辑关系的数据。表 7.1 呈现了一类典型的结构化数据：该表的每一行代表一个个体的观测值；每一列表示个体的某一特征值，如个体的身高、体重、收入等。

表 7.1 结构化数据示例

	特征 1	特征 2	……	特征 n
个体 1	180.63	888.00	……	102.29
个体 2	180.63	884.96	……	108.69
个体 3	180.41	820.00	……	108.09
个体 4	175.03	880.00	……	107.98
……	……	……	……	……
个体 249	199.06	857.13	……	111.69
个体 250	192.56	857.13	……	84.28

7.1.1.2 非结构化数据（Unstructured Data）

非结构化数据是指不便于用二维表格来呈现的数据。通常情况下，非结构化数据的数据结构是不规则的。常见的非结构化数据包括图像、音频、视频数据等。非结构化数据由于自身的特点，往往需要用有别于结构化数据的技术进行分析，从而孕育了大数据分析这门学科。

7.1.2 投资领域的大数据分析

近年来，随着计算机技术的发展，金融领域也逐渐开始广泛利用大数据分析的技术进行投资管理。例如，利用财务报表附注中的信息，挖掘隐藏在公司财务报表数字后面的信息。又如，利用爬虫技术获取网络上有关市场的新闻、投资者评论中有关情绪的文本，从而判断市场的走势。

通常，大数据的特征可以用"3V"来表示：volume（容量大）、variety（类型多）、velocity（速度快）。当需要利用大数据来进行预测推断的时候，还涉及第四个"V"：veracity（可靠性）。

> **知识一点通**
>
> 举例来说,我们想利用网民在社交媒体及各种论坛上的言论来推断市场的情绪处于什么水平。首先,我们需要采集的数据量是极其庞大,通常都是以 PB 甚至更大的单位来计量的(1 PB=1 024 TB=1 048 576 GB)。其次,采集数据的范围也是非常广的,如微信、微博、雪球、各种股吧等,数据的类型包括文本、图片、视频等。再次,每天新增数据的速度也是惊人的,想想身边每天新增的朋友圈、微博和帖子的数量。最后,在分析数据前,必须甄别数据的可信程度,即 veracity。

7.2 金融大数据分析的步骤

7.2.1 结构化数据的机器学习建模

针对传统的结构化数据构建机器学习模型的步骤主要如下。

第一,明确建模的目标。这一步骤与计算机编程中通常所说的 IPO 编程范式十分类似,即明确模型的输入(input)、处理方式(process)以及输出(output)。其中,**确定模型的输出结果是最重要的,这直接决定了要采用什么样的机器学习模型和所需的输入数据**。

第二,数据收集。结构化数据的收集通常是相对简便的,通过内部或外部的数据来源即可得到表格形式的数据。

第三,数据的准备与整理(data preparation and wrangling),包括处理缺失值、异常值、标准化等步骤。可以借助统计软件来对原始数据进行清理、整理,从而得到相对规整的表格数据。

第四,数据探索,即挖掘隐藏在数据背后的特征。

第五,训练模型。这个步骤包括选择合适的机器学习模型,并将数据喂给机器来进行训练学习,从而得到最终的结果。

值得指出的是,**以上五个步骤并非按照顺序一次性结束的,在有些情况下是需要迭代重复的**。

—考点要求—
识别(identify)并解释(explain)数据分析项目的步骤(★)

7.2.2 非结构化数据的机器学习建模

如果是处理文本类型的非结构化数据,上述步骤中的第一至四步是与处理结构化数据有些许不同的。注意,**虽然输入数据是非结构化的,但通过建模我们最终想得到的输出结果是结构化形式的数据**。

具体而言,对于非结构化数据构建机器学习模型,在第一步到第四步中的区别如下。

第一,在第一步中进行文本分析(text problem formulation),确定想要模型的输入与输出。

第二,数据护理(data curation)。这个步骤包括利用爬虫技术从网上抓取文本类型的数据,并对文本类型的非结构化数据分类。比如,将文本信息归类为积极、消极或开心、愤怒等。

> **知识一点通**
>
> 对文本信息的分类并没有看起来的那么简单。例如，某股民在股吧中发言，"今天清仓了，明天大盘必跌，哈哈哈"。如果我们在分析文本时，仅通过"哈哈哈"判断市场处于乐观情绪就是错误的，其实该股民对市场的判断是看空的。要进行文本分析通常要用到自然语言处理（natural language processing，NLP）的技术。

第三，文本数据的准备与整理（text preparation and wrangling）。这个步骤至关重要，必须将非结构化数据转化为结构化数据，才能使用传统的模型和方法来进行建模。

第四，文本探索（text exploration）。这一步包括将文本信息通过词库云、文本特征选取等方法将文本信息可视化。

后面两小节将详细描述第三步与第四步的操作流程。

7.3 数据的准备与整理

—考点要求—
描述（describe）准备与整理数据的目标、步骤与例子（★）

如前所述，数据的准备与整理是将数据喂给机器学习模型之前的步骤，目的是将原始数据清洗并整理为规整的格式。这一步骤至关重要，且在实操中通常是所有步骤中最耗费时间的步骤，将数据整理好后喂给已经构建好的机器学习模型则是相对简单的。

数据准备与整理这一步又可细分为两个步骤：数据准备（清洗）（data preparation，也称为 data cleaning）与数据整理（data wrangling，也称为 data preprocessing）。下文将分别针对结构化数据与非结构化数据来分析这一步骤的注意事项。

7.3.1 结构化数据的准备与整理

7.3.1.1 结构化数据的准备

下面以表 7.2 为例来说明清洗结构化原始数据时可能遇到的问题。

表 7.2 农业股的每股收益平均值预测（部分）

证券代码	证券简称	实际披露日期	预测每股收益平均值（元）	上市板块	负债（元）	股东权益（元）
000998.SZ	隆平高科	2019-01-29	0.591 499 984	不明确	7 872 437 560	7 491 302 222
002041.SZ	登海种业	2019-22-03	0.104 500 003	中小企业板	493 795 800.6	3 264 681 380
002772.SZ	众兴菌业	2019-03-29	—	中小企业板	1 476 858 232	2 632 540 132
300087.SZ	荃银高科	2019-01-20	—	中小企业版	850 904 379.4	1 055 272 862
300189.SZ	神农科技	2019-01-26	—	创业板	88 882 883.8	1 408 662 771
300511.SZ	雪榕生物	2029-01-25	0.615 199 983	创业板	2 322 561 697	1 569 941 059
600108.SH	亚盛集团	2019-01-30	0.081 200 004	主板	3 756 790 050	4 802 576 192
600313.SH	农发种业	2019-01-26	—	主板	1 017 748 898	2 097 612 072
600354.SH	敦煌种业	2019-03-30	—	主板	1 273 910 988	851 394 459

(续表)

证券代码	证券简称	实际披露日期	预测每股收益平均值(元)	上市板块	负债(元)	股东权益(元)
600359.SH	新农开发	2019-mar-28	—	主板	1 679 244 730	460 626 180
600371.SH	万向德农	2019-01-20	—	主板	273 043 867.9	515 361 844
600506.SH	香梨股份	2019-01-20	—	主板	17 665 384.17	281 790 061
600540.SH	新赛股份	2019-3-28	—	主板	1 438 758 504	466 518 817
600598.SH	北大荒	2019-01-04	0.598 900 02	主板	1 665 561 202	6 307 905 473
601118.SH	海南橡胶	2019-01-12	0.090 200 00	主板	4 926 051 909	10 006 671 445
601118.SH	海南橡胶	2019-01-12	0.090 200 00	主板	4 926 051 909	10 006 671 445

表 7.2 中的原始数据可能在以下几个方面需要进行深度清洗。

第一，**数据不完整**(incompleteness error)。表的第 4 列为分析师的预测每股收益平均值，而实际中分析师并不会对每支农业股都做出预测。因此，表格必然存在许多缺失值（missing values）。缺失值在表格中用"—"表示。

第二，**无效错误值**(invalidity error)，即数据取值不在有意义的取值范围内。表中第 7 行第 3 列，雪榕生物定期报告的实际披露日期为"2029 年 4 月 25 日"。2029 年明显与其他报告披露日期不一致，且是现在不可能获得的数据，有可能是录入错误。

第三，**数据不准确**(inaccuracy error)，即数据取值不是真实值的度量。例如，表格中第 2 行第 5 列数据，隆平高科所属板块为"不明确"。实际中，A 股市场的每一只股票必然会属于某一个板块，不可能取值"不明确"。

第四，**数据不一致**(inconsistency error)，即前后数据的取值自相矛盾，存在不一致的现象。例如，表格中第 5 行第 5 列，荃银高科所属板块为中小企业板，而通过表格的第 2 列我们可以看到该股票的代码为"300087.SZ"。在我国，以"300"开头的股票代码所属板块为创业板。因此，数据出现了前后不一致的情况，需要进一步审查数据。

第五，**非标准错误**(non-uniformity error)，即数据形式没有统一标准。例如，表 7.2 中的第 3 列中的日期格式并不统一。尤其是表格中有些日期格式先出现月份后出现日期，而有的日期格式先出现日期后出现月份，这有可能导致在数据分析过程中出错。

第六，**重复错误**(duplication error)指的是样本出现重复。例如，表中最后两行误将"海南橡胶"重复输入了两次，过多的重复样本会导致整个样本分布出现偏差。

7.3.1.2 结构化数据的整理

结构化数据的整理包括以下几个方面。

第一，**数据提炼**(extraction)，是指从已有数据特征中构造新的变量，从而提炼出新的信息。例如，利用表 7.2 中的负债一列除以负债加权益就可以计算出每个上市公司的负债率。

第二，**加总**(aggregation)，是指将两个或更多变量加总后得到类似的变量。例如，将表 7.2 中最后两列变量加总就可以得到上市公司的总资产。

第三，**过滤**(filtration)，是指过滤掉分析问题中不需要的数据（主要针对数据行）。例如，假设分析对象是沪深主板与中小板的农业股，那么表 7.2 中属于创业板的三只股票就是需要过滤掉的数据。

第四，**选择（selection）**，是指去掉那些项目分析不需要的数据特征（列数据）。例如，表 7.2 中的证券名称一列在数据分析中实际上是多余的，通过证券代码一列已足以区分每一只股票。

第五，**转换（conversion）**，是指将数据转换为合适的类型以便于深入分析，或将数据统一货币单位、时区等。例如，负债率本身是一个连续的变量特征，但根据分析需要，也可以依据负债率的数值，将公司分为高负债率与低负债率公司两类（离散型）。

> **备考小贴士**
>
> 考生必须熟悉结构化数据护理与整理过程中的每一个概念术语对应的操作。

7.3.1.3 异常值处理与标准化

首先，需要确认什么是异常值（outlier）。通常有两种方法：一是认定超出数据集均值 3 倍标准差范围的数据为异常值；二是认定超过 75％ 分位数 1.5 倍 IQR 或低于 25％ 分位数 1.5 倍 IQR 的数据为异常值，超过或低于 3 倍 IQR 的数据为极端值（extreme value）。其中，IQR 定义为数据集中 75％ 分位数与 25％ 分位数的差值。

认定异常值后，处理异常值的方法同样有两种：**一种方法是截尾（trimming），即直接将异常值删除；另一种方法是缩尾（winsorization），即将异常值用数据集中非异常值的最大值与最小值替代。**

处理完异常值之后，还需将数据标准化处理，剔除量纲的影响后才便于相互比较。通常标准化的方法有两种：正规化（normalization）与标准化（standardization）。

具体而言，正规化公式的处理如下：

$$X_{i(normalized)} = \frac{X_i - X_{min}}{X_{max} - X_{min}} \tag{7.1}$$

而标准化处理的公式如下：

$$X_{i(standardized)} = \frac{X_i - \mu}{\sigma} \tag{7.2}$$

其中，X_{min} 代表数据中的最小值；X_{max} 代表数据中的最大值；μ 代表数据的均值；σ 代表数据的标准差。

> **知识一点通**
>
> 注意，标准化处理的过程必须在完成异常值处理之后，否则进行标准化处理时会将异常值也纳入在内，从而造成偏差。

—考点要求—
描述（describe）如何准备、整理并探索文本数据来进行金融预测（★）

7.3.2 非结构化数据的准备与整理

非结构化数据通常要先经过清洗整理为结构化数据后，再喂给机器学习模型进行学习。因此，非结构化数据的准备与整理工作更加复杂。本节将以文本类型的非结构化数据为例，说明如何对非结构化数据进行准备与整理。

7.3.2.1 非结构化数据的准备（Data Preparation）

假定要分析的对象是豆瓣电影排行榜网页上每个电影的名称、评分以及观众对每一部电影的影评。通过网络爬虫技术，可以获取豆瓣电影排行榜网页的原生代码，如图7.1右侧所示。从图中不难看出，关注的信息（图中用圆圈标出）被许多没有意义的符号和信息所包围，如各种html标识符、空格、断点符号等。这些符号是在分析文本前必须清洗整理的。

图7.1 豆瓣电影排行榜网页的源代码

> **知识一点通**
>
> 要从复杂的源代码中提炼出我们想要的信息，就必须用到**正则表达式（regular expression，简写为 regex）**。正则表达式在许多编程语言中均可适用，通常被用来检索或替换符合某个规则的文本。

非结构化数据的清洗通常包括以下几个步骤。

第一，删除html的标识符。如在图7.1中，原生代码中很多带有"＜""＞"符号的文本。这些符号对分析文本是没有意义的，可以利用正则表达式将其找出并删除。

第二，删除断点符号（punctuations）。如在图7.1中，可以将诸如反斜杠"/"等用于分割的符号删除。**需要注意的是，有一些通常所谓的断点符号不能一概删除，如句点符号"．"**。这是因为这类断点符号有可能是有含义的，如图7.1中《寄生虫》电影的豆瓣评分为8.8，这数字中的句点符就是有含义的。

第三，删除数字。为了更准确地分析文本信息，通常会将文本中出现的数字删除，或者用标识符将其标注出来。当然，有些情况下，我们关注数字本身所反馈的信息。这种情况下就不能一概将数字删除，如本例中的豆瓣评分。

第四，删除空白。原始文本中存在着大量的空白，这对分析文本并没有帮助，必须将其删除。

7.3.2.2 非结构化数据的整理（Data Wrangling）

非结构化数据的整理通常包括以下几个步骤。

第一，将所有文本都转化为小写（lowercase）。这主要是针对英文文本分析采取的步骤。

第二,删除停止词(stop words)。在英文中,停止词主要是指"the""is""a"。这些停止词出现频率高,但又对文本分析没有实质性的作用,故将其删除。

第三,词干提取(stemming),是指抽取词的词干或词根形式,以简化文本分析。例如,将"emotional"提取为"emotion","revival"提取为"reviv"。

第四,词形还原(lemmatization)。例如,对于"doing""done",都将其还原为"do"进行分析。

> **知识一点通**
>
> 词干提取与词形还原的区别,在于词干提取注重"精简",词性还原注重将其转化为原形。前者相对简单,后者相对复杂。前者词根提取后可能是不完整的单词,如"revival"的词根为"reviv",并非完整的单词;而后者将词形还原后一般具有完整的释义。

> **备考小贴士**
>
> 以上非结构化数据的整理主要是针对英文文本,中文文本整理的技术有所不同,且更为复杂。考虑到考生面对的是英文考试,在此不再详细介绍中文文本整理的相关知识,感兴趣的考生可以自行阅读相关书籍。

在完成文本整理后,就可以得到一个<u>由许多词组成的向量,称为词袋模型(bag-of-words,BOW)</u>。例如,假设整理前的原文为"The market is so crazy yesterday. It's not an effective market.",整理后的文本变为"market so crazy yesterday not effect market"。在这过程中,把所有单词变成了小写,删除了停止词,取了"effective"的词根。

最后,对每一个文本文件都利用词袋模型进行文本特征分析(document term matrix,DTM),见表7.3。表7.3统计了各文本中每一个单词出现的次数。例如,文本2出现了3次"crazy"、2次"angry"、1次"upset"。通过大量的文本分析,并对一些特征词汇进行分类并打上标签,就能构造出一个"市场温度计",实时监控市场的情绪变化。

表7.3 文本特征分析(DTM)

	Market	Crazy	yesterday	not	effect	angry	upset
文本1	1	1	1	1	1	0	0
文本2	1	3	0	0	0	2	1
文本3	3	2	0	0	0	3	4

> **知识一点通**
>
> 在进行文本语言分析时,我们还会运用到 N-gram 的技术。例如,在上文"It's not an effective market."的例子中,如果单独考察词袋模型中的"effect"可能会对文本本身的含义产生误读(原义是市场无效而不是市场有效)。这个时候就要运用 N-gram 模型($N=2$),考察将前后两个词串联起来后组成的词袋。在 2-gram 模型下,词袋中为"not_effect",联系上下文后就不会产生误读了。

7.4 数据探索的目标与方法

数据探索(data exploration)是介于数据准备与建模之间的步骤。数据探索必须基于理论知识,否则极易出现数据挖掘偏差。数据探索分为探索性数据分析、特征选择与特征工程三个任务,下面将逐一讨论。

7.4.1 结构化数据的探索

7.4.1.1 探索性数据分析(Exploratory Data Analysis,EDA)

探索性数据分析旨在通过数据可视化图表,发现数据的特征与隐藏在数据中的关联,如直方图、密度函数图等。对于一些多维的结构化数据,可以先利用上一章介绍的主成分分析(PCA)的方法对其降维后再进行分析。一般对于多维数据,可以利用散点图、箱线图、热力图、相关系数矩阵等方法进行分析。除了图表之外,还可以通过各种统计量来了解数据分布的特征,如均值、方差、分位数等。

7.4.1.2 特征选择(Feature Selection)

特征选择是指从数据特征中选取最恰当的特征,为后续机器学习模型的训练做准备。关于特征选择需要注意以下几点。

第一,特征选择是在探索性数据分析之后的步骤,不要与数据准备中的操作混淆。在数据准备过程中,会删除一些显而易见无用的特征;但在特征选择中是根据探索性数据分析的结果,选取那些最有影响力的特征。

第二,特征选择是一个反复迭代的过程。以多元线性回归模型为例,R^2是衡量模型解释力度的一个指标。为了提高R^2,会反复尝试各种解释变量的组合,这就是一个反复迭代的特征选择过程。

第三,特征选择必须在提高模型解释力度和加快算法运行速度上进行抉择。

7.4.1.3 特征工程(Feature Engineer)

特征工程是指通过已有特征来构建新的特征,从而更好地反映数据集的结构与特征。例如,分析师利用三大报表中的数据来分析上市公司的基本面。可以利用已有的数据特征指标(如总资产、净利润、总负债等)来构建各种财务比率(如 ROE、负债率等),从而更好地反映公司的资本结构与盈利能力。同样,也可以将一些连续的数据特征转化为离散的数据特征来进行分析。例如,根据市值的取值将上市公司分为大盘股、小盘股,根据账面市值比,将上市公司分为价值股、成长股等。

7.4.2 非结构化数据的探索

本节同样以文本分析为例,来说明非结构化数据的探索过程。文本分析通常可以运用在以下三个场景,见表 7.4。

—考点要求—
描述(describe)如何从文本数据中抽取、选择、分析数据的特征(★)

表 7.4　文本分析的三大运用场景

适用场景	使用模型
文本分类(Text classification)	监督模型
话题划分(Topic modeling)	非监督模型(话题事先的分类是不确定的)
情绪分析(Sentiment analysis)	监督模型与非监督模型

7.4.2.1　探索性数据分析(Exploratory Data Analysis，EDA)

文本类数据是由文本组成的集合，也称为语料库(corpus)，是由一序列的标记符(tokens)①所组成的。在探索性数据分析阶段，通常需要统计每一标记符的**单文本词频(Term frequency，TF)**，即每一标记符在文本中出现的次数占文本的总标记符数。例如，一篇 1 000 字的文章，出现了 10 次"Tax"，那么"Tax"词的 TF 值即为 10/1 000＝0.01。

> **知识一点通**
>
> 　　单单考虑一个单词在一篇文章中的出现次数还是不够的。因为越长篇的文章理论上一个单词出现的次数是非递减的。所以，在计算 TF 值时必须按照文章长度来标准化。

此外，在分析文本时，还必须考虑文本出现的上下语境，以及一些词汇同时出现时的含义。例如，"上海大学"一词必须放在一起才能体现确切的含义，单独拆分为"上海""大学"两个词进行统计或检索就容易产生歧义(如误读为地点在上海的所有大学)。

在数据可视化方面，由于一篇文本中出现的词汇众多，文本分析不适合用一般的直方图来表示，而通常用标签云表示。图 7.2 显示了由美国总统特朗普 2018 年国情咨文制作的一副标签云图。图中字体越大的词汇表示该词在全文中出现的频率越高。

图 7.2　标签云图(根据 2018 年美国总统国情咨文制作)

---

①　文本中的标记符实际上就是词汇，本文中标记符和词汇是等同的。

> **知识一点通**
>
> 图7.2是根据特朗普2018年国情咨文原文生成的词标签云,未经过任何数据护理与整理。从图中可以看出,出现频率较高的几个词中"American"与"America"词根相同,"Year"一词单独看并没有什么特殊含义。由此可见,数据整理在文本分析中是必不可少的步骤。尽管如此,从"Job""Tax"等次高频词中还是能解读一些关键信息的。

7.4.2.2 特征选择(Feature Selection)

文本分析的特征选择与结构化数据的特征选择是基本相同的,即精简文本标记符,为训练机器学习模型做准备。有所不同的是,在文本分析中这个过程的工作量更加庞大,有很多噪声特征(noise feature)是需要排除的。**在文本分析中,噪声特征通常是出现频率最高或者最低的词汇**。如图7.2中,尽管"American"标记符出现的次数最多,但并不能反映太多的信息。这本来就是一篇美国的国情咨文,"American"一词当然会出现很多次。至于一些其他出现频率较低的词汇当然也不能反映什么特殊信息。

具体而言,在特征选择的过程中通常会使用以下几种方法。

第一,利用频率,尤其是文本频率指数(document frequency,DF)来删除噪声特征。文本频率指数定义为:包含某一词汇的文本数,除以总文本数。例如,在1万篇股吧中的帖子里,有1 000篇帖子中包含了"开心"一词。那么"开心"一词的DF值即为0.1。

第二,利用卡方检验(Chi-square test)进行特征筛选。例如,当文章中出现"姚明"一词通常代表该文章的话题属于"体育类"范畴。那么,就可以做这样的原假设:"姚明"一词与"体育类"不相关。如果原假设成立,那么由"姚明""体育类"构建的卡方统计量的值应该不会很大,否则就应当拒绝原假设。

第三,利用互信息(mutual information)进行特征筛选。互信息是指一个词汇对判断一篇文章类型归属提供的信息有多大。**当某个词汇的互信息值取0,代表该词汇的概率分布在所有文章中都相同,换言之,该词汇的出现不能为该篇文章的类型归属提供任何信息;反之,当某个词汇的互信息值取1,则代表一旦该词汇出现,该文章必然归属为某个类型**。

7.4.2.3 特征工程(Feature Engineer)

文本分析的特征工程可以采用以下几种技术。

第一,标记数字。例如,在数据处理过程中,已经用反斜杠"\"将数字标记出来了。除此之外,有一些数字特征是具有固定长度的。例如,诸如"20221031"形式的日期格式数据,其长度固定为8位;又如,身份证格式的数据固定为18位,我国A股股票代码固定为6位等。因此,在给数字打标签时,可以用如下形式进行标注:"\数字8"。其中,8代表数字的长度。

第二,N-gram技术。前文提到了N-gram技术,即将相邻的N位词连接在一起标记,如合并"债券""市场"为"债券市场","北京""大学"合并为"北京大学"。

第三,命名实体技术(name entity recognition,NER),用于识别一些特殊的专有名词。如CFA一词有可能被标记为特许金融分析师(Chartered Financial Analyst,CFA®)、中国足协（Chinese Football Association，CFA）、或爱猫协会（Cat Fanciers' Association，CFA）。根据上下文语境判断其在句子中的准确含义，从而为其归类。

第四，词性（parts of speech，POS）标注。例如，常见的词性分类有：名词、专有名词、动词、形容词、介词、代词等。词性分类本身也可以被当作一个特征喂给机器学习模型，有助于判断文章的类型。比如，一篇文章有非常多的金融专有名词，则说明该文章有可能是一篇介绍金融理论的文章。此外，词性的分类也有助于分解句子，如主谓宾就是最基本的句子构建模式。

7.5 训练模型

—考点要求—
描述（describe）训练模型的目标、步骤与技术（★）

完成数据探索后，就可以开始训练机器学习模型。需要指出的是，训练模型是一个迭代、反复的过程。迭代的次数取决于输入数据、研究问题的特性以及对结果准确度的要求。构建模型时必须以金融理论为基础，避免过度拟合。

机器学习模型训练的基本思想，就是让机器去学习、挖掘训练数据，从而拟合出隐藏在数据集背后的范式，并且这种范式在样本外数据中也有较好的表现，避免过度拟合。

具体而言，训练模型主要可以分为三个步骤：方法选择（method selection）、模型表现评估（performance evaluation）以及模型调试（tuning），下文将逐一介绍。

> **备考小贴士**
>
> 本节内容用到不少第 6 章中介绍的知识，考生如有遗忘请查看第 6 章中的相关内容，此处不再赘述。考生应着重掌握如何评估机器学习算法的效果。

7.5.1 模型的选择

在选择模型时，主要需要考虑以下几个因素。

第一，监督模型与非监督模型的选择。

第二，数据的类型。不同的机器学习模型通常适用于不同的数据类型，见表 7.5。

表 7.5 数据类型及适用的机器模型

数据类型	适用模型
数值型数据	分类回归树（classification and regression tree，CART）
文本数据	广义线性模型（generalized linear models，GLMs），支持向量机（SVMs）
图像数据	神经网络与深度学习模型

第三，数据的大小。数据的大小取决于两个方面：一是观测值的数量，二是特征值的数量。**当观测值数据量较多时，神经网络模型更加适合**（现有计算机水平下，隐藏层可以设置非常长）；**当特征值较多时，支持向量机更加适合**（可处理 1 万到 10 万个特征值）。

知识一点通

机器学习模型训练样本时,当面对样本分类极度不平衡时应采用特殊的处理方法。例如,我们通过机器学习识别债券发行者是否会违约。然而,违约债券占比本来就是少数。为了提高模型表面的预测能力,一个投机取巧的办法就是预测所有债券都不会违约。这种看似预测能力很高的模型对债券违约实际上没有任何预测能力。为了处理这种状况,一种方法就是对原始样本进行校准处理,其基本思想见图7.3。

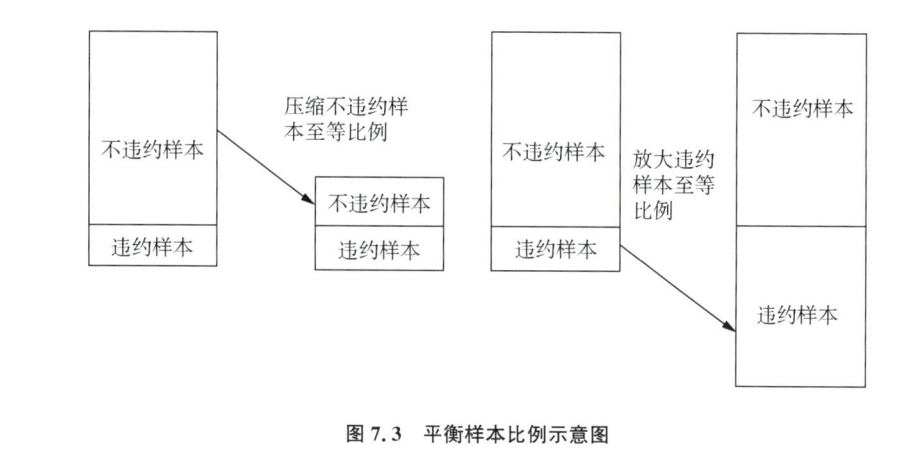

图 7.3 平衡样本比例示意图

7.5.2 模型表现评估

常用于评估机器学习模型表现的技术主要有以下三种。

7.5.2.1 错误分析(Error Analysis)

对于输出结果是二值分类的机器学习模型,可以利用错误分析来评估模型结果。首先将两类的分类结果分别记为 Class 1 与 Class 0。于是,根据机器模型的分类结果正确与否,可分为以下四种情形:**TP(true positive)、FP(false positive)、TN(true negative)与 FN(false negative)**。其中,positive 表示归类为 Class 1,negative 表示归类为 Class 0。**TP 表示属于 Class 1 且被机器模型正确地归类为 Class 1 的样本数量;FP 表示原本属于 Class 0 的样本被机器学习模型错误地归类为 Class 1 的样本数量**。同理可以理解 TN 与 FN 的含义。表 7.6 的混淆矩阵(confusion matrix)可以用来表示上述四种情形。

—考点要求—
评估(evaluate)机器学习算法的效果(★)

表 7.6 混淆矩阵

预测的分类 \ 真实的分类	Class 1	Class 0
Class 1	TP	FP(Type I error)
Class 0	FN(Tpye II error)	TN

> **知识一点通**
>
> 表 7.6 与一级学过的知识非常类似，即假设检验中的第一类错误与第二类错误。但考生极易弄混的是，这里默认的原假设是：样本属于 Class 0 分类。于是，根据假设检验的知识，第一类错误是"拒真"，即 FP（原本属于 Class 0 的样本却被误归类为 Class 1）；第二类错误是"受伪"，即 FN（原本属于 Class 1 的样本，却没有拒绝原假设将其归类为 Class 0）。

根据以上的概念，在评估机器模型准确性时，可以计算以下四个比例：

$$\text{Precision}(P) = TP/(TP+FP) \tag{7.3}$$

$$\text{Recall}(R) = TP/(TP+FN) \tag{7.4}$$

$$\text{Accuracy} = (TP+TN)/(TP+FP+TN+FN) \tag{7.5}$$

$$\text{F1 score} = 2 \times P \times R/(P+R) \tag{7.6}$$

其中，Precision(P) 代表模型预测为 Class 1 样本中，真实归类为 Class 1 的比率；Recall (R) 代表真实属于 Class 1 样本中，被模型预测为 Class 1 的样本比率；Accuracy 代表模型整体归类正确的准确率。最后，F1 score 是 Precision(P) 与 Recall (R) 的调和平均数（harmonic mean）。**当数据分类分布不均匀时，F1 score 比 Accuracy 更适用，分数越高意味着模型表现越好**。

> **备考小贴士**
>
> 考生应仔细区分 Precision(P) 与 Recall (R) 的概念，二者是比较容易混淆的。

7.5.2.2 观测者操作性特性曲线（Receiver Operating Characteristic，ROC）

观测者操作性特性曲线（下文简称为 ROC 曲线）是通过图形来更为直观地体现模型的表现。要正确解读 ROC 曲线，必须先理解以下两个概念：FPR（false positive rate）和 TPR（true positive rate），其计算公式如下：

$$\text{False positive rate (FPR)} = FP/(TN+FP) \tag{7.7}$$

$$\text{True positive rate (TPR)} = TP/(TP+FN) \tag{7.8}$$

从公式中不难看出，FPR 代表属于 Class 0 却被误归为 Class 1 的样本比率；TPR 代表原本属于 Class 1 也被正确分类为 Class 1 的样本比率。正如在 CFA® 一级"数量分析方法"中所学的，在模型确定且样本量给定的情况下，提高 TRP 与降低 FPR 两者不可兼得。

ROC 曲线的示意图可见图 7.4。在图 7.4 中，横轴代表 FPR，纵轴代表 TPR。**矩形的对角线代表一个随机归类的模型，其正确率 TPR 与错误率 FPR 等比例上升。一个有一定预测能力的模型 1 的 ROC 曲线是凸向矩形左上角的顶点的，并且凸度越大代表模型预测能力越强**。

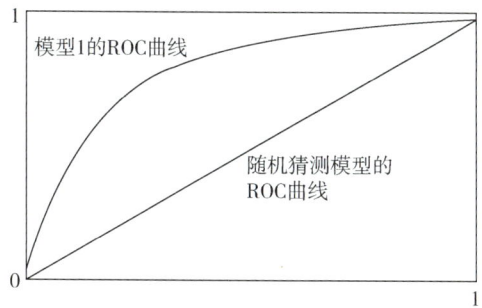

图 7.4　ROC 曲线示意图

7.5.2.3　均方根误差（Root Mean Squared Error，RMSE）

均方根误差用于衡量模型预测值偏离真实值的程度，适用于连续型数据，尤其是回归模型。其计算公式如下：

$$\text{RMSE} = \sqrt{\sum_{i=1}^{n} \frac{(\text{Predicted}_i - \text{Actual}_i)^2}{n}} \tag{7.9}$$

7.5.3　模型的调试（Tuning）

在模型评估后，就要开始对模型进行调试，提高模型的拟合程度。模型拟合产生的错误主要源于两个方面：偏误（bias）与偏差（variance）。**偏误错误产生的主要原因通常是模型过于简单导致欠拟合；而偏差错误的产生主要原因通常是模型过于复杂导致过度拟合。** 在模型调试的过程中，通常需要在偏误错误与偏差错误中做一个平衡。

本章最后，将大数据分析的所有过程步骤总结如图 7.5 所示。

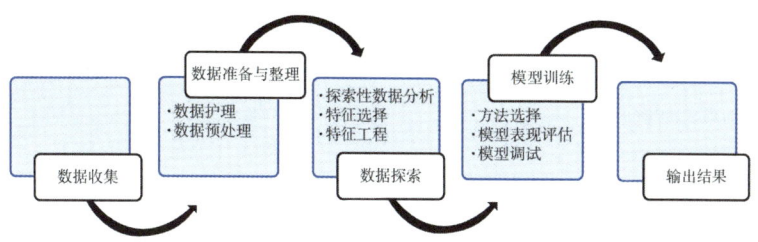

图 7.5　大数据分析的步骤

练一练

Allen is a data analyst working for Labor Bureau. He considers using a ML model to study whether there is gender discrimination in American labor market. After collecting and cleansing the data，Allen brings the following sample data to his boss Peter for discussion.

Exhibit 7.1　Sample data after collecting and cleaning

ID	Education(year)	Sex	Working experience(year)	Wage(USD thousands/year)
1	18	man	3	210
2	Unknown	woman	1	130
3	16	woman	4	150
4	16	man	2	220
5	12	man	2	77
6	−5	woman	3	−23
7	12	man	1	90
8	16	man	2	230
9	16	woman	5	660
10	12	Woman	7	670
10	12	Woman	7	670

After discussion, Peter makes the following statements:

Statement 1: We should use the logarithmic form of wage as the explained variable.

Statement 2: We should choose sex and education as features to predict the wage.

7-1　Which kind of error occurs in data for ID 2?

　　A. Duplication error.　　　B. Invalidity error.　　　C. Inaccuracy error.

7-2　Which kind of error occurs in data for ID 6?

　　A. Duplication error.　　　B. Invalidity error.　　　C. Inaccuracy error.

7-3　Which kind of error occurs in data for ID 10?

　　A. Duplication error.　　　B. Invalidity error.　　　C. Inaccuracy error.

7-4　Peter's first statement can be best described as:

　　A. feature engineering.

　　B. feature selection.

　　C. feature extraction.

7-5　Peter's second statement can be best described as:

　　A. feature engineering.

　　B. feature selection.

　　C. feature extraction.

John collects three articles about the stock market from the Internet. To deal with the raw text data, he cleans the data by removing all numbers, white spaces and punctuations. He then sorts out the frequency of keywords in each article in Exhibit 7.2.

Exhibit 7.2　Frequency of Keywords

	Market	Confused	Boring	Angry	Frustrated
Text 1	5	3	1	1	1
Text 2	2	3	0	0	0
Text 3	3	2	0	0	0

7-6　Does John do the right thing by removing all numbers, white spaces and punctuations?

　　A. Yes.

　　B. No, he is not correct by removing white spaces.

　　C. No, he is not correct by removing punctuations.

7-7　The above table can be best described as:

　　A. data table.

　　B. document term matrix.

　　C. text matrix.

7-8　The column of the above table can be described as:

　　A. regularization term.

　　B. token.

　　C. feature.

答案与解析

7-1　C

当事人应该知道自己的教育年限,而不是真的 unknown。这种数据错误被称为 inaccuracy error。

7-2　B

ID 6 中的数据明显有问题,教育年限和收入均不可能为负数,这种数据错误是 invalidity error。

7-3　A

ID 10 的数据重复出现了两次,这种错误被称为 duplication error。

7-4　C

feature extraction 是指从已有的变量中创造新的变量,Peter 想要从已有变量中构造新的变量 ln(wage),故选 C。

7-5　B

Peter 从现有的变量中选取部分变量来构建模型,这是 feature selection 的过程。

7-6　C

文章中的 punctuations(标点符号)有些是必须删除的,但有些符号是有含义的,不能被删除,需要根据具体情况甄别。

7-7　B

词频统计表格的专业术语叫做 DTM,即 document term matrix。

7-8　B

DTM 的一列统计了一个词在不同文章的出现次数,称为一个 token,故选 B。

扫码练习更多题目

第 2 部分

经济学

科目导学

考情分析

"经济学"部分共有三个章节,涉及三大主题:汇率决定、经济增长和经济管制。这3个主题的知识点相对独立,且在考试中的重要性依次递减。其中,第8章主要探讨了汇率决定的相关概念和模型,包括三角套利、汇率远期合约、国际平价关系、利差交易,以及三大汇率决定模型。第8章是"经济学"中最重要的一章,体现在知识点的丰富以及计算的复杂方面,需要考生特别注意。第9章主要研究了经济增长理论,包括经济增长的前提条件、经济增长与资本市场的关系、柯布-道格拉斯生产函数、三大经济增长理论和趋同理论。虽然柯布-道格拉斯生产函数和三大经济增长理论因涉及大量的数理推导而成为CFA®二级"经济学"的难点,但是考试中多考查定性结论,属于学难考易的部分。最后,第10章简单介绍了经济管制的相关概念,并非重要考点,考生只需了解即可。

经济学部分在考试中占比5%~10%,即两场考试总共会出1~2个案例。该部分常见考试题型为概念题和计算题。其中,概念题为主,计算题为辅。虽然CFA®二级整体偏定量考查,但"经济学"涉及计算的考点比较固定,考生通过学习和练习完全可以掌握。

本部分框架图

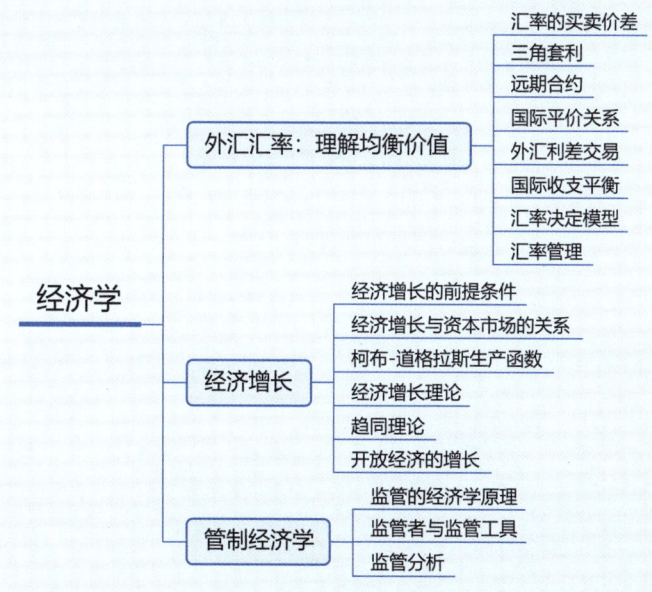

第 8 章
外汇汇率：理解均衡价值

章节导学

知识引导

随着经济全球化趋势不断发展，国际资本的流动愈加频繁。对于进行全球资产配置的投资经理人而言，汇率波动所带来的汇率风险不可避免地会影响其投资决策。虽然汇率呈现随机游走的现象，投资者很难对短期汇率进行准确的预测。但是，对于汇率长期均衡价值的研究和理解有利于投资者去做一定程度上的外汇风险管理。本章围绕汇率长期均衡价值，主要介绍了外汇相关的基本概念和汇率决定的经典理论。

考点聚焦

近些年，本章内容的考查在考试中的占比一直较大。考生在本章需要重点掌握的内容有：影响外汇买卖价差的因素、交叉汇率的计算、三角套利的操作及收益、远期汇率的估计、远期合约盯市价值的计算、国际平价关系的理解及判断、利差交易收益的计算、国际收支账户对汇率的影响、货币和财政政策对长期和短期汇率的影响、汇率管理，以及货币危机的预警信号。

本章框架图

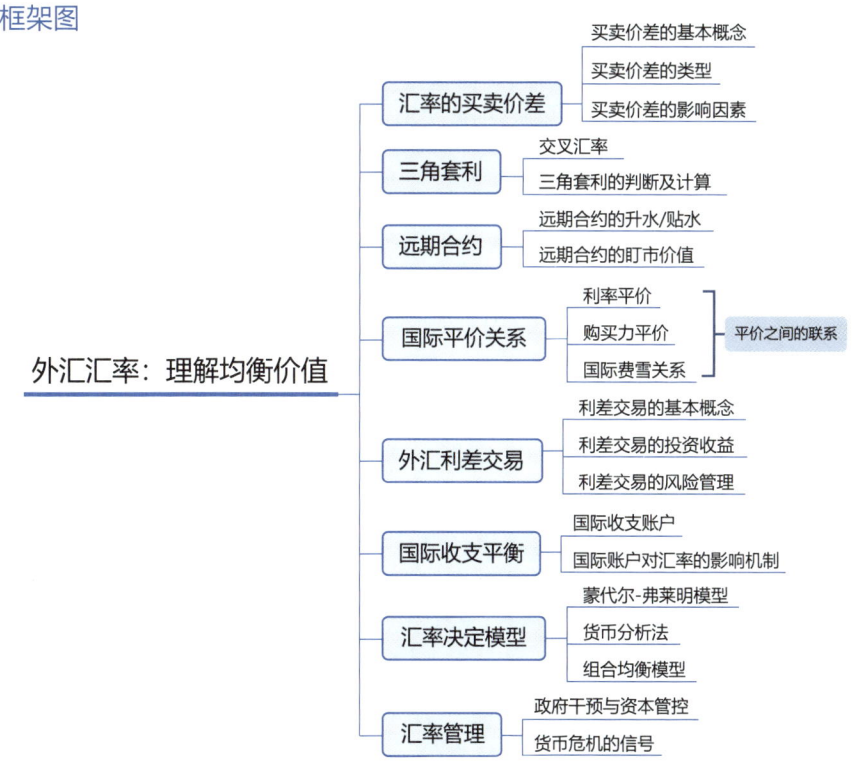

8.1 汇率的买卖价差（Bid-Ask Spread）

8.1.1 买卖价差的基本概念

―考点要求―

解释（interpret）并计算（calculate）即期或远期外汇报价的买卖价差（the bid-ask spread）（★）

8.1.1.1 汇率

汇率是用计价货币（price currency）来衡量基础货币（base currency）的价格，即一种货币相对于另一种货币的价格。汇率常用"P/B"的形式来表示，其中，"P"为计价货币（price currency），"B"为基础货币（base currency）。例如，CNY/USD 的汇率为 6.278 0。其中，计价货币为 CNY，基础货币为 USD，即用 CNY 来衡量 USD 的价格，1 单位 USD 需要用 6.278 0 单位 CNY 来获得。

> **知识一点通**
>
> 虽然 CFA® 官方教材强调计价货币和基础货币的区分，但是在考试中，考生无须过度区分两者。在此，考生只需要能理解"X/Y"所代表的含义即可。同时，考生在考试中最好将题目中的已知条件自行转化成"X/Y"的标价方法，便于理解和记忆后文的相关理论。之后，若无特殊说明，本书将默认使用"X/Y"的标价法。

8.1.1.2 买入价（Bid Price）和卖出价（Ask/Offer Price）

在外汇市场上，市场参与者会面临交易对手提供的双边报价，即"买入价"和"卖出价"。特别注意，"买入价"和"卖出价"都是站在交易对手（或做市商）的角度定义的。其中，买入价指做市商愿意为 1 单位基础货币所支付的计价货币的数额。卖出价指做市商愿意把 1 单位基础货币卖给买方后收到的计价货币的数额。同时，交易对手（或做市商）为市场提供了一定的流动性，且承担了一定的风险，因此卖出价通常大于买入价。

> **知识一点通**
>
> 举例来说，你手握 62 938 CNY 去商业银行换汇。此时，商业银行给出的 CNY/USD 的报价是 6.267 3/6.293 8。其中，6.267 3 是银行给出的 USD 的买入价（bid price），即商业银行愿意以 6.267 3 CNY 的价格从你手中购买 1 单位的 USD；6.293 8 是银行给出的 USD 的卖出价（ask/offer price），即商业银行愿意以 6.293 8 CNY 的价格卖 1 单位的 USD 给你。由于现在你要将 CNY 换成 USD，即买入 USD 的同时卖出 CNY。因此，商业银行将以 6.293 8 CNY 的单位价格卖 USD 给你，而你最终获得 10 000 USD。但是，天有不测风云，你刚换好汇走出银行，特朗普宣布和中国打贸易战，取消谈判。于是，你不得不重新回到银行柜台进行换汇，将手中的 10 000 USD 换回 CNY。而此时，你将以 6.267 3 CNY 的单价将 10 000 USD 卖给银行，银行支付你 62 673 CNY。这一买一卖，你损失了 265 CNY；而商业银行通过低买高卖，净赚 265 CNY。

> **备考小贴士**
>
> 考生一定要通过上述例子理解买入价和卖出价。在后文计算交叉汇率和三角套利的收益时,需要考生判断究竟使用买入价还是卖出价。考生要谨遵"吃亏是福"的原则:买入基础货币时使用较高的价格,卖出基础货币时使用较低的价格。

8.1.1.3 买卖价差(Bid-Ask Spread)

买卖价差是指卖出价与买入价之差,其公式表达为:

$$买卖价差(\text{bid-ask spread}) = 卖价(\text{ask price}) - 买价(\text{bid price}) \tag{8.1}$$

买卖价差又称为"点差",其基本单位为基点(pip)。对于除日元以外的大部分货币,1基点等于0.0001;而对于日元,1基点等于0.01。

> **知识一点通**
>
> 例如,当前商业银行给出的CNY/USD的报价是6.2673/6.2938,其中,卖出价(ask price)为6.2938,买入价(bid price)为6.2673,则买卖价差为:
>
> 买卖价差=卖价(ask price)-买价(bid price)=6.2938-6.2673=0.0265=265 pips

> **备考小贴士**
>
> 考生需要掌握买卖价差的计算。

8.1.2 买卖价差的类型

在实务中,根据交易双方的不同,存在两种买卖价差,即:客户(clients)与做市商(dealers)之间的买卖价差和做市商(dealers)与银行间市场(interbank market)的买卖价差。

> **知识一点通**
>
> 客户、做市商和银行间市场的关系如图8.1所示。
>
>
>
> 图8.1 客户、做市商和银行间市场的关系
>
> 做市商类似于生活中的零售商,通过在银行间市场买入或卖出货币来调整自身各类货币的存货水平,再将手中的货币与单个的客户交易。由于做市商承担了一定的风险,因此,客户与做市商之间的买卖价差通常会大于做市商与银行间市场的买卖价差。

8.1.3 买卖价差的影响因素

—考点要求—
描述（describe）影响买卖价差（the bid-ask spread）的因素（★）

对于不同类型的买卖价差，其影响因素也不相同。

8.1.3.1 银行间市场买卖价差的影响因素

两种货币在银行间外汇市场上的买卖价差取决于该市场的流动性（liquidity），而影响银行间外汇市场流动性的因素主要有以下三点。

（1）交易涉及的货币对（currency pair involved）：对于外汇市场上的主要货币对，其交易规模大、流动性强，故而这些货币对的买卖价差较小；相应地，其他交易规模较小的货币对，流动性较差，买卖价差较大。

> **知识一点通**
>
> 外汇市场上的八大货币为：美元（USD）、加元（CAD）、英镑（GBP）、欧元（EUR）、瑞士法郎（CHF）、新西兰元（NZD）、日元（JPY）和澳元（AUD）。这八大货币之间的交易形成了十六大主要货币对，常见的为 USD/EUR、JPY/USD 和 USD/GBP。

（2）交易时间（time of day）：当主要的外汇交易中心开市时，银行间外汇市场的交易活跃、流动性强、买卖价差较小。

> **知识一点通**
>
> 与全球股市不同，外汇市场是一个 24 小时不停止的市场。当纽约和伦敦外汇市场同时开市时，交易最为活跃。这两个市场同时开市的时间段为：纽约当地时间的 8:00～11:00，伦敦当地时间的 13:00～16:00。

（3）市场波动性（market volatility）：市场波动性越大、不确定性越大、风险越大，市场参与者承担风险所要求的风险补偿越多，因此，买卖价差越大。

8.1.3.2 做市商买卖价差的影响因素

影响做市商买卖价差的主要因素有以下三个。

（1）银行间市场的买卖价差（the bid-offer spread in the interbank foreign exchange market）：做市商通过在银行间市场的买卖来调整自身的风险敞口和存货水平。因此，银行间市场的买卖价差可看成做市商买卖价差的基准。通常，银行间市场的买卖价差越大，做市商的买卖价差也越大。

（2）交易的规模（the size of the transaction）：客户与做市商的交易规模越大，做市商在银行间市场交易，从而抵消头寸的难度也就越大。因此，该笔交易的买卖价差越大。

（3）做市商与客户的关系（the relationship between the dealer and the client）：若做市商与客户的关系较好，或做市商想要与客户建立其他业务的联系，或客户的信用风险（credit risk）较低，则做市商的买卖价差会较小。

> **备考小贴士**
>
> 外汇买卖价差的影响因素及判断是重要考点。考生需要通过题目描述,判断买卖价差的大小或变化方向。

8.2 三角套利(Triangular Arbitrage)

8.2.1 交叉汇率(Cross-Rate)

在外汇市场上,并非所有的货币之间都存在直接的外汇报价。若假设三角套利(triangular arbitrage)中不存在无风险套利(riskless arbitrage)的机会,则可根据间接相关的汇率,求得直接相关的汇率,而求得的汇率被称为交叉汇率(cross rate)。

8.2.1.1 交叉汇率:不考虑买卖价差

> **知识一点通**
>
> 不考虑买卖价差的交叉汇率的计算是 CFA® 一级"经济学"部分的知识,并非 CFA® 二级"经济学"的考点,此处意在帮助考生回顾相关知识。

不考虑买卖价差的交叉汇率的计算可通过例题 8.1 来理解。

例题 8.1

假设当前外汇市场上的报价为:USD/EUR=1.4,CHF/USD=0.9,USD/GBP=2。求 CHF/EUR、GBP/EUR 的汇率。

名师解析

(1) CHF/EUR 的汇率。

为了获取 CHF/EUR,需要寻找一个中间货币。由于 CHF、EUR 与 USD 的报价均已知,故选取 USD 作为中间货币,连接 CHF 和 EUR。于是,CHF/EUR 可以通过 USD/EUR 和 CHF/USD 相乘得到,即:

$$\frac{CHF}{EUR} = \frac{CHF}{USD} \times \frac{USD}{EUR} = 0.9 \times 1.4 = 1.26$$

(2) GBP/EUR 的计算。

与上述过程类似,选取 USD 作为连接 GBP 和 EUR 的中间货币。但是,由于报价方法不同,需要先将 USD/GBP=2 转换成 GBP/USD=1/2,再通过 GBP/USD 和 USD/EUR 相乘得到 GBP/EUR,即:

$$\frac{GBP}{EUR} = \frac{GBP}{USD} \times \frac{USD}{EUR} = \frac{1}{2} \times 1.4 = 0.7$$

> **知识一点通**
>
> 交叉汇率的计算可以分为以下三步。
>
> (1) 寻找中间货币(C),将求解过程写成如下形式:
>
> $$\frac{A}{B}=\frac{A}{C}\times\frac{C}{B} \qquad (8.2)$$
>
> (2) 判断已知数据是直接使用(相乘)还是求倒数后使用(相除)。
>
> (3) 将已知数据代入公式计算。

8.2.1.2 交叉汇率:考虑买卖价差

由于买卖价差的存在,外汇的买价和卖价不同。在计算交叉汇率时,需要判断使用的是买价还是卖价。因此,考虑买卖价差的交叉汇率的计算分为以下三步。

(1) 根据题目要求(求买价还是卖价),寻找中间货币(C),将求解过程写成公式(8.3)或公式(8.4)的形式:

$$\left(\frac{A}{B}\right)_{bid}=\left(\frac{A}{C}\right)_{bid}\left(\frac{C}{B}\right)_{bid} \qquad (8.3)$$

$$\left(\frac{A}{B}\right)_{offer}=\left(\frac{A}{C}\right)_{offer}\left(\frac{C}{B}\right)_{offer} \qquad (8.4)$$

(2) 判断使用买价(bid)还是卖价(offer)、已知数据是直接使用(相乘)还是求倒数后使用(相除),此时:

$$\left(\frac{A}{B}\right)_{bid}=1/\left(\frac{B}{A}\right)_{offer}$$

$$\left(\frac{A}{B}\right)_{offer}=1/\left(\frac{B}{A}\right)_{bid}$$

(3) 将数据代入公式进行计算。

考虑买卖价差的交叉汇率的计算将通过例题8.2和8.3来讲解。

例题 8.2

外汇市场上的当前报价为:

CZK/USD	21.653 2—21.993 0
PHP/CZK	2.383 4—2.396 0

分别计算交叉汇率 PHP/USD 的买价和卖价。

名师解析

根据上述步骤:

(1) 寻找中间货币为 CZK,将求解过程写成公式(8.3)或公式(8.4)的形式:

$$\left(\frac{PHP}{USD}\right)_{bid}=\left(\frac{PHP}{CZK}\right)_{bid}\left(\frac{CZK}{USD}\right)_{bid}$$

$$\left(\frac{PHP}{USD}\right)_{offer}=\left(\frac{PHP}{CZK}\right)_{offer}\left(\frac{CZK}{USD}\right)_{offer}$$

(2) 判断使用买价(bid)还是卖价(offer),已知数据是直接使用(相乘)还是求倒数后使用(相除)。此时,已知信息中,(CZK/USD)$_{bid}$=21.653 2、(CZK/USD)$_{offer}$=21.993 0、(PHP/CZK)$_{bid}$=2.383 4、(PHP/CZK)$_{offer}$=2.396 0 都可以直接使用(相乘)。

(3) 将数据代入公式进行计算。

$$\left(\frac{PHP}{USD}\right)_{bid} = \left(\frac{PHP}{CZK}\right)_{bid}\left(\frac{CZK}{USD}\right)_{bid} = 2.383\ 4 \times 21.653\ 2 = 51.608\ 2$$

$$\left(\frac{PHP}{USD}\right)_{offer} = \left(\frac{PHP}{CZK}\right)_{offer}\left(\frac{CZK}{USD}\right)_{offer} = 2.396\ 0 \times 21.993\ 0 = 52.695\ 2$$

例题 8.3

外汇市场上的当前报价为:

CZK/USD	21.653 2—21.993 0
PHP/USD	52.564 1—52.579 3

分别计算交叉汇率 PHP/CZK 的买价和卖价。

名师解析

根据上述步骤:

(1) 寻找中间货币为 USD,将求解过程写成公式(8.3)或公式(8.4)的形式:

$$\left(\frac{PHP}{CZK}\right)_{bid} = \left(\frac{PHP}{USD}\right)_{bid}\left(\frac{USD}{CZK}\right)_{bid}$$

$$\left(\frac{PHP}{CZK}\right)_{offer} = \left(\frac{PHP}{USD}\right)_{offer}\left(\frac{USD}{CZK}\right)_{offer}$$

(2) 判断使用买价(bid)还是卖价(offer)、已知数据是直接使用(相乘)还是求倒数后使用(相除)。此时,已知信息中,(PHP/USD)$_{bid}$=52.564 1 和(PHP/USD)$_{offer}$=52.579 3 可以直接使用(相乘);但是,(USD/CZK)$_{bid}$ 和(USD/CZK)$_{offer}$ 需要求倒数后使用(相除),即:

$$\left(\frac{USD}{CZK}\right)_{bid} = 1/\left(\frac{CZK}{USD}\right)_{offer} = 1/21.993\ 0$$

$$\left(\frac{USD}{CZK}\right)_{offer} = 1/\left(\frac{CZK}{USD}\right)_{bid} = 1/21.653\ 2$$

(3) 将数据代入公式进行计算。

$$\left(\frac{PHP}{CZK}\right)_{bid} = \left(\frac{PHP}{USD}\right)_{bid}\left(\frac{USD}{CZK}\right)_{bid} = \left(\frac{PHP}{USD}\right)_{bid}/\left(\frac{CZK}{USD}\right)_{offer} = 52.564\ 1/21.993\ 0 = 2.396\ 6$$

$$\left(\frac{PHP}{CZK}\right)_{offer} = \left(\frac{PHP}{USD}\right)_{offer}\left(\frac{USD}{CZK}\right)_{offer} = \left(\frac{PHP}{USD}\right)_{offer}/\left(\frac{CZK}{USD}\right)_{bid} = 52.579\ 3/21.653\ 2 = 2.428\ 3$$

知识一点通

根据例题 8.2 和 8.3,可以归纳出以下规律:相乘同边(小×小,大×大),相除对角(小/大,大/小)。因此,交叉汇率的问题可以简化为图 8.2。

知识一点通

已知报价：

A/C	$x—y$
C/B	$m—n$

或

A/C	$x—y$
B/C	$m—n$

求：A/B

思考：①判断：相乘？相除？

②相乘同边，相除对角。

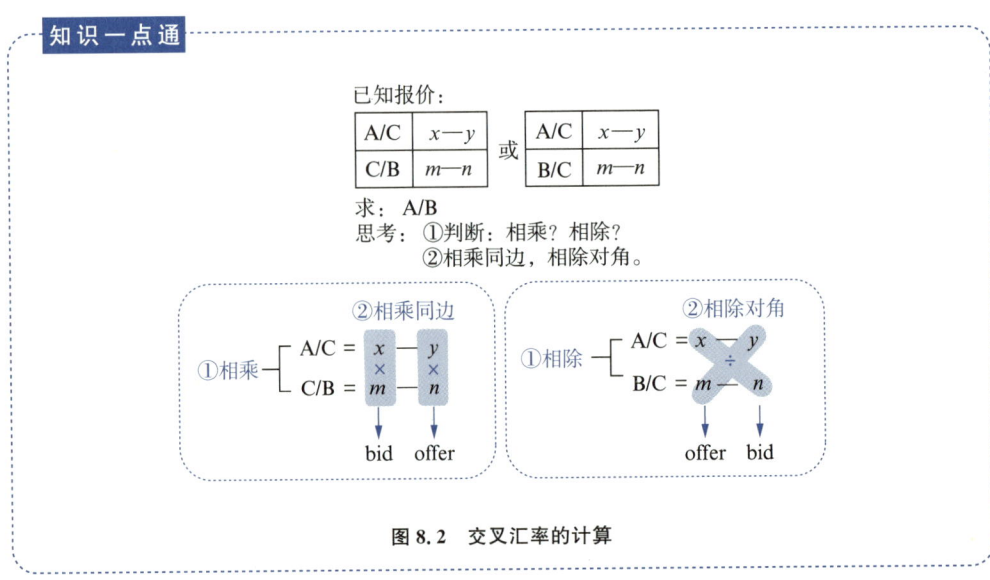

图 8.2　交叉汇率的计算

备考小贴士

直接考查交叉汇率计算的题目较少，但交叉汇率的计算是后文重要考点（三角套汇）的基础。因此，考生必须熟练掌握。

8.2.2　三角套利的判断及计算

若不同市场的外汇报价不同，则可能存在套利的机会。此时，投资者可以通过对比做市商（dealer）和当前银行间市场（interbank market）的报价，判断是否存在套利机会。

8.2.2.1　套利机会的识别

—考点要求—

基于三种货币的买卖报价，识别（identify）三角套利（triangular arbitrage）机会（★★★）

只有两个市场的买卖报价之间存在（图 8.3 和图 8.4）所示的关系时，三角套利的机会才存在。

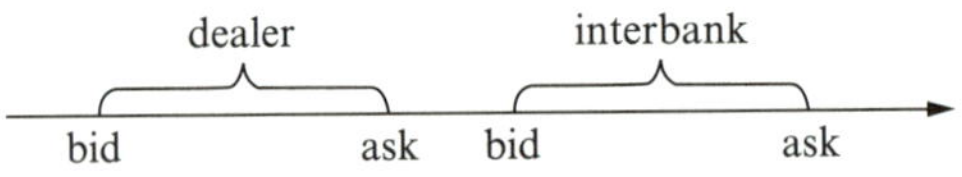

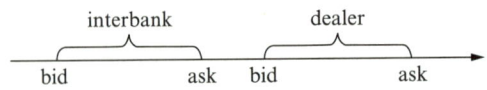

图 8.3　做市商与银行间的报价关系

图 8.4　做市商与银行间的报价关系

即：

(1) 如图 8.3 所示，做市商的卖价（ask price）小于银行间市场的买价（bid price）。

(2) 如图 8.4 所示，银行间市场的卖价（ask price）小于做市商的买价（bid price）。

> **知识一点通**
>
> 考生无须死记硬背上述的内容,只需能够结合题目,判断套利机会即可。

8.2.2.2 三角套利的计算

套利的基本原则就是低买高卖。三角套汇计算的主要步骤为:
(1) 根据外汇报价,正确计算交叉汇率。
(2) 对比银行间市场和做市商的报价,判断套利的可能性。
(3) 确定具体套利的方法及利润。

三角套利的计算将通过例题 8.4 来讲解。

—考点要求—

基于三种货币的买卖报价,计算(calculate)三角套利(triangular arbitrage)的利润(★★★)

例题 8.4

投资者 Jen 获得了来自做市商和银行间市场的报价:

报价方	汇率报价
银行间市场(interbank market)	0.600 0—0.601 5 USD/AUD ① 10.700 0—10.720 0 MXN/USD ②
做市商(dealer)	6.300 0—6.302 5 MXN/AUD ③

请根据上述信息,判断是否存在套利机会?若存在套利机会,该如何操作?假设 Jen 的初始头寸为 USD 1,则该三角套利的利润是多少?

名师解析

按照上述的三步走,进行判断与计算。

(1) 根据外汇报价,正确计算交叉汇率。

若要判断是否可以在银行间市场与做市商之间套利,需要对比两者的报价。因此,首先要基于银行间市场的报价,计算交叉汇率。此处,利用"相乘同边(小×小,大×大),相除对角"的规则,快速求得银行间市场 MXN/AUD 的交叉汇率(①×②)为:

$$(MXN/AUD)_{bid} = 0.600\ 0 \times 10.700 = 6.420\ 0$$
$$(MXN/AUD)_{offer} = 0.601\ 5 \times 10.720 = 6.448\ 1$$

(2) 对比银行间市场和做市商的报价,判断套利的可能性。

对比计算所得的交叉汇率与做市商报价:

银行间市场(interbank market)	6.420 0—6.448 1 MXN/AUD
做市商(dealer)	6.300 0—6.302 5 MXN/AUD

可知:做市商的 AUD 卖价(6.302 5)比银行间市场的买价(6.420 0)低。因此,存在套利机会。投资者可以通过从做市商手中以每单位 6.302 5 MXN 的价格买入 AUD,再在银行间市场中以每单位 6.420 0 MXN 的价格卖出 AUD,从而实现套利。

(3) 确定具体套利的方法及利润。

基于上述判断,具体的套利路径为:

$$USD \xrightarrow{②} MXN \xrightarrow{③} AUD \xrightarrow{①} USD$$

其中,①②③与题干表格中的外汇报价相对应。

因此,套利的具体步骤为:

步骤	交易方	投资者买卖细节	当前持有
1	银行间市场	以 10.700 0 MXN/USD 的报价,卖出 USD 买入 MXN	1×10.700 0 MXN
2	做市商	以 1/6.302 5 AUD/MXN 的报价,卖出 MXN 买入 AUD	1×10.700 0/6.302 5 AUD
3	银行间市场	以 0.600 0 USD/AUD 的报价,卖出 AUD 买入 USD	1×10.700 0/6.302 5×0.600 0 USD

最终,套利的利润为:

1×10.700 0/6.302 5×0.600 0 USD−1 USD=1.018 64 USD−1 USD=0.018 64 USD

> **备考小贴士**
>
> 三角套汇的计算是非常重要的考点,且题型相对固定,考生可通过例题 8.3 来理解掌握。这类计算的关键和易错点在于套利的判断和套利路径的确定。考生要通过演练经典例题和相关习题熟练掌握该类题目。同时注意:若考试只要求判断操作,只需要前两步即可;若要求计算利润,则需要全部三步。

8.3 远期合约(Forward Contract)

8.3.1 远期的升水/贴水(Forward Premium and Discount)

8.3.1.1 即期与远期汇率的含义

—考点要求—
解释(explain)
即期和远期汇率(★)

即期汇率(spot exchange rate)为现时外汇市场的汇率水平,交易双方达成外汇协议后,一般会在两个工作日内以该汇率进行交割。即期汇率的变化往往是由于货币的供需状况改变所造成的。

远期汇率(forward exchange rate)是指交易双方达成协议,约定在未来某一时间(通常合约期为 30 天、60 天、90 天或 1 年)进行外汇交割所使用的汇率。

> **备考小贴士**
>
> 远期汇率和即期汇率的对比并非直接考点,只是为后文的远期合约盯市价值计算作铺垫。

—考点要求—
计算(calculate)
某种货币的远期升水或贴水(★)

8.3.1.2 远期升水或远期贴水

基差(basis points)是远期汇率与即期汇率的报价之差。

若远期汇率高于即期汇率,则基差为正:基础货币远期升水(forward premium),计价货币远期贴水(forward discount)。反之,若远期汇率低于即期汇率,则基差为负:基础货币远期贴水,计价货币远期升水。

> **知识一点通**
>
> 例如,即期汇率 CNY/USD=6.7,远期汇率 CNY/USD=7.0,在此种报价中,远期汇率大于即期汇率,USD(基础货币)远期升水,而 CNY(计价货币)远期贴水。

8.3.1.3 远期汇率报价

远期汇率的报价一般基于即期汇率,通常使用基点法(basis points)。如前文所述,在基点法下,基差用基点表示,且 1 基点等于 0.000 1;而日元比较特殊,1 基点等于 0.01。于是,通常情况下,远期汇率和即期汇率之间的关系为:

$$即期汇率 + 0.000\ 1 \times 基点 = 远期汇率 \tag{8.5}$$

例题 8.5

当前市场上的 CNY/USD 的报价如下表所示:

到期日	汇率
即期汇率	6.790 9/6.820 3
60 天	+6.9/+7.8

请根据表中信息,计算 60 天远期合约的买价和卖价。

名师解析

根据表格中的信息:

$(CNY/USD)_{bid} = 6.790\ 9 + 0.000\ 1 \times 6.9 = 6.791\ 59$

$(CNY/USD)_{offer} = 6.820\ 3 + 0.000\ 1 \times 7.8 = 6.821\ 08$

> **知识一点通**
>
> 有时候,题目里会提到 all-in forward rate,实际上就是一般所说的远期汇率(forward rate)。由于该远期汇率是通过加总即期汇率和基点所得到的,因此,也被称为 all-in forward rate。

8.3.2 远期合约的盯市价值

远期合约的盯市价值(mark-to-market value)是指以当前市场价格平仓时远期合约的实际利润或损失。若投资者最初持有**基础货币**的远期**多头**合约,则到期前的 t 时刻,该远期合约的盯市价值为:

$$\text{Mark-to-market value } (V_t) = \frac{\text{Contract size} \times (F_t - F_0)}{1 + r_{\text{price currency}} \times \dfrac{days}{360}} \tag{8.6}$$

—考点要求—

计算(calculate)远期合约的盯市价值(mark-to-market value)(★★★)

其中，Mark-to-market value (V_t) 为 t 时刻远期合约的盯市价值；Contract size 为期货合约的规模（以基础货币计价）；F_t 为反向期货合约（单位基础货币）在 t 时刻的价格；F_0 为期货合约（单位基础货币）在 0 时刻的价格；$r_{\text{price currency}}$ 为计价货币的年化报价无风险利率，1 年以内单利计算；days 为距离合约到期的天数。

> **知识一点通**
>
> 公式(8.6)的推导计算过程主要有以下四个步骤，可结合图 8.5 来理解。
>
>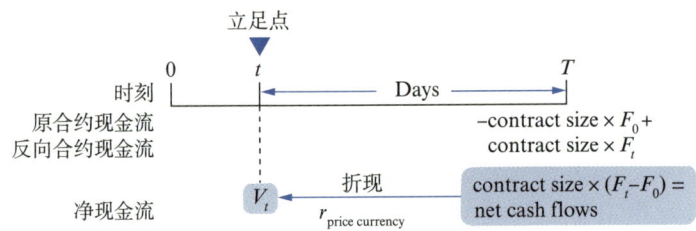
>
> 图 8.5　盯市价值的计算过程
>
> 1. 建立一个原远期合约的反向合约
>
> 在 0 时刻，投资者进入基础货币远期合约的多头头寸，约定在 T 时刻以合约价格（F_0）买入基础货币。在 t 时刻，为了计算该远期合约的盯市价值，需要平仓，对原有头寸进行反向操作，即原来的合约是买入基础货币，反向合约就要卖出基础货币。考生尤其要注意这一步骤，合约买或卖的判断，直接决定计算时使用的是买价（bid price）还是卖价（offer price）。
>
> 2. 确定反向合约的远期汇率（F_t）
>
> 若反向合约是买入基础货币，则使用卖价；若反向合约是卖出基础货币，则使用买价。
>
> 3. 计算结算日的净现金流
>
> 由于投资者最初持有基础货币的远期多头合约，意味着投资者在到期日要以合约价格（F_0）买入基础货币，现金流出为（contract size×F_0）。同时，为了平仓，投资者将以反向合约的远期汇率（F_t）卖出基础货币，现金流入为（contract size×F_t）。因此，投资者在结算日（T 时刻）的净现金流（net cash flows）为：
>
> $$\text{Net cash flows} = \text{Contract size} \times (F_t - F_0) \tag{8.7}$$
>
> 4. 计算结算日净现金流的现值
>
> 将 T 时刻的净现金流折现到 t 时刻时，需要注意以下三点。
>
> （1）由于在 T 时刻，投资者通过远期合约，将基础货币转化成了计价货币。因此，折现时需要使用的是计价货币的无风险利率。
>
> （2）无风险利率的时间期限要与合约到期期限相互匹配。
>
> （3）若距离合约到期的天数小于 1 年，则单利折现。
>
> 最终，远期合约的盯市价值为：
>
> $$\text{Mark-to-market value } (V_t) = \frac{\text{Contract size} \times (F_t - F_0)}{1 + r_{\text{price currency}} \times \dfrac{days}{360}} \tag{8.8}$$

远期合约盯市价值的计算将通过例题 8.6 和 8.7 来讲解。

例题 8.6

投资者 Jen 在 30 天前进入了一个 90 天的远期合约，约定以 1.053 58 AUD/CAD 的远期汇率**买入** 1 million 的加元。当前外汇市场的 AUD/CAD 报价如下。

到期日	汇率
即期	1.061 2/1.061 4
30 天	+4.9/+5.2
60 天	+8.6/+9.0
90 天	+14.6/16.8
180 天	+42.3/+48.3

当前各货币对应的利率如下。

	AUD	CAD
30-day rate(annualized)	1.12%	1.13%
60-day rate(annualized)	1.16%	1.18%
90-day rate(annualized)	1.20%	1.23%

根据以上信息，计算远期合约当前的盯市价值。

名师解析

按照上文介绍的四步走，计算如下。

1. 建立一个原远期合约的反向合约

反向合约：**卖出** 1 million 的加元。

2. 确定反向合约的远期汇率（F_t）

原远期合约为 90 天，且已经经过 30 天，因而距离合约到期的天数（days）为 90−30＝60 天，反向合约的期限为 60 天，对应的是 60 天的远期汇率（+8.6/+9.0）。

反向合约是卖出加元，需要使用买价（bid price）。

所以，反向合约的远期汇率 F_t＝1.061 2+0.000 1×8.6＝1.062 06 AUD/CAD

3. 计算结算日的净现金流

原合约在结算日的操作为：以 1.053 58 AUD/CAD 的远期汇率**买入** 1 million 的加元。
反向合约在结算日的操作为：以 1.062 06 AUD/CAD 的远期汇率**卖出** 1 million 的加元。

结算日的净现金流＝1 million×(1.062 06−1.053 58) AUD＝8 480 AUD

4. 计算结算日净现金流的现值

T 时刻，投资者持有的是 AUD，所以折现利率应该使用 r_{AUD}。
t 时刻，距离合约到期的天数（days）为 60 天，所以应该使用 60 天的 r_{AUD}，即 1.16%。
最终，远期合约的盯市价值为：

$$V_t = \frac{\text{Contract size} \times (F_t - F_0)}{1 + r_{\text{price currency}} \times \frac{days}{360}} = \frac{1\text{ million} \times (1.062\ 06 - 1.053\ 58)}{1 + 1.16\% \times \frac{60}{360}} = 8\ 463.64 \text{ AUD}$$

例题 8.7(例题 8.6 变形)

投资者 Jen 在 30 天前进入了一个 90 天的远期合约,约定以 1.053 58 AUD/CAD 的远期汇率**卖出** 1 million 的加元。当前外汇市场的 AUD/CAD 报价为:

到期日	汇率
即期	1.061 2/1.061 4
30 天	+4.9/+5.2
60 天	+8.6/+9.0
90 天	+14.6/16.8
180 天	+42.3/+48.3

当前各货币对应的利率为:

	AUD	CAD
30-day rate(annualized)	1.12%	1.13%
60-day rate(annualized)	1.16%	1.18%
90-day rate(annualized)	1.20%	1.23%

根据以上信息,计算远期合约当前的盯市价值。

名师解析

按照上文介绍的四步走,计算如下。

1. 建立一个原远期合约的反向合约

反向合约:**买入** 1 million 的加元。

2. 确定反向合约的远期汇率(F_t)

原远期合约为 90 天,且已经经过 30 天,因而,距离合约到期的天数(days)=90-30=60,反向合约的期限为 60 天,对应的是 60 天的远期汇率(+8.6/+9.0)。

反向合约是买入加元,需要使用卖价(offer price)。

所以,反向合约的远期汇率 F_t=1.061 4+0.000 1×9.0=1.062 30 AUD/CAD

3. 计算结算日的净现金流

原合约在结算日的操作为:以 1.053 58 AUD/CAD 的远期汇率**卖出** 1 million 的加元。

反向合约在结算日的操作为:以 1.062 30 AUD/CAD 的远期汇率**买入** 1 million 的加元。

结算日的净现金流=1 milion×(1.053 58−1.062 30) AUD=−8 720 AUD

4. 计算结算日净现金流的现值

T 时刻,投资者持有的是 AUD,所以折现利率应该使用 r_{AUD}。

t 时刻,距离合约到期的天数(days)为 60 天,所以应该使用 60 天的 r_{AUD},即 1.16%。

最终,远期合约的盯市价值为:

$$V_t = \frac{\text{Contract size} \times (F_t - F_0)}{1 + r_{\text{price currency}} \times \frac{days}{360}} = \frac{1 \text{ milion} \times (1.053\ 58 - 1.062\ 30)}{1 + 1.16\% \times \frac{60}{360}} = -8\ 703.17 \text{AUD}$$

知识一点通

例题 8.6 为买入基础货币的例子,例题 8.7 为卖出基础货币的例子。考生要特别注意两者的区别。

> **备考小贴士**
>
> 外汇远期合约盯市价值的计算是考试的重点,计算量相对较大。但是,该题目的套路比较固定,只要考生能够完全理解并掌握例题 8.6 和 8.7,配合一定的题目练习,该类题目就不会失分。

8.4 国际平价关系（The International Parity Relationship）

国际平价(international parity)指的是一种均衡状态。国际平价关系研究的是均衡状态下汇率变动的影响因素。国际平价关系的类别如图 8.6 所示。

—考点要求—
描述（describe）国际平价条件(international parity conditions)(★★)

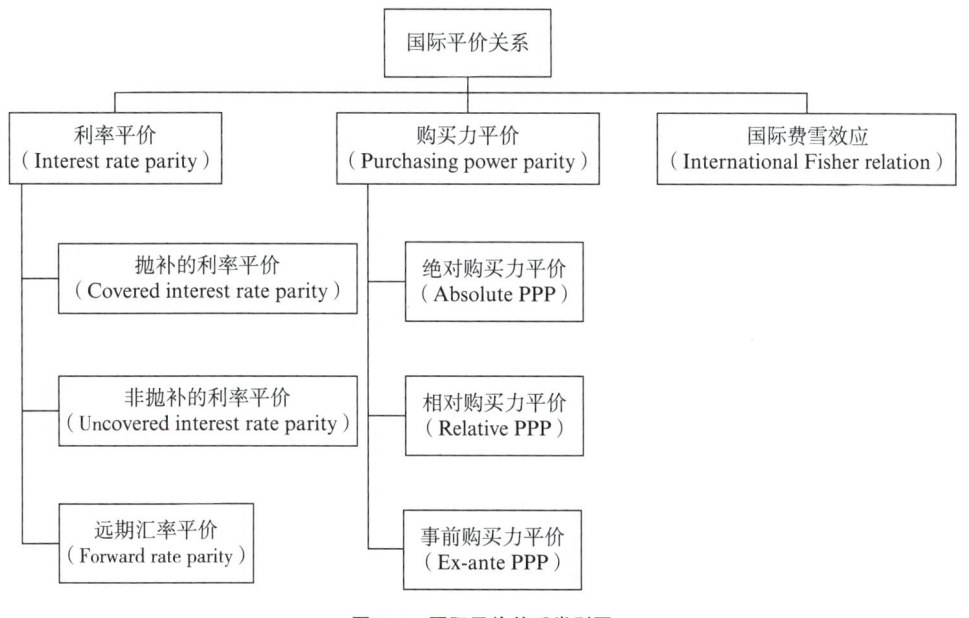

图 8.6 国际平价关系类别图

> **备考小贴士**
>
> 该知识点非常重要,考生须重点掌握。

8.4.1 利率平价（Interest Rate Parity，IRP）

利率平价关系(interest rate parity)研究的是汇率与利率之间的关系,包括抛补利率平价(covered interest rate parity)、非抛补利率平价(uncovered interest rate parity)和远期汇率平价(forward rate parity)。

> **知识一点通**
>
> 前两种利率平价的中文翻译比较晦涩，其相应的英文表达更便于考生们理解。

8.4.1.1 抛补利率平价

—考点要求—
解释（explain）
抛补利率平价
（covered interest rate parity）（★★★）

1. 抛补利率平价的概念

抛补利率平价（covered interest rate parity）是指，投资者投资本国货币市场工具的回报率应该与投资汇率风险被完全对冲的外国货币市场工具的回报率相同。

> **知识一点通**
>
> 抛补利率平价就是CFA®一级"经济学"中所学的利率平价公式。对于货币市场工具的投资者来说，有两种可选的投资方式：(1) 直接使用本币投资本国货币市场工具；(2) 将本币兑换成外币，投资外国货币市场工具；在投资期末，再将外币兑换成本币。相比之下，第二种投资方式会面临汇率风险（currency risk）。此时，投资者可以在期初使用远期合约来对冲外汇风险，使得两种投资方式所面临的风险相同。在国际平价这一均衡状态下，风险相同的投资的回报率也应该相同。

2. 抛补利率平价的公式

抛补利率平价的公式表达为：

$$\frac{F_{X/Y}}{S_{X/Y}} = \frac{1 + r_X \times \frac{days}{360}}{1 + r_Y \times \frac{days}{360}} \tag{8.9}$$

其中，$F_{X/Y}$为远期汇率，报价方式为X/Y；$S_{X/Y}$为即期汇率，报价方式为X/Y；r_X为X货币市场工具的收益率；r_Y为Y货币市场工具的收益率；$days$为投资期限。

> **知识一点通**
>
> 上述两种投资方式的具体状况如图8.7所示（假设投资期限为360天）：
>
>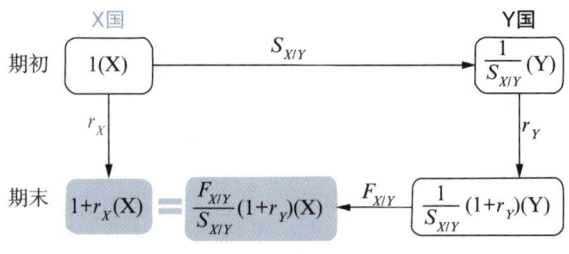
>
> 图8.7 抛补利率平价示意图

知识一点通

X 国的投资者有 1 单位本币(X),存在如下两种投资方式。

(1) 投资收益率为 r_X 的本国货币市场工具。1 年后,总收益为以本币计量的 $(1+r_X)$。

(2) 先以即期汇率 $S_{X/Y}$ 将本币兑换为 $\dfrac{1}{S_{X/Y}}$ 单位的货币 Y,用以投资收益率为 r_Y 的外国货币市场工具;同时进入 1 年期的远期合约,约定在 1 年后,以 $F_{X/Y}$ 卖出 Y 货币。1 年后,总收益为以外币计量的 $\dfrac{1}{S_{X/Y}}(1+r_Y)$。再利用远期合约,将投资收益兑换为本币即可。

在无套利机会的情况下,这两种投资方式的总收益应该相同,因此:

$$1+r_X = \frac{F_{X/Y}}{S_{X/Y}}(1+r_Y) \tag{8.10}$$

对公式(8.10)进行整理,可得:

$$\frac{F_{X/Y}}{S_{X/Y}} = \frac{1+r_X}{1+r_Y} \tag{8.11}$$

公式(8.11)为 1 年期的利率平价公式。若投资期限($days$)小于 1 年,收益率以单利计算,则为:

$$\frac{F_{X/Y}}{S_{X/Y}} = \frac{1+r_X \times \dfrac{days}{360}}{1+r_Y \times \dfrac{days}{360}} \tag{8.12}$$

备考小贴士

公式(8.12)需要考生熟练掌握和记忆。

记忆方法:公式等号左边,分子为远期汇率,分母为即期汇率;等号右边,分子或分母上应写哪国的汇率,取决于汇率的报价形式:汇率斜杠前的货币国利率写在分子上,汇率斜杠后的货币国利率写在分母上。例如,公式(8.12)中,汇率的报价形式为 X/Y,因此,公式等号右边,分子上的利率为 X 国的利率,分母上的利率为 Y 国的利率。

3. 抛补利率平价公式的应用

抛补利率平价公式主要有以下三方面的应用。

(1) 无套利远期汇率定价。

对公式(8.12)进行变形,可得:

$$F_{X/Y} = S_{X/Y} \times \frac{1+r_X \times \dfrac{days}{360}}{1+r_Y \times \dfrac{days}{360}} \tag{8.13}$$

公式(8.13)左侧为远期汇率,可通过右侧的变量参数来确定。因此,公式(8.13)是在国际平价状态下,对远期汇率的无套利定价。

> **备考小贴士**
>
> 公式(8.13)的应用是重要考点。考生只需要从题中提取正确的已知条件,带入公式计算即可。

(2) 远期升水或贴水的判断及计算。

远期汇率报价有两种方法:基点法和百分比基差法。

在基点法下,远期升水(或贴水)的单位为基点,其公式表达为:

$$\text{Forward premium (discount)} = F_{X/Y} - S_{X/Y} \tag{8.14}$$

结合公式(8.13)可得:

$$\text{Forward premium (discount)} = S_{X/Y} \times \frac{1 + r_X \times \frac{days}{360}}{1 + r_Y \times \frac{days}{360}} - S_{X/Y}$$

$$= S_{X/Y} \times \frac{days}{360} \times \frac{r_X - r_Y}{1 + r_Y \times \frac{days}{360}} \approx S_{X/Y} \frac{days}{360} (r_X - r_Y) \tag{8.15}$$

在百分比基差报价法下,远期升水(或贴水)的单位为百分比(%),其公式表达为:

$$\text{Forward premium (discount)} = \frac{F_{X/Y}}{S_{X/Y}} - 1 = \frac{1 + r_X \times \frac{days}{360}}{1 + r_Y \times \frac{days}{360}} - 1 \approx \frac{days}{360}(r_X - r_Y) \tag{8.16}$$

基于公式(8.16)可以得到结论:名义收益率较高的货币在远期将面临贬值的压力。

> **知识一点通**
>
> 若 $r_X > r_Y$,投资 X 国存在利率优势,则在短期,大量外国投资者会买入 X 国货币,并在 X 国投资,因此短期,X 国的货币存在升值压力;而在将来,投资必定结束,外国投资者会结束其在 X 国的投资,并卖出 X 国的货币,换回本国货币,因此长期,X 国的货币存在贬值压力。公式(8.16)最终求得远期汇率,因此可以得到结论:名义收益率较高的货币在远期将面临贬值的压力。
>
> 另外,基于无套利原则,无论以何种货币在哪个国家投资,最终两种投资方案的收益都应该是相同的。因此,通过 X 国货币的贬值来抵消利率优势。

> **备考小贴士**
>
> 考试中利用公式(8.15)和公式(8.16)计算远期升水或贴水时,需要使用精确的计算,不要进行简化。简化计算的意义是为得到结论:"名义收益率较高的货币在远期将面临贬值的压力。"

(3) 套利利润的计算。

若抛补的利率平价不成立,则存在套利机会。具体的套利判断和套利利润计算如

表 8.1 所示。

表 8.1　套利利润的计算

情形	判断条件	套利利润
情形 1	$\dfrac{F_{X/Y}}{S_{X/Y}}(1+r_Y) > 1+r_X$	利润（以 X 货币计）$= \dfrac{F_{X/Y}}{S_{X/Y}}(1+r_Y)-(1+r_X)$
情形 2	$\dfrac{F_{X/Y}}{S_{X/Y}}(1+r_Y) < 1+r_X$	利润（以 Y 货币计）$= \dfrac{S_{X/Y}}{F_{X/Y}}(1+r_X)-(1+r_Y)$

> **知识一点通**
>
> 根据前文介绍，两种投资策略的示意如图 8.8 所示。
>
>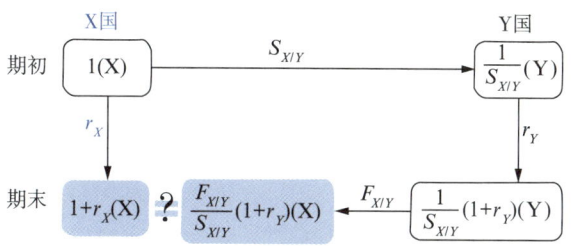
>
> 图 8.8　投资判断示意图
>
> 若 $\dfrac{F_{X/Y}}{S_{X/Y}}(1+r_Y) > 1+r_X$，则 X 货币的利率相对较低，融资成本低。此时的投资策略为：借 X 货币，投资 Y 货币资产。具体投资路径及资金变化如图 8.9 所示。
>
> 投资路径：$X \xrightarrow{S_{X/Y}} Y \xrightarrow{r_Y} Y' \xrightarrow{F_{X/Y}} X'$
>
> 资金变化：$1(X) \rightarrow \dfrac{1}{S_{X/Y}}(Y) \rightarrow \dfrac{1}{S_{X/Y}}(1+r_Y)(Y) \rightarrow \dfrac{F_{X/Y}}{S_{X/Y}}(1+r_Y)(X)$
>
> 图 8.9　投资路径和资金变化
>
> 若 $\dfrac{F_{X/Y}}{S_{X/Y}}(1+r_Y) < 1+r_X$，则 Y 货币的利率相对较低，融资成本低。此时的投资策略为：借 Y 货币，投资 X 货币资产。具体投资路径及资金变化如图 8.10 所示。
>
> 投资路径：$Y \xrightarrow{S_{X/Y}} X \xrightarrow{r_X} X' \xrightarrow{F_{X/Y}} Y'$
>
> 资金变化：$1(Y) \rightarrow 1 \times S_{X/Y}(X) \rightarrow S_{X/Y}(1+r_X)(X) \rightarrow \dfrac{S_{X/Y}}{F_{X/Y}}(1+r_X)(Y)$
>
> 图 8.10　投资路径和资金变化

若存在套利利润，投资者的交易行为会影响货币需求，继而确保平价关系的成立。例如，若投资者借 X 货币投资 Y 货币资产，X 国家货币需求增加，r_X 增加，直到国际利率平价关系成立。

> **备考小贴士**
> 套利利润的计算是重要考点,考生需要:(1)确定投资决策;(2)计算套利利润。

8.4.1.2 非抛补利率平价

—考点要求—
解释(explain)
未抛补利率平价
(uncovered interest rate parity)
(★★)

1. 非抛补利率平价的概念

非抛补利率平价(uncovered interest rate parity)是指,若投资者无法使用远期合约来锁定未来交易的汇率,那么就不存在套利机制来确保利率平价的成立。此时,t 时刻的汇率不再是远期汇率,而是 t 时刻的即期汇率。在 $t=0$ 时刻,分析师只能预测 t 时刻的即期汇率,即 $S^e_{X/Y}$。因此,非抛补利率平价公式为:

$$\frac{S^e_{X/Y}}{S_{X/Y}} = \frac{1+r_X \times \frac{days}{360}}{1+r_Y \times \frac{days}{360}} \qquad (8.17)$$

2. 非抛补利率平价的公式

基于公式(8.17),预期汇率的变化为:

$$\frac{S^e_{X/Y}}{S_{X/Y}} - 1 = \frac{1+r_X \times \frac{days}{360}}{1+r_Y \times \frac{days}{360}} - 1 \approx \frac{days}{360}(r_X - r_Y) \qquad (8.18)$$

观察式(8.18)可以得到以下结论。

(1) 若非抛补利率平价成立,则预期汇率的变化与两国名义利率之差有关。

(2) 名义收益率较高的货币将在长期面临贬值的压力。因此,无论投资者投资于利率高还是利率低的货币市场产品,其最终的收益率应该是相同的。

> **知识一点通**
> 此处对考生常产生的一个困惑点进行辨析。有时,考生会将这里"名义利率高的货币面临贬值的压力"与"名义利率高,资金涌入,货币升值"相混淆。事实上,这两种说法都是正确的,只是两者关注的时间点不同,进而结论不同。若非抛补利率平价成立,名义利率高的货币将面临贬值的压力,关注的是长期或远期(而非短期)的汇率。与之相反,"名义利率高,资金涌入,货币升值",关注的是短期或即期的汇率。

(3) 非抛补利率平价的假设前提是:投资者是风险中性(risk-neutral)的。

> **知识一点通**
> 风险中性的投资者对风险持无所谓的态度,即无论是否存在风险,要求回报率都是相同的。在非抛补利率中,投资本国货币不存在汇率风险,要求回报率为本币的无风险利率。若投资其他货币的资产,未使用远期合约来锁定将来的汇率,面临外汇风险。如果投资者认为非抛补利率平价成立,那么无论是否存在外汇风险,要求回报都是相同的,也就意味着投资者是风险中性的。

3. 抛补利率平价与非抛补利率平价的对比

抛补利率平价与非抛补利率平价的对比如表8.2所示。

表8.2 抛补利率平价与非抛补利率平价的对比

方面	抛补利率平价 (covered interest rate parity)	非抛补利率平价 (uncovered interest rate parity)
适用情形	远期汇率可得； 资本自由流动	远期汇率不可得
含义	在0时刻签订一个远期汇率合约,从而锁定将来的汇率水平,对冲外汇风险	没有签订远期汇率合约,无法锁定将来的汇率水平,仍然面临着汇率风险
公式表达	$\dfrac{F_{X/Y}}{S_{X/Y}} = \dfrac{1 + r_X \times \dfrac{days}{360}}{1 + r_Y \times \dfrac{days}{360}}$	$\dfrac{S^e_{X/Y}}{S_{X/Y}} = \dfrac{1 + r_X \times \dfrac{days}{360}}{1 + r_Y \times \dfrac{days}{360}}$
关注重点	无套利远期汇率 (no-arbitrage forward rate)	未来的预期汇率 (expected future spot rate)
相关结论	存在很强的套利机制确保平价关系的成立	没有套利机制使之成立； 在短期和中期一般不成立； 只有在长期才存在规律性的现象,可能成立

> **备考小贴士**
>
> 非抛补的利率平价更侧重考查其与抛补利率平价的对比。

8.4.1.3 远期汇率平价 (Forward Rate Parity)

远期汇率平价关系是指,若抛补利率平价与非抛补利率平价同时成立,则远期汇率(forward rate)是未来预期汇率(expected future spot rates)的无偏估计量(unbiased predictor)。该平价的公式表达为：

$$F_{X/Y} = S^e_{X/Y} \qquad (8.19)$$

—考点要求—
解释(explain)
远期利率平价
(forward rate parity)(★)

> **知识一点通**
>
> 若非抛补利率平价与抛补利率平价同时成立,则下列两式同时成立。
>
> $$\dfrac{S^e_{X/Y}}{S_{X/Y}} = \dfrac{1 + r_X \times \dfrac{days}{360}}{1 + r_Y \times \dfrac{days}{360}} \qquad (8.20)$$
>
> $$\dfrac{F_{X/Y}}{S_{X/Y}} = \dfrac{1 + r_X \times \dfrac{days}{360}}{1 + r_Y \times \dfrac{days}{360}} \qquad (8.21)$$
>
> 联立可得：
>
> $$F_{X/Y} = S^e_{X/Y} \qquad (8.22)$$

8.4.2 购买力平价(Purchasing Power Parity,PPP)

—考点要求—
解释(explain)购买力平价(purchasing power parity)(★★)

购买力平价关系(purchasing power parity,PPP)研究的是汇率与物价水平之间的关系,包括绝对购买力平价(absolute PPP)和相对购买力平价(relative PPP)。

8.4.2.1 绝对购买力平价(Absolute Purchasing Power Parity,Absolute PPP)

1. 一价定律(Law of One Price)

一价定律是指,当允许自由贸易且交易费用为零时,同样的商品无论在何地销售,用同一货币所表示的商品价格都相同。

> **知识一点通**
>
> 换而言之,同样一个商品在不同地区用同一种货币标价,其价格应该相同;否则,就存在套利机会。而套利贸易会带来不同地区商品价格的变化,最终达到均衡状态,使得一价定律成立。

2. 绝对购买力平价

绝对购买力平价的推导是基于一价定律所得的,描述了**汇率**与两国**物价水平**的关系,其公式表达为:

$$S_{X/Y} = \frac{P_X}{P_Y} \tag{8.23}$$

其中,P_X 与 P_Y 分别为 X、Y 两国的物价水平。

> **知识一点通**
>
> 公式(8.23)可以通过现实生活中的简化例子来理解。例如,假设中国和美国星巴克门店所卖的大杯美式咖啡价格(可以看成一篮子商品的价格,包括纸、水、人工、地租、咖啡豆等)完全相同,且中美两国的物价指数完全由该商品决定。若大杯美式咖啡在美国的单价为 USD 5,即 $P_{USD} = USD\ 5$;在中国的单价为 CNY 35,即 $P_{CNY} = CNY\ 35$,则:
>
> $$S_{CNY/USD} = \frac{P_{CNY}}{P_{USD}} = \frac{35}{5} = 7$$

绝对购买力平价的结论为:**绝对购买力平价通常是不成立的**。由于不同国家的消费篮子的构成不同、不同国家的消费者偏好不同,因此,两国的物价指标通常不具备可比性。

> **知识一点通**
>
> 一国的物价水平通常用物价指数来衡量。最常用的物价指数为 CPI,衡量了一篮子商品的物价水平。但是,不同国家的消费篮子的构成不一样。例如,X 国和 Y 国的消费篮子中都有土豆炖牛肉这一商品。然而,A 国居民更喜欢吃土豆,B 国居民更喜欢吃牛肉,所以消费篮子中土豆和牛肉的比例不相同。因此,两国的消费篮子不具有可比性,造成绝对购买力平价不成立。

> **备考小贴士**
> 绝对购买力平价并不是考试的重点，考生只需简单了解其含义和相关结论即可。

8.4.2.2 相对购买力平价（Relative Purchasing Power Parity，Relative PPP）

相对购买力平价描述了汇率与两国相对物价水平（即通货膨胀率）之间的关系。根据关注时间点的不同，分为事后相对购买力平价（ex-post PPP）和事前相对购买力平价（ex-ante PPP）。

1. 事后相对购买力平价

事后 PPP(ex-post PPP) 是站在 t 时刻（期末），研究整个期间（0～t 时刻）的汇率变化。事后 PPP 的公式表达为：

$$\frac{S_t}{S_0} = \left(\frac{1+\pi_X}{1+\pi_Y}\right)^t \tag{8.24}$$

其中，S_t 和 S_0 分别为 t 时刻和 0 时刻的汇率，标价形式皆为 X/Y；π_X 和 π_Y 分别为 X 国和 Y 国的通货膨胀率。

> **知识一点通**
> 特别注意：公式(8.24)中所有的变量都是事后的。换言之，分析师不需要自己去预测，只需要使用实际统计获得的数值即可。

事后 PPP 的结论主要有以下两点。

（1）事后 PPP 认为，即期汇率的变化完全由两国通货膨胀率之差所决定。若一国的通货膨胀率较高，则其货币在长期会贬值；反之，其货币会升值。

> **知识一点通**
> 在公式(8.24)中，若 $t=1$，则：
>
> $$\frac{S_t}{S_0} = \frac{1+\pi_X}{1+\pi_Y} \tag{8.25}$$
>
> 即期汇率的变化为：
>
> $$\%\Delta S_{X/Y} = \frac{S_t}{S_0} - 1 = \frac{1+\pi_X}{1+\pi_Y} - 1 = \frac{\pi_X - \pi_Y}{1+\pi_Y} \tag{8.26}$$
>
> 若 π_Y 较小，则：
>
> $$\%\Delta S_{X/Y} \approx \pi_X - \pi_Y \tag{8.27}$$
>
> 如果 $\pi_X > \pi_Y$，$\%\Delta S_{X/Y} > 0$，那么 Y 升值的同时 X 贬值。这是因为：X 国的通货膨胀率相对较高，X 国商品价格较高，在国际市场上的竞争力降低。继而，X 国通过贬值来增强商品的竞争力。最终，所有国家商品的竞争力相同，达到均衡状态。

(2) 事后 PPP 在短期是不成立的,只有在长期才有可能成立。

2. 事前相对购买力平价

事前 PPP(ex-ante PPP) 是站在 0 时刻(期初),预期整个期间(0~t 时刻)的汇率变化。事前 PPP 的公式表达为:

$$\frac{S_t^e}{S_0} = \left(\frac{1+\pi_X^e}{1+\pi_Y^e}\right)^t \tag{8.28}$$

其中,S_0 为 0 时刻的汇率,S_t^e 为 t 时刻的预期汇率,标价形式皆为 X/Y;π_X^e 和 π_Y^e 分别为 X 国和 Y 国的预期通货膨胀率。

> **知识一点通**
>
> 公式(8.28)中的变量,除了 S_0 以外,其余都是事前预测的。

事前 PPP 与事后 PPP 的结论大致相同,有以下两点。

(1) 基于事前 PPP,可以通过预期通货膨胀率之差来预测未来的汇率。若一国的预期通货膨胀率较高,则其货币在长期会贬值;反之,其货币会升值。

> **知识一点通**
>
> 对公式(8.28)进行与公式(8.24)类似的变形,可得:
>
> $$\%\Delta S_{X/Y}^e \approx \pi_X^e - \pi_Y^e \tag{8.29}$$

(2) 事前 PPP 在短期和中期不成立,在长期才有可能会成立。

> **备考小贴士**
>
> 考试中涉及相对 PPP 的考点,若未明说,就默认是事前 PPP。这是因为,研究平价关系的目的就是为了预测未来汇率的变动。故而,外汇交易员更喜欢用事前 PPP,考试也更偏向事前 PPP。

8.4.3 国际费雪关系(International Fisher Relation)

—考点要求—
解释(explain)
国际费雪效应
(the international Fisher effect)
(★★)

8.4.3.1 实际利率平价(Real Interest Rate Parity)

1. 实际利率与费雪效应

实际利率(real interest rate, r)是指名义利率(nominal interest rate, R)剔除通货膨胀影响后的投资者的实际回报率。根据费雪效应,名义利率与实际汇率之间的关系为:

$$1+R = (1+r)(1+\pi^e) \tag{8.30}$$

或简化为:

$$R = r + \pi^e \tag{8.31}$$

其中，π^e 为预期通货膨胀率。

> **知识一点通**
>
> 费雪效应是 CFA® 一级"经济学"的知识点，此处不再展开讲解和推导。

2. 实际利率平价

实际利率平价（real interest rate parity）认为，不同国家或市场的实际利率会趋同，即不同国家的实际利率相同。

8.4.3.2 国际费雪效应（International Fisher Effect）

1. 国际费雪效应的含义

国际费雪效应认为：在实际利率平价成立的状态下，两国名义利率之差由两国预期通货膨胀率之差所决定。国际费雪效应的公式表达为：

$$R_X - R_Y = \pi_X^e - \pi_Y^e \tag{8.32}$$

其中，R_X 和 R_Y 分别为 X 和 Y 国的名义利率；π_X^e 和 π_Y^e 分别为 X 和 Y 国的预期通货膨胀率。

> **知识一点通**
>
> 公式（8.32）的推导过程如下。
>
> 根据费雪效应的简化表达公式（8.31），对于 X 国和 Y 国而言：
>
> $$R_x = r_x + \pi_x^e \tag{8.33}$$
>
> $$R_y = r_y + \pi_y^e \tag{8.34}$$
>
> 若求两国名义利率之差，则将公式（8.33）与公式（8.34）相减，可得：
>
> $$R_x - R_y = (r_x + \pi_x^e) - (r_y + \pi_y^e) \tag{8.35}$$
>
> 若实际利率平价成立，则 $r_x = r_y$，即：
>
> $$r_x - r_y = 0 \tag{8.36}$$
>
> 公式（8.35）化简为：
>
> $$R_x - R_y = \pi_x^e - \pi_y^e \tag{8.37}$$

2. 国际费雪效应的结论

国际费雪效应相关的结论有以下两点。

（1）国际费雪效应成立的前提为实际利率平价成立；而实际利率平价成立的前提为非抛补利率平价（uncovered interest rate parity）和事前 PPP（ex-ante PPP）同时成立。

> **知识一点通**
>
> 若非抛补利率平价成立,则:
>
> $$\%\Delta S^e_{X/Y} = \frac{R_X - R_Y}{1+R_Y} \approx R_X - R_Y \tag{8.38}$$
>
> 若事前 PPP 成立,则:
>
> $$\%\Delta S^e_{X/Y} \approx \pi^e_X - \pi^e_Y \tag{8.39}$$
>
> 将以上两式联立可得:
>
> $$R_X - R_Y = \pi^e_X - \pi^e_Y \tag{8.40}$$
>
> 根据简化的费雪效应表达公式(8.31),对于 X 国和 Y 国而言:
>
> $$R_X = r_X + \pi^e_X \tag{8.41}$$
> $$R_Y = r_Y + \pi^e_Y \tag{8.42}$$
>
> 两式相减可得:
>
> $$R_X - R_Y = (r_X - r_Y) + (\pi^e_X - \pi^e_Y) \tag{8.43}$$
>
> 结合公式(8.40),可得:
>
> $$r_X - r_Y = 0$$
>
> 所以,$r_X = r_Y$,实际利率平价(real interest rate parity)成立。

(2)国际费雪关系在短期到中期是不成立的,只有在长期才有可能成立。

> **知识一点通**
>
> 由于非抛补利率平价和事前 PPP 只有在长期才有可能成立,故而实际利率平价也只有在长期才有可能成立。因此,国际费雪效应同样只有在长期才有可能成立。

> **备考小贴士**
>
> 国际费雪关系部分主要掌握相关结论,公式考查计算的相对概率较低,只需简单了解推导过程。

—考点要求—
描述(describe)国际平价条件(international parity conditions)之间的关系(★★★)

8.4.4 国际平价关系之间的联系

国际平价关系之间的联系如图 8.11 所示。

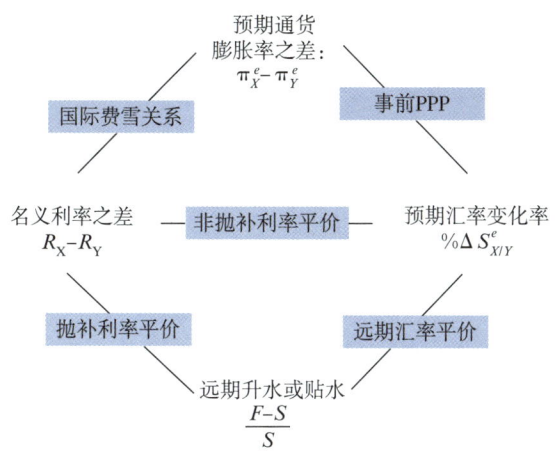

图 8.11 国际平价关系的联系

根据图 8.11，可得到以下五点结论。

第一，抛补的利率平价存在套利机制促使其成立；而其他的平价关系在短期不成立，只有长期才有可能成立。

第二，若远期汇率平价成立，即远期汇率被视为未来即期汇率的无偏估计量，则非抛补的利率平价也成立；反之亦然。

第三，非抛补利率平价、事前购买力平价和国际费雪关系这三种平价关系，若其中两者成立，则第三个一定成立。

（1）根据国际费雪效应，利率差可以反映通货膨胀率之差。如果国际费雪效应成立，通货膨胀率之差可以被用来预测未来的汇率。即，国际费雪效应和非抛补的利率平价成立，那么事前购买力平价成立。

（2）相对购买力平价成立和国际费雪效应成立，则非抛补的利率平价成立。

第四，如果所有的平价关系都成立，那么全球的投资者不可能从汇率变动中获取持续的收益。

第五，若相对购买力平价在任何时候都成立，实际汇率稳定不变，则将其称为均衡的实际汇率（equilibrium real exchange rate）。

8.5 外汇利差交易（FX Carry Trade）

8.5.1 利差交易的基本概念

利差交易（carry trade）是指投资者在低利率的币种上融资，在高利率的币种上投资。其中，低利率货币被称为融资货币（funding currency），高利率货币被称为投资货币（investing currency）。若**非抛补利率平价不成立**，则投资者可以通过利差交易获利。

> **知识一点通**
>
> 例如，在 Y 国家借钱，在 X 国家投资，从而获得利差。该过程如图 8.12 所示。
>
>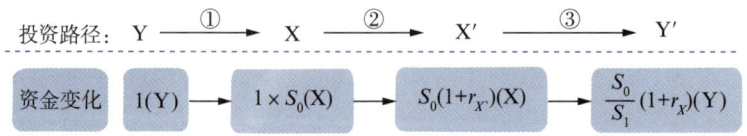
>
> 图 8.12 投资路径和资金变化
>
> 在①②③这三个环节中，②③环节面临不确定性：②环节面临投资收益率的不确定性；③环节面临汇率转换的不确定性。由于在外汇利差交易中，假设投资的是无风险产品。因此，整个投资过程中，最主要的就是汇率风险（currency risk）。

8.5.2 利差交易的投资收益

—考点要求—
计算（calculate）利差交易（carry trade）的利润（★★★）

8.5.2.1 投资收益的计算

若 $r_X > r_Y$，利差交易为在 Y 国家借钱、在 X 国家投资一年，则该笔单位交易的所有利润（all-in-profit）为：

$$\text{All-in-profit} = \frac{S_0}{S_1} \times (1+r_X) - (1+r_Y) \tag{8.44}$$

> **知识一点通**
>
> 其实公式（8.44）利润计算的思路与抛补利率平价不成立时的套利计算类似。不同之处在于：套利计算时使用的是 $t=1$ 时刻的远期汇率，利差交易使用的是 $t=1$ 时刻的即期汇率。

> **备考小贴士**
>
> 该计算是重要考点，通常考查的是利润的精确计算，如公式（8.44）所示。考生要注意，公式（8.44）是每单位融资货币的利润（即投资回报率），若要求计算利润金额，则需要将每单位融资货币的利润与融资规模相乘，获得最终结果。

8.5.2.2 投资收益公式的延伸

1. 投资回报率的近似计算

根据公式（8.44），可得到投资回报率与两国利率差、投资货币贬值幅度之间的近似关系。这三者的关系表达式为：

$$\text{投资回报率} \approx r_X - r_Y - \%\Delta S_{X/Y} \tag{8.45}$$

其中，$\%\Delta S_{X/Y}$ 为即期汇率的变化。

> **知识一点通**
>
> 对 $\dfrac{S_1}{S_0}$ 进行变形:
>
> $$\frac{S_1}{S_0}=\frac{S_1}{S_0}-1+1=\frac{S_1-S_0}{S_0}+1=\%\Delta S_{X/Y}+1 \qquad (8.46)$$
>
> 将公式(8.46)代入公式(8.45)中可得:
>
> $$利润=\frac{S_0}{S_1}\times(1+r_X)-(1+r_Y)=\frac{1}{\%\Delta S_{X/Y}+1}\times(1+r_X)-(1+r_Y) \qquad (8.47)$$
>
> $$=\frac{r_X-r_Y-\%\Delta S_{X/Y}-r_Y\times\%\Delta S_{X/Y}}{\%\Delta S_{X/Y}+1}$$
>
> 假设汇率的变动率较低,$\%\Delta S_{X/Y}$ 接近于 0,则上式可简化为:
>
> $$利润\approx r_X-r_Y-\%\Delta S_{X/Y} \qquad (8.48)$$

基于公式(8.48),可以得到以下结论:
(1) 若 X 贬值,Y 升值,则 $\%\Delta S_{X/Y}>0$,收益率下降。
(2) 若 X 升值,Y 贬值,则 $\%\Delta S_{X/Y}<0$,收益率上升。

> **备考小贴士**
>
> 公式(8.48)的结论需要理解,但是中间的推导过程不做要求。虽然有些题目使用近似公式可以猜测出正确答案,但是大多数计算题必须使用精确的公式才行。

2. 利差交易与非抛补利率平价的关系

根据公式(8.45),可验证利差交易与非抛补利率平价的关系,即只有非抛补利率平价不成立,利差交易才有利可图。

—考点要求—
描述(describe)利差交易(carry trade)与非抛补的利率平价之间的关系(★★★)

> **知识一点通**
>
> 前文提及,如果非抛补利率平价成立,则:
>
> $$\%\Delta S_{X/Y}\approx r_X-r_Y \qquad (8.49)$$
>
> 结合公式(8.48),利差交易的利润为零,即:
>
> $$利润\approx r_X-r_Y-\%\Delta S_{X/Y}=0 \qquad (8.50)$$
>
> 因此,只有在非抛补利率平价不成立时,利差交易才存在利润。

8.5.3 利差交易的风险管理

8.5.3.1 利差交易的风险

1. 利差交易的时机

利差交易并非套利交易,投资者在交易过程中承担汇率风险。观察公式(8.48)可知,投资者应该在汇率处于低波动率期间(low-volatility period)进行利差交易。若外汇市场波动剧烈,投资货币很可能过度贬值,从而使得投资者遭受亏损。

2. 崩盘风险

利差交易者可能面临**崩盘风险(crash risk)**,即存在极端损失且损失的可能性较大。由于崩盘风险的存在,利差交易的收益分布不符合正态分布,具有左偏(negative skewness)和尖峰肥尾(fat tails)的特点。

崩盘风险的成因主要有以下两点。

(1) 根据利率平价关系,高利率国家的货币在长期本来就面临贬值的压力。同时,全球外汇市场相互联系,一旦投资者感到恐慌,很容易发生连锁反应,造成货币的过度贬值,使投资者遭受巨额损失。

(2) 利差交易的本质属于杠杆(leveraged)产品,损失和收益都会被放大,风险也被放大。

8.6 国际收支平衡(Balance of Payments Accounts)

—考点要求—
解释(explain)国际收支账户(balance of payments accounts)的流动对汇率的影响(★★)

8.6.1 国际收支账户

8.6.1.1 国际收支账户的类型

国际收支账户(balance of payments accounts)包括三类账户:经常账户(current account)、资本(金融)账户(capital account/financial account)和官方储备账户(official reserve account)。三类账户的内容如表8.3所示。

表8.3 国际收支账户的类型

账户类型	含义及内容
经常账户 (current account)	统计国与国之间进出口贸易所带来的商品与服务的流动,包括四个子账户:货物贸易、服务、投资收入和单边转移
资本账户 (capital account)	衡量资本转移和金融类投资的流动,包括:资本转移,非生产、非金融资产的买卖,本国持有的外国资产和外国持有的本国资产
官方储备账户 (official reserve account)	可视为调平项,若一国的国际收支账户是平衡的,则官方储备为零

这三大账户中,汇率的主要影响因素是资本账户。

知识一点通

虽然经常账户和资本账户对汇率都有影响,但是资本流动对汇率的影响更大。

经常账户对汇率的影响主要体现在进出口商需要进行外币和本币的转换。但在实务中,进口和出口贸易之间可以相互抵消,并不会立即产生大量的外汇转换。例如,出口商收到外币后,可以直接用外币进口(如原材料),无须与商业银行进行换汇。

资本账户通常需要立即进行货币的转换,会直接影响短期的汇率水平。例如,外国投资者想要投资中国,无论投资何种资产,都需要将外币转换成本币。这样的换汇行为会影响货币市场的供需关系,从而影响汇率。

> **备考小贴士**
>
> 原理不需要考生掌握,但是上述结论需要掌握。

8.6.1.2 国际收支账户之间的关系

三大账户之间存在以下关系:

$$经常账户+资本账户+官方储备账户=0 \quad (8.51)$$

若官方储备为零,则:

$$经常账户+资本账户=0 \quad (8.52)$$

因此,若一国的经常账户处于盈余状态,则其资本账户为赤字状态。

> **知识一点通**
>
> 三大账户的等式关系是由会计上的复式记账所决定的。CFA® 考试对相关细节不要求,考生只需掌握上述的基本结论即可。

8.6.2 国际账户对汇率的影响机制

8.6.2.1 经常账户对汇率的影响机制

1. 供需流动机制(The Flow Supply/Demand Mechanism)

当一国的经常账户持续处于赤字(deficits)状态时,本币面临贬值的压力。相应地,当一国的经常账户持续处于盈余(surpluses)状态时,本币面临升值的压力。

> **知识一点通**
>
> 当经常账户处于赤字状态,意味着进口大于出口。进口时,进口商需要将本币兑换成外币来进行交易,从而使得外汇市场上对外币的需求增加,造成外币升值、本币贬值。

但是,本币的升值或贬值是否可以改变国际收支状况,取决于以下三个因素。

(1) 初始赤字水平:初始赤字水平越高,进出口差额越大,需要汇率调整的幅度越大。此时,只有汇率调整的幅度足够大,才能改变国际收支状况。

(2) 进出口价格对汇率的敏感程度:若进出口商品的价格对汇率变化不敏感,只有汇率调整的幅度足够大,才能改变国际收支状况。

(3) 贸易商品的需求价格弹性:若贸易商品的需求价格弹性较低,即进出口商品的需求对价格变化不敏感,只有汇率调整的幅度足够大,才能改变国际收支状况。

> **知识一点通**
>
> 若经常账户赤字（出口＜进口），则政府希望本币贬值，进而刺激出口、减少进口，最终使得进出口均衡。
>
> 理想状态下，本币贬值，本国出口商品的相对价格（$P_{出口}$）下降，从而出口量（$Q_{出口}$）增加，出口额增加，继而改善贸易赤字。即：
>
> $$P_{出口} \downarrow \xrightarrow{①} Q_{出口} \uparrow \xrightarrow{②} 总收入 = P_{出口} \cdot Q_{出口} \uparrow$$
>
> 但是，整个作用过程存在较长的时滞。
>
> 对于环节①：存在 J-curve 现象，即本币贬值后，国际收支状况短期恶化、长期才有所改善。由于国际贸易的周期比较长，在汇率变化之前，进出口贸易合约已经签订，因此，短期内的出口量不变，但价格的下降会带来总收入的下降，贸易赤字恶化。只有在长期，汇率的变化促使新订单的签订，出口量增加，总收入上升，国际收支才会改善。
>
> 对于环节②：出口量的增加是否会带来总收入的增加，取决于商品的需求价格弹性。只有弹性大的商品，才能够在 $P_{出口}$ 下降、$Q_{出口}$ 增加的情况下，改善贸易赤字。

> **备考小贴士**
>
> 考生需要能够对上述的三个因素做定性判断。

2. 资产组合平衡机制（The Portfolio Balance Mechanism）

经常账户的不平衡会导致金融财富从赤字国家向盈余国家发生转移。盈余国家的投资者（即全球投资者）会进行全球资产配置，继而形成全球投资组合。当投资者对投资组合进行再平衡（rebalance）时，如果被投资国家（investee country）的资产超过了一定比例，就会减持被投资国家的资产，给其汇率带来负面影响。

> **知识一点通**
>
> 例如，中国通过出口贸易，获得了大量外汇，最终需要将这些外汇投资出去。当中央银行从企业的手中收到大量外汇时，就会用外汇去购买美元国债，所以财富从贸易赤字国家（美国）向盈余国家（中国）转移。若中央银行认为美国的经济状况恶化，则会对其投资组合进行再平衡，从美国撤资。此时，中国在外汇市场上抛售美元，被投资国家（美国）的本币贬值。

3. 债务可持续机制（Debt Sustainability Mechanism）

若一国的经常账户处于赤字状态（进口＞出口），则说明该国的货币会不断流入经常账户盈余的国家，盈余国则会使用流入的赤字国货币，去购买赤字国的资产（如赤字国国债），因此，赤字国欠有大量外债。若赤字国的经常账户的赤字状态长期存在，则会导致该国欠的外债也越来越多。当一国的外债规模相对于该国 GDP 水平过高时，投资者对该国的信任降低,继而撤资,造成资本流出、本币贬值。

> **知识一点通**
>
> 国内储蓄、投资、财政余额和贸易余额的基本关系为:
> $$X-M=S-I+(T-G) \quad (8.53)$$
> 其中,S 为国内私人储蓄;I 为投资性支出;(T-G)为政府盈余。若经常账户处于赤字状态,即 X-M<0,意味着 S-I+(T-G)<0,即 I>S+(T-G)。而投资支出之所以可以大于国内储蓄与该国政府盈余,是因为该国对外举债,从其他国家借钱来投资。

> **备考小贴士**
>
> 这三种经常账户影响机制中,重点掌握供需流动机制,其余两种机制做简单了解。

8.6.2.2 资本账户的汇率影响机制(Capital Account Influence)

1. 资本账户的汇率影响机制

资本账户对汇率的影响基本体现为:资本流入,对本币需求增加,本币升值;反之,若资本流出,本币贬值。资本账户对汇率的影响,可以更深层次地从以下三方面来进行探讨。

(1) 实际利率之差(Real Interest Rate Differentials)。

实际汇率在长期处于均衡状态,在短期受到两国实际利率差和风险溢价差的影响。因此,实际汇率(real exchange rate$_{X/Y}$)的表达式为:

$$\text{real exchange rate}_{X/Y} = \text{equilibrium real exchange rate} + (r_Y - r_X) - (\text{risk premium}_Y - \text{risk premium}_X) \quad (8.54)$$

其中,equilibrium real exchange rate 为实际汇率的长期均衡水平;$(r_Y - r_X)$为两国的实际利率之差;(risk premium$_Y$ - risk premium$_X$)为两国的风险溢价之差。

基于公式(8.54),可以得到以下结论。

①实际汇率在短期围绕其长期均衡水平上下波动。

②实际利率与汇率之间正相关:实际利率高的国家,货币需求增加,本币升值。

> **知识一点通**
>
> 注意,该结论和利率平价并不矛盾。该结论探讨的是短期的即期汇率,而利率平价讨论的是远期或长期汇率。

③风险补偿与汇率之间负相关:若一国的风险溢价较高,意味着该国的风险水平较高,实体经济状况较差,本币面临贬值的压力。

> **备考小贴士**
>
> 实际汇率的计算公式(8.54)不需要掌握计算,只需要掌握相关结论,包括决定实际汇率的三个因素以及这个三个因素对汇率的影响(尤其是风险溢价)。

(2) 名义利率之差(Nominal Interest Rate Differentials)。

实际汇率(real exchange rate$_{X/Y}$)也可以表示为:

$$\text{real exchange rate}_{X/Y} = \text{equilibrium real exchange rate} + (R_Y - R_X) - (\pi_Y^e - \pi_X^e) - (\text{risk premium}_Y - \text{risk premium}_X) \quad (8.55)$$

其中,$(\pi_Y^e - \pi_X^e)$为两国的预期通货膨胀率之差。

> **知识一点通**
>
> 根据费雪效应,对 X 国而言:
>
> $$R_X = r_X + \pi_X^e$$
>
> 对 Y 国而言:
>
> $$R_Y = r_Y + \pi_Y^e$$
>
> 因此:
>
> $$r_X = R_X - \pi_X^e \quad (8.56)$$
> $$r_Y = R_Y - \pi_Y^e \quad (8.57)$$
>
> 将公式(8.56)与公式(8.57)带入公式(8.54),整理可得:
>
> $$\text{real exchange rate}_{X/Y} = \text{equilibrium real exchange rate} + (R_Y - R_X) - (\pi_Y^e - \pi_X^e) - (\text{risk premium}_Y - \text{risk premium}_X)$$

基于公式(8.55),可以得到以下结论:

- 实际汇率由以下四个因素决定:均衡的实际汇率水平;名义利率之差;预期通货膨胀率之差;风险溢价之差。
- 若一国采取紧缩的货币政策,则该国的汇率可能会较高。

> **知识一点通**
>
> 对于新兴市场国家而言,投资机会较多,投资回报较高。政府为了稳定物价,通常会实行紧缩的货币政策,继而预期通货膨胀率下降,该国货币升值。同时,该类国家常常会采取配套政策,包括结构化经济改革(structural economic reforms)和降低超额的财政赤字(lower outsized budget deficits),从而增加该国的长期竞争力,提高均衡的汇率水平。

> **备考小贴士**
>
> 公式(8.55)的计算和推导不需要掌握,但是相关结论需要掌握。

(3) 权益市场和汇率的关系。

基于实证研究,一国的汇率和权益市场表现之间并没有稳定的相关关系(instability in correlation)。但是,在长期,权益市场和汇率的相关系数趋近于零。

> **知识一点通**
>
> 若权益市场表现较好,说明经济健康发展,本币面临升值的压力。但是,从另一个角度来看,本币贬值可以促进出口贸易,从而刺激经济的发展。因此,汇率和权益市场之间的关系复杂,不存在稳定的相关关系。

2. 新兴市场资本账户的影响

对于新兴市场(emerging markets),资本的流入可以增加当地的投资,进而促进经济的发展。但是,过量的资本流入(excessive capital inflow)也会产生负面影响,甚至有可能发展成货币危机。

> **知识一点通**
>
> 过量的资本流入使得汇率远远高于其均衡水平。根据汇率的均值复归规律,这意味着本币在未来会大幅度贬值。

具体而言,过量的资本流入可能带来以下五种问题。

(1) <u>未来本币大幅度贬值</u>:外汇市场的收益分布存在肥尾的特征,即极端损失的概率较大。一旦恐慌情绪开始蔓延,跟随效应严重,外国投资者大幅度撤资,造成本币大幅度贬值。

(2) <u>资产泡沫</u>:大量的资本流入,造成国内投资市场的价格大幅度上涨,产生泡沫(bubble)。在未来,泡沫的破灭会重创经济。

(3) <u>外债规模大幅度提高</u>:大量资金流入市场,相当于借外国人的钱来投资,杠杆率比较高,从而增加风险。

(4) <u>消费者超额的信贷消费增加</u>。

(5) <u>风险项目的过度投资</u>:投资者的过度信心会促进其对风险项目的投资、降低其对风险项目的评估,从而造成高风险项目的过度投资。

> **备考小贴士**
>
> 考生只需简单了解上述几点,明确:资本流入是好事,但过量的资本流入可能存在问题。

8.7 汇率决定模型（Exchange Rate Determinations Models）：宏观经济政策对汇率的影响

—考点要求—
解释（explain）货币政策与财政政策对汇率的影响（★★★）

汇率决定模型主要研究货币政策与财政政策对汇率的影响。该部分将着重介绍三类模型，其研究的影响因素和时间区间如表 8.4 所示。

表 8.4 汇率决定模型的对比

模型		汇率影响因素		时间区间	
		货币政策	财政政策	短期	长期
蒙代尔-弗莱明模型（Mundell-Fleming Model）		√	√	√	
货币分析法（the monetary approach）	纯粹（pure）模型	√			√
	超调（overshooting）模型	√		√	√
组合均衡模型（portfolio balance model）			√		√

8.7.1 蒙代尔-弗莱明模型（Mundell-Fleming Model）

蒙代尔-弗莱明模型（简称 M-F 模型）主要从两个维度来研究**货币和财政**政策在**短期**对汇率的影响，即汇率制度和资本自由流动的程度。汇率制度可分为浮动汇率制度（flexible exchange rate）和固定汇率制度（fixed exchange rate）。资本的自由流动程度可分为高资本流动性（high capital mobility）和低资本流动性（low capital mobility）。

> **知识一点通**
>
> 关于 M-F 模型有一点要明确，即 M-F 模型不考虑通货膨胀的影响。

> **备考小贴士**
>
> 该模型是考试的重点，需要考生重点掌握。

在浮动汇率制度（floating exchange rate）下，汇率由外汇市场中货币的供求关系所决定，会随着供求关系的改变而自由波动。当外汇市场对货币的需求增加，货币就升值；对货币的需求减小，货币就贬值。

8.7.1.1 高资本流动性（High Capital Mobility）

1. 货币政策

高资本流动性下，**货币政策**会通过**资本账户**来影响汇率。一国扩张的**货币政策**会增加货币供给、降低利率，使得该国的投资不再具有吸引力，造成资本流出。在外汇市场上，投资者抛售本币、兑换其他国家的货币，本币的供给增加、需求降低，最终，**扩张的货币政策导致本币贬值**。

2. 财政政策

财政政策会同时通过**经常账户**和**资本账户**来影响汇率。

对于**经常账户**,一国扩张的财政政策会增加该国的总需求,从而进口增加,贸易平衡恶化。在外汇市场上,贸易交易对外币的需求增加、对本币的**需求减少**。最终,**扩张的财政政策**通过**经常账户**使得**本币贬值**。

对于**资本账户**,一国扩张的财政政策会使得政府赤字(budget deficits)增加,对货币的需求增加、利率升高,吸引外来投资者投资本国资产,造成资本流入。在外汇市场上,投资者对本币的需求增加。最终,**扩张的财政政策**通过**资本账户**使得**本币升值**。

高资本流动性下,资本账户对汇率的影响更为显著,这是由于资本的流动性较差,资本无法完全自由地通过资本账户流入。因此,**扩张的财政政策最终导致本币升值**。

3. 货币政策与财政政策的综合作用

基于上述分析,货币政策和财政政策对于汇率的作用方向相反。因此,可得出以下结论。

(1) 若货币财政政策一松一紧,则汇率的变化方向确定:宽松的货币政策与紧缩的财政政策会使得本币贬值;紧缩的货币政策和宽松的财政政策会使得本币升值。

(2) 若货币财政政策同松同紧,则汇率的变化方向不确定。

> **知识一点通**
>
> 高资本流动性下的货币财政政策总结如表8.5所示。
>
> 表8.5 货币财政政策对汇率的影响:高资本流动性
>
> | 政策 | 作用账户 | 影响路径 | 最终结果 |
> |------|---------|---------|---------|
> | 货币 | 资本 | 扩张→利率↓→资本流出→本币供给↑→本币↓,外币↑ | 本币贬值 |
> | 财政 | 经常 | 扩张→总需求↑→进口↑→外币需求↑→本币↓,外币↑ | 本币升值 |
> | | 资本 | 扩张→政府赤字↑→利率↑→资本流入→本币需求↑→本币↑,外币↓ | |

> **备考小贴士**
>
> 高资本流动性下的汇率决定是重要考点,考生需要掌握影响路径和最终结果。考查方式多为判断分析师观点的对错。

8.7.1.2 低资本流动性(Low Capital Mobility)

1. 货币政策

低资本流动性下,**货币政策**对汇率的影响与高资本流动性下较为类似。一国扩张的**货币政策**会增加货币供给、降低利率,使得该国的投资不再具有吸引力,造成资本流出。在外汇市场上,投资者抛售本币、兑换其他国家的货币,本币的供给增加、需求降低。但是,由于货币政策通过**资本账户**来影响汇率,而此时资本流动性较低。最终,与高资本流动性下相比,此时**扩张的货币政策导致本币小幅度贬值**。

2. 财政政策

财政政策会同时通过经常账户和资本账户来影响汇率。

对于经常账户,一国扩张的财政政策会增加该国的总需求,从而进口增加,贸易平衡恶化。在外汇市场上,贸易交易对外币的需求增加、对本币的**需求减少**。最终,**扩张的财政政策通过经常账户使得本币贬值**。

对于资本账户,一国扩张的财政政策会使得政府赤字（budget deficits）增加,对货币的需求增加、利率升高,吸引外来投资者投资本国资产,造成资本流入。在外汇市场上,投资者本币的需求增加。最终,**扩张的财政政策通过资本账户使得本币升值**。

在低资本流动性下,**经常账户**对汇率的影响更为显著,这是由于资本的流动性较差,资本无法完全自由地通过资本账户流入。因此,**扩张的财政政策**最终导致**本币贬值**。

3. 货币政策与财政政策的综合作用

基于上述分析,低资本流动性下,货币政策和财政政策对于本币的作用方向相同。因此,可得出以下结论。

（1）若货币财政政策同松同紧,则汇率的变化方向确定：宽松的货币政策与宽松的财政政策会使得本币贬值；紧缩的货币政策和紧缩的财政政策会使得本币升值。

（2）若货币财政政策一松一紧,则汇率的变化方向不确定。

> **知识一点通**
>
> 资本流动性的高低决定了财政政策对经常账户和资本账户影响程度的大小：
> （1）高资本流动性下,财政政策主要通过资本账户影响汇率。
> （2）低资本流动性下,财政政策主要通过经常账户影响汇率。
> 低资本流动性下的货币财政政策总结如表8.6所示。
>
> 表8.6 货币财政政策对汇率的影响：低资本流动性
>
> | 政策 | 作用账户 | 影响路径 | 最终结果 |
> | --- | --- | --- | --- |
> | 货币 | 资本 | 扩张→利率↓→资本流出→本币供给↑→本币↓,外币↑ | 本币贬值 |
> | 财政 | 经常 | 扩张→总需求↑→进口↑→外币需求↑→本币↓,外币↑ | 本币贬值 |
> | | 资本 | 扩张→政府赤字↑→利率↑→资本流入→本币需求↑→本币↑,外币↓ | |

> **备考小贴士**
>
> 考生要重点关注高资本流动性与低资本流动性的区别,对比记忆。

8.7.2 货币分析法（The Monetary Approach）

货币分析法主要研究货币政策如何通过影响利率和产出来影响汇率。不同于 M-F 模型,货币分析法考虑了通货膨胀率因素的作用。

8.7.2.1 纯粹货币模型（Pure Monetary Model）

纯粹货币模型主要研究货币政策在长期对汇率的影响。该模型基于两大理论,即货币中性（money neutrality）和购买力平价（purchasing power parity）。

货币中性理论认为：在长期,一国经济的实际产出水平是相对固定的。货币政策并不会影响实体经济的产出水平,只会导致整体物价水平(price level)和通货膨胀率(inflation)的改变。扩张的货币政策会增加经济体中的货币供给量,引起整体物价的上涨;反之,紧缩的货币政策会减少货币供给量,引起整体物价的下降。

购买力平价理论表明汇率会受到两国通货膨胀率的影响。若一国的通货膨胀率相对增加,则该国的货币贬值;反之,该国货币升值。

因此,纯粹货币模型的结论为:扩张的货币政策会引起物价的上涨,带来通货膨胀率的增加,造成本币贬值;紧缩的货币政策会引起物价的下降,降低通货膨胀率,促使本币升值。

> **知识一点通**
>
> 关于纯粹货币模型有以下三点需要注意。
> (1) 该模型中购买力平价的假设与事实不符:该模型假设购买力平价关系在短期和长期都成立,但事实上,该平价关系只有在长期才有可能成立,在短期到中期并不成立。因此,经济学家提出下文的多恩布什超调模型。
> (2) 该模型的影响路径为:
>
> 扩张货币政策→货币供给↑→物价水平↑→通货膨胀率↑→本币贬值
>
> (3) 需要明确:在纯粹货币模型中,名义汇率改变,实际汇率不变。

8.7.2.2 超调模型(Overshooting Model)

超调模型的全称为多恩布什超调模型,由美国经济学家鲁迪格·多恩布什(Rudiger Dornbusch)提出。该模型是对 M-F 模型和纯粹货币模型的拓展和融合,主要研究货币政策在短期和长期对汇率的影响。

在短期,由于价格具有黏性,货币政策并不会立即引起整体物价水平的改变,货币中性不成立。此时,货币政策能够通过调控利率来影响实体经济和实际汇率。扩张的货币政策会导致利率的下降,造成资本的流出,导致实际汇率发生改变、本币贬值。汇率在短期会出现超额下调(超调),即在短期偏离长期均衡水平。

在长期,超调模型与纯粹货币模型的结论相同。此时,实际汇率处于长期均衡水平,货币政策会引起通货膨胀率的变化,从而影响名义汇率。

> **知识一点通**
>
> 通俗来讲,超调模型的短期与 M-F 模型的结论一致,超调模型的长期与纯粹货币模型的结论一致。
> (1) 在短期,购买力平价不成立,货币政策影响实体经济,改变利率,引起实际汇率变化。
> (2) 在长期,购买力平价成立,货币政策不影响实体经济和实际汇率,只改变物价水平和通货膨胀率,引起名义汇率的变化。

> **备考小贴士**
>
> 超调模型中"超调(overshooting)"的含义,简单来说,就是货币在短期存在超额贬值或超额升值的现象。具体的细节和成因不属于CFA®考试的要求。考生只需要掌握两种货币分析模型的相关结论即可。

8.7.3 组合均衡模型（Portfolio Balance Models）

组合均衡模型侧重于研究财政政策在长期对汇率的影响。该模型的结论为:若一国在长期存在较大的财政赤字,则该国的货币最终会贬值。

国家采取扩张的财政政策,财政赤字增加。在长期,若政府赤字持续增加,则需要融资、政府债增加,投资者对政府失去信心,政府难以进行再融资。此时,政府有以下两种选择。

1. 债务货币化（Debt Monetization）

政府可以通过货币化其债务(即印钱)来弥补赤字。但是,该行为相当于实行了扩张的货币政策,通货膨胀率增加,本币贬值。

2. 紧缩的财政政策

政府可以通过反向操作,即采取更加紧缩的财政政策来降低赤字水平。但是,在高资本流动性下,紧缩的财政政策会使得本币贬值。

因此,债务货币化和紧缩的财政政策最终都会导致本币贬值。

> **知识一点通**
>
> 组合均衡模型和M-F模型所关注的时期不同,因此对财政政策与汇率之间关系的解读不同。将两者结合起来才是对财政政策的完整解读。短期来看,扩张的财政政策使得本币升值;但是长期来看,扩张的财政政策使得本币贬值。

> **备考小贴士**
>
> 关于组合均衡模型,考生需掌握两点:(1) 组合均衡模型和蒙代尔-弗莱明模型的对比;(2) 扩张的财政政策会使得本币贬值。关于其贬值的具体原因,了解即可。

8.8 汇率管理

8.8.1 政府干预与资本管控

资本的流动对一国的影响是复杂的。一方面,资本的涌入可以促进当地经济的发展;而另一方面,过量的资本涌入会导致本币过度升值。一旦资本在未来大量流出,就可能造成货币危机。因此,政府需要对外汇市场进行干预。

8.8.1.1 政府干预

通常情况下,一国的中央银行会干预该国的外汇市场。

1. 中央银行干预的目标

中央银行干预的原因及目标主要有以下三点:

(1) 确保本币不会过度升值。

(2) 减少外国资本的过度流入。

(3) 允许一国可以保持独立的货币政策。

> —考点要求—
> 描述(describe)中央银行干预和资本管制的目标(objectives)(★)

> **知识一点通**
>
> 在 8.7 节汇率决定模型中提到,货币政策的实施在长期和短期都会对汇率产生一定的影响。因此,中央银行希望通过其对外汇市场的干预,使得政府采取独立货币政策的同时,无须担心货币政策带来的利率变化会引起其他问题。

2. 央行汇率干预的有效性(Effectiveness)

资本管制是否有效取决于央行所持有的外汇储备(official FX reserves)与该国货币的日平均对外贸易周转量(the average daily turnover of foreign exchange trading in domestic currency)之比。该比值越高,央行的汇率干预越有效。

> —考点要求—
> 描述(describe)干预和资本管制的有效性(effectiveness)(★)

> **知识一点通**
>
> 根据实证研究表明,发达国家的外汇干预相对无效,而发展中国家的外汇干预相对有效。这是因为发展中国家积累了相对充足的外汇储备。判断外汇储备是否充足的依据并非其绝对金额的大小,而是其相对于该国货币的交易量而言是否足够。例如,中国和美国,美元的交易量较大,美联储很难有足够的外汇储备来干预其汇率;而人民币的交易量相对较低,央行有足够的外汇储备来干预,从而央行的外汇干预更加有效。

8.8.1.2 资本管控(Capital Control)

资本管控是央行最直接有效的管理外汇市场的方法,不受到外汇储备水平的影响。央行通过管控外汇市场,直接限制外汇的流入或流出,从而减少外国资本对本国的影响。发展中国家资本管控的关键在于资本流动的持续性和规模。

8.8.2 货币危机的信号(Signs of Currency Crisis)

货币危机(currency crisis)是指一国汇率的变动幅度超出了其可承受范围的经济现象。虽然有效的预警系统很有必要,但货币危机很难被预测。因此,世界货币基金组织(IMF)通过实证研究,总结归纳了以下九种货币危机来临的信号。

(1) <u>资本自由流动的限制被放宽</u>:资本限制被放宽,可能会引起热钱涌入,造成本币过度升值。

(2) <u>贸易条件恶化</u>:本币大幅度升值,出口商品的价格大幅度上升,出口量相对减少,

> —考点要求—
> 描述(describe)货币危机的警告信号(warning signs of a currency crisis)(★)

贸易竞争力下降。在长期,贸易竞争力的下降会导致本币的大幅度贬值。

(3) **官方外汇储备急剧下降**:外汇储备的下降,意味着政府对外汇市场的干预能力正在减弱。当货币危机真正来临之时,央行没有足够的外汇储备来影响汇率,从而可能会造成货币危机。

(4) **汇率大幅度上涨,高于其均值复归的水平**:由于货币水平存在均值复归的现象,现在的汇率大幅度上涨,意味着未来汇率的大幅度下跌,从而可能造成货币危机。

(5) **银行业危机**:货币危机常伴随着有银行业危机,或者直接由银行业危机所引起。

(6) **通货膨胀明显高于正常时期**:通货膨胀加剧会导致本币的贬值。

(7) **货币供给量相对于银行储备的比例大幅度上升**:表现为 M2 与银行储备金之比上升。

(8) **私人部门借贷增加**:私人部门从国外融资用于投资和消费,容易造成国内的泡沫,从而面临货币危机的威胁。

(9) **资本市场泡沫的形成**:资本市场存在繁荣与萧条的周期循环。外国资本的过度涌入会造成资本市场的过度繁荣,形成泡沫。之后若泡沫破碎,则很容易形成大萧条。

> **备考小贴士**
>
> 考生需要能够判断题干中哪些属于货币危机的信号。

练一练

David Bloomberg, an individual investor whose net worth is more than USD 5 billion, is reallocating his investment portfolio. Having a lively interest in foreign exchange markets, he contacts with his financial advisor, Bill Bezos, and establishes a meeting with the financial advisory team.

In the beginning, Bezos gives Bloomberg a brief introduction to current foreign exchange markets. As supporting material, the spot exchange rates offered by a dealer is presented in Exhibit 8.1.

Exhibit 8.1　Spot Exchange Rates

Currency pair	Spot rates	Expected spot rate in one year
HKD/CNY	1.158 3—1.159 5	1.158 7—1.159 9
HKD/USD	7.844 3—7.846 3	7.841 3—7.845 3
CAD/USD	1.325 7—1.326 1	1.301 9—1.302 2
CNY/USD	6.768 1—6.769 3	6.741 5—6.743 7

Having a general understanding of foreign exchange markets, Bloomberg wonders how he can exploit profit from these markets. Bezos responses:

Statement 1: You can exploit profit from the interest rate differentials by investing in a higher rate currency with funds borrowed in a lower rate currency.

Bezos explains this strategy in detail based on the data shown in Exhibit 8.1 and Exhibit 8.2.

Exhibit 8.2   Data related to Bezos's trading strategy

Currency	One-year Libor
CNY	4.9%
USD	1.3%

According to international parity conditions, Bezos adds:

Statement 2: The forward rate parity holds only when both uncovered and covered interest rate parity hold.

Statement 3: The international Fisher effect holds only when both Fisher effect and forward interest rate parity hold.

Statement 4: If all the international parity conditions hold, investors are impossible to achieve sustained profits from the changes in exchange rates.

Bloomberg partially agrees with Bezos' statements and analyzes the changes in exchange rates from the angle of mac-control policies. He expresses his two opinions on exchange rate determinations.

Statement 5: Both Mundell-Fleming model and the monetary approach discuss the impact of monetary policies on exchange rates, while the difference between them is whether takes the effect of inflation into consideration or not.

Statement 6: Under the Mundell-Fleming model, if a country with high capital mobility condition conducts an easy monetary policy and a tight fiscal policy, the country's currency is expected to appreciate in the short run.

Bezos mentions that Bezos need pay attention to the role of government in the foreign exchange markets. The government intervention and capital controls can have a direct or indirect influence on exchange rates.

8-1 If the dealer updates his quote of CNY/USD to 6.767 9—6.770 2 in a recent transaction, which of the following statements is least likely to be an explanation for his action?

A. The bid-offer spread in the interbank CNY/USD market has increased.

B. The volatility of CNY/USD market has decreased.

C. This is a large-scale transaction.

8-2 If the strategy mentioned by Bezos in statement 1 is profitable, which of the following international parity conditions is most relevant and doesn't hold?

A. Uncovered interest rate parity.

B. Forward rate parity.

C. Purchasing power parity.

8-3 Based upon the exchange rate midpoint in Exhibit 8.1 and the rates in Exhibit 8.2, the all-in USD returns of Bezos's trading strategy is closest to:

A. 3.2%.

B. 3.6%.

C. 4.0%.

8-4 According to the international parity conditions, which of the following statements made by Bezos is least likely correct?

A. Statement 2.

B. Statement 3.

C. Statement 4.

8-5 Regarding the exchange rates determinations, which of the following statements stated by Bloomberg is most likely correct?

A. Only Statement 5.

B. Only Statement 6.

C. Both Statement 5 and Statement 6.

8-6 If the central bank intends to intervene in the foreign exchange markets, which of the following factors has the most decisive effect on the efficiency of capital controls?

A. The size of capital flows.

B. The framework of government.

C. The level of official FX reserves.

答案与解析

8-1 B

若 CNY/USD 市场的波动性降低，市场参与者面临的不确定性减少、风险降低，继而承担风险所要求的风险补偿减少，买卖价差应该减少。因此，选项 B 的说法错误，为正确选项。

选项 A，如果银行间市场的买卖价差增加，那么做市商通过银行间市场调整自身存货的成本增加，做市商报价的买卖价差也随之增加。因此，该选项的说法正确，为错误选项。

选项 C，若客户与做市商的交易规模较大，做市商在银行间市场交易，从而抵消头寸的难度也就越大，故而该笔交易的买卖价差较大。因此，该选项的说法正确，为错误选项。

8-2 A

Bezos 提及的交易被称为利差交易（carry trade）。该交易是指投资者在低利率的币种上融资，在高利率的币种上投资。该交易的投资回报率为：投资回报率 $\approx r_X - r_Y - \%\Delta S_{X/Y}$。若非抛补利率平价（uncovered interest rate parity）成立，则 $r_X - r_Y \approx \%\Delta S_{X/Y}$，投资者无法从利差交易中获利。因此，选项 A 为正确选项。

选项 B，远期汇率平价关系是指：若抛补利率平价与非抛补利率平价同时成立，则远期汇率（forward rate）是未来预期汇率（expected future spot rates）的无偏估计量（unbiased predictor）。该平价关系与利差交易无关，因此，该选项错误。

选项 C，购买力平价描述的是物价水平与汇率之间的关系，与利差交易无关，为错误选项。

8-3 C

对于利差交易，若货币的标价方式为 X/Y，则利润为：

$$\text{All-in-profit} = \frac{S_0}{S_1} \times (1 + r_X) - (1 + r_Y)$$

对于 CNY/USD 之间的利差交易：

$$S_0 = \frac{1}{2} \times (6.768\ 1 + 6.769\ 3) = 6.768\ 7$$

$$S_1 = \frac{1}{2} \times (6.741\ 5 + 6.743\ 7) = 6.742\ 6$$

$$r_X = 4.9\%; r_Y = 1.3\%$$

则：

$$\text{All-in-profit} = \frac{6.768\ 7}{6.742\ 6} \times (1 + 4.9\%) - (1 + 1.3\%) = 4.00\%$$

因此，正确答案为 C。

8-4 B

若费雪效应和实际利率平价（而非远期利率平价）成立，则国际费雪效应成立。因此，Statement 3 的描述错误，选项 B 正确。

若抛补的利率平价和非抛补的利率平价关系都成立，则远期汇率平价成立，远期汇率（forward rate）是未来预期汇率（expected future spot rates）的无偏估计量（unbiased predictor）。因此，Statement 2 的描述正确，选项 A 错误。

若所有平价关系都成立，汇率的变化所带来的收益会与其他经济变量（利率、通货膨胀率等）所带来的收益相互抵消，投资者无法获得持续的收益。因此，Statement 4 的描述正确，选项 C 错误。

8-5 A

对于 Statement 5，蒙代尔-弗莱明模型研究了货币和财政政策在短期对汇率的影响，不考虑通货膨胀率的影响。货币分析法研究了货币政策在短期或长期对汇率的影响，考虑了物价变化和通货膨胀率。因此，他们的区别之一就是是否考虑了通货膨胀，该描述正确。

对于 Statement 6，在蒙代尔-弗莱明模型中，高资本流动性的国家：宽松的货币政策与紧缩的财政政策会使得本币贬值（而非升值）。因此，该描述错误。

综合上述，正确选项为 A。

8-6 C

资本管制是否有效取决于央行所持有的外汇储备（official FX reserves）与该国货币的日平均对外贸易周转量（the average daily turnover of foreign exchange trading in domestic currency）之比。因此，正确答案为 C。

第 9 章 经济增长

章节导学

知识引导

经济增长对基金经理的投资决策具有重要指导意义。经济繁荣与否,直接影响整个资本市场的表现,继而影响股票价值、债券评级等金融活动。CFA®一级"经济学"着重研究的是经济的短期均衡与短期波动,而二级"经济学"将深入探讨经济长期增长的前提与源泉、经济增长率与稳态增长率的核算,以及经济增长理论与相关假说。

考点聚焦

本章是"经济学"科目考查的重点,考试以概念题为主、计算题为辅。计算题主要考查利用柯布-道格拉斯生产函数核算潜在 GDP 增长率,以及根据新古典增长理论预测稳态经济增长率。概念题主要考查概念的辨析和理论的应用,主要考点包括:判断经济增长的前提条件、明确经济增长与资本市场的关系、掌握柯布-道格拉斯生产函数、辨析经济增长理论以及趋同假说。虽然本章涉及大量的公式理论推导,但大多数情况下,考生不需要掌握公式的推导过程,只需要明确相关结论即可。

本章框架图

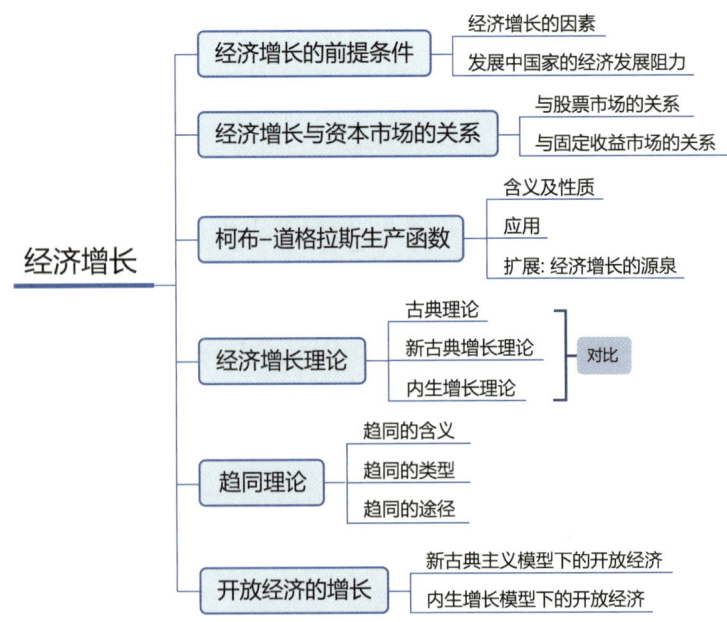

9.1 经济增长的前提条件（Preconditions）

9.1.1 经济增长的因素

人均 GDP 是衡量经济水平的重要指标。虽然与发达国家相比，发展中国家的人均 GDP 水平较低，但其整体 GDP 却能实现较快增长。影响经济增长的因素主要有以下六点。

> ——考点要求——
> 比较（compare）促进或限制发达国家和发展中国家经济增长的因素（economic growth factors）（★）

1. 投资（Investments）与储蓄（Savings）

一国的当前储蓄（savings）和投资（investments）水平越高，其经济增长的动力越强。若一国当前的储蓄率（savings rate）和投资率较高，则该国居民未来可用于消费的财富较多，从而能够促进未来的经济增长。虽然发展中国家的人均可支配收入较低，其投资和储蓄率较难提高，但是，一国可以通过引进外资来促进当地的经济发展。

2. 金融市场（Financial Markets）与金融中介（Financial Intermediaries）

一国的金融市场越成熟、市场中介越完善，越有利于其经济的增长。一国金融市场越成熟，资金的分配越高效，继而投资者越能够更快地找到具有较高风险调整后收益的项目。此外，成熟的市场与完善的中介能够降低企业面临的风险约束，从而实现规模经济。

3. 政治稳定（Political Stability）、法律（Law）与产权（Property Rights）

一国的政治环境越稳定、法律法规越健全、对产权的保护越完善，经济发展越好。稳定的政治环境会降低投资风险，继而吸引外资，促进当地经济发展。对于发展中国家，建立、保护并实施产权保护不仅能够促进投资和储蓄，还能引导创新，最终加快经济发展。

> **知识一点通**
> 一国完善的实体法（substantive law）和程序法（procedural law）有利于保护产权，从而促进经济发展。

4. 教育（Education）和卫生保健系统（Health Care Systems）

一国的国民受教育水平越高、卫生保健系统越完善，其经济发展越迅速。对于发展中国家而言，基础教育的普及能够提高其劳动力的技能，从而提升资本的生产效率，促进经济发展。对于发达国家而言，高等教育的增加，能够促进创新，驱动经济发展。此外，政府可以通过制定相关政策，吸引高素质人才，改善人才流失（brain drain）的问题。通过完善卫生保健系统，一国能够提高国民的预期寿命率，增加劳动力供给，促进经济增长。

5. 税收和监管体系（Tax and Regulatory Systems）

合理的税收政策和监管政策会带动经济的发展。政府可以通过定向调整税率来直接影响相关经济活动。例如，通过降低股息税（dividend tax rate）可以促进投资活动，从而刺激经济；而相对宽松的监管政策会鼓励创业，带动经济增长。

6. 自由贸易（Free Trade）和资本的无限制流动（Unrestricted Capital Flows）

一国的自由贸易和资本的自由流动有利于促进当地的经济发展。通过减少贸易限制和资本管制，发展中国家可以引进外资和先进科技，从而促进当地的股票市场，提高当地的劳动生产率。

> **知识一点通**
>
> 考生只需要记住下列原则：CFA® 协会是倡导自由贸易和资本的自由流动的。考试时，遇到相关问题，就可以根据这个准则来进行判断。

> **备考小贴士**
>
> 考生需掌握这六大经济增长的前提，明确其对经济的影响，并会据此判断限制发展中国家经济增长的因素。

例题 9.1

分析师 Jen 参加了 2022 G20 峰会。会议期间，各国经济学家探讨了 C 国和 A 国的经济发展状况。其中，C 国属于发展中国家，而 A 国属于发达国家。她了解到，目前 C 国的经济具有以下三个特征。

特征 1：高储蓄率。

特征 2：有限的产权保护。

特征 3：严苛的进口政策。

请问以上三个特征中，哪一个最不可能成为 C 国家经济发展的阻力？

A. 特征 2

B. 特征 3

C. 特征 1

名师解析

正确答案为 C。高储蓄率是经济长期发展的动力之一，并不可能限制 C 国的经济发展。高储蓄率能够为未来的投资提供资金来源，进而促进未来的经济发展。特征 2 和特征 3 都会限制一国的经济发展：有限的产权保护会降低私人投资的积极性，而严苛的进口政策不利于自由贸易，两者都会对经济产生负面影响。

9.1.2 发展中国家的经济发展阻力

基于以上经济增长六要素的讨论，可总结得出限制发展中国家经济发展的因素为：

(1) 较低的储蓄率和投资率。

(2) 不成熟的金融市场。

(3) 不健全的法律系统和法律无法执行。

(4) 缺乏产权保护和政治环境的不稳定。

(5) 公共教育和卫生健康服务的匮乏。

(6) 抑制创业的税收和法律法规政策。

(7) 国际贸易和资本流动的限制。

9.2 经济增长与资本市场的关系

9.2.1 经济增长与股票市场的关系

9.2.1.1 潜在 GDP（Potential GDP）

潜在 GDP 指的是一个国家的资源得到充分利用且劳动力充分就业（full employment）情况下的产出水平。经济增长研究的就是潜在 GDP 的增长。

—考点要求—
描述（describe）股票市场长期升值和经济的可持续增长率的关系（★★）

9.2.1.2 经济增长与股票市场价值的联系

经济增长和股票回报率之间的关系相对复杂，最为经典的研究模型为 Grinold-Kroner 模型（GK Model），其作用是分解股权回报率，理解影响股权回报率[$E(R_e)$]的影响因素。Grinold-Kroner 模型的表达式如下：

（1）理论上，股权收益率取决于股息收益率（dividend yield）和预期资本利得（expected capital gain）之和，若 $E(R_e)$ 代表整个权益市场的收益率，则：

$$E(R_e) = \text{dividend yield} + \text{expected capital gain} \tag{9.1}$$

（2）预期资本利得，即预期股价的上涨率取决于**市盈率（P/E）的变动幅度**和**每股收益（EPS）的变动幅度**，而市盈率（P/E）的变动幅度实则为投资者对权益市场的再定价收益率，即 repricing return，因此，预期资本利得可做进一步拆分。在此基础上，公式（9.1）可以转化成：

$$E(R_e) = \text{dividend yield} + \text{expected repricing} + \text{earnings growth per share} \tag{9.2}$$

（3）每股收益（EPS）= E/S，其中 E 代表公司利润（Earnings），S 代表公司在外发行的股票数量（Shares）；对两边同时取自然对数可得 $\ln EPS = \ln E - \ln S$，对两边同时求偏导可得 $\%\Delta EPS = \%\Delta E - \%\Delta S$；因此每股收益（EPS）的变动幅度取决于**企业总收益的变动幅度（%ΔE）**，和**在外发行股份数的变动幅度（%ΔS）**。在此基础上，公式（9.2）可以进一步转化成：

$$E(R_e) = \text{dividend yield} + \text{expected repricing} + \text{earning growth rate} - \text{change in shares outstanding} \tag{9.3}$$

（4）假设企业总收益的变动幅度取决于通货膨胀（inflation rate）和实际经济增长（real economic growth），则 Grinold-Kroner 模型最终表达式如下：

$$E(R_e) = \text{dividend yield} + \text{expected repricing} + \text{inflation rate} + \text{real economic growth} - \text{change in shares outstanding} \tag{9.4}$$

（5）公式（9.4）中，若用 dy 代表 dividend yield，$\Delta(P/E)$ 代表 expected repricing，i 代表 inflation rate，g 代表 real economic growth，ΔS 代表 change in shares outstanding，则：

$$E(R_e) = dy + \Delta(P/E) + i + g - \Delta S \tag{9.5}$$

通过 Grinold-Kroner 模型可得，股权收益率最终取决于股息收益率、再定价收益率、通货膨胀率、实际经济增长率和在外发行股份数的变动率。**当市场上流通的股票数量不变时，实际经济增长则可以转化为更高的股权回报。**

然而,根据实际数据显示,经济增长和股权回报之间并非存在直接的正相关,其原因是**在外发行的流通股份数的变化 ΔS,即稀释效应(dilution effect)**。稀释效应对预期股权回报的影响甚大,共包括两方面:

第一,上市公司若回购股票,则通过减少流通股来增加股权回报,若发行新股,则会稀释现有股东回报;因此,**净回购(net buybacks,nbb)是指在全国股市中回购与发行新股的最终净值**。

(1) 若 nbb>0,则说明全国股市在一段时间内最终回购大于增发,导致在外发行的流通股份数下降;而在外发行的流通股份数下降,每一位权益投资者能够享受到的由于经济增长带来的股权收益的上升就越多。此时,$-\Delta S$ **这一项为正数,最终导致 $E(R_e)$ 上升**。

(2) 若 nbb<0,则说明全国股市在一段时间内最终回购小于增发,导致在外发行的流通股份数上升;而在外发行的流通股份数上升,每一位权益投资者能够享受到的由于经济增长带来的股权收益的上升就越少。此时,$-\Delta S$ **这一项为负数,最终导致 $E(R_e)$ 下降**。

第二,**由于经济增长的一部分也来自中小型非上市公司,此效应称为经济的相对活力效应(relative dynamism of the economy,rd)**,即这部分经济增长根本无法反映进股市,也就是说无法反映在上市公司的股权收益里,即 $E(R_e)$ 上。若这种效应越大,意味着经济的增长与股权收益之间的偏离就越大。

因此,在 ΔS 稀释效应这一项中可以重点关注 nbb 和 rd 这两个部分。

> **知识一点通**
>
> 例如,中国自1997年至2017年,实际经济增长率为8.2%,但中国股权收益率仅为0.7%。原因在于①nbb 为 −26.5,意味着在外发行的流通股份数上升(因为大量公司在这段时间上市),会导致股权投资回报率下降。②经济的相对活力效应(rd)为14.9,意味着中国中小型非上市公司对经济增长的贡献较大,导致经济增长和投资上市公司股权带来的收益会有较大的偏离。因此,高速的实际经济增长率被稀释,最终股权投资回报率较低。

> **备考小贴士**
>
> 上述推导内容无需记忆,最终需掌握公式(9.5)的应用,了解股权收益率最终取决于哪些因素,并掌握稀释效应的两个方面。

9.2.2 经济增长与固定收益市场的关系

—考点要求—
解释(explain)潜在 GDP 及其增长率对股票和固定收益投资者的重要性(★)

潜在 GDP 对固定收益市场的影响主要体现在四方面:实际利率水平、货币政策、财政赤字以及信用分析。

9.2.2.1 实际利率水平

对于固定收益市场(debt/fixed income)而言,**更高的潜在 GDP 增长率会导致更高的实际利率(higher real interest rates)**和更高的预期实际回报率(higher expected real asset returns)。

> **知识一点通**
>
> 实际利率水平是对投资者推迟消费的补偿。若潜在 GDP 增长较快,居民预期其收入迅速增加,即使提高当前消费水平,降低储蓄率,仍然能满足未来的消费需求。此时,若想促进投资,固定收益市场不得不给出投资者更高的补偿,即较高的实际利率。

> **备考小贴士**
>
> 考生需要掌握上述重要结论,明确潜在 GDP 增长率与实际利率水平之间的正向关系。

9.2.2.2 货币政策

政府的货币政策决策受到潜在 GDP(potential GDP)与实现 GDP(actual GDP)之差的影响,而货币政策会通过影响整体利率水平来影响固定收益市场。若实现 GDP 小于潜在 GDP,则国家可能通过采取扩张的货币政策来刺激经济,使得经济达到长期均衡状态。反之,若实现 GDP 大于潜在 GDP,意味着经济可能面临通货膨胀,则国家会采取紧缩的货币政策。

9.2.2.3 财政赤字

经济发展状况会影响政府的财政赤字水平。一般而言,政府财政赤字在经济萧条阶段增加,在经济扩张阶段减小。

9.2.2.4 信用分析

经济增长对信用分析的影响体现在以下两方面。

(1) 较高的潜在经济增长率有利于提高固定收益产品的整体信用质量(credit quality)。因为固定收益产品都是依赖于实体经济的现金流,较高的潜在 GDP 增长率能够提高现金流的稳定性。

(2) 信用评级机构(credit rating agencies)常根据潜在经济增长率来评估主权风险(sovereign risk)。通常来说,一个主权国家的信用质量(credit quality)和其潜在经济增长正相关。

> **备考小贴士**
>
> 潜在 GDP 对固定收益市场的影响中,实际利率水平和信用分析是重点,需考生掌握。

例题 9.2

分析师 Jen 参加了 2022 G20 峰会后,向首席经济学家徐博士汇报了以下三点。

(1) 为了长期权益投资能够获得较高的回报,需要估计股票市场的价值变化。在长期,GDP 的增长率是股票市场价值的主要驱动因素。

(2) 对于固定收益投资而言,GDP 的增长率和实际利率水平呈反向关系。

(3) 潜在 GDP 增长率可作为评估主权风险的依据之一,因为潜在 GDP 的增长率与信用质量正相关。

请问,徐博士最有可能反驳 Jen 的哪一观点?

A. 观点 1 B. 观点 3 C. 观点 2

> **名师解析**
>
> 正确答案为 C。对于固定收益投资而言,更高的潜在 GDP 增长率会导致更高的实际利率(higher real interest rate)和更高的预期实物资产增长率(higher expected real asset returns)。因此,GDP 的增长率和实际利率水平呈正向关系。

9.3 柯布-道格拉斯生产函数(Cobb-Douglas Production Function)

为了量化生产中所使用的各种生产要素的数量与最大产量之间的关系,经济学家柯布和道格拉斯通过研究美国 1899 年至 1922 年制造业,推导得出了柯布-道格拉斯生产函数(Cobb-Douglas production function)。

9.3.1 柯布-道格拉斯生产函数的含义及性质

9.3.1.1 生产函数的公式表达

一个国家的产出水平由资本(capital)、劳动力(labor)和技术发展水平共同决定。因此,产出与两个生产要素的关系可用两要素柯布-道格拉斯生产函数来表示:

$$Y = AK^{\alpha}L^{(1-\alpha)} \tag{9.6}$$

> **知识一点通**
>
> CFA® 一级"经济学"中的 $Y=F(K,L)$ 就是柯布-道格拉斯生产函数的简化形式。CFA® 二级"经济学"将对该模型进行展开与讨论。

其中,A 为全要素生产率(total factor productivity,TFP),代表了经济的整体劳动生产率或科技水平;K 为实物资本水平(capital);L 为劳动力水平(labor);α 为资本产出弹性或资本要素占收入的比例(output elasticity of capital/share of income paid to capital factor),$0 \leq \alpha \leq 1$;$(1-\alpha)$ 为劳动产出弹性或劳动要素占收入的比例(output elasticity of labor/share of income paid to labour factor)。

> **备考小贴士**
>
> 考生需要掌握公式(9.6)中每个变量所代表的含义。

9.3.1.2 生产函数的性质

柯布-道格拉斯生产函数具有两个重要的性质:规模报酬不变(constant return to scale)和边际生产率递减(diminishing marginal productivity)。

1. 规模报酬不变

柯布-道格拉斯生产函数体现了投入和产出之间规模报酬不变的性质。规模报酬不变是指:假设全要素生产率不变,生产过程中的所有投入若增加了相同的百分比,则产出水平也会变化相同的百分比。

> **知识一点通**
>
> 举例来说，假设全要素生产率不变，若 K 增加 100%，L 增加 100%，则 Y 增加 100%，称为规模报酬不变。该数量关系，可以通过下列的推导得出。
>
> 假设原投入与产出关系为：
>
> $$Y_0 = A K^\alpha L^{(1-\alpha)} \tag{9.7}$$
>
> 若 K 增加 100%，L 增加 100%，则新的产出水平（Y_1）为：
>
> $$Y_1 = A(2K)^\alpha (2L)^{(1-\alpha)} = A \cdot 2^\alpha \cdot K^\alpha \cdot 2^{(1-\alpha)} \cdot L^{(1-\alpha)} = A \cdot 2 \cdot K^\alpha \cdot L^{(1-\alpha)} = 2Y_0$$
>
> 因此，在资本和劳动力均变成原来的两倍时，产出水平也变为原来的两倍。

2. 边际生产率递减

在柯布-道格拉斯生产函数中，对于单个生产要素而言，存在边际生产率递减的现象，即额外一单位的投入所带来的产出递减。而规模报酬递减的速度取决于要素的产出弹性。例如，对于资本而言，资本产出弹性（α）越小越趋近于零，资本的边际效用递减越明显。对于劳动力而言，劳动产出弹性（$1-\alpha$）越小越趋近于零，劳动力的边际效用递减越明显。

> **知识一点通**
>
> 考生可联系 CFA® 一级"经济学"科目中的边际收益递减来理解边际生产率递减现象。下文将结合生产函数的变形，对该性质进行详细的解释。

> **备考小贴士**
>
> 考生需重点掌握"规模报酬不变"这一性质，而"边际生产率递减"主要在后文的知识点中进行考查。

9.3.2 柯布-道格拉斯生产函数的应用

基于公式（9.6），可对柯布-道格拉斯生产函数进行变形，从而进一步明确劳动生产率的影响因素和经济增长率的核算方法。

9.3.2.1 劳动生产率的影响因素

对公式（9.6）进行变形，可得到下列等式：

$$\%\Delta y = \%\Delta A + \alpha \%\Delta k \tag{9.8}$$

其中，$\%\Delta y$ 为人均产出（output per worker）或平均劳动生产率（average labor productivity）的变化率；$\%\Delta A$ 为全要素生产率（total factor productivity，TFP）的增长率；α 为资本产出弹性或资本要素占收入的比例；$\%\Delta k$ 为人均资本（capital-to-labor ratio）的变化率。

—考点要求—
区分（contrast）资本深化投资和科技进步（★★）

> **知识一点通**
>
> 公式(9.8)推导过程如下。
>
> 对公式(9.6)两边同除L,可得:
>
> $$\frac{Y}{L}=AK^{\alpha}L^{-\alpha}=A\left(\frac{K}{L}\right)^{\alpha} \tag{9.9}$$
>
> 其中,$\frac{Y}{L}$为人均产出或平均劳动生产率;$\frac{K}{L}$为人均资本。
>
> 令$\frac{Y}{L}=y$,$\frac{K}{L}=k$,则公式(9.9)可变形为:
>
> $$y=Ak^{\alpha} \tag{9.10}$$

> **知识一点通**
>
> 对公式(9.10)两边同时取自然对数,可得:
>
> $$\ln y=\ln A+\alpha\ln k \tag{9.11}$$
>
> 对公式(9.11)两边同时求偏导,可得:
>
> $$\frac{\Delta y}{y}=\frac{\Delta A}{A}+\alpha\frac{\Delta k}{k} \tag{9.12}$$
>
> 即:
>
> $$\%\Delta y=\%\Delta A+\alpha\%\Delta k \tag{9.13}$$

> **备考小贴士**
>
> 考生不需要掌握公式(9.9)至公式(9.13)的推导过程,只需要记住公式(9.13)这一结论即可。

从公式(9.13)可知,人均产出或劳动生产率的影响因素主要有两个:

(1) 资本深化(capital deepening),即人均资本(k)的增加。

(2) 技术进步(technological progress),即全要素生产率(A)的提升。

将上述两因素对人均产出或劳动生产率图像化,以人均资本为横轴、人均产出为纵轴,可得到<u>劳动生产率曲线(productivity curve)</u>,如图9.1所示。

—考点要求—
解释(explain)资本深化和技术进步对经济增长和劳动生产率的影响(★★★)

1. 资本深化(Capital Deepening)

如图9.1所示,人均资本(k)的增加可以提高人均产出或劳动生产率。但是,由于$\alpha<1$,人均资本的带动作用存在<u>边际收益递减(diminishing marginal returns)</u>。在图9.1上表现为,劳动生产率函数的斜率逐渐变小。此外,资本产出弹性(α)越小越趋近于零,资本深化的边际效用递减越明显。

对于<u>发展中国家</u>而言,其<u>人均资本水平比较低</u>(类似于图9.1中$O-A$部分)。此时,人均资本的增加对于人均产出的促进作用比较明显。

2. 技术进步(Technological Progress)

鉴于资本的边际收益递减，一国若要维持人均产出的持续增长，只能通过提高其全要素生产率(TFP)来实现。不同于资本深化使得人均产出沿着生产函数曲线移动，科技进步或全要素生产率的提高会使得整条生产函数整体向上移动(upward shift in the entire production function)。如图9.1所示，科技进步使得生产函数曲线从黑色部分上升到蓝色部分。

对于发达国家而言，其人均资本水平比较高(类似于图9.1中 B - D 部分)。此时，人均资本的增加对于人均产出提高的促进作用比较微弱。若发达国家意欲进一步提高人均产出，只能通过技术的进步来实现。

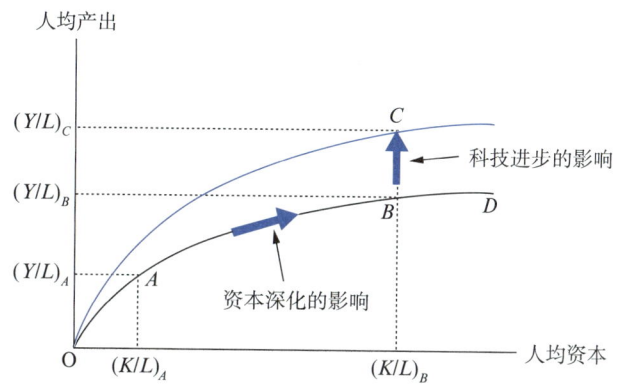

图 9.1 劳动生产率曲线

> **备考小贴士**
>
> 资本深化与技术进步对人均产出的影响是该部分的重要考点。考生需要掌握以下两点。
>
> (1) 两者对人均产出的影响：沿着生产函数移动还是整条生产函数发生移动。
>
> (2) 不同发展阶段的国家，该如何有效提高其劳动生产率或人均产出。一旦考生在考试中，看到关键词"capital deepening"，就需要想到该考点。

例题 9.3

首席经济学家徐博士是研究柯布-道格拉斯生产函数的专家，他告诉分析师Jen：一国可以通过提高资本投资或科技投资来提高人均GDP的增长率。分析师Jen结合自己的研究，得出以下结论：

(1) 由于柯布-道格拉斯生产函数是规模报酬递增的，因此，通过提高资本投入可以有效促进经济增长。

(2) 由于资本投入会经历边际回报递减，为了经济增长率的持续增加，应该加大对科技的投资。

(3) 资本投资和科技投资的增加，都会使得人均产出沿着生产函数曲线增加。

请问，下列关于这三个结论的判断哪个是最正确的：

A. 结论(3)是错误的，因为科技投资的增加，会使得整条生产函数曲线向上移动

B. 结论(1)是错误的，因为柯布-道格拉斯生产函数是规模报酬递减的

C. 结论(2)是错误的，因为资本是边际回报递增的

> **名师解析**
>
> 正确答案是 A。资本投资的增加会使得人均产出沿着生产函数曲线增加。但是，科技投资的增加会促进全要素生产率的提升，从而使得整条生产函数向上移动。结论(1)中，柯布-道格拉斯生产函数是规模报酬不变的。结论(2)本身的说法是正确的。

9.3.2.2 增长率的核算

经济学家通常有两种主要的方法来核算经济增长率：索罗增长核算方程（Solow growth accounting equation）和劳动生产率增长核算方程（labor productivity growth accounting equation）。其中，索罗增长核算方程可通过对柯布-道格拉斯生产函数变形后得到。而劳动生产率增长核算方程则可通过对总产出（Y）的拆分得出。

1. 索罗增长核算方程（Solow Growth Accounting Equation）

索罗增长核算方程是由柯布-道格拉斯生产函数公式(9.6)变形所得，用于预测潜在 GDP 的增长率，其表达式为：

$$\%\Delta Y = \%\Delta A + \alpha\%\Delta K + (1-\alpha)\%\Delta L \tag{9.14}$$

—考点要求—
说明（demonstrate）如何基于增长核算方程预测潜在 GDP（★★）

其中，$\%\Delta Y$ 为 GDP 增长率（percentage growth in gross domestic product）；$\%\Delta A$ 为全要素生产率的增长率（percentage growth in total factor productivity）；α 为资本产出弹性或资本要素占收入的比例（output elasticity of capital/share of income paid to capital factor）；$(1-\alpha)$ 为劳动产出弹性或劳动要素占收入的比例（output elasticity of labor/share of income paid to labour factor）；$\%\Delta K$ 为资本增长率（growth rate of capital）；$\%\Delta L$ 为劳动力增长率（growth rate of labor）。

> **知识一点通**
>
> 公式(9.14)推导过程如下。
>
> 柯布-道格拉斯生产函数的表达式为：
>
> $$Y = AK^{\alpha}L^{(1-\alpha)} \tag{9.15}$$
>
> 对公式(9.15)两边同时取自然对数，可得：
>
> $$\ln Y = \ln A + \alpha \ln K + (1-\alpha)\ln L \tag{9.16}$$
>
> 对公式(9.16)两边同时求偏导，可得：
>
> $$\frac{\Delta Y}{Y} = \frac{\Delta A}{A} + \alpha\frac{\Delta K}{K} + (1-\alpha)\frac{\Delta L}{L} \tag{9.17}$$
>
> 即：
>
> $$\%\Delta Y = \%\Delta A + \alpha\%\Delta K + (1-\alpha)\%\Delta L \tag{9.18}$$

> **备考小贴士**
>
> 考生不需要掌握公式(9.15)至公式(9.18)的推导过程，但是需要熟练掌握公式(9.18)，这是整个经济增长的重点。考试可能会要求根据已知数据，计算经济增长率，并结合其他知识点，做出相应的判断。

2. 劳动生产率增长核算方程(Labor Productivity Growth Accounting Equation)

除了新古典主义的索罗增长核算方程,潜在 GDP 增长率的预测还可以通过分析经济增长的质与量来实现。通过对总产出(Y)的拆分与变形,潜在 GDP 的增长率可以通过劳动生产率增长核算方程来预测,其表达式为:

$$\%\Delta Y = \%\Delta y + \%\Delta L \tag{9.19}$$

其中,$\%\Delta Y$ 为潜在 GDP 增长率(growth rate in potential GDP);$\%\Delta y$ 为长期劳动率增长率(long-term growth rate in labor productivity);$\%\Delta L$ 为长期劳动力增长率(long-term growth rate of labor force)。

> **知识一点通**
>
> 公式(9.19)推导过程如下。
>
> 潜在总产出水平(Y)可分解为:
>
> $$Y = \frac{Y}{L} \times L \tag{9.20}$$
>
> 对公式(9.20)两边同时取自然对数,可得:
>
> $$\ln Y = \ln \frac{Y}{L} + \ln L \tag{9.21}$$
>
> 令 $\frac{Y}{L} = y$,则:
>
> $$\ln Y = \ln y + \ln L \tag{9.22}$$
>
> 对公式(9.22)两边同时求偏导,可得:
>
> $$\frac{\Delta Y}{Y} = \frac{\Delta y}{y} + \frac{\Delta L}{L} \tag{9.23}$$
>
> 即:
>
> $$\%\Delta Y = \%\Delta y + \%\Delta L \tag{9.24}$$

基于公式(9.24)可以得出,经济增长的影响因素主要有两个:一个是质的增长,即劳动生产率的提升($\%\Delta y$);另一个是量的增长,即劳动力或总劳动时间的增加($\%\Delta L$)。

虽然相较于索罗增长核算方程,劳动生产率增长核算方程更加简单。但是,在劳动生产率增长核算方程中,由于资本深化和技术进步的改变都是通过劳动生产率这一单一变量来体现,因此<u>该模型无法区分资本深化和技术进步各自对经济增长的具体影响</u>。

> **备考小贴士**
>
> 考生需记忆掌握该公式,考试有可能会考计算题。

—考点要求—
解释(explain)自然资源对经济增长的影响(★)

9.3.3 柯布-道格拉斯生产函数的扩展:经济增长的源泉

至此为止,本书讨论的都是两因素(资本与劳动力)柯布-道格拉斯生产函数。但是,影响经济的因素不是仅仅只有资本与劳动力,还包括自然资源、人力资本和科技发展。

9.3.3.1 自然资源(Natural Resource)

—考点要求—
评估(evaluate)关于有限的资源限制经济增长的观点(★)

1. 自然资源角色的复杂性

自然资源在经济增长中的角色相对复杂,丰富与否与经济发展水平没有必然联系。正常情况下,拥有丰富的自然资源,有利于一国的经济发展。例如,北美国家的自然资源相对丰富,经济发展较快。然而,富有自然资源的国家,也不一定能够获得较高的收入水平。例如,拥有丰富石油和磷矿资源的伊拉克。此外,虽然日本和新加坡的自然资源相对匮乏,但仍可以通过资源进口来发展,获得较高的人均收入。

2. 资源诅咒(Resource Curse)

资源诅咒是多指由于自然资源出口引发的贸易条件的恶化,使得自然资源丰富的国家比那些资源稀缺国家的经济增长更慢。

导致资源诅咒的原因可能有两个。

(1) 资源丰富的国家可能过度依赖资源,继而忽视了其他经济长期发展所必需的经济部门(economic institutions)。

(2) 资源丰富的国家可能遭受**荷兰病(Dutch disease)** 的困扰。若一国的某项自然资源很丰富,该国会大量出口该资源,造成贸易顺差、本币升值。虽然,出口有利于出口资源的行业,但是本币升值,其他商品的价格上升,阻碍了以制造业(manufacturing)为代表的其他行业的发展。例如,曾经荷兰的石油很丰富,大量出口石油,造成贸易顺差,本币升值。而且国内其他商品的价格相对上升,从而阻碍其他行业的发展。

> **知识一点通**
>
> 除了最早的荷兰,当今很多国家也深受"资源诅咒"的困扰。例如,"富得流油到只剩下油"的委内瑞拉就是代表。石油出口曾经是委内瑞拉经济发展的基础因素,超过九成外汇收入依赖石油出口。因此,委内瑞拉基本忽视甚至放弃了其他产业的发展,国内七成基本生活用品需要进口。而石油价格的变动导致其经济萧条,基本生活物资短缺,民众生活水平下降。

> **备考小贴士**
>
> 重点掌握对荷兰病的理解,考生遇到自然资源的相关问题,要有意识地联系该考点。

9.3.3.2 劳动力供给(Labor Supply)

—考点要求—
解释(explain)人口结构、移民和劳动参与率对经济增长率和可持续增长的影响(★)

作为经济增长的重要因素,充足的劳动力供给能够为经济提供持续的动力。而劳动力供给(以总工作时长计)的增加,取决于四个因素:人口增长、劳动参与率、净移民和平均工作时长。

1. 人口增长(Population Growth)

长期的人口增长由以下三个要素共同决定。

(1) 适龄工作人口的增长。通常来说,适龄(例如16~64岁)工作人口的增长决定了一国的长期劳动力供给能力。因为,只有适龄工作人口增加,才能真正提高劳动供给,从而促进经济的发展。

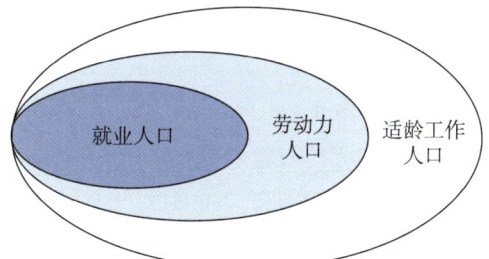

图 9.2 就业人口、劳动力和适龄工作人口关系图

> **知识一点通**
>
> 如图 9.2 所示,适龄工作人口是劳动力的来源。适龄工作人口的多少直接决定了劳动力供给的上限。

(2) 出生率(fertility rate)与死亡率(mortality rate)。较低或递减的出生率(low or declining fertility rates)会降低人口的增长,继而抑制经济的发展;而较高的死亡率会减少劳动供给,阻碍经济发展。

(3) 人口年龄结构(the age mix of the population)。一国人口中,超过 65 岁和低于 16 岁的人口所占该国人口的比例需要特别注意。若一国超过 65 岁的人口所占比例较大,即人口年龄超过工作年龄的人较多,则该国显现老龄化,不利于经济发展。反之,若一国低于 16 岁的人口所占比例较大,未来劳动力供给充足,有利于该国经济增长。

2. 劳动参与率

在短期,劳动参与率的变化会造成劳动力供给和人口增长的不同。**劳动力参与率(labor force participation ratio)**是劳动力在适龄工作人口中所占的比例。其计算公式为:

$$\text{劳动参与率}(\text{labor force participation}) = \frac{\text{劳动力}(\text{labor force})}{\text{适龄工作人口}(\text{working-age population})} \quad (9.25)$$

一国的劳动参与率越高,参与生产的人数越多,劳动力供给就越充足,越有利于经济增长。例如,原本女性在印度是禁止参与劳动的,而解除这个限制之后,女性的劳动参与率增加,促进了整个劳动力供给水平的提升,使得印度的经济得到较好的发展。

3. 净移民(Net Migration)

若一国因生育率较低而阻碍劳动力供给的增加(例如加拿大、荷兰等发达国家),净移民可以帮助其提高劳动力供给。并且,由于移民的人口通常拥有技术或者资本,移民(immigration)对于经济的带动作用较提高生育率更好。因此,**开放的移民政策能够使得劳动力供给显著提高**。

4. 平均工作时长(Average Hours Worked)

劳动力的平均工作时长越长,劳动力供给越充足,越有利于经济的发展。此外,平均工作时长对经济周期较敏感。

> **备考小贴士**
>
> 关于劳动力供给的影响因素，可以理解为劳动力的数量，了解掌握即可。

9.3.3.3 人力资本（Human Capital）

> —考点要求—
> 解释（explain）人力资本如何影响经济增长（★）

人力资本（human capital）是指劳动力通过受教育所积累的知识和技能，代表了劳动力的质量。高水平的教育可以使得劳动力更加高效，且更从容地面对市场和技术的变化。因此，一国不仅可以通过提高劳动人口数量，还可以通过教育投资（education investment）和在职培训（on-the-job training）来提升劳动力受教育水平，从而提高劳动力技能水平和劳动生产率，加速经济发展。

9.3.3.4 实物资本（Physical Capital）

> —考点要求—
> 解释（explain）实物资本如何影响经济增长（★）

一国通过增加对实物资本的净投资，增加经济中的资本存量，从而提高经济增长率。尤其对于人均资本水平比较低的发展中国家，实物资本投资的增加对经济的促进作用更明显。

1. 实物资本投资的类型

实物资本投资可以分为以下两类，且其对经济的促进作用并不完全相同。

（1）信息、通讯和科技设备的投资（information, computers and telecommunications equipment，ICT investment）。

ICT投资会促进科技进步，继而有利于提高一国的经济增长率和劳动生产率。同时，信息科技产业的发展，会带来网络外部性（network externalities），促进其他产业的发展。因此，ICT投资对经济的促进作用更明显。

（2）非信息、通讯和科技设备的投资（non-ICT investment）。

非ICT投资的增加会带来资本深化，从而促进经济的发展。但是，由于资本深化的作用存在边际效用递减现象。因此，非ICT投资的促进作用相对较小。

2. 公共基础建设（Public Infrastructure）

公共基础建设投资的增加，可以促进经济的发展。政府通过加大对公共基础建设的投资，可以提高私人投资的效率，继而带动私人投资。

> **知识一点通**
>
> 例如，原本中国的西部运输线路匮乏，即使私人部门去西部投资，仍然面临产品向外运输的问题，因而大家不愿意去西部投资。之后，政府提倡西部大开发，先修好路。方便的交通运输便能够吸引新的私人投资者去西部投资。

9.3.3.5 科技发展（Technological Development）

> —考点要求—
> 解释（explain）技术发展如何影响经济增长（★）

一国的技术水平越高，越有利于其经济的发展。对于发达国家而言，其研究费用（research and development，R&D）相对于GDP的比例较高。由于资本深化的边际效应递减，所以发达国家需要依赖创新、新产品和新的生产方式来促进经济发展。对于发展中国家而言，可以通过模仿（imitation）或复制（copying）发达国家的技术来获得新科技。因此，发展中国家的研发投资相对较少。

> 备考小贴士
>
> 以上这五个影响经济长期发展的要素中,需着重掌握自然资源、劳动力供给和科技发展的相关理论,人力资本和实物资本大致掌握即可。

9.4 经济增长理论(Economic Growth Theories)

对于长期经济的驱动因素和可持续增长率的决定因素众说纷纭。其中,对于人均增长的解释,主要有以下三种经济增长理论:

(1) 古典增长理论(classical growth theory)。
(2) 新古典增长理论(neoclassical growth theory)。
(3) 内生增长理论(endogenous growth theory)。

—考点要求—
比较(compare)古典增长理论、新古典增长理论和内生增长理论(★★)

> 知识一点通
>
> 整体而言,这三种经济增长理论,一个比一个乐观。古典增长理论最悲观,其核心是研究劳动力(labor)的作用;新古典增长理论和柯布-道格拉斯生产函数一脉相承,着重研究资本(capital)的作用;内生增长理论则最符合各国当前的经济状态。

> 备考小贴士
>
> 经济增长理论是本章的重难点。其中,古典增长理论并不是考试的重点,而新古典增长理论的理解及其与内生增长理论的对比是重点与难点。

9.4.1 古典理论(Classical Theory)

9.4.1.1 古典理论的观点

古典增长理论是由托马斯·马尔萨斯提出的,故又被称为马尔萨斯理论(Malthusian theory)。马尔萨斯的人口大爆炸(population explosion)理论指出:人均经济的增长只是暂时的(temporary),有限资源下的人口爆炸会终止经济的增长。

在有限的资源下,一旦科技进步、土地扩张等因素使得劳动生产率提高,继而人均收入水平高于实际生存工资水平(subsistence real wage level),人口就会增加,甚至发生人口大爆炸。此时,有限的土地和自然资源无法满足人类的粮食需求,会引发战争、瘟疫、饥荒等天灾人祸,使得人口下降。最终,整个社会的人口又回到平衡状态,人均收入维持在实际生存工资水平。因此,即使存在科技进步,经济在长期也会保持稳定,人均产出和生活条件不会发生改变。

> 知识一点通
>
> 古典理论可以用下列简单的流程表示:
>
> 人均收入↑→人口↑→人口爆发→疾病和战争使得人口↓→达到稳定状态。

9.4.1.2 古典理论的问题

古典理论与现实状况存在两处不符。

(1) 人均收入的增加,非但不会使得人口总数加速上涨,反而会使人口增长速度变缓。例如,当前许多发达国家面临人口负增长。

(2) 技术水平的提高确实可以克服人口增加的边际效用递减问题。

9.4.2 新古典增长理论(Neoclassical Growth Theory)

由于古典主义存在上述两个问题,所以罗伯特·索罗提出了新古典增长理论,又称索罗模型(Solow model)。新古典增长理论在古典增长理论的基础之上,围绕柯布-道格拉斯生产函数,进行了更细致的理论分析。

9.4.2.1 新古典增长模型的基本概念

新古典增长理论认为,因为资本和劳动力投入都面临边际效益递减,所以长期的人均增长只取决于外生变量——技术进步。具体来说,技术是偶然发生的、不可控的。一旦发生技术进步,新的行业产生,人们对其的资本投入增加,使得人均资本增加,发生资本深化,使得人均产出增加。但是由于资本深化具有边际递减的规律,所以,最终经济趋于稳定的状态。

9.4.2.2 稳态增长率(Steady State Rate of Growth)

1. 稳态(Steady State)及其前提假设

在新古典增长理论(或索罗模型)中,当单位资本的产出(output-to-capital ratio)恒定时,人均资本和人均产出的增长率相同,经济达到一个均衡状态。此时的增长率被称为平衡态(balanced)增长率或者稳态增长率(steady state rate of growth)。

> **知识一点通**
>
> 一方面,根据"单位资本的产出(output-to-capital ratio)恒定"的假设前提,可得:
>
> $$\frac{Y}{K} = \frac{Y/L}{K/L} = a \tag{9.26}$$
>
> 其中,a 为常数。
>
> 移项可得:
>
> $$\frac{Y}{L} = a\frac{K}{L} \tag{9.27}$$
>
> 令 $\frac{Y}{L} = y$,$\frac{K}{L}$ 为 k,公式(9.27)可变形为:
>
> $$y = ak \tag{9.28}$$
>
> 公式(9.28)两边同时取自然对数,可得:
>
> $$\ln y = \ln a + \ln k \tag{9.29}$$
>
> 对公式(9.29)两边同时求偏导,可得:
>
> $$\frac{\Delta y}{y} = 0 + \frac{\Delta k}{k} \tag{9.30}$$

> **知识一点通**
>
> 即：
> $$\%\Delta y = \%\Delta k \tag{9.31}$$
>
> 另一方面，基于公式(9.28)，可分两种情况。
>
> (1) 若 $\%\Delta k > \%\Delta y$：y 对 k 的变化不敏感。此时再增加 k，对于 y 的促进作用较小。而结合劳动生产率函数的斜率递减所传达的边际递减现象，想要提高人均资本(k)对人均产出(y)的促进作用，需要降低人均资本水平。
>
> (2) 若 $\%\Delta k < \%\Delta y$：y 对 k 的变化敏感。此时再增加 k，对于 y 的促进作用明显，故而会提高人均资本水平。
>
> 因此，只有当 $\%\Delta k = \%\Delta y$ 时，经济才达到一个稳定的状态。
>
> 综上所述，经济稳定状态的实际前提条件有两个：(1) Y/K 恒定；(2) $\%\Delta k = \%\Delta y$。

> **备考小贴士**
>
> 上述推导过程不需要掌握，且该知识点主要是为计算稳态增长率做铺垫。

2. 人均产出与总产出的稳态增长率

基于稳态经济的两个前提假设，结合柯布-道格拉斯生产函数，可得到**人均产出的稳态增长率**(growth rate of output per capita，g^*)的表达式为：

$$g^* = \frac{\theta}{1-\alpha} \tag{9.32}$$

其中，θ 为全要素生产率的增长率(growth rate of total factor productivity，TFP)；$1-\alpha$ 为劳动力成本占全要素成本的比例(labor cost in total factor cost)。

> **知识一点通**
>
> 由公式(9.14)可知：
> $$\%\Delta y = \%\Delta A + \alpha\%\Delta k \tag{9.33}$$
>
> 基于稳定的条件，将 $\%\Delta y = \%\Delta k$ 代入公式(9.33)可得：
> $$\%\Delta y = \%\Delta A + \alpha\%\Delta y \tag{9.34}$$
>
> 整理可得：
> $$\%\Delta y = \frac{\%\Delta A}{1-\alpha} \tag{9.35}$$
>
> 分别用 g^* 和 θ 表示 $\%\Delta y$ 与 $\%\Delta A$，则公式(9.35)可表示为：
> $$g^* = \frac{\theta}{1-\alpha} \tag{9.36}$$

> **备考小贴士**
>
> 上述推导过程不需要掌握,但人均产出的稳态增长率公式需要掌握。人均产出的稳态增长率的计算是考点。

3. 总产出的稳态增长率

基于人均产出的稳态增长率和劳动生产率增长核算方程,可得到**总产出的稳态增长率**(steady growth rate of output,G^*)的表达式为:

$$G^* = \frac{\theta}{1-\alpha} + \%\Delta L \tag{9.37}$$

> **知识一点通**
>
> 劳动生产率增长核算方程为:
>
> $$\%\Delta Y = \%\Delta y + \%\Delta L \tag{9.38}$$
>
> 将人均产出的稳态增长率 $\%\Delta y = \theta/(1-\alpha)$ 代入公式(9.38),可得总产出的增长率($\Delta\%Y$,G^*)的表达式为:
>
> $$G^* = \frac{\theta}{1-\alpha} + \%\Delta L \tag{9.39}$$
>
> 其中,G^* 为总产出的稳态增长率(steady state growth rate of output);θ 为全要素生产率的增长率(growth rate of total factor productivity);$1-\alpha$ 为劳动力成本占全要素成本的比例(labor cost in total factor cost);$\%\Delta L$ 为劳动力增长率(growth in labor force)。

> **备考小贴士**
>
> 公式的推导过程不需要掌握,但是最终的计算公式需要记住,有可能考计算。考试时,考生需要抓住题目中的关键词,区分稳态增长率计算和索罗增长核算:若题中有"steady state",则使用公式(9.39);若是预测 potential GDP 的增长率,则使用索罗增长核算公式。

9.4.2.3 新古典增长模型的相关结论

围绕新古典增长理论的核心——稳态增长率(steady state rate of growth)和边际收益递减(diminishing marginal returns)——可以得到以下四方面的相关结论。

1. 资本的积累(Capital Accumulation)

在短期,资本的积累(即 K 的增加)会促进总产出的增加。但是,**资本的积累并不会影响长期的经济增长率**。

> **知识一点通**
>
> 由公式(9.6)柯布-道格拉斯生产函数可知，K 的增加会使得 Y 增加。同时，由公式(9.39)可知，长期经济总产出的增长率不受 K 的影响。

2. 资本深化和科技进步

由于人均资本的增加对人均产出的增长存在边际效应递减。因此，人均资本的增加对于经济的促进作用是短暂的。在长期，若想经济持续增长，必须依靠科技进步或全要素生产率的提高。但是，在新古典模型中，科技进步属于外部冲击，是不可控制的。

3. 趋同（Convergence）

虽然各国资本深化的程度在短期不同，但是由于资本深化的边际效用递减，不同国家最终的人均产出水平都是趋同的。各国都达到一个相同的稳定经济增长水平。而拥有较高资本边际生产率和投资储蓄率的发展中国家，可以在长期达到与发达国家相同的经济水平。因此，发达国家和发展中国家的人均收入水平逐渐趋同。

4. 储蓄（Savings）对于经济增长的作用

储蓄的增加对于经济增长的促进作用也是短暂的。高储蓄率在经济初期可以暂时提高经济增长率，但是在长期稳态下，欲使经济持续增长，仍然得靠科技进步。

> **备考小贴士**
>
> 这四个关于新古典增长模型的相关结论需要考生理解掌握，多考概念判断。

9.4.3 内生增长理论（Endogenous Growth Theory）

虽然新古典主义增长模型是研究经济增长的主流模型，但是其对于投资储蓄和科技进步的相关解释与当今现实并不相符。对于发达国家而言，较高的投资率仍然可以促进其经济的增长，并没有表现出明显的资本边际收益递减。为了对储蓄投资和科技进步在经济增长中发挥的作用有更合理的阐释，内生增长理论应运而生。

9.4.3.1 内生增长理论的前提假设

内生增长理论与新古典增长理论之间最重要的区别在于其前提假设：对于整体经济而言，不存在资本的边际收益递减。之所以资本不再经历边际收益递减，主要有两个原因：资本定义的扩展；研发具有正的外部性（positive externalities）或溢出效应（spillover effects）。

1. 资本定义的扩展

在内生增长理论中，资本的定义更加宽泛。此时，资本不仅包括实物资本（physical capital），还包括人力或知识资本（human/knowledge capital），以及研发（research and development，R&D）。而这些资本都属于生产要素，且可通过投资和储蓄获得。

—考点要求—
描述（describe）政府为科技和知识的私人投资提供激励的经济学原理（★）

2. 溢出效应

在新的资本定义下，研发支出属于生产要素之一。而对研发的投资，有正的外部性或溢出效应。**溢出效应（spillover effects）**是指，投资研发所带来的知识提升和科技进步，不仅可以提高单一公司的整体知识和科技水平，还可以被其他公司复制和使用，进而促进整个经济的发展。因此，研发所带来的正外部性（externalities）和社会效益（social benefit）使得整体经济（entire economy）的规模报酬递增，资本不再是表现边际收益递减的特征。

9.4.3.2 内生增长理论的重要观点

基于上述的前提假设，内生增长理论有以下三个主要观点。

1. 持续的经济增长

由于R&D的外溢性，经济不会达到一个稳态增长率。经济可以通过高储蓄和投资来自我维持持续性的（permanently）较高增长。因此，更高的储蓄率就意味着持续更高的经济增长率。

> **知识一点通**
>
> 基于内生增长理论的前提假设，通过提高储蓄率能够提高经济的整体储蓄水平，进而可以更多地进行投资活动。通过增加研发支出，带来技术的持续进步，劳动生产率持续提升，最终经济持续增长。

> **备考小贴士**
>
> 内生增长理论主要是通过与新古典主义的对比来进行考查。内生增长理论的核心关键词是持续（permanent），这可以作为判断考点的依据。

2. 收入水平的差异化

由于经济会持续增长，继而经济发展不存在稳态。所以，发达国家与发展中国家的收入水平仍然存在差异，并不会在长期趋同。并且，发达国家可能会因为在研发方面持续的高投资水平，使其经济发展速度持续领先于发展中国家。

3. 内生的技术进步

在内生增长理论中，技术进步是内生变量，即技术进步是可以人为控制的，而非外部冲击。一国可以通过投资的增加，带来技术的进步。而技术进步后，新行业开始繁荣，相关投资会继续增加，形成良性循环。因此，只要增加研发的投入，就会带来经济的增长，且过程是可逆的。

> **知识一点通**
>
> 上述过程可简化为：技术进步 → 新行业 → 投资增加 → 新的技术进步。例如，科技的进步催生了互联网行业。随着人们意识到互联网的潜能，进而加大对互联网领域的投资，造就了互联网行业的繁荣，促进了整体经济的发展。

> **备考小贴士**
>
> 内生增长理论与新古典增长理论的区别需要重点掌握。

9.4.4　经济增长理论的对比

表9.1是对三种经济增长理论的对比总结。

表 9.1　三大经济增长理论

经济增长理论	古典增长理论	新古典增长理论	内生增长理论
核心	有限资源下的人口爆炸	柯布-道格拉斯生产函数	研发(R&D)的外溢性
科技进步	外生变量	外生变量	内生变量
主要观点	人均经济的增长是暂时的,有限资源下的人口爆炸会终止经济的增长	资本和劳动力投入都边际效益递减,长期的人均收入增长只取决于技术进步	研发所带来的正外部性使资本不再边际收益递减;通过高储蓄和投资来自我维持续性的较高增长
长期状态	即使科技进步,经济保持稳定,人均产出和生活条件不会发生改变	经济趋于稳定的状态,人均产出的稳态增长率: $g^* = \dfrac{\theta}{1-\alpha}$ 总产出的稳态增长率: $G^* = \dfrac{\theta}{1-\alpha} + \%\Delta L$	不存在稳态;只要增加研发的投入,就会带来经济的增长

> **备考小贴士**
>
> 表9.1中的结论和对比需要重点掌握,有两种考法:(1)根据描述,判断其与哪种经济增长理论相一致;(2)给定经济增长理论,对相关结论做出判断。

9.5　趋同理论（Convergence）

9.5.1　趋同的含义

趋同(convergence)意味着拥有较高经济增速的低人均收入水平国家最终会与高人均收入水平国家的收入水平相同。在新古典经济增长理论中,由于生产要素的投入伴随着边际效用递减的现象,因此,即使最初的经济状况不同,不同的国家的收入水平最终也会趋同。

—考点要求—
解释和评估(explain and evaluate)趋同假说(★★★)

> **知识一点通**
>
> 趋同理论与新古典主义模型(neoclassical model)相一致,而内生增长模型下的经济不会趋同。

9.5.2　趋同的类型

关于趋同的假说主要有三种:绝对趋同、条件趋同和团体趋同。

1. 绝对趋同（Absolute Convergence）

绝对趋同，是指不管各国现在的状态如何、经济特征如何，最终所有国家将拥有相同的人均产出或人均收入水平（level of per capita income）。

2. 条件趋同（Conditional Convergence）

条件趋同，是指若不同的国家拥有相同的储蓄率（saving rate）、人口增长率（population growth rate）和生产函数（production function），这些国家最终将获得相同的人均收入增长率和相同的人均收入水平。

> **知识一点通**
>
> 条件趋同是对绝对趋同的补充，是更现实的趋同。如果国家间能够拥有相同的储蓄率、人口增长率和生产函数，根据新古典增长理论，假设所有的国家都拥有相同的科技水平，最终所有的国家都会拥有相同的稳态经济增长率，即国家间不仅可以达到绝对趋同，还可以达到相对趋同。

3. 团体趋同（Club Convergence）

团体趋同，是指拥有相似经济条件的国家所组成的团体内部，各国是可以趋同的。不同团体内的国家，可以通过适当的制度改革（institutional changes）进入其他团体，从而最终达到趋同。

> **知识一点通**
>
> 简单来说，团体趋同的宗旨就是：不一样没关系，只要你愿意改变。

> **备考小贴士**
>
> 趋同的类型是重要考点。考生需要能根据描述，判断趋同的类型。在判断时，要抓住关键词：绝对趋同是"不同的特征"；条件趋同是"相同的储蓄率、人口增长率和生产函数"；团体趋同是"制度改革"。

9.5.3 趋同的途径

发达国家和发展中国家的趋同可以通过以下两种途径来实现。

1. 资本积累（Capital Accumulation）和资本深化（Capital Deepening）

根据新古典生产函数，人均产出水平较低的发展中国家，可以通过资本积累和资本深化，提高其人均产出水平，最终与发达国家趋同。

2. 技术进步

发展中国家可以通过技术进口，模仿和采用发达国家的先进科技，进而提高其人均产出水平，实现与发达国家的趋同。

> **知识一点通**
>
> 这里讨论的两种趋同的途径与前文"影响劳动生产率的因素"的观点是一致的。

9.6 开放经济的增长

9.6.1 新古典主义模型下的开放经济

前文新古典主义模型讨论的是封闭经济（closed economy）中的经济增长问题。在封闭的经济中，由于缺少国际贸易和资本流动，本地储蓄与本地投资相等。然而，在开放的经济中，国际贸易和资本流动会打破本地储蓄与投资的平衡，进而影响一国的经济。

1. 开放经济的益处

自由贸易和资本流动对经济的促进作用主要体现在以下五方面。

（1）一旦一国经济开放，本地投资的资金来源就不仅限于国内储蓄，而是可以通过在全球资本市场上进行借贷来融资。

（2）各国可以根据其比较优势，优化资源配置。通过将资源用于生产具有比较优势的产品，与其他国家进行贸易，从而提高整个经济的劳动生产率。

（3）通过国际贸易，国内的公司可以向全球市场输出产品，从而更容易达到规模经济。

（4）国家可以进口技术，从而加快技术进步。

（5）全球贸易使得国内市场的竞争更加激烈，从而促使厂商提高商品质量、提高生产效率，以及降低成本。

—考点要求—
描述（describe）消除贸易壁垒对资本投资和利润、就业和工资、经济增长的预期影响（★）

> **备考小贴士**
>
> 考生只需要简单了解上面这五条。考试时，把握"整个 CFA® 的理念是提倡自由贸易的"这一整体原则即可。

2. 开放经济下的趋同

根据新古典主义，由于开放的经济可以自由贸易和国际借贷，不同国家间的趋同会被加速。因此，随着全球储蓄被重新分配，所有国家的经济增长率都无法持续增长。最终，所有的经济都将以稳态经济增长率的水平发展。

9.6.2 内生增长模型下的开放经济

不同于新古典主义，内生增长模型认为，更开放的经济能够持续提高经济增长率。国际贸易可以通过以下三种效应来影响国际产出。

1. 选择效应（Selection Effect）

全球贸易使得国内市场的竞争更加激烈，促使低效的厂商被淘汰，高效的厂商能够进一步发展创新，从而提高整体经济的效率。

2. 规模效应（Scale Effect）

通过向全球市场输出产品，生产商可以更大程度地实现规模经济。

3. 落后效应（Backwardness Effect）

落后的欠发达国家借助于知识的外溢效应，最终与发达国家保持一致。

> **知识一点通**
>
> 其实三种效应的相关解释与新古典主义下"开放经济的益处"的后三点所表达的意思大同小异，只不过是提出了三个概念名词而已。

> **备考小贴士**
>
> 考生只需要简单了解这三种效应即可，重点掌握的还是内生增长理论和新古典增长理论的区别：内生增长模型下，更开放的经济能够持续提高经济增长率；新古典增长理论下，经济增长率无法持续增长，所有的经济最终都将以稳态经济增长率的水平发展。

练一练

Andrew Washington, CFA, the chief economist at Golden Financial Group, Inc. is researching the difference between developed countries and developing countries. Recently, a stage report of Washington's study is published. In his report, Washington makes several statements as follows.

Statement 1: Although a number of emerging markets experience dramatic growth in recent year, the further development may be confined by several factors, such as the high savings rates, the unsound financial markets, and capital controls.

Statement 2: On the macroeconomic front, the performance of the equity market depends on the gross domestic product, the ratio of corporate earnings in GDP and the price-to-earnings ratio.

Richard Madison, a junior economic analyst, reads the report and has common consent with Washington. To have an insight into the global economy, Madison schedules a meeting with Washington.

At first, they discuss the relationship between macroeconomics and fixed income markets. Madison believes that the real interest rates in the fixed income markets have inverse relationship with the growth rate of potential GDP. However, Washington insists that the real interest rates are positively related to the expected returns of real assets.

With the ongoing discussion, Washington and Madison focus on the efficiency of tools used by the government in developed and developing countries to stimulate economies. Madison mentions that no matter a country is developed or not, capital deepening is always the most efficient approach to spur an economy. However, Washington disagrees with Madison on this point. Washington says:

"For developing countries, capital deepening can accelerate economic development to some extent, but other more efficient methods exist."

Furthermore, Madison expresses his confusion over the complex action between natural resources and economic growth with Washington. Madison states:

"Previously, I thought the countries with plentiful natural resources would always experience high growth in the economy. But recently, some exceptions are observed."

In response, Washington provides two possible explanations.

Explanation 1: Other necessary economic institutions are awfully neglected in natural resource-rich countries.

Explanation 2: The currency depreciation caused by resource exports restrain some segments of the economy.

The final topic of the meeting is the convergence theory. Madison holds provided backward countries make proper institutional changes there exist convergences between backward countries and wealthiest countries.

9-1 Which of the following factors stated by Washington in Statement 1 is least likely accurate?
　　A. High savings rates.
　　B. The unsound financial markets.
　　C. Capital controls.

9-2 Which of the following factors mentioned by Washington in Statement 2 most likely has sustained impact on equity markets?
　　A. The gross domestic product.
　　B. The ratio of corporate earnings in GDP.
　　C. The price-to-earnings ratio.

9-3 Regarding the relationship between economic growth and fixed income markets, whose opinion is most likely to be true?
　　A. Only Washington's opinion.
　　B. Only Madison's opinion.
　　C. None of Washington's and Madison's opinion.

9-4 According to Washington's opinion on capital deepening, which of the following plans to urge a developed country's economy is least likely approved by Washington?
　　A. Increasing investments in scientific researches and technological development.
　　B. Strengthening the protection of property rights.
　　C. Speeding up the construction of infrastructure.

9-5 Which of the following explanations given by Washington for the complex action between natural resources and economic growth is most likely correct?
　　A. Only Explanation 1.
　　B. Only Explanation 2.
　　C. Both Explanation 1 and 2.

9-6 Madison's view on convergence is most consistent with which of the following types of convergence?
　　A. Absolute convergence.
　　B. Club convergence.
　　C. Conditional convergence.

答案与解析

9-1 A

若一国的储蓄率(savings rate)和投资率较高,则该国居民未来可用于消费的财富较多,从而促进未来的经济增长。因此,较高的储蓄率是促进而非限制经济发展的因素,正确答案为 A。

选项 B,一国的金融市场越成熟、市场中介越完善,越有利于其经济的增长。Unsound 说明金融市场并不成熟,因此,该选项说法正确,为错误选项。

选项 C,一国的自由贸易和资本的自由流动,有利于促进当地的经济发展。资本管制(capital control)制约了经济发展,因此,该选项说法正确,为错误选项。

9-2 A

股票市场价值的变化率由三个部分组成:GDP 变化率(%ΔGDP)、企业收益占 GDP 比例的变化率(%Δ$\frac{EPS}{GDP}$)以及市盈率的变化率(%Δ$\frac{P}{EPS}$)。在长期,收益(Earnings)和市盈率(Price/Earnings Multiple)的变化对于预测股票市场的作用相对较小,GDP 增长率对股票市场价值变化起主导作用。因此,该题的正确答案为 A。

9-3 A

通常来说,更高的潜在 GDP 增长率会导致更高的实际利率(higher real interest rate)和更高的预期实物资产增长率(higher expected real asset returns)。实际利率水平是对投资者推迟消费的补偿。若潜在 GDP 增长较快,居民预期其收入迅速增加,即使提高当前消费水平,降低储蓄率,仍然能满足未来的消费需求。此时,若想促进投资,固定收益市场不得不给出投资者更高的补偿,即较高的实际利率。因此,Washington 的观点正确,Madison 的观点错误,正确答案为 A。

9-4 C

根据题目中 Washington 的描述可以得知,Washington 认为资本深化只能在一定程度上促进经济发展,还有其他更加有效的方式。对于发达国家而言,Washington 最不可能同意的发展计划是加快基础建设(即资本深化的具体表现形式)。因此,正确答案为 C。

选项 A,对发达国家而言,资本深化的作用存在边际效应递减的现象。因此,加大科学研究与技术进步领域的投资能更有效地促进一国经济的发展,该选项错误。

选项 B,加强产权保护能够间接促进一国的科技创新与进步,从而促进全要素生产率的提升,对经济的刺激作用更有效。因此,该选项错误。

9-5 A

资源丰富的国家可能过度依赖资源,忽视了其他经济长期发展所必需的经济部门,继而阻碍该国经济的发展。因此,Explanation 1 的说法正确。

若一国的某项自然资源很丰富,该国会大量出口该资源,造成贸易顺差、本币升值(而非贬值)。本币的升值阻碍了以制造业为代表的其他行业的发展。因此,Explanation 2 的说法错误。

综上所述,正确答案为 A。

9-6 B

团体趋同(club convergence)是指,拥有相似经济条件的国家所组成的团体内部,各国是可以趋同的。不同团体内的国家,可以通过适当的制度改革(institutional changes)进入其他团体,从而最终达到趋同。因此,落后的国家可以通过制度改革与最富有的国家趋同属于团体趋同,正确答案为 B。

选项 A,绝对趋同(absolute convergence)是指,不管各国现在的状态如何、经济特征如何,最终所有国家的将有相同的人均收入增长率。因此,该选项与 Madison 观点不符,为错误选项。

选项 C,条件趋同(conditional convergence)是指,若不同的国家拥有相同的储蓄率、人口增长率和生产函数,这些国家最终将获得相同的人均收入增长率和相同的人均收入水平。因此,该选项与 Madison 观点不符,为错误选项。

第 10 章
管制经济学

章节导学

知识引导

管制经济学是对政府管制活动所进行的系统性研究,而市场的失灵是管制经济学的前提。市场并非总能提供最优的解决方案,所以需要政府的规制。管制经济学本身是产业经济学的一个重要分支学科,存在各类学派和观点,理论体系复杂。但是,CFA®二级只涉及管制经济学的一些最基本的概念和理论,广大考生略微涉猎即可。

考点聚焦

本章的内容相对比较简单,且在考试中的占比较低,多为定性考点。其中,监管的相关性相对比较重要,监管俘房、监管竞争和监管套利的理解和辨析是重点。其次,考生需要能够分辨监管制度和监管者的类别。监管的原因、工具、目标、成本收益分析和影响只要考生简单了解。

本章框架图

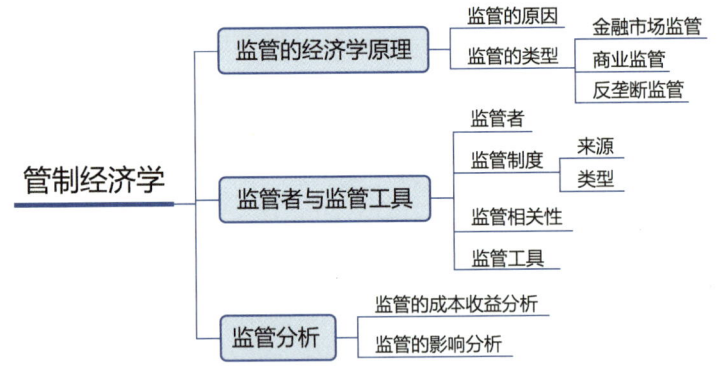

10.1 监管的经济学原理

10.1.1 监管的原因

当经济满足三大假设——规模报酬不变、无摩擦、没有外部性时,市场机制能够实现资源的有效配置,即帕累托最优(Pareto optimal)。但是现实经济中,信息摩擦、外部性、弱竞争、社会目标等问题的存在,使得并非所有的经济问题都能通过市场来获得最佳解决方案。因此,经济体需要一定的监管来促进整个市场的有序、高效运行。

—考点要求—
描述(describe)监管干预的经济理性(★★)

10.1.1.1 信息摩擦(Informational Frictions)

信息摩擦是指社会成员无法获得信息或者信息获取不充分。信息摩擦会导致市场无效,进而带来很多新问题,如逆向选择(adverse selection)和道德风险(moral hazard)。若社会中的某些成员由于自身优势而拥有其他成员无法获得的信息,则会造成信息的不对称(asymmetric information)。此时,掌握信息更充分的成员处于优势,而缺乏信息的成员则处于劣势。因此,监管者可以通过监督和管理来减小信息摩擦及信息的不对称。

> **知识一点通**
>
> 例如,普通消费者并非肉制品专家,并不能有效判断猪肉是否注水、是否新鲜,猪是否健康喂养,需要相关的食品安全机构来进行专业审查,降低猪肉生产者与消费者之间的信息不对称程度。

10.1.1.2 外部性(Externalities)

外部性是生产或消费等经济活动所导致的溢出效应(spillover effects)。溢出效应是指一个人或一群人的行动和决策会使另一个人或另一群人受损或受益,即社会成员从事经济活动时的成本与后果不完全由该行为人承担。

根据某项经济活动对他人或企业的影响,外部性可以分为正外部性和负外部性。正外部性(positive externality)会带来溢出收益(spillover benefit),即他人和企业可以从该项经济活动中受益。与之相对,负外部性(negative externality)将导致溢出成本(spillover cost),即他人或企业会因该项经济活动而遭受一定的损失。

> **知识一点通**
>
> 例如,2008年美国的金融危机存在负外部性,对中国经济造成了负面影响。而最初仅为军事用途而进行的计算机研发活动则存在正外部性,全世界都从计算机的发展中受益。

10.1.1.3 竞争不足(Weak Competition)

竞争不足常出现在寡头或者垄断的市场中。当某地区或某行业出现竞争不足的情况时,该地区或行业只存在少数厂商或者一家厂商,此时,不仅消费者面临更少的选择与更高的物价,而且整个市场都缺乏创新的动力。

> **知识一点通**
>
> 此处需联系 CFA® 一级"经济学"中市场结构的相关知识。在垄断或者形成价格串谋的市场结构下,由于寡头或垄断厂商拥有较强的定价权,与完全竞争市场的均衡状态相比,市场的均衡价格更高且均衡产量更低。此时,资源的无效配置造成社会的整体福利下降。

10.1.1.4 社会目标（Social Objectives）

对于社会的整体目标(如公共设施、国防、教育等),可能由于外部性等原因,市场经济无法提供有效的解决方案。此时,政府可以通过以下两种手段进行干预:

（1）直接提供市场所缺乏的公共商品(provision of public goods):对于一些社会正常运转所需的公共设施(道路、公园、高铁等)或服务(教育、卫生、国防等),私人企业提供的意愿和能力较弱。故而,政府可以直接出资提供这些公共产品。

（2）规定企业的监管义务(regulatory obligations):政府可以强制要求企业提供社会所需的商品或服务。例如,为了满足广大群众的医疗保障需求,政府强制要求保险公司提供类似税优健康险等产品。同时,保监会强制规定税优健康险要保证续保,对带病人群也不能拒保。

10.1.2 监管的类型

对于不同的监管对象,其背后的经济理性也不相同。常见监管类型包括:金融市场监管、商业监管和反垄断监管。

---考点要求---
解释（explain）金融市场监管的目的（★）

10.1.2.1 金融市场监管（Regulating Financial Markets）

金融市场监管的目标是防止金融体系的失灵给社会带来负面影响,包括对证券市场和金融机构的监管。

1. 对证券市场的监管

对证券市场的监管包括保护投资者利益、提升市场信心以及鼓励资本形成。例如,监管者可以通过限制内幕交易(insider trading)来避免信息不对称所产生的问题。

2. 对金融机构的监管

对金融机构的监管强调审慎监督(prudential supervision),即监管部门为了提升金融市场的稳定性、降低系统性风险(systemic risk)、保护金融机构的客户,对金融机构的安全和可靠性进行规范和监督。通过对金融机构的监督和规范来提高金融体系的安全性和可靠性、降低系统性风险、保护投资者。例如,欧盟金融市场工具指导(Markets in Financial Instruments Directive Ⅱ, MiFID Ⅱ)被用于规范金融性质公司的行为,从而提高金融市场的整合度与效率。

---考点要求---
解释（explain）商业监管的目的（★）

10.1.2.2 商业监管（Regulating Commerce）

商业监管的目标是促进商业决策,相关的监管制度涉及公司法、税法、合同法等。

商业监管中可能会面临两类问题:首先是如何应对全球化背景下的知识产权(intellectual property)认可和保护问题;其次是对当地企业利益的支持和保护所带来的不

公平竞争。

10.1.2.3 反垄断监管（Antitrust Regulation）

为了提升本国市场的竞争性和厂商的生产效率，各国监管者并不希望垄断的形成。因此，监管者通过制定反垄断法（antitrust law）来禁止反竞争行为。例如，禁止厂商形成价格串谋、禁止交换特殊信息以及禁止厂商试图占领市场等行为。对于分析师而言，在评估宣布的合并或收购交易时，需要考虑监管者的可预期反应。

—考点要求—
描述（describe）全球反垄断法针对的反竞争行为（★）

10.2 监管者与监管工具

10.2.1 监管者

监管者大致分为两类：政府监管机构（government-backed regulatory bodies）和自律机构（self-regulatory bodies）。

—考点要求—
评估（evaluate）已知的业务策略的反垄断风险（★）

10.2.1.1 政府监管机构

政府监管机构是指政府出资建立的或受政府支持的监管机构，由国家或州政府赋予其权力和权威。政府监管机构既可以是政府部门（government departments），也可以是独立监管者（independent regulators）。

—考点要求—
描述（describe）监管者的类型（★★）

1. 政府部门

政府部门包括立法机构（legislative body）、政府机关（government agencies）和法院（courts）。

2. 独立监管者

独立监管者的权威来源于政府并被法规授权，但是独立监管者本身不是政府部门。同时，由于独立监管者不依赖于政府出资（government funding），因此，独立监管者在一定程度上能够保持其政治独立性，不受政治影响或施压（political influence and pressure）。

10.2.1.2 自律机构

1. 自律机构的特征

自律机构通常是私人性质的非政府组织，由其内部成员组成并管理。由于是非政府组织，它们一定程度上不受外界的政治影响和施压。但是，组织由其内部成员组成并管理，自律组织可能面临内部成员所施加的压力。

行业自律机构的权威来源于愿意遵守机构制定的规则或标准的成员。自律组织的权威并没有法律效力（force of law），但是能够接纳和开除成员。

—考点要求—
描述（describe）自律组织在金融市场的作用（★）

2. 特殊行业的自律机构——自律组织

一些特殊行业（如证券行业）的自律机构被称为自律组织（self-regulatory organizations，SROs）。不同于普通的自律机构，自律组织被政府机构认可并被赋予了权威和一定的执法权（enforcement power）。

> **知识一点通**
>
> 美国金融业监管局(The Financial Industry Regulatory Authority, FINRA)就是最大的独立非政府证券业自律组织,它通过高效监管和技术支持来加强投资者保护和市场诚信建设,同时也负责监管场外交易市场(OTC)中的交易行为以及投资银行的运作。类似地,中国也存在一些自律组织,包括银行业协会、证券业协会、证券交易所等。

> **知识一点通**
>
> 独立监管者与自律组织的关系如图10.1所示。一方面,并非所有的独立监管者都是自律组织。只有独立监管者监管的是组织成员所在行业时,独立监管者才是自律组织。另一方面,并非所有的自律组织都是独立监管者。自律组织只有得到政府的认可后,才具有一定监管权和执法权(enforcement power),才可能是独立监管者。
>
>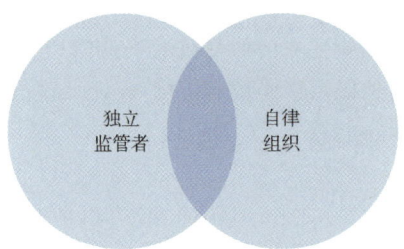
>
> 图 10.1 独立监管者与自律组织的关系
>
> 例如,美国的上市公司会计监管委员会(Public Company Accounting Oversight Board, PCAOB)属于独立监管者,但是不属于自律组织。而 CFA® 协会属于自律组织,但不属于独立监管者。

> **备考小贴士**
>
> 关于监管者,考生需要掌握各类监管者的特征,能够:①判断题目中监管者特征描述的正确与否;②根据描述,判断监管者的类别。

10.2.2 监管制度

—考点要求—
描述(describe)监管制度的类型(★★)

10.2.2.1 监管制度的来源

美国监管体系中的监管制度可以有多种来源,各类主体或机构都可以参与制度的制定,这些主体之间的关系如图10.2所示。

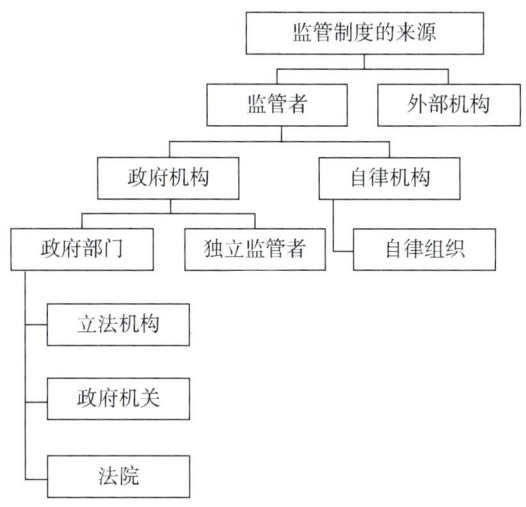

图 10.2 监管制度的来源

其中,外部机构(outside bodies)自身不承担监管责任,但其制定的一些规则被社会广泛接受。

> **知识一点通**
>
> 例如,两大会计准则的制定机构:国际会计准则理事会(International Accounting Standards Board,IASB)和美国财务会计标准委员会(FASB),以及信用报告机构(Credit Reporting Agency)等,属于外部机构。

10.2.2.2 监管制度的类型

1. 根据制定主体分类

根据制定制度的主体不同,政府监管制度(state-backed regulations)分成以下三类。

(1) 法规(statutes):由立法机构所制定的法律。

(2) 行政法(administrative regulations/law):由政府部门或其他监管者所制定的行政条令。

(3) 司法(judicial law):由法院所做出的判例及相关解释。

> **知识一点通**
>
> 考生需要特别注意:本章介绍的是美国的监管体系,与国内的监管体系不完全相同。众所周知,美国是一个三权分立的国家,即立法权、行政权和司法权分别由不同的主体掌控,具体情况如表 10.1 所示。

> **知识一点通**

表 10.1 美国的三权分立

权利	主体	举例	产物
立法权	立法机构	国会（congress）	法规
行政权	政府机构或其他监管者	总统及总统内阁	行政法
司法权	法院	最高法院及地方法院	司法

> **备考小贴士**
>
> 考生需要能够根据题中描述，判断监管制度的类型。

2. 根据规定内容的分类

根据规定内容的不同，监管制度分成以下两类。

（1）**实体法**（substantive law），是以规定和确认实体的权利和义务以及实体间关系为主要内容的法律。例如，宪法、行政法、民法、商法、刑法等。

（2）**程序法**（procedural law），是对实体法的保护和具体执行，是规定了实体的权利和义务得以实现的程序法律。例如，行政诉讼法、行政程序法、民事诉讼法、刑事诉讼法、立法程序法等。

> **知识一点通**
>
> 通俗来讲，实体法和程序法的主要区别在于：
> （1）实体法规定了企业或机构犯了什么罪、有什么依据、该如何判决。
> （2）程序法规定了某个法律如何执行、执行过程中应该遵照什么顺序、有哪些程序、怎么执行才算合法。

10.2.3 监管相关性

—考点要求—
描述（describe）监管的相关性及其影响（★★）

1. 规制俘虏理论（Regulatory Capture Theory）

规制俘虏理论认为：监管者受到被监管行业的影响或控制，即监管者被行业所俘虏，继而通过规制提高了被监管者的利益而不是社会福利。若监管者自身与行业存在某种联系，则该种联系会妨碍监管者制定与行业既得利益者存在冲突的措施。

为了避免规制俘虏问题，政府监管人员最好丰富自身的相关经验、提高自身的专业能力，从而做出专业且明智的判断。

> **知识一点通**
>
> 例如，政府想要对医药行业进行监管，但自身缺乏相关专业知识，需要咨询来自医药行业的专家。而这些专家可能都会利用自身的信息和专业优势影响监管者，使得监管者被专家的言论俘虏，制定了一系列有利于医药行业既得利益者的制度。例如，提高医药行业的准入门槛、设置进入壁垒，使得行业中现存的企业受益，能够获得垄断地位，提高药价。最终，监管制度的制定，没有提高社会福利，只是提高了医药行业的利润而已。

2. 监管竞争（Regulatory Competition）

监管竞争是指监管主体之间围绕着有形和无形资源，以增加福利为目的，通过提供更具吸引力的监管环境而展开的竞争。监管竞争可以从多方面进行，包括政府的立法定规行为、监管者的日常监督和管理等。

> **知识一点通**
>
> 例如，美国各个州的监管者可以相互竞争，通过提供有利于商业活动的监管环境（business-friendly regulatory environment）来吸引企业，从而增加当地的税收，减小财政压力。

3. 监管套利（Regulatory Arbitrage）

监管套利是指企业或个人利用经济实质与监管制度解释之间的不同来获利。当不同监管之间存在监管竞争时，受监管者就可以进行监管套利。

> **知识一点通**
>
> 例如，不同国家和地区的税收政策不同，税率很低或是完全免征税款的地区被称为"避税港"。个人或企业通过在避税港成立附属机构或独立的法律实体，将资产移动到新公司，继而缴交较低或者免除税款，实现套利。

全球统一监管可以有效减少监管套利的机会。例如，巴塞尔委员会制定的巴塞尔协议，对全球范围内的主要银行资本和风险监管进行了规范，加强了全球银行业对风险的管控。

> **备考小贴士**
>
> 监管的相关性是重要的考点，考生需要能够根据描述，判断相应的理论类型。

10.2.4 监管工具

在监管过程中，监管者常使用以下四种工具。

1. 价格机制（Price Mechanisms）

价格机制是指制定相应的规章制度对微观主体的经济行为进行规制。政府常借助税

—考点要求—
描述（describe）市场中的监管干预工具（★）

收(taxes)和补贴(subsidies)来规范消费者和厂商的行为。

> **知识一点通**
>
> 政府可以通过提高烟草税,从而提高烟草的价格,抑制消费者对有烟草的购买。此外,政府可以通过出口补贴来刺激出口贸易。

在对前文提到的外部性问题进行干预时,政府将科斯定理(Coase theorem)作为理论基础。该定理提出明确产权和交易成本,认为市场的真谛不是价格而是产权。如果外部性可以交易且不存在交易成本,那么无论产权初始是如何配置的,当事人之间的谈判最终会使资源配置达到帕累托最优。

> **知识一点通**
>
> 该定理可以通过具体例子来理解。例如,化工厂生产化学试剂,自己付出的代价是化工原料、劳动力等,但这些只是私人成本;在生产过程中排放的污水、废气、废渣,则是社会付出的代价。若仅计算私人成本,生产化学试剂也许是合算的,但从整个社会的角度看,可能就不合算了。虽然,政府可以通过提高化工厂的相关赋税来降低厂商的产量。但是,恰当地规定税率和有效地征税也要花费许多成本。因此,根据科斯定理,政府只要明确产权就可以了。如果把产权"判给"河边居民,化工厂不给居民们赔偿费就无法设厂开工。若化工厂付出了赔偿费,成本增加,产量自然会减少。

2. 监管要求和监管限制(Regulatory Mandates and Restrictions)

监管要求会强制要求受监管者执行某种行为,而监管限制会限制受监管者的某种行为。该工具常被用来解决信息摩擦所带来的问题。

> **知识一点通**
>
> 通俗来讲,监管要求和监管限制的主要区别在于以下两点。
> (1) 监管要求是**必须做**。例如,美国 SEC 要求上市公司必须每年年底递交 6-K 表格,披露本公司历史、结构、股票状况及盈利情况等信息。
> (2) 监管限制是**禁止做**。例如,我国国家市场监督管理总局禁止在豆芽生产过程中禁止使用 6-苄基腺嘌呤等物质。

3. 提供公共商品(Provision of Public Goods)

政府可以根据其政治上的优先考虑和政策目标,向社会提供公共商品。例如,政府提供公共设施(道路、公园、高铁等)或服务(教育、卫生、国防等)。该工具常被用来解决外部性问题。

4. 为私人项目融资(Public Financing of Private Projects)

政府可以投资私人企业,辅助其成长。

> **知识一点通**
>
> 例如,云南省科技厅引入 4 600 万元科技金融政府风险补偿基金增信,运用"政府增信＋N"的担保机制,对接农行"科创贷"产品。

> **备考小贴士**
>
> 考生需要能够根据描述,判断监管者所使用工具的类型。

10.3 监管分析

10.3.1 监管的成本收益分析（Cost-Benefit Analysis）

1. 成本收益分析的基本概念

因为监管本身存在一定的成本,所以监管者在制定或颁布监管措施前,需要对监管进行收益成本分析。以下为成本收益分析中常见的 3 个基本概念。

（1）监管负担（regulatory burden）是指被监管者的监管成本。该成本可以被视为监管的私人部门成本（private cost of regulation）或政府负担（government burden）。

（2）净监管负担（net regulatory burden）是私人部分的监管成本与监管收益之差。

（3）非预期成本（unanticipated costs）是指在监管制度造成的无意结果（unintended consequences）所带来的成本。一方面,监管制度的执行会带来执行成本（implementation costs）。例如,监管者需要雇佣比最初设想更多的合规律师。另一方面,无意结果所导致的间接成本（indirect costs）可能会带来较高的非预期成本。对于监管者而言,虽然无法在事前罗列所有的无意结果,但是在监管制度实施以前,规章的相关解释文件至少列示一些可能的无意结果。

2. 前瞻性分析与追溯性分析

在具体进行成本收益分析时,相较于追溯性分析（retrospective analysis）,前瞻性分析（prospective analysis）更为困难。追溯性分析又称为事后分析（after-the-fact analysis）,能够基于实际成本和收益情况,对监管进行更深入和有效的评估。

—考点要求—
描述（describe）监管的成本和效益（★）

> **备考小贴士**
>
> 考生仅需要简单了解成本收益分析的基本概念即可。

10.3.2 监管的影响分析

虽然监管制度对不同行业的影响不同,但分析师和投资者通常可以从以下两大方面入手。

10.3.2.1 评估监管变化的可能性

分析师需要对监管制度被真正执行的可能性进行评估。可能会影响政策落地的因素

—考点要求—
描述（describe）评估监管制度对行业影响时的考虑因素（★★）

包括：监管者的意图、监管的成本收益分析、被监管企业的参与程度，以及监管者所面临的相关公众及政治压力等。

10.3.2.2 评估监管变化对特定行业的影响

监管制度的实施会影响特定行业的收入、成本和经营风险。

1. 收入

监管机构影响行业收入的行为包括价格管控、关税、配额、费用征收、禁售等。分析师在分析这些行为对具体公司的影响时，需要注意：

（1）同一监管制度对同一行业中不同企业的影响不同。

（2）面对监管要求，企业是否存在可替代途径来产生收入，从而降低监管对收入的影响。

2. 成本

遵守监管要求可能会通过以下方式给企业带来额外的成本。

（1）增加营业费用。例如，监管要求企业使用更环保但更昂贵的包装材料。

（2）增加资本支出。例如，企业需要购买额外的环保设备，在污水被排放前，进行废水处理。

（3）最低工资、信息披露或数据保护等新要求。

（4）增加制造成本。例如，要求企业使用更安全的原材料。

这些成本的增加，一方面会给企业带来额外的负担，从而降低企业的运营灵活性；另一方面，若企业将成本转嫁给消费者，则企业的竞争地位可能受到影响。

3. 经营风险

虽然对监管者参与度较高的行业，分析师很难估计监管所导致的经营风险（例如罚金、消费者补偿和禁令等）对企业现金流的具体影响。但是，分析师可以通过使用概率分布或更高的折现率来将经营风险反映在估值模型中。

> **备考小贴士**
>
> 考生需要简单了解监管影响分析中的考虑因素，能够判断选项中的描述是否属于分析师需要考虑的范畴。

练一练

James Nixon, a regulatory analyst in Golden Financial Group, Inc (Golden). is analyzing the investment environment in the United States. Having an insight into the American regulatory framework, Nixon would like to share his thoughts with others. Therefore, he publishes a report on the internal journal of Golden. After reading Nixon's report, George Jackson, a portfolio manager, calls a meeting with Nixon to discuss the effects of regulations on portfolio management.

The meeting begins with a discussion of regulations. Nixon states: The Credit Rating Agency Reform Act, enacted after being signed by President Bush on September 29, 2006, plays an important role in fostering accountability, transparency, and competition in the credit rating agency industry. The original intention of this act is to improve rating quality to protect investors.

Nixon adds: besides comprehensive and complex regulations, various institutions are indispensable components of the regulatory framework. For example, the U.S. Securities and Exchange Commission (SEC) holds primary responsibility for enforcing the federal securities laws, proposing securities rules and regulating the securities industry. The Public Company Accounting Oversight Board (PCAOB) is an independent regulator but not a self-regulation organization to oversee the audits of public companies and other issuers in order to protect the interests of investors and further the public interest in the preparation of informative, accurate and independent audit reports. All PCAOB rules and standards are approved by the U.S. Securities and Exchange Commission (SEC).

Jackson believes that market solutions can deal with all situations and doubts the economic rationale for regulation. In response to Jackson's doubt, Nixon makes the following three statements:

Statement 1: Due to the existence of information frictions and externalities, government intervention is necessary.

Statement 2: Regulatory mandates and restrictions are the most effective ways to deal with externalities.

Statement 3: Insider traders can take advantage of information and knowledge to make deals, which leads to the disorder of financial markets.

During the conversation, Jackson refers to a phenomenon that some states attempt to attract the rich class by amending regulations about estate duties. Nixon tells Jackson that the phenomenon reflects the interdependencies of regulations. Given the complexity of regulations, it is essential for regulators to assess the overall benefits and costs of regulatory proposals. Concerning the costs, the unintended consequences are critical and need to be considered seriously. Having an intimate knowledge of this topic, Nixon expresses the following two opinions:

Opinion 1: Prior to the implementation of the regulation, none of the unintended consequence can be identified.

Opinion 2: The unintended consequences may rise high unanticipated costs.

Before the end of the meeting, Nixon mentions the effect of regulations. He insists that although there are diverse tools for government to intervene markets, the impact of regulations can be different. The following data are selected to support his argument. To promote the export trade, the government reduces the taxes on cash crops, subsidies on textiles and offer public financing to private companies in the livestock industry.

Exhibit 10.1 The exports of different sectors

(in USD billions)

Sector	Cash crops	Textiles	Livestock
2015	356	834	231
2016	412	908	256
2017	467	1120	298
2018	523	1243	337

10-1 According to Nixon's statement, the Credit Rating Agency Reform Act is most likely categorized as a (an):

A. administrative law.

B. judicial law.

C. statute.

10-2 Which of the following statements regarding PCAOB is most likely accurate?

A. The authority of PCAOB comes from the recognition by SEC.

B. PCAOB rely on government funding.

C. Both PCAOB and SEC are government agencies.

10-3 Which of the following statements in response to Jackson's doubt is least likely correct?

A. Statement 1.

B. Statement 2.

C. Statement 3.

10-4 The phenomenon mentioned by Jackson is most likely to be an example of regulators involved in:

A. regulatory capture.

B. regulatory arbitrage.

C. regulatory competition.

10-5 Which of Nixon's opinion on the unintended consequences is most likely correct?

A. Only Opinion 1 is correct.

B. Only Opinion 2 is correct.

C. Both Opinion 1 and Opinion 2 are correct.

10-6 Based upon Exhibit 10.1, which of the following government interventions has the most significant impact?

A. Taxes.

B. Subsidies.

C. Public financing of private projects.

答案与解析

10-1 A

根据 Nixon 的描述,《信用评级机构改革法案》(The Credit Rating Agency Reform Act)是由当时的美国总统布什签字颁布实施的,而总统属于政府机构(government agencies),此法案并没有涉及立法,通常情况下总统签署的是行政令。因此,该法案属于行政法(administrative law),正确答案为 A。

选项 B,司法(judicial law)是指由法院(courts)所做出的判例及相关解释,与题意不符。

选项 C,法规(statutes)是指由立法机构(legislative body)所制定的法律,与题意不符。

10-2 A

PCAOB 属于独立监管者(independent regulator),其权利来源于政府机构(SEC)对其的认可。因此,正确答案为 A。

选项 B,PCAOB 属于独立监管者,而独立监管者本身不是政府机构,不依赖于政府出资(government funding)。因此,该选项错误。

选项 C,SEC 是政府机构,但是 PCAOB 属于独立监管者,而独立监管者本身不是政府机构。

因此，该选项错误。

10-3　B

监管要求和监管限制（regulatory mandates and restrictions）并非解决外部性问题的最佳手段。该工具常被用来解决信息摩擦问题。例如，监管者可以通过限制内幕交易来避免信息不对称所产生的问题。而对于外部性问题，通常通过提供公共商品（provision of public goods）等手段来实现。因此，Statement 2 的描述错误，正确选项为 B。

选择 A，并非所有的经济问题都能通过市场获得最佳的解决方案，由于现实经济体中存在信息摩擦和外部性问题，因此，需要监管者介入来维持市场的秩序。因此，Statement 1 的说法正确，不合题意。

选项 C，内幕交易者会利用自己的信息优势来获利，造成金融市场秩序的紊乱。因此，需要监管者来限制其行为，规范市场。

10-4　C

Jackson 提到，各州政府为了吸引富人修改其遗产税相关的制度，这说明监管者正在进行监管竞争（regulatory competition）。监管竞争是指监管主体之间围绕有形和无形资源，为了增加福利而通过提供更具吸引力的监管环境开展的竞争。因此，正确答案为 C。

选项 A，规制俘房（regulatory capture）是指监管者受到被监管行业的影响或控制，与题意不符，是错误选项。

选项 B，监管套利（regulatory）是指企业或个人利用经济实质与监管制度解释之间的不同来获利。该概念是站在企业或个人的角度来说的，与题意不符，因此，该选项错误。

10-5　B

非预期成本（unanticipated costs）是指在监管制度造成的无意结果（unintended consequences）所带来的成本。因此，无意结果有可能会导致较高的非预期成本，Opinion 2 说法正确。

对于监管者而言，虽然无法在事前罗列所有的无意结果，但是在监管制度实施以前，规章的相关解释文件至少列示一些可能的无意结果。因此，Opinion 1 说法错误。

综合上述，正确选项为 B。

10-6　B

根据 Exhibit 10.1 中的数据计算年复合增长率（compound annual growth rate，CAGR），可得：

$$Cash\ crops = (523/356)^{1/3} - 1 = 13.68\%$$

$$Textiles = (1\ 243/834)^{1/3} - 1 = 14.23\%$$

$$Livestock = (337/231)^{1/3} - 1 = 13.42\%$$

由于纺织业拥有最高的年复合增长率，因此，政府干预效果最明显的是津贴补助（subsidies），正确答案为 B。

扫码练习更多题目

第 3 部分 财务报表分析

科目导学

考情分析

"财务报表分析"科目是 CFA®一级和二级考试中占比较大的科目,在二级考试中,占比达到 10%~15%。本科目的占比相较于 2023 年没有变化,在考试内容上,第 12 章《员工福利》变动较大,其他章节变化不大。

第 11 章至第 13 章是本科目的传统重点,即公司间投资、员工福利和跨国经营这三类经济业务的会计核算和财务分析。该部分涉及较多的定量考查,考生应该掌握相关的会计核算方法以及不同方法对财务结果的影响对比。

第 14 章介绍了应当如何分析金融机构的财务信息——主要是银行和保险公司。考生应掌握基本概念和分析指标。虽然内容中介绍了许多指标的计算,但考查以定性分析为主。

第 15 章介绍了如何分析和评价财务报告的质量,第 16 章是对 CFA®一级和二级"财务报表分析"各章知识的综合运用。相较于其他章节,这两章难度较低,但会涉及诸多其他章节甚至 CFA®一级的内容。

第 17 章为《财务报表建模》,介绍了通过构建财务分析模型(财务建模)对行业和公司进行分析预测的方法。

本部分框架图

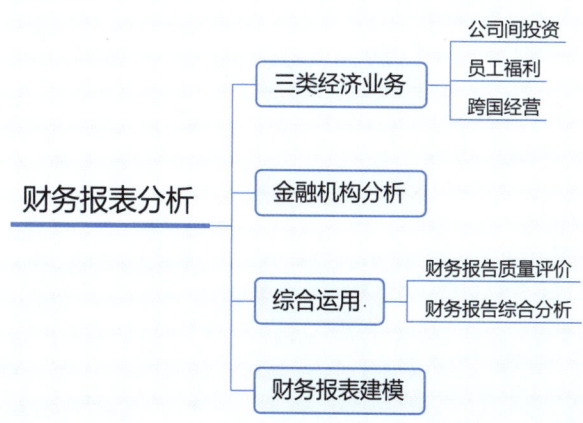

第 11 章
公司间投资

章节导学

知识引导

公司间投资是公司的一项重要经济活动,对公司间投资的会计计量方法在很大程度上影响着公司财务报表和财务比率。本章着重讲述了不同会计准则对不同类型投资的会计处理要求。

考点聚焦

本章是"财务报表分析"科目的重点,对理解力的要求较高。本章难点突出,考生需有的放矢,抓住主要矛盾。权益法、企业合并、商誉、减值等是学习中的难点,这些难点中,IFRS 和 US GAAP 的差异是重点考查方向。

本章框架图

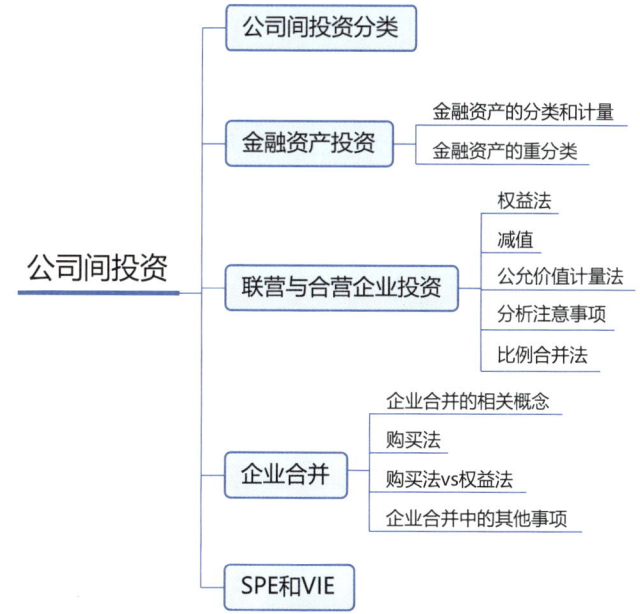

11.1 公司间投资分类

—考点要求—
描述（describe）对金融资产、联营企业、合营企业、企业合并以及特殊目的实体、可变利益实体的分类要求（★★★）

根据投资方对被投资方的影响程度，可以把公司间投资分为以下4类。

1. 金融资产投资（Investment in Financial Assets）

如果投资方对被投资企业的经营没有重大影响（significant influence），也不能实施控制（control），则称该投资为金融资产投资。金融资产投资是一种被动投资。一般认为，低于20%的持股比例为没有重大影响。

2. 联营企业投资（Investment in Associates）

如果投资方能对被投资方施加重大影响，但还没有达到可以控制被投资方的程度，则称该投资为对联营企业的投资。一般认为，大于等于20%小于50%的持股比例是有重大影响且还没有达到控制的程度。

3. 合营企业（Joint Venture）

在合营企业中，各个投资方分享控制权，实施共同控制，即没有一方能够单独控制被投资方。例如，合营各方持股50%的情况。此外，通过合同安排也能够实现共同控制。

4. 企业合并（Business Combination）

当投资方能够对被投资方实施控制时，称为母公司对子公司（subsidiary）的投资。对子公司的投资是企业合并的一种方式。通常，持股比例超过50%被认为能够实施控制。

对公司间投资的分类可以归纳如表11.1所示。

表 11.1 公司间投资分类

投资类型	金融资产投资	联营企业投资	企业合并（子公司投资）	合营企业
影响程度	无重大影响	重大影响	控制	共同控制
持股比例	<20%	20%～50%	>50%	—
核算方法	三分类	权益法	购买法	权益法

> **知识一点通**
>
> 公司间投资的分类遵循"实质重于形式"的原则。例如，A公司对B公司持股18%，从"形式"上看，属于金融资产投资，但是如果有迹象表明A公司对B公司能够施加重大影响，则A公司对B公司的投资应属于联营企业投资。对重大影响的判断依据见11.3节。

11.2 金融资产投资：IFRS 9

—考点要求—
比较（compare and contrast）IFRS和US GAAP下对金融资产的计量和披露要求（★★★）

IFRS 9（国际财务报告准则第九号）自2018年1月1日开始实施，取代此前一直使用的IAS 39。

11.2.1 金融资产分类和计量

IFRS 9 按照计量方法将金融资产分为以下 3 类。

1. 以摊余成本计量的金融资产(Amortized Cost)

以摊余成本计量的金融资产只包含债券,且需要满足以下两个条件:

(1) 业务模式:持有该金融资产的目的是获得约定的现金流。

(2) 现金流:约定的现金流仅包含本金和利息(而非出售债券获得的现金流)。

> **知识一点通**
>
> 以上两个条件可以简单地理解为:以获得本金和利息的现金流为目的而持有债券。

2. 以公允价值计量且其变动计入当期损益的金融资产(Fair Value through Profit or Loss,FVPL)

3. 以公允价值计量且其变动计入其他综合收益的金融资产(Fair Value through Other Comprehensive Income,FVOCI)

根据 IFRS 9,将金融资产划分为上述三个类别的具体方法如下。

1. 债券

以获取本金和利息现金流为目的的债券,可以用摊余成本计量,也可以指定以 FVPL 或 FVOCI 计量;如果不以获取本金和利息现金流为目的,则用 FVPL 计量。

> **知识一点通**
>
> 某些情况下,虽然持有债券的目的是获得本金和利息,但管理层为了使资产和负债在会计计量方法上相匹配,也有可能指定采用 FVPL 来计量债券。
>
> 当持有债券是以获得本金和利息现金流为目的,且没有被指定以 FVPL 计量,而该债券有可能被出售,则称其为"hold-to-collect and sell",以 FVOCI 计量。

2. 股票

以交易为目的持有的股票,必须以 FVPL 计量;不以交易为目的持有的股票,可以用 FVPL 计量或指定以 FVOCI 计量。两个类别之间不能进行重分类(irrevocable)。

3. 金融衍生品

金融衍生品以 FVPL 计量(除套期保值工具外),含权证券也以 FVPL 计量。

11.2.2 金融资产的重分类

权益类金融资产不允许重分类,即前文所介绍的:股票在 FVPL 计量和 FVOCI 计量之间不能重分类。

若业务模式发生转变,债券可以重分类。

11.3 联营与合营企业投资

> **考点要求**
> 描述（describe）IFRS下对联营企业、合营企业的分类、计量和披露要求（★★★）

1. 重大影响的判断

判断投资是否属于对联营企业的投资，需要判断投资方对其是否能施加重大影响。20%～50%的有投票权的持股比例可以作为一个判断标准。但是实践中存在两类情况：持股比例未达到20%，投资方仍然有可能施加重大影响；或者持股比例超过20%，但是投资方不能施加重大影响。以下是投资方对被投资方实施重大影响的判断依据：

（1）投资方在被投资方董事会占有席位。
（2）参与被投资方的决策过程。
（3）投资方与被投资方之间有重大交易。
（4）向被投资方派驻管理人员。
（5）被投资方对投资方有技术依赖。

> **考点要求**
> 比较（compare）和区分（contrast）IFRS和US GAAP下，联营企业、合营企业的分类、计量和披露要求（★★★）

2. 联营企业与合营企业的核算要求

根据IFRS和US GAAP，对投资的联营企业和合营企业都应该采取权益法（equity method）进行核算。极少数情况下，对合营企业允许使用比例合并法（proportionate consolidation）进行核算。

11.3.1 权益法

> **考点要求**
> 分析（analyze）公司间投资的不同的会计处理方法对财务报表和财务比率的影响（★★★）

11.3.1.1 基本概念

权益法下，投资方将其对联营企业的投资以单一金额，单独一行列示，在投资方的资产负债表中记为"长期股权投资"（equity investment）。从被投资方按比例所获得的利润也以单一金额，单独一行列示，在投资方的利润表中记为"投资收益"（equity income）。基于上述特征，权益法又称"**单行合并**"或"**一行合并**"（"one-line consolidation"）。

股权投资最初以成本计量。在后续期间，根据投资方按持股比例所享有的被投资方的利润以及发放的股利进行调整。被投资方盈利（亏损）时，调增（调减）股权投资的金额。被投资方分配股息时，视为投资的收回，调减股权投资的金额。即：

股权投资期末的金额＝股权投资期初金额＋投资收益－股息

例题 11.1

2022年1月1日，G公司用100万元购买了A公司25%的股份。2022年，A公司盈利40万元，并分配了30万元的股息。请计算2022年年末G公司对A公司的股权投资金额。

名师解析

对A公司投资的初始金额：100万元。
加：G公司享有的A公司2022年利润（投资收益）40×25%＝10（万元）
减：G公司收到的A公司2022年股息30×25%＝7.5（万元）
2022年年末对A公司的股权投资：100＋10－7.5＝102.5（万元）

如果投资的金额因为被投资方的亏损或减值被调减到零,则停止使用权益法进行调减。此后,当被投资方产生盈利,且金额超过前期未记账的损失和减值后,再重新启用权益法。

> **知识一点通**
>
> 权益法要求记录的实际上是投资方按比例享有的被投资方的净资产和净利润。被投资方盈利(亏损),其净资产上升(下降),所以调增(调减)股权投资金额。当被投资方分配股息,其净资产下降,所以调减股权投资金额。

11.3.1.2 投资成本的分配

投资方购买被投资方的股份时,所付出的成本中包含了其按比例所获得的被投资方可辨认净资产(net identifiable assets)的公允价值(fair value)和商誉(goodwill)。而可辨认净资产的公允价值与被投资方自己记录的账面价值之间又存在差异。因此,投资成本中包含了以下三部分,如图 11.1 所示。

(1) 被投资方可辨认净资产的账面价值。
(2) 被投资方可辨认净资产的公允价值高于账面价值的部分。
(3) 购买价格高于被投资方可辨认净资产公允价值的部分,即商誉。

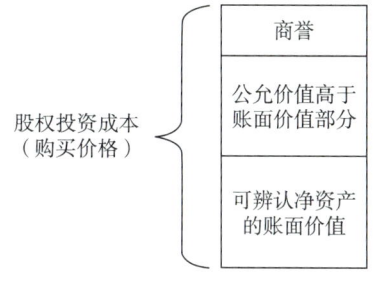

图 11.1 股权投资的成本

> **知识一点通**
>
> 被投资方的资产负债表中,一些要素以历史成本为基础计量,例如机器、设备、厂房等;而投资方在评估一项投资时,评估的是被投资方各项资产和负债的公允价值。因此,投资方所支付的投资成本中包含的是被投资方可辨认净资产的公允价值,它与被投资方财务报表上所记录的账面价值有所不同。

换言之,账面价值和投资成本之间的一部分差异可以来自子公司净资产账面价值和公允价值的差异,另一部分差异来自投资方对被投资方的估值溢价。

因为权益法是"单行合并",所以可辨认净资产的公允价值和商誉都不单独进行列示,而是被包含在"长期股权投资"中。

> **知识一点通**
>
> 　　如果一家公司愿意以较高的价格购买另一家公司的股份，达到可以施加重大影响的程度（没有达到控制），一方面是因为被投资方以历史成本为计量依据，低估了资产的公允价值；另一方面是因为在投资方眼里，被投资方作为一个整体，比它所拥有的资产更有价值，故会支付高于净资产公允价值的价格，产生商誉。
>
> 　　例如，G公司希望入股一家"网红"小吃店，这家小吃店的资产只有一台机器设备，历史成本是5 000元，经过折旧，账面价值仅为2 000元，而这台机器设备在市面上仍能够以2 500元出售。G公司以10 000元购买了这家小吃店20%的股份，享有的净资产价值账面价值是400元，而享有的可辨认净资产公允价值是500元（假设没有负债），购买成本和可辨认净资产的公允价值之间的差额9 500元就是商誉。G公司之所以愿意多支付9 500元，是因为该小吃店口碑极好，顾客络绎不绝，营业额是同类小吃店的数倍，而这些无法体现在具体可辨认资产的公允价值中。

11.3.1.3　公允价值和账面价值差异的摊销

　　在被投资方自己的报表中，资产的账面价值仍以历史成本为基础计量，这意味着，在被投资方计算利润时，这些资产的折旧和摊销仍以历史成本为基础；而权益法下，投资方报表上的股权投资包含的是被投资方净资产的公允价值，所以这些资产的后续折旧和摊销应该以投资时的公允价值为基础来计算。

　　投资方在披露股权投资收益（即按比例享有的被投资方利润）时，需要在被投资方披露的利润基础上，针对长期资产公允价值和账面价值的差异进行摊销的调整。

　　通常被投资方资产在投资时的公允价值高于其账面价值，那么在后续期间内，按照该公允价值计算的折旧费用也应该大于按照历史成本计算的折旧费用，所以投资方应调减投资收益。相应地，由投资收益计算得到的股权投资金额也应该调减。

例题 11.2

　　2022年1月1日，G公司用100万元购买了A公司25%的股份。此前，A公司的资产负债表如下。

（单位：元）

	账面价值	公允价值
流动资产	2 000 000	2 000 000
设备	500 000	550 000
土地	2 500 000	2 650 000
负债	1 850 000	1 850 000
净资产	3 150 000	3 350 000

　　经评估，A公司拥有设备的公允价值为550 000元，土地的公允价值为2 650 000元。负债和流动资产的公允价值与账面价值相等。A公司的设备剩余折旧年限为5年，土地的价值不进行折旧。A公司2022年盈利40万元，分配股息30万元。请计算：

(1) G 公司对 A 公司股权投资中的商誉的金额。

(2) 2022 年年末该股权投资的金额。

(3) 2022 年该股权投资的投资收益。

名师解析

(1) 投资成本:1 000 000 元。

投资成本超出账面价值的金额:

$$1\,000\,000 - 25\% \times 3\,150\,000 = 212\,500(元)$$

其中,归属于可辨认净资产的公允价值与账面价值之间差异的部分是:

$$25\% \times (550\,000 - 500\,000 + 2\,650\,000 - 2\,500\,000) = 50\,000(元)$$

或:

$$25\% \times (3\,350\,000 - 3\,150\,000) = 50\,000(元)$$

因此,商誉的金额为:

$$212\,500 - 50\,000 = 162\,500(元)$$

(2) 2022 年 1 月 1 日对 A 公司股权投资的金额:1 000 000 元(以成本计量)。

加:G 公司享有的 A 公司 2022 年利润。

$$400\,000 \times 25\% = 100\,000(元)$$

减:G 公司收到的 A 公司 2022 年股息。

$$300\,000 \times 25\% = 75\,000(元)$$

减:对设备公允价值超出账面价值部分的摊销。

$$(550\,000 - 500\,000) \div 5 \times 25\% = 2\,500(元)$$

故 2022 年年末对 A 公司的股权投资的金额:

$$1\,000\,000 + 100\,000 - 75\,000 - 2\,500 = 1\,022\,500(元)$$

(3) 投资收益等于 G 公司享有的 A 公司利润减去对摊销的调整,即:

$$投资收益 = 100\,000 - 2\,500 = 97\,500(元)$$

备考小贴士

土地没有确定寿命,故不进行折旧;此外,商誉不进行摊销。考试时应注意,对土地和商誉无须进行折旧和摊销调整。计算调整金额时,切勿忘记乘以投资方的持股比例(例题 11.2 中的 25%)。

11.3.1.4 投资方与联营企业之间的交易

投资方和被投资方有可能互相出售产品。被投资方向投资方出售,称为逆流交易(upstream);投资方向被投资方出售,则称为顺流交易(downstream)。

在对联营企业的投资中,由于投资方能够对被投资方施加重大影响,所以有可能通过与联营企业之间的买卖来虚增收入和利润。所以,如果投资方和被投资方之间互相销售存货,在该存货未被使用或被出售给第三方之前,与之相关的利润被认定为未实现的利润(unrealized profit)。

在投资方披露当期的投资收益时,需要将未实现利润做相应调减;而当该存货在后续期间被出售给第三方时,该期的投资收益要做相应调增。具体如例题 11.3 所示。

例题 11.3

根据 G 公司财务报告附注的披露,在 2022 年,G 公司以 18 万元的价格向 A 公司出售了价值 15 万元的存货,其中,有 2/3 被 A 公司转卖给第三方 T 公司。结合例题 11.2 的内容和上述财务报告附注信息,计算:

(1) G 公司 2022 年年末对 A 公司的股权投资金额。
(2) 2022 年该股权投资的投资收益。

名师解析

在 G 公司向 A 公司的销售中只有 2/3 完成了向第三方的销售,有 1/3 仍然属于 A 公司的存货,所以是不被认可的销售,与之相关的未实现利润是:

$$(180\,000 - 150\,000) \times 1/3 = 10\,000(元)$$

因此,G 公司的投资收益中需要调减的金额是:

$$10\,000 \times 25\% = 2\,500(元)$$

(1) 2022 年年末 G 公司对 A 公司的股权投资金额应该在例题 11.2 的结果基础上再调减 2 500 元,即:

$$1\,022\,500 - 2\,500 = 1\,020\,000(元)$$

(2) 2022 年该股权投资的投资收益在例题 11.2 的结果基础上再调减 2 500 元,即:

$$97\,500 - 2\,500 = 95\,000(元)$$

注意,如果在第二年,剩余 1/3 的存货被 A 公司出售给了第三方,则这一年的投资收益需要相应调增 2 500 元。

11.3.2 减值(Impairment)

IFRS 和 US GAAP 都要求定期对长期股权投资进行减值测试。

根据 IFRS 的要求,确认减值时需要判断是否存在导致减值的客观事件(loss event),减值事件对长期股权投资未来现金流的影响是可以可靠估计的。减值测试时,对比长期股权投资的账面价值和可回收金额(recoverable amount),若前者大于后者,则认定为减值。减值损失计入利润表。同时,长期股权投资的账面金额相应调减,可以通过备抵科目抵减,也可以直接调减。

值得注意的是,在权益法下,商誉包含在股权投资中,不单独列示,因此,商誉不单独进行减值测试。

> **备考小贴士**
>
> 可回收金额是使用价值(value in use)和净销售价格(net selling price)两者中较高者。其中,使用价值是持有该资产(长期股权投资)可获得的未来现金流的现值,净销售价格等于公允价值减去处置成本(cost to sell)。

根据 US GAAP 的要求,如果长期股权投资的公允价值下跌至低于账面价值,且这种下跌是永久性的,则认定为发生减值。减值损失计入利润表。减值后,股权投资的金额调减至公允价值。

IFRS 和 US GAAP 都禁止对长期股权投资的减值损失进行转回。

11.3.3 公允价值计量法

IFRS 和 US GAAP 允许对长期股权投资使用公允价值计量。IFRS 下,公允价值法仅适用于风险资本(venture capital)、共同基金(mutual fund)、单位信托(unit trust)、投连险基金(investment-linked insurance funds)这类投资主体,而 US GAAP 不做此限制。

在公允价值计量法下,长期股权投资科目体现的是一项投资的公允价值,公允价值变动带来的未实现利得与损失以及股息收入都计入利润表。不同于权益法,公允价值法不再需要根据被投资方的净利润和股息进行调整,被投资方净资产的公允价值和账面价值的差异也不再需要进行摊销调整。此外,公允价值法下不产生商誉。

11.3.4 分析注意事项

1. 核算方法是否恰当

当被投资方亏损时,即使该投资符合联营企业的特征,投资方也有动机避免使用权益法,而选择将该投资作为金融资产计量,以回避对利润表的负面影响;当被投资方盈利时,即使投资方没有实施重大影响的能力,投资方也有动机选择使用权益法,以体现投资收益对利润表的正面影响。分析公司间投资时,应当关注一家公司选用权益法是否恰当,投资方是否能够施加重大影响,判断依据见本章 11.3 节。

2. 对财务比率的影响

权益法会高估投资方的净利润率。权益法下,投资方的净利润中包含了其享有的被投资方的净利润,但是收入中没有包含被投资方的收入,企业管理层有动机选择权益法来进行核算,提高利润率。

此外,权益法下,被投资方的重大资产和负债没有反映在投资方的资产负债表上,这将显著影响投资方的债务比率。

3. 投资收益的质量

权益方法下,投资方将被投资方的净利润作为投资收益,而利润不是现金收入。分析股权投资时,应该关注被投资方的盈利质量和现金流,以及是否会向投资方分配股息,使投资收益"落袋为安"。

> **备考小贴士**
>
> 对于联营企业投资,考生需要熟悉判断重大影响的实质性依据。重点考查权益法相关的会计核算,及其对财务报表和财务比率的影响。

11.3.5 比例合并法

—考点要求—
描述(describe) IFRS 下对企业合并的计量和披露要求(★★★)

比例合并法是指在投资方的资产负债表和利润表上逐项列示其按比例持有的被投资方的资产、负债、收入和利润。它与权益法的区别是,比例合并法不再是单一金额、单独一行的列示,而是将各个项目逐行列示。因此,相对于权益法,比例合并法下资产和负债的金额更高,但是,两种方法下的净利润和净资产是相同的。

> **知识一点通**
>
> 比例合并是按投资比例列示资产和负债,因此,最终得到的净资产也是投资方按比例持有的被投资方净资产;同样,因为收入和利润是按比例列示的,最终得出的净利润也是投资方按比例享有的被投资方净利润。这两者与权益法下披露的一致。

—考点要求—
对比(compare and contrast) IFRS 和 US GAAP 下,企业合并的计量和披露要求(★★★)

11.4 企业合并

11.4.1 企业合并的相关概念

—考点要求—
分析(analyze)公司间投资的不同的会计处理方法对财务报表和财务比率的影响(★★★)

11.4.1.1 企业合并的三种方式

1. 吸收合并(Merger)

合并双方中只有一方存续,另一方解散,其资产和负债转入存续一方名下,相当于 A+B=A。

2. 新设合并(Consolidation)

合并双方都终止存续,新设立一家公司,接收它们的资产和负债,相当于 A+B=C。

3. 收购(Acquisition)

合并双方一方成为另一方的子公司或母公司,相当于 A+B=(A+B)。

11.4.1.2 企业合并的核算方法

IFRS 和 US GAAP 目前都要求采用购买法(acquisition method)核算企业合并,即收购中的母公司要用购买法编制合并报表(consolidated financial statements)。

US GAAP 和 IFRS 曾经允许使用权益结合法(pooling of interest methods),目前这种方法已经被废止。权益结合法假设合并双方从始至终都是一个整体,合并报表中,双方的资产和负债都以原账面价值为基础计量。

11.4.2 购买法（Acquisition Method）

11.4.2.1 合并资产负债表

在收购日，母公司需要编制合并资产负债表。在购买法下，子公司的资产和负债、收入和费用全部并入母公司的合并报表。这相当于把母公司和子公司视为一个整体。

合并过程中会涉及资产和负债、商誉（goodwill）和少数股东权益（non-controlling interest）的计量。

1. 合并可辨认资产和负债

首先，需要将合并前子公司的可辨认资产和负债（identifiable assets and liabilities）调整为收购日的公允价值。子公司原来没有确认为资产或负债的某些事项，例如内部研发的专利技术，也应以公允价值进行确认。其次，将子公司可辨认的资产和负债（公允价值）并入母公司的合并报表。因此，合并后有：

合并可辨认资产＝母公司可辨认资产账面价值＋子公司可辨认资产公允价值
合并可辨认负债＝母公司可辨认负债账面价值＋子公司可辨认负债公允价值

例如，G 公司收购了 A 公司 75% 的股份，收购时，G 公司拥有账面价值 70 万元的固定资产，A 公司拥有账面价值 10 万元的固定资产，A 公司固定资产的公允价值为 14 万元，收购时 G 公司合并报表中的固定资产为 84 万元。

注意，如果母公司是通过现金支付购买子公司股份，收购所支付的现金应该从母公司的现金资产中扣除；如果收购是通过发行股份进行支付的，则不需要从现金中扣除。

> **备考小贴士**
>
> 考生需要注意，购买法要求的是子公司的资产和负债全额并入母公司合并报表，而不是按持股比例合并。

2. 合并形成的商誉

通过合并，母公司的合并报表中加入子公司的全部资产和全部负债（公允价值），意味着获得了子公司的净资产；与此同时，母公司为合并支付了收购对价。如果收购对价高于其所获得的子公司可辨认净资产的公允价值，则将差额部分确认为商誉（goodwill）。

商誉作为一项资产列示在合并资产负债表中，因此有：

合并总资产＝母公司可辨认资产账面价值＋子公司可辨认资产公允价值＋商誉

正商誉的产生通常是因为双方企业的合并带来了协同效应，使得合并后企业整体的股权价值高于其净资产本身的公允价值，所以母公司愿意支付高于所获得净资产公允价值的对价。反之，如果收购对价低于其所获得的子公司可辨认净资产公允价值，则商誉为负，称为廉价收购（bargain purchase），应将差额确认为利得，计入利润表。

商誉可以分为部分商誉（partial goodwill）和整体商誉（full goodwill）两种确认方法。

(1) 部分商誉是收购对价减去购买方按比例持有的被购买方可辨认净资产的公允价值，即：

部分商誉＝收购对价－持股比例×子公司可辨认净资产公允价值

(2) 整体商誉是被购买方作为一个整体的公允价值减去其可辨认净资产的公允价值，即：

整体商誉＝子公司整体公允价值－子公司可辨认净资产公允价值

其中：

子公司整体公允价值＝收购对价÷持股比例

IFRS 允许披露部分商誉或整体商誉，US GAAP 仅允许披露整体商誉。

例题 11.4

G 公司通过向 A 公司股东发行股份购买了 A 公司 75% 的股份，G 公司发行的股份市场价值 18 万元。收购前，G 公司和 A 公司的财务信息如下表所示。

（单位：万元）

	G 公司	A 公司账面价值	A 公司公允价值
现金及现金等价物	50	10	10
应收账款	40	8	8
存货	45	7	8
固定资产	70	10	14
总资产	205	35	40
流动负债	42	10	10
长期负债	63	10	10
所有者权益	100	15	20

(1) G 公司按照 US GAAP 要求编制财务报表。请计算合并资产账面价值和商誉。

(2) G 公司按照 IFRS 要求编制财务报表，且披露部分商誉。请计算合并资产账面价值和商誉。

名师解析

A 公司可辨认净资产的公允价值为所有资产的公允价值减去所有负债的公允价值，即：

$$10+8+8+14-10-10=20(万元)$$

(1) 整体商誉为 A 公司的整体价值减去 A 公司可辨认净资产的公允价值，即：

$$18\div 75\%-20=4(万元)$$

合并后的总资产价值为 G 公司资产（账面价值），A 公司资产公允价值与商誉价值之和，即：

$$205+40+4=249(万元)$$

(2) 部分商誉为：

$$18-75\%\times 20=3(万元)$$

合并总资产为：

$$205+40+3=248(万元)$$

知识一点通

例题 11.4 中,部分商誉和整体商誉的关系如下图所示。

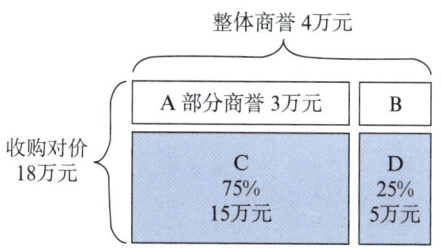

蓝色部分:子公司可辨认净资产公允价值

整体商誉与部分商誉关系图

图中,A+B+C+D 表示 A 公司的整体价值,其中,A+C 表示 G 公司支付的收购对价 18 万元;C+D 表示 A 公司可辨认净资产的公允价值 20 万元,C 表示 G 公司持有的 75%部分,D 表示非控股股东持有的 25%部分;A+B 表示整体商誉,A 表示部分商誉。

部分商誉只包含了被母公司收购的股份的溢价,而没有包含剩下 25%的非控股股东股份的商誉,即图中 B 方块。G 公司以 18 万元收购 A 公司 75%的股份,意味着子公司整体的价值是 24 万元(18÷75%),那么 A 公司整体的溢价应该是 4 万元(24-20),即整体商誉是 4 万元。相对于部分商誉,整体商誉多了 1 万元(25%×24-5),这是非控股股东持有的股份的溢价。

3. 少数股东权益

如果母公司不是 100%收购子公司股份(例如,收购 80%的股份),合并后的股东权益中,子公司的净资产有一部分不属于母公司,则这部分称为**少数股东权益**。采用整体商誉和部分商誉两种方法所对应的少数股东权益有所不同。

采用整体商誉时:

$$少数股东权益_{整体商誉} = (1-母公司持股比例) \times (子公司可辨认净资产公允价值 + 整体商誉)$$

采用部分商誉时:

$$少数股东权益_{部分商誉} = (1-母公司持股比例) \times 子公司可辨认净资产公允价值$$

例题 11.5

根据例题 11.4 的条件,计算部分商誉和整体商誉下的少数股东权益。

名师解析

整体商誉下,少数股东权益为:

$$(1-75\%) \times 24 = 6(万元)$$

部分商誉下,少数股东权益为:

$$(1-75\%) \times 20 = 5(万元)$$

可以看出,两种商誉模式下少数股东权益的差异恰好等于部分商誉和整体商誉的差异。

4. 合并股东权益

合并报表中的股东权益是母公司股东权益与子公司少数股东权益之和。

需要注意的是,如果母公司是通过发行股份来收购子公司,则母公司的股东权益需要包含发行股份的价值。

例题 11.6

根据例题 11.4 的条件,计算合并报表中的股东权益。

名师解析

合并股东权益为 G 公司的所有者权益加上 A 公司的少数股东权益,其中,G 公司的所有者权益应该在原来账面价值 100 万元的基础上加上发行的股份的价值 18 万元。

采用整体商誉,合并后股东权益为:

$$18+100+6=124(万元)$$

采用部分商誉,合并后股东权益为:

$$18+100+5=123(万元)$$

知识一点通

合并的股东权益并不是母公司与子公司股东权益的和,而是母公司股东权益与子公司少数股东权益之和。

知识一点通

整体商誉和部分商誉的差异导致合并报表中资产的总额不同,合并的股东权益也相应地不同。整体商誉与部分商誉的差异在于少数股东权益部分的溢价,这个差异也就是两种商誉模式下股东权益的差异。

知识一点通

经过例题 11.4~11.6 的计算,可以得出 G 公司编制的收购后的合并报表,如下表所示。

G 公司编制的收购后的合并报表

(单位:万元)

	G 公司	A 公司(公允价值)	合并后(整体商誉)	合并后(部分商誉)
现金及现金等价物	50	10	60	60
应收账款	40	8	48	48
存货	45	8	53	53
固定资产	70	14	84	84
商誉	—	—	4	3
总资产	205	40	249 = 245 + 4	248 = 245 + 3
流动负债	42	10	52	52
长期负债	63	10	73	73
所有者权益	100	20	100 + 18 + 6	100 + 18 + 5
负债与所有者权益	205	40	249	248

11.4.2.2 合并利润表

母公司需要将子公司的收入与费用计入合并利润表。在合并利润表中,要求披露的最终结果是归属于母公司的净利润,因此,在合并收入和费用后,还需要扣除归属于少数股东的损益(non-controlling interest),即:

$$归属于母公司的净利润=合并净利润-归属于少数股东的损益$$

其中:

$$归属于少数股东的损益=子公司净利润\times(1-母公司持股比例)$$

11.4.2.3 后续计量

1. 公允价值调整

与权益法相似,在后续期间编制合并报表时,子公司的资产应该继续以收购时的公允价值为基础计量,那么消耗这些资产所对应的费用,例如折旧费用和销货成本,也应当基于收购时的公允价值计算。

例如,在例题 11.4 中,收购时,子公司存货的公允价值为 8 万元,账面价值为 7 万元,公允价值比账面价值高 1 万元,当这些存货被出售时,合并报表中的销货成本应该比基于收购时账面价值的销货成本高 1 万元;收购时,子公司固定资产的公允价值为 14 万元,账面价值为 10 万元,公允价值比账面价值高 4 万元,如果资产的可折旧年限是 5 年,合并报表中的折旧费用就应该比基于收购时账面价值的折旧费用多 0.8 万元($4\div5$)。

2. 内部交易

由于合并报表将母子公司视为一个整体,因此,母公司与子公司之间的交易(顺流或逆流交易)被视为集团内部的交易,在进行报表合并时,应该将母子公司之间的交易产生的收入、支出剔除。

3. 商誉减值

商誉代表企业通过合并其他企业能够创造的超出资产本身价值的价值,例如协同效应。当企业发现这些价值无法实现时,商誉将面临减值。商誉不进行摊销,但需要至少每年进行减值测试。IFRS 与 US GAAP 对商誉减值的要求有所不同。

根据 IFRS,收购时产生的商誉被分配到各个最小现金单元(cash-generating unit)中。当一个单元的可回收金额(recoverable amount)小于其账面价值时,认为该单元发生了减值。减值损失的金额为:

$$减值损失=账面价值-可回收金额$$

当一个单元发生减值时,首先将减值分配给其中的商誉,即先确认商誉减值。如果减值金额超过商誉的金额,商誉被减至零,超出的部分分配给该单元中的其他非现金资产。

根据 US GAAP,收购时产生的商誉被分配到各个报告单元(reporting unit)或经营分部(operating segment)。US GAAP 要求分两步进行减值处理。

第一步是减值测试。报告单元的账面价值高于其公允价值时,认为报告单元可能发生了减值。

第二步是单独计量商誉减值损失金额。计算方法是：

商誉的减值损失＝商誉的账面价值－商誉的隐含公允价值（implied fair value）

其中，隐含公允价值＝报告单元公允价值－报告单元中可辨认净资产的公允价值。

US GAAP下，商誉减为零后，不再继续将剩余减值分配到其他资产中去。

> **例题 11.7**
>
> G公司有一个业务分部，该分部的账面价值是20万元，其中包含商誉5万元。2022年12月31日，该分部的可回收金额（即公允价值）为18万元，其中可辨认净资产的公允价值是14万元。
>
> （1）该分部是一个最小现金单元，根据IFRS的要求，计算商誉减值损失。
>
> （2）该分部是一个报告单元，根据US GAAP的要求，计算商誉减值损失。
>
> **名师解析**
>
> （1）根据IFRS，该分部发生减值，减值损失：
>
> $$20-18=2(万元)$$
>
> 将该分部的减值损失分配给商誉，因此，商誉的减值损失是2万元，减值后，商誉为3万元（5－2）。
>
> （2）根据US GAAP，商誉减值需要经过两个步骤。
>
> 第一步，根据US GAAP，该分部账面价值高于公允价值，故发生减值。
>
> 第二步，该分部中，商誉的隐含公允价值：
>
> $$18-14=4(万元)$$
>
> 商誉的减值损失：
>
> $$5-4=1(万元)$$

> **备考小贴士**
>
> 购买法是本章难点，但考查重点比较集中，主要是合并资产、负债、权益、商誉和少数股东权益的计算。

11.4.3 购买法 vs 权益法

针对同一家公司的同一笔投资，使用权益法和购买法的财务结果和财务比率有所差异。

采用权益法，母公司的净利润中包含了投资收益，即投资方享有的子公司净利润；采用购买法，合并利润表中并入了子公司的收入和费用，扣除了归属于少数股东的部分，最终的结果也是母公司享有的子公司净利润。因此，两者结果相同。

采用权益法，子公司收入、费用、资产、负债不并入合并报表，而购买法要求将子公司的资产、负债、收入、费用全额进行合并，因此，购买法下披露的金额更高。

由于权益法和购买法核算的归母公司净利润相同，但购买法下，收入、资产和净资产都更大，所以购买法下的利润率更低。

购买法下，合并报表中不仅披露了母公司的所有者权益，还披露了子公司的所有者权益中归属于少数股东的部分，因此，购买法下的股东权益金额更大。

上述差别归纳如表 11.2 所示。

表 11.2 权益法和购买法对比

对比项目	权益法 vs 购买法
归母净利润	相同
收入	购买法更高
费用	购买法更高
净利润率	购买法更低
ROA	购买法更低
ROE	购买法更低
股东权益	购买法更高
资产	购买法更高
负债	购买法更高

11.4.4 企业合并中的其他事项

1. 或有资产和或有负债(Contingent Assets and Liabilities)

或有资产和或有负债是因过去事项所引起的潜在的资产和负债。企业合并时，母公司应当考虑到子公司的或有负债以及或有资产。

IFRS 规定，当或有负债的公允价值可以可靠计量时，应当以该负债的初始确认金额(original recognized)和预计的清偿金额(amount required to settle)两者中较高者计量。IFRS 不允许确认或有资产。

US GAAP 要求，依合同所产生的或有资产和或有负债应该以收购时的公允价值计量。对于非依合同产生的或有资产和或有负债，只有它们可能满足资产和负债的定义时，才应当进行确认。或有负债以其初始确认金额和估计带来的损失两者中的较高者计量。或有资产以其在收购日的公允价值和估计的结算价格中较低者计量。

2. 或有对价(Contingent Consideration)

收购中，买卖双方可能会约定：收购后如果发生某些特定事件(例如，子公司达到一定的业绩目标)，买方(母公司)需要向卖方(子公司原股东)以发行股份或现金形式支付额外的收购对价，或者要求返还一定的收购对价。上述情况导致了或有对价的产生。

或有对价以公允价值计量，确认为负债、权益或资产，其中，资产和负债的公允价值变动计入合并利润表，权益的价值变化直接体现为所有者权益变动。

3. 研发中的项目(In-Process R&D)

收购时，子公司可能拥有正处于研发当中的项目。IFRS 和 US GAAP 都要求在合并时对这类项目以公允价值计量并确认为无形资产，后续期间进行摊销(如果研发成功)或减值(如果研发未成功)。

4. 重组成本(Restructuring Cost)

IFRS 和 US GAAP 都要求，重组成本计入当期费用。

—考点要求—
描述(describe) IFRS 下对特殊目的实体、可变利益实体的计量和披露要求(★★★)

11.5　SPE 和 VIE

基于某种特殊的商业目的而发起设立的主体称为**特殊目的实体**（special purpose entities，SPEs）。SPE 的组织形式可以是有限责任公司、信托或合伙制企业等。

SPE 可以从事经营、投资、融资活动。发起方（sponsor）并不一定拥有 SPE 的控股权，甚至可能完全不持股。因此，从表面上看，有些 SPE 并不需要被纳入报表合并的范围。在发起方的合并报表上，不会体现 SPE 的资产和负债，财务报表的使用者也就无从判断与之相关的风险。

> —考点要求—
> 辨析(distinguish) IFRS 和 US GAAP 下，特殊目的实体、可变利益实体的分类、计量和披露要求(★★★)

如果不将 SPE 纳入合并范围，发起方就可以通过 SPE 借债、筹措资金，同时避免披露相应的负债，改善杠杆比率；或者将资产转让给 SPE，提高发行方的资产周转率、盈利比率等指标。

然而事实上，发起方通常在实质上控制着 SPE 的一切商业活动，享有 SPE 大多数的剩余利益（residual benefit）以及承担了大多数的风险，是 SPE 的主要受益者（primary beneficiary）。针对这种情况，会计准则要求将 SPE 纳入报表合并的范围。

为此，IFRS 修订了关于 SPE 的"控制权"的定义，要求将符合上述特征的 SPE 纳入报表合并的范围。FASB 用可变利益实体（variable interest entities，VIE）来定义那些需要进行合并的 SPE，并规定 VIE 的主要受益者应该将 VIE 作为子公司纳入报表合并范围。

> —考点要求—
> 分析（analyze）公司间投资的不同的会计处理方法对财务报表和财务比率的影响(★★★)

资产证券化（securitization of assets）是 SPE 的典型用途。

SPE 的发起方可以将自己的应收账款出售给 SPE，SPE 以应收账款为背书发行融资工具募集资金，该资金用于支付购买应收账款的对价，最终流入发起方手中。这实际上是发起方的融资手段。

根据对 SPE 合并的要求，企业出售给 SPE 的应收账款最终仍然披露在合并报表中。企业可以直接向银行借款或发债，也可以设立 SPE 进行资产证券化来获得现金，两种方式下，企业的合并报表并无差异。但是由于有资产作为背书，且通过 SPE 将应收账款资产隔离于发起方自身的经营风险，因此，利用 SPE 可以有效降低融资成本。

练一练

The questions are based on the following information.

William Chen is an equity analyst at an asset management company named AMC Ltd. Chen has been following the textile industry for years. He is recently reviewing the details of a stock purchase deal expected at the beginning of 2022. Pure Cotton Inc. (PCI) announces acquiring 20% shares outstanding of Warm Tech Inc. (WTI) and 60% of Oriental Textile Inc. (OTI).

PCI is deemed with significant influence on WTI. The financial information of WTI is given below in Exhibit 11.1.

Exhibit 11.1　The Income Statement of WTI for 2022 (Estimated)

(in USD millions)

	2022
Sales	320
COGS	(175)
Operating expenses	(97)
EBIT	48
Net income	35
Dividend	21

The financial information of OTI and PCI on the acquisition date is given below in Exhibit 11.2.

Exhibit 11.2　Balance Sheet Data of PCI and OTI

(in USD millions)

	PCI	OTI (Fair Value)	OTI (Carrying Value)
Cash and cash equivalents	48	35	35
Other current assets	125	99	99
Intangible assets	30	50	0
PP&E	400	290	270
Total assets	603	474	404
Current liabilities	150	107	107
Long-term debt	180	98	85
Owners' equity	273	269	212
Total liabilities and equity	603	474	404

With a majority of voting interest, PCI will have power of control over OTI's operation and policy making. There is internally developed intangible assets of USD 50 million, which is not recognized in OTI's balance sheet.

The purchase of OTI's stock is through additional stock issuance. Market value of stock issued is USD 180 million. PCI reports full goodwill in the consolidated financial statements.

At the end of 2022, one of PCI's reporting unit is carried at USD 15 million, with USD 13.5 million in net identifiable assets and USD 1.5 million in goodwill allocated. The fair value of the unit is USD 14 million. The total amount of identifiable net assets is USD 12.8 million. Chen tries to estimate the impairment loss.

PCI recently sold its receivables to a special purpose entity (SPE) and raised a lot of cash through debt issuance by the SPE, backed by the receivables and guaranteed by PCI. Joyce Huo, investment manager at AMC Ltd., discussed with Chen about the special purpose entity sponsored by PCI. Chen made the following statements:

Statement 1: PCI must have voting shares over 50% in the SPE, as we found the SPE is combined in the consolidated financial statements of PCI.

Statement 2: The receivables balance of PCI would be higher if PCI finances from bank loans rather than the SPE.

11-1 For the year ending 31st December 2022, the revenue amount of WTI appearing on PCI's income statement is closest to:

A. USD 0 million.

B. USD 64 million.

C. USD 320 million.

11-2 Compared to the equity method currently used to account for WTI, proportionate consolidation would most likely result in a(n):

A. equal net income.

B. lower revenue.

C. equal expense.

11-3 If the investment in WTI is measured at FVOCI, the income from this investment recognized in PCI's 2022 income statement would be closest to:

A. USD 7 million.

B. USD 21 million.

C. USD 4.2 million.

11-4 The initial amount of goodwill under US GAAP due to investment in OTI is closest to:

A. USD 18.6 million.

B. USD 31 million.

C. USD 88 million.

11-5 Impairment loss of goodwill in 2022 under US GAAP would be closest to:

A. USD 0.3 million.

B. USD 1 million.

C. USD 0.8 million.

11-6 Are the statements regarding SPE made by Chen correct?

A. Only one is correct.

B. Neither is correct.

C. Both are correct.

答案与解析

11-1 A

PCI 公司对 WTI 公司能够施加重大影响,应该以权益法进行计量。权益法中,投资收益是投资方所享有的被投资方的净利润,被投资方的销售收入不并入投资方的利润表中。因此, PCI 公司的报表中不体现 WTI 公司的销售收入。

11-2 A

比例合并法是将被投资方的资产、负债、收入、费用按比例并入投资方的合并报表。它与权益法下披露的净利润是一致的,选项 A 正确。

而由于比例合并法将联营企业的销售收入按比例并入投资方报表,因此,所披露的销售收入会更高而不是更低,选项 B 不正确。

同样,比例合并法下披露的费用也会更高,因此,选项 C 不正确。

11-3 C

如果 WTI 以 FVOCI 计量,股息收入计入当期损益,公允价值变动(未实现利得与损失)计入其他综合收益。因此,投资方的利润表中仅包含按其持股比例获得的股息收入 USD 4.2

million（0.2×21）。

11-4 B

根据题目条件，PCI 公司披露整体商誉。

整体商誉＝子公司整体价值－子公司可辨认净资产公允价值＝收购价格÷持股比例－子公司可辨认净资产公允价值＝180÷60%－269＝USD 31 million

选项 A 是部分商誉的计算结果。

选项 C 错误地使用了子公司的账面价值。

11-5 A

根据 US GAAP 的要求，商誉减值需要两个步骤。

第一步，根据题目条件，报告单元的公允价值低于其账面价值，则认为可能发生减值。

第二步，计算商誉减值的金额。

商誉的隐含公允价值＝报告单元公允价值－报告单元中可辨认净资产的公允价值＝14－12.8＝USD 1.2 million

商誉的减值损失＝商誉的账面价值－商誉的隐含公允价值＝15－13.5－1.2＝USD 0.3 million

11-6 B

由题目条件可知，PCI 通过 SPE 发行债券融资，并且提供了担保，承担了发债的大部分风险，应当将 SPE 纳入合并报表范围，与 PCI 是否持有 SPE 过半数的投票权无关。因此，Statement 1 不正确。

通过 SPE 融资，应收账款虽然出售给了 SPE，但是合并报表中仍然包含了这些应收账款，因此，对比通过银行贷款融资的方式，两者合并报表中的应收款数额一样。因此，Statement 2 不正确。

第 12 章
员工福利：离职后福利和基于股份支付的福利

章节导学

知识引导

企业除了以现金形式支付员工工资，还会向员工提供离职后的福利以及基于股份支付的福利。离职后福利和基于股份支付的福利在会计计量与企业估值上均较为复杂。本章主要介绍了这两类福利的会计计量以及对企业估值的影响。其中，基于股份支付的福利中限制性股票与股票期权在会计报告与税务处理上的差异、对流通在外的股数的影响等内容是今年新增的内容，为本章重点；离职后福利中固定收益养老金计划中的资金状况、养老金成本在国际会计准则与美国会计准则下处理的差异等内容为本章重点与难点。

考点聚焦

本章是"财务报表分析"科目的重点章节，内容整体难度较高，对理解力要求较高。考试中定性考查与定量考查均有可能涉及。

本章框架图

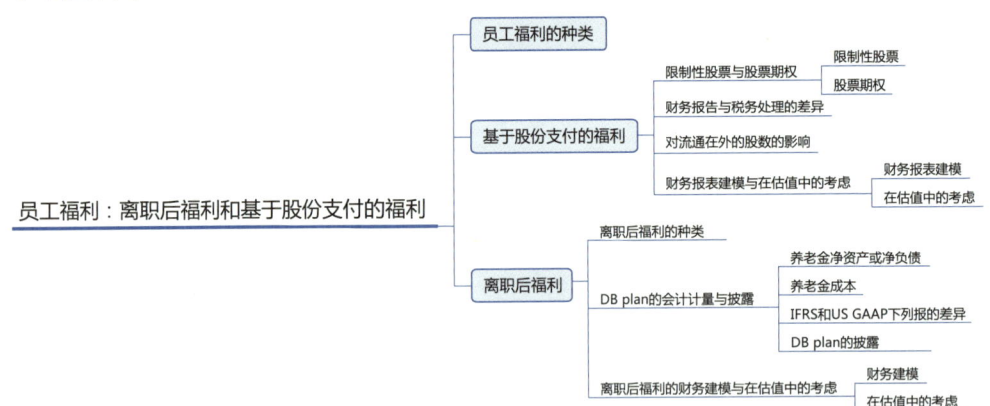

12.1 员工福利的种类

员工福利是指公司为获得员工提供的服务而给予的各种形式的报酬,主要包括短期福利、**离职后福利**(post-employment benefits)、辞退福利、**基于股份支付的福利**(share-based compensation)等。

基于支付形式的差异、员工提供服务与获取报酬的时间差异,会计准则将员工福利分成以下五种类型,具体见表12.1。

—考点要求—
区 分(contrast)不同种类的员工福利(★★★)

表 12.1 员工福利的种类

类型	定义	举例
短期福利	公司预期在12个月内支付的员工福利	(1) 工资、奖金; (2) 医疗保险费; (3) 社会保险费; (4) 带薪休假
长期福利	公司预期在12个月以后支付的员工福利	(1) 长期带薪休假; (2) 长期残疾津贴
辞退福利	公司在合同到期之前解除与员工的劳动合同关系而给予的补偿	(1) 遣散费; (2) 职业咨询与职业介绍服务
基于股份支付的福利	公司以发行的股票向员工支付福利	(1) 限制性股票; (2) 股票期权
离职后福利	公司在员工退休后提供的福利	(1) 养老金; (2) 退休人员的人寿保险和医疗保险服务

不同类型的员工福利在会计处理上是相似的,国际会计准则规定了一个基本原则,即以员工福利的公允价值为基础在员工服务期内确认福利成本。本章将重点介绍基于股份支付的福利与离职后福利。

12.2 基于股份支付的福利

公司通常将基于股份支付的福利作为奖金发放给工资较高的员工,如管理人员和技术人员。

员工要最终获得基于股份支付的福利,需要满足一定条件,常见的条件包括以下两类:

(1) **服务条件**(service condition)。

服务条件是最常见的条件,要求员工在公司连续服务一定期限,该期限一般为三年或五年。

(2) **业绩条件**(performance condition)。

业绩条件是公司授予员工基于股份支付的福利的附加条件,如要求公司的每股收益达到或超过某一目标值、部门利润达到或超过目标金额等。

业绩条件也可以是**市场条件**(market condition),如要求公司的股票价格达到目标价

—考点要求—
解 释(explain)基于股份支付的福利对财务报表产生的影响(★★★)

格或者表现优于同行业其他公司等。当公司高管（executive managers）被授予基于股份支付的福利时，经常附有市场条件。

与现金形式的福利相比，基于股份支付的福利有以下优点：

(1) 基于股份支付的福利通常**不会发生现金支出**，可以保持公司的流动性。因此初创企业倾向于采用这种福利形式，这样既可以保持流动性，又可以吸引优秀人才。

(2) 基于股份支付的福利使得员工的经济利益与股东的经济利益保持一致，降低了**委托代理冲突**（principal-agency conflicts）。

(3) 在基于股份支付的福利计划中通常会要求员工满足约定的服务期后才可以获得相应的股票，因此可以在一定程度上降低员工的离职率。

尽管基于股份支付的福利有以上优点，但也存在以下缺点：

(1) 员工自身的行为对公司股票价格的影响是很有限的，因此基于股份支付的福利不一定能真正奖励员工的业绩，也不一定能激励员工的行为。例如，某位员工业绩表现很好，但是由于公司整体业绩不佳使得股价低迷，该员工获得的公司股票价值与其业绩表现不匹配，进而丧失努力表现的动力。

(2) 如果公司授予管理层基于股份支付的福利，管理层可能会担心股价大幅下跌导致个人财富损失，因而寻求风险较小、利润较低的次优投资项目，以此规避风险。但是如果公司授予管理层股票期权，可能会带来相反的效果，即过度冒险。股票期权只会产生上行回报，而没有下行风险（当股价低于执行价时，管理层可以选择不行权），因此管理层会倾向于进行激进的风险投资，以追求股价上涨而获得最大的短期利益。

(3) 如果股票价格出现大幅下跌或长期低迷，员工获得的基于股份支付的福利会低于以现金支付的福利价值，使得员工离职率上升。

12.2.1　限制性股票与股票期权

基于股份支付的福利有多种工具，其中，**限制性股票**（restricted stock）和**股票期权**（stock options）都假设公司是通过发行股票进行结算支付员工福利，而不是以现金结算的。下文将重点介绍这两种基于股份支付的福利工具。

基于股份支付的福利通常涉及三个主要环节：**授予**（grant）、**可行权**（vesting）和**结算**（settlement）。

授予日是基于股份支付的福利获得批准的日期。

可行权日是行权条件得到满足，员工从公司获得股票或股票期权可以行权的日期，从授予日至可行权日的时间段是行权条件得到满足的时期，也称为"等待期"或"**行权限制期**"（vesting period）。

结算日是员工行使权利并获得公司股票的日期。

12.2.1.1　限制性股票

限制性股票是指员工按照协议规定的条件，从公司获得一定数量的本公司股票。公司在授予日授予员工一定数量的股票，但在一个确定的等待期内或在满足特定业绩指标之前，员工出售股票会受到限制。限制性股票通常具有投票权和分红权，但是不能进行交易。

限制性股票单位(restricted stock units, RSUs)和限制性股票类似,差别在于员工不是在授予日获得股票,而是在满足服务期限条件或业绩条件时获得公司股票。限制性股票单位没有投票权和分红权,也不能进行交易。

限制性股票单位的会计处理如下:

（1）**授予日**:不做任何会计处理。

（2）**行权限制期**:在员工行权限制期限内以**授予日股票的公允价值**(通常为股价)为计量基础进行摊销计入福利成本,并根据员工的职能将福利成本计入相应的费用或计入相应资产科目,例如,与研发部门员工相关的福利成本在"研发费用"中列报,与销售员工相关的福利成本在"销售、一般和管理费用"中列报,但是与生产部门员工相关的福利不在利润表中列报,而是计入存货账面金额。在确认费用的同时,在资产负债表权益账户中确认福利成本的抵消分录——股份补偿准备金(share-based compensation reserve)。

需要注意的是,福利成本的计量基础是授予日股票的公允价格,授予日以后的股价变化对福利成本的计量不产生任何影响。

（3）**结算日**:股份补偿准备金转入实收资本(paid-in capital)。

例题 12.1

高顿公司于2023年1月1日授予研发部门员工限制性股票单位250万股,在授予日,股票的公允价值为30美元/股,行权限制期限为3年,3年后员工可以获得公司发行的股票。请描述限制性股票单位的授予对高顿公司财务报表产生的影响。

名师解析

限制性股票单位在授予日的公允价值为7 500(250×30)万美元,在3年进行摊销,每年计入"研发费用"2 500万美元,2025年12月31日行权限制期满,员工获得公司股票。

因此,限制性股票单位的授予对公司财务报表产生的影响见表12.2。

表12.2 限制性股票单位对财务报表的影响

报表	2023年12月31日	2024年12月31日	2025年12月31日
利润表	研发费用+2 500	研发费用+2 500	研发费用+2 500
资产负债表	股份补偿准备金+2 500 留存收益−2 500	股份补偿准备金+2 500 留存收益−2 500	股份补偿准备金+2 500 留存收益−2 500 股份补偿准备金−7 500 实收资本+7 500
现金流量表	无影响	无影响	无影响

12.2.1.2 股票期权

股票期权是指公司授予员工在未来一定期限内以预先确定的价格和条件购买本公司一定数量股票的权利。股票期权可行权之后,股票价格如果超过约定的行权价格,员工可以行使权利,反之,股票价格如果低于约定的行权价格,员工可以放弃行使权利。

股票期权的会计处理与限制性股票单位相似,但也存在以下差异:

（1）限制性股票单位以授予日股票的公允价值作为计量基础,股票期权与此类似,以授予日期权的公允价值为基础在行权限制期限内摊销福利成本。两者的差别在于限制性股票单位的授予日公允价值通常为股价，可以直接获得；而股票期权的公允价值不是股价，需要利用期权估值模型估算得出。

公司必须在财务报表附注中披露用于估算授予日股票期权公允价值的重要假设，包括股价波动率、无风险利率、期权的期限与股息收益率等。以上假设对股票期权公允价值的影响见表12.3。

表 12.3　各项假设对股票期权价值的影响

假设项	假设项取值	股票期权的公允价值
股价波动率	高	高
无风险利率	高	高
期权的期限	高	高
股息收益率	高	低

（2）限制性股票单位在行权限制期满之时结算自动发生，员工获得公司的股票。而股票期权在行权限制期满时结算不一定会发生，只有在后期员工行使期权时，结算才会发生。

（3）限制性股票单位在授予日、行权限制期限内、结算日都不会发生现金流入或现金流出，因此现金流量表不受影响。而股票期权在员工行使期权时，以约定的行权价格购买公司股票，公司会发生现金流入，并且此项现金流入计入融资现金流量。

例题 12.2

高顿公司于2023年1月1日授予研发部门员工240万股股票期权，约定的每股行权价格为30美元。在授予日每股股票期权的公允价值为25美元，行权限制期限为3年。2026年12月31日每股股票价格为35美元，全部员工行使股票期权。

请描述股票期权的授予对高顿公司财务报表产生的影响。

名师解析

股票期权在授予日的公允价值为6 000（240×25）万美元，在3年内进行摊销，每年计入"研发费用"2 000万美元。

2026年12月31日股票市场价格超过行权价格，全部员工选择行权，公司会产生7 200（240×30）万美元的现金流入。

股票期权的授予对公司财务报表产生的影响如下表。

表 12.4　股票期权对财务报表的影响

报表	2023年12月31日	2024年12月31日	2025年12月31日	2026年12月31日
利润表	研发费用+2 000	研发费用+2 000	研发费用+2 000	无影响
资产负债表	股份补偿准备金+2 000 留存收益−2 000	股份补偿准备金+2 000 留存收益−2 000	股份补偿准备金+2 000 留存收益−2 000	现金+7 200 股份补偿准备金−6 000 实收资本+13 200
现金流量表	无影响	无影响	无影响	融资现金流+7 200

> **备考小贴士**
>
> 考生需掌握限制性股票单位与股票期权在会计处理上的差异,以及对财务报表在不同时间点产生的具体影响。

12.2.2 财务报告与税务处理的差异

基于股份支付的福利成本扣除的时间以及金额大小在税务处理上与财务报告存在较大差异。在财务报告中,福利成本以授予日公允价值为计量基础,在行权限制期限内逐年摊销计入相关费用中进行税前扣除。而在税务处理中,福利成本是以结算日当天限制性股票单位的股票价格或者行权日股票期权的内在价值一次性计入相关费用进行税前扣除的。

以限制性股票单位为例,如果授予日的股价小于结算日的股价,则会产生超额税收优惠(excess tax benefit or tax windfall),即税务上可以扣除的基于股份支付的福利成本高于会计上累积的基于股份支付的福利成本。反之,如果授予日的股价大于结算日的股价,则会产生税收缺口(tax shortfall)。

对于超额税收优惠与税收缺口,国际会计准则(以下简称 IFRS)和美国会计准则(以下简称 US GAAP)的处理是有差异的,IFRS 将超额税收优惠和税收缺口直接计入所有者权益,而 US GAAP 会先影响利润表上所得税费用,进而影响所有者权益,具体见表 12.5。

表 12.5 IFRS 与 US GAAP 对超额税收优惠与税收缺口的处理

—	超额税收优惠/税收缺口	IFRS	US GAAP
RSUs: 结算日股价>授予日股价 Option: 行权日的内在价值>授予日公允价值	超额税收优惠	资产负债表: 所有者权益+	利润表: 所得税费用- 资产负债表: 留存收益+
RSUs: 结算日股价<授予日股价 Option: 行权日的内在价值<授予日公允价值	税收缺口	资产负债表: 所有者权益-	利润表: 所得税费用+ 资产负债表: 留存收益-

> **知识一点通**
>
> 在 US GAAP 下,因为超额税收优惠会使得所得税费用减少,因此有效税率(所得税费用/税前利润)会降低。
>
> 通常使用有效税率预测未来期间利润表中的所得税费用,因此较低的有效税率会低估预测的所得税费用,高估预测的利润、自由现金流以及企业价值等。

> **备考小贴士**
>
> 考生需学会判断何种情况产生超额税收优惠或税收缺口,掌握 IFRS 与 US GAAP 对超额税收优惠、税收缺口在财务报表上的不同处理。

12.2.3 对流通在外的股数的影响

基于股份支付的福利是公司未来股票数量增长的主要驱动因素,因此在计算公司每股收益时,需要考虑这部分股票对每股收益可能产生的稀释。

基本的流通在外的股数(basic shares outstanding)包含了基于股份支付的福利已行权部分增加的股数,但并未包含未行权部分,因此未行权部分不会影响基本的每股收益,但会影响稀释的每股收益。

基于股份支付的福利未行权部分可以通过**库存股份法**(treasury stock method)纳入稀释的流通在外的股数计算中。库存股份法是假设员工在报告期初已完成行权与结算,公司在员工行权时所获得的收入按报告期内的平均股价进行股票回购,净增加的股数作为稀释的股数加上基本的流通在外股数,计算得出稀释的流通在外股数(diluted shares outstanding)。因此库存股份法下稀释的流通在外股数计算公式如下:

$$\text{稀释的流通在外股数} = \text{基本的流通在外股数} + \text{假设行权增加的股数} - \frac{\text{假设行权获得的收入}}{\text{平均股价}} \tag{12.1}$$

公式(12.1)中"假设行权获得的收入"(assumed proceeds)包含两个部分:
(1) 公司员工行权时公司获得的现金;
(2) 未确认的基于股份支付的福利成本的平均值。

限制性股票单位是员工在结算日直接获得公司的股票,无需支付公司现金,因此"员工行权时公司获得的现金"为零;而股票期权中员工行权时需要以约定的行权价格购买公司的股票,公司可以获得现金,因此"员工行权时公司获得的现金"为行权价格与股票期权对应股数的乘积。

虽然"未确认的基于股份支付的福利成本"不会与"员工行权时公司获得的现金"一样发生现金流入,但是由于库存股份法是假设员工在年初已经行权并结算,行权结算后,该部分未确认的基于股份支付的福利成本未来将不会发生,因此也作为"假设行权获得的收入"的一部分。

例题 12.3

假设高顿公司 2023 年基本的流通在外的股数为 1 500 万股,当年的净利润为 300 万美元,2023 年公司的平均股价为 40 美元/股。高顿公司除了股票期权和限制性股票单位,没有其他潜在的稀释证券。

高顿公司于 2022 年 1 月 1 日授予员工股票期权 200 万股,约定执行价格为 20 美元/股,行权限制期限为 5 年,5 年后员工可以行使期权。2022 年 12 月 31 日和 2023 年 12 月 31 日与股票期权相关的未确认的基于股份支付的福利成本分别为 3 200 万美元、2 400 万美元。

高顿公司于 2023 年 1 月 1 日授予员工限制性股票单位 100 万股,授予日股价为 24 美元/股,行权限制期限为 3 年,3 年后员工可以获得公司发行的股票。2023 年 12 月 31 日与限制性股票单位相关的未确认的基于股份支付的福利成本为 1 600 万美元。

根据以上信息,请问 2023 年高顿公司稀释的流通在外的股数为多少?

名师解析

第一步：计算股票期权的稀释股数：

(1) 假设行权获得的收入＝员工行权时公司获得的现金＋未确认的基于股份支付的福利成本的平均值＝$200\times 20+\dfrac{3\ 200+2\ 400}{2}=6\ 800$（万美元）

(2) 稀释的股数＝假设行权增加的股数－$\dfrac{\text{假设行权获得的收入}}{\text{平均股价}}=200-\dfrac{6\ 800}{40}=30$（万股）

第二步：计算限制性股票单位的稀释股数：

(1) 假设行权获得的收入＝员工行权时公司获得的现金＋未确认的基于股份支付的福利成本的平均值＝$0+\dfrac{0+1\ 600}{2}=800$（万美元）

(2) 稀释的股数＝假设行权增加的股数－$\dfrac{\text{假设行使权利获得的收入}}{\text{平均股价}}=100-\dfrac{800}{40}=80$（万股）

第三步：计算2023年公司稀释的流通在外的股数：

稀释的流通在外的股数＝基本的流通在外的股数＋稀释的股数＝$1\ 500+30+80=1\ 610$（万股）

通常情况下，采用库存股份法计算稀释的股数会得出以下结论：

(1) 如果报告期内的平均股价＞执行价格，股票期权通常具有稀释性，应将稀释的股数纳入稀释的流通在外股数的计算。

反之，如果报告期内的平均股价＜执行价格，股票期权具有反稀释性（anti-dilutive），稀释的股数为零。

(2) 限制性股票单位的"假设行权获得的收入"为未确认的基于股份支付的福利成本，如果报告期内的平均股价大幅低于授予日的股价，"假设股票回购的股数"（假设行使权利获得的收入/平均股价）会大于"假设行权增加的股数"，产生反稀释。除了以上这种情况，限制性股票单位通常都具有稀释性。

(3) 如果报告期内股票价格快速上涨，可以回购的股票数量会随着股价上涨而减少，因此稀释的股数会变多，进而产生更强的稀释性。

知识一点通

由于稀释的每股收益不能超过基本的每股收益，所以，如果基于股份支付的福利未行权部分采用库存股份法计算所得到的稀释股数为负数，即"假设行权增加的股数"小于"假设股票回购的数量"，则产生反稀释，此时稀释的股数为零，稀释的流通在外股数与基本的流通在外股数相等。

在判断是否存在反稀释时，应分开判断股票期权与限制性股票单位。

备考小贴士

考生需掌握公司存在限制性股票单位与股票期权时稀释的流通在外股数的计算。

12.2.4 财务报表建模与在估值中的考虑

12.2.4.1 财务报表建模

1. 预测利润表

在财务报表预测中,通常按基于股份支付的福利成本占收入的比值为依据预测未来期间基于股份支付的福利成本。基于股份支付的福利成本不是利润表上的独立项目,而是根据员工的职能,分别计入利润表的具体经营费用科目。因此在财务报表预测时,需按以下步骤预测基于股份支付的福利成本:

(1) 第一步:将基于股份支付的福利成本从历史期间利润表中的各个成本和费用项中扣除;

(2) 第二步:将扣除基于股份支付的福利成本后的各个成本和费用项、基于股份支付的福利成本总额分别列示为收入的百分比;

(3) 第三步:预测未来期间上述各项成本和费用所占收入的百分比;

(4) 第四步:根据预测的收入以及第三步中预测的百分比分别计算扣除基于股份支付的福利成本后的各个成本和费用项数额以及基于股份支付的福利成本总额。

> **知识一点通**
>
> 将基于股份支付的福利成本从利润表中各个成本和费用项剥离,对于预测未来期限的基于股份支付的福利成本总额是有意义的,因为基于股份支付的福利成本不会发生实际的现金流出,所以在利用自由现金流估值模型评估企业价值时,需要将该部分成本总额加回自由现金流。

2. 预测基本的流通在外的股数

在预测基本的每股收益之前需要先预测基本的流通在外的股数,限制性股票单位和股票期权结算时,公司基本的流通在外的股数会增加。要预测未来每个报告期内因基于股份支付的福利结算而增加的基本的流通在外股数,需要先预测未来每个报告期内扣除失效(forfeitures)部分后的基于股份支付的未结算福利净额。

扣除失效部分后的基于股份支付的未结算福利净额可以根据历史增长情况进行预测;每个报告期内结算的基于股份支付的福利可以按未结算部分的某一具体比例进行预测。

> **知识一点通**
>
> 基于股份支付的福利失效部分是指员工获得公司授予的基于股份支付的福利,在后期因某些原因丧失行权权利,如员工在行权限制期限内离职、可行权日未满足业绩要求等行权条件。

12.2.4.2 在估值中的考虑

在使用自由现金流折现模型评估公司价值时,由于基于股份支付的福利是一种非现金事项,不会影响自由现金流,所以部分分析师在估值中会忽略基于股份支付的福利。这种做法是有缺陷的,因为基于股份支付的福利会将一部分公司价值转移给员工,稀释原有股东的权益。因此在对公司进行估值时,需要考虑基于股份支付的福利。

基于股份支付的福利是非现金事项,在使用自由现金流折现模型评估公司价值时,默认是不予考虑的。因此,需要修改估值模型以纳入以下两个影响因素:

(1) 公司已有基于股份支付的福利中未行权部分产生的稀释性;

(2) 公司未来新授予的基于股份支付的福利产生的稀释性。

"12.2.3 对流通在外的股数的影响"已经对因素(1)做了详细介绍,分析师可以使用库存股票法将稀释后的流通在外股数作为股票数量,计算估值模型中的每股价值。

对于因素(2),可以通过预计稀释情况来估计增加的股票数量,但这种方法是耗时耗力的,因此可以使用替代方案,即直接将基于股份支付的福利<u>从自由现金流中扣除</u>,这种处理方式尽管在理论上是不正确的,但可以得到相似的结果。

如果公司<u>出现亏损或股价大幅下跌</u>,限制性股票单位、股票期权等基于股份支付的福利工具可能会产生反稀释,产生反稀释时,基于股份支付的福利工具并未包含在稀释的流通在外股票数量内,会低估股票数量,进而高估公司价值。因此为了防止公司价值被高估,分析师在估值分析时需要将这部分反稀释的证券纳入稀释的流通在外股数计算中。

> **备考小贴士**
>
> 考生需掌握估值分析时应将公司未来新授予的基于股份支付的福利从自由现金流中扣除,公司出现亏损时应将反稀释的证券纳入稀释的流通在外股数计算中。

12.3 离职后福利

12.3.1 离职后福利的种类

—考点要求—
解释(explain)离职后福利对财务报表产生的影响
(★★★)

基于员工为公司提供的服务,公司会在员工离职或退休后提供一定的福利或报酬,包括现金福利和非货币性福利。

现金福利是指公司提供的养老金计划(pension plan),主要有两种类型,分别是<u>设定缴款养老金计划</u>(defined contribution pension plan,以下简称 DC plan)和<u>设定收益养老金计划</u>(defined benefit pension plan,以下简称 DB plan)。

非货币性福利主要是指人寿保险和医疗保险等<u>其他离职后福利</u>(other post-employment benefits,以下简称 OPEB)。

1. DC plan

在 DC plan 中,公司向计划缴存约定的金额,同时员工也可以缴款。员工可以从指定的选项中选择投资标的进行投资,并承担投资风险。公司按约定缴款完毕后,不再承担义务。员工在退休时可以领取的养老金不是预先约定的,而是取决于养老金账户资产的投资收益。

2. DB plan

在 DB plan 中,公司承诺员工退休后向其支付一定数额的养老金,养老金可以一次性支付，也可以定期支付直至员工死亡。员工获得的养老金金额通常是根据员工的服务年限和退休时的工资水平等确定的。

法律通常要求公司设立一个信托计划，公司向该信托计划提供资金并达到监管规定的最低资金水平。DB plan 与 DC plan 的区别点在于，在 DB plan 中，公司会对养老金计划资产进行投资并承担投资风险。

> **知识一点通**
>
> 设立信托计划的目的是将养老金资产与公司的自有资金进行隔离。信托是独立的法律主体，有破产隔离功能，在公司经营不善、面临破产时，信托计划中的资金不会遭到清算，有效保障了员工的利益。

3. OPEB

OPEB 是公司为退休员工提供的人寿保险和医疗保险等福利，与养老金计划相比金额较小，因此法律通常不要求公司预先为 OPEB 计划提供资金以应对未来的付款义务。

表 12.6 总结了以上三种离职后福利的区别。

表 12.6　三种离职后福利的区别

离职后 福利类型	员工离职后福利金额	公司义务	公司是否需要 为未来义务准备资金
DC plan	员工未来的养老金金额不确定，取决于养老金计划的缴款与投资业绩。员工承担投资和精算风险	在每个期间内向养老金计划提供固定金额的资金，未来没有其他义务	因为未来没有义务，所以不适用
DB plan	员工未来的养老金金额是确定的，通常由员工服务年限和退休前一年的工资水平计算得出。公司承担投资和精算风险	根据养老金计划的具体条款，公司在会计期内估计未来的养老金负债	公司需要向养老金计划提供资金
OPEB	未来福利的金额取决于计划规模和福利类型。公司承担投资和精算风险	公司在会计期内估计该项福利未来的负债水平	公司通常不会为 OPEB 提供资金

12.3.2　DB plan 的会计计量与披露

在 DC plan 中，公司为计划提供的资金在利润表上确认为费用，与其他职能成本一起归入相关的经营费用，该笔资金在现金流量表上列为经营现金流流出。

DC plan 是一个独立的法律实体，有独立的财务报表，计划中的资产、负债等都不计入公司的财务报表内，因此公司资产负债表上唯一可能记录的是尚未完成缴款义务而产生的流动负债。

DC plan 的披露义务非常少，IFRS 只要求公司在附注中披露当期在利润表上确认的费用金额。

与 DC plan 相比，DB plan 的会计计量与披露要复杂很多，下文将重点介绍 DB plan 的会计计量与披露。

12.3.2.1 养老金净资产或净负债

在 DB plan 中,公司向计划提供资金并管理资产,形成**计划资产**(plan assets),同时公司承担未来养老金支付的义务,形成**养老金负债**(pension obligation)。

计划资产是计划持有的专门用于支付养老金福利的资产,如债券、股票、现金与衍生品等。计划资产是养老金的资产,公司向计划提供以后,不能撤回。

养老金负债是在不扣除任何资产的情况下,未来预计需要支付的所有养老金款项的现值。估算养老金负债通常使用**公司投资级债券的收益率**作为折现率(discount rate)。

养老金负债水平除了受到折现率的影响,还受到其他精算假设的影响,包括工资增长率、预期寿命、预期通货膨胀率等,以上各项精算假设对养老金负债的影响见表 12.7。

表 12.7 各项假设对养老金负债的影响

精算假设项	假设项取值	养老金负债金额
折现率	高	低
工资增长率	高	高
预期寿命	高	高
预期通货膨胀率	高	高

IFRS 和 US GAAP 都要求公司在资产负债表上对养老金计划资产与负债进行**净额列报**,即列报 DB plan 的**资金状况**(funded status),而无需单独列报计划资产和养老金负债,资金状况为计划资产的公允价值与养老金负债之间的差额,公式如下:

$$\text{Funded status} = \text{Fair value of the plan assets} - \text{Pension obligation} \qquad (12.2)$$

当养老金资产的公允价值大于养老金负债时,养老金资金状况为正,该计划为**资金盈余计划**(overfunded plan),资产负债表上列报为**养老金净资产**(net pension asset)。反之,当养老金资产的公允价值小于养老金负债时,养老金资金状况为负,该计划为**资金短缺计划**(underfunded plan),资产负债表上列报为**养老金净负债**(net pension liability)。

如果 DB plan 的资金状况为养老金净负债,那么当公司投资级债券的收益率下降,即折现率下降时,资金状况的变动幅度会小于养老金负债增加的幅度,因为计划资产中也包含了固定收益证券,利率下降会增加计划资产的公允价值,从而一定程度上抵消了养老金负债的增加。

> **备考小贴士**
>
> 考生需掌握何种情况下出现资金盈余或资金短缺以及各项精算假设的变化对养老金负债产生的影响。

12.3.2.2 养老金成本

在介绍 DB plan 的养老金成本之前,先思考以下问题:
(1) 哪些因素会导致计划资产变化?
(2) 哪些因素会导致养老金负债变化?

对于问题(1),当公司向养老金计划内提供资金,即供款(contributions)时,计划资产增加;当计划资产投资获得实际投资收益(actual return)时,计划资产增加;当计划资产用于支付退休员工养老金(benefit paid)时,计划资产减少。因此,可得出公式:

$$\text{Plan asset}_{\text{期末}} = \text{Plan asset}_{\text{期初}} + \text{Contributions} + \text{Actual return} - \text{Benifit paid} \quad (12.3)$$

对于问题(2),导致养老金负债变化的因素有:

(1) 服务成本(service cost)。

① 当期服务成本(current service cost):员工工作年限越长,未来的养老金会越高。因为员工在当期提供了服务,会增加未来的养老金款项支出,导致养老金负债增加。

② 前期服务成本(past service cost):当养老金计划发生修改时,可能会导致与员工以前年度服务相关的养老金成本增加,进而增加养老金负债。

(2) 利息费用(interest expense)。

会计期间内期初养老金负债会产生应计的利息,增加期末养老金负债。

$$\text{Interest expense} = \text{Pension obligation}_{\text{期初}} \times \text{Discount rate}$$

(3) 精算损益(actuarial gains and losses)。

工资增长率、折现率、预期寿命等精算假设发生变化时,会产生精算损益,导致养老金负债发生变化。当产生精算收益时,未来的支付义务减小,养老金负债下降;反之,当产生精算损失时,未来的支付义务增加,养老金负债增加。

(4) 支付退休员工养老金(benefit paid)。

当公司向退休员工支付养老金时,会降低未来养老金支付义务,即降低养老金负债。

综上,可得期末养老金负债的计算公式:

$$\text{Pension obligation}_{\text{期末}} = \text{Pension obligation}_{\text{期初}} + \text{Service cost} + \text{Interest expense} - (+) \\ \text{Actuarial gains(losses)} - \text{Benifit paid} \quad (12.4)$$

由公式(12.3)-公式(12.4),可得公式:

$$\text{Funded status}_{\text{期末}} = \text{Funded status}_{\text{期初}} + \text{Contributions} - [\text{Service cost} + \text{Interest expense} - (+) \\ \text{Actuarial gains(losses)} - \text{Actual return}] \quad (12.5)$$

其中,Service cost+Interest expense-(+)Actuarial gains(losses)-Actual return 即为养老金成本(pension expense)。

养老金成本是按照权责发生制会计原则计量,使得会计期间内养老金净负债(净资产)增加(减少)的成本。

> **知识一点通**
>
> 公司向养老金计划中供款会增加计划资产的余额,是将公司的资产转变成了养老金资产,并不会产生养老金成本。
>
> 公司向退休员工支付养老金会同时减少养老金资产和养老金负债,因此,并不影响养老金净资产或净负债,也不会产生养老金成本。

12.3.2.3　IFRS 和 US GAAP 下列报的差异

1. 养老金成本在 IFRS 下的列报

在 IFRS 下，DB plan 的养老金成本分成三个部分，分别为服务成本、净利息费用/收益（net interest expense/income）与重新计量（remeasurement），其中，服务成本与净利息费用/收益计入利润表，而重新计量计入其他综合收益。

（1）服务成本：包含当期服务成本与过去服务成本，通常与其他福利成本按照员工具体职能计入经营费用（operating expense）。

（2）净利息费用/收益：养老金负债产生的利息与计划资产按折现率计算的"收益"之间的差额，计算公式如下：

$$\text{Net interest expense/income} = (\text{Pension obligation}_{期初} - \text{Plan asset}_{期初}) \times \text{Discount rate}$$

如果 Pension obligation$_{期初}$ ＞ Plan asset$_{期初}$，则为净利息费用；反之，如果 Pension obligation$_{期初}$ ＜ Plan asset$_{期初}$，则为净利息收益。

净利息费用/收益在利润表中经营利润（operating income）下方进行列报。

（3）重新计量：包含两部分，分别是①计划资产的实际投资收益与计划资产按照折现率计算的"收益"之间的差额；②精算损益。

在 IFRS 下，公司对计划资产的供款在现金流量表中记为经营现金流流出。

> **知识一点通**
>
> 计入利润表中的计划资产的"收益"的计算并不使用实际投资收益率，而是使用计算养老金负债的折现率，主要原因在于实际投资收益率在不同会计期间内可能会存在较大的波动性，如果使用实际投资收益率，会加大公司利润的波动性。

2. 养老金成本在 US GAAP 下的列报

在 US GAAP 下，DB plan 在资产负债表与现金流量表上的列报与 IFRS 相同，但是在利润表和其他综合收益上的列报与之存在显著差异。

US GAAP 下，养老金成本分成五部分，分别为当期服务成本、利息费用、计划资产的预期回报、前期服务成本的摊销与净收益或净损失的摊销。

（1）当期服务成本：与 IFRS 下处理相同，作为经营费用计入利润表。

（2）利息费用：期初养老金负债按照折现率计算得到的当期应计利息，作为总利息费用的一部分，计入利润表。

（3）计划资产的预期回报：期初的计划资产公允价值乘以预期回报率（expected rate of return）得出的预期回报，作为收益计入利润表。

（4）前期服务成本的摊销：会计年度内产生的前期服务成本计入当期其他综合收益，然后按照员工的预期剩余服务年限进行摊销计入以后会计年度的利润表。

（5）净收益或净损失的摊销：当期发生的精算损益、计划资产的实际投资回报与预期回报的差异可以直接在当期计入利润表；但更常见的是计入其他综合收益，并使用走廊法（corridor approach）摊销计入利润表。

在走廊法下，如果以前年度累积的精算损益+计划资产的实际投资回报与预期回报的差异＞max(Pension obligation$_{期初}$,Plan asset$_{期初}$)×10%，则**超出部分**金额在员工的预期剩余服务年限内进行摊销，作为损益计入利润表。

使用走廊法进行摊销的主要目的是减少计划资产或养老金负债估值大幅变化引起的利润水平大幅波动，平滑各期的利润。

综上所述，表 12.8 总结了 DB plan 在 IFRS 和 US GAAP 下列报的差异。

表 12.8 DB plan 在 IFRS 和 US GAAP 下列报的差异

—	IFRS 下包含的组成	US GAAP 下包含的组成
利润表	(1) 当期服务成本； (2) 前期服务成本； (3) 净利息费用/收益： (养老金负债的期初值－计划资产的期初值)×折现率	(1) 当期服务成本； (2) 利息费用： 　养老金负债的期初值×折现率； (3) 计划资产的预期投资回报： 　计划资产的期初值×预期回报率； (4) 前期服务成本的摊销； (5) 以前年度累积的精算损益、计划资产的实际投资回报与预期回报的差异使用走廊法的摊销
其他综合收益	(1) 精算损益； (2) 计划资产的实际投资回报－计划资产的期初值×折现率	(1) 未摊销的前期服务成本； (2) 未摊销的精算损益、计划资产的实际投资回报与预期回报的差异

例题 12.4

假设高顿公司 2021 年年初为符合条件的员工创建了 DB plan，员工在退休以后可以以现金形式获得养老金，金额为员工退休前 12 个月工资的百分之一乘以他们总的工作年限。高顿公司适用 IFRS。

截至 2023 年 12 月 31 日，会计年度内 DB plan 发生了以下事项：

(1) 年度产生服务成本 80 万美元；
(2) 年度支付退休员工养老金 30 万美元；
(3) 2023 年年初计划资产的公允价值与养老金负债分别为 1 020 万美元、980 万美元；
(4) 公司投资级债券收益率为 5%；
(5) 计划资产的预期投资回报率与实际投资回报率分别为 4%、3%；
(6) 年度内公司未对 DB plan 进行供款；
(7) 年度内 DB plan 的精算假设没有发生变更。

请根据以上信息，描述 2023 年 DB plan 发生的事项对高顿公司的财务报表产生的影响。

名师解析

(1) 利润表。

在 IFRS 下，以下 DB plan 养老金成本组成部分计入利润表：

①当期服务成本；
②前期服务成本；
③净利息费用/收益：(养老金负债的期初值－计划资产的期初值)×折现率。

因此，2023 年高顿公司 DB plan 养老金成本以下组成部分计入利润表：

①服务成本：80 万美元；
②净利息收益：(1 020－980)×5%＝2(万美元)。

注意：计划资产的预期回报率是 US GAAP 下使用的，不是 IFRS 下使用的，属于干扰项。

(2) 资产负债表。

第一步：计算计入其他综合收益的金额：

在 IFRS 下，DB plan 养老金成本中计入其他综合收益的为重新计量，包括：

①精算损益；

②计划资产的实际投资回报—计划资产的期初值×折现率。

本题中精算假设并没有发生变更，精算损益为零，因此，2023年高顿公司 DB plan 养老金成本计入其他综合收益的为：

$$1\,020\times3\%-1\,020\times5\%=-20.4(万美元)$$

第二步：计算2023年资产负债表上的期末资金状况金额：

利用公式：

$$\text{Funded status}_{期末}=\text{Funded status}_{期初}+\text{Contributions}-(\text{Service cost}+\text{Interest expense}-(+)\text{Actuarial gains(losses)}-\text{Actual return})$$

可计算出期末资金状况为：

$$(1\,020-980)+0-(80+980\times5\%-0-1\,020\times3\%)=-58.4(万美元)$$

综上，2023年高顿公司资产负债表变化情况为：

①DB plan 资金状况减少98.4万美元；

②留存收益减少78万美元；

③累积其他综合收益减少20.4万美元。

(3) 现金流量表。

由于2023年高顿公司未向 DB plan 进行供款，因此 DB plan 对现金流量表不产生影响。

注意：向退休员工支付的养老金30万美元是从计划资产中支付的，对高顿公司的现金流不产生影响。

> **备考小贴士**
>
> 考生需掌握在 IFRS 和 US GAAP 下 DB plan 养老金成本计量的区别，理解 DB plan 事项对公司财务报表产生的影响。

3. 假设条件的变化对养老金列报的影响

各项假设条件变化对养老金负债的影响已经在表12.7做了总结，此处进一步探讨对养老金成本的影响。

(1) 折现率。

折现率上升，使得未来养老金支付款项折现的现值下降，即养老金负债下降；计入利润表中利息费用为期初养老金负债与折现率的乘积，大多数情况下，养老金负债下降的影响程度会超过折现率上升的影响幅度，因此利息费用通常会下降。

(2) 工资增长率。

员工退休前的工资是未来养老金款项的影响因素之一，工资越高，公司支付给员工的养老金款项越高，因此工资增长率上升，会增加养老金负债。

员工工资上升,会增加员工本年度提供的服务成本,即当期服务成本增加;养老金负债增加会增加利息费用,因此,工资增长率上升会增加养老金成本以及计入利润表的养老金成本。

(3) 预期的投资回报率。

根据前文所述内容可得出预期的投资回报率不会对养老金负债与养老金成本产生影响,预期的投资回报率仅仅影响养老金成本在 US GAAP 下的列报。在 US GAAP 下,预期的投资回报率上升,计入利润表的养老金成本会下降(预期投资回报作为收益抵减养老金成本)。

综上所述,表 12.9 总结了假设条件变化对养老金列报的影响。

表 12.9 假设条件变化对养老金列报的影响

假设条件	变化	养老金负债	养老金成本	计入利润表的养老金成本
折现率	上升	下降	下降	下降
工资增长率	上升	上升	上升	上升
预期的投资回报率	上升	没有影响	没有影响	下降(仅 US GAAP)

12.3.2.4 DB plan 的披露

IFRS 要求发行人对 OPEB 和 DB plan 披露大量信息,规定管理层对 DB plan 的披露应当能实现以下几个目标:

(1) 解释公司 DB plan 的特点及相关风险;

(2) 确定并解释 DB plan 对财务报表产生的影响;

(3) 描述 DB plan 对公司未来现金流量的数量、发生时间以及不确定性产生的影响。

12.3.3 离职后福利的财务建模与在估值中的考虑

―考点要求―

解释(explain)离职后福利的财务建模与在估值中的考虑(★★)

12.3.3.1 财务建模

DC plan 中公司通常按工资的一定比例进行供款并计入经营费用科目,供款以现金形式支付,与短期福利和其他经营费用组成部分具有相同的驱动因素,因此对于 DC plan,在财务建模时可以通过预测经营费用以完成对养老金成本的预测。

对 DB plan 建模的常用方法是先预测服务成本、净利息费用/收益、重新计量与公司在未来期间的计划供款,进而预测公司利润表中养老金成本、资产负债表上养老金净资产/净负债和现金流量表中供款金额。

12.3.3.2 在估值中的考虑

分析师在进行估值分析时,需要关注 DB plan 资金状况、未来的服务成本和净利息费用/收益对公司价值产生的影响。

1. DB plan 的资金状况

前文已经介绍了 DB plan 的资金状况有两种情况,分别是资金盈余和资金短缺,分析师在估值时对这两种情况的处理是不对称的。

如果公司处于资金盈余状态,即计划资产大于养老金负债时,估值时<u>不予考虑</u>这部分养老金净资产，即公司价值中不包含养老金净资产价值。因为计划资产只是名义的资产，是不能撤回分配给股东等投资者的，因此估值分析时可以忽略。

如果公司处于资金短缺状态，即计划资产小于养老金负债时，估值时应将养老金净负债作为债务纳入企业价值的计算中，计算股权价值时将其予以扣除，因为这部分养老金净负债确实是公司未来的支付义务。

2. 未来的服务成本

未来的服务成本是员工在未来服务期间通过提供服务而产生的福利成本。尽管服务成本并未实际发生现金流出，在使用自由现金流折现模型对公司价值进行估值时，分析师应采取与前文基于股份支付的福利类似的处理方式，即**从自由现金流中予以扣除**。

3. 净利息费用/收益

在使用自由现金流折现模型对公司价值进行估值时，**不应考虑**净利息费用/收益，因为净利息费用/收益是基于未来养老金支付义务的现值计算得出的，而未来养老金支付义务的现值已经通过养老金净负债在企业价值和股权价值中予以考虑，无需重复考虑。

> **备考小贴士**
>
> 考生需掌握在估值分析时对 DB plan 的具体处理。

练一练

Michael，a senior portfolio manager，is working with Danial，a junior analyst. Together they are reviewing the financial statements of Ferredi Inc.，with a focus on its DB pension plan and restricted stock units（"RSUs"）incentive plan. Ferredi Inc. prepares its financial statements in accordance with IFRS. Extracts from Ferredi's financial statements relating to its 2022 DB plan are as follows：

(in thousands of US dollars)

Current service cost	160
Past service cost	96
Interest cost	248.11
Actual return on plan assets	200
Actuarial gain of benefit obligation	38
Beginning benefit obligation	4 511
Ending benefit obligation	4 879.11
Beginning fair value of plan assets	4 672
Ending fair value of plan assets	5 174
Benefit paid to retiree	98
Employee contribution	400
Discount rate	5.5%

Michael estimates that a discount rate of 6% should be used to value the pension obligations and pension assets，based on the current market interest rate for high-quality corporate bonds.

Danial prepares a discounted cash flow model and includes the net pension asset in the calculation of the enterprise value. Meanwhile, Danial subtracts the future service cost from the free cash flow in the DCF model.

Michael reviews the notes to the financial statements of Ferredi Inc. and learns that Ferredi Inc. initiated a restricted stock unit (RSUs) incentive plan for its key executives. Under the plan, Ferredi Inc. granted 8 million of common shares on 1 January 2021, when the stock price was $20 per share. The awards vest four years from the grant date. Ferredi Inc. accounts for forfeitures as they occur.

Unrecognized share-based compensation expense as of 31 December 2021 and 2022 was $120 million and $80 million, respectively. Ferredi Inc. reported a net loss on its income statement for 2022 but reported a positive free cash flow.

Michael asked Danial how to account for share-based awards in the DCF model. Danial made the following two statements:

Statement 1: Unvested share-based awards should not be included in the calculation of diluted shares outstanding for valuation if these unvested share-based awards are anti-dilutive securities.

Statement 2: The dilution from future share-based awards should not be considered as there are no related cash outflows.

12-1 The amount recognized by Ferredi Inc. in other comprehensive income (OCI) for 2022 is closest to:

A. (18.96).

B. 38.00.

C. (114.96).

12-2 Based on Michael's estimates of the discount rate, the funded status of Ferredi Inc.'s pension plan would be negatively affected by

A. the decrease in the pension expense.

B. the increase in the benefit obligation.

C. the decrease in the fair value of plan assets.

12-3 In accounting for the DB plan in the DCF model, Danial inappropriately adjusts

A. the net pension asset.

B. the future service cost.

C. both the net pension asset and the future service cost.

12-4 If share price at settlement date were $40 per share and statutory tax rate were 20%, to compare with effective tax rate of companies under US GAAP, adjustment to Ferredi Inc.'s income statement for 2024 would be closest to:

A. a $32 million reduction in income tax expense.

B. a $32 million increase in income tax expense.

C. a $64 million reduction in income tax expense.

12-5 Ferredi Inc. reported 280 000 000 basic shares outstanding for the year ended 31 December 2022. Assuming that the RSUs are the only potentially dilutive securities outstanding and an average share price of $75 for 2022, diluted shares outstanding for the year ended 31 December 2022 is closest to:

A. 280 000 000.

B. 286 666 667.

C. 288 000 000.

12-6 Which of Danial's statements about share-based awards in the DCF model is the most likely to be correct?

A. Only statement 1.

B. Only statement 2.

C. Neither statement 1 nor statement 2.

答案与解析

12-1 A

在 IFRS 下,有两部分会被计入其他综合收益(OCI),分别是①养老金计划资产的实际投资收益与按照折现率计算的收益之间的差额;②精算损益;即 OCI =(200 - 4 672×5.5%) + 38 = (18.96),因此,正确选项为 A。

对于选项 B,只将精算损益计入了其他综合收益,因此,该选项错误。

对于选项 C,错误地将过去服务成本(past service cost)计入了其他综合收益,因此,该选项错误。

12-2 C

资金状况(funded status)是养老金计划资产的公允价值与养老金负债之间的差额。Michael 认为应该使用更高的折现率(6%)来评估养老金计划资产和负债,而更高的折现率会降低养老金计划资产的公允价值,从而对资金状况产生负面影响,因此,正确选项为 C。

对于选项 A,更高的折现率会减少养老金成本,降低养老金负债,从而改善资金状况。因此,该选项错误。

对于选项 B,更高的折现率会降低养老金负债,而不是增加养老金负债。因此,该选项错误。

12-3 A

该企业养老金资产的公允价值大于养老金负债,两者之间的差额在资产负债表上列报为养老金净资产(net pension asset),即 DB plan 处于资金盈余状态(overfunded)。由于资金盈余是不能从养老金计划中取出并分配给投资者的,所以估值时不予考虑。因此在计算企业价值(enterprise value)时,不应该包括这部分资金盈余。因此,本题选择选项 A。

对于选项 B,由于 DB plan 的资金状况并未包括未来服务成本,在使用自由现金流折现模型对公司价值进行估值时,要把未来服务成本从自由现金流中予以扣除。因此 Danial 对未来服务成本的调整是正确的。

对于选项 C,综上所述,Danial 对养老金净资产的调整是错误的,对未来服务成本的调整是正确的。

12-4 A

授予日的股价($20)小于结算日的股价($40),因此会产生超额税收优惠(excess tax benefit),即超额税收优惠 = ($40 - $20)×8million×20% = $32million。在 IFRS 下,超额税收优惠会直接计入资产负债表并增加所有者权益,而在 US GAAP 下,超额税收优惠会先计入当期利润表减少所得税费用,在会计期末转入资产负债表并增加所有者权益中的留存收益。为了和 US GAAP 企业的有效税率作对比,Ferredi 需要将所得税费用调减 $32 million,因此,正确选项为 A。

对于选项 B,综上所述,该选项错误。

对于选项 C,计算中错误地使用了结算日股价,即超额税收优惠 = $40 × 8million × 20% = $64million。因此,该选项错误。

12-5 A

该公司 2022 年利润表上出现净亏损(net loss),所以基本每股收益和稀释每股收益都是负数。此时,当有潜在的稀释性限制性股票单位(RSUs)纳入稀释的流通在外的股数计算时,会使得稀释每股收益大于基本每股收益(负数的绝对值越小,数值越大),即限制性股票单位具有反稀释性。因此稀释的流通在外股数与基本的流通在外股数相等,因此,正确选项为 A。

对于选项 B,未考虑到公司净亏损时,不管有多少潜在的稀释性证券,稀释的流通在外股数与基本的流通在外股数都相等。错误的计算过程如下:

$$稀释的流通在外股数 = 280\,000\,000 + 8\,000\,000 - \frac{(120\,000\,000 + 80\,000\,000)/2}{75} = 286\,666\,667$$

因此,该选项错误。

对于选项 C,计算中只加上了库存股份法下假设行权增加的股数,未减去回购的股数,错误的计算过程如下:

$$稀释的流通在外股数 = 280\,000\,000 + 8\,000\,000 = 288\,000\,000$$

因此,该选项错误。

12-6 C

对于 Statement 1,在使用自由现金流折现模型评估公司价值时,为了防止股票数量被低估,进而高估公司股价,这部分反稀释的证券需要被纳入稀释的流通在外股数计算中。因此,Statement 1 错误。

对于 Statement 2,虽然基于股份支付的福利是一种非现金支出,但是基于股份支付的福利会将一部分公司价值转移给员工,稀释原有股东的权益。因此在进行估值时,需要考虑未来新授予的基于股份支付的福利。因此,Statement 2 错误。

综上所述,正确选项为 C。

第 13 章
跨国经营

章节导学

知识引导

在一家跨国企业的经营中,会涉及以外币计价的交易以及对外国子公司的投资,这两类商业活动的会计核算都涉及资产、负债、收入和费用的汇率折算。本章主要介绍了外币计价交易的计量、母公司对子公司以外币标价的报表的折算,以及这两者中汇率变动对企业财务数据的影响。针对外币标价报表的折算,不同的折算方法适用于不同的场景,折算后的财务数据也有所不同,这是本章主要讲述的内容。此外,本章还介绍了跨国经营对一家公司的有效税率的影响以及分析跨国企业销售收入可持续性时所需要注意的事项。

考点聚焦

本章是"财务报表分析"科目中的难点,其中最重要的是外币报表折算的两种方法。要求考生在能够辨析不同折算方法适用场景的基础上,计算折算的结果,并且能够分析不同的折算方法对财务结果和财务比率的影响。

本章框架图

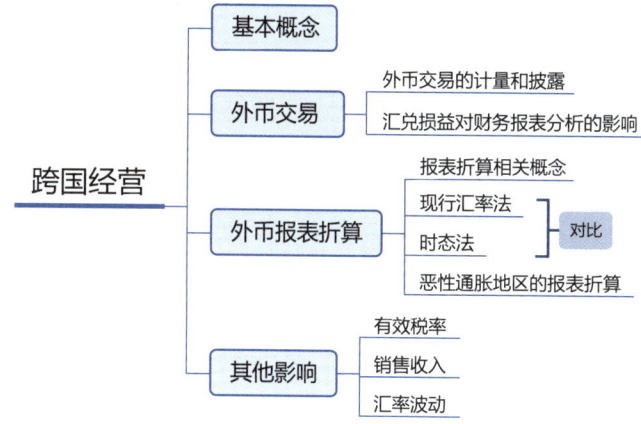

13.1 基本概念

> —考点要求—
> 比较和对比(compare and contrast)报告货币、功能性货币、当地货币(★)

企业在从事跨国业务时,常会涉及不同种类的货币,在针对跨国业务的会计计量中,常常将货币分为以下三类。

(1) **报告货币**(presentation currency, reporting currency),是指公司编制合并财务报表所使用的货币,通常是母公司个别报表使用的货币。

(2) **功能性货币**(functional currency),是指公司经营所在环境中的货币。例如,公司赚取收入和支付费用所主要使用的货币。关于功能性货币的判定标准,本章 13.3.1 中还会详细说明。

(3) **当地货币**(local currency),是指公司经营所在地的货币。

对于许多企业来说,报告货币就是当地货币,同时也是功能性货币,但是对于有跨国业务的企业来说,这三者不尽相同。对跨国业务进行会计核算时,通常会在不同汇率之间进行折算,这些涉及汇率折算的经营活动主要包括以外币计价的交易(外币交易)和境外子公司的经营。对这两类活动的会计处理是本章的重点。

13.2 外币交易 (Foreign Currency Transaction)

> —考点要求—
> 描述(describe)外币交易敞口、外币交易利得和损失的计量与披露方法(★)

外币交易(foreign currency transactions),是指以非功能性货币计价的交易。外币交易包括以外币计价的买卖(进口和出口)、以外币计价的借贷以及还款。例如,一家中国企业的功能性货币是人民币,当它进口一台德国的设备时,如果合同约定该设备以欧元计价,那么这家中国企业就需要支付约定金额的欧元。

13.2.1 外币交易的计量和披露

外币交易会产生以外币标价的资产或负债,应该以交易发生时的汇率折算成功能性货币来进行初始计量。例如,2022 年 9 月,中国某公司进口一台德国的仪器,标价是 100 万欧元,那么这家中国公司就会产生 100 万欧元的应付账款,如果交易发生时的汇率是 1 欧元兑 7.773 4 元人民币,那么这些应付账款就应该折算成 777.34 万元人民币计入资产负债表。

外汇汇率波动会导致货币性资产或负债的价值波动,进而产生**外币交易利得和损失** (foreign currency transaction gains and losses)或**汇兑损益**,这称为外币交易风险敞口 (foreign currency transaction exposure)。汇兑损益需要计入利润表,在计量汇兑损益时需要考虑以下两种情况。

(1) 如果交易发生和交易结算(支付)处于同一个会计期间内,如图 13.1 所示。

图 13.1　交易的发生与结算处于一个会计期间内

那么从交易日到结算日之间的汇率变化所产生的汇兑损益计入当期的利润表。

（2）如果交易发生与交易结算分别处于两个会计期间，即资产负债表日处于交易发生与交易结算之间，如图 13.2 所示。

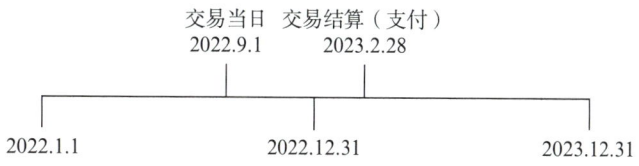

图 13.2　交易的发生与结算处于两个会计期间内

那么在资产负债表日（图中 2022 年 12 月 31 日），需要根据当时的汇率调整资产或负债的价值。从交易日到资产负债表日的因汇率变化产生的损益是未实现（unrealized）的汇兑损益，该汇兑损益需要计入 2022 年的利润表。

当这笔交易完成支付时，实际支付金额是按照支付日的汇率来计算的。从上一资产负债表日（图中 2022 年 12 月 31 日）到支付日（图中 2023 年 2 月 28 日）的汇率变化所产生的损益是已实现（realized）的汇兑损益，该汇兑损益计入 2023 年的利润表。整笔交易实现的汇兑损益，等于两年的汇兑损益之和。

例题 13.1

2022 年 9 月 1 日，中国某公司进口一台德国的仪器，标价是 100 万欧元。该中国公司在 2023 年 2 月 28 日支付全部货款。假设相关的即期汇率如下：

- 2022 年 9 月 1 日：1 欧元＝7.773 4 元人民币
- 2022 年 12 月 31 日：1 欧元＝7.809 4 元人民币
- 2023 年 2 月 28 日：1 欧元＝7.716 1 元人民币

该进口方应该如何计量这笔交易？

名师解析

2022 年 9 月 1 日，应付账款的金额为：

$$100 \times 7.773\ 4 = 777.34(万元)$$

2022 年 12 月 31 日，应付账款的金额为：

$$100 \times 7.809\ 4 = 780.94(万元)$$

2023 年 2 月 28 日，应付账款金额为：

$$100 \times 7.716\ 1 = 771.61(万元)$$

2022 年 9 月，应该确认应付账款 777.34 万元。2022 年 12 月 31 日，应该将该应付账款调整至 780.94 万元，同时确认汇兑损失＝780.94－777.34＝3.6(万元)。2023 年应该确认汇兑利得＝780.94－771.61＝9.33(万元)。该外币交易总共产生了已实现的汇兑利得＝9.33－3.6＝5.73(万元)。

注意，负债增加产生损失，负债减少产生利得。

> **知识一点通**
>
> 在计算汇兑损益时,应注意分清时间节点;对于定性判断的题目,考生可以通过如下方法来记忆:
>
> 当外币升值时,外币计价的资产产生利得,外币计价的负债产生损失;
>
> 当外币贬值时,外币计价的资产产生损失,外币计价的负债产生利得。

13.2.2 汇兑损益对财务报表分析的影响

首先,汇兑损益可以披露在其他营业收入或费用(other operating income/expense)中,也可以披露在营业外收入或费用(non-operating income/expense)中。披露的灵活性会降低公司与公司之间营业利润率的可比性。

其次,利润表中包含了未实现的汇兑损益,而最终实现的汇兑损益可能会与之相去甚远,分析时需要谨慎对待。

13.3 外币报表折算(Translation of Foreign Currency Financial Statement)

对境外经营子公司的投资是跨国企业的一项重要业务。IFRS 和 US GAAP 都要求母公司将子公司纳入报表合并的范围。如果境外子公司的记账货币是当地货币,那么在编制合并报表前,需要先将子公司的报表折算成母公司的报告货币,并且在进行报表折算时选择正确的方法。

—考点要求—
分析(analyze)汇率变化对子公司和母公司折算后销售收入的影响(★★★)

—考点要求—
对比(compare)现行汇率法和时态法(★★★)

13.3.1 报表折算相关概念

13.3.1.1 确定功能性货币

在确定使用何种方法进行报表折算前,母公司需要先确定子公司的功能性货币是哪一种货币。

虽然前文介绍过,功能性货币就是企业经营所在环境中的货币,但是在实践中仍然需要更具可操作性的判断标准。IFRS 规定,功能性货币通常是:

(1)影响产品和服务价格的货币。
(2)影响产品和服务价格的竞争环境和监管环境中的货币。
(3)影响产品和服务所投入的人工、材料等成本的货币。
(4)融资所使用的主要货币。
(5)经营所得的主要货币。

在以下情况出现时,可以认为子公司的功能性货币就是母公司的功能性货币:

(6)子公司的经营是母公司经营的延伸,子公司缺乏经营自主权。
(7)母公司和子公司之间的交易占子公司业务的较大部分。
(8)子公司的现金流直接影响母公司现金流,并且可以直接汇给母公司。

(9) 子公司的经营性现金流不足以偿还自身债务,需要母公司的资金予以补给。

上述九条判断标准在使用中,第一条和第二条的优先级最高。

13.3.1.2 折算汇率

在财务报表的折算过程中,不同的报表科目适用不同的汇率,所使用的汇率主要包括以下三种:

(1) 现行汇率(current rate),指资产负债表日的汇率。

(2) 平均汇率(average rate),指会计期间内汇率的平均水平。

(3) 历史汇率(historical rate),指交易发生时的汇率,如对于资产来说,购买时的即期汇率就是历史汇率。

由于报表中的不同项目适用不同的折算汇率,折算后的报表不能满足会计等式的平衡关系,因此,需要"补足"差额部分,才能使等式平衡,这个差额被称为**折算调整**(translation adjustment)。不同的折算方法对折算汇率的选择要求不同,对于折算调整的披露也不同。

13.3.2 现行汇率法(Current Rate Method)

如果子公司经营所在地的货币就是其功能性货币,则要求使用**现行汇率法**来将子公司报表从当地货币折算成母公司报表货币,如图13.3所示。

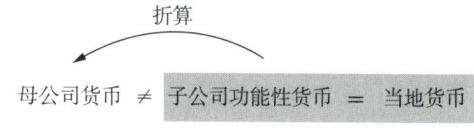

图 13.3 现行汇率法

—考点要求—
评估(evaluate)现行汇率法和时态法对资产负债表、利润表的影响(★★★)

—考点要求—
确定(determine)不同场景下适用的外汇折算方法(★★★)

现行汇率法对报表中各个项目所适用的折算汇率要求如下:

(1) 资产和负债用资产负债表日的即期汇率(现行汇率)进行折算。

(2) 所有者权益,整体用资产负债表里的即期汇率进行折算,股本用历史汇率进行折算。

(3) 期初留存收益从前期折算后的报表中获得,不需要折算。

(4) 收入和费用以交易发生时的汇率进行折算,出于简化的目的,有时使用会计期间的平均汇率代替收入和费用发生时的汇率。

(5) 股息以宣告日的汇率进行折算。

上述折算过程中,折算后的资产、负债和所有者权益中除了留存收益的部分都可以通过折算直接获得,留存收益通过加总期初留存收益、折算后的收入、费用、股息得到。由于各个项目使用了不同的汇率,折算后的报表不满足会计等式的平衡,差额部分称为**累计折算调整**(cumulative translation adjustment,CTA)。累计折算调整直接披露在所有者权益中。当这个子公司被出售时,累计折算调整计入当期损益。

折算调整是一种未实现的损益,现行汇率法下,应该直接计入所有者权益。而当该子公司被出售的时候,未实现的损益变成已实现的损益,所以应将前期的累计折算调整计入利润表。

> **知识一点通**
>
> 现行汇率法折算外币报表的流程如图 13.4 所示(图中黑色字体代表通过折算可以得到的金额,蓝色字体代表需要通过其他项目倒轧得到的金额)。

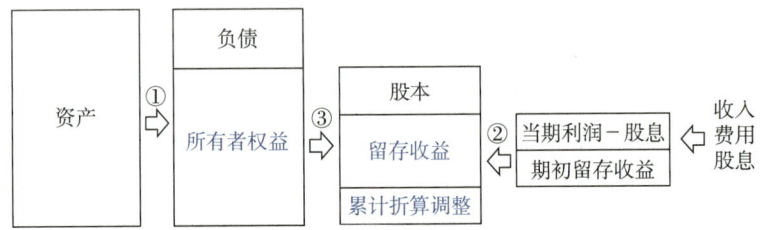

图 13.4　现行汇率法示意图

> 根据图 13.4 所示,现行汇率法下:
> ①折算后的资产和负债轧差可以得到所有者权益,即:资产=负债+所有者权益。
> ②期初的留存收益结合折算后的收入、费用、股息,可以得到期末留存收益,即:留存收益=期初留存收益+(收入-费用)-股息。
> ③留存收益和所有者权益结合折算后的股本,可以轧差得到累计折算调整,即:所有者权益=股本+留存收益+累计折算调整。
> 注意,留存收益不能直接折算得到,因为其中包含的期初留存收益、净利润、股息使用了不同的折算汇率。

使用现行汇率法,公司总资产大于总负债时,差额称为**净资产敞口**(net asset balance sheet exposure);反之,则称为**净负债敞口**(net liability balance sheet exposure)。正常情况下,公司的总资产不会小于总负债(负的所有者权益),也就不会产生净负债敞口。

在净资产敞口状态下,当子公司个别报表编制所用货币(以下简称子币)升值,正的累计折算调整增加,或者负的累计折算调整减少,即所有者权益上升;当子币贬值,正的累计折算调整减少,或者负的累计折算调整增加,即所有者权益下降。

> **知识一点通**
>
> 使用现行汇率法,资产和负债使用现行汇率折算,因此,如果子币升值,资产和负债都会增加,由于通常资产大于负债,所以资产上升的金额也大于负债上升的金额。因此,在净资产敞口下,子币升值会带来正的累计折算调整变化额。

13.3.3　时态法(Temporal Method)

如果子公司以母公司的报表货币作为功能性货币,但使用子公司所在当地的货币记账,则要求使用**时态法**来将子公司的报表折算成功能性货币,即母公司报表货币。US GAAP 称这个过程为**重新计量**(remeasurement),如图 13.5 所示。

图 13.5　时态法

时态法对折算汇率的使用要求包括以下几个方面。

(1) 货币性资产(monetary assets)和货币性负债(monetary liabilities)用现行汇率折算。货币性资产和负债包括现金及现金等价物、应收款、应付款、短期和长期债券等。

(2) 以现行价值(current value)计量的非货币性资产和负债,以确定现行价值时的汇率进行折算(通常也是现行汇率)。

(3) 以历史成本为基础计量的非货币性资产和非货币性负债用历史汇率折算。以历史成本为基础计量的非货币性资产包括固定资产、存货、无形资产等。非货币性负债包括递延收入、预收收入等,但企业的大多数负债都是货币性负债。

(4) 所有者权益中,除留存收益外,其余部分使用历史汇率折算。

(5) 期初留存收益从前期折算后的报表中获得,不需要折算。

(6) 收入和费用(除了与非货币性资产有关的部分)用交易发生时的汇率进行折算,出于简化的目的,可以使用平均汇率代替。

(7) 与非货币性资产有关的费用,如销货成本和固定资产折旧,用与该资产相同的折算汇率进行折算。

(8) 股息以宣告日的汇率进行折算。

时态法要求将折算调整计入当期损益,即利润表。US GAAP 称之为**重新计量损益**(remeasurement gains and losses)。

> **知识一点通**
>
> 注意,时态法中的"折算调整"不是现行汇率法中的"累计折算调整"。时态法要求将折算调整计入利润表,因此,在期初的留存收益中,已经包含了前期累计的折算调整,而计入当期损益的"折算调整"是当期的变化量。

使用时态法时,如果**使用现行汇率折算的资产**大于**使用现行汇率折算的负债**,差额称为净资产敞口;反之,差额称为净负债敞口。

在净资产敞口下,子币升值会产生折算利得,子币贬值会产生折算损失;反之,在净负债敞口下,子币升值会产生折算损失,子币贬值会产生折算利得。

时态法下,净负债敞口较为常见,因为通常企业的资产绝大多数是固定资产、存货这类非货币性资产,大多用历史汇率折算;而负债中绝大部分是债券、应付账款等货币性负债,用现行汇率折算。因此,使用现行汇率折算的负债通常要大于使用现行汇率折算的资产。

在使用历史成本折算的资产中,存货较为特殊。使用不同的存货计价方法会影响时态法下存货折算所使用的汇率。如果存货使用**先进先出**法(first-in, first-out, FIFO)计价,那么折算期末存货时所使用的是较近期的汇率,而折算销货成本使用的是较早期的汇率。如果使用**后进先出**法(last-in, first-out, LIFO),那么折算期末存货时所使用的是较早期的汇率,而折算销货成本使用的是较近期的汇率。如果采用加权平均法,那么期末存货和销货成本所采用的折算汇率介于使用 LIFO 和 FIFO 的汇率之间。

> **知识一点通**
>
> 时态法与现行汇率法最明显的一个区别就是,时态法中有一部分资产和负债使用历史汇率计量,而不是现行汇率计量,相应地,与之相关的费用也使用资产或负债的历史汇率计量,而不是费用发生时的汇率或平均汇率。另一个区别在于,时态法将折算调整计入当期损益,而现行汇率法要求直接计入所有者权益。

> **知识一点通**
>
> 时态法折算外币报表的流程如图 13.6 所示(图中黑色字体代表通过折算可以得到的金额,蓝色字体代表需要通过其他项目倒轧得到的金额)。
>
>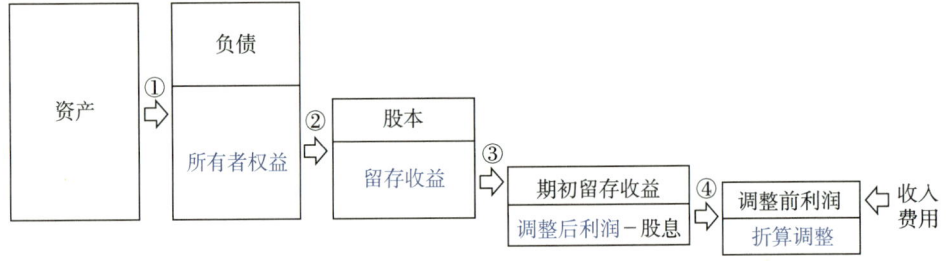
>
> 图 13.6 时态法示意图
>
> 图 13.6 中,①~④代表时态法下:
>
> ①折算后的资产和负债轧差可以倒轧得到所有者权益,即:资产=负债+所有者权益。
>
> ②所有者权益结合折算后的股本,轧差可以得到留存收益,即:所有者权益=股本+留存收益。
>
> ③期末留存收益结合期初留存收益以及折算后的股息,轧差可以得到调整后的利润,即:留存收益=期初留存收益+(调整后的利润-股息)。
>
> ④折算后的收入、费用,结合调整后的利润,可以轧差得到计入利润表的折算调整(重新计量损益),即:调整后的利润=收入-费用+折算调整。
>
> 由于时态法要求将折算调整计入利润表,因此,通过折算后的收入、费用得到的净利润只能是未经过调整的,即不包含折算调整的净利润。完整的净利润需要经过留存收益、股息、期初留存收益的轧差才能得到。

例题 13.2

G 公司是一家美国企业,拥有一家德国子公司 G-1。G-1 公司 2022 年财务报表如下所示。

(单位:万欧元)

	2022 年 12 月 31 日
现金	600
应收账款	450
存货	900
固定资产	2 700
累计折旧	300
总资产	4 350
应付账款	420
应付长期债券	1 540
总负债	1 960
普通股	2 000
留存收益	390
累计折算调整	—
负债和所有者权益	4 350

	2022 年
收入	3 000
销货成本	(2 100)
营业费用	(300)
利息费用	(110)
所得税费用	(80)
净利润	410
折算调整	—
股息	100
调整后净利润	—

相关的汇率如下。

	USD/EUR
2022.12.31	1.199 7
股息宣告日 2022 年 12 月 25 日的汇率	1.187 1
2022 年平均	1.125 6
存货和销货成本的历史汇率	1.102 3
2021.12.31	1.051 6
普通股发行时的汇率	1.061 3
固定资产的历史汇率	1.058 4

—考点要求—
计算(calculate)外汇折算的影响(★★★)

—考点要求—
评估(evaluate)将子公司资产负债表和利润表折算成母公司报告货币的影响(★★★)

留存收益的期初余额为 295 万美元。如果该子公司使用欧元作为功能性货币,请选用恰当的方法折算该子公司报表;如果该子公司使用美元作为功能性货币,请选用恰当的方法折算该子公司报表。对比两种方法下的折算结果。

名师解析

如果该子公司使用欧元作为功能性货币,需要使用现行汇率法折算报表。如果该子公司使用美元(母公司报告货币)作为功能性货币,需要使用时态法对报表进行折算。

现行汇率法和时态法下,折算所使用的汇率及折算结果如下表所示。[①]

	折算前 (万欧元)	现行汇率法		时态法	
		折算汇率	折算后 (万美元)	折算汇率	折算后 (万美元)
现金	600	1.199 7	719.82	1.199 7	719.82
应收账款	450	1.199 7	539.87	1.199 7	539.87
存货	900	1.199 7	1 079.73	1.102 3	992.07
固定资产	2 700	1.199 7	3 239.19	1.058 4	2 857.68
累计折旧	300	1.199 7	359.91	1.058 4	317.52
总资产	4 350	—	5 218.70	—	4 791.92
应付账款	420	1.199 7	503.87	1.199 7	503.87
应付长期债券	1 540	1.199 7	1 847.54	1.199 7	1 847.54
总负债	1 960	—	2 351.41	—	2 351.41
普通股	2 000	1.061 3	2 122.60	1.061 3	2 122.60
留存收益	390	—	637.79 *	—	317.91 * *
累计折算调整	—	—	106.90 *	—	—
负债和权益	4 350	—	5 218.70	—	4 791.92
收入	3 000	1.125 6	3 376.80	1.125 6	3 376.80
销货成本	(2 100)	1.125 6	(2 363.76)	1.102 3	(2 314.83)
营业费用	(300)	1.125 6	(337.68)	1.125 6	(337.68)
利息费用	(110)	1.125 6	(123.82)	1.125 6	(123.82)
所得税费用	(80)	1.125 6	(90.05)	1.125 6	(90.05)
净利润	410	—	461.50	—	510.43
折算调整	—	—	—	—	−368.81 * *
调整后净利润	—	—	—	—	141.62 * *
股息	100	1.187 1	118.71	1.187 1	118.71
期初留存收益	—	—	295	—	295

表中 * 和 * * 标记部分的计算过程如下:

(1)现行汇率法下,通过期初留存收益、折算后的净利润、折算后的股息可得到折算后的留存收益为:

[①] 由于计算过程中保留小数位数不同,读者的计算结果与本书的结果可能有所出入。

$$295+461.50-118.71=637.79(万美元)$$

注意,由于收入和费用都使用平均汇率折算,因此,净利润也可以直接使用平均汇率折算得到,即 $410 \times 1.1256 \approx 461.50$ 万美元。

通过折算后的净资产、股本和留存收益,可以计算出所有者权益中的累计折算调整,即:

$$(5218.70-2351.41)-2122.6-637.79=106.90(万美元)$$

注意,由于现行汇率法下,资产和负债都用现行汇率折算,因此,净资产也可以直接使用现行汇率折算得到,即:

$$(4350-1960) \times 1.1997 \approx 5218.70-2351.41=2867.28(万美元)$$

(2) 时态法下,通过资产、负债、股本可以计算出留存收益:

$$4791.92-2351.41-2122.60=317.91(万美元)$$

通过留存收益、期初留存收益、股息,可以倒轧得到净利润(包含折算损益),即:

$$317.91-295+118.71=141.62(万美元)$$

通过包含折算调整的净利润和不包含折算调整净利润,可以倒轧出折算调整,即:

$$141.62-510.43=-368.81(万美元)$$

其中,510.43 万美元是基于收入和费用计算得到的净利润,不包含折算调整。该利润表进行了简化处理,没有单独列出折旧费用,故不用考虑。但如果题目中利润表里单列出了折旧费用,那么在时态法下折旧费用也应该用固定资产的历史汇率折算。

由上述折算结果可以看出,采用现行汇率法和时态法所得的折算调整,不仅金额不同,方向也不同。由于外币(欧元)升值,在现行汇率法下产生了正的累计折算调整,而在时态法下产生了折算损失。

备考小贴士

报表折算是本章重点,考生应理解两种折算方法的含义、差别,并能够熟练地完成计算。

知识一点通

现行汇率法和时态法可能同时被一个企业所使用。当一家公司的一部分海外子公司使用子公司当地货币作为功能性货币,而另一部分海外子公司使用母公司报表货币作为功能性货币时,母公司会使用不同方法分别对上述两类公司的报表进行折算。

因此,母公司的合并报表上可以同时出现所有者权益中的"累计折算调整"和利润表中的"折算调整"。

13.3.4 现行汇率法和时态法对比及财务比率的影响

—考点要求—
分析（analyze）现行汇率法和时态法对财务报表和财务比率的影响(★★★)

现行汇率法和时态法的主要区别在于两个方面：
(1) 时态法要求对部分资产、负债、费用使用历史汇率。
(2) 时态法下，折算调整计入利润表。
两者的差异归纳如表 13.1 所示。

表 13.1 现行汇率法和时态法的主要区别

	现行汇率法	时态法
货币性资产/负债	现行汇率	现行汇率
非货币性资产/负债	现行汇率	历史汇率
所有者权益	现行汇率	涉及多种汇率（资产和负债倒轧得来）
普通股股本	历史汇率	历史汇率
留存收益	涉及多种汇率（涉及收入、费用、股息、期初余额）	涉及多种汇率（资产、负债、股本倒轧得来）
收入	平均汇率	平均汇率
销货成本	平均汇率	历史汇率
折旧/摊销	平均汇率	历史汇率
其他营业费用	平均汇率	平均汇率
（折算后的）净利润	平均汇率	涉及多种汇率（通过留存收益、期初留存收益、股息倒轧得来）
折算调整	计入所有者权益（CTA）	计入利润表（remeasurement gain and loss）

报表折算会使得一部分财务比率发生变化。

使用现行汇率法，当财务比率的分子分母都是资产负债表科目（例如，债务净资产比率，债务资产比率），或者分子分母都是利润表科目（例如，毛利率、营业利润率、净利润率、利息覆盖率）时，由于分子分母使用相同的汇率进行折算，因此，折算不会对比率结果造成影响。

当比率中分子分母来自不同的报表（例如，ROE、ROA、周转率），或者来自同一报表但使用了多种折算汇率（例如时态法下，流动比率、财务杠杆比率、利息覆盖率、利润率等）时，由于分子和分母使用了不同的汇率进行折算，则折算会对比率结果造成影响。对于这类比率，需要进行详细的分析才能判断折算对其造成的影响以及两种方法下折算结果的差异。

例题 13.3

根据例题 13.2 的结果，计算 G-1 公司折算后的 ROE、固定资产周转率、流动比率和净利润率（假设资产负债表科目全部使用期末数据）。

名师解析

根据折算后的财务报表数据，可以得到折算后的 ROE、固定资产周转率、流动比率和净利润率，如下表所示。

	折算前	折算后（现行汇率法）	折算后（时态法）
ROE	410÷(2 000+390) =17.15%	461.5÷(2 122.60+637. 79+106.90)=16.70%	141.62÷(2 122.60+317.91) =5.8%
固定资产周转率	3 000÷(2 700-300) =1.25	3 376.80÷(3 239.19- 359.91)=1.17	3 376.80÷(2 857.68-317. 52)=1.33
流动比率	(600+450+900)÷ 420=4.64	(719.82+539.87+ 1 079.73)÷503.87=4.64	(719.82+539.87+992.07) ÷503.87=4.47
净利润率	410÷3 000=13.67%	461.5÷3 376.80=13.67%	141.62÷3 376.80=4.19%

> **备考小贴士**
>
> 不同折算方法对财务比率的影响也是考试的重点。在解决定性判断比率变化方向的考题时，可以遵循以下步骤：
> （1）判断子币升值或是贬值。
> （2）列出需要分析的比率表达式。
> （3）判断分子分母所使用的折算汇率及其大小。
> （4）判断调整后比率的变化。

13.3.5 恶性通胀地区的报表折算

13.3.5.1 US GAAP 的要求

US GAAP 将三年累计超过 100%（相当于年化通胀率 26%）的通胀定义为恶性通胀。折算恶性通胀地区子公司的报表，一律使用时态法。

13.3.5.2 IFRS 的要求

IFRS 没有对何为恶性通胀做出明确定义，但三年累计超过 100% 的通胀率可以作为判断恶性通胀的一个依据。IFRS 对恶性通胀地区子公司的报表折算有以下要求。

1. 重述（Restate）

IFRS 要求首先应将境外子公司的报表根据当地的通胀率进行重述。

货币性资产和负债不需要重述，因为它们的账面价值已经反映了它们所代表的当地的货币金额。非货币性资产和负债需要重述，例如固定资产、存货等，它们通常以历史成本计量，但它们的价值随着物价水平变化而变化，因此，需要根据自购买之日起的物价指数变动进行重述。

所有者权益中的项目（除留存收益外）根据自原始入账日到资产负债表日的物价水平变动进行重述。

利润表中的项目应根据交易原始确认日到资产负债表日的物价指数变化进行重述。

因为报表中不同项目的重述方案不同，导致重述后的报表不能满足会计等式的平衡关系，所以会产生购买力损益（purchasing power gain 和 purchasing power loss）或称通胀

—考点要求—
分析（analyze）对于处于恶性通胀地区的子公司，不同的折算方法对财务报表和财务比率的影响（★★）

损益。

在通胀期间,持有现金、应收账款等货币性资产会产生损失,而应付账款、应付债券等货币性负债会产生利得。随着通胀发生,货币性资产所代表的购买力下降。

2. 现行汇率调整

重述后的报表使用现行汇率对经过通胀调整后的报表项目进行折算。由于折算时,所有项目都使用现行汇率,故不会产生折算调整。注意,此处的"现行汇率调整"不是指13.3.2中的"现行汇率法"。

虽然US GAAP和IFRS对恶性通胀地区子公司报表折算的要求不尽相同,但如果当地物价和外币汇率成反比变动(例如,当地物价指数翻倍,当地货币贬值一半),那么按照US GAAP和IFRS的要求折算得到的结果会是一致的。

例题 13.4

G公司在2021年设立了一家海外公司G-2,G-2公司在2022年1月1日获得了G公司投入的1 200万元,并用于购买固定资产。该子公司2022年报表如下表所示。

(单位:万元)

	2022年1月1日	2022年12月31日
现金	830	660
应收账款	0	540
固定资产	840	840
总资产	1 670	2 040
应付账款	470	530
普通股	1 200	1 200
留存收益	0	310
负债和所有者权益	1 670	2 040

(单位:元)

	2022年
收入	2 000
销货成本	(1 500)
营业费用	(100)
利息费用	(20)
所得税费用	(70)
净利润	310

G-2公司所在当地物价水平变化如下:
- 2022年1月1日物价指数:100
- 2022年12月31日物价指数:200
- 2022年平均物价指数:160

根据IFRS的要求对G-2公司报表进行通胀调整。

名师解析

根据 IFRS 要求，G-2 公司 2022 年期初固定资产余额以及普通股股本都应该根据自 2022 年 1 月 1 日起的物价水平变动进行重述。重述后的资产负债表如下。

（单位：万元）

	2022 年 12 月 31 日	调整系数	重述后
现金	660	×100÷100	660
应收账款	540	×100÷100	540
固定资产	840	×200÷100	1 680
总资产	2 040	—	2 880
应付账款	530	×100÷100	530
普通股	1 200	×200÷100	2 400
留存收益	310	—	(50.00)
负债和所有者权益	2 040	—	2 880

出于简化的目的，假设利润表中的项目原始确认时的物价水平为 2022 年的平均物价水平，重述后的利润表如下。

（单位：万元）

	2022 年	调整系数	重述后
收入	2 000	×200÷160	2 500.00
销货成本	(1 500)	×200÷160	(1 875.00)
营业费用	(100)	×200÷160	(125.00)
利息费用	(20)	×200÷160	(25.00)
所得税费用	(70)	×200÷160	(87.50)
调整购买力损益前的利润	310	—	388
购买力损益	—	—	−437.50
净利润	—	—	−50.00

其中，购买力损益可以分解为以下部分：

期初持有现金和应收账款的损失：$-830×(200-100)÷100=-830$（万元）

期间增加的现金和应收账款的损失：$-[(660+540)-830]×(200-160)÷160≈-92.5$（万元）

期初持有应付账款的收益：$470×(200-100)÷100=470$（万元）

期间增加的应付账款的收益：$(530-470)×(200-160)÷160=15$（万元）

因此，购买力损益为：

$$-830-92.5+470+15=-437.5（万元）$$

13.4 跨国经营的其他影响

13.4.1 有效税率

—考点要求—
描述（describe）跨国经营对有效税率的影响（★）

由于不同国家和地区拥有不同的税收制度，因此，跨国经营企业的有效税率也会受到其经营所在税务管辖区（tax jurisdiction）的影响。跨国经营对一家公司有效税率的影响体现在以下两方面：
(1) 经营所在税务管辖区。
(2) 各个税务管辖区内的税率。

大多数国家都避免对境外经营的企业进行重复征税，如果企业通过改变内部转移价格将利润中心转移到税率较低的国家，那么整个企业的有效税率就有可能降低。

13.4.2 销售收入

—考点要求—
解释（explain）影响销售收入的不同因素变化对可持续销售收入增长的影响（★）

跨国公司的销售收入变化受到以下两方面因素的影响：
(1) 销售量和售价的变化。
(2) 销售的标价货币与报表货币之间汇率的变化。例如，如果美元升值，中国公司每出口1美元的商品，所获得的收入折算成人民币就会更多。

销售量和售价带来的收入增长比汇率变化带来的收入增长更具有可持续性。销售量和售价带来的收入增长很大程度上是由公司管理层的能力决定的，是"自然"增长（organic growth）；而汇率变化带来的收入增长并不受管理层控制。因此，分析师在评估管理层的业绩，确定他们的合理薪酬，以及预测未来业绩时，应当区分销售收入中的汇率影响和"自然"增长。

13.4.3 汇率波动

—考点要求—
已知一家公司经营所在国家，分析（analyze）汇率波动对财务结果的影响（★）

跨国经营的公司通常会披露汇率风险的来源，以及在一定程度的汇率波动下，公司利润受到的影响，即敏感性分析的结果。分析师在预测跨国经营企业未来的利润时，有必要预测汇率的变化以及公司利润对汇率变化的敏感程度。

练一练

The questions are based on the following information.

Golden Manufacturing Ltd. is a London-based multinational corporation which owns several overseas subsidiaries and trades with foreign companies. Arya Lee, an equity analyst, is preparing for a meeting with his client who is interested in Golden Manufacturing. The client is concerned about the impact of the company's multinational operations on its financial results. Golden Manufacturing's presentation currency is GBP and prepares its financial statements in accordance with IFRS. C-Golden Ltd. is one of its Chinese subsidiaries.

Lee collected the 2022 financial statements of C-Golden to identify how the parent accounts for C-Golden. C-Golden's financial statements are given in Exhibit 13.1 and Exhibit 13.2.

Exhibit 13.1 Balance sheet of C-Golden of Year Ending 2022

(in CNY thousands)

Cash	300
Account receivable	211
Inventory	423
Net fixed assets	900
Total assets	1 834
Account payable	188
Note payable	400
Total liabilities	588
Common stock	1 000
Retained earnings	246
Liabilities and owners' equity	1 834

Exhibit 13.2 Income Statement of C-Golden of 2022

(in CNY thousands)

Revenue	1 122
COGS	(840)
SG&A	(105)
Interest expense	(30)
Income tax	(80)
Income after tax	67
Dividend	22

Retained earnings of C-Golden at the beginning of 2022 is GBP 21 thousand. The spot exchange rate is observed and given below.

Exhibit 13.3 Spot Exchange Rate Observed

	GBP/CNY
Spot rate at 31 December 2022	0.113 7
Spot rate when dividend declared	0.113 7
Average rate of 2022	0.115 2
Historical exchange rate for ending inventory and COGS	0.115 5
Historical exchange rate for common stock	0.116 8
Historical exchange rate for fixed assets	0.117 5

It is reported that Golden Manufacturing is to set up a subsidiary, SA-Golden Ltd., in South America. The client thinks that the South American country where SA-Golden might operate in is likely to experience hyperinflation and inquires Lee's opinion on the impact on the financial result. Lee says:

Statement 1: The financial statement of SA-Golden is first restated according to the price index.

Statement 2：There are accumulated translation gains or losses due to the translation of SA-Golden's financial statement.

Statement 3：The restated financial statement of SA-Golden is translated using current rate method.

Golden Manufacturing sold an equipment to a German client on 1 December 2022 with price of EUR 120 thousand. The price is received on 1 March 2023. The exchange rate is：

1 GBP=1.131 7 EUR on 1 December 2022，

1 GBP=1.124 5 EUR on 31 December 2022，

1 GBP=1.122 5 EUR on 1 March 2023.

The client wants to know about the gain and loss aroused from foreign currency transactions.

13-1 If CNY is the functional currency of C-Golden，what is the amount of C-Golden's assets after translation?

  A. GBP 208 530.

  B. GBP 212 710.

  C. GBP 242 640.

13-2 If CNY is the functional currency of C-Golden，the balance sheet exposure of C-Golden is closest to：

  A. RMB 1 246 thousand.

  B. －RMB 77 thousand.

  C. RMB 1 834 thousand.

13-3 If GBP is the functional currency of C-Golden，the translation adjustment is：

  A. －GBP 1 350.

  B. GBP 3 080.

  C. GBP 585.

13-4 After translation，the gross profit margin is：

  A. increased under temporal method.

  B. not affected under current rate method.

  C. not affected under temporal method.

13-5 If the country in which SA-Golden operates experiences hyperinflation，which of Lee's statements is correct?

  A. Statement 1.

  B. Statement 3.

  C. Statement 2.

13-6 Import of equipment is most likely to result in：

  A. gain of GBP 670 in 2022 other comprehensive income.

  B. gain of GBP 190 in 2023 income statement.

  C. loss of GBP 670 in 2022 income statement.

答案与解析

13-1 A

当人民币是功能性货币时，应当采用现行汇率法将子公司的报表折算成英镑。

现行汇率法下，所有资产都以现行汇率折算。因此，折算后的资产为：

$$1\ 834\times 0.113\ 7\approx \text{GBP}\ 208.53\ \text{thousand}$$

13-2 A

当人民币是功能性货币时,应当采用现行汇率法将子公司的报表折算成英镑。资产负债表敞口是总资产和总负债的差额,即净资产,即:

$$1\ 834-588=\text{RMB}\ 1\ 246\ \text{thousand}$$

13-3 B

如果英镑是功能性货币,需要使用时态法将子公司的报表折算成英镑,并将折算调整计入利润表。

时态法下,折算结果如下。

	折算前	折算汇率(时态法)	折算后(时态法)(千英镑)
现金	300	0.113 7	34.11
应收账款	211	0.113 7	23.99
存货	423	0.115 5	48.86
固定资产净值	900	0.117 5	105.75
总资产	1 834	—	212.71
应付账款	188	0.113 7	21.38
应付长期债券	400	0.113 7	45.48
总负债	588	—	66.86
普通股	1 000	0.116 8	116.80
留存收益	246	—	29.05
负债和所有者权益	1 834	—	212.71

	折算前	折算汇率(时态法)	折算后(时态法)(千英镑)
收入	1 122	0.115 2	129.25
销货成本	(840)	0.115 5	(97.02)
营业费用	(105)	0.115 2	(12.10)
利息费用	(30)	0.115 2	(3.46)
所得税费用	(80)	0.115 2	(9.22)
净利润	67	—	7.47
折算调整	—	—	3.08
调整后净利润	—	—	10.55
股息	22	0.113 7	2.50

其中:

$$留存收益=212.71-66.86-116.80=\text{GBP}\ 29.05\ \text{thousand}$$

$$折算调整=29.05-21-7.47+2.5=\text{GBP}\ 3.08\ \text{thousand}$$

13-4　B

现行汇率法下，收入和销货成本都使用平均汇率进行折算，折算后，毛利率＝（收入－销货成本）÷收入，其分子分母同比例变化。因此，毛利率不发生改变，选项 B 正确。

时态法下，收入用平均汇率（0.1152）进行折算，销货成本用历史汇率（0.1155）进行折算，折算后，毛利率的分子（毛利）缩小的程度比分母（收入）缩小的程度要多，故比率下降。因此，选项 A 和选项 C 不正确。

13-5　A

如果子公司在恶性通胀地区经营，根据 IFRS 要求，应该先将子公司的报表根据物价变化进行调整（重述），然后再全部使用现行汇率进行折算。因此，选项 A 正确。

用现行汇率进行折算，不同于现行汇率法。因此，选项 B 不正确。

重述后的报表全部使用现行汇率折算，不会产生累计折算损益，因此，选项 C 不正确。

13-6　B

交易发生时（2022 年 12 月 1 日）：

$$应收账款 = 120 \div 1.131\ 7 = GBP\ 106.04\ thousand$$

资产负债表日（2022 年 12 月 31 日）：

$$应收账款 = 120 \div 1.124\ 5 = GBP\ 106.71\ thousand$$

支付日（2023 年 3 月 1 日）：

$$应收账款 = 120 \div 1.122\ 5 = GBP\ 106.90\ thousand$$

2022 年应当确认汇兑利得（在利润表中）：

$$106.71 - 106.04 = GBP\ 0.67\ thousand$$

2023 年应当确认汇兑利得（在利润表中）：

$$106.90 - 106.71 = GBP\ 0.19\ thousand$$

第 14 章 金融机构分析

章节导学

知识引导

金融机构是资本市场的重要投资标的,分析金融机构与分析普通的工商企业的方法有所不同。本科目的其他章节主要以商贸及制造企业为分析对象,而本章介绍的分析方法主要针对银行和保险公司等金融机构。

本章首先介绍了金融机构在业务特征和监管方面与其他公司的差异。其次,着重介绍了分析银行所使用的 CAMELS 方法和涉及的重要指标。最后,介绍了分析保险公司所使用的方法和涉及的重要指标。

考点聚焦

本章所涉及的知识点难度不大,考查侧重于定性的分析和辨析。其中,金融机构的特征,CAMELS 分析中各个指标的含义、不同指标之间的差异的辨析,不同类型保险公司之间的特征辨析、相关分析指标的含义和差异辨析,是本章值得关注的知识点。

本章框架图

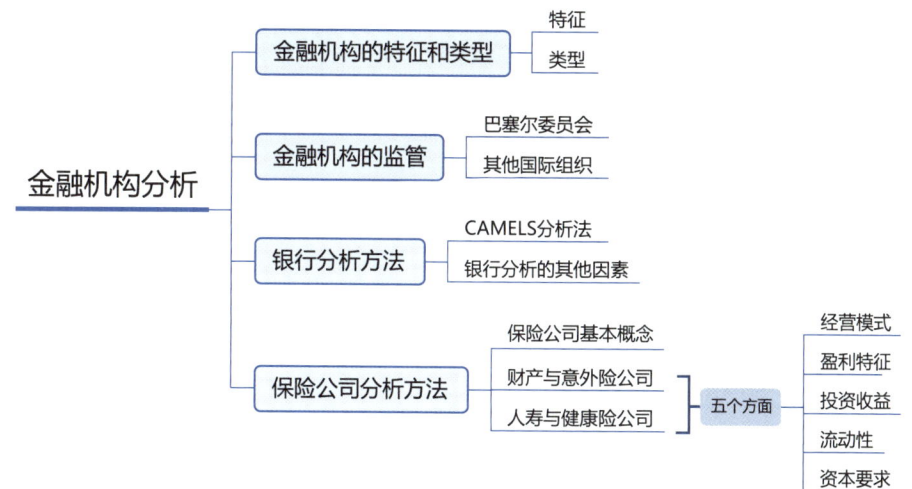

14.1 金融机构的特征和类型

14.1.1 金融机构的特征

—考点要求—
描述(describe)
金融机构与其他公司的差异
(★)

金融机构充当市场中资金提供方和使用方的媒介,提供资产管理和风险管理等服务,为金融资产的交易提供便利。金融机构与普通工商企业的不同主要体现在以下两个方面。

(1) 金融机构因为具有**系统重要性**(systematic importance)而受到严格的监管。金融机构的媒介作用使得它们相互关联,并且连接了一个经济体中的各个部门。因此,金融业的震荡很容易在整个经济体中传染,甚至传导至其他经济体。因此,大多数国家的监管当局都有严格的监管措施来督促金融机构控制风险水平。

(2) 金融机构的**资产**主要由金融资产构成。金融资产包括贷款、证券投资等,普通工商企业的资产主要有存货、厂房、设备等。金融资产常以公允价值计量,而普通工商企业的资产大多以成本计量。此外,金融资产面临更多的风险,如信用风险、流动性风险和市场风险等。

14.1.2 金融机构的类型

按照提供的服务类型,金融机构可以分为以下三类。

(1) 银行业。包括商业银行、信用社、合作社、信托银行等,以吸纳存款、发放贷款为主业的机构,以及在线支付公司等提供支付服务的机构。

(2) 投资媒介。包括共同基金和对冲基金这类集合投资工具(pooled investment vehicles),以及经纪商(brokers)和做市商(dealers)这类提供交易便利、赚取佣金和价差的中介机构。

(3) 保险公司(insurers)。按照提供的险种不同,又分为财产与意外险公司、人寿与健康险公司、再保险公司。

> **备考小贴士**
> 金融机构的类型此处作简单了解即可。银行和保险公司是本章重点所在,会在下文中详细介绍。

14.2 金融机构的监管

—考点要求—
描述(describe)
金融监管的关键
(★)

14.2.1 巴塞尔委员会(Basel Committee)

出于降低系统性风险、促进各国监管政策一体化、全球化的目的,国际上成立了一些**全球性或区域性的组织**。**巴塞尔银行业监管委员会**(Basel Committee on Banking Supervision),又称**巴塞尔委员会**,是全球性组织中较为重要的一个。

在2008年全球金融危机的催生下,巴塞尔委员会通过了巴塞尔协议Ⅲ(Basel Ⅲ)。

巴塞尔协议Ⅲ的目的是:"增强银行业承受金融和经济压力的冲击的能力,提高银行业风险管理和治理水平,加强银行业的透明度和披露水平。"

> **知识一点通**
>
> 巴塞尔委员会设立于1974年,是国际清算银行(Bank for International Settlements)设立的制定全球银行业监管标准的机构。其成员主要是各国中央银行以及银行业监管机构。例如,中国人民银行和中国银行保险监督管理委员会就是巴塞尔委员会的成员。巴塞尔委员会并不是一个凌驾于国家权力之上的机构,其所设立的规章制度需要通过其成员所在国的监管机构才能得以执行,而它监督成员国的执行情况。

巴塞尔协议Ⅲ设置了银行业的**最低资本要求**(minimum capital requirement)、**最低流动性要求**(minimum liquidity requirement)和**稳定资金来源要求**(stable funding requirement)三个风险衡量指标。

首先,巴塞尔协议Ⅲ要求,银行的权益资本占风险加权资产(risk-weighted assets)的比率必须满足一个最低要求,设定最低资本要求的作用是要求银行控制财务杠杆。

其次,银行需要持有足够的高质量流动资产,以满足压力情况下30天内的流动性需求。设置最低流动性要求的作用是避免银行在短期内部分资金来源短缺,或确保短期内需要偿付负债时能有足够的现金。

最后,巴塞尔协议Ⅲ规定,银行需要持有足够多的、稳定的资金,来满足其一年以上的流动性需求。资金的稳定性取决于存款的期限(例如,长期存款比短期存款更为稳定)和存款人的类型(例如,消费者的存款比银行间市场获取的资金更为稳定)。

> **备考小贴士**
>
> 巴塞尔协议Ⅲ规定所涉及的具体比率在本章后续部分会详细介绍,此处只需了解其基本含义即可。

14.2.2 其他国际组织

金融稳定委员会(Financial Stability Board),其目标是加强金融稳定,发现系统性风险并进行风险解决方案的协调。

国际存款保险机构协会(International Association of Deposit Insurers),其目的是提高存款保险系统的有效性。

国际保险监督官协会(International Association of Insurance Supervisors,IAIS),其主要成员是各国保险业监管机构,主要目的是促进保险业监管的有效性。

国际证监会组织(International Organization of Securities Commissions,IOSCO),其成员主要是各国证券业监管机构,旨在维护证券市场的公平和效率。

> **备考小贴士**
>
> "金融机构的监管"这一部分的重点在于巴塞尔委员会的目的和巴塞尔协议的主要内容,其他国际组织作简单了解即可。

14.3 银行分析方法

14.3.1 CAMELS 分析法

—考点要求—
解释（explain）用于分析银行的 CAMELS 法和重要的比率及其局限性（★★）

—考点要求—
基于财务报表和其他信息分析（analyze）一家银行（★★）

银行的主要业务是吸纳存款、发放贷款来赚取利差。

国际上普遍用 CAMELS 分析法（CAMELS approach）来对银行进行评级。CAMELS 法针对六个要素（component）进行分析评级，它们分别是：

(1) **资本充足率**（**C**apital adequacy）。
(2) **资产质量**（**A**sset quality）。
(3) **管理人能力**（**M**anagement capability）。
(4) **盈利能力**（**E**arning sufficiency）。
(5) **流动性**（**L**iquidity position）。
(6) **市场风险敏感度**（**S**ensitivity to market risk）。

"CAMELS"一词由上述六个要素的英文首字母组成。

分析过程包括两步：

第一步，针对一家银行的上述六个方面分别进行从"1"到"5"的评级。"1"代表最优，表示银行在风险管理方面表现优秀；"5"代表最差，表示该银行在风险管理方面表现差，需要引起监管当局的注意。

第二步，将六个要素各自的评级进行加权平均，得到综合（composite）的评级。加权所使用的权重取决于分析人员对各要素重要性的主观判断，因此，即使各要素单独的评级结果相同，不同的权重仍会导致综合评级不同。

14.3.1.1 资本充足率

资本充足率是银行的资本和资产之间的比率。这里的资产是指**风险加权资产**，即经过风险调整后的资产（adjusted based on risk），资本是指分为不同层级的资本。

1. 风险加权资产

风险加权资产根据各类资产的风险程度，对其赋予不同的权重。风险越高的资产，权重越大。风险资产的权重一般由各国的监管当局设定，通常，现金具有最低的权重 0。

> **知识一点通**
>
> 假设某银行拥有三种资产——50 万元现金、500 万元正常贷款和 50 万元不良贷款，现金的权重是 0，正常贷款的权重是 100%，而不良贷款的权重是 150%，则该银行的风险加权资产 $=50\times 0+500\times 100\%+50\times 150\%=575$（万元）。

2. 资本分层

银行的资本可以分为以下三类。

(1) **普通股一级资本**（common equity tier 1 capital）或称核心一级资本，包括普通股（common stock）、普通股发行溢价（issuance surplus）、留存收益（retained earnings）和累计

其他综合收益(accumulated other comprehensive income)等。

(2) **其他一级资本**(other tier 1 capital)。包括其他的无固定到期日、无强制付息义务且优先级次于存款和其他债务的资本,例如非累计的优先股。其他一级资本与核心一级资本之和称为**总一级资本**(total tier 1 capital)。

(3) **二级资本**(tier 2 capital)。包括期限在五年以上、优先级次于存款和银行普通债务的资本,如长期次级债。二级资本与一级资本之和称为**总资本**(total capital)。

巴塞尔协议Ⅲ对各层资本充足率的要求:
(1) 核心一级资本占风险加权资产的比率应达到4.5%或以上。
(2) 总一级资本占风险加权资产的比率应达到6%或以上。
(3) 总资本占风险加权资产的比率应达到8%或以上。

例题 14.1

以下是某银行(香港)的财务数据。

(in HKD millions)

	June 2022	June 2021
Common equity tier 1	58 281	51 592
Tier 1	64 111	55 470
Total capital	75 463	68 089
Total RWA (risk-weighted assets)	410 755	395 544
Common equity tier 1 ratio	14.2%	13.0%
Tier 1 ratio	15.6%	14.0%
Total capital ratio	18.4%	17.2%

根据以上数据,评价该银行的资本充足率变化。

名师解析

该银行的核心一级资本比率(核心一级资本与风险加权资产的比率)、一级资本比率(一级资本与风险加权资产的比率)和资本比率(总资本与风险加权资产的比率)在2021年和2022年均高于巴塞尔协议Ⅲ的规定。

从2021年到2022年的数据变化来看,该银行三项资本充足率指标都有所上升。

进一步观察可以看出,虽然风险加权资产(分母)上升了,但是资本的金额(分子)上升了更大的幅度,最终导致比率的上升。

备考小贴士

资本充足率的分析评价是本章重点,考生需要熟悉不同层级资本的含义、衡量资本充足率的方式和巴塞尔协议Ⅲ的要求。

14.3.1.2 资产质量

1. 银行的主要资产类别

银行的资产主要是金融资产,包括贷款和证券投资,以及一些高流动性的资产。

(1) 贷款。贷款是银行资产中占比最大的一部分,也是主要的风险来源。因此,银行的资产质量主要强调的是信用风险。贷款的质量反映了银行的放贷政策(underwriting policy)。

银行的贷款包括**对他行的贷款**(loans and advances to banks)以及**对客户的贷款**(loans and advances to customers)。**逆回购协议**(reverse repurchase agreement)是银行以金融资产为抵押，向客户提供贷款的一种方式，从客户的角度，则为**回购协议**(repurchase agreement)。

借款人的征信质量决定了贷款是否可以收回。但对于分析师或者投资者来说，有关贷款的许多信息是他们无法获取的，如借款人的信息等。因此，贷款的质量只能通过财务报表中的信息作为旁证来进行分析，分析银行贷款损失的计提对判断银行贷款类资产的质量有所帮助。

◆ 贷款损失。

银行以摊余成本来计量贷款类资产的价值。摊余成本是贷款原值扣除摊销和损失准备后的金额。

贷款损失准备(allowance for loan losses)是资产负债表中贷款资产的备抵科目，是对估计的贷款坏账损失的计提，类似于工商企业中的"坏账准备"科目。总的贷款金额扣除备抵科目后的净额，就是贷款预期可收回的金额。

贷款损失计提费(provision for loan losses)是利润表科目，代表贷款损失准备的变化。

贷款损失准备的计提取决于管理层的主观判断。充分计提了损失准备，意味着充分估计了贷款无法回收的风险。相应地，报表中披露的贷款金额才能客观反映贷款能够收回的价值。反之，不充分计提损失准备，则表示披露的贷款金额不能客观反映贷款预计能够收回的价值，高估了贷款资产的价值。

◆ 贷款质量分析。

以下三个比率可以用于分析银行的贷款损失是否充分计提：

贷款损失准备÷坏账核销；

贷款损失计提费÷坏账核销；

贷款损失准备÷不良贷款。

其中，坏账核销(net charge-off)是指实际核销的无法收回的贷款；不良贷款(non-performing assets, non-accrual)是指当前无法收回约定金额的贷款。两者都是实际发生的金额。

上述三个比率是用估计的金额比实际发生的金额。比率大，说明对损失有充分的估计，则披露的资产质量高；比率小，说明没有充分估计损失的发生，则认为披露资产的质量存疑。

(2) 证券投资。证券投资是银行资产中重要的一部分。通过分析证券投资类资产，可以了解银行的管理层是否能够在证券投资中做出正确的投资决策。

与普通工商企业相似，银行根据会计准则来对证券投资进行分类。在 US GAAP 下，银行通常将证券投资归为可供出售类(available-for-sale)、交易类(trading)或持有至到期类(held-to-maturity)，持有到期投资以摊余成本计量，其他两类以公允价值计量。股票能分类为 trading 和 available-for-sale。IFRS 9 中，证券投资分为：用摊余成本计量、FVTPL 计量和 FVOCI 计量。

相较于贷款类资产，证券投资类资产的价值(公允价值)更容易确定，因此，资产的公允价值较能够反映资产的变现价值。

证券投资类资产需要注意的是，要观察公允价值与成本之间的差异，以确定累计的未实现利得和损失。尤其需要关注未实现损失(unrealized losses)的"账龄"(aging)问题,如果存在的时间越长,则越有可能转化为实质的亏损(other-than-temporary impairment)。例如,股价下跌后持续低迷的情况。

> **备考小贴士**
>
> 摊余成本、公允价值、证券投资的分类和计量都是 CFA® 一级和二级"财务报表分析"科目的其他章节介绍的内容,考生应熟悉基本概念,在本章中不进行详细展开。

(3) 高流动性资产。银行会持有一定量的高流动性的资产,例如现金、存放同业、回购协议等,这是风险最小的一类资产。

2. 从不同角度分析银行资产质量

(1) 资产的构成(composition)。分析资产整体的质量,可以通过各类资产占比来实现。例如,高流动性资产的占比、高信用质量资产的占比、贷款类资产的占比、证券投资类资产的占比等。

(2) 资产的信用质量(credit quality)。信用风险是银行资产面临的最主要风险,各类资产的信用质量决定了资产整体的质量,一些银行会披露不同信用质量的资产的占比。不仅贷款类资产面临借款人的信用质量问题,证券投资交易对手方的信用质量也是考虑因素。

(3) 资产的流动性(liquidity)。资产的流动性直接影响资产的变现价值。

(4) 资产的分散化程度(diversification)。资产的分散化程度高意味着交易的对象或资产的类型没有过于集中。

14.3.1.3 管理能力

与分析普通的企业相似,分析银行时应当关注管理层的能力。银行的管理层应当能够在为股东获得盈利的同时管理好风险。通常认为,内控健全、管理透明、财务报告质量高、业绩优异,意味着一家公司的管理是有效的。而对金融机构来说,发现和控制风险尤为重要,因此,银行的管理层应当建立并实施有效的风险监管措施。

对于分析师和投资者来说,要了解一家公司的管理质量是比较困难的,但可以通过一些旁证信息来帮助分析。公司治理水平是高效管理所必须的条件,包括董事会的独立性、董事会对管理层的影响力等方面。银行关于关联交易的信息披露和外部审计师对银行内控的审计意见,都是投资者可以参考的信息。

14.3.1.4 盈利能力

作为一家企业,银行应当为其资本提供者赚取足额的(adequate)、高质量的(high quality)且不断增长的(trending upward)利润。高质量的盈利不仅要求利润是可持续的(sustainable)的,而且要求利润在会计计量上是中立无偏(unbiased)的。

1. 银行的利润来源

银行的利润来自以下三方面。

(1) 净利息收入(net interest income)。银行的主要业务是吸纳存款、发放贷款。**净利息收入**,指银行的生息资产(主要是贷款)所产生的利息收入和付息债务(主要是存款)所产生的利息费用的差额,又称**净利差**(net interest margin or spread)。分析银行存款和贷款的构成以及各自的平均利率，可以帮助分析产生净利差的来源。

(2) 服务收入(service income)。银行除了吸纳存款、发放贷款外，还可以提供诸如个人理财、资产托管、支付、结算等服务，这类服务所收取的服务费就属于服务收入。

(3) 交易收入(trading income)。银行从事证券交易、外币交易所产生的收入等都属于交易收入的范畴。

上述三类收入来源中，净利息收入和服务收入是较为稳定、可持续的，而交易收入波动较大。因此，前两者占比大的银行，整体盈利较为稳定。然而，如果一家银行利差收入的波动性大，则说明该银行面临的利率风险敞口较大。

例题 14.2

以下是某银行(香港)2022年年报披露的部分信息。

(in HKD millions)

	2022	2021
Net interest income	12 007	10 125
Net fee and commission income	6 792	6 994
Net trading income	2 001	1 576
Net gains (losses) from financial instruments designated at FVPL	−99	−751
Net gains from disposal of available-for-sale securities	24	164
Other operating income	4 172	5 651
Total operating income	24 897	23 759

根据以上信息，描述该银行的盈利中利息收入和服务收入占比情况。

名师解析

2021年和2022年中，净利息收入占该银行营业收入的比率分别为：

$$10\ 125 \div 23\ 759 = 42.6\%$$
$$12\ 007 \div 24\ 897 = 48.2\%$$

该比率相对稳定，略有上升。

2021年和2022年中，服务收入(服务费和佣金)占营业收入的比率分别为：

$$6\ 994 \div 23\ 759 = 29.4\%$$
$$6\ 792 \div 24\ 897 = 27.3\%$$

该比率略有下降。

净利息收入和服务收入合计的占比从72.0%上升到75.5%。

2. 影响利润的会计估计

同其他工商类企业相似，会计估计会影响报表中披露的盈利信息。分析一家银行的盈利能力时需要关注以下会计估计。

(1) 贷款减值准备(loan impairment allowance)。贷款减值产生的损失直接影响银行的利润。计提贷款减值通常基于历史数据，但在很大程度上依赖于管理层的主观判断，而且对风险因素的变化非常敏感，例如经济环境和信用质量的变化。分析时，应该关注贷款损失准备的变化对利润的影响程度,如果利润的增长主要来源于贷款减值损失的减少,那么这种盈利增长的可持续性是值得怀疑的。

(2) 对公允价值的估计。银行所持有的金融资产和负债中,有相当一部分是以公允价值计量。公允价值的变化会产生利得和损失,进而影响银行的净利润。而金融资产的公允价值未必是可以直接获得的,某些情况下,涉及估计和相当程度的主观判断。

目前在 IFRS 和 US GAAP 下,公允价值的确定方法可以分为以下三个层次:

第一层(level 1),活跃市场报价;

第二层(level 2),可观察到的数据,包括相似金融工具的活跃市场报价,相似金融工具的非活跃市场报价,或其他可观察到的参数(例如利率、信用利差、隐含波动率等);

第三层(level 3),利用模型和估计参数得到的公允价值,如未来现金流的折现值。

(3) 其他会计估计。与其他企业相似,银行也有可能在并购中产生商誉,会计和税法上的差异也可能产生递延所得税资产。商誉存在减值的可能,而递延所得税资产存在无法实现的可能。这两者的计量也存在大量的会计估计和主观判断。

3. 利润的可持续性

首先,通过改变会计估计(例如,减少贷款损失的计提)所带来的利润变化是不可持续的。其次,通常认为,交易收入的波动性较大,相较之下,利差收入比交易收入更具可持续性。

14.3.1.5 流动性

相对于普通工商企业,流动性对于金融机构来说尤其重要。巴塞尔协议Ⅲ制定了两个流动性的衡量标准:**流动性覆盖比率**(Liquidity Coverage Ratio,LCR)和**净稳定资金比率**(Net Stable Funding Ratio,NSFR)。

1. 流动性覆盖比率

流动性覆盖比率,是银行的高流动性资产与预期现金流出的比值。其中,高流动性资产是指那些能很快变现为现金的资产;预期现金流出是指在压力情况下,预期一个月内现金流出量(one-month liquidity needs in a stressed scenario)。LCR 的表达式为:

$$\text{LCR} = \frac{\text{Highly liquid assets}}{\text{Expected cash outflows}} \quad (14.1)$$

巴塞尔协议Ⅲ将该比率的最低标准定为 **100%**。

2. 净稳定资金比率

净稳定资金比率,是指银行**可获得的稳定资金**(available stable funding,ASF)占其**要求的稳定资金**(required stable funding,RSF)的比率。

可获得的稳定资金与银行资本的构成和期限有关。根据巴塞尔协议Ⅲ,赋予不同类别的资本和负债不同权重(系数),进行加权平均后可以得到稳定资金来源的金额。其中,距到期日越长或没有固定到期日的资本,权重越高。要求的稳定资金与银行资产的构成和期限有关。距到期日越长的资产,对稳定资金的要求越高。NSFR 的表达式为:

$$\text{NSFR} = \frac{\text{Available stable funding}}{\text{Required stable funding}} \quad (14.2)$$

巴塞尔协议Ⅲ将该比率的最低标准定为 **100%**。

NSFR 的优点是将银行的流动性来源(资本)和流动性需求(资产)两方面联系起来了。

例题 14.3

以下是某银行(香港)中期报告中披露的数据。

(单位:百万港币)

	June 2022	March 2022
Total high-quality liquid assets	212 712	195 214
Total net cash outflows	123 668	123 350
LCR（%）	172%	158%
Total available stable funding	693 240	677 803
Total required stable funding	534 668	503 340
NSFR	130%	135%

根据以上信息,描述该银行的流动性情况。

名师解析

根据流动性覆盖比率,2022年6月,该银行的高流动性资产比其一个月内的流动性需求高了72%,比3月时的58%有所提高。

根据净稳定资金比率,2022年6月,该银行可获得的稳定资金比其对要求的稳定资金高了30%,相对于3月时的35%有所下降。

3. 分析流动性的不同角度

除了巴塞尔协议Ⅲ规定的两个指标以外,还可以从其他方面分析银行的流动性,例如资金来源集中度与期限错配。

(1) 资金来源集中度(concentration of funding):资金来源过于集中使得银行在单一资金抽离时的流动性风险更大。

(2) 期限错配(contractual maturity mismatch):期限错配是由于银行倾向于通过短期存款获得低息的资金,但却持有长期贷款以获得高息收入导致。当存款人提取存款时,如果贷款无法收回以满足存款的支付,则有可能使银行面临流动性风险。

> **备考小贴士**
>
> 衡量银行流动性的两个指标,以及巴塞尔协议Ⅲ的最低要求,是本章重要知识点,考生务必熟记并能够解释含义。

14.3.1.6 市场风险敏感度

1. 风险因素

银行的利润受到利率、汇率、证券市场和商品市场价格变动等市场因素的影响,这就是所谓的市场风险。其中影响最大的是利率,利率的变化直接影响了银行的利息收入和利息费用,即利差收入。

银行的利润之所以存在市场风险,大致可归结于这几方面的原因:(1)资产和负债的期限错配;(2)资产和负债的重定价频率(repricing frequency)不同;(3)资产和负债的标价货币(currency)及参考利率(reference rate)不同。

> **知识一点通**
>
> 期限和重定价频率的影响实质上是相同的。对于固定期限的资产和负债来说，到期日就是重定价日。假设银行的资产重定价频率高于负债，在利率上升期间，生息资产的利息收入频频上调，而负债的利息上调不频繁，那么银行的利差收入上升；反之亦然。

> **知识一点通**
>
> 如果贷款和存款不是以同一种货币标价，各自的标价货币汇率发生变化(通常变化幅度或方向不同)，资产或负债的价值以及相关的利息会发生不同幅度、甚至不同方向的变化，影响银行的利润。参考利率的不同导致资产和负债在各自的参考利率发生变化时，利息收入和利息费用的调整幅度或方向不同，从而影响利润。

2. VaR

VaR(在险价值，value at risk)是指给定置信水平下、在给定时间内资产的潜在损失。多数银行都会披露 VaR 作为市场风险的衡量指标。

例题 14.4

以下信息来自某银行 2022 年年报披露。

VaR at 97.5%, one day (in HKD millions)		
	2022	2021
Trading VaR	6.6	16.8
Trading and non-trading VaR	41	55.9

根据以上信息，评价该银行的市场风险情况。

名师解析

该银行披露的 VaR 数值表示，在 97.5% 的置信水平下一天以内的最大损失有明显的下降，说明其市场风险敏感性有所下降。

> **备考小贴士**
>
> VaR 是"投资组合管理"科目中介绍的知识点，此处不进行详细展开。本章中，考生需要能够根据题目条件描述 VaR 的含义。

14.3.2 银行分析的其他因素

除了 CAMELS 法中指定的六个要素，分析一家银行还有诸多其他因素需要考虑。

1. 政府支持(Government Support)

银行系统为整个商业社会提供资金融通服务，银行系统的稳定健康关系着储户的信心。为了银行业的健康稳定，在银行面临倒闭时，一国政府可能会提供必要的资助或帮助,以使其渡过难关。通常,规模较大的银行和对该国银行系统影响较大的银行比较容易得到政府的支持。

2. 政府持股(Government Ownership)

许多银行的股东中不乏政府机构的身影,而政府的持股行为需要辩证地看待。政府持股一方面意味着该银行的发展能得到政府的支持;另一方面可能表示该国的银行系统自身不够可靠,国民整体对银行系统缺乏信心,需要政府持股的"加持"。在金融危机发生时,政府通过成为银行的股东来为银行提供帮助,而政府的退出有可能意味着银行业走出危机、开始复苏。

3. 银行系统的定位(Mission of Banking System)

社区银行(community bank)的主要功能是服务于其所在区域,这类银行的经营受到当地经济和主要产业的影响。全球性银行(global bank)则在全球范围内开展存贷款业务。相比之下,全球性银行的业务分散化程度更高。

4. 企业文化(Corporate Culture)

企业文化决定了银行的风险偏好,从而影响银行资产的收益和风险情况。

5. 竞争环境(Competitive Environment)

银行业的竞争态势,决定了所处其中的银行的资本分配和风险估计。区域性银行(regional),往往在某个区域内具有一定的垄断地位,因此,它们倾向于较为保守的经营,承担较少风险。全球性银行面临来自其他银行的竞争,它们倾向于较为激进的经营,追逐更高的市场份额,承担更多风险。

6. 表外事项(Off-Balance-Sheet Items)

银行的表外资产和负债的存在增加了分析工作的难度。表外事项主要包括复杂金融工具的使用、可变利益实体(VIE)、养老金计划、资产管理规模(仅针对信托业务)等。

7. 业务分部信息(Segment Information)

与分析普通工商企业相似,通过业务分部的信息,可以了解银行的运营决策,帮助分析该银行是否将资源用在了具有竞争力的业务线上。

8. 外汇风险敞口(Currency Exposure)

银行通过外币融资或发放外币贷款使其面临外汇风险敞口。外汇风险敞口可以通过衍生工具来对冲。此外,拥有境外子公司的银行还可能产生外币报表的折算损益。

9. 风险因素(Risk Factors)

投资者还应当关注银行年报中提到的风险因素。律所提供的负面情况清单可以帮助投资者了解银行面临的法律和监管风险。

10. 巴塞尔协议Ⅲ披露(Basel Ⅲ Disclosure)

巴塞尔协议Ⅲ要求银行披露诸多有助于分析对比的信息,分析时可加以考虑。

14.4 保险公司分析方法

—考点要求—
描述(describe)
用于分析保险公司的重要比率和其他要素(★)

14.4.1 保险公司基本概念

保险公司的主要业务是收取保费(premium),从而在负面事件发生时向保险受益人支付赔付金(benefit,或称受益金)以提供保护。保险公司收取的保费在用于赔付之前,留存在保险公司账上,称为**浮存金**(float),浮存金需要用于投资并获取投资收益。因此,保险公司的收益来自保费收入和投资收益。

按照提供险种的不同,可以把保险公司分为**财产与意外险保险公司**(property and casualty insurance company, P&C insurer)和**人寿与健康险保险公司**(life and health insurance company, L&H insurer)。

14.4.2 财产与意外险公司

财产与意外险的特征是:合约期限较短,通常在一年以内,如车险,每年都需要重新购买;赔付额通常是一次性的大额赔付(lumpier);理赔(claim)基于意外事件的发生,理赔的概率和时间较为不确定。

14.4.2.1 经营模式:产品类型和销售渠道

1. 产品类型

财产险的作用是针对财产损失提供赔偿。例如,在火灾中建筑物被烧毁,在交通事故中被保险的车辆受损,这种情况下保险公司将对损失提供一定的补偿。

意外险又称意外伤害险,是一种责任险(liability insurance),它针对因特定事件而产生的责任义务提供赔偿。例如,交强险就是一种责任险,交强险的保险公司,针对交通事故中因被保险车辆撞伤行人而产生的赔偿责任,承担一定的补偿。

如果一份保单既包含财产险又包含责任险,则被称为**综合险保单**(multiple peril policies)。例如,机动车综合商业险既针对被保险车辆的损失进行赔偿,又针对受害方人员伤亡进行赔偿。

2. 销售渠道

保险的销售渠道分为直销(direct writing)和代理(agency writing)两种模式。

直销模式下,保险公司雇佣自己的销售和市场团队进行销售,或在互联网上进行销售。直销模式的固定成本较高。

代理模式下,则是通过非自身雇员的保险代理人来销售。代理人的类型包括独立代理(independent agents)、独家代理(exclusive agents)和保险经纪人(insurance brokers)。

14.4.2.2 盈利特征

1. 周期性

财产和意外险承保业务具有周期性。可以按所处的周期把市场分为疲软("soft")市场和坚挺("hard")市场。

疲软市场中,保费价格低,迫使竞争者退出,承保条件严格。由于竞争者的退出,竞争减弱,疲软市场可能转化为坚挺市场。

坚挺市场中,保费价格高,吸引竞争者进入,承保条件宽松。由于竞争者进入,竞争加剧,坚挺市场可能转化为疲软市场。

2. 盈利能力衡量指标

财产与意外险公司的收入主要来自承保和投资。其中,投资收益将在14.4.2.3中介绍,此处只介绍承保业务相关的盈利能力。与承保业务相关的分析涉及"质量"和"效率"

两个方面。

（1）"质量"——评估风险的能力。保险公司需要对承保业务理赔的风险和理赔产生的损失进行估计，这直接决定了一份保单应该收取多少保费——即保单的定价，甚至影响是否接受投保申请。对承保风险（risk insured）的估计能力即风险评估能力，是保险公司主要的业务能力，决定了其业务的"质量"。

如果低估了风险，保费定价过低，理赔损失高于预期，则承保业务的盈利能力降低。衡量保险公司评估承保风险的能力，可以用损失及损失调整费率（loss and loss adjustment expense ratio，简称损失率），表达式如下：

$$\text{Loss and loss adjustment expense ratio} = \frac{\text{Loss expense} + \text{Loss adjustment expense}}{\text{Net premiums earned}} \quad (14.3)$$

其中，损失费（loss expense）是因理赔产生的损失；损失调整费（loss adjustment expense）表示对前期估计损失所进行的调整；净赚保费（net premium earned）指公司确认的保费收入，它是根据保费总金额，按会计期间占承保期间的比率进行确认的。

损失率是理赔损失占净赚保费的比率，所以越低越好。

（2）"效率"——获取保费的能力。保险公司为了销售保单、收取保费，需要向销售人员或保险代理支付相当大比率的佣金和其他费用。这些费用越高，表示保险公司的获客成本越高，即经营"效率"越低。衡量保险公司获取保费的效率，可以使用承保费率（underwriting expense ratio），表达式如下：

$$\text{Underwriting expense ratio} = \frac{\text{Underwriting expense}}{\text{Net premium written}} \quad (14.4)$$

其中，承保费（underwriting expense）表示保险公司为了获得保单、收取保费而产生的成本，包括支付给销售人员、保险代理的大比例的佣金和其他费用；净收保费（net premium written）表示保险公司承保期间收取的保费扣除支付给再保险公司的保费后的净额。

承保费率是承保费用占收取保费的比率，所以越低越好。

（3）联合比率（combined ratio），是损失率和承保费率之和，即：

$$\text{Combined ratio} = \text{Loss and loss adjustment expense ratio} + \text{Underwriting expense ratio} \quad (14.5)$$

该比率衡量保险公司整体的经营效率，大于100%说明保险公司的业务是亏损的。

联合比率高，说明整体费用比率高，意味着市场处于疲软周期；反之，说明费用比率低，意味着市场处于坚挺周期。

> **知识一点通**
>
> 美国针对保险公司的法定会计方法（statutory accounting practices）将联合比率定义为承保损失率（underwriting loss ratio）和费用率（expense ratio）之和。
>
> "费用率"与上文中"承保费率"表示的含义相同，是承保费用与净收保费的比值，表现保险公司的经营效率。

> **知识一点通**
>
> "承保损失率"则可以表示为:
>
> $$\text{Underwriting loss ratio} = \frac{\text{Claims paid} + \Delta\text{Loss reserve}}{\text{Net premium earned}} \quad (14.6)$$
>
> 它与公式(14.3)所表达的"损失率"含义相似,都是因理赔产生的损失占净赚保费的比率。其中,Claims paid 表示当期支付的理赔,ΔLoss reserve 表示**理赔损失准备**从期初到期末的变化。理赔损失准备(loss reserve)是保险公司对未来会产生的理赔的估计结果,是负债类科目,负债的增加意味着损失。理赔损失的确定很大程度上取决于管理层的主观估计,是分析保险公司盈利能力时值得关注的地方。

例题 14.5

假设以下是两家财险公司披露的 2022 年盈利信息:

(in USD millions)

	A 保险公司	B 保险公司
Loss and loss adjustment expense	1 815	2 233
Net premium earned	2 788	2 966
Loss and loss adjustment expense ratio	65.1%	75.3%
Underwriting expense	1 017	949
Net premium written	2 818	2 817
Underwriting expense ratio	36.1%	33.7%
Combined ratio	101.2%	109.0%

根据上述信息,对比两家保险公司的盈利情况。

名师解析

从联合比率可以看出,两家公司的业务都是亏损的(都大于100%)。相比之下,A 公司的损失率(65.1%)小于 B 公司的(75.3%),说明 A 公司评估承保风险的能力更好;而 B 公司的承保费率(33.7%)小于 A 公司的(36.1%),说明 B 公司的运营能力更好。

(4) 分红比率[dividend to policyholders (shareholders) ratio],体现现金流出与保费赚取之间的关系,可以衡量流动性。该比率表达式为:

$$\text{Dividend to policyholders (shareholders) ratio} = \frac{\text{Dividend to policyholders (shareholders)}}{\text{Net premium earned}}$$

(14.7)

(5) 分红后的联合比率(combined ratio after dividends)是联合比率与分红比率之和,即:

Combined ratio after dividends = Combined ratio + Dividend to policyholders (shareholders) ratio

(14.8)

Combined ratio 反映了保险公司账面上显性的成本费用率,dividends to policy holders 反映了保险公司必须支付给保单持有人的回报(保单持有人的要求回报,保险公司的隐性成本)。

保险公司的总成本＝显性成本＋隐性成本

> **备考小贴士**
>
> 财产与意外险公司的盈利衡量指标是本章重点之一,尤其是上文中(1)~(3)所介绍的比率。考生需要掌握其含义,并辨析不同比率之间的异同。

14.4.2.3 投资收益

由于财产和意外险公司的理赔支出有较大的不确定性,它们的投资也相对保守,主要投资于低风险、高流动性、收益稳定的产品。

分析投资收益,需要注意资产集中度,包括品种、期限、信用质量、发行方和地理位置上的集中度。

用投资收益除以被投资资产得到的结果可以用于衡量投资业绩。投资收益可以包含也可不包含未实现的利得和损失。

14.4.2.4 流动性

财产和意外险公司对流动性有较高的要求,以满足其不确定的理赔支出。因此,他们通常持有流动性高、风险低的资产。按照流动性由强到弱,可以把投资分成三级:

第一级(level 1),按照现有的活跃市场交易价格计量的;
第二级(level 2),参照相似证券的活跃市场交易价格来计量的;
第三级(level 3),根据模型估算的价格来计量的,即没有可参考的市场报价的。

> **备考小贴士**
>
> 以上三类投资,与分析银行时所提到的公允价值的三种获得方法一样,两者可以合并起来理解。

14.4.2.5 资本要求

保险业没有一个全球公认的资本要求规定。未来将有可能制定与银行业类似的最低资本充足率标准。在欧洲和美国,当地的监管部门分别对保险业的资本要求制定了标准。

14.4.3 人寿与健康险公司

人寿与健康险的特征为:合约期通常较长;因为通过精算可得出被保险人的死亡率,所以理赔的概率和时间较容易预测。

14.4.3.1 经营模式:产品类型和分销渠道

人寿保险,简称寿险,它的作用是在被保险人死亡时向受益人提供补偿,有时还起到储蓄的作用。其中,定期寿险(term life insurance),仅针对一段特定时间内的死亡进行赔偿。

健康险,针对特定类型的医疗费用进行补偿,或者针对因疾病或伤残导致的收入损失进行补偿。

与财产险类似,人寿与健康险也通过直销或代理方式销售。

分析时,应注意寿险和健康险保险公司的收入来源、产品类型、所覆盖地理区域、分销渠道和投资资产上的分散化程度,分散化程度越高,风险越小。

14.4.3.2 盈利特征

人寿和健康保险公司的主要支出是支付受益金(benefit payment)给受益人。此外,若投保人提前退保(contract surrender),保险公司可能需要支付一定的累计现金价值(accumulated cash value)。

1. 盈利分析中的注意事项

保险公司的盈利披露在很大程度上依赖于主观判断和估计,体现在以下三个方面:

(1) 费用取决于实际支付的受益金和未来受益金的现值(负债)所产生的利息(类似于 DB plan 中的利息费用),而未来受益金的确定依赖于精算假设。

(2) 保险公司将业务开发成本(获客成本)资本化后进行摊销,其中存在诸多会计估计和假设。

(3) 证券公允价值的确认依赖于估计。

2. 衡量指标

(1) 通用指标:财务报告分析中常用的 ROA、ROE、市净率等都可以用于分析人寿健康险公司。此外,还有(税前和税后)营业利润率、资产的(税前和税后)营业利润率(pre-tax and post-tax operating return on assets)、权益的(税前和税后)营业利润率(pre-and post-tax operating return on equity)。

(2) 特殊指标:总受益金支付(total benefits paid)占净收保费(net premiums written and deposits)的比例;佣金和费用(commissions and expenses)占净收保费的比例。

14.4.3.3 投资收益

相较于财产和意外险公司,人寿健康险公司的现金流出更容易预测,所以它们的风险承受能力更强,可以追求更高收益,因此,投资收益对人寿和健康险公司更为重要。

分析时应关注资产的分散化程度、资产配置与负债的匹配程度、投资业绩、利率风险和流动性。

投资收益除以投资资产的结果可以用于衡量投资业绩。投资收益可包含也可不包含未实现的利得和损失。

通过对比资产和负债的久期(duration),可以衡量利率风险。

14.4.3.4 流动性

相较于财产和意外险公司,人寿健康险公司对流动性的要求更低。

分析时,应关注投资组合的整体流动性。其中,非投资级债券、股权、不动产等具有较低的流动性。

标普公司用资产(根据转换成现金的能力进行调整后的金额)与负债(根据提取现金的可能性调整后的金额)的比率来衡量流动性。可以理解为:用流动性资产比流动性负债来衡量流动性。

14.4.3.5 资本要求

与财产与意外险公司相似,人寿与健康险公司也没有全球统一的资本要求规定。不同点在于,相较于财产与意外险公司,人寿与健康险公司对权益资本的要求更低,这是由其理赔的可预测性决定的。

练一练

A group of analysts at Daily Trust, who follow insurance companies, have gathered relevant data of several property and casualty (P&C) insurance companies. Sunflower Insure Inc. (SI) and Moonriver Insure Inc. (MI), are among the insurers analyzed. Data related to the two companies' earnings characteristics are given in Exhibit 14.1.

Exhibit 14.1　Ratios Related to SI and MI

	SI	MI
Loss and loss adjustment expense ratio	68.5%	65.3%
Underwriting expense ratio	30.2%	39.1%
Combined ratio	98.7%	104.4%

Besides the earnings characteristics, the leader of the insurance industry group is also interested in other characteristics of different kinds of insurance companies. Julia Child, an analyst of insurance group, examines the business profile and financial statements of a L&H (life and health) insurer and makes some conclusions.

Conclusion 1: Compared to P&C insurers, the L&H insurer invests a larger portion of the float in equity and real estate which is not easy to be converted to cash.

Conclusion 2: Actuarial based mortality rate makes the claims of L&H insurance policies more predictable.

There is to be an in-house meeting related to some problems in analyzing companies providing financial services. Before the meeting, one of Daily's junior analyst, Serena Wood, discusses with her leader and gives the following advice:

"CAMELS approach should be used in analyzing banks. However, there are some other relevant factors in analyzing banks' operation we should not ignore, even though those are not covered by CAMELS."

At the very beginning of the meeting, the chief investment officer (CIO) of Daily Trust makes two points about financial institutions, summarized in the following statements.

Statement 1: A distinction of financial institutions is their importance to the economy, which makes regulations more rigorous.

Statement 2: We should focus on the risk borne by assets of financial institutions, because the majority of their assets are assets such as loans and securities.

Global risk-based capital and liquidity standards are discussed at the meeting. Wood is told by her colleague that:

"The capital adequacy is the amount of high-liquid assets relative to the 30-day cash outflow of a bank. Basel III specifies that at least 100% of the one-month liquidity needs in a stressed scenario should to be backed by highly liquid assets."

Several days after the meeting, Wood is then assigned to analyze the data of Industrial Bank of Golden Island (IBGI), a commercial bank. The ratios related to IBGI are presented below in Exhibit 14.2.

Exhibit 14.2　Ratios Related to IBGI

	2022	**2021**	**2020**
Total VaR (99%, 1 day)	USD 775 million	USD 655 million	USD 636 million
Net stable funding ratio	98.1%	99.3%	102.1%
Liquidity coverage ratio	105.0%	120.5%	123.5%
Common equity Tier 1 capital ratio	6.8%	10.7%	11.2%

14-1　According to Exhibit 14.1, SI operates with a higher:

　　A. efficiency in obtaining premium and ability in estimating risk insured.

　　B. ability in estimating risk insured and overall efficiency of underwriting operation.

　　C. overall efficiency of underwriting operation and efficiency in obtaining premium.

14-2　Which of Child's conclusions regarding the L&H insurer is most likely true?

　　A. Conclusion 1.

　　B. Conclusion 2.

　　C. Both Conclusion 1 and Conclusion 2.

14-3　Which of the following components is the "other relevant factors" mentioned by Wood?

　　A. Capital adequacy.

　　B. Asset quality.

　　C. Missions of banking system.

14-4　Which of the CIO's statements regarding financial institutions is correct?

　　A. Statement 1.

　　B. Both Statement 1 and Statement 2.

　　C. Neither.

14-5　With regard to capital and liquidity standards, Wood's colleague is most likely correct in describing:

　　A. the definition of capital adequacy.

　　B. the requirement on highly liquid assets.

　　C. both A and B.

14-6　Which of the following conclusions can be drawn from the information in Exhibit 14.2?

　　A. IBGI has improved its liquidity position during the three years.

　　B. IBGI meets Basel Ⅲ's requirement regarding common equity adequacy.

　　C. IBGI became less sensitive to market risk factors.

答案与解析

14-1　C

损失及损失调整费率(loss and loss adjustment expense ratio)用于衡量保险公司正确估计承保风险的能力，它是理赔损失(loss and loss adjustment expense)占净赚保费(net premium earned)的比率，该比率越低越好。SI 公司的该比率较高，因此，其评估风险的能力较差。选项 A 和选项 B 不正确。

承保费率（underwriting expense ratio），衡量保险公司获取保费的效率，它是承保费（underwriting expense）占净收保费（net premium written）的比率。该比率越低越好。SI 公司的该比率较低，效率较高。

联合比率（combined ratio），是上述两个比率的和，代表保险公司整体的经营效率。该比率越低越好。SI 公司的该比率较低，效率较高。

综上，选项 C 正确。

14-2　C

由于其理赔更具有可预测性，人寿与健康险公司对流动性资产的要求更低，它们可以将浮存金（float）较多的分配于低流动性的资产，包括权益类和不动产投资，以追求更高的投资回报。因此，Conclusion 1 正确。

人寿与健康（L&H）保险公司基于精算假设预测理赔所产生的现金流出，故理赔比财产和意外（P&C）保险公司的理赔更具有可预测性。因此，Conclusion 2 正确。

综上，选项 C 正确。

14-3　C

CAMELS 法主要针对六个要素进行分析评级，它们分别是：资本充足率（Capital adequacy），资产质量（Asset quality），管理能力（Management capability），盈利能力（Earning sufficiency），流动性（Liquidity position）和市场风险敏感度（Sensitivity to market risk）。银行系统的定位（Missions of banking entity）对于分析银行来说也是有必要的，它属于 CAMELS 法以外的需考虑的因素。

14-4　B

Statement 1 正确，由于金融机构的系统重要性，即对经济整体的影响，它们往往面临更为严格的监管。

Statement 2 正确，金融机构的另一个特点是，它们持有的资产主要是金融资产，例如贷款和证券投资。

综上，选项 B 正确。

14-5　B

首先，原文所描述的"高流动性资产占 30 天现金流出的比率"是流动性的衡量指标，而非资本充足率的定义。选项 A 不正确。

其次，原文所描述的"高流动性资产占压力情况下的一个月流动性要求的比率至少应达到 100%"，是巴塞尔协议Ⅲ对银行流动性要求的定义，故该描述正确。选项 B 正确。

综上，选项 C 不正确。

14-6　B

根据题目条件，IBGI 过去三年中的核心一级资本（common equity tier 1 capital）虽然逐年下降，但比率均高于 4.5%，满足巴塞尔协议Ⅲ的要求，因此，选项 B 正确。

IBGI 的流动性指标（LCR 和 NSFR）在过去三年都呈下降趋势。LCR 下降，表示能满足该银行压力条件下的 30 天流动性需求的高流动性资产下降。NFSR 下降，表示该银行可获得的稳定资金占其要求的稳定资金比率下降。两者均表示流动性情况的恶化。故选项 A 不正确。

IBGI 的在险价值（VaR）上升，表明给定置信水平下的潜在损失增加，表明市场风险敏感度上升。故选项 C 不正确。

第 15 章 财务报告质量评价

章节导学

知识引导

评估公司财务报告的质量对于分析公司财务信息来说极为重要,高质量的财务报告能为经济决策提供有用的信息。评价公司的盈利质量高低是建立在高质量的财务报告基础之上的。本章主要介绍了财务报告中可能存在的质量问题,以及评价财务报告质量的方法和工具。此外,本章还介绍了分析公司风险的有用信息来源。

考点聚焦

相对"财务报表分析"中其他章节,本章内容较为琐碎,且与其他章节甚至 CFA® 一级的内容有较多关联。考点主要以定性分析为主,结合简单的计算。考生需要结合"财务报表分析"科目中其他内容,根据题目描述,识别和评价财务报表所存在的问题。

本章框架图

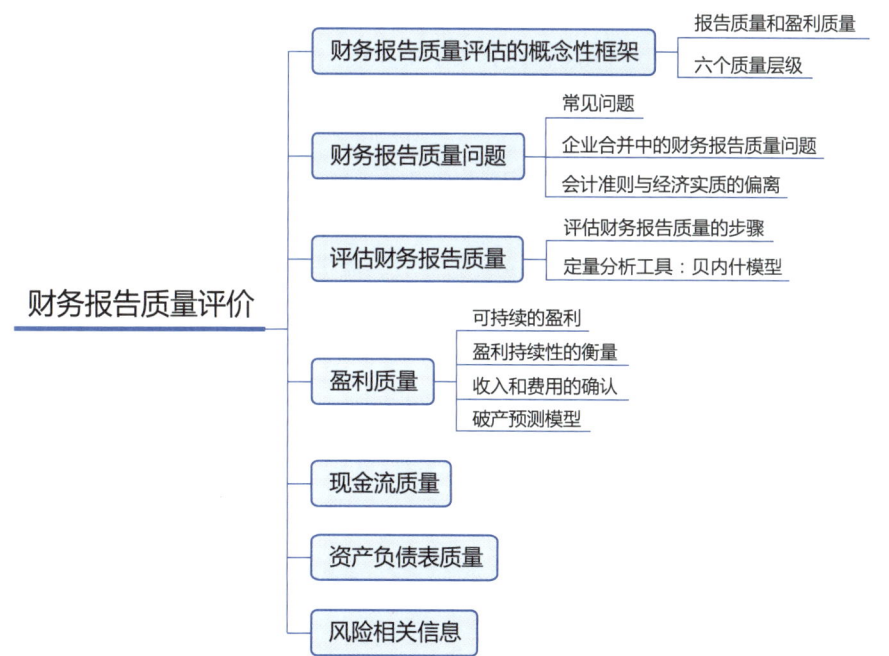

15.1 财务报告质量评估的概念性框架

---考点要求---
说明（demonstrate）使用概念框架衡量财报质量的过程（★）

15.1.1 报告质量（Reporting Quality）和盈利质量（Earnings Quality）

一家公司财务信息的质量可以从**报告质量**以及**盈利质量**两个角度评价，其中，盈利质量通常又称为"结果质量"（results quality）。

1. 报告质量

高质量的财务报告能提供对经济决策有用的（decision-useful）信息。这种信息不仅需要有相关性（relevance），还需要忠实反映（faithful representation）公司经济活动和财务状况。

2. 盈利质量

盈利质量，主要指公司经济活动所产生的盈利、现金流，以及与之关联的资产和负债情况。足额的可持续的盈利被视为高质量的盈利。盈利质量是评估公司价值的依据，盈利质量高，估值高；反之，则估值低。

高质量的盈利意味着高质量的财务报告，因为通过低质量的财务报告是无从判断一家公司盈利质量高低的。

盈利质量包括盈利水平（earning level）和盈利的可持续性（sustainability）两个方面。

15.1.2 财务报告质量的六个质量层级（Quality Spectrum）

根据财务报告的不同特质，可以将财务报告的质量分为六个层级。

（1）符合会计准则，对经济决策有用且盈利质量高（GAAP, decision-useful, sustainable, and adequate returns）。这代表了财务报告质量中的最高等级。

（2）符合会计准则，对经济决策有用，但盈利质量低（GAAP, decision-useful, low earnings quality）。

（3）符合会计准则，但报告的信息没有准确地反映现实，即存在偏差（within GAAP, but biased accounting choices），因而对经济决策起到的作用较小。例如，在收入和费用的确认上，可以选择较为保守的方法，也可以选择较为激进的方法。

（4）符合会计准则，但是存在利润操纵（within GAAP, but earnings management）。公司可能会在会计准则允许的范围内，为了降低利润的波动性而采取利润操纵。

（5）不符合会计准则（non-compliant accounting）。

（6）虚假报告，包括虚构并不存在的交易，或遗漏实际存在的事项。

15.2 财务报告质量问题

---考点要求---
解释（explain）财务报告质量存在的问题（★）

15.2.1 财务报告质量的常见问题

财务报告质量的问题主要产生于金额和时间的选择以及类别的划分两个方面。

由于会计报表之间的勾稽关系，对金额的错误计量会影响不止一个会计要素。例如，激进的收入确认或者虚增收入，会使得收入和所有者权益以及资产被高估；推迟确认费用或将费用遗漏,也会使得资产、权益被高估或者负债被低估。有些情况并不违反会计准则,但会给财务报告的使用者带来困扰。

不同的分类选择虽然不会影响总的金额,但不同的分类仍然会影响财务分析的结果。例如：

(1) 将存货划分为其他资产,可以提高存货周转率,降低流动比率。

(2) 将营业外收入划分为营业收入可以提高营业利润率,影响对盈利可持续性的判断。

(3) 将营业费用划分为营业外支出,会提高营业利润率,影响对盈利可持续性的判断。

(4) 将应当计入其他综合收益的事项计入当期损益,也会影响对企业盈利能力的分析。

(5) 将投资或融资活动产生的现金流入分类为经营活动产生的现金流入,会影响可持续现金流的估计,进而影响估值。

(6) 将应收账款划分为长期应收款项,会增加应收账款周转率。

企业可以通过各种手段来使得财务报表披露的内容偏离经济实质,通过观察、分析财务报告和附注可以发现财务报告质量可能存在问题的征兆(warning sign)。

15.2.1.1 利润表

对于利润表来说,低质量的财务报告通常涉及高估收入、低估费用或者将收入、费用、利得以及损失进行不恰当的分类。可以采取的手段包括：

(1) 使用经销商囤货(channel stuffing)和开票持有型销售(bill and hold sales)等激进的收入确认手段。

(2) 将营业费用划分为营业外支出,将营业外收入划分为营业收入。

(3) 伪造收入。

(4) 将费用资本化。

(5) 损失计入其他综合收益,而利得计入利润表。

以下现象通常说明利润表可能存在问题(利润表质量问题的征兆)：

(1) 收入增长水平高于同行业。

(2) 给予客户的折扣不断增加。

(3) 应收账款增长高于收入的增长。

(4) 经营性现金流低于营业利润。

(5) 第四季度收入远高于其他季度。

(6) 营业利润率突然增加。

(7) 对于折旧年限假设过于激进(增加折旧年限,降低折旧率)。

(8) 营业收入和费用不稳定。

(9) 管理层薪酬与财务数据挂钩。

15.2.1.2 资产负债表

对于资产负债表来说,低质量的财务报告通常涉及高估资产、低估负债,以及不恰当地对资产和负债进行分类。可以采取的手段包括：

(1) 估计公允价值时选择模型及输入变量。
(2) 将流动资产划分为非流动资产。
(3) 低估可辨认资产，高估非可辨认资产（商誉）。
(4) 高估或低估备抵科目（坏账准备等）。

以下现象通常说明资产负债表可能存在问题（资产负债表质量问题的征兆）：
(1) 公允价值估计中的模型输入变量错误或前后不一致。
(2) 流动资产被划分为非流动资产。
(3) 备抵科目（坏账准备等）与同行业相比有较大差异，或波动较大。
(4) 资产中有较大比重的商誉。
(5) 设立特殊目的实体（SPE）。
(6) 递延所得税资产和负债大幅变动。
(7) 拥有大额表外负债。

15.2.1.3 现金流量表

对于现金流量表来说，低质量的财务报告通常涉及高估经营性现金流。可以采取的手段包括：
(1) 通过管理手段影响经营性现金流。
(2) 通过现金流的分类来增加经营性现金流。

以下现象通常说明现金流量可能存在问题（现金流质量问题的征兆）：
(1) 应收账款和存货下降，应付账款上升。
(2) 将支出进行资本化，从而将现金流出划分为投资性现金流出。
(3) 采用售后回租（sales and leaseback）。
(4) 银行透支额（bank overdrafts）增加。

> **备考小贴士**
>
> 考生需要根据题目条件判断财务报告中可能存在问题的征兆。

15.2.2 企业合并中的财务报告质量问题

企业合并中，采用购买法来进行核算，被收购企业的现金流被并入母公司的现金流，可以掩饰母公司自身现金流恶化的事实，而财务报表的使用者通过合并报表并不能区分合并前和合并后的现金流情况。

如果采用股份支付形式收购，收购方和被收购方都有理由在收购前推高自身的股价。收购方股价越高，则收购方支付越少的股份作为对价；被收购方股价越高，则被收购方的股东获得越多的收购方股份作为对价。出于推高股价的目的，管理层有可能操纵财务数据。

并购使得财务报表变得复杂，收购一些缺乏公开信息披露并与收购方业务不甚相似的企业，可以使得财报缺乏可比性和一致性，从而掩盖收购方财务披露中的会计舞弊。

合并中，收购的对价超过子公司可辨认净资产公允价值的部分，称为商誉。商誉不进行摊销，而其他资产会产生折旧或者摊销费用，因此，收购方有动机低估可辨认资产的价值，而高估商誉的价值。尽管商誉需要进行减值，但这很大程度上依赖于管理层的主观判断，是容易被操纵的，并且减值通常被视为一种不反复发生、不持续的事项，常被财报的使用者忽略。

15.2.3 会计准则与经济实质的偏离

某些情况下，企业编制的财务报告可能符合会计准则的要求，但并不能反映经济实质。此时，分析师需要对报表做出一定的调整。而会计准则也在尽可能地做出改进，以使报表披露的信息更接近于经济实质。最典型的情况就是在特殊目的实体（SPE）中，发起方虽然并不一定持有绝大多数的股权，但是确有可能实际控制着 SPE 并享有剩余收益。IFRS 和 US GAAP 都要求对满足一定条件的 SPE 纳入报表合并的范围（详见第 11 章）。

在分析财务报表时，面对财务披露偏离经济实质的情况，可能需要进行一些调整。

例如，减值损失和重组成本会降低当期利润，但它们通常是因前期的经济活动所产生的，而不是由当期的经济活动一次性产生的。资产减值的发生很可能是由于此前资产的价值被高估，即前期的利润被高估。如果减值损失和重组成本是由自然灾害等非常见事件引起的，在分析盈利时需要剔除。但如果这些费用是经常性事件引起的，则要分摊到数个会计期间中。

除此之外，可能需要分析师进行调整的情况还包括：研发中不满足资本化条件的费用；因未完全交付而无法确认的收入；计入其他综合收益的浮盈浮亏等。

15.3 评估财务报告质量

15.3.1 评估财务报告质量的步骤

评估财务报告的质量通常需要以下步骤：

(1) 理解公司与行业，理解公司所采用的会计准则的合理性。

(2) 了解公司的管理，评估公司管理层是否有歪曲财务报告的动机，包括薪酬制度设计、内部人股份减持、关联方交易的披露。

(3) 明确财务报告中涉及管理层主观判断的领域，以及采用非常规核算方法的领域。

(4) 对比公司当年和往年的财务报表，对比公司与竞争对手的会计制度，使用比率分析法对比公司与竞争对手的业绩。

(5) 发现财报质量可能存在问题的指征。

(6) 针对拥有多条产品线或多个区域分部的公司，分析该公司是否试图使得收入和利润向高增长的热门领域转移，尤其是当合并报表呈现负增长而某个特定部门呈现高速发展的时候。

(7) 使用定量分析的工具评估错报的可能性。

—考点要求—
描述（describe）如何评估财报质量（★）

> —考点要求—
> 评估（evaluate）
> 财报质量（★★）

15.3.2 定量分析工具：贝内什模型（Beneish Model）

15.3.2.1 M 分值的计算

贝内什模型用于评估一家公司财务报表舞弊的可能性。通过以下公式计算可得到 M 分值（M-score）：

$$M\text{-score} = -4.84 + 0.920(\text{DSR}) + 0.528(\text{GMI}) + 0.404(\text{AQI}) + 0.892(\text{SGI}) + 0.115(\text{DEPI}) - 0.172(\text{SGAI}) + 4.679(\text{Accruals}) - 0.327(\text{LEVI}) \quad (15.1)$$

M 分值是一个均值为 0、标准差为 1、服从正态分布的随机变量，代表利润操纵的可能性。若 M 分值大于 -1.78，表示该公司进行利润操纵的概率大于可接受的水平。

公式(15.1)中，DSR 指应收账款周转天数指数（days sales receivable index），可表示为 $\frac{\text{Receivables}_t}{\text{Sales}_t} \div \frac{\text{Receivables}_{t-1}}{\text{Sales}_{t-1}}$。该指标越大表示公司收入确认越有可能存在问题。

GMI 指毛利指数（gross margin index），可表示为 $\frac{\text{Gross margin}_{t-1}}{\text{Gross margin}_t}$，即上一年毛利与当年毛利的比值。如果 GMI 大于 1，说明毛利恶化。如果一家公司的毛利持续恶化，则该公司有进行利润操纵的动机。

AQI 指资产质量指数（asset quality index），可表示为 $\left[1 - \frac{\text{PPE}_t + \text{Current assets}_t}{\text{Total assets}_t}\right] \div \left[1 - \frac{\text{PPE}_{t-1} + \text{Current assets}_{t-1}}{\text{Total assets}_{t-1}}\right]$，即当年非流动性资产（固定资产除外）占总资产的比重与上一年该比重的比值。该比率代表超额的资本化支出的变化。

SGI 指销售收入增长指数（sales growth index），即当年销售收入与上年销售收入的比值，可表示为 $\text{Sales}_t / \text{Sales}_{t-1}$。为了满足高增长预期并且以增长为理由获得更多的资本，公司有理由进行利润操纵。

DEPI 指折旧指数（depreciation index），即上一年折旧率与当年折旧率的比值，可以表示为 $\frac{\text{Depreciation rate}_{t-1}}{\text{Depreciation rate}_t}$。其中，$\text{Depreciation rate} = \frac{\text{Depreciation}}{\text{Depreciation} + \text{PPE}}$。DEPI 大于 1 表示资产折旧速度变慢，意味着可能存在利润操纵。

SGAI 指销售、综合开销与行政管理费用指数（sales, general and administrative expense index），是指当年销售、综合开销与行政管理费用占销售收入的比重与上一年该比重的比值，可以表示为 $\frac{\text{SGA}_t}{\text{Sales}_t} \div \frac{\text{SGA}_{t-1}}{\text{Sales}_{t-1}}$。SGAI 大于 1，说明行政管理和营销效率下降，该公司有进行利润操纵的动机。

Accruals 是指非现金利润（不含异常事项）占总资产的比重，即（Income before extraordinary items － CFO）÷ Total assets。非现金利润占比越大，利润操纵的可能性越大。

LEVI 指当年债务资本占总资产的比重（total debt to total assets）与上一年该比重的比值，可以表示为 $\frac{\text{Leverage}_t}{\text{Leverage}_{t-1}}$。LEVI 大于 1，说明杠杆率增加，该公司有进行利润操纵的动机。

> **知识一点通**
>
> 值得注意的是,在公式(15.1)的各个变量中,只有 DSR、GMI、AQI、SGI 和 Accrual 的系数在统计上是显著的。

15.3.2.2 模型的弊端

首先,定量模型(如贝内什模型)仅反映了各个变量之间的联系,需要借助更深入的分析才能解释变量之间的因果关系。其次,管理层如果了解定量模型的判定规则,可以通过测试来了解模型可能得出的分析结果和分析师的观点,甚至操纵财务数据来影响模型的结果,从而削弱模型的效果。

> **备考小贴士**
>
> 考生需要能够根据贝内什模型中各个变量的变化,描述它们对模型结果的影响。

15.4 盈利质量

高质量的盈利可以增加公司的价值,并建立在高质量的财报基础上。高质量的盈利包含两个方面的特质:

(1) 高质量的盈利需要足以覆盖资本成本。
(2) 高质量的盈利来自持续反复发生(recurring)的经济活动。

评价盈利质量可以关注:可持续的盈利(recurring earnings)及其持续性度量指标、盈利的均值复归(mean reversion)现象等。

盈利由收入和费用决定,分析收入确认和费用确认中的问题,可以帮助发现盈利质量的问题。

15.4.1 可持续的盈利(Recurring Earning)

在未来会持续产生的盈利是对估值有用的信息,增加可持续的盈利可以增加公司估值。分析时,应该排除那些不经常发生的事件的影响,例如,处置资产的一次性收益。

将收入和费用在可持续和非可持续之间进行划分,虽然不会影响净利润的结果,但可以影响报表的使用者对未来盈利的预期,而这种划分具有很大的主观性。例如,将营业费用划分为非可持续的支出可以增加未来盈利的预期。分析时需要关注那些减少净利润的非可持续事项。

公司除了披露当年的利润外,还可能会披露盈利预测(pro forma income),而盈利预测可以不遵循会计准则的要求(non-GAAP),通常是不包括非可持续事项的。在使用公司披露的盈利预测数据时,需要结合公司的利润表,并判断其中的可持续和非可持续事项划分是否正确。

—考点要求—
描述(describe)可持续盈利的概念(★)

> **备考小贴士**
> 考生需要能够根据题目条件，对非可持续的事项进行调整。

15.4.2 盈利持续性的衡量

—考点要求—
描述（describe）
盈利质量衡量
指标（★）

15.4.2.1 盈利持续性

衡量盈利的可持续性可以用当期盈利和上期盈利之间的关系来表示，即：

$$\text{Earnings}_{t+1} = \alpha + \beta_1 \text{Earnings}_t + \varepsilon \tag{15.2}$$

—考点要求—
评估（evaluate）
盈利质量（★）

其中，系数 β_1 越大，盈利的持续性越强。

盈利由现金部分和非现金部分（accrual component）构成，其中非现金部分又称应计部分，是基于权责发生制会计所确认的当期应计的收入和费用，并不是实际收到的现金，即：

$$\text{Earnings}_{t+1} = \alpha + \beta_1 \text{Cash flow}_t + \beta_2 \text{Accruals}_t + \varepsilon \tag{15.3}$$

研究表明，盈利中现金部分的可持续性较强，即 β_1 通常大于 β_2。因此，盈利中的现金部分占比越大，盈利的可持续性越强，盈利的质量也就越高。公司如果同时出现负的经营性现金流和正的盈利，这种情况值得警惕。

盈利中的非现金部分可能属于公司正常的交易产生的**非主观应计部分**（non-discretionary accrual），也可能是由管理层为扭曲财务报告结果而进行的会计选择所产生的**主观应计部分**（discretionary accrual）。盈利中的应计部分包括应收账款这类非现金收入和折旧费用这类非付现费用。正常的、非主观的应收账款和折旧费用，与公司的赊销额和可折旧资产规模理应保持一定的关系，通过回归可以发现它们之间的关系并确定正常的应计收入和费用，而残差可以认为是非正常的、主观应计部分。

15.4.2.2 均值复归（Mean Reversion）

—考点要求—
解释（explain）
盈利的均值复归
以及盈利中的应
计项目对均值复
归的影响（★★）

公司的盈利会波动，但不会在一个方向上永远持续下去。当公司的盈利达到极限（极高或是极低）时，往往回归到正常水平，这称为**盈利的均值复归**。当盈利极低时，公司通过关闭亏损部门，调整管理层人员结构，调整战略来改善盈利；当盈利极高时，新的竞争者被吸引进入该领域，竞争使得盈利下降。

通常来说，盈利中的非现金部分越高（现金部分越少），均值复归的速度越快，尤其是在主观应计部分占非现金部分比重较高的情况下。

15.4.2.3 其他分析盈利质量的方式

公司通常希望盈利达到或者超过市场预期的业绩基准，从而提振股价。但如果公司的盈利一直都是刚好达到业绩基准或仅略微超过业绩基准，就意味着盈利质量较低以及存在利润操纵。

此外，公司被监管机构采取强制措施（enforcement actions）或是对前期报表进行重新调整（restatement）也是盈利质量较低的象征。但这些都是事后才能获得的信息，对分析师来说意义不大。

15.4.3 收入的确认

为了提高盈利水平,公司可能会使用各种手段加速收入的实现和确认,或增加主营业务收入,例如:

(1) 经销商囤货,即:将存货出售给批发商时确认收入,但是允许批发商退货,存货的相关风险实际并没有转移。

(2) 采用开票并持有的形式来增加收入的确认,虽然出售方开具了发票,但是仍然持有存货。

(3) 给予客户较大的折扣,这虽然可以增加收入,但却是以降低利润率为代价的。

(4) 将处置资产产生的一次性收入作为主营业务收入确认。

(5) 当应收账款增长超过销售收入增长或者收入和支出分类方法前后不一致时,收入确认可能存在问题。

分析公司收入质量一般包括以下步骤。

(1) 根据披露的信息,了解公司的收入确认方法,包括运输条款、退货政策、回扣等信息。

(2) 分析应收账款账龄,并与前期结果以及行业平均水平进行对比。

(3) 分析应收账款占收入的百分比,并与前期结果以及行业平均水平进行对比。

(4) 将收入数据与其他非财务数据进行对比。例如,零售企业会公布门店数量,分析时可以将其用于印证销售收入的变化。

(5) 分析收入变化趋势,进行同行业对比。

(6) 分析关联方交易,关联方包括高管持股的公司、股东持股的其他公司,将过时或破损的存货出售给关联方可以虚增收入。

15.4.4 费用的确认

费用的确认中,资本化和费用化是值得关注的问题。将支出资本化可以减少当期费用,增加当期利润。资本化会增加资产的价值,在公司的主要业务没有发生变化的情况下,如果固定资产在总资产中的占比显著增加,则意味着较多的费用被资本化了。

分析公司的费用一般包括以下步骤。

(1) 根据年报披露的信息了解公司关于资本化的规定。例如,计入存货成本的支出、折旧年限的规定,同时要与同行业进行对比。

(2) 研究变化趋势并进行同行间对比分析。固定资产成本非正常增长或是利润率的增加伴随着固定资产的增长都是值得警惕的现象。针对资产周转率、折旧率和资本支出,都需要研究变化趋势以及与同行业进行对比。

(3) 研究关联方交易。关联方交易可能成为利益输送的渠道,同时关联方交易可用于虚增利润。

15.4.5 破产预测模型

奥特曼模型(Altman Model)利用一系列财务比率评估一家公司破产的概率,克服了单一财务比率分析的局限性。Z分值(Z-score)的计算方法如下:

$$Z\text{-score} = 1.2(\text{Net working capital/Total assets}) + 1.4(\text{Retained earnings/Total assets}) + 3.3(\text{EBIT/Total assets}) + 0.6(\text{Market value of equity/Book value of liabilities}) + 1.0(\text{Sales/Total assets})$$

(15.4)

公式(15.4)中包含了衡量流动性、盈利能力、财务杠杆和公司营运能力的诸多比率。其中,Net working capital/Total assets 衡量短期流动性风险,Retained earnings/Total assets 用于衡量过去一定时间内累计的盈利水平,EBIT/Total assets 衡量盈利能力,Market value of equity/Book value of liabilities 衡量财务杠杆和偿债能力,Sales/Total assets 衡量营运能力。通过公式(15.4)计算得到的 Z 分值低于 1.81,意味着破产风险较高;高于 3 则意味着破产风险较低;介于 1.81 和 3 之间表示无法判定破产风险的大小。

奥特曼模型的弊端在于它仅使用单期的财务数据,没有考虑到模型中输入变量在一段时间内的变化。此外,模型中的财务数据建立在持续经营的会计假设中,且只能反映公司的历史业绩。

> **备考小贴士**
>
> 从考试角度,不需要考生对 Z-score 的公式进行记忆,但需要了解这个指标对破产风险的判断方法。

15.5 现金流质量

—考点要求—
描述(describe)衡量现金流质量的指征(★)

相对于利润来说,现金流较难被伪造和操纵,因此,结合现金流量表,可以更好地发现利润表和资产负债表中潜在的问题。

经营性现金流是衡量公司业绩和进行公司估值的重要信息。

高质量的现金流同样需要建立在高质量的财务报告基础上,否则现金流的质量无从判断。

—考点要求—
评估(evaluate)现金流质量(★)

分析现金流需要结合公司所处的生命周期以及行业常态。处于初创期的公司,经营性现金流和投资性现金流为负属于正常现象,并通常有大量的融资性现金流。成熟期的公司,如果经营性现金流为负,而现金流入主要来自融资活动,则该公司的现金流存在问题。

对于成熟的公司来说,高质量的现金流体现为:
(1) 正的经营性现金流。
(2) 可持续的经营性现金流。
(3) 现金流足以覆盖资本支出、股息支付和偿还债务。

(4) 现金流的波动性小。

虽然现金流的总量不容易被操纵,但是分析中仍需注意以下问题:

(1) 通过出售应收账款、推迟支付应付账款等手段,可以增加当期的经营性现金流。

(2) 会计准则允许不同的现金流分类方式,将其他类别的现金流入分类为经营性现金流入,或者将经营性现金流出分类为其他类别的现金流出,都是增加经营性现金流的手段。例如,IFRS下,将利息费用分类为融资性现金流出而非经营性现金流出,可以高估经营性现金流;将证券分类为交易性金融资产而非可供出售类资产,在该资产被出售时所获得的现金收益可以增加经营性现金流而非投资性现金流。

15.6 资产负债表质量

高质量的资产负债表应该是完整的、计量无偏的、表达清晰的。

1. 完整性(Completeness)

资产负债表应当包含完整的资产和负债信息。影响资产负债表完整性的因素包括表外事项和权益法核算的投资。

表外事项未被包含在资产负债表中,常见的表外资产和负债的活动包括有照付不议条款的合约(take-or-pay contract)等。这些事项虽然没有反映在资产负债表上,但都意味着公司未来需要进行支付,会造成经济利益的流出。分析时需要进行相应的调整,以反映表外事项。

采用权益法的投资方未将被投资方的报表纳入合并范围,会高估投资方的盈利能力比率(详见第11章)。

—考点要求—
描述(describe)
衡量资产负债表质量的指征(★)

2. 无偏的计量(Unbiased Measurement)

资产负债表中,许多资产和负债的价值需要通过估计得到,而有偏的估计会影响资产和负债的价值,同时会影响利润。例如,存货、固定资产、商誉的减值准备,递延所得税资产的减值准备,缺少活跃市场价格的债券和股份等都需要通过估计确定其账面价值,固定受益型养老金计划净资产(或净负债)的确定也涉及诸多的估计和假设。资产的价值被高估会导致利润被高估、费用被低估以及净资产被高估。

—考点要求—
评估(evaluate)
资产负债表质量(★)

3. 清晰的表达(Clear Presentation)

会计准则对资产和负债中应该包含的内容作了要求,但并没有对应当如何列示这些内容做出事无巨细的规定。高质量的资产负债表应当在相关附注中提供更多信息,例如,关于存货,附注中应该明确存货的计价方法(先进先出、后进先出等),才能使报表的使用者清晰了解存货成本与市场价值的关系。

15.7 风险相关信息

财务报表及其附注、管理层讨论、审计师意见、媒体报道等都为分析公司面临的风险提供了有用信息。

1. 财务报表

通过分析财务报表,可以了解公司的财务风险、经营风险和其他风险。例如,杠杆比

—考点要求—
描述(describe)
关于风险的信息来源(★)

率可以用于分析财务风险及偿付能力,奥特曼模型中的 Z 分值可以用于评估破产风险。

2. 财务报表的附注

财务报表的附注也为分析风险提供了有用信息。US GAAP 和 IFRS 都要求在财务报表的附注中披露或有事项、养老金信息、金融工具等的相关风险信息。

对于或有负债,要求披露关于负债的描述、金额、支付的时间和与之相关的不确定性等内容;对于养老金和其他离职后福利,要求披露精算风险(actuarial risks)和投资风险;对于金融工具,要求披露信用风险、流动性风险、市场风险相关信息,以及公司是如何管理这些风险的。

3. 管理层讨论

管理层讨论中描述了管理层关于公司风险的看法。

IFRS 要求管理层讨论中需要包含公司的业务性质、目标和战略,资源、风险和关联方关系,经营成果和展望,业绩衡量指标。

US GAAP 要求管理层讨论中涉及流动性、资本来源、经营成果、表外事项、合同安排等。

管理层讨论的内容应该展现公司所独有的特质,而不是泛泛地描述一些市场或行业中的普遍现象,后者对于分析财务信息来说意义不大。

4. 审计师意见

审计师意见揭示了财务报告风险(reporting risk)。

对财务报表使用者来说,审计师意见提供了其关于财务报告质量和公司内控的看法,审计师的负面意见对分析师来说是一个警示信息,但它针对的仅仅是历史信息,在风险提示作用方面缺乏时效性。

此外,分析中需要关注公司频繁更换审计师的行为,了解审计师的能力和被审计对象的复杂程度是否匹配,以及确定审计师的独立性能否得到保障。

5. 其他信息来源

公司的其他信息披露以及媒体报道也是了解公司相关风险的信息来源。

当发生增发股份、发行债券、管理层变动、兼并收购、重组、法律纠纷等时,通常要求公司披露相关的信息,这些信息也可以用于评估风险。SEC 规定填报上述信息的文件称为 Form 8-K。如果不能及时填报信息,则需要披露"信息未及时填报申明"(notification of inability to timely file,NT)。未能及时披露信息可能意味着公司的会计制度存在分歧、缺少财务人员甚至涉嫌财务造假等问题。

上述信息中,首席财务官或者外部审计师突然离职是财务报告质量存在问题的警示信号。法律诉讼纠纷会对公司未来的盈利产生负面影响;兼并和收购对公司来说未必是负面信息,但意味着公司面临的风险会发生重大改变。

媒体报道同样也是分析风险的信息来源。分析人员对于财务信息披露的质疑之声可以通过媒体报道公之于众,但是媒体报道的内容需要结合正式的信息披露进行核实以及通过其他来源的信息进行佐证。

练一练

The questions are based on the information below.

Jon Smith is an equity analyst for Golden Investment Ltd. He recently discussed with the investment manager about several companies: Moonlight Production, Sunny Technology and Future Stars Production. Those are manufacturers of precise instruments used in chemical industry. After reviewing the financial statements and notes, Smith has several observations. The observations regarding Moonlight Production are given below.

Observation 1: Return from customers and discount to customers has not significantly changed.

Observation 2: Days of payables increases while days of receivables decreases significantly.

Observation 3: Cash flow from operating activities has been lower than operating income for years.

From the financial statement data, Smith calculated M-score to determine the possibility of misreporting. The result is given below.

Exhibit 15.1 M-score

	2022	2021
Moonlight Production	−2.58	−2.16
Sunny Technology	−1.71	−1.77
Future Stars Production	−1.96	−1.84

After observing Future Stars Production's income statement and footnote, Smith finds that pre-tax income of the company is USD 5.4 million, including USD 0.8 million restructuring expenses and USD 2.0 million non-operating expenses. Smith concludes that the restructuring expenses are not likely to recur and that the non-operating expenses will persist.

Jessica Lin, the investment manager of Golden Investment is concerned with the problems of using quantitative model. She makes the following statements.

Statement 1: Managers may test the detectability of the Beneish Model, and the model would become less predictive over time.

Statement 2: To explain the cause and effect relationship between variables, deeper investigation, survey and other analysis are needed.

Moonlight Production and Sunny Technology's earnings increased in the past few years. Moonlight Production has lower non-cash component in earnings compared with Sunny Technology. Smith believes that their profits will revert to the normal levels.

Sunny Technology acquired one of its suppliers two years ago. It reported goodwill on the consolidated balance sheet and no impairment loss has been recognized. Smith is concerned about the misreporting due to the measurement of goodwill.

15-1 Which of the following observations regarding Moonlight Production is least likely a warning sign of financial reports quality?

　A. Observation 1.

　B. Observation 3.

　C. Observation 2.

15-2 Based on the M-score, which of the following companies is most likely to have engaged in earnings manipulation?

　A. Moonlight Production.

B. Sunny Technology.

C. Future Stars Production.

15-3 After adjusting for the non-recurring items, the pre-tax income of Future Stars Production is closest to:

A. USD 5.4 million.

B. USD 8.6 million.

C. USD 6.2 million.

15-4 Regarding the problems of Beneish Model, which of Lin's statements is (are) most likely correct?

A. Statement 2 only.

B. Neither.

C. Both.

15-5 Moonlight Production will experience mean reversion of earnings:

A. more quickly than Sunny Technology.

B. at the same speed with Sunny Technology.

C. more slowly than Sunny Technology.

15-6 Earnings for the years following the acquisition by Sunny Technology would be overstated if:

A. value of goodwill is overstated.

B. value of depreciable assets is overstated.

C. value of assets is fairly stated.

答案与解析

15-1 A

客户退款增加可能意味着使用了经销商囤货的方法增加收入,而增加折扣额是以牺牲利润率的方式增加收入,两者都是财报质量低的特征,而两者没有发生变化则不能视为财报质量低的特征。因此,选项 A 符合题意。

应付账款周转天数增加表示公司推迟支付应付款,而应收账款周转天数减少表示公司提早收回应收款,这有可能是公司为了增加现金流而采取的措施,是现金流质量问题的指标,因此,选项 C 不符合题意。

经营性现金流持续低于营业收入说明公司的盈利质量存在问题,因此,选项 B 不符合题意。

15-2 B

根据贝内什模型(Beneish Model),当 M 分值大于 -1.78 时,公司存在财务舞弊的可能性高于可接受水平。题目中,只有 Sunny Technology 的 M 分值高于 -1.78,且从 2021 年到 2022 年有所上升,它存在财务舞弊的可能性最大。因此,选项 B 符合题意。

15-3 C

可持续的盈利对分析公司未来的盈利和估值才是有用的,因此,应该剔除重组费用这部分非可持续费用对税前利润的影响。调整后,税前利润为:

$$5.4 + 0.8 = \text{USD } 6.2 \text{ million}$$

15-4 C

使用定量分析模型有两个弊端:(1)定量分析模型只能揭示变量之间的关联关系,不能解释它们的因果关系,如需解释变量之间的因果关系,还需要更深入的分析,因此,Statement 2 正确;(2)管理层可以用已有的模型来测试财务报告的结果,并且可以通过操纵财务数据来影响模型的判断结果,降低模型预测的效果,因此,Statement 1 正确。综上,选项 C 符合题意。

15-5 C

盈利中现金部分比非现金部分更具有可持续性,盈利中非现金部分占比更大的公司,其盈利会更快地恢复到正常水平,即均值复归的速度更快。题目中,Moonlight Production 公司的非现金部分比重较 Sunny Technology 公司更低,因此,均值复归会更慢。

15-6 A

商誉不进行折旧和摊销只进行减值测试,故不产生折旧和摊销费用,而其他的可辨认资产需要进行折旧或摊销。商誉的减值具有较大的主观性,根据题目条件,该公司没有计提过商誉减值。在并购中,如果高估了商誉的价值,低估了可辨认净资产的价值,会减少未来的折旧和摊销费用,从而增加利润。因此,选项 A 符合题意。

第 16 章 财务报告综合分析

章节导学

知识引导

本章内容主要介绍了财务报告分析的步骤,并列举了分析财务报告时常见的分析方法,以及分析中需要对报表数据进行的调整和处理。主要涉及利润分析、资产负债表构成、资本分配、盈利质量和现金流分析、市值分解等。

考点聚焦

本章考点以"财务报表分析"科目的其他章节和 CFA® 一级的内容为基础,考点涉及财务报表的调整、指标和比率的计算与解释。考生需要熟悉一级要求掌握的知识点,在二级考试中仍然会继续涉及该部分内容。

本章框架图

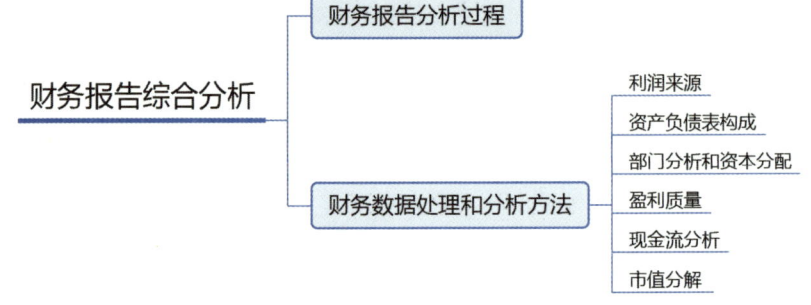

16.1 财务报告分析过程

财务报告分析通常经过以下几个步骤：
(1) 明确分析目标和背景(define the purpose and context of the analysis)。
(2) 收集数据(collect input data)。
(3) 处理数据(process input data)。
(4) 分析和解释数据(analyze/interpret the data)。
(5) 得出结论和建议，并就结论和建议进行交流(develop and communicate conclusions and recommendations)。
(6) 持续地跟进(follow-up)。

—考点要求—
说明（demonstrate）使用财务报表分析框架分析具体问题的过程(★)

1. 明确分析目标和背景

分析财务报告有各种目的，分析师首先要明确目的和背景。

完成这个步骤所需要了解的信息及其来源包括(source of information)：
(1) 分析的功能定位，如分析是为了评估一项股权或债权投资抑或是进行信用评级等。
(2) 与客户或者自己的上级进行交流，了解其需求或关心的内容。
(3) 相关规定和准则。

通过确定分析工作的目标和背景，可以获得以下信息(output)：
(1) 关于分析工作的目标的描述。
(2) 分析中需要回答的问题列表。
(3) 分析报告要求具备的特征和内容。
(4) 完成分析工作的时间表和预算。

2. 收集数据

数据收集的信息来源主要包括以下几个方面：
(1) 财务报表、其他财务数据、调查问卷、行业和经济数据。
(2) 与管理层、供应商、客户、竞争对手进行沟通获得的信息。
(3) 对公司进行实地调查所获得的信息。

通过数据收集，可以获得以下信息：
(1) 整理过的财务报表。
(2) 财务数据表。
(3) 完成后的调查问卷。

3. 处理数据

数据处理所需的信息来源就是前一个步骤数据收集中获得的信息。这些信息可能需要经过一系列的调整，或者用于计算财务比率等。

通过这些处理，可以获得的信息包括：
(1) 调整后的财务报表。
(2) 财务比率。
(3) 同比(common-size)的财务报表。

(4) 对数据的预测。

4. 分析和解释数据

这一步主要是对数据进行分析和解释。信息来源就是上一步处理后的数据,如财务比率等。经过分析和解释数据,应该得到相应的分析结果。

5. 形成结论和建议

分析师向客户提供建议和发布分析报告的主要信息来源就是上述几个步骤的分析结果。此外,发布分析报告还需要符合公开发表分析报告的相关规定和制度。

经过向客户发布分析报告和提供建议,最终应该完成对第一步中所列出问题的回答,并根据第一步中所明确的分析目标提出建议。

6. 持续跟进

完成上述分析过程后,还需要定期重复上述过程,根据所获得的信息决定是否需要更改结论和建议。

在持续跟进过程中,需要形成更新后的分析报告和投资建议。

> **知识一点通**
>
> 财务报告分析过程中,需要关注每个步骤所需要的信息来源(source of information)以及形成的结果(output)。

> **备考小贴士**
>
> 这部分在 CFA® 一级中已经学过,考生简单了解即可。

16.2 财务数据处理和分析方法

—考点要求—
说明(demonstrate)财务报表分析框架,可以用于解决一个给定的问题或目的(★)

在财务报告分析过程中,数据处理和分析这一步骤涉及诸多指标和技术。下文主要以了解公司盈利驱动因素和可持续性为目的,列举并说明其中所使用的几个分析方法。

16.2.1 利润来源

杜邦分析法(DuPont Analysis)将公司的权益回报率(ROE)进行分解。分解后,ROE 由不同要素组成,它们可以用于解释公司利润的来源和驱动因素。杜邦分析法将公司的 ROE 做如下分解:

—考点要求—
评估(evaluate)财务数据的质量,推荐(recommend)调整建议(★)

$$\text{ROE} = \text{Net profit margin} \times \text{Total assets turnover} \times \text{Leverage} = \frac{\text{Net profit}}{\text{Revenue}} \times \frac{\text{Revenue}}{\text{Average total assets}} \times \frac{\text{Average total assets}}{\text{Average equity}} \quad (16.1)$$

$$\text{ROE} = \text{Tax burden} \times \text{Interest burden} \times \text{EBIT margin} \times \text{Total assets turnover} \times \text{Leverage} = \frac{\text{Net profit}}{\text{EBT}} \times \frac{\text{EBT}}{\text{EBIT}} \times \frac{\text{EBIT}}{\text{Revenue}} \times \frac{\text{Revenue}}{\text{Average total assets}} \times \frac{\text{Average total assets}}{\text{Average equity}} \quad (16.2)$$

杜邦分析法的分解说明:公司的权益回报率(ROE),即企业为股东创造的回报,由净利润率(盈利能力)、资产周转率(营运能力)和财务杠杆(公司利用财务杠杆的程度)三个方面决定,净利润又受到融资成本(利息负担)和所得税的影响。

> **备考小贴士**
>
> 杜邦分析法是 CFA® 一级要求掌握的知识点,二级考试中仍然有可能涉及,考生需要熟悉分解后的 ROE 的各个组成部分以及它们的意义。

—考点要求—
识别(identify)财务报告选择和偏差对财务报表质量的影响以及对财务决策的影响(★★)

净利润率中可能包含减值、重组成本等事项,分析时需要判断这些事项是否是经常性的,并进行必要的调整。

对联营企业的投资会产生投资收益,在分析时,通常将对联营企业的投资所得剔除,将资产中的股权投资金额剔除。经过调整后,财务比率(资产周转率、净利润率)会发生变化。

> **备考小贴士**
>
> 考生需要熟悉一级中介绍过的各个财务比率的计算方法,并能够解释报表进行一定调整前后的财务比率的变化。

16.2.2 资产负债表构成

1. 资产构成

通过同比的资产负债表可以分析资产的构成。同比的资产负债表是将表中各个项目(资产、负债和权益)表示为它们占总资产的百分比。

不同行业的公司,资产构成不尽相同。例如,科创企业会拥有较多的无形资产,制造业会拥有较多的固定资产,零售业会拥有较多的存货等。分析中还需要关注商誉在资产中的占比,商誉的变化与公司的并购行为相关。

2. 资本结构

通过同比的资产负债表,可以直接了解到公司资产、负债、权益之间的比率,即资本结构,或财务杠杆比率。还可以了解公司流动资产和流动负债的变化情况,帮助评价公司营运资本管理效率。

资本结构和流动性应该符合公司管理层的战略决策,并且应确保公司的偿付能力可以满足债务的支付。

16.2.3 部门分析和资本分配(Segment Analysis)

公司需要对按照管理责任或地理区域来划分的业务分部进行相关披露。分部报告通常包括每个分部的收入、营业利润等信息,以及每个分部的资产规模、资本支出情况。

通过分析上述业务分部的信息,可以了解各个业务线的经营情况、对公司收入和利润的贡献,以及公司的资本是如何在不同的业务中进行分配的。

对分部门的财务数据进行分析时,也需要对财务数据进行处理,包括计算每个分部的营业利润率(EBIT margin)和**资本支出占比与资产占比的比值**(ratio of total capital expenditure % to total asset %)。资本支出占比是部门的资本支出占公司总资本支出的比重。资产占比是部门的资产占公司总资产的比重。资本支出占比与资产占比的比率,能够说明一个部门所获得的资本分配变化。如果该比率大于1,说明该部门获得了公司更多的投入,在公司中的重要性上升;如果该比率小于1,则说明公司对该部门的投入缩减,该部门在公司中的重要性下降;如果等于1,则说明没有发生变化。

例如,G公司将业务按照华东、华北、华南和华中四个区域分为四个事业部,每个事业部的资产、资本支出和营业利润率情况如下表所示。

G公司各事业部的资产、资本支出和营业利润率情况

(单位:万元)

	资产		资本支出		营业利润率	
	2022年	2021年	2022年	2021年	2022年	2021年
华东	134	112	3.4	3.1	20%	19.50%
华北	225	221	4	5	17%	17.10%
华南	310	298	11	8.8	18%	17.50%
华中	287	256	8	3.4	15.60%	15%
合计	956	887	26.4	20.3	—	—

经过计算,G公司各个事业部的资产占比和资本支出占比以及它们的比值如下表所示。

G公司各事业部的资产占比、资本支出占比及三者的比值

	各事业部的资产占比		各事业部的资本支出占比		资本支出占比与资产占比的比值	
	2022年	2021年	2022年	2021年	2022年	2021年
华东	14.02%	12.63%	12.88%	15.27%	0.92	1.21
华北	23.54%	24.92%	15.15%	24.63%	0.64	0.99
华南	32.43%	33.60%	41.67%	43.35%	1.28	1.29
华中	30.02%	28.86%	30.30%	16.75%	1.01	0.58

通过以上数据可以发现,G公司在2022年盈利最强的是华东事业部,而在2022年,华东事业部的资本支出占比小于其资产总量占比,如果这个趋势持续,说明华东事业部获得的资本投入在缩减。

华中事业部是盈利最低的事业部,但华中事业部的资本支出占比与资产占比的比值在上升,说明华中事业部获得的资本投入在增长,它在公司中越来越重要。

16.2.4 盈利质量

在第15章中我们介绍过,公司的盈利可以分为现金部分和非现金部分(应计部分),非现金部分越高,盈利的可持续性越弱、盈利质量越低。应计比率(accruals ratio)可以基于资产负债表和现金流来计算,用于评估盈利质量。该比率越低,盈利质量越高。

1. 基于资产负债表(Balance-Sheet-Based)

基于资产负债表计算应计比率的过程如下所示。

$$\text{Balance sheet accrual ratio of time}_t = \frac{\text{NOA}_t - \text{NOA}_{t-1}}{(\text{NOA}_t + \text{NOA}_{t-1})/2} \quad (16.3)$$

其中，NOA 是指**净经营性资产**（net operating assets），它是经营性资产和经营性负债的差值；经营性资产是总资产扣除现金和短期投资，经营性负债是总负债扣除债务融资，即：

$$\text{Operating assets} = \text{Total assets} - \text{Cash and short-term investments} \quad (16.4)$$

$$\text{Operating liabilities} = \text{Total liabilities} - \text{Debt} \quad (16.5)$$

$(\text{NOA}_t + \text{NOA}_{t-1})/2$ 代表会计期间内的平均净经营性资产。

2. 基于现金流（Cash-Flow-Based）

基于现金流计算应计比率的过程如下所示。

$$\text{Cash flow accrual ratio of time}_t = \frac{\text{NI}_t - (\text{CFO}_t + \text{CFI}_t)}{(\text{NOA}_t + \text{NOA}_{t-1})/2} \quad (16.6)$$

其中，NI_t 代表净利润；$(\text{CFO}_t + \text{CFI}_t)$ 代表经营性现金流和投资性现金流的和。

> **备考小贴士**
>
> 应计比率的两个公式（16.3）和（16.6）是本章非常重要的考点，常常会考计算题，考生务必熟练掌握。

16.2.5 现金流分析

分析现金流主要是分析经营性现金流，经营性现金流是公司的持续经营活动所产生的现金流，是公司持续经营的现金来源。

通常使用以下指标来分析经营性现金流。

1. 现金流与营业收入的比值

$$\text{Cash flow to operating income} = \frac{\text{CFO before interest and tax}}{\text{EBIT}} \quad (16.7)$$

该比率衡量收入中有多少是现金收入，有现金流作支撑的盈利是高质量的盈利。该比率低，则盈利质量存疑。

2. 总资产现金收入比

$$\text{Cash return to total assets} = \frac{\text{CFO before interest and tax}}{\text{Average total assets}} \quad (16.8)$$

该比率衡量公司通过所有资产创造经营性现金流的能力。

3. 现金流与再投资的比值

$$\text{Cash flow to reinvestment} = \frac{\text{CFO before interest and tax}}{\text{Capital expenditure}} \quad (16.9)$$

该比率衡量经营活动创造的现金流是否足够支撑公司的资本投入。

4. 现金流与总债务的比值

$$\text{Cash flow to total debt} = \frac{\text{CFO before interest and tax}}{\text{Total debt}} \quad (16.10)$$

该比率衡量公司的杠杆水平，该比率较高，说明财务杠杆较低，公司有进一步举债的可能。

5. 现金流利息覆盖率

$$\text{Cash flow interest coverage} = \frac{\text{CFO before interest and tax}}{\text{Cash interest paid}} \quad (16.11)$$

该比率衡量经营活动创造的现金流是否足够支付现金利息。

注意,CFO before interest and tax 是指**息税前经营性现金流**,需要在经营性现金流的基础上,剔除支付利息和所得税的现金流的影响。

16.2.6 市值分解(Decomposition)

如果一家公司持有其他公司的股份,且被投资方的市场价值可以获得,则可以通过**市值分解**的方式将被投资方的价值从总市值中剥离,进而获得投资方自身经营所具有的价值(implied value),可将其视为投资方单独(standalone)的市场价值,即:

投资方的市值－按比例持有的被投资方的市值＝投资方单独的价值

投资方的净利润剔除被投资方贡献的投资收益后,得到投资方单独的利润,即:

投资方净利润－被投资方贡献的利润＝投资方单独的利润

投资方单独的价值与投资方单独的利润的比值,可以得到隐含的投资方单独的市盈率。

注意,如果被投资方股份的市场价值是以外国货币计量的,那么,它的市场价值需要折算成投资方股份市值的标价货币。如果被投资方贡献的利润是以外币标价的,则需要使用平均汇率折算。

> **例题 16.1**
>
> G 公司有 100 万股普通股发行在外,2022 年 12 月 31 日,其股价为 18 元。
>
> G 公司持有 A 公司 25% 的股份。A 公司有 15 万股普通股发行在外,2022 年 12 月 31 日,其股价为 20 美元,当时的汇率是 1 美元＝6.878 5 元人民币。
>
> G 公司 2022 年的税后净利润为 90 万元,其中包含 G 公司从 A 公司获得的收益 17 万元。
>
> 假设 G 公司除了 A 公司外,没有进行其他的权益投资。请计算剔除 A 公司价值后的 G 公司单独的市场价值和 G 公司单独的市盈率。
>
> **名师解析**
>
> G 公司持有的 A 公司股份的市场价值(人民币)为:
>
> $$25\% \times 150\ 000 \times 20 \times 6.878\ 5 = 5\ 158\ 875(元)$$
>
> G 公司的(包含 A 公司)总市场价值为:
>
> $$18 \times 1\ 000\ 000 = 18\ 000\ 000(元)$$
>
> 剔除 A 公司后,G 公司单独的市场价值为:
>
> $$18\ 000\ 000 - 5\ 158\ 875 = 12\ 841\ 125(元)$$

剔除对 A 公司投资所获得的收益后，G 公司的利润为：

$$900\,000-170\,000=730\,000(元)$$

G 公司单独的市盈率为：

$$12\,841\,125\div730\,000\approx17.59$$

练一练

Samantha Zhang is an equity analyst of Golden Investment. She collects the financial reports of several companies and starts to make necessary adjustments as well as data processing. Evergrace Ltd. is one of the companies that Zhang follows. Zhang is interested in the source of earnings and earnings' quality of Evergrace. Zhang thinks financial ratios might be useful in analyzing financial results and some adjustments on the reported financial data might be necessary.

The selected financial data of Evergrace for the most recent years are given below.

Exhibit 16.1 Financial Statement Data of Evergrace

(in USD thousands)

	2022	2021	2020
Revenue	2 112	1 988	1 741
EBIT	198	185	177
Interest expense	(15)	(15)	(13)
Income tax	(71)	(65)	(62)
Net profit	112	105	102
Average total assets	1 875	1 843	1 830
Average total equity	1 200	1 150	1 140

Evergrace holds 20% in its associate. The associate reports net income of USD 102 000 in 2022. On Evergrace's balance sheet, the investment in the associate is USD 240 000. Zhang wants to know the operation of Evergrace alone.

Zhang uses accrual ratio to evaluate earnings quality of Evergrace. Cash flow and net income of Evergrace are given in Exhibit 16.2.

Exhibit 16.2 Data Related to Earning Quality of Evergrace in 2022

(in USD thousands)

	2022
Net profit	112
Cash flow from operating *	189
Cash flow from investing	−233
Cash flow from financing	−85
Average net operating assets	1 205

* Including cash paid for tax of USD 63 000, excluding cash paid for interest of 16 000. Interest paid and received is classified as cash flow from financing and investment activities.

Zhang expects that accrual ratio of Evergrace will fall in the near future, and she asks a junior analyst about the implication of the expected change in accrual ratio.

16-1 The increase in Evergrace's return on equity most likely attributes to:
A. increase in financial leverage.
B. increase in asset turnover.
C. increase in profit margin.

16-2 Cash flow interest coverage ratio of Evergrace in 2022 would be closest to:
A. 15.75.
B. 16.8.
C. 16.75.

16-3 After excluding the investment in associate, what is the net profit margin of Evergrace in 2022?
A. 5.34%.
B. 4.34%.
C. 5.38%.

16-4 Cash-flow-based accrual ratio for Evergrace in 2022 is closest to:
A. 6.39%.
B. 25.73%.
C. 12.95%.

16-5 The ratio for operating cash flow before interest and tax to operating income for Evergrace in 2022 is closest to:
A. 1.27.
B. 0.95.
C. 1.05.

16-6 According to the expected change in the accrual ratio, it is appropriate to conclude that Evergrace would:
A. have higher earnings quality.
B. experience no change in quality.
C. have lower earnings quality.

答案与解析

16-1 B

根据杜邦分析法,将 ROE 分解的结果如下表所示。

	2022	2021	2020
Net profit margin	0.053	0.053	0.059
Total asset turnover	1.13	1.08	0.95
Financial leverage	1.563	1.603	1.605
ROE	0.093	0.091	0.089

ROE 在过去三年中是上升的,而 ROE 的三个组成部分中,只有总资产周转率是上升的,净利润率和财务杠杆比率都是下降的。因此,ROE 的增长主要来自周转率的上升。

16-2 A

根据公式(16.11),有:

$$\text{cash flow interest coverage} = \frac{189 + 63}{16} = 15.75$$

注意:该比率的分母是现金利息,而不是利息费用。另外,由题目条件已知,利息相关的现金流属于融资活动和投资活动产生的现金流,因此,在计算息税前经营性现金流时,只需调整所得税。

16-3 B

调整后的净利润率为:

$$(112 - 20\% \times 102) \div 2\,112 \approx 4.34\%$$

16-4 C

根据公式(16.6)有:

$$\text{Cash flow accrual ratio of time}_t = \frac{\text{NI}_t - (\text{CFO}_t + \text{CFI}_t)}{(\text{NOA}_t + \text{NOA}_{t-1})/2} = \frac{112 - (189 - 233)}{1\,205} \approx 12.95\%$$

16-5 A

经营性活动产生的现金流(不含利息与所得税)与营业利润的比率为:

$$\frac{189 + 63}{198} \approx 1.272\,7$$

因此,选项 A 正确。

16-6 A

盈利可以分为现金部分和非现金部分(应计部分),非现金部分越高,盈利的可持续性越弱、质量越低。应计比率(accrual ratio)用于评估盈利质量,该比率越低,盈利质量越高。

第 17 章
财务报表建模

章节导学

知识引导

本章是"财务报表分析"科目的实操性章节。财务报表分析的主要目的之一是对公司股票进行估值。在估值前,分析师需要对公司未来包括盈利和现金流等在内的各方面做出预测,这要求分析师充分理解公司所处的经济大环境、公司所在行业和公司自身的业务架构。本章介绍了通过构建财务分析模型(财务建模)对行业和公司进行分析预测的方法,内容包括财务建模基本逻辑和基本步骤、行业竞争格局分析、整体物价水平变动和技术进步对行业和公司的影响、不同预测期限的估值模型建立方法,以及常见的人类行为和认知偏差对预测结果的影响及其相应的补救措施等。

考点聚焦

本章知识点的难度不大,考点也较少。考试中以定性考查为主。

本章框架图

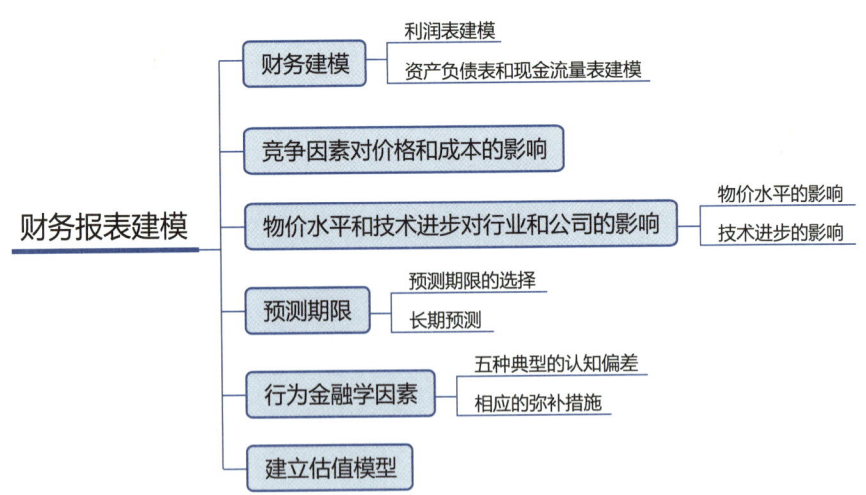

17.1 财务建模

利用财务报表进行预测是进行公司估值的基础。对于大多数公司来说,公司的价值主要体现在其通过商业活动获取盈利、赚取现金流的能力上。建立财务预测模型通常从利润表开始,因为利润表是直接记录公司各项收入金额的报表,收入是公司的业务之本。

17.1.1 利润表建模（Income Statement Modeling）

17.1.1.1 收入预测（Revenue Projection）

在实践中,分析师可以采用自上而下法（top-down analysis）、自下而上法（bottom-up analysis）和综合法（hybrid analysis）来进行收入预测。

—考点要求—
比较（compare）自上而下法、自下而上法和综合法（★）

1. 自上而下法

自上而下法以整个经济体为研究的出发点,继而自上而下地预测行业所属部门、行业和细分产品市场层面的收入,最后得到公司层面的收入预测。

相对于 GDP 的增速法（growth relative to GDP growth）以及**市场增速和份额法**（market growth and market share）是两种常见的自上而下的预测方法。

—考点要求—
比较（compare）相对于 GDP 的增速法、市场增速和份额法（★）

（1）在相对于 GDP 的增速法中,首先预测名义 GDP 增速,然后根据公司收入增速与 GDP 增速的关系得到公司收入的增速。公司收入增速与 GDP 增速的关系通常可以用百分点或基点描述（绝对法）,也可以用百分比描述（相对法）。例如,GDP 增速是 5%,某公司收入增速为 6%,可以表述为该公司收入超过 GDP 增速 1 个百分点（100 个基点）,即 5%＋1%＝6%;也可以表述为该公司收入增速比 GDP 增速快 20%,即 5%×(1+20%)＝6%。

（2）在市场增速和份额法中,分析师通过预测市场整体增速和公司在市场中的份额及其变化来估计公司的收入。例如,如果上一年某行业市场的整体收入是 20 亿元,且预期以 10% 的幅度增长,而某公司的市场份额大约是 10%,那么该公司今年的收入预测为 2.2 亿元[20×(1+10%)×10%]。

2. 自下而上法

自下而上法以单个公司或者公司的某个部门为研究的起点,通过加总得到公司整体的收入预测,再进一步通过各个公司收入加总得到一个市场、行业、部门和经济体的收入预测。

时间序列法（time series）、资本回报法（return on capital）和产能测量法（capacity-based measure）都属于自下而上的预测方法。

时间序列法是基于历史收入增长率或用时间序列模型预测收入。例如,分析师可以根据过去的收入增长的趋势来预测未来的收入。

资本回报法是通过综合分析资产负债表和利润表科目来预测收入。例如,银行的利息收入可以根据贷款金额乘以平均利率进行预测。

产能测量法是基于产能来预测销售收入。例如,分析师可以使用分销网点增速和新分销网点的销售额来预测销售公司的收入。假设原有网点是 100 个,预计网点数的年增速是 10%,且每个新增网点的销售额和原来持平,那么预计的未来收入增速就是 10%;如果当期收入是 USD 1 000,那么下一期的收入就是 USD 1 100。

3. 综合法

综合法是指结合自上而下法和自下而上法来预测收入的方法。

例如,分析师应用属于自上而下法中的市场增速及份额法来分别预测公司几个生产线的收入,然后将这些生产线的收入加总起来预估公司整体收入。加总的过程就是采用了自下而上的方法。

17.1.1.2 经营成本(Modeling Operating Costs)

—考点要求—
说明(demonstrate)预测各类成本费用的方法(★★)

预测公司的成本时,需要观察成本与收入之间的关系。可变成本(variable cost)的增长通常与收入增长直接相关,可以通过计算该成本占收入的百分比来预测。固定成本(fixed cost)的增长与收入增长不直接相关,而是与公司的固定资产投资增长相关。

分析公司的经营成本也可以使用自上而下法、自下而上法或综合法。例如,分析成本与通胀的关系就是自上而下的方法,使用历史数据预测成本就属于自下而上的方法。

—考点要求—
评估(evaluate)是否存在规模经济(★★)

分析成本时,分析师还应该关注公司业务是否存在规模经济效应(economies of scale)。规模经济效应的含义是,当企业产销量增加时,其产品的平均成本下降,即生产得越多,平均分摊到单个产品上的成本就越低。规模经济效应通常存在于业务规模较大的公司,这些公司普遍拥有更高的毛利润率和营业利润率。

在成本明细方面,与公司经营相关的成本包括销货成本(costs of goods sold, COGS)和各类生产经营费用,后者通常包括销售费用、一般性费用和管理费用(selling, general, and administrative expenses, SG&A)。

1. 销货成本

根据利润表中的匹配原则(matching principle),销货成本和销售收入直接相关,因此,可以基于过往销货成本占销售收入的百分比来预测未来的销货成本。

以下是两种具体的计算方法:

$$预期销货成本=(历史销货成本 \div 历史收入) \times 预期销售收入$$

$$预期销货成本=(1-历史毛利润率) \times 预期销售收入$$

由利润表公式"毛利润=销售收入(主营业务收入)-销货成本"(Gross profit=Revenue-COGS)可知,在销售收入一定的前提下,销货成本与毛利润呈反向关系,两者相反相成。若某公司产品销货成本占销售收入的比率越大,则其毛利润率越低,反之亦然。分析师通过分析销货成本的情况即可推知毛利润的数据。

预测销货成本时,需要考虑公司的对冲策略对毛利率的影响。例如,酿酒商通常会提前一年对小麦这种关键原材料的成本进行套期保值,从而减少成本变动对利润的影响。此外,如果酿酒商预计小麦价格会上涨,也可以通过缓慢涨价减少因提高销售价格而对销量产生的负面影响。

竞争对手的毛利率(或销货成本占销售收入的比率)可以作为公司成本预测的参照。毛利率的差异可能是来自成本优势,也可能是因为公司之间商业模式的差异。

2. 销售费用、一般费用和管理费

相比于销货成本,销售费用、一般费用和管理费与销售收入的关系没有那么紧密。但是,销售费用中仍然有一部分与销售收入成比例,这部分主要是与销售人员数量和销售业绩挂钩的底薪、提成或奖金等。根据过往的销售和分销费用占销售收入的百分比,可以估计未来的销售和分销费用。

一般费用和管理费相对销售费用来说,与销售收入相关度较小。它们往往与从事后台支持和行政工作、研发工作的人员数量等直接产生销售收入以外的因素有关,所以相对来说比较固定。

17.1.1.3 非经营成本（Modeling Non-operating Costs）

财务费用(financing expenses)和所得税是两种主要的非经营成本。

1. 财务费用

财务费用由利息费用和利息收入共同决定,即:

$$财务费用 = 利息费用 - 利息收入$$

其中,利息费用＝债务期初余额×实际利率;利息收入＝现金及现金等价物和各类存款等资产的期初总和×利率。

利息费用由债务余额和利率共同决定。预测利息费用时应该关注公司的资本结构（债务资本的占比）、债务资本的加权平均期限和不同期限对应的利率水平。利息收入来自现金及现金等价物以及各类存款等投资,与金融机构相比,一般企业的利息收入在总收入中占比较小。

2. 所得税

所得税主要取决于税收监管当局的规定。由于业务性质差异,不同的公司面临的税收待遇也可能不同。利润表中披露的所得税与现金支付的税款金额可能有所不同,财务税费和税务税费的差异就会产生递延所得税资产或递延所得税负债。

通常情况下,税率有三种,分别是法定税率(statutory tax rate)、有效税率(effective tax rate)和现金税率(cash tax rate)。

<u>法定税率</u>是公司所在当地税法所规定的税率。

<u>有效税率</u>是利润表中披露的税收费用金额和税前利润(pre-tax income)的比值。在不同国家开展业务的公司,所得税受到利润所在国税收政策的影响,其有效税率应该是各国税率的加权平均之和。法定税率和有效税率的差异来自多个方面,包括税收减免、预提税收、前期税收调整等。有效税率和法定税率之间差异的详细信息,可以从财务报表附注中获得。

<u>现金税率</u>是实际支付的税款和税前利润的比值。现金税与财务报告中所得税费用的差异来自税务和财务上的暂时性差异。

在预测公司利润和现金流时,分别使用的是有效税率和现金税率。

17.1.1.4 其他项目的预测（Modeling Other Items）

出于估值的目的,还需要对股利、归属于少数股东利润的调整、股份数量和异常事项的调整进行预测。

（1）公司的股利政策有助于预测未来股利的增速。分析师通常假设股利是每年按照确定的金额递增或按照确定的比例递增。

（2）当公司拥有被合并的子公司时,其利润表中的收入和费用包含了属于子公司少数股东的部分,所以在预测收入和费用时需要进行调整。

(3)在计算股票的每股内在价值和每股收益时,需要用到股份数量。股票期权、可转债、可转换优先股等证券的行权、新股发行和股票回购都会改变股份数量。预测新股发行和股份回购时,需要考虑到公司资本结构可能发生的重大改变。

(4)在预测未来时,分析师通常将异常事项剔除。

17.1.2 资产负债表和现金流量表建模(Balance Sheet and Cash Flow Statement Modeling)

—考点要求—
描述(describe)
资产负债表建模方法(★★)

17.1.2.1 资产负债表建模

资产负债表和利润表存在勾稽关系。资产负债表科目的期末余额是基于其期初余额,通过调整本期利润表和综合收益产生的数据计算得到。例如,资产负债表上的留存收益科目来自利润表中的净利润,而资产负债表上的应收账款等科目与利润表预测的收入有关。资产负债表中需要预测的项目包括营运资本、长期资产、债务和权益资本。

1. 营运资本

分析师可以使用效率比率(efficiency ratio,亦称 activity ratio)来预测营运资本科目。例如,使用应收账款周转天数(或对应周转率)和存货周转天数(或对应周转率)的假设,结合利润表中对销售收入和销货成本的预测结果,可以得到应收账款和存货的预测。

假设预测的销售收入是 100 亿元,应收账款周转天数是 120 天,那么预测的应收账款余额=预期销售收入×(应收账款周转天数/365)≈32.88(亿元)。

假设预测的销货成本是 200 亿元,存货周转率是 4,那么预测的存货余额=销货成本÷存货周转率=50(亿元)。

此外,预测营运资本还可以使用历史数据,自下而上地进行预测,或者以市场整体效率比率的预测为起点,自上而下地进行预测。

2. 长期资产

长期资产主要包括固定资产(property, plant, and equipment, PP&E)。PP&E 的增长主要受到资本支出(capital expenditures)和折旧的影响。资本支出分为**维持性资本支出**(maintenance capital expenditures)和**增长性资本支出**(growth capital expenditures)。维持性资本支出是为了维持当前的业务量(销售规模)所必需的投入,增长性资本支出是扩大业务量(销售规模)所需要的投入。根据历史上的折旧和关于折旧信息的披露可以直接对折旧进行预测。

3. 债务和权益资本

预测债务和权益资本需要对公司的杠杆比率做出假设。公司过去的资本结构、利用财务杠杆的情况可以作为预测未来资本结构的参照。同时还需要考虑公司战略等因素。

根据上述利润表和资产负债表的预测结果,可以计算出投入资本回报率(return on invested capital, ROIC)。ROIC 衡量的是债权人和股东所投入资本的盈利能力,即税后净经营利润(net operating profit after tax, NOPAT)和资本投入(invested capital)的比值。

税后净经营利润是扣除了所得税后的经营利润,但并没有扣除利息,它衡量的是可以分配给股东和债权人的利益份额。资本投入等于经营性资产(operating assets)减去经营性负债(operating liabilities)后的净额。

投入资本回报率的优点是它不受财务杠杆的影响。投入资本回报率是公司竞争优势的体现，正常情况下，较高的回报率代表着较高的盈利和较大的竞争优势，反之亦然。

17.1.2.2 现金流量表建模

由于利润表、资产负债表和现金流量表之间存在着勾稽关系，所以根据预测的利润表和资产负债表，就可以预测出现金流量表。

17.2 竞争因素对价格和成本的影响

行业竞争格局是影响公司收入和利润的重要因素。波特五力模型（Porter's five forces model）是分析行业竞争格局的工具。以下是波特五力模型中包含的五大要素：

（1）潜在进入者威胁（threat of new entrants）。当潜在进入者威胁较大时，公司的定价权和盈利能力会被削弱。进入壁垒可以减少潜在进入者的威胁。

（2）行业内部竞争（rivalry among incumbent companies）。行业内部竞争越激烈（市场份额分散、增长潜力有限、退出壁垒高、产品同质化程度高、固定成本高），公司的定价权和盈利能力越弱。

（3）购买者的议价力（bargaining power of buyers）。如果购买者的集中度高、产品差异化程度低、购买者转移成本低，则购买者的议价力较强，此时公司对产品的定价权和盈利能力较弱。

（4）供应商的议价力（bargaining power of suppliers）。如果供应商比较集中，供应的原材料差异化大，则供应商的议价力较强，这会提高公司的成本，从而降低盈利能力。

（5）替代品威胁（threat of substitutes）。如果市场上存在着大量替代品，替代品性价比较高且客户的转移成本较低时，公司的定价权和盈利能力会被削弱。

—考点要求—
解释（explain）影响价格和成本的竞争因素（★）

—考点要求—
利用波特五力模型评估（evaluate）公司的竞争地位（★）

备考小贴士

考生应掌握波特五力模型的基本内容，并利用该模型分析公司所在行业的竞争格局。

17.3 物价水平和技术进步对行业和公司的影响

17.3.1 物价水平的影响

物价水平的变化会显著影响企业的收入和成本，而物价水平的变化对于不同公司产生的影响会有所不同。

17.3.1.1 物价水平变化对行业和公司收入影响

对于物价水平变化带来的成本上升，厂商采取的手段通常是提高产品价格，从而将成本转嫁给消费者。而产品价格上升对销售量会产生负面影响。价格弹性决定了产品价格上升对销售量、收入和利润的影响。

—考点要求—
解释（explain）在通胀和通缩的情况下，如何预测行业和公司的销售额和成本（★）

行业的竞争格局是决定厂商能否成功转嫁成本的关键因素。当行业内部竞争较弱，购买者的议价力较弱，替代品威胁较小时，行业内的龙头企业就会有较强的定价权。此时厂商提高价格，不会明显地减少销售量，进而可以将成本上升的压力转移给消费者，而不对利润产生负面影响。

在分析物价变化对公司收入的影响时，还应考虑公司具体的成本构成、公司的定价战略等因素。公司有可能将更高的价格转嫁给消费者，也有可能牺牲一部分利润以增加市场份额。

分析出口企业时，还需要考虑到货币贬值对物价上升的抵消作用。

17.3.1.2 物价水平变化对行业和公司成本的影响

物价水平变化对成本的影响需要关注行业的采购特征、要素价格的驱动因素和行业的竞争格局。

（1）行业采购特征（purchasing characteristics）。某一个行业如果使用远期合同来锁定生产要素价格，那么物价水平变化对该行业成本的影响将被削弱。

（2）要素价格的驱动因素（drivers of input prices）。天气条件变化对某些农产品价格的影响显著，进而会影响以该农产品为生产要素的企业的成本。预测未来的天气变化，可以帮助预测农产品价格的变化，进而估计成本的变化。

（3）行业竞争格局（industry competitive structure）。某一个行业若拥有更多可选的生产要素替代品，或其上游原材料行业非常分散且原材料同质化，那么该行业内的公司就会对供应商有着较强的议价力。这将有利于业内公司缓解通胀导致的成本上升的压力。同样，如果行业内公司垂直整合（vertically integrate）了上游供应商，那么这也将有利于公司成本的控制，因为此时公司可以完全自主掌控从原料采购到生产加工的全过程，而不必受供应商制约。

在分析物价水平变化对某家公司成本的影响时，还需要具体分析该公司的成本构成，包括物价水平变化对不同类别、不同地理环境中的要素价格的影响。

17.3.2 技术进步的影响

—考点要求—
评估（evaluate）技术发展对需求、售价、成本和利润的影响（★）

1. 技术进步对成本的影响

技术进步有可能会提高生产效率，降低企业的生产成本，从而增加供给，增加销售收入。

2. 技术进步对行业需求的影响

技术进步可能创造出性价比较高的替代商品，这将会降低购买者对现有产品的需求，降低现有产品的销售收入。这便是技术进步创造的新产品对现有产品的销售所产生的侵蚀作用（cannibalization）。

17.4 预测期限

—考点要求—
解释（explain）确定预测期限时需要考虑的因素（★）

17.4.1 预测期限的选择

在进行公司前景预测时，分析师首先要确定预测的期限。预测期间的选择主要受投资策略、行业周期性和公司层面的特殊因素影响。分析师的雇主的偏好也会影响预测期限的选择。

（1）投资策略。大部分专业的股权投资策略会有明确的投资期限或是平均的股票持有期。在理想情况下，预测期限应该和投资期限和股票的换手率相匹配。

（2）行业周期性。预测的期限至少应该覆盖一个完整的商业周期。

（3）公司特殊因素。兼并和重组等公司特殊事件也会影响预测期限的选择。预测期限至少应该将该类事件对公司财务结果产生影响的周期包含在内。

—考点要求—
解释（explain）分析师如何进行长期预测（★）

17.4.2 长期预测

1. 正常盈利

相比于短期预测，长期预测通常可以更好地估计出公司的常态化盈利，或称正常盈利（normalized earnings）。

正常盈利是指剔除掉异常因素（unusual factors）和/或暂时性因素（temporary factors）后的可持续的、稳定的盈利水平。异常因素和/或暂时性因素主要包括公司的兼并收购和重组活动，以及公司在商业周期中所处的特定阶段等。

进行盈利的预测可以使用前文所介绍的建模方法，即从利润表中的主营业务收入（revenue）开始进行预测。

2. 终止价值（Terminal Value）

在进行了明确的财务报表预测后，分析师还需要估计股票的终止价值。终止价值是财务预测阶段末期股票的预计出售价格。可以使用相对估值法（relative valuation approach）或现金流折现法（discounted cash flow approach, DCF）进行终止价值的估计。

在使用过去的现金流预测结果来计算终止价值时，分析师需要考虑过去预测的现金流和估计的价格乘数与未来的增长率及要求回报率预期是否相符。如果不相符，分析师需要进行一定的调整才能将过去预测的现金流和估计的价格乘数用于终止价值的计算。

3. 拐点（Inflection Points）

如果预期某个时间点之后的现金流会发生显著变化，则称该时间点为拐点。整体经济水平的变化、商业周期阶段的变化、政府监管和技术变迁等均是导致拐点出现的因素。

在进行长期预测时，如果确定存在拐点，那么在估计终止价值时，应该对预测的现金流加以调整（例如，剔除商业周期的影响），才能用于终止价值的估计。

17.5 行为金融学因素

分析师在进行财务预测时会受到行为偏差的影响。为了更好地预测并做出理性的投资决策，分析师必须认识到行为偏差所产生的影响并采取相应的补救措施。财务预测中常见的五种行为偏差主要有过度自信偏差、控制幻觉偏差、保守性偏差、代表性偏差与确认偏差。

—考点要求—
解释（explain）行为偏差对财务预测产生的影响以及推荐（recommend）相应的补救措施（★★）

17.5.1 过度自信偏差（Overconfidence Bias）

过度自信偏差是指分析师对自己的能力表现出毫无根据的自信，高估自己成功的概率,把成功归功于自己的能力,而低估机遇和外部力量在其中发挥的作用,特别是在做出与常识相反的预测时表现尤为突出。

分析师可以通过以下方式降低过度自信偏差产生的影响:
(1) 定期记录与检查;
(2) 通过检查发现自身预测错误率很高时,应当扩大预测的置信区间(confidence interval);
(3) 进行情景分析(scenario analysis),考虑各种情况可能产生的结果及其影响,提高预测的准确度。

17.5.2 控制幻觉(Illusion of Control)

控制幻觉通常与过度自信有关,它指分析师会高估自己的能力,认为自己能控制那些实际无法被控制的事物。

由于这种偏见的存在,分析师认为以下两种方式可以提高预测的准确度:一是获取更多的专家意见和信息,二是在预测过程中创建更加复杂的模型。然而事实上,这两种方式虽然在一定程度上可以提高预测的准确度,但是也存在着缺陷,不断增加的信息对预测准确度的提升实际是边际效益递减;复杂的模型中因为添加了非实质性的信息会导致过度拟合,从而产生预测偏误。

分析师可以通过以下方式降低控制幻觉产生的影响。
(1) 分析师应认识到不确定性是投资的固有特征,即无论采用多么严密的预测,最终结果一定存在不确定性;
(2) 将模型变量限制为公司定期披露的变量,并且只关注那些重要的变量;
(3) 在获取外界信息时只与那些有独特观点的人进行交谈。

17.5.3 保守性偏差(Conservatism Bias)

保守性偏差是指分析师一旦形成某种观点或者预测,就不会轻易改变,不轻易采纳新的信息。

在财务预测中,如果分析师获取到的新信息与原先设定的预测相矛盾,例如,公司盈利结果、竞争对手的行为等,分析师就有可能不愿意采纳新信息并更新预测。

保守性偏差也被称为锚定与调整偏差(anchoring and adjustment bias),分析师将原先设定的预测作为"锚"(anchor),然后在此基础上经过一定的调整得出结果。在此种情况下,分析师对新信息的调整通常是不足的,这也就导致更新后的预测结果和原先的预测结果相似。

分析师可以通过以下方式降低保守性偏差产生的影响。
(1) 定期检查预测和模型;
(2) 减少模型变量的数量,增加模型假设变更的灵活度;
(3) 减轻过度自信和控制幻觉产生的预测偏差,因为保守性偏差的产生通常和分析师过度自信以及存在控制幻觉有关。

17.5.4 代表性偏差(Representativeness Bias)

代表性偏差是指分析师倾向于根据过去的经验和已知的分类对新信息进行分类,即根据信息的代表性特征做出判断。新信息看起来可能和已有的分类非常相似,但实际上从另外一个角度观察会发现二者存在很大的区别,从而产生偏差。

基本概率忽视(base-rate neglect)是代表性偏差在财务预测中的一种常见形式,它是指在预测中仅仅考虑了公司的特有特征信息,而忽略了公司所属的大类别特征,即行业特征信息。

在预测中,考虑行业特征信息被称为外部视角(outside view),考虑公司特有特征信息被称为内部视角(inside view)。例如,分析师在分析一家生物制造公司的经营成本与毛利率时,内部视角是分析公司生产和销售的产品种类、不同地区销售人员的数量等;外部视角是分析生物制药行业特征,包括行业平均毛利率水平、研发费用支出占销售收入的比重等。

分析师在预测中可以通过同时考虑公司特有特征信息与公司所在的行业特征来降低代表性偏差产生的影响。例如,分析师对生物制药公司进行分析预测时,可以先从行业平均水平入手,在了解行业标准水平和基本情况后,再对公司的各种参数做出修正和调整,避免将行业平均情况直接套用于公司分析中。

17.5.5 确认偏差(Confirmation Bias)

确认偏差是指当人们确立了某个观点时,会倾向于寻找支持该观点的证据,即很容易接受支持该观点的信息,而忽略否定该观点的信息。确认偏差与过度自信、代表性偏差密切相关。

在财务预测中,确认偏差表现为分析师只追求积极的信息或者缩小研究范围以支持已有的预测。例如,分析师只与持有相同观点的分析师或高管进行交谈,或者对目标公司的竞争对手仅作粗略的研究。

分析师可以通过以下方式降低确认偏差产生的影响。

(1)与持有相反观点的分析师进行交谈或者阅读他们的研究报告;

(2)与既没有实际投资,也没有在心理上投资目标公司的同事进行讨论,以获取他们的观点。

> **备考小贴士**
>
> 考生应掌握五种行为偏差的表现以及补救措施,要注意定性考查。

17.6 建立估值模型

根据本章上文的描述,可以总结出财务建模的过程。

—考点要求—
说明(demonstrate)基于销售收入的建模步骤(★)

(1)行业情况概览:通过波特五力模型来综合分析行业整体的竞争格局。

(2)公司情况概览:分析公司的基本面情况,如业务构成、分支机构、盈利情况股权结构等。

(3)预测利润表(pro-forma income statement):在预测利润表时,主要是估计其中的收入、销货成本、销售和一般管理费用、经营利润、非经营性费用和公司所得税。

(4)预测现金流量表和资产负债表(pro-forma cash flow statement and balance

sheet):预测资本性支出、折旧以及营运资本,并结合利润表的预测结果和报表之间的勾稽关系得到预计的现金流量表和资产负债表。

(5)估值(valuation):根据预测的财务指标进行价值评估。可以使用现金流折现法或乘数模型等。

练一练

Samuel Song, a senior investment manager at Future Investments, covers the steel industry and Future Investments' main client, Metal China. The global steel industry is the critical backbone of the industrialized value chain. As an essential basic material for such significant sectors as automotive and aerospace, steel is a centerpiece of innovation and economic growth. Song is conducting an industry and company analysis.

Song starts by looking at Metal China, one of the most important producers in the international market of the steel industry, regarding its position in the industry, its profitability, and growth. Song begins with assessing Metal China's competitive position within the steel industry using Porter's five forces framework. A summary of Song's industry analysis is presented in Exhibit 17.1.

Exhibit 17.1　Metal China's Competitive Position within the Steel Industry Using Porter's Five Forces Framework

Force	Factors to consider
Threat of substitutes	Long-term contracts make switching costs high.
Rivalry	Market share is fairly divided by three main producers. Metal China holds 30% and the other two firms each holds 35%.
Bargaining power of suppliers	Main input materials are iron ore, steel scrap, and coking coal as well as coal for injection into blast furnaces. There are a lot of suppliers in the market.
Bargaining power of buyers	Customers of Metal China are mostly small factories producing parts of low-end vehicles.
Threat of new entrants	High mining research costs and fixed costs to enter this industry.

To forecast the 2022 income statement of Metal China, Song provides Metal China's selected financial information as shown in Exhibit 17.2.

Exhibit 17.2　Metal China's Selected Financial Information

(in RMB millions, except percentage numbers)

	2019	2020	2021
Net sales	57.5	58.0	63.3
Cost of sales to net sales ratio *	33.9%	33.5%	32.5%
SG&A expenses to net sales ratio *	41.0%	41.2%	41.7%
Operating income	14.4	14.7	16.3

SG&A: selling, general, and administrative expenses
* values in percentage

To complete his analysis, Song includes forecasts of the economic outlook for 2022. He forecasts nominal GDP growth of 9.2% (real GDP growth of 5.2% and inflation of 4.0%). Song compiles his model and key assumptions in Exhibit 17.3 below.

Exhibit 17.3　Key Assumptions Used in Song's Model for 2022

Net sales	The demand for the steel industry output will grow at the same rate as real GDP growth rate. Market price will fall by 3.5% as Metal China main production line will be under renovation.
Cost of sales	2022 unit costs increase by the expected inflation rate.
Selling, general, and administrative (SG&A) expenses	2022 SG&A/net sales ratio will grow by 150 basis points from the average of the past 3 years.
Interest expenses	2022 interest expenses will remain stable.
Income taxes	2022 effective tax rate will be the same as the average effective tax rate over the past 3 years.

After compiling the projections of Metal China's income statement and the economic outlook, Song writes in his report "Despite steel's importance, for the industry today, uncertainty seems to be the only certainty. The sector is still struggling to recover from the aftermath of the last decade's recession. This recession caused some of the new construction projects worldwide to fall and investments in infrastructure and machinery to plummet."

17-1　Based on Porter's five forces framework presented by Song in Exhibit 17.1, Metal China's ability to:

　　A. gain more market share in the short term is high.

　　B. control cost of goods sold is high.

　　C. increase output price is low.

17-2　Based on Porter's five forces framework presented by Song in Exhibit 17.1, which of the following is least likely to happen to Metal China?

　　A. New entrants swarm in due to the high margin of the industry.

　　B. Operating profit margin increase slightly.

　　C. Market share remains stable in the near future.

17-3　Based on Exhibit 17.2, which of the following statements provides the strongest evidence that Metal China displays economies of scale?

　　A. Fixed cost is decreasing with net sales increasing.

　　B. Total profit is increasing with net sales.

　　C. Gross profit margin is increasing with net sales.

17-4　Based on Exhibit 17.2, Exhibit 17.3, and Song's industry forecast, Metal China's forecasted gross profit margin for 2022 is closest to:

　　A. 64.7%.　　　　　　B. 65.0%.　　　　　　C. 69.1%.

17-5　Based on Exhibit 17.3, when projecting the future net sales of Metal China, Song is most likely using a:

　　A. top-down approach.　　B. bottom-up approach.　　C. hybrid approach.

17-6　Based on Exhibit 17.2 and Exhibit 17.3, Song's forecasts for selling, general, and administrative expenses in 2022 is closest to:

　　A. RMB 26.67 million.

B. RMB 26.80 million.

C. RMB 27.50 million.

17-7 Johnson is a junior analyst who always aims to obtain as accurate the results as possible. He is fond of developing complex mathematic models and including as many inputs and formulae as he considers useful. He believes that by processing more information than do his colleagues, it is probable that he will make better forecasts. Johnson is most likely to demonstrate：

A. overconfidence bias.

B. illusion of control bias.

C. representative bias.

17-8 Anchoring and adjustment is used to refer to：

A. conservatism bias.

B. overconfidence bias.

C. confirmation bias.

17-9 Which of the following will not help to mitigate overconfidence bias?

A. Perform scenario analysis.

B. Record, share, and review forecasts regularly.

C. Create advanced and complex models.

答案与解析

17-1 B

该行业的原材料有许多供应商，供应商议价能力较弱，所以该公司控制成本的能力较强，选项 B 正确。该行业的主要客户是生产低端车配件的小厂商，客户议价能力较弱，因此，该公司提高产品价格的能力较强，选项 C 不正确。原文中的关于波特五因素的描述无法得出选项 A 的结论。

17-2 A

该行业的进入壁垒高，因此，新进者的威胁较小，选项 A 描述的情况不容易发生，符合题意。该行业有较高进入壁垒，较高的替代成本，供应商议价能力较弱，客户议价能力弱，这些都导致该公司的营业利润率较容易维持在现有水平，甚至上升，因此，选项 B 描述的情况是有可能发生的。该行业三个公司平分市场份额，且存在长期合同，新进竞争者威胁较小，维持稳定的市场份额也是有可能的，因此，选项 C 不符合题意。

17-3 C

规模经济是指随着产销量的上升，平均成本下降的现象。根据题目条件，Metal China 公司的毛利率随着销售额的上升（销售额上升对应销量上升）而上升，表明存在规模经济。题目条件中给出了销货成本与销售收入的比率，毛利率与之对应，计算结果如下表所示。

（in RMB millions）

	2019 年	2020 年	2021 年
Net sales（净销售收入）	57.5	58.0	63.3
Cost of sales to net sales ratio（销货成本与销售收入的比率）	33.9%	33.5%	32.5%
Gross margin（毛利率）	66.1%	66.5%	67.5%

17-4 B

Metal China 公司 2022 年的毛利、销货成本和毛利率计算如下。

收入增长率	1.518%
销货成本增长率	9.408%
预计销售额	RMB 64.26 million
预计销货成本	RMB 22.51 million
预计毛利率	65.0%

销售收入增长率 =(1+销售收入的价格上涨率)×(1+销量增长率)-1=
$$0.965 \times 1.052 - 1 \approx 1.518\%$$

销货成本增长率 =(1+销货成本的价格上涨率)×(1+销量增长率)-1=
$$1.04 \times 1.052 - 1 = 9.408\%$$

预计销售收入 = 原销售收入(2021 年)×销售收入增长率 = 63.3×1.015 18 = RMB 64.26 million

预计销货成本 = 原销货成本(2021 年)×销货成本增长率 =
$$(63.3 \times 32.5\%) \times 1.09\,408 = RMB\ 22.51\ million$$

预计毛利 = 预计销售收入 - 预计销货成本 = 64.26 - 22.51 = RMB 41.75 million

预计毛利率 = 预计毛利/预计销售收入 = 41.75 million/64.26 million ≈ 65.0%

17-5 C

综合法结合了自上而下和自下而上的分析方法。在进行预测时,Song 认为,该行业的销售量增长率将等于 GDP 增长率,这是自上而下的分析方法;而 Metal China 公司因产品线调整,其产品价格将下降,这是自下而上的分析方法。

17-6 C

Song 预计营业费用(SG&A)与销售额的比值将在 2022 年比过去三年的平均值上升 150 个基点(1.5%),并且钢铁行业的产出将与名义 GDP 保持相同的增长率,市场价格将下降 3.5%。因此有:

销售收入增长率 =(1+销售收入的价格上涨率)×(1+销量增长率)-1=
$$0.965 \times 1.052 - 1 = 1.518\%$$

预计销售收入 = 原销售收入(2021 年)×销售收入增长率 = 63.3×1.01518 = RMB 64.26 million

$$SG\&A\ 与销售收入比值的平均值 = \frac{41.0\% + 41.2\% + 41.7\%}{3} = 41.3\%$$

2022 年预计 SG&A 与销售收入的比值 = 41.3% + 1.5% = 42.8%

2022 年 SG&A = 预计销售收入×预计 SG&A 与销售收入的比值 =
$$64.26\ million \times 42.8\% = RMB\ 27.50\ million$$

17-7 B

Johnson 偏好构建非常复杂的数学模型和使用尽可能多的变量,因为他相信只要自己使用的模型和数据比别人的更多更复杂,那么预测结果就一定会更准确,这是典型的控制幻觉(illusion of control)偏见,该偏见主要表现为当事人认为只要自己尽了必要的努力,则结果就能够按照自己的意愿来呈现,即认为自己能够"控制"预测的结果。其余选项均不符合题意。

17-8 A

本题考查基础概念。Anchoring and adjustment 描述的是保守主义偏差(conservatism bias),指的是人们倾向于基于过往已经形成的"锚点"(anchoring point)来对未来情况做出改变和调整。其余选项均不符合题意。

17-9 C

进行情景分析和定期记录、分享和更新观点都是有助于克服过度自信偏差的措施,因为这些做法都能够帮助人们尽可能全面和辩证地认识事物。但创建更复杂和更高级的模型(选项C)不是克服过度自信偏差的方法,不仅如此,使用更加复杂和精细的模型得出的结果也未必更加准确有效。

扫码练习更多题目

CFA®

二级中文教材

公司发行人 | 权益投资 | 固定收益证券

高顿教育研究院 编著

中

目 录

第 4 部分　公司发行人

第 18 章　股息和股份回购 …………………………………………………… 307
  18.1　股息 …………………………………………………………………… 308
    18.1.1　股息的类型和影响 ……………………………………………… 308
    18.1.2　股息政策相关理论 ……………………………………………… 310
    18.1.3　影响股息政策的因素 …………………………………………… 312
    18.1.4　股息政策的类型和变化趋势 …………………………………… 315
  18.2　股份回购 ……………………………………………………………… 316
    18.2.1　股份回购的基本概念 …………………………………………… 316
    18.2.2　股份回购的方法 ………………………………………………… 317
    18.2.3　对财务报表的影响 ……………………………………………… 317
  18.3　股息和股份回购的比较 ……………………………………………… 320
    18.3.1　现金股息和股份回购的等价性 ………………………………… 320
    18.3.2　股息和股份回购的选择 ………………………………………… 321
  18.4　股息安全性分析 ……………………………………………………… 322

第 19 章　投资分析中的 ESG 因素 ………………………………………… 326
  19.1　股权结构 ……………………………………………………………… 327
    19.1.1　股权结构的类型 ………………………………………………… 327
    19.1.2　股权结构下的冲突 ……………………………………………… 327
    19.1.3　主要股东的类型 ………………………………………………… 328
    19.1.4　公司治理的影响因素 …………………………………………… 329
  19.2　公司治理政策和程序的评价 ………………………………………… 330
    19.2.1　董事会 …………………………………………………………… 330
    19.2.2　高管薪酬 ………………………………………………………… 331
    19.2.3　股东投票权 ……………………………………………………… 331
  19.3　识别 ESG 风险和机会 ………………………………………………… 331
    19.3.1　重大性和投资期限 ……………………………………………… 331
    19.3.2　识别公司 ESG 因素的方法 ……………………………………… 331
  19.4　评估 ESG 相关的风险和机会 ………………………………………… 332
    19.4.1　ESG 整合 ………………………………………………………… 332
    19.4.2　案例：ESG 整合的应用 ………………………………………… 334

第 20 章 资本成本:进阶主题 ································· 337
20.1 资本成本的影响因素 ································· 338
20.1.1 自上而下的外部因素 ································· 338
20.1.2 自下而上的公司特有因素 ································· 339
20.2 估计债务资本成本 ································· 341
20.2.1 上市交易的债务 ································· 341
20.2.2 非上市交易的债务 ································· 342
20.2.3 银行借款 ································· 343
20.2.4 租赁 ································· 343
20.2.5 国际因素的考虑 ································· 345
20.3 权益风险溢价(ERP) ································· 345
20.3.1 历史估计法 ································· 345
20.3.2 预期估计法 ································· 347
20.4 估计权益资本成本 ································· 350
20.4.1 股利折现模型 ································· 350
20.4.2 债券收益率加风险溢价法 ································· 351
20.4.3 基于风险的模型 ································· 352
20.4.4 估计非上市公司的权益资本成本 ································· 353
20.4.5 国际因素的考虑 ································· 355

第 21 章 公司重组 ································· 359
21.1 公司重组行动与动机 ································· 360
21.1.1 投资行为 ································· 360
21.1.2 剥离行为 ································· 361
21.1.3 重组行为 ································· 362
21.1.4 杠杆收购 ································· 363
21.2 评估公司重组 ································· 363
21.2.1 初始评估 ································· 363
21.2.2 初步估值 ································· 364
21.2.3 建模与估值 ································· 365
21.3 评估投资行为 ································· 367
21.4 评估剥离行为 ································· 371
21.5 评估重组行为 ································· 373
21.5.1 评估成本重组 ································· 373
21.5.2 评估资产负债表重组 ································· 375

第 5 部分 权益投资

第 22 章 权益估值的应用与流程 ································· 383
22.1 价值的定义及其应用 ································· 384

22.1.1 价值的定义 384
22.1.2 股票估值的应用 385
22.2 估值的过程 386
22.2.1 了解公司业务 386
22.2.2 预测公司业绩 388
22.2.3 选择合适的估值模型 388
22.2.4 将预测转换成估值 390
22.2.5 应用估值结论 390
22.3 交流估值结果 391

第23章 股利折现估值 394

23.1 现金流折现模型(Discounted Cash Flow Model) 395
23.1.1 股利折现模型 395
23.1.2 自由现金流模型 396
23.1.3 残余收益模型 396
23.2 股利折现模型(Dividend Discount Model，DDM) 397
23.2.1 有限持有期内的股利折现模型 397
23.2.2 戈登股利增长模型(Gordon Growth Model) 398
23.2.3 多阶段股利折现模型 402

第24章 自由现金流估值 410

24.1 自由现金流(Free Cash Flow) 411
24.1.1 自由现金流的定义 411
24.1.2 两类自由现金流的对比 411
24.1.3 自由现金流估值的特点 411
24.2 自由现金流的计算和预测 412
24.2.1 自由现金流的计算 412
24.2.2 自由现金流的预测 418
24.3 使用自由现金流模型估值 419
24.3.1 FCFF 和 FCFE 折现 419
24.3.2 一阶段自由现金流模型 420
24.3.3 多阶段自由现金流模型 420
24.3.4 非经营性资产(Non-operating Assets and Firm Value) 422
24.3.5 敏感性分析(Sensitivity Analysis) 423
24.3.6 在自由现金流模型中整合 ESG 因素 423

第25章 基于市场的估值法：价格和企业价值乘数 428

25.1 乘数的基本概念 429
25.1.1 价格乘数和企业价值乘数 429

25.1.2 利用乘数的估值方法 ………………………………………………………… 429
25.1.3 合理价格乘数(Justified Price Multiple) …………………………………… 430
25.2 价格乘数分类及应用 ……………………………………………………………… 431
25.2.1 市盈率(Price to Earnings，P/E) …………………………………………… 431
25.2.2 市净率(Price to Book Value，P/B) ……………………………………… 439
25.2.3 市销率(Price to Sales，P/S) ……………………………………………… 442
25.2.4 市现率(Price to Cash Flow，P/CF) ……………………………………… 443
25.2.5 股息收益率(Dividend Yield，D/P) ……………………………………… 445
25.3 企业价值乘数 ……………………………………………………………………… 446
25.3.1 基本概念 ……………………………………………………………………… 446
25.3.2 企业价值乘数的应用 ………………………………………………………… 446
25.3.3 其他企业价值乘数 …………………………………………………………… 447
25.4 使用乘数时的国际差异 …………………………………………………………… 447
25.5 动量估值指标(Momentum Valuation Indicators) ……………………………… 447
25.6 乘数的平均值 ……………………………………………………………………… 448

第 26 章 残余收益估值法 ……………………………………………………………… 452
26.1 基本概念 …………………………………………………………………………… 453
26.1.1 残余收益(Residual Income) ……………………………………………… 453
26.1.2 残余收益模型的用途 ………………………………………………………… 455
26.2 使用残余收益模型估值 …………………………………………………………… 455
26.2.1 通用残余收益模型 …………………………………………………………… 455
26.2.2 一阶段残余收益模型 ………………………………………………………… 457
26.2.3 多阶段残余收益模型 ………………………………………………………… 458
26.3 残余收益估值法的特点 …………………………………………………………… 461
26.4 影响残余收益估值法的会计事项 ………………………………………………… 462

第 27 章 私营公司的估值 ……………………………………………………………… 467
27.1 私营公司(Private Company)估值概述 ………………………………………… 468
27.1.1 私营公司和上市公司的差异 ………………………………………………… 468
27.1.2 私营公司估值的用途 ………………………………………………………… 469
27.1.3 私营公司估值中的核心关注点 ……………………………………………… 470
27.2 常态化盈利和现金流的估计 ……………………………………………………… 470
27.3 私营公司的估值方法 ……………………………………………………………… 471
27.3.1 收入法(Income-Based Approaches) …………………………………… 472
27.3.2 市场法(Market-Based Approaches) …………………………………… 475
27.3.3 控股权和流动性调整 ………………………………………………………… 477

第 6 部分　固定收益证券

第 28 章　期限结构与利率的动态变动 ... 485
28.1　收益率与利差(Yield and Spread) ... 486
28.1.1　即期利率与远期利率(Spot Rate and Forward Rate) ... 486
28.1.2　各种形式的收益率 ... 490
28.1.3　各种形式的利差 ... 492
28.2　利率期限结构的传统理论 ... 493
28.2.1　完全预期理论(Pure Expectation Theory) ... 493
28.2.2　局部预期理论(Local Expectation Theory) ... 494
28.2.3　流动偏好理论(Liquidity Preference Theory) ... 494
28.2.4　市场分割理论(Segmented Markets Theory) ... 495
28.2.5　期限优先理论(Preferred Habitat Theory) ... 495
28.3　债券组合的主动管理(Active Bond Portfolio Management) ... 495
28.3.1　主动管理下的收益率 ... 495
28.3.2　主动管理下的风险 ... 497

第 29 章　无风险套利定价框架 ... 503
29.1　利用无风险套利原理对不含权债券定价 ... 504
29.1.1　一价定律与无风险套利定价原理 ... 504
29.1.2　套利机会 ... 504
29.2　利用二叉树模型对不含权债券定价 ... 505
29.2.1　二叉树模型的基本概念 ... 505
29.2.2　逆向归纳定价法(Backward Induction Valuation) ... 507
29.2.3　顺向定价法(Pathwise Valuation) ... 508
29.3　远期利率的蒙特卡罗模拟 ... 509
29.4　利率期限模型(Term Structure Models) ... 509
29.4.1　均衡期限模型(Equilibrium Term Structure Models) ... 509
29.4.2　无套利模型(Arbitrage-Free Models) ... 510

第 30 章　含权债券的估值与分析 ... 515
30.1　含权债券的估值 ... 516
30.1.1　一级相关基本概念回顾 ... 516
30.1.2　含权债券价值的影响因素 ... 518
30.1.3　含权债券的估值 ... 519
30.2　含权债券的利率风险 ... 523
30.2.1　有效久期(Effective Duration) ... 524
30.2.2　关键利率久期(Key Rate Duration/Partial Duration) ... 526
30.2.3　有效凸度(Effective Convexity) ... 526

30.3　含有利率上限或下限的浮动票息债券的估值 ································· 528
　　30.3.1　一级相关基本概念回顾 ································· 528
　　30.3.2　浮动票息债券的类型 ································· 528
　　30.3.3　浮动票息债券的估值 ································· 529
30.4　可转债(Convertible Bonds) ································· 531
　　30.4.1　可转债的基本概念 ································· 531
　　30.4.2　可转债的等价估值与风险 ································· 533

第31章　信用分析模型 ································· 538
31.1　信用风险的度量 ································· 539
　　31.1.1　信用利差(Credit Spread) ································· 539
　　31.1.2　信用估值调整 ································· 539
　　31.1.3　信用评分与信用评级 ································· 542
31.2　信用分析模型 ································· 546
　　31.2.1　结构模型(Structural Models) ································· 546
　　31.2.2　简约式模型(Reduced Form Models) ································· 548
　　31.2.3　风险模型的比较(Comparison of Credit Risk Models) ································· 548
　　31.2.4　证券化债务与公司债务 ································· 549
31.3　对风险债券估值 ································· 549

第32章　信用违约互换 ································· 553
32.1　信用违约互换的基本概念 ································· 554
　　32.1.1　定义 ································· 554
　　32.1.2　基本特征与术语 ································· 554
32.2　信用违约互换的定价及其运用 ································· 557
　　32.2.1　信用违约互换的定价 ································· 557
　　32.2.2　信用违约互换的运用 ································· 558

第 4 部分 公司发行人

科目导学

考情分析

"公司发行人"科目在 CFA® 二级考试中占比 5%～10%。这一比例相对于往年没有变化,在考试内容方面,本科目有较大调整:删除了《资本结构》《资本预算》和《并购》3 个章节,新增了《资本成本:进阶主题》和《公司重组》2 个章节。

本科目共有 4 个章节,分别是《股息和股份回购》《投资分析中的 ESG 因素》《资本成本:进阶主题》和《公司重组》。其中,第 18 章《股息和股份回购》讨论了公司的分配政策对公司价值及股东财富的影响。第 19 章《投资分析中的 ESG 因素》和第 20 章《资本成本:进阶主题》都是在 CFA® 一级的基础上进行的更为深入的探讨,涉及更细致的知识点。第 20 章《资本成本:进阶主题》主要探讨了估算债务资本成本和权益资本成本的不同方法。第 21 章《公司重组》主要介绍了公司投资行为、剥离行为和重组行为的动机和类型,并探讨了这些行为对公司财务报表产生的影响。

本部分框架图

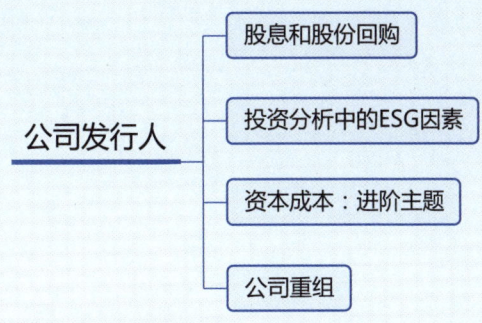

第 18 章
股息和股份回购

章节导学

知识引导

本章着重介绍公司向股东进行利润分配的两种方式,即发放股息和股份回购。本章将从公司和投资人的视角出发,分别讨论不同分配方式对股东财富和公司财务指标产生的不同影响,并揭示公司在经营中选择某一种分配方式背后的动机。

考点聚焦

本章知识点的考查方式既有定性考查也有定量考查。股息政策相关理论的结论,股息政策的影响、影响股息政策的因素是定性考查的重点,要求考生辨析;股息和回购对财务数据、财务比率的影响、股息相关的税率计算以及股息安全性衡量指标是定量考查的重点。

本章框架图

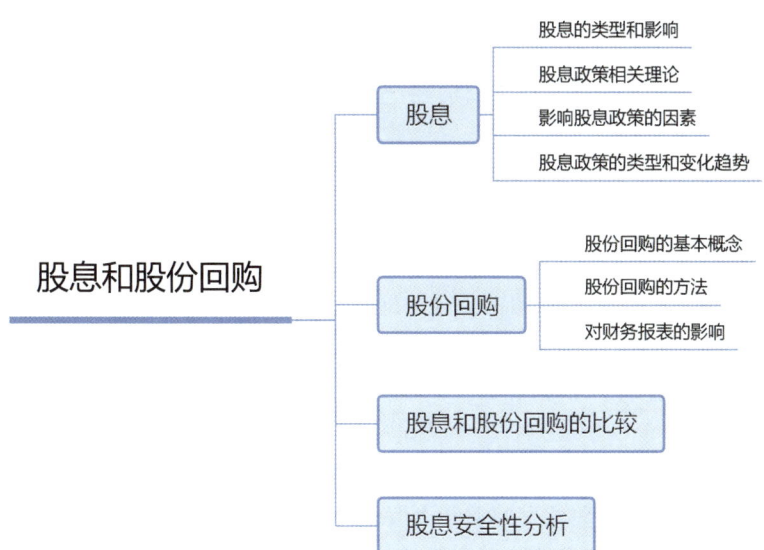

18.1 股息

股息(dividend)是公司向股东进行利润分配的方式之一。股息派发通常由公司董事会提出,在有些地区还需经过股东批准。与支付利息不同,派发股息是公司的一项自主决定,并非法律义务。**股息政策**(dividend policy)是指公司所制定的支付股息的时间、频率以及股息金额的确定方法。股息支付率(dividend payout ratio)是指当年发放的股息占当年净利润的比重。股息支付率的计算方法是:

$$\text{Dividend payout ratio} = \frac{\text{Dividends}}{\text{Net income}} \tag{18.1}$$

18.1.1 股息的类型和影响

—考点要求—
描述(describe)常规现金股息、特别股息、清算股息、股票股息、拆股、反向拆股对股东财富和公司财务比率的影响(★★)

18.1.1.1 股息的类型

股息分为现金股息(cash dividends)和股票股息(stock dividends)。**现金股息**可以分为 3 种:**常规现金股息**(regular cash dividends)、**特别股息**[extra or special (irregular) dividends]和**清算股息**(liquidating dividends)。**股票股息**也是分配利润的一种方式。

1. 常规现金股息

常规现金股息是指公司定期(每季度、每半年或者每年)向股东发放的现金股息。稳定或稳定增加的现金股息对公司的经营情况有正面的暗示作用。因此,常规现金股息的增加(特别是超出预期的增加)通常对股价有积极的影响。

2. 特别股息

特别股息是公司不定期向股东分配的股息。发放特别股息的原因包括:公司有特殊事项(周年庆、分公司上市等),或者周期性行业的公司希望在盈利较好的年度向股东多分配一些利润。

3. 清算股息

以下 3 种情况称为清算股息:
(1) 终止经营,将资产分配给股东。
(2) 变卖一部分业务,将获得的现金分配给股东。
(3) 分配的股息超过留存收益。
与前两种股息形式不同,清算股息的本质是返还资本,而不是对留存收益进行分配。

4. 股票股息

股票股息指公司按一定比例(通常是流通股数的 2%~10%)将股票作为股息发放给股东。股票股息实际上是将留存收益转为股本。因此,股东权益中留存收益减少、股本增加,股东权益总体不发生变化。与现金股息相比,发放股票股息可以减少公司现金支出,投资人也不用承担股息税(现金股息可能需要征收股息税)。

拆股(stock split)是将现有股份分为更多的份数。它与股票股息相似,会增加股份数量,但拆股不会增加股本金额。例如,一股拆成两股("2-for-1 stock split")后,股东手中的股票数量变成原来的两倍,但同时每股所代表的净资产减半,其中留存收益和股本的占比不变。

公司常常会在股价上涨到一定高位的时候选择拆股,通过拆股将每股股价降下来,提高股票交易的活跃度。

需要注意的是,发放股票股息和拆股的过程中,并没有向股东分配现金,它们只是将股东权益分成了更多的份数。

反向拆股(reverse stock split)是与拆股相反的过程,即并股,是将股份合并成较少的份数。反向拆股会提升股价,因此,通常发生在股价过低时。

> **知识一点通**
>
> 股票股息和拆股都不会对公司的所有者权益总额造成影响,也不影响股东财富。两者的不同之处在于:股票股息是把留存收益转化成了股本,但在拆股过程中留存收益和股本的占比不变。

18.1.1.2 股息和拆股的影响

1. 股息和拆股对股东财富的影响

(1) 股票股息和拆股不影响股东财富和公司价值。

例如,投资人持有 1 000 股股票,每股价格 10 元,EPS 为 0.5 元,其中公司利润保持不变。该投资人持有的股票总价值是 10 000 元。若公司宣告发放 2% 的股票股息,该投资人会获得 20 股,也就是总共持有 1 020 股。股票总价值不发生变化,每股价格会变成:10 000÷1 020=9.80 元。EPS 变为:0.5÷1.02=0.49 元。股东总财富价值不变。

若发生 1 拆 2 的拆股,则投资人持有股票数变为 2 000 股,EPS 变为 0.25 元,不考虑其他因素,每股价格变为 5 元,投资人总财富不变。

(2) 在完美市场中,现金股息对股东财富没有影响。

现金股息相当于将留存收益变为等额的现金发放给股东,理论上,股价下降的金额等于现金股息的金额,因此,股东的总财富不变。

例如,发放股息前,股价为 20 元,投资人持有 1 000 股股票,总财富是 20 000 元;发放 5 元的现金股息后,在除息日股价下降为 15 元,投资人获得 5 元现金,股东总财富是:15 000+5 000=20 000 元,保持不变。

但是,关于现金股息是否会影响股东财富,还存在不同的理论,将在 18.1.2 中讨论。

2. 股息和拆股对财务数据、财务比率的影响

股息和拆股对公司财务数据的影响归纳如表 18.1 所示。

表 18.1 现金股息和股票股息对公司财务数据的影响

	现金股息	股票股息/拆股
资产	下降	不变
现金	下降	不变
净资产	下降	不变
流动性	下降	不变
财务杠杆	上升	不变
EPS	不变	下降
股价	下降	下降
P/E	下降	不变

情况一：现金股息。

(1) 资产和现金：公司现金减少，导致资产金额下降。

(2) 净资产：资产价值等于负债与净资产价值之和。由于负债不变，净资产下降。

(3) 流动性：发放现金股息使得现金减少，衡量流动性的流动比率、速动比率以及现金比率都会下降。

(4) 财务杠杆：净资产下降而债务不变，所以财务杠杆(D/E)上升。

(5) EPS(每股收益)：发放现金股息不改变公司利润(股息发放只是对利润的分配，并不影响利润的产生)，也不影响发行在外股份数，因此 EPS 不变。

(6) 股价：分配现金股息会带来股价等值的下降(如分配 5 元/股的现金股息，每股股价会在除息日下降 5 元)。

(7) P/E(市盈率)：股价下降而每股收益不变，所以 P/E 下降。

情况二：股票股息/拆股。

(1) 由于没有现金支出，资产、净资产、流动性和财务杠杆都不发生变化。

(2) 净资产、净利润等指标不变的情况下，由于股票数增加，EPS 和股价下降。

(3) EPS 和股价同比例下降，所以 P/E 不变。

18.1.2 股息政策相关理论

股息政策相关的理论主要是讨论股息政策是否与股东财富相关以及股息政策的影响。

—考点要求—

比较(compare)股息政策有关的理论，解释(explain)各个理论下，公司的派息行为对股票价值的影响(★★)

18.1.2.1 股息不相关——MM 理论

米勒和莫迪利亚尼认为在完美市场假设下(没有税费且投资者信息对等)，股息不会影响股东的财富价值。

首先，公司的股息发放对经营活动没有影响，因此不会影响利润。即使发放股息，公司也可以通过再融资来满足资本需要。

其次，即使公司不派息而投资者希望获得现金收入，投资者仍然可以通过出售股票来获得现金，这被称为**自创股息**(homemade dividend)。

例如，A 公司股价为 10 元/股，股东持有 1 000 股 A 公司股票。当公司发放 1 元/股的现金股息时，理论上，该公司股票应当变为 9 元/股，股东总财富为 10 000 元(9×1 000＋1 000)。如果公司选择不发放股息，但股东仍希望获得与 1 元/股股息等价的现金流，他可以出售 100 股股票，这种情况下，股东总财富仍为 10 000 元(100×10＋900×10)。

以上理论建立在完美市场假设的基础上，然而市场并非完美，具体体现为：

(1) 实践中存在发行费用，公司发放股息后通过再融资来满足经营需要会面临较高的律师费、注册费、承销费等。

(2) 投资者如果进行自创股息，会面临交易费用、资本利得税等。

18.1.2.2 股息相关——"在手之鸟"(Bird in Hand)

该理论认为，投资者偏好已经到手的、确定的股息收入，而非具有不确定性的资本利得，即"一鸟在手，胜过二鸟在林"。因此，相对于不发股息的公司，发放股息的公司更受投资者青睐，具有较低的股权融资成本和较高的公司价值。

18.1.2.3 股息相关——税收

该理论认为,税收政策会导致不同股息政策下,投资者财富的不同。例如,在股息税率比资本利得税率高的国家里,投资者偏好于股息支付较少的公司。关于实践中股息税的问题,将在 18.1.3 中探讨。

18.1.2.4 信号传递

MM 理论假设所有投资者——包括外部投资者——都拥有关于公司的相同信息,即信息对称。然而在现实中,相较于股东,公司的董事和高管通常能获得更详细、更广泛的公司信息。派发股息便成了公司向市场传达讯息,解决信息不对称问题的一种沟通工具。

公司首次(initiate)分红、维持、增加或减少分红都会向市场传达不同的信号。

1. 首次分红或增加股息

公司首次分红或增加股息分配,市场一般会将其解读为未来盈利增长的积极信号,从而带动股价的上涨。

观察发现,处于行业或细分领域领军地位,拥有全球化经营网络、盈利稳定、资产回报率高、财务杠杆低的公司,通常会稳定、持续地分配股息。

2. 减少或中断股息

减少或中断(omit)股息可以传递未来盈利下降的负面信号,也可以传递正面信号,如公司发现了有前景的新项目后为追加投资而减少股息发放。

3. 特别信号

对科技行业来说,首次分红可能会传递另外一种信号。一般来说,科技行业是股息派发率最低的行业之一。一来是因为科技行业(互联网、电商等)的增长离不开高额的研发费用,二来是因为科技公司在增长期普遍盈利不稳定,难以支持稳定的股息派发。

2019 年初,美国电商平台 eBay 宣布首次派发股息。对此,市场反应出现分化。一部分投资者认为股息派发向市场传递了公司发展良好的信号,也有一部分投资者认为,分红表示公司结束了高速增长的阶段,从一家"独角兽"公司变成了普通的"大企业"。

18.1.2.5 代理成本

1. 股东与管理层

支付高额股息可以降低管理层能够自由支配的现金,防止管理层为了自身利益而投资不盈利的项目。

2. 股东与债权人

高额的股息会激化股东和债权人之间的利益冲突。发放股息会降低向债权人履约的能力,增加债务违约风险。因此,在债务合约中,通常有两类与股息有关的限制条款。

(1) 限制向股东分配股息的金额。例如,规定向股东分配股息的金额上限,该金额取决于公司的盈利情况和历史分配股息的情况。

(2) 规定向股东分配股息需达到的条件。例如,设定利息覆盖率(EBITDA/Interest,EBIT/Interest)的门槛,达到门槛才可以向股东分配股息。

18.1.3 影响股息政策的因素

18.1.3.1 投资机会

—考点要求—
解释（explain）实践中影响股息政策的因素（★★）

公司倾向于使用内部留存收益为新的资本项目融资，因此，拥有较多投资机会的公司倾向于少发放股息。投资机会越多意味着增长性越强，所以较少发放股息的公司意味着具有较高的增长预期。相对于公用事业行业的公司，高科技等新兴产业的公司就较少发放股息。

18.1.3.2 预期未来盈利的波动性

盈利波动性较高的公司，会较少分配股息。

股息的波动对市场有重大影响，公司通常会根据长期盈利水平制定一个平稳的股息发放政策，因此股息的金额是相对固定的。如果盈利的波动性大，那么利润不足以支付股息的风险就越大，为了维持股息的稳定，管理层倾向于保守地分配股息。

18.1.3.3 财务灵活性

财务灵活性是指公司保留足够的现金以应对经营所需或对抗经济下行。有些公司会为了维持财务灵活性而选择减少或中断股息发放，或根本不启动股息的首次发放。

股息发放会让投资人形成一种持续发放股息的预期，或是潜在的承诺，突然减少或中止常规股息的发放会使得投资人的预期落空，对股价造成负面影响。采用股票回购（shares repurchase）来代替现金股息，可以避免上述问题。股票回购也是公司向股东分配现金的一种方式，但不会形成持续的预期和潜在承诺。股票回购会在18.2中详细介绍。

18.1.3.4 税收

税收是影响应税投资者投资决策的一个重要因素。不同的司法管辖区的税收政策不同：有些国家对资本利得和股息收入都征税；有些国家对股息征税，但对资本利得不征税。

税收是受政治影响的主要财政政策工具，政府利用股息税来实现各种目标：鼓励或阻止公司利润的保留或分配；重新分配收入；或者达成其他政治、社会、投资目标。

—考点要求—
计算（calculate）、解释（interpret）双重征税制、股息归属抵免制、分离税率制下的有效税率（★★）

1. 不同的征税制度

（1）双重征税制（double taxation system）。**双重征税制**要求在公司层面和股东个人层面需要重复征税，即税前利润需要征收企业所得税，向股东分配股息时，还需要针对股东个人的收入征税。

该方法下，税率和实际收到的股息金额计算方法如下：

$$\text{Effective tax rate(double tax rate)} = T_{corporate} + (1 - T_{corporate}) \times T_{shareholder, on\ dividend} \quad (18.2)$$

$$\text{Dividend received} = \text{Pretax income} \times \text{Payout ratio} \times (1 - T_{corporate})(1 - T_{shareholder, on\ dividend}) \quad (18.3)$$

> **例题 18.1**
> G公司所在的国家实行双重征税制。公司面临的企业所得税税率为25%，投资者A面临的股息收入税率为10%。G公司2022年的税前利润为5 000万元。假设该公司当年的净利润全部作为股息分配给股东，请计算有效税率。

名师解析

(单位:万元)

税前利润	5 000
公司所得税额	5 000×25%=1 250
税后净利润(全部发放股息)	5 000−1 250=3 750
股息税	3 750×10%=375
税后股息	3 750−375=3 375
双重税率	(5 000−3 375)÷5 000×100%=32.5% 或(1 250+375)÷5 000×100%=32.5% 或25%+(1−25%)×10%=32.5%

> **知识一点通**
>
> 很多考生会纠结这里的股息支付率问题,我们这里默认股息支付率为100%,或者理解为用于发放股息的税前利润的有效税率。

(2) 股息归属抵减制(dividend imputation tax system)。**股息归属抵减制**是避免重复征税的一种税制,即先针对公司层面的税前利润征税,在分配股息时,股东可以获得相应的税收抵减(tax credit,即 franking credit)。如果股东边际税率高于或低于公司边际税率,股东只需"多退少补"即可。

该方法下,税率和实际收到的股息金额计算方法如下:

$$\text{Effective tax rate} = T_{\text{shareholder, on dividend}} \quad (18.4)$$

$$\text{Dividend received} = \text{Pretax income} \times \text{Payout ratio} \times (1 - T_{\text{shareholder, on dividend}}) \quad (18.5)$$

例题 18.2

G 公司所在的国家实行股息归属抵减制。公司面临的所得税税率为15%,投资者 A 面临的税率是10%,投资者 B 面临的税率是20%。G 公司2022年的税前利润为5 000万元。假设该公司当年的净利润全部作为股息分配给股东,请计算有效税率和股东实际收到的股息金额。

名师解析

(单位:万元)

	A	B
税前利润	5 000	
公司所得税额	5 000×15%=750	
税后净利润	4 250	
股东适用税额	5 000×10%=500	5 000×20%=1 000
抵减额	750	750
股东个人应缴税额	500−750=−250	1 000−750=250
税额总计	750+(−250)=500	750+250=1 000
股息有效税率	500÷5 000×100%=10% 或(750−250)÷5 000×100%=10%	1 000÷5 000×100%=20% 或(750+250)÷5 000×100%=20%

(3) 分离税率制(split-rate tax system)。**分离税率制**是指，在公司层面，对用于发放股息的利润和留存的利润适用不同的税率。分离税率制下，仍需征收股东层面的股息税，因此股息部分仍面临重复征税；留存的利润没有分配给股东，因此无须再征收股息税。

该方法下，针对用于发放股息的这一部分利润的有效税率和实际收到的股息金额计算方法如下：

$$\text{Effective tax rate} = T_{\text{corporate, on earnings paid out}} + (1 - T_{\text{corporate, on earnings paid out}}) \times T_{\text{shareholder, on dividend}}$$
(18.6)

$$\text{Dividend received} = \text{Pretax income} \times \text{Payout ratio} \times (1 - T_{\text{corporate, on earnings paid out}})(1 - T_{\text{shareholder, on dividend}})$$
(18.7)

> **备考小贴士**
>
> 分离税率制下的有效税率计算和双重征税制下的公式并无明显差异，仅有的区别是，分离税率制在选择适用的税率时，需要区分公司层面的两种不同税率。

例题 18.3

G 公司所在的国家实行分离税率制。用于发放股息的利润适用 10% 的税率，而留存的利润适用 20% 的税率。投资者 A 面临的股息收入税率为 12%。G 公司 2022 年的税前利润为 5 000 万元。假设该公司当年的利润有 30% 作为股息分配给股东，请计算针对用于发放股息的这部分利润的有效税率。

名师解析

（单位：万元）

税前利润	5 000
用于发放股息的税前利润	5 000×30%=1 500
用于发放股息利润的征税额	1 500×10%=150
用于发放股息的税后利润	1 500−150=1 350
股息税	1 350×12%=162
税后股息	1 350−162=1 188
有效税率	(150+162)÷1 500×100%=20.8% 或(1 500−1 188)÷1 500×100%=20.8% 或 10%+(1−10%)×12%=20.8%

2. 投资者的税负

除上述针对股息的征税制度外，考虑税收的影响还需了解投资者的税负。养老金、捐赠基金等是享受免税的投资账户(tax-exempt)，因此，他们对股息的偏好不受税收影响。

18.1.3.5 发行费用（Flotation Costs）

发行费用包括两个方面。其一，是发行融资工具时支付给律师、投行、监管方、审计师的费用。其二,增发股票时对其他已经发行在外的股票价格形成的负面影响。发行费用使得公司倾向于减少股息、用留存收益为潜在的经营和投资项目融资,以此避免增发新的融资工具。

18.1.3.6 法律限制和合同约定

1. 法律限制

一些国家对股息发放有强制要求,因此股息发放较为确定;而另一些国家对公司的资本金额的下限有要求,因此限制了股息的分配。

2. 合同限制

为了保护债权人的利益,债务合同中可设置限制股息发放的条款。

优先股发行时,约定在向优先股股东发放股息前,不得向普通股股东分配股息。

以上六种因素对股息政策的影响程度并不相同。这些因素之间也存在着相关性。公司会根据对这些因素的敏感和关注程度,来制定相应的股息支付政策。

18.1.4 股息政策的类型和变化趋势

18.1.4.1 平稳股息政策(Stable Dividend Policy)

平稳股息政策,是指根据对长期可持续盈利(sustainable earnings)的预期来确定股息金额。股息发放不随盈利的短期波动变化,而是根据盈利的长期预期来调整。这个方法可以避免盈利短期波动导致的股息波动,股息更为平稳。

平稳股息政策会按照渐进式调整(gradual adjustment)的方式来确定股息金额,即基于长期、可持续的盈利水平,按照目标股息支付率(target payout ratio)来计算股息发放的金额。计算公式如下:

$$\text{Expected increase in dividends} = (\text{Expected earnings} \times \text{Target payout ratio} - \text{Previous dividend}) \times \text{Adjustment factor} \quad (18.8)$$

其中,Expected earnings 是对盈利的预期;Target payout ratio 是长期内期望达到的股息支付率;Adjustment factor 称为调整系数,如果计划在 5 年内进行股息的调整,则调整系数是 1/5,即 0.2。

—考点要求—
比较(compare)平稳股息政策,恒定股息支付率政策(★★★)

—考点要求—
计算(calculate)每种方法下的股息(★★★)

> **例题 18.4**
>
> T 公司去年的 EPS 是每股 4 元,支付了 1.2 元/股的股息。今年,T 公司预期每股盈利达到 5 元,目标股息支付率为 40%,用 4 年时间完成调整。请计算 T 公司今年预期发放的股息金额。
>
> **名师解析**
>
> 用 4 年时间完成股息调整,即调整系数为 1/4=0.25。
>
> Expected dividend=(5×40%−1.2)×0.25+1.2=0.2+1.2=1.4(元/股)
>
> 在平稳股息政策中,T 公司今年的 EPS 增长率为 5/4−1=25%,而 DPS(每股股息)的增长率为 0.2/1.2=16.7%。也就是股息的增长相对于盈利的增长更加温和。
>
> 假设今年 T 公司预期每股盈利下降为 3.5 元,其他条件不变,预期发放的股息金额变为:
>
> Expected dividend=(3.5×40%−1.2)×0.25+1.2=0.05+1.2=1.25(元/股)
>
> 也就是说,在盈利出现负增长的情况下,公司仍然保持了股息金额的小幅上升。DPS 的增长率为 0.05/1.2=4.17%。

18.1.4.2 恒定股息支付率政策（Constant Dividend Payout Ratio Policy）

恒定股息支付率政策按照相对于净利润的一个相对固定的比例（比如30%）来发放股息，股息金额随盈利的波动而上下波动。在实践中，这种股息支付政策使用得较少。

例如，一家公司在2020年至2022年的EPS为每股7.8元、4.6元和9.3元，按30%固定比例发放股息的话，三年的DPS分别为每股2.34元（7.8×30%）、1.38元（4.6×30%）和2.79元（9.3×30%）。在维持一个恒定支付率的过程中，公司的年度派息金额也随盈利水平波动而变化。

> **备考小贴士**
>
> 如果题目给出的股息支付金额和净利润，反映出股息支付率维持在一个固定水平不变，考生应该能够判断出该公司使用的是恒定股息支付率政策。

> **备考小贴士**
>
> 股息政策知识点中要求的计算相对简单，必须掌握。除计算外，考生还应能够根据题目给出的条件，判断该公司采用的是哪一种股息政策。

18.1.4.3 股息政策的变化趋势

—考点要求—
描述（describe）公司支付股息的总体趋势（★）

观察发现：

（1）在发达国家，支付现金股息的企业数量长期来看在减少。而在亚太地区，2009年至2019年间企业发放年度股息的金额增长了3倍。

（2）近二十年来，在发达国家采取股份回购的企业数量总体上升。在过去十年中，亚洲国家——特别是中国大陆地区和日本，——见证了股份回购的快速增长。

（3）全球范围内，发放股息的公司支付股息的总金额和股息支付率在上升。

（4）股息的增加和公司治理水平的提升存在负相关。这是因为随着公司治理水平和市场透明度的提高，股息发放的"市场信号"作用会因公司减少股息的发放而削弱。

18.2 股份回购

18.2.1 股份回购的基本概念

股份回购（share repurchase）是公司购回发行在外的股份的行为。回购资金可以来自盈余现金（surplus cash），也可以是举债获得的资金（borrowed fund）。购回的股份可以留待重新发行，也可以被注销（canceled）。未被注销、以后有可能重新发行的股票被称为**库存股**（treasury stock）。库存股不享有股息，没有投票权，也不参与EPS的计算。

18.2.2 股份回购的方法

1. 公开市场回购（Buy in the Open Market）

公开市场回购，是指公司在其认为合适的时机，从公开市场中直接购买公司股票。

这种方法的优点在于有较高的灵活度，即公司具有随时停止、暂缓或减少回购的权力，无须对回购的完成做任何承诺。例如，当公司认为现金紧张或者市场价格对回购不利时，可以暂缓回购。

—考点要求—
比较（compare）不同的股份回购方法（★★）

> **知识一点通**
> 公司通常会在股价处于低位时发起股份回购。股份回购不仅是向股东分配利润的一种方式，有时也为了满足公司自身的经营需求，如向公司的高管、员工提供股票激励。

2. 固定价格要约（Fixed Price Tender Offer）

固定价格要约，是指公司向股东发出确定价格、确定数量的回购要约来购买股东手中的股份。要约设定的价格通常高于股票当前的市场价并设定一个固定的日期，如在未来的 30 天内完成购买。

这种方法的优点在于容易快速成交。

3. 荷兰式拍卖（Dutch Auction）

荷兰式拍卖是要约回购的一种，不同之处在于荷兰式拍卖不设固定价格，而是给定价格区间，股东根据自己愿意出售的数量和愿意接受的价格出价，公司从最低的出价开始成交，直至达到目标回购数量。

这种方法的优点在于能够帮助公司发现最低价格，以较低价格成交。

4. 直接协议回购（Repurchase by Direct Negotiation）

协议回购，是指公司直接与大股东协商来确定回购协议的细节，价格通常高于市场价。某些时候，公司采取直接协议回购是为了防止大股东的大额卖单出现在市场上压低公司股价，当股票流动性比较差的时候，这种方式也会出现折价收购。

直接协议回购的一种特殊场景是绿票讹诈（greenmail），绿票讹诈是指一组投资者大量购买目标公司的股票，其目的是迫使目标公司溢价回购上述股票。出于防止被收购的考虑，目标公司会不得已以较高溢价实施股份回购，促使这些投资者放弃收购打算。这种股份回购的对象特定，不适用于其他股东，并且事实上损害了其他股东的利益。

> **备考小贴士**
> 考生需要懂得辨析四种股份回购方式的含义及其特点。

18.2.3 对财务报表的影响

公司可以选择使用闲置资金来回购股份，也可以选择举债获得资金来回购股份。两种方式对财务报表有不同的影响。

18.2.3.1 对资产负债表和利润表的影响

1. 使用盈余现金回购

(1) 资产负债表端,现金支出带来资产总额减少,负债不变,净资产减少,杠杆变大。

(2) 利润表端,如果保有这部分盈余现金的机会成本较低,甚至可以忽略不计,则回购不影响公司利润。

2. 举债融资回购

(1) 资产负债表端,举债获得的资金和回购消耗的资金相抵,所以资产总额不变,但负债增加,净资产减少,杠杆变大,且比使用盈余现金回购杠杆率的上升幅度更大。

(2) 利润表端,受到举债成本即利息支出的影响,税后净利润下降。

18.2.3.2 对 EPS 的影响

1. 使用闲置资金回购

回购股份使公司流通在外的股份数量减少(注意,库存股不参与 EPS 的计算),而利润不变,所以 EPS 会上升。

2. 举债融资回购

由于举债产生的利息费用会减少净利润,回购减少股份数量,EPS 的分子(净利润)和分母(流通在外的股份数)都减少,此时需要分情况判断。判断方法如下:

若 After-tax cost of debt＜earnings yield,EPS 上升;

若 After-tax cost of debt＞earnings yield,EPS 下降;

若 After-tax cost of debt＝earnings yield,EPS 不变。

其中,earning yield 是盈利收益率,它是市盈率(P/E)的倒数。

—考点要求—

计算(calculate)、比较(compare)用现金进行股份回购和通过债务融资进行股份回购对 EPS 的影响(★★★)

> **例题 18.5**
>
> G 公司计划回购 50 万股自己公司的股份。回购前,与该公司的相关信息如下:
>
> ♦ 回购价格＝市场价格＝6.6 元/股
> ♦ 流通在外股份数＝500 万股
> ♦ 税后利润:275 万元
> ♦ EPS(回购前):0.55 元
> ♦ 市盈率(P/E):12 倍
>
> (1) 若 G 公司通过举债来获得回购所需资金,税后融资成本是 6%,交易完成后,EPS 将会如何变化?
>
> (2) 若 G 公司通过举债来获得回购所需资金,税后融资成本是 10%,交易完成后,EPS 将会如何变化?
>
> **名师解析**
>
> (1) 税后债务融资成本为 6%。
>
> 方法一,计算 EPS。
>
> G 公司为回购需要举债的金额:
>
> $$6.6 \times 500\,000 = 3\,300\,000(元)$$
>
> 税后融资成本:
>
> $$3\,300\,000 \times 6\% = 198\,000(元)$$

回购后：
$$\text{EPS} = \frac{2\,750\,000 - 198\,000}{5\,000\,000 - 500\,000} = 0.57(元)$$

EPS 上升。

方法二，使用判断方法。
$$\text{Earning yield} = 0.55 \div 6.6 \times 100\% = 8.33\% > 6\%$$

因此，EPS 应该上升。

(2) 税后债务融资成本为 10%。

方法一，计算 EPS。

税后融资成本：
$$3\,300\,000 \times 10\% = 330\,000(元)$$

回购后：
$$\text{EPS} = \frac{2\,750\,000 - 330\,000}{5\,000\,000 - 500\,000} = 0.54(元)$$

EPS 下降。

方法二，直接使用判断方法。
$$\text{Earning yield} = 8.33\% < 10\%$$

因此，EPS 应该下降。

18.2.3.3 对每股净资产（BVPS）的影响

回购股份会降低公司的净资产，同时也会减少流通在外股份数量，因此，每股净资产的变化方向需要分情况判断。判断方法如下（其中 BVPS_{before} 代表回购前公司的每股净资产）：

若 Repurchase price < BVPS_{before}，BVPS 上升；

若 Repurchase price > BVPS_{before}，BVPS 下降；

若 Repurchase price = BVPS_{before}，BVPS 不变。

—考点要求—
计算（calculate）股份回购对每股账面价值的影响（★★★）

例题 18.6

G 公司计划回购 50 万股自己公司的股份，回购前，与该公司的相关信息如下：
- 回购前每股净资产 = 7(元)
- 回购前流通在外股份数 = 500(万股)

(1) 若回购价格是 6.6 元/股，回购后 BVPS 如何变化？

(2) 若回购价格是 7.4 元/股，回购后 BVPS 如何变化？

名师解析

(1) 若回购价格是 6.6 元/股：
$$\text{BVPS}_{after} = \frac{7 \times 5\,000\,000 - 6.6 \times 500\,000}{5\,000\,000 - 500\,000} = 7.04(元)$$

(2) 若回购价格是 7.4 元/股：
$$\text{BVPS}_{after} = \frac{7 \times 5\,000\,000 - 7.4 \times 500\,000}{5\,000\,000 - 500\,000} = 6.96(元)$$

以上结果说明,回购价格高于回购前每股净资产时,回购使 BVPS 下降;回购价格低于回购前每股净资产时,回购使 BVPS 上升。

综上所述,两种股份回购方式对公司财务报表和指标的影响归纳如表 18.2 所示。

表 18.2 两种股份回购方式对公司财务报表和指标的影响

	盈余现金回购	举债融资回购
资产	减少	不变
负债	不变	增加
净资产	减少	减少
杠杆率	上升	上升(更多)
净利润	不变	减少
EPS	上升	若 after-tax cost of debt > earnings yield,EPS↓
		若 after-tax cost of debt < earnings yield,EPS↑
BVPS	若 repurchase price < $BVPS_{before}$,BVPS↑	
	若 repurchase price > $BVPS_{before}$,BVPS↓	

备考小贴士

考生应掌握回购后 EPS 和 BVPS 的计算方法,考试时需要注意,债务融资成本是税后成本。如果考试只涉及定性判断,利用上述判断方法可以帮助快速答题。

18.3 股息和股份回购的比较

股份回购和现金股息都是以现金形式对股东进行利润分配的方式。它们的区别在于,现金股息按股东的持股比例发放,而股份回购是在市场上从有意向的股东手中买回股票,也就是说股东可以选择不参与。

18.3.1 现金股息和股份回购的等价性

—考点要求—
解释(explain)
对现金股息或股
份回购的选择
(★★★)

不考虑税收差异和信号传递效应等的影响,股份回购与现金股息对股东财富的影响是一样的。

例题 18.7

G 公司流通在外的股份数为 1 000 万股,股价为 20 元/股。考虑以下两个向股东分配的方案。(不考虑税收和信号传递效应)

方案 A:发放 5 元/股的现金股息,总共向股东分配 5 000 万元现金。

方案 B:用 5 000 万元现金以市场价向股东回购股份。

两种方案对股东财富的影响有何不同?

名师解析

分配前,股东总财富为:

$$20 \times 1\,000 = 20\,000(万元)$$

方案 A:

发放现金股息后,股价应当下跌至15元/股,股东手中现金增加5元/股(总共增加5 000万元),股票价值下降,总财富变为:

$$5\,000 + 15 \times 1\,000 = 20\,000(万元)$$

方案 B:

现金回购股份后,股东手中股份减少:

$$5\,000 \div 20 = 250(万股)$$

股东获得现金5 000万元。

股价不变,股东总财富为:

$$20 \times (1\,000 - 250) + 5\,000 = 20\,000(万元)$$

因此,两种方案下,对股东财富价值的影响相同。

18.3.2 股息和股份回购的选择

在现实中,受各种外界因素影响,股息和股份回购两种方式为股东创造的价值并不相同。虽然股息和股份回购同为公司向股东分配利润的基本形式,但公司出于以下考虑,会更偏好股份回购的方式。

1. 税收差异

在对股东征收较高股息税,即股息税率高于资本利得税率的地区,对投资者来说,股票回购比现金股息有税收优势。

2. 股价支持

股票回购传递的信号是,管理层认为公司的股票当前被低估,买入自己公司的股票是一项好的投资。这种积极的信号反映在市场上,会起到提振股价的效果。

3. 管理层的灵活性

常规现金股息会让股东产生持续、定期发放股息的预期,股息波动对股价有较大影响。而股票回购并不会创造这种潜在预期,是一种更灵活的利润分配方式。

此外,与宣布派发股息不同的是,通过公开市场回购股票的公告通常不会产生继续回购的义务。

4. 防止 EPS 稀释

在持有公司股票期权的员工行权时,为了减少因增发股份而产生的稀释作用,公司可以采取股份回购来减少流通在外的股份数量。

5. 增加财务杠杆

举债进行股份回购会增加公司负债,增加财务杠杆;现金股息会减少公司净资产,增加财务杠杆。但举债进行股份回购对财务杠杆的影响程度更大。因此,股份回购也常作为调节财务杠杆的工具。

18.4 股息安全性分析

> —考点要求—
> 计算（calculate）、解释（interpret）基于净利润和权益自由现金流的股息覆盖比率（★★）

衡量股息安全性的指标主要是**股息支付率**（dividend payout ratio）、**股息覆盖率**（dividend coverage ratio，earning dividend coverage ratio）、**基于权益自由现金流的覆盖率**（FCFE coverage ratio）。计算公式如下：

$$\text{Dividend payout ratio} = \frac{\text{Dividends}}{\text{Net income}} \tag{18.9}$$

$$\text{Dividend coverage ratio} = \frac{\text{Net income}}{\text{Dividends}} \tag{18.10}$$

$$\text{FCFE coverage ratio} = \frac{\text{FCFE}}{\text{Dividends} + \text{Share repurchase}} \tag{18.11}$$

股息支付率和股息覆盖率互为倒数。股息覆盖率越高，则股息安全性越高，意味着股息的支付越不容易受到利润波动的影响。股息覆盖率低于1，说明净利润不足以覆盖股息的支付，所以股息的安全性存疑。

基于权益自由现金流的覆盖率代表扣除资本支出需求后，剩余的可以用于向股东分配的现金除以总分配金额的倍数。其中，向股东分配的现金包括现金股息和股份回购金额。这个比率低于1，代表公司对外分配的现金高于公司能创造的现金，即现金分配很难持续。

> —考点要求—
> 识别（identify）不具有持续发放现金股息能力的公司（★★）

以下现象说明一家公司的股息可持续性值得怀疑：
(1) 股息覆盖比率、权益自由现金流覆盖率持续恶化。
(2) 股息收益率（dividend yield）过高。
(3) 公司依靠举债来支付股息。
需要注意，分析时要排除由非经常性事项所引起比率恶化的情况。

练一练

The questions are based on the following information.

Jack Ma is a director of CIC Inc. CIC is a high-technology company specialized in payment system and data processing. CIC was listed two years ago. Ma recently communicates with several board members about the company's dividend payout policy and the market reaction toward different payout policies. After consulting with several external consultants, Ma makes the following statements regarding stock dividend, cash dividend and share repurchase.

Statement 1: Neither stock split nor stock dividend would reduce the wealth of shareholders.

Statement 2: According to the concept of homemade dividends, investors can benefit more from higher cash dividend.

Statement 3: Tax jurisdiction might lead shareholders to prefer share repurchase over cash dividends.

Statement 4: The typical dollar of reinvestment has less economic value to the shareholder than a dollar paid in dividends.

In the country where CIC Inc. operates, earnings retained and the part paid out as dividend are taxed differently. The corporate tax rate is 25% for earnings retained and is 15% for earnings paid out as dividend. Investor A is subject to individual tax of 30% on dividend income.

BIG Inc. is a major rival of CIC Inc. BIG has operated for 20 years and has been adopting a stable dividend policy. BIG paid a dividend of USD 0.25 per share in 2021. It anticipates reporting earnings per share of USD 0.8 in 2022. The company maintains a 50% target payout ratio and uses 5 years to adjust the dividend.

BIG Inc.'s board plans to repurchase 10 million of common stocks outstanding at the end of 2022. The repurchase is funded by debt issuance. Yield-to-maturity for debt issued is 10%. Effective tax rate for BIG Inc. is 25%. The following information is necessary for board members to figure out impact of the repurchase on company's financial data.

- Market price of stock: USD 24 per share
- Shares outstanding: 100 million
- Net income (without repurchase): USD 60 million
- Net asset at end of 2022 (without repurchase): USD 1 800 million

Janson Wu is an analyst covering the industry. He recently heard some rumors about BIG Inc., which are given below.

Rumor 1: The stock of BIG Inc. is overvalued by company management.

Rumor 2: BIG is planning to execute an employee stock reward plan.

Rumor 3: The management of BIG prefer to maintain current capital structure of the company.

Wu believes that the potential repurchase conveys some important information about the company's prospects and the management's view on the stock price and this can be used to verify the accuracy of the rumors.

18-1 Which of the statements made by Ma is least likely to be accurate?
　　　A. Statement 1.
　　　B. Statement 2.
　　　C. Statement 3.

18-2 Statement 4 is most consistent with:
　　　A. dividend policy does not matter.
　　　B. "bird in hand" argument.
　　　C. information signaling.

18-3 The effective tax rate on dividend paid to investor A is closest to:
　　　A. 15%.
　　　B. 40.5%.
　　　C. 47.5%.

18-4 According to the dividend policy of BIG Inc. the dividend to be paid in 2022 will be:
　　　A. USD 0.03.
　　　B. USD 0.25.
　　　C. USD 0.28.

18-5 After the share repurchase plan, BIG Inc. is likely to see:
　　　A. an increase in EPS and a decrease in book value per share.

B. a decrease in EPS and an increase in book value per share.

C. a decrease in both EPS and book value per share.

18-6 Which of the rumors regarding BIG Inc. is most likely to be accurate?

A. Rumor 1.

B. Rumor 2.

C. Rumor 3.

答案与解析

18-1 B

自创股息（homemade dividend）是指在公司不派发股息的情况下，投资者仍然可以通过出售股票获得现金。在一个没有税费、信息透明的完美市场中，发放现金股息和出售股票两种方式都不影响股东总财富。选项 B 描述错误，符合题意，为正确选项。

对于选项 A，发放股票股息和拆股的过程中并没有向股东分配现金，只是把股东权益分成了更多的份数，股东权益总金额不发生变化。因此，该选项描述正确，不符合题意，为错误选项。

对于选项 C，税收政策会影响投资者对现金股息和股份回购的偏好，如果股息税高，投资者可能倾向于选择股份回购。因此，该选项描述正确，不符合题意，为错误选项。

18-2 B

"在手之鸟"（bird in hand）的观点认为，投资者偏好已经到手的、确定的股息收入，而非不确定的资本利得，即"一鸟在手胜过二鸟在林"。因此，正确答案为选项 B。

对于选项 A，"在手之鸟"的观点可以支持股息政策影响股东财富这一结论，并非不相关。因此，该选项错误。

对于选项 C，信息传达效应是指管理层通过发放股息向市场传达对于公司未来发展的预期等，与 Statement 4 的描述无关。因此，该选项错误。

18-3 B

根据题目描述，该国使用的是分离税率制（split-rate tax system），即在公司层面，留存的收益和用于发放股息的收益适用不同的税率。

根据分离税率制下有效税率的计算公式，有：

$$\text{Effective tax rate} = T_{\text{corporate, on earnings paid out}} + (1 - T_{\text{corporate, on earnings paid out}}) \times T_{\text{shareholder, on dividend}} = 0.15 + (1 - 0.15) \times 0.3 = 40.5\%$$

18-4 C

BIG 公司采用的是平稳股息政策。根据题目条件，该公司 2022 年每股股息在 2021 年基础上增加的金额是：

$$\text{Expected increase in dividends} = (\text{Expected earnings} \times \text{Target payout ratio} - \text{Previous dividend}) \times \text{Adjustment factor} = (0.8 \times 50\% - 0.25) \times \frac{1}{5} = \text{USD } 0.03$$

因此，2022 年股息金额是 0.25＋0.03＝USD 0.28（每股）。

18-5 C

关于举债融资回购股份对 EPS 的影响，判断方法如下：

若 after-tax cost of debt ＞ earnings yield，EPS 下降，反之 EPS 上升。

回购前，EPS＝60/100＝USD 0.6。

盈利收益率（earnings yield）＝ 0.6/24＝2.5% ＜ 10% 债务成本。

因此，EPS 应下降。

关于举债融资回购股份对 BVPS 的影响，判断方法如下：

若 repurchase price ＜ $BVPS_{before}$，BVPS 上升，反之 BVPS 下降。

回购前，每股净资产（BVPS）= 1800/100 = USD 18 ＜ USD 24 purchase price。

因此，BVPS 也应下降，正确答案为选项 C。

18-6　B

公司回购股份的场景之一是需要执行员工持股计划，向员工和管理层发放股票激励。为避免增发新股稀释股份，公司通常从市场上回购流通在外的股份。因此，正确答案为选项 B。

对于选项 A，管理层回购股票通常会释放股票被低估的信号，而不是高估。因此，该选项错误。

对于选项 C，举债回购股票会减少公司所有者权益，增加财务杠杆，改变公司资本结构。因此，该选项错误。

第 19 章 投资分析中的 ESG 因素

章节导学

知识引导

本章主要包括公司治理和 ESG 投资两部分内容。公司治理是为了消除利益冲突而设置的一系列制度安排,包括一系列原则、政策、流程和明确的责任义务。它是分析公司价值的重要考量因素。公司的股东结构、股权集中程度以及股东身份对公司治理模式的形成、运作和绩效都会产生影响。本章主要介绍了公司股权结构的类型、股权结构对公司治理效果的影响,以及评估公司治理时应该考虑的具体因素。在 ESG 投资的部分,本章将介绍如何识别企业的 ESG 相关风险和机会,探讨如何将 ESG 因素整合到投资分析过程中。

考点聚焦

本章主要进行定性考查。股权结构的类型及其对公司治理的影响、评价公司治理的方法、投资过程中 ESG(environmental, social and governance)因素的识别及影响是考生需要了解的内容。

本章框架图

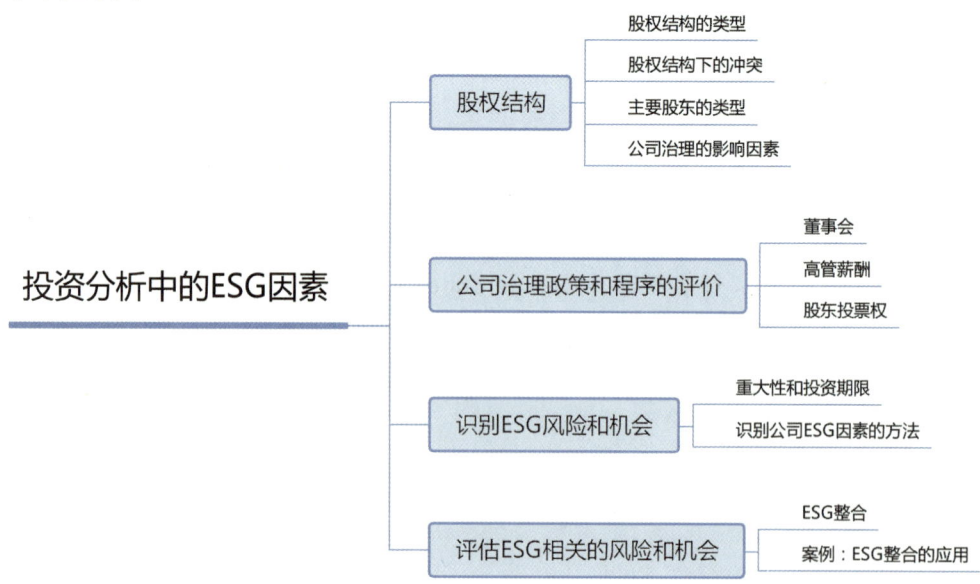

19.1 股权结构

19.1.1 股权结构的类型

股权结构,是指公司所有权类型及比例配置的结构。公司的股权结构有分散型、集中型和混合型。分散型股权结构,是指企业没有控股股东,只有很多中小股东,企业的所有权高度分散。集中型股权结构,是指企业的所有权高度集中,企业由一个股东或集团控制。混合型股权结构,是指企业拥有相对较大的控股股东,同时还有其他大股东。

我们不能仅仅通过股东的持股份额去判断公司的所有权结构类型,因为股东可以通过水平或垂直的所有权形式,拥有与其所持股份不成比例的高控制权。水平所有权形式是指拥有共同利益的企业间交叉持股,即 A 公司持有 B 公司股份,同时 B 公司也持有 A 公司股份。这种形式有助于企业的战略联盟和长期合作。垂直所有权(或金字塔型所有权)形式是指企业或集团对两个或多个企业拥有控制权,而这些企业又对另一些企业拥有控制权。比如,A 公司持有 B 公司 51% 的股份,B 公司又持有 C 公司 51% 的股份,此时,A 公司持有 C 公司的股份虽然只有 26.01%(51%×51%),但是仍然可以通过控股 B 公司从而控股 C 公司。此外,公司的部分股东可以采用双重股权结构(dual-class structures),持有含更多投票权的股票,从而维持对企业的控制权。这里的双重股权结构是指上市公司可以同股不同权,发行的股票中,一类股票有或者有更多的投票权,而另一类股票没有或者只有少量的投票权。比如,美股的 AB 股制度,B 股的投票权通常是普通股的 10 倍。阿里巴巴、Google 和 Facebook 都采用了这种模式,从而使创始人以相对较小的所有权拥有更多的投票权及控制权。双重股权结构也会使实际控制权与持股份额不一致。

—考点要求—
描述(describe)
股权结构的类型
(★)

19.1.2 股权结构下的冲突

管理层和股东之间,以及股东与股东之间利益不完全一致,因此公司股权结构类型会影响公司治理政策和效果。企业的所有权与投票权有以下几种情况。

1. 所有权分散、投票权分散(Dispersed Ownership and Dispersed Voting Power)

此时股东和管理层之间的冲突会比较明显。股东追求股东价值最大化,而管理层有利用公司资源去追求自身利益的动机,由此产生委托代理问题(principal-agent problem)。如果有控股股东的话,控股股东可以控制董事会、监督管理层,从而减少冲突。

2. 所有权集中、投票权集中(Concentrated Ownership and Concentrated Voting Power)

由于控股股东能控制董事会,可以有效地监督管理层。但是也会出现控股股东侵占公司资源、损害少数股东利益的情形,从而产生股东之间的冲突(principal-principal problem)。比如,大股东从上市公司借款、让上市公司为大股东提供担保、向上市公司高价出售劣质商品等,这些都会损害中小股东的利益。

—考点要求—
描述(describe)
所有权结构对公司治理的影响
(★★)

3. 所有权分散、投票权集中(Dispersed Ownership and Concentrated Voting Power)

这种结构也会导致股东之间的冲突,它与上一结构的不同之处在于,控股股东的持股比例相对较低,拥有少数股份的控股股东行使控制权。本章 19.1.1 中提到的金字塔型所有权形式会形成这种结构。

4. 所有权集中、投票权分散（Concentrated Ownership and Dispersed Voting Power）

当企业对持股份额多的股东加以投票限制（voting caps）时会出现这种结构。很多国家为了防止外国投资者控制本国重要产业都会采用投票限制。

19.1.3 主要股东的类型

银行、家族、国有企业、机构投资者、集团公司、私募股权公司、外国投资者、公司的管理层和董事会成员都可以成为公司的主要股东。他们有各自的动机和利益，识别股东身份有助于预测公司治理的风险。

1. 银行

如果一家银行既是公司的股东，又是公司的债权人，那么银行可能会为了向公司发放高利率贷款而让公司进行不必要的投资，从而损害其他股东的利益。

2. 家族

家族企业控股，是指同一家族成员控制很多公司的情况。在家族企业，企业的所有权和经营权主要由家族成员控制，因此委托代理成本极低。同时，家族企业所有权与控制权高度集中，企业的重大决策都由持股家族进行，极易使大股东与中小股东产生冲突。对于家族企业，外部投资者和债权人不能进行充分的监督，企业股权的流动性以及信息披露程度都比较低，缺乏透明性。

3. 国有企业（State-Owned Enterprises）

国有控股企业不容易破产。但是国有企业的目标往往是社会效益最大化，而不是利润最大化。此时就有可能损害到其他股东的利益。比如，为了促进充分就业而雇佣了过多的劳动力。

4. 机构投资者

机构投资者包括共同基金、养老基金、保险公司和对冲基金等。相较于普通投资者，机构投资者更专业、信息搜集与解读能力更强、经验更丰富。可以通过发表股东提案、与管理层进行沟通等方式积极参与公司治理。

5. 集团公司

集团公司多采用垂直所有权和水平所有权形式，集团内的公司之间往往存在交叉持股、长期控股以及限制股权转让的情况。他们会通过进行关联方交易的方式损害其他股东的利益。

6. 私募股权公司

私募股权机构通过风险投资和杠杆收购加入公司的管理层，会为公司治理带来重大变化，比如采用激励薪酬模式、改善公司治理准则。

7. 外国投资者

当外国投资者控股发展中国家的企业时会对公司产生重要影响。外国投资者一般面临更严格的透明性和责任要求；当一个企业选择在另一个透明性更高、制度更健全的国家相互挂牌时，本国的投资人会受益。

8. 管理层和董事会成员

当企业管理层和董事会成员的持股比例上升时，他们的利益就与外部股东的利益趋于一致，但是仍然可能存在为自身利益而牺牲其他股东利益的情况。

> **知识一点通**
>
> 公司治理的主体不仅限于股东,公司治理是利益相关者(包括股东、管理层、投资者、债权人、供应商、工会等)的协调机制,它的作用主要是平衡和协调利益冲突,使所有利益相关者的利益达到最大化。

> **备考小贴士**
>
> 分散型股权结构下容易产生委托代理问题;集中型股权结构下会产生大股东损害中小股东利益的问题;当银行、家族企业、国家、公司集团是大股东时,也可能会出现大股东损害中小股东利益的问题。

19.1.4 公司治理的影响因素

在考查所有权结构对公司治理的影响时,需要考虑的因素主要有:董事会的独立性、董事会的结构、特殊的投票制度、公司治理原则,以及法律、上市要求以及管理原则。

1. 董事会的独立性

董事会是联结公司股东与管理层的纽带,是公司治理机制的重要组成部分。董事会成员一般分为外部董事和内部董事。外部董事又称为非执行董事,如果非执行董事在利益上独立于公司则称为独立董事。独立董事不依赖于 CEO,能够更好地监督管理层,并且有助于抑制控股股东侵占公司资源的行为。分散型所有权结构下委托代理问题更严重,因此通常在分散型结构下,独立董事的比例更高,以便能进行有效地监督。

—考点要求—
描述(describe)所有权结构对公司治理的影响(★)

2. 公司治理结构

公司治理结构有一元制(one-tier)和二元制(two-tier)两种形式。一元制只设董事会,二元制设董事会和监事会。监事会有较强的监督作用,有利于公司的运行。

> **知识一点通**
>
> 一元制下公司的股东大会选举产生董事会,由董事会聘任管理层,没有监事会。二元制下由股东大会选举产生监事会,再由监事会任命管理董事会,在管理董事会下再设管理层。监事会是管理董事会的上级机关,权力很大。

3. 特殊投票制度

一些特殊的投票制度也会促进少数股东参与董事会的提名和选举,从而有利于公司治理。比如,阿里巴巴有一个"合伙人制度",即来自管理层的阿里巴巴"合伙人"可以提名董事会成员,这个提名权并不是按照股份比例分配的,可以保证客户、股东和公司的长远利益。

4. 公司治理原则、法律和上市要求

很多国家在国家法律或者上市要求中提出了公司治理的原则。

5. 管理准则

许多国家已经引入了自愿法规,即"管理准则",鼓励投资者行使其合法权利,并提高他们在公司治理方面的参与度。

19.2 公司治理政策和程序的评价

有效的公司治理能够给企业带来很多积极影响,评价董事会是否有效可以从企业的公司治理政策入手。评价时主要考查董事会、高管薪酬和股东投票权三个方面。

—考点要求—
评估(evaluate)公司治理政策的有效性(★★)

19.2.1 董事会

评价董事会是否有效可以从企业的公司治理政策入手。评价时主要考查董事会成员的结构、董事会的独立性、董事会专门委员会、董事会的专业性、董事会的构成以及其他因素。

1. 董事会成员的结构

评价董事会时首先要判断它的结构是一元制还是两元制,二者的区别在于是否设有监事会。在考查董事会成员时,要关注是否存在首席执行官兼任状况(CEO duality),即 CEO 兼任董事长。兼任董事长的 CEO 能够操纵董事会决议事项,减少董事会监督,从而损害董事会的独立性。此时需要设立首席独立董事来保护投资者的利益。

2. 董事会的独立性

董事会的独立性,是指董事会成员中应该包含独立董事。董事会整体的独立性主要通过董事会中独立董事的比重来衡量。独立董事更客观、独立,也更有经验,而且具有较强的监督能力,独立董事的空缺或不足,会导致管理层自利行为的发生,同时也会给投资人留下缺乏独立性的印象。

3. 董事会专门委员会

董事会的专门委员会主要包括审计委员会、薪酬委员会、提名委员会、治理委员会、风险管理委员会等。专门委员会的独立性通过独立董事在各委员会中所占的比重以及独立董事是否担任委员会主席来衡量。

4. 董事会的专业性

有深厚行业背景的董事会成员可以为公司的经营做出贡献,同时董事成员的专业范围的多元化,也可以提高团队的创造力、应急能力和领导力。比如,金融机构的董事可以帮助公司获取资金,缓解企业短期资金不足的状况。

董事任期长有利有弊。利是任期长的董事对公司有充分的了解,弊是可能会使董事会缺乏独立性。

5. 董事会的构成

董事会的构成主要是指董事会的人数和多样性。多样性涉及范围广,包含性别、年龄、任期、专业、文化和地域背景等多方面。一个拥有太多成员或缺乏多样性的董事会往往效率较低。而一个具有多样性的董事会将更民主,更乐于接受和采用有利于利益相关者的新政策。

6. 其他因素

除上述内容外,在评价董事会时,还可以评价董事会的履职情况、领导地位、董事成员与管理层之间的内部关系等。

19.2.2 高管薪酬

投资人和分析师在评价企业的公司治理状况时，一般会关注高管薪酬是否过高，以及公司的薪酬制度能否激励员工为公司创造价值。高管的薪酬一般包括工资、奖金、激励计划、股票期权、养老金计划、各种形式的在职消费以及离职时的遣散费等。好的公司治理的一个原则是高管薪酬与公司业绩挂钩，高管在公司业绩好时获得高报酬，公司业绩不好时则报酬下降。薪酬是委托人激励代理人的主要手段，但是当企业实行"执行董事确定报酬"（say-on-pay）的制度时，报酬有可能是不公正的。

> **知识一点通**
>
> 引入独立董事，设立薪酬委员会有利于建立公正的报酬体制。

19.2.3 股东投票权

股东投票的基本原则是"一股一票"，即股东应按其所持公司的股份数量行使表决权。"一股一票"原则也叫直线投票制（straight voting）。投资者需特别小心同股不同权，比如双重股权（dual-class）的情况，以免利益被侵害。

19.3 识别 ESG 风险和机会

在 CFA®一级公司发行人的部分，我们讨论了投资决策中需要考虑的 ESG（环境、社会与治理）因素以及为什么要在投资中考虑 ESG 因素。在 CFA®二级的学习中，我们将就如何识别特定行业、特定公司的 ESG 风险及机遇做进一步探讨。

19.3.1 重大性和投资期限

在对一个行业或一家公司做投资分析时，分析师首先需要识别"重大"的 ESG 因素。重大性（materiality）体现为某些 ESG 因素可能会影响公司的运营、财务表现和证券（如股票、债券）回报。

ESG 因素的重大性因行业性质和公司商业模式的不同而不同。例如，对制造行业来说，环境维度的排污、能耗问题以及社会维度的安全生产问题等被认为是重大的 ESG 因素。而对于金融机构来说，社会维度的客户满意度和数据隐私等问题则被认为是重大的 ESG 因素。

ESG 投资分析的另一个重要考虑因素是投资期限（investment horizon）。一般来说，ESG 管理可以促进公司长期、可持续的发展，改善公司的经营业绩，但对公司短期财务回报的影响并不明显。因此在投资领域，分析师应该更关注公司业绩和证券投资回报的长期表现，特别是不同期限的债券投资。

—考点要求—
描述（describe）如何识别和评估与 ESG 相关的风险和投资机会（★★）

19.3.2 识别公司 ESG 因素的方法

在投资分析中，分析师可以综合运用公司的自有研究和外部资源来识别公司以及行业中重大的 ESG 因素。具体有以下三种方法：

1. 自有研究方法

自有研究方法（proprietary method）是指分析师基于公司自身的 ESG 信息披露，包括年度报告、ESG 报告（或可持续性报告）以及向监管机构报送的文件等，运用自己的判断进行研究的方式。

这种方式的一个局限性在于公司 ESG 信息披露的质量。目前，ESG 信息披露主要还是公司自愿的行为，而且公司与公司之间、行业与行业之间披露的标准也存在差异，这造成 ESG 信息披露的不一致，影响了投资分析中的横向比较。

2. 外部 ESG 数据和评级

第二种方式是运用第三方 ESG 数据和评级。有影响力的 ESG 数据供应商包括 MSCI 和 Sustainalytics。这些数据商基于公司公开披露的 ESG 数据和其他数据来源进行加工分析，生成 ESG 评分和评级，以供分析师和投资者在 ESG 投资决策中使用。

3. 非营利机构的研究框架

第三种方式是参考非营利组织的倡议和可持续性报告框架。

例如，全球报告倡议组织（Global Reporting Initiative，GRI）面向公司提供了一份披露可持续性信息的框架指南，包括如何进行利益相关方沟通和识别重大性议题等。可持续发展会计准则委员会（Sustainability Accounting Standards Board，SASB）面向各行各业提供了一份识别重大 ESG 风险的指南，又称重大性地图（materiality map）。

在投资分析的过程中，分析师和投资者可以参考这些工具来识别行业、公司特定的 ESG 风险与机遇，以及评估公司 ESG 信息披露的质量。

> **备考小贴士**
>
> 考生需要关注 ESG 信息披露方面存在的问题以及自有研究方法的局限性。

19.4 评估 ESG 相关的风险和机会

—考点要求—
评估（evaluate）公司层面的 ESG 风险和投资机会（★★）

19.4.1 ESG 整合

19.4.1.1 ESG 整合的定义

ESG 整合（ESG integration）是指在传统的证券分析和行业分析，以及资产组合构建的过程中，纳入定量和定性的 ESG 因素。ESG 整合也代表了目前投资界应用最广泛的一种 ESG 投资策略。

具体来说，ESG 整合在证券分析中的应用又被分为股权分析（equity analysis）和信用分析（credit analysis）两种场景。

19.4.1.2 股权分析和信用分析

从风险—回报的角度来看，股权分析中的 ESG 整合会从减少下行风险和捕捉潜在机遇两方面入手，而信用分析中的 ESG 整合更侧重于减少下行风险，如债券的违约风险。

在股权投资分析中进行 ESG 整合，需要先关注公司相关的财务指标和比率，再相应调整估值模型的变量。具体来说，根据公司的 ESG 管理水平，分析师需要调整对利润表中营业收入、经营成本、利润、资本支出等财务指标的预估或者对资产负债表中的相关资产进行减值准备。再在此基础上，调整估值模型中对现金流和折现率等变量的假设或调整 P/E（市盈率）、P/B（市净率）等估值倍数。

以一家上市的酒店运营企业为例，酒店员工的满意度（或离职率）反映公司 ESG 治理中的社会绩效。员工满意度（ESG 因素）高，则可以为企业节省招聘和培训新员工的费用，还可以提升客户满意度，提高客房预订的复购率（企业经营表现），从而降低企业运营成本，促进营收增长（财务表现）。在此基础上，分析师可以上调估值模型中的现金流假设和对 P/E 倍数的预估。

在对某酒店的股权分析中应用 ESG 整合：

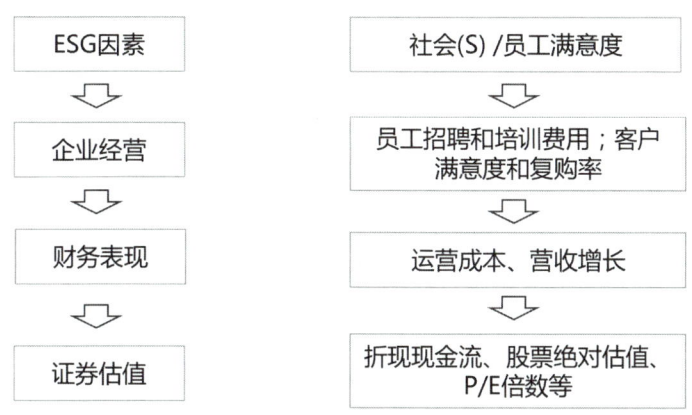

进行信用投资分析时，分析师可以在传统的信用评估基础上整合 ESG 因素，关注信用风险相关的财务比率（如杠杆率、利息保障倍数）和公司/主权国家的信用评级。在此基础上调整信用资产估值中的信用利差（spread）和久期（duration）等变量，或进行敏感性分析。

举例来说，一家玩具公司因产品质量问题（社会因素）陷入法律纠纷，在评估影响后，分析师可以对公司的信用比率、现金流和流动性等财务指标的预估做出调整，并在债券估值中做出债券利差将扩大的预判。

此外，投资者还可以关注绿色债券（green bond）带来的投资机会。绿色债券是指为支持保护环境或缓解气候风险的相关项目融资而发行的债券。

> **备考小贴士**
>
> 在案例题中，考生需掌握如何根据公司的 ESG 绩效好坏对公司的财务指标和估值模型做出适当的调整。

19.4.1.3 ESG 整合的步骤

具体来说，ESG 整合可以分三步进行。第一步，识别公司或所在行业的重大 ESG 因素。第二步，就这些因素对公司过去和现在的表现进行历史比较，与同行之间进行横向对比。第三步，在此基础上调整公司的财务指标预估和证券估值模型。

19.4.2 案例：ESG 整合的应用

案例：评估某饮料公司经营中的 ESG 因素。

XY 山泉是某知名运动饮料生产公司，公司运营范围包括发达国家和发展中国家，包括一些水资源紧张的地区，如南亚的印度和巴基斯坦。跟踪 XY 山泉的分析师 Joe 需要评估公司经营中的 ESG 风险和机遇，并在投资分析中整合相关的 ESG 因素。

整合步骤如下：

1. 识别重大 ESG 因素

考虑到水是运动饮料最主要的成分，水资源的持续、稳定供应对 XY 山泉的经营至关重要。因此，分析师认为<u>水资源的管理</u>对于公司，对于饮料行业都是一个关键的 ESG 因素。

过去，公司的生产经营给一些原本就缺水的业务运营地增加了用水压力，还造成了社区关系紧张的问题。在业务运营地环境监管政策逐步收紧的背景下，公司如果不能有效改善水资源管理，缓解用水压力，就有可能影响供应链稳定、产品定价和品牌声誉，形成潜在的环境和社会风险。

2. 就水资源管理指标进行历史和横向比较

水资源管理的绩效可以用产生单位营收（如百万美元）所需水资源消耗量（以吨计），即水强度（water intensity）这一指标来衡量。分析师对 XY 山泉公司 2012 年至 2022 年间的水资源使用量做了历史比较，发现公司在十年间的水强度下降了 27%。到 2025 年年末，预计用水强度将进一步下降 10%。

分析师 Joe 又将 XY 山泉的用水强度与饮料行业的同行进行了对比。比较发现，近年 XY 山泉的用水强度显著低于行业平均水平，体现出公司在水资源管理上的高效率。

3. 对财务指标和证券估值的调整

基于 XY 山泉在水资源管理上的良好表现，分析师 Joe 对公司的财务指标预测做了相关调整。行业平均毛利率水平（gross profit margin）为 42%，XY 山泉在 2022 年度的毛利率原先预估为 40%，纳入 ESG 因素考虑后，分析师将公司毛利率的预估下调至 39%。

接下来，分析师又对公司估值相关指标，比如盈利水平、P/E 倍数、债券利差等指标做出相应调整。

练一练

The following information relates to questions 1—4.

Jennifer is an analyst covering the Asian market. She is reviewing S & H Group, founded by the Lee family, which holds many subsidiaries under its umbrella. The group runs a variety of businesses from manufacturing to logistics.

S & H adopts a dual-class share structure that grants A share class with 10 voting rights per share and B share class with only 1 vote per share. Lee family controls over 80% of total voting rights under this structure.

S & H has a two-tier board structure. In its supervisory board, four out of total five members come from the Lee family. The last one is an independent director, who has served on the board for 15 years. Top executive's remuneration consists of a fixed pay plus an incentive plan linked to the company's financial performance.

For decades, S&H has been operating a large seaport. Jennifer notes that the infrastructure of the port is old, with cracks showing on the surface of warehouses.

The port managers, however, ignore this safety risk and order cargo handling tasks anyway. One week ago, Jennifer heard from the news that the rooftop of one warehouse collapsed. Over twenty port workers were injured. Jennifer is asked to integrate this factor into the group's financial model and valuation.

19-1 Which of the statements is accurate about S&H Group's ownership structure and potential conflicts of interests?

　　A. It has a concentrated ownership structure, which might lead to a principal-agent problem.

　　B. It has a concentrated ownership structure, which might lead to a principal-principal problem.

　　C. It has a hybrid ownership structure, which might lead to a principal-agent problem.

19-2 S&H Group's corporate governance risks is most likely increased by_____

　　A. dual-class share structure.

　　B. top executive's remuneration arrangement.

　　C. independent director's tenure.

19-3 Regarding the warehouse collapse accident, S&H Group is most likely subject to which of the following risk factors?

　　A. Environmental.

　　B. Social.

　　C. Governance.

19-4 To integrate ESG factors in the group's valuation, Jennifer will *most* likely：

　　A. decrease the group's cost of capital.

　　B. increase the credit spread in its bond valuation model.

　　C. give a P/E premium to the group.

答案与解析

19-1 B

Lee氏家族控制了S&H集团80%以上的投票权，是绝对的控股股东，因此集团属于集中型股权结构。在这种股权结构下，由于控股股东能控制董事会，可以有效监督管理层，从而减少股东和委托人之间的冲突（principal-agent problem），另一方面有可能出现控股股东损害少数股东利益的情况，产生股东之间的冲突（principal-principal problem）。因此，正确答案为选项B。

19-2 A

双重股权结构使部分股东拥有与他们的持股份额不成比例的投票权，可以用这种模式保持对公司的控制权，这样做客观上损害了另一部分股东的利益，会增加公司的治理风险。因此，正确答案为选项A。

对于选项B，在好的公司治理中，一个重要的原则是高管薪酬应与公司的业绩挂钩，这样做可以降低治理风险。因此，该选项错误。

对于选项C，独立董事的任期长达15年，其影响有利有弊，一方面可以让他对公司业务有全面充分的了解，另一方面也会影响董事的独立性。因此，该选项错误。

19-3 B

员工是公司重要的利益相关方,仓库坍塌事件反映出 S&H 集团忽视安全生产管理,忽视对员工健康及安全的保护。事件集中体现了公司运营中存在的社会风险。因此,正确答案为选项 B。

19-4 B

S&H 集团的 ESG 风险反映在财务和估值模型调整中,应该扩大债券的信用利差。因此,正确答案为选项 B。

对于选项 A,下调公司融资成本会提升公司估值,不能反映公司 ESG 风险。因此,该选项错误。

对于选项 C,上调公司市盈率倍数也会提升公司估值,不能反映公司 ESG 风险,因此,该选项错误。

第 20 章 资本成本：进阶主题

章节导学

知识引导

加权平均资本成本是评估公司价值的关键因素之一，而确定公司的加权平均资本成本是具有挑战性的。债务资本成本与权益资本成本的估计有多种方法，且不同的方法适用于不同类型的公司，特别是权益风险溢价的估计包括历史估计法与预期估计法。分析师在确定公司加权平均资本成本时，不仅需要确定公司的目标资本结构，还需要针对公司特征，选择合适的方法估计资本成本。

考点聚焦

本章内容逻辑清晰，整体难度不高，同时难点突出，公式较多。在本章的学习过程中，需要注意影响资本成本的因素、债务资本成本估计与权益资本成本估计。其中租赁的隐含利率、利用宏观经济模型估计权益风险溢价、Fama-French 模型估计权益资本成本以及估计非上市公司的权益资本成本是难点所在。本章定性考查与定量考查都会出现。

本章框架图

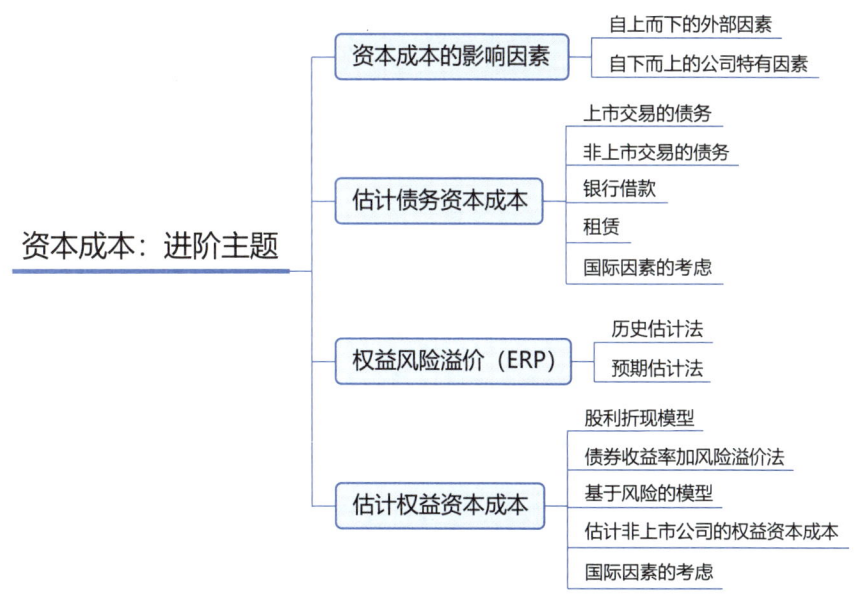

20.1 资本成本的影响因素

由于不同公司面临的风险大小不同,承受财务风险的能力也不同,不同公司之间的资本结构、债务资本成本与权益资本成本都存在差异。

通常情况下,债权人承担的风险小于股东,因此债务资本成本低于权益资本成本。公司的债务资本成本可以表示为无风险利率与信用价差(credit spread)之和,其中信用价差反映了公司特有因素所产生的风险,包括业务模式、未来盈利与增长的不确定性,使用的税率、债券的保护性条款,财务杠杆政策,公司资产的流动性等。

股东权益的资本成本可以表示为无风险利率、权益风险溢价(equity risk premium, ERP)与公司特有风险溢价(idiosyncratic risk premium, IRP)之和。其中,ERP 是投资者承担市场股票投资的系统性风险所获得的市场风险溢价;IRP 是投资者因为投资个别公司股权而获得的公司特有风险溢价。

与普通股相比,优先股通常有固定的股息率以及优先资产受偿权,因此优先股的 ERP 一般低于普通股的 ERP,从而优先股的资本成本低于普通股的资本成本。

分析影响公司资本成本的因素可以是自上而下(top-down)的,即从外部或系统性因素出发;也可以是自下而上(bottom-up)的,即从公司自身特有因素出发。

20.1.1 自上而下的外部因素

—考点要求—
解释(explain)影响资本成本的自上而下的因素(★★★)

影响公司资本成本的自上而下的外部因素包括资本可获得性(capital availability),市场状况(market conditions),法律、监管相关和国家风险(legal and regulatory considerations/country risk),税收管辖(tax jurisdiction)。

20.1.1.1 资本可获得性

发达国家的资本市场通常比发展中国家更成熟,流动性更强,货币更稳定,财产保护性与资本的可获得性更强,因此投资于发达市场的公司所受到的风险更低,从而降低了信用价差与权益风险溢价,也降低了公司的资本成本。

20.1.1.2 市场状况

包括利率、通货膨胀率与宏观经济环境在内的市场状况很大程度上影响了公司的资本成本。

信用价差和权益风险溢价除反映公司特有的风险因素外,也反映整体市场的信用与市场状况。如果市场风险提高,信用价差和权益风险溢价也会提高,进而公司的资本成本增加。

如果实际无风险利率不变,那么通货膨胀率的上升会导致名义无风险收益率上升,进而导致公司资本成本增加。

宏观经济形势反映在商业周期上,也会影响公司的资本成本。如果宏观经济处于扩张期,投资者要求的信用价差以及权益风险溢价会趋于下行,公司的资本成本则会下降;反之,如果宏观经济处于收缩期,投资者要求的信用价差以及权益风险溢价会趋于上行,公司的资本成本则会上升。

如果公司经营跨国业务,其资本成本还会受到汇率的影响。如果汇率波动增大,则汇率风险增大,公司资本成本上升。

20.1.1.3 法律、监管相关和国家风险

通常情况下,普通法系(common law)下的国家比大陆法系(civil law)下的国家的法律体系更成熟、更强大,即更能保护投资者,给予投资者更大的安全感,因此投资者对普通法系下公司要求的信用价差与权益风险溢价更低,进而公司的资本成本降低。

除所处国家的法律体系会影响资本成本外,行业的监管政策以及指导方针也会影响公司的资本结构、定价等关键财务决策,进而影响公司的资本成本。

20.1.1.4 税收管辖

边际所得税税率也是影响公司资本成本的重要因素,很多国家将利息作为可税前抵扣的费用,进而降低了公司的税后债务资本成本,而且公司的边际所得税税率越高,利息抵扣所得税的作用越大,税后债务资本成本越低。

20.1.2 自下而上的公司特有因素

除市场状况等外部因素外,公司特有的特征因素也会影响其资本成本。如收入、盈利与现金流的波动性(revenue, earnings and cash flow volatility),资产的性质与流动性(asset nature and liquidity),财务实力、盈利能力与财务杠杆(financial strength, profitability and leverage),公司证券的特征(security features)等。

—考点要求—
解释(explain)
影响资本成本的自下而上的因素(★★★)

20.1.2.1 收入、盈利与现金流的波动性

公司的商业风险与财务风险越大,则收入、盈利与现金流的波动性越大,公司的资本成本越高。

如果公司有较高的销售风险(sales risk),即销售价格与销售数量存在较大的不确定性,则其收入拥有更大的波动性。如果公司收入主要来自少数几个客户,存在客户集中风险(customer concentration risk),则其销售风险较高。如果公司经营杠杆与财务杠杆较高,则其盈利的波动率也会比较高。

环境、社会与公司治理(ESG)风险越高,公司的资本成本也越高。例如,公司业务存在污染环境的迹象,且公司并未采取足够的行动以降低对环境的影响,则公司可能产生由污染处理成本、消费者偏好的改变导致的销售下降以及诉讼成本等,从而使公司的资本成本提高。

20.1.2.2 资产的性质与流动性

公司的资产可以分为有形资产与无形资产两类,有形资产包括厂房、设备等固定资产与存货等,无形资产包括商誉、专利权等。持有有形资产为主的公司比持有无形资产为主的公司更容易获得债务融资,因为有形资产更容易被用作抵押物。但这可能会提高股权资本,因为债权人在公司清算时对这部分抵押的资产享有优先受偿权,这加大了股东的风险。

如果公司的资产在市场上拥有较高的流动性,如现金、有价证券等,则公司的资本成本较低。

20.1.2.3 财务实力、盈利能力与财务杠杆

预期的财务实力与盈利能力会影响公司的资本成本。当公司的盈利能力减弱,产生

现金流的能力下降时，其信用价差与权益风险溢价均会增加，导致资本成本上升。

公司的资本成本还受到公司现有财务杠杆的影响，如果公司商业风险保持不变，公司现有资本结构中负债比例越高，利息保障倍数越低，流动性越紧，公司违约风险越高，则公司再融资的成本越高。

20.1.2.4 公司证券的特征

公司发行的债权与股权证券的特征也对公司的资本成本存在影响。证券的特征主要包括可赎回、可回售、可转换、优先股股利是否累积和股票种类这 5 种。

（1）可赎回（callability）：当市场利率下降时，公司可以以较低的市场利率发行新的低成本债务，并利用融资所得的资金赎回投资者手中的高成本债务。该特征使得投资者处于不利地位，因此投资者会对具有赎回特征的债权要求更高的收益率，公司承担更高的资本成本。

（2）可回售（putability）：与可赎回债券的情形相反，当市场利率上升，投资者可以将之前投资的低利率债券回售给发行人，并用获得的资金在市场上投资收益更高的债券。又如，当公司计划实施杠杆收购导致债券风险增加，债券价值下降时，投资者也可将债券回售给发行人以降低风险。该特征赋予投资者权利，因此公司承担的融资成本较低。

（3）可转换（convertibility）：投资者拥有按约定将持有的债券转换为普通股的权利，因此在可转换债券发行时，初始债务资本成本会低于无转换权特征的债券。但是值得注意的是，该特征可能会导致总的资本成本更高，原因有以下两点：一是投资者未将债券转换为普通股，可转换债券到期后发行人为还本付息不得不发行更高成本的债券进行融资；二是投资者将债券转换为普通股，增加了普通股数量，导致股权被稀释。

（4）优先股股利是否累积（cumulative）：累积优先股（cumulative preferred stock）保护了优先股股东的利益，公司支付普通股股利的前提是以前年度所有未支付的优先股股利全额支付完毕，而非累积优先股没有这种要求，因此累积优先股的资本成本比非累积优先股要低。

（5）股票种类（share class）：公司可能发行不同种类的普通股股票，享有不同的现金流与投票权。例如，京东在美国纳斯达克上市时发行了 A 类和 B 类两种不同类型的股票，其中 1 股 A 类股票仅有 1 票投票权，而 1 股 B 类股票有 20 票投票权。通常，对现金流与投票权利更劣后的普通股，投资者要求的回报率更高，因此资本成本也更高。

综上所述，公司的特有因素对资本成本的影响见表 20.1。

表 20.1 公司的特有因素对资本成本的影响

特有因素	资本成本更低	资本成本更高
收入、盈利与现金流的波动性		
收入、盈利与现金流越稳定	√	
收入集中度越高		√
盈利越容易预测	√	
经营杠杆越高		√
财务杠杆越高		√
ESG 风险越高		√

(续表)

特有因素	资本成本更低	资本成本更高
资产类型		
有形资产占的比重越高	√	
高流动性资产占的比重越高	√	
财务实力		
盈利能力越高	√	
产生的现金流越多	√	
利息保障倍数越高	√	
证券特征		
可赎回		√
可回售	√	
可转换	√	
优先股股利可以累积	√	
现金流与投票权利劣后		√

> **备考小贴士**
>
> 考生应掌握各个因素的变化对公司资本成本的影响,注意定性考查。

20.2　估计债务资本成本

公司的债务融资方式主要包括发行上市交易的债务、非上市交易的债务、银行借款以及租赁,在估计不同债务融资方式资本成本时,需要考虑不同的因素以及采用不同的方法。

—考点要求—
比较(compare)不同的测算债务资本成本的方法(★★)

20.2.1　上市交易的债务

如果公司的上市交易的债务是没有嵌入期权的直接债务(straight debt),可以用债券的**持有至到期收益率**(yield to maturity,YTM)估计其资本成本。

在选择 YTM 时,应选择公司现有的最长期限债券的 YTM,但如果该公司期限较短的债券流动性更强,交易更频繁,则选择期限较短的债券的 YTM 估计债务资本成本会更加可靠。

—考点要求—
估计(estimate)上市公司的债务资本成本(★★)

> **知识一点通**
>
> 持有至到期收益率(YTM)的计算为 CFA® 一级的内容,上市交易的债券现在的交易价格等于未来支付的所有利息与面值的现值之和,其中的折现率就是上市交易的债券的持有至到期收益率。

20.2.2 非上市交易的债务

—考点要求—
估计（estimate）非上市公司的债务资本成本（★）

如果公司债务是非上市交易的或者流动性较差的，用 YTM 估计资本成本是存在问题的：一方面 YTM 可能不存在，另一方面计算出的 YTM 可能包含较大的流动性溢价，导致债务的资本成本被高估。

此种情况下，可以采用信用评级估计公司的债务资本成本，步骤如下：

(1) 在市场上选择与目标公司债务具有相同或相似**到期日**与**信用评级**的可比公司上市交易的债务。

(2) 计算可比公司上市交易的债务的 YTM。

(3) 利用**矩阵定价法（matrix pricing）**估计目标公司的 YTM，以作为目标公司的债务资本成本。

如果公司不存在信用评级，则可以利用公司的基本特征，如利息保障倍数或其他财务杠杆比例，预测公司可能的信用评级。

值得注意的是，公司整体的信用评级可能与发行的证券的信用评级不同。例如，发行的债务通过提供抵押、优先级、可转换为普通股等方式为投资者提供了更多的保护，该债务的信用评级通常会高于公司的整体信用评级。

> **知识一点通**
>
> 在市场上选择与目标公司债务到期日、信用级别均相同的可比公司债务是很有难度的，因此通常情况下可选择信用级别相同的可比公司，将不同到期日、不同票面利率的债务以矩阵的形式列出，然后利用线性插值法，即假设目标公司的 YTM 与可比公司的已知 YTM 之间的距离是平均分配的，计算目标公司的 YTM。

例题 20.1

高顿公司于 4 年前发行了期限为 10 年（剩余期限为 6 年）的非上市交易的公司债券，该债券的信用评级为 BB 级，分析师拟估计高顿公司的债务资本成本。因为市场上没有信用评级为 BB 级、剩余期限为 6 年的上市交易的债券，分析师选取了 4 个信用评级为 BB 级的上市交易的债券（每年付息一次，到期还本），其剩余期限、票面利率以及对应的市场价格具体如下表所示。

可比上市交易债券相关数据

剩余期限	不同票面利率债券的市场价格（美元）			
	5%	6%	7%	8%
4 年	99.15	—	106.02	—
5 年	—	—	—	—
6 年	—	—	—	—
7 年	—	—	—	—
8 年	—	100	—	111.62

请根据以上信息，估计高顿公司的债务资本成本。

> **名师解析**
>
> 第一步：根据表中的数据，可以计算出不同债券的 YTM。
> (1) 剩余期限为 4 年、票面利率为 5% 的债券 YTM：
> PMT=5, N=4, PV=−99.15, FV=100, CPT I/Y=5.24%。
> (2) 剩余期限为 4 年、票面利率为 7% 的债券 YTM：
> PMT=7, N=4, PV=−106.02, FV=100, CPT I/Y=5.29%。
> (3) 剩余期限为 8 年、票面利率为 6% 的债券 YTM：
> PMT=6, N=8, PV=−100, FV=100, CPT I/Y=6%。
> (4) 剩余期限为 8 年、票面利率为 8% 的债券 YTM：
> PMT=8, N=8, PV=−111.62, FV=100, CPT I/Y=6.12%。
>
> 第二步：计算不同剩余期限的平均 YTM。
> Average YTM(剩余期限为 4 年)＝(5.24%＋5.29%)/2＝5.265%
> Average YTM(剩余期限为 8 年)＝(6.00%＋6.12%)/2＝6.060%
>
> 第三步：使用线性插值法计算剩余期限为 6 年的债券 YTM。
> (1) 首先，计算剩余期限为 8 年和 4 年的 YTM 之差：6.060%−5.265%＝0.795%。
> (2) 然后，将该结果平均分配到中间间隔的四年：0.795%/4 = 0.199%。
> (3) 最后，随着剩余期限的增加，预估 YTM 每年将增加 0.199%，因此剩余期限为 6 年的债券 YTM 为 5.265% + 0.199%＋0.199% = 5.663%。
>
> 因此，高顿公司的债务资本成本为 5.663%。

20.2.3 银行借款

银行借款是公司债务融资的主要来源之一。按照本金是否在借款期限内摊销偿还进行分类，银行借款的偿还方式可以分为全额摊销、部分摊销以及不摊销还款。其中，全额摊销是指将本金全额摊销至借款期限内分期偿还；部分摊销是指一部分本金摊销至借款期限内偿还，其余本金于借款到期日偿还；不摊销还款是指本金全部于借款到期日偿还。相比于到期偿还本金，摊销还款通常违约风险更低，因此资本成本更低。

如果公司近期获得了一笔银行借款，且市场以及公司自身的风险状况自借款以来未发生重大变化，则可以该笔银行借款支付的利息率作为其债务资本成本；反之，如果发生了重大变化，此时以该笔银行借款支付的利息率作为公司债务资本成本可能并不合适。

20.2.4 租赁

部分公司会通过融资租赁(finance lease)的方式获取房产、飞机等大额资产的使用权，并在租赁期限结束时拥有租赁资产的所有权或购买该资产的选择权。融资租赁实际可被看作一种有担保的贷款，且本金是在租赁期限内全额摊销的。

租赁的资本成本可以利用租赁隐含的利率(rate implicit in the lease, RIIL)进行估计。

$$所有租金的现值＋出租人获得的租赁资产残值的现值＝$$
$$租赁资产的公允价值＋出租人初始的直接成本(法律费用等) \quad (20.1)$$

如果能获得公式(20.1)的相关信息，RIIL 则为满足该等式的折现率。但分析师在实务中很难获得关于租赁资产残值以及出租人初始的直接成本等相关信息，导致分析师无法获得 RIIL，此时可以将公司同一时期新增的抵押借款的利息率作为租赁的融资成本。

> **知识一点通**
>
> RIIL 是出租人初始获得租赁资产所产生的现金流出值等于未来所产生的现金流入值的折现率。其中，现金流出值包括初始的购买成本（租赁资产的公允价值）以及其他直接成本；出租人未来所能获得的现金流入为合同约定的租金以及在租赁期满时租赁资产的残值。公式(20.1)中假设租赁期满租赁资产的所有权未发生转移，因此租赁资产的残值为出租人未来的现金流入。但是如果在租赁合同中约定租赁期满租赁资产所有权转移至承租人，则出租人的现金流入仅为收到的租金，并不包含租赁资产的残值。

例题 20.2

高顿公司与美林公司签署了机器租赁合同，合同约定高顿公司作为承租人租赁美林公司机器一台，用于生产汽车零部件，租赁期限为 15 年，每年年末高顿公司支付 200 万美元租金，租赁期满时，美林公司收回该机器并作销售处理，预计可得变现收入 100 万美元。现在市场上该机器的公允价值为 2 100 万美元，为购买该机器，美林公司还需要一次性支付法律费用、税费等 300 万美元。

请根据以上信息，计算高顿公司该项租赁的资本成本。

名师解析

第一步：计算出租人每年的现金流，具体见下表。

出租人每年的现金流数据

（单位：万美元）

	0	1	2	3	…	15
年租金	—	200	200	200	200	200
残值	—	—	—	—	—	100
公允价值	(2 100)	—	—	—	—	—
直接成本	(300)	—	—	—	—	—
净现金流	(2 400)	200	200	200	200	300

第二步：使用金融计算器计算 RIIL，即租赁的资本成本。

$PMT = 200, PV = -2\,400, N = 15, FV = 100, CPT\ I/Y = 3.29\%$。

> **备考小贴士**
>
> 考生应注意掌握计算融资租赁的资本成本需要获得的信息条件以及融资租赁隐含利率的定量计算。

20.2.5 国际因素的考虑

一个处于非成熟资本市场(新兴市场)的公司如果在国际市场上发行债务,债务资本成本的估计应该在债务收益率的基础上加上国家风险溢价(country risk premium)。

通常利用国家风险评级(country risk rating,CRR)对国家风险溢价进行估计,评估国家风险评级有以下 4 个维度:

(1) 经济状况。
(2) 政治风险。
(3) 汇率风险。
(4) 证券市场的发展与监管。

国家风险评级与信用评级相似,对以上维度进行综合评估后,用 AAA、AA 等或者数字范围(如 0 到 10),代表某个国家相对于基准国家的风险评级。

20.3 权益风险溢价(ERP)

ERP 是投资者持有权益类证券(通常为股票)的要求回报率超过无风险收益率的部分,是投资者承担风险所要求的补偿。

公司的权益资本成本可以通过以下公式估计:

$$r_e = E(r_f) + ERP + IRP \quad (20.2)$$

其中,r_e 表示公司的权益资本成本;$E(r_f)$ 表示预期的无风险收益率;ERP 表示权益风险溢价;IRP 表示公司特有的风险溢价。

在公司权益资本成本的估计中,ERP 的估计比 IRP 更重要,估计 ERP 的方法有历史估计法(historical approach)与预期估计法(forward-looking approach)两种。

20.3.1 历史估计法

历史估计法是指通过历史数据对 ERP 进行估计。采用历史估计法的假设前提为:市场是相对有效的,收益在长期是稳定的,平均收益是投资者预期收益的无偏估计。

采用历史估计法估计 ERP 是指在某一样本期间内,计算含有广泛股票的股票指数的收益率与政府债券收益率(代表无风险收益率)的差额,将其均值作为 ERP。

在估计 ERP 时,需要考虑以下问题:

(1) 股票指数的选择。
(2) 样本期间的选择。
(3) 平均值计算方法的选择。
(4) 无风险收益率代表的选择。

—考点要求—
解释(explain)估计权益风险溢价的历史估计法(★★★)

备考小贴士

考生应关注采用历史估计法估计 ERP 的前提条件,注意定性考查。

20.3.1.1 股票指数的选择

在估计 ERP 时,通常选取具有广泛股票的以各股票市场价值为权重计算的指数,如 S&P 500 指数、Russell 3000 指数、上证综指等。

20.3.1.2 样本期间的选择

通常会选择将较长的时间周期作为样本期间,因为估计周期的延长会增加样本数量,进而降低 ERP 估计的标准误差。但是,这种选择可能存在问题,因为选取的周期内市场环境可能发生了重大变化。例如,2020 年全球暴发了新冠肺炎疫情,此时使用 2020 年之前的市场数据估计 2020 年之后市场的 ERP 并不准确。

选择使用较短的样本周期,虽然可以避免前述问题,但是如果样本数据不够,对 ERP 的估计会不够精确。

20.3.1.3 平均值计算方法的选择

计算股票市场收益率与基准无风险利率差额的平均值时,可以使用**算数平均数**(arithmetic mean)或**几何平均数**(geometric mean),这两种平均值计算方法有各自的优缺点,具体见表 20.2。

表 20.2 算数平均数与几何平均数的优缺点

计算方法	优点	缺点
算数平均数	(1) 容易计算。 (2) 考虑了时间序列中的所有数据	(1) 对极端值非常敏感。 (2) 高估了财富的预期最终价值
几何平均数	(1) 考虑了时间序列中的所有数据。 (2) 降低了极端值的权重。 (3) 能估计出财富的预期最终价值	—

> **知识一点通**
>
> 算数平均数与几何平均数的计算公式在 CFA® 一级"数量分析方法"中已经介绍,此处不再探讨。相比于算数平均数,几何平均数的计算更不容易受到异常值的影响,因此在实务中更倾向于使用几何平均数计算平均 ERP。

20.3.1.4 无风险利率代表的选择

在选择无风险利率代表时,主要考虑是选择短期的还是长期的政府债券收益率,在实务中倾向于选择长期政府债券的收益率(YTM)。与短期政府债券收益率相比,长期政府债券的 YTM 有以下优缺点:

(1) 优点:股票投资期限被认为是永久的,长期政府债券在期限上更匹配。

(2) 缺点:在初始投资长期政府债券时,无法获知债券持有期限内票息的再投资收益率,存在再投资风险,因此长期政府债券的 YTM 不是一个完全的无风险收益率;而短期政府债券期限短,无需考虑票息的再投资,因此其收益率是无风险的,假设不存在违约风险。

> **知识一点通**
>
> 如果历史的国债收益率曲线是倾斜向上的,即短期国债收益率低于长期国债收益率,选择短期的国债收益率作为无风险收益率,会导致估计出的 ERP 高于使用长期国债收益率得出的估计值。

20.3.1.5 历史估计法的局限性

历史估计法虽然在实务中经常被采用,但其有一定的局限性,主要有如下两点:

(1) ERP 会随着时间的变化而变化,特别是近期如果发生了重大变化,用历史数据估计出的 ERP 则无法代表未来的 ERP。

(2) 采用历史估计法会存在 幸存者偏误(survivorship bias),即业绩不佳或者倒闭的公司在历史数据中被剔除了,使得 ERP 被高估。

> **备考小贴士**
>
> 考生应掌握历史估计法的局限性,注意定性考查。

20.3.2 预期估计法

基于投资者的收益仅取决于未来的现金流这一假设,预期估计法是对影响未来现金流的经济、财务等变量进行分析,进而估计 ERP。

—考点要求—
解释(explain)估计权益风险溢价的预期估计法(★★★)

预期估计法主要包含 3 种方法,分别为 以调查为基础的估计(survey-based estimates)、股利折现模型(dividend discount model)、宏观经济模型(macroeconomic modeling)。

20.3.2.1 以调查为基础的估计

可以通过对 专家 进行调查询问,获取他们对市场 ERP 的预期,以此作为估计的 ERP。该方法存在一个问题,即专家的预期会在很大程度上受到 近期市场实际收益 的影响。

20.3.2.2 股利折现模型(DDM)

假设 市场的盈利、股利 以及 股票价格的增长率 相同且保持不变,可以使用戈登股利增长模型(Gordon Growth Model)估计 ERP。

$$ERP = E(r_e) - r_f = E\left(\frac{D_1}{V_0}\right) + E(g) - r_f \tag{20.3}$$

其中,$E(r_e)$ 表示预期的公司的股权融资成本;$E\left(\frac{D_1}{V_0}\right)$ 表示预期的市场股利收益率;$E(g)$ 表示预期的市场长期盈利增长率;r_f 表示无风险收益率。

虽然戈登股利增长模型常用于估计 ERP,但对于处于快速增长的经济体来说,其市场收益的增长率保持不变是不太现实的,因此通常会采用 多阶段股利增长模型 估计 ERP。多阶段股利增长模型假设股利的增长会经历 3 个阶段:首先经历 快速增长阶段(fast growth stage),然后进入 增长缓慢的过渡阶段(transition growth stage),最后进入增长率下降后的成熟阶段(mature growth stage),并以一个温和的可持续增长率增长。

基于上述假设,可以利用公式(20.4)中每个阶段股利的现值之和等于股票指数价格,计算出内含收益率 r_e,再扣减无风险收益率,得到 ERP。

$$Equity\ index\ price = PV_{fast\ growth\ stage} + PV_{transition\ growth\ stage} + PV_{mature\ growth\ stage} \tag{20.4}$$

其中,$Equity\ index\ price$ 表示股票指数价格;$PV_{fast\ growth\ stage}$、$PV_{transition\ growth\ stage}$、$PV_{mature\ growth\ stage}$ 表示不同增长阶段预期股利的现值。

20.3.2.3 宏观经济模型

宏观经济模型是利用宏观经济变量与财务变量之间的关系估计 ERP,宏观经济变量包括通货膨胀率、实际收益的预期增长率等。

Grinold-Kroner 模型是宏观经济模型中的一种,通常用于评估发达市场的 ERP,该模型认为权益的投资收益率由股利收益率与股票价格变化产生的资本利得收益率组成,股权收益率扣减无风险收益率后可得到 ERP。

$$ERP = [DY + expected\ capital\ gain] - E(r_f) \tag{20.5}$$

其中,DY 表示股利收益率(dividend yield);$expected\ capital\ gain$ 表示预期的资本利得收益率。

公式(20.5)中,预期的资本利得收益率可以等于**预期重新定价导致的市盈率增长率**(expected repricing,$\Delta\left(\frac{P}{E}\right)$)加每股收益增长率(earnings growth per share),得到公式(20.6)。

$$ERP = \left[DY + \Delta\left(\frac{P}{E}\right) + earnings\ growth\ per\ share\right] - E(r_f) \tag{20.6}$$

公式(20.6)中,每股收益增长率又可以进一步等于预期的通货膨胀率(i)加实际经济增长率(g)减流通在外的股数变化比例(ΔS),最终得到公式(20.7)。分解的具体内容见表 20.3。

$$ERP = \left[DY + \Delta\left(\frac{P}{E}\right) + i + g - \Delta S\right] - E(r_f) \tag{20.7}$$

表 20.3　权益投资收益率的分解

收益率	部分		公式表达
权益投资收益率(r_e)	股利收益率(dividend yield)		DY
	预期重新定价导致的市盈率增长率(expected repricing)		$\Delta\left(\frac{P}{E}\right)$
	每股收益增长率(earnings growth per share)	预期的通货膨胀率(i)	$i + g - \Delta S$
		实际经济增长率(g)	
		流通在外的股数变化比例(ΔS)	

名义收益率中包含了实际收益率与通货膨胀率,因此公式(20.7)中预期的通货膨胀率可以通过比较期限相似的政府债券的名义收益率与实际收益率得到,如公式(20.8)所示。

$$i = \frac{1+YTM_{Treasury\ bond}}{1+YTM_{TIPS}} - 1 \approx YTM_{Treasury\ bond} - YTM_{TIPS} \tag{20.8}$$

其中，i 表示通货膨胀率；$YTM_{Treasury\ bond}$ 表示国债的名义收益率；YTM_{TIPS} 表示**通货膨胀保值债券**（Treasury Inflation-Protected Security，TIPS）的实际收益率。

> **知识一点通**
>
> 股票价格 P＝市盈率（P/E）×每股收益（E），因此股票价格变化产生的资本利得收益率可以分解为市盈率的增长率以及每股收益增长率，此处市盈率的增长率是以假设每股收益并没有发生变化为前提，仅由于重新定价产生的变化。
>
> 每股收益＝总收益/股数，每股收益增长率可以分解为总收益增长率与股数变化比例的差额，假设市场总收益的增长与宏观经济（名义 GDP）增长保持一致，而宏观经济增长由通货膨胀与实际经济（实际 GDP）增长组成，则总收益增长率为通货膨胀率（i）与实际经济增长率（g）之和。$\Delta S > 0$ 表示流通在外的股数增加，则每股收益增长率降低；反之，$\Delta S < 0$ 表示流通在外的股数减少（可能是因为回购股票），则每股收益增长率提高。

例题 20.3

分析师拟采用预期估计法估计权益风险溢价（ERP），收集的数据如下表所示。

预估权益风险溢价的相关数据

无风险收益率 r_f	2.8%
预期通货膨胀率 i	1.5%
预期实际经济增长率 g	4%
预期重新定价导致的市盈率增长率 $\Delta\left(\dfrac{P}{E}\right)$	0
预期股利收益率 DY	2%
预期股份变动 ΔS	1%

请根据以上信息，使用 Grinold-Kroner 模型估计 ERP。

名师解析

将表中数据代入 Grinold-Kroner 模型公式可得：

$$ERP = \left[DY + \Delta\left(\frac{P}{E}\right) + i + g - \Delta S\right] - E(r_f) =$$
$$(2\% + 0 + 1.5\% + 4\% - 1\%) - 2.8\% = 3.7\%$$

> **备考小贴士**
>
> 考生应重点掌握利用公式（20.7）估计权益风险溢价，注意定量考查。

20.3.2.4 预期估计法的局限性

与历史估计法相比,预期估计法的优势是受到样本不稳定性(non-stationarity)或数据偏差(data biases)的影响更小,但预期估计法也存在着局限性。表 20.4 列示了预期估计法的局限性。

表 20.4 预期估计法的局限性

方法	局限性
以调查为基础的估计	估计的结果可能会受到样本、反应偏差以及行为偏差的影响,例如: (1) 近因偏差(recency bias):更关注于最近发生的事件。 (2) 确认偏差(confirmation bias):更关注有关自己支持的观点的信息
股利折现模型	假设条件不合理,模型假设市场的盈利、股利以及股票价格的增长率相同且保持不变,即假设市盈率保持不变,但实务中市盈率可能会扩大,因此需要进行调整
宏观经济模型	可能存在建模错误或行为偏差

20.4 估计权益资本成本

——考点要求——
比较(compare)权益资本成本的不同方法(★★★)

上市公司的权益资本成本可以通过股利折现模型(DDM)、债券收益加风险溢价法以及基于风险的模型等方法进行估计。

20.4.1 股利折现模型

用股利折现模型(DDM)来估计权益资本成本的基本逻辑在于,股票价格体现了未来股利收入的现值,并假设股利收入代表了股东收到的主要现金流。DDM 模型还要求使用其的公司已公开发行上市,并且持续发放稳定、可预测的股利。

——考点要求——
估计(estimate)上市公司的权益资本成本(★★★)

基于与本章 20.3.2.2 股利折现模型(DDM)估计 ERP 的相同假设条件,利用 DDM 估计的权益资本成本为:

$$r_e = \frac{D_1}{P_0} + g \qquad (20.9)$$

其中,D_1 表示下一期的预期股利;P_0 表示现在的股票价格;g 表示预期的股利增长率。

在实务中通常会通过预测一段期间的股利以及预测期结束时的股价,并利用权益资本成本进行折现得出股票价值。依据该估值方法,可以利用股票现在的市场价格等于预测期内股利与预测期末股价的现值之和,得出折现率,即权益资本成本。

$$P_0 = \left[\sum_{t=1}^{n} \frac{D_t}{(1+r_e)^t}\right] + \frac{P_n}{(1+r_e)^n} \qquad (20.10)$$

其中,P_0 表示股票现在的价格;D_t 表示第 t 年的股利;P_n 表示第 n 年的股票价格;r_e 表示权益资本成本。

例题 20.4

高顿公司是一家专注于休闲零食生产与销售的上市公司,现在股票的市场价格为30元/股,分析师计划通过预计高顿公司的股利等信息估计其权益资本成本,高顿公司预期明年发放股利1元/股,并在未来的5年内每年增长5%,分析师预计第5年年末的股票价格为40元/股。

请根据以上信息,估计高顿公司的权益资本成本。

名师解析

根据题目已知信息,可以列出对高顿公司股权投资的相关信息,具体如下表所示。

高顿公司权益投资的相关信息

项目	0	1	2	3	4	5
股利		1	1.05	1.102 5	1.157 6	1.215 5
第五年的价格						40
现在的价格	30					

根据表中现金流数据,利用金融计算器,计算步骤如下:

(1) [CF]
(2) [30][+/−][ENTER]
(3) [↓][1][ENTER]
(4) [↓][↓][1.05][ENTER]
(5) [↓][↓][1.102 5][ENTER]
(6) [↓][↓][1.157 6][ENTER]
(7) [↓][↓][41.215 5][ENTER]
(8) [IRR][CPT]

得到 IRR 为 9.20%,因此,高顿公司的权益资本成本为 9.20%。

备考小贴士

考生需掌握利用 DDM 估计权益资本成本的计算,学会辨析 DDM 中的各个要素的变动对权益资本成本的影响,包括股票股利、股票价格以及预期增长率等。

20.4.2 债券收益率加风险溢价法

债券收益率加风险溢价法(bond yield plus risk premium approach,BYPRP approach)也可以用于估计公司的权益资本成本,前提条件是该公司具有上市交易的债券。

$$权益资本成本 = 公司长期债务的到期收益率 + 风险溢价 \quad (20.11)$$

其中,风险溢价是指权益投资者相对于债权投资者承担了更高的风险而获得的补偿,通常以股票市场指数与公司债券指数之间收益率的历史差异平均值作为风险溢价的估计值。但是如果风险溢价波动较大(不稳定),则不适合用历史数据估计风险溢价。

BYPRP估计权益资本成本是以公司债务的收益率为起点的,方法简单,但是存在着以下缺点:

（1）对风险溢价的确定比较主观。

（2）BYPRP 需要公司存在上市交易的债券。

（3）如果公司有不同特征的多种上市交易债务，公司选取何种债务的收益率并没有做明确说明，常用方法是选取公司的长期债券的 YTM。

20.4.3　基于风险的模型

基于风险的模型认为权益投资者要求的回报率为货币时间价值的补偿与投资者承担风险的补偿之和。

资本资产定价模型（capital asset pricing model，CAPM）与 Fama-French 模型均为典型的基于风险的模型，通过考虑不同风险因素对权益资本成本进行估计。

20.4.3.1　CAPM

分散化投资可以消除非系统性风险，而无法消除系统性风险，因此 CAPM 将系统性风险作为**单一风险因素**，即市场因素，估计权益资本成本。

$$r_e = r_f + \beta(ERP) \tag{20.12}$$

其中，r_e 表示权益资本成本；r_f 表示无风险收益率；β 表示权益的投资收益对 ERP 变化的敏感程度；ERP 表示权益风险溢价。

在应用 **CAPM** 估计权益资本成本时，需要考虑以下问题：

（1）股票指数的选择在前文 20.3.1.1 中已探讨，此处不再赘述。

（2）β 系数可以通过历史数据回归得出，与前文 20.3.1.2 中 ERP 样本期间的选择一样，在选择历史数据的期限范围时，需要在数据的充足性（长期）与代表性（短期）之间做出取舍。

（3）如果市场上**国债收益率曲线向上倾斜**，即短期国债收益率低于长期国债收益率，此时选择**短期**国债收益率作为无风险收益率会导致估计的权益资本成本较**低**。

值得注意的是，在前文 20.3.1.4 的 ERP 的估计中，如果历史的国债收益率曲线向上倾斜，由于估计 ERP 时无风险收益率是被扣减的，使用历史短期国债收益率作为无风险收益率会导致估计的 ERP **偏高**。

20.4.3.2　Fama-French 模型

Fama-French 模型本质上是 CAPM 的延伸，在估计权益资本成本时不只考虑市场风险因素，还加入了其他风险因素，Fama-French 模型包括 Fama-French 三因子模型与 Fama-French 五因子模型。

Fama-French 三因子模型中的风险因素包括**市场因素**、**规模因素**以及**价值因素**，在三因素模型基础上，加入**盈利能力因素**与**投资风格因素**，可以得到 Fama-French 五因子模型。

$$r_e = r_f + \beta_1 ERP + \beta_2 SMB + \beta_3 HML + \beta_4 RMW + \beta_5 CMA \tag{20.13}$$

其中，r_e 表示权益资本成本；r_f 表示无风险收益率；β_1、β_2、β_3、β_4、β_5 表示权益投资要求的回报率对各个因素的敏感程度；ERP 表示权益风险溢价；SMB（small minus big）表示市值规模溢价，即小规模公司与大规模公司之间权益回报率的差额；HML（high minus low）表示价值溢价，即**高账面市值比**（high book-to-market ratios）的公司与低账面市值比的公司之间权益回报率的差额;RMW(robust minus weak)表示盈利能力溢价,即盈利能力强的公司与盈利能力弱的公司之间权益回报率的差额;CMA(conservative minus aggressive)表示投资风格溢价,即持有保守投资组合的公司与持有激进投资组合的公司之间权益回报率的差额。

> **知识一点通**
>
> 股票通常可以分为价值型股票与成长型股票,价值型股票一般是指已经进入成熟期的上市公司的股票,其账面市值比较高;成长型股票一般是处于成长期的上市公司的股票,其账面市值比相对较低。通过实证发现,价值型股票的投资回报率通常高于成长型股票,因此价值溢价是高账面市值比公司的回报率与低账面市值比公司的权益回报率的差额。

例题 20.5

分析师拟使用 Fama-French 五因子模型估计高顿公司的权益资本成本,不同因素的预期风险溢价及 β 系数如下表所示:

不同因素的预期风险溢价与 β 系数

因素	β 系数	风险溢价
市场(ERP)	1.3	6%
规模(SMB)	0.2	2%
价值(HML)	0.1	3%
盈利能力(RMW)	0.3	1%
投资风格(CMA)	0.5	2%

假设无风险收益率为 3.8%,请计算高顿公司的权益资本成本。

名师解析

利用 Fama-French 五因子模型估计高顿公司的权益资本成本:

$$r_e = r_f + \beta_1 ERP + \beta_2 SMB + \beta_3 HML + \beta_4 RMW + \beta_5 CMA = $$
$$3.8\% + (1.3 \times 6\%) + (0.2 \times 2\%) + (0.1 \times 3\%) + (0.3 \times 1\%) + (0.5 \times 2\%) = 13.6\%$$

> **备考小贴士**
>
> 考生需掌握 CAPM 与 Fama-French 模型对权益资本成本的估计,其中 Fama-French 模型的因素较多,考生应理解不同因素各自对应的含义。

20.4.4 估计非上市公司的权益资本成本

非上市公司的股权价格与收益率信息很难获得,因此无法直接使用 CAPM 与 Fama-French 模型,需要对模型进行调整后估计权益资本成本。

—考点要求—
估计(estimate)
非上市公司的
权益资本成本
(★★★)

20.4.4.1 扩展的 CAPM

扩展的 CAPM 估计非上市公司的权益资本成本是在 CAPM 的基础上，加入了**规模溢价**（size premium，SP）、**行业风险溢价**（industry risk premium，IP）以及**特定公司的风险溢价**（specific-company risk premium，SCRP）。

$$r_e = r_f + \beta_{peer}ERP + SP + IP + SCRP \tag{20.14}$$

其中，r_e 表示权益资本成本；r_f 表示无风险收益率；β_{peer} 表示同行业上市公司的 β 系数；SP 表示规模溢价，即小规模公司的风险大于大规模公司需要的补偿；IP 表示行业风险溢价，即公司所处的行业风险更高需要的补偿；SCRP 表示特定公司的风险溢价，即由于地理位置风险、关键人物风险等难以分散的公司特有风险需要的补偿。

> **知识一点通**
>
> **系统性风险**包括政策风险、经济周期性波动风险、利率风险、汇率风险等；**非系统性风险**包括财务风险、经营风险、信用风险、偶然事件风险等。$\beta_{peer}ERP$ 是同行业公司承担系统性风险获得的补偿，而行业风险属于非系统性风险，即使是选取了同行业上市公司的 β 系数，$\beta_{peer}ERP$ 内也未包含行业风险，因此如果可以估计行业风险溢价（IP），则单独计量 IP；如果无法单独估计 IP，则在特定公司的风险溢价（SCRP）内合并计量 IP。

> **知识一点通**
>
> 可以将小规模公司与大规模公司的历史权益回报率的差额作为规模溢价（SP）。值得注意的是，在选择小规模公司时应选择小规模但**财务健康**的非上市公司，如果将发生财务困境后的大规模公司选为小规模公司，则会导致 SP 被**高估**，因为发生财务困境的大规模公司通常风险和权益收益率更大，会使小规模公司的历史权益收益率被高估。

20.4.4.2 累加法

累加法（build-up approach）是指通过在无风险收益率的基础上累加一系列风险溢价估计非上市公司的权益资本成本。此方法适用于市场上没有同行业上市公司，而导致扩展的 CAPM 无法使用的情况。

$$r_e = r_f + ERP + SP + SCRP \tag{20.15}$$

公式（20.15）显示了权益资本成本累加的过程：

首先，$r_f + ERP$ 隐含着 β 系数为 1 的条件，表示大规模（市值）的上市公司承担平均系统性风险要求的权益收益率。

其次，加入规模溢价，$r_f + ERP + SP$ 表示小规模（市值）的上市公司承担平均系统性风险要求的权益回报率。

最后,再加入公司特有的风险溢价,得到非上市公司的权益资本成本估计值。

20.4.5 国际因素的考虑

估计跨国公司权益资本成本时,除要考虑上文中提到的风险因素外,还需要考虑新兴市场的汇率与通货膨胀等因素,可以采用**国家风险溢价与国家风险评级模型**(country spread and country risk rating models)、**延展的 CAPM**(extended CAPM)进行估计。

20.4.5.1 国家风险溢价与国家风险评级模型

在新兴市场(本土市场)上的公司权益风险溢价是在发达市场权益风险溢价的基础上加上国家风险溢价。

$$ERP = ERP \text{ for a developed market} + \lambda \times country\ risk\ premium \tag{20.16}$$

其中,$ERP\ for\ a\ developed\ market$ 表示发达市场的权益风险溢价;$country\ risk\ premium$ 表示国家风险溢价;λ 表示公司在新兴市场的敞口与在发达市场敞口的比值,λ 越大表示公司在新兴市场的敞口占比越大,总的国家风险溢价越大。

国家风险溢价是新兴市场的风险高于发达市场的补偿,其大小取决于国家经济状况与政治风险等,通常以**主权收益差**(sovereign yield spread)表示,即新兴市场上的政府债券收益率与发达市场上相近到期日的政府债券收益率的差额。

将主权收益差作为国家风险溢价是存在一定问题的,因为它是使用债券收益率去估计权益风险溢价,需要对此进行修正,加入股票与债券的相对波动率因素,具体方法如下:

$$country\ risk\ premium = sovereign\ yield\ spread \times \frac{\sigma_{equity}}{\sigma_{bond}} \tag{20.17}$$

其中,σ_{equity} 表示新兴市场的股票波动率;σ_{bond} 表示新兴市场的债券波动率。

20.4.5.2 延展的 CAPM

由于单一因素的 CAPM 是仅基于本国股票市场估计权益资本成本的,并不适用于国际公司。对国际公司的资本成本估计时,需要对 CAPM 进行延展,主要有两种方法,分别是全球 CAPM(global CAPM)与国际 CAPM(international CAPM)。

(1) **全球 CAPM**。

全球 CAPM 假设各国之间的风险没有显著差异,并且将全球市场指数的风险溢价作为单一因素估计权益资本成本。

该方法存在的一个问题是发达市场的风险溢价与新兴市场的风险溢价之间的相关性实际上是较低的,可能导致模型中风险溢价的 β 系数较低,甚至为负数,这样估计出的权益资本成本不具有意义。

(2) **国际 CAPM**。

国际 CAPM 是在考虑全球市场指数风险溢价的基础上,增加外汇货币指数(foreign currency index)的风险溢价。

$$E(r_e) = r_f + \beta_G(E(r_{gm}) - r_f) + \beta_C(E(r_c) - r_f) \tag{20.18}$$

其中,$E(r_{gm})$ 表示全球市场指数的预期收益率;$E(r_c)$ 表示外汇货币指数的预期收益率;β_G、β_C 表示权益资本成本对全球市场指数风险溢价、外汇货币指数风险溢价的敏感程度。

全球 CAPM 与国际 CAPM 仅适用于评估在发达市场上经营的跨国公司权益资本成本,如果公司的业务涉及新兴市场,那么利用主权收益率估计国家风险溢价比较合适,而全球 CAPM 与国际 CAPM 并不适用。

练一练

Peterson, an analyst, is currently covering Daily Company, a US-based manufacturing company. Peterson is asked to evaluate the factors that might impact the cost of capital of Daily Company. Based on a combination of top-down and bottom-up analysis, he made two statements as follows:

1. In terms of top-down external factors, Daily Company should consider the business cycle.

2. In terms of specific company factors, Daily Company should pay attention to cash flow volatility and financial leverage.

As a leading manufacturer, Daily Company has leased lots of long-term assets, which are used in its production line. To estimate the cost of debt, Petersen has collected the following information about one of the leased assets.

Lease payment	$10 million
Residual value of the leased asset	$5 million
Fair value of the leased asset	$80 million
Lessor's direct costs	$3 million
Useful life of the leased asset	10 years

In measuring long-term required return on equity, Petersen firstly based his calculation on the short-term government bond rate. However, Petersen found some bias in the results and decided to change to another method. Petersen is informed that Daily Company has just announced the distribution of $1.11 per share to its shareholders. Petersen believes such a dividend policy will last a very long time with a constant growth rate of 8 percent.

To expand its product category, Daily Company is considering investing in Holiday Company, which is a private company. Daily Company asks Petersen to select an appropriate approach for estimating the required return on equity of Holiday Company.

20-1 Which of the two statements made by Peterson is/are accurate?

  A. Statement 1.

  B. Statement 2.

  C. Both statements.

20-2 Based on the information collected by Petersen, which of the information is least likely useful for the estimation of the interest cost of the lease?

  A. Fair value of the leased asset.

  B. Lessor's direct costs.

  C. Useful life of the leased asset.

20-3 If the lease term is identical to the asset's useful life, what is the rate implicit in the lease?

  A. 2.67%.

B. 4.35%.

C. 5.07%.

20-4 Petersen's calculation of the required rate of return on the short-term government bond rate would most likely:

A. overstate long-term required return on equity estimates.

B. understate long-term required return on equity estimates.

C. fairly measures the long-term required return on equity.

20-5 If the current stock price of Daily is $60, what is the cost of equity based on the information of Daily's dividend policy?

A. 9.85%.

B. 10%.

C. 1.11%.

20-6 Which of the following approaches is least likely to be used to estimate the required return on equity of Holiday Company?

A. Expanded CAPM.

B. Build-up approach.

C. Bond yield plus risk premium approach.

答案与解析

20-1 C

影响公司资本成本的自上而下的外部因素为资本可获得性(capital availability)、市场状况(market conditions),如商业周期(bussiness cycle)、法律、监管相关和国家风险(legal and regulatory considerations/country risk)、税收管辖(tax jurisdiction);影响公司资本成本的自下而上的公司特有因素有收入、盈利与现金流的波动性(revenue, earnings and cash flow volatility)、资产的性质与流动性(asset nature and liquidity)、财务实力、盈利能力与财务杠杆(financial strength, profitability and leverage)、公司证券的特征(security features)等。因此,两个结论均表述正确。

20-2 C

在计算租赁中隐含的利率时,应当考虑的因素有:租赁期(lease term)、租赁资产的公允价值和残值、每年的租金以及出租人初始的直接成本(法律费用等),而租赁资产的可使用寿命并非必要考虑因素。因此,选项C为正确答案。

20-3 B

可以根据题目已知条件得出出租人每年的现金流,见下表。

出租人每年的现金流数据

(单位:百万美元)

项目	0	1	2	3	⋯	10
年租金	—	10	10	10	10	10
残值	—	—	—	—	—	5
公允价值	(80)	—	—	—	—	—
直接成本	(3)	—	—	—	—	—
净现金流	(83)	10	10	10	10	15

使用计算器计算租赁隐含的利率。

$$PMT = 10, PV = -83, N = 10, FV = 5, CPT\ I/Y = 4.35\%。$$

因此,选项 B 为正确答案。

20-4 B

由于正常的收益率曲线是向上倾斜的,即短期国债收益率低于长期国债收益率,此时选择短期国债收益率作为无风险收益率会导致估计的权益资本成本较低,因此,选项 B 为正确答案。

20-5 B

由于该公司的股利会以固定的增长率持续增长,可以利用股利折现模型(DDM)中的戈登增长模型(GGM)估计权益资本成本。值得注意的是,题目给出的股利 1.11 元/股是上一年已经支付的,是 D_0,不是 D_1。

$$r_e = \frac{D_1}{p_0} + g = \frac{D_0(1+g)}{p_0} + g = \frac{1.11 \times (1+8\%)}{60} + 8\% = 9.998\% \approx 10\%$$

因此,选项 B 为正确答案。

20-6 C

估算非上市公司的权益资本成本,常见的方法有扩展的 CAPM(expanded CAPM)及累加法(build-up approach)。非上市公司缺少公开交易的债务融资信息,同时无法获取有关的风险溢价(权益投资者相对于债权投资者承担了更高的风险而获得的补偿),因此债券收益率加风险溢价法(bond yield plus risk premium approach)不适用于估计非上市公司的权益资本成本。因此,选项 C 为正确答案。

第21章 公司重组

知识引导

在公司的整个生命周期内,经营、结构等都是会发生变化的,其所涉及的收购、资产剥离与分拆等行为会对公司产生较大的影响。分析师要及时分析公司采取重组行动的动机以及重组行动给公司财务指标带来的预期影响,以发现潜在的投资机会。

考点聚焦

本章内容逻辑清晰,但存在一定难度。在学习本章的过程中,考生一定要关注不同重组行动的动机、不同情形下适用的估值方法、不同重组行动对公司预估财务报表以及指标的影响。其中,评估重组行动对财务报表的影响,包括预估出重组行动后的预估财务报表,是难点所在。本章定性考查与定量考查都会出现。

本章框架图

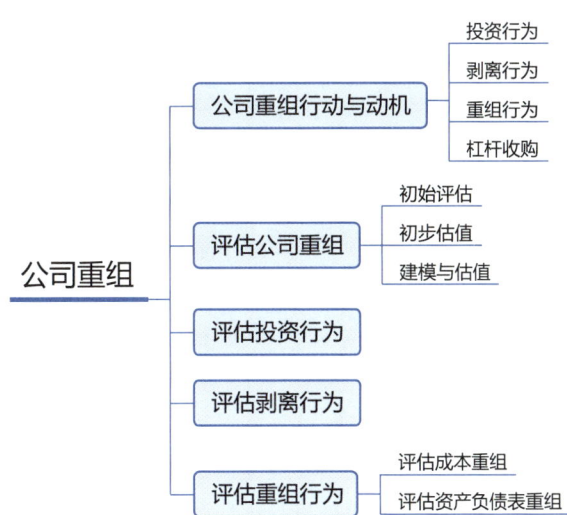

21.1 公司重组行动与动机

—考点要求—
解释（explain）公司重组行动的类型及其动机（★★）

公司一般都会经历初创期、成长期、成熟期和衰退期这 4 个生命周期，而且一旦进入成熟期，其收入增长会放缓、现金流相对充裕、商业风险水平较低，此时公司管理层可以保持原有的经营业务不变以获得较高的现金流，直到经营回报率低于投资者要求的回报率时，将公司清算以实现投资者的最大利益。但是在这个阶段大多数公司管理层都会采取重组行动以试图改变公司的命运，重组行动主要包括投资（investment）行为、剥离（divestment）行为、重组（restructuring）行为与杠杆收购（leveraged buyout，LBO）。

21.1.1 投资行为

投资行为是指通过扩大公司规模或经营范围而实现增加公司收入和提高利润率的外部投资行动。公司的投资行为有 3 种类型，分别为**权益投资**（equity investment）、**合营投资**（joint venture）和**收购**（acquisition）。

公司对外投资的动机如下：
（1）实现协同效应（synergies）。
（2）提高公司的增长率。
（3）改善公司的经营能力以及获取资源的能力。
（4）获得处于价值低估的目标公司的投资机会。

> **知识一点通**
> 实现协同效应是指当两家公司合并经营后，可以降低冗余的职能部门产生的行政费用、管理费用等成本产生**成本协同效应**（cost synergies）；或者合并双方可以打入对方所在市场，或联合起来提高对客户议价的能力，产生**收入协同效应**（revenue synergies），增加公司收入。

21.1.1.1 权益投资

权益投资是指公司通过支付现金或非现金资产等方式取得被投资公司的股权，但持股比例不超过 50%，还未实现对被投资公司的控制。达到一定的投资规模后，公司可以对被投资公司施加重大影响，有权利参与被投资公司的财务和生产经营决策。

21.1.1.2 合营投资

合营投资是指公司与其他公司共同出资设立新的被投资公司，同时与其他公司对被投资公司实施共同控制。每个投资方依据自身优势都会为被投资公司提供资产、人才、技术等资源，但与此同时被投资公司仍保持其经营的**独立性**。

21.1.1.3 收购

收购是指公司通过支付现金或非现金资产等方式购买目标公司的大部分或全部股权，从而获得目标公司资产的控制权，收购完成后，目标公司作为收购方的子公司不再独立运行。收购与权益投资、合营投资的主要区别在于目标公司的财务报表将被并入收购方的报表内合并列报,以此体现收购方对目标公司的控制权。

除了以上对外投资行为,公司还可以通过资本支出或研发进行内部投资,实现规模化等目标。与内部投资相比,收购行为缩短了新产品实现商业化的时间,但是成本相对也更高,因为大多数收购价值高于资本市场的市场估值,其中包含了控制权溢价。

21.1.2 剥离行为

通过收购或内部扩张,公司会经营多条不同的业务线,然而不是所有的业务线都能表现良好,此时管理层可以将表现不达预期的业务进行出售,或者通过分拆(spin off)使其成为独立的公司,以此提高公司的经营业绩。

公司剥离行为的动机如下：

(1) 专注业务线经营。

(2) 估值考虑。

公司经营多条业务线,可能存在规模不经济,管理层缺乏专注度、缺乏努力,投资不足等情况,导致资本市场对公司的整体估值会产生综合折扣(conglomerate discount),即如果公司的各业务线是独立于公司而经营的,则各业务线的估值之和会高于现有公司的估值。

(3) 满足流动性需求。

公司如果杠杆率较高,拥有较高的债务水平,不可持续的财务杠杆会促使公司出售一项或多项业务以换取现金,并利用这些现金偿还债务以降低杠杆率。

(4) 满足监管要求。

监管机构的反垄断要求可能会强制公司进行业务剥离,同时公司在进行投资行为时也受到该监管要求的限制。

21.1.2.1 出售

出售也被称为资产剥离(divestiture),是公司将一项资产或一个业务线出售给收购方,收购方获得剥离资产的控制权,出售方获得相应对价的现金。

21.1.2.2 分拆

分拆是公司将其业务的某一部分从公司内部拆分出去,形成一家新的、独立的子公司。分拆的目的是提高管理层与员工的投入程度,比如员工、管理层的股权激励将与新公司的表现挂钩。分拆完成后,新成立的公司与原公司在债务、股权、财务报告、管理等方面都是独立的。

> **备考小贴士**
>
> 考生应注意,出售与分拆的区别在于出售行为会使得公司获得现金而缓解流动性压力,分拆是将控制权转移给了原公司的股东,是将原有公司拆分成两家独立的公司,不是出售,通常筹集到的现金较少。

21.1.3 重组行为

公司采取重组行为的动机可以分为**机会改善**(opportunistic improvement)与**被迫改善**(forced improvement)。

机会改善是指公司通过改变商业模式、削减成本或改变资产负债表的组成等方式提高资本回报率。例如，公司将自营门店改为特许经营(franchising)模式(多见于餐饮业)。采用这种模式，公司将配方、商标和运营经验等知识产权授权给第三方使用，获取特许权使用费(royalties)，同时大大减少了固定成本支出，只需要负担广告、产品研发和行政人员的费用。

被迫改善是指由于管理层努力不足、客户需求下降、竞争环境恶化或产能过剩等原因导致公司盈利能力低于投资者要求的回报率时，公司为摆脱财务困境所采取的行动。以被迫改善为动机的重组行为具体分为三种形式：成本重组(cost restructuring)、资产负债表重组(balance sheet restructuring)与重整(reorganization)。

21.1.3.1 成本重组

成本重组是指在公司业绩不佳的情况下，通过提高公司运营效率和盈利能力以降低公司成本，将利润率水平提高到历史水平或同行业水平。常见的降低成本的方式有外包(outsourcing)和离岸外包(offshoring)。

外包是公司将特定的、标准化的业务流程，例如，IT、呼叫中心等，分包给第三方公司，以降低员工成本与管理成本，同时可以减少办公室、仓库等的资产投入。

离岸外包是公司将业务从一个国家转移到另一个国家，降低劳动力成本或者通过集中化实现规模经济，实务中离岸外包和外包通常是结合在一起使用的。

21.1.3.2 资产负债表重组

资产负债表重组是指通过改变资产的组成或资本结构或双管齐下的方式改变公司的资产负债表。通过将资产卖给第三方，公司可以减少持有资产的成本，包括资产的维护成本和废弃成本等，但也相应增加了其他风险，如运营成本升高且变得不确定、收入减少等。

在改变资产的组成方面，公司常用的重组形式为**售后回租**(sale leaseback)，即公司将资产出售给出租人以换取现金，同时与出租人签订租赁协议以继续使用该资产并支付租赁费。对公司而言，售后回租虽然降低了报废和处置成本，但是总成本会增加，因为售后回租本质是一种融资行为，租赁费用不仅包含了租赁资产的公允价值，还包含了融资产生的利息费用。

公司将拥有的房产进行售后回租一般出于两个目的，一是房产是非核心业务(non-core business)，而市场上房产的估值价格比较有吸引力，出售可以释放房产的价值；二是售后回租获得的大额现金可以用于偿还现有债务，提高信用评级和降低资本成本。

在改变资本结构方面，公司通常采用**股息资本重组**(dividend recapitalization)，即公司将通过债务融资获取的资金用于支付股利或者回购股票。股息资本重组的目的是用更低成本的债务融资替代高成本的股权融资以降低公司加权平均资本成本。

21.1.3.3 重整

重整是指当公司面临破产时向破产法院提交重组申请，由破产法院接管公司，并监督公司与债权人进行有序谈判,谈到内容包括资产出售、债权转股权、再融资等。重整程序不同于清算程序(liquidation process),在重整过程中,公司的业务通常正常进行,现有的管理保持不变。如果重整失败,公司仍然无法偿还债务和履行其他合同义务,公司会进入清算程序,由破产法院处置公司资产并按法律分配给全体债权人。

21.1.4 杠杆收购

杠杆收购是一种特殊的公司重组,过程包含一系列的投资行为、剥离行为和重组行为。在杠杆收购中,收购方通过大量举债获得现金以支付目标公司的股权对价,然后对目标公司进行重组,最终通过出售或公开上市实现退出。

杠杆收购的一个重要特征是,收购方通常通过抵押目标公司的资产或未来收益获取大量的债务资金,以支付大部分收购价款,这一特征通常会导致目标公司的财务杠杆在收购完成后大幅提升。

21.2 评估公司重组

分析师对公司重组的评估一般包括3个步骤,分别是初始评估(initial evaluation)、初步估值(preliminary valuation)、建模与估值(modeling and valuation)。

21.2.1 初始评估

在对公司重组行动进行初始评估时,需要回答以下4个问题:

(1) 发生了什么?

(2) 为什么会发生?

分析师可以通过阅读公司的新闻稿、填报的文件、电话会议记录以及第三方的研究报告,了解到公司的重组行动及其动机。

(3) 它重要吗?

分析师需要判断公司公告的重组行动信息是否具有影响力,即是否重要。重要性可以通过规模(size)和匹配度(fit)两个维度判断。对于不同的重组行动,可以用不同的方法来衡量公司重组行动的规模。对于涉及交易行为的重组,如收购,如果收购交易价值超过交易前收购方企业价值的10%,则该收购行为会被认定为一项大型收购,因此是重要的;对于不涉及交易行为的重组,可以按预期行为的规模来评估其重要性,例如,成本重组行为的重要性可以通过预期削减的成本占年度收入或经营费用的比重大小进行判断,假设公司预期削减的成本的数字虽然是大额的,但它相对于公司年度收入或经营费用的比重只有1%,那么从匹配度维度可以判断出该削减成本行为不具备重要性。

(4) 什么时候会发生?

在初始评估时,判断重组行动发生的时间非常重要,由于公司重组行动需得到股东、债权人、监管机构等的批准,何时发生存在不确定性。通常情况下,宣布重组和完成重组之间会存在很长的时间延迟,而重组对收入、费用、现金流产生的影响只有在重组完成后才会在公司的资产负债表上得以体现,因此分析师需要评估重组行动完成的时间点。

—考点要求—
解释(explain)公司重组的初始评估(★★)

> **知识一点通**
>
> 收购交易价值是收购方为获取目标公司股权而支付的现金、支付的股票价值以及承担目标公司债务的价值之和。

> **备考小贴士**
>
> 考生应掌握公司重组行动重要性的判断方法,特别是涉及交易行为的重组。

21.2.2 初步估值

—考点要求—
演示(demonstrate)公司重组的估值方法(★★★)

对于公司的重大重组,分析师可以采用相对估值方法进行初步估值,评估管理层是否最大限度地利用了资源并实现了投资人要求的回报率。在初步估值中采用的相对估值法通常有3种,分别是可比公司分析法(comparable company analysis)、可比交易分析法(comparable transaction analysis)以及溢价支付分析法(premium paid analysis)。

21.2.2.1 可比公司分析法

可比公司分析法是通过使用可比公司的估值倍数来评估目标公司的价值的方法。在可比基准的选择上,分析师可以选取同行业的公司,也可以选取相似行业中财务特征相似的公司,其中,财务特征包括资产规模、收入增长率、经营利润率、投入资本回报率等。

可比公司分析法主要适用于评估分拆行为中目标公司的价值,而不适用于评估收购标的的价值,因为在收购中,收购方需要支付控制权溢价,支付的对价通常会高于按可比公司分析法评估得出的价值。

—考点要求—
解释(interpret)公司重组的估值(★★★)

常选用的估值倍数有企业价值与息税折旧摊销前利润(EBITDA)的比值、销售额的比值(enterprise value to EBITDA or sales)、市盈率(price to earnings)、企业价值与公司自由现金流的比值(enterprise value to free cash flow to the firm)等。可比公司分析法中经常使用企业价值倍数来评估目标公司价值,原因是企业价值受到资本结构的影响比较小。

使用可比公司分析法评估的优点如下:

(1)该方法假设类似的资产在市场上拥有相似的估值,提供了目标公司在市场上的近似价值。

(2)需要的数据较易于获得。

(3)估值直接来自市场,与现金流贴现法不同,并不需要过多的假设与估计。

使用可比公司分析法评估的缺点如下:

(1)在市场上可能很难找到一组相似的可比公司,特别是目标公司拥有独特商业模式或者处于行业领先地位。

(2)对市场的错误定价非常敏感,如果可比公司的市场价值是被高估的,那么采用该方法评估的目标公司的价值也是被高估的。

(3)评估出的目标公司价值是公平交易价值,如果是为了评估收购行为,必须加上控制权溢价。

21.2.2.2 可比交易分析法

可比交易分析法是使用相似公司的历史收购交易的估值倍数评估目标公司的价值,分析师需关注历史交易估值倍数的平均值、中位数、范围等,并以此评估目标公司的价值。

可比交易分析法评估的优点如下:

(1) 估值基于真实的实际交易价格。

(2) 与现金流贴现法不同,并不需要过多的假设与估计。

(3) 控制权溢价已经被包含在估值倍数内,不需要单独估计收购溢价。

可比交易分析法评估的缺点如下:

(1) 同行业公司的控制权在市场上可能缺乏流动性,导致历史交易数据很少,分析师需要使用类似行业的历史交易估值倍数作为评估依据,但得出的结果可能不准确,需要进行调整。

(2) 历史估值倍数不仅反映了行业的历史状况,如行业增长率、监管环境等,也反映了历史宏观经济水平,如经济周期、利率水平、股票价格水平、税率等,这些宏观经济水平对交易倍数影响较大,而某个宏观经济指标可能在历史某个时点已经发生了重大变化,分析师在选取可比交易时,需剔除该时点以前的交易。

(3) 历史交易价格可能出现过高或过低的情况,分析师在利用历史交易价格评估时,需要调查是否存在此种情况,并进行调整。

21.2.2.3 溢价支付分析法

溢价支付分析法是指通过计算预估的收购溢价(takeover premium),评估上市公司作为目标公司的收购价格。收购溢价可以通过历史交易数据计算得出:

$$PRM = \frac{DP - SP}{SP} \tag{21.1}$$

其中,DP(deal price)代表目标公司在收购交易中的每股价格,SP(stock price)代表目标公司受收购交易影响前的每股价格。PRM(premium)代表收购溢价,用 DP 高出 SP 的百分比计算。

未受收购交易影响前的每股市场价格通常为上市公司发出收购交易公告前一周或一个月的加权平均交易价格。

> **备考小贴士**
>
> 考生应掌握可比公司分析法与可比交易分析法各自的优点与缺点,并根据已知的条件判断采用何种方法进行估值,注意定性考查。

21.2.3 建模与估值

21.2.3.1 预估的财务报表

在进行公司重组的初步评估之后,将评估公司重组对财务报表的影响,形成预估的财务报表(pro forma financial statements)。预估的财务报表主要体现为对公司权益和债务

—考点要求—
演示(demonstrate)公司重组对每股收益、净债务与息税折旧摊销前利润比值的影响(★★)

的估计，包括收入、每股收益、净债务与息税折旧摊销前利润比值、自由现金流等。

此处以收购为例，预估财务报表的步骤如下：

（1）合并收购方与目标公司的财务数据，例如，预估的财务报表中的收入为收购方的收入与目标公司的收入相加，再加上调整项。

（2）如果收购价款是采用债务融资的，则将增加的利息费用、增加的债务列入预估的财务报表内；如果收购价款是采用发行股票融资的，则将增加的资本列入预估的财务报表内。

（3）将合并后产生的协同效应影响列入预估财务报表内，例如，收入增加或成本减少。

（4）确认收购过程产生的商誉，并对目标公司资产、负债的账面价值与公允价值的差异进行调整。

（5）根据预估的财务报表数据，可以直接计算出每股收益、净债务与息税折旧摊销前利润比值、自由现金流等指标。

表 21.1 列示了收购后的预估利润表。

表 21.1 收购后的预估利润表

项目	预估过程
收入	（1）收购方的收入 + 目标公司的收入 （2）+ 协同效应产生的收入增加
经营费用	（1）收购方的经营费用 + 目标公司的经营费用 （2）− 协同效应产生的成本减少 （3）+ 不兼容活动产生的成本
折旧与摊销	（1）收购方的折旧与摊销 + 目标公司的折旧与摊销 （2）+ 收购中确认的无形资产的摊销
其他费用或收入	收购方的其他费用/收入 + 目标公司的其他费用/收入
利息费用	（1）收购之前收购方的利息费用 （2）+ 新增债务融资与利息率调整产生的利息费用增加
所得税费用	税前利润×收购方与目标公司的加权平均所得税税率
流通在外的普通股股数	（1）收购前收购方流通在外的普通股股数 （2）+ 收购中新发行的普通股股数

> **知识一点通**
>
> 在表 21.1 中的"折旧与摊销"项目中，"目标公司的折旧与摊销"是指目标公司资产以公允价值计量所产生的折旧与摊销费用，在收购交易中，如果目标公司的资产公允价值与账面价值存在差异，则差异部分产生的折旧与摊销费用应当与账面价值计量的折旧与摊销费用加总，作为"目标公司的折旧与摊销"。

> **知识一点通**
>
> 表 21.1 中的"利息费用"项目未列示收购前目标公司的利息费用,是因为目标公司的利息费用在"新增债务融资与利息率调整产生的利息费用增加"中体现,即如果收购后目标公司原有的债务继续存在,则该部分的利息费用应计算在内,因为"新增债务融资与利息率调整产生的利息费用增加"是相对于收购交易前收购方的利息费用而言的。

21.2.3.2 预估的加权平均资本成本

公司估值除了需要预估的财务报表中现金流等数据,还需要评估现金流折现所采用的折现率,实务中通常用加权平均资本成本作为折现率对企业自由现金流进行折现估值。

公司重组行动通常会改变资本结构,也会影响到每种融资方式的成本,例如,公司采用新增债务融资以支付收购对价,收购后债务占权益的比重增加,同时财务杠杆的增加导致公司财务风险增大,这可能使得债权人和股东提高要求的回报率,进而可能使公司的加权平均资本成本上升。因此,公司在实施重组时会采取行动努力维持其投资级的信用评级,同时使加权平均资本成本降到最低值。

—考点要求—
演示(demonstrate)公司重组对加权平均资本成本的影响(★★)

21.3 评估投资行为

我们通过案例一评估投资行为对公司产生的影响。

案例一:高顿公司是互联网销售休闲零食行业中的龙头企业,过去一直保持着高盈利水平,其经营利润率和资本投资回报率均超过了 30%。但是近两年休闲零食的互联网营销竞争趋于白热化,导致高顿公司的销售增长和利润增长均开始放缓。

美林公司与欧科公司均为专注于无糖饮料的生产与销售公司,在健康饮品市场中处于领先地位,且在全国均拥有上千家线下门店。高顿公司为了提高其销售增长率和利润增长率,计划投资美林公司或欧科公司,完成投资以后可以利用其线下销售渠道开拓市场。

在投资交易发生之前,高顿公司的 2×22 年以及 2×23 年预测的财务数据分别在表 21.2 中列示。

—考点要求—
评估(evaluate)公司投资行为,包括权益投资、合营投资、收购行为(★★★)

表 21.2　高顿公司的简要财务数据

(单位:万美元)

项目	2×22 年	2×23 年(E)
销售收入	3 000	3 500
销货成本	(2 100)	(2 500)
经营费用	(340)	(400)
息税折旧摊销前利润	560	600
折旧与摊销费用	(40)	(50)
息税前利润	520	550

(续表)

项目	2×22 年	2×23 年(E)
利息费用	(90)	(90)
所得税费用	(86)	(92)
净利润	344	368
稀释的每股收益(元/股)	1.72	1.84
稀释的流通在外普通股股数(万股)	200	200
总债务	1 500	1 500
现金及现金等价物	1 500	2 000

高顿公司有以下两个投资方案可供选择：

方案一：高顿公司与美林公司签署 1 000 万美元的战略投资协议，于 2×22 年 12 月 31 日完成投资后，美林公司保持独立经营，高顿公司将持有美林公司 20% 的股权，并派驻董事参与美林公司的经营决策。

高顿公司将向银行借款融资以支付 1 000 万美元的投资价款，年借款利率为 6%。

该投资行为中美林公司可变现净资产的公允价值与账面价值之间的差异产生的摊销费用对高顿公司产生的影响预计为每年 10 万美元。

市场上美林公司的可比公司的企业价值与 2×22 年销售收入于表 21.3 中列示。

表 21.3 美林公司的可比公司分析

（单位：万美元）

可比公司	企业价值	销售收入(2×22 年)
A 公司	1 200	300
B 公司	800	160
C 公司	900	200

在投资交易发生之前，美林公司的 2×22 年以及 2×23 年预测的财务数据分别在表 21.4 中列示。

表 21.4 美林公司的简要财务数据

（单位：万美元）

项目	2×22 年	2×23 年(E)
销售收入	1 000	1 250
息税折旧摊销前利润	160	170
折旧与摊销费用	(20)	(25)
息税前利润	140	145
利息费用	0	0
所得税费用	(28)	(29)
净利润	112	116

方案二：高顿公司与欧科公司签署协议，收购欧科公司 100% 的股权，收购交易预计于 2×22 年 12 月 31 日完成。为完成收购交易，高顿公司将支付现金 2 000 万美元以及

100万股普通股,总对价为6 500万美元。高顿公司计划以自有的1 000万美元现金以及新增银行借款1 000万美元来支付现金对价部分。

欧科公司收到现金后将债务还清以降低杠杆率。

完成收购后,高顿公司与欧科公司可以共享销售渠道与管理团队,预计2×23年可以实现协同效应,成本降低50万美元。

高顿公司预计该收购行为内欧科公司可变现净资产的公允价值与账面价值之间的差异产生的摊销费用为每年100万美元。

高顿公司新增借款的年利息率为6%;有效税率为20%。

在投资交易发生之前,欧科公司的2×22年以及2×23年预测的财务数据分别在表21.5中列示。

表21.5 欧科公司的简要财务数据

(单位:万美元)

项目	2×22年	2×23年(E)
销售收入	1 200	1 500
销货成本	(800)	(1 000)
经营费用	(150)	(200)
息税折旧摊销前利润	250	300
折旧与摊销费用	(30)	(40)
息税前利润	220	260

根据案例信息,我们探讨以下问题:

(1) 与合营投资、收购相比,权益投资有哪些优点与缺点?

解析:

合营投资是各合营方形成共同控制,收购是对目标公司形成控制,但权益投资不会对目标公司形成控制,对目标公司的持股比例小于合营投资、收购,因此,与合营投资、收购相比,权益投资的优点是其投资金额相对更小。

合营投资的投资人对合营企业实施共同控制,重大决策事项需由投资人一致同意方可实施,因此,与合营投资相比,权益投资的缺点是其缺乏平等的治理代表性。

收购会形成对目标公司的控制,而权益投资仅能对目标公司的经营施加重大影响,因此,与收购相比,权益投资的缺点是不具备控制权,被投资方可能会做出与投资方利益相悖的行为。

(2) 假设美林公司没有债务,基于表21.3、表21.4,利用可比公司分析法评估美林公司的价值,判断方案一中美林公司的交易倍数与可比公司估值倍数的平均值相比是高还是低?

解析:

可比公司的估值倍数(企业价值/销售收入)的平均值=(1 200/300+800/160+900/200)/3=4.5

高顿公司以1 000万美元取得美林公司20%的股权,隐含的美林公司的企业价值为5 000万美元,该笔交易的估值倍数(企业价值/销售收入)=5 000/1 000=5,高于可比公司的平均估值倍数。

（3）假设有效税率在交易前后不变，基于表21.2、表21.4，方案一中的高顿公司2×23年预测的"债务/息税折旧摊销前利润"、稀释的每股收益分别如何变化？

解析：

方案一中，高顿公司对美林公司实行权益投资，且对美林公司的经营施加了重大影响，应采用权益法计量该项投资。基于表21.2与表21.4，投资行为对高顿公司2×23年财务报表的影响见表21.6。在投资前，2×23年高顿公司的"债务/息税折旧摊销前利润"为2.5，稀释的每股收益为1.84，由于高顿公司新增借款1 000万美元以支付投资价款，且每年增加摊销费用10万美元，投资后，高顿公司的"净债务/息税折旧摊销前利润"变为4.08，稀释的每股收益下降为1.65。

表21.6 对美林公司的权益投资对高顿公司的影响

（单位：万美元）

项目	投资前	投资	投资后
销售收入	3 500	0	3 500
投资收益		116×20% − 10 = 13.2	13.2
息税折旧摊销前利润	600	13.2	613.2
息税前利润	550	13.2	563.2
利息费用	(90)	(1 000×6% = 60)	(150)
所得税费用	(92)	(60 − 13.2)×92/(550 − 90) = 9.36	(82.64)
净利润	368	(37.44)	330.56
稀释的流通在外普通股股数（万股）	200	—	200
稀释的每股收益（美元/股）	1.84	—	1.65
总债务	1 500	1 000	2 500
现金及现金等价物	2 000	0	2 000
债务/息税折旧摊销前利润	2.5	—	4.08

（4）在对欧科公司企业价值评估时，采用可比交易分析法有哪些优缺点？

解析：

可比交易分析法评估的优点如下：

① 估值是基于真实的实际交易价格的。

② 不需要很多的假设与估计。

③ 控制权溢价已经被包含在估值倍数内，不需要单独估计收购溢价。

可比交易分析法评估的缺点如下：

① 同一行业的控制权在市场上可能缺乏流动性，导致历史交易数据很少。

② 历史估值倍数反映了历史宏观经济水平，如经济周期、利率水平、股票价格水平、税率等，这些宏观经济水平会对交易倍数产生很大的影响，如果在某一时点，宏观经济水平发生了重大变化，估值的时候没有剔除这一时点之前的交易数据，会使得估值不准确。

③ 历史交易价格可能出现过高或过低的情况，导致估值结果不准确。

（5）基于表21.2、表21.5，方案二中的高顿公司2×23年预测的"债务/息税折旧摊销前利润"、稀释的每股收益分别如何变化？

解析：

方案二中，高顿公司收购欧科公司，应将欧科公司的财务数据并入高顿公司的财务报表内，并加入调整项。基于表21.2、表21.5，收购行为对高顿公司2×23年财务报表的影响见表21.7。收购后"债务/息税折旧摊销前利润"从2.5提高到2.63，稀释的每股收益从1.84下降为1.63。

表21.7　对欧科公司的收购对高顿公司的影响

（单位：万美元）

项目	收购前	收购	收购后
销售收入	3 500	1 500	5 000
销货成本	(2 500)	(1 000)	(3 500)
经营费用	(400)	(200)	(600)
成本协同效应	—	50	50
息税折旧摊销前利润	600	350	950
折旧与摊销费用	(50)	(100 + 40 = 140)	(190)
息税前利润	550	210	760
利息费用	(90)	(1 000 × 6% = 60)	(150)
所得税费用	(92)	—	(122)
净利润	368	—	488
稀释的流通在外普通股股数（万股）	200	100	300
稀释的每股收益（美元/股）	1.84	—	1.63
总债务	1 500	1 000	2 500
现金及现金等价物	2 000	(1 000)	1 000
债务/息税折旧摊销前利润	2.5	—	2.63

> **知识一点通**
>
> 合营投资与权益投资中，投资方都是采用权益法计量的，因此合营投资对投资方财务报表的影响的处理方法与权益投资类似。

21.4　评估剥离行为

我们通过案例二评估剥离行为对公司产生的影响。

案例二：高顿公司是一家会计师事务所，有两个经营分部，分别提供审计服务与咨询服务。2×22年高顿公司的财务数据摘要于表21.8中列示。

—考点要求—

评估（evaluate）公司剥离行为，包括出售与分拆（★★★）

表 21.8 高顿公司的利润表数据摘要

（单位：万美元）

项目	2×22 年
销售收入	2 000
审计分部	1 500
咨询分部	500
息税折旧摊销前利润	400
审计分部	320
咨询分部	80
折旧与摊销费用	(50)
未分摊的成本	(10)
息税前利润	340
其他收入/费用	0
利息费用	(20)
所得税费用	(64)
净利润	256
稀释的流通在外普通股股数（万股）	200
稀释的每股收益（美元/股）	1.28

高顿公司管理层考虑出售咨询部门，因为咨询部门的销售收入增长率与同行业相比处于较低水平，因此发出公告表示公司成立了战略委员会，目的是未来通过出售或分拆行为实现企业价值的最大化。

在发出公告之前，资本市场对高顿公司的整体企业价值估值为其销售收入的 2.5 倍，审计分部、咨询分部的可比公司在市场上的估值倍数分别是息税折旧摊销前利润的 15 倍和 12 倍。

高顿公司近期收到了唯一一个收购要约，派克公司愿意出资 850 万美元收购咨询分部。高顿如果接受该要约，债务不转移，未分配的成本将减少 2 万美元，折旧与摊销费用减少 20 万美元，收到的 850 万美元现金将全部用于回购 40 万股普通股股票。

高顿公司的有效税率保持 20% 不变。

根据案例信息，我们探讨以下问题：

(1) 假设将未分配的成本分配给审计分部，高顿公司价值的综合折扣是多少？

解析：

若将未分配的成本分配给审计分部，则审计分部的息税折旧摊销前利润＝320－10＝310（万美元），由于审计分部、咨询分部的可比公司在市场上的估值倍数分别是息税折旧摊销前利润的 15 倍和 12 倍，审计分部的估值＝15×310＝4 650（万美元），咨询分部的估值＝12×80＝960（万美元），合计为 5 610 万美元。而市场对高顿公司的整体企业价值估值＝2.5×2 000＝5 000（万美元），因此综合折扣＝5 610－5 000＝610（万美元）。

(2) 假设高顿公司接受收购要约，完成出售行为以后预估的 2×22 年每股收益为多少？

解析：

高顿公司将咨询分部出售后的 2×22 年预估利润表见表 21.9，每股收益为 1.31 美元/股。

表 21.9 预估的利润表摘要

（单位：万美元）

项目	2×22 年
审计分部息税折旧摊销前利润	320
折旧与摊销费用	(50－20＝30)
未分摊的成本	(10－2＝8)
息税前利润	282
其他收入/费用	0
利息费用	(20)
所得税费用	(52.4)
净利润	209.6
稀释的流通在外普通股股数（万股）	200－40＝160
稀释的每股收益（美元/股）	1.31

(3) 如果高顿公司可以将咨询分部分拆出去，且分拆咨询分部的估值倍数为息税折旧摊销前利润的 13 倍，则高顿公司会选择分拆还是出售方式剥离咨询分部？

解析：

高顿公司如果出售咨询分部，则估值倍数为息税折旧摊销前利润的 10.6（850/80）倍，小于分拆的估值倍数，因此高顿公司会选择分拆方式剥离咨询分部。

21.5 评估重组行为

21.5.1 评估成本重组

我们通过案例三评估成本重组行为对公司产生的影响。

案例三：高顿公司是一家调味料生产厂商，海地公司是调味料生产行业中的龙头企业，以极致的成本控制管理著称。2×22 年年初，海地公司对高顿公司管理层发出收购提议，愿意以 15% 的市场价格溢价收购高顿公司股票，这一提议很快被高顿公司管理层否决，并且发布公告称："此方案收购价格低估了公司的价值，会损害股东价值，因此方案不予接受。"在拒绝收购方案后，高顿公司的股东与公司的董事会和管理层进行了讨论，股东代表表示："如果公司不能主动采取行动提高股东价值，公司未来仍会持续受到收购者的攻击。"在深入思考股东的提议后，高顿公司管理层发出公告："为了进一步提高高顿公司的股东价值，公司将在未来 60 天内，全面评估公司成本结构，通过精细化管理方案压缩成本开支，提高公司利润率以达到行业头部企业平均水平。"

如果实施该成本削减计划，高顿公司将一次性发生 100 万美元削减计划产生的成本支出；同时由于产品更具竞争力，公司每年收入预计将增长 5%。

表 21.10 列示了高顿公司和调味料生产行业中前四大厂商近一年的财务数据摘要。

—考点要求—

评估（evaluate）
公司成本重组
(★★★)

表 21.10　2×21 年各厂商的财务数据摘要

(单位:万美元)

厂商	收入	息税前利润	收入增长率	有息负债率
海地公司	3 250	1 150	4.2%	24%
L公司	1 640	310	0.8%	30%
M公司	1 180	280	−2%	20%
N公司	880	150	1%	18%
高顿公司	680	100	5.2%	15%

根据案例信息,我们探讨以下问题:

(1) 高顿公司进行成本重组的动机是什么?

解析:

高顿公司管理层进行成本重组的动机是降低成本、改善盈利水平、提高股东价值,从而抵御收购。

(2) 基于表 21.10,在收入不变的情况下,如果高顿公司 2×21 年的经营利润率要达到行业四大厂商的中位数,需要削减掉多少经营成本?

解析:

基于表 21.10 的数据,各公司经营利润率见表 21.11。

表 21.11　各公司经营利润率

(单位:万美元)

公司	收入	息税前利润	经营利润率
海地公司	3 250	1 150	35.4%
L公司	1 640	310	18.9%
M公司	1 180	280	23.7%
N公司	880	150	17%
高顿公司	680	100	14.7%

由此,行业四大厂商的经营利润率中位数为 M 公司和 L 公司的平均数,即中位数 = (23.7% + 18.9%)/2 = 21.3%。如果 2×21 年高顿公司的经营利润率要达到 21.3%,则息税前利润 = 680 × 21.3% = 144.84(万美元),需要削减的经营成本 = 144.84 − 100 = 44.84(万美元)。

(3) 基于表 21.10,在不考虑一次性发生的重组支出的情况下,高顿公司经营利润率将在 2×22 至 2×24 年期间平均增长,于 2×24 年上升至四大厂商 2×21 年经营利润率中位数[同问题(2)]。2×22 年高顿公司预计的经营利润为多少?

解析:

在不考虑一次性重组开支的情况下,高顿公司在三年内的经营利润率将从 14.7% 上升至 21.3%,由于经营利润率每年均衡上升,呈线性关系,2×22 年的经营利润率 = 14.7% + (21.3% − 14.7%)/3 = 16.9%,2×22 年高顿公司预计的经营利润 = 680 × (1 + 5%) × 16.9% − 100 = 20.67(万美元)。

(4) 高顿公司在重组过程中可能会遇到哪些风险？

解析：

高顿公司可能面临收入增长未达预期的风险，高顿公司削减支出，可能会导致支撑增长的支出也被削减了，进而使得收入增长无法持续。

除此之外，高顿公司还可能面临政治风险，削减成本的重组中通常会伴随裁员、关闭分公司等现象，这些会使高顿面临来自政府与社会公众的压力。

21.5.2 评估资产负债表重组

我们通过案例四评估资产负债表重组行为对公司产生的影响。

案例四：高顿公司是行业领先的休闲零食生产与销售商，在全国范围内有数千家直营门店，门店房产都是租赁的，但其在核心城市拥有总部办公大楼的所有权。近几年，核心城市房产价格飙升，高顿公司因为财务杠杆比率不断升高，其信用评级预计会被下调至投机级。基于此，高顿公司管理层发布公告称："计划将办公大楼采用售后回租的方式进行分离。"

—考点要求—
评估（evaluate）公司资产负债表重组（★★★）

美林房产经营公司对高顿公司的办公楼非常感兴趣，向高顿公司发出要约，如果达成协议，高顿公司将收到 500 万美元的现金，同时签署租赁协议租赁办公楼 20 年，每年支付租金 30 万美元，并承担后续办公楼的维修、保养、物业管理等费用。

市场上近期的相似租赁期限和房产的售后回租交易信息如表 21.12 所示。其中，资本化率是净营业收入（出租人收到的租金扣减支付的营运费用）占房产价值的比重，是房产估值倍数的倒数。

表 21.12　近期房产售后回租交易信息

房产	资本化率（capitalization rate）
A 房产	6.6%
B 房产	5.8%
C 房产	6.8%

高顿公司收到的现金中，200 万美元将用于偿还部分债务，剩余的现金将用于按市场价格回购公司普通股股票。在售后回租交易之前，高顿公司每股市场价格为 10 美元。假定交易前后市场价格不变。

表 21.13 列示了未交易情况下高顿公司的 2×23 年财务数据摘要。

表 21.13　高顿公司的财务数据摘要

（单位：万美元）

项目	2×23 年（交易前）
销售收入	5 000
毛利润	2 100
销售与行政费用	1 800
息税折旧摊销前利润	300

(续表)

项目	2×23 年(交易前)
折旧与摊销费用	(55)
息税前利润	245
利息费用	(30)
所得税费用	(43)
净利润	172
稀释的每股收益(美元/股)	0.86
稀释的流通在外普通股股数(万股)	200
债务	500

预计该交易、偿还债务与回购股票将于 2×23 年年初完成。该交易的补充信息如下：

(1) 该交易预计确认销售房产产生的收益 200 万美元，将在 20 年内进行摊销。

(2) 预计折旧费用每年减少 15 万美元。

(3) 预计每年节约利息费用 12 万美元，高顿公司无法确认这笔交易是否一定可以提高公司的信用评级，因此无法预计债务资本成本下降而节约更多的利息。

(4) 有效税率保持 20% 不变。

(5) 预计确认经营租赁可使用资产和租赁负债 200 万美元。

(6) 假设债务的账面价值与其市场价值相等。

根据案例信息，我们探讨以下问题：

(1) 基于表 21.12，要约中高顿公司房产的估值与市场相似售后回租交易相比，是否被高估？

解析：

市场上相似售后回租交易的平均资本化率 =(6.6%+5.8%+6.8%)/3=6.4%，如果按 6.4% 的资本化率对高顿公司的房产进行估值，价值 =30/6.4%=468.75(万美元)，而高顿公司房产的实际交易价值为 500 万美元，高于 468.75 万美元，因此该交易估值处于高估状态。

> **知识一点通**
>
> 资本化率(capitalization rate)常用于不动产价值评估，是戈登股利增长模型的一种运用，当不动产的维修、保养、物业等费用由承租人承担时，不动产的价值 = 第一年租金/资本化率，其中资本化率为折现率扣减增长率(discount rate-growth rate)。该部分内容将在本书"另类投资"中进行详细介绍。

(2) 基于提供的信息以及表 21.13，交易完成后预估的 2×23 年利息保障倍数为多少？

解析：

高顿公司完成售后回租交易后预估的财务报表数据摘要见表 21.14，交易完成后预估的 2×23 年利息保障倍数为 13.3。

表 21.14 预估的 2×23 年财务报表数据摘要

（单位：万美元）

项目	交易前	交易	交易后
销售收入	5 000	—	5 000
毛利润	2 100	—	2 100
销售与行政费用	(1 800)	(30)	(1 830)
息税折旧摊销前利润	300	—	270
折旧与摊销费用	(55)	15 + 200/20 = 25	(30)
息税前利润	245	—	240
利息费用	(30)	12	(18)
所得税费用	(43)	—	(44.4)
净利润	172	—	177.6
稀释的每股收益（美元/股）	0.86	—	1.04
稀释的流通在外普通股股数（万股）	200	(300/10 = 30)	170
净债务	1 000	(200)	800
利息保障倍数	8.17	—	240/18 = 13.3

（3）基于提供的信息以及表 21.13，交易完成后，高顿公司预估的权益在资本结构中比重如何变化？

解析：

在交易之前，高顿公司债务的市场价值为 1 000 万美元，股东权益的市场价值 = 200×10 = 2 000（万美元），权益占资本结构的比重 = 2 000/(1 000＋2 000) = 66.7％。在交易之后，高顿公司预估债务市场价值为 800 万美元，股东权益的市场价值 = 170×10 = 1 700（万美元），权益占资本结构的比重 = 1 700/(800＋1 700) = 68％，因此，交易完成后，高顿公司预估的权益在资本结构中比重将略有提高。

练一练

Gordon, an Internet company, has reported decelerating revenue growth in recent years, as the competition between Internet companies intensified. In early January of 2×21, Gordon announced to purchase 30% shares of Nethard Co. and obtain a board seat of the company. Nethard is a rapidly growing game company, which Gordon believes to be undervalued by stock market. A comparable company analysis approach was adopted in Gordon's investment decision making process.

In the following two years, Nethard maintained strong growth, so after further research, Gordon decided to fully acquire Nethard. In early January 2×23, Gordon announced that it would issue 100 million shares at 90% of the market price at the end of 2×22, and raised 1 200 million euro from debt issuing to acquire the remaining shares of Nethard. The interest rate of the new debt was 6%. After this acquisition, Gordon remained an investment-grade credit rating.

The following exhibits are the financial data and market data for Gordon and Nethard respectively before the acquisition transaction.

Exhibit 21.1 Summary of Gordon's Financial and Market Data (EUR million)

	2×21	2×22	2×23E
Net revenue	3 345	3 412	3 480
EBITDA	1 004	1 024	1 094
EBIT	952	972	1 042
Interest expense	(108)	(120)	(120)
Income tax expense	(253)	(255)	(277)
Net income	590	596	645
Total Asset	6 800	7 980	8 940
Total Debt	1 800	2 000	2 000
Weighted average common stock outstanding	200	200	200
Stock price by the end of the year	44.28	53.65	71
Cash and equivalents	860	259	609

Exhibit 21.2 Summary of Nethard's Financial and Market Data (EUR million)

	2×21	2×22	2×23E
Net revenue	950	1 330	1 862
EBITDA	380	532	745
EBIT	280	402	585
Interest expense	(48)	(51)	(56)
Income tax expense	(70)	(105)	(159)
Net income	162	246	370
Total Asset	3 200	3 486	3 916
Total Debt	600	640	700
Weighted average common stock outstanding	150	150	150
Stock price by the end of the year	21.65	40.1	59.23
Cash and equivalents	130	140	135

21-1 The investment action that Gordon invested in Nethard in early 2×21 is best characterized as a(an):

　　A. equity investment.

　　B. joint venture.

　　C. acquisition.

21-2 Which of the following statements is least likely a characteristic of comparable company analysis?

　　A. Comparable company analysis is sensitive to market mispricing.

B. Most of the required data with comparable company analysis is readily available.

C. The takeover premium is derived directly from the comparable company analysis.

21-3 Which one of the following is least likely to be a motivation for the investment action?

A. Realize growth.

B. Benefit from buying undervalued assets.

C. Deal with financial distress.

21-4 Assuming that the fair value of assets of Nethard Company is 50 million euros higher than the book value. Using a straight-line depreciation method, the remaining service life of the assets is 10 years, and the residual value is 0. With the estimated data of Gordon Company and Nethard Company in 2×23, what is the EBITDA of the consolidated statement of Gordon Company when it fully acquired Nethard in 2×23?

A. 1 839.

B. 1 834.

C. 1 615.

21-5 Using the share prices by the end of 2×22, calculate the takeover premium as a percentage of stock price when Gordon fully acquired Nethard In early January 2×23.

A. No premium.

B. 14.67%.

C. 43.18%.

21-6 Holding the effective tax rate unchanged, what is the estimated diluted EPS of Gordon company in 2×23 without considering the fair value adjustment of Nethard company's assets?

A. 3.22.

B. 3.27.

C. 3.35.

答案与解析

21-1 A

权益投资指一家公司投资目标公司比例较大的股份数但少于50%,对目标公司实施重大影响;合营投资指两家或以上的公司联合投资控制目标公司;收购指一家公司投资目标公司大部分甚至全部股份并取得实际控制权。题中高顿公司在2×21年年初购买Nethard公司30%的股权并施加重大影响,属于权益投资。因此,选项A为正确答案。

21-2 C

可比公司分析法衡量的是对比公司的市场价值,市场价值不包含收购溢价。因此,选项C为正确答案。

21-3 C

高顿公司现处于增长乏力的现状,同时Nethard公司市场价格并未反映其真实的潜在价值,价值被低估,基于这两点原因,高顿公司投资的动机是实现增长以及通过投资被价值低估的公司获取利益。因此,选项C为正确答案。

21-4 A

如果高顿公司在2×23年完成全面收购,则其需要将Nethard公司100%的利润合并列报。题目要求计算的是息税折旧摊销前利润,不需要考虑公允价值调整对折旧的影响,合并后的息税折旧摊销前利润＝1 094＋745＝ EUR 1 839 million。因此，选项 A 为正确答案。

21-5 C

2×21 年年初，高顿公司已投资 Nethard 公司 30%股权，因此高顿公司还剩余 70%股权。以 2×22 年年底 Nethard 公司的市场价格来计算，70%股权市值＝40.1×150×70%＝ EUR 4 210.5 million。

高顿公司通过以公司 2×22 年年底市场价格的 90%发行 100 million 股普通股及债务融资 EUR 1 200 million，则股权融资金额＝53.65×0.9×100＝ EUR 4 828.5 million，总收购金额 ＝4 828.5＋1 200＝ EUR 6 028.5 million。

收购溢价率＝(6 028.5－4 210.5)/4 210.5＝43.18%

因此，选项 C 为正确答案。

21-6 A

发生收购行为后，预估的高顿公司财务报表数据见下表，预计 2×23 年稀释的每股收益为 3.22 欧元。

预估的高顿公司财务报表数据

（单位：百万欧元）

项目	计算过程	2×23E
收入	3 480＋1 862	5 342
息税折旧摊销前利润	1 094＋745	1 839
息税前利润	1 042＋585	1 627
利息费用	120＋1 200×6%＋56	248
所得税税率	277/(1 042－120)＝159/(585－56)	30%
所得税费用	(1 627－248)×30%	414
净利润	1 627－248－414	965
稀释后加权平均发行在外普通股股数	200＋100	300
稀释的每股收益	965/300	3.22

因此，选项 A 为正确答案。

扫码练习更多题目

第 5 部分 权益投资

科目导学

考情分析

权益类证券(主要指股票)是重要的资产类别,因此"权益投资"科目在考试中的占比较高,达到 10%~15%。"权益投资"科目的重点在于权益类证券的估值,包括不同的估值方法以及不同类型权益证券的估值,考试涉及定量计算较多。

第 22 章介绍了权益估值的应用和基本流程。第 23 章至第 27 章是本部分的重点章节,介绍了主要的估值模型,即股利折现模型、自由现金流折现模型、价格和企业价值乘数模型(基于市场的估值法)、残余收益估值模型,并且单独介绍了私营公司的估值方法。估值方法内容较多,考生需要重点掌握其中涉及的计算。

本部分框架图

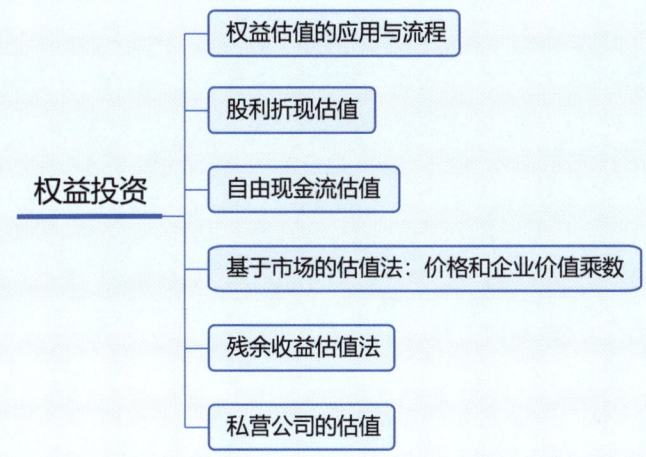

第22章 权益估值的应用与流程

知识引导

学习权益类证券的估值应该了解什么是价值、什么是估计价值及其基本方法和逻辑。本章从价值的定义、估值的作用（目的）和估值的流程等方面，介绍了权益类证券估值的基本概念。

考点聚焦

本章在本科目中涉及的重要考点较少，但本章是整个科目的基础。考生在学习后应了解其中的基本概念。

本章框架图

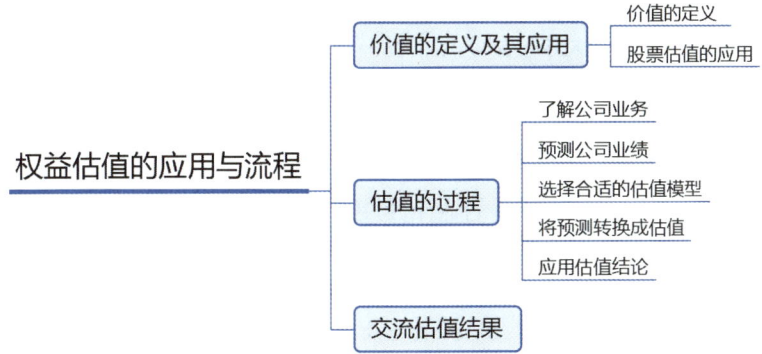

22.1 价值的定义及其应用

22.1.1 价值的定义

—考点要求—
定义(define)估值和内在价值，解释(explain)错误定价的原因(★)

估值(valuation)即对某种资产(如股票)的价值进行估计。对价值的度量并非如测量身高体重那样能简单直接地得到一个客观精确的数值。价值的含义以及相应的估计方法取决于考查价值问题时的具体场景。下文将介绍几种常见的价值概念。

22.1.1.1 内在价值(Intrinsic Value)

内在价值，是指在投资者充分了解公司各方面信息和特征的前提下，对资产价值进行的估计。投资者对某种资产内在价值的评估反映了其对该资产"真实"价值的看法。

—考点要求—
描述(describe)价值的定义，证实(justify)与上市公司估值相关的价值(★)

内在价值是最重要的价值概念，后续章节所介绍的各种估值模型，如股利折现模型、自由现金流模型、残余收益模型等，均用于评估内在价值。

基于有效市场假设，资产的价格体现了其内在价值。主动投资者通过发现内在价值和市场价格的差异，通过交易行为来获得超额收益，这种交易会使得价格回归内在价值。但实际中由于存在交易成本和获取信息的成本，只有当投资者认为交易的收益大于其交易和获取信息的成本时，才会实施交易，也就是说，当存在交易成本或信息获取成本时，价格有可能偏离内在价值。

资产的市场价格与投资者所估计的内在价值之间往往存在差异。资产内在价值的估计值与资产市场价格之间的差额称为认识的错误定价(perceived mispricing)。认识的错误定价可以表述为：

$$V_E - P = (V - P) + (V_E - V) \tag{22.1}$$

其中，V_E 表示对资产内在价值的估计；P 表示资产的市场价格；V 表示资产实际的内在价值。实际的内在价值是无法通过观察得到的。

在公式(22.1)中，等式左边的($V_E - P$)代表认识的错误定价，等式右边的两项为认识的错误定价的两方面来源：

(1) ($V - P$)是内在价值和市场价格之间的差异，反映的是市场错误定价，即真实的定价错误，真实的定价错误是获得超额收益的来源。

(2) ($V_E - V$)是估计的价值与内在价值之间的差异，反映的是对内在价值的估计误差。

22.1.1.2 持续经营价值(Going-Concern Value)

—考点要求—
解释(explain)持续经营假设，区分(contrast)持续经营价值和清算价值(★)

持续经营价值，是指在持续经营假设下(即在可预期的未来，公司会持续其商业活动——例如，提供商品和服务等行为)公司所具有的价值。在进行权益估值时，所提到的价值通常是指持续经营价值。

22.1.1.3 清算价值(Liquidation Value)

清算价值，是指当公司被解散、资产被单独出售时的价值。评估清算价值最常用的方法是基于资产(asset-based)的估值模型。通常情况下，公司的持续经营价值大于清算价值。

清算价值的大小还会受到清算时间长短的影响,如果公司被迫在短时间内进行清算,那么公司会面临更高的流动性风险,这种情况下的清算价值会更低。有序清算价值(orderly liquidation value)是指当公司有足够时间来出售资产时,资产所实现的清算价值。

22.1.1.4 公允市场价值(Fair Market Value)

公允市场价值,是指有交易意愿的买卖双方,在不被强迫的情况下,形成的某个资产的成交价格。

财报中所提到的公允价值与此处的公允市场价值是相关的概念,但两者不完全等同。

22.1.1.5 投资价值(Investment Value)

对于不同的投资者来说,一项资产的内在价值是相同的,其投资价值却不一定相同。资产的投资价值受投资者对该资产收益的要求和预期的影响。此外,投资一家公司所能产生的协同效应对于不同投资者来说也可能完全不同。例如,造纸厂投资纸浆生产企业能够产生垂直一体化的协同效应,而钢铁厂投资纸浆生产企业则不能产生协同效应,因此,两种情况下,投资价值不同。

不同情况下,需要使用不同的价值。对于上市公司股票的估值,一般使用内在价值,特别是持续经营假设下的内在价值。

22.1.2 股票估值的应用

实务中,分析师应用股票估值模型解决一系列实际问题。具体而言,股票估值主要有以下几个方面的应用。

—考点要求—
描述(describe)权益估值的应用(★)

(1)选股(selecting stocks)。选股是股票估值最重要的一个应用。通过对股票内在价值的估计,并将其与该股票的市场价格进行比较,可以判断该股票是否被高估或低估。

(2)推断市场预期(inferring/extracting market expectations)。股票的市场价格反映了市场对公司未来业绩的预期。通过估值模型可以推断出当前市场价格中所包含的市场对公司基本面的预期。将该结果与分析师个人的预期进行比较,可以确定市场预期的合理性,或作为其他同类型公司基本面分析的基准。

(3)评估特定事件(evaluating corporate events)。兼并收购、公司资产处置以及资产剥离(spin-offs)这类事件的发生会影响公司未来现金流,进而影响公司的估值。利用估值模型能够评估特定事件带来的影响。

(4)提供公允的观点(rendering fairness opinions)。例如,当两家公司准备合并时,需要寻求第三方(比如投行)来对两家公司的估值给予公允的观点,该公允观点通常是基于估值模型得到的。

(5)评估公司商业战略和商业模型(evaluating business strategies and models)。不同的商业战略和商业模式会影响公司现金流,从估值结果可以了解它们是如何影响公司价值的。

(6)与股东和分析师进行沟通(communicating with analysts and shareholders)。估值模型是证券分析师、股东和公司管理层之间交流探讨有关公司价值问题的基础。

(7)对非上市公司进行估值(appraising private businesses)。针对非上市公司的股份，在涉及股权转让、税务报告时，需要了解非上市公司股份的价值，而非上市公司缺少公允的市场价格，此时可利用估值模型对其价值进行估计。

（8）**股份支付**（share-based payment）。公司在以股票形式向员工支付报酬时，在财务报表中需要将股权激励作为费用在损益表中扣除，对这部分股票的价值估计也需要使用估值模型。

> **备考小贴士**
>
> 关于股票估值的应用，考生应能够根据题目信息判断其属于哪种应用。

22.2 估值的过程

估值过程通常有以下五个步骤。

（1）了解公司业务。利用财报和其他披露的信息进行公司及其所在行业的分析。这是进行业绩预测的基础。

（2）预测公司未来的业绩、财务状况和分红，这些是估值模型的输入变量。预测公司未来现金流需要预测公司未来的收入以及相关成本。预测必须基于行业的特性，了解成本的驱动因素和商品需求的影响因素。

（3）基于公司的特征，选择合适的估值模型。例如，如果一家公司不分红，则股利折现模型不适用于该公司。

（4）将预测转换成估值。将估值模型得出的结果与其他主观判断相结合，得出估值结论。

（5）应用估值的结论。

22.2.1 了解公司业务

22.2.1.1 行业竞争格局分析

—考点要求—
描述（describe）行业与竞争分析中需要解决的问题（★）

相同行业的公司往往具有共同的经济和技术特征。了解公司所在的行业有助于了解一家公司的产品和服务所面对的上下游市场环境，这些因素会影响公司的成本和产品定价。行业竞争格局分析作为了解公司业务的重要方面，能够为预测公司未来业绩提供基础。

> **知识一点通**
>
> 不同行业具有不同的成本驱动因素。预测公司未来的收入需要考虑商品的需求弹性。

具体而言，行业竞争格局分析主要解决以下3个问题。

（1）公司所处行业的持续盈利能力。尤其要关注那些影响公司长期利润与增长率的因素（诸如人口、技术等）。

采用波特五力（Porter's five forces）模型分析行业结构可以了解影响行业盈利能力的

因素，主要包括现有竞争者（intra-industry rivalry）、新进入者威胁（threat of new entrants）、替代品威胁（threat of substitutes）、供应商议价能力（bargaining power of suppliers）和购买者议价能力（bargaining power of buyers）五个方面。

(2) 公司在行业中的竞争地位以及竞争策略。

公司的市场份额及其变化代表了该公司在行业中的地位。公司会选择不同的竞争策略，以获得超过行业平均水平的业绩表现。

> **知识一点通**
>
> 关于如何获得竞争优势，波特提出了公司竞争的三大战略。
> (1) 成本领先战略（cost leadership），是指公司能够在同类产品中，做到成本最低。
> (2) 差异化（differentiation），是指公司通过提供差异化的产品和服务来获得溢价，从而获得更好的业绩。
> (3) 聚焦（focus）细分市场，是指在行业中某一细分领域采取成本领先或差异化战略获得竞争优势。例如，便捷式酒店和高端五星级酒店就是针对不同的细分市场。
>
> 采取不同战略的公司，其进行资本投入的目的也不同。采取成本领先战略的公司，其资本投入是为了提升生产效率、实现规模经济、降低生产成本；而采取差异化战略的公司，其资本投入是为了研发新产品，与竞争者的产品形成差异，进而获得更大的定价权。

(3) 公司执行战略的力度，以及未来的执行情况。

公司的财务报告披露了关于公司过去经营情况的信息。根据公司财务报告披露的内容，可以了解公司过去的战略执行情况。在分析公司过去的经营情况时，需要注重定性分析，同时还要避免直接将历史结果当作对未来的预期。

22.2.1.2　财务报表分析

分析财务报表有助于评价公司过去对其所声称的竞争战略的执行情况。进行财务报表分析，需要注意以下两方面。

(1) 财务报表分析要注重定性因素的分析。常见的定性因素包括：公司的股权结构，有形和无形资产情况以及与之相关的合约条款、法律纠纷和或有负债所带来的后果等。

(2) 避免直接用过去的经营成果代表未来业绩。业绩好的公司会吸引更多的竞争对手进入，从而降低整个行业的盈利水平；业绩差的公司会进行优化和调整，以提高盈利能力，这两者导致了"均值复归"现象的产生，导致未来业绩与前期有所不同。

分析师还应该关注公司的盈利质量。盈利质量的分析是为了评价公司业绩表现是否具有可持续性以及公司披露的财务信息是否能真实地反映公司的盈利。

> **备考小贴士**
>
> 财务报告质量的分析是"财务报表分析"科目中的内容，在本科目中简单了解即可。

分析师不仅可以利用公司按照规定所披露的信息,还可以与公司管理层进行沟通,或使用第三方、行业组织、政府机构等提供的数据来获得对分析有帮助的信息。

22.2.2 预测公司业绩

了解公司基本情况后,可以开始预测公司未来的业绩。预测的方法主要有两种,即从公司经营的大环境出发,以及从公司自身的经营和财务特征出发进行预测,这两者分别是自上而下法(top-down)和自下而上法(bottom-up)。

22.2.3 选择合适的估值模型

—考点要求—
区分(contrast)和描述(describe)绝对估值和相对估值模型(★★)

基于持续经营的假设,对权益证券的估值方法大体可以分为两类:一种是绝对估值法(absolute valuation models),另一种是相对估值法(relative valuation models)。

22.2.3.1 绝对估值法

绝对估值法是基于资产未来的现金流计算其内在价值。绝对估值法所使用的现值模型(present value models)又称为现金流折现模型(discounted cash flow models),是将未来现金流折现值作为普通股的价值,再将其与市场价格做比较,判断是否存在高估或低估。绝对估值法具体包括:股利折现模型(dividend discount model,DDM)、自由现金流模型(free cash flow model,FCF)、残余收益模型(residual income model,RI model)。其中,自由现金流又包括公司自由现金流(free cash flow to firm,FCFF)和股东自由现金流(free cash flow to equity,FCFE)。

> **知识一点通**
>
> 相较于现金流和折现率都比较容易确定的债券的定价,权益定价中未来现金流的估计和折现率的选取更具有主观性,这使得估计结果不确定性更高,因此,需要进行敏感性分析。

除上述3种现值模型外,还有一种绝对估值模型是**基于资产的估值模型**(asset-based valuation)。该方法通过估计公司资产与负债的市场价值来估计公司权益的价值。这种方法可用于估计掌握大量自然资源的公司,例如,原油生产企业。

22.2.3.2 相对估值法

相对估值法的理论基础是一价定律(law of one price),即相似的资产应该有相似的价格。相对估值法是将标的资产(被评估资产)的估值水平与相似资产(可比资产)的估值水平进行比较,来确定目标资产是否被高估或低估。比较常见的相对估值方法采用价格乘数(price multiple)和企业价值乘数(enterprise value multiple)来衡量资产的估值水平。价格乘数是股价与基本面信息的比值,包括市盈率(P/E)、市净率(P/B)、市销率(P/S)、市现率(P/CF)等。企业价值乘数是指普通股和债务扣除短期投资与现金后的企业价值与公司基本面数据(例如,营业利润)的比值。

> **知识一点通**
>
> 相对估值法以可比资产的价值作为基准,来衡量被评估资产的价值相对于基准是被高估还是被低估,因此,这是一种相对的概念。基于相对估值法引申出来的投资策略就是"配对交易"(pairs trading),即买入相对低估的股票,同时卖出相对高估的股票。考生需要注意区别"低估"与"相对低估"两个概念。前者是指股价低于内在价值,而后者是指相对于基准被低估。

22.2.3.3 对于有分公司的公司估值

对于有不同业务线或分公司的公司来说,对整个公司的估值,可以使用**部门累加法**（sum-of-the-parts valuation）。该方法是指通过对目标公司的每个独立部分（不同产品线或分公司）进行估值,再相加,得到整个公司的估值。

—考点要求—
描述(describe)部门累加法和多元化折价(★)

使用部门累加法得到的估值结果又称**拆分价值**(breakup value)或**私有市场价值**(private market value)。该方法最适用于拥有不同产业且不同产业具有不同估值特征的公司,它同样也适用于对存在资产剥离(spin-off)、存续分立(split-off)、追踪股(tracking stock)和股权分离(equity carve-out)情况的公司进行估值。

使用部门累加法进行估值的过程中,学者发现了"**多元化折价**"(conglomerate discount)的现象。多元化折价是指拥有许多不相关业务部门的集团公司,其整体估值往往小于每个业务部门的价值之和(即小于部门累加法得出的估值)。导致这种现象的可能有以下几种原因。

(1) 部门之间的资源分配无效。公司内部不同部门之间进行资源竞争和分配,资源的争夺会消耗公司整体的战斗力,这会导致股东的利益无法最大化。

(2) 内部因素的影响。有些公司会通过收购其他不相关的公司来掩盖其主营业务业绩下滑的事实,而涉足与公司主营业务不相关的行业存在着较大风险,这会导致公司整体估值的下降。

(3) 研究测量方法的误差。公司整体估值可能并不存在折价,只是由于用部门累加法的时候,对单个部门的估值出现了误差。

22.2.3.4 模型选择的基本标准

当选择合适的估值模型时,一般需要考虑以下几个方面。

—考点要求—
解释(explain)选择恰当估值方法的标准(★)

(1) 估值模型要与公司的特征一致。分析师需要对公司的业务有充分的理解,包括公司资产的特性以及公司如何利用这些资产去创造价值。例如,银行持有的资产一般流动性比较好,价值比较容易确定,所以,对银行股使用相对估值法进行估值时可以选择市净率。

(2) 基于数据的可得性和质量选择估值模型。在选择模型时,一些数据的不可得或质量问题会使得某些模型不适用。例如,如果公司不分红,股利折现模型就不适用;如果公司每股收益(EPS)数据为负,则无法使用市盈率(P/E)。

(3) 估值模型要与分析的目的一致。例如,从控股股东的角度对公司进行估值应选择自由现金流模型而不是股利折现模型,这是因为控股股东可以对公司的现金流的使用和股利发放产生影响,估值结果应当体现控股股东的这种控股权益。

> **知识一点通**
>
> 股东自由现金流是在不影响一家公司生产经营的前提下,可以被股东支配的现金流。一般而言,大股东对现金流有着更大的支配权,小股东能支配和获得的现金流以股利为主。所以对于大股东而言,股东自由现金流折现模型更合适。对小股东而言,股利折现模型更合适。

22.2.4 将预测转换成估值

将预测转换成估值不仅要将预测的变量输入估值模型,得出资产的估值,还需要在此过程中进行敏感性分析和情境调整。

1. 敏感性分析(Sensitivity Analysis)

敏感性分析是对输入变量的变化如何影响估值结果进行的分析。例如,一家公司面对的原材料市场价格变化或是自身竞争策略的变化都会对其利润和估值产生不同的影响,分析时需要考虑这些因素的变化所产生的不同估值结果。

2. 情境调整(Situational Adjustments)

根据公司特殊情况,需要对估值结果进行一定调整,即情境调整。情境调整主要包含以下3种情况。

(1) 控制权溢价(control premium)。控制权溢价指的是投资者为了获得公司控制权,需要支付高于股票市场价格的价格来买入公司股票,因为控制权代表着对董事会的控制权,以及重新部署公司资产或者改变公司资本结构的权利。在这种情况下,股票价值会大于一般模型(未考虑控制权)所得出的估值。

(2) 可交易性缺失折价(lack of marketability discount)。对于一些缺少公开交易市场的股权,其价值应该反映由于缺乏可交易性而产生的折价,这是投资者对缺乏可交易性的资产所要求的额外回报。

(3) 流动性缺失折价(illiquidity discount)。即使是公开交易的股票,如果流动性较差,其价值也会存在一定的折扣。在大宗交易中,投资者出售的股份数量高于该股票的日常交易量时,其交易的价格通常会低于小额交易的市场价格,这种情况被称为大宗因素(blockage factor),也会导致流动性缺失折价。

22.2.5 应用估值结论

不同分析师的估值目的及其估值报告的潜在客户是不同的。

(1) 卖方分析师主要在券商经纪业务部门工作,他们的估值报告主要提供给广大的个人投资者和机构投资者。

(2) 买方分析师主要在投资管理公司、信托公司和银行信托部门等工作。他们的估值报告主要供自己所在公司的基金经理或投资委员会做投资决策时使用。

(3) 普通公司的内部也可能需要分析师从事估值工作,如自己管理养老金的公司。企业内部的分析师以及投资银行的分析师也需要通过估值分析潜在的收购目标。

（4）一些第三方金融信息服务商会发布关于估值的信息和观点，这些机构也需要分析师从事估值工作。

分析师利用其估值结果，为客户买卖证券的决策提供有用建议，这能使得资产和证券的价格更好地反映其真实价值，进而使资本流向最能创造价值的地方。此外，分析师对公司的分析和估值是对公司管理层表现的一种有效监督，这对包括股东在内的资本提供者都是有益处的。

22.3 交流估值结果

分析师需要以研究报告的形式呈现其对某个资产的估值结果。

一篇有效的研究报告应该包含及时的信息，使用清晰、透彻的语言，站在客观和充分研究的角度，清楚阐释主要的假设。研究报告同样需要区分事实和观点，所提供的分析、预测、估值和建议不能自相矛盾。同时还应该提供充分的信息以便于读者评判。最后，还需要注意陈述该投资的主要风险因素并披露研究报告中的潜在利益冲突。

练一练

Hennessy Inv. is a rapidly growing Chinese investment fund that is investing in different industries in Southeast Asia and China. Most of Hennessy Inv's fund managers and researchers graduated from well-known Chinese universities. Ryan Zhang, a head analyst, is leading a team of analysts who are responsible for researches, analyses, and estimations of different industries' growth and publicly traded equities.

During the last few months, Zhang has been working on a few cases. He assigned some tasks to two of the recently hired analysts, Cindy Liu and John Ming. Zhang decided to have a meeting with them to talk about the Hennessy Inv's investment policy and to assign the work to them.

At the beginning of the meeting, Zhang explained the requirements of the research report in Hennessy Inv. Then he said, "At Hennessy Inv., we encourage our analysts to look for new opportunities. Our analysts' reports contain all macroeconomic factors, industry analysis, and the firms' stock performance."

123 Sports is a retailer of sportswear. Zhang assigned Cindy Liu to work on the valuation of the company. Then Zhang made the following statements:

Statement 1: We require our active equity investors to have a clear understanding of the valuation models and to select the appropriate valuation approach in their analysis carefully.

Statement 2: Comparing the market's implied expectations to the analyst's own expectations allows analysts to evaluate the reasonableness of the expectations implied by the market price.

Liu starts her analysis by evaluating the characteristics of the sportswear industry in China. She finds that the industry is quite mature. The industry has few barriers to new retailer entrants. There is a high competition among retailers, low product substitution costs for customers and a large number of wholesales sportswear suppliers. To forecast the future revenue of the company, Liu hesitates between top-down and bottom-up analysis. At the end of the meeting, Zhang asks Liu to present one good example of an analyst's forecasts using bottom-up approaches.

In a different task to evaluate some stocks' performance, Zhang asked Ming to review some possible trade of stocks in health care and insurance industries. Zhang recommended Ming to use the pairs-trading strategy. Ming is required to issue either a buy, hold or sell rating for some stocks. Ming's evaluations are shown in Exhibit 22.1 as follows.

Exhibit 22.1　Ming's Evaluations

Stocks	Situation	$\left|\dfrac{P_0 - V_0}{P_0}\right|$
Health Prime	Undervalued	15%
Union Care	Overvalued	15%
Bro Care	Overvalued	10%

In his second task, Ming is asked to cover companies in different industries with listed equity shares. Ming prepares his primary report about two companies, company ABC and company XYZ. In his report, we find Exhibit 22.2.

Exhibit 22.2　Ming's Reports about Company ABC and Company XYZ

Company	Industry	Dividends policy
ABC	Online shopping service 100%	Occasionally
XYZ	Fintech services (50% of earnings); Education (35% of earnings); Marketing (15% of earnings)	Regularly (mainly from fintech earnings)

Note: ABC has no debt and its fixed assets consist primarily of computers, servers, and commercially available software.

Based on Exhibit 22.2, Ming concludes that the most appropriate valuation model for valuing ABC is the dividend discount model and for valuing XYZ is the sum-of-the-parts model.

22-1　Which of the following statements is (are) most likely (a) characteristic(s) of the appropriate valuation approach mentioned in Zhang's Statement 1?

A. The approach should be consistent with the characteristics of the company being valued.

B. The approach should be consistent with the analyst's valuation purpose and perspective.

C. Both A and B are characteristics of the appropriate valuation approach.

22-2　According to Zhang's Statement 2, analysts are expected to use valuation concepts and models to:

A. extract market expectations.

B. value private businesses.

C. render fairness opinions.

22-3　Based on Liu's sportswear industry report, which of the following characteristics of sportswear's retailing may positively affect the profitability of 123 Sports?

A. Entry costs.

B. High competition.

C. The number of wholesale suppliers.

22-4　Which of the following can best describe an example of bottom-up forecasting?

A. An online shopping service invests in express-delivery because delivery service is growing faster than online shopping.

B. A shipment company will lower its investments as the country is having an economic recession and slower GDP growth.

C. A retail food-and-grocery company forecasts next year's sales by assuming that its newly built stores will have similar average sales per visitor to that of its existing stores.

22-5 Based on Zhang's recommendation about trading strategy and Ming's evaluations in Exhibit 22.1, which of the following actions should Ming recommend?

A. Short Health Prime and Bro Care.

B. Buy Union Care and short Bro Care.

C. Buy Health Prime and short Bro Care.

22-6 Regarding Ming's conclusion about the choice of valuation models, Ming is most likely:

A. correct with respect to company ABC and incorrect with respect to company XYZ.

B. incorrect with respect to company ABC and correct with respect to company XYZ.

C. correct with respect to company ABC and correct with respect to company XYZ.

答案与解析

22-1 C

选择估值模型要求在充分理解公司业务的基础上选择与公司业务匹配的估值模型。同时，对模型的选取也受到估值目的、分析师观点的影响。例如，如果投资者拟对被投资的公司进行股权投资以实施控制，那么，选择自由现金流估值模型会比股息折现模型更为恰当。

22-2 A

市场价格反映了投资者对公司未来业绩的预期，根据 Statement 2 的描述，分析师可以使用估值模型来推断当前市场价格所反映的市场预期是什么，并且将自己的预期与市场预期进行对比，以判断市场预期的合理性，这个过程称为 extract market expectation（推断市场预期）。

22-3 C

供应商数量多，竞争更加剧烈，供应商的议价能力弱，对于零售商 123 Sports 来说，原材料的价格不容易上升，因此，对该公司的盈利有正面影响。

22-4 C

自下而上的预测方式是指从微观层面到宏观层面的预测。选项 C 中描述：在对食品杂货零售公司下一年的销售进行预测时，假设新建门店的客均销售额与现有门店的相同。这是从公司的角度出发进行的预测，因此是自下而上的预测。

22-5 C

配对交易是在高度相关的股票中，购买价格被低估的，卖空价格被高估的。Ming 应该买 Health Prime 的股票（低估 15%），卖空 Bro Care 的股票（高估 10%）。

22-6 B

ABC 公司偶尔支付股息（股息的支付不规律），不适合使用股息折现模型，自由现金流估值法更适合 ABC 公司。XYZ 公司是一家综合性的集团公司，涉足三个行业，这三个行业的收入增长率不尽相同，用部门叠加法可以将 XYZ 公司的不同产业的估值加总，得到该公司整体的价值。

第 23 章 股利折现估值

章节导学

知识引导

股票投资者从被投资公司创造的现金流中获得价值,因此,现金流折现模型是估计股票价值的主要方法。本章主要介绍现金流折现模型中的股利折现模型。本章对比了包括股利折现模型在内的三种现金流折现模型,介绍了股利折现模型的基本原理和几种不同的关于股利增长的假设,包括戈登股利增长模型,两阶段、多阶股利折现模型等。

考点聚焦

股利折现模型是本科目的重点。在考试中,股利折现模型有可能结合其他的估值模型一起考查。本章的知识点较为直观,且有一部分在CFA®一级中已经介绍过,是考试中重要的得分点。考生应理解不同模型的区别,能够应用不同模型完成与估值相关的计算。

本章框架图

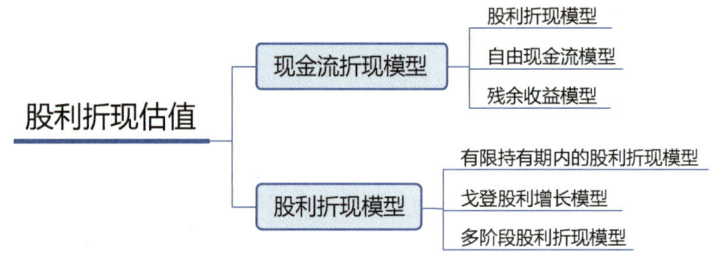

23.1 现金流折现模型（Discounted Cash Flow Model）

现金流折现模型认为资产的内在价值等于资产预期产生的现金流的现值。即资产的内在价值为：

$$V_0 = \sum_{t=1}^{n} \frac{CF_t}{(1+r)^t} \tag{23.1}$$

其中，V_0表示资产当前（$t=0$时）的内在价值；t表示第t期；n表示一共有n期现金流；CF_t表示第t期期末的现金流；r表示折现率，即要求回报率。

在现金流折现模型中，可以使用股利、自由现金流和残余收益来代表现金流。股利指的是股东以现金形式获得的分红。**自由现金流**（free cash flow）包括**公司自由现金流**（free cash flow to the firm，FCFF）和**股东自由现金流**（free cash flow to equity，FCFE）。**残余收益**（residual income）即经济利润。

—考点要求—
对比（compare）使用股利、自由现金流和残余收益的现金流折现模型，并识别（identify）各自的适用情况（★★）

23.1.1 股利折现模型

股利折现模型使用现金股利代表现金流。

1. 优点

（1）通常股东只能以股利的形式获得现金回报，从理论上讲，使用股利进行估值是合理的。

（2）相比于残余收益和自由现金流，股利波动性小，更加容易预测。这是因为公司的股利政策相对稳定，使用股利模型得到的估值较少受到短期盈利波动的影响。

（3）应用股利折现估计资产内在价值并未忽略未分配的利润。这是因为未分配利润会增加未来的股利。因此，只要股利折现模型充分考虑了未来股利的增长，也就不会忽略未分配股利再投资带来的现金流。

2. 缺点

（1）并非所有公司都分配过股利。公司有可能因为暂时没有盈利而不曾分配股利，也可能为了将利润用于更具有盈利性的投资而不分配股利。这增加了预测未来股利的难度。

（2）不同环境中（例如税收环境、投资者偏好等），公司的股利政策也不尽相同。

（3）股利折现模型不能体现控股股东的权益与非控股股东的权益的差别。控股股东可以影响股利分配的时间和比例，但是股利折现模型没有考虑这些因素。

3. 适用情况

（1）公司有稳定支付股利的历史。

（2）董事会设立的股利分配政策与公司的盈利性之间存在合理并一致的关系。

（3）投资者对被投资公司没有控股权。

（4）企业处于成熟期。相较于成长期的企业，成熟期的企业拥有稳定盈利，且新的投资机会较少，因此股利更容易预测。

23.1.2 自由现金流模型

公司自由现金流等于经营性现金流扣除资本性支出。资本性支出包括固定资本支出和营运资本支出。股东自由现金流等于扣除资本性支出和对债权人净支出后的经营性现金流,也就是公司自由现金流减去对债权人的净支出。对债权人的净支出等于支付的利息加上本金偿付再扣除发行的新债。

1. 优点

(1) 无论公司是否派发股利,都能够预测其自由现金流。因此,自由现金流折现模型可用于未派发股利的公司。

(2) 股东自由现金流反映了公司的股利支付能力。如果公司发放的股利和股东自由现金流之间偏差太大,那么分析师通常会偏向于使用自由现金流折现模型。

(3) 股东自由现金流体现了控股股东可以自由支配的现金流总量,因此,股东自由现金流适合控股股东视角的投资者。此外,当公司可能被收购时,小股东也可以采取这样的视角。

2. 缺点

有些公司虽然盈利,但是自由现金流却是负的。这可能是因为该公司持续产生的资本性支出,导致自由现金流减少。

使用负的自由现金流得到的估值结果没有意义。分析师可能需要进行较长期的预测,直至自由现金流转为正值。而长期预测增加了预测结果的不确定性。

3. 适用情况

(1) 自由现金流折现模型可以用于没有股利支付历史的公司。

(2) 自由现金流折现模型适用于支付的股利明显偏离股利支付能力的公司。

(3) 自由现金流可以对控股股东的权益进行估值。

(4) 当自由现金流和公司的盈利能力保持一致时,可以使用自由现金流估值。

23.1.3 残余收益模型

残余收益等于扣除普通股股东投入资本的机会成本(要求回报)后的利润。例如,如果公司净利润是 100 万元,权益资本的要求回报是 50 万元,那么残余收益就是 50 万元。

在残余收益估值模型中,权益内在价值等于权益当前的账面价值与预期未来残余收益的现值之和。

1. 优点

(1) 残余收益估值模型的应用范围很广。当公司不派发股利,或公司的自由现金流是负值时,都可以应用残余收益估值模型。

(2) 残余收益估值模型下的公司内在价值和公司当前情况相关度较高。这是因为按照此估值法估算的权益内在价值中有很大一部分是当前权益的账面价值。

(3) 残余收益估值法在逻辑上是合理的,可以通过股利折现模型推导出来。

2. 缺点

(1) 残余收益模型相对于股利折现模型来说更为复杂。这是因为残余收益的计算需要考虑许多会计项目,如账面价值、权益回报率(ROE)和股利支付率等。

(2)会计报表质量对于残余收益估值法的有效性影响较大。残余收益的计算需要使用权责发生制下的会计数据,而在会计准则允许的范围内,财务结果的披露要求管理层进行一定的主观判断,这会影响会计数据的质量,进而影响残余收益估值的准确性。

3. 适用情况

(1)残余收益估值模型适用于不派发股利的公司。

(2)残余收益估值模型适用于在预测期内自由现金流预计为负的公司。

> **备考小贴士**
>
> 考生应能够根据题目描述的信息,判断在特定情况下,哪种模型更加适用。

23.2 股利折现模型(Dividend Discount Model,DDM)

股利折现模型认为股票内在价值等于预期未来股利的折现值。在该模型下,股票内在价值为:

$$V_0 = \sum_{t=1}^{\infty} \frac{D_t}{(1+r)^t} \tag{23.2}$$

其中,V_0 是当前股票的价值;D_t 是第 t 期股利;r 是折现率或要求回报率。

23.2.1 有限持有期内的股利折现模型

假设持有期是有限的,股票的内在价值等于持有期内股利的现值和期末股票价值的现值之和。

可以将股利折现模型分为两种:单期股利折现模型和多期股利折现模型。

23.2.1.1 单期股利折现模型(Single Holding Period DDM)

单期股利折现模型假设持有期为一年。因此,股票的内在价值等于第一期期末发放的股利和期末股价总和的折现值,即:

$$V_0 = \frac{D_1}{(1+r)^1} + \frac{P_1}{(1+r)^1} = \frac{D_1 + P_1}{(1+r)^1} \tag{23.3}$$

其中,D_1 和 P_1 分别代表第一期期末的股利和股价。

> **考点要求**
>
> 使用一期、多期股利折现模型计算(calculate)股票价值,并解释(interpret)结果(★★)

> **知识一点通**
>
> 在第一期期末有两笔现金流,即获得的股利和出售股票所得。

> **考点要求**
>
> 评价(evaluate)股票是否被高估、低估或合理估值(★★★)

23.2.1.2 多期股利折现模型(Multiple Holding Periods DDM)

多期股利折现模型假设持有期为 n 年,故股票的内在价值等于未来 n 年的股利和第 n 年年末股价的折现值,即:

$$V_0 = \frac{D_1}{(1+r)^1} + \frac{D_2}{(1+r)^2} + \cdots + \frac{D_n}{(1+r)^n} + \frac{P_n}{(1+r)^n} = \sum_{t=1}^{n} \frac{D_t}{(1+r)^t} + \frac{P_n}{(1+r)^n} \quad (23.4)$$

其中，P_n 是第 n 年年末的股价；D_t 是第 t 年发放的股利。

例题 23.1

分析师预测 GD 商业公司未来三年的每股股利分别是 USD 2、USD 3 和 USD 5，第三年年末 GD 商业公司的股价预计为 USD 20。其股票的要求回报率是 15%。请根据上述信息，计算 GD 商业公司股票的内在价值。

名师解析

根据题目条件，已知三年预期的股利、期末股价和要求回报率，将上述数值代入公式（23.4），可得 GD 商业公司的每股内在价值为：

$$V_0 = \sum_{t=1}^{n} \frac{D_t}{(1+r)^t} + \frac{P_n}{(1+r)^n} = \frac{2}{(1+15\%)^1} + \frac{3}{(1+15\%)^2} + \frac{5}{(1+15\%)^3} + \frac{20}{(1+15\%)^3} = \text{USD } 20.45$$

不管投资者的持有期限是多久，在股利折现模型下，股票的内在价值都应该等于未来所有股利的折现值。本章下文将介绍针对无限持有期情况下的股利折现模型。

23.2.2 戈登股利增长模型（Gordon Growth Model）

23.2.2.1 用戈登股利增长模型进行估值

—考点要求—
使用戈登股利增长模型计算（calculate）股票价值，并解释（explain）模型的假设（★★★）

戈登股利增长模型假设股利的增速是恒定的（constant growth rate）。只要知道当期的股利，根据假设的增速，就可以得到未来各个时期的股利水平。

在戈登股利增长模型中，股票内在价值为：

$$V_0 = \frac{D_0(1+g)}{(1+r)^1} + \frac{D_0(1+g)^2}{(1+r)^2} + \cdots + \frac{D_0(1+g)^n}{(1+r)^n} + \cdots = \frac{D_0(1+g)}{r-g} = \frac{D_1}{r-g} \quad (23.5)$$

—考点要求—
描述（describe）戈登股利增长模型的优点和缺点，并证实（justify）选择使用该模型的合理性（★★★）

其中，g 是假定的股利恒定增长率；D_0 是最近一期发放的股利。

戈登股利增长模型中包含了如下假设：
（1）假设股利以固定的增长率 g 增长。
（2）假设增长率 g 小于要求回报率 r，即 $g<r$。如果 $g>r$ 或 $g=r$，得出的股票内在价值没有意义。
（3）戈登股利增长模型假设股利永远以增长率 g 增长，因此该增长率应该反映公司的长期增长预期。

备考小贴士

考生需要能够利用戈登股利增长模型计算股票的内在价值。

例题 23.2

GD 商业公司当前的每股股利是 USD 3，分析师预期未来该公司的股利将以 10% 的恒定增长率增长。该公司股票的要求回报率是 15%。根据上述条件，计算 GD 商业公司股票的内在价值。

名师解析

根据题目条件，已知当前股利、股利增长率和要求回报率，将上述数值代入公式(23.5)中，得到 GD 商业公司股票的每股内在价值为：

$$V_0 = \frac{D_0(1+g)}{r-g} = \frac{3 \times (1+10\%)}{15\%-10\%} = \text{USD } 66$$

戈登股利增长模型还可以用于对整体市场指数估值。在发达市场中，上市公司代表了大部分的成熟企业，该指数反映了整体经济的价值水平。因此，在估值时，需要确定经济的长期可持续增速。

—考点要求—
评价（evaluate）股票是否被高估、低估或合理估值（★★★）

戈登股利增长模型也可以用于给优先股估值。对于固定股息、不可赎回的永续优先股，根据戈登股利增长模型，其价值为：

$$V_0 = \frac{D}{r} \tag{23.6}$$

—考点要求—
计算（calculate）不可赎回的固定利率永久优先股的价值（★★）

其中，D 为固定的优先股股息；r 为优先股的要求回报率，也可以称为资本化率（capitalization rate）。优先股的股息是固定的，因此，增长率 g 为 0。

需要注意的是，股份回购和现金股息很相似，也是股东获取投资回报的方式。只要分析师能根据经验、通过分析准确的考虑到股份回购对股息、增长率的影响，那么 DDM 模型可以适用于进行股份回购的公司的估值。

23.2.2.2 计算隐含股利增长率（Implied Dividend Growth Rate）

用戈登股利增长模型估计的内在价值与市场价格之间可能存在差异，这可能是因为市场对增长率的预期与模型中所用的增长率的假设不同。将股票的市场价格代入戈登股利增长模型，可以得到该股价中所隐含的股利增长率：

$$g = r - \frac{D_1}{V_0} \tag{23.7}$$

—考点要求—
根据戈登股利增长模型和股票当前的价格计算（calculate）并解释（interpret）隐含的股利增长率（★★★）

此处，V_0 的值使用的是股票的市场价格。

例题 23.3

GD 商业公司 2023 年年初的股价是 USD 40，分析师预计 GD 商业公司 2023 年的股利是 USD 3，并且其股票的要求回报率是 15%。计算 GD 商业公司股票的隐含股利增长率。

名师解析

根据题目条件，已知股利、股价和要求回报率，将上述数值代入公式(23.7)中，可得：

$$g = 15\% - \frac{3}{40} = 7.5\%$$

23.2.2.3 计算要求回报率（Required Rate of Return）

—考点要求—
使用不同的DDM模型，估计（estimate）要求回报率（★★★）

利用戈登股利增长模型、股票的市场价格和增长率，可以计算出其中隐含的折现率 r：

$$r = g + \frac{D_1}{P_0} \tag{23.8}$$

如果市场有效，则股价反映了股票的内在价值，那么该折现率就是该股票的要求回报率。

例题 23.4

GD商业公司2023年年初的股票市场价格是USD 40，分析师预计其2023年的股利是USD 3，股利增长率是7%。假设GD公司的内在价值与其股票市场价格相等。求GD商业公司的要求回报率。

名师解析

根据题目条件，已知股利、股价和股利增长率，将上述数值代入公式（23.8）中，可得：

$$r = 7\% + \frac{3}{40} = 14.5\%$$

23.2.2.4 计算增长机会现值（Present Value of Growth Opportunities，PVGO）

—考点要求—
计算（calculate）并解释（interpret）增长机会现值，以及市盈率中与增长机会现值有关的部分（★★★）

公司股票的价值可以分为<u>不进行利润再投资的每股价值</u>（value without earning reinvestment）和<u>增长的价值</u>（value of growth）两部分。其中，增长的价值又被称为<u>增长机会现值</u>（PVGO）。

如果一家公司没有有利可图的再投资机会，那么公司应该将所有的利润都作为股息分配给股东，此时，利润和股息的增长率 g 为0，且股利与利润相等。

> **知识一点通**
>
> 有利可图的再投资是指再投资项目的NPV大于0，或者说再投资的收益大于权益资本机会成本的投资项目。

根据戈登股利增长模型 $V_0 = \frac{D_1}{r-g}$，如果公司将所有利润作为股利进行分配而非进行再投资，股利的金额与当年的利润相等，那么公司股票的价值应该为：

$$V_0 = \frac{D_1}{r-g} = \frac{E_1}{r-0} = \frac{E_1}{r} \tag{23.9}$$

其中，E_1 代表第一年的利润。$\frac{E_1}{r}$ 又称为<u>无增长每股价值</u>。

考虑公司未来可能存在的增长机会，股票的价值中应该包含无增长每股价值和增长机会现值（PVGO）两部分。即股票价值为：

$$V_0 = \frac{E_1}{r} + PVGO \tag{23.10}$$

如果股票的市场价格体现了股票的内在价值，即 $P_0 = V_0 = \frac{E_1}{r} + PVGO$，则根据该式和股票的市场价格,可以求解得到其中隐含的增长的价值。

增长机会现值体现了公司拥有的实物期权(real option),即在未来加大投资,调整投资规模甚至放弃现有投资项目的选择权。选择权越大,灵活性越高,增长机会现值越大。

例题 23.5

GD 商业公司 2023 年每股收益(EPS)是 USD 8,2023 年年初的股价是 USD 140,其股票的要求回报率是 8%。求 GD 商业公司股票增长机会现值。

名师解析

根据题目条件,已知每股收益、股价和要求回报率,将上述数值代入公式(23.10),可得:

$$140 = \frac{8}{8\%} + PVGO$$

$$PVGO = USD\ 40$$

基于公式(23.10),可以得到预期市盈率和增长机会之间的关系:

$$\frac{P_0}{E_1} = \frac{1}{r} + \frac{PVGO}{E_1} \tag{23.11}$$

据此,如果不考虑增长机会,那么公司的预期市盈率为 $\frac{P_0}{E_1} = \frac{1}{r}$;如果考虑增长机会,则 $\frac{PVGO}{E_1}$ 是预期市盈率中与增长机会相关的部分。

23.2.2.5 计算合理市盈率(Justified P/E)

用戈登股利增长模型的估值结果代替市盈率(P/E)中股票的市场价格,可以得到合理市盈率。合理市盈率分为合理历史市盈率(justified trailing P/E)和合理预期市盈率(justified forward P/E)。两者的表达式如下:

$$合理历史市盈率 = \frac{P_0}{E_0} = \frac{D_1/E_0}{r-g} = \frac{D_0(1+g)/E_0}{r-g} = \frac{(1-b)(1+g)}{r-g} \tag{23.12}$$

$$合理预期市盈率 = \frac{P_0}{E_1} = \frac{D_1/E_1}{r-g} = \frac{1-b}{r-g} \tag{23.13}$$

—考点要求—

使用戈登股利增长模型计算(calculate)并解释(interpret)合理预期市盈率和合理历史市盈率(★★★)

其中,P_0 代表每股股票的合理估值;D_0 表示最近(第 0 期期末)发放的每股股利;E_0 表示最近(第 0 期)的每股盈利;D_1 表示第 1 期期末发放的每股股利;E_1 表示第 1 期的每股盈利;b 表示留存收益率;则 $1-b$ 表示股利支付率。

—备考小贴士—

考生不仅需要掌握使用戈登股利增长模型估值的计算方法,还要能够计算隐含增长率、要求回报率、增长机会现值和合理市盈率。

23.2.2.6 戈登股利增长模型的特点

1. 优点

戈登股利增长模型的假设较为简单。

2. 缺点

(1) 戈登股利增长模型只适用于股利政策稳定,且盈利增长符合预期的成熟型企业。盈利增长率低于或等于经济增长率的公司(股利增长与盈利能力增长一致)通常更符合戈登股利增长模型的假设。如果一家公司的增长率高于经济增长率,那么在该公司逐渐趋于成熟时,增长率将会下降到一个较低水平,导致戈登股利增长模型的关于增长率 g 恒定的假设不再成立。

(2) 戈登股利增长模型所估计出的内在价值对于折现率 r 和增长率 g 的变化非常敏感。内在价值可能会因为 r 和 g 的微小变化而发生较大的变化,而 r 和 g 都是通过估计得到的,因此有必要使用敏感性分析法来衡量当 r 和 g 在一定取值范围内时,内在价值的估计结果。

(3) 戈登股利增长模型的假设(股利增长率恒定)不符合大多数企业的情况,更好的方法是使用多阶段股利折现模型(但是戈登股利增长模型可以用于多阶段模型中的最后一个阶段现金流的估值)。

23.2.3 多阶段股利折现模型

—考点要求—
解释(explain)两阶段 DDM、H-模型、三阶段 DDM 的假设条件,证实(justify)选择使用该模型的合理性 (★★★)

戈登股利增长模型假设公司股利以恒定增速增长,这种简单的假设偏离了实际情况。实际上,很多公司的股利会经历不同阶段的变化。

多阶段股利折现模型又可以分为<u>两阶段</u>和<u>三阶段</u>的股利折现模型。

23.2.3.1 两阶段股利折现模型(Two-Stage Dividend Discount Model)

两阶段模型假设股利的增长分为高速增长的第一阶段和以正常增长率增长的第二阶段。第二阶段是成熟阶段,股利以不变的增长率增长。根据从第一阶段过渡到第二阶段的方式不同,两阶段模型又可分为<u>一般两阶段模型</u>(general two-stage model)和 <u>H-模型</u>(H-model)。

—考点要求—
使用两阶段 DDM、H-模型和三阶段 DDM 计算(calculate)股票价值,并解释(interpret)结果(★★★)

1. 一般两阶段模型

一般两阶段模型假设:在第一阶段,股利以固定的增速增长,进入第二阶段时,增速骤然下降为长期正常水平;在第二阶段,股利以该正常增长率持续增长。例如,第一阶段股利增速为每年 20%,在第二阶段初始时骤降到每年 10%,并保持 10% 的增速不变。

根据一般两阶段模型,股票的内在价值为:

$$V_0 = \sum_{t=1}^{n} \frac{D_0(1+g_S)^t}{(1+r)^t} + \frac{D_0(1+g_S)^n(1+g_L)}{(1+r)^n(r-g_L)} \tag{23.14}$$

其中,g_S 表示股利在第一阶段(前 n 期)的增速;g_L 表示股利在第二阶段的增速。

由于 n 期后股利以固定增速 g_L 增长,所以第 n 期期末的股票价值(终止价值,terminal value)可以使用戈登股利增长模型来估计。$D_0(1+g_S)^n(1+g_L)$ 表示第 $n+1$ 期的股利,在第一阶段结束时(第 n 期期末),股票价值(终止价值)为 $\frac{D_0(1+g_S)^n(1+g_L)}{r-g_L}$。$\frac{D_0(1+g_S)^n(1+g_L)}{(1+r)^n(r-g_L)}$ 表示终止价值的现值。

2. H-模型(H-Model)

H-模型假设第一阶段初始期时股利处于增速为 g_S 的高增速长状态,此后增长速度逐渐下降,直至达到长期正常增长水平 g_L,此时进入第二阶段,并在第二阶段一直以速度 g_L 增长。

H-模型中,增速的下降过程是渐变的。例如,假设第一阶段初始时的股利增速是 10%,第二阶段的股利增速是 5%。股利增速的变化如图 23.1 所示。

——考点要求——
评估(evaluate)股票是否被高估、低估或合理估值(★★★)

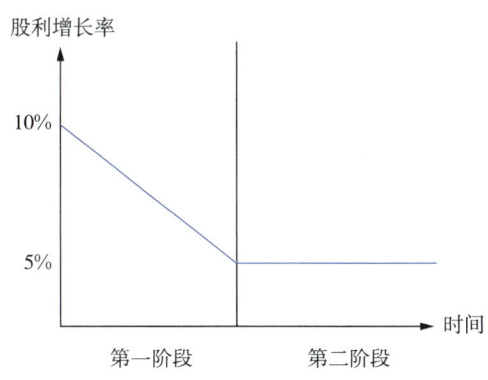

图 23.1 H-模型股利增速的变化过程

根据 H-模型,股票的内在价值为:

$$V_0 = \frac{D_0(1+g_L)}{r-g_L} + \frac{D_0 H(g_S-g_L)}{r-g_L} \quad (23.15)$$

其中,H 表示高速增长阶段(第一阶段)持续年数的一半(即第一阶段的持续时间为 $2H$ 年);g_S 表示第一阶段初始时的增长率;g_L 表示第二阶段的正常增长率;$\dfrac{D_0(1+g_L)}{r-g_L}$ 表示股利一直以 g_L 增长的情况下股利的现值;$\dfrac{D_0 H(g_S-g_L)}{r-g_L}$ 表示第一阶段(前 $2H$ 年)股利以超正常增速增长所产生的额外价值。

——备考小贴士——

考生应能够使用 H-模型进行估值。H-模型的估值应用在考试中非常重要,其计算公式必须牢记。

例题 23.6

GD 商业公司近期派发了每股 3 元的股利,且该公司股票的要求回报率是 14%。不同的分析师预期:

(1) 未来 10 年的股利增速会从当前的 25% 逐渐降低到 5%,其后,股利增速将以恒定的 5% 增加。

(2) 未来 10 年的股利增速为 25%,第 11 年时降低到 5%,并持续保持 5% 的增长率不变。

请分别使用 H-模型和一般两阶段模型计算上述预期(1)和预期(2)下,GD 商业公司的股票当前的内在价值。

名师解析

（1）根据分析师的预期（1），利用 H-模型，有：

$$V_0 = \frac{D_0(1+g_L)}{r-g_L} + \frac{D_0 H(g_S - g_L)}{r-g_L} = \frac{3 \times (1+5\%)}{14\% - 5\%} + \frac{3 \times 5 \times (25\% - 5\%)}{14\% - 5\%} \approx 68.33(元)$$

（2）根据分析师的预期（2），利用一般两阶段股利折现模型，有：

$$V_0 = \sum_{t=1}^{n} \frac{D_0(1+g_S)^t}{(1+r)^t} + \frac{D_0(1+g_S)^n(1+g_L)}{(1+r)^n(r-g_L)} =$$

$$\sum_{t=1}^{10} \frac{3(1+25\%)^t}{(1+14\%)^t} + \frac{3(1+25\%)^{10}(1+5\%)}{(1+14\%)^{10}(14\% - 5\%)} \approx 139.48(元)$$

根据 H-模型和已知的当前股价，还可以求解出其中隐含的要求回报率 r：

$$r = \frac{D_0}{P_0}[(1+g_L) + H(g_S - g_L)] + g_L \tag{23.16}$$

—考点要求—
使用不同的DDM模型，估计（estimate）要求回报率（★★★）

例题 23.7

已知 GD 商业公司近期派发了每股 2 元股利，当前每股股价是 20 元。目前股利增长率为 20%，分析师预期增长率将从 20% 逐渐下降到 10%，历时 10 年。其后，将持续以 10% 的增长率增长。请根据当前股价和分析师的预测，求要求回报率。

名师解析

根据题目条件和公式（23.16），有：

$$r = \frac{D_0}{P_0}[(1+g_L) + H(g_S - g_L)] + g_L = \frac{2}{20}[(1+10\%) + 5 \times (20\% - 10\%)] + 10\% = 26\%$$

23.2.3.2 三阶段股利折现模型（Three-Stage Dividend Discount Model）

—考点要求—
解释（explain）增长阶段、过渡阶段和成熟阶段（★★★）

对于大多数的公司，通常假设其股利增长会经历三个增长阶段。

（1）成长阶段（growth phase）。成长阶段的公司通常处于一个快速扩张的市场。在成长阶段，公司的盈利快速增加，权益回报率高于权益成本，即 ROE＞r；公司的股利支付率较低，更多留存利润用于再投资。为了扩大经营，通常需要大量的营运资本支出和固定资本支出，因而公司的自由现金流通常是负值。

（2）过渡阶段（transition phase）。这是公司从成长到成熟过渡的转变期，扩张速度减缓，行业内竞争对手增多，利润增速放缓。而由于扩张放缓，投资增速下降，自由现金流和股息支付率上升。

（3）成熟阶段（mature phase）。此时，公司处在一个稳定的经营状态。权益回报率接近权益成本；权益回报率、盈利增速和股利支付率处于一个长期正常的水平；股利增速相对稳定。所以，此阶段更适合使用戈登股利增长模型来估值。

根据第二阶段股利增长的不同特征，三阶段模型与又可以分为两种类型。

（1）在一般三阶段模型（general three-stage model）中，三个阶段的股利分别以固定增长率增长,且各阶段的增率之间是骤变的。例如,第一阶段增长率是20%,第二阶段增长率10%,第三阶段增长率是5%。这种三阶段模型是在一般二阶段模型中增加了一个不同增长率的阶段。

(2) 在第二种三阶段模型中,第一阶段的股利以固定增长率增长,第二、三阶段股利的增长率变化符合 H-模型。也就是说,在第二阶段中,增长率从第一阶段的水平开始逐渐变化至第三阶段的水平,然后在第三阶段以该增长率持续增长,这相当于在 H-模型上添加一个新的增长阶段(第一阶段)。

> **知识一点通**
>
> 针对第二种三阶段模型,可以使用 H-模型对第二、第三阶段的股利进行估值。此时得到的估值是第二、第三阶段的股利在第二阶段初始时的价值,需要将其进一步折现到第一阶段的初始时刻,然后将折现的结果与第一阶段股利的现值加总。

> **备考小贴士**
>
> 考生在掌握两阶段股利折现模型的基础上,应该能够用同样的方法解决三阶段股利增长模型的估值问题。

23.2.3.3 终止价值的估计

上述多阶段股利折现模型中,都会涉及最后一个增长阶段股利的现值的计算。通常假设股利在最后阶段以固定增长率持续增长,因此可以使用戈登股利增长模型来估计终止价值。此外,还可以使用价格乘数(price multiple)来估计终止价值。

—考点要求—
描述(describe)终止价值,并解释(explain)计算终止价值的不同方法(★★★)

> **知识一点通**
>
> 可以将终止价值看成投资者持有股票至最后一期初始时股票的价格。那么股票的价值就可以分为两个部分:投资者持有股票期间股利的现值和持有期末股票价格(终止价值)的现值。

1. 戈登股利增长模型

与本章在介绍一般两阶段模型时类似,根据戈登股利增长模型,终止价值为:

$$V_n = \frac{D_{n+1}}{r-g} = \frac{D_n(1+g)}{r-g} \qquad (23.17)$$

其中,n 表示股利增长的前 n 期,自第 n 期后开始,股利以恒定增长率 g 持续增长;D_n 表示第 n 期的股利。

2. 价格乘数

常见的价格乘数包括市盈率(P/E)、市净率(P/B)、市销率(P/S)和市现率(P/CF)。

假设使用市盈率进行估计,首先需要估计"持有期"最后一期的每股收益。然后基于市盈率的假设和期末的每股收益,计算出股票的终止价值。

> **知识一点通**
>
> 使用价格乘数进行估值的方法会在第 25 章详细介绍。

23.2.3.4 可持续增长率(Sustainable Growth Rate)的估计

—考点要求—
计算(calculate)并解释(interpret)可持续增长率,说明(demonstrate)使用杜邦分析法来估计可持续增长率的过程(★★)

在使用戈登股利增长模型和多阶段股利折现模型时,都需要确定股利在最后一个增长阶段的可持续增长率 g。股利**可持续增长率**是指在资本结构不变并且不增发新股的情况下,公司的股利或盈利可以维持的增长速度。

假设权益回报率(ROE)不变,资本结构也保持不变,且公司不发行新股;留存收益率 b 不变(留存收益率等于 1 减去股利支付率),有:

$$g = b \times \text{ROE} \tag{23.18}$$

使用杜邦分析法来计算权益回报率,有

$$\text{ROE} = \frac{\text{Net Income}}{\text{Sales}} \times \frac{\text{Sales}}{\text{Total Assets}} \times \frac{\text{Total Assets}}{\text{Owners' Equity}} = 净利润率 \times 总资产周转率 \times 权益乘数 \tag{23.19}$$

例题 23.8

分析师预期 GD 商业公司的净利润率是 20%,总资产周转率是 50%,权益乘数为 2。GD 商业公司的股利支付率将保持在 50%。请根据上述信息计算可持续增长率。

名师解析

根据题目信息,将净利润率,总资产周转率和权益乘数数据代入 ROE 的计算公式,有:

$$\text{ROE} = 20\% \times 50\% \times 2 = 20\%$$

$$留存收益率 = 1 - 股利支付率 = 1 - 50\% = 50\%$$

根据公式 $g = b \times \text{ROE}$,有:

$$g = 50\% \times 20\% = 10\%$$

23.2.3.5 多阶段股利折现模型的特点

1. 优点

多阶段模型模拟了多种增长模式,且该模型的假设更符合公司的生命周期特征。

2. 缺点

(1) 由于技术的发展,企业的生命周期可能被打破,使得该模型不再适合于新的股利增长特征。

(2) 多阶段模型的估值结果中有很大一部分来自终止价值,而终止价值对 r 或 g 的变化很敏感。g 或 r 发生一个微小变化,估计值就可能发生显著的变化。

—考点要求—
解释(explain)电子表格建模预测股息和进行股票估值的方法(★)

23.2.3.6 电子表格建模(Spreadsheet Modeling)

在实际操作中,使用电子表格建模进行估值可以处理比本章所介绍的模型假设更复杂的情形，同时可以提供分析师共享协作的平台，增加估值工作的便利性。

与其他模型的估值过程相似，使用电子表格建模需要估计初始时的现金流（股利）水平，不同增长阶段的时间长度和增长率，并将股利进行折现。

练一练

JD Financial provides Chinese clients with professional investment management services that are matched with special needs and detailed information of every clients. The portfolio manager of the firm, Andrea Hong, has called for a meeting with the firm's analyst, Angelica Yu, to update recent information compiled and rebalance a few clients' portfolios. JD financial analysts usually use the discounted dividend model to evaluate stocks and portfolios.

Yu has targeted two potential companies to be included in Client YI's portfolio (FoBox and Orfruits), as shown in Exhibit 23.1. She estimates a discount rate of 8% for both common stocks.

Exhibit 23.1　Stocks for Client YI

Stock	Company Description
FoBox	◆ FoBox is a publicly traded online to offline food retailer App with an expected constant growth rate for earnings and dividends of 4.5% ◆ Last year's dividend payout was 75%. The expected dividend payout in the years afterwards is 65% ◆ The common stock price is RMB 110 per share
Orfruits	◆ Orfruits is a publicly traded organic fruits retailer App specialized in imported food ◆ The company has a constant dividends growth of 5% ◆ The company has been annually paying out 70% of its earnings and is expecting to keep the same payouts policy in the future ◆ The common stock price is RMB 350 per share ◆ Earnings per share for this year are RMB 11 and are expected to be RMB 15 for the next year

Hong and Yu are discussing the most appropriate models for valuing food retailers. Hong tells Yu about the following scenarios that may occur in the sector：

Scenario 1：An expansion in local market will generate long-term growth in earnings and dividends may exceed the cost of equity.

Scenario 2：The companies are more interested in adopting share repurchases, and the analyst accounts for share repurchases by forecasting earnings and distributions to shareholders.

Scenario 3：The advancement in the technology and the rise of number of people with access to smartphones would lead to earnings growth of 4.5% and will decline to 3.5% afterwards.

For Client ER's portfolio, Yu's team has identified a company, Pudong Company.

◆ The Pudong Company's preferred stock pays annual dividends of RMB 21 per share. Yu believes the company's preferred stock would be fairly priced at a market price of RMB 350.5.

Finally, for client SAN, Yu has identified three stocks shown in Exhibit 23.2.

Exhibit 23.2 Stocks for Client SAN

Stock	Company Description
Farmco	◆ Farmco is a profitable eco-farm firm that pays annual dividends of RMB 12 per share
	◆ The actual dividend growth rate is 14%
	◆ The growth phase will end out in six years. After that, dividend growth rate will most likely decline constantly over four years before stabilizing at a mature growth rate
NiuFarm	◆ NiuFarm builds specified agricultural plastic houses for farmers
	◆ The firm is expected to hold its cash dividends policy steady at RMB 8 per share for the coming five years as the firm continues making reinvestment
	◆ Dividends growth is expected to follow the nominal GDP growth rate after the first steady phase
Field	◆ Field is an agricultural food stock and distribution firm. The firm plans to maintain a stable dividend payout ratio
	◆ Earnings are expected to grow over the next two years by 28% annually. After that, earnings will grow by 15% annually for another 10 years before stabilizing at a mature growth rate

23-1 Based on the Gordon growth model, the justified leading P/E for FoBox stock is closest to:
   A. 14.4.
   B. 18.6.
   C. 21.4.

23-2 Based on its justified leading P/E and the Gordon growth model, Orfruits stock is:
   A. undervalued.
   B. fairly valued.
   C. overvalued.

23-3 Which sector scenarios best describes a situation in which the Gordon growth model could be used to value the food retailers' stocks?
   A. Scenario 1.
   B. Scenario 2.
   C. Scenario 3.

23-4 If Pudong stock was really fairly priced, then the discount rate of the preferred stock of Pudong Company should be closest to:
   A. 5%.
   B. 5.6%.
   C. 6%.

23-5 Based on Exhibit 23.2, which stock can most appropriately be valued using a three-stage DDM with the second and third stages being treated as an H-model?
   A. Farmco.
   B. NiuFarm.
   C. Field.

23-6 Which of the following models is most appropriate for valuing Field company?
   A. H-model.
   B. Three-stage DDM.
   C. Gordon growth model.

答案与解析

23-1 B

合理预期市盈率(justified leading P/E)的计算方法如下：

$$\frac{P_0}{E_1} = \frac{1-b}{r-g}$$

其中，b 代表留存收益比率；$(1-b)$ 则表示股息支付率；r 表示折现率；g 表示长期增长率。FoBox 公司的预期股息支付率是 0.65，其合理的预期市盈率为：

$$\frac{P_0}{E_1} = \frac{1-b}{r-g} = \frac{0.65}{0.08-0.045} \approx 18.6$$

23-2 B

Orfruits 合理的预期市盈率为：

$$\frac{P_0}{E_1} = \frac{0.7}{0.08-0.05} \approx 23.3$$

Orfruits 实际的预期市盈率为：

$$\frac{P_0}{E_1} = \frac{350}{15} \approx 23.3$$

实际的预期市盈率与合理的预期市盈率相等，因此，该公司股价估值合理。

23-3 B

公司回购股份从本质上类似现金分红。如果分析师能够准确地预测公司的股份回购行为，在估值模型中，考虑到其对股利的影响，那么，使用戈登股利增长模型可以用于为进行股份回购的公司进行估值。

23-4 C

不可赎回的、固定股息率的永久性优先股的价值计算方法如下：

$$V_0 = \frac{D}{r}$$

其中，D 表示恒定的股息；r 表示折现率。
根据题目条件，可得：

$$r = \frac{D}{V_0} = \frac{21}{350.5} \approx 6\%$$

23-5 A

根据题目描述，Farmco 公司的增长率预期将在第二阶段后中会逐渐下降至一个较低水平，这符合三阶段模型中第二阶段和第三阶段使用 H-模型的特征，因此选项 A 正确。NiuFarm 和 Field 公司的股息增长率变化都没有逐渐下降的过程，而是突然下降，不符合 H-模型的定义。

23-6 B

Field 公司将会经历三个增长阶段：第一阶段(2年)增长率为 28%，第二阶段(10年)增长率为 15%，然后进入第三阶段——成熟阶段。因此，应该适用三阶段模型。

第 24 章 自由现金流估值

章节导学

知识引导

本章介绍的是现金流折现模型中的自由现金流估值模型。相对于股利折现模型,自由现金流折现模型有诸多优点。同时,自由现金流在估值时涉及较多的估计和假设,计算方法也有多种。本章内容主要包括两种自由现金流的概念、估值方法的优缺点、自由现金流的计算和预测,以及使用自由现金流估值的方法。

考点聚焦

本章是考试的重点章节,考试涉及较多的计算。重点考查的知识点有:自由现金流的计算、预测以及使用两种自由现金流模型进行估值。

本章框架图

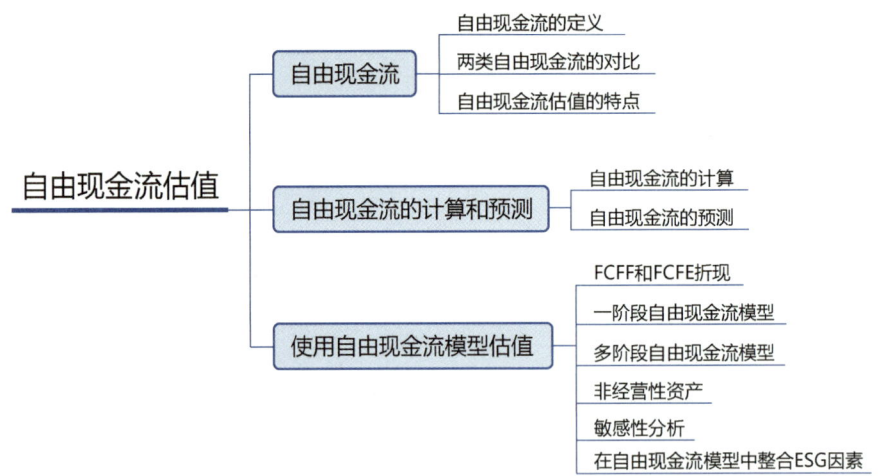

24.1 自由现金流（Free Cash Flow）

24.1.1 自由现金流的定义

自由现金流分为**公司自由现金流**（free cash flow to the firm，FCFF）和**股东自由现金流**（free cash flow to equity，FCFE）。

（1）公司自由现金流是指在支付了所有的营业费用、满足了营运资本和固定资本投资后，剩下的可分配给公司所有资本提供者的现金流，等于经营性现金流扣除资本支出后的结果。公司的资本提供者包括普通股股东，优先股股东和债权人。

（2）股东自由现金流是指扣除营业费用、利息和本金支付、营运资本和固定资本投资后，可分配给公司所有者（股东）的现金流，等于经营性现金流减去资本性支出和向债权人的净支付后的剩余。向债权人的净支付的金额等于利息减去净融资（或加上净偿还）。对债权人的净融资等于发行的新债减去偿付的本金。

—考点要求—
比较（compare）FCFF 和 FCFE 估值方法（★★）

24.1.2 两类自由现金流的对比

公司自由现金流衡量的是可分配给公司所有资本提供者的现金，因此用加权平均资本成本对公司自由现金流进行折现得到的是公司整体的价值。公司整体价值减去公司债务资本价值可以得到公司权益价值。股东自由现金流衡量的是可分配给股东的现金，因此，用权益的要求回报率对股东自由现金流进行折现得到的是股票（权益）价值。

在以下两种情况下，使用公司自由现金流进行估值更为恰当。

（1）FCFE 为负数。这种情况下，使用 FCFF 估计得到的公司整体价值减去债务的市场价值，就能得到权益价值。

（2）公司的资本结构处于变化之中。首先，因为权益的要求回报率对资本结构的变化更为敏感，使用较为稳定的加权平均资本成本更为合适。其次，FCFE 中包含了向债权人的净融资，不断变化的融资额使得 FCFE 未来的变化不易预测。

24.1.3 自由现金流估值的特点

1. 优点

（1）可以用自由现金流折现模型评估不派发股利的公司价值。

（2）董事会对股利的发放额有一定的自由选择权，因此，股利未必能够反映公司的长期盈利能力。如果一家公司派发股利，但派发股利的金额偏离了该公司长期的盈利能力，那么分析师偏向于使用自由现金流模型。只要自由现金流能够反映一定时期内公司的盈利能力，那么选择使用自由现金流进行估值更为合理。

—考点要求—
比较（compare）FCFE 模型和股利折现模型（★★）

（3）自由现金流折现能够反映出控股股东的权益。如果被评估的公司是并购交易的标的，FCFE 可以反映投资方取得控股权后能够用于分配的现金流，而过去发放的股利并不能体现控股股东与非控股股东权益的差别。

—考点要求—
解释（explain）FCFE 中包含的控股权益（★★）

（4）与其他现金流或利润指标（CFO、EBIT、EBITDA、净利润等）相比，FCFF 和 FCFE 可以分别直接用于估计公司和股票的价值。

> **考点要求**
> 评估（evaluate）在估值时使用净利润、EBITDA来代替现金流的方法（★★）

> **知识一点通**
>
> 非现金支出、营运资本和固定资本投资、净融资、利息以及所得税费用都会影响公司向股东或其他资本提供方分配现金的能力。如果直接使用 CFO、EBIT、EBITDA、净利润等指标代替自由现金流，会忽略或重复计量上述因素，这些指标都没有准确地衡量可供分配给公司资本提供者的现金流，因此不能直接用于估值。本章下文会详细介绍如何在上述指标的基础上进行调整以得到 FCFF 和 FCFE。

2. 缺点

相较于股息，自由现金流不是直接可以获取的数据，且计算需要结合公司财务数据，较为复杂。

24.2 自由现金流的计算和预测

> **考点要求**
> 解释（explain）在 FCFF 和 FCFE 的计算中，对净利润、EBIT、EBITDA 和 CFO 进行的必要调整（★★★）

24.2.1 自由现金流的计算

24.2.1.1 根据来源计算自由现金流

1. 基于净利润

基于净利润，公司自由现金流的计算如下：

$$FCFF = NI + NCC + Int(1-t) - FCInv - WCInv \tag{24.1}$$

> **考点要求**
> 计算（calculate）FCFF 和 FCFE 并描述（describe）预估方法（★★★）

其中，NI 代表归属于普通股股东的净利润（net income available to common shareholders）；NCC 代表非现金支出净额（net noncash charges）；Int 代表利息（interest）费用；t 代表税率（tax rate）；$Int(1-t)$ 代表税后的利息费用；FCInv 代表固定资本投资（investment in fixed capital）；WCInv 代表营运资本投资（investment in working capital）。

基于净利润，股东自由现金流的计算如下：

$$\begin{aligned}FCFE &= FCFF - Int(1-t) + Net\ Borrowing \\ &= NI + NCC - FCInv - WCInv + Net\ Borrowing\end{aligned} \tag{24.2}$$

其中，Net Borrowing 代表净融资。

根据公式(24.1)和公式(24.2)，在基于净利润计算自由现金流时，需要在财务报表所披露的净利润基础上，针对非现金支出、营运资本投资、固定资本投资、净融资和税后利息进行调整。它们的具体内容如下：

(1) 非现金支出净额是指计入利润表但没有产生现金流出和流入的费用和收入的净额。常见的非现金支出是折旧和摊销。净利润中，扣除了折旧和摊销费用，但这些费用并没有导致实际的现金流出，所以应该加回相应的金额。

表 24.1 列示了基于净利润计算公司自由现金流时，常见的非现金事项调整。

表 24.1　常见的非现金科目调整内容和调整方向

调整方向	非现金科目
+	折旧(depreciation)、摊销(amortization)、减值(impairment)
+	重组费用(restructuring expense)
-	重组费用转回获得的收益(restructuring income from reversal)
+	非经营活动的损失(losses on non-operating activity)
-	非经营活动的收益(gains on non-operating activity)
+	长期债券折价摊销(amortization of long-term bond discounts)
-	长期债券溢价摊销(amortization of long-term bond premiums)

除表 24.1 所列示的项目外，还需要关注递延所得税的调整。递延所得税是税务和财务上的暂时性差异所导致的。这种差异会在未来期间发生转回。分析师在预测未来的现金流时，需要关注递延所得税在未来转回的可能性。如果一家公司可以持续地产生递延所得税负债，那么该递延所得税负债对应的非现金支出应该进行加回。如果一家公司的递延所得税在未来会因为暂时性差异的转回而消失，那么该递延所得税对应的非现金支出不需要加回。

(2) 营运资本，是指流动资产(除现金及现金等价物)减去流动负债(除短期债务)。

流动资产包括应收账款和存货等；流动负债包括应付账款、应计费用和预收收入等。短期债务包括应付票据(notes payable)和长期债务的短期部分(current portion of long-term debt)，此处的流动负债不包括短期债务。

应收账款、存货等流动资产占用的现金大于应付账款、应计费用、预收收入等释放的现金，即营运资本投资为正数，公司的现金流减少。

> **知识一点通**
>
> 短期债务增加代表通过融资活动从债权人处获得现金，由此产生的现金流不属于能够分配给所有资本提供者的现金流。因此，短期债务的增加不会减少 WCInv，也就不会增加 FCFF。但短期债务的增加会增加 FCFE，它被包含在净融资中。

(3) 固定资本投资额是公司为了维持当前经营或未来的增长而在固定资本上的净投资金额。它等于购买固定资产(或无形资产)产生的现金流出减去处置资产产生的现金流入。

> **备考小贴士**
>
> 考生需要能够根据"财务报表分析"科目的知识，通过题目给出的财务报表信息，计算营运资本、固定资本投资额。

(4) 净融资是企业从债权人处获得的融资净额，它等于债务发行额减去债务偿付额。净融资只影响 FCFE，而不影响 FCFF。

注意，如果公司还发行了优先股，那么净融资中应该包含新增的优先股融资额。

(5) 利息费用是分配给债权人的现金流,在计算净利润时,税后利息(利息是税前抵扣的费用)被扣除了,而 FCFF 是可以分配给所有资本提供者(包括债权人)的现金,不应该扣除利息费用,所以应当把税后利息加回。FCFE 仅仅是可以用于分配给股东的现金流,因此应该是扣除分配给债权人利息后剩余的部分,所以,需要在 FCFF 的基础上减去 $\text{Int}(1-t)$。

> **知识一点通**
>
> 公式(24.1)中的净利润是归属于普通股股东的税后净利润。优先股股东也是公司的资本提供者,因此优先股股息也是能够分配给公司所有资本提供者的现金流的一部分。如果考试题目中告知该公司发放了优先股股息,那么在基于净利润计算 FCFF 时,应该将优先股股息也加回。
>
> 优先股股息的调整方式与利息费用相似,但优先股股息不是在税前扣除,因此不需要计算税后金额。

2. 基于经营性现金流

基于经营性现金流,在 US GAAP 下公司自由现金流计算如下:

$$\text{FCFF} = \text{CFO} + \text{Int}(1-t) - \text{FCInv} \tag{24.3}$$

其中,CFO 表示经营性现金流。

> **知识一点通**
>
> 根据 US GAAP 的规定,收到和支付的利息以及收到的股息被分类为 CFO,而支付的股息被分类为 CFF(cash flow from financing activities,融资活动现金流),因此 CFO 中是扣除了净利息支出的,在计算 FCFF 时,需要加回,而支付的股息没有从 CFO 中扣除,则无须加回。
>
> 根据 IFRS 的规定,支付的利息和股息可以被分类为 CFO,也可以被分类为 CFF,收到的利息和股息可以被分类为 CFO,也可以被分类为 CFI(cash flow from investing activities,投资活动现金流),在基于 CFO 计算 FCFF 时,需要根据具体的分类方式考虑是否进行调整。
>
> 考生需要重点掌握的是在 US GAAP 下,基于 CFO 计算 FCFF 的公式,即公式(24.3)。

> **知识一点通**
>
> 公式(24.3)中,NCC 和 WCInv 都没有出现,原因是在使用间接法计算 CFO 时,已经在净利润的基础上加回了非现金支出和营运资本的变化。

基于经营性现金流,股东自由现金流计算如下:

$$\text{FCFE} = \text{FCFF} - \text{Int}(1-t) + \text{Net Borrowing} = \text{CFO} - \text{FCInv} + \text{Net Borrowing} \tag{24.4}$$

3. 基于息税前利润(EBIT)

基于 EBIT,公司自由现金流计算如下:

$$FCFF = EBIT(1-t) + NCC - FCInv - WCInv \tag{24.5}$$

> **知识一点通**
>
> 因为有:
>
> $$NI = (EBIT - Int)(1-t) = EBIT(1-t) - Int(1-t)$$
>
> 将上式带入公式(24.1)可以得到公式(24.5)。

股东自由现金流计算如下:

$$\begin{aligned} FCFE &= FCFF - Int(1-t) + \text{Net Borrowing} \\ &= EBIT(1-t) - Int(1-t) + NCC - FCInv - WCInv + \text{Net Borrowing} \end{aligned} \tag{24.6}$$

4. 基于息税摊销折旧前利润(EBITDA)

假设非现金支出只包含折旧,基于 EBITDA,公司自由现金流计算如下:

$$FCFF = EBITDA(1-t) + Dep(t) - FCInv - WCInv \tag{24.7}$$

其中,Dep 表示折旧(depreciation)。

> **知识一点通**
>
> 假设非现金支出仅包括折旧,有:
>
> $$NI = (EBITDA - Dep - Int)(1-t) = EBITDA(1-t) - Dep(1-t) - Int(1-t)$$
>
> 将上式带入公式(24.1),可以得到公式(24.7)。

基于 EBITDA,股东自由现金流计算如下:

$$\begin{aligned} FCFE &= FCFF - Int(1-t) + \text{Net Borrowing} \\ &= EBITDA(1-t) - Int(1-t) + Dep(t) - WCInv - FCInv + \text{Net Borrowing} \end{aligned} \tag{24.8}$$

> **备考小贴士**
>
> 上述 4 种自由现金流的计算方式是考试重点,考生需要熟练掌握。此外,考生还需要熟悉财务报表的结构,能够从题目中提取计算所需的条件。

例题 24.1

G 公司 2022 年和 2023 年的财务数据如下表所示:

(单位:万元)

	2022 年	2023 年
现金	18	20
应收账款	15	20
存货	80	100
固定资产原值	85	100
累计折旧	(34.00)	(54.00)
总资产	**164**	**186**
应付账款	40	45
长期债务	55	65
普通股	48	48
留存收益	21	28
负债与所有者权益	**164**	**186**
销售收入	70	77
销货成本	14	15
毛利	**56**	**62**
销售及管理费用	7	7.5
折旧费用	17	20
息税前利润	**32**	**34.5**
利息费用	3.3	3.9
税前利润	**28.7**	**30.6**
所得税费用	8.61	9.18
净利润	20.09	21.42

G 公司在 2023 年没有处置固定资产。G 公司的所得税率为 30%。根据上述信息,计算 G 公司 2023 年的 FCFF 和 FCFE。

名师解析

G 公司 2023 年的非现金支出即 2023 年的折旧费用 20 万元。

G 公司 2023 年的固定资本投入为固定资产原值的增加额,即:

$$100-85=15(万元)$$

G 公司 2023 年的营运资本投入为:

$$\Delta(应收账款+存货-应付账款)=(20+100-45)-(15+80-40)=20(万元)$$

G 公司 2023 年的净融资额(net borrowing)为长期债务余额的增加额,即:

$$65-55=10(万元)$$

根据间接法,G 公司 2023 年经营性现金流为:

$$21.42+20-20=21.42(万元)$$

基于 G 公司 2023 年的净利润,有:

$$FCFF = NI + NCC + Int(1-t) - FCInv - WCInv = 21.42 + 20 + 3.9 \times (1-0.3) - 15 - 20 = 9.15(万元)$$

$$FCFE = NI + NCC - FCInv - WCInv + \text{Net Borrowing} = 21.42 + 20 - 15 - 20 + 10 = 16.42(万元)$$

基于 G 公司 2023 年的经营性现金流,有:

$$FCFF = CFO + Int(1-t) - FCInv = 21.42 + 3.9 \times (1-0.3) - 15 = 9.15(万元)$$

$$FCFE = CFO - FCInv + \text{Net Borrowing} = 21.42 - 15 + 10 = 16.42(万元)$$

基于 G 公司 2023 年的 EBIT,有:

$$FCFF = EBIT(1-t) + NCC - FCInv - WCInv = 34.5 \times (1-0.3) + 20 - 15 - 20 = 9.15(万元)$$

$$FCFE = EBIT(1-t) - Int(1-t) + NCC - FCInv - WCInv + \text{Net Borrowing}$$
$$= 34.5 \times (1-0.3) - 3.9 \times (1-0.3) + 20 - 15 - 20 + 10 = 16.42(万元)$$

注意,在计算 FCFE 时,也可以直接使用公式:

$$FCFE = FCFF - Int(1-t) + \text{Net Borrowing}$$

得到:

$$FCFE = 9.15 - 3.9 \times (1-0.3) + 10 = 16.42(万元)$$

24.2.1.2 根据用途计算自由现金流(Uses-of-Free-Cash-Flow Basis)

自由现金流的用途主要包括以下 3 个方面。

(1)公司将现金留存,从而增加现金(cash balances)或有价证券(marketable securities)的余额。

(2)使用现金向债权人进行支付。支付的净额(net payment to providers of debt capital)等于向债权人支付利息和偿付本金金额超过新借债务金额的部分。

(3)使用现金向权益资本提供者进行支付。支付额(payment to providers of equity capital)等于公司向股东支付股息和进行股份回购支付的现金超过新股发行金额的部分。

根据自由现金流的上述 3 个用途,公司自由现金流的计算如下:

$$FCFF = 现金余额增加(减现金余额减少) + 向债权人的净支付额 + 向股东的支付额 \quad (24.9)$$

其中:

$$向债权人的净支付额 = 税后利息 + 本金偿还 - 新借债务$$

$$向股东的支付额 = 现金股息 + 股份回购额 - 股份增发额$$

股东自由现金流计算如下:

$$FCFE = 现金余额增加(减现金余额减少) + 向股东的支付额 \quad (24.10)$$

24.2.1.3 财务决策对自由现金流的影响

—考点要求—
解释（explain）股利发放、回购、股票发行以及财务杠杆的变化对 FCFF 和 FCFE 的影响（★）

1. 股利支付、股票回购和股票发行

股利支付、股票回购和股票发行对 FCFF 和 FCFE 都没有影响。

从基于来源计算自由现金流的公式来看，股利支付、股票回购和股票发行不包含在自由现金流的计算公式中。

从基于用途计算自由现金流的公式来看，支付股利和股票回购使公司的现金流余额减少，但使得向股东的支付增加，两者相互抵消；股票发行则使得公司现金余额增加，向股东的支付减少，两者相互抵消。

2. 资本结构变化

公司资本结构的变化对 FCFF 没有影响。从基于来源计算自由现金流的公式来看，负债的增加不包含在 FCFF 的公式中；从基于用途计算自由现金流的公式来看，举债增加公司现金，减少向债务资本提供者的支付，两者相互抵消。

资本结构的变化对于 FCFE 有影响。从基于来源计算自由现金流的公式来看，举债使得公司当年净融资增加，从而 FCFE 增加；而负债增加会增加公司未来的利息支出，从而降低后续期间的 FCFE。

财务决策对自由现金流的影响归纳如表 24.2。

表 24.2　财务决策对 FCFF 和 FCFE 的影响

财务决策	FCFF	FCFE
股利支付	无影响	无影响
股票回购	无影响	无影响
股票发行	无影响	无影响
杠杆变化	无影响	有影响

24.2.2　自由现金流的预测

—考点要求—
描述（describe）预测 FCFF 和 FCFE 的方法（★★★）

预测自由现金流有两种方法。

（1）第一种是直接假设目前的现金流在未来将以一定增长率增长。这种方法是假设现金流的增长率在未来保持不变，并且计算自由现金流所使用的各个财务指标（如 EBIT、CFO、非现金支出、固定资本投资等）之间的关系保持恒定。

（2）另一种是通过预测自由现金流的组成部分（如 EBIT、NCC 和 FCInv 等）来实现对自由现金流的预测。

在预测自由现金流的组成部分时，通常是基于它们和销售收入之间的关系来进行的预测，这种方法称为**基于销售收入的预测法**（sales-based forecasting method）。

基于销售收入的预测法要求进行以下预测和估计。

（1）预测销售收入。

（2）估计经营利润率（EBIT÷销售收入），或者净利润率（净利润÷销售收入）。再用利润率乘以预测的销售收入，得到 EBIT 或净利润的预测值。

（3）估计**增量固定资本支出**（incremental fixed capital expenditure）与销售收入增长额之间的比例关系。

增量固定资本支出是指固定资本投资（FCInv）减折旧（Dep）的差值，又称**固定资本净新增投资**（net new investment in fixed capital）。假设增量固定资本支出与销售收入的增长额之间存在固定的比例关系，例如，$\dfrac{\text{FCInv}-\text{Dep}}{\text{Increase in sales}}$。该比例关系可以通过历史数据估计得到。用该比例乘以销售收入增加额，可以得到增量固定资本支出，即 FCInv－Dep。

（4）估计营运资本投资额与销售收入增长额之间的比例关系。假设营运资本投资额与销售收入增加额之间存在固定的比例关系，例如，$\dfrac{\text{WCInv}}{\text{Increase in sales}}$。该比例关系可以通过历史数据估计得到，用该比例乘以销售收入的增加额，可以得到营运资本投资，即 WCInv。

（5）估计债务比率（debt ratio，DR）。在计算 FCFE 时，为了估计净融资额，通常假设公司在未来将保持一定的资本结构不变，或者存在一个目标资本结构（或目标债务比率 DR）。根据关于资本结构的假设，在公司的资本投入（即，固定资本投资－折旧＋营运资本投资）中，将有占比为 DR 的资本投入需要通过新增债务来完成融资，即：

$$\text{Net Borrowing} = (\text{FCInv}-\text{Dep})\times \text{DR} + \text{WCInv}\times \text{DR}$$

根据上述预测和估计，以及 FCFF 和 FCFE 的计算公式，可以得到 FCFF 和 FCFE 的预测值（出于简化的目的，假设非现金支出仅包含折旧费用）。例如，基于净利润，股东自由现金流的预测结果为：

$$\begin{aligned}\text{FCFE} &= \text{NI} - (\text{FCInv}-\text{Dep}) - \text{WCInv} + \text{DR}\times(\text{FCInv}-\text{Dep}) + \text{DR}\times \text{WCInv}\\ &= \text{NI} - (1-\text{DR})(\text{FCInv}-\text{Dep}) - (1-\text{DR})(\text{WCInv})\end{aligned} \quad (24.11)$$

上述两个公式中计算 FCFF 和 FCFE 所需要的变量都可以通过销售收入的预测以及各个变量与销售收入之间关系的假设来获得。

备考小贴士

考生需要根据利润率、目标资本结构、营运资本投资额与销售额的比例关系、增量固定资本投入额与销售额的比例关系等假设计算预测的自由现金流。

24.3 使用自由现金流模型估值

24.3.1 FCFF 和 FCFE 折现

24.3.1.1 FCFF 折现

使用加权平均资本成本对 FCFF 进行折现，可以得到公司整体价值为：

$$\text{Firm value} = \sum_{t=1}^{\infty}\dfrac{\text{FCFF}_t}{(1+\text{WACC})^t} \quad (24.12)$$

其中，t 表示期数；FCFF_t 表示第 t 期公司自由现金流；WACC 表示公司的加权平均资本成本。

——考点要求——
解释（explain）一阶段、两阶段和三阶段 FCFF 和 FCFE 模型，选择（select）合适的模型并证实（justify）所选模型是否恰当（★★★）

WACC 是使用权益资本和债务资本各自市场价值的占比作为权重，对权益资本成本和债务的税后成本进行加权平均的结果。对于权益资本和债务资本的权重，也可以使用公司的目标资本结构中相应的权重。WACC 计算如下所示：

—考点要求—
使用合适的自由现金流模型估计（estimate）公司价值（★★★）

$$\mathrm{WACC} = \frac{\mathrm{MV(Debt)}}{\mathrm{MV(Debt)} + \mathrm{MV(Equity)}} r_d (1 - \mathrm{Tax\ rate}) + \frac{\mathrm{MV(Equity)}}{\mathrm{MV(Debt)} + \mathrm{MV(Equity)}} r \tag{24.13}$$

其中，MV 代表市场价值；r_d 和 r 分别代表债务和权益资本的要求回报率，即它们的成本。

用公司整体价值减去债务的市场价值可以得到权益（股票）的价值。即：

$$\mathrm{Equity\ value} = \mathrm{Firm\ value} - \mathrm{Market\ value\ of\ debt} \tag{24.14}$$

—考点要求—
使用自由现金流估值模型来评估（evaluate）股票是否被高估、低估或恰当地估值（★★★）

注意，如果公司还发行了优先股，那么计算普通股权益价值的时候，应当在公式(24.14)的基础上再减去优先股的市场价值。

24.3.1.2 FCFE 折现

使用权益要求回报率对 FCFE 折现可以得到权益的价值为：

$$\mathrm{Equity\ value} = \sum_{t=1}^{\infty} \frac{\mathrm{FCFE}_t}{(1+r)^t} \tag{24.15}$$

其中，t 表示第 t 期；FCFE_t 为第 t 期的股东自由现金流；r 表示权益要求回报率。

24.3.2 一阶段自由现金流模型

一阶段自由现金流模型假设自由现金流的增速一直保持恒定，因此又称恒定增长模型（constant-growth model）。这个假设与戈登股利增长模型的假设类似。该模型适合于处于成熟行业、增长稳定的公司。

根据一阶段公司自由现金流折现模型，公司整体价值为：

$$\mathrm{Firm\ Value} = \frac{\mathrm{FCFF}_0 (1+g)}{\mathrm{WACC} - g} = \frac{\mathrm{FCFF}_1}{\mathrm{WACC} - g} \tag{24.16}$$

其中，g 表示假设的 FCFF 恒定增长率；FCFF_0 表示第 0 期的公司自由现金流；FCFF_1 是第 1 期的公司自由现金流。

用公司整体价值减去债务的市场价值，可以得到权益（股票）的价值。

根据一阶段股东自由现金流折现模型，权益的价值为：

$$\mathrm{Equity\ Value} = \frac{\mathrm{FCFE}_0 (1+g)}{r - g} = \frac{\mathrm{FCFE}_1}{r - g} \tag{24.17}$$

其中，g 表示假设的 FCFE 恒定增长率；FCFE_0 表示第 0 期的股东自由现金流；FCFE_1 是第 1 期的股东自由现金流。

24.3.3 多阶段自由现金流模型

24.3.3.1 两阶段自由现金流模型

两阶段自由现金流模型对于增长率有以下两种不同的假设：

(1) 第一阶段的增长率固定,在第二阶段初始时降低为长期可持续增长率,并继续以该增长率持续增长。

(2) 增长率在第一阶段逐渐下降,达到长期可持续增长水平时,进入第二阶段,并继续以该增长率持续增长。

> **知识一点通**
>
> 与 DDM 不同的是,自由现金流模型在使用时通常不是直接假设 FCFF 或 FCFE 的增长率,而是假设净利润、销售收入等的增长率。因此,计算时需要结合上文所介绍的基于销售收入的预测方法和(或)题目给出的其他假设来计算 FCFF 和 FCFE。

如果假设在第二阶段,FCFF 保持增长率 g 不变,那么,在两阶段模型下,公司整体价值为:

$$\text{Firm Value} = \sum_{t=1}^{n} \frac{\text{FCFF}_t}{(1+\text{WACC})^t} + \frac{\text{FCFF}_{n+1}}{(\text{WACC}-g)(1+\text{WACC})^n} \quad (24.18)$$

其中,n 为第一阶段的期数;g 为第二阶段 FCFF 的可持续增长率;$\frac{\text{FCFF}_{n+1}}{\text{WACC}-g}$ 表示公司在第 n 期期末(即第一阶段期末)的终止价值;$\frac{\text{FCFF}_{n+1}}{(\text{WACC}-g)(1+\text{WACC})^n}$ 则表示终止价值的现值。

如果假设在第二阶段,FCFE 的增长率保持 g 不变,那么,在两阶段模型下,权益的价值为:

$$\text{Equity Value} = \sum_{t=1}^{n} \frac{\text{FCFE}_t}{(1+r)^t} + \frac{\text{FCFE}_{n+1}}{(r-g)(1+r)^n} \quad (24.19)$$

其中,$\frac{\text{FCFE}_{n+1}}{r-g}$ 是在第 n 期期末公司权益的终止价值;$\frac{\text{FCFE}_{n+1}}{(r-g)(1+r)^n}$ 则表示公司权益终止价值的现值;r 是权益资本的要求回报率。

例题 24.2

G 公司在 2022 年的销售收入为 100 万元。过去五年中,G 公司的经营利润率为 28%,分析师认为这将是该公司的长期稳定的经营利润率水平。

分析师预计该公司销售收入在未来三年中将以 15% 的速率增长。三年后,销售收入的增速将下降为 5%。预计增量固定资本投资额(固定资本投资减去折旧费用)与销售收入的增加额之间的比例为 35%,营运资本投资额与销售收入增加额之间的比例为 18%。G 公司的目标资本结构中,债务融资和权益融资各占 50%,未来增量固定资本和营运资本投入将根据这一比例进行融资。

G 公司面临的所得税率为 25%。预计公司的加权平均资本成本为 12%。根据以上信息,计算 G 公司整体的内在价值。

> **名师解析**
>
> 根据销售收入的增长率假设,可以计算出未来每年的销售收入。根据每年预计的销售收入,结合经营利润率可以得到每年的 EBIT。根据销售收入增长额,以及固定资本投入和营运资本投入与销售收入增长额之间的关系,可以得到增量固定资本投资和营运资本投资的金额。需要注意的是,本题要求的是 FCFF,因此,无须考虑净融资额。计算结果如下所示:
>
> (单位:万元)
>
> | 年份 | 2022 | 2023 | 2024 | 2025 | 2026 | 2027 | 2028 |
> |---|---|---|---|---|---|---|---|
> | 销售收入增长率 | — | 15% | 15% | 15% | 5% | 5% | 5% |
> | 销售收入 | 100.00 | 115.00 | 132.25 | 152.09 | 159.69 | 167.68 | 176.06 |
> | EBIT=销售收入×0.28 | | 32.20 | 37.03 | 42.58 | 44.71 | 46.95 | 49.30 |
> | FCInv−Dep=销售收入增长额×0.35 | — | 5.25 | 6.04 | 6.94 | 2.66 | 2.79 | 2.93 |
> | WCInv=销售收入增长额×0.18 | | 2.70 | 3.11 | 3.57 | 1.37 | 1.44 | 1.51 |
> | 净融资=(FCInv−Dep+WCInv)×0.5 | | 3.98 | 4.57 | 5.26 | 2.02 | 2.12 | 2.22 |
> | FCFF=EBIT(1−0.25)−(FCInv−Dep)−WCInv | | 16.20 | 18.63 | 21.42 | 29.50 | 30.98 | 32.53 |
> | FCFF 增长率 | | | 15.00% | 15.00% | 37.72% | 5.00% | 5.00% |
>
> 由上述计算结果可知,FCFF 在第二阶段将以 5% 的增长率增长,即可以使用恒定增长模型来计算 G 公司在第一期期末的价值。使用两阶段模型,公司的价值为:
>
> $$\text{Firm Value} = \sum_{t=1}^{n} \frac{\text{FCFF}_t}{(1+\text{WACC})^t} + \frac{\text{FCFF}_{n+1}}{(\text{WACC}-g)(1+\text{WACC})^n} =$$
>
> $$\frac{16.20}{(1+0.12)^1} + \frac{18.63}{(1+0.12)^2} + \frac{21.42}{(1+0.12)^3} + \frac{29.50}{(0.12-0.05)(1+0.12)^3} \approx 344.52(万元)$$

24.3.3.2 三阶段自由现金模型

三阶段自由现金模型是在二阶段模型基础上进行的扩展。该模型也有以下两种假设:
(1)三个阶段各自的增长率保持固定不变。
(2)第一阶段和第三阶段各自的增长率保持固定不变,在第二阶段,增长率从第一阶段的水平逐渐下降至第三阶段的水平。

24.3.3.3 终止价值的估计

—**考点要求**—
描述(describe)在多阶段模型中,计算终止价值的方法(★★★)

在多阶段模型中,需要估计公司或股票的终止价值。除例题 24.2 中使用的恒定增长模型外,还可以使用价格乘数(price multiple),如市盈率,来计算终止价值,具体方法与第 23 章中介绍的方法类似。

24.3.4 非经营性资产(Non-operating Assets and Firm Value)

通过公司自由现金流折现模型得到的是公司经营性资产的价值,即用于经营活动、创造现金流的资产的价值。该价值不包括公司持有的额外现金、有价证券和投资性房地产等<u>非经营性资产</u>的价值。

如果考虑非经营性资产的价值,公司的价值应该为:

Value of firm ＝ Value of operating assets ＋ Value of non-operating assets (24.20)

其中，value of operating assets 是通过公司自由现金流折现得到的资产价值。

24.3.5 敏感性分析（Sensitivity Analysis）

在使用 FCFF 和 FCFE 来估计公司价值时，初始年份的 FCFE 和 FCFF、折现率假设、利润率和销售收入增长率假设对于估计结果具有非常重要的影响。折现率的估计结果（即要求回报率或资本成本）又与 CAPM 模型中的贝塔值、无风险利率和权益风险溢价有关。

——考点要求——
解释（explain）FCFF 和 FCFE 估值的敏感性分析（★★★）

观察这些变量的改变对估值结果的影响，可以使用敏感性分析。

24.3.6 在自由现金流模型中整合 ESG 因素

一些 ESG（环境、社会和治理）因素会对估值产生较大影响。定量的 ESG 因素比较容易整合到估值模型中，如预计的环境罚款对现金流的影响。相比之下，定性的 ESG 因素比较难以整合，其中一种方法是，在估值模型中通过增加风险溢价来调整股权融资成本，以反映 ESG 因素的影响。

练一练

Matt Dong is an equity portfolio manager at an investment fund called TouZi Fund. Dong is currently analyzing a few firms' financial data for a potential investment. Companies analyzed are Midia，SUPUR，and ZuNing. Dong has invited Emily Long，an expert in electronics sector investment，to contribute with her expertise and her understanding of environmental，social and governance considerations.

In order to assess Midia's ability to generate free cash flow，Dong reads Long's reports of 31 December 2022，with the following notes：

- Midia is a well-known local brand specialized in kitchen gadgets and electronic；
- It has been publicly traded for more than ten years；
- EBITDA is RMB 3 000 million；
- Depreciation is RMB 600 million；
- Interest expense is RMB 330 million；
- The industry is under a tax rate regime of 30%.

Some other data about Midia's cash flow statement are compiled in Exhibit 24.1.

Exhibit 24.1　Midia's Statement of Cash Flows for the Year Ended 31 December 2022

(in RMB millions)

Cash flow from operating activities	
Net income	1 449
Plus：Depreciation	600
Increase in accounts receivable	(1 500)
Increase in inventory	(150)
Increase in accounts payable	750
Cash flow from operating activities	

	(续表)
Cash flow from operating activities	1 149
Cash flow from investing activities	
Purchases of PP&E	(750)
Cash flow from financing activities	
Borrowing (repayment)	375
Total cash flow	774

Being very familiar with the market structure, Long makes the following statements:

Statement 1: Any changes in capital structure does not impact free cash flow.

Statement 2: The payment of dividends will result in some changes on the free cash flows.

While reviewing SUPUR's last year's report, Dong finds that SUPUR has a tax rate of 30%, FCFF of RMB 160 million and a capital structure of 40% debt and 60% equity. Long is worried about the sensitivity of both FCFF and FCFE. She wants to forecast FCFF based on a range of estimations in case of any changes in growth rate, before tax cost of debt and cost of equity. The range of estimations are explained as follow:

- FCFF growth rate is currently 4.9%. It is assumed to decrease by 0.5% in the low limit and to increase by 0.5% in the upper limit.
- Before-tax cost debt is currently 5.4%. It is assumed to increase by 1% in the upper limit and to decrease by 1% in the low limit.
- Cost of equity is currently 9.5%. It is assumed to increase by 1% in the upper limit and to decrease by 1% in the low limit.

Dong discusses the use of different valuation models with Long and wants to identify the advantage of each model.

In the case of ZuNing, Dong finds that the company pays a corporate tax of 29% and that the company's FCFF of the most recent year was RMB 2 950 million. Exhibit 24.2 shows information about ZuNing's debt, preferred stocks and common stocks:

Exhibit 24.2 Selected Financial Data of ZuNing

	Market value(RMB millions)	Required return
Debt	16 400	5.0%
Preferred stock	5 000	4.5%
Common stock	19 100	10.0%

Long informs Dong that the research and development department at ZuNing has been working on two new sub-products that are currently on trials, which will be launched next month. Long assumes that the FCFF is forecasted to grow at 4.5% perpetually after the launch. She also finds that ZuNing has a short-term investment with current market value of RMB 50 million.

Because of their huge production chain, ZuNing may be affected by social and pollution problems. Long says that in these situations, the factories usually build new filters and improve work environment condition which will result an increase in their operating costs. Otherwise, they may face a serious fine from local authorities.

24-1 Based on Exhibit 1 and selected information about Midia, Midia's FCFF and FCFE in 2022 are respectively closest to：

A. RMB 630 million，RMB 774 million.

B. RMB 960 million，RMB 1 166 million.

C. RMB 1 280 million，RMB 1 694 million.

24-2 Which of Long's statements regarding Midia's free cash flow is most likely correct?

A. Statement 1.

B. Statement 2.

C. Neither Statement 1 nor Statement 2.

24-3 From Long's report on SUPUR's FCFF and the range of estimations given，we should conclude that SUPUR's value of firm is most sensitive to：

A. FCFF growth rate.

B. before-tax cost of debt.

C. cost of equity.

24-4 When discussing the using of different models，which of the following is least likely a reason of choosing FCFE?

A. FCFE is more directly to estimate value of equity.

B. The company pays no dividends in the past.

C. Capital structure of the analyzed company varies over time.

24-5 Based on Exhibit 24.2 and Long's assumptions，ZuNing's firm value is closest to：

A. RMB 130 693.22 million.

B. RMB 134 690.33 million.

C. RMB 139 540.95 million.

24-6 If ZuNing's managers decide to build new filters，how would that affect its FCFF?

A. No changes.

B. Decrease by the charges amount.

C. Decrease by the charges amount times（1－tax rate）.

答案与解析

24-1 A

Midia 在 2022 年的 FCFF 为：

$$FCFF = EBIT(1 - Tax\ rate) + Dep - FCInv - WCInv$$

其中：

$$FCInv = \text{Purchases of PP\&E} = RMB\ 750\ million$$

$$WCInv = \text{Increase in accounts receivable} + \text{Increase in inventory} - \text{Increase in accounts payable} = 1\ 500 + 150 - 750 = RMB\ 900\ million$$

$$FCFF = 2\ 400(1 - 0.30) + 600 - 750 - 900 = RMB\ 630\ million$$

通过经营性现金流也可以计算 FCFF：

$$FCFF = CFO + Int(1 - Tax\ rate) - FCInv = 1\ 149 + 330(1 - 0.30) - 750 = RMB\ 630\ million$$

Midia's 在 2022 年的 FCFE 为：

$$FCFE = FCFF - Int(1 - Tax\ rate) + Net\ Borrowing = 630 - 330(1 - 0.30) + 375 = RMB\ 774\ million$$

FCFE 也可以通过 CFO 计算得到：

$$FCFE = CFO - FCInv + Net\ Borrowing = 1\ 149 - 750 + 375 = RMB\ 774\ million$$

24-2 C

债务资本会产生利息费用，利息费用是在税前列支，因此会产生抵税的效果，称为税盾。归属于股东的自由现金流（FCFE）会受到债务资本成本（利息）的税盾效果的影响。因此，Statement 1 不正确。

自由现金流不会受到股息支付的影响，股息支付只是现金流的使用途径，因此，Statement 2 不正确。

24-3 C

SUPUR 的估值对权益资本成本的变化最为敏感。通过计算每个变量的变化所引起的估值变化，可以得到估值对于不同变量的敏感性。

(1) 对于权益资本成本的敏感性。

假设其他变量不变，权益资本成本在高点 10.5%（9.5% + 1%）和低点 8.5%（9.5% - 1%）时，计算估值的差异。

当权益资本成本为 8.5% 时：

$$WACC = [0.40 \times 0.054 \times (1 - 0.30)] + 0.60 \times 0.085 = 6.612\%$$

SUPUR 的估值为：

$$160 \times (1 + 0.049)/(0.066\ 12 - 0.049) = RMB\ 9\ 803.74\ million$$

当权益资本成本为 10.5% 时：

$$WACC = [0.40 \times 0.054 \times (1 - 0.30)] + 0.60 \times 0.105 = 7.812\%$$

SUPUR 的估值为：

$$160 \times (1 + 0.049)/(0.078\ 12 - 0.049) = RMB\ 5\ 763.74\ million$$

当权益资本成本为 8.5% 和 10.5% 时，估值的差异为 RMB 4 040 million.

(2) 对于税前债务成本的敏感性。

假设其他变量不变，FCFF 的增长率在高点 5.4%（4.9% + 0.5%）和低点 4.4%（4.9% - 0.5%）时，计算估值的差异。

当增长率为 4.4% 时：

$$WACC = [0.40 \times 0.054 \times (1 - 0.30)] + 0.60 \times 0.095 = 7.21\%$$

SUPUR 公司的估值为：

$$160 \times (1 + 0.044)/(0.072\ 1 - 0.044) = RMB\ 5\ 944.48\ million$$

当增长率为 5.4% 时：

$$WACC = [0.40 \times 0.054 \times (1 - 0.30)] + 0.60 \times 0.095 = 7.21\%$$

SUPUR 公司的估值为：

$$160 \times (1 + 0.054)/(0.072\ 1 - 0.054) = RMB\ 9\ 317.12\ million$$

当增长率为 5.4% 和 4.4% 时，估值的差异为 RMB 3 372.63 million。

(3) 对税前债务成本的敏感性。

假设其他变量不变,税前债务成本在高点 6.4%(5.4%+1%)和低点 4.4%(5.4%-1%)时,计算估值的差异。

当税前债务成本为 4.4% 时:
$$\text{WACC} = [0.40 \times 0.044 \times (1-0.30)] + 0.60 \times 0.095 = 6.932\%$$

SUPUR 的估值为:
$$160 \times (1+0.049)/(0.069\,32 - 0.049) = \text{RMB } 8\,259.84 \text{ million}$$

当税前债务成本为 6.4% 时:
$$\text{WACC} = [0.40 \times 0.064 \times (1-0.30)] + 0.60 \times 0.095 = 7.49\%$$

SUPUR 的估值为:
$$160 \times (1+0.049)/(0.074\,9 - 0.049) = \text{RMB } 6\,480.31 \text{ million}$$

当税前资本成本为 4.4% 和 6.4% 时,估值的差异为 RMB 1 779.53 million。

综上,该公司的估值对权益资本成本的变化最为敏感。

24-4 C

由于资本结构变化导致的权益资本成本的波动远大于加权平均资本成本,这种情况下使用 FCFF(用加权平均资本成本折现)来估值更为合适,所以选项 C 不是选择 FCFE 的理由,符合题意。

如果采用 FCFE 进行估值,可以直接得到权益的价值,而采用 FCFF 进行估值,要计算权益的价值,还需减去债务资本的价值才行,因此,选项 A 是选择 FCFE 的理由,不符合题意。

当公司不发放股息时,使用自有现金流估值比使用股利折现模型来估值更合适,这可以作为选择 FCFE 模型的理由。选项 B 不符合题意。

24-5 C

根据题意,FCFF 的以 4.5% 的增长率增长,应该使用恒定增长模型(constant growth model)进行估值。

公司的价值由债务资本的价值、优先股的价值和普通股的价值组成,即:
$$16\,400 + 5\,000 + 19\,100 = \text{RMB } 40\,500$$

因此,ZuNing 公司的加权平均资本成本为:
$$\text{WACC} = \left[\frac{16\,400}{40\,500} \times 0.050 \times (1-0.29)\right] + \frac{5\,000}{40\,500} \times 0.045 + \frac{19\,100}{40\,500} \times 0.10 = 6.71\%$$

公司经营性资产的价值为:
$$\frac{\text{FCFF}_0(1+g)}{\text{WACC}-g} = 2\,950(1+0.045)/(0.067\,1-0.045) = \text{RMB } 139\,490.95 \text{ million}$$

公司的总价值还应该包含非经营性资产的价值,即:

Total value of the company = Value of operating assets + Value of non-operating assets = 139 490.95 million + 50 million = RMB 139 540.95 million

24-6 C

由于题目中提到该支出被视为营业费用,那么,FCFF 因此而下降的金额等于相关的费用乘以 $(1 - \text{tax rate})$。

第 25 章

基于市场的估值法:价格和企业价值乘数

章节导学

知识引导

做投资的时候,通常关注被投资公司的权益或该企业本身是否被公允定价。价格乘数和企业价值乘数是两种重要的估值指标。价格乘数用于评估企业权益是否被公允定价,而企业价值乘数则用于评估整个企业是否被公允定价。

权益证券的价格乘数将其市场价格与收益、账面价值等基本面信息相关联。本章我们将重点学习四种价格乘数,即市盈率(P/E)、市净率(P/B)、市销率(P/S)和市现率(P/CF)。同时,企业价值乘数将企业资本的总市场价值和企业整体的基本面信息相关联。因此,本章还会介绍企业价值乘数的定义、计算和应用。

考点聚焦

本章内容在 CFA® 一级已有涉及,因此,学习起来相对容易。然而,与 CFA® 一级相比,CFA® 二级更多着眼于价格乘数和企业价值乘数的应用。P/E、P/B、P/S、P/CF 和企业价值乘数的计算和基本面的决定因素均是考试重点。

本章框架图

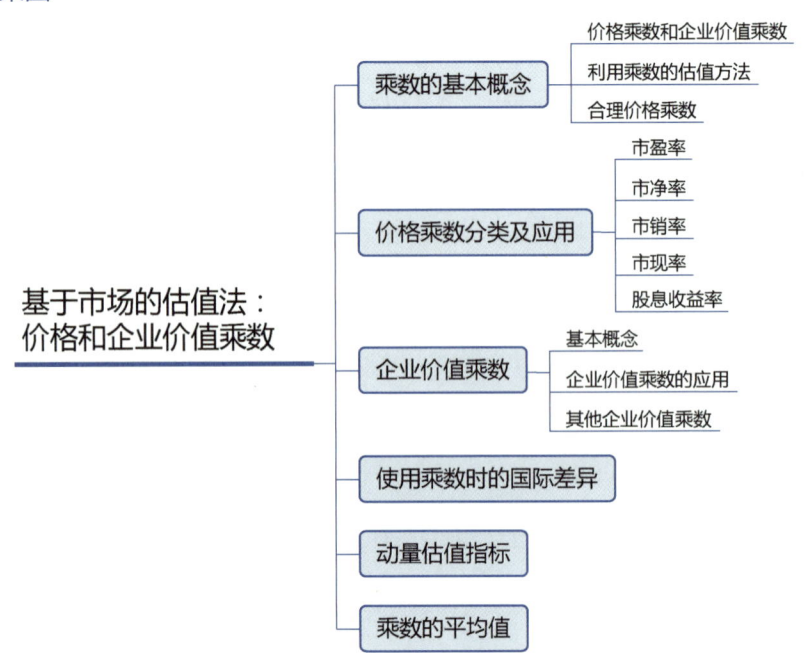

25.1 乘数的基本概念

25.1.1 价格乘数和企业价值乘数

价格乘数(price multiples)是股票市场价格与和股票每股基本面数值之间的比率,例如,股价和每股收益的比率 P/E。

企业价值乘数(enterprise value multiples,EV)是企业所有资本的总市值和企业整体基本面数值之间的比率,例如,企业市场价值和税息折旧及摊销前利润的比率 EV/EBITDA。

> **知识一点通**
>
> 通常用每股收益、每股净资产、每股收入和每股现金流等与股价相比较,构成价格乘数;用企业的息税折旧及摊销前利润(EBITDA)、销售收入和经营性现金流等与企业价值相比较,构成企业价值乘数。

25.1.2 利用乘数的估值方法

25.1.2.1 可比资产法(The Method of Comparables)

1. 含义

可比资产法是指基于可比资产的乘数来对标的资产(被评估的资产)进行价值评估的方法。这里的可比资产(comparable,comps,guideline assets 或 guideline companies)是指与标的资产比较相似的资产。

对于标的资产来说,可比资产的乘数可以是某个相似公司的乘数,也可以是同行业乘数的平均值。

—考点要求—

区分(contrast)可比资产法和基本面预期的方法,解释(explain)乘数估值方法的经济学原理(★)

> **知识一点通**
>
> 可比资产的乘数乘以标的资产的基本面信息,可以得到标的资产的合理价格。例如,市盈率乘以被评估公司的 EPS,可以得到被评估公司权益的合理价格。通过对比合理价格与被评估公司权益的市场价格,可以评价权益的市场价格是否被高估(或低估)。同样的,对比标的资产的乘数和可比资产的乘数,也可以判断出标的资产的价格是否被高估(或低估)。例如,有两个非常相似公司 A 和 B,A 公司的 P/E 值是 20,B 公司的 P/E 值是 25。通过比较 A 和 B 两个公司的 P/E,我们可以得出结论:B 公司相对于 A 公司,其价值被高估了。
>
> 注意,这里的高估或低估,都是指标的资产相对于可比资产的定价情况,即相对高估或低估,而不是指标的资产与其自身内在价值相比的结果。

2. 原理

可比资产法的理论基础是一价定律(law of one price)。一价定律是指,两种完全相同资产的价格应该相同,因为决定资产价值的因素相同。决定资产价值的因素包括风险、利润率和增长前景等。

25.1.2.2 基本面预期法(The Method Based on Forecasted Fundamentals)

—考点要求—
使用可比资产法评估(evaluate)股票价值,解释(explain)基本面信息的重要性(★★)

基本面预期法是指,根据基本面因素的预测结果来计算标的资产的乘数,再基于该乘数来对标的资产进行价值评估的方法。

基本面因素是指决定资产价值的因素,这些因素包括股利、股利增长率和要求回报率等。

> **知识一点通**
>
> 使用基本面预期法时,如果没有特别指出,计算内在价值所使用的通常是戈登股利增长模型;如有特别说明,也可能使用股利折现模型中其他的模型。

> **知识一点通**
>
> 假设 A 公司 2023 年预期每股收益(EPS)是 10 元,基于其市场价格计算出的预期市盈率是 20。使用基本面预期法计算 A 公司价格乘数的方法如下:
>
> (1) 使用戈登股利增长模型(基于股利增长率、要求回报率等假设)计算得到的 A 公司股票内在价值为 100 元。
>
> (2) 使用该内在价值计算得到的预期市盈率为:$\dfrac{P_0}{E_1}=\dfrac{100}{10}=10$。

相似的公司,应该有相似的估值以及价格乘数。但如果公司的基本面存在着差异,它们之间的估值也会存在差异,其价格乘数也会不同。使用基本面预期法可以帮助分析导致不同公司之间乘数差异的基本面因素。

> **知识一点通**
>
> 假设有公司 A 和 B,B 公司的增长率大于 A 公司的增长率,其他基本面信息都是相同的。由于增长率的差异,A 公司和 B 公司基于基本面预期法计算得到的价格乘数就会有所不同,这可以解释 A 公司和 B 公司之间实际价格乘数的差异。

25.1.3 合理价格乘数(Justified Price Multiple)

—考点要求—
计算(calculate)并解释(interpret)合理价格乘数(★★)

合理价格乘数是对乘数的合理、公允的估计。合理价格乘数可以通过可比资产法或基本面预期法来进行估计。

使用可比资产法时,如果可比公司的价格乘数是公允、合理、具有代表性的,那么这个价格乘数可以认为是合理价格乘数。

使用基本面预期法时,如果对基本面因素的预测是合理的,使用模型是恰当的,那么基于由此得出的价格乘数就可以认为是合理价格乘数。

比较实际价格乘数和合理价格乘数,可以判断资产是否被公允定价。例如,如果 A 公司合理价格乘数是 10,而 A 公司实际价格乘数是 20,实际价格乘数大于合理价格乘数,表明公司被高估了;相反,如果公司的实际价格乘数小于合理价格乘数,那么表明公司被低估了。

25.2 价格乘数分类及应用

25.2.1 市盈率(Price to Earnings,P/E)

25.2.1.1 基本概念

市盈率是股票市场价格与每股收益的比值。

1. 合理性

(1) 市盈率的分母为每股收益(EPS),代表盈利能力,而盈利能力是决定投资价值的主要因素。

(2) 市盈率被广泛认可和使用。

(3) 实证研究发现,市盈率的差异可能和股票的长期投资回报率的差异相关,市盈率可以解释股票的长期投资回报率。

2. 缺陷

(1) 如果 EPS 是负数(市盈率为负数)、零,或者与价格相比非常小(市盈率无穷大),则计算出来的市盈率没有应用价值。

(2) 利润中的经常性项目是决定股票内在价值的最重要因素,非经常性项目是不可持续的,不能决定一个企业长期盈利能力。要区分经常性项目和非经常性项目具有一定难度。

(3) 会计准则允许管理层进行会计方法的选择,甚至要求进行一定的会计估计,这会给管理层留下利润操纵的空间。基于被操纵的 EPS 计算出来的市盈率就不是真实的市盈率,这减弱了市盈率的可比性。

25.2.1.2 历史市盈率

根据分母所使用的数据不同,市盈率可以分为**历史市盈率**(trailing P/E)和**预期市盈率**(forward P/E)。

历史市盈率又称为当前市盈率(current P/E),是当前股价和最近 4 个季度每股收益之和(EPS)的比值。有时,该每股收益又被称为过去 12 个月(trailing twelve month, TTM)的每股收益。

计算历史市盈率使用的是公司过去的财务报告结果(历史每股收益),在使用历史信息时,分析师需要注意:

(1) 非经常性事项(nonrecurring component)的影响。

(2) 商业周期对公司利润的影响。

(3) 可比公司之间会计方法的差异。

―考点要求―
描 述 (describe) 价格乘数和股息收益率的合理性和缺陷(★★)

―考点要求―
计算(calculate)并解释(interpret)价格乘数和股息收益率(★★★)

(4) EPS 潜在的被稀释的可能性。

此外,如果计算得到的历史 EPS 极小、为负数或为零,也需要进行一定的处理才能用于估值。

1. 利润中的非经常性项目

—考点要求—
计算(calculate)并解释(interpret)潜在盈利(★★★)

非经常性项目是在未来不会再持续发生的事项,而估值关注的是未来可持续的现金流,非经常性项目无法产生可持续的现金流。因此,分析师通常会将利润中的非经常性项目剔除。剔除非经常性项目后剩下的利润称为 潜在盈利(underlying earnings),又称为 持续性盈利(persistent earnings/continuing earnings)或 核心盈利(core earnings)。

分析师需要关注的非经常性事项通常包括:资产处置的利得和损失、重组、资产减记、减值准备和会计估计变化的影响等。

> **备考小贴士**
>
> 非经常性事项是"财务报表分析"科目的内容,此处不详细展开。在本科目的考试中,考生需要根据题目中已知的非经常性事项内容,对盈利进行调整。

> **知识一点通**
>
> 公司通常根据会计准则披露财务信息,但有的公司也会另外披露核心盈利。公司披露的核心盈利不完全符合会计准则的要求,因此在披露时常称为 non-IFRS earnings、non-GAAP earnings、pro forma earnings、adjusted earnings 和 core earnings 等。分析师可以根据公司披露的核心盈利计算每股收益,也可以对公司披露的信息加以调整后得到每股收益。
>
> 分析师对于公司披露的核心盈利可能存有异议(例如,对非经常性事项的认定不同),因此可能会对公司披露的信息进行再次调整。

例题 25.1

2022 年 4 月 1 日,GD 商业公司的股价是 USD 40。在 2022 年的第一个季度末,GD 商业公司报告的当季度 EPS 是 USD 0.6。其中包含资产处置产生的收益每股 USD 0.2 和重组费用每股 USD 0.1,这两项都属于非经常性事项。GD 商业公司 2021 年全年核心 EPS 是 USD 5,2021 年第一个季度的核心 EPS 是 USD 1。根据 GD 公司披露的 2021 年核心 EPS 和分析师调整后的 2022 年 EPS 计算 2022 年 4 月 1 日时,GD 商业公司的历史市盈率。

名师解析

第一步,针对非经常性事项进行调整。题目中 2021 年的 EPS 是核心 EPS,因此不需要调整。2022 年第一季度的 EPS 不是核心 EPS,故需要进行调整。2022 年第一季度的核心为:

$$EPS_{2022(Q1)} = 0.6 - 0.2 + 0.1 = USD\ 0.5$$

第二步,计算历史 EPS。用 2021 年的全年 EPS 减去 2021 年第一季度 EPS,得到 2021 年后三个季度的 EPS,即:

$$EPS_{2021(Q2\sim Q4)} = 5 - 1 = USD\ 4$$

用 2021 年后三个季度的 EPS 加上 2022 年第一季度经过调整的 EPS,得到 2022 年 4 月 1 日的历史(核心)EPS,即:

$$EPS=4+0.5=USD\ 4.5$$

第三步,计算历史市盈率。即:

$$Trailing\ P/E=40/4.5=8.89$$

> **备考小贴士**
>
> 考生需要能够根据题目已知条件,对影响每股收益的非经常性项目进行调整。

2. 商业周期的影响

商业周期可能会引起 EPS 短时间的波动,最近一年的 EPS 不一定能准确地反映公司平均或长期的盈利能力。对于周期性行业(cyclical businesses)的公司更是如此。

—考点要求—
解释(explain)计算常态化 EPS 的方法(★★★)

> **知识一点通**
>
> 假设 A 公司在经济周期底部时的 EPS 为 USD 1,在顶部时的 EPS 是为 USD 3,并且 A 公司的经营情况和发展前景没有发生任何变化。假设其股价为 USD 30,那么按底部和顶部的 EPS 计算所得的市盈率分别是 30 倍和 10 倍。可见,由于商业周期的影响,EPS 和市盈率都会随之波动,从而使得商业周期不同阶段的市盈率不能正确地反映公司股票在当时的估值水平。

为了消除商业周期的影响,分析师使用常态化的每股收益(normalized EPS)来计算历史市盈率。在实践中,可以使用历史平均 EPS 法(historical average EPS)和平均权益回报率法(average return on equity)来计算常态化的每股收益。

—考点要求—
计算(calculate)常态化 EPS(★★★)

历史平均 EPS 法是指用上一个商业周期中 EPS 的平均值作为常态化的每股收益。这种方法的缺陷是没有考虑到不同商业周期中公司规模发生的变化。

平均权益回报率法是指用上一个商业周期中的平均权益回报率乘以当前每股账面价值,来计算常态化的每股收益。这种方法使用的是近期的账面价值,因此考虑了公司规模的变化,在这一点上平均权益回报率法优于历史平均 EPS 法。

例题 25.2

下表列示了最近一个完整的周期内,GD 商业公司的每股收益(EPS)、每一期每股账面价值(BVPS)和权益回报率(ROE)的情况。分别通过历史平均 EPS 法和平均权益回报率法计算常态化每股收益。

GD 商业公司财务信息

(单位:元)

	2×22 年	2×23 年	2×24 年	2×25 年
EPS	4	3.8	5.25	4.5
BVPS	25	26	26	28
ROE	15%	15%	21%	16%

名师解析

(1) 使用历史平均 EPS 法。

常态化每股收益为:

$$(4+3.8+5.25+4.5)/4 \approx 4.39(元)$$

(2) 使用权益平均回报率法。

第一步,计算出平均权益回报:

$$(0.15+0.15+0.21+0.16)/4 = 0.1675$$

第二步,计算常态化每股收益:

$$0.1675 \times 28 = 4.69(元)$$

备考小贴士

考生需要能够在计算每股收益时,根据题目提供的条件,分别用两种不同的方法进行商业周期影响的调整。

3. 公司间不同的会计方法

为了使得不同公司的 EPS 具有可比性,分析师需要针对公司间不同的会计方法进行调整。常见的调整包括存货计价方法、租赁的计量方法以及收入的确认方法等。

4. EPS 被稀释的可能性

当公司有发行在外的可转债、可转换优先股、股票期权和认股权证等稀释性证券时,这些证券的持有人可以通过执行这些证券的转换条款或行使认购权来获得普通股,导致普通股数量增加,每股收益下降,这就是对 EPS 的稀释作用。

知识一点通

关于稀释性证券的内容,是 CFA® 一级"财务报表分析"科目的内容,此处不详细展开。

公司通常会披露基本每股收益(basic EPS)和稀释的每股收益(diluted EPS)。基本每股收益是基于实际发行在外的普通股的加权平均数量计算得到的。稀释每股收益则考虑了稀释性证券可能产生的新增普通股数量。分析师可以直接使用公司披露的稀释每股收益来计算市盈率,这使得拥有不同稀释性证券的公司之间的 EPS 更具有可比性。

5. EPS极小、为零或为负数

市盈率反映了投资者购买一单位收益所付出的成本。市盈率为正数时,市盈率越低,表明购买一单位收益的成本越低,或者说较为"便宜"。在其他条件相同的情况下,理论上,投资者应该倾向于投资市盈率较低(较为"便宜")的公司。如果EPS极小、为零或为负数,都会导致市盈率无法作为评价公司估值水平和做出投资选择的依据。

—考点要求—
解释(explain)盈利收益率,并证实(justify)其合理性(★★)

> **知识一点通**
>
> 如果一家公司的EPS是负数,其市盈率(负数)也就低于EPS为正数的公司的市盈率,由此得到的结论是EPS为负数的公司更"便宜"。但事实上,投资者应该优先选择EPS为正数的公司投资。由此可以看出,负的EPS会导致根据市盈率进行投资决策的方法失效。
>
> 如果一家公司的EPS是极小的正数或零,市盈率将会极大或没有意义,这也将导致不能根据市盈率来评估股票购买成本和估值水平的相对高低。

如果存在上述问题,可以使用市盈率的倒数——**盈利收益率**(earning yield)——来代替市盈率对投资进行评价。价格乘数的倒数通常称为**反市价比率**(inverse price ratio)。

盈利收益率等于每股收益除以股票的价格。盈利收益率反映了一单位购买成本能够获得的每股收益。盈利收益率越高,表明单位购买成本能够得到的收益越高。盈利收益率高的股票优于盈利收益率低的股票。

> **知识一点通**
>
> 即使EPS是极小的正数、零或负数,也不影响盈利收益率的应用价值。
>
> EPS是正数的公司的盈利收益率高于EPS为负数的公司。使用盈利收益率,EPS为正数的公司优于EPS为负数的公司。EPS和盈利收益率的评价结果不会发生冲突。
>
> 当EPS是零或者很小的正数时,盈利收益率也是零或者接近于零,此时盈利收益率的大小仍可用于投资评价。

> **知识一点通**
>
> 账面价值和销售收入几乎不会是负数或零,因此,市净率和市销率的倒数较少使用。
>
> 因为存在不派发股息的公司以及现金流为负数、零或极小值的公司,导致无法计算市息率(price-to-dividend,P/D)和市现率(price-to-cash flow,P/CF),因此也常使用市息率和市现率的倒数。

除使用反市价比率外,还可以利用常态化每股利益来解决每股收益极小、为零或为负数的问题。因为基于持续经营假设,一家公司的盈利不会总是负数。

25.2.1.3 预期市盈率

预期市盈率又称领先市盈率(leading P/E),或前瞻性市盈率(prospective P/E),是当前股价和预期下一年每股收益的比值。由于估值过程更关注未来,只要在未来的每股收益能够预测时,分析师更倾向于使用预期市盈率而非历史市盈率。

预期下一年的每股收益一般是指未来 4 个季度的预期 EPS、未来 12 个月的预期 EPS 或是下一个财年的预期 EPS。在本章中,当提及预期市盈率时,如果没有特别指明,预期下一年的每股收益是指预期未来 4 个季度的每股收益。

例如,如果公司 A 的当前股票价格是 USD 10,未来 4 个季度(包括估值时所在季度)的预期 EPS 之和为 USD 4,那么预期市盈率=10/4=2.5。

如果在计算未来 12 个月市盈率(next twelve month P/E,NTM P/E)时,跨越了两个财年,那么通常使用估值时所在年的预期 EPS 和次年的预期 EPS 的加权平均值来计算市盈率。加权平均所使用的权重是计算 EPS 的月份占两个年份的比重。

如果使用财年 EPS 来计算市盈率,则需要明确是使用估值时所在年的预期 EPS 还是次年的预期 EPS。

25.2.1.4 市盈率的应用

1. 合理市盈率

—考点要求—
计算(calculate)和解释(interpret)合理市盈率(★★★)

基于基本面的预期,使用戈登股利增长模型可以计算出合理历史市盈率(justified trailing P/E)(每股内在价值和历史每股收益的比率)和合理预期市盈率(justified forward P/E)(每股内在价值和预期每股收益的比率)。

根据戈登股利增长模型,股票的内在价值为:$P_0 = \dfrac{D_1}{r-g} = \dfrac{D_0(1+g)}{r-g}$,可以得到基于基本面预期的合理历史市盈率和合理预期市盈率分别为:

—考点要求—
基于乘数的比较,评估(evaluate)股票是否被高估、低估或合理估值(★★★)

$$\frac{P_0}{E_0} = \frac{D_1/E_0}{r-g} = \frac{D_0(1+g)/E_0}{r-g} = \frac{(1-b)(1+g)}{r-g} \tag{25.1}$$

$$\frac{P_0}{E_1} = \frac{D_1/E_1}{r-g} = \frac{D_0(1+g)/E_1}{r-g} = \frac{1-b}{r-g} \tag{25.2}$$

其中,P_0 表示当前(第 1 期期初,第 0 期期末)股票价值;E_0 表示第 0 期的每股收益;E_1 表示第 1 期的每股收益;D_0 表示第 0 期的每股股息;D_1 表示第 1 期的每股股息;r 表示要求回报率;g 表示股利增长率;b 表示留存收益率;$(1-b)$ 表示股息支付率。

从公式(25.1)和公式(25.2)可以看出,合理历史市盈率和合理预期市盈率由股利支付率、股利增长率和要求回报率决定。股利增长率与合理市盈率呈正向关系,要求回报率与合理市盈率呈反向关系。

如果基于基本面预期计算得到的合理市盈率大于根据市场价格计算得到的市盈率,则认为股票价值被低估,反之则认为股票价值被高估。

2. 预测的市盈率

—考点要求—
计算(calculate)并解释(interpret)预测的市盈率(★★)

通过对样本股票的市盈率和基本面因素进行横截面回归可以得到市盈率与基本面因素的回归方程,如以下形式:预测市盈率=10+2×股息支付率-0.15×贝塔系数+15×盈利增长率。

常见的基本面因素包括股息增长率、股息支付率、标准差和贝塔系数等。已知样本外的某股票的上述基本面信息,将它们代入回归方程,就可以得到该股票的预测市盈率。

但是这种方法存在以下3个缺陷:

(1) 回归法是基于特定股票样本在一段时期内的数据,因此这种关系不一定适用于样本外的股票,也不一定适用于该股票其他时期的情况。

(2) 市盈率和基本面因素之间的关系会随着时间发生改变。

(3) 回归中可能会出现多重共线性(multicollinearity)问题。

—考点要求—
解释(explain)横截面回归法的局限(★★)

—备考小贴士—

考生应该能够根据考试中给出的具体回归方程和基本面因素的具体值,计算预测市盈率。另外,该方法的缺陷也是本知识点的考查方向。

—知识一点通—

基于戈登股利增长模型计算合理市盈率,以及基于回归方程计算预测市盈率,都是在基本面预期的基础上得到市盈率的方法。而实践中较常用于估值的是可比公司的市盈率。

3. 可比资产法

可比资产(此处即指可比公司)的乘数是乘数的基准值(benchmark value of the multiple),也可以称为或**基准乘数**。可比公司的市盈率也就称为**基准市盈率**。

使用可比公司乘数进行估值的步骤包括:

(1) 选择并计算用于估值的乘数。

(2) 计算可比公司的乘数(基准乘数)。

(3) 进行必要的调整,并使用调整后的乘数进行价值评估(例如,对比可比公司的乘数和目标公司的乘数,评价目标公司是否被公允定价)。

(4) 分析可比公司乘数和标的公司乘数之间的差异是否由其基本面差异导致,并根据分析结果,调整价值评估的结论。

—考点要求—
计算(calculate)并解释(interpret) PEG 比率,并解释(explain)其在相对估值中的使用(★★)

基准市盈率可以是同类公司市盈率的平均值或中位数、全行业市盈率的平均值或中位数、代表性股指的市盈率或公司自身过去市盈率的平均值。此外,将标的公司的市盈率与基准市盈率的比值与该比值的历史平均水平进行比较,也可以评价股票当前的估值水平。

使用可比资产法,用市盈率进行价值评估有以下两种方式。

(1) 根据基准市盈率和股票的每股收益估计出股票的价值,再将估计的股票价值与公司实际的股价进行对比。例如,A 公司的 EPS 是 USD 5,基准市盈率是 10,A 公司的实际股价是 USD 100,根据基准市盈率和 A 公司的 EPS 得到的股票价值是 USD 50,低于实际的股价 USD 100,说明市场高估了该股票的价值。

(2) 比较公司市盈率的和基准市盈率的相对大小。例如,A 公司市盈率是 10,基准市盈率是 20,如果其他条件都相同,那么可以判断 A 公司的股票价值被市场低估了。

值得注意的是,被评估公司和可比公司市盈率的差异可能是由其基本面(例如,增长率、要求回报率等)的差异所导致。如果被评估公司和可比公司的基本面有差异,那么,不能直接使用基准市盈率来评估一个公司的股价被高估或低估。相对于可比公司,如果被评估公司有较高的预期增长率,或者较低的要求回报率,都有可能导致其有较高的市盈率,此时,市盈率的差异可能是合理的。

> **例题 25.3**
>
> 下表列出了 A 公司和行业平均的市盈率及基本面情况。请评价 A 公司相对于行业平均情况,被高估还是被低估。
>
> **市盈率及基本面情况**
>
> | 股票 | 历史市盈率 | 5年预期增长率 | Beta |
> |---|---|---|---|
> | A | 20.2 | 15.4% | 1.2 |
> | 行业平均 | 22.7 | 19.4% | 1.2 |
>
> **名师解析**
>
> A 公司的市盈率比行业平均市盈率略低,但这并不意味着 A 公司被相对低估了。A 公司的贝塔系数和行业平均值相同,而其 5 年的预期增长率小于行业平均的增长率。这表明,A 公司的市场风险和行业平均一样大,但是,其增长潜力低于行业平均,即 A 公司的基本面与行业平均的基本面情况不同。所以,A 公司的市盈率比行业平均市盈率略低可能是合理的,不能说明其价值被低估。

PEG 比率(P/E-to-growth ratio)将市盈率和增长率结合在一起使用。PEG 比率是市盈率和盈利增长率的比值,即 $PEG=\dfrac{P/E}{g}$。PEG 比率反映了每 1% 预期增长率对市盈率的贡献乘数。例如,PEG 是 10,即意味着 1% 的预期增长率贡献了 10 倍市盈率。如果该股票的增长率是 2%,其他条件不变,那么该股票市盈率就应该是 20。

PEG 越高(低),表明市场给该股票每 1% 增长率的估值越高(低)。因此,通常认为 PEG 较低的股票比 PEG 较高的股票更"便宜"。

但在实际应用时,PEG 存在以下问题。

(1) PEG 假设市盈率和增长率的关系是线性的。

(2) PEG 只考虑了市盈率和增长率的关系,但是忽视了风险对于市盈率的影响。

(3) PEG 没有考虑增长率的持续时长。

> **知识一点通**
>
> 如果 PEG 是 10,股票增长率是 2% 或 3%,对应的市盈率分别是 20 或 30。但是按照历史合理市盈率的计算方法,市盈率和增长率的关系是 $\dfrac{P_0}{E_0}=\dfrac{D_0(1+g)/E_0}{r-g}=\dfrac{(1-b)(1+g)}{r-g}$,这种关系显然是非线性的。

> **备考小贴士**
>
> 考试中可能考查 PEG 的计算和缺陷。

4. 股票终止价值的估计

使用多阶段股利折现模型时,需要估计终止价值。价格乘数可以用于估计终止价值。用于估计终止价值的乘数称为 终止价格乘数(terminal price multiples)。估计终止价值可以使用基本面预期法,也可以使用可比资产(可比公司)法。

使用基本面预期法时,使用戈登股利增长模型计算得到合理的价格乘数(如合理市盈率);使用比较法时,则可以选择行业平均数、中位数或公司自己的历史市盈率作为基准市盈率。

用终止价格乘数(如市盈率)乘以预测的基本面数据(如 EPS),就可以得到终止价值。

> **—考点要求—**
>
> 解释(explain)价格乘数在计算终止价值中的应用,使用价格乘数计算(calculate)终止价值(★)

25.2.2 市净率(Price to Book Value,P/B)

25.2.2.1 基本概念

市净率是指股价和每股账面价值之间的比率。每股账面价值(book value per share,BVPS)代表了每股普通股股东权益。这里的普通股股东权益是总权益减去清偿顺序优先于普通股的部分,例如,优先股股东的权益。

例如,如果公司 A 的权益总价值是 USD 50 000,优先股账面价值是 USD 10 000,发行在外的普通股数量是 10 000,那么,普通股权益为:50 000－10 000＝USD 40 000。(普通股权益＝公司权益－优先股价值)。每股账面价值是 40 000÷10 000＝USD 4。

> **知识一点通**
>
> 只存在历史市净率,即当前股价和当前每股账面价值的比率 $\dfrac{P_0}{B_0}$,而不存在预期市净率。

1. 合理性

(1)账面价值通常为正。如果 EPS 是零或是负数,市盈率没有意义,此时,可以使用市净率。

(2)每股账面价值比每股收益的波动性更小。因此,当每股收益出现极大或极小值时,使用市净率更合适。

(3)银行等金融机构的资产主要是流动资产,每股账面价值接近于市场价值,对这类公司的估值常使用每股账面价值。

(4)对于不具备持续经营预期的公司,使用账面价值估值较为恰当。

(5)根据实证研究,市净率之间的差异可能和股票长期回报之间的差异有关。

2. 缺陷

(1)人力资本和公司声誉等不体现在财务报表上,也就不会体现在每股账面价值中。

(2) 如果公司的资产规模差距很大,可能意味着公司之间商业模式不同,因此使用市净率不能对资产规模差距很大的公司进行对比。

(3) 公司间会计政策的差异会降低市净率的可比性。这些差异包括费用和资产的确认原则。针对会计上的差异,分析师可能需要进行一定的调整。

(4) 资产的账面价值有些使用历史成本计量,有些使用公允价值计量,这使得不同公司之间的市净率缺乏可比性。

(5) 由于回购价格和发行价的不同,每股账面价值受到影响的程度不同,股票回购或发行活动也会对市净率的使用造成影响。

> **备考小贴士**
>
> 考生应该能够从题目给出的选项中,辨认出市净率的优点或者缺点。

3. 调整账面价值

为了使账面价值能更好地反映公司价值,提高市净率的可比性,某些时候分析师会对账面价值进行如下调整。

(1) 计算每股有形净资产账面价值(tangible book value per share)。从普通股权益中剔除无形资产和商誉的价值就可以得到有形净资产账面价值。再将其除以发行在外的普通股数量,就可以得到每股有形净资产账面价值。

(2) 针对公司的会计政策进行调整,使得不同公司间使用的会计政策相同。例如,有的公司使用 FIFO,有的公司使用 LIFO,为了更好评估这些公司的相对价值,可以将使用 LIFO 法的公司每股账面价值按照 FIFO 法重新计算。

(3) 调整表外资产。

25.2.2.2 市净率的应用

1. 合理市净率

使用基本面预期法,根据戈登股利增长模型可以得到**合理市净率**(justified P/B)的计算公式为:

$$\frac{P_0}{B_0} = \frac{\text{ROE} - g}{r - g} \tag{25.3}$$

其中,P_0 表示当前股票的价格;B_0 表示当前每股账面价值;g 表示预期股利增长率;ROE 表示净资产(权益)回报率;r 表示要求回报率。

> **知识一点通**
>
> 假设第一期的股利为 D_1。$D_1 = B_0 \times \text{ROE} \times (1-b)$,增长率 $g = b \times \text{ROE}$,根据戈登股利增长模型,有:
>
> $$\frac{P_0}{B_0} = \frac{D_1}{(r-g) \times B_0} = \frac{B_0 \times \text{ROE} \times (1-b)}{(r-g) \times B_0} = \frac{\text{ROE} - b \times \text{ROE}}{r-g} = \frac{\text{ROE} - g}{r-g}$$

—考点要求—
描述(describe)影响市净率的基本面因素(★)

—考点要求—
计算(calculate)并解释(interpret)合理市净率(★★)

—考点要求—
基于乘数的比较,评估(evaluate)股票是否被高估、低估或合理估值(★★★)

> **备考小贴士**
>
> 考试不要求掌握合理市净率公式的推导过程,考生理解并能够使用公式进行计算即可。

例题 25.4

假设公司 A 的权益回报率 ROE 是 22%,要求回报率是 17%,预期股利增长率是 6%,求该公司的合理市净率。

名师解析

直接将上述数值代入公式(25.3),有:

$$\text{合理市净率} = \frac{\text{ROE} - g}{r - g} = \frac{0.22 - 0.06}{0.17 - 0.06} \approx 1.45$$

从公式(25.3)可以看出,合理市净率受到 ROE 和股利增长率 g 之差(ROE$-g$)、权益回报率 r 和股利增长率 g 之差($r-g$)的影响。由于分子分母都是减去 g,ROE 和 r 的大小关系决定了合理市净率的大小。相较于 r,ROE 越大,合理市净率越大。此外,当 ROE 大于 r 时,股利增长率 g 和合理市净率之间呈正向关系;当 ROE 小于 r 时,股利增长率 g 和合理市净率之间呈负向关系。

2. 可比资产法

使用市净率估值的步骤与使用市盈率估值的步骤相似。需要注意的是,在计算市净率时,通常使用历史账面价值而非预期的账面价值。

根据合理市净率的计算公式,在使用市净率的计算结果来进行价值评估时,还需要考虑到公司的盈利能力(ROE)、成长性(g)和风险等因素。其中,风险用贝塔系数表示,它影响了要求回报率 r。这些因素是影响公司市净率的基本面因素。

例题 25.5

根据下表信息,评价 A 和 B 两只股票的相对价值大小。

公司	过去三年市净率的平均值	当前市净率	预测的 ROE	贝塔值
A	6.85	4.32	18.9%	1.22
B	8.62	3.31	19.6%	1.26
行业	—	5.75	19.8%	—

名师解析

B 公司当前的市净率比 A 公司和行业平均市净率都低,且显著低于 B 公司过去三年的平均市净率。如果认为 B 公司的市净率是合理的,则造成市净率差异的原因可能是:B 公司的 ROE 低于行业平均值以及 A 公司的 ROE,或者 B 公司的贝塔值高于行业平均值以及 A 公司的贝塔值。

但是根据表格中提供的信息,B 公司的 ROE 和行业平均值几乎相同,并且大于 A 公司的 ROE;B 公司的贝塔值和 A 公司的贝塔值几乎相等。因此,可以推断 B 公司股票价值被低估。

25.2.3 市销率（Price to Sales，P/S）

25.2.3.1 基本概念

市销率是指股价和每股销售收入之间的比值。每股销售收入等于销售收入除以发行在外的普通股数量。

1. 合理性

（1）与每股收益和每股账面价值相比，销售收入受到管理层操纵的可能性较小。

（2）销售收入总是为正数，当每股收益为负数时，使用市销率代替市盈率更为恰当。

（3）销售收入不会像每股收益那样受到财务杠杆和经营杠杆的影响而波动，所以更加稳定。当每股收益波动很大时，可以使用市销率替代市盈率。

（4）市销率适合评估成熟的、周期性的或无净利润公司的股票。

（5）实证研究发现，市销率的差异和股票投资长期回报率的差异有关。

2. 缺陷

（1）销售收入很高或者增速很快，不一定代表公司的盈利能力很强。对一个公司来说，最终能够创造利润和现金流，才是其价值所在。

（2）销售收入不能反映融资成本对利润和风险的影响，而公司的股价则受到债务融资成本的影响。

（3）市销率不能反映公司之间的不同成本结构。

（4）不同的收入确认方法会影响当期和未来的销售收入。

25.2.3.2 市销率的应用

—考点要求—
计算（calculate）并解释（interpret）合理市销率（★★）

1. 合理市销率

基于基本面预期法，可以估计出合理市销率（justified P/S）。合理市销率的计算公式为：

$$\frac{P_0}{S_0} = \frac{\frac{E_0}{S_0}(1-b)(1+g)}{r-g} \tag{25.4}$$

—考点要求—
基于乘数的比较，评估（evaluate）股票是否被高估、低估或合理估值（★★★）

其中，E_0 表示第 0 期的每股收益；S_0 表示第 0 期的每股销售收入；$\frac{E_0}{S_0}$ 表示净利润率；b 表示留存收益率；P_0 表示当前的股票价格；g 表示股利增长率；r 表示要求回报率。

> **知识一点通**
>
> 根据戈登股利增长模型，有：
>
> $$P_0 = \frac{D_1}{r-g}$$
>
> 又因为 $\text{EPS}_1(1-b) = D_1$，$\text{EPS}_1 = \text{EPS}_0(1+g)$，所以有：
>
> $$P_0 = \frac{D_1}{r-g} = \frac{\text{EPS}_0(1-b)(1+g)}{r-g}$$

> **知识一点通**
>
> 将上式左右两边除以 S_0,得到:
>
> $$\frac{P_0}{S_0} = \frac{\text{EPS}_0(1-b)(1+g)}{S_0(r-g)} = \frac{\frac{\text{EPS}_0}{S_0}(1-b)(1+g)}{r-g}$$

例题 25.6

已知公司 A 的股利支付率是 40%,要求回报率是 15%,股利的预期增长率是 8%,当前净利润率是 12%,求该公司的合理市销率。

名师解析

将题干中给出的公司 A 的 4 个指标分别代入公式(25.4),得:

$$\text{合理市销率} = \frac{0.12 \times 0.40 \times 1.08}{0.15 - 0.08} = 0.74$$

根据公式(25.4)可以看出,净利润率 $\frac{E_0}{S_0}$ 与合理市销率呈正向关系。此外,净利润率还通过影响 ROE,影响着增长率 g,进而间接影响合理市销率。增长率 g 和合理市销率呈正向关系,可持续增长率越大(小),合理市销率越大(小)。公司的风险和合理市销率呈反向关系。因为公司风险越大(小),r 越大(小),所以合理市销率越小(大)。

2. 可比资产法

使用市销率对公司的价值进行评估的步骤和方法与使用市盈率的一致。

在评价公司的估值水平时,需要考虑到公司之间基本面信息的不同,从而评价公司之间市销率的差异是否具有合理性。

25.2.4 市现率(Price to Cash Flow,P/CF)

25.2.4.1 基本概念

市现率是指股价和每股现金流的比率。每股现金流等于现金流除以发行在外的普通股数量。

1. 合理性

(1) 相较于净利润,管理层更难操纵现金流。

(2) 通常情况下,现金流比利润更加稳定。因此,市现率通常比市盈率更加稳定。

(3) 由于公司采取了不同的收入确认原则(保守或激进),导致净利润的报告质量存在差异,而现金流则较少受到财务报告质量问题的影响。因此,使用市现率能减少公司间利润质量差异带来的问题。

(4) 实证研究表明,市现率差异和股票投资长期回报率差异之间存在着相关性。

2. 缺陷

(1) 如果将现金流定义为净利润加上非付现成本(详见下文中关于现金流的定义),就会忽略影响经营性现金流的其他事项,如应收账款的变化、非现金收入等。

—考点要求—

描述(describe)并解释(interpret)市现率的合理性和缺陷(★★)

（2）股东自由现金流(FCFE)是比较合适的现金流指标。然而,对于很多公司来说,FCFE 的波动性很大,并且存在出现负值的可能。

（3）现金流也可能因管理层的操纵而被扭曲。例如,使用应收账款证券化的手段来增加经营性现金流等。

（4）在 IFRS 和 US GAAP 两种会计准则下,经营性现金流的核算方法有所差异,因此得到的经营性现金流不具有可比性。

25.2.4.2 现金流的定义

—考点要求—
解释（explain）不同的现金流定义(★)

市现率的计算通常可以使用以下 4 种现金流。

（1）传统意义上的现金流(CF)。现金流＝净利润＋非现金性费用。

（2）经营性现金流(CFO)。针对经营性现金流中预期不能持续的部分,以及会计准则之间的差异,分析师需要进行必要的调整,以得到调整过的经营性现金流。

（3）息税折旧摊销前利润(EBITDA)。在企业价值乘数(EV)中,使用 EBITDA 作为分母,代表现金流。EBITDA 中未扣除利息,因此可看作债权人和股东共同拥有的现金流,而分子——企业价值——是包含了股权和债务的价值。因此,在企业价值乘数中使用 EBITDA 比较恰当。

（4）股东自由现金流(FCFE)。股东自由现金流是估值时常用的现金流概念,但是,股东自由现金流中考虑了资本支出,而考虑资本支出后,现金流的波动性将会更大。

本章后文提到的现金流,若无特别指出,使用的均是股东自由现金流。

25.2.4.3 市现率的应用

1. 合理市现率

使用现金流折现模型,得到股票内在价值为：

$$P_0 = \frac{\text{FCFE}_0(1+g)}{r-g} \tag{25.5}$$

再使用内在价值除以现金流,得到市现率：

$$\frac{P_0}{\text{FCFE}_0} = \frac{1+g}{r-g} \tag{25.6}$$

—考点要求—
基于乘数的比较,评估（evaluate）股票是否被高估、低估或合理估值(★★★)

其中,P_0 表示股票当前的价格；FCFE_0 是第 0 期的每股股东自由现金流；g 表示现金流的预期增长率；r 表示股票的要求回报率。

由公式(25.6)可以看出,增长率 g 和合理市现率呈正向关系,增长率越大(小),合理市现率越大(小)。要求回报率 r 和合理市现率呈反向关系,要求回报率越大(小),合理市现率越小(大)。

2. 可比资产法

使用市现率进行估值的方法和步骤与使用市盈率、市销率以及市净率相同。

在使用市现率对公司价值进行评估时,同样需要考虑到公司之间基本面的差异对比率的影响。

25.2.5 股息收益率(Dividend Yield, D/P)

25.2.5.1 基本概念

股息收益率是每股股利和股价之间的比率。例如,每股股利是 USD 4,股价是 USD 100,那么股息收益率就是 4%。股息收益率可以分为**历史股息收益率**(trailing dividend yield)和**预期股息收益率**(leading dividend yield),后者又称领先股息收益率。

历史股息收益率等于最近一期的每股年化股利除以当前股价。最近一期的每股年化股利称为**股息率**(dividend rate)。如果一个公司按季度派发股利,那么股息率就是过去最近一个季度所派发股利的四倍,有时也会使用过去四个季度的股息作为股息率。如果公司是每半年派发一次股利,一般情况下,中期股息和年末股息的数额不同,那么股息率应该是最近一个年度的股息。

预期股息收益率等于预期未来一年的每股股利除以当前股价。

1. 合理性

(1) 股息收益是股票投资总回报的一部分,因此用股息作为估值的基础是合理的。

(2) 与资本利得相比,股息收益是总回报中风险较小的部分。

2. 缺陷

(1) 股息率作为股票投资总回报的一部分,不能完全体现股票投资的所有回报。

(2) 投资者会在高股息率和高增长率之间进行权衡。在盈利既定的情况下,股息支付越高,留存收益越低,股息增长率和盈利增长率就越低。因此,仅凭股息与股价的关系不能说明股票的估值水平。

(3) 将股息收益的稳定性当作其优点的观点认为,市场价格没有正确地反映股息收益和资本利得的风险差异,因此需要采取其中风险较小的股息收益作为估值基础来与价格进行比较,但事实上,市场价格中可能已经反映了股息和资本利得两者的不同风险。

—考点要求—
描述(describe)和解释(interpret)股息率的合理性和缺陷(★★)

25.2.5.2 股息收益率的应用

1. 合理股息收益率

根据戈登股利增长模型,得到股票的内在价值为:

$$P_0 = \frac{D_0(1+g)}{r-g}$$

用 D_0 除以 P_0,得到合理历史股息收益率为:

$$\frac{D_0}{P_0} = \frac{r-g}{1+g} \tag{25.7}$$

其中,P_0 表示股票当前价值;D_0 表示第 0 年的每股股利;g 是预期股利可持续增长率;r 是股票的要求回报率。

根据公式(25.7),要求回报率越高,合理股息收益率越高,因为要求回报率越高,股价越低;预期增长率越高,股息收益率越低,因为在 ROE 一定的情况下,预期增长率越高,意味着留存收益率越高,即股息支付率越低。

2. 可比资产法

—考点要求—
基于乘数的比较,评估(evaluate)股票是否被高估、低估或合理估值(★★★)

使用股息收益率进行估值的方法和步骤与使用其他乘数相似。

在使用可比资产的股息收益率评估公司价值时,需要考虑到增长率 g 对股息收益率的影响。不同公司之间股息收益率的差异可能是增长率不同造成的。

25.3 企业价值乘数

---考点要求---
计算(calculate)并解释(interpret)企业价值乘数,评价(evaluate)企业价值乘数的使用(★★)

25.3.1 基本概念

企业价值乘数是企业价值(enterprise value,EV)和公司基本面指标之间的比率。这里的基本面指标通常是息税折旧摊销前利润(EBITDA)。

EBITDA 包括流向公司股东和债权人的利润。

企业价值是企业整体的价值,即:普通股市场价值+优先股市场价值+债券市场价值-现金和短期投资的价值。

企业价值乘数是公司整体而非普通股的估值指标。

值得注意的是,企业价值的计算中剔除了现金(及现金等价物)和短期投资。因为企业价值通常衡量的是收购公司整体所付出的净价,收购方所获得的被收购方的现金和短期投资应该抵减其收购价格。

---备考小贴士---
企业价值乘数的计算是考试重点。

1. 合理性

(1) 针对财务杠杆不同的公司,使用企业价值乘数通常比仅使用市盈率要更为恰当。因为 EBITDA 是扣除利息前的利润指标,与每股收益相比,它不受财务杠杆的影响。

(2) 与净利润相比,EBITDA 不受折旧和摊销差异的影响。因此,企业价值乘数常常用于评估资本密集型企业的价值。

(3) EBITDA 通常是正值。

2. 缺陷

(1) 与经营性现金流相比,EBITDA 没有考虑营运资本的变化。

(2) EBITDA 没有体现公司的资本支出,相较之下,FCFF 体现了资本支出,FCFF 代表了能够用于向股东和债权人分配的现金流。

25.3.2 企业价值乘数的应用

---考点要求---
基于乘数的比较,评估(evaluate)股票是否被高估、低估或合理估值(★★★)

1. 合理的企业价值乘数

合理的企业价值乘数也与基本面因素相关,主要体现在以下方面。

(1) 企业价值乘数与自由现金流的预期增长率呈正相关。

(2) 企业价值乘数和预期盈利能力指标呈正相关。此处的盈利能力用**投入资本回报率**(return on invested capital,ROIC)表示。ROIC 等于税后经营利润除以总资本投入金额。

(3) 企业价值乘数和企业加权平均资本(WACC)成本呈负相关。

2. 可比资产法

与价格乘数相似,企业价值乘数在用于价值评估时,也可与同类型公司的乘数进行比较,乘数越低,表示资产越"便宜"。

同样需要注意的是,不同企业的企业价值乘数之间的差异,有可能是其基本面差异(例如,盈利能力、增长率差异)造成的。

25.3.3 其他企业价值乘数

除了最常用的 EV/EBITDA,还有一些其他的企业价值乘数,如 EV/FCFF、EV/EBITA、EV/EBIT。其中,EBITA 为息税摊销前利润,EBIT 为息税前利润。

此外,EV/S 是对市现率 P/S 的替代指标。市现率 P/S 的问题在于企业的收入并不完全属于公司股东,还需要支付债务的本金和利息,所以对于资本结构差异较大的公司,P/S 不适合直接比较。EV/S 则可以用于资本结构不同的公司之间的比较。

25.4 使用乘数时的国际差异

不同国家的企业之间,会计方法、文化、经济环境以及由此产生的风险和增长机会差异,会导致不同国家相似企业的相同乘数也会有较大差异。

25.5 动量估值指标(Momentum Valuation Indicators)

动量估值指标主要使用股票价格、公司基本面信息的时间序列数据。

三个具有代表性的动量指标是:**意外盈利**(unexpected earnings,earning surprise)、**标准化意外盈利**(standardized unexpected earnings)和**相对强度指标**(relative strength)。

1. 意外盈利

意外盈利是指公司披露的盈利和预期盈利之间的差,即:

$$UE_t = EPS_t - E(EPS_t) \tag{25.8}$$

百分比形式的意外盈利则表示为:

$$\frac{EPS_t - E(EPS_t)}{E(EPS_t)} \times 100\% \tag{25.9}$$

其中,UE_t 表示意外盈利;t 表示第 t 季度;EPS_t 表示公司披露的第 t 季度的 EPS;$E(EPS_t)$ 表示对第 t 季度 EPS 的预期。可持续的意外盈利意味着可持续的超额收益。

在使用意外盈利进行价值评估时,通常用意外盈利除以分析师盈利预测的标准差,得到的结果称为**按比例调整后的意外盈利**(scaled earning surprised)。这样做的原因是分析师预期的分歧越小,意外盈利越能说明问题。

2. 标准化的意外盈利

标准化的意外盈利表达式如下:

$$SUE_t = \frac{EPS_t - E(EPS_t)}{\sigma[EPS_t - E(EPS_t)]} \tag{25.10}$$

其中，分母部分表示意外盈利的标准差。

3. 相对强度指标

相对强度指标是将股票在一段时间内的业绩表现与其过去的业绩表现进行对比，或者与某一组其他股票的业绩（例如，指数的业绩表现）进行对比。此处所说的相对强度指标又可以称为技术指标。使用相对强度指标的原因是，业绩具有趋势持续或反转的特性。

25.6 乘数的平均值

—考点要求—
解释（explain）乘数的算术平均、调和平均、加权调和平均和中位数（★）

实践中，如果需要取乘数的平均值，通常使用的是调和平均数或者加权调和平均数。

调和平均数的表达式如下：

$$X_H = \frac{n}{\sum_{i=1}^{n}(1/X_i)} \tag{25.11}$$

加权调和平均数的表达式如下：

$$X_H = \frac{n}{\sum_{i=1}^{n}(\omega_i/X_i)} \tag{25.12}$$

其中，X_i 表示股票 i 的乘数；ω_i 表示股票 i 在投资组合中的权重。

投资组合中各股票乘数的加权调和平均数更接近于投资组合的乘数。

如果使用算术平均数，极大值或极小值会对平均值产生较大的影响，而使用中位数能够减小这种影响。使用调和平均数能够减小极大值的影响，但却会加剧极小值的影响。

练一练

Early 2022, Jasmine Xu, CFA and a senior analyst at Golden Finance, is reviewing reports done by Aron Kang, a junior analyst. Kang's reports were prepared using the market-based valuation, mostly focused on two firms from two different industries, HaiZiWan and Fields.

HaiZiWan is a manufacturer who produces children's toys and has 617 000 shares outstanding. Its common share is currently traded at RMB 39.3 per share. The managers of the firm have been planning to expand the business. They have recently made an acquisition of a major kids' entertainment corporation, where the firm will be exposing its products and exploring the entertainment business. This investment will have a significant impact on HaiZiWan's performance and future results. HaiZiWan's earnings per share of 2021 were RMB 2.01.

Fields is a multinational manufacturer of cars. Fields has factories and stores in Kuala Lumpur, San Francisco and Lisbon and headquarters in Beijing. The company has 410 500 shares outstanding, and its common share's market price is RMB 22.34 per share. The automobile industry is cyclical and business model of the peers from different countries are similar. The industry is affected by the downturn of the economy. The sales and earnings of Fields decreased, and some poor performing showrooms in China were closed, resulting in significant restructuring charges in 2021. Fields earnings per share of 2021 were RMB 1.19.

Xu tries to calculate and choose ratios to be applied in the valuation of HaiZiWan and Fields. The data compiled by Kang in his analysis is summarized in Exhibit 25.1.

Exhibit 25.1 Selected Data for HaiZiWan and Fields

	HaiZiWan	Fields
2022 estimated EPS (RMB)	2.1	1.19
Book value per share at end of year (RMB)	39.03	6.98
Sales (RMB millions)	92.8	40.46
Free cash flow per share (RMB)	16.1	1.3

Xu consults Kang about which of the following methods they should use to value the share of Fields:

- Method 1: Price-to-earnings (P/E) ratio using forward earnings.
- Method 2: Price-to-earnings (P/E) ratio using trailing earnings.
- Method 3: Price-to-earnings ratio using normalized earnings.

Xu informs Kang that he has calculated the price-to-book ratio (P/B) for Fields, but has not decided either to use it in the valuation of the shares or not. Kang replies to Xu that he prefers not to use (P/B) because:

- Reason 1: P/B may be misleading due to different business models of the companies.
- Reason 2: P/B may be compromised by accounting effects.

As Xu is very interested in HaiZiWan situation, she recommends that Kang prepares the enterprising value (EV)-to-EBITDA multiple analysis. Kang gathers information presented in Exhibit 25.2, noting that HaiZiWan has short-term investments of RMB 19 million for the year of 2021.

Exhibit 25.2 Selected Information on HaiZiWan at the Year-End 2021

(in RMB millions)

Market value of debt	18.6
Market value of Preferred Equity	95
EBITDA	35
Cash	12

On further discussion, Xu asks Kang about the items that need to be adjusted when calculating earnings. Kang answered that the items in the financial statement related to non-recurring items need to be removed.

25-1 Based on the information in Exhibit 25.1, the most appropriate price-to-earnings ratio used in the valuation of HaiZiWan is closest to:
    A. 18.71.
    B. 19.08.
    C. 21.40.

25-2 Based on the information in Exhibit 25.1, the price-to-sales ratio for Fields is closest to:
    A. 0.23.
    B. 0.30.

C. 0.45.

25-3 Which valuation method would be most appropriate in valuing shares of Fields?

A. Method 1.

B. Method 2.

C. Method 3.

25-4 Which of Kang's reasons is(are) supportive to not use P/B ratio?

A. Reason 1.

B. Reason 2.

C. Both Reason 1 and Reason 2.

25-5 Based on Exhibit 25.1 and 25.2, HaiZiWans EV/EBITDA multiple is closest to:

A. 3.05.

B. 2.90.

C. 3.46.

25-6 Which of the following is least likely a non-recurring issue mentioned by Kang?

A. Gain of loss in asset disposal.

B. Goodwill impairment.

C. Asset depreciation.

答案与解析

25-1 A

HaiZiWan 对娱乐公司的收购会影响其财务结果，2022 年的盈利预测中应该包含该收购对业绩的影响，使用预期市盈率为公司估值更为恰当。预期市盈率中所使用的盈利是 2022 年的盈利预测。预期市盈率的计算如下：

$$\text{RMB } 39.3/\text{RMB } 2.1 = 18.71$$

25-2 A

市销率（P/S）是股价除以每股销售额，股价是 RMB 22.34，当年每股净销售额＝RMB 40.46 million/410 500 shares＝RMB 98.56。故市销率＝RMB 22.34/RMB 98.56＝0.23。

25-3 C

根据题目条件，Fields 公司所在行业属于周期性的行业。在使用市盈率进行估值时，使用常态化的盈利（normalized earnings），以充分考虑该公司经营的周期性。

25-4 B

虽然商业模式不同的企业资产规模不同，这会使得市净率指标估值存在问题，但是根据题目条件，本案例中汽车制造企业的商业模式相似，因此不存在上述问题，选项 A 和选项 C 不符合题意。不同国家的企业采用不同会计准则，而不同准则下，对资产、净资产的计量不同导致公司的市净率缺乏可比性。因此，选项 B 符合题意。

25-5 A

HaiZiWan 公司的企业价值（EV）由债务资本、普通股、优先股三部分的价值扣除现金和短期投资后得到，即：

$$\text{企业价值} = \text{普通股市值} + \text{优先股市值} + \text{债务市值} - \text{现金和投资}$$

其中，普通股市场价值为：

股价×股份数量＝39.3×617 000≈RMB 24.25 million

因此有：

$$EV = 18\,600\,000 + 39.3 \times 617\,000 + 95\,000\,000 - 12\,000\,000 - 19\,000\,000$$
$$= RMB\ 106\,848\,000 \approx RMB\ 106.85\ million$$
$$EV/EBITDA = 106.85\ million / 35\ million \approx 3.05$$

25-6 C

在计算盈利时,需要对财务报表中的非经常性项目进行调整,这些项目包括资产处置的利得或损失、资产的减记、减值准备的计提和会计估计变更的影响等,而资产的折旧是日常经营中产生的经常性项目。因此,选项 C 符合题意。

第26章 残余收益估值法

章节导学

知识引导

残余收益估值法也是用于权益类证券估值的方法之一。残余收益相对于净利润的优势是：净利润中只扣除了债务资本的成本，而没有考虑权益资本成本；残余收益是扣除了所有资本成本后剩余的利润，因此，残余收益衡量了公司为股东创造的超过资本成本的价值。本章介绍了残余收益的概念、计算以及在估值中的应用。

考点聚焦

本章是CFA®二级"权益投资"科目中的重点，同时也有一定的学习难度。残余收益的基本概念与计算、使用残余收益估值以及残余收益估值法与其他估值法的关系及其优缺点均是本章重点。

本章框架图

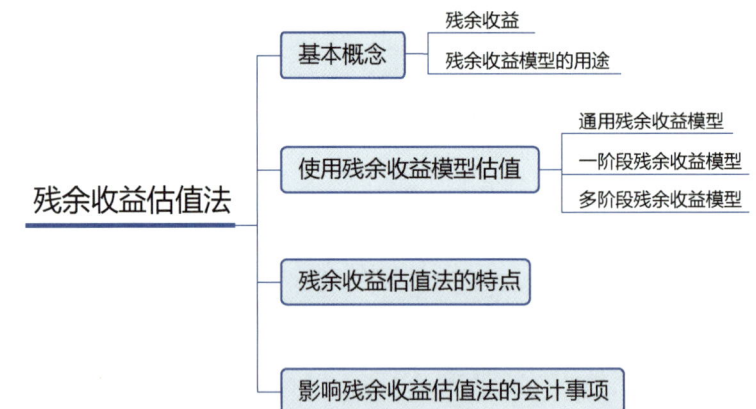

26.1 基本概念

26.1.1 残余收益（Residual Income）

26.1.1.1 残余收益

残余收益（residual income）又被称为经济利润（economic profit，EP）或超额收益（abnormal earnings），是扣除资本成本后的净利润。因此，残余收益等于：

（1）净利润减去权益资本的成本（equity charge）。其中，权益资本成本等于权益资本的账面价值乘以权益资本的要求回报率。

$$RI_t = E_t - r \times B_{t-1} \tag{26.1}$$

其中，RI_t 表示第 t 期的每股残余收益；E_t 表示第 t 期每股净利润；B_{t-1} 表示第 t 期期初（第 $t-1$ 期期末）的每股权益资本账面价值；r 表示权益资本的要求回报率。

（2）税后经营利润减去公司总资本的成本。其中，税后经营利润等于息税前利润扣除所得税，即 $EBIT(1-t)$。总资本成本包括债务资本成本和权益资本成本。权益资本成本和债务资本成本等于它们各自期初的账面价值乘以各自的要求回报率。总资本成本也可以用期初总资本账面价值乘以加权平均资本成本（WACC）来计算。

$$RI_t = EBIT_t(1-t) - (Total\ capital_{t-1} \times WACC\%) \tag{26.2}$$

其中，RI_t 表示第 t 期的残余收益；$EBIT_t$ 表示第 t 期的息税前利润；t 表示所得税税率；$total\ capital_{t-1}$ 表示第 t 期期初（第 $t-1$ 期期末）总资本账面价值；WACC 表示加权平均资本成本。

残余收益为正，表示公司赚取的利润超过了资本成本，即为股东创造了超额收益，公司股份的估值应超过其净资产的账面价值；残余收益为负，则表示公司赚取的利润不能覆盖资本成本，公司股份的估值应该低于其净资产的账面价值。残余收益越高，公司估值应该越高。

—考点要求—
计算（calculate）并解释（interpret）残余收益、经济增加值和市场增加值（★★★）

例题 26.1

GD 公司 2023 年的每股收益是 USD 1.2，2022 年的每股账面价值是 USD 10，权益资本的要求回报率是 10%，请计算每股残余收益。

名师解析

每股残余收益＝每股收益－权益资本账面价值×权益资本要求回报率
　　　　　　＝1.2－(10×10%)＝USD 0.2

例题 26.2

根据以下 GD 公司的财务信息表,分别使用基于净利润和 EBIT 的方法计算残余收益。

GD 公司财务信息

财务指标	财务数据
资产	USD 1 600 000
负债	USD 800 000
所有者权益	USD 800 000
税前债务成本	6%
权益资本的要求回报率	11%
税率	25%
税后净经营利润	USD 110 000
净利润	USD 74 000

名师解析

根据残余收益的计算方法:

残余收益=净利润−(权益资本账面价值×权益资本要求回报率)
= 74 000−(800 000×11%)=−USD 14 000

或

残余收益=税后净经营利润−债务资本成本−权益资本成本
= 110 000−800 000×0.06×(1−25%)−800 000×11%=−USD 14 000

26.1.1.2 经济增加值和市场增加值

经济增加值(economic value added,EVA)是残余收益的概念在商业中的使用,它被股东用于衡量管理层所创造的价值,以此评估管理层的经营成效。

与残余收益的计算相似,经济增加值等于税后净经营利润(net operating profit after tax,NOPAT)减去总资本成本。计算方法可以表示为:

$$EVA = NOPAT - TC \times C\% \tag{26.3}$$

其中,TC 表示总资本(total capital);C%表示总资本的成本。

不同的是,在经济增加值的计算中,虽然使用了企业的财务报告信息,但是对一部分事项进行了调整。主要的调整内容有以下几个方面。

(1) 研发费用被资本化并进行摊销,而不是被费用化。因此,在计算 NOPAT 时,需要加回被费用化的研发成本,再扣除掉摊销费用。

(2) 如果公司获得了战略投资,而该投资在短期内并不会产生收益,那么由此而增加的资本成本不应该计算在内。

(3) 剔除了所得税费用中递延所得税的影响。

(4) 对于使用后进先出法计量存货的公司,将后进先出准备(LIFO reserve)加回到资本中,并将后进先出准备的增加值加到 NOPAT 中。

(5) 经营性租赁作为融资租赁处理。

> **知识一点通**
>
> 由于经济增加值在计算时候要进行一定调整,故其结果与本节第一部分中残余收益简单计算公式计算出的结果会有一定的差异。

市场增加值(market value added,MVA)是公司的市场价值和公司总资本账面价值之间的差,即:市场增加值=公司的市场价值－总资本的账面价值。如果公司的经济增加值为正,则该公司的市场价值应该超过其资本的账面价值。

26.1.2 残余收益模型的用途

在企业经营中,残余收益主要有以下两个作用。

第一,评估公司经营管理的有效性。残余收益越高,表明管理层为股东创造了越多的经济利润,那么证明公司经营管理越有效。

第二,确定管理层薪酬。残余收益越高,表明公司经营管理越有效,那么管理层薪酬越高。

—考点要求—
描述(describe)残余收益模型的用途(★★)

26.2 使用残余收益模型估值

26.2.1 通用残余收益模型

残余收益模型认为权益内在价值等于权益的账面价值和预期未来残余收益的现值之和,即:

$$V_0 = B_0 + \sum_{t=1}^{\infty} \frac{\text{RI}_t}{(1+r)^t} = B_0 + \sum_{t=1}^{\infty} \frac{E_t - rB_{t-1}}{(1+r)^t} = B_0 + \sum_{t=1}^{\infty} \frac{(\text{ROE}_t - r)B_{t-1}}{(1+r)^t} \quad (26.4)$$

其中,V_0 表示当前每股内在价值;B_0 表示当前每股账面价值;B_{t-1} 表示预期在第 t 期期初(第 $t-1$ 期期末)的每股账面价值;r 表示权益的要求回报率;E_t 表示预期第 t 期的每股收益;RI_t 表示预期第 t 期的每股残余收益,根据残余收益的定义有 $\text{RI}_t = E_t - rB_{t-1}$;$\text{ROE}_t$ 表示权益回报率(以期初的每股账面价值为分母),即有 $E_t = \text{ROE}_t \times B_{t-1}$。

—考点要求—
使用残余收益模型计算(calculate)普通股的价值,并将该结果与其他模型估计的结果进行比较(compare)(★★★)

> **知识一点通**
>
> 残余收益估值模型可以通过股利折现模型推导得出,但是考试不要求考生掌握推导过程。考生需要掌握残余收益估值模型的公式和其含义,并能够用于计算。

例题 26.3

下表是 G 公司的财务数据。请根据下表信息,使用残余收益估值法计算 G 公司股票的内在价值。

G 公司财务信息

财务指标	具体数据
权益要求回报率	12%
2020 年初每股账面价值	USD 3.40
预期每股收益	2020 年:USD 0.90 2021 年:USD 1.10 2022 年:USD 1.20
股利支付率	50%

补充:G 公司在 2022 年年底进行清算,清算所得以股利形式派发给股东。

名师解析

根据题目条件,残余收益的计算结果如下:

(单位:美元)

	2020 年	2021 年	2022 年
期初每股账面价值	3.40	3.85	4.40
预期每股收益	0.90	1.10	1.20
预期每股股利	0.45	0.55	0.60
期末每股账面价值	3.85	4.40	5.0
权益资本成本(0.12×期初每股账面价值)	0.41	0.46	0.53
残余收益	0.49	0.64	0.67

其中:

预期每股股利金额等于每股收益乘以股利支付率。例如,2020 年的股利为:

$$0.9 \times 0.5 = \text{USD } 0.45$$

期末每股账面价值(下一期期初每股账面价值)等于期初每股账面价值加上当年每股收益减去每股股利。例如,2020 年年末的每股账面价值为:

$$3.4 + (0.9 - 0.45) = \text{USD } 3.85$$

权益资本成本为权益要求回报率乘以期初每股账面价值。例如,2020 年权益成本为:

$$3.4 \times 12\% = \text{USD } 0.41$$

残余收益等于每股收益减去权益资本成本。例如,2020 年的残余收益为:

$$0.9 - 0.41 = \text{USD } 0.49$$

将 2020 年、2021 年和 2022 年残余收益和 2020 年年初的每股账面价值代入残余收益估值的公式,有:

$$V_0 = B_0 + \sum_{t=1}^{\infty} \frac{\text{RI}_t}{(1+r)^t} = 3.4 + \frac{0.49}{(1+12\%)^1} + \frac{0.64}{(1+12\%)^2} + \frac{0.67}{(1+12\%)^3} \approx \text{USD } 4.82$$

26.2.2 一阶段残余收益模型

根据合理市净率的计算公式：

$$\frac{P_0}{B_0} = \frac{\text{ROE} - g}{r - g}$$

有：

$$\frac{P_0}{B_0} = 1 + \frac{\text{ROE} - r}{r - g}$$

其中，P_0 表示权益的内在价值；g 表示利润的增长率。

由此可以得出权益的内在价值为：

$$V_0 = P_0 = B_0 + \frac{\text{ROE} - r}{r - g} B_0 \tag{26.5}$$

公式(26.5)中，$\frac{\text{ROE} - r}{r - g} B_0$ 等于(假设恒定增长率的情况下)未来残余收益的现值。公司权益的内在价值等于其期初的账面价值加上未来残余收益的现值。公式(26.5)可以称为**一阶段残余收益模型**，因为它假设利润以恒定增长率增长。

当 ROE 大于 r 时，残余收益是正值，合理市净率大于 1，这表明股票内在价值大于账面价值；当 ROE 等于 r 时，残余收益为 0，合理市净率等于 1，这表明股票内在价值等于账面价值；当 ROE 小于 r 时，残余收益是负值，合理市净率小于 1，这表明股票内在价值小于账面价值。

残余收益和合理市净率的大小还受到盈利增长率 g 的影响。根据观察到的市净率，可以推断出市场价格中隐含的增长率(implied growth rate)，即：

$$g = r - \frac{B_0(\text{ROE} - r)}{P_0 - B_0} \tag{26.6}$$

例题 26.4

已知 GD 商业公司当前每股账面价值是 USD 26.24，其当前股价是 USD 34.68。分析师预期未来 GD 商业公司长期权益回报率和长期盈利增长率分别是 11% 和 5.5%。假设权益要求回报率是 9.5%，请使用残余收益模型计算 GD 商业公司股票的内在价值。

名师解析

根据题目条件，使用一阶段残余收益模型，可得：

$$V_0 = 26.24 + \frac{0.11 - 0.095}{0.095 - 0.055} \times 26.24 = \text{USD } 36.08$$

例题 26.5

已知 GD 商业公司当前的市净率为 1.5，当前每股账面价值是 USD 9，ROE 是 12%，权益要求回报率是 10%。计算隐含利润增长率。

名师解析

用市净率乘以账面价值,得到公司股票价格为:

$$1.5 \times 9 = USD\ 13.5$$

根据公式(26.6),有:

$$g = 0.1 - \frac{9 \times (0.12 - 0.1)}{13.5 - 9} = 0.06 = 6\%$$

知识一点通

一阶段残余收益模型假设 ROE 超过权益成本的部分会永续存在。这是该模型的一个缺陷。在现实中,更可能的情况是公司的 ROE 在一段时期内围绕一个平均水平上下波动,然后在某个时刻下降到 0。

备考小贴士

通过一阶段残余收益模型计算内在价值以及隐含增长率是考试重点。

26.2.3 多阶段残余收益模型

—考点要求—
解释(explain)可持续残余收益。证实(justify)可持续残余收益估计值的合理性(★)

多阶段残余收益模型与多阶段股利折现模型相似,可以通过预测第一阶段(预测期)的残余收益和预测期期末的终止价值来估计股票价值。终止价值基于未来可持续残余收益(continuing residual income)计算。可持续残余收益是指预测期之后的残余收益。

26.2.3.1 多阶段残余收益模型假设

在多阶段残余收益模型中,关于可持续残余收益,常见的有以下 4 种不同的假设。
(1) 预测期后的残余收益永久保持在一个固定水平。
(2) 预测期后每期的残余收益都为 0。
(3) 残余收益从预测期末开始逐步下降到 0。
(4) ROE 下降到长期平均水平。

在实践中,多阶段残余收益模型的终止价值可以基于账面价值溢价计算,也可以基于残余收益持续因子计算。

26.2.3.2 根据账面价值溢价计算终止价值

假设在预测期期末,股价超出账面价值,即存在账面价值溢价,根据残余收益模型估计的股票内在价值为:

$$V_0 = B_0 + \sum_{t=1}^{T} \frac{E_t - rB_{t-1}}{(1+r)^t} + \frac{P_T - B_T}{(1+r)^T} \tag{26.7}$$

或:

$$V_0 = B_0 + \sum_{t=1}^{T} \frac{(\text{ROE} - r)B_{t-1}}{(1+r)^t} + \frac{P_T - B_T}{(1+r)^T} \tag{26.8}$$

其中，T 表示预测期的年数；P_T 表示预测期期末的股票价格；P_T-B_T 表示预测期期末股票价格与权益账面价值之间的溢价，也就是预测期期末时的终止价值；$\dfrac{P_T-B_T}{(1+r)^T}$ 表示预测期末股票的账面价值溢价的现值，即终止价值的现值。

P_T 可以通过价格乘数得到，进而用于计算账面价值溢价。

用预测期结束后的残余收益折现，也可以得到 P_T-B_T。

26.2.3.3 根据残余收益持续因子计算终止价值

残余收益持续因子(persistence factor)用于衡量残余收益的持续性。

假设持续因子是 ω，则根据残余收益估值模型计算的内在价值为：

$$V_0 = B_0 + \sum_{t=1}^{T-1} \frac{E_t - rB_{t-1}}{(1+r)^t} + \frac{E_T - rB_{T-1}}{(1+r-\omega)(1+r)^{T-1}} \tag{26.9}$$

其中，$\dfrac{E_T-rB_{T-1}}{1+r-\omega}$ 表示第 $(T-1)$ 期后的持续残余收益在第 $(T-1)$ 年年末的折现值，即终止价值；$\dfrac{E_T-rB_{T-1}}{(1+r-\omega)(1+r)^{T-1}}$ 表示终止价值在 0 时刻的折现值。

持续因子的取值范围为从 0 到 1。持续因子为 0，表明残余收益自预测期后全部为 0。持续因子为 1，表示残余收益在预测期结束后将恒定保持在预测期期末时的水平。持续因子越大，意味着预测期后残余收益持续性越高。

当前 ROE 极高、非经常性项目较大或会计中的应计科目较大都会使得持续因子更小；股利支付率低或者行业有较高的残余收益持续性，都会使持续因子较高。

> **知识一点通**
>
> 多阶段模型下的股票内在价值等于三部分之和，这三部分分别是预测期初权益的账面价值、预测期内残余收益的折现值以及终止价值的现值。

例题 26.6

下表中是关于 GD 商业公司的基本面预测信息。

财务指标	具体数据
权益要求回报率	15%
期初每股账面价值	USD 8
ROE	20%
股利支付率	0%

请计算四种情况下公司股票的内在价值。

(1) GD 商业公司 4 年后残余收益等于 0。

(2) GD 商业公司从第 4 年开始，每年的残余收益恒定为 0.69。

(3) GD 商业公司从第 5 年年初开始残余收益逐步下降到 0，并且持续因子是 0.6。

(4) GD 商业公司在第 4 年年末市净率是 1.1。

名师解析

(1) 根据题目条件,4年后残余收益为0,也就是终止价值为0。未来四年中残余收益的计算过程和结果如下表所示:

年	每股收益(期初每股账面价值×ROE)	期末每股账面价值(期初每股账面价值+每股收益—每股股利)	ROE	权益要求回报率	权益成本(期初每股账面价值×权益要求回报率)	残余收益=每股收益—权益成本
0	—	8	0.2	0.15	—	—
1	1.6	9.6	0.2	0.15	1.2	0.4
2	1.92	11.52	0.2	0.15	1.44	0.48
3	2.3	13.82	0.2	0.15	1.73	0.57
4	2.76	16.58	0.2	0.15	2.07	0.69

将上述4年残余收益折现,得到内在价值为:

$$V_0 = B_0 + \sum_{t=1}^{T} \frac{E_t - rB_{t-1}}{(1+r)^t} = 8 + \frac{0.4}{1+0.15} + \frac{0.48}{(1+0.15)^2} + \frac{0.57}{(1+0.15)^3} + \frac{0.69}{(1+0.15)^4} \approx USD\ 9.48$$

(2) 根据题目条件,第4年后的持续残余收益在第4年年末的现值为:

$$0.69/0.15 = USD\ 4.60$$

根据上述计算结果,结合(1)中计算的未来4年的残余收益,得到内在价值为:

$$8 + \frac{0.4}{1+0.15} + \frac{0.48}{(1+0.15)^2} + \frac{0.57}{(1+0.15)^3} + \frac{0.69+4.6}{(1+0.15)^4} \approx USD\ 12.11$$

(3) 根据(1)中计算的第4年的残余收益,得到自第4年开始的持续残余收益在第3年年末的现值为:

$$\frac{0.69}{1+0.15-0.6} \approx USD\ 1.25$$

结合(1)中计算的未来3年的残余收益,得到内在价值为:

$$8 + \frac{0.4}{1+0.15} + \frac{0.48}{(1+0.15)^2} + \frac{0.57}{(1+0.15)^3} + \frac{1.25}{(1+0.15)^3} \approx USD\ 9.91$$

(4) 根据题目条件,未来第4年年末的股价为:

$$第4年年末账面价值 \times 市净率 = 16.58 \times 1.1 \approx USD\ 18.24$$

根据(1)中计算的未来4年的残余收益,得到内在价值为:

$$8 + \frac{0.4}{1+0.15} + \frac{0.48}{(1+0.15)^2} + \frac{0.57}{(1+0.15)^3} + \frac{0.69}{(1+0.15)^4} + \frac{18.24-16.58}{(1+0.15)^4} \approx USD\ 10.42$$

> **备考小贴士**
>
> 多阶段残余收益模型是本章重点,考生需要掌握不同假设下使用残余收益模型的估值方法。

26.3 残余收益估值法的特点

1. 与其他模型的一致性

基于相同的假设(盈利、现金流、要求回报率等),股利折现模型、自由现金流估值模型和残余收益估值法估算得到的股票内在价值应该是一致的。

2. 与其他模型的差异

残余收益估值法是在账面价值(基于资产负债表)的基础上,加上预期未来残余收益的现值得到股票的内在价值。而股利折现模型和自由现金流模型估计的价值是由未来现金流的现值组成。

与其他两种方法相比,残余收益估值法更早确认了股票的价值。残余收益估值法估计的内在价值中,初期账面价值占较大的比重,而未来的盈利占较小比重,这导致残余收益估值法估计的结果对于终值的敏感性更低。

—考点要求—
比较(compare)残余收益估值法、股利折现模型和自由现金流模型(★)

3. 残余收益估值法的优点

(1) 在残余收益估值法中,终止价值在股票总价值中的占比较小,所以,预测的不确定性对于残余收估法影响较小。

(2) 公司不派发股利时,不适合使用股利折现模型;公司的现金流为负时,不适合使用自由现金流估值模型。这两种情况下,分析师可以应用残余收益估值法。

(3) 经济利润(残余收益)衡量一个公司创造价值的能力。

(4) 残余收益估值法使用容易获取的财务数据。

(5) 在现金流难以估计时,也可以使用残余收益模型。

—考点要求—
解释(explain)残余收益模型的优缺点,证实(justify)使用残余收益模型的合理性(★★)

4. 残余收益估值法的缺点

(1) 残余收益估值法所使用的财务数据存在着被操纵的可能。

(2) 在实践中,分析师需要对财务数据进行大量的调整。

(3) 该方法要求<u>净剩余关系</u>(clean surplus relation)成立,即,期末账面价值=期初账面价值+净利润-股息。该关系式并不总能成立,因此,要求分析师进行相关的调整。

(4) 残余收益是在净利润基础上减去权益资本成本,而债务资本成本是在计算净利润时就已经扣除了,其假设利息费用就是债务资本成本。

5. 残余收益估值法应用时的注意事项

在选择残余收益估值法时,应当注意考察其适用性。

残余收益法适用于:公司不派发股利或者股利波动性很大,不易预测的情形;公司的预期未来现金流为负的情形;终止价值的估计存在非常大的不确定性的情形。

残余收益法不适用于:净剩余关系严重背离的情形;ROE、权益要求回报率和账面价值等因素难以确定的情形。

26.4 影响残余收益估值法的会计事项

—考点要求—
描述（describe）影响残余收益估值法的会计事项（★）

残余收益估值法需要对财务数据进行大量调整，这是因为有许多会计事项会影响残余收益估值法中的账面价值和盈利这两个因素。本节我们主要介绍以下6种会计事项：净剩余关系、资产负债表调整、无形资产、非经常性项目、激进的会计政策以及国际间会计准则的差异。

1. 净剩余关系

在公司披露的财务报表中，有一些影响所有者权益的事项不会被记录在利润表中，而是被记录在其他综合收益中。例如，可供出售金融资产的未实现利得和损失体现在其他综合收益（other comprehensive income）中，进而影响所有者权益（即净资产账面价值），但不反映在利润表的净利润中。与之类似的事项还包括：养老金的相关调整、外币折算调整、套期保值工具产生的损益、重估法下长期资产的价值变动、以公允价值计量的负债的价值变动等。

上述事项会影响公司净资产的账面价值和ROE的估计，进而影响残余收益的计算。分析师在使用公司披露的财务数据预测未来的残余收益时，需要判断计入其他综合收益的事项在未来是否会影响公司净利润。

2. 资产负债表调整

（1）表外事项。

典型的表外事项包括经营性租赁和表外特殊利益实体（SPE）。表外事项不一定会影响净资产的账面价值，但有可能会对公司未来的盈利产生影响。分析师应当注意公司财务报表附注中披露的关于表外事项的内容。

（2）公允价值。

资产和负债在财务报表中披露的金额与其公允价值之间可能存在较大差异，例如存货。如有必要，分析师可能需要进行调整。

3. 无形资产

在无形资产的会计计量上，费用化或是资本化的选择会对未来的利润产生影响。将支出进行资本化，确认为无形资产，会增加未来的摊销费用，进而降低未来的净利润和残余收益估值的结果。但是，相对于费用化，资本化会产生更高的净资产账面价值，进而产生更高的估值结果。

4. 非经常性项目

在应用残余收益估值法的时候，对未来净利润的预测是基于经常性项目进行的。也就是说，分析师需要根据公司披露的非经常性事项对净利润进行调整。非经常性项目主要包括非持续性经营活动、会计政策的改变以及重组费用等。分析师需要分辨公司披露的非经常性事项在未来是否还会持续发生，以更准确地预测未来的净利润。

5. 激进的会计政策

公司管理层有可能采取延迟确认费用和提前确认收入等激进的会计政策高估公司的净利润。相反，公司也可以采用隐藏当期利润以增加未来利润的方式进行利润平滑。分析师需要关注公司的会计政策，以发现管理层对利润的操纵。

6. 国际间会计准则的差异

尽管国际上存在不同的会计准则,导致不同国家企业的财务数据之间缺乏可比性。但目前残余收益估值模型仍然在全世界范围内适用。分析师在利用残余收益估值模型时,应当考虑:

(1) 是否可以得到可靠的预期利润。

(2) 净剩余关系是否得到满足。

(3) 会计准则是否允许财务报表的使用者获得充分的信息,以进行必要调整,达到发现企业价值的目的。

练一练

Tiffany Yang, a financial analyst at MeiLanHu Portfolio Management, is recently recruited and assigned to assist Jack Hu, a senior equity analyst, in stock valuation.

During the beginning of the current year, 2022, Hu is doing some valuations analysis based on residual income model and the economic value added approach. He is analyzing a few companies' values and he wants Yang to assist him with the technical work. On his first meeting with Yang, Hu explains to Yang his analysis and research report methodology. He takes the chance and raises a question about the residual income valuation:

When studying a company with positive net income, you calculate the economic value added and find a negative value. How will you comment on this case?

Hu asks Yang to use economic value added (EVA) and market value added (MVA) to measure the performance of SuLing Inc. Exhibit 26.1 shows selected financial information for SuLing Inc from the fiscal year 2021. SuLing Inc's latest closing stock price is RMB 35.1.

Exhibit 26.1 Selected Financial Information for SuLing Inc Fiscal Year 2021

Adjusted net operating profit after tax (NOPAT)	RMB 145 million
Total capital (no debt)	RMB 945 million
The cost of equity	15%
Interest rate	9.5%
Total shares outstanding	28 million

While discussing the issues of valuation methods, Hu attracts Yang's attention to the benefits of using the residual income model. Then, Yang makes the following statements about the residual income (RI) model, she says:

• Statement 1: The RI model is more appropriate to evaluate companies with a low retention ratio and/or negative free cash flow.

• Statement 2: The RI model can be used to evaluate a company with negative free cash flows in the past, but is expected to generate positive free cash flows in the near future.

• Statement 3: Accounting data used as inputs do not require any adjustments to be used in the models.

Hu gets impressed by Yang's knowledge. Therefore, Hu wants to review his previous results and reports on QingDao, drinks' producer that has a current market price of RMB 25.50 per share and a cost of equity of 10%. QingDao's book value per share at beginning of 2022 is RMB 12.16. From Hu's reports, the forecasted future earnings and dividends information are shown in Exhibit 26.2.

Exhibit 26.2 Forecast of Earnings and Dividends of QingDao

(Amounts in RMB)

	Expected EPS	Expected dividends
2022	5.28	4.46
2023	5.15	4.36
2024	4.90	4.06

Moreover, Hu forecasts that QingDao's expected ROE in 2025 would be 24%. Hu informs Yang that QingDao recently completed the acquisition of a well-known sports drink brand. Therefore, he wants to analyze the value of Qingdao shares using a multistage residual income (RI) model and the data provided in Exhibit 26.2 assuming the two following scenarios by the beginning of 2022:

- Scenario 1: The firm's residual income will decline after 2025 at a persistence factor of 0.70.
- Scenario 2: The stock price at the end of 2024 is expected to equal to book value per share then.

26-1 The most appropriate response to Hu's question would be that the company:

A. is not generating enough money to cover its debt costs and operating costs.

B. is generating money but not enough to cover its capital costs.

C. is generating money to cover financial costs only.

26-2 Based upon the information in Exhibit 26.1, the economic value added of SuLing is closest to:

A. RMB 55.225 million.

B. RMB 32.125 million.

C. RMB 3.250 million.

26-3 Based on Exhibit 26.1, the market value added of SuLing will be closest to:

A. RMB 0.

B. RMB 10.45 million.

C. RMB 37.80 million.

26-4 Which two of Yang's statements about residual income RI models are most likely incorrect?

A. Statement 1 and Statement 2.

B. Statement 2 and Statement 3.

C. Statement 1 and Statement 3.

26-5 Under Scenario 1, and based on the multistage RI model, QingDao's share price is most likely:

A. overvalued.

B. fairly valued.

C. undervalued.

26-6 Under Scenario 2, and based on the multistage RI model, the value of QingDao's share is closest to:

A. RMB 21.69.

B. RMB 25.53.

C. RMB 23.26.

答案与解析

26-1 B

经济增加值(EVA)是指公司的税后营业利润扣除资本成本后的结果。负的 EVA 表示公司创造的利润不足以覆盖其资本成本。

26-2 C

$$\text{经济增加值(EVA)} = \text{税后净经营利润(NOPAT)} - \text{总资本} \times \text{WACC}$$

由于 SuLing 公司没有长期债务资本,不需要计算加权平均资本成本,使用权益资本成本即可,即:

$$\text{EVA} = 145 - 15\% \times 945 = \text{RMB } 3.25 \text{ million}$$

26-3 C

SuLing 公司的市场增加值(MVA)是资本的市场价值减去资本的账面价值,即:市场增加值 = 公司的市场价值 − 总资本的账面价值。计算过程如下:

$$\text{MVA} = 35.1 \times 28 - 945 = \text{RMB } 37.80 \text{ million}$$

26-4 C

Statement 1 不正确,因为残余收益模型的优点是适用于为不支付股息的公司估值,不支付股息对应的是 high retention ratio 而不是 low retention ratio。Statement 3 不正确,会计数据需要经过诸多的调整才能用于估值模型。

26-5 B

根据多阶段的残余收益模型,Qingdao 公司的内在价值是 RMB 25.526,公司股票的市场价格是 RMB 25.50,因此认为公司价值合理。用残余收益模型估值的过程如下所示:

计算从 2022 年到 2025 年每年的残余收益:

(Amounts in RMB)

	2022 年	2023 年	2024 年	2025 年
期初每股账面价值	12.16	12.98	13.77	14.61
每股权益资本成本	12.16×10% = 1.216	12.98×10% = 1.298	13.77×10% = 1.377	14.61×10% = 1.461
期末每股账面价值	12.16 + 5.28 − 4.46 = 12.98	12.98 + 5.15 − 4.36 = 13.77	13.77 + 4.9 − 4.06 = 14.61	N/A
每股残余收益	5.28 − 1.216 = 4.064	5.15 − 1.298 = 3.852	4.90 − 1.377 = 3.523	(24%* × 14.61) − 1.461 = 2.045

*24% 是 2025 年的权益回报率(ROE)

其中:

$$\text{期初的账面价值} + \text{利润} - \text{股息} = \text{期末的账面价值}$$

$$\text{残余收益} = \text{EPS} - \text{权益资本成本}$$

$$\text{权益资本成本} = \text{期初的账面价值} \times \text{权益资本成本率}$$

然后根据公式 $V_0 = B_0 + \sum_{t=1}^{T-1} \frac{(E_t - rB_{t-1})}{(1+r)^t} + \frac{(E_T - rB_{T-1})}{(1+r-\omega)(1+r)^{T-1}}$ 计算现值。

计算时需要先计算终止价值(terminal value),即:

$$\text{PV of Terminal Value} = \frac{E_T - rB_{T-1}}{(1+r-\omega)(1+r)^{T-1}} = \frac{2.045}{(1+0.10-0.70)(1+0.10)^3} \approx \text{RMB } 3.841$$

根据残余收益法计算的内含价值为：

$$V_0 = 12.16 + \frac{4.064}{1+0.10} + \frac{3.852}{(1+0.10)^2} + \frac{3.523}{(1+0.10)^3} + 3.841 \approx \text{RMB } 25.53$$

26-6 A

根据多阶段的残余收益模型，Qingdao 公司的内在价值是 RMB 21.685。用残余收益模型估值的过程如下所示：

计算从 2022 年到 2024 年每年的残余收益：

	2022 年	2023 年	2024 年
期初账面价值	12.16（题干已知）	12.16 + 5.28 − 4.46 = 12.98	12.98 + 5.15 − 4.36 = 13.77
每股权益资本成本	12.16 × 10% = 1.216	12.98 × 10% = 1.298	13.77 × 10% = 1.377
期末账面价值	12.16 + 5.28 − 4.46 = 12.98	12.98 + 5.15 − 4.36 = 13.77	$P_T = B_T$（题目条件）
每股残余收益	5.28 − 1.216 = 4.064	5.15 − 1.298 = 3.852	4.90 − 1.377 = 3.523

其中，

期初的账面价值＋利润－股息＝期末的账面价值

残余收益＝EPS－权益资本成本

权益资本成本＝期初的账面价值×权益资本成本率

然后根据公式 $V_0 = B_0 + \sum_{t=1}^{T} \frac{E_t - rB_{t-1}}{(1+r)^t} + \frac{P_T - B_T}{(1+r)^T}$ 来计算现值。

根据题目条件（Scenario 2），2024 年年末，股价等于账面价值，因此有：

$$\frac{P_T - B_T}{(1+r)^T} = 0$$

根据残余收益法计算的内含价值为：

$$V_0 = 12.16 + \frac{4.064}{1+0.10} + \frac{3.852}{(1+0.10)^2} + \frac{3.523}{(1+0.10)^3} \approx \text{RMB } 21.69$$

第 27 章
私营公司的估值

章节导学

知识引导

本章介绍的估值法适用于私营公司,即非上市公司的股权。私营公司具有不同于上市公司的特征,在估值上使用的方法也有所不同。本章内容主要包括私营公司估值的相关概念和估值方法两大部分。

考点聚焦

私营公司估值法中的收入法、市场法以及控股权和流动性调整是考试的重点。

本章框架图

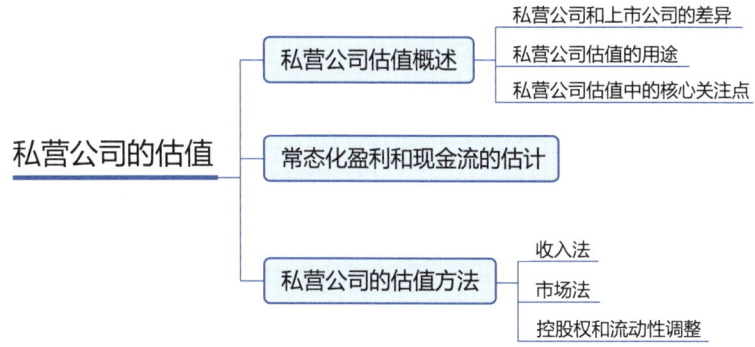

27.1 私营公司（Private Company）估值概述

27.1.1 私营公司和上市公司的差异

—考点要求—
估值过程中，区分（contrast）上市公司和私营公司的重要特征（★）

私营公司与上市公司之间的差异决定了其所适用的估值方法的不同。私营公司与上市公司之间差异包括公司层面的差异和股票层面的差异。

27.1.1.1 公司层面

1. 所处的生命周期阶段

私营公司中有许多处于生命周期的早期阶段，其资本、资产和员工规模也较小。而上市公司通常已经发展到较为成熟的阶段。处于早期阶段的公司往往具有更大的不确定性，因此，私营公司的投资风险较大。当然，并不是所有的私营公司都处于生命周期的早期阶段，例如华为、老干妈等企业。

2. 规模

私营公司通常规模较小，这通常意味着较高的风险。在进行估值时，需要使用较高的风险溢价和较高的要求回报率。

由于规模较小，相对于上市公司，私营公司在资本市场上获得融资较为困难，但私营公司可能存在经营成本（例如管理成本、合规成本）方面的优势。

3. 股东和管理层关系

私营公司的高管通常就是公司的控股股东，这样的好处主要有两个：第一，私营公司不必像上市公司那样受到来自外部投资者的追求短期股票收益的压力，使得管理层能够有足够的精力关注公司的长期发展；第二，私营公司的代理问题（principal-agent problem）较轻，相较上市公司，私营公司可以更直接地控制战略决策。

4. 信息披露的质量

资本市场法律、法规对上市公司信息披露有明确、严格的要求，而对于私营公司并没有同样的要求。因此私营公司的信息披露（包含财务信息）质量通常较低，这导致在投资私营公司时，分析师可获取的信息相对不充分，这增加了投资的风险。但在并购活动中，分析师可以获得较多的信息，甚至超过上市公司所披露的信息。

27.1.1.2 股票层面

1. 控股集中度

私营公司往往是被一个或少数几个股东控制，控股集中度通常较高，这可能会使得控股股东有机会利用控制权实施损害非控股股东利益的行为（例如，采取关联交易进行利益输送等）。

2. 流动性

私营公司股票流动性更低。由于相对于上市公司，私营公司的股票并未在公开市场上注册交易，其股票现有的和潜在的购买者人数较少。私营公司股票较低的流动性是影响其估值的主要因素，相较于类似的上市公司，低流动性会降低其股票价值。

另外，私营公司的股东之间可能存在限制股份出售的协议，这也是导致流动性低的原因。

27.1.2 私营公司估值的用途

私营公司的估值目的主要涉及 3 个方面:与交易有关的目的、与合规有关的目的以及与诉讼有关的目的。

—考点要求—
描述(describe)
私营公司估值
的用途(★)

27.1.2.1 与交易有关的用途

1. 风险投资融资(早期)

当私营公司通过风险投资融资时,投资方需要对私营公司进行估值。由于未来现金流存在较大的不确定性,融资时的估值取决于投融资双方的谈判,估值过程较为不正式。

2. 私募股权融资(成长或收购阶段)

私募股权融资包括成长资本和杠杆收购两种方式。成长型股权基金通过持有具备发展潜力公司的少数股权,寻求公司业务快速发展,未来在公司具备更高估值时退出。杠杆收购通常获得多数股权,通过更有效的运营和资产负债表的优化创造价值。相关交易均会涉及对私营公司的估值。

3. 债务融资

私营公司发行人和贷款人需要通过估值,确定公司当前经营现金流偿还现有债务的能力或其承担额外债务以扩张或收购的能力。

4. 首次公开发行(IPO)

在私营公司进行首次公开发行上市时,潜在投资者、发行人和投行需要对私营公司的股份进行估值。

5. 收购和资产剥离

私营公司被收购时,买卖双方都有可能对被收购的私营公司进行估值,大型的交易一般还会涉及投资银行。

6. 破产

在私营公司处于破产保护时,相关利益方会通过估值了解公司的持续经营价值和清算价值,以判断公司需要重组还是清算。

7. 股权激励

在准备给予员工股权激励时,私营公司需要在会计和税务上对股权激励对应的费用进行计量,因此需要对股份进行估值。

27.1.2.2 与合规有关的目的

1. 财务报告

投资公司业绩衡量和业绩报告、公司收购后的减值测试等都需要对私营公司进行估值。此外,上市公司的分部门估值也可以使用私营公司的估值方法。

2. 税务报告

公司的重组、转让定价涉及税务报告时,或者涉及与持有公司股份有关的财产税时,要求对公司股份进行估值。对于个人来说,在涉及与公司股份有关的赠与或遗产继承时,也要求对股份进行估值。

27.1.2.3 与诉讼有关的目的

离婚诉讼、股东间的纠纷、利润损失、损害索赔和公司分立等诉讼事项中,涉及私营公司股份时，要求对私营公司的股份进行估值。

27.1.3 私营公司估值中的核心关注点

—考点要求—
解释（explain）私营公司估值中分析师的核心关注点（★）

使用公司自由现金流（FCFF）折现模型对私营公司估值时，必须对三个方面进行调整：

1. 现金流和盈利调整

对于私营公司，分析师需要对资产负债表和利润表中的关键指标进行调整，以解决私营公司与上市公司的差异，进而估计公司的常态化盈利（normalized earnings）。这些调整会影响估值计算中的分子项。

2. 折现率和回报率调整

由于私营公司的债权和股权缺乏公开的市场价格，与上市公司 CAPM 模型相关的假设通常不适用于私营公司，需要对其进行估计与调整。折现率会影响估值计算中的分母项。

3. 估值折扣或溢价

公司估值需要考虑更大控制权带来的益处或流动性不足带来的缺陷等情况。

27.2 常态化盈利和现金流的估计

—考点要求—
解释（explain）私营公司的现金流估计，以及估计常态化盈利时所需的调整（★★）

私营公司报告的盈利和现金流有可能偏离合理水平。估值时，分析师需要了解的是公司正常合理经营产生盈利和现金流的能力，因此往往需要对报告的盈利和现金流进行调整。

1. 盈利常态化（Earnings Normalization）

在私营公司的估值中，常态化盈利（normalized earnings）是指对非经常性项目、无经济实质的项目或其他特殊项目调整后得到的盈利。在对私营公司估值时，可能需要对盈利进行诸多的会计调整，以估计出常态化的盈利。调整主要涉及以下方面。

（1）私营公司与控股股东之间的、不以市场公允价值进行的交易。私营公司的股东通常既拥有控股权，又参与公司经营管理，公司可能会向股东支付高于市场水平的薪酬（above-market compensation）、将股东个人消费（personal expense）计入公司费用，或者向股东控制的其他公司支付高于市场价格的费用等。这样做可以减少应税收入、降低税收，又可以向大股东进行利益输送。分析师需要将此类费用剔除，将费用和盈利调整到合理水平。

（2）同一控股股东下各个私营公司之间的交易。例如，私营公司以低于市场价值的成本从控股股东名下的另一家私营公司购买存货、使用资产等。分析师需要做相应的调整。

（3）不动产（real estate）。如果公司拥有不动产，那么在调整时应将与不动产相关的收入和费用从利润中剔除。在此基础上，需要考虑公司使用不动产应当支付的费用，即，如果公司将其拥有的不动产用于生产经营，那么应该按照市场水平在费用中加上租金。如果公司使用的不动产是通过租赁获得的（特别是当不动产是从关联方处租赁获得的时），其租金可能偏离市场正常水平，此时要求分析师进行相应的调整。

（4）非经常性项目和异常项目（nonrecurring and unusual items）。包括资产处置损益、重组费用等在内的项目，也要求分析师进行调整。

(5) 在评估私营公司时,同样需要考虑存货的计量方法、折旧的假设、各种成本的资本化和费用化等这些在评估上市公司时需要考量的因素。

2. 现金流估计

除对利润要进行调整外,现金流估计也是估值过程中的重要环节。现金流估计需要注意以下问题。

(1) 被评估的权益和评估的目的不同。对控股股东权益和非控股股东权益评估时所使用的假设有所不同。

(2) 估计的不确定性。由于私营公司未来的现金流存在不确定性,估计结果也存在不确定性。分析师通常使用情景分析(scenario analysis)来针对私营公司可能出现的多种发展前景(如 IPO、并购、破产等)进行对应的现金流估计和价值评估,再将不同场景下的估值结果进行概率加权平均得到公司的估值。

(3) 管理层偏差(management biases)。分析师在估计现金流时,往往会参考管理层的意见。需要注意的是,管理层的预测和估计可能存在认知偏差,例如,在估计商誉减值时高估现金流,或者在估计股权激励的公允价值时低估现金流。

(4) FCFF 和 FCFE 之间的选择。当被评估的公司的资本结构存在显著的变化时,使用 FCFF 更加合适。此外,FCFF 更常用于为大型公司估值,而 FCFE 更常用于为小型公司估值。

> **知识一点通**
>
> FCFF 和 FCFE 的区别在第 24 章中已经详细介绍,此处不再展开。

27.3　私营公司的估值方法

私营公司估值方法主要有以下 3 种。

(1) 收入法(income approach)。以资产未来产生的经济利益(收益或现金流)的折现值来估计资产价值。该方法对应之前章节介绍过的上市公司的现金流折现法。

(2) 市场法(market approach)。将被评估资产与相似资产的价格乘数进行对比,来评估私营公司权益的价值。

(3) 基于资产估值法(asset-based approach)。使用私营公司资产的公允价值和负债公允价值的差额来估计私营公司权益的价值。

选择使用何种估值方法对私营公司进行估值时,分析时需要考虑公司的经营特点和所处的生命周期以及公司的规模等因素。

—考点要求—
解释(explain)私营公司估值的三种方法,以及选择这三种方法的主要决定因素(★)

(1) 对于处于较早期的公司,适合使用基于资产的估值方法,因为这种方法适用于持续经营或未来现金流具有较大不确定性的公司,包括处于发展早期的公司。对于处于快速发展期的公司,可以使用收入法(例如自由现金流折现法)进行估值。对于成熟稳定阶段的公司,可以使用市场法(例如使用价格乘数)进行估值。

(2) 上市公司的价格乘数不一定适用于对小型私营公司或增长潜力有限的私营公司进行价值评估。

27.3.1 收入法（Income-Based Approaches）

—考点要求—
使用收入法计算（calculate）私营公司的价值（★★★）

收入法认为资产的价值取决于持有期间预期可获得的收入或者现金流。将资产未来产生的经济收益进行折现，以估计资产的内在价值。

收入法包括自由现金流法（free cash flow method）、现金流资本化法（capitalized cash flow method）和超额收益法（excess earnings method）。

27.3.1.1 要求回报率

收入法的3种模型都要求使用估计的要求回报率对未来的收入或现金流进行折现，要求回报率的估计可以使用不同的模型。

（1）CAPM模型。CAPM模型较少用于私营公司要求回报率的估计。除了上市或者被上市公司收购的情况，小型私营公司与上市公司之间缺乏可比性（因为上市公司有基于市场的β估计值）。此外，β假设投资者持有充分分散化的投资组合，显然私营公司的买卖者不符合这一假设。

—考点要求—
比较（compare）估计要求回报率所使用的模型（★）

（2）扩展的CAPM模型。扩展的CAPM模型在CAPM模型估计的可比上市公司要求回报率的基础上考虑了私营公司规模较小以及公司特有的风险。

（3）叠加法（build-up method）。当无法指定与被评估公司相似的可比上市公司时，分析师可以选择使用叠加法。不同于扩展CAPM模型，叠加法隐含的假设是β为1，即不使用β去衡量风险溢价，而是直接在无风险利率的基础上，叠加基于规模、公司特有风险等风险溢价，进而得到要求回报率。

在估计私营公司的要求回报率时，还需要注意以下几点。

—考点要求—
解释（explain）估计私营公司的折现率时所需的调整（★）

（1）私营公司较难获得债务融资，因此较多依赖于股权融资，这会推高其加权平均资本成本。此外，小规模私营公司较高的经营风险也会推高其债务融资成本。

（2）在评估一家将被并购的私营公司时，应当采用与该私营公司（被并购方）的风险相匹配的要求回报率，而并购方的资金成本与被并购方的估值水平无关。

（3）相对于类似的上市公司，私营公司较缺乏信息透明度，导致预测时不确定性较大，这也会推高私营公司的要求回报率。同时，私营公司的管理层对于未来的预期可能会过于乐观或悲观。分析师需要考虑到上述情况，对要求回报率进行调整。

（4）私营公司规模较小，由此产生的规模溢价也是在估计要求回报率时应当考虑的因素。

27.3.1.2 自由现金流法

自由现金流法是指通过将持有资产预期获得的自由现金流进行折现来估计资产价值的方法。

> **知识一点通**
>
> 自由现金流折现法在私营公司估值中与其在上市公司估值中的应用方法基本相同，本章不再展开介绍自由现金流的计算方法。

与上市公司估值所使用的自由现金流法相似，公司的价值包括预测期（第一阶段）的现金流现值之和与预测期末的终止价值（terminal value）的现值。

终止价值可以使用恒定增长模型(constant growth model)和价格乘数模型(price multiple model)来进行估计。

27.3.1.3 现金流资本化法

现金流资本化法假设资产未来产生的现金流持续以一个恒定的增长率增长,其本质上类似于一阶段自由现金估值模型(single-stage free cash flow model)。

现金流资本化法可以使用公司自由现金流(FCFF)也可以使用股东自由现金流(FCFE)。

在小型私营公司的估值中,现金流资本化法较为常见。大型公司或上市公司有较多的公开信息和其他模型可以选择,因此,现金流资本化法较少用于大型或上市公司估值。

1. 使用 FCFF

使用现金流资本化法和 FCFF,得到公司整体价值为:

$$\text{Firm value} = \frac{\text{FCFF}_0(1+g)}{\text{WACC}-g_f} = \frac{\text{FCFF}_1}{\text{WACC}-g_f} \quad (27.1)$$

其中,FCFF_0 和 FCFF_1 分别表示当前和第 1 年的公司自由现金流;g_f 表示公司自由现金流的可持续增长率;WACC 表示加权平均资本成本。

预期的 FCFF 可以通过公司的预期税后 EBIT 和再投资率(reinvestment rate,RIR)来估计。再投资率也是营运资本和长期资产的投资率,二者的组合类似于公司维持运营和支持既定增长所必需的留存率。再投资率的计算公式如下:

$$\text{RIR} = \frac{g_f}{\text{WACC}} \quad (27.2)$$

那么,通过预期 EBIT 来计算公司价值的公式如下:

$$\text{Firm value} = \frac{\text{EBIT}_1(1-t)(1-\text{RIR})}{\text{WACC}-g_f} \quad (27.3)$$

其中,EBIT_1 为第一年的 EBIT。

用公司整体价值扣除负债的价值可以得到权益的价值。

2. 使用 FCFE

使用现金流资本化法和 FCFE,得到权益的价值为:

$$\text{Equity value} = \frac{\text{FCFE}_0(1+g)}{r-g} = \frac{\text{FCFE}_1}{r-g} \quad (27.4)$$

其中,FCFE_0 和 FCFE_1 分别表示当前和第一年的股东自由现金流;g 表示股东自由现金流的可持续增长率;r 表示权益的要求回报率。

公式(27.4)中的分母($r-g$)通常被称为<u>资本化率</u>(capitalization rate)。

27.3.1.4 超额收益法

<u>超额收益</u>是指扣除了固定资产和营运资本的要求回报后剩余的利润,因此也被称为残余收益(residual income)。固定资产和营运资本是有形资产,而超额收益通常是由无形资产产生的。将超额收益资本化(使用现金流资本化法),可以得到无形资产的价值。用超额收益资本化后得到的无形资产价值加上固定资本和营运资本价值,可以得到公司整体价值。

使用超额收益法估值包括以下 7 个步骤。

(1) 估算有形资产的价值，即营运资本价值和固定资产价值。通常使用资产的公允价值。

(2) 估计公司的常态化盈利。

(3) 估计营运资本、固定资产的要求回报率。由于流动性和风险的不同，营运资本的要求回报率低于固定资产的要求回报率。而无形资产的要求回报率高于固定资产的要求回报率。

(4) 计算有形资产的要求回报，从盈利中减去有形资产的要求回报，得到超额收益。超额收益(excess earnings，EE)的计算公式如下：

$$EE = \text{Normalized Income} - (\text{Working Capital} \times r_{WC}) - (\text{Fixed Assets} \times r_{FA}) \quad (27.5)$$

其中，normalized income 为常态化盈利，r_{WC} 为营运资本的要求回报率，r_{FA} 为固定资产的要求回报率。

(5) 估计无形资产的资本化率(也就是估计要求回报率和增长率)。

(6) 基于恒定增长模型估计无形资产的内在价值，即：

$$\text{无形资产价值} = \frac{EE_0(1+g)}{r_{intangible} - g} = \frac{EE_1}{r_{intangible} - g} \quad (27.6)$$

其中，EE_0 和 EE_1 分别代表当前和第一年的超额收益；g 表示超额收益的增长率；$r_{intangible}$ 为无形资产的要求回报率。

(7) 无形资产价值加上有形资产价值得到公司整体价值。

超额收益法中需要单独估计有形资产的要求回报率，这通常是难以实现的，因此，超额收益法很少用于对整个私营公司进行估值。当其他市场方法不可行时，会利用超额收益法对无形资产或非常小的企业进行估值。

例题 27.1

某私营公司 G 公司当前的营运资本价值和固定资产价值分别为 30 万元和 70 万元，常态化的盈利为 15 万元，营运资本的要求回报率为 6%，固定资产的要求回报率为 10%，无形资产的要求回报率为 11%。超额收益的固定增长率为 3%。使用超额收益法计算 G 公司当前的价值。

名师解析

根据题目条件，超额收益为：

$$150\,000 - 0.06 \times 300\,000 - 0.10 \times 700\,000 = 62\,000(元)$$

无形资产的资本化率为：

$$11\% - 3\% = 8\%$$

将超额收益资本化，得到无形资产的价值为：

$$\frac{EE_0(1+g)}{r_{intangible} - g} = \frac{62\,000 \times (1+0.03)}{0.11 - 0.03} = 798\,250(元)$$

将营运资本、固定资产和无形资产的价值加总，得到公司的价值为：

$$\text{公司价值} = 300\,000 + 700\,000 + 798\,250 = 1\,798\,250(元)$$

27.3.2 市场法（Market-Based Approaches）

市场法是参照可比上市公司或被并购公司的价值来估计私营公司权益价值的方法。市场法主要有三种形式，它们分别是：参考上市公司法（guideline public company method，GPCM）、参考交易法（guideline transactions method，GTM）和历史交易法（prior transaction method，PTM）。

―考点要求―
使用市场法计算（calculate）私营公司价值，并描述（describe）不同方法的优缺点（★★★）

27.3.2.1 参考上市公司法

参考上市公司法是根据可比上市公司的乘数来估计私营公司价值的方法。这类似于上市公司估值所使用的基于市场的估值方法。

上市公司和私营公司估值中所使用的乘数有所不同。上市公司的估值常使用市盈率，而私营公司的估值更常使用企业价值（EV）相关的乘数，因为 EV 相关的乘数，既能反映整个公司的价值，也能适应资本结构的变化。

另一个需要考虑的因素是杠杆的差异。当使用 β 指标进行基于乘数的比较时，需要调整 β 以和私营公司的资本结构相匹配。调整的过程如下：

首先，将上市公司的 β 去杠杆化：

$$\beta_{unlevered} = \frac{\beta_{levered}}{\left[1 + (1-t) \times \left(\frac{\text{Debt}}{\text{Equity}}\right)\right]} \quad (27.7)$$

其中，税率 t 和债务比例 $\left(\frac{\text{Debt}}{\text{Equity}}\right)$ 反映上市公司的情况。

然后，将去杠杆化的 β 应用到私营公司的税率和债务比例中，得到私营公司的杠杆化 β：

$$\beta^*_{levered} = \beta_{unlevered} \times \left[1 + (1-t^*) \times \left(\frac{\text{Debt}}{\text{Equity}}\right)^*\right] \quad (27.8)$$

其中，税率 t^* 和债务比例 $\left(\frac{\text{Debt}}{\text{Equity}}\right)^*$ 反映私营公司的情况。

1. 优缺点

（1）参考上市公司法的优点在于有大量的可比上市公司和相关信息可以用于估值。

（2）该方法的缺点在于，所选取的参考上市公司的可比性可能存在争议。此外，由于私营公司与上市公司的不同风险特征，需要对上市公司的乘数加以调整，才能用于私营公司估值，而调整往往具有主观性。

2. 控股权溢价

在收购中，收购方对被收购的私营公司进行估值时需要考虑控股权溢价（control premium）。控股权溢价是控股权益价值超过相同比例非控股权益价值的部分，可以用金额或比例形式表示。例如，如果 10 万股非控股股份的价值为 100 万元，而同样 10 万股控股股份的价值为 110 万元，两者相差的 10 万元（或 10%）就称为控股权溢价。

分析师可以根据以相似上市公司为标的的收购交易的交易对价来估计控股权溢价。例如，近期收购某相似上市公司的一笔交易中，控股权溢价是 10%，那么，该 10% 可以作为本次估值的控股权溢价。

在估计控股权溢价时，分析师还需要考虑具体的交易类型、行业因素和支付方式。

（1）交易可以分为两种方式——**战略收购**（strategic transaction）和**财务收购**（financial transaction）。收购方可以通过战略收购获得协同效应（synergies），如收入增加、利润增加等。而在财务收购中，产生的协同效应并不显著。相比于财务收购，战略收购中的收购方会愿意支付更高的控股溢价。

（2）行业变化因素。使用同行业上市公司被并购时的交易价格来估计控股权溢价时，如果该并购日期距离估值的日期较为久远，极有可能行业环境已经发生了显著变化，那么过去的并购价格所体现的控股权溢价也就会缺乏参考价值。

（3）如果相似上市公司的并购采用了股份支付的方式，那么，据此估计的控股权溢价也会缺乏参考价值。通常来说，当收购方管理层认为公司股价被高估时，会倾向于使用股份支付。

3. 估值流程

（1）确定一组可比上市公司，并计算出它们乘数的均值，如 EV/EBIT 的均值。

（2）针对私营公司和上市公司风险和增长预期的差异调整上述乘数。

（3）如有必要，再针对控股权溢价调整乘数。

（4）基于私营公司的 EBIT 和调整后的乘数求出私营公司的企业价值。

例题 27.2

分析师出于并购的目的对 G 公司进行估值。假设与 G 公司相似的参考上市公司的 EV/EBIT 乘数是 10 倍。由于 G 公司是私营公司，根据其风险特征，乘数需要在相似上市公司乘数的基础上下调 25%。根据同行业上市公司并购交易的数据，针对控股权溢价，应将乘数上调 20%。假设 G 公司的 EBIT 为 100 万元，使用参考上市公司法计算 G 公司的企业价值。

名师解析

G 公司估值所使用的乘数为：

$$10 \times (1 - 0.25) \times (1 + 0.2) = 9$$

G 公司的企业价值为：

$$9 \times 100 = 900 (万元)$$

27.3.2.2 参考交易法

参考交易法是直接根据收购交易的对价来计算价格乘数，再用该价格乘数来为私营公司估值的方法。

参考交易法和参考上市公司法均使用乘数进行估值。参考交易法使用的是在收购中的价格来计算乘数，而参考上市公司法使用股票的市场价格计算乘数。因此，参考交易法的估值结果已经反映了整体收购公司所获得的控股权益的价值，估值时无须另外估计控股权溢价。

1. 考虑因素

在使用参考交易法估计私营公司的价值时，需要考虑到以下几个因素对于价格乘数的影响。

（1）协同效应（synergies）。如果被收购公司和收购方公司之间会产生协同效应，那么战略收购方要为协同效应支付代价。

（2）或有对价（contingent consideration）。或有对价是指未来可能会支付给收购交易中卖方的对价。收购条款中的或有对价通常与被收购方未来的业绩挂钩。

（3）非现金对价（non-cash consideration）。在收购中，收购方有可能以股票作为支付方式，而股份支付往往说明收购方管理层认为自身股价被高估。

（4）交易可得性（availability of transactions）。参考交易法是基于过往交易来评估标的公司的价值，但找到具有参考价值的公司所发生的收购交易并不容易。鉴于公司、行业等可能发生的重大变化，历史交易的参考价值可能有限。

（5）交易日（transaction date）和估值日（valuation date）之间的变化。参考交易发生的时间如果距估值日较为久远，从交易日到估值日，市场条件的变化可能导致不同的风险和增长预期，进而需要调整乘数。

2. 估值流程

使用参考交易法估值的流程与参考上市公司法的流程类似。两者的区别在于参考交易法无须根据控股权溢价再做调整。

27.3.2.3 历史交易法

历史交易法是指基于标的公司自身过往的股权交易价格或价格乘数来对其进行估值的方法。

历史交易法的优点在于标的公司自身过往的股权交易价格更具有参考性，该方法有利于评估少数股东权益价值。

与参考上市公司法和参考交易法相似，历史交易法的估值结果也受到交易方式、历史交易距离估值日的时间长短等影响。

> **备考小贴士**
>
> 市场法中的参考上市公司法和参考交易法较为重要。考查涉及定量的计算和定性的分析。

27.3.3 控股权和流动性调整

与上市公司相比，私营公司股票通常流动性较差，并且私营公司估值可能面临着控股权的问题。因此，在估值中，需要针对控股权和流动性问题进行调整。

27.3.3.1 控股权缺失折价

控股权缺失折价（discount for lack of control，DLOC）是为了反应股东对公司控股权的部分或完全缺失而对权益价值进行的调整。

如果没有控股权，投资者对董事会、高管的任免以及公司经营、投融资和股息分配决策等缺乏决定权，从而影响其投资收益和投资价值。

1. 估计方法

控股权缺失折价的计算方式如下：

$$\text{DLOC} = 1 - [1/(1+\text{控股权溢价})] \tag{27.9}$$

—考点要求—

解释（explain）和评估（evaluate）私营公司估值中，因控股权和流动性而产生的折价或溢价调整（★★）

> **备考小贴士**
>
> 考生需要能够利用公式（27.9）计算控股权缺失折价。

> **知识一点通**
>
> 控股权溢价的计算方法可以参考 27.3.2 中介绍的方法。

2. 需要进行控股权调整的情况

如果估计公司整体价值时是基于具有控股权的假设,那么在估计公司非控股权益的价值时,就需要在整体价值的基础上再考虑控股权缺失的折价。

参考交易法中,估值所参考的价格和价格乘数来自收购交易,因此其中包含了控股权的价值,如果基于此来为非控股权益估值,则需要扣除控股权缺失折价。

参考上市公司法中,估值所参考的价格和价格乘数通常基于非控股权益的价格,以此为基础为非控股权益估值,则不需要扣除控股权缺失折价。

自由现金流折现法和现金流资本化法所得到的估值结果是否包含控股权的价值取决于对现金流的假设。如果现金流的估计是基于控股权的,那么在估计非控股权益价值时,需要在上述估值的基础上扣除控股权缺失折价。

27.3.3.2 流动性缺失折价

流动性缺失折价(discount for lack of marketability, DLOM)是由于私营公司股票的市场流动性较差(相较于上市公司)而对其权益价值进行的调整。

流动性缺失折价通常被用于私营公司的非控股权益估值。

1. 影响流动性缺失折价的因素

影响流动性缺失折价的因素包括:

(1) 流动性前景,如当前和未来的市场条件。
(2) 禁止出售或限制交易的条款。
(3) 潜在买家的数量。
(4) 所有权的集中度。

2. 估计方法

估计私营公司股份的流动性缺失折价可以通过以下方法:

(1) 基于限制性交易股票(restricted traded shares)和非限制性公开交易股票之间价差。
(2) 基于股票在 IPO 之前和 IPO 之后的价差。
(3) 基于看跌期权价格。在实践中,分析师用股票看跌期权的价格除以调整流动性缺失折价之前的股价,所得的数值可以作为对流动性缺失折价的估计值。假设 A 公司的看跌期权价格为 USD 5,未扣除流动性缺失折价前 A 公司的股价为 USD 50,可以用 10% (5/50×100%)作为流动性缺失折价的估计值。

27.3.3.3 总折价

综合控股权缺失折价和流动性缺失折价,得到的总折价为:

$$总折价 = 1 - [(1-\text{DLOC})(1-\text{DLOM})] \qquad (27.10)$$

练一练

AnBi Corporation is a private enterprise in Xinjiang, China, specialized in nuts and organic products, with RMB 150 million sales all across China. AnBi is considered as one of the major manufacturers in the market of organic and healthy nutrition. AnBi's clients are mainly online shops and local grocery store chains. In order to have an advantage in competition with foreign companies and expand the business domestically and internationally, AnBi's owners are considering to sell the company's shares to a prestigious PE company, called BoBo.

AnBi was founded in the early 2000s, the sitting shareholders took over the company a few years ago when the company was in financial distress, and helped expand the business and eventually gain more market share. Currently, none of the shareholders has actual positions in the company. AnBi is now at the growing stage. The sitting shareholders and the potential investors share the same expectations and perspective about the market. They plan to hold the company private for a certain period of time before taking it public. They also agree that they would not make any changes to the current top management.

The chief financial officer of AnBi, Li Chen, is working on AnBi's valuation reports. Chen wonders whether a fair market value can be reliably estimated. He thinks that market prices should reflect AnBi's value when the company is brought to public under less volatile market conditions. Chen is very concerned about the valuation process, because he knows that the valuation process between a private company like AnBi and a public company is different.

While researching and analyzing several approaches available for valuing private companies, Chen proposes the following model options in his reports:

◆ Option 1: Use asset-based approach. AnBi is active in organic and healthy nutrition products, and its assets consist of factories, warehouses and patent.

◆ Option 2: Use market approach to value AnBi based on pricing multiples from the average price-to-earnings multiples of public competitors without any adjustment.

◆ Option 3: Use discounted free cash flow approach and forecast the future income of AnBi based on its investment and market share.

Both Chen and BoBo's analysts prefer the income approach, and compile the income statement data in Exhibit 27.1. Chen forecasts that AnBi's revenue will increase by 3.5 percent for the next 12 months.

Exhibit 27.1 AnBi's Forecasted Financial Data

Gross profit	RMB 75 000 000
depreciation	RMB 3 500 000
Selling, general and admirative expenses	RMB 36 250 000
Capital expenditure to support current revenue	RMB 10 600 000
Working capital investment	RMB 550 000

◆ Capital expenditure to growth is 10 percent of incremental revenues.
◆ Marginal tax rate on EBIT is 35 percent.

Since the discount rate may have a great influence on the estimated value using income approach, Chen asks BoBo's analysts what discount rate might be the most appropriate to estimate

AnBi's value.

Chen and BoBo's analyst decide to use capitalized cash flow method (CCM) to calculate the value of AnBi's equity and build-up method to estimate AnBi's required return on equity. Additional information is provided in Exhibit 27.2.

Exhibit 27.2 Additional Information

Risk free rate	Equity premium	Size premium
5%	4.5%	1.8%

Chen also reports that AnBi's free cash flow to equity in the current year is about RMB 3.4 million, which is expected to grow at a constant rate of 3.5 percent.

27-1 Which of the following factors would least likely to be a source of differences in valuing AnBi compared with valuing a publicly traded company?

A. AnBi is much smaller than public companies.

B. Anbi's is at growing stage while public companies are likely to be mature and stable.

C. Agency problems arising from separation of ownership and management.

27-2 Which of the following statements regarding the difference between private and public firms is most accurate?

Statement 1: Private firms are subject to less compliance costs compared to public firms.

Statement 2: Shares of private firms are more liquid than shares of public firms.

Statement 3: Private firms have more access to outside capital injection.

A. Statement 2.

B. Statement 3.

C. Statement 1.

27-3 Which one is the best option to value AnBi?

A. Option 1.

B. Option 2.

C. Option 3.

27-4 Based on Exhibit 27.1 and Chen's assumptions, the free cash flow to the firm of AnBi's is closest to:

A. RMB 14 737 500.

B. RMB 10 012 500.

C. RMB 9 680 500.

27-5 What is the most inappropriate discount rate that may be used to estimate AnBi's value?

A. Discount rate estimated using expanded CAPM.

B. Weighted average capital cost of reflecting AnBi's cash flows risk.

C. Weighted average capital cost of Bobo.

27-6 Using build-up method and capitalized cash flow method (CCM) based on the free cash flow to equity reported by Chen, the value of AnBi's equity is closest to:

A. RMB 42.87 million.

B. RMB 36.84 million.

C. RMB 45.12 million.

答案与解析

27-1 C

本案例中,AnBi 公司的股东与管理层分离,这意味着存在委托—代理问题,这是该公司与公众公司的共同点,不是两者的区别。因此,选项 C 符合题意。私有公司 AnBi 处于成长期,而公众公司往往处于成熟期,这是 AnBi 在估值上要区别于公众公司的地方。AnBi 公司规模较小,而公众公司通常规模较大,估值时需要考虑规模溢价,这也是两者的区别。因此,选项 A 和选项 B 都不符合题意。

27-2 C

上市公司需要接受更为严格的监管以及信息披露要求,因此上市公司的合规成本要高于私营公司。因此,正确答案为选项 C。

对于选项 A,相对于上市公司,私营公司的股票并未在公开市场注册交易,所以私营公司的股票流动性较低。因此,该选项错误。

对于选项 B,私营公司的融资渠道更少,融资的难度也更大。因此,该选项错误。

27-3 C

基于资产的估值方法很少用于评估建立在持续经营假设下的公司的价值,且该公司的资产中有专利等无形资产,无形资产的价值较难准确评估。

使用市场法对私营公司估值需要在上市公司乘数的基础上进行针对各方面的差异进行调整,例如风险、成长性和控股权的不同。

使用收入法(包括现金流折现法)进行估值更恰当。

27-4 A

(Amounts in RMB)

收入	155 250 000(150 million×1.035)
毛利	75 000 000
SG&A	36 250 000
预计的 EBITDA	38 750 000
折旧	3 500 000
预计的 EBIT	35 250 000
所得税(针对 EBIT)	12 337 500
税后营业利润	22 912 500
加:折旧费用	3 500 000
减:为维持当前销售水平而进行的资本支出	10 600 000
减:为实现销售增长而进行的资本支出*	525 000(10%×150 million×0.035)
减:营运资本投入	550 000
FCFF	14 737 500

* 收入增加额的 10%

27-5 C

估值中所使用的折现率可以通过扩展的 CAPM 模型估计得到。估值时所使用的加权平均资本成本应该反映被投资方的风险,而非投资方的风险。因此,选项 C 符合题意。

27-6 C

使用叠加法,本题中,权益的要求回报率是无风险收益率加上股权投资的风险溢价,再加上规模溢价的结果。即：

$$5.0\% + 4.5\% + 1.8\% = 11.3\%$$

使用现金流资本化法（CCM）进行估值的结果为：

$$FCFE_0(1+g)/(r-g) = 3.4 \times 1.035/(0.113 - 0.035) = \text{RMB } 45.12 \text{ million}$$

第 6 部分

固定收益证券

科目导学

考情分析

"固定收益证券"占比 10%~15%,考试中有 2~4 个案例。"固定收益证券"这门科目在 CFA® 一到三级考试中都是难点,二级考试三大主线分别是利率期限结构、含权债券定价与信用违约互换,这些主线又分别包含了许多知识点。在考试中,知识点往往穿插出现。这一特点要求考生熟练掌握相应知识点,能够在 case 考查中准确识别所考查的知识,并得出正确的结论。另外,作为 CFA® 二级"固定收益证券"的重要知识基础和实务中常见的交易方法,需要深刻理解并加深记忆诸如骑乘收益率曲线等重要策略和方法。总之,强化主线、重点突破、深入思考、强调理解。只要做到这四方面,即可全面掌握"固定收益证券"。

"固定收益证券"从逻辑框架上看可以拆成两个部分,分别是债券的估值方法和针对信用风险的分析模型及信用违约互换。分为五个章节:其中第 28 章主要讲述利率的期限结构、利率期限结构理论以及骑乘收益率曲线,知识点密度较大;第 29 章主要介绍了利率二叉树模型的基本原理。远期利率的蒙特卡罗模拟,以及利率期限模型。其中利率二叉树模型的基本原理为含权债券二叉树模型估值奠定基础;第 30 章是最重要的章节,重点讲述了如何使用二叉树模型对含权固定利率债券和含权浮动利率债券进行定价以及可转换债券的定价知识,此外还讨论了利率波动率、收益率曲线变化对含权债券价值的影响;第 31 章主要讲解了信用风险的度量以及信用分析模型;第 32 章讲解了信用违约互换 (CDS) 及其基本应用。

本部分框架图

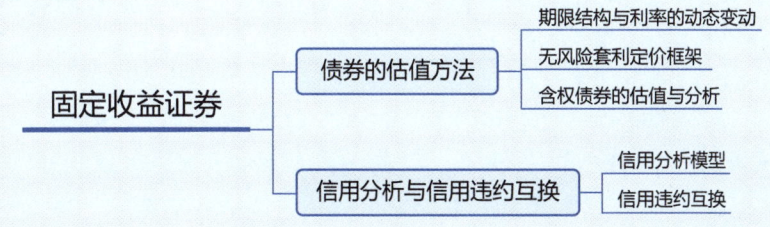

第 28 章
期限结构与利率的动态变动

章节导学

知识引导

利率不仅是反映经济状况的"晴雨表",同时也是调节经济的有效工具。利率的期限结构反映不同期限下的市场利率水平,这是许多金融产品定价的重要"输入变量"。首先,本章引入即期利率与远期利率,通过对比即期利率与远期利率,深入探讨了即期利率、远期利率的利率期限结构,并简要介绍了五种传统的利率期限结构理论。最后,本章从固定收益证券主动投资出发,介绍了一种重要且实用的方法——骑乘收益率曲线策略。

考点聚焦

本章作为 CFA® 二级"固定收益证券"科目的开篇,不少概念与一级知识相重合。考生应重点掌握即期利率与远期利率之间的换算、即期利率曲线与远期利率曲线之间的关系,以及各种收益率与利差的定义与特征。对于传统利率期限结构理论,主要熟悉五种流派的基本思想及特征。最后,考生应熟悉骑乘收益率曲线这个对债券组合进行主动管理的常用策略并理解其背后的逻辑与风险,以及度量债券利率风险的指标,如有效久期、关键利率久期等,并需要了解其应用场景及特征。

本章框架图

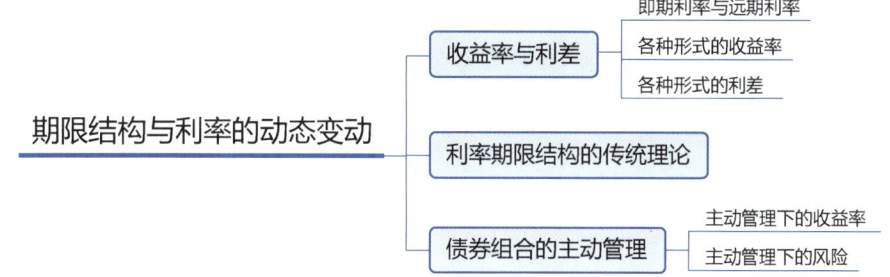

28.1 收益率与利差（Yield and Spread）

28.1.1 即期利率与远期利率（Spot Rate and Forward Rate）

—考点要求—
描述（describe）
即期利率、远期利率（★★★）

28.1.1.1 即期利率（Spot Rate）

假设某个零息债券面值为一单位货币，将在 $t=j$ 时刻到期。该零息债券在今天（$t=0$ 时刻）的价格在数值上就等于债券到期时的现金流的折现因子（discount factor），记为 $P(j)$。需要特别注意的是：零息债券的到期收益率（YTM）等于其即期利率（spot rate），记为 $s(j)$。以下公式反映了折现因子和即期利率的关系：

$$P(j)=\frac{1}{[1+s(j)]^j} \tag{28.1}$$

> **知识一点通**
>
> 假如已知两年期的即期利率为 2%，那么现在的 1 元钱两年后价值为 1.02^2，或者说两年后的 1 元钱当前价值为 $1/1.02^2$。

> **备考小贴士**
>
> 折现因子与即期利率是成对出现的概念（知道其中一个变量的值，必然可推出另一个的值），考生应注意区分两者定义。

28.1.1.2 远期利率（Forward Rate）

远期利率指在今天就被决定下来的、开始于未来某一个时间点，结束于未来某一个更远的时间点的利率。例如，假定在 $t=0$ 时刻，某借款方决定在 $t=j$ 期时开始借款 USD 1，这笔贷款持续时间为 k 期，借款方将在 $t=j+k$ 期时偿还贷款。那么，这个在 $t=0$ 时刻就已经决定的未来贷款利率，被称为**远期利率，记为 $f(j,k)$**，见图 28.1。

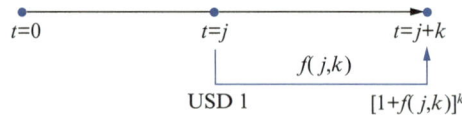

图 28.1 远期利率示意图

> **知识一点通**
>
> 注意远期利率 $f(j,k)$ 有两个时间期限变量。一是贷款开始的时间（即第 j 期），另一是贷款持续的时间（持续 k 期）。此外，远期利率是在 $t=0$ 时期就确定下来的。

28.1.1.3 远期利率模型（Forward Rate Model）

远期利率模型反映了远期利率与即期利率之间如何换算，如下：

$$[1+s(j+k)]^{j+k} = [1+s(j)]^j \times [1+f(j,k)]^k \quad (28.2)$$

实际上,远期利率模型是利用无套利原理描述如何对远期利率定价。无套利原理是指产生相同现金流的可交易证券定价相同。具体而言,公式(28.2)等号的左边与右边反映了两种等价的投资方式:一是在 0 时期将 1 元钱直接投资期限为 $j+k$ 期的零息国债,在期末 $t=j+k$ 期将回收 $[1+s(j+k)]^{j+k}$ 元;二是先将 1 元钱投资期限为 j 期的零息国债,在 $t=j$ 期末回收本息 $[1+s(j)]^j$ 元后再投资于期限为 k 期的零息国债,最终在 $t=j+k$ 期末回收 $[1+s(j)]^j \times [1+f(j,k)]^k$ 元。以上两种投资方式所能获得的收益均在 $t=0$ 时期就能确定,并且不存在不确定性,故等式左右两边必须相等①。上述现金流图可见图 28.2。

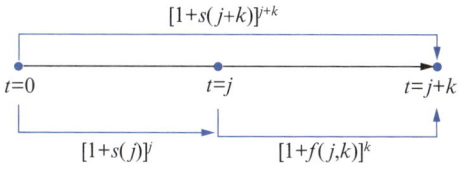

图 28.2 远期利率模型现金流图

> **知识一点通**
>
> 将公式(28.2)移项变形后可得:
>
> $$P(j+k) = P(j) \times F(j,k)$$
>
> 其中,$P(j+k)$ 与 $P(j)$ 如公式(28.1)定义,$F(j,k)$ 为本金为一单位货币的远期合约的价格,即 $F(j,k) = 1/[1+f(j,k)]^T$。不难看出,上式和公式(28.2)只是表达形式不同,含义上完全相同,考生只需掌握其中一个即可。

例题 28.1

假定 1 年期、2 年期与 3 年期零息债券的即期利率分别为 8%、9% 以及 10%。计算 2 年后发行、持续 1 年的零息债券的远期利率,假设每年复利。

名师解析

涉及远期利率的题目一定要注意区分两个时间期限。例如,本题中的贷款是在 2 年后发生,贷款期限为 1 年,故要求的是远期利率 $f(2,1)$。利用公式(28.2),选取两年期即期利率与 3 年期的即期利率代入,即有:

$$(1+0.10)^3 = (1+0.09)^2 \times [1+f(2,1)]$$

由上式解得:

$$f(2,1) = 12.03\%$$

28.1.1.4 即期利率曲线与远期利率曲线

将即期利率 $s(j)$ 放在纵轴,期限 j 放在横轴,就可得到**即期利率曲线(spot yield**

---

① 有些情况下,我们也用符号 s_j 表示 $s(j)$,两者含义相同。

curve)。同样,将远期利率 $f(j,k)$ 放在纵轴,期限 j 放在横轴,就可得到**远期利率曲线(forward rate curve)**。远期利率与远期利率曲线可以从即期利率得到。

远期利率曲线与即期利率曲线之间的相对位置可分为两种情况讨论。

一是当即期利率曲线(spot yield curves)**向上倾斜时**,远期利率曲线位于即期利率曲线**上方**。且有起始日期越迟(即 j **越大**),远期利率曲线的**位置越高**,见图 28.3 左图。

二是当即期利率曲线(spot yield curves)**向下倾斜时**,远期利率曲线位于即期利率曲线**下方**。且有起始日期越迟(即 j **越大**),远期利率曲线的**位置越低**,见图 28.3 右图。

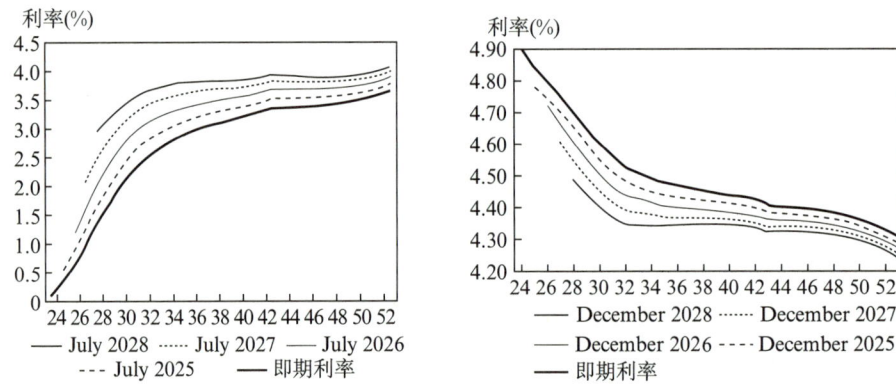

图 28.3　远期利率曲线与即期利率曲线的相对位置

图 28.3 左图中,假设今年为 2024 年,黑色实线表示即期利率曲线向上倾斜,其余曲线由下至上分别代表贷款日期开始于 2025 年、2026 年、2027 年与 2028 年 7 月 1 日的远期利率曲线(即起始日期 j 越来越迟)。以 2025 年的远期利率曲线为例,曲线上的点的含义为:站在 2024 年 7 月 1 日,计划在 2025 年 7 月 1 日开始一笔期限为横轴对应坐标的贷款,借款利率为纵轴对应坐标。图 28.3 右图的含义类似。

> **知识一点通**
>
> 如何理解关于远期利率曲线与即期利率曲线之间位置关系的两个结论呢?我们可以借助公式(28.2)进行理解。将公式(28.2)进行移项变形可得:
>
> $$\left[\frac{1+s(j+k)}{1+s(j)}\right]^{\frac{j}{k}}[1+s(j+k)]=1+f(j,k)$$
>
> 根据上式,当即期利率曲线向上倾斜时,意味着 $s(j+k)>s(j)$,故有 $1+s(j+k)/1+s(j)$ 大于 1,故可推出 $f(j,k)>s(j+k)$;反之,即期利率向下倾斜意味着 $s(j+k)<s(j)$,故可推出 $f(j,k)<s(j+k)$。此外,从上式中亦可看出,j 越大时,等式左边上升,故 $f(j,k)$ 也越大。
>
> 如果考生对于理解上面推导有困难,亦可从另一角度进行理解。以 $s(2)$ 为例,有:
>
> $$[1+s(2)]^2=[1+s(1)][1+f(1,1)]$$
>
> 因此,$s(2)$ 可看成 $s(1)$ 与 $f(1,1)$ 的几何平均值。既然 $s(2)$ 为"均值",当 $s(2)>s(1)$ 时(即期利率曲线向上倾斜),$f(1,1)$ 必然大于 $s(1)$,否则 $s(1)$ 与 $f(1,1)$ 平均下来不可能为 $s(2)$。

28.1.1.5 折现因子与远期价格

1. 折现因子(Discount Factor)

如前文所述,折现因子 $P(j)$ 表示将未来第 j 期的一单位货币折现至当期的"价格",故有:

$$P(j)=\frac{1}{[1+s(j)]^j} \tag{28.3}$$

2. 远期价格(Forward Price)

假定某一零息债券距当前 j 期后才发行,期限为 k 年,面值 USD 1。于是,如果已知远期利率 $f(j,k)$,不难得出该零息债券在时期 j 的价格 $F(j,k)$,我们称其为远期价格(forward price),其现金流见图 28.4。

$$F(j,k)=\frac{1}{[1+f(j,k)]^k} \tag{28.4}$$

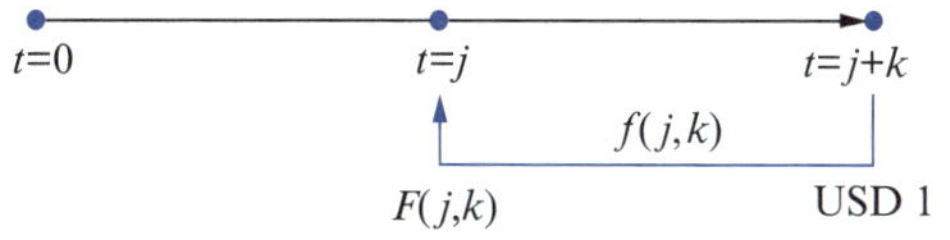

```
t=0           t=j          t=j+k
              |————f(j,k)————|
              F(j,k)         USD 1
```

图 28.4 远期价格现金流示意图

> **知识一点通**
>
> 考生应注意大写的 $F(j,k)$ 表示远期价格,小写的 $f(j,k)$ 表示远期利率。从利率的角度上看,有即期利率和远期利率;从折现角度上看,就对应着折现因子和远期价格。

3. 远期定价模型(Forward Pricing Model)

远期定价模型反映了远期合约的价值,换言之,反映了折现因子以及远期价格之间的关系:

$$P(j+k)=P(j)F(j,k) \tag{28.5}$$

站在 0 时间点,在未来第 $j+k$ 期获得 1 元现金流有两种投资方式:一是在 0 时期直接投资期限为 $j+k$ 期的零息国债,在期末 $t=j+k$ 期回收 1 元,因此,其现值为 $P(j+k)$;二是先投资期限为 j 期的零息国债,在 $t=j$ 期末回收面值后再投资于期限为 k 期的零息国债,最终在 $t=j+k$ 期末回收 1 元,其现值为 $P(j)F(j,k)$。以上两种投资方式所能获得的收益均在 $t=0$ 时期就能确定,并且不存在不确定性,故两种投资方式的现值应相等,从而可得出公式(28.5),见图 28.5。

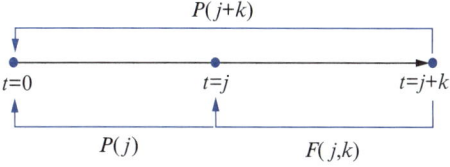

图 28.5 远期定价模型现金流示意图

> **备考小贴士**
>
> 即期利率和远期利率的相互转换会以计算题的形式考查,虽然有些概念在一级已经接触过,但在二级备考中仍需注意。

例题 28.2

考虑一个 1 年后发行的 2 年期债券,已知 1 年的即期利率为 5%,3 年的即期利率为 7%。计算该债券的远期价格。

名师解析

根据题目已知条件有:

$$P(1)=1/(1+5\%)=0.952\ 38$$
$$P(3)=1/(1+7\%)^3=0.816\ 30$$

根据公式(28.5)有:

$$F(1,2)=0.816\ 30 \div 0.952\ 38=0.857\ 11$$

28.1.2 各种形式的收益率

―考点要求―
描述(describe)到期收益率、预期以及实际收益率曲线的形状(★★★)

28.1.2.1 到期收益率(Yield to Maturity,YTM)

YTM 实际上就是债券现金流的内部收益率(IRR),如公式(28.6)所示。

$$P = \sum_{t=1}^{n} \frac{PMT_t}{(1+\text{YTM})^t} + \frac{F}{(1+\text{YTM})^n} \tag{28.6}$$

其中,P 表示债券价格;PMT_t 表示第 t 期的票息支付;F 为债券面值。

实际上公式(28.6)在一级学习中已出现过,在 CFA® 二级复习中,考生应注意以下几点:

(1) 实务中,通常是观察到债券的价格,由此利用公式(28.6)反推出 YTM。

(2) 对于零息债券而言,其 YTM 就是即期利率。

(3) 对于付息债券而言,如果即期利率曲线不是水平的,那么 YTM 与即期利率就是不同的。

(4) YTM 为即期利率的加权平均。

> **知识一点通**
>
> 在一级中学过,债券定价无非是各期现金流的折现之和。对于各期现金流,分别用与其期限匹配的即期利率折现,即有:
>
> $$P = \sum_{t=1}^{n} \frac{PMT_t}{(1+s_t)^t} + \frac{F}{(1+s_n)^n}$$
>
> 其中,s_t 表示 t 期的即期利率。对比公式(28.6),会发现 YTM 为即期利率的加权平均。实际上,上述结论(2)到结论(4)都能通过上式来理解。

在利用公式(28.6)时,实际上隐含了以下 3 条假设:
(1) 投资者计划将债权持有到期(hold the bond until maturity)。
(2) 债权发行方按期并足额支付票息与本金。
(3) 债权投资者的再投资收益率为 YTM。

> **知识一点通**
>
> 第一个假设条件和第二个假设条件实际上意味着各期现金流是确定的,从而才能用公式(28.6)进行定价;第三个假设条件意味着投资者每期收到的利息可按照 YTM 的收益率进行再投资。

28.1.2.2 预期收益率与实际收益率(Expected Return vs. Realized Return)

预期收益率指投资者持有债券的事前预期收益率。当上文中提到的三个假设条件均满足时,用 YTM 作为债券投资的预期收益率是准确的。

实际收益率指投资者持有债券期间真实获得的收益率。实际收益率的大小取决于真实的再投资收益率以及持有期结束时的收益率曲线。

28.1.2.3 脱靴法(Bootstrapping)

前文已介绍了即期利率曲线和远期利率曲线,另一种常见利率曲线为平价收益率曲线(par curve)。平价利率(par rate)是给定当前的利率环境时,使得债券可以按照平价交易的票息率。根据一级的知识,如果债券平价交易,那么其票息率就等于当时的 YTM。

平价利率曲线反映了平价利率和债券期限之间的关系。通过脱靴法,我们可以由平价利率曲线得到各期的即期利率。

—考点要求—
描述(describe)如何运用脱靴法从平价利率曲线中得到即期利率(★★)

> **知识一点通**
>
> 脱靴法,又被称为倒挤法、自展法或"倒脱靴",指将上一步得到的输出结果作为下一步的输入变量。"倒脱靴"的比喻非常形象,就像我们日常穿鞋带,必须先穿过前一个孔再通过下一个孔。可以通过例题 28.3 来体会这种方法。

例题 28.3

假设对于每年付息一次、平价交易的债券而言,其 1 年期、2 年期与 3 年期的 YTM 分别为 2%、2.25% 与 2.5%,分别计算 1 年期、2 年期以及 3 年期的即期利率。

名师解析

第一步,由于每年仅付息一次,1 年期平价交易的债券实际上相当于零息债券,1 年期的平价利率与 1 年期的即期利率相同,即:

$$s_1 = 2\%$$

第二步,根据债券定价公式,利用即期利率计算 2 年期债券价值,则有:

$$100 = 2.25/(1+2\%) + 102.25/(1+s_2)^2$$

由上式解得 $s_2 = 2.254\%$

第三步，根据债券定价公式，利用即期利率计算 3 年期债券价值，有：

$$100 = 2.5/(1+2\%) + 2.5/(1+2.254\%)^2 + 102.5/(1+s_3)^3$$

由上式解得 $s_3 = 2.509\%$

Bootstrapping 的解题过程就是反复利用上一步结果作为输入变量的迭代过程，故称为"脱靴法"。

28.1.2.4 互换利率曲线（Swap Rate Curve）

—考点要求—
解释（explain）互换利率曲线以及如何利用、怎么利用互换利率曲线进行估值（★★）

互换合约，也称为"掉期"，诞生于 20 世纪 80 年代，如今已成为使用最广泛的衍生品种类之一。互换合约双方约定了未来一系列现金流的交换，而具体交换的现金流水平则取决于互换合约的双方所依照的不同参照标准。例如，一方按照浮动利率支付现金流，另一方按照固定利率支付现金流。使得互换合约在合约签订初期价值为零的固定利率即为**互换利率（swap rate）**，不同期限的互换利率即可构成**互换利率曲线（swap rate curve）**。

在实务中，当对债券进行估值时，某些投资机构使用的折现率参考互换利率而非国债的即期利率曲线，这是因为：

第一，互换利率反映了商业银行而非政府的信用风险；

第二，互换利率不受政府监管，因而更便于不同国家之间的比较；

第三，由于互换市场庞大，不同到期期限均有对应的互换利率。

28.1.3 各种形式的利差

1. 互换利差（Swap Spread）

—考点要求—
给定期限计算（calculate）并理解（interpret）互换利差（★★）

利差（spread）有时也称为"基准利率之上的利差"（spread over benchmark）。通常我们选取最新发行（on-the-run）的政府债券作为基准利率，以考察不同利率与基准利率的利差。

所谓互换利差即指互换利率与政府债券之间的利差，即：

互换利差＝互换利率－政府债券利率

实务中，MRR 互换曲线是最常被使用的收益率曲线。这是因为 MRR 互换利率曲线反映了多数商业银行的违约风险。

> **知识一点通**
>
> 由于 LIBOR 于 2021 年 12 月 31 日退出历史舞台，自 2022 年起由 SOFR（Secured Overnight Financing Rate）取代 LIBOR 成为国际银行浮动利率的参考利率，书中将会以市场参考利率 MRR（Market Reference Rate）来统一表示参考利率。

2. Z-spread

—考点要求—
描述（describe）Z-spread、TED 与 MRR－OIS spread（★★）

回顾债券定价原理，债券价格应为未来各期现金流的折现之和，即：

$$\text{Price} = \frac{CF_1}{1+s_1} + \frac{CF_2}{(1+s_2)^2} + \cdots + \frac{CF_n}{(1+s_n)^n} \tag{28.7}$$

其中，$s_1, \cdots, s_n$ 反映了对应期限的即期利率。

然而，如果 $s_1,\cdots,s_n$ 特指的是无风险债券未来现金流对应的即期利率，利用公式 (28.7) 对公司债券进行估值时没有考虑到公司所特有的信用风险与流动性风险等，导致对债券的估值偏高。因此，必须在折现利率中加上一个 **Z-spread（为常数）**，使得对未来的现金流折现值之和等于债券价格，即：

$$\text{Price}=\frac{\text{CF}_1}{1+s_1+Z}+\frac{\text{CF}_2}{(1+s_2+Z)^2}+\cdots+\frac{\text{CF}_n}{(1+s_n+Z)^n} \tag{28.8}$$

> **知识一点通**
>
> 如果某债券是含权债券，则 Z-spread 除反映信用风险、流动性风险外，还反映了含权风险。

3. TED Spread

TED spread 表示相同期限下 T-bill 与 MRR 之间的利差。TED spread 通常被看成反映整体经济信用风险和流动性风险的晴雨表。当 TED spread 上升（下降）时，意味着金融市场特别是银行间市场的信用风险和流动性风险增加了（减少了）。

> **知识一点通**
>
> TED 缩写中，"T"代表 T-bill；"ED"则是欧洲美元（Euro-Dollar）期货的代码缩写，可通过 MRR 反映。通过其名字即可记住其定义。

4. MRR-OIS Spread

MRR-OIS spread 即指 MRR 与 OIS 之间的利差。其中，OIS（overnight index swap rate）表示隔夜互换利率，指利息支付期间每日隔夜互换利率的几何平均值。**MRR-OIS spread 是反映货币市场信用风险与流动性的优良指标**。

> **备考小贴士**
>
> 考生应主要掌握几种利差的概念及用途，此处对计算的要求相对较弱。

28.2 利率期限结构的传统理论

28.2.1 完全预期理论（Pure Expectation Theory）

传统理论的一大分支就是通过投资者的**预期**来理解利率的期限结构。根据投资者的预期又可将其细分为完全预期理论以及局部预期理论。

完全预期理论，也称无偏预期理论（unbiased expectation theory），认为远期利率是对未来即期利率的无偏估计。具体而言，指站在 0 时间点的远期利率 $f(j,k)$ 等于未来站在 j 时间点时得到的即期利率 s_k。

—考点要求—
描述（describe）利率期限结构的传统理论以及这些理论是如何运用的（★★★）

> **知识一点通**
>
> 完全预期理论有两个特征。第一,对于投资者而言,不同期限的债券是完全可相互替代的。例如,购买一个5年期的国债并持有3年获得的收益率与购买一个3年期的债券并持有到期,或是连续3年购买1年期的债券获得的收益率是相同的。第二,完全预期理论是与风险中性的偏好相符的。在风险中性的世界里,不确定性并不会增加或减少投资者的效用[所以确定的 $f(j,k)$ 与不确定的 s_k 带来的回报相同]。考生应记住这两个特征,考试有可能考查二者的辨析。

由完全预期理论可以得到:
(1) 如果收益率曲线向上倾斜,那么短期利率预期将上升。
(2) 如果收益率曲线向下倾斜,那么短期利率预期将下降。
(3) 如果收益率曲线是平的,那么短期利率预期保持不变。

> **知识一点通**
>
> 以上3个结论由完全预期理论直接可得。比如收益率曲线向上倾斜,意味着远期利率曲线高于即期利率曲线,又由于远期利率等于未来即期利率,故可得短期利率将上升。

28.2.2 局部预期理论(Local Expectation Theory)

局部预期理论(local expectation theory)是完全预期理论的拓展。完全预期理论是建立在风险中性的假设条件之上的。然而,在实务中,风险中性的假设通常不成立。局部预期理论对此进行了调整,认为风险中性的假设条件仅在短期内成立,因而完全预期理论得到的结论仅在短期内成立。

然而,在实务中,局部预期理论通常也是不成立的。例如,根据实际数据,持有期短长期债券所获得的收益率通常高于相同期限的短期债券。即持有10年期债券1年所获得的收益率通常高于1年期债券持有到期所获得的收益率。

28.2.3 流动偏好理论(Liquidity Preference Theory)

流动偏好理论认为长期债券必须补偿投资者流动性溢价(liquidity premium),即由于持有期长,面临的利率风险更大,因而必须补偿流动性溢价。于是有:

$$\text{远期利率} = \text{预期即期利率} + \text{流动性溢价}$$

其中,流动性溢价随着期限的上升而上升。

> **知识一点通**
>
> 在流动性偏好理论下,当投资者普遍预期短期即期利率不变时,收益率曲线的形状将会是向上倾斜的;但如果是因为预期通货紧缩等原因导致的投资者普遍预期短期即期利率将会下降,收益率曲线的形状可能会变成向下倾斜。

28.2.4 市场分割理论（Segmented Markets Theory）

市场分割理论认为债券市场可根据期限细分为不同的市场，即不同期限的债券被认为是处于相互分割的市场中的。每个分割市场是相互独立的，其利率是由其所处的分割市场的供给与需求所决定的，不受其他分割市场所影响。

> **知识一点通**
>
> 市场分割理论有两个特征：一是市场分割理论符合资产负债管理（asset liability management）的基本思想，由于采用资产负债管理，金融机构对于特定期限的债券有特定的需求；二是收益率并没有反映流动性溢价或是预期的未来即期利率。

28.2.5 期限优先理论（Preferred Habitat Theory）

在市场分割理论的基础上，期限优先理论（term structure theory）对此进行了拓展。期限优先理论承认不同期限债券所处的市场不是完全分割的，只要溢价足够大，投资者是会偏离其原有的习惯或是对期限的偏好的。

> **知识一点通**
>
> 所谓"期限优先"是指，投资者优先根据自己对期限的偏好选择市场，但如果别的市场的诱惑足够大（即"溢价"足够大），投资者会选择偏离自己原有的偏好。这里需要注意的是，"溢价"并不直接与期限长短相关，并非期限越长的市场"溢价"越高。例如，某投资者原先偏好 5 年期的市场，如果 2 年期或 7 年期市场的"溢价"足够高，投资者就有可能偏离到相应的市场。

> **备考小贴士**
>
> 利率期限结构理论中最常见的考题类型就是根据题目描述的特征选出符合该特征的理论。因此，考生应掌握每种理论的特征及优缺点。

28.3 债券组合的主动管理（Active Bond Portfolio Management）

本节主要探讨如何利用对未来市场利率的预期进行主动的债券组合管理。

—考点要求—
描述（describe）在主动债券组合管理中有关即期利率动态演变与远期利率之间的关系（★★）

28.3.1 主动管理下的收益率

28.3.1.1 完全预期理论不成立下的主动管理

回顾前文介绍的完全预期理论，如果未来的即期利率等于远期利率，则不同期限的债券在相同时期内的收益率一定是相等的。从公式上看，我们将公式(28.2)变形可得：

$$(1+s_j)^j = \frac{[1+s(j+k)]^{j+k}}{[1+f(j,k)]^k} \qquad (28.9)$$

从公式(28.9)中可以看出,只要未来的即期利率等于远期利率 $f(j,k)$,那么在时期 j 之间获得的收益一定是确定的,为 s_j。

我们可以通过下例体会这个结论。

例题 28.4

假定面值 100 元的债券 1 年期的即期利率为 5%,2 年期的即期利率为 6%。在完全预期理论下,比较购买 1 年期零息债券并持有 1 年与购买 2 年期零息债券持有 1 年所获得的收益。

名师解析

根据已知条件有 $s_1=5\%$,$s_2=6\%$。于是,购买 1 年期零息债券并持有到期的收益率就为即期利率 $s_1=5\%$。

对于 2 年期债券而言,在 0 时间点其购买价格为(按 2 年即期利率折现):

$$P_0 = \frac{100}{(1+6\%)^2} = 89.00(元)$$

根据公式(28.2)求出:

$$f(1,1) = \frac{(1+6\%)^2}{1+5\%} - 1 = 7.01\%$$

在完全预期理论下,$f(1,1)$ 就等于 1 年后的 1 年期即期利率 s_1。因此,1 年后债券的价格应为:

$$P_1 = \frac{100}{1+7.01\%} = 93.45(元)$$

可以得出购买 2 年期零息债券并持有 1 年获得的收益为:

$$\frac{93.45}{89.00} - 1 = 5\%$$

从本例中可以看出,购买 1 年期零息债券并持有 1 年与购买 2 年期零息债券持有 1 年所获得的收益是完全相同的。

从公式(28.9)可以看出,如果未来的即期利率与隐含的远期利率不等,则不同期限的债券持有相同时期所获得的收益迥然不同。具体而言,如果未来的即期利率小于(大于)远期利率,则未来债券的卖出价格将更高(更低),收益率将更高(更低),债券被认为是低估(高估)的。

基于上述结论,作为一个主动管理的债券经理,可以通过预测未来即期利率与当前的隐含远期利率的大小关系来进行债券组合管理。

—考点要求—
描述(describe)
骑乘收益率曲线
策略(★★)

28.3.1.2 骑乘收益率曲线(Riding the Yield Curve)

骑乘收益率曲线是指这样一种策略:当收益率曲线向上倾斜(upward sloping)且收益率曲线不发生变化时(即水平与形状不随着时间的推移而改变),那么购买到期期限大于投资期限的债券所获得的全部收益率(total return)是高于购买到期期限与投资期相匹的债券的全部收益率的。

> **知识一点通**
>
> 根据前文得到的结论,如果收益率曲线向上倾斜,意味着远期利率曲线高于即期收益率曲线。而如果远期利率高于即期利率,债券被认为是低估的。于是,购买期限大于持有期的债券所获得的全部收益率(total return)是高于购买期限与持有期相匹配的债券的。

可以通过例题 28.5 来体会上述结论。

例题 28.5

以下表格反映了一个向上倾斜的曲线。下表的债券期限不同,但票息均为 4%,每年付息一次。假定投资者投资期限为 5 年,比较购买 5 年期债券并持有 5 年与购买 30 年期债券并持有 5 年这两个策略获得的全收益率。

Maturity(Years)	Yield(%)	Price
5	4	100
15	4.5	94.63
25	5.2	83.42
30	5.5	78.20

名师解析

购买 5 年期债券并持有 5 年所获得的收益率仅包含票息收益率 4%,不含任何资本利得(注意表格中 5 年期债券的 YTM 与票息相同,且售价为 100,即平价销售)。

购买 30 年期债券,并在 5 年后售出所获得的收益率包括两个部分:

一是每年的票息收益 4,5 年总计 20;

二是资本利得:83.42－78.20＝5.22(持有 5 年后,30 年期债券变为 25 年期)

显然后者的全收益率高于前者,这就是骑乘收益率曲线策略的思想。

28.3.2 主动管理下的风险

28.3.2.1 一级相关知识简要回顾

—考点要求—
解释(explain)每种影响收益率曲线的因素对债券敞口计量以及如何管理收益率曲线风险(★★)

利率风险的最主要的度量方式就是久期。久期分为两大类:一是收益率久期(yield duration),度量债券价格对 YTM 变动的敏感度,二是曲线久期(curve duration),度量债券价格对基准收益率曲线变动的敏感度。

收益率久期又可细分为三类:一是麦考利久期(Macaulay duration),度量未来现金流的加权平均回流时间;二是修正久期(modified duration),等于麦考利久期除以(1＋r),其中 r 为期间收益率;三是美元久期(money duration),等于修正久期乘以债券全价。其中,PVBP(DV01)代表利率变化一个基点下债券美元价值的变动。

收益率久期是衡量债券价格对自身 YTM 变动的敏感程度。然而,如果因为债券含权等原因导致未来现金流不确定,以致无法得出确定的 YTM,则必须采用曲线久期 (curve duration)。假设收益率曲线平行移动,可用有效久期(effective duration)度量。如果收益率曲线是非平行移动,则必须采用关键利率久期(key rate duration)。

> **备考小贴士**
>
> 以上仅是对 CFA® 一级知识的简要回顾,如果考生对相关概念已完全遗忘,请参看本套丛书一级的相关内容。二级考试主要考查含权债券,即探讨有效久期与关键利率久期。

28.3.2.2 收益率曲线风险的管理

收益率曲线风险(yield curve risk)指由于收益率曲线的非预期变动导致资产组合价值变动的风险。具体而言,收益率曲线风险可通过以下几个指标进行度量:

1. 有效久期(Effective Duration)

有效久期度量收益率曲线微小**平行移动**时债券价格的变动,其公式如下:

$$\text{EffDur} = \frac{P_- - P_+}{2 \times (\Delta \text{Curve}) \times P_0} \tag{28.10}$$

其中,ΔCurve 表示曲线向上或向下平行移动的距离,从 P_0 向上与向下两个方向各移动 1 个单位,所以注意分母要乘以 2。

2. 关键利率久期(Key Rate Duration)

关键利率久期度量收益率曲线在特定一点(specific maturity segment)上的微小变动导致债券价格的变动。关键利率久期反映的是收益率曲线**非平行移动**导致的风险,即收益率曲线形状变化导致的风险(shaping risk)。

> **知识一点通**
>
> 何谓"关键利率"?例如,某一债券资产组合包含三个债券:5 年期债券、8 年期债券以及 30 年期债券,均为每年计息一次。对于该资产组合而言,虽然每年都有票息现金流流入,但真正对久期产生较大影响的现金流仅发生在第 5 年、第 8 年以及第 30 年年末,其他年份的利率变动实际上对组合整体久期产生的影响不大。于是,在此例中,第 5 年、第 8 年与第 30 年对应的利率即我们想考查的"关键利率"。

3. 水平(Level)、斜率(Steepness)与曲度(Curvature)

收益率曲线的变动可以拆分为三种:平行移动 ΔX_L(parallel movement,也称 level)、斜率的变动 ΔX_S(steepness)以及曲度的变化 ΔX_C(curvature)。每种变动对应有相应的敏感度,用久期表示,即 D_L、D_S、D_C。

相应地,债券价格变动百分比也可拆分为:

$$\frac{\Delta P}{P} \approx -D_L \Delta X_L - D_S \Delta X_S - D_C \Delta X_C \tag{28.11}$$

28.3.2.3 波动率的期限结构（Maturity Structure of Yield Volatility）

波动率的期限结构反映了不同到期期限债券收益率的波动率。一般而言，短期利率的波动率高于长期利率的波动率。

具体而言，短期利率受货币政策不确定性影响较大；长期利率受实体经济以及通货膨胀不确定性影响较大。

影响债券价格变动程度的因素有两个：一个是久期，另一个是利率波动。由于短期债券对应的利率波动率大但久期小（债券到期时间越短久期越小），而长期债券对应的利率波动率小但久期大，所以很难得出期限长短与债券价格波动程度大小的结论。

—考点要求—
解释（explain）收益率波动率的期限结构及其对债券价格的影响（★★）

28.3.2.4 利用宏观经济变量发展利率观点（Developing Interest Rate Views Using Macroeconomic Variables）

关键的宏观经济因素和市场事件会影响到即期利率相对远期利率的动态变化以及利率曲线的形状变化。在实务中，对债券组合进行主动管理的交易员或分析师会对利率未来的变化进行预测，并建立自己的观点以指导交易。如果建立的观点是准确的，就能在交易中获利。这些预测中，一些是针对期限溢价（term premium）的。期限溢价反映了长期利率与短期利率的利差，一般来说向上倾斜的收益率曲线（期限溢价为正）与活跃的经济以及投资者对未来市场的乐观预期有关；向下倾斜的收益率曲线（期限溢价为负）与萧条的经济以及投资者对未来市场的悲观预期有关。

—考点要求—
解释（explain）怎样使用关键经济因素来建立对于基准利率、利差，以及收益率曲线变化的观点（★）

> **知识一点通**
>
> 期限溢价（term premium）也可被称为债券的期限风险溢价（the term bond risk premium），指的是长期无风险债券的到期收益率比短期无风险债券的到期收益率高出来的部分。

引发收益率曲线变得更加平坦（flattening）最常见的情况有两种：可以是由于短期利率和长期利率都上升，但短期利率上升得更多引起，这种情况被称为熊平（bearish flattening/bear flattening）；也可以是由于短期利率和长期利率都下降，但长期利率下降得更多引起，这种情况被称为牛平（bullish flattening/bull flattening）。同理，收益率曲线变得更加陡峭（steepening）最常见的情况也有两种：可以是短期利率和长期利率都上升，但长期利率上升得更多引起，这种情况被称为熊陡（bearish steepening/bear steepening）；也可以是由于短期利率和长期利率都下降，但短期利率下降得更多引起，这种情况被称为牛陡（bullish steepening/bull steepening）。

> **备考小贴士**
>
> 利率上升通常会引起经济紧缩，带来熊市，所以由长短期利率非平行上升引起的收益率曲线形状变化被称为"熊"平和"熊"陡；相反，利率下降通常会引起经济宽松，带来牛市，因此由长短期利率非平行下降引起的收益率曲线形状变化被称为"牛"平和"牛"陡。

影响债券价值和要求回报率的宏观经济因素包括通胀率、经济增长、货币政策以及财政政策等。在货币政策方面，当市场迅速扩张（有经济过热的倾向）时，央行通常会提高基准利率来控制通胀率，这种情况下短期利率会比长期利率上升得更多，收益率曲线将会呈现熊平（bearish flattening）的情形；当市场处于衰退或即将进入衰退时，央行通常会降低基准利率来刺激经济，这种情况下短期利率会比长期利率下降得更多，收益率曲线将会呈现牛陡（bullish steepening）的情形。财政政策方面，当财政赤字增加时，更多的政府借款需求导致更多的国债发行，进而会引起国债供给增加、价格下降和国债的到期收益率上升；当财政赤字缩减时，国债发行量减少，国债的供给减少会引起国债价格上升和到期收益率下降。

有一种特殊的情况需要注意：当市场的不确定性增加，走向不明朗的时候，投资者普遍有避险情绪，这会导致投资者一拥而上地抛售他们所持有的风险资产，转而购买以国债（特别是美国国债）为代表的无风险资产，这种情况被称为"安全投资转移"（flight to quality）。通常在这种情况下，长期利率和短期利率都会下降，但长期利率下降得更多，因此收益率曲线展现出的是牛平（bullish flattening）的形态。

练一练

Tom Hardy, a senior bond analyst, and Michelle Williams, his assistant, work for FICC department of Quark Fund. Hardy instructs Williams to make a good deal by exploiting market abnormality. For developing Williams's analysis skill and judgement logic at the fixed income area, Hardy provides current par and spot rates in Exhibit 28.1.

Exhibit 28.1 Information of the current bar and spot rates

Maturity	Par Rate	Spot Rate
1 year	3.00%	3.00%
2 years	4.00%	4.02%
3 years	5.00%	—

Note: Par and spot rates are based on annual-coupon government bonds.

After calculation of the three-year spot rate, Williams is confused on the shape of the spot rate curve and asks Hardy to interpret its origin. Hardy responses "Although the spot rates in Exhibit 28.1 are upward, we can expect all bonds in different maturities have the same risk-free return in very short time periods and place risk premiums on the long-term investment horizon."

Hardy then moves to macroeconomic situations in the U.S. He anticipates, due to the improvement in overall economic conditions, the financial market liquidity will increase in the near future. Williams is required to choose the appropriate indicator to reflect the changes in liquidity premium.

Hardy finds that one of the investment portfolios in his fund almost consists of short-term bonds. He is concerned about the volatility of the interest rate. Williams comments that long-term interest rate is influenced by the real economy and expected inflation which are unpredictable in the short run, therefore, the long-term rate is more volatile than the short-term interest rate.

After work, Williams collates customer information and is curious about riding the yield curve strategy and the forward interest rate curve. She makes two statements in her working log.

Statement 1: If the current spot rate curve is upward sloping, the investors whose bond maturities are longer than their investment horizon will generate a higher total return by riding the yield curve strategy when the spot rate curve is steeper in the future.

Statement 2: If the current spot rate curve is downward sloping, the forward rates are above the spot rates at the early maturity and then go down cross the spot rate curve. Finally, the forward rates are below the spot rates at the late maturity.

28-1 According to Exhibit 28.1, the three-year spot rate is closest to:

A. 5.85%.

B. 5.07%.

C. 5.50%.

28-2 Which of the following term structure theories is most consistent with Hardy' response?

A. Local expectation theory.

B. Liquidity preference theory.

C. Preferred habitat theory.

28-3 In order to reflect the changes in liquidity premium, which indicator is most likely to be chosen by Williams?

A. Z-spreads.

B. Swap rate spread.

C. MRR-OIS spread.

28-4 Is Williams's comment on the volatility term structure of interest rate correct?

A. Yes.

B. No, because the long-term interest rate is mainly affected by monetary policy.

C. No, because the short-term interest rate is more volatile than long-term rate.

28-5 Is Williams's statement 1 correct?

A. Yes.

B. No, she is incorrect about the bond maturity and investment horizon.

C. No, she is incorrect about the more steeper spot rate curve.

28-6 Is Williams's Statement 2 correct?

A. Yes.

B. No, because the forward rate curve is below the spot rate curve from the earliest to the latest maturity.

C. No, because the forward rates are below the spot rates at the early maturity and then go up cross the spot rate curve.

答案与解析

28-1 B

通过 Par curve 计算 Spot rate 时，假设持有一支面值为 100 的 3 年期债券息票率为 5%，利用即期利率为债券定价公式为：

$$100 = \frac{5}{1+0.03} + \frac{5}{(1+0.040\ 2)^2} + \frac{105}{(1+r_3)^3}$$

$$r_3 = 0.050\ 7$$

因此选 B。

28-2   A

Local expectation theory 认为在很短的时间期限中所有的债券均可获得无风险利率，但该理论认为随着投资期限的增长，债券的收益率会包含不同的风险溢价，因此收益率将会不同。因此，选 A。

选项 B 中 Liquidity preference theory 认为，不同期限结构的利率都是由预期的即期利率加上流动性溢价，因此该理论不认为所有债券在短期内都能获得相同的无风险利率。因此，选项 B 错误。

选项 C 中 Preferred habitat theory 认为，不同的投资者有着不同的投资期限偏好，只有当其他期限的收益率有足够吸引力时，投资者才会偏离自己偏好的投资期限。因此，选项 C 错误。

28-3   C

选项 C 中 MRR-OIS spread 指 MRR 与隔夜互换利率（OIS）之间的利差，是反映货币市场流动性的优良指标。因此，选 C。

选项 A 中 Z-spread 是指某个风险的债券与 benchmark 收益率曲线之间的利差，反映该债券与 benchmark 之间的信用与流动性风险溢价。因此，与题意不符。

选项 B 中 Swap rate spread 是指互换利率与政府债券之间的利差，该利差反映了大多数商业银行的违约风险。因此，与题意不符。

28-4   C

对于波动率的期限结构而言，一般为短期利率的波动性更大，因为短期利率受到货币政策的影响。因此，选 C。

28-5   C

骑乘收益率曲线策略是指购买并持有到期期限比投资期限长的债券并在投资期限到期时卖出该债券以获得额外收益，该策略实现的前提是投资者认为利率曲线在投资期限内不发生改变（而不是变得更陡峭）。因此，选 C。

28-6   B

如果即期利率曲线是向下倾斜的，那么远期利率曲线从始至终都会处在即期利率曲线的下方，而不是自上而下的穿越即期利率曲线。因此，选 B。

第 29 章 无风险套利定价框架

章节导学

知识引导

无风险套利定价原理是对许多金融资产进行定价的基本思想。本章主要介绍如何利用无风险套利原理对债券进行定价。特别是如何运用二叉树模型对不含权债券进行定价。二叉树模型定价法的优点在于其不仅可对不含权债券进行定价,还可对含权债券进行定价。本章的目的是先掌握二叉树定价模型的基本思想,后续章节中,我们将会讲述如何运用这个工具对含权债券进行定价。

考点聚焦

本章第一节关于无风险套利定价原理的相关内容实际上是 CFA® 一级考试的重复。考生需重点熟悉有关二叉树模型对债券定价的两种方法:逆向归纳定价法与顺向定价法。在运用逆向归纳法时,考生尤其要注意节点利率所对应的时间区间,掌握如何运用逆向归纳法对债券进行定价,借此为后续学习奠定知识基础。关于顺向定价法,考生主要需要掌握其基本理念。另外,本章还介绍了远期利率的蒙特卡罗模拟、利率期限模型等知识点。

本章框架图

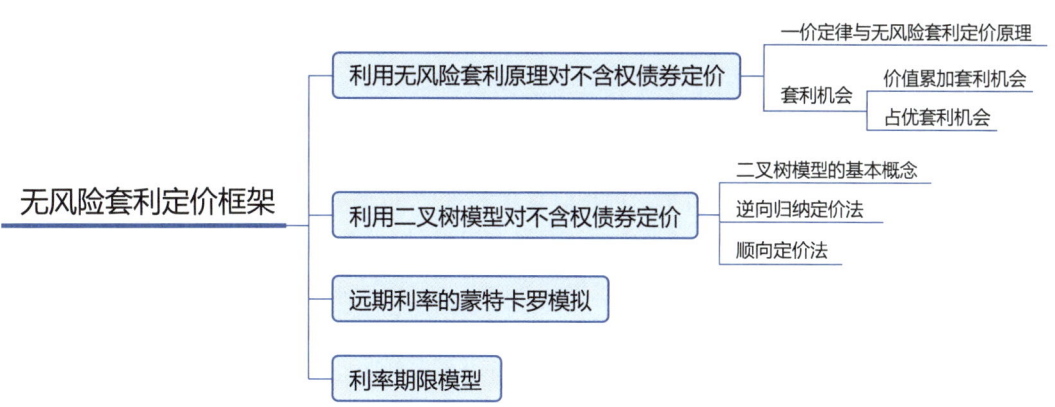

29.1 利用无风险套利原理对不含权债券定价

29.1.1 一价定律与无风险套利定价原理

—考点要求—
解释（explain）无风险套利定价原理对固定收益证券估值的含义（★）

一价定律，即在有效运转的市场中，如果不存在交易成本和信息流通障碍，那么同样的资产应当有相同的价格。

> **知识一点通**
>
> 如果两个金融资产能够产生相同现金流回报即可被认为是相同的金融资产，在不存在交易成本和信息流通障碍的情况下，两者就应当符合一价定律。

如果一价定律不成立，即相同资产定价不相同，则必然可通过低买高卖的方式无风险地（riskless）获得价差收益，我们称之为**套利（arbitrage）**。随着对低价资产需求的上升，低价资产价格就会上升，最终将导致资产的价格趋同（converge），套利空间消失。

> **知识一点通**
>
> 如果 A 和 B 两种资产在 0 时刻的价格分别为 P_A 和 P_B，$P_A < P_B$，且这两种资产在 T 时刻之前提供的现金流回报相等，在 T 时刻时的价值也相等，这时则存在套利空间。我们可以在 0 时刻买入 A 资产同时卖空 B 资产，无须任何初始投资（买 A 资产所需的资金可由卖空资产 B 获得），就可获得套利利润 $P_B - P_A$。
>
> 在实操中，"一价定律"未必总是成立。这是因为，有的时候相比于交易成本，套利利润较低，不足以促使套利者进行套利交易。

29.1.2 套利机会

—考点要求—
根据无风险套利原理，计算（calculate）不含权固定票息债券的价值（★）

套利机会可分为价值累加与占优套利机会两种。

29.1.2.1 价值累加（Value Additivity）套利机会

当资产整体价值与将其分拆后的价值总和不等时，市场上就存在套利机会。在债券市场中，价值累加的套利机会最常见的情况就是**剥离（stripping）**，即将带息债券分拆为一组零息债券（即带息债券的每一笔现金流都相当于一个零息债券）。

如果带息债券的价值大于分拆的零息债券总和，那么可以通过**重组（reconstitution）**的方式获得套利收益，即购买分拆的零息债券并重组为带息债券后将其卖出。反之，如果带息债券的价值小于分拆的零息债券总和，则可通过购买带息债券再将其分拆为零息债券售出的方式获利。

29.1.2.2 占优（Dominance）套利机会

占优（dominance）套利机会指如果某一金融资产在未来可获得无风险收益，那么其价格一定为正数。这一逻辑实际上是在不同时点间寻求套利机会。

> **知识一点通**
>
> 占优套利机会看起来十分"显然",如果某一资产能没有任何风险地在未来为投资者带来收益,其售价理所当然应为正数。然而,实务中这种机会没有那么"显然",往往需要通过多种金融工具的现金流叠加才能发现这样稍纵即逝的套利机会。

总而言之,无风险套利定价原理的基本思想就是定出来的证券价格应当确保市场上不存在无风险套利机会。例如,我们在一级就学过的债券定价公式其实就是符合无风险套利定价原理的,见公式(29.1)。

$$P = \sum_{t=1}^{n} \frac{PMT_t}{(1+Z_t)^t} + \frac{F}{(1+Z_n)^n} \quad (29.1)$$

其中,P 代表债券价格;Z_t 代表第 t 期的即期利率;PMT_t 代表第 t 期的票息支付;F 代表债券面值。

对于公式(29.1),等式左边为带息债券的价值,等式右边为将其拆分为一组零息债券的价值总和。如果等式左右不等,则存在"价值累加"的套利机会。

例题 29.1

假设面值 100 元的债券 1 年期的即期利率为 4%,2 年期的即期利率为 4.5%,3 年期的即期利率为 5%。那么,根据无风险套利原理,每年付息一次,票息 5% 的 3 年期债券定价为多少?

名师解析

根据无风险套利原理,债券价格一定要依据公式(29.1)定价,市场上才不会存在套利机会,即每年末现金流按照对应的即期利率折现:

$$P = \frac{5}{1.04^1} + \frac{5}{1.045^2} + \frac{105}{1.05^3} = 100.09$$

29.2 利用二叉树模型对不含权债券定价

上一节我们学习了如何运用无风险套利原理对债券进行定价。然而,这种定价方法存在一个缺陷,即无法对含权债券进行定价。这是因为,对于含权债券而言,未来现金流取决于是否行权,因而是不确定的。本节我们将学习另一种定价方法——利率二叉树法(binomial interest rate tree)。利率二叉树法不仅可对不含权债券进行定价,同时也可对含权债券进行定价。

—考点要求—
描述(describe)利率二叉树的框架(★★)

—考点要求—
描述(describe)根据特定期限结构校准利率二叉树的过程(★)

29.2.1 二叉树模型的基本概念

利率二叉树模型假设在任何一个时间节点(Node),利率在下一时间点的取值仅有两种可能:上升(U)或下降(L),且**上升或下降的概率相同**。

> **知识一点通**
>
> 这里需要注意：与 CFA®一级学过的股票二叉树模型不同的是：在利率二叉树模型中，利率上升与下跌的概率是相同的；而在股票二叉树模型中，股票上涨与下跌的概率是根据上涨因子 u 与下降因子 d 计算而得的。我们在利率二叉树模型中，之所以可以假设利率上涨与下跌的概率相同，是由于利率具有均值复归的特性（见上一节）。

以图 29.1 为例进行说明，图中每个节点代表 1 年的时间周期。在节点 0 时期，利率为 i_0，其走势有两种可能：上升或下降。在节点 1 时期，如果利率为 $i_{1,U}$，其走势也有两种可能，要么上升要么下降。在节点 2 时期，如果利率为 $i_{2,LU}$，那么这个利率有可能是两个路径形成的：一是节点 0 时期利率先上升再下降，即路径为 i_0 到 $i_{1,U}$ 再到 $i_{2,LU}$；二是节点 0 时期利率先下降再上升，即路径为 i_0 到 $i_{1,L}$ 再到 $i_{2,LU}$。

值得指出的是，在利率二叉树中，每个节点上的利率表示从该期开始到下一期的远期利率。例如，$i_{1,U}$ 表示站在第 1 期时的 1 年期远期利率。值得注意的是，i_0 是一种特殊的"远期利率"，即站在第 0 期时的 1 年期远期利率，这就是即期利率。

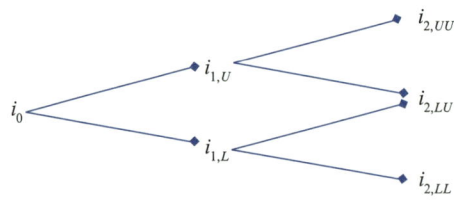

图 29.1　利率二叉树示意图

在图 29.1 中，利率二叉树模型假定同一时期相邻节点之间相差 $e^{2\sigma}$（σ 表示利率的标准差），即有：

$$i_{1,U}=i_{1,L}\times e^{2\sigma} \text{ 或 } i_{2,UU}=i_{2,LU}\times e^{2\sigma} \text{ 或 } i_{2,UU}=i_{2,LL}\times e^{4\sigma} \tag{29.2}$$

> **知识一点通**
>
> 利率二叉树模型假设利率服从随机对数正态分布。故两个相邻节点之间相差 $e^{2\sigma}$，而 $i_{2,UU}$ 与 $i_{2,LL}$ 则相差 $e^{4\sigma}$（中间隔了个 $i_{2,LU}$）。由于服从随机对数正态分布，利率具有两个特征：一是利率一定不为负数；二是利率越高，波动率越高。这两个特征与 CIR 模型相对于 Vasicek 模型的优势一致，也体现了更优质的利率模型所必须包含的假设。

在实际操作中，利率二叉树是通过当前的即期利率曲线，利用无套利定价原理反推得出的（反推时增加相邻远期利率相差 $e^{2\sigma}$ 的约束条件）。

> **备考小贴士**
>
> 考纲并没有要求拟合利率二叉树的计算，考生在这里了解基本性质即可。

29.2.2 逆向归纳定价法（Backward Induction Valuation）

逆向归纳定价法（backward induction valuation）指从二叉树的最后一期往前推导债券的价值。具体而言，在每一个节点，债券的价值就是后一期债券两个可能价值现值的加权平均，其折现率即为在该节点的远期利率。我们通过下面的例子来理解逆向归纳定价法。

—考点要求—
描述（describe）逆向归纳定价法，并在给定每个节点现金流的情况下计算（calculate）固定收益证券的价值（★★★）

例题 29.2

利用下图的利率二叉树，计算 2 年期、面值 USD 100、票息率为 8%、每年付息一次的债券价值。

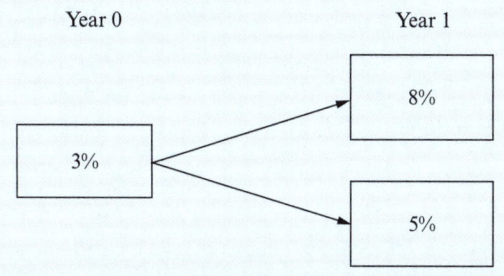

名师解析

第一步：将每一节点的债券价值计算出来。

例如，对于节点 1 要计算其债券价值，就必须计算第 2 年期末债券的价值，将其折现至节点 1（注意 8% 与 5% 反映的是第 1 年到第 2 年的 1 年期利率！）。

在第 2 年年末，其现金流为 108（回收 USD 100 本金 + USD 8 票息），于是按照 8% 利率折现，第 1 年年末向上节点对应的债券价值为：

$$V_{1,U} = \frac{1}{2} \times \left(\frac{100+8}{1.08} + \frac{100+8}{1.08} \right) = \text{USD } 100$$

同理，第 1 年年末向下节点对应的债券价值为：

$$V_{1,L} = \frac{1}{2} \times \left(\frac{100+8}{1.05} + \frac{100+8}{1.05} \right) = \text{USD } 102.86$$

继续逆向往前推，在 0 时间点，其对应债券价值为第 1 年年末两个可能债券价值的加权平均（切记加上票息 USD 8），即：

$$V_0 = \frac{1}{2} \times \left(\frac{100+8}{1.03} + \frac{102.86+8}{1.03} \right) = \text{USD } 106.24$$

整个债券估值过程见下图：

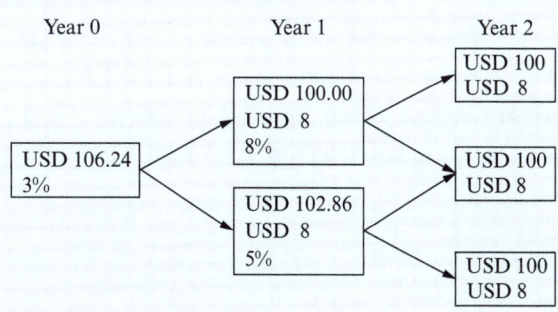

29.2.3 顺向定价法（Pathwise Valuation）

—考点要求—
描述（describe）二叉树框架下的顺向定价法并在给定二叉树每条路径现金流的前提下计算（calculate）固定收益证券的价值（★）

顺向定价法计算每一条利率可能路径的现值，然后将这些现值取平均值作为债券的估值。对于 n 期二叉树而言，一共存在 2^{n-1} 条路径。下面通过例题 29.3 来体会顺向定价法的思想。

例题 29.3

利用下面的利率二叉树，对每年付息一次、息票率为 5% 的 3 年期债券进行定价。

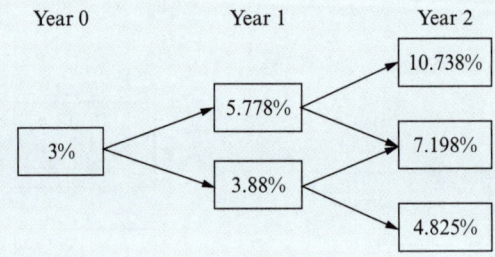

名师解析

第一步，将所有利率可能路径列出，一共四条路径，包括上上 UU、上下 UD、下上 DU 与下下 DD。

值得指出的是，上图是 3 期的二叉树而不是 2 期！这是因为每个节点的利率实际上代表的是下一期的年化利率。

第二步，我们将每一条路径下债券的价值计算出来后取平均，即可得最终的债券价格，见下表：

Path	Year 1	Year 2	Year 3	Value
1	3%	5.778%	10.738%	96.64
2	3%	5.778%	7.198%	99.34
3	3%	3.880%	7.198%	101.06
4	3%	3.880%	4.825%	103.14
—	—	—	—	Average:100.05

具体而言，以路径 1 为例。

利率的路径 1 为 3% 到 5.778% 再到 10.738%，于是路径 1 的债券价格为：

$$\text{Value}_1 = \frac{5}{1.03} + \frac{5}{1.03 \times 1.055\,78} + \frac{105}{1.03 \times 1.055\,78 \times 1.107\,38} = 96.64$$

类似可求得其他路径债券的价格，记在上表的最后一列。由于对于利率二叉树而言，利率向上与向下的概率相同，故直接对四条路径的债券价格求平均即可。根据前文描述，顺向定价法其实就是多条路径下，利用即期利率和远期利率的定价方法，其本质仍旧不脱即期利率和远期利率定价法的窠臼。因此，面对含权债券，即期利率和远期利率定价法束手无策，顺向定价法作为脱胎于此的方法，同样一筹莫展。所以，能够应对含权债券定价的方法，只有逆向归纳二叉树法。

29.3　远期利率的蒙特卡罗模拟

对于有些含权债券而言,其现金流不仅取决于当前利率水平,还取决于利率水平的过去路径。这种情形称之为路径依赖(path dependency)。例如,MBS 就含有提前偿付的期权,且其现金流是路径依赖的。具体而言,在利率下跌时,MBS 容易发生提前偿付的现象(提前偿付后,按更低的利率贷款),但对于不同路径来说,利率下跌导致提前偿付的数额是不同的。例如,如果在此之前的利率路径是利率下跌后上升再下跌。那么第二次下跌时提前偿付的数额就没有那么多了,因为部分人在第一次下跌时已经提前偿付了。相反,如果在此之前的利率路径是利率一直下跌,则对于此路径而言,利率是第一次触及提前偿付的点,那么提前偿付的数额就可能比较多。

由此可见,有些含权债券的现金流存在路径依赖(path dependency)。对于这类含权债券来说,利率二叉树方法就不适用了。因为利率二叉树模型在估值过程中没有考虑路径依赖的特点。此时,我们就必须转而使用蒙特卡罗模拟法。根据需要,蒙特卡罗模拟法可以随机生成各种利率路径,因而蒙特卡罗模拟具有路径依赖的特性。

—考点要求—
描述(describe)蒙特卡罗法对远期利率的模拟及其应用(★)

> **备考小贴士**
> 实操中,蒙特卡罗模拟法是非常复杂的。从备考角度上看,此处考生重点掌握路径依赖的定义,以及蒙特卡罗模拟具有路径依赖的性质即可。

> **知识一点通**
> 至此,总共介绍了 3 种债券的估值方法。
> (1) 对于普通债券(straight bond)而言,采用现金流折现法对其进行估值。
> (2) 对于可赎回债券或者可回售债券而言,其现金流不确定且其价格与 t 时刻的利率有关,所以对其估值时采用利率二叉树法并利用 OAS 对利率进行调整。
> (3) 对于资产证券化债券(例如 MBS)而言,其提前偿付速度不仅与 t 时刻利率有关还与 t 时刻之前的利率路径相关(路径依赖),所以对这类债券进行估值时一般采用蒙特卡罗模拟法。

29.4　利率期限模型(Term Structure Models)

利率期限结构的现代理论通过定量的方法描述了利率是如何变化的。现代理论主要分为两大类:一是均衡期限模型(equilibrium term structure models);二是无套利模型(arbitrage free model)。

—考点要求—
描述(describe)利率期限模型以及这些模型是如何运用的(★)

29.4.1　均衡期限模型(Equilibrium Term Structure Models)

均衡期限模型的基本思想是描述影响利率动态变化的基本经济变量,通过单因子或多因子模型进行估计。在建模的过程中，主要通过利率的漂移项与利率自身的波动率来衡量。均衡期限模型中主要介绍 Cox-Ingersoll-Ross 模型与 Vasicek 模型，以下将逐一介绍。

1. Cox-Ingersoll-Ross 模型（CIR 模型）

CIR 模型的基本思想是：每个投资者都必须在今天的消费与明天的消费间进行抉择。根据这个理念，可以得出这样一个传导链：

倘若利率上升，则投资者会增加投资（即推迟消费），从而资金供给上升，最终必然会导致利率下降；反之亦然。最终，市场利率将达到均衡，在此利率水平上，没有人需要贷款或借款。由此可见，影响利率最大的因素实际上就是利率本身。

具体而言，CIR 模型的公式如下：

$$dr = a(b-r)dt + \sigma\sqrt{r}\,dz \tag{29.3}$$

其中，dr 表示短期利率的微小变动（即微分形式）；dt 表示时间的微分形式；dz 表示随机游走的微小移动；b 表示短期利率的长期均值；r 表示短期利率；a 为一正数，反映利率均值复归的速度；σ 表示利率的波动率。

公式(29.3)可分解为两项。

第一项 $a(b-r)dt$ 为漂移项，也称为确定项（deterministic term）。其中，b 为短期利率的长期均值（即长期来看，短期利率一定会均值复归到 b 这个数值）；$a>0$ 反映均值复归的速度。例如，当短期利率 r 大于其长期均值时，则 $a(b-r)dt$ 项小于零，故随着时间的推移，短期利率会逐渐下降，直至复归到长期均值 b。

第二项 $\sigma\sqrt{r}\,dz$ 为随机扰动项，也称为波动率项。其中，$\sqrt{r}$ 确保了利率不为负数，且资产利率越高意味着波动率越大。

2. Vasicek 模型

Vasicek 模型的公式如下：

$$dr = a(b-r)dt + \sigma dz \tag{29.4}$$

Vasicek 模型实际上是先于 CIR 模型提出的，观察公式(29.3)与公式(29.4)不难发现，两者的差别仅在第二项。Vasicek 模型的第二项为 σdz，相比 CIR 模型少了 $\sqrt{r}$ 一项。

> **知识一点通**
>
> 由于 Vasicek 模型少乘了 $\sqrt{r}$，该模型有两个缺点：一是该模型不能确保利率不为负数；二是该模型中利率的波动率随着时间的推移不会发生变化。而以上两点与实务中利率的变动不符。在这里可以得出两个结论：(1) 关于利率建模时，"好"模型需要包含 CIR 模型的两个假设，以避免 Vasicek 模型的这两个缺点；(2) 相比 Vasicek 模型，CIR 模型显然棋高一着。

29.4.2 无套利模型（Arbitrage-Free Models）

无套利模型认为债券市场中的债券价格已经正确定价，否则存在套利机会，因为套利的力量也会使价格回归正确定价。因而，基于市场中的债券价格可反推出期限结构。无套利模型中首先介绍 Ho-Lee 模型，其公式为：

$$dr_t = \theta dt + \sigma dZ \tag{29.5}$$

其中，θ 是一个取决于时间的漂移项，其他符号的含义与公式(29.3)相同。

另一个需要介绍的无套利模型是 KWF 模型（Kalotay-Williams-Fabozzi model, KWF model），该模型与 Ho-Lee 模型非常相似，唯一的差别是因变量做了取自然对数的处理，如下：

$$d\ln(r_t) = \theta dt + \sigma dZ \tag{29.6}$$

同为无套利模型，KWF 模型与 Ho-Lee 模型的区别在于 KWF 模型认为短期利率服从对数正态分布而不是正态分布。从数量分析层面来讲，KWF 模型的设置也防止了出现负利率的情况。

> **知识一点通**
>
> Ho-Lee 模型和 KWF 模型都属于无套利模型，即根据市场中债券实际利率与价格数据反推出 θ 参数。因此，它们的优点在于以此估计的利率变动最符合实际市场数据。

> **备考小贴士**
>
> 虽然上文介绍的四个现代模型看上去十分复杂，但考生需要重点掌握的仍然是其基本性质，这里不考计算题。

练一练

Eddie Redmayne, the senior trader of FICC fund, is internally training with Dan Fogler, a trainee in the FICC. For examining whether Fogler was a qualified FICC trader, Redmayne finds two different risk-free bonds in the market. The details are listed in Exhibit 29.1. To be a qualified trader, Redmayne wants Fogler to decide whether an arbitrage opportunity exists.

Exhibit 29.1　Details of Bond A and Bond B

	Market Price Today	Payoff in One Year
Bond A	100	107
Bond B	200	225

Note: Suppose that the bonds are infinitely divisible and that investors face no transaction costs.

After overall considerations, Fogler concludes that "we should sell two units of bond A for \$200 and buy one unit of bond B. If so, we can make arbitrage profits and it is a dominance arbitrage opportunity".

Exhibit 29.2 Spot rate

Maturity	Spot Rate
1 year	4.00%
2 years	5.00%

Then, Redmayne is required to value an option-free bond by binomial interest rate tree. Redmayne estimates that the interest rate volatility is 10% based on the historical data. The interest rate tree and the details of the option-free bond are present in Exhibit 29.3 and Exhibit 29.4, respectively.

Exhibit 29.3 Interest rate tree of the option-free bond

Year 0	Year 1	Year 2
3%	4.885 6%	Node 2-1
—	4%	6.107 0%
—	—	5%

Exhibit 29.4 Details of the option-free bond

	Maturity	Coupon Frequency	Coupon Rate
Option-free bond	3 years	Annual	6%

Redmayne shows the interest rate tree to Fogler and directs him to value the fair price of the bond in Exhibit 29.4. After the valuation, Fogler is curious about the change of the interest rate volatility. Fogler asks the impacts on the bond price if the interest rate volatility increases. Redmayne states if the interest rate volatility increases dramatically, the discount rates used in price calculation will be more unpredictable, which could lead to a higher risk premium, therefore the bond price will decrease correspondingly.

The FICC fund intends to improve the valuation model. Redmayne suggests Monte Carlo method is an appropriate alternative. He lists two points to support his view as follows:

Statement 1: Monte Carlo method not only gives a point estimation of the bond price, but can produce the distribution of the bond price.

Statement 2: The results of the Monte Carlo method is independent of the input qualities of the method, because as the number of paths used increases, the estimate accuracy does increase synchronously.

29-1 Based on Exhibit 29.1, is Fogler's statement on the arbitrage opportunity correct?

  A. Yes.

  B. No, he is incorrect with the amount and the direction of the trades.

  C. No, he is incorrect with the type of the arbitrage opportunity.

29-2 Based on Exhibit 29.2, the one-year forward rate beginning in one year is closest to:

  A. 6.01%.

  B. 3.01%.

  C. 5.85%.

29-3 Based on Exhibit 29.3 and Redmayne' assumption on interest rate volatility, the interest rate of node 2−1 is closest to：

　　A. 7.459 1%.

　　B. 5.967 3%.

　　C. 6.749 3%.

29−4　Based on Exhibit 29.3 and Exhibit 29.4，the option-free bond price is closest to：

　　A. 108.48.

　　B. 104.22.

　　C. 102.94.

29−5　Is Redmayne's respond to the increase in interest rate volatility correct?

　　A. Yes.

　　B. No，because the bond price will unaffected.

　　C. No，because the bond price will increase.

29−6　Which of the statements made by Redmayne is correct?

　　A. Both Statement 1 and Statement 2.

　　B. Only Statement 1.

　　C. Only Statement 2.

答案与解析

29−1 A

占优(dominance)套利机会是指如果某一金融资产在未来可获得无风险收益,那么其当前价格一定为正数。

因为债券 A 和债券 B 都是无风险资产,所以它们应该具有相同的折现因子。债券 A 的折现因子为 100/107,即 0.9346,债券 B 的折现因子为 200/225,即 0.8889。可见,债券 B 的折现因子更小,这说明债券 B 相对于债券 A 更便宜,则套利机会存在。

所以,投资人可在 0 时刻卖出 2 个单位的债券 A,并买入 1 个单位的债券 B,故期初的净现金流为 200−(2×100) = 0。

在 1 年末,投资人为债券 A 支付 214,并从债券 B 获得收入 225,故期末的净现金流为 225−214 = 11,即为套利收益。

在判断套利方式时需注意：

(1) 价值累加(value additivity)套利满足未来现金流一样,即期末的收入与支出恰好抵消,期末的净现金流为零。

(2) 占优(dominance)套利满足当前价格一样,即期初的净现金流为零。

此题中,套利的方向和使用的债券数量无误,并且套利方式为占优套利。因此,正确答案为选项 A。

29−2 A

计算一年后开始的远期贷款利率公式为：

$$(1+r_1) \times [1+f(1,1)] = (1+r_2)^2$$
$$f(1,1) = 0.060\ 1$$

因此,选 A。

29−3 A

在利率二叉树中,同一年份中每个相邻节点之间的间隔为 $e^{2\sigma}$,其中 σ 为预计的利率波动率,由此可知节点 node 2－1 处的利率为：

$$r_{2-1} = e^{2\sigma} \times 6.107\,0\% = e^{0.2} \times 6.107\,0\% = 7.459\,1\%$$

因此，选 A。

29-4　B

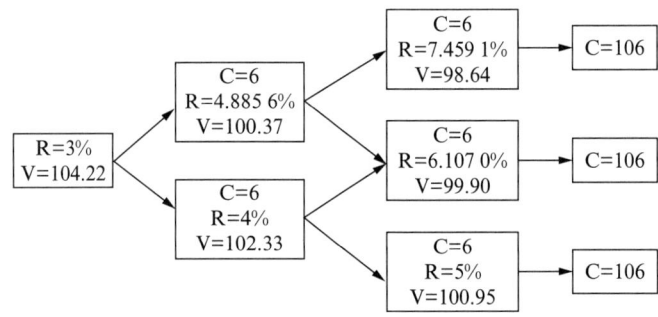

注意在每个节点上应加上对应的票息。

29-5　B

未来利率的波动性增加或者减少不会影响普通债券的价格，只要未来即期利率的期望值不发生改变，那么普通债券的价格就不会改变。

29-6　B

使用蒙特卡罗模拟进行价格预测的优点在于该方法不仅可以提供债券价格的点估计，而且可以提供债券价格的区间，因此 Statement 1 正确。

蒙特卡罗模输出的结果对于输入是十分敏感的，如果该方法的假设条件是本质错误的，那么无论进行多少次模拟运算其结果也不会理想，因此 Statement 2 错误。

因此，选 B。

第 30 章
含权债券的估值与分析

章节导学

知识引导

本章主要讨论含权债券的估值。在回顾含权债券的种类与基本定义后,本章先从定性的角度探讨了影响含权债券价格的三个因素:利率波动率、收益率曲线水平以及收益率曲线形状。随后,本章从定量的角度分析了含权债券估值的方法:二叉树法与蒙特卡罗模拟法。此外,本章还探讨了适合度量含权债券风险的几个指标:有效久期、关键利率久期以及有效凸度。最后,本章探讨了一种特殊的含权债券——可转换债券。

考点聚焦

本章概念与计算公式较为繁多,是考试的重中之重,堪称"固定收益证券"第一章节。考生应掌握并辨析三个影响因素对债券估值的影响。此外,考生应理解使用二叉树模型对含权债券进行估值的基本方法,并区分不含权债券和含权债券利率风险的度量指标。最后,考生应当了解可转债的一些基本概念并能进行简单的计算。

本章框架图

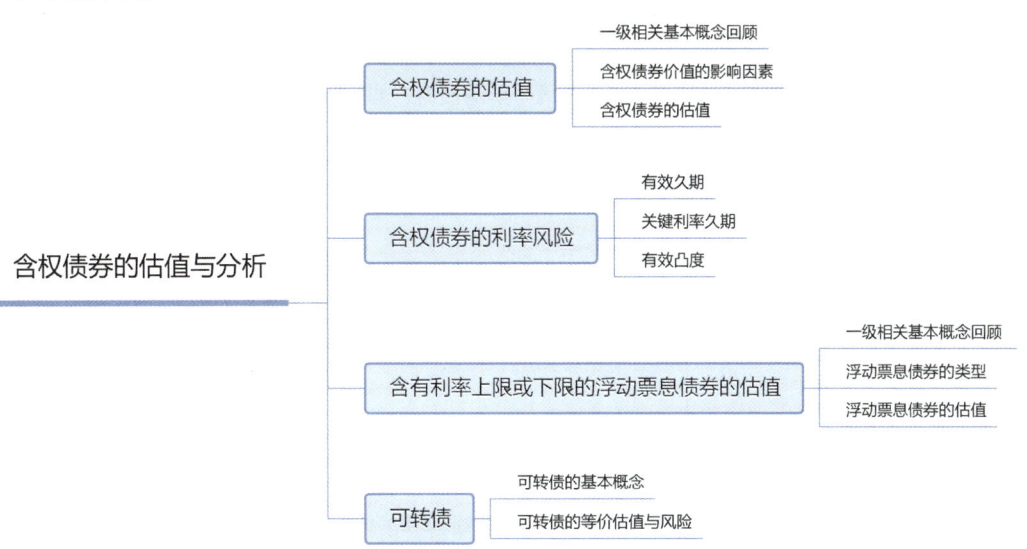

30.1 含权债券的估值

30.1.1 一级相关基本概念回顾

—考点要求—
描述（describe）含权固定收益证券（★★）

含权债券（bonds with embedded option）是一类特殊的债券，这类债券包含或有条款（contingency provisions），而这些或有条款会在特定情况下被触发。具体而言，含权债券可分为以下几类。

1. 可赎回债券（Callable Bonds）

—考点要求—
解释（explain）可赎回债券、可回售债券以及不含权债券之间的价值关系（★★）

可赎回债券包含的权利属于债券发行人。债券发行人在利率下降到某一个临界点时，会选择行权将已发行债券赎回。

> **知识一点通**
>
> 当利率下降时，债券发行人将已发行债券赎回，意味着可以以更低的利率贷款，对债券发行人而言是有利的。或者也可以从另一个角度理解，当利率下降时，债券价格上升，此时债券发行人赎回债券相当于以合约约定价格买入一个价格更高的债券（即发行人拥有一个看涨期权）。

对于可赎回债券而言，债券持有人的头寸相当于同时持有债券的多头头寸与该债券看涨期权的空头头寸，故有：

$$V_{\text{callable}} = V_{\text{straight}} - V_{\text{call}} \tag{30.1}$$

公式（30.1）的含义是：可赎回债券的价值等于不含权债券的价值，减去看涨期权的价值。这是因为看涨期权的权利属于债券发行方，而义务则归属于债券投资人。既然要求投资人承担义务，那可赎回债券就"不得不"卖得便宜一些。并且，债券发行方会在利率下降时行权，故有图 30.1，即当利率下降时含权债券的价格低于不含权债券的价格。

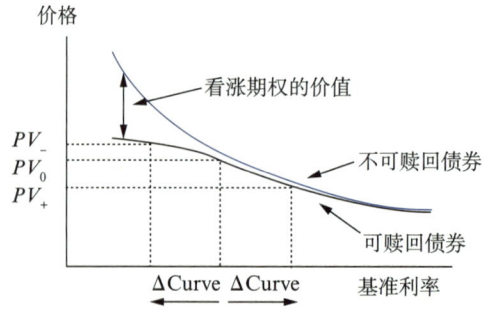

图 30.1　可赎回债券与不含权债券的价格对比

2. 可回售债券（Putable Bonds）

可回售债券包含的权利属于债券持有人。债券持有人在利率上升到某一个临界点时，会选择行权将已购买的债券卖回给债券发行者。

> **知识一点通**
>
> 当利率上升时，债券持有人将已购买的债券卖回给债券发行人，意味着可以以更高的利率贷款给别人，这对债券持有人而言是有利的。或者也可以从另一个角度理解，当利率上升时，债券价格下降，此时债券持有人回售债券相当于以合约约定价格卖出一个价格更低的债券（即债券持有人拥有一个看跌期权）。

对于可回售债券而言，债券持有人相当于同时持有债券的多头头寸与该债券看跌期权的多头头寸，故有：

$$V_{\text{putable}} = V_{\text{straight}} + V_{\text{put}} \tag{30.2}$$

公式（30.2）的含义是：可回售债券的价值等于不含权债券与看跌期权价值之和。这是因为可回售债券中看跌期权的权利主体是债券持有人，这对债券发行人来说是不利的，因此在市场上可回售债券要相应地贵一些。并且，债券持有人会在利率上升时行权，故有图 30.2，即当利率上升时，可回售债券的价格高于不含权债券的价格。

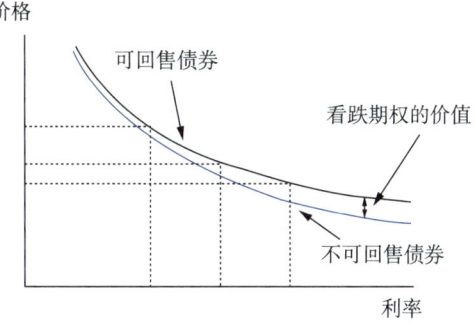

图 30.2　可回售债券与不含权债券的价格

> **备考小贴士**
>
> 考生应熟知可赎回债券与可回售债券的权利拥有方、什么时候行权有利以及含权债券的两幅图。这对解答含权债券的各种题目有极大帮助。

3. 可延长债券（Extendible Bonds）

可延长债券指债券持有者可以在债券到期时选择是否延长债券期限。

> **知识一点通**
>
> 其实，可延长债券本质上与可回售债券是相同的。可延长债券的持有者相当于拥有了一个看跌期权。如果债券到期时，债券持有者不看好债券未来走势就可以选择放弃行使延长期限的权利，相当于将债券"回售"给了债券发行人。反之，如果债券到期时，债券持有者看好债券未来走势，则可以选择延长期限。

4. 遗产看跌债券(Estate Put Bonds)

遗产看跌债券赋予债券持有人的继承人在债券持有人去世后选择是否将该债券回售给债券发行方的权利。

5. 偿债基金债券(Sinking Fund Bonds)

偿债基金债券是指在债券到期之前，债券发行人按照合约约定定期提前赎回一部分的债券。这种安排可以极大地避免偿还能力有限的债券发行人面对巨额本金归还义务时，无法偿还本金发生违约的情况。

30.1.2 含权债券价值的影响因素

1. 利率波动率变化对含权债券价值的影响

—考点要求—
解释（explain）利率波动率如何影响可赎回债券与可回售债券（★★★）

根据债券定价公式，利率水平同时影响含权与不含权债券的价值，而利率的波动率(volatility)仅影响含权债券价值而不影响不含权债券价值。

回顾 CFA® 一级衍生品的相关知识，波动率上升，代表不确定性上升，因此不论看涨期权还是看跌期权的价值均上升。对应到含权债券，我们有：

（1）当利率波动率上升时，可赎回债券的价值下降。

（2）当利率波动率上升时，可回售债券的价值上升。

> **知识一点通**
>
> 利率波动率上升，对于不含权债券的价值并无影响，但此时看涨期权(call option)与看跌期权(put option)价值都在上升。根据公式(30.1)，由于债券价值不变，但看涨期权价格上涨，故而可赎回债券价格下跌；同理，根据公式(30.2)，由于债券价值不变，但看跌期权价格上涨，故而可回售债券价格上涨。

2. 收益率曲线水平(Level of Yield Curve)对含权债券价值的影响

—考点要求—
解释（explain）收益率曲线的水平与形状如何影响可赎回债券与可回售债券的估值（★★）

（1）当利率水平下降时，可赎回债券的价格上升速度低于不含权债券，且对于投资者而言，其潜在上升空间有限。

（2）当利率水平上升时，可回售债券的价格下降速度低于不含权债券。

> **知识一点通**
>
> 以上两个结论结合图 30.1 与图 30.2 既容易记忆也容易理解。例如，当利率下降时，债券价格上升。然而，对于可赎回债券的看涨期权而言，其标的债券价格上升意味着看涨期权价值上升，且看涨期权由债券发行人拥有。因此，对于可赎回债券，利率下降时债券价格上升带来的好处被期权价值上升部分抵消了，故其价格上升程度低于不含权债券。或者可以理解为可赎回债券的价格如果高于赎回价，发行人赎回就有利可图，故而可赎回债券的价格"天花板"就是赎回价。
>
> 同理，当利率上升时，债券价格下降。但对于可回售债券而言，利率上升导致债券价格下降的程度被看跌期权价值的上升部分抵消了，故其价格下跌程度低于不含权债券。或者可以理解为可回售债券的价格如果低于回售价，投资者回售就有利可图，故而可回售债券的价格"底线"就是回售价。

3. 收益率曲线形状(Shape of Yield Curve)对含权债券价值的影响

（1）当收益率曲线的形状由向上倾斜(upward sloping)变为平坦(flat)或者变为向下倾斜(downward sloping)时，债券部分价格不变，同时看涨期权价值上升，故而可赎回债券价值下降。

这是因为，当收益率曲线变为向下倾斜时意味着长期利率下降（即远期利率下降），这将导致看涨期权标的资产价格上升的可能性提高，从而看涨期权价值上升，最终可赎回债券的价值下降[见公式(30.1)]。

（2）当收益率曲线的形状由向上倾斜(upward sloping)变为平坦(flat)或者变为向下倾斜(downward sloping)时，债券部分价格不变，同时看跌期权价值下降，故而可回售债券价值下降。

这是因为，当收益率曲线变为向下倾斜时意味着长期利率下降（即远期利率下降），这将导致看跌期权标的资产价格上升的可能性提高，从而看跌期权价值下跌，最终可回售债券的价值下降[见公式(30.2)]。

> **知识一点通**
>
> 在讨论收益率曲线形态发生改变时，债券到期期限内的利率不发生变化，只是到期期限外的利率变得平坦或者向下倾斜。例如，对于3年期的可赎回债券，假设收益率曲线中前3年的即期利率不发生改变（所以债券的折现率不发生改变），而4年或者5年的即期利率变得更为平坦或者向下倾斜，由于受远期利率下降的影响，可赎回债券中看涨期权(call option)价格上升，而普通债券(straight bond)部分价格不变，又因为 $V_{callable} = V_{straight} - V_{call}$，所以可赎回债券总体价格下降。改变的即期利率都发生在3年以外，所以现在对普通债券部分价格没有影响；但由于4年或者5年的即期利率已经发生方向变化，那么在3年以内发生同向变化的可能性也在提高，这将提高期权行权的可能性，进而使得看涨期权价值上升。
>
> 同理，对于3年期的可回售债券，假设利率曲线中前3年的即期利率不发生改变（所以债券的折现率不发生改变），而4年或者5年的即期利率变得更为平坦或者向下倾斜，由于受远期利率下降的影响可回售债券中看跌期权(put option)价格下降，而普通债券(straight bond)部分价格不变，又因为 $V_{putable} = V_{straight} + V_{put}$，所以可回售债券总体价格下降。

30.1.3 含权债券的估值

30.1.3.1 二叉树模型

运用二叉树对含权债券估值的步骤与不含权债券是相同的。然而，对于含权债券而言，估值过程中有两点是与不含权债券不同的：

第一，由于债券未来现金流的不确定性，故含权债券只能用利率二叉树逆向归纳法估计；

第二，含权债券在每个节点(node)都需要判断是否行权。

具体而言，对于可赎回债券，其每个节点的价值为选择执行价格和不行权债券价格两者中较低的；对于可回售债券，其每个节点的价值为执行价格和不行权时债券价格两者中较高的。

—考点要求—
利用利率二叉树计算（calculate）可赎回债券与可回售债券的价值
（★★★）

> **备考小贴士**
>
> 可赎回债券价格有"天花板",所以在每个节点的价格要选择较低的,即价格不高于"天花板";而可回售债券价格有"底线",所以在每个节点的价格要选择较高的,即价格不低于"底线"。

下面将通过例题30.1来体会利率二叉树逆向归纳法进行含权债券估值。

例题30.1

假定利率二叉树如下图所示。请计算2年期、每年付息一次、票息为7.5%、面值为100元且行权价格为100元的可赎回债券(第1年年末可选择是否行权)的价值。

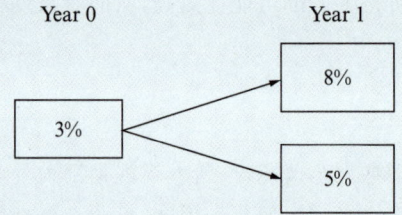

名师解析

在第1年年末,无论利率如何,投资者均能获得现金流107.5元。

本题债券为可赎回债券(callable bond),即债券发行人含有债券的看涨期权。

在第1年年末,如果利率为8%,则有107.5/1.08=99.53(元)。此时对于债券发行人而言,不会选择行权(如果选择行权,相当于债券发行人要用100元买回一只值99.53元的债券)。因此,对于债券持有人而言,第1年年末的节点债券带来价值为(99.53+7.5)元(99.53与100元选较低值)。

在第2年年末,如果利率为5%,则有107.5/1.05=102.38(元)。此时对于债券发行人而言,会选择行权(如果选择行权,相当于债券发行人要用100元买回一个价值102.38元的债券,会产生2.38元的净收益)。因此,对于债券持有人而言,第1年年末的节点债券带来价值为(100+7.5)元(102.38元与100元选较低值)。

最后,我们再将第1年年末的价值折现到第0年有:

$$(107.03/1.03+107.5/1.03)/2=104.14(元)$$

如下图所示:

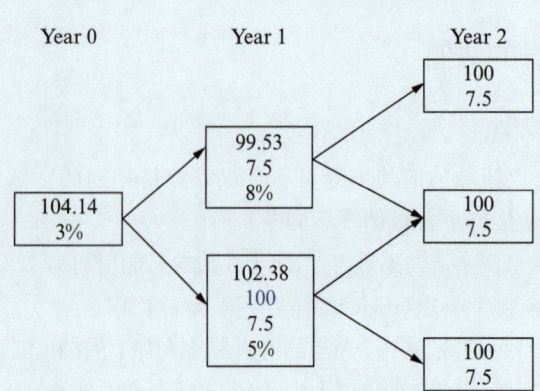

例题 30.2

将例题 30.1 的债券由可赎回债券改为可回售债券,其他条件不变,求可回售债券的价值。

名师解析

在第 2 年年末,无论利率如何,投资者均能获得现金流 107.5 元。

本题债券为可回售债券(putable bond),债券持有人含有债券的看跌期权。

在第 1 年年末,如果利率为 8%,则有 107.5/1.08=99.53 元。此时对于债券持有人而言,会选择行权(如果选择行权,相当于债券持有人可用 100 元卖出一个只值 99.53 元的债券,将产生净收益)。因此,对于债券持有人而言,第 1 年年末的节点债券带来价值为(100+7.5)元(99.53 与 100 元选较高值)。

在第 2 年年末,如果利率为 5%,则有 107.5/1.05=102.38 元。此时对于债券持有人而言,不会选择行权(如果选择行权,相当于债券持有人要用 100 元卖出一个实际上价值 102.38 元的债券)。因此,对于债券持有人而言,第 1 年年末的节点债券带来价值为(102.38+7.5)元(102.38 元与 100 元选较高值)。

最后,我们再将第 1 年年末的价值折现到第 0 年有:

$$(107.5/1.03+109.88/1.03)/2=105.52(元)$$

如下图所示:

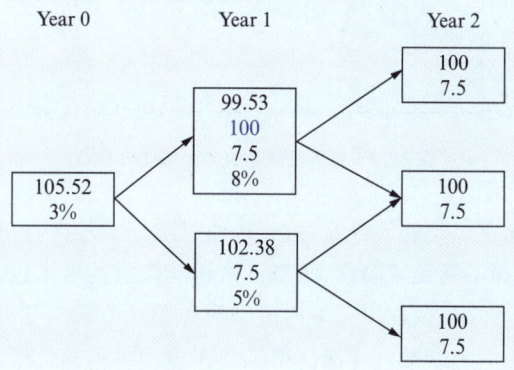

30.1.3.2 风险溢价下含权债券的估值

如前文章节所述,利率二叉树是根据基准收益率曲线拟合出来的。换言之,前文中的利率二叉树是利用无风险利率拟合出来的,仅适合对无违约风险的债券进行定价。对于有风险的含权债券,必须在折现率中加入风险溢价对其进行定价。以下先回顾一级中已经学过的几个有关风险溢价的概念。

—考点要求—
解释(explain)
OAS 的计算与运用(★★)

1. Z-spread

Z-spread 指使得下式成立的常数风险溢价:

$$P_{Market}=\frac{C}{(1+S_1+Z)^1}+\frac{C}{(1+S_2+Z)^2}+\cdots\cdots+\frac{C+Par}{(1+S_n+Z)^n} \quad (30.3)$$

注意,Z-spread 同时包含了信用风险溢价、流动性风险溢价以及含权的溢价。如果将含权溢价去掉,就可得到 OAS。

2. OAS(Option Adjusted Spread)

OAS 指将隐含期权影响剔除掉后的风险溢价(故称为 option adjusted spread),其公式为:

$$OAS = Z\text{-spread} - \text{Option value}(\%) \qquad (30.4)$$

> **知识一点通**
>
> 注意，在公式(30.4)中，右边等式的第二项是百分比的形式。于是，对于含有看涨期权的可赎回债券而言，Option value(%)一项为正[回顾公式(30.1)，相比不含权债券，可赎回债券价值更小，因而未来收益率更大]，从而有 Z-spread＞OAS，见图 30.3。对于含有看跌期权的可回售债券而言，Option value(%)一项为负，从而有 Z-spread＜OAS。

图 30.3 显示了可赎回债券 Z-spread 与 OAS 之间的关系。从图中可以看出，对于可赎回债券而言，公司债券收益率等于基准利率加上 Z-spread，而 Z-spread 包含了期权溢价以及 OAS。

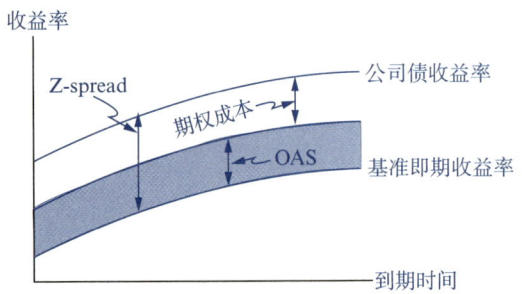

图 30.3 可赎回债券的 Z-spread 与 OAS

综上所述，对于存在风险的债券而言，直接通过国债的基准收益率曲线推导出的二叉树模型所得出的定价并不是无风险套利定价(由于基准收益率未包含风险溢价，定出的价格通常高于市场价格)。因此，在用二叉树模型对风险债券进行定价时，**必须在每个节点的远期利率上加上 OAS(为常数)，才能使得二叉树模型得到的价格恰好为市场上的价格。**

下面通过例题 30.3 来进行理解。

例题 30.3

本题题设条件与例题 30.1 完全相同，只不过此时市场上该可赎回债券的价格为 102.44 元。由此可最终解出 OAS 为 150 个基点。

名师解析

本题的二叉树图如下：

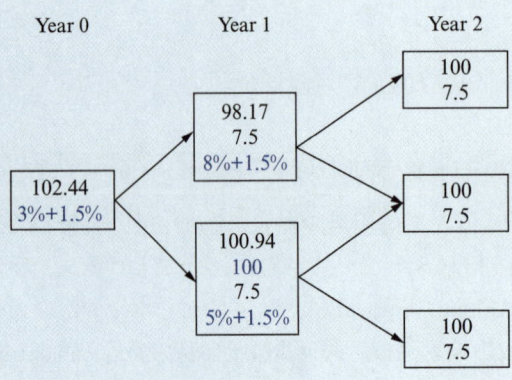

此时,市场上该含权债券的价格为102.44元,低于例题30.1中按照无风险利率折现计算出来的104.14元。这两者之间的差异就在于例题30.1中的折现利率没有包含OAS。利用市场价格,借助计算机的帮助,我们可以通过二叉树模型试算出OAS=1.5%。这个例子只是帮助我们理解OAS的产生方式,在考试中并不要求计算。

> **知识一点通**
>
> 考生应注意,在例题30.3中,二叉树模型加入的风险溢价为OAS而不是Z-spread。这是因为此时的现金流折现模型中,现金流已经考虑了期权相关的因素,故其对应的折现利率就无须包含期权相关的溢价了。

OAS经常被用于与基准债券比较的价值分析。根据前文的逻辑,我们可以得出有关OAS的以下几个结论:

(1) 如果相比于基准债券,某债券的OAS更低,则该债券的价格有可能被高估。
(2) 如果相比于基准债券,某债券的OAS更高,则该债券的价格有可能被低估。
(3) 如果相比于基准债券,某债券的OAS相差无几,则该债券定价合理。

> **知识一点通**
>
> 得出上述3个结论的逻辑与CAPM模型的逻辑相同。如果OAS低,意味着收益率低,而收益率低就意味着价格高估;反之亦然。

此外,利率的波动率(interest rate volatility)会影响OAS大小。当Z-spread不变时,根据前文公式(30.1)与公式(30.2)可得出以下两个结论:

一是对于可赎回债券而言,若利率波动率上升,则OAS将下降,反之亦然;
二是对于可回售债券而言,若利率波动率上升,则OAS将上升,反之亦然。

> **知识一点通**
>
> 首先,我们定义option value为含权债券中期权本身的价值。根据衍生品的相关知识,我们知道期权本身价值恒不小于0。因此,对于可赎回债券而言,Z-spread−Option value=OAS,Z-spread不变,Option value随着波动率上升而上升,则可知OAS会下降。同理,对于可回售债券而言,Z-spread+Option value=OAS,Z-spread不变,Option value随着波动率上升而上升,则可知OAS会上升。

30.2 含权债券的利率风险

久期是度量债券利率风险的最常见指标。久期分为两大类:一是收益率久期(yield duration),度量债券价格对YTM的敏感度,包括麦考利久期、修正久期与美元久期等;二是曲线久期(curve duration),度量债券价格对基准收益率曲线的敏感度,具体包括有效久期。

对于含权债券而言,由于债券含权导致未来现金流不确定,故不适用于收益率久期,必须用曲线久期或关键利率久期度量其利率风险。

30.2.1 有效久期(Effective Duration)

—考点要求—
计算(calculate)、理解(interpret)并比较(compare)可赎回债券、可回售债券与不含权债券的有效久期(★)

30.2.1.1 定义

有效久期的定义为:债券价格对基准收益率曲线微小平行移动的敏感程度。实际中,通常选取国债平价收益率曲线(government par curve)作为基准收益率曲线,并假设风险债券的信用风险溢价不变。

具体而言,有效久期的公式如下:

$$\text{Effective duration} = \frac{PV_- - PV_+}{2 \times \Delta \text{Curve} \times PV_0} \tag{30.5}$$

其中,ΔCurve 表示收益率曲线的平行变动,PV_- 表示收益率曲线向下移动 ΔCurve 个单位后债券的价格,PV_+ 表示收益率曲线向上移动 ΔCurve 个单位后债券对应的价格,PV_0 表示收益率曲线没有变动时债券的价格。

> **备考小贴士**
>
> 注意,公式(30.5)有可能考计算,分母需要乘以 2,不要忽略。考试中 PV_- 与 PV_+ 一般都会直接给出。

有效久期的具体计算步骤如下:
第一,根据市场价格 PV_0 计算基准收益率曲线隐含的 OAS;
第二,向下移动基准收益率曲线 ΔCurve 单位,由此形成新的利率二叉树,随后利用步骤一中计算出来的 OAS 计算出 PV_-;
第三,向上移动基准收益率曲线 ΔCurve 单位,与步骤二类似计算 PV_+;
第四,利用公式计算债券的有效久期。

30.2.1.2 影响因素

1. 是否含权

不论债券所含期权是看涨期权还是看跌期权,都意味着拥有权利的一方可能会提前行权,从而潜在地缩短债券期限。因此,含权债券的有效久期不大于对应的不含权债券。

> **知识一点通**
>
> 由公式(30.5)得知有效久期的大小主要取决于 PV_- 与 PV_+ 之差,对于可赎回债券而言,由于在利率下降时该债券可能被赎回,其债券价格上升幅度小于普通债券(即 PV_- 偏小),可赎回债券的 PV_- 与 PV_+ 之差偏小,致使可赎回债券的有效久期一般不大于对应的不含权债券。
>
> 同理,对于可回售债券而言,由于在利率上升时该债券可以被售回,其债券价格下降幅度小于普通债券(即 PV_+ 偏小),可回售债券的 PV_- 与 PV_+ 之差偏小,致使可回售债券的有效久期一般不大于对应的不含权债券。

2. 利率

对于不含权债券而言,利率变动对有效久期的影响并不大。然而,对于含权债券而言,利率变动对有效久期的影响则是不容忽视的。

具体而言,对于价格接近行权价的可赎回债券,当利率下降时,久期会下降;对于价格接近行权价的可回售债券而言,利率上升时,久期会下降。

> **知识一点通**
>
> 上述结论可从久期的两个含义来理解。一是通过久期的期限含义:当利率下降时,债券发行人有可能提前赎回可赎回债券,从而以更低的利率融资,故可赎回债券期限变短,即久期变短;同理,当利率上升时,债券持有者有可能提前将可回售债券提前回售给债券发行人,从而以更高的利率将钱借给别人,故可回售债券期限变短,即久期变短。
>
> 二是通过久期利率敏感性的含义:回忆图30.1与图30.2,当利率下降时,可赎回债券曲线上,债券价格上升幅度低于对应的不含权债券,即久期下降;同理,当利率上升时,可回售债券曲线上,债券价格下跌幅度低于对应的不含权债券,即久期下降。

> **备考小贴士**
>
> 含权债券的许多定性判断的题目都能通过图30.1与图30.2解决,考生应牢记这两幅图形。

30.2.1.3 单边久期(One-Sided Duration)

有效久期在处理收益率曲线向上移动与向下移动时往往采用等同对待的方式,如公式(30.5)在分母是直接乘以2进行处理。但对于含权债券而言,债券价格对利率的敏感性恰恰存在着不对称性:

(1) 对于可赎回债券,其价格存在潜在的上限,见图30.1。
(2) 对于可回售债券,其价格存在潜在的下限,见图30.2。

因此,对于含权债券,我们必须区别对待收益率曲线向上移动和向下移动,这就要引入单边久期的概念。

—考点要求—

描述(describe) 如何运用单边久期、关键利率久期去估算含权债券对利率的敏感性(★)

具体而言,单边向上久期(one-sided up duration)仅度量利率上涨时的敏感性,即:

$$\text{One-sided up duration} = \frac{PV_0 - PV_+}{\Delta \text{Curve} \times PV_0} \quad (30.6)$$

单边向下久期(One-sided down duration)仅度量利率下降时的敏感性,即:

$$\text{One-sided down duration} = \frac{PV_- - PV_0}{\Delta \text{Curve} \times PV_0} \quad (30.7)$$

> **备考小贴士**
>
> 单边久期考点要求为描述,故无须掌握计算,了解概念即可。

> **知识一点通**
>
> 由于两个单边久期差异太大,如果直接采用平均的方式,会产生较大的误差。因此,在含权债券的久期选择上,单边久期就显得格外"亮眼"。

30.2.2 关键利率久期(Key Rate Duration/Partial Duration)

关键利率久期反映某一特定期限上的基准收益率曲线变化对债券价格变化的敏感程度。换言之,关键利率久期可以反映收益率曲线**非平行移动**带来的影响,可以识别**利率曲线形状变动带来的风险(shaping risk)**。收益率曲线的平行移动是指收益率曲线上的点全部同方向移动了相同的幅度,收益率曲线的非平行移动是指收益率曲线上的点移动的方向或者幅度不尽相同。

> **知识一点通**
>
> 注意区分有效久期和关键利率久期,有效久期仅可以衡量债券价格对收益率曲线平行移动的敏感程度,而关键利率久期可以衡量债券价格对收益率曲线非平行移动的敏感程度。

> **备考小贴士**
>
> 考生主要掌握关键利率久期的适用场景,此考点仍无计算要求。

30.2.3 有效凸度(Effective Convexity)

—考点要求—
比较(compare)可赎回债券、可回售债券与不含权债券的有效凸度(★★)

久期是对于债券价格关于利率变化的一种线性估计,即一阶估计。从收益率曲线的图形中不难看出,当利率变动程度较大时,线性估计极不准确。此时就要引入凸度的概念,即二阶估计,见图30.4。

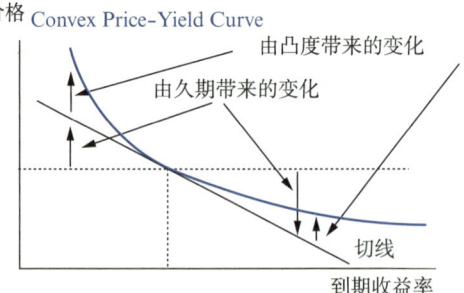

图30.4 债券凸度对价格的影响

有效凸度(effective convexity)度量久期对利率的敏感度。由于久期度量债券价格对利率的敏感度,故有效凸度相当于利率的二阶导数,其公式如下:

$$\text{Effective convexity} = \frac{PV_- + PV_+ - 2 \times PV_0}{(\Delta \text{Curve})^2 \times PV_0} \tag{30.8}$$

> **知识一点通**
>
> 将公式(30.8)的分子略做变形可得:
>
> $$(PV_- - PV_0) - (PV_0 - PV_+)$$
>
> 即分子等于利率下降时债券价格上升的幅度减去利率上升时债券价格下降的幅度,即反映了曲线弯曲的程度。

对于不含权的债券,其凸度始终为正,即"凸向原点"。考生应记住,"凸度为正"对于投资者而言是一个好的性质,且凸度越大越好。这是因为凸度为正意味着,利率下降时债券价格上升的程度>利率上涨时债券价格下跌的程度,即所谓的"涨多跌少",见图 30.1 中不含权债券的图形。

对于含权债券而言,则需分情况讨论。

1. 可赎回债券

当利率较高时,可赎回债券和对应的含权债券具有相近的正凸度;当利率较低以致隐含看涨期权处于实值状态时(in the money),可赎回债券的有效凸度则变为了负数,见图 30.1。

2. 可回售债券

可回售债券的有效凸度始终为正数。

当可回售债券隐含的看跌期权处于实值时,见图 30.2。

> **知识一点通**
>
> 上述关于含权债券凸度的结论,从其基本定义上即可推出。以可赎回债券为例,当利率较低时,债券价格上升。然而,此时债券发行人会行使其拥有的看涨期权权利,以较低的价格从债券持有人手中赎回债券。这对于债券持有人而言是不利的,因此可赎回债券在市场上销售的价格应当低于不含权债券,且不高于行权价格。于是,此时可赎回债券价格的凸度应为负数。我们也可从图 30.1 中直接看出,当利率较低时,可赎回债券的曲线不是凸向原点的,故为负数。同理,从图 30.2 中也能看出,当利率较高时,可回售债券曲线比不含权的债券曲线凸向原点的程度更高。

30.3 含有利率上限或下限的浮动票息债券的估值

—考点要求—
计算(calculate)含有利率上限或下限的浮动票息债券的价值(★★★)

30.3.1 一级相关基本概念回顾

本节介绍浮动票息债券的估值。浮动票息债券(floating-rate bond,或简称为 floater)是指发行时规定债券的票息率随着市场利率变动而定期浮动的债券。

浮动票息率由两部分组成:市场参考利率(market reference rate,MRR)与报价利差(quoted margin),其计算公式如下:

$$\text{Coupon rate} = \text{MRR} + \text{Quoted margin} \quad (30.9)$$

具体来看,MRR 是浮动的变量,市场会定期更新这一系列报价利率(通常是每季度更新)。而报价利差则是发行时就固定下来的,在偿还期内保持不变。

> **知识一点通**
>
> 利差通常以基点(basis point)为单位,一个基点为 0.01%。例如,某债券的利差为 100 基点,那么票息率就是在参考利率的基础上加上 1%。

30.3.2 浮动票息债券的类型

本节重点关注浮动票息债券的两种特殊条款:利率上限(cap)或利率下限(floor)。

封顶浮动票息债券(capped floating-rate bond)是指发行时规定浮动票息率存在利率**上限**(cap),此上限为债券发行方在偿还期内支付的最高利率。此类债券保护发行方的利益:当市场利率上升时,浮动票息率随之上升,上升到一定水平时,利率上限被触发,浮动票息率达到最高水平;如果没有利率上限,发行方需要支付更高的市场融资成本,对其不利。因此,利率上限被看作发行方的期权(issuer option)。

从投资者的角度看,购入封顶浮动票息债券相当于买入债券并做空一个内嵌的"利率上限"期权。因为该期权的存在对投资者不利,所以在对封顶浮动票息债券估值时,需要剔除内嵌的"利率上限"期权的价值。计算公式如下:

$$V_{\text{capped floater}} = V_{\text{straight floater}} - V_{\text{cap}} \quad (30.10)$$

与之对应,**保底浮动票息债券**(floored floating-rate bond)在发行时规定浮动票息率存在**利率下限**(floor),即债券投资者可以获得的最低利率。此类债券保护投资者的利益:当市场利率下降时,浮动票息率随之下降,下降到一定水平时,利率下限被触发,浮动票息率达到最低水平;如果没有利率下限,投资者获得的债券票息会继续降低,对其不利。因此,利率下限被看作投资者的期权(investor option)。

对投资者而言,购入保底浮动票息债券相当于买入债券并买入一个内嵌的"利率下限"期权。因为该期权的存在对投资者有利,所以在对保底浮动票息债券估值时,需要加上内嵌的"利率下限"期权的价值。计算公式如下:

$$V_{\text{floored floater}} = V_{\text{straight floater}} + V_{\text{floor}} \tag{30.11}$$

> **知识一点通**
>
> 利率上限的英文单词 cap 指的是帽子,可联想到"头顶",所以是上限封顶。
> 利率下限的英文单词 floor 指的是地板,可联想到"底部",所以是下限保底。

30.3.3 浮动票息债券的估值

上一节探讨了含权债券和使用二叉树模型进行估值。同样,由于封顶或保底浮动票息债券的未来现金流的不确定,也需运用二叉树模型对其估值。然而,在此估值过程中需要注意以下几点。

(1)在使用利率二叉树逆向归纳法估值时,在每个节点(node)都需要判断利率上限或下限是否被触发。

(2)如果上、下限被触发,当期的现金流随之调整。

利率上限对投资者不利,每期都是在 cap 和折现利率中选择较低者作为票息率;
利率下限对投资者有利,每期都是在 floor 和折现利率中选择较高者作为票息率。
下面通过一个具体案例来展示相关计算。

例题 30.4

假定利率二叉树如下图所示,请计算 2 年期、每年付息一次、票息率与下图利率相同、面值为 100 元的浮动票息债券的价值。

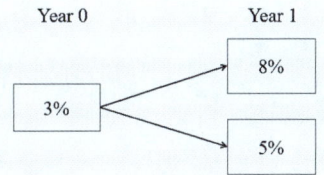

(1)此债券没有内嵌的利率期权。

名师解析

债券无利率期权,且票息率与图中的折现利率相同,故此债券价值与价格平价(at par)为 100 元,即 $V_{\text{straight floater}} = 100$。

(2)**封顶浮动票息债券**:此债券有特殊条款规定利率上限为 7%,请计算此利率上限期权的价值与债券价值。

名师解析

用逆向归纳法画出债券的未来现金流,从最末期开始倒推:

①在第 2 年年末时刻,计算投资者收到的票息金额及该现金流的节点价值。

如果第 1 年年末的利率为 8%,高于 7% 的上限,那么债券发行方以上限 7% 来支付浮动票息。因此,在第 2 年年末,投资者收到的票息为 7 元,折现到第 1 年年末的节点价值为:

$$V_{1,U} = \frac{100+7}{1+8\%} = 99.07$$

如果第 1 年年末的利率为 5%,则利率上限 7% 未被触发。因此,在第 2 年年末,投资者收到的票息为 5 元,折现到第 1 年年末的节点价值为:

$$V_{1,L}=\frac{100+5}{1+5\%}=100$$

②**在第 1 年年末时刻**。

如果第 0 年年末的利率为 3%,则利率上限 7% 未被触发。因此,在第 1 年年末,投资者收到的票息为 3 元,折现到第 0 年年末的节点价值为:

$$V_0=\frac{\frac{3+V_{1,U}}{1+3\%}+\frac{3+V_{1,L}}{1+3\%}}{2}=\frac{\frac{3+99.07}{1+3\%}+\frac{3+100}{1+3\%}}{2}=99.55$$

即此封顶浮动票息债券的价值 $V_{\text{capped floater}}$ 为 99.55。

③由公式(30.10)得,利率上限期权的价值为:

$$V_{\text{cap}}=V_{\text{straight floater}}-V_{\text{capped floater}}=100-99.55=0.45$$

二叉树图如下:

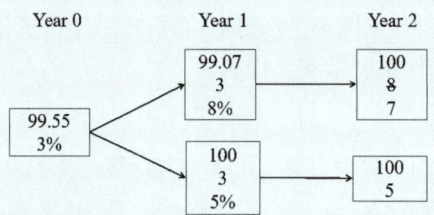

备注:由于第 1 年年末的利率为 8%,高于 7% 的上限,因此发行方以 7% 来支付浮动票息。故在第 2 年年末,投资者收到的票息为 7 元。

(3) **保底浮动票息债券**:此债券有特殊条款规定利率下限为 4%,请计算此利率下限期权的价值与债券价值。

名师解析

用逆向归纳法画出债券的未来现金流,从最末期开始倒推:

①**在第 2 年年末时刻,计算投资者收到的票息金额及该现金流的节点价值**。

如果第 1 年年末的利率为 8%,则利率下限 4% 未被触发。此时债券发行方以 8% 来支付浮动票息。因此,在第 2 年年末,投资者收到的票息为 8 元,折现到第 1 年年末的节点价值为:

$$V_{1,U}=\frac{100+8}{1+8\%}=100$$

如果第 1 年年末的利率为 5%,同样利率下限 4% 未被触发。因此,在第 2 年年末,投资者收到的票息为 5 元,折现到第 1 年年末的节点价值为:

$$V_{1,L}=\frac{100+5}{1+5\%}=100$$

②**在第 1 年年末时刻**。

如第 0 年年末的利率为 3%,低于 4% 的下限。因此,债券发行方不得不以 4% 来支付浮动票息。在第 1 年年末,投资者收到的票息为 4 元,折现到第 0 年年末的节点价值为:

$$V_0 = \frac{\frac{4+V_{1,U}}{1+3\%} + \frac{4+V_{1,L}}{1+3\%}}{2} = \frac{\frac{4+100}{1+3\%} + \frac{4+100}{1+3\%}}{2} = 100.97$$

即此保底浮动票息债券的价值 $V_{\text{floored floater}}$ 为 100.97。

③由公式(30.11)得,利率下限期权的价值为:

$$V_{\text{floor}} = V_{\text{floored floater}} - V_{\text{straight floater}} = 100.97 - 100 = 0.97$$

二叉树图如下:

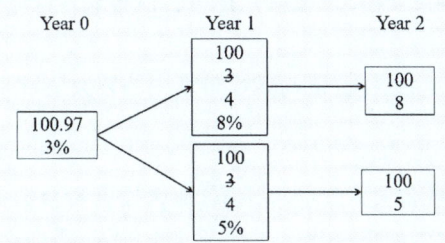

备注:第 0 年年末的利率为 3%,低于 4% 的下限,因此发行方以 4% 来支付浮动票息。故在第 1 年年末,投资者收到的票息为 4 元。

从以上例题中不难发现,浮动票息债券的估值过程与上节的含权债券的二叉树估值类似,注意计算中的区别在于现金流的调整即可。

30.4 可转债(Convertible Bonds)

可转债(convertible bonds)是一种混合证券(hybrid security),其赋予债券持有者在特定时期(conversion period)将债券按照事先约定的价格(conversion price)转换成股票的权利。从其定义可以看出,可转债也相当于一种含权债券,相当于拥有债券发行公司股票的看涨期权。

30.4.1 可转债的基本概念

30.4.1.1 转换比率(Conversion Ratio)

可转债一般按照面值发行。转换比率指如果债券持有人将债券转换为普通股,可转换为股票的数量为多少。具体而言,转换比率的公式为:

转换价格=债券发行价格/转换比率　　　　　(30.12)

Conversion price=Issue price/Conversion ratio

> **知识一点通**
>
> 注意,可转债券一般按照面值发行,但是如果发行价格不等于面值,则公式(30.12)中的分子按实际发行价格考虑。

30.4.1.2 转换价值(Conversion Value)、纯粹价值(Straight Value)及最小价值

转换价值(conversion value)指如果将可转债转化为股票后股票总共的价值,

故有：

$$转换价值 = 普通股市场价格 \times 转换比率 \quad (30.13)$$
$$\text{Conversion value} = \text{Market share price} \times \text{Conversion ratio}$$

在公式(30.13)中，转换比率是事先约定的，而普通股市场价格是随市场变动的，因此转换价值也是随市场变动的。

债券的纯粹价值（straight value）指假设可转债不转换为股票的情况下债券的价值为多少。换言之，债券的纯粹价值就是把可转债看成是普通债券的价值，即可转债扣除内嵌期权的价值。

可转债的最小价值为纯粹价值与转换价值中的较大值，即：

$$\text{Minimum value} = \text{Max}(\text{conversion value}, \text{straight value}) \quad (30.14)$$

这是因为，如果转换价值大于纯粹价值，那么投资者会选择将债券转换为股票，其价值为转换价值；反之，如果转换价值低于纯粹价值，那么投资者就不会将债券转换为股票，其价值为纯粹价值。

30.4.1.3　市场转换价格（Market Conversion Price）与市场转换溢价（Market Conversion Premium）

—考点要求—
计算（calculate）并理解（interpret）可转债的组成部分（★★）

市场转换价格（market conversion price）是指如果投资者当即购买可转债并将其转换为股票，每股实际支付的价格。根据定义，市场转换价格的公式为：

$$市场转换价格 = 可转债价格 / 转换比率 \quad (30.15)$$
$$\text{Market conversion price} = \text{Convertible bond market price} / \text{Conversion ratio}$$

> **知识一点通**
>
> 这里考生要注意区分转换价格与市场转换价格的定义。在计算转换价格时使用的是债券的发行价格，而在计算市场转换价格时使用的是债券的市场价格，即公式(30.12)与公式(30.15)中的分子不同，前者的分子是债券面值，后者的分子是债券的市场价格。

有了市场转换价格的定义，类似地可定义每股市场转换溢价（market conversion premium per share）与市场转换溢价比率（market conversion premium ratio）。

$$每股市场转换溢价 = 市场转换价格 - 每股市场价格 \quad (30.16)$$
$$\text{Market conversion premium per share} =$$
$$\text{Market conversion price} - \text{Market share price}$$

$$市场转换溢价比率 = 每股市场转换溢价 / 每股市场价格 \quad (30.17)$$
$$\text{Market conversion premium ratio} =$$
$$\text{Market conversion premium per share} / \text{Market share price}$$

例题 30.5

假定某公司 A 以 950 元的价格发行面值为 1 000 元的可转债,票息为 6%,约定可转换为 10 股普通股。公司 A 的普通股价格为 83 元每股,每年分红 2 元。如今,该可转债市场价格为 960 元。计算转换价格、转换价值、市场转换价格、每股市场转换溢价以及市场转换溢价比率。

名师解析

此类计算题难度不大,但不要弄混概念与公式。根据题设,转换比率为 10。转换价格为按照债券发行价格计算的每股价格,即:

$$转换价格\ Conversion\ price = 950/10 = 95(元)$$
$$转换价值 = 83 \times 10 = 830(元)$$

市场转换价格是按照可转债市场价格计算的每股价格,即:

$$市场转换价格 = 960/10 = 96(元)$$
$$每股市场转换溢价 = 96 - 83 = 13(元)$$
$$市场转换溢价比率 = 13/83 = 15.66\%$$

知识一点通

这里概念较多容易弄混,但实际上有记忆规律:带 value 的概念均指债券的价值,而带 price 的概念指的都是股票的价格,一般采用市场价格。

—考点要求—
描述(describe)可转债在无风险套利原理下是如何定价的(★★)

30.4.1.4 分红阈值(Threshold Dividend)与控制权变更(Change of Control)

之前提到,如果可转债的转换价值大于纯粹价值(或股票价格大于转换价格),投资者可以选择将债券转换成股票,那么可以思考一个问题:如果可转债标的股票派发股息,股票红利分配后的价格是否会影响可转债的价值呢?如果股票派发股息,股票价格会下跌,距离转换价格会越来越远,所以理论上股票派发股息会影响可转债的价值。面对这种情况,实务中一般会设定一个阈值来进行判断,如果股票派息金额小于阈值,则可以忽略其对可转债的影响;如果大于阈值,就需要向下调整可转债的价值,从而保证投资人的权益。

另外,如果可转债的发行方在兼并或收购的过程中发生企业控制权变更,也会影响到该企业所发行可转债的价值。对于这种情况,一般会有两种处理方法:第一种,可以调低可转债的转换价格,从而使可转债的投资人将债券转换成股票来保证投资人的权益,投资人可以选择转股之后卖出股票或继续持有。如果继续持有,投资人便可以参加未来的股东大会,从而对发行方将要参与的兼并或者收购项目进行投票,来表达自己的观点。第二种,可以内嵌一个债券的回售期权(put option),可转债投资人在控制权发生变更的特殊时间内,有权利全额赎回投资的本金。

30.4.2 可转债的等价估值与风险

30.4.2.1 可转债的等价估值(Valuation Equivalence)

可转债的估值实际上可分为两个部分——不可转债券以及股票的看涨期权,即:

$$可转债价值 = 债券价值 + 股票的看涨期权价值 \tag{30.18}$$

实务中，市场上的可转债还可以是可赎回或可回售的，于是有：

$$可赎回可转债价值(callable\ convertible\ bond) =$$
$$债券价值 + 股票看涨期权价值 - 债券看涨期权价值 \tag{30.19}$$

$$可回售可转债价值(putable\ convertible\ bond) =$$
$$债券价值 + 股票看涨期权价值 + 债券看跌期权价值 \tag{30.20}$$

—考点要求—
比较（compare）可转债、不含权债券与标的普通股的风险—收益特征（★★）

知识一点通

对于可赎回可转债与可回售可转债，要注意区分其隐含期权的标的物，可赎回与可回售是针对债券本身的期权，而"可转"是针对股票本身的期权。

30.4.2.2 可转债的风险

1. 下行风险（Downside Risk）

如前文所述，可转债的价值肯定不低于纯粹价值（即不含权债券价值），因此纯粹价值经常被作为度量下行风险的基准。定义纯粹价值溢价（premium over straight value）为：

$$纯粹价值溢价 = \left(\frac{可转债价格}{纯粹价格}\right) - 1 \tag{30.21}$$

2. 潜在上涨空间（Upside Potential）

理论上讲，可转债的潜在上涨空间取决于标的股票的价值，其潜在上涨空间是没有上限的。

30.4.2.3 可转债的收益风险特征

（1）当可转债标的股票的价格远低于转换价格（conversion price）时，投资者行权概率较低，可转债主要呈现出债券的风险收益特征。此时，标的股价变动对可转债价格影响不大，股价波动大于可转债价格的波动。

（2）当可转债标的股票的价格远高于转换价格时，投资者的行权概率较高，可转债主要呈现出股票的风险收益特征。此时，标的股价变动对可转债价格有明显的影响，两者的波动趋同。

（3）当可转债标的股票价格介于前两个情况之间时，可转债同时具有股票与债券的风险收益特征。

练一练

Boyd Holbrook, CFA, a quantitative strategist, is obsessed with a quantitative model of fixed income. Jacob Tremblay, the manager of Golden Fund, intends to add bonds in his portfolio in light of poor expectations on the stock market and selects three different bonds with the same credit ratings in Exhibit 30.1 Holbrook is required to identify the relatively underpriced bond.

Exhibit 30.1 Information about three different bonds

Bond	Maturity	Coupon	Features
Bond X	3 years	5.00% annual	Callable at par in year 1 and 2 with OAS of 55 bps
Bond Y	3 years	5.00% annual	Callable at par in year 1 and 2 with OAS of 35 bps
Bond Z	3 years	5.00% annual	Putable at par in year 1 and 2 with OAS of 65 bps

In the monthly overview, Tremblay shares his opinions on the macro economy that because of the aftermath of the global crisis, the central bank has motivations to lower the interest rate. He states the uncertainty future leads to a rise in interest rate volatility and inverts the yield curve from upward to downward sloping. After the meeting, Holbrook decides to buy the putable bond Z listed in Exhibit 30.1 and develops a binomial interest rate tree with the 15% volatility in Exhibit 30.2.

Exhibit 30.2 The binomial interest rate tree

Year 0	Year 1	Year 2
6.000 0%	6.749 3%	7.288 5%
—	5.000 0%	5.399 4%
—	—	4.000 0%

After three months of consecutive growth in CPI and declines in the unemployment rate, Holbrook forecasts the stock market may be near its bottom and decides to speculate in conversion bond market. Holbrook notices the convertible bond issued by W&B Enterprises and the detail of the bond is listed in Exhibit 30.3. In the month meeting, Holbrook describes the convertible bond as the combination of a long position in straight bond, a long position in put options on the bond and a long position in call options on the corresponding stock.

Exhibit 30.3 Convertible bond issued by W&B

Issue price	USD 1 000
Conversion price	USD 25
Market price of the bond	USD 1 100
Market price of the stock	USD 22
Coupon rate	4%

30-1 Which of the following bonds in Exhibit 30.1 is most likely to be underpriced?

　　A. Bond X.

　　B. Bond Y.

　　C. Bond Z.

30-2 If the interest rate volatility increases as Tremblay expected, which of the following bonds is most likely to experience a rise in price?

　　A. The callable bond.

　　B. The putable bond.

　　C. The straight bond.

30-3 If the yield curve inverts from upward to downward sloping as Tremblay expected, which of the following strategies is most likely to be profitable?

　　A. Sell the callable bond and buy the identical straight bond.

B. Sell the callable bond and buy the identical putable bond.

C. Sell the putable bond and buy the identical straight bond.

30-4 Based on Exhibit 30.1 and Exhibit 30.2, the price of putable bond Z is closest to:

A. 99.13.

B. 99.28.

C. 98.45.

30-5 Based on Exhibit 30.3, the conversion premium per share is closest to:

A. －USD 3.

B. USD 5.5.

C. USD 3.

30-6 Is Holbrook's description of the convertible bond correct?

A. Yes.

B. No, he is incorrect with the long position in call options on the corresponding stock.

C. No, he is incorrect with the long position in put options on the bond.

答案与解析

30-1 C

对于含权债券而言，OAS 表示含权债券剔除期权影响之后债券的信用情况，由于三个债券信用评级相同，OAS 大的债券价格更有可能被低估，因此，bond Z 最有可能被低估。所以，选 C。

30-2 B

利率的波动性增加无论 call option 或者 put option 价值都会上升，但是对于 callable bond 而言，其价格为：

$$\text{The value of the callable bond} = \text{The value of straight bond} - \text{The value of the call option}$$

对于 putable bond 而言，其价格为：

$$\text{The value of the putable bond} = \text{The value of the straight bond} + \text{The value of the put option}$$

因此，putable bond 价格上升。所以，选 A。

30-3 A

先要明确利率曲线从向上倾斜到向下倾斜对于含权债券期权价格的影响，当利率曲线反转时，call option 价值增加，而 put option 价值下降。其中，callable bond 的价格为：

$$\text{The value of the callable bond} = \text{The value of straight bond} - \text{The value of the call option}$$

而 putable bond 价格为：

$$\text{The value of the putable bond} = \text{The value of the straight bond} + \text{The value of the put option}$$

对于选项 A 中的策略，其收益为：

$$-\text{callable bond} + \text{straight bond} =$$

$$-\text{straight bond} + \text{call option} + \text{straight bond} =$$

$$\text{call option}$$

所以选项 A 中的策略实质为 long call option,因此该策略在收益率曲线反转时产生收益。所以,选 A。

选项 B 中的策略收益为:

$$-\text{callable bond}+\text{putable bond}=$$
$$-\text{straight bond}+\text{call option}+\text{straight bond}+\text{put option}=$$
$$\text{call option}+\text{put option}$$

但是随着收益率曲线反转,call option 价格上升而 put option 价格下降,因此其整体价格走向不明确。所以,选项 B 错误。

选项 C 中的策略收益为:

$$-\text{putable bond}+\text{straight bond}=-\text{straight bond}-\text{put option}+\text{straight bond}=$$
$$-\text{put option}$$

该策略的收益恒为负,因为 put option 的价格一定为正。所以,选项 C 错误。

30-4 C

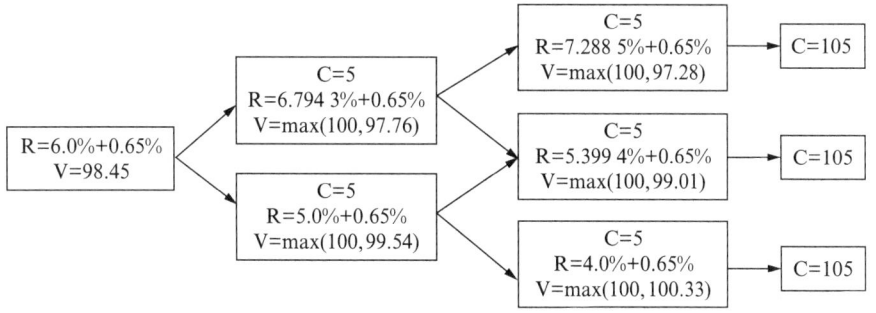

注意,由于该 putable bond 对应的 OAS 为 0.65%,所以要在每一个节点上调整 OAS 的影响。因此,选 C。

30-5 B

首先求出该可转债所对应的转换比率:

$$\text{Conversion ratio}=\frac{\text{Issue price}}{\text{Conversion price}}=\frac{\text{USD 1 000}}{\text{USD 25}}=40$$

之后按照可转债的市价算出市场转换价格:

$$\text{Market conversion price}=\frac{\text{Convertible bond market price}}{\text{Conversion ratio}}=\frac{\text{USD 1 100}}{40}=\text{USD 27.5}$$

最后计算转换溢价:

$$\text{Conversion premium}=\text{Market conversion price}-\text{Market share price}$$
$$=\text{USD 27.5}-\text{USD 22}=\text{USD 5.5}$$

30-6 C

通常可转债可以看作是普通债券与股票看涨期权的组合,即:

$$\text{Value of convertible bond}=$$
$$\text{Value of straight bond}+\text{Value of call option on the stock}$$

因此,Holbrook 关于 put option on the bond 的描述是不正确的。所以,选 C。

第 31 章 信用分析模型

章节导学

知识引导

随着金融市场深化与金融工具的蓬勃发展,信用风险的测度、分析与管理已成为现代固定收益证券投资组合管理的核心部分。同时,鉴于 1997 年亚洲金融危机、1998 年俄罗斯主权债务危机以及 2008 年全球金融危机的历史教训,信用风险测度手段与管理方式迅速发展且创新迭出。因此,关注信用风险测度与管理,已然成为时代的要求。本章主要分为三大部分,分别探讨信用风险的度量、两大常见的信用分析模型和对含有信用风险的债券进行估值。

考点聚焦

本章主要介绍信用分析模型。首先,考生需要掌握信用风险的度量,这里包括信用估值调整(credit valuation adjustment,CVA)和信用评分与信用评级两大部分。其中,信用估值调整需要考生通过掌握违约概率、违约损失率和预期损失等有关信用风险的基本概念,进而掌握信用估值调整(CVA)的含义和计算方法;另外,考生也需要了解信用评级迁移带来的期望收益。第二,对于信用分析模型,尤其是结构模型与简约式模型,考生主要掌握其基本思想、假设条件与优缺点。同时注意比较结构模型与简约式模型的异同。第三,对于含有信用风险的债券估值,考生也需要了解这种方式的基本思路。

本章框架图

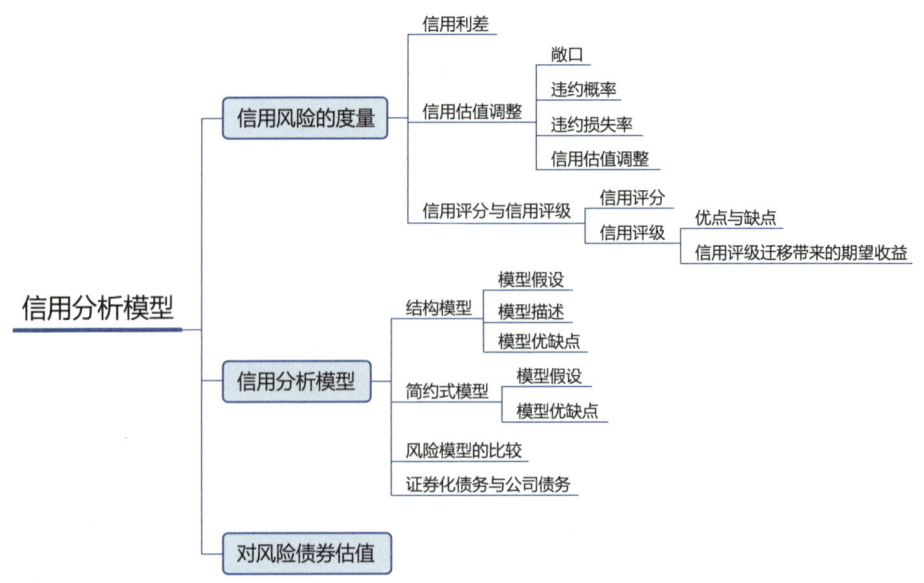

31.1 信用风险的度量

31.1.1 信用利差（Credit Spread）

根据一级固定收益中的知识，信用风险可以用信用利差（credit spread）衡量。信用利差，即含有信用风险债券的收益率和无违约风险债券的收益率之差。因为包含信用风险必须进行相应补偿，所以含有信用风险债券的收益率一定高于无违约风险债券的收益率，这个利差所反映的就是信用风险及相关风险。根据不同期限计算出来的信用利差可以得到信用利差的期限结构（term structure of credit spread），比如1年期的信用利差、2年期的信用利差等。这些不同期限的信用利差反映了不同期限下信用利差的变化关系。

—考点要求—
解释（explain）信用利差的变化及信用利差期限结构的决定因素（★★）

> **知识一点通**
>
> 值得注意的是，信用利差不仅包括了信用风险，还包含了流动性风险。因为含有信用风险的债券往往流动性较差，而且信用风险越大的债券往往流动性越差；同时，无违约风险债券（通常为国债）往往流动性非常好。因此，"信用利差"这个词的实际含义就是信用风险及相关风险，这里的相关风险即为与信用风险有高度关联性的流动性风险。由于信用利差的计算公式是含有信用风险债券的收益率和无违约风险债券的收益率之差，即 YTM of the corporate bond 减去 YTM of the government bond，这个公式也正是 G-spread 的计算公式。

31.1.2 信用估值调整

31.1.2.1 敞口（Exposure）

所谓敞口，一般又称为风险敞口（risk exposure），是指在金融活动中存在金融风险的头寸以及受金融风险影响的程度。敞口是金融风险中的一个重要概念，广义而言，敞口等于投资者所持有的各类风险性资产余额。实务中，为了减少和控制风险，投资者往往采取各种措施进行风险对冲，对冲后仍未能抵减的风险，即暴露在风险中的资产余额，则称为"风险敞口"或"风险暴露"。

—考点要求—
解释（explain）债券的敞口、违约概率、违约损失率（★★）

31.1.2.2 违约概率（Probability of Default，POD）

债券的信用风险度量包含两个维度：一是该债券的违约概率，另一是违约损失率。其中，债券的违约概率表示债券到期前出现违约的概率。

与违约概率不同，风险率（hazard rate）是指某债券在 t 时刻违约的概率，其实质为债券在 t 时刻违约的条件概率，即该债券在 $t-1$ 时刻及其之前没有发生违约的条件下而在 t 时刻恰好发生违约的概率。如果用 N_t 表示债券在 t 时刻及其之前没有违约，D_t 表示债券在 t 时刻违约，那么在 t 时刻的风险率即表示 $P(D_t|N_{t-1})$。

另一个与风险率相关的概念是生存概率（probability of survival，POS），它代表债券在之前各期以及当期都没有发生违约的概率，计算公式如下：

$$\text{生存概率}_n = (1 - \text{风险率})^n \tag{31.1}$$

> **知识一点通**
>
> 风险率是指在 t 时刻恰好违约但是在 $t-1$ 时刻及其之前没有发生违约的概率，实际上是违约事件发生的条件概率即 $P(D_t | N_{t-1})$。而违约概率是指在 t 时刻违约与在 $t-1$ 时刻及其之前没有违约的联合概率即表示 $P(D_t, N_{t-1})$。注意二者的区别。

违约概率分为实际违约概率和风险中性下（risk neutral）的违约概率。实际违约概率是通过历史数据所得出来的真实发生的违约概率。例如，根据搜集过去一段时间内，200 只可比较且终止的企业债券信息，发现其中有 4 只债券违约，那么实际的违约概率（POD）就是 2%。知道违约概率，即可给一只企业债券定价。如要给一只期限为 1 年、票息为 5%、回收率（recovery rate）为 40% 的平价债券估值，根据这只债券的违约概率，可以推算出该债券期末的现金流期望值 $= (100+5) \times 98\% + (100+5) \times 40\% \times 2\% = 103.74$（元）。假设无风险收益率为 2%，那么这只债券的现值 $= 103.74 \div 1.02 = 101.71$（元）。但是，根据假设可知，该债券的价格应该为 100 元，所以需要调整违约概率，使得通过调整之后的违约概率计算出来的债券价格为 100 元，计算式如下：

$$100 = \frac{(100+5) \times (1 - \text{POD}) + (100+5) \times 40\% \times \text{POD}}{1 + 2\%}$$

通过求解，得出 POD $= 4.76\%$。这里的 POD 为风险中性下的违约概率。一般风险中性下的违约概率会大于实际违约概率，因为在做预测的时候会考虑很多不确定因素，如违约的不确定性、流动性以及税收的不确定性，这些都会作为风险溢价的一部分，风险上升，违约概率也会随之上升。

31.1.2.3 违约损失率（Loss Given Default, LGD）

违约损失率表示债券出现违约后，投资者在本金与票息上相应损失的比例。相应地，可以定义回收率（recovery rate），表示债券违约后能回收本息的比例。根据定义可以得出，回收率与违约损失率之间的关系为：

$$\text{违约损失率}(\%) = 100\% - \text{回收率}(\%) \tag{31.2}$$

31.1.2.4 信用估值调整（Credit Valuation Adjustment, CVA）

> **—考点要求—**
> 解释（explain）如何利用 CVA 对风险债券进行估值调整并计算（calculate）债券的价值及其信用利差（★★）

信用估值调整（CVA）是指预期信用损失的现值。一般对于存在违约风险的债券而言，使用无风险利率对债券进行定价往往会高估该债券的价格，因此在实际中需要对有违约风险的债券进行估值上的调整以正确反映投资人所面临的信用风险，简而言之，信用估值调整（CVA）可以通过违约概率（POD）、违约损失率（LGD）等上述概念来计算，以下通过一道例题体会其含义。

例题 31.1

某公司零息债券面值为100元，3年后到期。假定基准利率曲线水平恒定为4%，且违约只发生在每年年末，若该债券违约后回收率(recovery rate)为30%，每年的风险率(hazard rate)恒为1%，试计算该债券的信用估值调整(CVA)。

期限 (1)	敞口 (2)	回收额 (3)	LGD (4)	POD (5)	POS (6)	期望损失 (7)	折现因子 (8)	损失现值 (9)
0	—	—	—	—	—	—	—	—
1	92.455 6	27.736 7	64.718 9	1.000 0%	99.000 0%	0.647 2	0.961 538	0.622 3
2	96.153 8	28.846 1	67.307 7	0.990 0%	98.010 0%	0.666 3	0.924 556	0.616 0
3	100	30	70	0.980 1%	97.029 9%	0.686 1	0.888 996	0.609 9

名师解析

表格中(2)列表示期限相同的无风险零息债券的现值：

$$P_1 = 92.455\ 6 = 100 \div (1+4\%)^2$$
$$P_2 = 96.153\ 8 = 100 \div (1+4\%)^1$$
$$P_3 = 100 = 100 \div (1+4\%)^0$$

表格中(3)列表示如果违约事件发生，投资人可收回的债券价值：

$$\text{Recovery}_1 = (2) \times \text{recover rate} = 92.455\ 6 \times 30\% = 27.736\ 7(元)$$
$$\text{Recovery}_2 = (2) \times \text{recover rate} = 96.153\ 8 \times 30\% = 28.846\ 1(元)$$
$$\text{Recovery}_3 = (2) \times \text{recover rate} = 100 \times 30\% = 30(元)$$

表格中(4)列表示如果违约事件发生，投资人的违约损失额度：

$$\text{LGD}_1 = (2) - (3) = 92.455\ 6 - 27.736\ 7 = 64.718\ 9(元)$$
$$\text{LGD}_2 = (2) - (3) = 96.153\ 8 - 28.846\ 1 = 67.307\ 7(元)$$
$$\text{LGD}_3 = (2) - (3) = 100 - 30 = 70(元)$$

表格中(5)列表示该债券在当年的违约概率，如第2年的POD=0.99%表示该债券在第2年之前不发生违约但在第2年当年发生违约的概率为0.99%，也就是$P(D_2N_1)$这个联合概率。

表格中(6)列表示该债券在当年不违约的概率，如第2年的POS=98.01%表示债券存续至第2年且在第2年不违约的概率为98.01%，也就是$P(N_2)$。

$$\text{POS}_n = (1 - \text{hazard rate})^n$$

表格中(7)列表示债券如果在当年违约，投资者预期的损失：

$$\text{Expected loss}_1 = \text{LGD} \times \text{POD} = (4) \times (5) = 64.718\ 9 \times 1\% = 0.647\ 2(元)$$
$$\text{Expected loss}_2 = \text{LGD} \times \text{POD} = (4) \times (5) = 67.307\ 7 \times 0.99\% = 0.666\ 3(元)$$
$$\text{Expected loss}_3 = \text{LGD} \times \text{POD} = (4) \times (5) = 70 \times 0.980\ 1\% = 0.686\ 1(元)$$

表格中(8)列表示利用无风险利率把未来现金流折现到T=0时刻的折现因子：

$$\text{Discount factor}_1 = 1 \div (1+4\%) = 0.961\ 538$$
$$\text{Discount factor}_2 = 1 \div (1+4\%)^2 = 0.924\ 556$$
$$\text{Discount factor}_3 = 1 \div (1+4\%)^3 = 0.888\ 996$$

表格中(9)列表示未来预期损失(expected loss)在 T=0 时刻的现值：

$$PV \text{ of expected loss}_1 = (7) \times (8) = 0.6472 \times 0.961538 = 0.6223(元)$$

$$PV \text{ of expected loss}_2 = (7) \times (8) = 0.6663 \times 0.924556 = 0.6160(元)$$

$$PV \text{ of expected loss}_3 = (7) \times (8) = 0.6861 \times 0.888996 = 0.6099(元)$$

信用估值调整(CVA)即为未来预期损失的现值之和：

$$CVA = \sum_{i=1}^{3} PV \text{ of expected loss}_i = 0.6223 + 0.6160 + 0.6099 = 1.8482(元)$$

在 $T=0$ 时刻，无违约风险的 3 年期零息债券的价值为：

$$P_{DF} = 100 \div (1+4\%)^3 = 88.8996(元)$$

再计算有违约风险债券的价格，即在无风险债券价格的基础上调整未来违约风险带来的损失：

$$P_D = P_{DF} - CVA = 88.8996 - 1.8482 = 87.0514(元)$$

之后可以计算有违约风险零息债券的到期收益率(YTM)：

$$P_D = \frac{100}{(1+YTM_D)^3} \Rightarrow 87.0514 = \frac{100}{(1+YTM_D)^3}$$

$$YTM_D = 4.73\%$$

最后计算出利差 spread：

$$Spread = YTM_D - YTM_{DF} = 4.73\% - 4\% = 0.73\%$$

注：其中 D 表示存在违约风险的债券，DF 表示无违约风险的债券。

经过计算，可以看到，相比于无风险债券，存在违约风险的债券的风险可以有两种度量方式：

(1) 对于每 100 元的面值，CVA 的价值是 1.8482 元，这反映了风险对应的价值，其实就是风险定价。

(2) 相比于无风险债券，存在风险的债券有 73bps 的收益率利差，这也反映了存在风险的债券的风险水平。

> **知识一点通**
>
> 例题 31.1 中共涉及 3 个不同类型的概率，总结如下：
> (1) 风险率(hazard rate)表示条件概率即 $P(D_t|N_{t-1})$。
> (2) 违约概率(POD)表示联合概率即 $P(D_t N_{t-1})$。
> (3) 生存概率(POS)表示债券在 t 时刻及其之前没有发生违约的概率即 $P(N_t)$。

—考点要求—
解释（explain）信用评分、信用评级以及其被归为序数排序的原因（★）

31.1.3 信用评分与信用评级

31.1.3.1 信用评分（Credit Scoring）

信用评分即是对借款人(borrower)的信用进行打分，分数越高代表其信用程度越好，违约概率越低，但信用评分不能给出借款人的具体违约概率是多少。

具体而言,信用评分具有以下几个特征。

(1) 信用评分是对借款人信用风险的序数排序(ordinal ranking),而非基数排序(cardinal ranking)。换言之,信用评分仅对借款人的信用程度进行排序,但分数本身不能说明不同借款人之间的信用差距。例如,借款人 A 信用评分为 600,而借款人 B 的信用评分为 300。这说明了借款人 A 比借款人 B 的违约概率低,但不能说明借款人 B 的违约概率是 A 的两倍。

(2) 信用评分没有随着经济环境的改变而动态调整。例如,借款人 A 的信用评分为 600。假设 A 所在的国家经济环境发生了恶化,但只要 A 的自身行为与财务状况没有发生改变,A 的信用评分仍然为 600。

(3) 信用评分不能反映借款人在所有借款人中所处的位置(即分位数)。即有可能很多借款人的信用评分都是 600,而且不同分数的比例会动态变化。

金融公司会建立信用模型,从而给出不同个体的信用评分,供投资人参考。例如,蚂蚁集团旗下的芝麻信用就是通过收集海量的数据信息,对其加以处理及分析,对用户信用质量进行评估。其分析的数据种类包括交易信息、信用卡还款信息、生活费缴费信息等。国外也有类似的企业,如 Fair Isaac Corporation(简称 FICO)。FICO 是在美国纽交所上市的一家历史悠久的金融科技企业,其信用评分是北美地区评估个人信用质量的参考指标。FICO 会对用户的支付历史、债务负担、信用历史等方面的数据进行分析,并通过分析之后的信用分数来评估客户的信用质量。FICO 信用评分范围为 300~850,分数越高代表信用质量越高。

31.1.3.2 信用评级(Credit Rating)

1. 优点与缺点

信用评级是对政府、公司、类政府机构(quasi-government)以及资产支持证券(asset-backed securities,ABS)的信用风险进行排序。与信用评分一样,信用评级也没有对具体债务的违约概率进行估计。最常见的三大信用评级机构分别是:标准普尔(Standard & Poor,S&P)、穆迪(Moody)以及惠誉(Fitch),其评级分类见表 31.1。

—考点要求—
解释(explain)
信用评级的优点与缺点(★)

表 31.1 三大评级机构的信用评级

穆迪(Moody's)	标准普尔(S&P)	惠誉(Fitch)
Aaa	AAA	AAA
Aa1	AA+	AA+
Aa2	AA	AA
Aa3	AA−	AA−
A1	A+	A+
A2	A	A
A3	A−	A−
Baa1	BBB+	BBB+
Baa2	BBB	BBB
Baa3	BBB−	BBB−
Ba1	BB+	BB+

(续表)

穆迪(Moody's)	标准普尔(S&P)	惠誉(Fitch)
Ba2	BB	BB
Ba3	BB−	BB−
B1	B+	B+
B2	B	B
B3	B−	B−
Caa1	CCC+	CCC+
Caa2	CCC	CCC
Caa3	CCC−	CCC−
Ca	CC	CC
C	D	D

> **知识一点通**
>
> 从表31.1中可以看出,惠誉与标准普尔的评级符号是基本一致的。考生要特别注意区分投资级别债券(investment-grade bonds)与非投资级别债券(non-investment-grade bonds)的评级。对于穆迪评级系统而言,低于Baa3级别的债券都属于非投资级别债券。对于标准普尔与惠誉而言,低于BBB—级别的债券都属于非投资级别债券。在实务中,这也是一个很重要的分水岭,许多基金都有"明文规定"不能投资"非投资级别"的债券。换言之,一旦某个债券的评级从非投资级上升到投资级,将是一个质的飞跃,因为这意味着其满足了许多资金的投资门槛。

信用评级的方法具有以下2个优点:
(1)信用评级将复杂的借款人信息归结为了一个简单的评级,一目了然,使用方便。
(2)在经济周期中,信用评级的结果较为稳定,有利于减少债券市场价格的波动性。
信用评级的方法具有以下3个缺点:
(1)信用评级的结果较为稳定,对债券违约概率变动的敏感性不高。
(2)信用评级的结果不随经济周期变动,但实证数据表明债券的违约概率是随经济周期而变动的。
(3)评级机构实际上是依靠债券发行方为评级付费而盈利的,这种盈利模式显然存在"委托代理"问题,即利益冲突。通俗地说,就是"吃人嘴软,拿人手短"。

> **知识一点通**
>
> 实践中,对信用评级的"委托代理"问题也有相反意见。多数学者认为,由于评级机构最重要的竞争力是信誉,有信誉的机构才能更多和更长期地招揽生意,而且只有信誉卓著的评级机构提供的评级报告才能被市场认可,进而帮助债券发行方成功募资。因此,无论评级机构还是被评级主体,都很注重评级机构的信誉和信誉维护。这种机制的存在,也可以在极大的程度上控制"吃了原告吃被告"问题的发生。

> **备考小贴士**
>
> 几种评级方法的优缺点都可出辨析题,其中缺点比优点更重要。

2. 信用评级迁移带来的期望收益

前文介绍了信用评级及其优势和劣势,接下来探讨信用评级的一种应用——信用评级迁移带来的期望收益。

—考点要求—
计算(calculate)信用评级迁移带来的期望收益(★★)

首先,信用评级下降导致债券被抛售从而使得债券价格下跌的风险是一种信用相关风险(credit-related risk),可以把它理解成广义的信用风险的一部分,当这种风险发生时,信用利差增加,债券现金流的折现率也增加。

金融实务中,由于投资级别债券的定义是违约率在1%以下的债券,故而投资级债券直接违约的风险极小,但因为评级下调而带来价格下折的情形却十分普遍。比如某债券由于评级下调,信用利差从88 bps增加到132 bps,在无风险利率为2%的情况下,其折现率就从之前的2.88%(2%+0.88%)增加到3.32%(2%+1.32%),从而导致该债券价格下跌。因为信用评级下调而增加的44 bps(132 bps-88 bps)的信用利差,正是这种情形的反应。从这个例子可以发现,尽管这只债券并未违约,但依旧因为信用风险的增加,造成了投资者的损失。

其次,根据长期历史平均数据,每种信用评级都会对应一个特定的信用利差。这意味着如果知道了信用评级的变化,无论上升还是下降,都可以获知信用利差的变化程度。比如知道了某只债券的信用评级从AA变成了AAA,那么也就知道了信用利差究竟变化了多少。

最后,根据长期历史情况,在一年内,某个特定评级变成另外一个评级的概率也可以获知。比如一只BBB级债券,一年内保持评级不变的概率是85.5%,评级变成AAA、AA、A、BB、B和CCC及以下的概率分别是0.02%、0.3%、4.8%、6.95%、1.75%和0.45%,当然也有0.23%的概率直接违约。

以下是根据历史情况总结的信用评级改变概率矩阵(见表31.2),该矩阵被称为信用评级迁移矩阵,同时配有各个评级对应的信用利差。

表31.2 一年内信用评级迁移矩阵(单位:%)

From/To	AAA	AA	A	BBB	BB	B	CCC,CC,C	D
AAA	90.00	9.00	0.60	0.15	0.10	0.10	0.05	0.00
AA	1.50	88.00	9.50	0.75	0.15	0.05	0.03	0.02
A	0.05	2.50	87.50	8.40	0.75	0.60	0.12	0.08
BBB	0.02	0.30	4.80	85.50	6.95	1.75	0.45	0.23
BB	0.01	0.06	0.30	7.75	79.50	8.75	2.38	1.25
B	0.00	0.05	0.15	1.40	9.15	76.60	8.45	4.20
CCC,CC,C	0.00	0.01	0.12	0.87	1.65	18.50	49.25	29.60
Credit spread	0.60%	0.90%	1.10%	1.50%	3.40%	6.50%	9.50%	

从表31.2中可以看出,如果当下是某种特定评级,那么一年内最大的概率是维持评

级不变。

根据表 31.2,可以研究,在某个特定评级的债券没有违约的前提下,一年内由于评级变化的概率和对应信用利差的改变,持有该债券期望收益的变化程度。

> **例题 31.2**
>
> 牛老师正在分析一个 10 年期评级为 BBB 的公司债,该公司债的修正久期是 7.4。根据表 31.2,牛老师想要计算在没有违约的前提下,该债券下一年的期望收益率变化程度。
>
> **名师解析**
>
> 首先,计算该债券评级各种可能变化对应的收益率变化。
>
> 从 BBB 到 AAA:$-7.4 \times (0.6\% - 1.5\%) = +6.66\%$
>
> 从 BBB 到 AA:$-7.4 \times (0.9\% - 1.5\%) = +4.44\%$
>
> 从 BBB 到 A:$-7.4 \times 1.1\% - 1.5\% = +2.96\%$
>
> 从 BBB 到 BB:$-7.4 \times (3.4\% - 1.5\%) = -14.06\%$
>
> 从 BBB 到 B:$-7.4\% \times 6.5\% - 1.5\% = -37.00\%$
>
> 从 BBB 到 CCC,CC,C:$-7.4 \times (9.5\% - 1.5\%) = -59.20\%$
>
> 其次,计算下一年因为信用评级潜在变化而导致的债券价格期望变化率。
>
> $(6.66\% \times 0.02\%) + (4.44\% \times 0.3\%) + (2.96\% \times 4.8\%) + [(-14.06\%) \times 6.95\%] + [(-37.00\%) \times 1.75\%] + [(-59.20\%) \times 0.45\%] = -1.734\%$
>
> 最后可以得出结论,牛老师经过分析,如果该债券未违约,那么下一年的期望收益率会比今年减少 1.734%,也就是减少 173.4 bps。

31.2 信用分析模型

自 20 世纪 90 年代以来,由金融危机导致的信用风险违约事件屡屡出现,促使信用风险分析的技术得到发展。宏观经济影响因素的变化有可能导致个人、公司乃至国家在金融危机中的违约风险陡然上升。传统上运用信用评级与信用评分模型来度量信用风险,然而在金融危机后这些传统模型被证实存在缺陷。现代模型将宏观经济变量与违约概率之间的相关性也考虑在内,信用分析模型得到进一步发展。

31.2.1 结构模型(Structural Models)

—考点要求—
解释(explain)结构模型、分析其优缺点以及为什么股票能被看为公司资产的看涨期权(★★)

31.2.1.1 模型假设

结构模型(structural models)之所以被称为"结构",是因为该模型是基于公司的资产负债表(balance sheet)构建的。具体而言,该模型利用了期权定价理论,从期权的视角来审视公司债务的经济含义。

因此,可以利用期权定价的 BSM 模型对公司债务进行估值。关于 BSM 模型的前提假设将在"衍生品"科目中进行详细介绍。

31.2.1.2 模型描述

具体而言,结构模型的思想是:持有公司的股票实际上相当于持有了该公司资产 A

的欧式看涨期权。这个看涨期权的标的资产即为公司资产 A,行权价格为 K(即为公司零息债券的面值),行权到期日为 T(与零息债券到期日相同)。

当看涨期权到期时,如果资产的价值大于零息债券(即 A>K),则会选择行权,看涨期权与股票的价值为 A−K;反之,如果到期时,资产价格小于零息债券(即 A<K),则不会选择行权,看涨期权与股票的价值均为 0。总而言之,**不论到期资产价值如何,标的资产为 A 的看涨期权与股票的价值都是等价的**。

换一个角度,**拥有公司的债务就相当于拥有一个收益为无风险利率债券的多头头寸(面值为 K),同时卖出公司资产 A 的欧式看跌期权**,即有:

$$V_{risky\ debt} = V_{risk-free\ debt} - V_{put\ option} \tag{31.3}$$

其中,看跌期权的标的资产即为公司资产 A,行权价格为 K(零息债券的面值),期限为 T。

当看跌期权到期时,如果资产价值小于零息债券(即 A<K),看跌期权的持有人则会选择行权,其看跌期权价值为 K−A(多头头寸),但是公司债券的持有人作为看跌期权的卖方其收益为 A−K(空头头寸),与此同时公司债券到期,债券持有人得到的债券价值为 K,所以公司债券持有人的资产总价值为 A(K+A−K);反之,如果资产价值大于零息债券(即 A>K),则跌期权的持有人不会选择行权,看跌期权价值为 0,债券持有人得到的债券价值为 K,资产总价值为 K。根据上述分析,公司的风险债务可等同于无风险债券与看跌期权的组合。直接利用 BSM 期权定价模型的公式即可得债券价值:

$$D_t = A_t N(-d_1) + Ke^{-r(T-t)} N(d_2) \tag{31.4}$$

其中:

$$d_1 = \frac{\ln\left(\frac{A_t}{K}\right) + r(T-t) + \frac{1}{2}\sigma^2(T-t)}{\sigma\sqrt{T-t}}$$

$$d_2 = d_1 - \sigma\sqrt{T-t}$$

r 表示连续复利的无风险利率;σ 为收益率的标准差。

> **备考小贴士**
>
> 考生将在"衍生品"科目中学到期权定价的 BSM 模型。但即便在"衍生品"科目中,考生也无须掌握如何运用该模型计算期权价格。因此,此处考生最重要掌握结构模型估值的基本思想,即如何将公司的权益或负债等价于相应的期权头寸。

31.2.1.3 模型优缺点

结构模型的优点是理论上简单易懂,即从期权视角去理解公司债券的违约概率以及可回收率。

结构模型的缺点是实务中难以获取模型所需的详细数据。因为,如果想通过估算一家公司的资产价值判断违约概率,需极为了解公司的资产组成,而这些内部数据往往不对外公开。所以,通常只有内部风险控制人员可用此模型,外部信用评估人员难以获得相关数据。

31.2.2 简约式模型（Reduced Form Models）

31.2.2.1 模型假设

—考点要求—
解释（explain）简约式模型及其优缺点以及为什么债务可被看为经风险调整后的现金流折现（★★）

之所以称其为"简约式"，是因为该模型的假设条件并不像结构模型那样基于资产负债表，而是被"简约化"了，主要基于违约概率与违约损失率。

> **知识一点通**
>
> 简约式模型中的利率、违约概率等因素都会随着市场条件变化而变化，更加符合实际情况。

31.2.2.2 模型优缺点

在简约式模型中，债券的价值可通过以下公式估计：

$$D_t = E\left[\frac{K}{\prod(1+r_i)}\right] \tag{31.5}$$

其中，K 表示债券的面值；E 表示利用风险中性概率对 K 进行调整后的期望值；r_i 表示第 i 年的无风险利率。

简约式模型的优点如下。

第一，模型的输入变量（inputs）都是可观测的，历史数据也都是可被利用的。

第二，模型允许信用风险随着经济周期而变动。

第三，模型不需要对公司的资产负债表做特定假设。

简约式模型的缺点是：

简约式模型将违约视为随机事件，可以预测违约何时发生，但不能解释违约发生的原因。

> **备考小贴士**
>
> 公式(31.5)的本质含义就是债券未来现金流的折现。然而，这里与一般现金流折现模型有所不同的是，分子 K 是经过违约概率调整后的。从考试角度来看，公式(31.4)与公式(31.5)的考查重点都不是计算，考生应着重关注两个模型的假设条件、基本思想与优缺点。

31.2.3 风险模型的比较（Comparison of Credit Risk Models）

至此总共介绍了三种信用风险模型分别为：信用评级、结构模型以及简约式模型。

信用评级直观易懂，把复杂的财务指标以及宏观经济指标转化为简单的信用评级，但该方法的主要缺点为滞后于市场情况的变化，也就是说当市场情况发生改变时评级机构给出的信用评级往往具备滞后性。

结构模型从期权的角度审视了公司的信用风险,并把公司股权类比成看涨期权,把公司债券看成是无风险债券与卖出看跌期权的组合,提供了新颖的思考方法,但是结构模型对公司的财务报表的假设过于单一,并认为无风险利率等因素不随时间改变。这些假设较为理论化,显然也不符合真实的市场情况。

简约式模型认为不同的市场化情境下违约概率以及违约损失率不尽相同,因此更好的刻画了不同市场环境下投资者所面临的信用风险。此外,相比于结构模型,简约模型不认为公司的财务报表中仅存在一笔负债,放宽了对公司财务结构的假设,且与事实更为相符,在实际应用中简约模型也更具备灵活性。此外,只有简约模型才能反映经济周期对于违约率的影响,这也是简约模型的另一个重大突破。

31.2.4　证券化债务与公司债务

对于公司债务而言,一旦发行债券的公司出现违约,那么债券的未来现金流就将停止,并通过资产重组等方式结算一笔最终现金流(terminal cash flow)。

对于证券化债务(securitized debt)而言,其资产池中的所有债券不大可能同时出现违约。换言之,ABS本身不会出现违约,但资产池中的部分债券违约会导致出现损失。因此,在度量ABS的信用风险时,我们通常不采用违约概率(POD),而采用损失的概率分布(probability of loss)作为刻画信用风险的度量衡。

—考点要求—
比较(compare)证券化债务与公司债的信用分析方法(★★)

31.3　对风险债券估值

对于含有信用风险的普通债券的估值,按照一级固定收益的知识,就是将现金流用合适的折现率折现。在这里所使用的折现率,会包括无风险利率和信用利差两部分。对于含有信用风险的含权债券估值,按照上一章的知识,可以根据信用利差调整二叉树,进而使用二叉树模型进行估值。

除此之外,根据本章前文所述的知识,还可以采用一种不同的方式估值,该方法包含三个步骤。

首先,假设存在一个与当前含有风险债券有相同现金流的无风险债券,即现金流完全相同,但不含任何信用风险的债券。对于这只无风险债券,无论它含权与否,都可以相对容易地估值。如果不含权,用即期远期利率或YTM估值即可;如果含权,使用二叉树模型即可估值。因此,第一步,可以确定出和目标债券拥有相同现金流但不含信用风险的债券价值,记为 value assuming no default（VND）。

其次,根据前文所述,可以计算这个含有风险债券所对应的信用估值调整额(CVA)。

最后,用 VND 减去 CVA,即用无风险债券价值减去信用估值调整额,所得结果就是含有风险债券的价值。

练一练

John Reilly, CFA, is a senior credit analyst in a mutual fund. Sarah Silverman is a junior analyst as Reilly's assistant. One day, Silverman asks Reilly the reason why investors attach importance to credit rating even the ratings are unreliable at financial turmoil. Although there are obvious disadvantages of credit rating, it has several benefits as followings:

Statement 1: The credit rating is an issuer-pays method; therefore, bond investors can get the credit conditions of the public traded bond for free.

Statement 2: The credit rating is relatively easy to understand for investors; the model converts difficult financial indicators into a simple rating.

After the discussion, Reilly recommends Silverman to use structure model as an analytical instrument. He states, firstly, for the structure model, the company equity investors can be analogous to the call option buyers on the company assets and the maturity of a call option is the time when the company debt is repaid. Secondly, the inputs of the structure model can be difficult to obtain for external assessment, because usually the information is only available to the internal risk management team.

As the learning process proceeds, Silverman happens to know the reduced form model. She identifies two following characteristics:

Characteristic 1: The reduced-form model incorporates the business cycle so that different interest rate assumptions can be used in the model to reflect the diverse economic stages.

Characteristic 2: The reduced-form models aim to explain the default time instead of the default reasons. Also, they assume that default is a random event and can occur at any time.

After the learning procedure, Silverman starts to work independently. The first assignment is to estimate the CVA for a public traded company bond. She considers the benchmark interest rate curve is flat at 3%. The details of the bond are listed in Exhibit 31.1.

Exhibit 31.1 The details of the public traded company bond

Year	Expected loss	Discount factor	PV of expected loss
0	—	—	—
1	11.08	0.970 874	10.757 3
2	10.93	0.942 596	10.302 6
3	10.68	0.915 142	9.773 7

Completing the assignment, Silverman comments that the CVA for company bond is positively related to the default probability of the bond and the loss given default for the bond. The company bond to have a higher default probability is a sufficient condition to have a higher loss given default.

The second assignment for Silverman is to compare the traits between the corporate bond and asset-backed security(ABS). She argues the default probability is an appropriate measurement for company bond and the distribution of probability of loss is suitable for asset-based security.

31-1 Which of the statements on the benefits of the credit rating is(are) correct?

    A. Statement 1.

    B. Statement 2.

    C. Both Statement 1 and Statement 2.

31-2 Is Reilly's statement on the structure model correct?

    A. Yes.

    B. No, he is incorrect with the analogy to the call option on the company assets.

C. No, he is incorrect with the sources of the model inputs.

31-3 Which of the characteristics identified by Silverman is(are) correct?

A. Characteristic 1.

B. Characteristic 2.

C. Both Characteristic 1 and Characteristic 2.

31-4 The CVA for the bond listed in Exhibit 31.1 is closest to:

A. 30.83.

B. 32.69.

C. 29.92.

31-5 Is the comment on the influence factors of the CVA correct?

A. Yes.

B. No, because the default probability is negatively related to the CVA.

C. No, because the higher default probability is not a sufficient condition for the higher loss given default.

31-6 Is Silverman's statement on measurements of corporate bond and ABS bond correct?

A. Yes.

B. No, she is incorrect with the measurement of a corporate bond.

C. No, she is incorrect with the measurement of ABS bond.

答案与解析

31-1 B

Statement 1 中"信用评级对于投资者免费"这一部分描述正确,但是信用评级是由债券发行人付费发起的,这是信用评级的缺点之一。因为由债券发行人发起的信用评级可能导致评级机构在评级的过程中有失公允,不能客观地反映信用状况,因此债券发行人付费发起是信用评级的缺点而不是优点。

Statement 2 中信用评级的主要优点之一就是把复杂的财务指标转化为易于理解的单一评级,因此,Statement 2 中的描述是信用评级的优点。因此,选 B。

31-2 A

公司的股东在 structural model 中被视为公司资产的看涨期权持有人,期权的行权价格为债务的面值,期权期限为债券到期时。

另外,此模型所需的详细数据一般来说在实务中难以获取。因为如果想通过估算一家公司的资产价值判断违约概率,实际上需要极为了解公司的资产组成,而这些内部数据往往不对外公开。所以,通常只有内部风险控制人员可用此模型。

因此,两个 statement 都是正确的,正确答案为选项 A。

31-3 C

Reduced form model 允许对不同的经济阶段使用不同的输入参数以反映不同经济阶段的特征,因此 Characteristic 1 正确。

简约式模型将违约视为随机事件,可以预测违约何时发生,但不能解释违约发生的原因。因此,Characteristic 2 正确。所以,选 C。

31-4 A

公司债券的 CVA 为公司债券未来历年期望损失的现值之和:

$$CVA = 10.7573 + 10.3026 + 9.7737 = 30.8336$$

所以，选 A。

31-5 C

CVA 的大小与违约概率以及违约损失程度成正比例关系，因此 Silverman 关于违约概率与 CVA 之间关系的描述正确。但是违约概率高不一定意味着违约后损失严重，因此违约概率高不一定是违约损失重要的充分条件，所以 Silverman 关于违约概率与违约后损失之间关系的描述不正确。因此，选 C。

31-6 A

对于公司债券而言，一旦发生违约则投资者可能会损失未来所有现金流，因此使用违约概率与违约后损失程度来衡量公司债券是恰当的；对于 ABS 类产品，其标的为资产池，所以池中单个债务违约并不会使 ABS 投资人面临现金流完全消失的困境，所以度量 ABS 类产品风险特征的应为期望损失的概率分布。所以，选 A。

第32章
信用违约互换

章节导学

知识引导

本章主要介绍当今信用衍生品市场上最常见的一类产品——信用违约互换。在信用违约互换合约中,买卖双方的收益取决于合约约定的信用违约事件是否发生。由此可见,信用违约互换为投资者提供了对冲甚至投机信用风险的工具。自20世纪90年代以来,信用违约互换在国外成熟金融市场上迅速发展,并在世界范围内得到推广。

考点聚焦

信用违约互换(CDS)本质上是衍生品而非债券,故本章原属于"衍生品"科目的章节,近几年才被调整到"固定收益证券"科目下。因此,本章并非"固定收益证券"科目的重点章节。考生主要掌握CDS的基本定义,熟悉CDS的一些基本术语,能够定性判断影响CDS买方与卖方收益的影响因子即可满足考试要求。

本章框架图

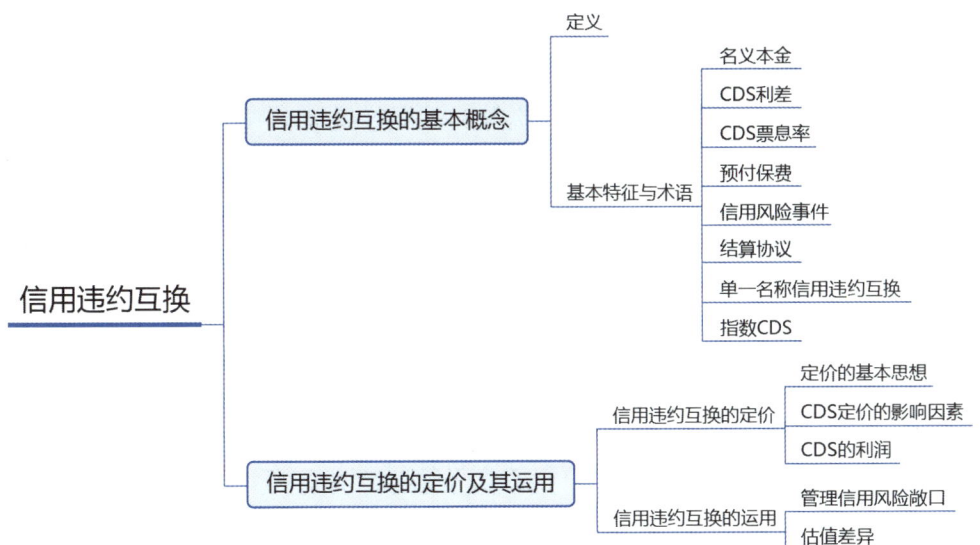

32.1 信用违约互换的基本概念

32.1.1 定义

—考点要求—
描述(describe) CDS(★★)

信用衍生品(credit derivative)是一类特殊的衍生品,其标的物为借款方信用质量的度量指标。信用衍生品主要有四种:全收益互换(total return swaps)、信用利差期权(credit spread options)、信用联结票据(credit-linked notes)以及信用违约互换(credit default swap,CDS)。本章将展开讨论的信用违约互换(下文简称为CDS)是最为广泛使用的信用衍生品。

与多数衍生品一样,CDS是一份合约,其标的物为借款方的信用质量。合约涉及两方:信用保护买方(credit protection buyer)与信用保护卖方(credit protection seller)。信用保护买方将向信用保护卖方支付一系列现金流(相当于"保费",称为premium)。相应地,信用风险保护卖方将在事先约定的风险事件发生时给予买方相应的补偿,见图32.1。于是,通过CDS,买方将自己承担的信用风险转移给了卖方。

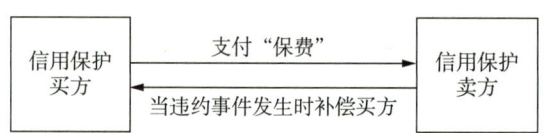

图 32.1 信用违约互换示意图

> **知识一点通**
>
> 信用风险保护买方可以是债券持有人,担心其购买的债券出现违约,于是向信用风险保护卖方寻求"保护"。双方约定在一定期限内,保护卖方给保护买方提供"保护",即只要债券出现违约,保护卖方将补偿买方因违约而产生的损失。作为回应,保护买方在期限内要按期支付给卖方保护费(premium)。例如,保护买方与保护卖方约定期限为5年,如果在第3年债券出现违约,那么保护卖方将补偿买方损失,并且保护买方可以停止支付剩余2年的保护费。

32.1.2 基本特征与术语

1. 名义本金(Notional Amount)

CDS的名义本金是指CDS合约约定的风险保护金额。

2. CDS利差(CDS Spread,%)

CDS利差是指风险保护买方为了规避信用风险,而每期支付给风险保护卖方的合理保费,以百分比形式计价。CDS利差通常可参考MRR得出,有些情况下也被称为"credit spread"。

3. CDS票息率(CDS Coupon Rate,%)

以往CDS的买方就是按照相应债券的CDS spread来支付保费。然而,近年来CDS

市场最大的一个改进就是"保费标准化"。CDS 票息率(CDS coupon rate)就是指标准化的保费。根据国际互换与衍生品委员会(ISDA)的规定,投资级债券的 CDS 保费为 1%,非投资级债券的 CDS 保费为 5%。

> **知识一点通**
>
> 很多考生容易混淆 CDS spread 与 CDS 票息率这两个概念,我们通过举例进行说明。假设根据市场情况,某一非投资级债券的 CDS spread 为 4%。这说明,根据市场,信用风险保护买方应为该 CDS 支付每期 4% 的保费,但实际上根据标准化的 CDS 票息率,保护买方实际每期支付给卖方 5% 的保费。相当于保护买方每期多支付了 1% 的保费,保护卖方会将这多收到的 1% 保费在期初退还给买方,这部分退还的金额称为"预付保费"。

4. 预付保费(Upfront Payment/Upfront Premium)

预付保费(upfront premium)是指 CDS 标准票息率与 CDS spread 之间差额的现值。具体而言,**当 CDS spread 小于标准 CDS 票息率时,将由风险保护卖方支付预付保费给风险保护买方**(见知识一点通的例子);反之,**当 CDS spread 大于标准 CDS 票息率时,将由风险保护买方支付预付保费给风险保护卖方**。

5. 信用风险事件(Credit Events)

CDS 合约会对信用风险事件(credit events)进行详细定义,只有符合条件的事件才能被认为是信用风险事件,触发风险保护卖方对买方进行赔偿。具体而言,以下类型事件通常被认为是信用风险事件:

—考点要求—
描述(describe)信用事件与结算协议(★)

(1) 破产(bankruptcy)。

(2) 不能按照合约按时足额支付利息或本金(但还没破产)。

(3) 重构债券条款(restructuring),即指债券发行方强迫债券持有者接受与原先债务合约中不一样的条款,如减少或推迟支付本金与利息,改变债务的优先级,改变本金或利息支付的货币。

6. 结算协议(Settlement Protocols)

CDS 的结算方式通常有两种:实物结算(physical settlement)与现金结算(cash settlement)。

在实物结算中,当信用风险事件发生时,信用风险买方将债券实物交付给信用风险保护卖方,信用风险保护卖方支付买方 CDS 合约的名义本金,见图 32.2。

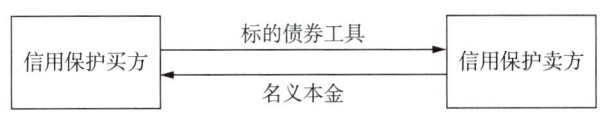

图 32.2 实物结算 CDS 示意图

在现金结算中,当信用风险事件发生时,信用风险保护卖方支付现金给信用风险保护买方,见图 32.3。支付金额按照以下公式计算:

$$\text{支付金额}=\text{支付比率}(payout\ ratio)\times\text{名义本金}(nominal\ amount)$$

其中，支付比率＝1－回收率(recovery rate)。

图32.3　现金结算CDS示意图

> **知识一点通**
>
> 本质上，CDS按实物结算与按现金结算的结果是一样的。例如，假定信用风险事件发生后，原本面值100元的债券仅价值20元。如果按照实物结算，信用风险买方将仅价值20元的债券交付给卖方，卖方按面值支付给买方100元。如果按照现金结算，信用风险卖方直接将净额80元支付给信用风险买方。

7. 单一名称信用违约互换(Single Name CDS)

单一名称信用违约互换是指针对特定借款人的CDS。这个特定借款人称为参考实体(reference entity)，参考实体的信用质量变动，会影响其CDS的价格，在CDS定价的影响因素中会具体讨论。由于参考实体可能不止发行一种债券，在单一名称CDS合约中必须有条款约定该合约的标的债券(designated instrument)，这个条款被称为"参考债务条款"(reference obligation)。**标的债券通常为高级(也常被称为优先级)无担保债券(senior unsecured obligation)**。这里需要指出的是，合约条款覆盖的不仅只有标的债券，还包括了与标的债券偿还级别等同以及更高级别的债券。此外，CDS的收益通常遵循"最便宜可交割"(cheapest-to-deliver)的原理，即由与标的债券同等偿还优先级债券中"最便宜"的债券决定。可以通过例题32.1来体会上述原则的含义。

例题 32.1

某公司发行了三种债券。假定此时公司发生了CDS合约约定的信用风险事件且标的债券为公司的高级无担保债券，问以下三种债券中哪一个符合"最便宜交割"原理(cheapest to deliver)？

A. 以20%面值交易的次级无担保债券

B. 以45%面值交易的3年期高级无担保债券

C. 以40%面值交易的5年期高级无担保债券

名师解析

本题答案为C。

首先，CDS合约中标的债券是高级无担保债券，故可马上排除选项A(A为次级债)。其次，作为信用风险保护买方，要在B与C中选择更便宜的债券，这样收益更大，即现实生活中常见的"劣币驱逐良币"的现象。因此，C选项40%面值的高级无担保债券更符合要求，买方可以返回价值40元的债券给卖方，收到100元，净赚60元(B选项返回价值45元的债券给卖方，收到100元，净赚55元)。最后，需要注意的是"最便宜交割"原理与债券期限无关，这里的3年、5年期是干扰项。

8. 指数 CDS(Index CDS)

指数 CDS 包含了一组借款人(债券发行人)。通过投资指数 CDS,信用风险保护买方或卖方可以同时获得多个公司信用风险的头寸。一组发行人在指数 CDS 中所占的保额权重是相等的。例如,一位投资者买了一份指数 CDS,这个指数包含 100 家企业,总保额为 1 亿元,如果其中一个企业的债券违约,其对应的最大保额为 100 万元。不难看出,组间借款人之间的收益率相关性或违约相关性是决定指数 CDS 触发信用风险事件概率的决定性因素。具体而言,借款人之间违约相关性越高(即多米诺骨牌效应越明显),那么购买指数 CDS 信用保护的价格也相应越高。

32.2 信用违约互换的定价及其运用

32.2.1 信用违约互换的定价

32.2.1.1 定价的基本思想

CDS 的定价是指在给定 CDS 合约票息率的情况下,如何决定合理的 CDS 息差(spread)或预付保费(upfront payment)。从现值的角度来看,CDS 利差(spread)、CDS 票息率与预付保费之和应该为零(回忆上一节知识一点通里的那个例子)。于是,根据这一思想,可推得预付保费的计算公式如下:

—考点要求—
解释(explain)市场 CDS 定价原理与影响因素(★★)

$$买方支付的预付保费 \approx (CDS\ spread - CDS\ 的票息率) \times CDS\ 的久期 \quad (32.1)$$

在 CDS 市场中,CDS 的买方每期需要向 CDS 的卖方支付一定比例的保费(投资级为 1%,投机级为 5%)。如果把 CDS 看作一只债券,CDS 的买方相当于债券的发行方,CDS 的卖方相当于债券的持有人。从现金流的角度来看,买方要向卖方定期支付保费(或 CDS 票息);从风险的角度来看,卖方承担着债券的违约风险。因此,可以结合债券的性质来给 CDS 定价。假设一只债券的信用利差为 5%,该债券评级为投机级,那么所对应的 CDS 每期应支付的保费(或 CDS 票息率)为 5%,此时该债券所对应的 CDS 价格应该相当于一只平价发行的债券;如果该债券的信用利差为 8%,此时该债券所对应的 CDS 价格应该相当于一只折价发行的债券;如果该债券的信用利差为 3%,此时该债券所对应的 CDS 价格应该相当于一只溢价发行的债券。那么面值与 CDS 价格之差就是预付保费(upfront premium),公式如下:

$$预付保费 = 100 - CDS\ 价格 \quad (32.2)$$

备考小贴士

注意公式(32.1)是保护买方支付预付保费的公式,如果是计算保护卖方支付的预付保费加一个负号即可。对于公式(32.2),只要理解即可,三级会继续学习关于 CDS 的定价问题。考试对两个公式的主要考查形式不是计算,考生主要掌握以下有关 CDS 价格的定性判断。

32.2.1.2 CDS 定价的影响因素

影响 CDS 定价的因素主要考查两个：违约概率与违约损失率。第一，违约概率越高，CDS 利差越高；第二，违约损失率（loss given default）越高，CDS 利差越高。这两个结论比较显然，债券违约概率越高，违约时的损失越大，自然寻求保护要交的保护费就越高。

前文我们引入过一个概念：风险率（hazard rate）。风险率是一个条件概率，表示在以往未发生违约的前提下，当期违约的概率。有了风险率的概念后，第 t 期的预期损失可定义如下：

$$(\text{Expected loss})_t = (\text{Hazard rate})_t \times (\text{Loss given default})_t \qquad (32.3)$$

> **知识一点通**
>
> 考生应注意，风险率与违约概率是两个不同的概念。违约概率是无条件概率，是一段时间内是否违约概率的总体估计；而风险率是一个条件概率，是在第 $t-1$ 期都没有发生违约的情况下估计第 t 期的违约概率。公式（32.3）求的是第 t 期的期望损失，因此用的是风险率而不是违约概率。

32.2.1.3 CDS 的利润

CDS 的价值会随着参考实体的信用质量以及市场上的信用风险溢价的变化而变化。具体而言，对于信用保护的买方而言，其利润公式为如下：

$$\text{利润率}(\%) = \text{spread 的变化量} \times \text{CDS 的久期} \qquad (32.4)$$

$$\text{利润}(\text{USD}) = \text{spread 的变化量} \times \text{CDS 的久期} \times \text{名义本金} \qquad (32.5)$$

从公式中不难看出，如果购买了 CDS 后，参考实体的信用质量恶化，则 CDS 的买方即可从中获利。换而言之，投机 CDS，实则在"下注"于参考实体信用质量恶化，而非如 CDS 名称所言的违约。

32.2.2 信用违约互换的运用

在讲述 CDS 的运用之前，先引入一个概念——信用利差曲线。信用利差曲线（credit curve）反映的是信用利差（credit spread）的期限结构。向上倾斜的信用利差曲线意味着期限越长信用利差越大，也就是违约概率越大，即长期违约概率越大；反之，向下倾斜的信用风险利差曲线意味着期限越短信用利差越大，也就是违约概率越大，即短期违约概率越大。

CDS 的运用主要分为两个方面：一是管理信用风险敞口，二是利用估值差异进行套利。

— 考点要求 —
描述（describe）如何利用 CDS 管理信用风险敞口，并表达对信用曲线水平与形状变化的观点（★★）

32.2.2.1 管理信用风险敞口（Managing Credit Exposure）

管理信用风险敞口是指投资者根据对未来信用风险的预期，利用 CDS 工具获得想要的信用风险敞口。具体而言，管理信用风险敞口可以有以下几种策略。

第一，调整已有信用风险敞口。如果投资者持有某公司的债券，由于市场环境的改变，投资人担心该公司债券违约，则可以买入信用风险保护以减少对该公司信用风险的敞口。

第二，裸信用风险掉期（naked CDS），即投资者在没有参考实体任何头寸的情况下，购买或卖出信用保护。

第三,多空交易(long/short trade),即在某个 CDS 上做多而在另一个 CDS 上做空。多空交易是利用投资者对不同参考实体未来的信用质量判断来进行交易的。

第四,信用利差曲线交易(curve trade),即买入某个期限的 CDS 而卖出另一期限的 CDS。如果投资者认为信用利差曲线将变陡(steeper),则会买入长期 CDS 而卖出短期 CDS;反之,如果投资者认为信用利差曲线将变平坦(flatter),则会买入短期 CDS 而卖出长期 CDS。

> **知识一点通**
>
> 当投资者预期未来信用利差上升,则意味着参考实体债券违约概率上升,此时投资者应当充当信用保护的买方,即寻求保护规避风险;反之,如果预期未来信用利差下降,意味着参考实体违约概率下降,此时投资者应当充当信用保护的卖方,通过收保护费获利。信用利差曲线变陡,意味着长期信用风险上升,寻求长期信用保护的需求同时上升。值得注意的是,此时寻求短期信用保护的需求减弱。所以,买入长期 CDS 并卖出短期 CDS,实则是仅仅针对长期信用风险寻求保护,并同时节约了短期信用风险保护的成本。

32.2.2.2 估值差异(Valuation Disparity)

估值差异(valuation disparity)是指利用市场上信用风险定价差异获取收益,可细分为基差交易与套利交易。

其中,基差交易(basis trade)是指发现信用利差(credit spread)在债券市场上与 CDS 市场上的定价差异。如果债券市场的信用利差大于 CDS 市场的信用利差,这种情况称为负基差(negative basis);如果 CDS 市场的信用利差大于债券市场的信用利差,这种情况称为正基差(positive basis)。基差交易的基本前提是这种信用利差的定价差异只是暂时的,市场会自行发现此类定价差异的交易机会并将这种差异抹平。

套利交易(arbitrage trade)的基本思想就是通常俗称的"低买高卖",通常包括两种情况:一是如果 CDS 指数的定价不等于其组成部分定价之和,则存在套利机会;二是如果合成债务担保证券(synthetic CDO)与真实 CDO 定价不等,则同样存在套利机会。这里所说的合成 CDO 是指通过一定头寸组合成收益与真实 CDO 相同的头寸。常见合成 CDO 的头寸如下:

合成 CDO = 无风险债券的多头头寸 + 卖出 CDS(即信用风险卖方)

—考点要求—
描述(describe)如何利用 CDS 在不同市场中寻求定价不一的套利机会,例如债券、借贷、权益以及权益相关金融工具市场(★★)

练一练

Kate Beckinsale is a director of the derivative trading department in Total Recall company. Jessica Biel is a derivative trader who mainly charges for CDS trading. During the work, Biel finds that the credit spread quoted by CDS for Lakeshore company is 3.25%, meanwhile the YTM for underlying company bond is 6.5% and the YTM for the identical risk-free bond is 3%. Biel would like to make profits on this opportunity.

Total Recall company purchased USD 20 million four-year junior unsecured bonds of

Touchstone company three months ago. Recently, Beckinsale finds the credit conditions for Touchstone become distressed and requires Biel to access the quality of the bond. The following information is listed in Exhibit 32.1.

Exhibit 32.1 Bond price of Touchstone Company

Bond 1	A three-year senior unsecured bond is priced at 60% of par
Bond 2	A three-year junior unsecured bond is priced at 50% of par
Bond 3	A four-year junior unsecured bond is priced at 40% of par

Six months later, Beckinsale predicts the credit condition for Touchstone company will improve in the near future and wants to make use of CDS to capture the opportunity.

Beckinsale and Biel discuss to incorporate the Thunder company bond into the portfolio. Biel estimates the hazard rates for the bond to decide whether the bond is appropriate valued. The estimated hazard rates are listed in Exhibit 32.2.

Exhibit 32.2 Hazard rate of Touchstone Company

Year	Hazard Rate
1	1.05%
2	1.54%
3	1.68%
4	1.95%

The Pearl company bond is another asset in Beckinsale's portfolio. Because of the reconstruction of the management team, Beckinsale worries the credit spread for the bond increases and intends to hedge the credit exposure. Biel gathers the information about the company bond and the relevant CDS on the bond as follows.

Exhibit 32.3 Summary data of Pearl Company's CDS

Pearl company bond rating	A+
Bond coupon rate	4.0%
Duration of the bond	3.5
Credit spread	2.0%
Duration of the CDS	3
CDS coupon rate for investment grade	1%
CDS coupon rate for non-investment grade	5%

Total Recall company plans to expand its business to the global market for diversification. Due to unfamiliarity with the market, Beckinsale adopts passive investment strategy in a global bond index. From the recent released report, Beckinsale knows the global economics is below expectation so that she wants to hedge the credit risk.

32-1 Based on the Lakeshore company' information, which of the following strategies is most likely to be profitable?

A. Buy the bond and sell the CDS.

B. Buy the bond and buy the CDS.

C. Sell the bond and sell the CDS.

32-2 If the Touchstone company' bonds hold by Total Recall company default, which of the following settlements is preferred based on the information in Exhibit 32.1?
A. Prefer a cash settlement.
B. Prefer a physical settlement.
C. There is no difference between a cash settlement and a physical settlement.

32-3 Based on Beckinsale' prediction of Touchstone company' credit quality, which of the following strategies is most likely to be profitable?
A. Sell the CDS protection on the Touchstone company' bond.
B. Long the CDS protection on the Touchstone company' bond.
C. Sell the Touchstone company' bond.

32-4 The probability that Thunder company' bond does not default during the first four years is closest to:
A. 98.05%.
B. 93.92%.
C. 96.54%.

32-5 If Beckinsale decides to hedge the credit risk of Pearl company bond by CDS listed in Exhibit 32.3, the upfront premium is closest to:
A. 3%.
B. −9%.
C. 3.5%.

32-6 Which of the following CDS is most appropriate for Total Recall company to hedge its position in the global market?
A. Call option on the index.
B. Single-name CDS.
C. CDS index.

答案与解析

32-1 B

计算出债券的信用溢价:

$$\text{Credit spread} = \text{YTM}_{\text{company}} - \text{YTM}_{\text{risk-free}} = 6.5\% - 3\% = 3.5\%$$

而 CDS 给出的利差定价为 3.25%,因此存在套利空间。具体做法为:买入债券,同时买入 CDS。

原因如下:

(1) 如果通过债券计算出的 Credit spread(3.5%)正确,那么 CDS 的价格就被低估了即投资人只需要支付"3.25%"的代价即可对冲"3.5%"的信用风险,因此要买入 CDS。

(2) 如果 CDS 定价正确,则公司债券的价格被低估了,即对公司债券进行定价时应使用 6.25%的折现率(3%+3.25%)而实际定价时使用的是 6.5%(3%+3.5%)的折现率,所以债券的价格被低估了,因此要买入债券。

因此,选 B。

32-2 C

Total Recall company 持有 Touchstone company 4 年期的初级无担保债券，当 Touchstone company 的债务发生违约时，Total Recall company 持有的债券回收率为 40%，而根据 cheapest-to-deliver 原则，Touchstone company 持有的债券即为最廉价交割债券，所以对于 Total Recall company 而言无论是现金交割还是实物交割，其结果是一样的。因此，选 C。

32-3 A

因为预期 Touchstone company 的信用状况在未来会好转，所以最好的投资方式就是现在卖出 CDS 保护以收取高额的"保费"，因为随着该公司未来信用质量的提升其信用保护的"保费"也会有所下降。因此，选 A。

32-4 B

要明确 Hazard Rate$_t$ 为在 t 时刻发生违约，而在 t 时刻之前没有发生违约的概率。因此该债券在 4 年间不发生违约的概率为：

$$P = \prod_{t=1}^{4}(1 - \text{Hazard Rate}_t)$$
$$P = (1-1.05\%) \times (1-1.54\%) \times (1-1.68\%) \times (1-1.95\%) = 0.939\,2$$

因此，选 B。

32-5 A

由于 Pearl company 公司的信用评级为 A+，该公司的债券属于投资级别，所以其 CDS 对应的 CDS coupon rate 为 1%；其次，该 CDS 对应的 CDS duration 为 3，所以 upfront premium 为：

$$\text{Upfront premium} = (\text{Credit spread} - \text{Fixed coupon rate}) \times \text{Duration of the CDS}$$
$$= (2\% - 1\%) \times 3 = 3\%$$

因此，选 A。

32-6 C

Total Recall 公司进行海外市场拓展投资于 global bond index，因此，需要对冲一篮子标的债券，所以，CDS index 是最合适的对冲工具。

CFA®
二级中文教材

衍生品 | 另类投资 | 投资组合管理 | 伦理与职业标准

高顿教育研究院 编著

下

目 录

第 7 部分　衍生品

第 33 章　远期承诺的定价与估值 ······ 565
33.1　CFA® 一级衍生品知识回顾 ······ 566
- 33.1.1　基本概念与术语 ······ 566
- 33.1.2　衍生品的分类 ······ 566
- 33.1.3　衍生品定价与估值的区别 ······ 567
- 33.1.4　无套利定价(No-Arbitrage Pricing)理论 ······ 568

33.2　远期与期货的定价与估值 ······ 569
- 33.2.1　现货持有套利模型 ······ 570
- 33.2.2　股票及权益指数远期合约的定价与估值 ······ 574
- 33.2.3　远期利率协议(FRA)的定价与估值 ······ 575
- 33.2.4　固定收益远期合约的定价与估值 ······ 580
- 33.2.5　固定收益期货合约的定价与估值 ······ 581

33.3　互换的定价与估值 ······ 582
- 33.3.1　利率互换的定价与估值 ······ 583
- 33.3.2　货币互换的定价与估值 ······ 586
- 33.3.3　权益互换的定价与估值 ······ 588

第 34 章　或有求偿权的估值 ······ 594
34.1　二叉树定价估值模型(Binomial Option Valuation Model) ······ 595
- 34.1.1　单步二叉树 ······ 595
- 34.1.2　两步二叉树 ······ 599
- 34.1.3　利率二叉树 ······ 604

34.2　Black-Scholes-Merton(BSM)模型 ······ 606
- 34.2.1　BSM 期权定价模型的前提假设 ······ 606
- 34.2.2　BSM 期权定价模型 ······ 607
- 34.2.3　不同期权类型的 Black 定价模型 ······ 609

34.3　希腊字母(Greeks) ········· 611
　34.3.1　Delta(Δ) ········· 612
　34.3.2　Gamma(Γ) ········· 615
　34.3.3　Theta(θ) ········· 616
　34.3.4　Vega(Λ) ········· 617
　34.3.5　Rho(ρ) ········· 617

第8部分　另类投资

第35章　大宗商品及其衍生品 ········· 625

35.1　大宗商品概述 ········· 626
　35.1.1　大宗商品的定义 ········· 626
　35.1.2　大宗商品的分类 ········· 626
　35.1.3　大宗商品的生命周期 ········· 629
　35.1.4　大宗商品的估值特点 ········· 630

35.2　大宗商品期货 ········· 630
　35.2.1　市场参与者 ········· 630
　35.2.2　现货与期货价格 ········· 631
　35.2.3　大宗商品期货的交割 ········· 632
　35.2.4　期货合约的收益 ········· 632

35.3　大宗商品互换 ········· 636
　35.3.1　大宗商品互换的概念及特征 ········· 636
　35.3.2　大宗商品互换的类型 ········· 636

35.4　大宗商品指数 ········· 637

第36章　不动产投资概述 ········· 641

36.1　不动产投资的基本形式 ········· 642
　36.1.1　公开或私有 ········· 642
　36.1.2　债权或股权 ········· 642

36.2　不动产投资的特征 ········· 643

36.3　不动产投资的收益与风险特征 ········· 644
　36.3.1　不动产投资的收益特征 ········· 644
　36.3.2　不动产投资的风险特征 ········· 645

36.4　不动产的分类 ········· 646

  36.4.1 商业地产的投资价值影响因素 647
  36.4.2 各类商业地产独有的投资特征 648
 36.5 不动产投资的尽职调查 649
 36.6 不动产投资指数 649
  36.6.1 基于评估的指数 649
  36.6.2 基于交易的指数 650

第37章 公开交易不动产证券 653
 37.1 公开交易不动产证券概述 654
 37.2 不动产投资信托基金（REITs）概述 655
  37.2.1 REITs的结构 655
  37.2.2 REITs的投资优势 655
 37.3 REITs的估值 656
  37.3.1 净现值法（Net Asset Value Approach） 656
  37.3.2 相对估值法（Relative Value Approach） 661
  37.3.3 现金流折现法（Discounted Cash Flow Approach） 663
 37.4 公开交易不动产投资和私有不动产投资的比较 663

第38章 对冲基金 668
 38.1 对冲基金概述 669
  38.1.1 对冲基金的重要特征 669
  38.1.2 投资策略的分类 669
 38.2 投资策略 670
  38.2.1 权益导向策略 670
  38.2.2 事件驱动策略 674
  38.2.3 相对价值策略 677
  38.2.4 机会导向策略 680
  38.2.5 特殊策略 683
  38.2.6 多管理人策略 684
 38.3 分析与组合建立 688
  38.3.1 对冲基金收益来源分析 688
  38.3.2 对冲基金在组合建立中的作用 690

第9部分 投资组合管理

第39章 交易型开放式指数基金概述 ········· 697
39.1 ETFs 的基本概念 ········· 698
39.1.1 ETFs 的定义 ········· 698
39.1.2 ETFs 的价值 ········· 698
39.2 ETFs 的市场 ········· 698
39.2.1 一级市场 ········· 698
39.2.2 二级市场 ········· 700
39.3 ETFs 的成本 ········· 701
39.3.1 成本分类 ········· 701
39.3.2 追踪误差 ········· 704
39.3.3 投资期限与成本的关系 ········· 704
39.3.4 税务负担 ········· 704
39.4 ETFs 的风险 ········· 706
39.4.1 追踪风险(Tracking Risk) ········· 706
39.4.2 交易对手风险(Counterparty Risk) ········· 707
39.4.3 基金关闭风险(Fund Closures Risk) ········· 707
39.4.4 杠杆风险(Leverage Risk) ········· 708
39.5 ETFs 在组合管理中的应用 ········· 708
39.5.1 有效组合管理 ········· 709
39.5.2 资产配置 ········· 709
39.5.3 主动投资策略 ········· 710
39.5.4 组合风险管理 ········· 711
39.5.5 ETFs 的缺点 ········· 711

第40章 多因子模型 ········· 714
40.1 概述 ········· 715
40.2 套利定价理论(Arbitrage Pricing Theory，APT) ········· 715
40.2.1 资本资产定价模型(CAPM)回顾 ········· 715
40.2.2 套利定价模型(Arbitrage Pricing Theory) ········· 716
40.2.3 模型的比较 ········· 718
40.2.4 Carhart 四因子模型 ········· 718

40.3 多因子模型 ·········· 719
  40.3.1 宏观经济因子模型（Macroeconomic Factor Model） ·········· 719
  40.3.2 基本面因子模型（Fundamental Factor Model） ·········· 720
  40.3.3 统计因子模型（Statistical Factor Model） ·········· 722
  40.3.4 多因子模型的应用 ·········· 723

第41章 衡量和管理市场风险 ·········· 729

41.1 在险价值（Value at Risk，VaR） ·········· 730
  41.1.1 在险价值的概念 ·········· 730
  41.1.2 在险价值的估计方法 ·········· 730
  41.1.3 在险价值的优势和缺陷 ·········· 733
  41.1.4 VaR的衍生概念 ·········· 734

41.2 敏感性风险度量与情景风险度量 ·········· 735
  41.2.1 敏感性风险度量（Sensitivity Risk Measures） ·········· 735
  41.2.2 情景风险度量 ·········· 736
  41.2.3 风险度量的应用 ·········· 738
  41.2.4 市场风险管理中使用的限制条件 ·········· 741

第42章 回测与模拟 ·········· 745

42.1 回测 ·········· 746
  42.1.1 回测的目标 ·········· 746
  42.1.2 回测的过程 ·········· 746
  42.1.3 回测中的问题 ·········· 748

42.2 历史情景分析 ·········· 750

42.3 模拟 ·········· 750
  42.3.1 历史模拟法 ·········· 751
  42.3.2 蒙特卡罗模拟法 ·········· 752

42.4 敏感性分析 ·········· 753

第43章 宏观经济与投资市场 ·········· 756

43.1 金融资产的定价：现金流贴现模型（Present Value Model） ·········· 757
  43.1.1 折现率 ·········· 757
  43.1.2 预期现金流 ·········· 758

43.2　跨期替代率(Inter-temporal Rate of Substitution) …… 758
43.3　经济周期的影响 …… 760
   43.3.1　GDP 增长和真实无风险利率 …… 760
   43.3.2　通货膨胀和名义无风险利率 …… 760
   43.3.3　经济周期和政策利率 …… 761
   43.3.4　经济周期和收益率曲线 …… 762
   43.3.5　经济周期和信用利差 …… 762
   43.3.6　经济周期和权益风险溢价 …… 763
   43.3.7　经济周期和盈利增长预期 …… 764
   43.3.8　经济周期和估值乘数(Valuation Multiples) …… 764
   43.3.9　经济周期和投资策略 …… 764
   43.3.10　经济周期和商业地产 …… 765

第 44 章　主动投资组合管理分析 …… 769

44.1　主动管理和增加价值 …… 770
   44.1.1　比较基准的选择 …… 770
   44.1.2　增加价值的衡量 …… 770
   44.1.3　增加价值的分解 …… 771
44.2　风险与回报比较 …… 772
   44.2.1　夏普比率(Sharpe Ratio) …… 772
   44.2.2　信息比率(Information Ratio) …… 773
   44.2.3　夏普比率和信息比率的对比 …… 774
   44.2.4　构建最优投资组合 …… 774
44.3　主动管理的基本法则(Fundamental Law of Active Management) …… 775
   44.3.1　主动回报组成部分 R_{Ai}, μ_i, Δw_i 之间的三角关系 …… 775
   44.3.2　主动回报的一般形式 …… 777
   44.3.3　全面基本法则(Full Fundamental Law) …… 778
44.4　基本法则的缺陷 …… 779
   44.4.1　事先测量 …… 779
   44.4.2　独立决策 …… 779

第 10 部分　伦理与职业标准

第 45 章　道德操守和职业行为准则 …… 785

45.1　道德操守 …… 786

45.2 职业行为准则 ·· 786

第46章 CFA®职业行为准则 ··· 788

- 46.1 准则Ⅰ:职业操守(Professionalism) ··· 789
  - 46.1.1 Ⅰ(A)法律知识(Knowledge of the Law) ··· 789
  - 46.1.2 Ⅰ(B)独立性和客观性(Independence and Objectivity) ······················ 790
  - 46.1.3 Ⅰ(C)曲解(Misrepresentation) ·· 793
  - 46.1.4 Ⅰ(D)渎职(Misconduct) ·· 794
- 46.2 准则Ⅱ:资本市场信誉(Integrity of Capital Market) ······································ 795
  - 46.2.1 Ⅱ(A)重大非公开信息(Material Nonpublic Information) ··················· 795
  - 46.2.2 Ⅱ(B)操纵市场(Market Manipulation) ·· 797
- 46.3 准则Ⅲ:对客户的责任(Duties to Clients) ··· 798
  - 46.3.1 Ⅲ(A)忠诚、审慎和谨慎(Loyalty, Prudence, and Care) ······················ 798
  - 46.3.2 Ⅲ(B)公平对待(Fair Dealing) ··· 800
  - 46.3.3 Ⅲ(C)适当性(Suitability) ··· 801
  - 46.3.4 Ⅲ(D)业绩陈述(Performance Presentation) ······································· 803
  - 46.3.5 Ⅲ(E)保密(Preservation of Confidentiality) ··· 804
- 46.4 准则Ⅳ:对雇主的责任(Duties to Employers) ·· 805
  - 46.4.1 Ⅳ(A)忠诚(Loyalty) ·· 805
  - 46.4.2 Ⅳ(B)其他报酬安排(Additional Compensation Arrangements) ········ 807
  - 46.4.3 Ⅳ(C)作为上司的责任(Responsibilities of Supervisors) ····················· 808
- 46.5 准则Ⅴ:投资分析、建议和行为(Investment Analysis, Recommendation, and Actions) ··· 810
  - 46.5.1 Ⅴ(A)尽职和合理原则(Diligence and Reasonable Basis) ··················· 810
  - 46.5.2 Ⅴ(B)与客户和潜在客户的沟通(Communication with Clients and Prospective Clients) ··· 811
  - 46.5.3 Ⅴ(C)保留记录(Record Retention) ·· 813
- 46.6 准则Ⅵ:利益冲突(Conflicts of Interest) ·· 814
  - 46.6.1 Ⅵ(A)冲突披露(Disclosure of Conflicts) ··· 814
  - 46.6.2 Ⅵ(B)交易优先权(Priority of Transactions) ·· 816
  - 46.6.3 Ⅵ(C)介绍费(Referral Fees) ·· 817
- 46.7 准则Ⅶ:CFA®会员或CFA®考生的责任(Responsibility as a CFA® Institute Member or CFA® Candidate) ··· 818
  - 46.7.1 Ⅶ(A)CFA®协会各项目参与者的行为(Conduct as Participants in CFA®

　　　　　　　　Institute Programs) ·· 818

　　46.7.2　Ⅶ(B)关于 CFA®协会、CFA®名衔和 CFA®课程(Reference to CFA®

　　　　　　　　Institute, the CFA® Designation, and the CFA® Program) ················ 819

第 47 章　职业行为准则的应用 ·· 824

　　47.1　量化交易系统 ·· 825

　　47.2　数据共享 ·· 827

　　47.3　信息监管 ·· 829

　　47.4　金融创新产品 ·· 831

　　47.5　互联网金融公司 ·· 833

第 7 部分

衍生品

科目导学

考情分析

"衍生品"在 CFA® 二级考试中占比 5%～10%。"衍生品"这门科目在 CFA® 一级中相对简单,而且重要性相对较低,但在 CFA® 二级中其难度和重要性都突然提高,这可能会导致一部分学员的不适应。而且,在近年的考试中,本科目的重要性也在逐渐上升。在 CFA® 二级衍生品中,核心的三块知识分别为:远期合约的定价和估值,尤其是在合约未到期之前某一时点的情形;互换合约的估值,包括利率互换的估值和货币互换的估值;期权的定价和希腊字母,特别需要掌握利用二叉树模型对期权定价的方法。

2024 年"衍生品"与 2023 年一样,只有两个章节。第 33 章讲述远期承诺,包括远期、期货和互换的估值。其中,两大重难点分别是:(1) 远期合约未到期前某一时点的定价估值;(2) 利率互换的估值。第 34 章讲述期权,包括分别利用二叉树模型与 BSM 模型对期权进行定价,以及希腊字母。其中,使用二叉树模型对欧式期权和美式期权进行定价属于易混淆点,需要格外关注。

本部分框架图

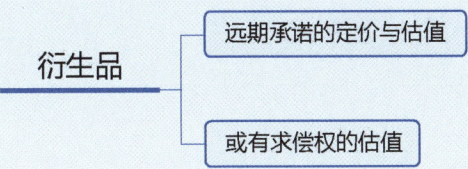

第33章
远期承诺的定价与估值

章节导学

知识引导

金融衍生工具的定价与估值旨在确定衍生品的理论价格,为投资者进行投机、套利、套期保值提供依据,也为场外交易的衍生产品提供报价依据。本章着重研究使用最为广泛的远期承诺的定价以及估值。远期承诺包括远期、期货与互换三种衍生品,约定在未来某一时间点按既定的价格购买/出售标的资产或约定在未来一段时间内相互交换一系列现金流。对远期承诺定价与估值的核心思想,均基于无风险套利原理,本章将分别针对远期、期货以及互换这三类衍生产品的定价与估值进行深入的讨论。

考点聚焦

通过本章的学习,考生需要在 CFA® 一级衍生品知识的基础上,更深入地掌握远期、互换的定价与估值,包括FRA、股票、固定收益远期以及利率、权益、货币互换的定价和估值,并且重点掌握各类衍生品定价与估值的计算。

本章框架图

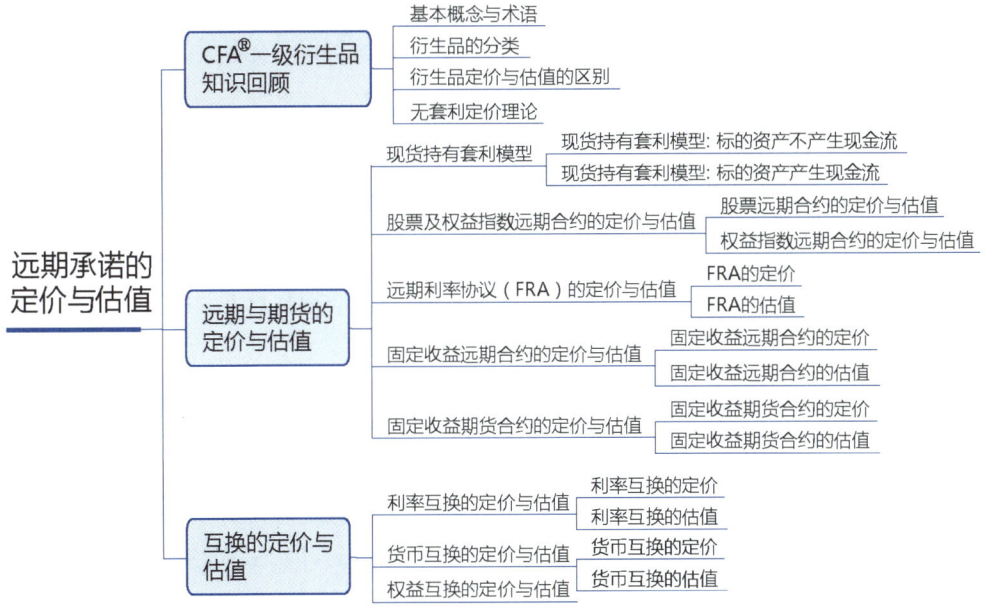

33.1 CFA®一级衍生品知识回顾[①]

33.1.1 基本概念与术语

衍生品是一种特殊的金融工具，是基于其标的资产(underlying asset)派生出来的金融产品。衍生品的价值取决于标的资产的价值。例如最为常见的股票期权，便是基于标的股票而派生出来的衍生产品，因而股票期权的价值取决于标的股票价格的变化。衍生品标的资产交易市场通常被称为现货市场(spot market)，该市场与衍生品市场相对应。

衍生品是一种具有法律效应的合约(contract)，它规范了合约双方的义务与权利。合约涉及两方：买方(buyer，又称holder)与卖方(seller，又称writer)。合约的买方即购买衍生品合约的一方，被称为该衍生品合约的多头或其在衍生品上持有多头头寸(long position)。反之，衍生品的卖方即卖出衍生品合约的一方，被称为该衍生品合约的空头或其在衍生品上持有空头头寸(short position)。注意：多头头寸也可被称为长头寸；而空头头寸也可被称为短头寸。

33.1.2 衍生品的分类

衍生品合约的基本种类主要包括四种：远期、期货、期权以及互换。此外，衍生品还可以根据合约双方的义务与权利，将四种衍生品归为"远期承诺"与"或有索取权"两大类。

33.1.2.1 远期承诺(Forward Commitment)

远期承诺，包括**远期、期货和互换**，又可称为"双务合同"，它是一种交易双方在当前时间点签订的合约，合约中约定在未来的某一时刻以约定的价格（或利率）进行买卖交易。双方在签订合约时不需要支付任何成本，但在合约到期时，双方都必须履行合约，一方有义务提供货物，另一方有义务支付约定的金额以完成交易。双方的权利与义务是对等的。远期承诺根据交易场所的不同主要分为两类：场外交易（如远期合约、互换合约）以及交易所交易（如期货）。

1. 远期合约(Forward)

远期合约是一种场外(over-the-counter market，OTC)衍生品合约。买卖双方在签订合约时约定在未来某一时刻，买方会向卖方购买标的资产，而卖方会收到以合约签订时所约定的以固定价格计量的款项。标的资产的类别品级、交易数量、交易方式、交易价格均将在合约中事先约定。其中，交易价格是合约双方约定的固定价格，被称为"远期价格"(forward price)。远期合约是场外交易，因此，合约双方都会面临对手方违约的风险。

2. 期货(Futures)

期货合约是交易双方在当前时点签订并约定标的资产在未来某一时刻交易价格的合约。期货合约是在交易所交易的合约，故具有**标准化的(standardized)特点**，即关于合约标的资产的种类、品级、交割时间、交割数量以及交割方式都由交易所详细规定。因而，期货合约是一种特殊的、标准化的远期合约，这也是期货与远期合约在本质上的区别。远期合约根据买卖双方的实际需求设计合约条款并在场外交易，因此是定制化(customized)

[①] 由于"衍生品"科目在CFA®一级与CFA®二级中的联系性较强，在开始讲述CFA®二级知识之前，本节先对一些衍生品的基本概念进行简要的回顾。一级基础扎实的考生可略过本节内容。

而非标准化的合约。标准化以及交易所交易的特征使得**期货合约具有更好的流动性，并且不存在任何违约风险**。

3. 互换(Swap)

互换合约又称为"掉期"，诞生于20世纪80年代，目前已成为使用最为广泛的金融衍生工具。**互换合约是一种场外OTC交易合约，它是由交易双方约定在未来某一期限按照某种方式相互交换一系列现金流的交易形式**。例如，为规避利率风险，互换合约双方约定：一方参照MRR(市场参考利率，该利率为市场浮动利率)支付对方现金流，另一方按照固定利率8%支付对方现金流。互换本质上可看作一系列远期合约的组合。

33.1.2.2 或有索取权(Contingent Claim)

或有索取权，也被称为"单务合同"，它在未来某特定事件发生后，才会获得索取收益的权利，因此，该类合同的交易结果取决于标的资产的价格或收益(payoff)。最为典型的或有索取权衍生品便是**期权**。购买期权的一方需要预先支付期权费(premium)给期权的出售方，以获得未来可以买入或卖出某标的资产的权利。当期权的买方决定要行使其权利时，卖方有义务以约定的价格卖出或买入该标的资产。

有关期权的一些基本概念如下。

1. 期权费(Option Premium)

期权费又称权利金，它是由期权的买方支付给卖方的费用。期权费是期权买方的沉没成本，即无论期权买方最终是否行使自己的权利，期权费均已在购买期权时被支付给了期权的卖方，因此，期权费是买方最大的损失。

2. 看涨期权(Call Option)

看涨期权赋予期权购买者在未来以约定价格**买入**某种资产的权利。看涨期权的买方需要支付一笔期权费以获得选择行使期权的权利；看涨期权的卖方在买方行使权利时有义务按约定价格卖出该标的资产。

3. 看跌期权(Put Option)

看跌期权赋予期权购买者在未来以约定价格**卖出**某种资产的权利。看跌期权的买方需要支付一笔期权费，以获得选择行使期权的权利；看跌期权的卖方在买方行权时有义务按约定价格买入该标的资产。

4. 执行价格(Exercise Price/Strike Price)

执行价格或行权价格，是看涨/看跌期权所约定的交易价格，该价格在期权合约签订时就已经确定，其性质与远期价格、期货价格类似。

5. 欧式期权(European Option)

欧式期权的买方只能等到期权到期日当天才能选择是否执行期权。

6. 美式期权(American Option)

美式期权的买方可以在**期权到期日前的任意时点选择执行期权**。相对于欧式期权，美式期权灵活性更高，因此，其期权费也比相同合约条件下的欧式期权更昂贵。

33.1.3 衍生品定价与估值的区别

定价(pricing)与估值(valuation)是两个完全不同的概念。以远期为例，远期的定价是指在**远期合约签订初期**确定的合理远期价格;而远期的估值则是指在**远期合约签订后到期前的某一时间点来确定远期合约合理的货币价值**。

> **知识一点通**
>
> 假定 A 公司与 B 公司在 2021 年 1 月 1 日签订了一份远期合约,双方约定于 2021 年 4 月 1 日,A 公司以 50 000 元/吨的价格向 B 公司购买 10 吨精炼铜。在 1 月 1 日签订合约时,合约约定的 3 个月后交易价格为 50 000 元/吨,50 000 元/吨便是远期价格,这个价格的确定过程即为远期的定价(pricing)。倘若签订合约后 2 个月,即 2021 年 3 月 1 日,当天铜现货市场的价格为 52 000 元/吨。此时按照合约,A 公司可在一个月后按 50 000 元/吨的价格买入 10 吨实际价格为 52 000 元/吨的精炼铜。那么在 2021 年 3 月 1 日,对于 A 公司来说,这样一份合约价值为多少才合理?(如果 A 可在市场上转让该份合约,这份合约卖多少钱才合理?)这个在到期时点前估算合约价值的过程便是远期的估值(valuation)。

33.1.4 无套利定价(No-Arbitrage Pricing)理论

当市场处于非均衡状态,即资产的价格被市场高估或者低估,此时便会产生套利现象。套利者可通过同时高抛低吸某资产赚取无风险的价差,而大量的高抛低吸行为会推动资产市场价格回复到均衡价格水平。因此,无套利机会意味着市场处于均衡状态,研究衍生品的定价理论便是以无套利机会为假设前提。理解无套利定价原理的关键是从套利者(arbitrageur)的角度去思考,典型的套利者通常遵循两个基本原则,即:

第一,无须使用套利者任何的资金(套利者一般通过借款或卖空其他资产来购买标的资产);

第二,不承担任何如流动性或违约等的价格风险,换句话说,套利者赚取的是无风险收益。

在满足以上两个原则的情况下,套利者实现了正现金流的收益,即所谓"空手套白狼"。

无风险套利定价原理源于**"一价定律"(law of one price),即如果两种金融工具在未来的现金流相同,那么这两种金融工具的价格就应当相同**。当一价定律被违反时,市场上便会存在"空手套白狼"的套利机会。

> **知识一点通**
>
> 可以通过一个例子来理解套利及无风险套利定价原理。假设某条街两头均在销售品质相同的香蕉,街头香蕉售价 3 元/斤,街尾香蕉售价 2 元/斤。无风险的套利机会便产生了。套利者可向银行借 2 元钱,在街尾购买 1 斤香蕉运至街头以 3 元/斤售出,随后套利者归还银行 2 元本金(假设借钱不需要支付利息),套利者可净赚 1 元。然而,这种套利机会在流动性较高的市场中不可能长久存在。随着越来越多套利者发现这个无风险套利机会的存在,街尾香蕉的价格必然上涨,而街头香蕉的价格必然下降,直至两者价格相等为止。

衍生品的定价与估值通常基于以下四个假设：
（1）复制的金融工具都是可识别且可投资的；
（2）金融市场上不存在摩擦；
（3）允许卖空；
（4）投资者可按无风险利率获得贷款或将现金贷出。

下文中将分别探讨远期、期货与互换这三种远期承诺品种的定价与估值。

33.2 远期与期货的定价与估值

衍生品的符号较为复杂，但在整个科目中均通用。考生需要特别注意区分下标时间与括号中时间的区别。以下列举了本章所涉及的通用符号：

S_0——远期合约在 0 时刻即签约初始时，标的资产的价格；
S_T——远期合约在 T 时刻即到期时，标的资产的价格；
$F_0(T)$——0 时刻签约，T 时刻到期的远期合约的价格；
$f_0(T)$——0 时刻签约，T 时刻到期的期货合约的价格；
$F_T(T)$——在 T 时刻，T 时刻到期的远期合约的价格；
$F_t(T)$——在 t 时刻，T 时刻到期的远期合约的价格；
$f_T(T)$——在 T 时刻，T 时刻到期的期货合约的价格；
$f_t(T)$——在 t 时刻，T 时刻到期的期货合约的价格；
$V_0(T)$——T 时刻到期的远期合约的初始价值；
$v_0(T)$——T 时刻到期的期货合约的初始价值；
FV——资产在期末的最终价值，即终值；
PV——资产的现值；
r——无风险利率，r^c 为连续复利计息的无风险利率；
t——远期或期货签订后到期前的任意时间点；
T——远期或期货到期交割日；
$V_t(T)$——在 T 时刻到期期限内，t 时刻远期合约的价值；
$V_T(T)$——远期合约到期时的价值；
CB_0——持有收益的现值；
CC_0——持有成本的现值。

> **知识一点通**
>
> 在 33.1 的回顾中，我们已经了解远期与期货的交易本质是完全类似的，为简便讨论，CFA® 教材假设远期与期货的估值方法是相同的，如无特别说明，在标的资产相同的情况下，远期的定价和估值公式以及结论同样适用于期货。本章以研究远期合约为主。考生也要注意：远期与期货的本质区别在于其交易的场所不同，因而其结算方式也有所不同，远期合约仅在到期日结算一次，而期货合约则是每日结算。故在到期交割日之前，远期与期货的估值实际上存在差异。

> **知识一点通**
>
> 在研究远期合约的定价估值之前,考生有必要牢记以下几条结论。
>
> (1) 根据无套利理论,远期合约在初始时的价值为 0,并且在无保证金要求的条件下,$V_0(T)=v_0(T)$,即远期与期货的初始价值均为 0。
>
> (2) 在到期日 T 时刻,远期与期货的价格等于标的资产的现货价格,即 $F_T(T)=f_T(T)=S_T$,这也是远期与期货合约随到期期限临近,其价格具有收敛性(convergence)的体现。
>
> (3) 签订远期合约的双方仅在到期日结算一次。因此,当合约到期时,多头头寸与空头头寸方的价值分别如下。
>
> ①多头头寸方:$V_T(T)=S_T-F_0(T)$,即远期合约的买方在合约到期日 T,必须按照合约约定的远期价格 $F_0(T)$ 买入标的资产。当标的资产在 T 时刻的价格 $S_T>F_0(T)$ 便可盈利。
>
> ②空头头寸方:$V_T(T)=F_0(T)-S_T$,即远期合约的卖方在合约到期日 T,必须按照合约约定的远期价格 $F_0(T)$ 出售标的资产。当标的资产在 T 时刻的价格 $S_T<F_0(T)$ 便可盈利。
>
> 由此可见,对于远期合约来说,由于到期时双方必须按约定的远期价格 $F_0(T)$ 进行交割,并且衍生品交易通常为零和博弈(不考虑交易成本),一方的盈利额必然等于另一方的亏损额,即空头头寸的价值必然是多头头寸价值的相反数。所以,一旦知道多头头寸的价值,只需加一个负号就可得到空头头寸的价值。故此,后文中谈论衍生品价值,往往仅仅关注多头。因为一旦得知多头价值,可快速得知空头对应价值。

33.2.1 现货持有套利模型

远期定价的核心思想:在无套利机会的条件下,市场的远期价格应该是公平合理的。基于<u>现货持有套利模型</u>,下文将分别从远期合约的标的资产不产生任何现金流和产生现金流两种情况来描述该基本思想。

33.2.1.1 现货持有套利模型(Carry Arbitrage Model):标的资产不产生现金流

—考点要求—
描述(describe)标的资产不产生现金流的现货持有套利模型(★★★)

1. 远期的定价

最容易定价的远期合约是以无股息股票或零息债券这类不产生任何期间现金流的有价证券为标的资产的合约。现货持有套利模型通常假设持有标的资产直至该标的资产的远期合约到期日。

例如,某套利者进入一份远期合约,约定在到期日将标的资产出售。为了对冲该远期合约,投资者可以在 0 时刻借入资金购买标的资产并持有至远期合约到期日 T 时刻为止,以合约价格出售该标的资产。为便于理解,表 33.1 列举了该远期合约从初始签订至合约到期的现金流状况。

第 33 章 远期承诺的定价与估值

表 33.1 现货持有套利模型的现金流

头寸	t＝0 时刻(初始)	t＝T 时刻(到期日)
标的资产现货头寸	以现货价格 S_0 购买标的资产 现金流流出：$-S_0$	以 S_T 将标的资产出售 现金流流入：$+S_T$
借贷头寸	借款 S_0 以购买标的资产 现金流流入：$+S_0$	还本付息（即求终值） $FV(S_0)=S_0(1+r)^T$ 现金流流出： $-FV(S_0)=-S_0(1+r)^T$
远期合约头寸 合约价格：$F_0(T)$	远期合约签订初期价值为0： $V_0(T)=0$	远期到期价值（出售标的资产）等于合约价格与现货价格之差： $V_T(T)=F_0(T)-S_T$
合计	$V_0(T)=0$	$F_0(T)-FV(S_0)$

在期初（t＝0），套利者通过借款，即借入 S_0 用以购买现货标的资产，故现金流出 $-S_0$。与此同时，套利者进入一份远期合约，其初始价值为 $V_0(T)=0$。套利者在期初的净收益为0，见表33.1的第二列。

在期末（t＝T），套利者如果将持有的标的资产在现货市场出售，可获得现金流 $+S_T$；归还期初的借款金额并支付利息，这笔借款到期的终值为 $FV(S_0)$。与此同时，套利者按照远期合约以期初约定的价格 $F_0(T)$ 出售标的资产，远期到期价值 $V_T(T)=F_0(T)-S_T$（注意：该差额可以为正也可以为负，而套利者必须按 $F_0(T)$ 出售标的资产）。因此，套利者在期末净收益为：$F_0(T)-FV(S_0)$。根据无风险套利原则，套利者获得的收益应为0，故可得：

$$F_0(T)=FV(S_0)=S_0(1+r)^T \tag{33.1}$$

> **知识一点通**
>
> 公式(33.1)是按一般复利计息。如果按连续复利计息，计算公式为：
>
> $$F_0(T)=S_0 e^{rT} \tag{33.2}$$
>
> 若公式(33.1)不成立，便产生套利机会：
>
> 当 $F_0(T)>S_0(1+r)^T$ 时，套利者可实现正向套利（carry arbitrage），即通过借款购买现货的同时进入一份远期合约的空头头寸，到期出售标的资产来获利。套利者在期末的净收益为：$F_0(T)-FV(S_0)$。
>
> 当 $F_0(T)<S_0(1+r)^T$ 时，套利者可实现反向套利（reverse carry arbitrage），即通过卖空（借入标的资产并即刻出售）将所获资金贷出以无风险利率赚取利息，同时进入一份远期合约的多头头寸，到期购买标的资产来获利。套利者在期末净收益为：$FV(S_0)-F_0(T)$。

> **备考小贴士**
>
> 考生应掌握实现正向套利与反向套利的条件以及具体头寸。

例题 33.1

假设某股票不支付任何红利,其当前市场交易价格为 USD 45,市场无风险年复利率为 3.2%。根据无套利理论,该股票 3 月期的远期价格为多少?

名师解析

利用公式(33.1),可得该 3 月期远期合约价格为:

$$F_0(T) = FV(S_0) = S_0(1+r)^T = 45 \times (1+3.2\%)^{\frac{3}{12}} = USD\ 45.36$$

2. 远期的估值

—考点要求—
描述(describe)标的资产不产生现金流的现货持有套利模型(★★★)

远期的估值是指远期合约在签约后、到期前(即 $0 \sim T$ 时间段内)的某一时间点 t 的货币价值。由于远期的估值逻辑略显繁复,以下通过举例的方式进行说明。

假设投资者 A 签订了一份 3 个月后到期的远期合约,合约规定 A 将以 40 元的价格在合约到期时购买 1 个单位的某种资产。3 个月后远期合约到期,此时该资产的市场价格为 50 元,但 A 仅需支付 40 元即可购买。**则该时点下 50 元市场价格和 40 元合约价格的差额,就是对于多头方 A 而言的远期合约价值。**

值得一提的是,在谈及衍生品的估值问题时,习惯上聚焦多头的价值(基于"零和博弈",空头价值等于多头价值的相反数)。在远期合约中,多头方是未来要购买资产的主体,其价值为拥有远期合约时购买资产所节约(或多付)的金额。比如上文中,若 A 拥有远期合约,可以花 40 元买到资产;若 A 不曾拥有该远期合约,则需支付 50 元。此时,这 10 元(50−40)就是所谓"拥有远期合约时购买资产所节约的金额"。

因此,**远期合约的估值,就可以概括为"without the position"(不曾拥有远期合约的价格)减去"with the position"(拥有远期合约的价格)的差额。**

知识一点通

如果上文案例中,3 个月后资产的市场价格变成了 35 元,那么该远期合约的多头依旧(不得不)按照 40 元的价格购买该资产。此时,根据远期合约的估值,不曾拥有远期合约的价格就是市场价格,即"without the position",为 35 元;而拥有远期合约的价格就是合约价格,即"with the position",为 40 元。35−40 = −5,也就是说,如果 3 个月后,资产市场价格变成了 35 元,对于多头而言,合约的价值等于−5 元,表示"拥有远期合约时购买资产所多付的金额"。

值得一提的是,因为远期、期货和互换合约都是双务合约,即多头和空头既有履约权利,也有履约义务。因此,即使合约价值为负,也得"含泪"履约。

上文详细论述了到期时(T 时刻)远期合约的估值,那么,如何分析合约签订后到期前的任意时间点(t 时刻)的价值呢?

根据远期合约估值等于"without the position"减"with the position"的逻辑,在 t 时刻,多头方远期合约的价值 $V_t(T)$ 就是 $F_t(T)$ 和 $F_0(T)$ 差额的现值(PV_t),即:

$$V_t(T) = PV_t[F_t(T) - F_0(T)]$$

> **知识一点通**
>
> 上面公式中，$F_t(T)$ 可以看成 t 时刻不曾拥有远期合约，所以立刻建立了新的远期合约的价格，究其本质还是 without the position；而 $F_0(T)$ 则可以看成 0 时刻就建立了远期合约，并在 t 时刻持有该远期合约的价格，究其本质还是 with the position。

以一般复利计息时，未来现金流将以无风险利率进行折现，得到 t 时刻的合约价值：

$$V_t(T) = S_t - F_0(T)/(1+r)^{T-t} = S_t - F_0(T)(1+r)^{-(T-t)} \quad (33.3)$$

如果以连续复利计息，该现值可表述为：

$$V_t(T) = S_t - F_0(T)e^{-r^c(T-t)} \quad (33.4)$$

例题 33.2

投资者进入了 AIG 股票的 1 年期远期多头合约，远期价格 $F_0(T) = USD\ 68$。10 个月后，AIG 股票的市场价格为 USD 72，年化复利利率为 4%。问 2 个月后到期的该远期合约的价值是多少？

名师解析

利用公式(33.3)，本题已知 $F_0(T) = USD\ 68$，$t = 10/12$，$S_t = USD\ 72$，$r = 4\%$。该远期合约还有 2 个月到期，即 $T - t = 2/12$，其现在的价值为：

$$V_t(T) = S_t - F_0(T)(1+r)^{-(T-t)} = 72 - 68 \times (1+4\%)^{-\frac{2}{12}} = USD\ 4.44$$

> **备考小贴士**
>
> 例题 33.2 提供了较为常见的求远期合约价值的方式，如果题目中的利率是连续复利的形式，那么就需要使用公式(33.4)。考生应掌握例题 33.1、33.2，并记住远期价格与远期价值的求值公式，考试多以计算题的形式进行考查。

33.2.1.2　现货持有套利模型：标的资产产生现金流

本节将讨论标的资产为投资者产生现金流的远期合约的定价与估值，这类标的资产包括支付股息的股票以及提供票息的债券。

1. 远期的定价

分别使用 CB_0、CC_0 表示标的资产的 **持有收益（carry benefits）** 和 **持有成本（carry costs）**，**两者均以现值形式呈现**。持有收益为持有标的资产期间获得的收益，如股利、债券票息或外币利息等；持有成本为持有标的资产期间产生的成本，例如，大宗商品类标的资产在远期合约到期前所产生的仓储费、损耗费或保险费等。请注意，金融资产一般没有持有成本。

根据无套利定价原理，标的资产产生现金流的远期合约（以年复利计）的定价公式为：

$$F_0(T) = (S_0 + CC_0 - CB_0)(1+r)^T \quad (33.5)$$

—考点要求—
描述（describe）标的资产产生现金流的现货持有套利模型（★★★）

> **知识一点通**
>
> 与公式(33.1)相比,公式(33.5)的第一项多了 $CC_0 - CB_0$。对于远期合约的多头头寸方而言,在合约存续期间,买方并没有真正拥有标的资产,而标的资产的持有成本(例如仓储费用)切实增加了持有者即卖方的成本,故必须将其加于远期价格中并由买方承担支付;同理,在合约有效期间的持有收益(譬如红利、票息)由卖方获得,故必须将其从远期价格中扣除,因此,得到第一项 $S_0 + CC_0 - CB_0$。持有标的资产至到期 T 的价值,即以年复利计,求终值/货币的时间价值,便得到公式(33.5)。
>
> 以连续复利计,标的资产产生现金流的远期合约的定价公式为:
>
> $$F_0(T) = (S_0 + CC_0 - CB_0) e^{r^c T}$$

> **备考小贴士**
>
> 考生在记忆定价与估值公式时,记住"加成本,减收益"。当利率、持有成本以及持有收益均以连续复利的形式出现,那么标的资产产生现金流的远期合约的定价公式为:
>
> $$F_0(T) = S_0 e^{(r^c + CC - CB) T}$$

例题 33.3

假设某股票初始价格为 USD 90,无风险年复利利率为 5%,该股票每半年支付股息 USD 1.5。该股票 6 个月远期价格为多少?

名师解析

应用公式 $F_0(T) = (S_0 + CC_0 - CB_0)(1+r)^T$,本题已知 $S_0 = 90$,$r = 5\%$,$T = 0.5$,$CC_0 = 0$,$CB_0 (1+r)^T = 1.5$(注意:半年支付股息 USD 1.5 代表的是终值而不是现值)。因此,6 个月期远期价格为:

$$F_0(T) = 90 \times (1+5\%)^{0.5} - 1.5 = USD\ 90.72$$

2. 远期的估值

对于标的资产产生现金流的远期合约来说,其估值公式与标的资产不产生现金流的类似,仅在第一项多了 $CC_0 - CB_0$,因此,其在 t 时期的价值为:

$$V_t(T) = (S_t + CC_t - CB_t) - F_0(T)(1+r)^{-(T-t)} \tag{33.6}$$

其中,CB_t 与 CC_t 分别代表标的资产在持有期间 t 时刻的持有收益与持有成本,同样均是现值形式。

33.2.2 股票及权益指数远期合约的定价与估值

在 33.2.1 节的基础上,下文将针对较为常见的标的资产股票或权益指数来进行远期合约的定价与估值。

33.2.2.1 股票远期合约的定价与估值

对于股票而言,其持有成本通常被认为是 0,持有收益为股息/红利(dividend)。因此,代入公式(33.5),可得股票远期合约的定价公式:

$$F_0(T)=(S_0-PVD_0)(1+r)^T=S_0(1+r)^T-FVD_T \quad (33.7)$$

其中,PVD_0 表示股息收益在初始 0 时刻的现值;FVD_T 表示股息收益在远期到期日 T 时刻的终值。

同样代入公式(33.6),可得股票远期合约在 t 时刻的价值为:

$$V_t(T)=(S_t-PVD_t)-F_0(T)(1+r)^{-(T-t)} \quad (33.8)$$

其中,PVD_t 表示股息收益在 t 时刻的现值。

—考点要求—
描述(describe)股票远期合约的定价,计算(calculate)并解释(interpret)股票远期合约的无套利估值(★★)

33.2.2.2 权益指数远期合约的定价与估值

对于权益指数而言,其持有成本也同样为 0,持有收益为股息。与个股不同的是,权益指数的股息通常按连续复利计息。因此,权益指数远期合约的定价为:

$$F_0(T)=S_0 e^{(r_c-CB)T} \quad (33.9)$$

其中,r_c 表示连续复利计息的无风险利率;CB 表示连续复利计息的股息率。

权益指数远期合约在 t 时刻的价值为:

$$V_t(T)=S_t e^{-CB(T-t)}-F_0(T)e^{-r_c(T-t)} \quad (33.10)$$

或 $V_t(T)=[F_t(T)-F_0(T)]e^{-r_c(T-t)}$

—考点要求—
描述(describe)权益指数远期合约的定价,计算(calculate)并解释(interpret)权益指数远期合约的无套利估值(★★)

> **备考小贴士**
>
> 考生无须刻意记忆公式(33.7)至公式(33.10),只需记忆公式(33.5)与公式(33.6)的一般形式。根据题目给出的条件将标的资产的持有收益与持有成本代入即可,但需特别注意权益指数远期合约是按连续复利计算。

例题 33.4

假设 FTSE 100 当前指数为 7 100 点,连续复利股息率为 2.8%。如果连续复利计息的无风险利率为 0.2%,那么 3 个月 FTSE 100 的远期合约价格为多少?

名师解析

标的资产为权益指数 FTSE 100,T 为 3 个月即 0.25 年。利用公式(33.9)可得:

$$F_0(T)=S_0 e^{(r_c-CB)T}=7\ 100 e^{(0.2\%-2.8\%)\times 0.25}=7\ 054$$

33.2.3 远期利率协议(FRA)的定价与估值

远期利率协议(FRA)是一种场外交易合约,其标的资产为利率(如 MRR,即市场参考利率)。FRA 是交易双方为了规避未来利率变化的风险而签订的协议,在协议中明确:在某一段时期,交易一方将以固定的利率向另一方借入或贷出一定数量的名义资金。

根据定义，FRA 的多头头寸按合约约定的固定利率支付（即为 fixed payer）借入一笔虚拟贷款，而 FRA 的空头头寸则收取以固定利率计算的收益（即为 fixed receiver）。因此，FRA 的多头头寸在浮动利率上升时盈利，而空头头寸则在浮动利率下降时盈利。之所以称为虚拟贷款是因为该贷款并不是实际发生的，而是买卖双方通过 FRA 锁定利率风险时，用于计算利息而使用的名义本金。

FRA 通常用"a×b FRA"的形式表示。a 代表从签订"a×b FRA"起至 FRA 到期日的期限（以月数计），b 代表从签订"a×b FRA"起至贷款结算到期日的月数。比如，3×9 FRA 的含义则是今天交易双方签订了一个 3×9 FRA，FRA 合约在 3 个月后到期，并进入一个 6(9−3)个月期的贷款，贷款在第 9 个月到期，该 3×9 FRA 的收益取决于 6(9−3)个月的 MRR，见图 33.1。

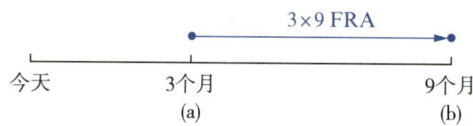

图 33.1　3×9 FRA 现金流示意图

> **知识一点通**
>
> 通常以 LIBOR 作为市场参考浮动利率，而 LIBOR 是一种附加利率（add-on rate），以 30/360 天（即一个月 30 天，一年计为 360 天）为基数的单利计息。

33.2.3.1　FRA 的定价

—考点要求—
描述（describe）
FRA 的定价(★★★)

交易双方在初始签订 FRA 合约时，均不产生任何费用或现金流的交换。因此，FRA 的初始价值也与其他远期合约一样为 0，而使得 FRA 在初始价值为 0 的固定利率便是 FRA 的价格。

> **知识一点通**
>
> 与一般衍生品不同，FRA 的标的资产并不是金融资产而是交易双方买卖（借贷）过程中的利息支付（interest payment）。因此，FRA 的价格实际上是远期利率（forward rate）而不是资产的价格，但其定价原理与远期价格是一致的，即利用无套利定价理论，通过即期利率（spot rate）求得。

一个"a×b FRA"的定价如图 33.2 所示。假设投资者拥有 USD 1 可进行投资，并有以下两种可选择的投资方式。

（1）将 USD 1 投资一期：从 0 时刻起直至 b 时刻，即以 b 个月的 MRR 投资 USD 1，在期末第 b 个月，获得 USD $1 \times \left(1 + S_b \times \frac{30}{360}b\right)$ = USD $\left(1 + S_b \times \frac{30}{360}b\right)$。注意：MRR 按单利、30/360 天为基数计息。

（2）将 USD 1 分两期进行投资：先将 USD 1 按 a 个月 MRR 进行投资，到第 a 个月末,获得 USD $\left(1+S_a\times\frac{30}{360}a\right)$;同时签订一份远期利率协定 FRA,约定从第 a 个月开始将 USD $\left(1+S_a\times\frac{30}{360}a\right)$ 以远期合约 FRA 约定的固定利率 FR(fixed rate)贷出,到期末第 b 个月获得 USD $\left(1+S_a\times\frac{30}{360}a\right)\times\left[1+FR\times\frac{30}{360}(b-a)\right]$。注意:b−a 这段期间按 FR 计息。

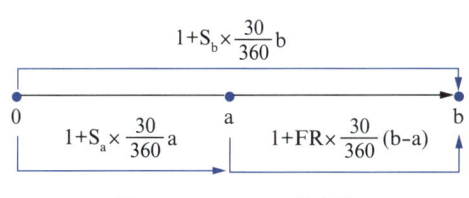

图 33.2　a×b FRA 的定价

根据无套利定价原理,以上两种投资方式到期获得的收益必然相等,故有:

$$1+S_b\times\frac{30}{360}b=\left(1+S_a\times\frac{30}{360}a\right)\times\left[1+FR\times\frac{30}{360}(b-a)\right] \quad (33.11)$$

> **备考小贴士**
>
> FRA 的定价在"固定收益证券"科目中亦有讲述,并属于固收科目的考核范畴。本节与"固定收益证券"中 FRA 定价的唯一区别在于衍生品通常是以单利、30/360 天为基数计息,并且 a、b 都是以月数计。

例题 33.5

根据当前市场上关于加拿大元 LIBOR 的报价,3 个月与 6 个月的 LIBOR 分别为 1.35% 与 1.55%。以 30/360 天的方式计息,3×6 FRA 的固定利率为多少?

名师解析

根据公式(33.11),已知 a=3 个月,b=6 个月,S_a=1.35%,S_b=1.55%,FRA 的固定利率为 FR。

代入公式,可得:

$$[1+(1.35\%\times90/360)]\times[1+(FR\times90/360)]=[1+(1.55\%\times180/360)]$$

则 FRA 的固定利率 FR=1.74%

33.2.3.2　FRA 的估值

对远期利率合约 FRA 的估值可以分为以下两种情形。

1. $t=a$ 时 FRA 的估值

对于"a×b FRA",合约在 a 时刻到期并结算贷款利息,而该贷款利息在 b 时刻即贷款结束时进行支付。因此,在计算 a 时点 FRA 合约的价值时,需要将 b 时刻的利息现金流按照 a 到 b 时间段的 MMR 折现至 a 时刻。当 $t=a$ 时,FRA(多头头寸)的估值公式为:

—考点要求—

计算(calculate)并解释(interpret) FRA 的无套利估值(★★★)

$$V_t = \frac{NP \times (\text{Underlying rate} - \text{Forward rate}) \times \left(\frac{\text{Days}}{360}\right)}{1 + \text{Underlying rate} \times \left(\frac{\text{Days}}{360}\right)} \quad (33.12)$$

其中，NP(notional principle)代表名义本金；Days 为 $30 \times (b-a)$ 天；Underlying rate 为在 a 时刻 $(b-a)$ 个月的 MRR；Forward rate 为 FRA 合约约定的固定(远期)利率。

注意：FRA 的多头头寸是在 a 时刻借入资金，合约约定的远期利率为借款利率并需按照该利率偿付借款。如果市场 MRR 高于远期利率，那么 FRA 的多头头寸盈利，因此，公式(33.12)中的分子是 underlying rate - forward rate。盈利的金额为 NP×(Underlying rate - Forward rate)×($\frac{\text{Days}}{360}$)。这笔盈利是在 b 时刻获得，却在 a 时刻结算。因此，需要求得这笔盈利在 a 时刻的现值，其折现率为 b-a 个月的 MRR，以单利计算折现。

例题 33.6

假定一个 2×6 FRA，名义本金为 USD 1 000 000，FRA 约定的固定利率为 6.3%。假设在 t＝60 天时，120 天的 MRR 为 7.8%，此时 FRA 的价值为多少？

名师解析

根据公式(33.12)，本题已知 a＝2 个月＝60 天，b＝6 个月＝180 天，forward rate＝6.3%，underlying rate＝MRR＝7.8%，在 2 个月时 FRA 的价值为：

$$\left[1\,000\,000 \times (7.8\% - 6.3\%) \times \frac{180-60}{360}\right] \div \left(1 + 7.8\% \times \frac{180-60}{360}\right) = \text{USD } 4\,873.29$$

本题的详细现金流图如下(为了便于解题考生需要掌握绘制现金流图的方法)：

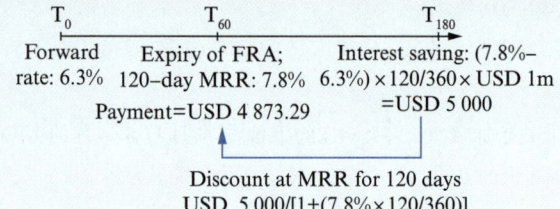

备考小贴士

由于考试题目为选择题，这里实际上有个投机取巧的方法简化计算量。考生可以先计算 t＝180 天的盈利，得到 USD 5 000，随后在选项中直接选取比 USD 5 000 略低的选项即可。

例题 33.7

假设一家德国公司预期在 60 天后会收到 EUR 10 million 现金并将这笔资金以 90 天 MRR 存放在银行。然而，公司又担心资金存放在银行的 90 天内利率会下降。于是，公司的金融顾问建议公司现在与银行签订一份 2×5 FRA，60 天到期，收固定利率，标的资产为 90 天 MRR，名义本金为 EUR 10 million。在公司签订这份 FRA 60 天后，以 EUR 计价的 90 天 MRR 为 1.22%。如果 FRA 初始约定的固定利率为 1.43%，那么此时这家德国公司的 FRA 价值多少？

名师解析

这家德国公司是将现金贷出,故担心利率下跌。因此,该公司进入的是 FRA 的空头头寸,即收到固定利率。60 天后,90 天 MRR 为 1.22% 低于 FRA 约定的利率 1.43%,因此,空头头寸方盈利。公式(33.12)的分子则变为 forward rate-underlying rate。在第 2 个月时,FRA 的价值为:

$$\left[10M\times(1.43\%-1.22\%)\times\frac{150-60}{360}\right]\div\left(1+1.22\%\times\frac{150-60}{360}\right)=\text{USD } 5\ 234.04$$

2. $t<a$ 时 FRA 的估值

当 $t<a$ 时,即 $a\times b$ FRA 还未到期时的估值,如图 33.3 所示。

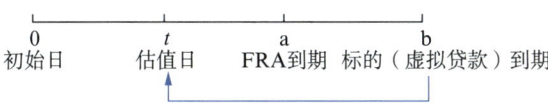

图 33.3 $t<a$ 时 FRA 的估值

可以将估值分为以下两个步骤:

第一步,计算 t 时刻新的 FRA 价格 FR_t。根据公式(33.11),将其中的 0 时间点变为 t 时刻,即可求得 FR_t:

$$1+S_{b-t}\times\frac{30}{360}(b-t)=\left(1+S_{a-t}\times\frac{30}{360}(a-t)\right)\times\left[1+FR_t\times\frac{30}{360}(b-a)\right] \quad (33.13)$$

第二步,对于 FRA 多头头寸而言,如果在 0 时刻没有按 FR_0 的价格签订 FRA,那么在 t 时刻就必须按新的价格 FR_t 签订 FRA(即按 FR_t 的利率贷款,而不是 FR_0)。因此,在 t 时刻签订 FRA 的折现前价值为:

$$NP\times(FR_t-FR_0)\times\left(\frac{\text{Days from a to b}}{360}\right)$$

将上述盈利以 $(b-t)$ 个月的 MRR——即 S_{b-t}——进行折现,求得 FRA 在 t 时刻价值的现值 V_t 为:

$$V_t=\frac{NP\times(FR_t-FR_0)\times\left(\frac{\text{Days from a to b}}{360}\right)}{1+S_{b-t}\times\left(\frac{\text{Days from }t\text{ to b}}{360}\right)} \quad (33.14)$$

备考小贴士

再次强调,题目中给出的利率如无特殊说明,通常是年化利率,且 MRR 是按单利计息,因此,年化利率 S_{b-t} 必须乘以调整项 $\left(\frac{\text{Days from }t\text{ to b}}{360}\right)$。同时注意计算完盈利后,需要将盈利折现至 t 时刻,而不是 a 时刻,我们需要求的是 t 时刻 FRA 的价值(现值)。

例题 33.8

假定投资者进入一份固定利率为 0.85% 的 2×9 FRA 多头头寸，名义本金为 2 million。当前 2 个月 MRR 为 0.82%，9 个月 MRR 为 0.93%。30 天过后，1 个月的 MRR 为 1.43%，8 个月 MRR 为 1.58%。该 FRA 在 1 个月时的价值为多少？

名师解析

本题为 2×9 FRA，a=2(60 天)，b=9(270 天)，t=1(30 天)，求 FRA 在 t 时刻的价值，属于 t<a 的情况。因此，第一步，先求出在 t=30 天时，新的 FRA 的价格 FR_t。已知 $S_{b-t}=1.58\%$，$S_{a-t}=1.43\%$。根据公式(33.13)有：

$$1+1.58\%\times\frac{240}{360}=\left(1+1.43\%\times\frac{30}{360}\right)\times\left[1+FR_t\times\frac{210}{360}\right]$$

$$FR_t=1.60\%$$

第二步，根据最新的 FRA 价格 $FR_t=1.60\%$，计算 FRA 多头头寸在 1 个月时的价值，代入公式(33.14)：

$$V_t=\frac{2\text{ million}\times(1.60\%-0.85\%)\times\frac{210}{360}}{1+1.58\%\times\frac{240}{360}}=8\,658.79$$

注意：我们要将最终 b=9(270 天)的盈利折现到 t=1(30 天)，使用 8 个月 MRR $S_{b-t}=1.58\%$ 进行折现，并将年化利率按单利计息转换为对应的期间利率。题目中"当前 2 个月 MRR 为 0.82%，9 个月 MRR 为 0.93%"这两个条件为干扰项，在计算中并不需要。

33.2.4 固定收益远期合约的定价与估值

33.2.4.1 固定收益远期合约的定价

—考点要求—
描述（describe）
固定收益远期
合约的定价（★★）

固定收益远期合约的定价与 33.2.2 节讨论的股权远期合约很类似，区别仅在于固定收益远期合约的标的资产为债券，其收益是票息（coupon）。因而，我们将公式(33.7)中股票红利的现值（PVD_0）替代为票息的现值（PVC_0），即可得到固定收益远期合约的定价公式：

$$F_0(T)=(S_0-PVC_0)(1+r)^T=S_0(1+r)^T-FVC_T \tag{33.15}$$

其中，FVC_T 代表至债券到期日 T 时刻，票息（即利息支付）的终值。

33.2.4.2 固定收益远期合约的估值

—考点要求—
计算（calculate）
并解释（interpret）
固定收益远期
合约的无套利
估值（★★）

固定收益远期合约的估值同样与股权远期合约的估值类似，我们仅需要将公式(33.8)中股票红利的现值（PVD_t）替代为票息的现值（PVC_t），便可得到在 t 时刻该固定收益远期的价值，即：

$$V_t(T)=(S_t-PVC_t)-F_0(T)(1+r)^{-(T-t)}$$

或

$$V_t(T)=[F_t(T)-F_0(T)](1+r)^{-(T-t)} \tag{33.16}$$

例题 33.9

假设在 1 个月前,某投资者购买了 6 份 3 个月到期的欧元债券远期合约,其名义本金为 200 000 欧元,欧元债券远期价格为 EUR 115(价格按占面值的百分比计算)。假设距离欧元债券远期合约到期还有 2 个月,欧元债券远期合约的价格为 EUR 119。若无风险利率为 0.23%,那么该欧元债券远期合约的价值为多少?

名师解析

对于 1 份欧元债券远期合约而言,已知签订远期时以及 1 个月后远期的价格,即 $F_0(T) = EUR\ 115$,$F_t(T) = EUR\ 119$,$T = 3$ 个月,$t = 1$ 个月,$r = 0.23\%$。应用公式(33.16)的后一个形式可求得 1 份欧元债券远期合约在 1 个月后的价值:

$$V_t(T) = [F_t(T) - F_0(T)](1+r)^{-(T-t)} = (119 - 115) \times (1 + 0.23\%)^{-\frac{2}{12}} = 4$$

投资者 6 份远期合约的价值便为 $4 \times EUR\ 200\ 000 \times 6/100 = EUR\ 48\ 000$

33.2.5 固定收益期货合约的定价与估值

通常当标的资产相同的情况下,远期与期货的定价与估值是相同的。但当标的资产为固定收益时,期货的定价与估值则不同于远期。这是因为固定收益期货存在着以下几个特殊之处。

(1) 在期货中,债券价格通常是净价报价,净价则不含应计利息(accrued interest,AI),全价=净价+应计利息。

(2) 债券期货是基于假定的债券,为保证交割资源,可交割债券通常不止一种。因此,卖方一定会选取符合可交割标准债券当中最"便宜"的债券进行交易。为了保证交易公平,交易所通过"转换因子"(conversion factor)进行调整以保证所有可交割债券的交割价格相同,即

$$实际交割价格 = 期货价格 \times 转换因子(CF)$$

> **知识一点通**
>
> "转换因子"是为了保证不同可交割债券的价格近似相等,但不会像债券价格那样随着时间推移、市场环境的变化而时时变化。因此,当变化的市场交割价格除以 CF 会得出多个期货价格,这样对某特定到期日的债券期货便会有多个能被交割的债券,而其中自然会出现一个"最便宜交割债券"(cheapest-to-deliver bond),即交割成本最低的债券。

33.2.5.1 固定收益期货合约的定价

1. 应计利息(AI)的计算

如果债券每 T 期付息一次,而此时距上一次付息日过去了 t 期,那么此时的应计利息为:

$$AI = \frac{t}{T} \times PMT$$

—考点要求—
描述(describe)固定收益期货合约的定价(★★)

其中，PMT 为债券的票息支付。

2. 固定收益期货合约的定价

对于固定收益期货而言，其定价公式如下：

$$[(S_0-PVC)(1+r)^T-AI_T]/CF \qquad (33.17)$$

或

$$[S_0(1+r)^T-FVC-AI_T]/CF \qquad (33.18)$$

其中，S_0 表示债券的全价（full price）；AI_T 表示在 T 期的应计利息；其余项则与公式（33.15）完全相同。

> **知识一点通**
>
> 与固定收益远期的公式[公式(33.15)]相比，期货的定价公式[公式(33.17)]多了 AI_T 与 CF 两项，且 S_0 表示全价。正是因为 S_0 表示全价，而在期货交易中债券采用净价报价，故需要减去 AI_T。此外，由于实际交割价格＝期货价格×转换因子（CF），要得到期货价格还必须除以转换因子。

例题 33.10

假设某欧洲债券期货，其标的资产是法国债券，报价为 97 欧元，应计利息为 1.012 欧元。这份期货合约将在 2 个月后到期。到期时，标的债券的应计利息累积至 2.125 欧元，且在这 2 个月期间标的债券没有支付任何票息。若标的债券的转换因子为 0.688 735，年化月无风险收益率为 0.2%，该欧洲债券期货的价格为多少？

名师解析

根据题目已知条件有：CF=0.688 735，AI_T=2.125，T=2/12，FVC=0，r=0.2%。

应用公式（33.18）：

$$[S_0(1+r)^T-FVC-AI_T]/CF$$

在 $t=0$ 时刻，题目给出的报价 97 欧元是债券净价，先要求得债券全价 S_0：S_0=97+1.012=98.012，然后代入公式得：

$$[98.012\times(1+0.2\%)^{\frac{2}{12}}-2.125]/0.688\ 735 = EUR\ 139.27$$

—考点要求—
描述（describe）
固定收益期货合约的估值（★★）

33.2.5.2 固定收益期货合约的估值

由于期货是交易所交易，实行的是每日无负债结算制度，在当日结算后其价值将变为 0，所以固定收益期货的价值为 0。

33.3 互换的定价与估值

互换（swap）是一种双方以交换现金流为目的的场外交易协议，根据计价货币、交换锚定的标的和支付方式的不同，互换主要分为利率互换、货币互换和权益互换。

利率互换：利率互换的交易双方，一方对名义金额以固定利率计算现金流，另一方则以浮动利率计算。例如，协议双方同意，其中一方对 100 万英镑的名义金额支付年化利率为 8% 的固定利息，而另一方则对同一本金以当期 MRR 计算的浮动利息予以支付，如果在指定期限内 MRR 高于 8%，那么固定利率支付者便获利；如果 MRR 低于 8%，固定利率支付者则亏损。

货币互换：其特点是交换的两种现金流以不同货币计价。为了避免汇率波动，降低融资的成本，初始交易双方交换名义本金，之后每一个结算日都以全额按利率计算各自需支付的现金流，由于双方所支付的现金流币种不同，故不采用净额（netting）方式结算，期末再将本金反向交换。例如协议双方约定，一方对 1 000 万欧元的名义本金每季度支付一次利息，利率固定为 9%，另一方对 625 万美元的名义本金每季度支付一次利息，利率为 3 个月的 MRR。当然，在利率选择方面，固定利率或浮动利率皆可；在结算频率方面，互换双方也可选择不同的结算周期。

权益互换：如果将协议双方中的一方或双方支付的标的资产换为股票或指数等权益资产的收益率，这样的互换便称为权益互换。除标的资产不同外，权益互换与利率互换并没有本质区别。

根据约定的标的形式的不同，互换又可以分为固定利率对浮动利率，固定利率对固定利率，浮动利率对固定利率，浮动利率对浮动利率四种形式。而权益互换中，权益互换支付方必定支付浮动收益。

33.3.1　利率互换的定价与估值

互换合约在实质上可以由标的资产或一系列远期合约构成的组合来构建。本节主要研究以标的资产构成的组合所构建的互换合约。最简单的利率互换合约形式为一方支付固定利率，另一方支付浮动利率。对某个投资者而言，只存在两种形式：(1) 收取固定利率利息，支付浮动利率利息；(2) 收取浮动利率利息，支付固定利率利息。因此，利率的大小决定了投资者支付成本的大小，当浮动利率上升，(1) 情形的支出成本变大，会遭受损失，而 (2) 情形则出现盈利。相反，当浮动利率下跌，(1) 情形的支出成本变小，会出现盈利，但 (2) 情形则会遭受损失。如图 33.4 所示，公司 A 与 B 之间有一笔金额相等的相互贷款，双方签订利率互换协议，A 公司以固定利率支付利息，而 B 公司以浮动利率支付利息。

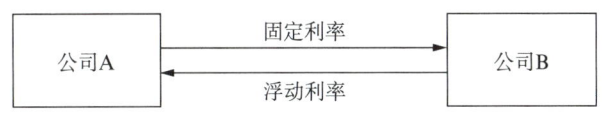

图 33.4　利率互换示意图

值得注意的是，一级教材中提到过利率互换并不涉及本金互换，双方只需支付浮动与固定利率的差额利息即可。

在介绍利率互换的定价之前，先明确其定价的基本假设：

(1) 市场完全，即不存在任何无风险的利润。
(2) 允许投资者进行无限制的买空和卖空。
(3) 不存在任何交易费用。
(4) 不存在违约风险。

33.3.1.1 利率互换的定价

—考点要求—
描述（describe）利率互换合约的定价（★★★）

最常见的利率互换协议便是**普通标准利率互换**（plain vanilla interest rate swap），交易双方中的一方支付固定利率（固定利率支付者 fixed-rate payer），另一方支付浮动利率（浮动利率支付者，floating-rate payer）。浮动利率由每个结算期期初的 MRR 确定，但于该结算期期末给付。互换合约执行过程中，本金并不进行交换，故被称为名义本金（notional principal）。在利息结算日，利息以净额方式予以支付，即利息支付较多的一方支付两者利息的差额。

互换中的固定利率被称为互换利率，浮动利率随市场而变化，故互换合约的定价即确定该固定利率水平。因此，互换的定价原则即以无风险套利理论为基础，寻求一个能使得初始互换合约价值为 0 的固定互换利率（FS, fixed swap rate）。换句话说，在签订互换协议时，选择合适的固定利率正是为了确保互换的价值对双方来说均为 0。因此，所谓定价就是确定固定利率支付方合理的票息，同时这个固定利率也是互换利率。

以收取浮动利率（S）支付固定利率（FS）的互换合约为例，它等价于一个浮动利率债券（FLT, floating-rate bond）多头头寸与一个固定利率债券（FIX, fixed-rate bond）空头头寸的组合，其在各时间点的现金流如表 33.2 所示。

表 33.2 收浮动付固定利率互换各时刻的现金流

头寸	0（初始）	t_1	t_2	…	t_n（到期）
利率互换合约	V_{swap}	$S_0 - FS$	$S_1 - FS$	—	$S_{n-1} - FS$
浮动利率债券多头头寸	$-V_{FLT}$	S_0	S_1	—	$S_{n-1} + par$
固定利率债券空头头寸	$+V_{FIX}$	$-FS$	$-FS$	—	$-FS - par$

如上表，我们可得收浮动付固定的利率互换在各时点的现金流，等于浮动利率债券多头头寸与固定利率债券空头头寸在各时点的现金流总和。因此，根据互换的定价原理，在期初浮动利率债券的价值为面值，只需要找到一个固定利率债券使其价值在初始也等于面值，便可求得固定互换利率。

$$PV_{FIX} = PV_{FLT} = Par\ Value$$

假设一个 n 期的固定利率债券，F 为每一期支付的利息，根据定义：

$$1 = F \times D_1 + F \times D_2 + \cdots + F \times D_n + 1 \times D_n$$

其中 D_i 为到期期限为 n、面值为 USD 1 的零息债券每一期的折现因子。我们可以得到固定互换利率（FS）：

$$FS = \frac{1 - D_n}{D_1 + D_2 + \cdots + D_n} \tag{33.19}$$

> **知识一点通**
>
> 在 CFA® 二级"固定收益证券"中，折现因子实际就是 $D_n = \frac{1}{(1+S_n)^n}$。

例题 33.11

假设我们定价一个 5 年期 MRR 互换,每年重置(30/360 天计数)。根据以下信息,求该互换的固定利率。

到期期限(年)	折现因子(DF)
1	0.992 312
2	0.974 225
3	0.965 772
4	0.953 091
5	0.936 843

名师解析

应用公式(33.19),可求得 FS:

$$FS = \frac{1-D_n}{D_1+D_2+\cdots+D_n}$$

$$= \frac{1-0.936\ 843}{0.992\ 312+0.974\ 225+0.965\ 772+0.953\ 091+0.936\ 843} = 1.31\%$$

33.3.1.2 利率互换的估值

一旦固定利率确定,即互换的双方签订互换合约,同意交换未来的利率支付,并且任何一方都不能进行提前或延后支付。这就意味着对于双方来说,在互换合约签订开始的那一刻,两者未来支付的现金流相等,因此,互换合约的初始价值为 0:$V_0(T)=0$。不过随着时间推移,固定利率债券和浮动利率债券的价值都会发生变化。因此,利率互换的价值也会发生变化。互换合约的估值就是要在签订合约后至到期之前的时间之内确定其在 t 时刻的现值。

利率互换合约的价值是浮动利率债券和固定利率债券在互换合约期间内的任何时间点 t 的价值差。收浮动利率付固定利率的互换合约可被看作浮动利率债券多头头寸与固定利率债券空头头寸的组合,其在 t 时刻的价值为

$$V_t(T)=PV_{\text{Floating Bond}}-PV_{\text{Fixed Bond}}\ (\text{收浮动方}) \tag{33.20}$$

而收固定利率付浮动利率的互换合约可被看作固定利率债券多头头寸与浮动利率债券空头头寸的组合,其在 t 时刻的价值为

$$V_t(T)=PV_{\text{Fixed Bond}}-PV_{\text{Floating Bond}}\ (\text{收固定方}) \tag{33.21}$$

注意:在每一个结算日,浮动利率债券的息票率都会被重置为市场利率,支付利息后其价值都会回归到面值。故而在结算日,浮动利率债券由于刚刚支付完票息,其价值便等于面值;如果不在结算日,就需找最近的下一个结算日。在下一个结算日,浮动利率债券的价值等于面值加上当期应付的票息。知道了下一个结算日的价值,要计算现在的价值,只需用现在的即期利率对下一个结算日的价值进行折现即可。

—考点要求—

计算(calculate)并解释(interpret)利率互换合约的无套利估值(★★★)

例题 33.12

假设1年前A公司和B公司双方签订了一项名义本金为2万欧元的6年期利率互换,其中A公司收取3.2%的固定利率,当前的均衡互换利率为2.1%,折现因子如下。对于A公司,该互换当前的价值为多少?

期限(年)	折现因子
1	0.987
2	0.969
3	0.958
4	0.944
5	0.936

名师解析

由于浮动利率债券的价值等于新的固定利率债券,所以,互换的价值是旧的固定利率(3.2%)债券和新的固定利率(2.1%)债券之间的价值差:

$$(F_{old} - F_{new}) \times (D_1 + D_2 + D_3 + D_4 + D_5) \times 20\ 000$$
$$= (3.2\% - 2.1\%) \times (0.987 + 0.969 + 0.958 + 0.944 + 0.936) \times 20\ 000$$
$$= 1\ 054.68(欧元)$$

例题 33.13

假设BP公司在4.5年前进入了一份为期6年,本金为USD 500 000,以MRR为浮动利率每年支付一次利息的利率互换合约,合约中约定BP公司以4.6%的固定利率支付利息。若半年前的MRR为5.8%,0.5年以及1.5年债券对应的贴现率分别为4%和5.5%,那么该互换的价值应为多少?

名师解析

BP公司进入的互换本金为USD 500 000,互换利率/固定利率为4.6%,因此,利息支付金额 $= 4.6\% \times 500\ 000 = USD\ 23\ 000$。互换为期6年,4.5年前进入,因此,互换剩余年限为 $t = 1.5$ 年。由于当下不是付息日,在0.5年后有下一个付息日。在付息日,可知可以获得USD 500 000 × 5.8%的利息和回归面值的本金(数值为USD 500 000)。

$$PV_{Fixed\ Bond} = \frac{23\ 000}{(1+4\%)^{0.5}} + \frac{523\ 000}{(1+5.5\%)^{1.5}} = USD\ 505\ 193$$

$$PV_{Floating\ Bond} = \frac{500\ 000 + 5.8\% \times 500\ 000}{(1+4\%)^{0.5}} = USD\ 518\ 727.18$$

$$V_t(T) = PV_{Floating\ Bond} - PV_{Fixed\ Bond} = USD\ 13\ 534.18$$

33.3.2 货币互换的定价与估值

货币互换的定价与估值与利率互换非常类似,其区别在于互换双方以不同的货币进行交换。为了避免汇率波动的影响,货币互换在每一个现金流交换时点,都根据名义本金进行全额的利息交换,而不像利率互换一样进行净额结算。本金则在期初交换后,在互换过程中不再参与交换,直到期末才进行返还。如果某种货币使用浮动利率计息,与利率互换相同,在期初确定利率,在期末进行利率支付。

33.3.2.1 货币互换的定价

货币互换的类型主要有四种:收固定付固定、收浮动付固定、收固定付浮动和收浮动付浮动。

货币互换中的固定利率是根据相应货币的即期利率计算出来的互换利率,因此,其定价计算公式与利率互换公式一样,即:

$$FS = \frac{1-D_n}{D_1+D_2+\cdots+D_n}$$

—考点要求—
描述(describe)
货币互换合约
的定价(★★)

例题 33.14

假设某一个美元兑英镑,固定利率对固定利率的货币互换,互换期限为半年,现金流一个季度交换一次。若在美元市场,90 天贴现债券价格 USD 99,180 天贴现债券价格 USD 97.5;英镑市场上,90 天贴现债券价格 GBP 98.5,180 天贴现债券价格 GBP 97,那么该货币互换中的美元固定利率和英镑固定利率各为多少?

名师解析

利用公式:

$$FS = \frac{1-D_n}{D_1+D_2+\cdots+D_n}$$

得到美元固定利率:

$$r_{USD} = \frac{1-0.975}{0.99+0.975} \times 4 = 5.089\%$$

英镑固定利率:

$$r_{GBP} = \frac{1-0.97}{0.985+0.97} \times 4 = 6.138\%$$

注意:这里计算的是年利率,而互换期限为半年,现金流一个季度交换一次,因此,需要乘以 4。对应期限折现因子是债券价格除以面值,面值默认为 100。

33.3.2.2 货币互换的估值

货币互换可以看成两个债券构成的投资组合:一个以 A 货币计价的债券多头和一个以 B 货币计价的债券空头。因此,货币互换的价值,就是用同种货币计量的两个债券价值之差。比如,我们把这两个债券都统一按照 A 货币计价。此时,这个债券空头所对应的全部现金流,包括本金和利息,都需要在每笔现金流的发生时点,根据对应时点的汇率进行折算。如果货币互换的某一方或双方采用固定利率,那么该固定利率就是对应货币的互换利率。

—考点要求—
计算(calculate)
并解释(interpret)
货币互换合约
的无套利估值
(★★)

$$V(t)_A = FB_A - S_t FB_B \quad (33.22)$$

即收取 A 货币的互换合约在 t 时刻的价值。这个价值等于以 A 货币计价的债券在 t 时刻的现值,减去以 B 货币计价的债券在 t 时刻现值的 A 货币等价数额(将 B 货币计价的债券按照汇率换算成 A 货币)。

例题 33.15

假设某公司于 2020 年 12 月 20 日进入了一个 2 年期收固定付固定的货币互换，收取美元（每半年支付一次利息，年息票率为 1.3%），支付欧元（每年支付一次利息，年息票率为 1.7%）。若美元的名义本金为 2 000 000 美元，欧元的本金为 1 500 000 欧元，根据以下所给的贴现率和远期汇率，2022 年 12 月 20 日该互换美元的现值是多少？

利息支付日	USD/EUR 远期汇率	USD 贴现率
2022 年 6 月 20 日	1.125	0.984 7
2022 年 12 月 20 日	1.130	0.982 1

名师解析

本题公司进入的 2 年期收固定付固定货币互换，收美元付欧元，所以，在 2022 年 12 月 20 日美元价值为：

$$V(t)_T = PV(美元) - PV(欧元)$$

$$PV(美元) = \left(2\,000\,000 \times \frac{1.3\%}{2}\right) \times 0.984\,7 + \left(2\,000\,000 + 2\,000\,000 \times \frac{1.3\%}{2}\right) \times 0.982\,1$$

$$= USD\ 1\,989\,768.4$$

$$PV(欧元) = 1\,500\,000 \times (1 + 1.7\%) \times 1.13 \times 0.982\,1 = USD\ 1\,692\,958.7$$

$$V(t)_T = USD\ 1\,989\,768.4 - USD\ 1\,692\,958.7 = USD\ 296\,809.7$$

33.3.3 权益互换的定价与估值

权益互换（equity swap）作为场外交易合约，是**双方根据协议约定在未来某一期限内针对特定权益资产的收益表现与约定利率进行现金流交换**。简单而言，权益互换是某一方换出的现金流与单一股票或股指收益相关。根据约定利率的不同，权益互换主要有 3 种：**权益收益对固定利率、权益收益对浮动利率以及权益收益对另一权益收益**。其中，权益资产可以是单一的股票、股票指数或自定义股票组合，而权益方的收益可含红利也可以不含。

权益互换与利率互换一样，因同种货币，权益互换也不涉及本金交换，并且也是在结算日净额支付。一个典型的权益互换的要素表如表 33.3 所示。

表 33.3 权益互换要素

交易要素	要素内容	说明
起始日期	2017 - 10 - 15	互换交易起始日
到期日期	2018 - 10 - 15	互换交易到期日
互换期限	12 个月	起始日至到期日的天数
互换本金	USD 3 亿	无本金交换
标的证券	S&P 500 指数	—
固定收益支付方	A 银行	—
浮动收益支付方	B 证券公司	—
固定收益金额	USD 3 亿×4%/年×1 年	到期后 A 向 B 支付
浮动收益金额	$USD\ 3\ 亿 \times \min\left[8\%, \max\left(0, \frac{S_t}{S_0} - 1\right)\right]$	到期后 B 向 A 支付

权益互换的定价类似于利率互换的定价,因此可以用同样的公式来计算固定利率,即:

$$FS = \frac{1-D_n}{D_1+D_2+\cdots+D_n}$$

权益互换的估值方式也一样,在 t 时刻的价值等于股权互换双方之间的价值差额。对收取固定利率支付股权收益的互换,其在 t 时刻的价值为:

$$V_t(T) = PV_{\text{Fixed Bond}} - \left(\frac{S_t}{S_{t-1}}\right) \times NP \tag{33.23}$$

对收取浮动利率支付股权收益的互换,其在 t 时刻的价值为:

$$V_t(T) = PV_{\text{Floating Bond}} - \left(\frac{S_t}{S_{t-1}}\right) \times NP \tag{33.24}$$

对收取权益收益 1 支付另一权益收益 2 的互换,其在 t 时刻的价值为:

$$V_t(T) = \left(\frac{S_{1t}}{S_{1,t-1}}\right) \times NP - \left(\frac{S_{2t}}{S_{2,t-1}}\right) \times NP$$
$$= (R_1 - R_2) \times NP \tag{33.25}$$

其中,NP 为名义本金;S_t 为当前(估算日 t 时刻)股票价格;S_{t-1} 为上一个重置日/结算日的股票价格;R 为从上一个重置日至今(t 时刻)的股权收益。

—考点要求—
描述(describe)权益互换合约的定价,计算(calculate)并解释(interpret)权益互换合约的无套利估值(★★)

例题 33.16

某投资者与交易商签署了一项股权互换协议,支付股票 X 的收益,并且收取股票 Y 的收益,名义本金 25 万美元,利息支付为每一个季度。假设 3 月后,股票 X 上涨了 3.5%,股票 Y 下跌了 1.9%,那么该投资者所持有的互换合约的价值为多少?

名师解析

本题的权益互换合约为收取权益收益 Y 支付另一权益收益 X 的互换。根据公式(33.25),已知 $R_Y = -1.9\%$,$R_X = 3.5\%$,NP=USD 250 000,则

$$V_t(T) = (R_Y - R_X) \times NP = (-1.9\% - 3.5\%) \times 250\,000 = -USD\ 13\,500$$

练一练

Johnny Depp is a senior analyst for derivatives in Golden Investment company. The main purpose for Depp is to hedge the portfolio exposure by derivatives. Recently, the chief economist, Orlando Bloom, releases his report on the European economy. He states that as the Euro zone walks out of the financial crisis, Euro will appreciate to US dollar. Depp decides to hedge the currency risk.

In a meeting, Bloom talks to Depp that based on his analysis, the US Federal Reserve is entering Fed rate hike cycle and the most appropriate investment strategy is the one that can benefit from the increasing interest rate. Following Bloom's advice, Depp intends to enter into a 3×6 FRA as a pay-fixed party. He collects the information listed in Exhibit 33.1.

Exhibit 33.1 Information about the 3×6 FRA

3-month MRR	1.00%
6-month MRR	1.10%
9-month MRR	1.25%
12-month MRR	1.50%

Depp reviews a currency swap that the Golden Investment company entered half a year ago as a US dollar payer. The swap is an annual reset, fixed-to-fixed currency swap involving Euro and US dollar. The details are listed in Exhibit 33.2 and Exhibit 33.3.

Exhibit 33.2 Details of the swap that the Golden Investment company entered half a year ago

Notional amount	USD 10 million
Swap rate for US leg	1.25%
Swap rate for Euro leg	1.00%
Maturity	2 years
Exchange rate at initiation	1.15 USD/EUR
Spot exchange rate	1.18 USD/EUR

Exhibit 33.3 Spot rates and discount factors of Euro and US dollar

	Euro spot rates	Euro discount factor	US dollar spot rates	US discount factor
0.5 year	1.10%	0.994 530	1.35%	0.993 295
1.5 year	1.15%	0.983 043	1.45%	0.978 713
2 year	1.25%	0.975 610	1.60%	0.968 992

The next assignment for Depp is to value the equity swap. The Golden Investment company has entered into an equity swap three months ago as a receive-fixed party. The details are listed in Exhibit 33.4 and Exhibit 33.5.

Exhibit 33.4 Details of the equity swap that the Golden Investment company entered three months ago

Notional amount	USD 10 million
Maturity	2 years
Frequency of reset	Annual reset
Fixed swap rate	3%
Underlying index at initiation	1 056
Current underlying index	1 103

Exhibit 33.5 Spot rates and discount factors with different maturities

Maturity	Spot rates	Discount factor
0.75 year	1.50%	0.988 875
1.25 year	1.80%	0.977 995
1.75 year	2.00%	0.966 184

Depp is required to price a six-month bond forward. The bond will pay the coupon in one month and in seven months later. The data is presented in Exhibit 33.6 and the risk-free rate is 3%.

Exhibit 33.6 Data of the six-month bond forward

Quoted bond price	105
Coupon rate	6%
Accrued interest	2.5
Maturity of the forward	6 months

After the exhausting tasks, Bloom asks Depp that "which factor will increase the price of the bond forward?"

33-1 Which of the following strategies is most appropriate for Depp to hedge the currency risk?
  A. Enter into a currency swap as a Euro-receiver.
  B. Long the FRA on Euro-Libor.
  C. Long the bond future denominated in Euro.

33-2 Based on Exhibit 33.1, the price of the 3×6 FRA is closest to:
  A. 1.197%.
  B. 0.299%.
  C. 0.654%.

33-3 Based on Exhibit 33.2 and Exhibit 33.3, the value of the currency swap for Golden Investment company is closest to:
  A. −USD 5 443.
  B. USD 256 163.
  C. USD 216 086.

33-4 Based on Exhibit 33.4 and Exhibit 33.5, the value of the equity swap for Golden Investment company is closest to:
  A. USD 445 076.
  B. −USD 75 065.
  C. −USD 196 718.

33-5 Based on Exhibit 33.6, the price of the bond forward is closest to:
  A. 109.100 6.
  B. 106.063 4.
  C. 106.563 4.

33-6 Which of the following statements is most appropriate to Bloom's question?
  A. A shorter maturity of the bond.
  B. A lower risk-free rate.
  C. A higher quoted bond price.

答案与解析

33-1 A

由题目得知 Depp 只是想对冲欧元升值带来的外汇风险,因此,可以作为外汇互换中的欧元接收方来对冲欧元升值带来的风险,因此,选 A。

选项 B,做多 Euro-Libor 的 FRA 是对冲利率上升造成的风险的途径,而不是对冲外汇风险的方法。

选项C,做多以欧元为发行币种的债券期货,是对冲债券价格风险的手段,而不是对冲汇率风险的方法。

33-2 A

对利率FRA的定价公式为:

$$\left(1+\frac{3}{12}\times r_{3-month}\right)\times\left(1+\frac{3}{12}\times FRA\right)=\left(1+\frac{6}{12}\times r_{6-month}\right)$$

$$FRA=1.197\%$$

其中,3×6 FRA表示3个月后开始的为期3(6−3)个月贷款的远期利率。

因此,选A。

33-3 B

在外汇互换开始时,首先双方交换本金。因此,作为支付美元接受欧元的Golden Investment company得到:

$$\frac{USD\ 10\ 000\ 000}{1.15}=EUR\ 8\ 695\ 652$$

美元方支付利息为:

$$USD\ 125\ 000=USD\ 10\ 000\ 000\times1.25\%$$

欧元方支付利息为:

$$EUR\ 86\ 957=EUR\ 8\ 695\ 652\times1\%$$

在互换开始0.5年后,双方未来现金流为:

	US dollar payer	Euro payer
1 year	USD 125 000	EUR 86 957
2 year	USD 125 000 + USD 10 000 000	EUR 86 957 + EUR 8 695 652

再把未来的现金流折现到T=0.5时刻:

$$P_{US\ dollars}=USD\ 125\ 000\times0.993\ 295+(USD\ 125\ 000+USD\ 10\ 000\ 000)$$
$$\times0.978\ 713$$
$$=USD\ 10\ 033\ 631$$

$$P_{Euro}=EUR\ 86\ 957\times0.994\ 530+(EUR\ 86\ 957+EUR\ 8\ 695\ 652)\times0.983\ 043$$
$$=EUR\ 8\ 720\ 164$$

最后由于Golden Investment company支付美元收取欧元,所以其价值为:

$$V=-P_{US\ dollars}+P_{Euro}\times Spot\ exchange\ rate$$
$$=-USD\ 10\ 033\ 631+EUR\ 8\ 720\ 164\times1.18USD/EUR=USD\ 256\ 163$$

因此,选B。

33-4 C

首先计算出支付固定利率一方每期所支付的金额:

$$USD\ 300\ 000=USD\ 10\ 000\ 000\times3\%$$

之后计算出支付股指收益率一方在 T＝0.25 时刻应该支付的金额：

$$\text{USD } 10\,445\,076 = \text{USD } 10\,000\,000 \times \frac{1\,103}{1\,056}$$

再罗列出双方未来的现金流：

	Fixed payer	Equity index payer
0.25 year	—	USD 10 445 076
1 year	USD 300 000	—
2 year	USD 300 000 + USD 10 000 000	—

最后把 T＝1 和 T＝2 时刻的现金流折现到 T＝0.25 时刻：

$$P_{\text{Fixed-payer}} = \text{USD } 300\,000 \times 0.988\,875 + (\text{USD } 300\,000 + \text{USD } 10\,000\,000) \\ \times 0.966\,184$$

$$= \text{USD } 10\,248\,358$$

由于 Golden Investment company 支付股指收益接收固定收益，所以其价值为：

$$V = -P_{\text{Equity-payer}} + P_{\text{Fixed-payer}}$$
$$= -\text{USD } 10\,445\,076 + \text{USD } 10\,248\,358 = -\text{USD } 196\,718$$

因此，选 C。

33-5 B

债券远期的定价公式如下：

$$P = (\text{Quoted bond price} + AI - PV(C)) \times (1+r)^T$$

其中，Quoted bond price 为标的债券的报价（净价）；AI 为截至 $t=0$ 时刻标的资产的应计利息；PV(C) 表示在远期合约存续期间内标的债券支付票息的现值；r 为无风险利率。

该远期合约期限为 6 个月并且在 1 个月后以及 7 个月后有两次票息，因此，该合约的价格为：

$$P = \left(105 + 2.5 - \frac{3}{(1+0.03)^{\frac{1}{12}}}\right) \times (1+0.03)^{\frac{6}{12}} = \text{USD } 106.063\,4$$

注意由于 7 个月之后的票息在远期合约存续期之外，所以在定价时不予考虑；在计算未来票息现值时使用无风险利率进行折现。

因此，选 B。

33-6 C

由债券远期合约定价公式：

$$P = [\text{Quoted bond price} + AI - PV(C)] \times (1+r)^T$$

得知远期合约的价格与债券的净价成正比，与无风险利率成正比，与到期期限关系不明，虽然期限的增加能使得最后的乘子 $(1+r)^T$ 变大，但是由于期限增加合约期限内票息的次数也可能增加，即 PV(C) 增大，所以到期期限对合约价格的影响不确定。因此，选 C。

第 34 章 或有求偿权的估值

章节导学

知识引导

期权作为最常见的或有求偿权衍生工具,为其所有者提供了索取由标的资产所决定的收益的权利。本章就期权的估值进行较为深入的研究,与第 33 章讨论过的远期与期货的估值类似,期权的估值模型也是以无套利原则为基准。然而无套利的期权价格就是期权的价值,期权的定价与估值是一个概念,因为某时刻期权的价值通过期权费体现。期权费的确定,也就是期权的定价过程。因此,我们只需要研究期权的估值模型即可。期权的估值模型主要有两种:适用于离散时间分布的二叉树模型以及适用于连续时间分布的 Black-Scholes-Merton(BSM)模型。希腊字母则代表了期权价值对决定期权价值变化因素的敏感性。

考点聚焦

通过本章的学习,考生需要掌握二叉树期权定价模型、BSM 模型以及期权中希腊字母的使用,并会利用二叉树模型计算两步欧式/美式期权的无套利价值以及利率期权的价值。同时考生也必须熟悉利用 BSM 模型对股票期权、货币期权、欧式期货期权以及欧式利率期权和互换的估值,并了解希腊字母的作用,特别是 delta 以及 gamma 在期权交易中的使用。

本章框架图

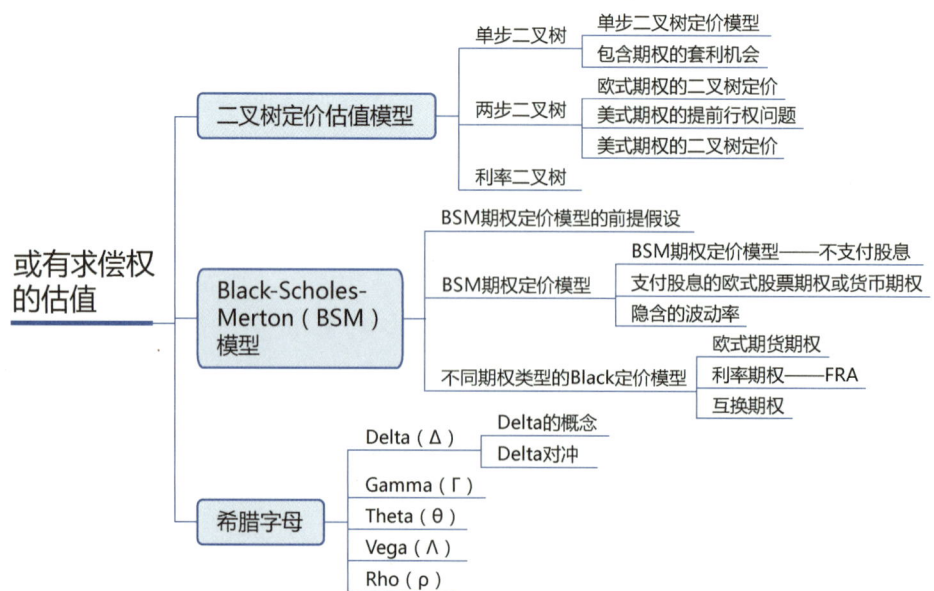

34.1 二叉树定价估值模型（Binomial Option Valuation Model）

二叉树模型能反映在期权期限内股票价格变动路径可能性的图形,它是一种依赖路径（path-dependent）的模型,因而期权的价值不仅取决于到期时标的资产的价值,更注重期权从初始至到期各个时间节点的路径过程。二叉树适用于离散时间的期权,这也是其与下节所介绍的另一种期权估值模型 BSM 模型本质上的区别。值得注意的是,期权的定价与估值是同一个概念,即期权的价值也就是期权价格,或称为期权费,不同于期货、远期以及互换的价格与估值需要被区分对待。因此,期权估值模型也是期权定价模型。

期权定价过程中会涉及一些字母符号：

S_0——股票当前价格；

X——期权的执行价格；

P——看跌期权价格；

C——看涨期权价格；

R_f——无风险利率；

f_u——单步二叉树,当股价上升时期权的价值。对于看涨期权与看跌期权,我们分别用 C^+,P^+ 表示。上标"＋"代表股价上涨的情况；

f_d——单步二叉树,当股价下跌时期权的价值,对于看涨期权与看跌期权,我们分别用 C^-,P^- 表示。上标"－"代表股价下跌的情况；

S^+——股价上升时,股票的价值。上标"＋"代表股价上涨；

S^-——股价下跌时,股票的价值。上标"－"代表股价下跌；

π_u——股价上涨时的风险中性概率；

π_d——股价下跌时的风险中性概率。

34.1.1 单步二叉树

二叉树定价模型的基本思想是在市场没有任何套利机会的前提假设下,构建一个具有无风险收益的证券组合来确定期权价值,例如构建一个股票与期权的无风险组合。要建立一个二叉树模型,我们需要知道标的资产（通常为股票）的当前价格 S_0,t 时期后,该股票的价格会出现两种可能的波动,要么上涨至 S_0u（上涨幅度用 u 表示）,要么下跌至 S_0d（下跌幅度用 d 表示）。当市场处于风险中性的情况下,股票价格上涨与下跌变化的概率分别用 π_u、π_d 表示。其中：

$$\pi_u = \frac{1+R_f-d}{u-d}, \pi_d = 1-\pi_u$$

—考点要求—
描述（describe）并解释（interpret）二叉树期权定价模型（★★★）

π_u、π_d 为风险中性概率,它们并不是实际股价上升、下跌的概率。

34.1.1.1 单步二叉树定价模型

单步（one-period）二叉树仅有初始与到期日两个时间节点,分为两条路径。通过计算到期日节点的期权价值,将两条路径价值按照对应的风险中性概率进行加权平均得到该时点的预期收益,然后以无风险利率进行折现,从而得到初始时点期权的价值 f,如图 34.1 所示。

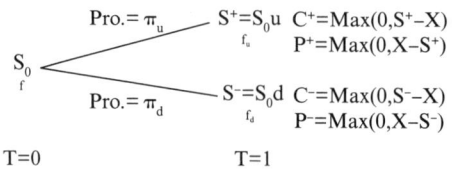

图 34.1 单步二叉树示意图

我们以一个股票与期权的组合来讨论应用单步二叉树如何计算期权的价值,该组合由 h 股股票多头头寸与一个期权空头头寸构成。其中,股票的当前价格为 S_0,初始期权的价格,即期权费为 f。到期日,股票价格会出现两种可能:要么上涨 u 至 S_0u(用 S^+ 表示),相应的期权价格为 f_u;要么股价下跌 d 至 S_0d(用 S^- 表示),相应的期权价格为 f_d。根据无套利原则,不管股价上升还是下降,在到期日这两种情况下的组合价值必然相等,否则便会有套利机会产生。因此:

$$S_0uh - f_u = S_0dh - f_d$$

$$h = \frac{f_u - f_d}{S_0u - S_0d} \text{ 等价于 } h = \frac{C^+ - C^-}{S^+ - S^-} = \frac{P^+ - P^-}{S^+ - S^-} \tag{34.1}$$

h 能够使得该交易组合没有任何风险,故其收益率必然是无风险利率。当股票价格在两个节点变化(上涨或下跌)时,h 是期权价格的变化 $f_u - f_d$ 与标的资产价格变化 $S_0u - S_0d$ 之间的比率,我们将 h 称为最优对冲比率(hedge ratio)。值得注意的是,由于期权有看涨期权与看跌期权之分,所以,$f_u = C^+$ 或 P^+,而 $f_d = P^-$ 或 C^-。因此,公式(34.1)中的表达式彼此等价。

在到期日,期权的价值如何计算?我们在一级中文教材衍生品中已经介绍过,当股价上升,$f_u = C^+$ 或 P^+。对于看涨期权,当股价上升时,其价值为 $f_u = C^+ = \max(0, S^+ - X)$:看涨期权是赋予购买者在将来以执行价格 X 购买某标的资产的权利。因此,只有在到期日,当股票价格高于执行价格,即 $S^+ > X$ 时,该期权才会被执行,期权收益为 $S^+ - X$;否则该期权不会被执行,其收益为 0。

对于看跌期权,当股价上升时,其价值为 $f_u = P^+ = \max(0, X - S^+)$:看跌期权是赋予购买者在将来以执行价格 X 出售某标的资产的权利。因此,只有在到期日,执行价格高于股票价格,即 $X > S^+$ 时,该期权才会被执行,期权收益为 $X - S^+$;否则该期权不会被执行,其收益为 0。

当股价下跌,$f_d = C^-$ 或 P^-。对于看涨期权,当股价下跌时,其价值为 $f_d = C^- = \max(0, S^- - X)$:同理,当 $S^- > X$ 时,该期权才会被执行,期权收益为 $S^- - X$;否则该期权不会被执行,其收益为 0。

对于看跌期权,当股价下跌时,其价值为 $f_d = P^- = \max(0, X - S^-)$:当 $X > S^-$ 时,期权才会被执行,期权收益为 $X - S^-$;否则该期权不会被执行,其收益为 0。

在单步二叉树模型中,股票期权价值的具体计算步骤如下:

第一步,计算期权(看涨或看跌)在到期日,当股价上涨时的收益(C^+, P^+)或股价下跌时的收益(C^-, P^-);

第二步,计算单步期权预期收益率,即在到期日股价上升或下跌情况下收益的加权平均值,权数为风险中性概率 π_u、π_d;

第三步,将在到期日的预期值(即终值)以无风险利率予以折现,从而得到今天的现值,即期权的价值/价格。

根据以上三步,我们可以得到看涨期权的价值/价格为:

$$f = C_0 = \frac{\pi_u C^+ + \pi_d C^-}{(1+R_f)^T} \qquad (34.2)$$

看跌期权的价值/价格为:

$$f = P_0 = \frac{\pi_u P^+ + \pi_d P^-}{(1+R_f)^T} \qquad (34.3)$$

> **备考小贴士**
>
> 考生在参考 John Hull 的《期权、期货及其他衍生产品》时要注意,该书中的衍生品都是使用连续复利的方式计算的,而本书中的衍生品多以离散复利形式计算。简单而言,在计算现值时,连续复利与 $e^{-R_f T}$ 相乘反映折现,离散复利与 $(1+R_f)^{-T}$ 相乘反映折现。

例题 34.1

假设某一个无红利股票的欧式看跌期权,股票的当前价格为 120 欧元,到期期限为 1 年,其执行价格为 110 欧元。若无风险利率为 4.5%,u=1.25,d=0.75。根据单步二叉树模型,该期权的最优对冲比率和价格分别为多少?

名师解析

根据题目已知条件:$S_0=120, T=1, X=110, r=4.5\%, u=1.25, d=0.75$。本题是欧式看跌期权,期权被执行的条件是 $X>S$。

$$f_u = P^+ = \max(0, X-S^+) = \max(0, 110-1.25\times120) = 0(欧元)$$
$$f_d = P^- = \max(0, X-S^-)\ \max(0, 110-0.75\times120) = 20(欧元)$$

最优对冲比率:

$$h = \frac{f_u - f_d}{S_0 u - S_0 d} = \frac{P^+ - P^-}{S_0 u - S_0 d} = \frac{0-20}{1.25\times120 - 0.75\times120} = -0.33$$

$$\pi_u = \frac{1+R_f - d}{u-d} = \frac{1+4.5\% - 0.75}{1.25 - 0.75} = 0.59,\ \pi_d = 1-\pi_u = 0.41$$

价格:

$$f = P_0 = \frac{\pi_u P^+ + \pi_d P^-}{(1+R_f)^T} = \frac{0.59\times0 + 0.41\times20}{(1+4.5\%)^1} = 7.85(欧元)$$

综上所述,在当前信息下,每份看跌期权多头与 0.33 份股票多头组合合成无风险组合,而这个看跌期权本身价值为 7.85 欧元。

34.1.1.2 包含期权的套利机会

如果期权市场的价格与通过二叉树估值模型计算得到的理论价格不同,那么套利机会便产生了:如果市场价格 f_{actual} >理论价格 f,套利者可以卖出一份看涨期权,同时买入 h

—考点要求—
辨别(identify)
包含期权的套利机会(★★)

股的股票;如果市场价格＜理论价格,则买入一份看涨期权,同时卖出 h 股股票。

注意:这里,一份期权包含 h 股股票。

$$h=\frac{\Delta f}{\Delta S}=\frac{C^+-C^-}{S^+-S^-} \text{ 或 } h=\frac{P^+-P^-}{S^+-S^-}$$

可以通过例题 34.2 来理解包含期权的套利机会。

例题 34.2

假设某一个无红利股票的欧式看涨期权,股票的当前价格为 100 欧元,到期期限为 1 年,其执行价格为 100 欧元。若无风险利率为 4.5%,u=1.25,d=0.75。根据单步二叉树模型,该期权的最优对冲比率和价格分别为多少? 如果市场的期权价格为 15 欧元,那么投资者将如何套利?

名师解析

根据题目已知条件:$S_0=100, T=1, X=100, r=4.5\%, u=1.25, d=0.75$。本题是欧式看涨期权,看涨期权被执行的条件是 $S>X$。

$$f_u=C^+=\max(0, S^+-X)=\max(0, 1.25\times100-100)=25(\text{欧元})$$
$$f_d=C^-=\max(0, S^--X) \max(0, 0.75\times100-100)=0(\text{欧元})$$

最优对冲比率:

$$h=\frac{C^+-C^-}{S_0u-S_0d}=\frac{25-0}{1.25\times100-0.75\times100}=0.5$$

$$\pi_u=\frac{1+R_f-d}{u-d}=\frac{1+4.5\%-0.75}{1.25-0.75}=0.59, \pi_d=1-\pi_u=0.41$$

价格:

$$f=C_0=\frac{\pi_u C^++\pi_d C^-}{(1+R_f)^T}=\frac{0.59\times25+0.41\times0}{(1+4.5\%)^1}=14.11\neq15(\text{欧元})$$

根据单步二叉树定价模型求得的看涨期权价格 14.11 欧元为理论价格,该期权的市场实际价格为 15 欧元,两者不等,套利机会便产生了。套利者每出售一份该欧式看涨期权的同时购买 0.5 股股票,便可获利 $15-14.11=0.89$(欧元)。

知识一点通

细心的读者可能会发现,前文中,我们谈到了看涨期权的套利机会,即看涨期权定价不合理时,如何利用看涨期权和股票组合,捕捉到无风险的套利机会。那么,如何针对看跌期权捕捉同样的套利机会呢?

和股票多头与看涨期权空头组合构成无风险组合不同,股票多头只有和看跌期权多头组合,才能构建无风险组合。所以,如果我们发现看跌期权的市场价格高于其理论价格,则意味着此时看跌期权价格过高,于是应该出售该看跌期权,为了确保组合无风险,则需要同时出售股票;如果我们发现看跌期权的市场价格低于其理论价格,则意味着此时看跌期权价格过低,于是应该购入该看跌期权,同样为了确保组合无风险,则需要同时购入股票。

34.1.2 两步二叉树

34.1.2.1 欧式期权的二叉树定价

掌握了前面的单步二叉树定价模型,对两步二叉树的理解就相对容易了。它是在单步(一个树权两个最终节点模型)基础上,又多了一个时间节点,这样在到期日便会有 2 个树权 4 个最终节点,3 个结果,如图 34.2 所示。

—考点要求—
利用两步二叉树模型计算(calculate)欧式期权的价值(★★★)

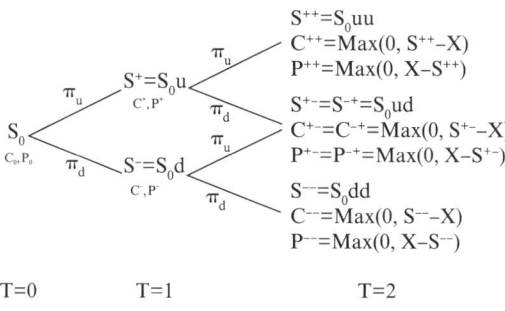

图 34.2 两步二叉树示意图

两步二叉树的计算方法与单步二叉树相同,这里我们假设步长为 $T=1$,到期日为 $T=2$。根据最终的三种价格状态,仍然由终值推导到初始状态,求现值。具体步骤:

第一步,计算在末端($T=2$ 时刻)3 种可能股票价格:S^{++},$S^{+-}=S^{-+}$,S^{--}。其中 $S^{++}=S_0uu$,$S^{+-}=S^{-+}=S_0ud$,$S^{--}=S_0dd$。

第二步,根据第一步所得的最终股价,计算期权的价值,即:

看涨:$f_{uu}=C^{++}=\max(0,S^{++}-X)$;看跌:$f_{uu}=P^{++}=\max(0,X-S^{++})$。

看涨:$f_{ud}=f_{du}=C^{+-}=C^{-+}=\max(0,S^{+-}-X)$;看跌:$f_{ud}=f_{du}=P^{+-}=P^{-+}=\max(0,X-S^{+-})$。

看涨:$f_{dd}=C^{--}=\max(0,S^{--}-X)$;看跌:$f_{dd}=P^{--}=\max(0,X-S^{--})$。

第三步,计算期权在 $T=1$ 时刻的现值,即将第二步的结果以无风险利率进行折现。该过程与单步二叉树获得公式(34.2)、公式(34.3)的过程一致。

$$\pi_u=\frac{1+R_f-d}{u-d},\pi_d=1-\pi_u$$

$$C^+=\frac{\pi_uC^{++}+\pi_dC^{+-}}{(1+R_f)^T} \tag{34.4}$$

$$C^-=\frac{\pi_uC^{-+}+\pi_dC^{--}}{(1+R_f)^T} \tag{34.5}$$

$$P^+=\frac{\pi_uP^{++}+\pi_dP^{+-}}{(1+R_f)^T} \tag{34.6}$$

$$P^-=\frac{\pi_uP^{-+}+\pi_dP^{--}}{(1+R_f)^T} \tag{34.7}$$

第四步,根据第三步的结果再次以无风险利率进行折现,计算初始期权的价值/价格,即:

$$C_0 = \frac{\pi_u C^+ + \pi_d C^-}{(1+R_f)^T}$$

$$P_0 = \frac{\pi_u P^+ + \pi_d P^-}{(1+R_f)^T}$$

> **备考小贴士**
>
> 对于公式(34.4)~(34.7),考生无须死记硬背,如果能够理解并会使用二叉树图示法,将各分支树权末端节点股价与期权价格的相应符号标注,那么每一步的计算公式其实就是公式(34.2)、公式(34.3)的转化而已,并且计算是从最末端倒推,即折现至初始的价格。所以,要牢记公式(34.2)与公式(34.3)。

例题 34.3

假设一个无分红的股票欧式期权,股票当前价格为 USD 75,该期权期限为 2 年,其执行价格为 USD 75。若无风险利率为 4.5%,u=1.15,d=0.85。根据两步二叉树模型,当该欧式期权是看涨以及看跌的当前价格分别为多少?

名师解析

根据题目已知:

$$S_0=75, T=2, X=75, r=4.5\%, u=1.15, d=0.85$$

第一步,计算在末端(T=2 时刻)3 种可能股票价格: $S^{++}=S_0 uu=USD\ 99.19$, $S^{+-}=S^{-+}=S_0 ud=USD\ 73.31$, $S^{--}=S_0 dd=USD\ 54.19$。

第二步,根据以上各节点的股票价格,计算期权价格,看涨期权被执行的条件为 S>75,看跌期权被执行的条件为 S<75。

看涨: $f_{uu}=C^{++}=\max(0, S^{++}-X)=24.19$;看跌: $f_{uu}=P^{++}=\max(0, X-S^{++})=0$。

看涨: $f_{ud}=f_{du}=C^{+-}=C^{-+}=\max(0, S^{+-}-X)=0$;看跌: $f_{ud}=f_{du}=P^{+-}=P^{-+}=\max(0, X-S^{+-})=1.69$。

看涨: $f_{dd}=C^{--}=\max(0, S^{--}-X)=0$;看跌: $f_{dd}=P^{--}=\max(0, X-S^{--})=20.81$。

第三步,计算在 T=1 时刻,期权的价格:

$$\pi_u = \frac{1+R_f-d}{u-d} = \frac{1+4.5\%-0.85}{1.15-0.85} = 0.65, \pi_d = 1-\pi_u = 0.35$$

$$C^+ = \frac{\pi_u C^{++} + \pi_d C^{+-}}{(1+R_f)^T} = \frac{0.65 \times 24.19 + 0.35 \times 0}{(1+4.5\%)^1} = USD\ 15.05$$

$$C^- = \frac{\pi_u C^{-+} + \pi_d C^{--}}{(1+R_f)^T} = \frac{0.65 \times 0 + 0.35 \times 0}{(1+4.5\%)^1} = 0$$

$$P^+ = \frac{\pi_u P^{++} + \pi_d P^{+-}}{(1+R_f)^T} = \frac{0.65 \times 0 + 0.35 \times 1.69}{(1+4.5\%)^1} = USD\ 0.57$$

$$P^- = \frac{\pi_u P^{-+} + \pi_d P^{--}}{(1+R_f)^T} = \frac{0.65 \times 1.69 + 0.35 \times 20.81}{(1+4.5\%)^1} = USD\ 8.02$$

第四步,根据第三步的结果再次以无风险利率进行折现,计算初始期权的价格:

$$C_0 = \frac{\pi_u C^+ + \pi_d C^-}{(1+R_f)^T} = \frac{0.65 \times 15.05 + 0.35 \times 0}{(1+4.5\%)^1} = USD\ 9.36$$

$$P_0 = \frac{\pi_u P^+ + \pi_d P^-}{(1+R_f)^T} = \frac{0.65 \times 0.57 + 0.35 \times 8.02}{(1+4.5\%)^1} = \text{USD } 3.04$$

两步二叉树图示：

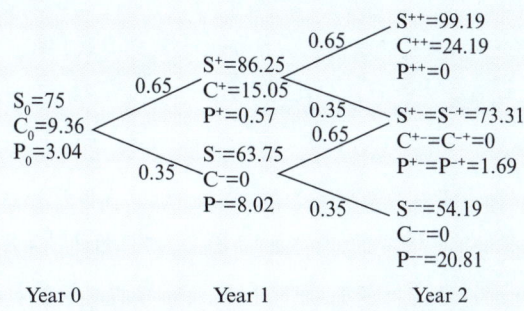

注意：对于欧式期权，当期权的标的资产、到期期限以及执行价格都相同的情况下，只要知道欧式看涨期权的价格，通过看涨-看跌平价关系式就可以求得欧式看跌期权的价格。因此，以上例题的另一种算法便是，利用二叉树模型获得欧式看涨期权的价格，即 9.36，然后根据看涨-看跌平价关系式：

$$S_0 + P_0 = C_0 + PV(X)$$

$$P_0 = C_0 + PV(X) - S_0 = 9.36 + \frac{75}{(1+4.5\%)^2} - 75 = \text{USD } 3.04$$

34.1.2.2 美式期权的提前行权问题

美式期权与欧式期权的本质区别在于，美式期权在到期日前的任何一天都可以执行期权，而欧式期权必须要等到到期日才能够选择执行还是不执行期权。因此，美式期权的价格高于欧式期权，而且通常美式期权都是被执行的，在实务中投资者基本都是选择美式期权进行交易。在使用二叉树模型计算美式期权时，应考虑提前行权的问题。

1. 标的资产为不支付红利股票的美式期权

标的资产为不支付红利的股票美式看涨期权，通常由于看涨期权的价格将会高于执行价格，故不会被提前执行。

> **知识一点通**
>
> 美式期权行权没有到期选择行权的期限限制，因此，其价格比欧式期权高，故美式看涨期权的价格大于欧式看涨期权，即 $C_{Am} \geq C_{Euro}$。根据欧式看涨-看跌期权平价关系式 $C_{Euro} = P_{Euro} + S - Xe^{-r\Delta t}$，我们可得 $C_{Am} \geq P_{Euro} + S - Ke^{-r\Delta t}$，在不等式右边加减 X，可得 $C_{Am} \geq P_{Euro} + S - X + X - Xe^{-r\Delta t} = P_{Euro} + (S-X) + X(1-e^{-r\Delta t})$。因此，$C_{Am} \geq S - X$。
>
> 如果提前行权只能获得 S−X 的收益，却放弃了 $X(1-e^{-r\Delta t}) > 0$ 加上 P>0 的收益，因此，对于标的资产不支付股利的美式看涨期权，其持有者在到期前永远不会提前执行期权。

标的资产为不支付红利的股票美式看跌期权，在到期前提前行使期权可能会有更大的收益。

> **知识一点通**
>
> 与美式看涨期权一样，美式看跌期权的价格大于欧式看跌期权，即 $P_{Am} \geq P_{Euro}$。根据欧式看涨-看跌期权平价关系式 $C_{Euro} = P_{Euro} + S - Xe^{-r\Delta_t}$，可得 $P_{Am} \geq C_{Euro} - S + Xe^{-r\Delta_t} = C_{Euro} - S + X - X + Xe^{-r\Delta_t} = C_{Euro} - X(1 - e^{-r\Delta_t}) + (X - S)$。是否提前行权取决于 $C_{Euro} - X(1 - e^{-r\Delta_t})$ 是否小于 0，以下三种情况可能使该项为负，这样提前行权便更为有利：
>
> （1）对于深度实值的看跌期权（即 $X > S$），C_{Euro} 的价值很小，该项约等于 $-X(1-e^{-r\Delta_t})$，或者说只要 $r > 0$，当 S 足够小，即刻行使美式看跌期权总是更有利；
>
> （2）无风险利率 r 越高，$X(1-e^{-r\Delta_t})$ 越大；
>
> （3）波动率越小，内在价值 $X - S$ 基本固定，到期行权相当于放弃了提前行权后再投资无风险资产的收益。

2. 标的资产为支付红利的股票美式期权

对于支付红利股票的美式期权，深度实值的美式看跌期权或看涨期权提前行权会更有利。对于深度实值的美式看跌期权（即 $X > S$），行使后的价值可根据无风险利率进行投资，并获得超过看跌期权时间价值的利息；对于支付股息/红利股票的美式看涨期权，股票价格在除息日下跌，在股价下跌之前行使该期权可能会更有价值。

> **知识一点通**
>
> 对于支付红利的股票美式期权，是否提前行权，在理论上取决于红利收益与时间价值哪个更大，根据看涨-看跌期权（支付红利股票）平价公式：
>
> $$C_{Am} \geq C_{Euro} = P_{Euro} + S - Xe^{-r\Delta_t} - D = P_{Euro} + S - X + X - Xe^{-r\Delta_t} - D$$
> $$C_{Am} \geq P_{Euro} + (S - X) + X(1 - e^{-r\Delta_t}) - D$$
>
> 对于美式看涨期权，红利收益一般很难超越时间价值，即 $P_{Euro} + X(1 - e^{-r\Delta_t}) - D$ 项一般仍为正，此时美式看涨期权提前行权的最大可能是标的资产在支付红利后价格下跌导致期权价格下跌，提前行权的概率随着 D 的增加而增加。而对于看跌期权，$P_{Am} \geq C_{Euro} + (X - S) - X(1 - e^{-r\Delta_t}) + D$，随着 D 的增加，$C_{Euro} - X(1 - e^{-r\Delta_t}) + D$ 项为负的可能变小，便越不可能提前行权。

—考点要求—
利用两步二叉树模型计算（calculate）美式期权的价值（★★）

34.1.2.3 美式期权的二叉树定价

由欧式期权单步以及两步二叉树的计算过程，我们可以得出其基本的计算方法为：

（1）将期权从初始至到期的时间段分为若干阶段，根据股价的上涨或下跌及其相对应的概率模拟整个期限内所有可能的变化路径，即各树权分支；

（2）在每一树权末端的节点计算期权的行权收益，并将该结果以无风险利率进行贴现,得到初始的期权价格。

而美式期权由于可能被提前行使,故在计算美式期权价值时,需要在每一个树权末端节点决定期权是否将被执行:如果提前执行价值(收益)大于理论价值(即基于无套利原则计算获得的价值),那么提前行使则更有利。简单而言,就是**在每个节点都需要选择执行价值与理论价值较高的一个**。下面通过例题来更直观地理解欧式期权价值与美式期权价值在计算上的不同处。

例题 34.4

假设一个无股息股票的看跌期权,到期期限为 2 年,股票的当前价格为 USD 85,该股票期权的行权价格为 USD 90。若无风险利率为 3%,u=1.122,d=0.542,根据两步二叉树模型,分别计算该股票的欧式看跌期权与美式看跌期权的当前价格。

名师解析

根据题目已知条件:$S_0=85$,$T=2$,$X=90$,$r=3\%$,$u=1.122$,$d=0.542$

(1) 该股票的欧式看跌期权的初始价格。

第一步,计算在末端(T=2 时刻)3 种可能股票价格:$S^{++}=S_0uu=USD\ 107.01$,$S^{+-}=S^{-+}=S_0ud=USD\ 51.69$,$S^{--}=S_0dd=USD\ 24.97$。

第二步,根据以上各节点的股票价格,计算期权价格,看跌期权被执行的条件为 S<90。

看跌:$f_{uu}=P^{++}=\max(0,X-S^{++})=0$

看跌:$f_{ud}=f_{du}=P^{+-}=P^{-+}=\max(0,X-S^{+-})=38.31$

看跌:$f_{dd}=P^{--}=\max(0,X-S^{--})=65.03$

第三步,计算在 T=1 时刻,期权的价格:

$$\pi_u=\frac{1+R_f-d}{u-d}=\frac{1+3\%-0.542}{1.122-0.542}=0.84,\pi_d=1-\pi_u=0.16$$

$$P^+=\frac{\pi_uP^{++}+\pi_dP^{+-}}{(1+R_f)^T}=\frac{0.84\times0+0.16\times38.31}{(1+3\%)^1}=USD\ 5.95;$$

$$P^-=\frac{\pi_uP^{-+}+\pi_dP^{--}}{(1+R_f)^T}=\frac{0.84\times38.31+0.16\times65.03}{(1+3\%)^1}=USD\ 41.34$$

第四步,根据第三步的结果再次以无风险利率进行折现,计算初始期权的价格:

$$P_0=\frac{\pi_uP^++\pi_dP^-}{(1+R_f)^T}=\frac{0.84\times5.95+0.16\times41.34}{(1+3\%)^1}=USD\ 11.27$$

所以欧式看跌期权的初始价格为 USD 11.27。欧式看跌期权两步二叉树图示如下:

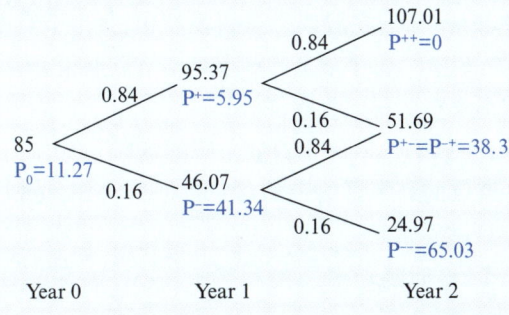

(2) 该股票的美式看跌期权的初始价格。

第一步和第二步与欧式期权一致,不再赘述。

第三步,计算在 T=1 时刻,股票的价格为:$S^+=S_0u=95.37$,$S^-=S_0d=46.07$。期权的价格:

$$P^+=\frac{\pi_u P^{++}+\pi_d P^{+-}}{(1+R_f)^T}=\frac{0.84\times 0+0.16\times 38.31}{(1+3\%)^1}=USD\ 5.95$$

而提前执行的收益,即股票价格 S=95.37 与执行价格 X=90 相比较,S>X,看跌期权被执行的条件为 S<90,故期权不被行使,$P^-=0$。两个 P^- 相比较,取较大的一个,即 $P^-=5.95$。

$$P^-=\frac{\pi_u P^{-+}+\pi_d P^{--}}{(1+R_f)^T}=\frac{0.84\times 38.31+0.16\times 65.03}{(1+3\%)^1}=USD\ 41.34$$

而提前执行的收益,即股票价格 S=46.07 与执行价格 X=90 相比较,S<X,看跌期权被执行的条件为 S<90,故期权被行使,$P^-=90-46.07=43.93$。两个 P^- 相比较,取较大的一个,即 $P^-=43.93$。

第四步,根据第三步的结果再次以无风险利率进行折现,计算初始期权的价格:

$$P_0=\frac{\pi_u P^++\pi_d P^-}{(1+R_f)^T}=\frac{0.84\times 5.95+0.16\times 43.93}{(1+3\%)^1}=USD\ 11.68$$

所以,美式看跌期权的初始价格为 USD 11.68。美式看跌期权两步二叉树图示如下:

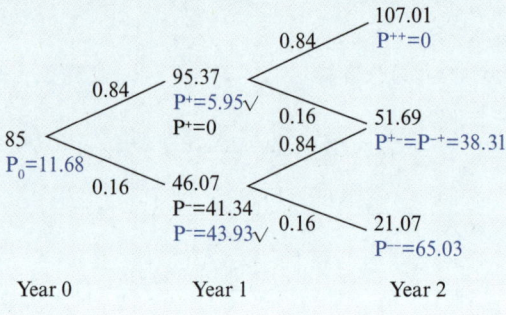

34.1.3 利率二叉树

—考点要求—
利用两步二叉树模型计算(calculate)并解释(interpret)利率期权的价值(★★)

利率二叉树模型与常用的股票二叉树模型具有相似的结构,利率期权的标的资产是利率乘以本金,而执行价格则是利率。利率二叉树模型假设利率从初始状态上涨或下跌到下一时刻状态的概率都是 0.5。在股票二叉树模型中,每个节点的贴现率都是同一个无风险利率,但在利率二叉树中,每个节点的利率是与节点期相对应的单期远期利率。各节点的利率还需要乘以名义金额得到收益价值。

假设名义本金为 NP=USD 1,利率上升或下降的概率 $\pi=0.5$,T=2(时间步长为1),X 为行使利率。通常各节点的利率是给定的,即 S^{++}、S^{+-}、S^{--}、S^+、S^- 为已知信息。两步利率期权二叉树的计算过程如下。

第一步,根据末端(T=2 时刻)3 种可能利率 S^{++}、$S^{+-}=S^{-+}$、S^{--},计算期权的价值(这一步与股票期权一致),即

看涨:$f_{uu}=C^{++}=\max(0,S^{++}-X)\times NP$;看跌:$f_{uu}=P^{++}=\max(0,X-S^{++})\times NP$。

看涨：$f_{ud}=f_{du}=C^{+-}=C^{-+}=\max(0,S^{+-}-X)\times NP$；看跌：$f_{ud}=f_{du}=P^{+-}=P^{-+}=\max(0,X-S^{+-})\times NP$。

看涨：$f_{dd}=C^{--}=\max(0,S^{--}-X)\times NP$；看跌：$f_{dd}=P^{--}=\max(0,X-S^{--})\times NP$。

第二步，计算期权在 T=1 时刻的现值，即根据给定节点利率，将第二步的结果进行折现。

$$\pi=0.5$$

$$C^+=\frac{\pi C^{++}+\pi C^{+-}}{(1+S^+)^T} \tag{34.8}$$

$$C^-=\frac{\pi C^{-+}+\pi C^{--}}{(1+S^-)^T} \tag{34.9}$$

$$P^+=\frac{\pi P^{++}+\pi P^{+-}}{(1+S^+)^T} \tag{34.10}$$

$$P^-=\frac{\pi P^{-+}+\pi P^{--}}{(1+S^-)^T} \tag{34.11}$$

第三步，根据第二步的结果以初始利率进行折现，计算初始期权的价值/价格，即

$$C_0=\frac{\pi C^++\pi C^-}{(1+S_0)^T} \tag{34.12}$$

$$P_0=\frac{\pi P^++\pi P^-}{(1+S_0)^T} \tag{34.13}$$

例题 34.5

假定一个基于一年期利率的欧式看涨期权，执行利率为 3.75%，距离到期日 2 年，名义本金为 USD 2 000 000。根据下列利率二叉树计算，该看涨期权的价格为多少？

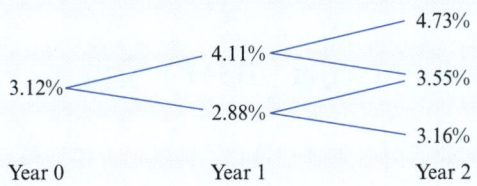

名师解析

根据题目已知条件：

$$S_0=3.12\%, T=2, X=3.75\%, \pi=0.5, NP=USD\ 2\ 000\ 000$$

第一步：$S^{++}=4.73\%, S^{+-}=S^{-+}=3.55\%, S^{--}=3.16\%$，计算期权的价值。

$$f_{uu}=C^{++}=\max(0,S^{++}-X)\times NP=(4.73\%-3.75\%)\times 2\ 000\ 000=USD\ 19\ 600$$

$$f_{ud}=f_{du}=C^{+-}=C^{-+}=\max(0,S^{+-}-X)\times NP=0$$

$$f_{dd}=C^{--}=\max(0,S^{--}-X)\times NP=0$$

第二步：计算期权在 T=1 时刻的现值，即根据给定节点利率，将第一步的结果进行折现。$S^+=4.11\%, S^-=2.88\%, T=1$，则

$$C^+=\frac{\pi C^{++}+\pi C^{+-}}{(1+S^+)^T}=\frac{0.5\times 19\ 600+0.5\times 0}{1+4.11\%}=USD\ 9\ 413.12$$

$$C^- = \frac{\pi C^{-+} + \pi C^{--}}{(1+S^-)^T} = 0$$

第三步：根据第二步的结果以初始利率进行折现，计算初始期权的价值/价格，即：

$$C_0 = \frac{\pi C^+ + \pi C^-}{(1+S_0)^T} = \frac{0.5 \times 9\ 413.12 + 0.5 \times 0}{1 + 3.12\%} = USD\ 4\ 564.16$$

该利率两步二叉树图示如下：

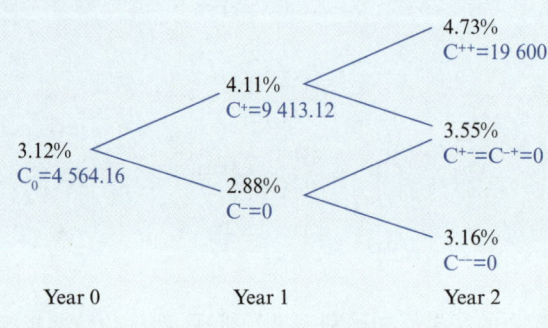

> **备考小贴士**
>
> 利率期权两步二叉树每一个节点的利率代表从该节点到下一个节点这段时间内的远期利率，故计算每一个节点的期权价格所使用的贴现率自然也应为该利率，在倒推法计算的过程中尤其需要注意。本部分内容与二级"固定收益"中的二叉树完全相同，可彼此参考。

34.2 Black-Scholes-Merton（BSM）模型

在期权定价领域内，除适用于离散时间的二叉树定价模型外，还有适用于连续时间的布莱克-斯科尔斯-莫顿（BSM）模型。可以说，BSM 模型是二叉树模型的连续时间形式，因此，**BSM 模型中的利率使用的是连续复利形式，而不是离散的年复利形式。**

34.2.1 BSM 期权定价模型的前提假设

—考点要求—
辨别（identify）
BSM 期权定价模型的假设（★★）

任何一种经济金融理论都是基于某种理想（非现实）状态的前提假设，对某经济现象或某变量等进行研究。BSM 期权定价模型作为描述股票价格行为的模型，同样也是建立在一些理想化的前提假设下，主要有：

（1）被模型定价的期权必须持有至到期日才能执行，不允许提前行权，因此，该模型仅适用于欧式期权定价；

（2）标的资产价格的变化遵循几何布朗运动（geometric brownian motion），即标的资产价格的变动符合对数正态分布，并且价格上涨或下跌的走势较为平稳，具有连续性，没有任何跳空高开或跳空低开；

（3）标的资产的收益率是连续复利形式，并且是已知的、按年化收益率计算的常量；

(4) 允许无风险利率的借贷，无风险利率也同样是连续复利形式，并且是已知的常量；
(5) 标的资产回报的波动率 σ 在期权到期期限内也是已知的常数；
(6) 市场无摩擦：
① 市场上的交易无税收、无交易成本和监管限制；
② 市场上不存在任何无风险的套利机会；
③ 标的资产具有高度流动性，可以连续交易并可以无限分割；
④ 允许卖空标的资产，并将所获资金用于无风险利率的投资。

> **知识一点通**
>
> 几何布朗运动和布朗运动均为连续时间状态下的随机过程，但二者之间存在区别。随机过程 S 遵循**几何布朗运动**：$dS/S=\mu dt+\sigma dW$，S 不能为负数，符合对数正态分布，一般用来描述标的资产价格的动态过程；而随机过程 S 遵循**布朗运动**：$dS=\mu dt+\sigma dW$，S 可以为负数，符合正态分布，一般用来描述利率的动态过程。W 为一个维纳过程，μ 为股票价格的预期收益率，σ 为股价每年的波动率。

> **备考小贴士**
>
> 完全理解 BSM 模型的推演逻辑，对于数学要求非常高。但是就考试而言，我们只需要了解 BSM 模型的假设，并不需要准确掌握诸如布朗运动或维纳过程之类的名词。如果想全面了解 BSM 模型，可以先学习"随机过程"理论等相关知识。

34.2.2 BSM 期权定价模型

将二叉树模型推广到无限多个时间节点，每一个时间间隔都是无穷小，就得到了 BSM 期权定价模型①。

—考点要求—
描述（describe）
运用 BSM 模型对股票期权进行估值(★★)

34.2.2.1 BSM 期权定价模型——不支付股息

不支付股息的欧式看涨期权 BSM 模型公式为：

$$C_0 = S_0 N(d_1) - X e^{-R_f^c T} N(d_2) \tag{34.14}$$

不支付股息的欧式看跌期权 BSM 模型公式为：

$$P_0 = X e^{-R_f^c T} N(-d_2) - S_0 N(-d_1) \tag{34.15}$$

其中：

$$d_1 = \frac{\ln\left(\frac{S_0}{X}\right) + \left(R_f^c + \frac{\sigma^2}{2}\right) \times T}{\sigma \sqrt{T}}; \quad d_2 = d_1 - \sigma \sqrt{T}$$

---

① 具体推导过程可以查阅《期货、期权及其他衍生产品（第八版）》附录 12A，注意本章中期权的执行价格是用 X 表示，而不是 K。

—考点要求—
解释（interpret）BSM 模型的组成部分（★★）

$N(x)$ 为标准正态分布的累积分布函数，T 为到期期限，R_f^c 为连续复利形式的无风险利率。

如何理解 BSM 期权定价模型？该模型看似复杂，但有多种便于理解的角度，其本质与我们学过的其他衍生品的定价模型是十分类似的，在这里从两方面来理解 BSM 模型。

一方面，根据风险中性定价的原理，欧式期权的价格可以被看作是到期日该期权预期价值的现值，即

$$C_0 = e^{-R_f^c T} E[\max(S_T - X, 0)] = PV[S_0 e^{R_f^c T} N(d_1) - X N(d_2)]$$
$$= S_0 N(d_1) - X e^{-R_f^c T} N(d_2) \tag{34.16}$$

$$P_0 = e^{-R_f^c T} E[\max(X - S_T, 0)] = PV[X N(-d_2) - S_0 e^{R_f^c T} N(-d_1)]$$
$$= X e^{-R_f^c T} N(-d_2) - S_0 N(-d_1) \tag{34.17}$$

就欧式看涨期权而言，其现值是将未来的预期价值 $S_0 e^{R_f^c T} N(d_1) - X N(d_2)$ 以 R_f^c 予以折现，即乘以 $e^{-R_f^c T}$ 得到公式（34.14）。欧式看跌期权同理。$N(d_2)$ 是用于衡量看涨期权到期被行使或者处于实值情况（$S_T > X$）的概率。$N(-d_2) = 1 - N(d_2)$ 为看跌期权到期被行使或者处于实值情况（$X > S_T$）的概率。如果到期 $S_T > X$，那么看涨期权被执行，折现后的到期收益为 $e^{-R_f^c T}(S_T - X)$，即 $N(d_1) = 1, N(d_2) = 1$；如果 $X > S_T$，则看涨期权不被执行，收益为 0，即 $N(d_1) = 0, N(d_2) = 0$，看跌期权同理。

另一方面，我们从公式（34.16）与公式（34.17）可见，BSM 模型可以被看作由两部分组成：一个股票与一份零息债券。具体而言，欧式看涨期权可以视为利用无风险利率借入 $X e^{-R_f^c T} N(d_2)$ 资金[等价于以价格 $X e^{-R_f^c T}$ 卖空 $N(d_2)$ 份零息债券]用于购买 $N(d_1)$ 股股票的（完全对冲的）无风险组合，到期日股票价值为 $S_0 e^{R_f^c T} N(d_1)$，用于偿还资金 $X N(d_2)$。同样，欧式看跌期权是卖空 $N(-d_1)$ 股股票用于购买 $N(-d_2)$ 份价格为 $X e^{-R_f^c T}$ 零息债券的无风险组合。

备考小贴士

考生对于 BSM 模型的相关公式，即公式（34.14）~（34.17）不需要死记硬背，只需要理解即可，考试中并不针对上述公式考核计算题。

34.2.2.2 支付股息的欧式股票期权或货币期权

—考点要求—
描述（describe）如何运用 BSM 模型对股票期权、货币期权进行估值（★★）

在第 33 章计算远期价格时提到过持有收益/成本。**持有收益（carry benefits）包括股票股息、债券的利息、货币期权的外币利率**等，用 γ 表示。而持有成本（carry costs）则是如储存费用、保险费等成本，它可被视为持有收益的相反数，故用 -γ 表示。持有收益/成本均是连续复利形式。注意：这里的持有收益也可等价于货币期权的外币利率（R_f^c 为本币利率），同样也是连续复利形式。因此，**支付股息的欧式看涨期权与欧式看涨货币期权的 BSM 模型公式是一样的**，即

$$C_0 = S_0 e^{-\gamma T} N(d_1) - X e^{-R_f^c T} N(d_2) \qquad (34.18)$$

支付股息的欧式看跌期权或欧式看跌货币期权 BSM 模型公式为：

$$P_0 = X e^{-R_f^c T} N(-d_2) - S_0 e^{-\gamma T} N(-d_1) \qquad (34.19)$$

$$d_1 = \frac{\ln\left(\frac{S_0}{X}\right) + \left(R_f^c - \gamma + \frac{\sigma^2}{2}\right) \times T}{\sigma \sqrt{T}}, d_2 = d_1 - \sigma \sqrt{T}$$

持有收益会降低标的资产未来的预期价值，这个结论与之前的远期定价一致。但这里要注意的是，持有收益率 γ 会降低欧式看涨期权的价值，而增加欧式看跌期权的价值。

34.2.2.3 隐含的波动率（Implied Volatility）

从以上 BSM 期权定价模型可以看到，在该模型中有 5 个输入值，即股票当前价格 S_0、期权执行价格 X、到期期限 T、无风险利率 R_f^c 以及股价的波动率 σ（在 d_1，d_2 中）。看涨或看跌期权的价格是这些输入值的方程，以方程的形式表示即 $f(S_0, X, T, R_f^c, \sigma)$，这些输入值中的前 4 个均可观察得到，唯有股票价格的波动率 σ 无法观测到，通常都是通过对历史数据样本进行预测获得。因此，我们称期权市场价格中隐含了标的资产收益率的波动率（标准差）。只要有了市场的期权价格，那么该波动率便可通过 BSM 模型反向推算获得。

—考点要求—
定义（define）隐含波动率并解释（explain）其在期权交易中的使用（★★）

在 BSM 模型中，假设 σ 是已知的常量，但是在实践中隐含的 σ 会随着期权执行价格 X、到期期限 T、看涨还是看跌的不同而变化。但在期权市场中，常常使用隐含波动率来进行期权的报价，换句话说，不以期权价格而是以隐含波动率报价。譬如一个 3 个月期实值看涨期权的报价为 25%，而不是对应的价格 USD 13。这意味着交易者可以使用隐含波动率来比较两种行权价格和到期日显著不同的期权的价值。

34.2.3 不同期权类型的 Black 定价模型

上节中讨论了最为常见的以股票为标的资产的 BSM 期权定价模型，本节将对 BSM 模型做一定的调整变形，用于对（股指）期货期权、利率期权以及互换期权进行定价的模型，该模型称为 Black 定价模型。

34.2.3.1 欧式期货期权

根据在第 33 章学过的期货知识，我们知道期货通常是在交易所完成交易，因此，当期权的标的资产是期货，投资者首先需要在交易所开设保证金账户，缴纳一定的初始保证金。但在 Black 模型中，我们则忽略期货应有的保证金要求以及逐日盯市/按市值计价（marking to market）的制度。

—考点要求—
描述（describe）如何运用 Black 模型对欧式期货期权进行估值（★★）

从初始进入期货合约直至到期日的期货价格为 $F_0(T) = S_0 e^{R_f^c T}$，当期权的标的资产为期货时，用 $e^{-R_f^c T} F_0(T)$ 替代原 BSM 模型中的 S_0，便得到了 Black 公式。

欧式看涨期货期权的 Black 模型为：

$$C_0 = e^{-R_f^c T}[F_0(T) N(d_1) - X N(d_2)] \qquad (34.20)$$

欧式看跌期货期权的 Black 模型为：

$$P_0 = e^{-R_f^c T}[XN(-d_2) - F_0(T)N(-d_1)] \qquad (34.21)$$

其中：

$$d_1 = \frac{1}{\sigma\sqrt{T}}\left[\ln\left(\frac{F_0(T)}{X}\right) + \left(\frac{\sigma^2}{2}\right)T\right], d_2 = d_1 - \sigma\sqrt{T}$$

34.2.3.2 利率期权——FRA

> **—考点要求—**
> 描述（describe）如何运用 Black 模型对欧式利率期权进行估值（★★）

利率期权以 FRA 的远期利率为将来交割时的利率，换句话说，利率期权的标的资产为一个"M×N"的 FRA，其中 M 为期权到期日（以月数计），N 为 FRA 虚拟贷款的到期日（以月数计），如图 34.3 所示。

图 34.3　FRA 利率期权流程图示

欧式看涨利率期权的 Black 模型为：

$$C_0 = e^{-R_f^c \times \frac{N}{12}}[FRA \times N(d_1) - XN(d_2)] \times NP\left(\frac{N-M}{12}\right) \qquad (34.22)$$

由于 M×N FRA 是在 0 时刻签订并在 M 时刻到期的 FRA，并且确定了固定远期利率，而且在 M 时刻开始，于 N 时刻到期的虚拟贷款，其中 M 与 N 都是以月份数计算。所以，原 BSM 模型中的 $T = \frac{N}{12}$，远期利率 $FRA = S_0 e^{R_f^c \times \frac{N}{12}}$，当期权的标的资产为远期利率时，原 BSM 模型中的 S_0 被 $e^{-R_f^c \times \frac{N}{12}} FRA$ 替代。这里的执行价格 X 是行使利率而不是价格。另外，标的是远期利率，而我们要计算得出的却是利率期权价格，因此，还需要乘以名义本金以及 FRA 的期限 N−M 个月，即 $NP \times \left(\frac{N-M}{12}\right)$，便得到了以上的 Black 公式。

同理，欧式看跌利率期权的 Black 模型为：

$$P_0 = e^{-R_f^c \times \frac{N}{12}}[XN(-d_2) - FRA \times N(-d_1)] \times NP\left(\frac{N-M}{12}\right) \qquad (34.23)$$

其中：

$$d_1 = \frac{1}{\sigma\sqrt{\frac{M}{12}}}\left[\ln\left(\frac{FRA}{X}\right) + \left(\frac{\sigma^2}{2}\right) \times \frac{M}{12}\right], d_2 = d_1 - \sigma\sqrt{\frac{M}{12}}$$

> **—考点要求—**
> 描述（describe）如何运用 Black 模型对欧式互换期权进行估值（★★）

利率期权赋予期权买方以市场利率支付特定现金的权利。当市场利率大于行使利率时，利率看涨期权赋予购买者以行使利率支付约定数额现金的权利；相反，当市场利率小于行使利率时，利率看跌期权则赋予购买者以行使利率收取约定数额现金的权利。所以，当市场利率上升时，利率看涨期权的购买者盈利；当利率下跌时，利率看跌期权的购买者盈利。

34.2.3.3　互换期权

以上的利率 FRA 期权可以说是互换期权的基石。如果行使利率等于当前的

FRA 远期利率,那么一个利率看涨期权的多头头寸与一个利率看跌期权的空头头寸等价于一个收浮动付固定的 FRA;而一个利率看跌期权的多头头寸与一个利率看涨期权的空头头寸等价于一个收固定付浮动的 FRA。它的流程图示与 FRA 利率期权很类似,如图 34.4 所示。

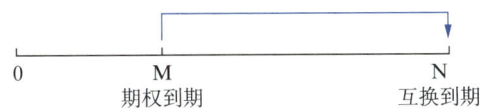

图 34.4 互换期权流程图示

互换在第 33 章已经介绍过,互换期权则是赋予购买者进入一个以双方同意的互换利率 X 为行使利率的互换协议的权利。由于互换的特殊性,为避免混淆,不再使用看涨看跌期权来标识,而使用支付方互换以及收取方互换。

支付方互换(payer swaption)赋予购买者进入一个以固定利率支付、浮动利率收取的利率互换的权利。该互换持有者通常预测未来的利率会上升,类似看涨期权。同样,收取方互换(receiver swaption)赋予购买者进入一个以固定利率收款、浮动利率支付的互换的权利,该互换持有者通常预测未来的利率会下降,类似看跌期权。

例如,在未来的某一天(如在 6 个月之内),有权进入一个固定利率及特定期限(如 5 年)的利率互换,其中 6 个月为期权的到期期限,5 年为互换的到期期限。考虑一家将在 1 年后发行 5 年期的浮动利率债券的公司,公司希望把浮动的支付互换成固定的支付,因此,该公司可购买一个互换期权。该期权能赋予公司一个 5 年期支付固定 8% 利率的互换的权利,如果 1 年后的互换利率高于 8% 则执行期权,否则便不执行。如果利率上升,互换期权的买方即固定利率的支付方获利。表 34.1 总结了一些相关概念。

表 34.1 互换期权的概念

名称	买入	卖出
支付方互换	支付期权费 C	收取期权费 C
	支付固定、收取浮动	若执行,收取固定、支付浮动
收取方互换	支付期权费 P	收取期权费 P
	支付浮动、收取固定	若执行,收取浮动、支付固定

> **备考小贴士**
>
> 34.2.3 节所涉及的各期权定价只需要理解概念即可,不涉及任何计算,因此,公式不需要硬记。

34.3 希腊字母(Greeks)

前两节讨论了期权的定价模型,在 BSM 模型中也接触了期权定价模型的 5 个输入值的方程式 $f(S_0, X, T, R_f^c, \sigma)$,如果某个输入值发生变化,那么对期权价格会产生怎样的影响?

这就是本节所要讨论的话题,希腊字母。每一个希腊字母都用于衡量期权的某一特定风险,度量期权的价格对各种因素(BSM 模型输入值)的敏感度。从数学角度来讲,希腊字母是导数的概念,即期权的价格变化随各因素变化的程度。

对欧式期权价格的影响因素来源于 5 个输入值,包括标的资产价格 S_0(由 Delta 和 Gamma 衡量)、距离到期日时间 T(由 Theta 衡量)、标的资产波动率 σ(由 Vega 衡量)、无风险利率 R_f^c(由 Rho 衡量)。

—考点要求—
解释(interpret)各期权希腊字母的含义(★★★)

(1) Delta(Δ):在其他 4 个变量(输入值)不变的情况下,当标的资产价格如股票价格 S_0 发生较小的变化时,期权价格所发生的变化。Δ 是期权价格对当前股价的一阶导,$\Delta = \frac{\partial f}{\partial S_0}$。

(2) Gamma(Γ):在其他 4 个变量不变的情况下,当标的资产价格如股票价格 S_0 发生较小的变化时,期权的 Delta 所发生的变化。Γ 是 Δ 对当前股价的一阶导,或者说是期权价格对当前股价的二阶导,$\Gamma = \frac{\partial^2 f}{\partial S_0^2}$。

(3) Theta(θ):在其他 4 个变量不变的情况下,当期权流逝的时间 t 发生较小的变化时,期权的价格所发生的变化,有时又被称为时间损耗(time decay)。θ 是期权价格对时间 t 变化的一阶导,$\theta = \frac{\partial f}{\partial t}$。

> **备考小贴士**
>
> 希腊字母 Theta 中的 t 与传统意义上的时间 t 含义不同,在考试中需要特别注意。
>
> 传统意义上,时间 t 指剩余的时间,而希腊字母 Theta 则衡量"流逝的时间"这个变量发生变化对期权价格的影响。
>
> 比如期权发行时,其到期时间为 6 个月,现在已经过去了 1 个月,还剩下 5 个月。传统意义上,t 指剩下这 5 个月;而 Theta 则指流逝了 1 个月的时间对期权价值的影响。

(4) Vega(Λ):在其他 4 个变量不变的情况下,当股价波动率发生较小的变化时,期权价格所发生的变化。Λ 是期权价格对股价波动率的一阶导,$\Lambda = \frac{\partial f}{\partial \sigma}$。

(5) Rho(ρ):在其他 4 个变量不变的情况下,当无风险利率发生较小的变化时,期权的价格发生的变化。ρ 是期权价格对无风险利率的一阶导,$\rho = \frac{\partial f}{\partial R_f^c}$。

我们接下来具体研究这 5 个希腊字母的含义以及作用。这里我们仍然专注于欧式期权。股票的股息/红利 δ 是以连续复利形式表示,若股票不支付股息,则 δ=0。

34.3.1 Delta(Δ)

34.3.1.1 Delta 的概念

在期权中,Delta 描述了标的资产价格对于期权价格的一阶(导数)影响,假设 Δ=

0.4，这意味着当股票价格发生很小的变动时，相应期权的价格变化等于股价变化的40%。如何来理解这一概念？以欧式看涨期权为例，图34.5中的折线代表的是欧式看涨期权的收益，转折点为执行价格X，在该点的左边由于S<X，看涨期权不会被执行，故我们说看涨期权处于虚值（out-of-the-money）状态；而位于该点的右边S>X，看涨期权会被行使，期权则处于实值（in-the-money）状态。期权的实值与虚值代表的是期权的内在价值（intrinsic value）。在期权到期前，其价值＝内在价值＋时间价值，因此，看涨期权的价值实际是一条曲线而不是折线。该曲线的斜率便是Δ，因此，我们可以说Delta是期权价格变化与标的资产价格变化曲线切线的斜率。

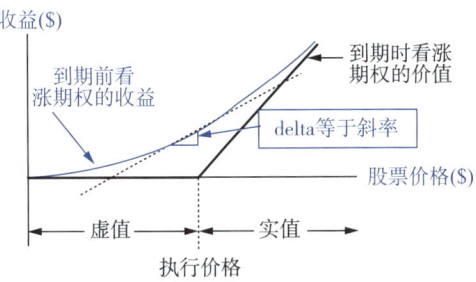

图34.5　Delta示意图

因此，我们可以得到支付红利的股票欧式看涨期权，其Δ_c为：

$$\Delta_c = \frac{\partial c}{\partial S} = \frac{C^+ - C^-}{S^+ - S^-} = e^{-\delta T} N(d_1) \tag{34.24}$$

支付红利的股票欧式看跌期权，其Δ_p为：

$$\Delta_p = \frac{\partial p}{\partial S} = \frac{P^+ - P^-}{S^+ - S^-} = -e^{-\delta T} N(-d_1) \tag{34.25}$$

值得注意的是，在本章前文中，我们定义过delta对冲比率，即：

$$h = \frac{C^+ - C^-}{S^+ - S^-} \text{ 或 } h = \frac{P^+ - P^-}{S^+ - S^-}$$

若标的股票不支付股息，即$\delta=0$，那么看涨期权的$\Delta=N(d_1)$，也就是前节提到的"最优对冲比率"，即期权到期时处于实值状态的概率；而看跌期权则是$\Delta=-N(-d_1)$。因此，看涨期权delta的取值范围也就是$N(d_1)$的取值范围，即[0,1]；而看跌期权的$\Delta=-N(-d_1)=N(d_1)-1$，其取值范围为[-1,0]。当期权处于平值（at-the-money），即S=X时，则看涨期权和看跌期权的delta分别为0.5和-0.5。

由于delta衡量的是股价变动对于期权价格的影响，那么随着股价的上升，欧式看涨期权的Δ_c会从0上升至1；深度虚值（S<X）看涨期权的Δ_c趋向于0，而深度实值（S>X）看涨期权的Δ_c趋向于1。同样，随着股价的上升，欧式看跌期权的Δ_p从-1上升至0；深度虚值（X<S）看跌期权的Δ_p趋向于0，而深度实值（X>S）看跌期权的Δ_p趋向于-1。图34.6则呈现了不支付股息股票期权的Δ与股票价格之间的变化关系。

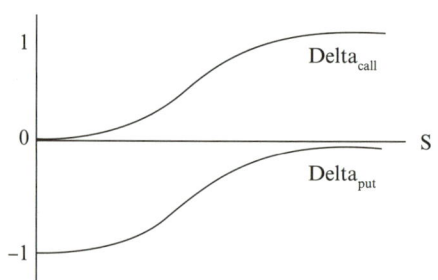

图 34.6 不支付股息股票期权的 Δ 与股票价格之间的关系

> **知识一点通**
>
> 当看涨期权临近到期日,如果期权处于虚值,那么期权的斜率即 Δ 趋于 0;如果期权处于实值,那么 Δ 趋于 1(图 34.6)。同样,当看跌期权临近到期日,如果期权处于虚值,那么期权的斜率即 Δ 趋于 0;如果期权处于实值,那么 Δ 趋于 -1。

34.3.1.2 Delta 对冲

—考点要求—
描述(describe)
Δ 对冲(★★★)

Delta 中性投资组合是将标的资产与期权相结合,从而使得投资组合的价值不会随标的资产价格的变化而变化。换句话说,delta 对冲期权的本质在于,通过用标的资产的头寸来复制期权的相反头寸,从而使投资组合不会随标的资产(如股票)价格的上升或下跌而变化,即 Δ=0,保持整个组合"delta 中性"(delta neutral)。

所谓"复制",即"delta 份标的资产的多头头寸相当于 1 份看涨期权的空头头寸",看涨期权的多头头寸应使用标的资产的空头头寸来对冲,如果是看涨期权的空头头寸,那么便使用标的资产的多头头寸来对冲。对于看跌期权同理,即一个看跌期权的多头头寸应使用标的资产的多头头寸来对冲,一个看跌期权的空头头寸应使用标的资产的空头头寸来对冲。

用于 Δ 对冲的期权数量则是对冲标的资产股票的数量与期权 Δ 之间比率的相反数,用 N_{call} 代表看涨期权的份数,N_{stock} 代表对冲工具股票的数量,对冲 N_{call} 份看涨期权所需要的股票数量为:

$$N_{call} = -\frac{N_{stock}}{\Delta_{call}}, N_{put} = -\frac{N_{stock}}{\Delta_{put}} \tag{34.26}$$

其中,负号代表对冲头寸的反向关系,即对冲股票需要做空看涨期权,对看跌期权也是同样的道理。当 Δ 为正,意味着对冲组合是由股票多头头寸与看涨期权的空头头寸所构成;当 Δ 为负,对冲组合则是由股票多头头寸与看跌期权的多头头寸构成。

> **知识一点通**
>
> 如果将公式(34.26)中分母移项至等号左边,并全部移到等号的一边,如 $N_{stock} + N_{put} \times \Delta_{put} = 0$,这就是一个 delta 中性的对冲组合。

例题 34.6

假设某投资者向我们出售了 5 000 股股票的看跌期权。看涨期权的 Δ 值为 0.482,看跌期权的 Δ 值为 −0.207。每一份股票期权对应一股股票。如果对冲工具是股票,那么投资者需要多少股股票来进行 Δ 对冲? 如果对冲工具是看涨期权,那么投资者需要多少份看涨期权来进行 Δ 对冲?

名师解析

本题已知 $\Delta_{call}=0.482$,$\Delta_{put}=-0.207$,看跌期权数量为 5 000 股,期权与股票数量 1∶1。根据公式(34.26):

$$N_{put}=-\frac{N_{stock}}{\Delta_{put}}$$

(1) 如果对冲工具是股票,那么 $N_{stock}=-N_{put}\times\Delta_{put}=-(-5\,000)\times(-0.207)=-1\,035$,注意题目中是出售看跌期权,因此,$N_{put}=-5\,000$。

所以,当对冲工具是股票,投资者需要出售 1 035 股股票。

(2) 如果对冲工具是看涨期权,根据对冲原则,对冲工具变动幅度需与对冲对象变动幅度互为相反数,使得整个对冲组合变动幅度为 0。因此,可得以下公式:

$$N_{call}\times\Delta_{call}+N_{put}\times\Delta_{put}=0$$

$$N_{call}=-\frac{N_{put}\times\Delta_{put}}{\Delta_{call}}=-\frac{(-5\,000)\times(-0.207)}{0.482}=-2\,147$$

所以,当对冲工具是看涨期权,那么投资者需要出售 2 147 份看涨期权。

从本例题中,我们也可以总结出一个结论:期权的数量总是比股票数量多,因为 Δ 的绝对值≤1。股票数量除以≤1 的 Δ,自然得到大于股票数量的期权数量。

备考小贴士

Delta 对冲属于二级"衍生工具"的高频考点,具体的关注点包括两方面:对冲工具的头寸方向(多头还是空头)和对冲工具的使用量。

关于对冲工具的使用量,请务必记住:期权的数量总是比股票数量多。于是,知道股票的使用量和 delta 数值(delta 的绝对值小于等于 1),则用股票数除以 delta 的绝对值;反之,知道期权的使用量和 delta 数值,则用期权的使用量乘以 delta 的绝对值。

关于对冲工具的头寸方向,请务必保证两种金融资产价格变化方向相反。

在这里有一个小技巧,比如资产 A 的价格会随着标的股票的价格上升而上升,资产 B 的价格会随着标的股票的价格上升而下降,则 A、B 两种资产的头寸方向须相同。例如,股票合约和看跌期权,股票远期合约和看跌期权,看涨期权和看跌期权。

如果资产 A 的价格会随着标的股票的价格上升而上升,资产 B 的价格也会随着标的股票的价格上升而上升,则 A、B 两种资产的头寸方向须相反。例如,股票合约和看涨期权,股票远期合约和看涨期权。

—考点要求—
描述(describe) gamma 风险在期权交易中的作用(★★)

34.3.2 Gamma (Γ)

Gamma 的数学定义为期权价格对标的资产(股票)价格的二阶偏导数,即 delta 对于标

的资产价格的一阶偏导数。具有相同特征的看涨和看跌期权，其 gamma 值是相等的，即

$$\Gamma_{call}=\Gamma_{put}=\frac{\partial^2 f}{\partial S^2}=\frac{\Delta^+ - \Delta^-}{S^+ - S^-}=\frac{e^{-\delta T}}{S\sigma\sqrt{T}}n(d_1) \qquad (34.27)$$

> **知识一点通**
>
> 按照数学定义，gamma 为期权 delta 的变化与标的资产价格变化之间的比率，更直观地理解，它实际是图 34.6 中看涨或看跌 Δ 曲线的斜率（也可以说是标的资产价格曲线的"曲率"）。由于两条 Δ 曲线是平行的，并且都是斜率向上，所以，看涨或看跌期权的 gamma 值总是为正值，即 $\Gamma_{call}=\Gamma_{put}>0$。

> **备考小贴士**
>
> 公式(34.27)不需要记忆，考生只需要了解即可。

当期权处于实值或虚值的情况时，gamma 值变得越来越小，在深度实值或深度虚值处甚至趋向于 0。

当 gamma 处于期权平值状态（即 S=X）时，其取值最大，但取值数额还要取决于时间，因此，无法给出确切的最大值范围。

当期权离到期日越远，时间价值变得越大，平值点的曲率变得越小，即 gamma 越小。

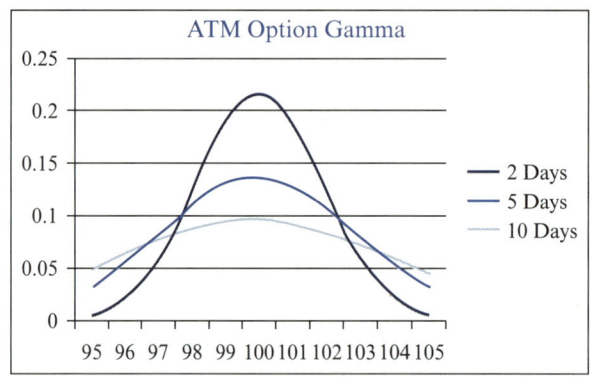

图 34.7　期权购买方的 gamma 值与剩余期限

之所以引入 gamma 这个希腊字母，是因为仅使用 delta 衡量期权价格时会出现误差，因为 delta 仅衡量期权价格与股票价格之间的线性关系。然而，期权价格与股票价格之间实际是非线性关系，该非线性部分的风险就需要二阶导的 gamma 来衡量。

当 BSM 模型中"价格连续变化"的假设不成立，即股票价格发生了突然跳跃式上升或下跌，打破了股价连续平稳的变动，那么即使是 delta 中性的投资组合，其组合价值也会出现波动，即价值变化不再为 0，我们称这样的 delta 非中性敞口为"gamma 风险"。如果 BSM 模型的假设都成立，那么我们就不会遭遇 gamma 风险。

34.3.3　Theta（θ）

Theta(θ)被定义为由于时间流逝而引起期权价值变化的敏感度，也被称为时间流逝 t

(time decay),与其他影响因子不同,时间不是一个风险因子。值得注意的是,T 代表的是期权到期期限,T−t 代表的是期权距到期日的剩余时间,t 则是期权到期前的任何一个时间点。无论是看涨期权还是看跌期权,θ 通常为负值,意味着随着时间的流逝,期权的价值会不断下降,但深度实值看跌期权的 θ 可能为正值。

> **知识一点通**
>
> 深度实值看跌期权多头对应的 θ 可能为正,即意味着流逝的时间越多,这个深度实值看跌期权的价值可能越大。
>
> 这个表达方式大家可能不熟悉,我们可以换种表达方式:如果有行权可能,深度实值看跌期权可能被提前行权(时间价值为负,所以越早行权越划算,时间流逝越多越好)。
>
> 有没有发现,这个结论,在本章第一节关于美式期权行权的部分中也被提到过呢?

34.3.4　Vega(Λ)

Vega(Λ)衡量期权价格变化对标的资产波动率的敏感性,其计算公式为两者之间的比率。通常 vega 的绝对值越大,该期权的价格对于标的资产价格波动率的变化越敏感。在 BSM 模型的 5 个变量中,期权价格对于资产波动率变化的敏感性是最高的。与 gamma 类似,具有相同特征的看跌期权和看涨期权的 vega 是相同的。期权多头方的 vega 值一定为正数,当波动率上涨时,期权价格/价值上升,对于期权多头方有利。当期权在平值状态或者平值状态附近时,其 vega 具有比相同条件下虚值和实值状态的期权更大的绝对值。

34.3.5　Rho(ρ)

Rho(ρ)衡量的是期权价格对无风险利率的敏感性:

$$\rho_{call}=\frac{\partial c}{\partial r}=XTe^{-rT}N(d_2),\rho_{put}=\frac{\partial p}{\partial r}=-XTe^{-rT}N(-d_2) \quad (34.28)$$

从公式(34.28)可以看出,看涨期权的 ρ 大于零,看跌期权的 ρ 小于零。即当无风险利率上升时,看涨期权的价值会上升,看跌期权的价值会下降。因为看涨期权的内在价值为标的资产价格减去执行价格的现值,无风险利率越高,执行价格的现值越低,看涨期权的价值越高,故 ρ 为正值;而看跌期权的内在价值为执行价格的现值减去标的资产价格,无风险利率越高,执行价格的现值越低,看跌期权的价值越低,故 ρ 为负值。

> **备考小贴士**
>
> 本节的 5 个希腊字母中,最为重要的是 Δ 与 Γ,当然 θ、Λ 以及 ρ 也不容忽略。为了便于记忆后三个字母,可以 theta 对应 time,vega 对应 volatility,rho 对应 risk,希腊字母与对应变量的首字母是相同的。

练一练

Shia La Beouf is a private fund manager specialized in derivative trading. Josh Duhamel is a VIP client for the fund. One day Duhamel is quite confused whether the stock option on High-Tech company is mispriced and asks Beouf to value the option.

High-Tech stock option

High-Tech company is in the IT industry and the company's stock is currently traded at USD 40 per share. Beouf estimates the appropriate up-move factor is 1.15 and the risk-free rate is 3% for every period. Then Beouf checks Duhamel's portfolio and finds Duhamel has two-period American-style call options with an exercise price of USD 45. After collection of the relative data, Beouf prepares to value the call option on the High-Tech stock.

Delta hedge

Beouf predicts the price of Bike-Sharing company will decrease in the near future so that Beouf intends to hedge the downside potential by derivatives. Beouf finds Duhamel's portfolio currently holds 10 000 shares of Bike-Sharing company which is priced at USD 30 in the market. He requires Megan Fox, his assistant, to hedge the position by either put option or call option. Then Fox collects the information in Exhibit 34.1.

Exhibit 34.1   Information of delta and exercise price

	Delta	Exercise price
Call	0.658 4	USD 27
Put	$-0.324\ 5$	USD 28

Interest rate option

Beouf received the latest released report on macro economy two days ago. He believes that the US Federal Reserve will accelerate the speed of raising the interest rate. He is worried about his long position in US Treasury and plans to hedge the risk by interest rate call option. He estimates the probability of a raise in interest rate is 0.5 and the exercise rate for the two-year European style call option is 3.5%. Finally, he sets up the binomial tree of interest rates shown in Exhibit 34.2.

Exhibit 34.2   Binomial tree of interest rates

```
Year 0         Year 1         Year 2

                               5.5%
               3.5%
2.5%                           4%
               1.75%
                               2.5%
```

Fox recently learns the BSM model is a useful tool for valuing the options from a proseminar, but Fox is confused about the assumptions of the BSM model and asks Beouf the reasons behind the model. Beouf makes two statements on the BSM model.

Statement 1: The BSM model assumes that the price of the underlying asset follows a lognormal distribution which ensures the price of the underlying asset is never equal to or less than zero.

Statement 2: The BSM model assumes that the price of the underlying asset is a continuous process, meaning that the price of the underlying asset cannot jump from one level to another.

Fox is also confused about the Greek letters of the options. She wonders how risk-free interest rate affects the value of the options and how to measure the change of delta given the price change of the underlying asset.

34-1 The value of the two-period American-style call option on the High-Tech stock is closest to:
A. USD 2.43.
B. USD 2.58.
C. USD 1.86.

34-2 Based on Exhibit 34.1, which of the following strategies is most appropriate to hedge the downside risk of Bike-Sharing company stock?
A. Buy 15 188 calls on the Bike-Sharing company stock.
B. Buy 30 817 puts on the Bike-Sharing company stock.
C. Sell 6 584 calls on the Bike-Sharing company stock.

34-3 Based on Exhibit 34.2, the value of the interest call option is closest to:
A. 0.709 0%.
B. 0.864 5%.
C. 0.943 6%.

34-4 Which of the Shia's statements on the BSM model is/are correct?
A. Statement 1.
B. Statement 2.
C. Both Statement 1 and Statement 2.

34-5 The most appropriate respond to Fox's question about the impact of the risk-free rate is:
A. the risk-free rate is unrelated to the price of the call option.
B. the risk-free rate is positively related to the price of the call option.
C. the risk-free rate is positively related to the price of the put option.

34-6 Which of the following Greek letters is most appropriate to Fox's question about the change of Delta?
A. Vega.
B. Rho.
C. Gamma.

答案与解析

34-1 A

由题目得知 up factor=1.15,可计算出 down factor=1/up factor=0.87,之后计算风险中性概率,其中向上移动的概率为:

$$\pi = \frac{1+r-d}{u-d} = \frac{1+0.03-0.87}{1.15-0.87} = 0.571\,4$$

向下移动的概率为:

$$1-\pi = 1-0.571\,4 = 0.428\,6$$

最后构建二叉树,如下图所示:

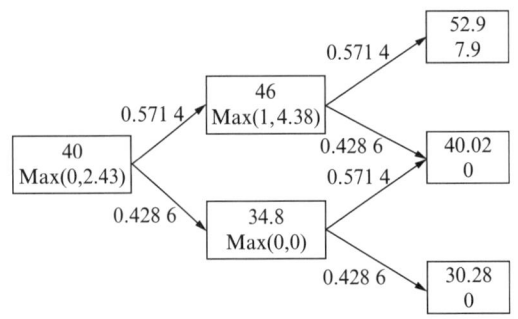

其中 Node1-1 中的看涨期权价值为：

$$4.38 = \text{Max}\left(0, 46-45, \frac{0.5714 \times 7.9 + 0.4286 \times 0}{1.03}\right)$$

Node1-2 中的看涨期权价值为：

$$0 = \text{Max}\left(0, 34.8-45, \frac{0.5714 \times 0 + 0.4286 \times 0}{1.03}\right)$$

同理，Node 0 中的看涨期权价值为：

$$2.43 = \text{Max}\left(0, 40-45, \frac{0.5714 \times 4.38 + 0.4286 \times 0}{1.03}\right)$$

注意此期权为美式期权，可以在期权到期前任意时刻行权。

因此，选 A。

34-2 B

Duhamel 的账户中有 10 000 股 Bike-Sharing 公司的股票，因此，需要对冲其头寸的期权数目为：

$$N_{call} = -\frac{10\,000}{0.6584} = -15\,188 \text{ calls}$$

或者：

$$N_{put} = -\frac{10\,000}{-0.3245} = 30\,817 \text{ puts}$$

因此，选 B。

34-3 A

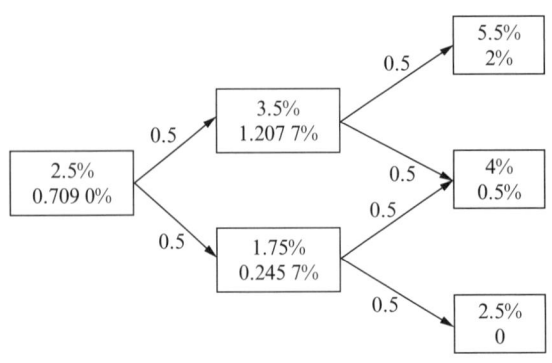

在 T=2 时刻

$$C^{++} = \text{Max}(0, 5.5\% - 3.5\%) = 2\%$$
$$C^{+-} = \text{Max}(0, 4.0\% - 3.5\%) = 0.5\%$$
$$C^{--} = \text{Max}(0, 2.5\% - 3.5\%) = 0\%$$

在 T=1 时刻

$$C^+ = \frac{0.5 \times 2\% + 0.5 \times 0.5\%}{1.035} = 1.2077\%$$
$$C^- = \frac{0.5 \times 0.5\% + 0.5 \times 0\%}{1.0175} = 0.2457\%$$

在 T=0 时刻

$$C = \frac{0.5 \times 1.2077\% + 0.5 \times 0.2457\%}{1.025} = 0.7090\%$$

注意此期权为欧式期权,只能在期权到期时刻行权。

因此,选 A。

34-4 C

Beouf 所说的两个关于 BSM 模型的假设都是正确的。BSM 模型假设标的资产的价格服从对数正态分布,并且假设标的资产的价格变化是连续的不存在价格跳跃的随机过程。因此,选 C。

34-5 B

在五个希腊字母中 Rho 衡量无风险利率对期权价格的影响,在其他条件不变的情况下,无风险利率与看涨期权的价格正相关,与看跌期权的价格负相关。

34-6 C

在五个希腊字母中 Gamma 衡量标的资产的价格对期权 Delta 的影响,其中 Gamma 表示对期权价格的凸度的调整,因此,选 C。

选项 A,Vega 衡量标的资产波动率对期权价格的影响。

选项 B,Rho 衡量无风险利率对期权价格的影响。

第 8 部分

另类投资

科目导学

考情分析

另类投资(也称"其他类投资")是相对于传统投资产品(股票、债券、现金等资产)而言的投资类别。CFA®一级的"另类投资"部分已经对另类投资的基本概念、类别、策略等方面进行了简单的介绍。CFA®二级的"另类投资"部分将深入探讨三种另类投资类型:大宗商品、不动产和对冲基金。本部分共有四章,其中,第 35 章介绍大宗商品及相关衍生品,第 36、37 章主要讲了不动产投资概述和公开交易不动产证券,第 38 章介绍对冲基金的投资策略。

相较于 2023 年,2024 年另类投资的考纲要求发生了重大改变,删除了私有不动产投资和私募股权投资两个章节,加入了对冲基金章节。该部分在整个考试中占比 5%~10%,即可能出 1 或 2 个 case 题,定性考查多于定量考查。本部分的四章中,第 37 章和第 38 章,即公开交易不动产证券和对冲基金为重点章节。其中,公开交易不动产证券的估值以及对冲基金的各种投资策略是考试的重点和难点。考生在学习过程中,需要结合书中的经典例题,能够在理解的基础上进行相关分析和计算。

本部分框架图

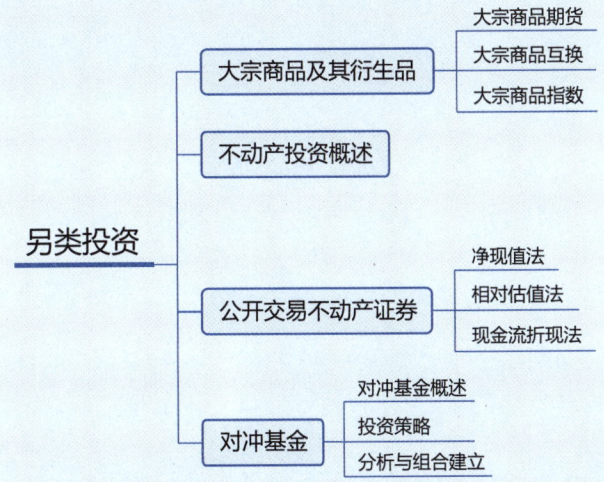

第35章 大宗商品及其衍生品

章节导学

知识引导

从广义上讲,大宗商品(commodity)是指可进入非零售环节的流通领域、具有商品属性、可用于工农业生产或消费的大批量买卖的实物商品,如石油、黄金、经济作物等。由于大宗商品投资与传统投资的相关性较低,将大宗商品加入投资组合能够更有效地分散风险,从而使投资者获得更高的风险调整后收益。

考点聚焦

本章主要介绍了大宗商品及其衍生品,定量考点较少,多为定性考点。首先,本章简单介绍了大宗商品相关的基本概念,包括其定义、分类和估值特点,并阐述了各类商品的特点和生命周期。其次,本章介绍了两种主要的大宗商品衍生品,即大宗商品期货和大宗商品互换。其中,大宗商品期货是本章的重点内容,尤其是现货价格与期货价格之间的关系以及三种期货合约的收益理论。最后,本章简单介绍了大宗商品指数的特征。

本章框架图

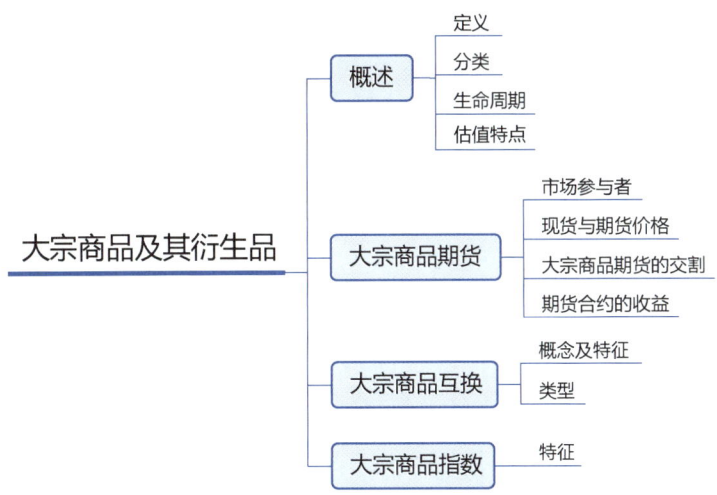

35.1 大宗商品概述

35.1.1 大宗商品的定义

大宗商品(commodity)在广义上是指可进入非零售环节的流通领域、具有商品属性、可用于工农业生产或消费的大批量买卖的实物商品。狭义上,大宗商品是指同质化、可交易、被广泛作为工业基础原材料的商品。

35.1.2 大宗商品的分类

—考点要求—
比较(compare)各类大宗商品的特点(★)

根据彭博大宗商品指数(Bloomberg Commodity Index)的分类标准,大宗商品可以分为以下六类:能源(energy)、谷物(grains)、牲畜(livestock)、工业金属(industrial base metals)、贵金属(precious metals)和经济作物(softs/cash crops)。

35.1.2.1 能源(Energy)

能源可以细分为以下三类:原油(crude oil)、天然气(natural gas)和精炼品(refined products)。

1. 原油

(1) 原油的特征。

原油是一种可燃液体,不需要特殊的储存设施。但是,原油本身的使用非常有限,需要被开采、加工和精炼后,才能拥有更高的使用价值。

(2) 原油供需的影响因素。

影响全球原油供应和需求的因素主要包括技术(technology)、政治(politics)和经济周期(business cycle)。

技术对原油供需的影响包括三个方面:原油的开采技术、原油加工成其他产品的技术和有效性,以及机器对原油相关产品的使用率。

政治对原油的供给产生影响,主要体现在地缘政治冲突(geopolitical conflict)。由于超过半数以上的石油储备都集中在中东地区,中东地区的地缘政治冲突对原油供给的影响最为显著且剧烈。

原油的需求会随着**经济周期**的变化而波动。当经济处于上行阶段时,工业生产和日常生活所需的原油量增加;反之,原油需求降低。

> 知识一点通
> 由于石油是储存在地下的,天气(weather)对原油的供给影响是暂时的。

2. 天然气

(1) 天然气的特征。

天然气是可以直接使用的可燃气体。由于其化学特性,天然气需要特殊的储存和运输设施,所以其储存和运输成本相对较高。

(2)天然气供需的影响因素。

影响全球天然气供应和需求的因素与原油相似,即技术、政治和经济周期。除此之外,天气因素也会影响天然气的需求。冬夏两季,天然气分别被用来加热取暖和空调降温。因此,天然气的供给和季节性(seasonality)因素从根本上影响天然气的价格。

3. 精炼品

(1)精炼品的特征。

精炼品是原油经过加工和提炼后所形成的,能够被终端设备直接使用的燃料,例如汽油、航空煤油、丙烷、船用重油等。精炼品的保存期(shelf life)较短,通常仅为几天。

(2)精炼品供需的影响因素。

影响精炼品供应的一个主要因素为天气。大多数炼油厂位于主要的海岸线和港口,以便于海洋原油资源的获得,因此,这些炼油厂更容易受到恶劣天气的影响。

影响精炼品需求的两个因素为天气和环境法令(environmental mandates)。精炼品的需求与天然气一样呈现季节性,在冬夏两季的需求量较高。环境法令对精炼品的需求有负面影响。在更严格的环境法令下,与精炼品相关的污染排放标准被提高,相关的处理成本增加,精炼品需求下降。

35.1.2.2 谷物 (Grains)

1. 谷物的特征

谷物的存储周期比较长,通常可以保存多个季度。

2. 谷物的供需影响因素

天气、病虫害(disease and pests)、科技和政治等因素都会对谷物的供需产生一定的影响。

(1)天气会对谷物的供给产生极为重要的影响:光照和降水会直接决定谷物的产量和面积。

(2)病虫害会影响谷物的存活率和产量。

(3)科技和政治因素会影响谷物的供给和需求,包括生物工程、转基因和社会舆论等。

35.1.2.3 牲畜 (Livestock)

1. 牲畜的特征

牲畜包括狗、牛、羊和家禽等动物。牲畜可以储藏,通过冷冻技术可以延长屠宰后牲畜的储存时间。

2. 牲畜的供需影响因素

牲畜的供需影响因素包括谷物价格、天气、疾病、政策等。

(1)谷物价格与牲畜的供给正相关,与牲畜的价格负相关:若作为饲料的谷物的价格上升,为避免饲养成本的上升,牲畜会被屠宰得更早,牲畜供给会增加,相应的价格就会下降;如果谷物价格下降,牲畜的价格则会增加。

(2)天气和疾病会影响动物的健康和体重状况,进而影响牲畜的供给量。

(3)政策可以通过控制允许使用的药物和生长激素(growth hormones)的种类来影响牲畜的供给。

35.1.2.4 工业金属（Industrial Metals）

1. 工业金属的特征

工业金属是指被广泛用于工业生产和制造过程中的，由被开采的矿石加工而成的铜（copper）、铝（aluminum）、镍（nickel）、锌（zinc）、铅（lead）、锡（tin）和铁（iron）等金属。大多数工业金属都能够储存多年。

2. 工业金属的供需影响因素

影响工业金属供需的因素包括：GDP 的增长，天气和季节以及政治、社会、投资和环境因素。

（1）工业金属的需求与 GDP 的增长有关：由于工业金属广泛用于工业生产和制造过程，当整体经济繁荣、GDP 高速增长时，厂商对工业金属的需求增加。

（2）天气和季节因素会影响工业金属的需求：建筑、制造等过程会对天气和气候有一定的要求，恶劣的天气状况会抑制工业金属的需求。

（3）政策会影响企业的经营状况，继而影响其对工业金属的需求。

（4）社会因素（如工人罢工）、开发决策（矿山和冶炼厂有较高的固定投资要求）及环境问题（空气污染和水污染）等也都会影响工业金属的供需。

35.1.2.5 贵金属（Precious Metals）

1. 贵金属的特征

贵金属主要指金、银和铂族金属等八种金属。贵金属的化学性质较为稳定，储存周期较长。

贵金属既可以应用于货币领域，又可以用作工业制造。其中，金、银和铂金本身具有贮藏价值，可以充当硬通货。同时，它们还可以作为生产电子设备、汽车和首饰的原材料。

> **知识一点通**
>
> 贵金属和工业金属的区别在于，两者的应用场景不同。工业金属主要用于工业生产和制造，而贵金属主要用作硬通货和首饰锻造。

2. 贵金属的供需影响因素

天气对于贵金属的供给影响较小，而影响贵金属需求的因素包括工业生产活动、通胀预期和资金流量。

（1）作为生产电子设备、汽车和首饰的原材料，贵金属会受到工业生产活动的影响。

（2）通胀预期的变化会影响贵金属的需求：在高通胀的情况下，投资黄金可以有效对冲风险，抗击通胀影响，对财富进行保值。

（3）随着社会财富的增加，人们的资金流量增加，对贵金属的需求增加。

35.1.2.6 经济作物（Softs/Cash Crops）

1. 经济作物的特征

经济作物是指为工业（特别是轻工业）提供原料的作物，包括棉花、咖啡豆、糖料作物和可可豆等。

> **知识一点通**
>
> 与谷物相比,经济作物的作用是创造经济价值而不仅仅是消费。生长种植而来的经济作物称为软商品(soft commodity),与开采获得的硬商品(hard commodity)相对。

2. 经济作物的供需影响因素

影响经济作物需求的主要因素为全球(特别是新兴市场)的经济发展。全球经济的发展促进了财富水平的提升,带动了人们对各类大宗商品的需求。

影响经济作物供给的主要因素为耐贮性(storability)、政策和天气。

(1) 经济作物的耐贮性(storability)(即是否能长期保持新鲜)会直接影响其质量和重量。

(2) 当地政府的相关政策会影响经济作物的供给水平。例如,一些国家通过战略囤积(strategic stockpiles)来控制当地市场上作物的供给,从而影响其价格。

(3) 经济作物的种植会受到天气的影响,恶劣的气候会降低作物的产量。

35.1.3 大宗商品的生命周期

35.1.3.1 生命周期的含义及特征

—考点要求—
比较(compare)各类大宗商品在生命周期不同阶段的特点(★)

生命周期(life cycle) 是指大宗商品从生产到交易,再到最终消费的时间跨度。大宗商品生命周期的长短会影响其供需关系,进而影响其市场行为与估值。若商品的生命周期较短,则商品需要被快速消费,市场能够根据外界的环境和事件做出反应,迅速进行调整。若商品的生命周期较长,市场做出调整的能力有限。大宗商品的生命周期受到多种因素的影响,包括经济、科技、产业结构和行业状况。

35.1.3.2 各类商品的生命周期特征

不同类型的商品,其生命周期的特征也不同。其中,能源、金属和牲畜的具体特征如下。

1. 能源

天然气开采出来后,可以直接被使用,因此,生产周期(production life cycle)较短;而原油本身的使用范围较小,需要被加工、提炼后才能广泛使用,因此,生产周期较长。

2. 工业金属和贵金属

金属可以在相对较长的时间段内被储存,因此,其生命周期更加灵活。

同时,金属市场的供给存在明显滞后性(time lag),即对金属的需求下降后,金属的供给仍然增加。开采和加工金属需要较高的前期投入来购置设备,金属的生产往往需要依赖规模效应(economies of scale)降低平均成本。因此,即使金属的市场价格开始下降,其生产者也不愿意缩减产量,最终导致市场供给滞后。

3. 牲畜

不同牲畜的生命周期不同。良好的天气和高质量的牧场以及饲料会促进牲畜的繁衍和生长。以前,为了防止牲畜腐烂变质,牲畜被屠宰后需要被迅速消费。如今,随着低温保鲜技术的发展,冷冻牲畜产品的生命周期变长且与之相关的进出口贸易增加。

35.1.4 大宗商品的估值特点

> —考点要求—
> 区分（contrast）大宗商品和传统投资的估值特点（★★）

1. 大宗商品的特征

大宗商品具有以下两点重要特征。

(1) 有别于债券和股票这类金融资产，大宗商品属于实物资产。作为有形资产(tangible assets)的大宗商品，本身就存在内在经济价值(intrinsic economic value)。

(2) 大宗商品只会在其买卖过程中产生现金流，而不会在未来产生持续的现金流。

2. 大宗商品的估值

大宗商品的特点造成了其估值与传统资产不同。

传统资产的估值，可以通过对未来现金流折现，或通过估计未来盈利能力来实现。但是，大宗商品是实物资产，本身就存在一定的内在经济价值。因此，大宗商品的估值基于其未来的价格，通过对未来价格的折现来实现。而商品的未来价格取决于市场的供需关系。

此外，运输成本(transportation costs)和储存成本(storage costs)会影响大宗商品远期价格曲线的形状。由于大宗商品是有形资产，持有和买卖过程中会涉及运输和储存。故而，对大宗商品定价时，需要考虑运输和储存成本。

35.2 大宗商品期货

35.2.1 市场参与者

> —考点要求—
> 描述（describe）大宗商品期货市场参与者的类别（★）

大宗商品期货市场的主要参与者包括：套期保值者、投资和交易人员、交易所、市场分析师和监管者。

1. 套期保值者（Hedgers）

套期保值者本身存在风险头寸，他们参与商品期货市场的目的是对冲自身所面临的风险。

> **知识一点通**
>
> 例如，钢铁制造业中的公司每年都需要购买铁矿石，铁矿石价格的变化会造成成本的波动，公司本身存在风险敞口。因此，公司可以通过进入大宗商品的期货合约来锁定商品价格，对冲掉本身所面临的风险。

2. 投资和交易人员（Investors and Traders）

投资和交易人员主要包括三类人群：知情投资者(informed investors)、流动性提供者(liquidity providers)和套利者(arbitrageurs)。

(1) 知情投资者。知情投资者既包括套期保值者，也包括投机者(speculators)。投机者是指相信自己相对于套期保值者具有信息优势(information advantage)，能够通过预测市场走势、提供流动性等获利的投资者。

(2) 流动性提供者。投机者有时会充当流动性提供者的角色。通过提供期货合约，流动性提供者为市场上需要转移价格风险的套期保值者提供保险服务。他们则通过低买高卖,从中获得收益。

(3) 套利者。套利者通过发现大宗商品的现货价格(spot price)和期货价格(futures price)之间存在的错误定价(mispricing)而从中获利,自身不承担市场风险。通常情况下,套利者有能力储存实物商品。他们能够通过在现货市场上购买大宗商品,并持有到期,利用现货和期货价格之差获利。

> **备考小贴士**
>
> 考生需重点掌握套期保值者和套利者的区别,能够根据题目中的描述,判断市场参与者的身份。

3. 交易所(Exchanges)

交易所,或清算公司(clearing house)通常会指定交易规则,同时为投资和交易者提供期货交易场所和期货价格相关信息。

4. 市场分析师(Market Analysts)

市场分析师其实并非市场参与者,他们并不参与实际的大宗商品期货交易。但是,他们会间接影响市场行为。分析师利用交易所提供的信息来研究和制定决策,通过评价和分析商品市场,提高市场参与度。

5. 监管者(Regulators)

监管者是指各个国家和地区的相关监管机构。他们监督并管理市场,维护市场的交易秩序。

35.2.2 现货与期货价格

35.2.2.1 现货与期货价格的基本概念

现货与期货价格相关的基本概念如表35.1所示。

—考点要求—
分析(analyze)现货溢价和期货溢价市场中现货价格与期货价格的关系(★★)

表35.1 现货与期货价格的基本概念

概念	含义
现货价格(spot price)	当下实物商品交割至特定地点或将实物商品从特定地点运离的价格
期货价格(futures price)	事先约定的、在未来预定时间交割约定数量和质量的商品所支付的价格
基差(basis)	现货价格与期货价格的价差,即:基差=现货价格-期货价格

> **知识一点通**
>
> 通俗来讲,现货价格就是现在进行交割时所支付的价格,期货价格就是事先约定的、未来进行交割时所支付的价格。

35.2.2.2 现货溢价与期货溢价

现货溢价(backwardation)与期货溢价(contango)可以描述两种价格关系。

1. 现货价格与期货价格的关系

期货价格可能会高于或者低于现货价格。若当前市场中,期货价格高于现货价格,则称之为期货溢价市场,此时基差为负;现货价格高于期货价格,则称之为现货溢价市场,此时基差为正。

2. 不同期货合约价格的关系

现货溢价和期货溢价还可以用来描述同一种商品不同期货合约之间的关系。若当前期货市场中,到期日更远的远期(long-term)期货合约的价格高于到期日更近的近期(near-term)期货合约的价格,则称之为期货溢价市场;到期日更近的近期期货合约的价格高于到期日更远的远期期货合约的价格,则称之为现货溢价市场。

类似于基差,近期合约价格与远期合约的价格之差称为**日历价差**(calendar spread)。

35.2.3 大宗商品期货的交割

对于金融期货合约而言,期货到期后通常通过签订反向合约来平仓。对于大宗商品期货合约而言,期货到期后通常以现金形式进行结算(cash settlement)或进行实物交割(physical delivery)。

1. 现金结算

现金结算的特征如下。

(1) 现金结算的期货合约在到期日后便不再具有价值。

(2) 现金结算使得投机者和套利者的市场参与度更高。现金结算不涉及实物交割,操作更加简捷,更吸引投机者和套利者。

2. 实物交割

实物交割的特征如下。

(1) 实物交割的过程和操作较为复杂,需要期货合约的卖方在特定地点、特定日期、将特定品质的实物商品转移给买方。

(2) 实物交割的机制使得期货和现货市场趋于一致。而在现金结算机制中,由于交易成本或者其他一些因素的限制,两者并不一定趋同。

(3) 实物交割限制了投机者和套利者的参与。

35.2.4 期货合约的收益

35.2.4.1 期货合约的收益理论

—考点要求—
比较(compare)大宗商品期货的收益理论(★★★)

期货合约的收益由期货价格曲线的形状决定。关于期货合约的收益存在三个较为重要的理论,即保险理论、套保压力理论和仓储理论。

1. 保险理论(Insurance Theory)

保险理论是指大宗商品生产者拥有实物商品(long the physical goods),因此,会卖出商品期货(short futures contracts)来对冲风险。由于大量的生产者持续卖出商品期货合约,从而使得大宗商品的价格在未来面临下行压力,造成期货市场处于现货溢价的状态。该状态在保险理论中被称为正常现货溢价(normal backwardation)。

> **知识一点通**
>
> 该理论也可以从风险补偿的角度来理解。大宗商品生产者通过期货合约将风险转移给了对手方,对手方将承担价格风险。因此,期货价格低于现货价格是对对手方的风险补偿。

保险理论的局限性在于其没有解释期货溢价。根据保险理论,期货市场通常情况下应该处于现货溢价的状态,但是事实上期货溢价市场是存在的。

2. 套保压力理论(Hedging Pressure Hypothesis)

套保压力理论认为商品期货价格受到来自生产者和消费者两方面的压力,而最终的市场状态取决于双方力量的强弱关系。商品生产者拥有实物商品,会通过卖出商品期货来对冲风险。而消费者会通过买入商品期货来锁定未来的购买成本。若整个期货市场上的生产者卖出期货合约的意愿比消费者买入期货合约的意愿更强,期货市场则处于现货溢价;反之,期货市场处于期货溢价。同时,若两方的意愿势均力敌,期货价格曲线就会处于水平状态。

套保压力理论存在两方面的局限性。一方面,通常情况下,生产者面临的价格风险敞口更大。大多数商品存在保质期,生产者必须及时将其卖出。而相对地,消费者的需求具有弹性,会随着价格的变化而发生改变。另一方面,该理论假设生产者和消费者都想要通过期货合约来减小风险敞口。但事实上,无论是生产者还是消费者都有可能有意识或无意识地成为商品价格投机者。

3. 仓储理论(Theory of Storage)

仓储理论认为商品的期货价格(futures price)由三个因素共同决定,即现货价格(spot price)、直接仓储成本(direct storage costs)和便利收益率(convenience yield)。期货价格可用公式表示为:

$$期货价格 = 现货价格 + 直接仓储成本 - 便利收益率 \quad (35.1)$$

其中,便利收益率是持有商品现货的便利性所带来的收益,与商品的充裕程度成反比。当商品的存货充足时,便利收益率较低;当存货减少时,未来商品的获得存在不确定性,便利收益率较高。

观察上式可得,若生产者的仓储成本大于消费者的便利性收益,则期货价格高于现货价格,期货市场处于期货溢价;反之,期货市场处于现货溢价。

仓储理论的局限性体现在,所有的理论都存在不可观测(unobservable)和易变(volatile)的成分,不能有效地计算。

> **备考小贴士**
>
> 这三种大宗商品期货的收益理论是重要定性考点,考生需要:(1)能够辨别给定描述所属理论;(2)根据给定理论类型,判断描述的正误。

35.2.4.2　商品期货投资回报的来源

大宗商品期货的投资回报主要有三个来源，即价格收益、展期收益和抵押收益。因此，商品期货的投资回报表达式为：

$$\text{商品期货总收益} = \text{价格收益} + \text{展期收益} + \text{抵押收益} \tag{35.2}$$

―考点要求―

描述(describe)、计算(calculate)并解释(interpret)完全质押商品期货合约总收益的构成要素(★★★)

1. 价格收益

价格收益（price return），又称现货收益（spot yield），是指由于期货自身价格变化所带来的收益。通常是当前期货价格与一个月份前的商品期货合约相比所产生的价格变动。

2. 展期收益

展期收益（roll return 或 roll yield）是指在滚动期货合约时，由于不同期限期货合约的价格差异所带来的收益。

展期收益的具体计算公式为：

$$\text{展期收益} = \frac{\text{近期期货合约的收盘价} - \text{远期期货合约的收盘价}}{\text{近期期货合约的收盘价}} \times \text{滚动的期货合约头寸的占比} \tag{35.3}$$

知识一点通

由于期货合约有到期日，若投资者想要实现期货的长期投资，需要在前一个期货合约快要到期时转换到另一份期货合约。对于合约的多头方，他们卖出近期到期的期货合约并买入长期到期的期货合约。由于买入和卖出的合约价格不同，形成了展期收益。

同时，为了维持相同的头寸，需要购买的期货合约数量为：

$$\text{合约数量} = \frac{\text{头寸的总价值}}{\text{期货合约的价格}} \tag{35.4}$$

所以，需要购买的期货合约数量与期货合约的价格成反比。若期货市场处于期货溢价状态，即远期期货价格高于近期期货价格，则需要购买的远期期货合约数量减少。

备考小贴士

考生需要掌握展期收益及合约数量的相关计算，考试会从定性和定量两个角度来进行考查。

例题 35.1

期货投资者 Jen 正考虑将其手中快要到期的 180CST 燃料油期货合约 FU1901（1 月合约）展期为期货合约 FU1903（3 月合约）。FU1901 的今日收盘价为 2 619 元/吨，FU1903 的今日收盘价为 2 590 元/吨。若所有的头寸将在 4 天内滚动完成，请计算 Jen 每日的展期收益。

名师解析

若所有的头寸将在 4 天内滚动完成，则每天滚动的期货合约头寸的占比为 1/4＝25%。同时，根据题目已知信息：

近期期货合约（FU1901）的收盘价＝2 619 元/吨

远期期货合约（FU1903）的收盘价＝2 590 元/吨

因此，

$$展期收益=\frac{近期期货合约的收盘价-远期期货合约的收盘价}{近期期货合约的收盘价}\times$$

$$滚动的期货合约头寸的占比=\frac{2\,619-2\,590}{2\,619}\times 25\%=0.28\%$$

例题 35.2

期货投资者 Jen 当前拥有 50 000 万元的螺纹钢多头头寸，Jen 正考虑将其手中快要到期的螺纹钢期货合约 RB1901（1 月合约）展期为期货合约 RB1903（3 月合约）。RB1901 的今日收盘价为 2 000 元/吨，RB1903 的今日收盘价为 2 500 元/吨。请问 Jen 为了维持当前的头寸，需要买或卖多少份新或旧合约？

名师解析

由于当前的多头头寸总价值为 50 000 万元。为了维持当前的头寸，Jen 需要先卖出旧合约（RB1901），再买入新合约（RB1903）。

卖出 RB1901 的份数为：

$$合约数量=\frac{头寸的总价值}{期货合约的价格}=\frac{50\,000}{2\,000}=25(万份)$$

买入 RB1903 的份数为：

$$合约数量=\frac{头寸的总价值}{期货合约的价格}=\frac{50\,000}{2\,500}=20(万份)$$

因此，Jen 可以通过卖出 25 万份 RB1901 合约且买入 20 万份 RB1903 合约来维持当前头寸。

备考小贴士

考生需要通过例题 35.1 和 35.2，掌握本章的重要定量考点。

展期收益的特征如下：

① 不同市场状态下的展期收益不同。当期货市场处于期货溢价时，较远期的期货价格比较近期的期货价格高，期货合约的展期收益为负。当期货市场处于现货溢价时，较远期的期货价格比较近期的期货价格低，期货合约的展期收益为正。

② 展期收益对期货的单期收益影响较为显著。但是，从整个期货投资来看，价格收益的影响更为明显。

③ 展期收益很大程度上取决于商品种类，商品种类的分散或集中对展期收益有深远的影响。

—考点要求—
区分（contrast）现货溢价和期货溢价市场中的展期收益（★★★）

3. 抵押收益

抵押收益(collateral return)，即保证金的现金收益，是指投资者存放在交易所中的保证金(现金或债券)所带来的收益。该收益与期货价格没有直接联系。

4. 再平衡收益

对于大宗商品指数，投资回报还存在第四个来源，即再平衡收益(rebalance return)。该收益是指由于指数组成部分的权重变化所带来的收益。对于单一商品头寸而言，再平衡收益为零。

35.3 大宗商品互换

—考点要求—
描述(describe)如何通过商品互换获得或调整大宗商品头寸(★)

35.3.1 大宗商品互换的概念及特征

1. 商品互换的概念

大宗商品互换(commodity swap) 是约定交易双方在未来一定时间内，基于约定商品或商品指数的参考价格，进行一系列现金流交换的法律合约。

2. 商品互换的特征

商品互换具有以下三点特征。

（1）商品互换是一种更加简便高效的风险管理工具。由于大宗商品期货可以看作一系列期货合约的组合。通过进入互换合约，交易双方可以在实现风险管理的同时，避免建立和管理复杂的期货合约。

（2）商品互换可以一定程度上实现定制化。不同于在交易所进行标准化买卖的期货合约，商品互换通常为场外交易，由交易双方协商确定最终的合约。

（3）商品互换的做市商可以通过多种方式对冲其面临的价格风险。例如，进入反向期货合约，与第三方协商新的互换，或者与商品生产者签订商品购买合同。

35.3.2 大宗商品互换的类型

根据其合约标的资产的不同，商品互换合约存在以下五类。

1. 超额收益互换(Excess Return Swap)

超额收益互换的双方根据超额回报率和本金的乘积确定支付的方向与金额，而超额回报率由指数与基准(benchmark)或指数与固定水平(fixed level)之间的变化来确定。

2. 总收益互换(Total Return Swap)

总收益互换的双方根据指数的变动和本金的乘积确定支付的方向与金额。

3. 基差互换(Basis Swap)

基差互换的双方根据两类相关商品的期货合约的差异来确定支付的方向与金额。

4. 方差互换(Variance Swap)

方差互换中存在方差买方和方差卖方。两方根据某一商品的价格方差和某一固定方差之间的差额，按比例进行支付。若该差额为正，则方差卖方向方差买方支付一定金额；若该差额为负，方差买方向方差卖方支付一定金额。

5. 波动性互换(Volatility Swap)

波动性互换与方差互换相似,互换中存在波动性买方和波动性卖方。互换双方的支付取决于某一商品参考价格的实际波动与预期波动的差异。若实际波动小于预期波动,则波动性卖方获利;反之,若实际波动大于预期波动,则波动性买方获利。

> **备考小贴士**
>
> 互换是"衍生品"部分的重点。此处,考生简单了解大宗商品互换的类型即可,要求能够根据题目中互换的标的资产或投资目的,判断互换的类型。

35.4 大宗商品指数

大宗商品指数构建主要有以下五个特征:

(1)指数的覆盖范围(breadth of coverage),即每个指数中包含的大宗商品数量和大宗商品种类。

(2)指数中的每种商品被赋予的相对权重(relative weightings)以及权重分配的方法(methodology)。

(3)指数中合约的展期方法(rolling methodology),即如何在期货合约到期时,将合约展期替换成新合约。

(4)权重再平衡(rebalancing)的方法和频率。

(5)指数的治理(governance)。

—考点要求—
描述(describe)大宗商品指数构建对其回报的影响(★)

> **备考小贴士**
>
> 大宗商品指数并非二级的考试重点,考生简单了解即可。

练一练

Andrew Johnson is the CEO of Golden Auto, an automaker located in Lincoln, Nebraska. At the end of current fiscal year, he conducts a meeting with other members of Golden Auto's management team to discuss company strategies in the next year.

At the beginning of the meeting, Johnson expresses his concern about the price fluctuations of their major raw materials in the following year. James Monroe, the CFO tells Johnson that given the upward trend in the price of steel, Golden Auto has entered into a series of futures contracts on steel at USD 480 per ton. After communicating further details with Monroe, Johnson dispels his concern on the price fluctuations.

Then, John Tyler, the chief operation officer, reports the market analysis for the next year. In his reporting, the demand for automobiles is significantly affected by the price of gasoline. Due to the persistent rise in the price of gasoline, the sales performance in the recent years is not satisfactory.

After the meeting, Johnson sets up a personal appointment with his financial advisor, John Adams, to discuss his investment portfolio. Just inheriting billions of assets from his parents,

Johnson intends to diversify his portfolio by investing in commodities.

During the conversation, Adams introduces certain key concepts of commodities to Johnson, including valuation, markets, and performance evaluation. Adams collects selected futures contracts data for zinc and copper markets and demonstrates them in Exhibit 35.1.

Exhibit 35.1　Futures contract data for zinc and copper markets

Month	May	June	July	August
Zinc(US USD/ton)	3 132.2	3 142.7	3 257.9	3 922.1
Copper(US USD/ton)	6 111.5	6 017.8	5 932.7	5 879.5

Adams explains that the relative strength between commodity producers and consumers determines the shape of commodity curve. Given the data presented in Exhibit 35.1, he believes that the consumers in zinc's futures market are more interested in longing futures contract while those in copper's futures market are less interested.

Finally, Adams shows his past performance in the oil futures contracts. By trading oil futures contracts, he realized a 5.3% annual price return. The commodity exchange required a 10% initial margin on Adams's futures position and paid a 2.5% annual return for the collateral. Moreover, a 2.7% annual return was generated from the process of rolling futures contracts forward.

35-1　Based on Monroe's statement, which role does Golden Auto play in the commodities market?

　　A. Commodity arbitrageur.

　　B. Commodity hedger.

　　C. Commodity speculator.

35-2　Which of the following factors most affect the supply of gasoline?

　　A. Weather.

　　B. Environmental mandates.

　　C. Spoilage.

35-3　Compared with traditional investments, commodities most likely:

　　A. have their own intrinsic economic values.

　　B. generate sustained cash flows in the future.

　　C. are intangible assets.

35-4　Based on the data in Exhibit 35.1, which of the following futures market most likely has a negative roll yield?

　　A. Copper.

　　B. Zinc.

　　C. Both zinc and copper.

35-5　Which of the following theories is most likely applied by Adams to explain the futures markets?

　　A. Insurance theory.

　　B. Theory of storage.

　　C. Hedging pressure hypothesis.

35-6　The total annual return for Adams's investment in oil futures contracts is closest to:

　　A. 6.25%.

B. 7.75%.

C. 8.25%.

答案与解析

35-1 B

作为一家汽车制造厂商,Golden Auto 有购买钢铁的需要,因此,自身存在风险敞口。Golden Auto 通过进入一系列期货合约来锁定商品价格,从而对冲自身所面临的风险。所以,Golden Auto 属于大宗商品套期保值者(commodity hedger)。

选项 A,大宗商品套利者(arbitrageur)通过发现大宗商品的现货价格(spot price)和期货价格(futures price)之间存在的错误定价(mispricing)而从中获利,自身不承担市场风险。这与 Golden Auto 自身承担风险的状况不符合。

选项 C,大宗商品投机者(commodity speculator)是指相信自己相对于套期保值者具有信息优势(information advantage),能够通过预测市场走势、提供流动性等获利的投资者。这与题目中的描述不相符。

35-2 A

汽油(gasoline)属于能源中的石油精炼品,而影响精炼品供应的一个主要因素为天气。大多数炼油厂位于主要的海岸线和港口,便于海洋原油资源的获得,因此,这些炼油厂更容易受到恶劣天气的影响。因此,选 A。

选项 B,环境法令(environmental mandates)影响的是汽油的需求而不是供给。环境法令则对汽油的需求有负面影响。在更严格的环境法令下,与汽油相关的污染排放标准被提高,相关的处理成本增加,汽油的需求量降低。

选项 C,变质(spoilage)并非影响汽油供需的主要因素,因此,为错误选项。

35-3 A

因为大宗商品属于实物资产,本身就存在内在经济价值(intrinsic economic value)。因此,选 A。

选项 B,大宗商品只会在其买卖过程中产生现金流,并不会在未来产生持续的现金流。因此,该选项错误。

选项 C,与传统的债券和股票等投资产品不同,大宗商品属于实物资产,是有形资产(tangible assets)而非无形资产(intangible assets)。因此,该选项错误。

35-4 B

根据 Exhibit 35.1 中的数据,由于锌(zinc)远期期货价格高于近期期货价格,锌的期货市场处于期货溢价(contango)的状态。当期货市场处于期货溢价时,期货合约的展期收益(roll return)为负。因此,选 B。

选项 A,由于铜(copper)远期期货价格低于近期期货价格,铜的期货市场处于现货溢价(backwardation)的状态。当期货市场处于现货溢价时,期货合约的展期收益为正。因此,该选项错误。

选项 C,铜的期货市场处于现货溢价,期货合约的展期收益为正。因此,该选项错误。

35-5 C

套保压力理论(hedging pressure hypothesis)认为商品期货价格受到来自生产者和消费者两方面的压力,而最终的市场状态取决于双方压力的强弱关系。如果整个期货市场上的生产者卖出期货合约的意愿比消费者买入期货合约的意愿更强,期货市场处于现货溢价;反之,期货市场处于期货溢价。这与 Adams 的解释相一致,为正确答案。

选项 A，保险理论（insurance theory）认为大宗商品生产者拥有实物商品（long the physical goods），因此，会卖出商品期货（short futures contract）来对冲风险。由于大量的生产者持续卖出商品期货合约，从而使得大宗商品的价格在未来面临下行压力，造成期货市场处于现货溢价的状态。并且，该理论无法解释锌的期货市场的状态。因此，该选项错误。

选项 B，仓储理论认为商品的期货价格（futures price）由三个因素共同决定，即期货价格＝现货价格＋直接仓储成本－便利收益率。若生产者的仓储成本大于消费者的便利性收益，则期货价格高于现货价格，期货市场处于期货溢价；反之，期货市场处于现货溢价。该理论与 Adams 的言论不符，为错误选项。

35-6 C

大宗商品期货合约的总回报率为：

$$\text{Total return} = \text{Price return} + \text{Roll return} + \text{Collateral return}$$

其中，Collateral return＝The initial margin×The collateral return＝10%×2.5%＝0.25%。

则 Adams 期货头寸的总收益率为：

$$\text{Total return} = 5.3\% + 2.7\% + 0.25\% = 8.25\%$$

因此，选 C。

第36章
不动产投资概述

知识引导

不动产(real estate)是相对于动产而言的,包括土地及房屋、林木及其地上的定着物。不动产投资(real estate investments)是指直接或间接获得不动产所有权的投资方式。通常有两种类型的不动产:住宅地产和商业地产。住宅地产包括普通住宅、公寓、别墅等不动产,并且住宅地产只能用作居住用途。而商业地产主要包括写字楼、零售购物中心和仓库等不动产形式,主要用作商业出租用途。

不动产投资主要分为私有不动产投资和公开交易不动产投资。私有不动产投资是相对于公开交易不动产投资而言的,通俗来讲,私有不动产投资是指个人投资者直接购买不动产或者多名投资者合伙购买不动产的形式。公开交易不动产投资主要通过不动产证券进行,公开交易不动产证券包括不动产投资信托基金、不动产经营公司的股票,以及抵押贷款证券等。

考点聚焦

本章主要介绍了不动产投资的基本概述,以定性考查为主,其中包括不动产投资的方式、投资特征、收益与风险特征、不动产的尽职调查,以及不同的不动产指数各自的优缺点。考生需要定性理解并做适当记忆。

本章框架图

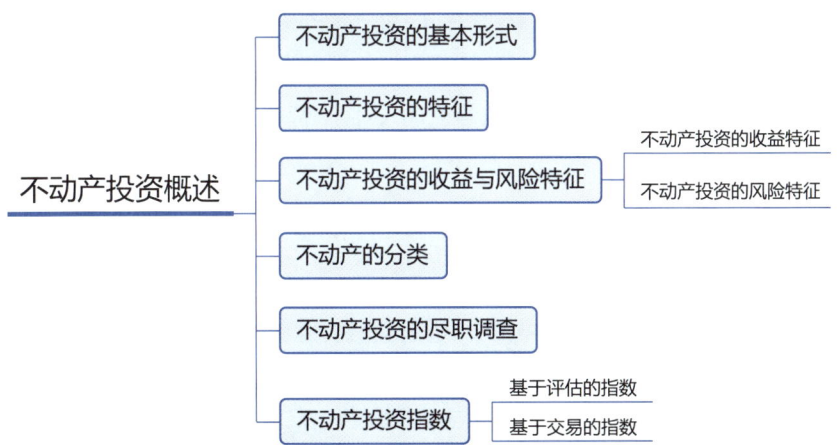

36.1 不动产投资的基本形式

—考点要求—
比较（compare）不动产投资的基本形式（★）

不动产（real estate）是相对于动产而言的，包括土地及房屋、林木及其地上定着物。不动产投资（real estate investments）是指直接或间接获得不动产所有权的方式。

不动产的投资形式可以从两个维度来划分，具体如表36.1所示。

表 36.1 不动产投资方式

	债权类（debt）	股权类（equity）
私有（private）	• 抵押贷款（mortgages） • 私募债权（private debt） • 银行债权（bank debt）	直接拥有不动产的所有权（direct investment） • 独立产权（sole ownership） • 合资（joint venture） 间接拥有不动产的所有权（indirect investment） • 不动产有限合伙（real estate limited partnership） • 混合基金（commingled funds）
公开（public）	抵押贷款证券（mortgage-backed securities，MBS） • 住房MBS • 商用MBS	• 不动产公司（real estate operating companies）的股份 • 不动产投资信托基金（real estate investment trusts，REITs）

36.1.1 公开或私有

私有不动产投资，是指投资于不动产本身，即投资标的为不动产。例如，个人投资者直接买入不动产来获得独立产权（sole ownership）。或者，多名投资者通过合资（joint venture）、不动产有限合伙（real estate limited partnership）、混合不动产基金（Commingled Real Estate Funds，CREFs）等方式来共同获得不动产的所有权。

公开交易不动产投资，是指通过某个直接管理不动产的媒介来进行投资，即投资标的为不动产相关的金融工具和金融产品。例如，通过公开交易市场持有不动产公司（Real Estate Operating Companies，REOCs）的股份或者不动产投资信托基金（Real Estate Investment Trusts，REITs）份额等方式来间接投资不动产。

私有不动产投资的不可分割性（indivisibility）和低流动性（illiquidity），使得该类投资对资金占用较多，通常拥有较高的投资门槛（large investment）。相对而言，公开交易不动产投资的流动性更强（more liquid），能够获得专业的管理，且风险分散效果更好（more diversified）。

36.1.2 债权或股权

股权类投资是指投资者拥有不动产的支配权和管理权，主要以资本增值（capital appreciation）和经常性收入（income）的方式获得收益。例如，通过公开交易市场持有不动产公司的股份，从该公司的股票分红和股票增值中获利。

债权类投资是指投资者在某一期限内拥有追索一定资金或资产的权利，主要以利息的方式获得收益。例如，通过公开交易市场购买第三方金融机构所发行的抵押贷款证券（Mortgage-Backed Securities，MBS），获得抵押贷款证券的利息收益。

> **知识一点通**
>
> "另类投资"部分主要研究的是股权类不动产投资,而债权类不动产投资属于"固定收益证券"的重点。本章将着重研究不动产的直接和间接股权投资,且针对的是产生收入的(income-producing)商业不动产而非个人住宅。

> **备考小贴士**
>
> 不动产投资的类别区分是比较简单的考点,要求判断给定不动产投资的类别和特点。

36.2 不动产投资的特征

区别于其他资产类型,不动产投资主要有以下八个特征,如表36.2所示。

—考点要求—
比较(compare)不动产投资的特征(★)

表 36.2 不动产投资的特征

特征	描述及举例
异质性 (heterogeneity)	● 不动产拥有固定的位置(fixed location),因此,没有完全相同的不动产。 ● 不动产通常在大小、位置、建造方式、使用年限等方面存在差异
较高的单位价值 (high unit value)	● 由于不动产投资的不可分割性(indivisibility),相比股票或债券,不动产的单位价值较高
管理密集型 (management intensive)	● 对于私有不动产投资者而言,需要对相应的不动产进行维护和管理,这会给投资者带来额外的成本。例如,房东需要与租客进行租房协议的沟通、对房屋进行物业管理等
高交易成本 (high transaction costs)	● 因为不动产投资的差异性较大,需要花费时间和精力来进行尽调,所以不动产交易耗费时间长且成本较高
折旧 (depreciation)	● 建筑物会在使用过程中逐渐损耗而产生折旧。 ● 不动产的价值会随着周边环境的改变而发生改变。 ● 例如,本来不动产建在一个清澈的河边,环境优雅。一段时间后,河流上游建立了一个污水处理厂,使得不动产的周边环境急剧恶化,其价值也会受到负面影响
债务资本需求 (need for debt capital)	● 由于建造和开发不动产的资金需求较大,投资者通常会通过债务市场来融资。 ● 若利率上升,则投资者的融资成本会增加
流动性不足 (illiquidity)	● 综合以上不动产的特征,不动产交易的周期较长、流动性不足。买卖价差(bid/ask spread)远大于股票和债券
定价困难 (price determination)	● 由于不动产的异质性、低流动性等特征,不动产的定价较为困难

> **备考小贴士**
>
> 不动产投资的特征是常见考点,考生需要能够判断给定描述是否属于不动产投资的特征。

36.3 不动产投资的收益与风险特征

36.3.1 不动产投资的收益特征

1. 不动产投资的经济价值驱动因素

所有不动产经济价值的驱动因素主要有以下五个:
(1) GDP 增长(GDP growth)。
(2) 就业增加(job creation)。
(3) 人口增长(population growth)。
(4) 监管制度。
(5) 税收政策。

其中,整体宏观经济的发展(即 GDP 的增长)是所有类型商业不动产的首要经济价值驱动因素。

—考点要求—
解释(explain)不动产投资的经济价值驱动因素(★)

> **备考小贴士**
>
> 这 5 个经济增长因素对所有不动产的影响是重要考点,主要考查以下两个方面:①所有不动产的最重要的经济价值驱动因素:整体宏观经济的发展;②影响各类不动产的其他主要驱动因素。

除了以上因素,还有其他驱动因素影响不动产的经济价值,如表 36.3 所示。

表 36.3 不动产的其他经济价值驱动因素

其他经济价值驱动因素	零售	办公楼	工业地产	公寓	酒店
家庭成员组成(household formation)	√			√	
收入增长(wage growth)	√	√	√	√	√
零售销售增长(retail sales growth)	√		√		
消费者开支(consumer spending)	√		√		√
人口趋势(demographic trends)	√			√	√
消费者信心(consumer confidence)	√			√	√
企业信心(business confidence)		√	√		√
贸易、运输和物流(trade,transport,and logistics)			√		

通过观察表 36.3 可以得出以下几点结论:
(1) 公寓经济价值的主要驱动因素之一是家庭成员组成。收入增长、消费者信心等因素也会影响居民对公寓的选择。
(2) 收入增长和消费者开支这两大因素会正向影响零售销售增长。
(3) 贸易、运输和物流需求的增长主要影响工业地产的经济价值。

> **知识一点通**
>
> 零售业销售收入越高,该行业的吸引力越大,对商场的需求就越高,进而带动租金上涨,使得零售类不动产的收益表现更好。同时,随着零售业的繁荣,生产和运输商品的工业物流类地产的需求也随之增加。

对于酒店类型的不动产而言,在短期,租户对其空间的需求波动性大,投资风险相对较高;对于酒店和办公楼这两类不动产而言,租赁期限相对较短,供给和需求在经济周期的波动下容易出现失调。

> **知识一点通**
>
> 对于酒店而言,影响其经济价值的前两大因素为 GDP 增长和就业增加。虽然人口增长也是重要的影响因素,但是企业和商务人士的会议与差旅需求对酒店的影响更明显。一方面,企业和商务人士的会议和差旅需求会受到经济周期的影响,使得酒店行业存在周期性。另一方面,商务人士差旅活动的或有中断(travel disruptions)会加大酒店收入的波动性。

2. 不动产投资在投资组合中的作用

不动产股权投资在组合中主要有以下四点优势:

（1）实现经常性收益(current income)和资本增值(capital appreciation)的双重收益。

（2）抗通胀(inflation hedge):在通货膨胀的经济环境中,租金和不动产价格都会随着整体物价的上涨而上涨,从而具有抗通胀的效果。因此,不动产投资的实际收益率相比名义收益率,其波动性更小。

（3）风险分散(diversification):不动产和传统资产的投资表现相关性较低(low correlation),将其加入投资组合可以有效分散风险。

（4）税收优惠(tax benefits)。

① 私有不动产投资的税收优惠:相比其他投资,有些国家存在对私有不动产投资的税收优待。同时,不动产自身产生的折旧费用会产生税盾的作用,使得不动产投资的税后回报率高于其他类型的投资。

② REITs 的税收减免:如果投资不动产运营公司的股票,投资者将面临双重税收(double taxation)的问题,即公司层面需要缴纳企业所得税(corporate income tax),投资者还需要缴纳个人所得税(personal income tax)。但是,对于 REITs,如果收益分配给份额持有者(通常要求 REITs 将 90%以上的收益分配给份额持有者),那么分配的部分 REITs 便无需缴纳企业所得税。

—考点要求—
解释(explain)不动产投资在投资组合中的角色(★★)

36.3.2 不动产投资的风险特征

不动产投资主要受到以下三大类风险因素的影响。

1. 市场供需影响因素

（1）商业环境(business conditions):GDP、就业、收入水平、利率水平、通货膨胀等因

—考点要求—
比较(compare)不动产投资的主要风险(★★)

素会影响当前和预期收入以及不动产的价值,进而影响对于不动产的需求和不动产的投资。

(2) 人口因素(demographics):人口规模、年龄分布以及新家庭的组建率等人口因素,都会对不动产的需求产生影响。

(3) 不动产的周期(real estate cycle):不动产从立项到完工的周期较长,使得经济周期的波动容易造成不动产市场的供需失衡,进而带来不动产投资的收益波动。

2. 估值影响因素

(1) 资本的成本与可获得性(cost and availability of capital):当债务资本匮乏、利率水平较高时,不动产的投资成本增加,不动产的需求降低。

(2) 信息的可获得性(availability of information):不动产市场的信息透明度较低,较难获得及时准确的有效信息,造成估值的困难。

(3) 流动性不足(lack of liquidity):不动产的流动性较差,因为单笔投资价值较高,且买卖的时间成本、资金成本较高。

(4) 利率环境(interest rate environment):利率上升,不动产的价值可能一开始会下降。但不动产的租金收入和土地价值可能会随时间的推移而逐渐增加。

3. 不动产运营因素

(1) 资产的管理(management):私有股权不动产投资需要所有者积极主动的管理,可能会给所有者带来额外的成本。

(2) 租赁条款(lease provision):虽然不动产所有者可以通过上调租金或要求承租人支付运营费用的方式来抵抗通货膨胀,维持实际收益。但是,若出现非预期通胀,无法及时调整,不动产所有者将遭受一定的损失。

(3) 金融杠杆(financial leverage):不动产投资常常涉及杠杆交易,投资者会引入不动产贷款来放大收益。但当不动产市场整体下行,投资者也会面临更大的风险。

(4) 环境、社会和治理因素(ESG considerations):不动产周边环境的改变会影响不动产的价值。

(5) 建筑陈旧(obsolescence):陈旧不动产的改造、升级或重新配置,以满足新的商业环境和市场趋势,这通常是不经济的。技术、租客偏好、市场制度的变化会对各种商业不动产的空间需求产生影响。

(6) 市场干扰(market disruption):数据中心、互联网营销与配送模式、企业碳足迹等概念的市场关注度显著提升,使得商业不动产的空间需求发生一系列变化。

> **备考小贴士**
>
> 不动产投资的风险因素只需简单了解,考试中能判断给出的因素是否会影响私有不动产投资即可。

—考点要求—
比较(compare)不动产投资的分类(★)

36.4　不动产的分类

通常来说,根据其使用目的及特征,不动产的分类如表36.4所示。

表 36.4　不动产的分类

不动产类型	内容
住宅型（residential）	√别墅型(single-family)：即独门独户 √多户住房(multi-family)：即公寓(apartment)
非住宅型（non-residential）	√商业(commercial)地产 • 以产生收入为目的的住宅型不动产 • 办公楼(office) • 工业地产(industrial) • 仓库(warehouse) • 零售(retail) • 酒店物业(hospitality)

36.4.1　商业地产的投资价值影响因素

影响不动产的投资价值的核心因素是地理位置(location)。此外，商业地产的价值还会受到不同租赁条款的影响。

1. 净租赁

净租赁(net lease)要求由租户(tenant)自己来支付运营费用(operating expense)。

一些国家和地区还会常用 NNN 租赁(triple-net leases)，也就是要求租户支付三类运营费用，分别是公共区域维护(CAM)和维修费用、房产税以及建筑保险成本；租户同时也要承担家具设备维修、防火防盗等保险费用。

单一租户长期净租赁要求租户支付基本租金和全部运营费用给业主。这种长期租赁常见于售后回租(sale-leaseback)的租赁形式中。在售后回租形式的长期租赁中，公司将其拥有的不动产出售给投资者，然后和投资者签订一份长期租赁合约，继续占用该不动产。该不动产被出租后，租户拥有租赁空间的使用权，负责不动产的修缮。租期结束后，不动产的使用权归业主所有。

2. 总租赁

总租赁(gross lease)要求由业主(owner)来支付运营费用。因为净租赁要求由租户自己来支付运营费用(如水电煤等相关费用)，业主承担的风险降低，而租户承担的风险增加，所以净租赁的租金相对较低。相反，由于总租赁要求业主支付所有运营费用，业主必须收取更高的租金以获得利润。故而同等条件下总租赁的租金会大于净租赁的租金。

有些租赁结构将净租赁和总租赁结合起来，即业主支付第一年的运营费用；之后，业主至多支付与第一年相同金额的运营费用，超过该限额的运营费用由租户承担。而超过的部分，在业主的损益表上记录为费用报销(expense reimbursement)。此时，租户承担运营费用增长所带来的风险。

3. 租赁期限

中长期租赁一般会出现租金上涨(rent bumps/rent set-ups)的设定，即设定租金阶段性上涨的比例，例如，每 3 年租金上涨 2%；或者租金随行就市，基于每年的通胀率将合约租金调整到当前通胀水平下的市场租金水平。

和长期租赁相比，短期租赁的现金流存在更大的不稳定性。当市场空置率上升，租金整体呈现下降趋势时，按短期租赁合约收取租金的业主可能面临租约到期后更低的租金收入；反之，当市场空置率下降、租金整体呈现上升趋势时，业主也可以在短期租赁租约到期后频繁上调租金，以此获得更高的租金收入。

36.4.2 各类商业地产独有的投资特征

—考点要求—
讨论（discuss）商业地产的类型及其独特的投资特征（★）

1. 办公楼（Office）

办公楼的投资特征主要有以下五点：

(1) 办公楼的需求很大程度上取决于就业的增长（employment growth）。

(2) 不同国家和地区的平均租期（the average length of lease）长短不同。

(3) 存在多种租赁结构（lease structure）。

(4) 单向向上的租金调整（upward-only rent reviews）：合约期间存在定期调整租金的节点，而业主通常都会将租金定在高于原来价格的水平上。例如，在英国，前5年租金固定，之后向上调整。

(5) 租客数量的变化会影响投资风险：随着租户数量的减少，未来现金流的不确定性增加。若租客数量较少，单一租客违约或决定不再续租，会使得所有者的现金流发生显著变化。随着租户数量的增加，需要所有者投入更多的人力和物力来进行管理，继而管理成本增加。

2. 工业地产与仓库（Industrial and Warehouse）

工业地产与仓库的投资特征主要有以下三点：

(1) 工业地产与仓库的需求都取决于整体经济水平与经济增长。

(2) 仓库的需求也会受到进出口活动（import and export activity）的影响。

(3) 工业地产的租赁结构通常为净租赁。

3. 零售（Retail）

零售物业的投资特征主要有以下三点：

(1) 零售物业的需求取决于消费支出的趋势（trends in consumer spending）。而消费支出会同时受到四个因素的影响，即经济的健康发展（health of economy）、就业增长（job growth）、人口增长（population growth）和储蓄率（saving rates）。

(2) 零售物业的租赁条款（lease terms）（包括租期和租金）受到两方面因素的影响，即物业质量（the quality of the property）和承租人的重要性（the importance of the tenant）。例如，重要租户（"anchor" tenants）（即可招徕顾客的商户）的租期一般会更长且租金更优惠。

(3) 零售物业可能会实行百分比租约（percentage lease），即保底抽成的形式。在该种租约下，一旦租客的销售收入超过特定水平，承租人需要按比例支付额外的租金。

4. 多户住房（Multi-Family）

多户住房（即公寓）的投资特征主要有以下两点：

(1) 多户住房的需求主要取决于人口增长，尤其是最有可能租赁公寓的年龄段人口。

(2) 多户住房的需求还取决于：

①文化中的租房倾向（the propensity to rent）；

②房价与租金的比率（the ratio of home prices to rents）；

③融资成本（financing costs）。

36.5 不动产投资的尽职调查

投资者对不动产进行尽职调查的目的,是发现卖方未披露的、可能对不动产价值产生负面影响的潜在问题。不动产的尽职调查通常包括以下六个方面:

(1) 市场洞察(market review):了解包括当地人口、就业和收入增长;空间吸收率,即每年出租的净空间;预期的供给增加;租户偏好;便利设施;市场租金和费用变化趋势等因素。

(2) 租约和租金的审查(lease and rent review):审查租户的租约到期时间,过往的租金支付情况、违约情况等。

(3) 再租赁成本的审查(review costs of re-leasing):租约到期后重新出租,会产生中介费、装修费等成本。

(4) 文档审查(review documentation):审查运营费用账单、经审计的财务报表等。例如,从现金流量表可以看出未来收入和费用的趋势。其次,也可以审查有无低估费用、高估出租率的情况。

(5) 不动产的检查和服务协议的审查(property inspections and service agreements):工程检查,以确保建筑的结构、地基、公用设施等没有问题;环境检查,以确保周边没有污染等环境问题;审查服务和维护协议,以确定是否存在反复出现的问题。

(6) 法律文件和税务合规的审查(legal documentation and tax compliance)。

> —考点要求—
> 解释(explain)私有和公开股权不动产投资的尽职调查(★★)

36.6 不动产投资指数

根据指数构建的方法不同,可将不动产投资指数分为两类:基于评估的指数(appraisal-based indexes)和基于交易的指数(transaction-based indexes)。

36.6.1 基于评估的指数

1. 指数构建方法

基于评估的指数,其构建依赖于不动产组合的评估价值(appraisal value)。由于不动产的低流动性和异质性的特点,不动产市场上没有足够相同房产的交易数据,所以需要使用评估价值来构建指数。

2. 指数的特点

基于评估的指数的主要特点是存在明显的评估滞后(appraisal lag)。

(1) 评估滞后的成因。

造成评估滞后的原因主要有两个:

①评估滞后于实际的交易:如果不动产的交易价格上涨或者下降,那么在一个季度甚至更长时间之后,才能反映到对相应不动产的评估之中,这就造成基于评估的指数存在一定的滞后。

②评估不及时:指数中的不动产,无法做到每个季度频繁地做出新的评估,这也会造成基于评估的指数存在一定的滞后。

> —考点要求—
> 讨论(discuss)不动产投资指数,包括其构建方法和潜在的偏差(★)

(2) 评估滞后(appraisal lag)的影响。

评估滞后会带来以下三方面的影响：

①低估波动性(underestimate the volatility)：评估滞后使得指数被平滑(smooth)，造成指数的波动性被低估。

②低估相关性(lower correlation)：由于评估指数的滞后性，导致指数与其他资产的相关性也被低估。

③不动产的过度配置(overestimated allocation)：由于指数的波动性和指数与其他资产的相关性被低估，对资产进行配置时，投资者会高估不动产的风险调整后收益，进而过度配置不动产。

36.6.2 基于交易的指数

1. 指数构建和分类

近些年来，随着不动产市场的发展，有些指数开始基于真实交易(actual transactions)的数据信息来构建，形成了基于交易的指数(transaction-based indexes)

根据交易数据选取的不同，基于交易的指数分为两类：重复交易指数(repeat sales index)和特征价格指数(hedonic index)。

(1) 重复交易指数：重复交易指数基于相同不动产的重复销售数据，使用回归(regression)分析的方法进行计算。

(2) 特征价格指数：该类指数无需使用相同不动产的重复销售数据，只需要不动产的单次销售数据即可。选取面积、房龄、建筑质量、地理位置等因素作为变量，通过回归分析单次销售数据，分析不同因素在不同的时间段对不动产价值的影响，这样即可将不动产特征的影响剥离出来，只反映市场变化带来的不动产价值差异。

2. 指数的特点

基于交易的指数主要有以下特点：

(1) 领先于基于评估的指数：因为基于评估的指数存在滞后，所以基于交易的指数通常领先于基于评估的指数，能够迅速反映市场变化。

(2) 可能存在噪声数据(noisy data)：在指数估计的过程中，需要使用统计技术。但是市场上的交易数据中很容易掺杂一些噪声数据(例如过度波动的数据、缺乏实际意义的数据)，从而影响了对市场走势的准确判断。

练一练

Eileen Lee, CFA, is a senior fund manager, one of her major roles is the portfolio management of Stanford University's endowment fund. The endowment fund currently only allocates the investment to domestic equity and corporate bonds. The real estate market has been booming since last year due to the quantity easing economic policy. Eileen considers to add real estate investment to the current portfolio. After a thorough due diligence, she believes the endowment fund will perform much better after adding real estate investment to current portfolio. She makes the following statements to the investment committee.

Real estate investments will likely provide two return sources, one is from income generation, and the other is from capital appreciation, but have no significant impact on portfolio risk due to high correlations between real estate investments and traditional investments.

Regarding the risk factors associated with equity real estate investments, Eileen mentions that demographics, financial leverage and the performance of stock market are all important risk factors affecting the performance of real estate investments.

Eileen was asked to carry out some preliminary research on commercial real estate and to report on her findings to the investment committee. Eileen reports that there are several commercial real estate property types, which includes office properties, industrial and warehouse space, and retail property. Eileen indicates that employment growth drives the demand for office space, and the level of import and export activity drives the demand for retail space, whereas a strong economy is the major factor to influence the demand for warehouse space.

After a meticulous screening, Eileen focuses on an investment in three properties. Property A is structured as net lease, Property B is structured as gross lease, and property C is structured as neither gross lease nor net lease.

36-1 Regard to Eileen's view on real estate investment, which of the following is least likely correct?

A. Portfolio risk.

B. Income generation.

C. Capital appreciation.

36-2 Which of the following risk factors mentioned by Eileen should not be considered as a risk factor of real estate investments?

A. Demographics.

B. Financial leverage.

C. Performance of stock market.

36-3 Is Eileen correct regarding to her views on the influence factors for different commercial real estate property types?

A. No, she is incorrect about retail property.

B. Yes.

C. No, she is incorrect about industrial and warehouse space.

36-4 Which of the properties exposes the owner to the greatest risk related to operating expenses?

A. Property A.

B. Property B.

C. Property C.

答案与解析

36-1 A

房地产投资是另类投资的一种,与传统投资的相关度较低,因此,将房地产投资加入传统资产的投资组合会形成分散化的优势,降低投资组合的风险,所以 portfolio risk 的描述错误,答案选 A。

房地产投资的收益有两个核心来源,一个是 income,也就是房租,另一个是资本升值。所以 B 和 C 的描述都是正确的,答案选择 A。

36-2 C

房地产的景气度与人口因素息息相关,所以人口因素是房地产投资的重要风险因子之一。

房地产投资一般会伴随杠杆投资，所以过高的财务杠杆也是房地产投资的重要风险因子之一。房地产市场与股票市场的相关度较弱，因此，股票市场的表现不应该被视作房地产市场的风险因子。

36-3 A

进出口贸易的状况主要影响仓储类（warehouse space）及工业（industrial）房地产，而非 retail property，所以 Eileen 对于 retail property 的影响因素的描述是错误的，答案选 A。

36-4 B

Gross lease 需要房东支付所有的 operating expenses，所以如果 operating expenses 上涨，所有的风险都由房东来承担，正确答案选 B。

选项 A，net lease 中，由房客来支付 operating expenses，所有 operating expenses 上涨的风险转嫁给了房客，所以 A 错。

选项 C，Property C 的 expense reimbursement 模式中，房东第一年会支付所有的 operating expenses，但是后续年份如果 operating expenses 上涨，上涨的部分应由房客来承担，这种模式下，房客也承担了 operating expenses 上涨的风险，所以 C 错。

第 37 章
公开交易不动产证券

知识引导

由于私有不动产投资存在门槛高、流动性差的特点,为了丰富不动产市场的投资产品,降低投资门槛,提高信息有效性,促进不动产投资交易,公开交易不动产证券应运而生。常见的公开交易不动产证券,包括不动产投资信托基金(real estate investment trusts,REITs)、不动产经营公司(real estate operating companies,REOCs)的股票,以及抵押贷款证券(mortgage-backed securities,MBS)等。

考点聚焦

本章介绍了公开交易不动产证券的类别及各类产品的特点,着重研究了不动产投资信托基金(REITs),主要内容包括其结构、投资优势和估值方法。其中,三种REITs估值方法的对比是重要的定性考点,考生需要理解并记忆。REITs的三种估值方法中,相对估值法较为简单,容易掌握;净现值法是近年的重要考点,且计算相对复杂,考生需要理解并练习。

本章框架图

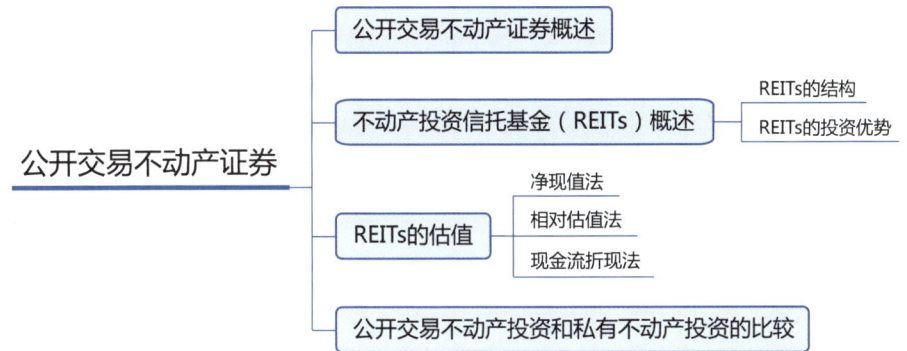

37.1 公开交易不动产证券概述

—考点要求—
讨论（discuss）公开交易不动产证券的类型（★）

国际上将公开交易不动产证券分为三类：不动产投资信托基金（real estate investment trusts，REITs）、不动产经营公司（real estate operating companies，REOCs）的股票，以及抵押贷款证券（mortgage-backed securities，MBS）。

1. 不动产投资信托基金（Real Estate Investment Trusts，REITs）

不动产投资信托基金是以发行收益凭证的方式，汇集特定多数投资者的资金，由专门投资机构进行不动产经营管理，并将投资综合收益按比例分配给投资者。根据性质的不同，可以分为权益型不动产投资信托（Equity REIT，EREIT）、抵押型不动产投资信托（Mortgage REIT，MREIT）和混合型不动产投资信托（hybrid REIT）。

> **知识一点通**
>
> REITs 的结构与共同基金类似，如图 37.1 所示。

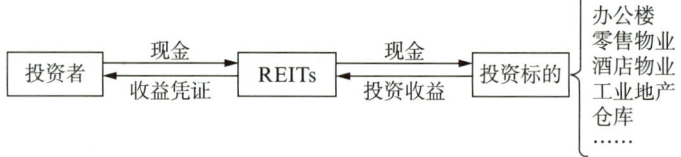

图 37.1　不动产投资信托基金结构

> 多个投资者将资金交托给 REITs，由 REITs 来进行具体的不动产投资。在投资标的产生收益后，投资者通过收益凭证从 REITs 处获得一定的回报。

2. 不动产经营公司（Real Estate Operating Companies，REOCs）

不动产经营公司是指普通的应税不动产所有权公司，主要从事不动产开发和销售业务。投资者可以通过公开交易市场购买并持有不动产经营公司的股份，从该公司的股票分红和股票增值中获利。

> **知识一点通**
>
> 由于不动产经营公司的业绩与不动产市场的表现息息相关，可以通过投资不动产行业内公司的股票来投资不动产。例如，虽然投资者非常看好中国的不动产行业，但是没有足够的资金进行不动产开发和买卖。于是，投资者可以用较少的资金，购买房地产公司的股票，间接投资不动产。

3. 抵押贷款证券（Mortgage-Backed Securities，MBS）

抵押贷款证券是指发放不动产抵押贷款的金融机构将其持有的抵押贷款进行打包重组，经过担保和信用增级，以证券形式出售给投资者，投资者进而享有获得相应抵押贷款产生的现金流的权利。抵押贷款证券包括商业 MBS 和住宅 MBS。

> **知识一点通**
>
> 由于抵押贷款证券(MBS)属于 CFA® 一级中文教材中"固定收益证券"部分的重点内容,"另类投资"部分就不再赘述。

37.2 不动产投资信托基金(REITs)概述

> **知识一点通**
>
> 由于不动产公司(REOCs)的投资属于"权益投资"部分的内容,所以从本小节开始将侧重讨论不动产投资信托基金(后文简称 REITs)。

37.2.1 REITs 的结构

REITs 的投资收益由股利收益与资本利得两部分组成。作为收益的重要来源,REITs 股利收益的来源主要为持有型物业的租金收入。在绝大多数国家,一个合格的 REITs 需要满足各种要求和限制条件。

(1) REITs 需要遵守 90% 以上的分红比例要求,即 REITs 至少要拿出 90% 的收益进行分红。由此 REITs 层面可以免征所得税,只需在投资者层面征收个人所得税。

(2) REITs 至少 75% 的资产需要投资于不动产。

(3) REITs 至少 75% 的收入来源于租金收入或抵押贷款利息收入。

美国是 REITs 的发源地。在美国,REITs 必须有至少 100 个股东,并且至少 5 名股东可以持有 50% 以上的 REITs 份额。

美国的 REITs 结构分为自我管理型(self-managed/self-advised)和外部管理型(externally managed)。

和自我管理型 REITs 相比,外部管理型 REITs 的潜在冲突可能会较大。外部管理型 REITs 需要向第三方机构支付资产管理费,并且外部管理人还可以要求 REITs 向为其提供服务的附属公司支付物业管理、收购等其他服务费。

> **备考小贴士**
>
> 考生只需简单了解 REITs 结构中的一些要求。

37.2.2 REITs 的投资优势

与私有不动产投资相比,REITs 拥有以下投资优势,如表 37.1 所示。

表 37.1 REITs 的投资优势

优势特征	描述及举例
更强的流动性 （greater liquidity）	REITs 能够在二级市场进行交易，从而拥有更强的流动性，降低流动性风险
更高的透明度 （transparency）	REITs 和 REOCs 都是公开交易的证券，本身就具有可靠的市场价格和历史交易数据，因此透明度更高
稳定的收益 （stable income）	由于不动产的租金收入通过合约签订，相对于其他工业或自然资源公司，REITs 收益的稳定性和可预测性更强
税收优惠 （tax efficiency）	如果投资不动产运营公司的股票，投资者将面临双重税收（double taxation）的问题，即公司层面需要缴纳企业所得税（corporate income tax），投资者还需要缴纳个人所得税（personal income tax）。但是，如果通过 REITs 投资，在一定条件下可以减免企业所得税，投资者只需要缴纳个人所得税即可
优质不动产投资组合 （high-quality portfolios）	对于资金有限的个人投资者，可以通过购买不同种类的 REITs，参与到更广泛的、更优质的不动产投资中
专业的主动管理 （active professional management）	REITs 由更专业的投资机构或不动产经营公司进行管理
分散化效益 （diversification）	通过购买不同种类的 REITs，获得分散化效益

REITs 也有缺点，例如，缺乏留存收益（90%以上的收益都需要分配给投资者），使得扩张需要募集新的资金；存在监管成本；REITs 是公开交易，价格也会受到整体资本市场的影响，一定程度上减弱了其分散化效益。

> **备考小贴士**
> 由于 CFA® 总体支持公开交易不动产证券，所以对其优势的考查多于劣势。

37.3 REITs 的估值

REITs 主要有三种估值方法：净现值法、相对估值法和现金流折现法。

> **知识一点通**
> 在 CFA® 的知识体系中，任意资产的估值都有三大类方法：(1)现金流折现法（discounted cash flows method）；(2)基于资产的估值方法（asset-based method）；(3)可比销售法（sales comparison approach）。对于 REIT 而言，净现值法类似于基于资产的估值方法，相对估值法类似于可比销售法。

—考点要求—
证实（justify）每股资产净值（NAVPS）在 REITs 估值中的应用（★★★）

37.3.1 净现值法（Net Asset Value Approach）

1. REITs 的资产负债表

REITs 作为经营性有限合伙企业，存在企业的资产负债表，如图 37.2 所示。

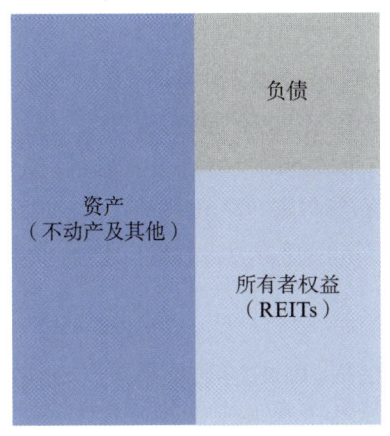

图 37.2 资产负债表

其中,左侧为企业资金的用途:主要为投资购买的不动产投资组合。右侧为企业资金的来源:一方面来源于 REITs 投资者购买 REITs 份额时所支付的现金(即所有者权益);另一方面来源于企业的借贷(即负债)。

利用净现值法对 REITs 进行估值,主要是估计图 37.2 中所有者权益的市场价值。因此,REITs 的净现值(net asset value)为:

$$\text{Net asset value} = \text{Market value of assets} - \text{Market value of liabilities} \quad (37.1)$$

其中,Market value of assets 为资产的市场价值;Market value of liabilities 为负债的市场价值。

> **知识一点通**
>
> 在 NAV 的计算过程中,公司所有的资产和负债都应该使用其当前的市场价值 (market value)来衡量。相比账面价值(book value)和清算价值(liquidation value),市场价值能够更好地反映公司的净值。该方法逻辑与 CFA® 一级中文教材中权益估值里的 asset based 估值法类似。

2. NAVPS 的基本概念

(1) NAVPS 的公式。

每股资产净值(Net Asset Value Per Share,NAVPS)的计算公式为:

$$\text{NAVPS} = \frac{\text{Market value of assets} - \text{Market value of liabilities}}{\text{The number of shares outstanding}} \quad (37.2)$$

其中,the number of shares outstanding 为 REITs 已发行的份额数量。

(2) NAVPS 的应用。

通过对比估值计算所得的 NAVPS 与 REITs 每股的实际价格,可以对 REITs 定价的合理性进行判断:

① 若 REITs 的每股价格低于 NAVPS,则该 REITs 被低估;

②若 REITs 的每股价格高于 NAVPS，则该 REITs 被高估。

3. NAVPS 的计算

—考点要求—
估计（estimate）
NAVPS（★★★）

NAVPS 的计算步骤为：

第一步，估计 REITs 资产中不动产的价值；

第二步，加总非不动产有形资产的价值，获得资产的总价值；

第三步，扣除负债的价值，获得资产净值；

第四步，将资产净值与 REITs 已发行份额数相除，获得 NAVPS。

（1）估计 REITs 资产中不动产的价值。

①不动产估值的基本形式。

REITs 的主要资产为不动产，因此，计算 NAVPS 的实质与核心就是对不动产估值。对不动产的估值通常使用直接资本化法，其公式为：

$$\text{Value} = \frac{\text{NOI}_1}{\text{Cap rate}} \tag{37.3}$$

其中，Value 为不动产的价值；NOI_1 为第一年的净营运收入；Cap rate 为资本化率（capitalization rate），即将净营运收入资本化成价值所使用的比率。

> 知识一点通
>
> 直接资本化法的详细内容请回顾前文中对私有不动产投资的估值。

> 备考小贴士
>
> 特别要注意：公式(37.3)中，分子为第一年的净营运收入，即未来 12 个月的净营运收入。如果考试题目中给到的信息是历史信息，需要根据年增长率做出调整。

②不动产估值的复杂情形。

在实务中，我们会遇到一些复杂的情形，需要对 NOI 进行两方面的调整：非现金租金（non-cash rents）调整和年化调整。

由于 NAVPS 的计算遵循现金流折现的思想，所以使用的是现金 NOI（cash NOI），需要扣除非现金租金（non-cash rents）部分。

> 知识一点通
>
> 非现金租金是对长期租赁合约下租金收入的直线会计处理所造成的。通俗来讲，非现金租金就是平均合约租金与实际支付租金之间的差额。例如，一个五年期的租赁合约，约定未来五年的租金分别为 1 万元、1.2 万元、1.5 万元、1.8 万元、2 万元。美国会计准则规定，需要平滑这五年的租金收入。在账面上，每年都统一记录为 1.5 万元（这五年租金的平均值）。平均值与当年实际现金租金收入之差，记为非现金租金，分别为：0.5 万元、0.3 万元、0、−0.3 万元、−0.5 万元。

同时，估值时使用的是整年的 NOI。事实上，REITs 的买入或卖出可能发生在一年中的任意时间点,故而需要对由此形成的差异进行调整,加回调整项(adjustments for full impact of acquisition)。

(2) 加总非不动产的有形资产的价值,获得资产的总价值。

为了获得总资产价值(gross asset value),需要在不动产价值的基础上,加总REITs的其他有形资产(tangible assets)。例如:现金(cash)、应收账款(account receivable)、未来开发用地(land for future development)、预付费用(prepaid expenses)等。

> **知识一点通**
>
> 注意:无形资产(intangible assets)的价值是不包含在总资产价值中的,例如商誉(goodwill)和递延所得税资产(deferred tax assets)。

(3) 扣除负债的价值,获得资产净值。

负债包括借款(debt)和其他负债项(other liabilities)。

> **知识一点通**
>
> 计算负债时,应排除递延所得税负债(deferred tax liabilities)。

(4) 将资产净值与REITs已发行份额数相除,获得NAVPS。

例题 37.1

Golden基金公司旗下的一只REITs,相关财务数据信息如下:

当期净营运收入(NOI_0)	USD 350 000
非现金租金(non-cash rents)	USD 20 000
非全年调整(adjustments for full impact of acquisition)	USD 12 500
资本化率(cap rate)	8%
现金及现金等价物(cash and cash equivalents)	USD 35 000
应收账款(accounts receivable)	USD 21 750
未来开发用地(land for future development)	USD 650 000
预付费用(prepaid expenses)	USD 10 000
其他有形资产(other tangible assets)	USD 12 500
总借款(total debt)	USD 1 250 000
其他负债(other liabilities)	USD 250 000
已发行份额的数量(shares outstanding)	USD 50 000

若预计未来一年的现金净营运收入的增速为5%,根据表格中信息计算该REITs的NAVPS。

名师解析

根据上述四个步骤,计算NAVPS的具体过程如下表所示:

当期净营运收入		USD 350 000
非现金租金		−USD 20 000
非全年调整		+USD 12 500
当期现金净营运收入(cash NOI$_0$)		=USD 342 500
未来现金净营运收入(cash NOI$_1$)	USD 342 500×(1+5%)=	USD 359 625
资本率		8%
不动产的价值(value of real estate)	USD 359 625/8%=	USD 4 495 312.5
现金及现金等价物		+USD 35 000
应收账款		+USD 21 750
未来开发用地		+USD 650 000
预付费用		+USD 10 000
其他有形资产		+USD 12 500
总资产价值(gross asset value)		=USD 5 224 562.5
总借款		−USD 1 250 000
其他负债		−USD 250 000
资产净值(net asset value)		=USD 3 724 562.5
已发行份额的数量		50 000
NAVPS	USD 3 724 562.5/50 000	=USD 74.49

> **备考小贴士**
>
> NAVPS 的计算是考试的重点，需要考生掌握。

4. NAV 方法的注意事项

使用资产净值(NAV)方法对 REITs 估值时，需要注意以下四点：

(1) 对于不同的投资者而言，同一项不动产投资的风险不同，所要求的回报率不同。因此，私有所有者(private owners)和 REITs 投资者(REITs investors)所使用的折现率(discount rate)可能不同。

(2) 在计算 NAV 时，使用适用于私有不动产的直接资本化法来估计不动产价值。因此，NAV 是站在私有市场买家的角度对 REITs 估值，这与 REITs 的公开交易性质相矛盾。

(3) 虽然 REITs 的管理过程是动态的(例如，资产会被不断地买卖、不动产的空置率不断变化)，但是 NAVPS 的计算过程是静态的，只反映当前时刻的净资产价值。所以，使用 NAV 来衡量公司净值的过程是将公司视为一个静态的资产池(static pool of assets)。

(4) 若不动产市场交易不活跃，则很难获得可靠的可比资本化率，无法估算准确的 NAVPS，从而计算出来的 NAVPS 可能存在偏差。

> **知识一点通**
>
> 后三点都可视为使用 NAV 方法对 REITs 估值的局限性。

37.3.2 相对估值法（Relative Value Approach）

相对估值法又称为价格乘数法（price multiple approach），通过使用价格乘数来对 REITs 进行可比估值。常用的价格乘数为价格与运营现金流之比（Price-to-Funds From Operations，P/FFO）和价格与调整后运营现金流之比（Price-to-Adjusted Funds From Operations，P/AFFO）。

1. P/FFO 估值法

（1）FFO 的计算。

运营现金流（Funds From Operations，FFO）被用来衡量 REITs 或 REOCs 的运营收入（operating income）。其计算过程为：

$$FFO = \text{Net income（净利润）} + \text{Depreciation（折旧）} + \text{Amortization（摊销）} - \text{Net gains on sale of real property（出售资产的净收益）} \tag{37.4}$$

—考点要求—
描述（describe）运营现金流（FFO）在 REIT 估值中的应用（★★★）

> **知识一点通**
>
> FFO 的计算思路类似于"财务报表分析"中的间接法求 CFO：从净利润中加回非现金支出，扣除非运营现金流流入。在计算净利润时，折旧和摊销会被扣除。但这两种费用并非现金支出，使得净利润低估了运营现金流，因此，需要加回。同时，出售资产的净收益并不属于运营所带来的现金流。此时，净利润高估了运营现金流，需要将其从中剔除。

> **备考小贴士**
>
> FFO 的具体计算是重要考点，且有可能定性考查。

（2）利用 P/FFO 乘数估值。

计算出目标 REITs 的 FFO 后，可以结合可比 REITs 的 P/FFO 乘数，获得目标 REITs 的价值。

2. P/AFFO 估值法

（1）AFFO 计算。

调整后运营现金流（Adjusted Funds From Operations，AFFO）又称为可以用来分红的现金流（Funds Available for Distribution，FAD 或 Cash Available for Distribution，CAD）。通过对运营现金流（FFO）进行调整，AFFO 能够更加准确地衡量 REITs 的当前经济收入（economic income）水平。

在基于 FFO 调整计算 AFFO 时，不可用于分红的现金支出需要从中扣除，包括非现金租金（non-cash rents）和经常性的维持性资本支出（recurring maintenance-type capital

—考点要求—
计算（calculate）并解释（interpret）REIT 的每股价值：P/FFO 乘数法（★★★）

—考点要求—
描述（describe）调整后的运营现金流（AFFO）在 REIT 估值中的应用（★★★）

expenditures)。

> **知识一点通**
>
> 非现金租金也叫直线租金调整,是指会计上确认的租赁期限内的每期平均租金和每期实际收到的租金之间的差异。经常性的维持性资本支出(例如,房屋粉刷、屋顶维护等)是维持运营的必要现金支出,不可用于分红。

AFFO 的计算过程可表示为：

$$AFFO = FFO - \text{Non-cash rents}(\text{非现金租金}) - \text{Recurring maintenance-type capital expenditures}(\text{经常性的维持性资本支出}) \tag{37.5}$$

> **备考小贴士**
>
> AFFO 的计算是重要考点。

(2) 利用 P/AFFO 乘数估值。

—考点要求—
计算(calculate)并解释(interpret) REIT 的每股价值:P/AFFO 乘数法(★★★)

计算出目标 REITs 的 AFFO 后,可以结合可比 REITs 的 P/AFFO 乘数,获得目标 REITs 的价值。

例题 37.2

分析师 Jen 决定使用相对估值法对 Golden 管理的一只 REIT 进行估值。该 REIT 的相关财务数据如下：

运营现金流(FFO)	USD 350 000
调整后运营现金流(AFFO)	USD 325 000
不动产细分领域的平均 P/FFO 乘数	12.25x
不动产细分领域的平均 P/AFFO 乘数	10.25x
已发行份额的数量	50 000

分别使用 P/FFO 估值法和 P/AFFO 估值法计算该 REIT 的每股价值。

名师解析

(1) 使用 P/FFO 估值法计算每股价值的具体计算过程如下：

运营现金流(FFO)		USD 350 000
平均 P/FFO 乘数		12.25x
总价值	USD 350 000×12.25=	USD 4 287 500
每股价值	USD 4 287 500/50 000	USD 85.75

(2) 使用 P/AFFO 估值法计算每股价值的具体计算过程如下：

调整后运营现金流(AFFO)		USD 325 000
平均 P/AFFO 乘数		10.25x
总价值	USD 325 000×10.25=	USD 3 331 250
每股价值	USD 3 331 250/50 000	USD 66.63

3. 相对估值法的优缺点

（1）相对估值法的优点。

使用相对估值法对 REITs 进行估值的优点主要有以下三点：

①相对估值法的使用与计算较为简单，被广泛应用。

②运营现金流（FFO）的相关数据可以通过彭博等金融数据服务平台较为容易地来获得。

③乘数可以和预期增长与杠杆水平等指标结合起来，应用到更深层次的分析中。

（2）相对估值法的缺点。

使用相对估值法对 REITs 进行估值的缺点主要有以下三点：

①乘数法可能无法应用于所有 REITs 或 REOCs 持有的不动产。若要使用该方法，不动产必须拥有正的运营现金流（FFO）。

②P/FFO 乘数没有对经常性的维持性资本支出做出调整。P/AFFO 虽然做出调整了，但是计算中涉及的估计和假设差异较大。

③美国近些年对损益表会计处理规定的调整使得乘数更加难以计算和比较。

> **知识一点通**
>
> 例如土地和空置建筑物并不产生 FFO，但它们都有一定的内在价值。

> **备考小贴士**
>
> 相对估值法的优缺点简单了解即可，可能定性考查：给出一段描述，判断反映了哪个优点或缺点。

37.3.3 现金流折现法（Discounted Cash Flow Approach）

由于 REITs 的一大投资优势就是具有较高的收益支付率，所以现金流折现法也适用于对 REITs 的估值。通常情况下，投资者会使用两阶段或三阶段股利折现模型来进行估值：在短期和中期对现金流进行具体预测；在长期，基于历史乘数计算终值（terminal value）。

—考点要求—
计算（calculate）并解释（interpret）REIT 的每股价值：现金流折现法（★）

> **知识一点通**
>
> 现金流折现法并不是 REITs 部分的重要考点，该方法的具体计算过程与"权益投资"部分的两阶段现金流折现法类似。

37.4 公开交易不动产投资和私有不动产投资的比较

—考点要求—
解释（explain）公开交易不动产投资和私有不动产投资的优缺点（★）

由于投资者的风险承受和预期收益等投资目标的差异，公开交易不动产投资和私有不动产投资分别在不同层面提供给投资者多样化的投资选择。在资产配置中，公开交易不动产和私有不动产投资可以各自发挥其优势,产生互补作用。

公开交易不动产投资和私有不动产投资各自的优势如表 37.2 所示。

表 37.2　公开交易不动产和私有不动产投资各自的优势

公开交易不动产(REITs 和 REOCs)	私有不动产
投资表现受不动产基本面的长期影响	不动产基本面表现直接影响投资回报
公开交易的不动产证券能够在二级市场进行交易,流动性强(liquidity)	投资回报多样,收益稳定,波动性低: ● 相对稳定的经营收益,例如长期的租金收入; ● 不动产资产增值; ● 潜在的流动性风险溢价收益
公开交易的不动产证券由更专业的投资机构或不动产经营公司进行管理(access to professional management)	直接控制权
抵御通胀	抵御通胀、保值功能强
投资者承担有限责任(limited liability),即其责任只限于其投资的金额;且投资者利益与上市不动产公司的利益关联性强	税收优惠(tax benefit)。例如,美国不动产可以通过加速折旧避税
与投资股票相比,REITs 存在一定的税收减免(Tax-efficient structure)	与其他传统类资产的相关性低,组合配置中加入的不动产能够有效降低组合风险,获得风险分散化收益
组合多样化的资产选择	投资者可以选择租赁或出售等多种投资策略
REITs 的投资领域丰富多样	
投资资金要求、投资者资质要求门槛低	
监管严格,投资者受到更大程度的保护	
投资信息透明度高	

与此同时,公开交易不动产投资和私有不动产投资各自的劣势如表 37.3 所示。

表 37.3　公开交易不动产和私有不动产投资各自的劣势

公开交易不动产	私有不动产
与私有不动产投资相比,波动性较高	流动性差
较高成本:对公开交易不动产投资的申购和赎回会产生相应费用,增加投资成本	投资费用高,投资门槛高
投资表现受股票市场影响;因为公开交易不动产证券是在二级市场进行交易,整个股票市场的表现会影响其定价及回报	资金退出难度高
合格投资者需满足一定条件	估值偏差并受到不动产基本面的短期影响
小公司的监管合规成本过高	监管弱
REITs 分红仍存在较高税率	
利益冲突(mis-aligned interests):REITs 由专业的投资机构进行管理,而这种运行结构可能会引起投资机构管理层与投资者之间的利益冲突	高杠杆放大投资风险

第 37 章 公开交易不动产证券 | 665

> **备考小贴士**
> 公开交易不动产投资的优势是重要知识点，其劣势只需要考生简单了解即可。

练一练

Cindy Bruna，CFA，is a senior alternative analyst at Golden Financial Group，Inc. Given the recent downturn in global stock markets，Elsa Hosk，one portfolio manager is considering rebalancing her portfolio. To have a thorough understanding of public traded real estate securities，Hosk convenes a meeting with Bruna.

Hosk starts the meeting by expressing her preference for REITs. She says："Although both REITs and REOCs have limited liability and greater liquidity，REITs has more tax advantages and operating flexibility than REOCs." Bruna partially agrees with Hosk，and she warns Hosk not to ignore the drawbacks of publicly traded real estate investments.

As the conversation going on，Bruna introduces the valuation methods for REITs to Hosk. Based on the financial data presented in Exhibit 37.1 and Exhibit 37.2，She explains three kinds of approaches.

Exhibit 37.1 Financial information about a hotel REIT

Estimated next 12 months cash NOI	USD 450 000
Non-cash rents	USD 46 000
Recurring maintenance-type capital expenditures	USD 24 000
Cash and cash equivalents	USD 135 000
Accounts receivable	USD 325 000
Other assets	USD 136 000
Total debt	USD 352 000
Other liabilities	USD 125 000
Adjusted funds from operations (AFFO)	USD 380 000
Shares outstanding	250 000
Hotel sector average P/FFO multiple	12.5x

Exhibit 37.2 Dividend estimations for hotel REIT

Expected dividend per share in the following there years：		
Year 1	Year 2	Year 3
USD 1.00	USD 1.20	USD 1.50
Long-term dividend growth rate after year 3		3%
Discount rate		9%

37-1 Which of Hosk's points of view regarding the characteristics of REITs and REOCs is most likely correct?

A. Only her opinion on the similarities between REITs and REOCs is correct.

B. Only her opinion on the differences between REITs and REOCs is correct.

C. Both her opinions on the similarities and differences between REITs and RECOs are correct.

37-2 The drawbacks least likely addressed by Bruna of publicly traded real estate securities is:

A. The high maintenance cost of a publicly traded REIT structure.

B. The low mastery over real estates.

C. The possibility of compelled equity issuance at favorable prices.

37-3 Assume that the cap rate is 8%, the value per share of the hotel REIT using NAV approach is closest to:

A. USD 21.32.

B. USD 22.98.

C. USD 25.07.

37-4 Based on Exhibit 37.1, the value per share of the hotel REIT using relative valuation with P/FFO multiple is closest to:

A. USD 22.50.

B. USD 23.79.

C. USD 25.36.

37-5 Based upon Exhibit 37.2, the value per share of the hotel REIT using two-stage dividend discounted model is closest to:

A. USD 22.97.

B. USD 24.79.

C. USD 26.42.

答案与解析

37-1 A

REITs 和 REOCs 作为公开交易的不动产证券，能够在二级市场进行交易，进而能够有更好的流动性（greater liquidity）。同时，投资者的责任只限于其投资的金额，即有限责任（limited liability）。因此，关于两者相似点的表述是正确的。同时，相比于 REOCs，REITs 在一定条件下可以减免企业所得税，投资者只需要缴纳个人所得税。而 REOCs 最大的投资优势是运营的灵活性（operating flexibility）。较低的收入支付率使得 REOCs 留存下来可用于再投资的收入较多，运营灵活性更强。因此，关于两者不同点的表述是错误的。

37-2 C

REITs 可能被迫以不利价格增发股票，选项 C 说法错误。州政府会对 REITs 的债务与权益比有一定的要求，而该比率会随着 REITs 的分红而发生改变。为了恢复目标水平，REITs 需要进行再融资。股票增发势必会稀释原有 REITs 投资者的收益。

选项 A，由于公开交易不动产投资的申购和赎回会产生相应的费用，使得组合的维护成本增加。

选项 B，因为 REITs 或 REOCs 由更专业的投资机构或不动产经营公司进行管理，所以投资者对不动产的投资缺乏控制权。

37-3 B

NAVPS 的具体计算过程如下：

Estimated next 12 months cash NOI	USD 450 000	
Assumed cap rate	8.00%	
Estimated value of operating real estate	USD 450 000/8.00% =	USD 5 625 000
Cash and cash equivalents		+ USD 135 000
Accounts receivable		+ USD 325 000
Other assets		+ USD 136 000
Estimated gross asset value		= USD 6 221 000
Total debt		− USD 352 000
Other liabilities		− USD 125 000
Estimated net asset value		= USD 5 744 000
Shares outstanding	250 000	
NAVPS	USD 5 744 000/250 000	= USD 22.98

37-4 A

根据题目中的信息：

(1) 求出 FFO。

Adjusted funds from operations (AFFO)	USD 380 000
Non-cash rents	+ USD 46 000
Recurring maintenance-type capital expenditures	+ USD 24 000
Funds from operations (FFO)	= USD 450 000

(2) 根据 FFO 乘数，求出 REITs 的总价值。

$$\text{Total value} = \text{Hotel sector average P/FFO multiple} \times \text{FFO}$$
$$\text{Total value} = \text{USD } 450\,000 \times 12.5 = \text{USD } 5\,625\,000$$

(3) 根据总价值和流通的股数，求得 REITs 的每股价值。

$$\text{Value per share} = \text{Total value} \div \text{Shares outstanding}$$
$$\text{Value per share} = \text{USD } 5\,625\,000 \div 250\,000 = \text{USD } 22.50$$

因此，使用 P/FFO 所计算出来的 value per share 为 USD 22.5，选 A。

37-5 A

使用两阶段股利折现模型对 REITs 进行估值的具体计算过程如下：

(1) 未来永续分红在第三年末的 value per share 为：

$$\text{Terminal value per share} = \frac{NOI_{n+1}}{\text{Terminal cap rate}} = \frac{NOI_4}{\text{Terminal cap rate}} = \frac{\text{USD } 1.5 \times (1+3\%)}{9\% - 3\%} = \text{USD } 25.75$$

(2) 将第三年末的 terminal value 和未来三年的每年分红折现到当前时刻的计算过程为：

$CF_1 = $ USD 1.00

$CF_2 = $ USD 1.20

$CF_3 = $ USD 1.5 + USD 25.75 = USD 27.25

$I = 9\%$

可得：NPV = USD 22.97

因此，value per share of the REIT 为 USD 22.97，选 A。

第 38 章
对冲基金

章节导学

知识引导

对冲基金会使用各种另类资产进行投资交易,相比其他投资机构拥有独特的特征。例如,对冲基金可以做空,可以使用杠杆,可以使用衍生品,且其产品往往存在锁定期……因为这些特征,对冲基金可以实施的策略种类繁多,不同的策略也有各自的特征和在组合中的不同角色。本章介绍和研究的主要对象是对冲基金的投资策略的执行方法与其在组合中的作用。

考点聚焦

本章先简单介绍了对冲基金的特征,然后具体介绍了13种策略的特征、执行与作用,最后介绍了收益分析模型。考生除了掌握每种策略中做空、做多的标的资产外,还应掌握一些涉及简单计算的策略(如可转债策略、母基金策略)。第3部分的条件性因子风险模型看上去很复杂,但是不要求计算,只要求考生掌握原理。

本章框架图

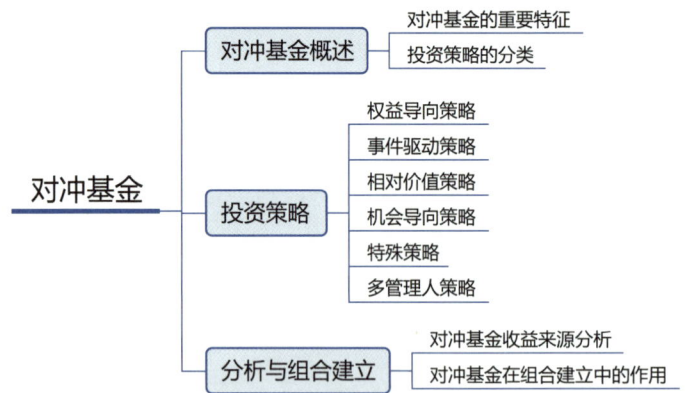

38.1 对冲基金概述

38.1.1 对冲基金的重要特征

对冲基金可以投资的标的范围非常广泛,可以做多、做空、使用衍生品,并且可以相对自由地使用杠杆,因此对冲基金的投资风格通常较为激进。

对冲基金主要具有以下 7 点特征。

(1) 总体监管程度较弱,不同地区有不同的法规要求。

(2) 较少的投资限制。对冲基金对风险暴露程度、多空头寸、杠杆比例等没有过多要求,因此投资策略非常灵活。

(3) 宽泛的投资范围。对冲基金可以跨资产大类、跨行业板块、跨国家地区进行投资,既可以投资传统资产,也可以投资另类资产,甚至可以投资收藏品,因此它的投资范围非常广泛。

(4) 具有严格的流动性限制。对冲基金具有锁定期(lock-up period)、通知期(notice period)、赎回门槛(gates)和退出窗口(exit windows)等条款,导致投资者赎回资金面临诸多限制,因此流动性较差。

(5) 较高的费用。对冲基金的费用结构较为复杂,通常收取 1%~2% 的管理费,并收取 10%~20% 的激励费,因此投资者面临高昂的费用。

(6) 对冲基金可以自由地使用杠杆。

(7) 投资风格较为激进。

38.1.2 投资策略的分类

一般来说,对冲基金的投资策略可以分为六大类,如表 38.1 所示。

—考点要求—
探讨(discuss)对冲基金投资策略的分类(★★)

表 38.1 对冲基金投资策略的分类

类型	投资策略
权益导向策略(equity-related)	• 股票多空(long/short equity) • 纯空和偏空(dedicated short selling and short-biased) • 市场中性(equity market neutral)
事件驱动策略(event-driven)	• 并购套利(merger arbitrage) • 危机证券(distressed securities)
相对价值策略(relative value)	• 固定收益套利(fixed income arbitrage) • 可转债套利(convertible bond arbitrage)
机会导向策略(opportunistic)	• 全球宏观(global macro) • 管理期货(managed futures)
特殊策略(specialist)	• 波动策略(volatility strategies) • 再保和寿险贴现策略(reinsurance/life settlement)
多管理人策略(multi-manager)	• 母基金(fund-of-funds) • 多重策略(multi-strategy)

> **备考小贴士**
>
> 关于投资策略的分类,通常要求考生通过描述来判断基金经理使用的具体策略类型。

例题 38.1

可转债套利策略应该被归为哪类对冲基金策略?
A. 相对价值策略
B. 机会导向策略
C. 固定收益策略

名师解析

正确答案为 A。可转债套利策略是基于固定收益类资产所施行的策略,因此属于相对价值策略。

选项 B,机会导向策略中包含的是全球宏观策略和管理期货策略。

选项 C,对冲基金策略的六大类中没有固定收益策略。

38.2 投资策略

38.2.1 权益导向策略

权益导向策略中包含股票多空策略、纯空和偏空策略以及市场中性策略这 3 种投资策略。

38.2.1.1 股票多空策略

1. 股票多空策略概述

股票多空策略指的是做多被低估的股票的同时做空被高估的股票。

2. 股票多空策略的投资特征

—考点要求—
探讨(discuss)股票多空策略的投资特征(★★)

(1) 不同的基金经理关注的策略因子不同,因此,对同一只股票,不同的经理人采取的策略头寸可能相反。若经理人关注市盈率,则会采取做多市盈率低的股票的同时做空市盈率高的股票的策略。若经理人关注增长率,则会做多高增长率的股票同时做空低增长率的股票,而不管股票市盈率的高低。

(2) 经理人通常希望通过选股与择时(timing)来积极管理基金,实现超额收益(alpha,α)。而一些其他的经理人会希望通过此策略降低组合的风险系数(beta,β)。

(3) 考虑到股票市场从长期来看是上升的,因此经理人往往会保留 40%~60% 多头头寸的风险净敞口。

(4) 杠杆的幅度是灵活多变的。净多头头寸比例越大,杠杆的使用程度越低。

3. 股票多空策略的执行

—考点要求—
探讨(discuss)股票多空策略的执行方式(★★)

通常有两种获取 α 的策略执行方式:如果经理人可以称得上是某行业的专家

(specialist),对某行业板块非常熟悉,则其更愿意专注于该行业领域来研究、寻找股价被低估与被高估的公司并执行股票多空策略;其他的经理人(generalist)更愿意着眼于多个领域,偏好横跨多种行业板块的策略。

> **知识一点通**
>
> 行业专家型经理人通常采用基本面分析,利用自上而下和自下而上的分析方法寻找行业投资机会。例如,某基金经理人多年深耕生物医药行业研究,在分析最近的行业轮动后得出恒瑞医药股票被低估且信邦制药股票被高估的结论,那么该经理人会在做多恒瑞医药的同时做空信邦制药。
>
> 其他经理人通常会跨行业分散投资,并且会避免投资技术含量过高、专业性过强的行业。例如,某基金经理人并不了解区块链,因此会避免投资信息化行业,以避免因为对行业细节信息解读不到位所导致的投资失败。

两种执行方式存在各自的优点与缺点,如表 38.2 所示。

表 38.2 股票多空策略下两种策略执行方式的优点与缺点

策略的执行方式	策略的优点	策略的缺点
行业专家(specialist)	• 因为对特定领域的研究更透彻,所以投资会得到更优的组合表现,获得更高的 alpha	• 对于投资者而言,很难对某特定行业投资策略的基金进行尽职调查; • 由于投资策略仅聚焦于某行业,可投资标的资产较少; • 较大的投资集中度会增大策略失败后的损失风险
其他经理人(generalist)	• 投资标的资产更加广泛; • 资产重新配置的效率更高	• 广泛的投资会增大组合 beta 与市场 beta 的接近度,因此可获得的 alpha 较小

4. 股票多空策略在组合中的作用

(1)增加组合的流动性。由于投资的标的资产在公开的二级市场上交易,因此流动性较好,加入组合可使其流动性增加。

(2)提高组合的分散性。向组合添加与已有投资产品相关性较低的标的资产可以提高组合的分散性。

(3)降低组合的波动性。由于向组合中增加了空头头寸,使组合的 beta 有所下降。

—考点要求—
探讨(discuss)股票多空策略在组合中的作用(★★★)

38.2.1.2 纯空和偏空策略

1. 纯空和偏空策略概述

纯空策略(dedicated short-selling)指的是只持有空头头寸的策略。采取纯空策略并进行积极管理的基金经理人(activist)还会通过向大众公开发布看空报告来影响看空股票的价格。

偏空策略(short-biased)指的是经理人对价值被高估的股票持空头的同时对价值被低估的股票持多头或跟踪指数,但保持空头头寸的风险净敞口。

2. 纯空和偏空策略的投资特征

(1)许多国家与地区会对卖空进行交易上的限制。

—考点要求—
探讨(discuss)纯空和偏空策略的投资特征(★★★)

（2）股票价格上升时，空头头寸会自然地增加，而此时是亏损的状态；股票价格下跌时，空头头寸会自然地收缩，而此时是盈利的状态。因此对于存在做空的策略而言，头寸变动方向与收益方向相反，风险更难管理。

（3）由于股票价格下跌最多跌至 0 而上涨程度可能出现极端值，因此持有空头头寸的亏损是无限的，但收益是有限的。

（4）偏空策略下，经理人通常会保持 30%～60% 的净空头头寸。

（5）纯空策略下，经理人通常会保持 60%～120% 的净空头头寸。

（6）杠杆使用程度较低。

3. 纯空和偏空策略的执行方式

> —考点要求—
> 探讨（discuss）纯空和偏空策略的执行方式（★★★）

经理人可以通过基本面分析，采用自下而上的分析方法（bottom-up approach），从商业模式、杠杆比率、公司治理等角度来发掘价值被高估的、产品失败的、违约风险高的或存在欺诈行为的企业的股票来做空。

经理人也可以通过技术分析及会计手段，运用 Z-score，Beneish M-scored 等方法来寻找可以被做空的股票。

另外，通过观测信用违约互换利差（credit default swap spreads）的增加、公司债收益率利差的增加或交易所交易的看跌期权隐含波动率的增加寻找做空标的。

4. 纯空和偏空策略在组合中的作用

> —考点要求—
> 探讨（discuss）纯空和偏空策略在组合中的作用（★★★）

（1）增加组合的流动性。投资的标的资产在公开的二级市场上交易，因此流动性较好，该策略加入组合可使流动性增加。

（2）提高组合的分散性。由于空头头寸的收益率与其他资产的收益率相关系数为负，因此适当的将该策略加入组合可以提高组合的分散性。

38.2.1.3　市场中性策略

1. 市场中性策略概述

市场中性策略（equity market neutral，EMN）指的是通过在股票市场上按一定比例持有空头和多头两个相反的头寸，使整体策略净风险敞口为 0，也就是 beta 为 0。Beta 为 0，则投资策略对市场波动的敏感度为 0。

> **知识一点通**
>
> 首先，实际操作中难以在市场上找到 beta 刚好相同的两只股票来分别做多和做空；其次，就算通过历史数据找到符合条件的股票，其 beta 值也会随时间而改变，因此组合 beta 会随着时间的变化偏离 0，导致组合需要不断地再平衡（rebalancing）。

> —考点要求—
> 探讨（discuss）市场中性策略的投资特征（★★★）

2. 市场中性策略的投资特征

（1）经理人使用基本面分析的同时，会更多地采用量化分析。

（2）这种策略的实行通常是短期的。经理人采用此策略是希望通过寻找到短期价格错配，而后等到价格均值回归来获得利润。

（3）杠杆使用程度较高。

（4）成本较高。此策略需要不断进行再平衡（rebalancing），而每次再平衡都会产生交易成本。

3. 市场中性策略的执行方式

（1）配对交易（pair trading）。这种方式的标的资产为特征类似的股票，如同行业中同类型产品的两家公司的股票。通过做多价格被低估的股票并做空价格被高估的股票，使策略 beta 为 0。

（2）存根交易（stub trading）。这种方式的标的资产为母公司与子公司的股票。比如通过做多价格被低估的母公司的股票并做空价格被高估的子公司的股票，使得策略 beta 为 0。

（3）多类别交易（multi-class trading）。这种方式的标的资产通常为同一个公司发行的不同股票，如同股不同权的 A 股（有投票权）和 B 股（无投票权）。通过做多价格被低估的股票并做空价格被高估的股票，使策略 beta 为 0。

以上 3 种执行方式可以使用基本面分析或量化分析（如基于动量的模型、基于算法的模型）来寻找目前价格偏离均值回归价的股票，从而获得超额收益。

—考点要求—
探讨（discuss）市场中性策略的执行方式（★★★）

---备考小贴士---

考生应当理解并掌握市场中性策略的本质是 beta 为 0。对此，考查的题型可能为计算题。

例题 38.2

莎拉，CFA®，是爱丽丝基金公司的一名基金经理。莎拉最近在对通信行业做研究分析，寻找投资获利的机会。莎拉发现，威尔电信公司和鲍勃电信公司是本国通信行业的龙头企业，2 家公司的产品相差不大，市场份额占有率不分伯仲，且商业模式也有许多相似之处。在通过估值模型的测算后，莎拉发现威尔电信公司的股票价格被明显高估了，而鲍勃电信公司的股票被明显低估了。莎拉收集了一些信息，如下表所示。如果莎拉想要采用市场中性策略中的匹配交易来对 2 个公司做出 100 000 美元多头头寸的投资，那么莎拉应该如何安排她的空头头寸金额？

2 家电信公司的基本信息

股票名称	Beta	股票价格（美元）	公司市场份额
威尔电信公司	0.72	72	36.7%
鲍勃电信公司	0.61	46	34.2%

名师解析

由于莎拉采用了市场中性策略中的匹配交易来进行策略执行，因此，头寸分配的最终目标为多头与空头的 beta 总和为 0。威尔电信公司的股票被高估而鲍勃电信公司的股票被低估，则应该做空威尔电信公司的股票且做多鲍勃公司的股票。多头头寸为 100 000 美元，则空头头寸应为：$100\,000 \times \dfrac{0.61}{0.72} = 84\,722$ 美元。

—考点要求—
探讨（discuss）市场中性策略在组合中的作用（★★★）

4. 市场中性策略在组合中的作用

（1）在市场波动性较大、震荡明显，或市场出现下行的时候，将市场中性策略加入组合可以较为成功地获得超额回报。

(2) 增加组合的流动性。

(3) 提高组合的分散性。

(4) 减小组合的标准差，即波动性。

> **知识一点通**
>
> 由于权益导向策略中的3种子策略均是基于股票市场的操作，投资标的资产都受到逐日盯市(mark-to-market)，因此以上3种子策略在组合中的作用有一个共同点，即增加组合的流动性。

38.2.2 事件驱动策略

事件驱动策略指的是基金经理试图从企业重组、兼并、再融资、股票回购、破产等事件中去预测公司股价变化从而获利的策略。

经理人可以基于对未来可能会发生的事件进行预测而做出决策，此种方法被称为软催化事件驱动法(soft-catalyst event-driven approach)。经理人也可以在公司股票价格尚未完全反映已公开事件的影响之前做出决策，此方法被称为硬催化事件驱动法(hard-catalyst event-driven approach)。由于软催化事件驱动法的不确定性更高，因此该方法的风险更高，同时可能实现的收益率也更高。

事件驱动策略中包含并购套利策略和危机证券策略两种投资策略。

> **知识一点通**
>
> 经理人在对未来可能会发生的事件进行预测时只能利用公开信息与非重大非公开信息来分析研究，不可以使用重大非公开信息。

38.2.2.1 并购套利策略

1. 并购套利策略概述

并购套利指的是经理人通过分析市场上预期会成功的并购事件，做多被收购公司(也称为目标公司)股票的同时做空收购公司股票而从中获利。由于被收购公司通常会被溢价收购从而引起股价上升，而收购公司作为出资方其股价会下跌，等到成功并购后两家公司的股价会趋同，因此该策略可以实现套利。

> **知识一点通**
>
> 从美国的并购案例的历史数据来看，约有70%~90%的并购案可以成功执行。如果策略成功，通常可以获得7%~12%的收益，如果策略失败，通常会有20%~40%的损失，因此并购套利策略的收益率会呈现负偏态(negative skewness)。

—考点要求—
探讨(discuss)并购套利策略的投资特征(★★★)

2. 并购套利策略的投资特征

(1) 从策略结果来看，只有两种结果——成功或失败。

(2) 流动性较好,因为标的资产均为在二级市场流通的上市公司股票。
(3) 此策略会由于政府干预而使并购结果的不确定性增加。
(4) 经理人会根据不同的企业进行不同比例的杠杆配置,杠杆比率可能会高达300%~500%。

> **知识一点通**
>
> 政府可能会基于反垄断的原因,企图克服市场失灵,从而干预并购,也可能会基于政治、经济等原因对战略性企业、高科技企业、跨国企业的并购进行干预。干预的结果通常是无法顺利兼并,因此会增加策略失败的概率。

3. 并购套利策略的执行
(1) 现金并购(cash-for-stock):用现金直接购买被收购公司的股票。
(2) 换股并购(stock-for-stock):用收购公司的股票来换被收购公司的股票。

—考点要求—
探讨(discuss)并购套利策略的执行方式(★★★)

> **备考小贴士**
>
> 并购套利策略可能会采取上午主观题的考查形式,包含策略描述、计算与并购结果分析。

4. 并购套利策略在组合中的作用

提升组合的夏普比率(Sharpe ratio)。夏普比率指的是单位风险上获得的超额回报。夏普比率越高,说明组合投资越成功。由于并购套利策略可以获得较高的 alpha,因此将其加入投资组合中可以提升组合的夏普比率。但是该策略也会增加组合的左尾风险(left-tail risk)。而一旦策略失败,亏损是较大的,因此将其加入投资组合会增加发生巨大损失的风险。

—考点要求—
探讨(discuss)并购套利策略在组合中的作用(★★★)

> **例题 38.3**
>
> 在3周前,威尔科技公司发布了将要收购鲍勃信息公司的消息,采用1股威尔科技公司股票换2股鲍勃信息公司股票的股票收购方式。在收购消息发布后,威尔科技公司的股票价格从60美元跌至55美元,而鲍勃信息公司的股票价格从21美元涨至24美元。莎拉,CFA®,是爱丽丝基金公司的1名基金经理,通过分析研究,她认为此次收购很有可能成功,因此她决定做空15 000股威尔科技公司的股票的同时买入30 000股鲍勃信息公司的股票。
>
> (1) 如果此次并购成功,莎拉通过并购套利策略可以获得多少收益?
> (2) 如果此次并购失败,莎拉通过并购套利策略将会遭受多少损失?
>
> **名师解析**
>
> 莎拉在使用并购套利策略时,并购消息已经发布,因此莎拉买入鲍勃信息公司股票的价格为24美元,而做空威尔科技公司股票的价格为55美元。

(1) 如果并购成功，则 2 只鲍勃股票将会换成 1 只威尔股票，最终 2 家公司的股价会趋同。假设最终趋同的股票价格为 Y。在执行初始策略时，做空 15 000 只 55 美元的威尔股票可以获得 825 000 美元，当威尔股票的价格跌到 Y 时，可以获得 (825 000－Y) 美元的收益。在执行初始策略的同时也会做多鲍勃股票，买入 30 000 只 24 美元的鲍勃股票需要花费 720 000 美元的成本，当鲍勃股票价格上涨到 Y 时，可以获得 (Y－720 000) 美元的收益。因此，如果并购成功，无论趋同价格为多少，该策略最终都可以获得 (825 000－Y)＋(Y－720 000)＝825 000－720 000＝105 000 美元的收益。

(2) 如果并购失败，则鲍勃股票会从 24 美元跌回 21 美元，而威尔股票会从 55 美元回升至 60 美元。因此，做空 15 000 只 55 美元的威尔股票将会损失 (55－60)×15 000＝75 000 美元，而买入的 30 000 只 24 美元的鲍勃股票将会损失 (21－24)×30 000＝90 000 美元。那么，如果并购失败，该策略最终会遭受 75 000＋90 000＝165 000 美元的损失。

38.2.2.2 危机证券策略

1. 危机证券策略概述

危机证券策略指的是通过关注一些陷入财务困境或濒临破产的企业，根据企业具体情况，对其做多并进行资金支持的策略。

2. 危机证券策略的投资特征

(1) 如果策略成功，可以获得较高的收益，但是策略结果的不确定性也很高。

(2) 通常对其资产持有多头，如果同时持有空头也会保留净多头风险敞口 (long bias)。

(3) 由于破产清算与重组可能需要较长的时间，且标的资产在企业出现危机时很难促成交易，因此存在流动性较差的问题。

3. 危机证券策略的执行方式

判断危机证券可以从衰退的竞争力、失败的产品、大量举债导致债权结构不佳、公司治理出现问题、陷入财务困境、财务造假以及其他欺诈违法行为等角度出发。

当企业濒临破产时，在以下 3 个阶段可以进入并采取策略。

(1) 企业清算。企业对不同的资产存在清偿优先级。从优先级由高到低来看，受到清偿的资产依次为有抵押债务 (secured debt)、无抵押的债务 (unsecured debt)、优先股 (preferred stock)、普通股 (common stock)。如果经理人预测破产清算最终会发生，则会在做多被优先清偿的资产的同时做空被最后清偿的资产。如果经理人预测公司可以转危为安，则会做多此时价格被低估的资产，等到公司回到正常经营状态后实现收益。

(2) 企业重组。若企业已进入重组阶段，经理人会做多预期重组成功的公司的股票，等到公司重组完成回到正常经营状态且股票价格上升后实现收益。

(3) 支点证券 (fulcrum securities)。支点证券指的是投资者先以债权人的身份持有公司的债券，通过资金支持帮助公司进行重组，如果重组并且成功上市，此时可以将原先持有的债券转换为股票，从而获得利润。

> **备考小贴士**
>
> 对于危机证券策略,可能会采取定性的考查方式。考试可能会在上午题的题目中进行场景描述,要求考生判断是否符合危机证券情形,并回答与题中场景相对应的可以采取的策略执行方式。

4. 危机证券策略在组合中的作用

将使用危机证券策略的对冲基金加入投资组合的最佳时期是宏观经济处于经济周期的复苏期时。由于在经济复苏期,很多企业正在进行重组,并且有很大概率可以重组成功或从破产清算中恢复生产,因此此时投资可以使组合获得较高的 alpha。

—考点要求—
探讨(discuss)危机证券策略在组合中的作用(★★★)

38.2.3 相对价值策略

相对价值策略指的是利用存在价格差的国家主权债券、公司债券、银行贷款等金融工具来套利,从而获得超额收益。

相对价值策略中包含固定收益套利策略和可转债套利策略两种投资策略。

38.2.3.1 固定收益套利策略

1. 固定收益套利策略概述

固定收益套利策略指的是,利用两个由于久期(duration)、流动性、信用质量、期权性风险(optionality)的不同而拥有不同定价的固定收益工具,同时持有多头和空头,以此从中套利的策略。

2. 固定收益套利策略的投资特征

(1) 流动性极佳的债券市场中存在的套利机会较少。

(2) 由于套利机会较少,经理人通常会使用较高的杠杆扩大风险来试图获得 alpha。

(3) 风险与收益率之间的关系并不明确。由于采用的债券可能来自不同的市场,存在不同的信用风险、流动性、期权特性及凸性(convexity),此策略下扩大风险敞口并不一定能使 alpha 一同被扩大。

—考点要求—
探讨(discuss)固定收益套利策略的投资特征(★★★)

3. 固定收益套利策略的执行

(1) 收益率曲线交易(yield curve trades)。

通过收益率曲线可知,期限长的债券通常有较高的收益率。

如果收益率曲线由于市场预期的改变而变得更加陡峭(steeper),可以通过做空长期债券的同时做多短期债券而从中套利。由图 38.1 可知,如果收益率曲线变得陡峭,期限较长的债券的收益率会上升而期限较短的债券的收益率会下降。通过债券定价模型可知,长期债券价格会下降而短期债券价格会上升。因此,基金经理人可以通过做空长期债券并做多短期债券实现套利。

—考点要求—
探讨(discuss)固定收益套利策略的执行方式(★★★)

由图 38.2 可知,如果收益率曲线由于市场预期的改变而变得更加平坦(flatter),可以通过做空短期债券的同时做多长期债券从中套利。同理,期限较长的债券的收益率会下降而期限较短的债券的收益率会上升。通过债券定价模型可知,长期债券价格会上升而短期债券价格会下降。因此,基金经理人可以通过做空短期债券并做多长期债券实现套利。

收益率曲线交易时,经理人为了避免信用风险、流动性风险以及期权性风险对策略的影响,通常会选择同一家公司发行的其他特征相同仅期限不同的债券来套利。

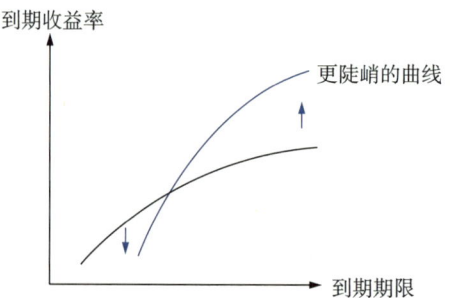

图 38.1　收益率曲线向陡峭移动示意图

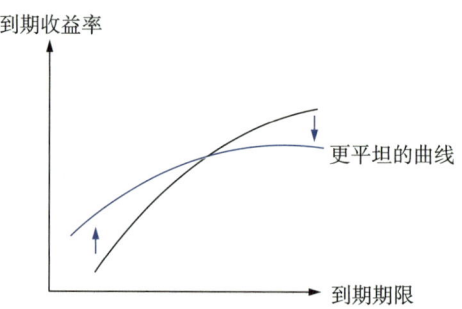

图 38.2　收益率曲线向平坦移动示意图

(2) 利差交易(carry trades)。

此策略通过做空新发行的债券(on-the-run)的同时做多发行已久的债券(off-the-run)来实现套利。新发行的债券价格通常较高且流动性较好,而发行已久的债券的价格通常较低且流动性较差。随着时间的流逝,新发行的债券价格会下降,而发行已久的债券会因承担更高的流动性风险而产生更高的流动性溢价,因此发行已久的债券的价格会上涨。那么基金经理人就可以通过这两种债券的利差进行套利。

进行利差交易时,经理人为了避免期限风险与信用风险对策略的影响,通常会选择长期国债中同期限的但不同流动性的债券来套利。

> **知识一点通**
>
> 另外两种可以使用的套利策略分别是信用风险策略与期权性风险策略。
>
> 信用风险策略:利用同一家公司发行的不同信用评级的债券(如 AAA 与 BBB 两种债券),或者利用国债与公司债之间的信用风险差。
>
> 期权性风险策略:利用含权债券(option-embedded bonds)与不含权债券之间的定价差。

4. 固定收益套利策略在组合中的作用

提高组合的分散化程度。由于固定收益类资产的应用,增加了组合中投资资产的种类,可以利用其与其他资产较低的相关性来提升组合的风险分散度。另外,利用不同市场的固定收益类资产的多样化也可以进一步提高组合的分散化程度。

38.2.3.2 可转债套利策略

1. 可转债套利策略概述

可转债指的是债券持有人可在未来按照发行时约定的转股比率(conversion ratio)将债券转换成公司的普通股。可转债是一类比较特殊的债券,既具有债性也具有股性。

> **知识一点通**
>
> 可转债价格(converfible bond price)是购买可转债时债券的价格,其价值含义为执行价格(strike price)乘以转股比率。例如,可转债价格为1 000美元,转股比率为50,即购买成本1 000美元,未来可以转换为50股普通股,那么执行价格相当于20美元。
>
> 转换价值(conversion value)是普通股现价乘以转股比率。例如,股票现价为25美元,转股比率为50,那么此时转股可以获得1 250美元的转换价格,而成本仅有1 000美元。
>
> 当可转债价格大于转换价值时,此时可转债处于价外(out-of-the-money)状态,债券持有人不会行权,此时可转债的债性更加突显。

2. 可转债套利策略的投资特征

(1) 做多可转债存在一定的困难。由于可转债的发行规模较小,市场流动性也较差,因此可寻找的套利机会较少。

(2) 获得的alpha存在很多不确定性。由于可转债的价格受到多种因素的影响。可转债既具有债性又具有股性,影响债券与影响股票价值的因素都会影响可转债,使其特性较为复杂。

(3) 经理人通常会采用较高的杠杆来扩大潜在收益。

—考点要求—
探讨(discuss)可转债套利策略的投资特征
(★★★)

3. 可转债套利策略的执行方式

可转债套利策略下,基金经理人会在做多可转债的同时做空所对应的普通股。由于可转债的复杂性与较低的隐含期权波动率,可转债价格通常会被低估。而与之对应的股票在二级市场中流动性通常较好,选择价格被市场高估的股票做空可以获得套利机会。

—考点要求—
探讨(discuss)可转债套利策略的执行方式
(★★★)

> **备考小贴士**
>
> 关于较复杂、难以理解的可转债套利策略,考试可能会同时出现定性与定量的考查方式。
>
> 定性的考查可能会要求考生讨论限制此策略成功率的因素。考生要掌握可转债既有债性也有股性的特点,因此要从两个方面讨论影响因素:一方面是影响债性的因素,如利率价格、到期期限、波动性等;另一方面是影响股性的因素,如宏观环境、市场情绪、企业经营等。
>
> 定量的考查可能会要求考生在给定的条件下计算转股比率、转换价值(策略成本)、空头与多头的头寸金额、可获利的价差等。

例题 38.4

莎拉是爱丽丝基金公司的一名基金经理,正在考虑为她管理的投资账户配置一部分以可转债策略为主的对冲基金。根据她的分析,汪汪狗粮有限公司股票的市场价格是 32 美元,而目前该股价高于其内在价值。该公司还在最近发行了可转换债券,每 1 000 美元价格的可转债可以按照 40 的转股比率转换为公司普通股。

(1) 汪汪狗粮有限公司的可转债的执行价格为多少?
(2) 莎拉应该做出怎样的策略执行?空头头寸和多头头寸的标的资产分别是什么?
(3) 该策略可以获得的价差为多少?

名师解析

(1) 执行价格 = $\dfrac{可转债价格}{转股比率} = \dfrac{1\,000}{40} = 25$(美元)

(2) 可转债价格为 1 000 美元,转换价值 = $32 \times 40 = 1\,280$(美元)。由于此时普通股股票价值被高估,而可转债价格低于转换价值,因此现在是执行可转债策略的好时机。莎拉应该做空普通股的同时做多可转债。

(3) 无论价格如何变化,莎拉都可以获得每股 7 美元的价差收益。

当策略刚施行,股票现价仍维持在 32 美元时,由于做多可转债,执行价格为 25 美元,而现价 32 美元,每股可获利 7 美元。

当股票价格如预期下跌时,假设下跌 X 美元,由于做空股票,此时空头每股获利 X 美元。而对于多头,每股获利 $= 32 - X - 25 = 7 - X$ 美元。因此,整体策略可以维持每股获利 7 美元。

4. 可转债套利策略在组合中的作用

—考点要求—
探讨(discuss)可转债套利策略在组合中的作用(★★★)

当市场中可转债发行规模较大,市场流动性较好,资本市场较稳定时,在组合中加入可转债套利策略可以获得更好的套利机会。

38.2.4 机会导向策略

机会导向策略指的是运用多种技术在不同的行业、不同的资产类别以及全球不同地区的市场上寻求可以获利的投资机会。

机会导向策略可以从 3 个角度分类:
(1) 运用技术分析或基本面分析;
(2) 主观投资(discretionary)或系统投资(systematic);
(3) 按照投资标的类型或投资市场的类型。

主观投资更多地依赖经理人的投资分析、判断与能力,因此可能会出现因为过度自信等行为偏见导致的投资表现不佳的情形。系统投资更多地依赖统计、模型以及算法。

机会导向策略中包含全球宏观策略和管理期货策略两种投资策略。

38.2.4.1 全球宏观策略

—考点要求—
探讨(discuss)全球宏观策略的投资特征(★★★)

1. 全球宏观策略概述

全球宏观策略指的是经理人着眼于不同类别的资产与全球宏观经济变化的关系,从中分析出可以获利的投资方式。

2. 全球宏观策略的投资特征

(1) 会运用基本面分析,也会运用技术分析。

(2) 会运用主观投资,也会运用系统投资。

(3) 通常会使用较高的杠杆与衍生品来扩大潜在收益。

3. 全球宏观策略的执行方式

使用汇率、通货膨胀率、经济周期、央行政策等宏观指标来进行自上而下(top-down)的基本面分析。优秀的策略执行还需要经理人结合量化模型与时机选择对不同国家的市场进行战略投资。

例如,某个新兴国家(emerging market)最近几年由于人口的爆发性增长,对公共服务和外贸的需求剧增,政府赤字和贸易逆差都非常严重。为了维持汇率稳定,该国的央行动用了大量的外汇储备去市场购买本国货币。可以预见的是,在未来,一旦该国的外汇储备短缺,该国的货币将不可避免地发生贬值。此时,使用全球宏观策略的对冲基金,可以通过购买该国货币的看跌期权(put options)进行获利。

—考点要求—
探讨(discuss)全球宏观策略的执行方式(★★★)

> **备考小贴士**
>
> 全球宏观策略内容较少且较简单,考生掌握主要策略执行方法为自上而下的基本面分析即可。

4. 全球宏观策略在组合中的作用

(1) 有机会获得较高的超额收益。尽管经济形势和宏观政策难以准确预测,全球宏观策略通常效果不佳。但是从长远角度来看,经济存在周期性,因此仍然有获得 alpha 的机会。

(2) 提升组合的分散化程度。由于投资的标的资产涉及全球的市场,因此将其放入投资组合可以较好地分散风险。

—考点要求—
探讨(discuss)全球宏观策略在组合中的作用(★★★)

38.2.4.2 管理期货策略

1. 管理期货策略概述

管理期货策略指的是经理人通过对交易所或场外交易市场(over-the-counter, OTC)中的期货、期权、互换等各类衍生品进行做多与做空来获取收益。

> **知识一点通**
>
> 管理期货策略下,经理人甚至可能会使用将天气、空气污染物等作为标的物的异类期货合约。
>
> 考生还应注意,尽管该策略名中有期货(futures),但可以使用的标的资产不局限于期货。上述提到的各类衍生品及大宗商品(commodity)均可以作为标的资产。

2. 管理期货策略的投资特征

(1) 基于衍生品的特性,经理人可以使用较高的杠杆并及时止损,因此收益率更多地

—考点要求—
探讨(discuss)管理期货策略的投资特征(★★★)

呈现为正偏态(positive skewness)。

(2) 因为期货市场的全球化和逐日盯市制度，资产流动性极好。

(3) 因为期货市场程式化的交易，会使得在一个突发事件上出现挤兑(crowding)，从而造成极度亏损。

(4) 若建立的头寸较为集中且金额较大，会发生执行延误(slippage)。

> **知识一点通**
>
> 由于管理期货策略的收益率会呈现出正偏态，因此经理人可以将该策略与并购套利策略结合，以此平衡并购套利策略的负偏态。

3. 管理期货策略的执行方式

—考点要求—
探讨(discuss)
管理期货策略
的执行方式(★
★★)

管理期货策略通常专注于技术分析。管理期货策略有以下 2 种执行方式。

(1) 最常使用的方法是时间序列动量(time-series momentum，TSM)。经理人会通过历史价格分析，买入价格上涨的标的资产并卖出价格下跌的标的资产。

(2) 其他可以使用的方法是横截面动量(cross-sectional momentum，CSM)。不同于时间序列动量，横截面动量更着眼于不同资产类型之间的价格差距。经理人会买入价格上涨最多的标的资产而卖空价格下跌最多的标的资产。

例如，同样是投资贵金属期货的两个对冲基金——A 基金和 B 基金。A 基金使用的是横截面动量，该基金会同时对四种贵金属期货(包括黄金、白银、铂金、钯金期货)过去 6 个月的收益进行分析，然后做多其中表现较好的两种贵金属期货，做空表现较差的两种贵金属期货，A 基金的净头寸会趋近 0。而 B 基金使用的是时间序列动量，该基金每日都会观察四种贵金属期货过去 6 个月的收益，然后做多正收益的贵金属期货，做空负收益的贵金属期货。最终，B 基金的净头寸可能为多头，也可能为空头。

4. 管理期货策略在组合中的作用

—考点要求—
探讨(discuss)
管理期货策略
在组合中的作
用(★★★)

(1) 有机会获得较高的超额收益。由于管理期货策略的收益率通常在资本市场处于下行状态时表现出正偏态，将其放入投资组合可以获得较高的 alpha。

(2) 提升组合的分散化程度。由于投资的标的资产与传统的权益类及固定收益类资产的相关系数较小，将其加入投资组合可以较好地分散风险。

> **知识一点通**
>
> 全球宏观策略与管理期货策略的特征有很多相似点，考生需要清晰理解 2 种策略在投资执行中存在的不同之处，如表 38.3 所示。
>
> **表 38.3　机会导向策略下 2 种不同策略的异同点**
>
> | | 全球宏观策略 | 管理期货策略 |
> | --- | --- | --- |
> | 不同点 | • 利用宏观指标进行基本面分析
• 更常使用主观投资 | • 利用动量、波动率等统计数据进行技术分析
• 更常使用系统投资 |
> | 相同点 | • 流动性极好
• 存在周期性与波动性 | |

38.2.5 特殊策略

这一类策略较为特殊,通常着眼于利基类(niche)资产或证券。

特殊策略中包含波动策略和再保和寿险贴现策略两种投资策略。

> **知识一点通**
>
> 利基资产指的是主流的证券类资产以外,不常被人关注到的、具有独特的特征,且经理人发掘后能够通过专业的策略获取较高收益的一类资产。

38.2.5.1 波动策略

1. 波动策略概述

波动策略指的是经理人通过买入价格被低估的波动率相关资产,并卖出价格被高估的波动率相关资产来获得收益。

2. 波动策略的投资特征

(1) 做多波动率会呈现出正凸性(positive convexity)。
(2) 不同的策略工具体现不同的流动性。
(3) 交易双方期权风险与权利不对称。

3. 波动策略的执行方式

对于波动策略,可以从执行的手段和标的资产两个角度来分析可行的做法。

(1) 从策略执行的手段来看,有以下 3 种做法。

① 时区套利(time-zone arbitrage):通过不同地区或国家的相同标的资产的错配定价(mispricing)进行套利。当经理人认为两个地区的价格会均值回归时,会在做多价格较低的波动率相关资产的同时做空价格较高的波动率相关资产。

② 跨资产波动率交易(cross-asset volatility trading):通过发现不同市场的不同流动性导致的波动率被高估或被低估进行套利。

③ 通过分析判断波动率或资产价格的方向,使用相应期权只做多或只做空进行套利。

—考点要求—
探讨(discuss)波动策略的投资特征(★★★)

—考点要求—
探讨(discuss)波动策略的执行方式(★★★)

> **知识一点通**
>
> 比较典型的跨资产波动率交易例子是,如果经理人研究认为日经 225 指数(Nikkei 225)的现有波动率因为日本市场的期权流动性较差而被低估,而标普 500 指数(S&P 500)的现有波动率因为美国市场的期权流动性较好而被高估,经理人会在做多日经 225 指数的同时做空标普 500 指数,等价格回到均值回归水平,则可以从中获取收益。

(2) 从策略执行的标的资产来看,有以下 4 种做法。

① 可以使用交易所交易的各式期权来建立跨式期权(straddle)、蝶式价差(butterfly spread)、日历价差(calendar spread)等策略。

② 可以使用场外交易的期权。

③ 可以使用芝加哥期权交易所波动指数（CBOE Volatility Index，VIX）。
④ 可以使用波动率互换（volatility swap）和方差互换（variance swap）。

4. 波动策略在组合中的作用

采用波动策略可以在组合其他资产表现较差时也能获得一定的收益率。虽然市场波动性与收益率呈现负相关，也就是说当市场出现大的波动时，组合中的其他资产通常无法获得 alpha，但是此时波动策略可以做多波动率，在扣除期权费成本后仍然能从中获取一定的收益。

—考点要求—
探讨（discuss）波动策略在组合中的作用(★★★)

38.2.5.2 再保和寿险贴现策略

1. 再保和寿险贴现策略概述

再保和寿险贴现策略可以采取寿险贴现（life settlement）或巨灾保险再保险（reinsurance）的做法。

> **知识一点通**
>
> 人寿保险（life insurance）指的是以人的生命为标的物的一种保险。投保人向保险公司定期缴纳约定金额的保费后，当被保险人于保险期内死亡，保险公司需要向受益人支付保险金。
>
> 巨灾保险（catastrophe insurance）指的是通过保险形式对由于地震、海啸、洪水等自然灾害造成的巨大财产损失和人员伤亡进行损失赔付。

—考点要求—
探讨（discuss）再保和寿险贴现策略的投资特征(★★★)

2. 再保和寿险贴现策略的投资特征
(1) 策略的成功与否依赖于被保险人能否在预期期限内死亡。
(2) 策略的成功与否依赖于退保金额（surrender value）以及保费（premium）是否比较低。
(3) 由于寿险很难在市场上随意买卖，因此流动性较差。

3. 再保和寿险贴现策略的执行方式

—考点要求—
探讨（discuss）再保和寿险贴现策略的执行方式(★★★)

寿险贴现指的是由于退保金额通常很低，对冲基金通过帮投保人支付每年的保费和一笔大于退保金额的补偿，要求投保人将保险受益方转让给对冲基金，并希望该转让保单可以因被保险人在期限内死亡而履约，从中获取收益。

巨灾保险再保险指的是当保险公司预期未来会有巨灾发生时，保险公司无法单独承担这笔巨灾保险的赔付，于是将巨灾保险进行拆分，本公司承担一部分，另一部分分保给再保险公司。对冲基金可以向再保险公司买入这份分保保单赚取保费。若将来巨灾没有发生，则对冲基金可获利。

4. 再保和寿险贴现策略在组合中的作用

—考点要求—
探讨（discuss）再保和寿险贴现策略在组合中的作用(★★★)

再保和寿险贴现策略可以提升组合的分散化程度。因为寿险和再保险与传统投资和主流投资的相关度极低，且与资本市场及行业周期基本无关，因此可以在获得 alpha 的同时，极大地分散组合的风险。

38.2.6 多管理人策略

多管理人策略通过多个对冲基金经理人与其不同的策略使投资者从中受益。

多管理人策略中包含母基金策略(fund-of-funds)和多重策略。

> **备考小贴士**
>
> 对冲基金的六大策略中,前五种均为单个管理人策略(single manager),考生要注意区分。

38.2.6.1 母基金策略

1. 母基金策略概述

母基金策略指的是有限合伙人(limited partners,LP)将投资资金交给普通合伙人(general partners,GP),由普通合伙人做专业的投资调查后投资多个不同策略的对冲基金。

母基金的结构示意图如图 38.3 所示。

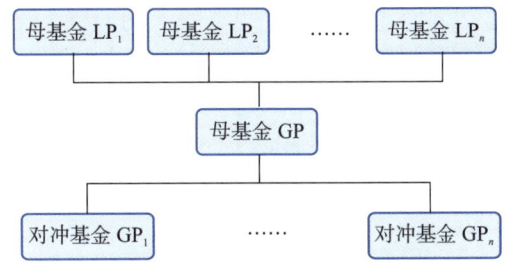

图 38.3 母基金的结构示意图

2. 母基金策略的投资特征

母基金与单个管理人类型的对冲基金相比,存在以下 5 个优点。

(1) 由于母基金拥有机构投资者的身份,因此可以投资一些封闭式基金(close-ended funds)。

(2) 经理人可以通过母基金机构投资者的身份来协商更短的锁定期与通知期,从而增加母基金的流动性。但是也有一些特定的对冲基金会要求比其他单个对冲基金更加严格的锁定期,从而导致母基金整体的流动性减弱。

(3) 由于母基金 GP 可以帮助 LP 对单个对冲基金做更专业的投资研究、尽职调查(due diligence)与行为监控,因此可以产生管理上的规模效应(economies of scale)。

(4) 由于母基金可以投资多个国家与地区的对冲基金,因此能做到更好的风险分散化。

(5) 由于母基金更好地分散了风险,因此可以降低投资门槛,对小额投资者开放。

母基金与单个管理人类型的对冲基金相比,存在以下 3 个缺点。

(1) 由于母基金 GP 与投资的对冲基金 GP 均要收取管理费,这样的双重收取管理费的结构(double layers of fees)会增加 LP 的成本。

(2) 存在不合理的净激励费(net performance fees)。若投资的单个对冲基金中有一些盈利而另一些亏损,导致母基金整体是亏损的或未达到收取激励费的门槛收益率,而盈利的单个对冲基金可能仍旧要向投资者索取 20% 的激励费时,这会在很大程度上增加投

——考点要求——
探讨(discuss)
母基金策略的
投资特征(★
★★)

资者的投资成本。

（3）由于 LP 面临着双重基金管理人的结构，这样的双重委托代理人关系（principal-agent relationship）会增加利益冲突。

备考小贴士

母基金策略下可能会出现定量的考查方式。在 CFA® 一级的另类投资部分仅简单介绍了双重收费结构，而在 CFA® 三级中要求考生掌握母基金双重收费结构下的费用金额计算。

例题 38.5

莎拉是就职于爱丽丝基金公司的一名基金经理。她手下正管理着 1 个投入了熊猫母基金的对冲基金账户。熊猫母基金采取等权重投入了 A、B、C 3 个子基金，A 基金、B 基金和 C 基金分别采用股票多空策略、全球宏观策略以及管理期货策略。子基金均采用 2/20 的费用制度，也就是说会基于投入初始资金收取 2% 的管理费，并且在收益率大于 0 时基于扣除管理费后的收益部分收取 20% 的激励费。另外，熊猫母基金采用的是 1/10 的费用制度，若扣除管理费后的资金大于投入本金则会收取 10% 的激励费。1 年以后，A 基金的收益率为 18%，B 基金的收益率为 9%，C 基金的收益率为 -12%。对于投资者而言，A 基金、B 基金和 C 基金的净收益率分别为多少？熊猫母基金的净收益率为多少？

名师解析

对于投资者而言，母基金存在着双重的收费结构。在计算时，先计算子基金的管理费和激励费，再计算母基金的管理费和激励费。

A 基金的激励费 = 20% × (18% - 2%) = 3.2%

A 基金的净收益率 = 18% - 2% - 3.2% = 12.8%

B 基金的激励费 = 20% × (9% - 2%) = 1.4%

B 基金的净收益率 = 9% - 2% - 1.4% = 5.6%

对于 C 基金，由于亏损，因此不收取激励费，只收取管理费。

C 基金的净收益率 = -12% - 2% = -14%

由于 3 个子基金按照等权重分配，因此熊猫母基金的总收益率为：

$$\left(12.8\% \times \frac{1}{3}\right) + \left(5.6\% \times \frac{1}{3}\right) + \left(-14\% \times \frac{1}{3}\right) = 1.47\%$$

由于熊猫母基金的总收益率大于 0，因此其需要收取 1% 的管理费后再收取 10% 的激励费。

母基金激励费 = 10% × (1.47% - 1%) = 0.05%

母基金的净收益率 = 1.47% - 1% - 0.05% = 0.42%

由此得出，最终熊猫母基金的净收益率为 0.42%。

---

3. 母基金策略的执行方式

使用母基金策略的经理人的责任是寻找合适的有投资价值的对冲基金。在寻找合适投资时,可以采取以下 4 个步骤。

(1) 从对冲基金的策略出发,寻找符合母基金 GP 投资理念的,使其愿意放入投资组合中的对冲基金;

(2) 通过基本面分析及定量分析对可选的对冲基金进行尽职调查;

(3) 与对冲基金经理人共同建立募集说明书(offering memorandum),确立对自己有利的管理费、锁定期、通知期等条款;

(4) 后续对对冲基金进行不断地监管。

4. 母基金策略在组合中的作用

(1) 提升组合的分散化程度。由于母基金投入了多个采用不同策略的对冲基金,可能涉及不同类别的资产、不同地区的资产以及与传统投资产品相关性极低的资产,因此可以很好地分散组合的风险。

(2) 与其他的单个管理人的对冲基金策略相比,母基金所拥有的优点都可以对投资组合起到正向的作用。

—考点要求—
探讨(discuss)母基金策略的执行方式(★★★)

—考点要求—
探讨(discuss)母基金策略在组合中的作用(★★★)

38.2.6.2 多重策略

1. 多重策略概述

多重策略与母基金策略类似,使用多重策略的对冲基金可被看作是投资了多个不同策略的对冲基金而形成一个组合的基金。但不同的是,多重策略下的单个对冲基金也由创立组合基金的公司来管理和运营。

2. 多重策略的投资特征与执行方式

多重策略与母基金策略类似,可以通过基本面分析、技术分析等方法对单个不同策略的对冲基金进行战略配置。

与母基金策略相比,多重策略存在以下 2 个优点。

(1) 由于多重策略对冲基金下的单个对冲基金使用的是同一套运营管理系统,因此可以更加快速且有效地配置资产。

(2) 可以降低净额结算风险(netting risk)。这是因为多重策略不要求投资者对单个对冲基金支付激励费,只需要基于整体组合基金的表现支付激励费,并且也不需要对单个对冲基金支付管理费(management fees)。

—考点要求—
探讨(discuss)多重策略的投资特征(★★★)

与母基金策略相比,多重策略存在着以下 3 个缺点。

(1) 由于单个对冲基金的资产配置的最终话语权在组合基金 GP 手里,因此多重策略可能会有较高的杠杆,从而增加了风险。

(2) 由于整体基金使用同一套运营管理系统,操作风险(operational risk)并没有很好地被分散化。

(3) 由于单个对冲基金均受到 GP 作为上级的管理,GP 的能力与决策对整体基金表现的影响较大。

—考点要求—
探讨(discuss)多重人策略的执行方式(★★★)

> **备考小贴士**
> 考生应更加关注多重策略与母基金策略的不同之处,包括优点和缺点。考题通常会采取定性的考查方式,要求考生通过题目描述来辨析策略。

3. 多重策略在组合中的作用

由于具有更快的战略性资产配置与更优化的管理费结构，多重策略通常可以比母基金策略获得更高的回报率，因此在组合中，经理人会根据不同配置的需要来选择不同的策略。

> **备考小贴士**
>
> 考生一定要重视对以上13种策略的辨析。考生可以从策略所属类型、特征以及执行所使用的标的资产等多种角度出发，寻找策略之间的异同点。主观题常会描述经理人的投资行为，要求考生选择所属策略并描述策略相对应的执行方案，因此题目的作答过程环环相扣。一旦考生在策略的选择上出现错误，那么后面的题目也很难再得分。

38.3 分析与组合建立

38.3.1 对冲基金收益来源分析

38.3.1.1 条件性因子风险模型

不同的策略受到不同的风险影响，不同的风险带来的 alpha 不同。例如，套利策略的风险来源通常是利差风险（spread risk）和市场波动风险（market volatility risk），而事件驱动策略和权益策略的风险来源通常是权益风险（equity risk）。

条件性因子风险模型可以帮助经理人理解对冲基金的风险与超额收益的来源。线性回归模型中采用每种风险对应的回报指数作为解释变量来测算相应的对冲基金在某时期的回报率，因此可以一定程度地解释在经济周期上行时哪些风险因子带来了收益，而在经济震荡期哪些风险因子又变得显著。

13 种对冲基金策略涉及的主要风险因子可以总结为以下 6 种。

(1) 权益风险（equity risk）：采用标普 500 含息指数（S&P 500 Index with dividend）的月度总收益率来衡量，简写为 SNP 500。

(2) 利率风险（interest rate risk）：采用债券类指数，通常使用彭博巴克莱公司编制的 AA 债券指数（Bloomberg Barclays Corporate AA Intermediate Bond Index）的月度总收益率来衡量，简写为 BOND。

(3) 汇率风险（currency risk）：通常使用美元指数（US Dollar Index）的月度总收益率来衡量，简写为 USD。

(4) 大宗商品风险（commodity risk）：通常使用高盛大宗商品指数（Goldman Sachs Commodity Index，GSCI）的月度总收益率来衡量，简写为 CMDTY。

(5) 信用风险（credit risk）：通常使用穆迪评级（Moody's）中 Baa 与 Aaa 两个级别公司债券的收益率利差的月度总收益率来衡量，简写为 CREDIT。

(6) 波动性风险（volatility risk）：通常使用芝加哥期权交易所波动指数（CBOE Volatility Index）的月度总收益率来衡量，简写为 VIX。

条件性因子风险模型如公式(38.1)所示：

$$(\text{Return on HF}_i)_t = \alpha_i + \beta_{i,1}(\text{Factor 1})_t + \beta_{i,2}(\text{Factor 2})_t + \cdots + \beta_{i,K}(\text{Factor K})_t + D_t\beta_{i,1}(\text{Factor 1})_t \\ + D_t\beta_{i,2}(\text{Factor 2})_t + \cdots + D_t\beta_{i,K}(\text{Factor K})_t + (\text{error})_{i,t} \quad (38.1)$$

公式(38.1)中，α_i 代表对冲基金 i 的截距；$\beta_{i,K}(\text{Factor }K)_t$ 代表在经济周期正常的 t 时刻对于风险因子 K 的风险暴露；D_t 代表哑变量，在经济正常时期为 0，在金融危机时期为 1；$D_t\beta_{i,K}(\text{Factor }K)_t$ 代表在金融危机时期，因子 K 带来的额外的风险暴露；$(\text{error})_{i,t}$ 代表均值为 0 的随机误差。

例题 38.6

以下哪种风险属于条件性因子风险模型中用来对对冲基金收益归因进行分析的？

A. 系统风险
B. 汇率风险
C. 流动性风险

名师解析

正确选项为 B。条件性因子风险模型主要使用 6 种风险，分别是权益风险、利率风险、汇率风险、大宗商品风险、信用风险以及波动性风险。

38.3.1.2 逐步回归法

尽管上述 6 种风险因子包含了重要的风险因素，但是一些风险因子之间可能存在多重共线性。例如，美元指数和大宗指数都严重受到宏观经济的影响，通常这两个指数会呈现接近 −1 的相关系数。

> **知识一点通**
>
> 多重共线性指的是线性回归模型中的解释变量之间由于存在高度相关的关系而使模型难以估计准确。

逐步回归法(stepwise regression)可以消除多重共线性对回归模型估计的准确度的影响，模型使用者需要进行以下 4 个步骤。

(1) 找出所有会影响对冲基金回报率的风险因子；
(2) 计算两两配对的因子的相关系数；
(3) 每对风险因子中分别只取其中 1 个放入回归模型，保持其他因子不变，保留回归结果中 adjusted R^2 高的因子；
(4) 将所有配对的因子进行前面 3 步，最终留下的风险因子为该模型最终的解释变量。

通过逐步回归法，得到 4 个可以使条件性因子风险模型估计较为准确的解释变量分别是权益风险、汇率风险、信用风险以及波动率风险。

> **知识一点通**
>
> Adjusted R^2 越大表示该方程对回报率的解释度越高。

38.3.2 对冲基金在组合建立中的作用

—考点要求—
评估（evaluate）对冲基金策略的加入对传统投资组合的影响（★★）

通过实践分析，对冲基金策略对投资组合可以起到降低风险并提升收益的影响。

> **知识一点通**
>
> （1）夏普比率（Sharpe ratio）表示单位风险上获得的额外收益，因此夏普比率越高表示组合越成功。
>
> （2）索提诺比率（Sortino ratio）表示单位下行风险（downside risk）上获得的超过最低可接受回报率（minimum acceptable return，MAR）的超额收益。索提诺比率更适合衡量存在另类投资策略的组合，因为另类投资的收益率通常不是正态分布的，而是呈现左偏态。
>
> $$索提诺比率 = \frac{R_p - \text{MAR}}{\text{downside risk}}$$
>
> 公式中，R_p 表示组合收益率；MAR 表示最低可接受回报率；downside risk 表示下行风险。
>
> （3）回撤率（drawdown）指的是对冲基金的历史表现中的阶段性跌幅，通常使用净值最高水位与接下来产生的净值低水位之差来衡量。最大回撤率（maximum drawdown）指的是在一段时间内的最大跌幅，通常使用净值最高水位与接下来产生的净值最低水位之差来衡量。回撤率表达是用历史数据来反映未来可能存在的亏损风险，因此最大回撤率越低表示策略越成功。如下图所示，时刻 2 至 3 期间发生一次回撤，回撤率为 $\frac{135-105}{135} \times 100\% = 22.22\%$。时刻 6 至 7 期间也发生一次较小回撤，而如果将时间段拉长至时刻 6 至 11 期间，则该时段的最大回撤率为 $\frac{156-98}{156} \times 100\% = 37.18\%$。
>
>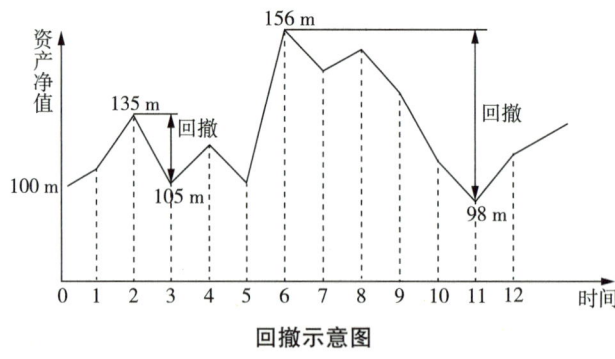
>
> 回撤示意图

若将对冲基金按照 20% 的比例放入一个 60% 传统权益投资、40% 固定收益投资的投资组合中并维持原资产 6：4 的比例，则新的投资组合会变为 20% 对冲基金、48% 传统权益类投资及 32% 固定收益类投资。若对 20% 对冲基金投资分别采取 13 种不同的策略，会对新的组合起到不同的影响。按照 3 种衡量指标筛选出表现较好和较差的策略，如表 38.4 所示。

表 38.4 对冲基金策略在投资组合中的表现

新组合表现的衡量指标	与表现相对应的策略	
	表现较好	表现较差
较高的夏普比率和索提诺比率	• 市场中性 • 管理期货 • 全球宏观 • 并购套利 • 危机证券	• 母基金 • 多重策略
较低的标准差	• 纯空和偏空 • 熊市下的市场中性 • 管理期货 • 全球宏观策略下的母基金 • 市场中性	• 危机证券 • 可转债套利
较小的最大回撤率	• 市场中性 • 全球宏观 • 并购套利 • 管理期货	• 股票多空 • 危机证券 • 可转债套利

从对冲基金 2000 年至 2016 年的历史表现来看,将采用不同策略的对冲基金放入投资组合,并使其在组合中占比 20%,将会对组合产生不同的结果。与只考虑传统投资的资产组合相比,大多数对冲基金策略可以产生更高的收益率,并在一定程度上降低标准差。但也有一些策略会在经济景气阶段产生较大回撤率,如偏空策略,或是在实现更高收益的同时面临着回撤率翻倍的风险,如可转债套利策略。另外,表现非常优秀的是权益市场中性策略和管理期货策略,与传统投资资产组合相比,不仅可以提高收益率、夏普比率和索提诺比率,还可以在很大程度上降低最大回撤率。

练一练

38-1 Which of the following is the characteristic of hedge funds?

A. The existence of liquidity gates.

B. Conservative investment style.

C. High regulatory and legal constraints.

38-2 Adding a 20% allocation of a systematic futures strategy to a traditional 60%/40% portfolio is least likely decrease the total portfolio's:

A. sortino ratio.

B. standard deviation.

C. maximum drawdown.

38-3 Compared to fund-of-funds strategy, what is the potential advantage of multi-strategy?

A. Less leverage.

B. Less operational risks.

C. Effective tactic asset allocation.

38-4 Which of the following strategies most likely exhibits left-tail skewness?

A. Managed futures strategy.

B. Merger arbitrage strategy.

C. Macro global strategy.

38-5 Compared to single manager strategies, a fund-of-funds strategy least likely benefit from:

A. better excess to closed funds.

B. economies of scale in monitoring.

C. more reasonable fees.

38-6 A hedge fund manager longs a convertible bond and shorts its related stock to gain returns. Which strategy does the manager use?

A. Event-driven strategy.

B. Specialist strategy.

C. Relative value strategy.

答案与解析

38-1 A

选项 A，对冲基金存在锁定期、通知期与赎回门槛。

选项 B，对冲基金可以做空、使用衍生品及杠杆，因此投资风格通常较为激进。

选项 C，相较其他投资类型，对冲基金受到的监管较弱。

38-2 A

选项 A，将 20% 的使用管理期货策略的对冲基金加入 60%/40% 的传统投资组合后，通常可以使组合中收益增加且波动与风险降低。索提诺比率代表的是单位下行风险上获得的超过最低可接受回报率的超额收益，使用管理期货策略后通常会增加。该选项表述符合题意，为正确选项。

选项 B，标准差代表的是波动程度，使用管理期货策略后通常会减小。该选项表述不符合题意，为错误选项。

选项 C，最大回撤率代表的是对冲基金的历史表现中的最大跌幅，表明的是未来可能发生的最大损失，使用管理期货策略后通常会减小。该选项表述不符合题意，为错误选项。

38-3 C

选项 A，与母基金策略相比，多重策略通常会使用更高的杠杆。

选项 B，多重策略因为被同一个 GP 管理，存在较高的操作风险。

选项 C，多重策略由于整体基金使用同一套运营管理系统，可以更快速且有效地配置资产。

38-4 B

选项 A，历史数据显示，在市场下行时管理期货策略的收益率通常呈现右偏态。

选项 B，并购套利策略只有两种结果，成功或失败。如果失败，遭受的损失通常是巨大的，因此它的收益率会呈现左偏态。

选项 C，由于全球宏观策略的收益率取决于对经济形势及宏观政策的判断，不同时期的差异较大，没有固定的偏态。

38-5 C

选项 A，由于母基金拥有机构投资者的身份，因此可以投资一些封闭式基金。该选项表述正确，但不符合题意，为错误选项。

选项 B，由于母基金 GP 可以帮助 LP 对单个对冲基金做更专业的投资研究、尽职调查与行为监控,因此母基金策略可以产生管理上的规模效应。该选项表述正确,但不符合题意,为错误选项。

选项 C,由于母基金存在双重管理费结构,并且存在不合理的净激励费,因此管理费更加不合理。选项 C 表述错误,但符合题意,为正确选项。

38-6 C

选项 A,事件驱动策略包含的是全球宏观策略与管理期货策略。

选项 B,特殊策略包含的是波动策略和再保险策略。

选项 C,做多可转债的同时做空标的股票是可转债套利策略,而该策略属于相对价值策略。

第 9 部分 投资组合管理

科目导学

考情分析

"投资组合管理"占比 10%～15%，考试中约有 2～3 个案例，而且往往容易出现短案例（包含 4 个小问）。"投资组合管理"在二级中属于相对简单的科目，属于只要努力学习就有稳健回报的科目。在近年二级考试中，"投资组合管理"的考查范围在逐渐收窄。虽然有六个章节，但核心重点只有三大块，分别是多因子模型中宏观经济因子模型与基本面因子模型的对比、在险价值 VaR 及其应用和信息比率（IR）及其应用。

"投资组合管理"一共有六个章节，可以分为两大部分。第一部分是前四个章节，主要内容是交易型开放式指数基金介绍、多因子模型以及市场风险分析。第一个章节讲解交易型开放式指数基金，这一章会全面分析 ETF 基金这种被广泛使用的金融工具；第二个章节讲述多因子模型，其中的宏观经济因子模型和基本面因子模型属于重点，该章节属于重点章节；第三个章节讲授衡量与管理市场风险的工具，包括在险价值 VaR、敏感性分析和情景分析，其中 VaR、VaR 的计算方法和 VaR 的相关变体，都属于重点内容，该章节同样也是重点章节。第四个章节讨论回测与模拟，该章节偏实务，了解即可。第二部分是后两个章节，主要内容是主动投资组合管理与业绩归因。其中，第五个章节从经济学逻辑出发，探讨了不同宏观经济状态下各大资产类别和固定收益类资产内部的优选方式，该章节由于与经济学关系更密切，而且在三级学习中有一定的应用，故而属于次重点章节；第六个章节讨论了主动投资组合管理的基本逻辑，通过对信息比率的拆解进一步解释了主动收益的来源，同时对比了信息比率和夏普比率，这部分内容属于重点，该章节也属于重点。

本部分框架图

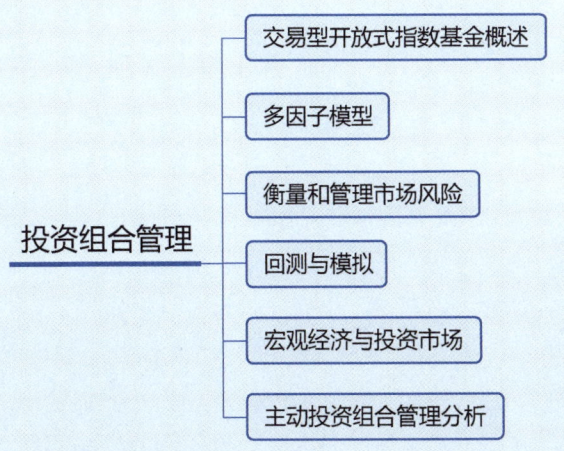

第 39 章
交易型开放式指数基金概述

章节导学

知识引导

从 20 世纪 90 年代至今,交易型开放式指数基金(exchange-traded funds,ETFs)经历了从萌芽到大规模应用的高速发展。这背后的原因众多,包括相关成本低、交易渠道规范、持有资产透明度高,以及可供投资的资产类别广泛等。与此同时,ETFs 的高速发展与指数化投资方法(index-based investing)的大规模应用也息息相关。相比传统的共同基金(mutual fund),ETFs 具有更高的节税效率,并且可以使用杠杆和做空策略等。当然,这些特征也使得它拥有相对独特的风险。因此,投资经理在考虑如何将 ETFs 加入投资组合的过程中,需要深入了解相关内容,才能做出最有效的决策。

考点聚焦

本章内容逻辑清晰,主要从三个层面介绍了 ETFs:运作机制,各类成本与风险,以及在组合管理中的应用。考生需要重点关注 ETFs 的追踪误差、溢价与折价来源、ETFs 的各类风险,以及 ETFs 在组合管理中的应用。主要考查方式为定性选择题。

本章框架图

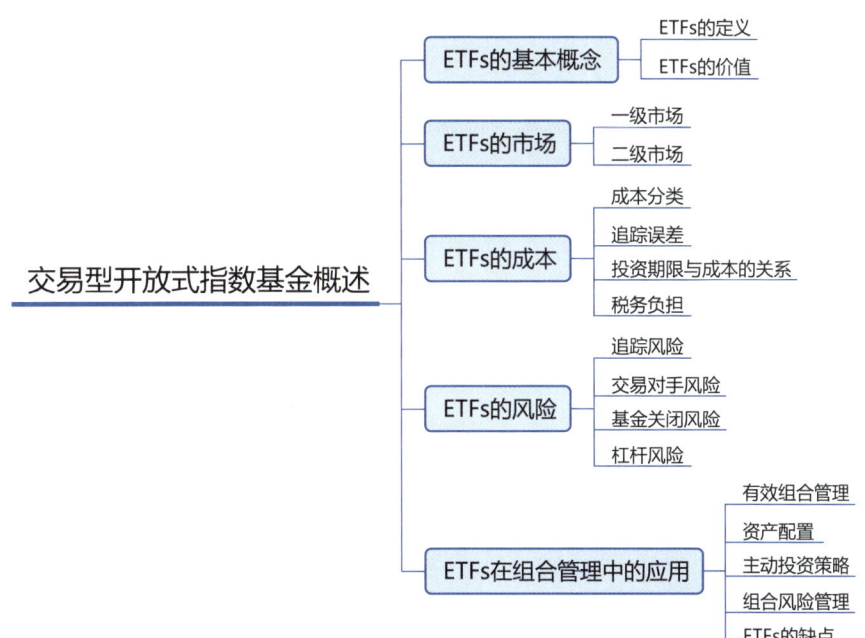

39.1 ETFs 的基本概念

39.1.1 ETFs 的定义

交易型开放式指数基金(ETFs)是一种在交易所上市交易的、基金份额可变的开放式基金。一只 ETF 代表一篮子证券,这些证券被称为该 ETF 的"成分证券"。

39.1.2 ETFs 的价值

与 ETFs 价值相关的概念包括资产净值及每股资产净值。在每个交易日结束时,ETF 会根据对应的一篮子证券的收盘价加权算出**资产净值(net asset value, NAV)**。**每股资产净值(NAV per share)** 可以通过将 ETF 的 NAV 除以发行的总份额数得到。在交易日中,ETF 会根据对应一篮子证券的实时价格计算出一个实时的资产净值(iNAV),当 ETF 的交易价格与 iNAV 不相同时,会说 ETF 有折价或者溢价。

39.2 ETFs 的市场

39.2.1 一级市场

—考点要求—
解释(explain) ETFs 的申购/赎回机制以及授权参与人的功能(★)

39.2.1.1 一级市场参与主体

ETFs 的一级市场采用场外交易模式。**基金管理人(ETF manager/issuer/sponsor)** 负责创建和管理 ETFs。**授权参与人(authorized participants, APs)** 往往由大型券商担任,其主要业务包括在一级市场上进行申购/赎回、在二级市场上作为经纪人代客买卖,以及作为二级市场的做市商与其他投资者进行交易。

39.2.1.2 实物申购/赎回机制概述

实物申购(in-kind creation) 是指基金管理人每日开市前会根据基金资产净值、投资组合以及标的指数的成分股情况,公布**实物申购与赎回**清单(creation/redemption basket),又称"**一篮子股票档案文件**",之后 APs 依据清单内容,把从市场上公开购买的成分证券或自身已有的成分证券交付给该基金管理人,从而取得与交付的成分证券价值相等的 ETF 份额。这一过程创造出新的 ETF 份额,使得该 ETF 在外流通量增加。**实物赎回**则是与之相反的程序,即 APs 将手中持有的 ETF 份额交付给基金管理人,换回该份额所代表的成分证券。这一过程使得 ETF 在外流通量减少。APs 的交易通常体量比较大,一般以"**实物申购基数**"(creation unit)为单位,一个实物申购基数,一般等于 50 000 份 ETF。

39.2.1.3 实物申购/赎回机制的优势

相较于传统的现金申购/赎回机制,实物申购/赎回机制拥有以下三个显著优点。

1. ETFs 价格更稳定

实物申购/赎回机制促成一级市场和二级市场互通,使得 ETF 的市场价格紧密地围绕着其 NAV 波动。这是因为,APs 同时参与一级市场上的申购/赎回和二级市场的交易活动,如果这一篮子证券的市场价格与其对应份额的 ETF 市场价格之间存在差异,那么 APs 就可以利用这一点进行套利,这个价格差异又被称为套利价差(arbitrage gap)。具体的套利方式,将在 39.3.1 中展开。

2. ETFs 的交易成本分摊模式更合理

实物申购/赎回机制中的另一个显著优势在于 APs 吸收了全部的交易成本,这些成本后续通过扩大买卖价差(bid-ask spread)的方式再转嫁给 ETFs 的投资者。这种方式使得 ETFs 拥有更加合理的成本分摊模式:经常交易的投资者自然而然地承担更多的成本,而买入后长期持有的投资者则不用负担这些成本。

3. ETFs 的管理成本更低

实物申购/赎回机制有利于基金管理人以更低的成本基础管理 ETFs,进而提升节税效率。具体而言,当 APs 提出赎回请求的时候,基金管理人可以将低成本购置的证券进行出售,从而使得 ETFs 中剩下的证券拥有更高的平均购置成本,那么该基金的未实现的资本利得则降低了。与此同时,基金管理人还可以通过调整实物申购基数以及允许现金申购/赎回等方式影响整个基金的运作过程。

> **知识一点通**
>
> 在上海证券交易所挂牌的 ETFs,根据类型分可为单市场 ETF,跨市场 ETF,跨境 ETF,债券 ETF 和黄金 ETF。而各类型下面的每只基金都有唯一的基金代码、基金简称、基金管理人,以及一级交易商名单(授权参与人,APs)。特别需要注意的是,中国与美国在投资 ETFs 方面存在一个显著差异。在中国,一般的投资者可以参与一级市场,即投资者可直接以一篮子股票的方式进行 ETFs 的申购和赎回。而在美国,只有 APs 才会参与一级市场的申购和赎回,一般的投资者则通过 APs 来买入或卖出 ETFs。具体的实物申购与赎回机制,可详细参照下图。
>
> 在中国,实物申购、赎回的运作如图 39.1、39.2 所示。
>
>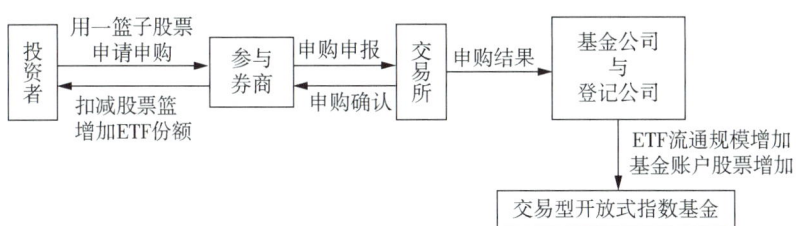
>
> 图 39.1　实物申购示意图
>
>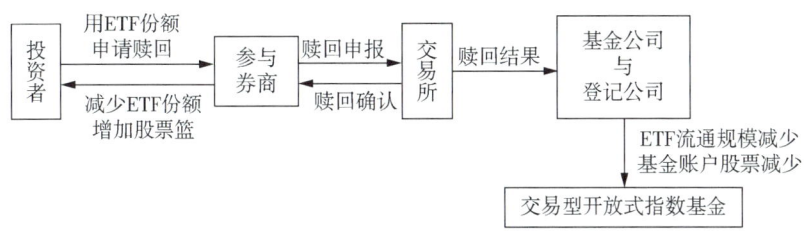
>
> 图 39.2　实物赎回示意图

39.2.2 二级市场

39.2.2.1 二级市场交易方式

—考点要求—
描述（describe）ETFs 如何在二级市场进行交易（★）

ETFs 的二级市场主要采用交易所交易模式。假设当前在二级市场上，某位投资者想要购买 ETF。此时，APs 可以扮演两种角色。

1. 扮演做市商（Dealer）

APs 可以将自身在一级市场上向基金管理人实物申购得到的份额出售给此投资者。同样，如有投资者想要出售 ETF 份额，APs 也可以使用自有资金购买。APs 扮演做市商时会作为投资者的对手方，实际参与交易。此时，APs 同时参与一级市场和二级市场，促成了一级市场和二级市场的互通关系。

2. 扮演经纪人（Broker）

APs 可以在二级市场上作为经纪人，为客户寻找相同 ETF 的出售者，撮合交易。此时，投资者交易该 ETF 的过程和交易股票与共同基金一样。

> **知识一点通**
>
> 早在 2012 年 5 月，上海证券交易所率先引入做市商制度，发布《交易型开放式指数基金流动性服务业务指引》。同月，首只跨市场 ETF——华泰柏瑞沪深 300ETF 成立上市。为保证场内流动性，上交所确定华泰证券等 10 家券商为该基金提供流动性服务。随后几年，交易型开放式指数基金（ETF）大爆发，上市基金流动性问题凸显出来，增加流动性服务商成为基金解决流动性的重要工作。2015 年 8 月，上海证券交易所发布《ETF 服务商评价体系运作效果分析》，指出真实履行做市义务的服务商非常少，激励机制不健全，服务商没有动力履行义务，且服务商做市水平不高，无法通过做市业务实现盈利，需要进一步培育服务商，建议进一步优化与评级相对应的激励机制，降低服务商的准入门槛。

39.2.2.2 清算与结算

ETFs 的二级市场采用交易所交易模式，不同的交易所设置的规则不尽相同，主要涉及以下两种模式。

1. 美国模式

美国的结算由全国证券结算公司（national security clearing corporation, NSCC）和存管信托公司（depository trust company, DTC）负责，实行集中净额结算制度和 T 日交易、T+2 日交收制度。具体而言，交易日内发生的所有交易将于日终统一提交至 NSCC，NSCC 则担保所有交易方免于承担操作风险。当交易完成清算（cleared）之后，交易中的买方已经拥有了 ETFs 的所有权，即交易已经被执行（executed）。DTC 作为 NSCC 的母公司，保有所有的账簿，记录着证券的真实持有者和所有权关系。而此处的信息是在会员公司的层面进行归集的，即该账簿记录着每家会员公司拥有的证券情况。与此同时，会员公司则保有明细信息，具体记录每个客户的证券持有情况。对于那些不断进行买卖交易的做市商，他们的账户在日终时很可能存在卖空的情况。此时做市商们需要时间来申购或借入 ETF 份额，因此，NSCC 允许这些做市商的结算时间延长至 6 天。

2. 欧洲模式

欧洲的交易过程与美国相同：投资者均在二级商场上借助 APs 撮合交易或者直接与 APs 交易，同时一级市场的申购/赎回由 APs 完成。然而，欧洲的结算过程与美国差异很大。这是因为欧洲市场上的 ETFs 份额主要由大型机构投资者拥有。这些机构通过场外市场（OTC）进行协商交易，所以交易信息不会完全公开透明。与此同时，整个欧洲存在很多分割的子市场，无论是一级市场还是二级市场，都涉及不同的交易所和不同的交易策略。绝大多数欧洲 ETFs 都同时在多个交易所交叉挂牌（cross-listed），而每次结算则通过 29 个中央证券存管机构（central securities depositories，CSDs）之一进行。由于欧洲市场的复杂性，欧洲 ETFs 往往拥有更高的交易成本和买卖价差。

> **知识一点通**
>
> 我国的上证 50ETFs，其交易与股票交易完全相同，清算交收采用 T 日交易、T+1 日交收。开市的时间为周一至周五上午 9：30～11：30 和下午 1：00～3：00（节假日除外）。投资者利用现有的上海证券账户或基金账户即可进行交易，而不需要开设任何新的账户。交易单位为手，1 手等于 100 份基金份额。交易价格每 15 秒计算一次参考性基金单位净值（IOPV），大约等于"上证 50 指数/1 000"，便于投资者参考。其价格最小变动单位为 0.001 元，涨跌幅限制为 10%。与此同时，ETF 的二级市场交易同样需要遵守交易所的有关规则，如当日买入的基金份额当日不得卖出，并可适用大宗交易的相关规定等。

39.3　ETFs 的成本

39.3.1　成本分类

39.3.1.1　管理费

—考点要求—
描述（describe）拥有 ETFs 的成本（★）

相比共同基金，ETFs 拥有更低的管理费，这对于广大的投资者极具吸引力。ETFs 管理费更低的原因主要有三个。

（1）基金管理人无须记录个人客户的交易账户情况。

（2）投资者借助 APs 交易 ETFs，基金管理人无须承担与投资者沟通的成本。

（3）相较于主动投资策略，绝大多数 ETFs 采用的被动投资策略大大降低了投资研究费用。

实务中，ETFs 实际的成本水平由其资产组合的复杂性、发行量和市场竞争情况决定。其中，复杂性包括该基金投资证券的种类多少、再平衡与投资策略执行的频率、维持资产组合敞口的难度等。其中，管理费属于显性成本（explicit cost），与投资金额有关，且属于持续型费用，其金额高低和持有 ETFs 的期限长短相关。

> **知识一点通**
>
> 在美国,ETFs 的交易佣金普遍偏低,甚至存在免佣金的 ETF。而中国上证 50ETF 的交易则免除印花税,佣金与交易普通股票一致,不超过成交金额的 0.3%,最低费用为 5 元。

39.3.1.2 买卖价差（Bid-Ask Spreads）

—考点要求—
描述（describe）影响 ETFs 买卖价差的因素（★）

买卖价差(bid-ask spreads)反映了做市商作为投资者的交易对手所需要负担的成本和风险,属于隐性成本(implicit cost)。需要注意的是,买卖价差的报价仅对小额交易适用,如果交易额超过了日均成交量的 10%,那么这种大单的买卖价差往往需要和做市商通过协商确定。与此同时,如果市场波动性增加或者有重大信息发布,买卖价差也会扩大。

影响一只 ETF 买卖价差的主要因素有以下三个。

1. 市场结构

债券型 ETFs 的买卖价差通常较大,因为固定收益产品多数在交易商市场(dealer market)交易,因此,买卖价差更大。ETF 如果持有其他市场和时区流通的股票,那么该 ETF 的买卖价差还受到股票和该 ETF 的交易时间是否有重叠的影响。

2. 成分证券的风险与流动性

对于那些债券型 ETFs,如果成分证券为流通性很高的国债,那么买卖价差相对较小。相反地,如果该 ETFs 持有交易不频繁的公司债和国际债,则买卖价差较大,因为这些债券通过 OTC 市场交易且存在违约风险。对于一些持有大宗商品,高波动性期货或小盘股票的特殊 ETFs,其买卖价差往往较大,因为即使短暂持有这些资产的风险也可能很高。

3. ETFs 的流动性

ETFs 本身的流动性也影响其买卖价差。对于交易不频繁的 ETFs 的做市商,他们必须长期积累头寸到一定份额后才能进行申购/赎回。因此,流动性提供者实际承担的成本和风险很高,这导致更大的买卖价差。与此同时,做市商之间的竞争越激烈、日成交量越大、流动性供给越充分,买卖价差越小。公式(39.1)中,对于流动性很强的 ETFs,做市商可以很迅速地将买单与卖单匹配,且无须涉及申购/赎回过程,所以①②③极低。一般该类型 ETFs 的买卖价差要远低于其成分证券的买卖价差。

买卖价差 ≤ ± 申购/赎回费、经纪佣金及交易所手续费 ——— ①（竞争导致佣金大量取消）
　　　　　+ 成分证券的买卖价差 ——————— ②
　　　　　+ 因流动性等因素给予做市商的补偿 ——— ③
　　　　　+ 做市商的理想利润 ———————— ④
　　　　　− 预期短期内可能收到反向订单带来的折扣 —— ⑤ (39.1)

> **知识一点通**
>
> Bid-ask spreads 实质上是做市商提供流动性所赚取的利润,而做市商为投资者提供流动性是有成本和风险的,所以总的来说成本越高或风险越大,买卖价差就越大,上述影响因素都可以从这个角度进行理解。

> **备考小贴士**
>
> 上述买卖价差的计算公式(39.1),考纲要求从定性的层面上理解即可,不需要掌握具体的计算过程。

39.3.1.3 溢价与折价(Premiums and Discounts)

1. 溢价与折价的定义

溢价或折价属于隐性成本(implicit cost),其中**溢价率或折价率**是指 ETF 价格超过其每股 NAV 的部分占每股 NAV 的比率。如果该比率为正值,则说明 ETF 价格高于每股 NAV,该 ETF 溢价交易。相反地,如果该比率为负值,则说明 ETF 价格低于每股 NAV,该 ETF 折价交易。

—考点要求—
描述(describe) ETFs 相对于 NAV 的溢价与折价来源(★)

2. 溢价率与折价率的计算

在每日收盘后,每只 ETF 会根据其成分证券的结算价格来计算该基金的 NAV。如果成分证券与 ETF 在相同交易所交易,那么 NAV 精确地计量了基金的公允价值。而交易日内,交易所也会发布日内 NAV("indicated" NAVs, iNAVs),它是根据日内实物申购的情况估计 ETF 的日内公允价值。溢价交易因 ETF 价格高于其每股 NAV,所以溢价属于正成本;相反地,折价交易因 ETF 价格低于其每股 NAV,所以折价属于负成本。

$$日终\ ETF\ 溢价或折价(\%) = \frac{(ETF\ 价格 - 每股\ NAV)}{每股\ NAV}$$
$$日内\ ETF\ 溢价或折价(\%) = \frac{(ETF\ 价格 - 每股\ iNAV)}{每股\ iNAV} \quad (39.2)$$

3. 影响溢价与折价的主要因素

(1) 时间差异(timing differences)。时间差异主要表现在 ETFs 的估值时间与其成分证券不同。如果某 ETF 投资于期货、外国股票等在其他市场交易的证券,则其收盘时间可能与该 ETF 不同。另外,如果该 ETF 投资于债券,而绝大多数债券在 OTC 市场进行交易,因此,无法得到实时公开准确的交易价格。此时,就需要利用做市商的报价。但如果该债券最近没有交易,则需要通过第三方获取债券价值,此时第三方往往利用矩阵定价等方法来确定债券价值。一般来讲,债券的定价模型会参考 OTC 市场的做市商需要承担的风险和成本,使用较低的 bid prices 来计算 ETF 的 NAV,导致 ETFs 的 NAV 小于收盘价,表现为溢价交易。与之相反,如果市场面临压力,债券交易不频繁,第三方无法找到可比债券进行估值,那么债券的价值相对陈旧,有可能相对市场情况定价过高,以致计算得出的 NAV 过高。那么此时,对应的 ETFs 流动性较高且价格偏低,就会导致折价交易。

(2) 过时价格(stale pricing)。过时价格的影响主要发生于交易不频繁的 ETFs。如果 ETFs 在日内交易不频繁,那么到收盘时,其价格反映的是前面交易时的市场情况,但其 NAV 经历了显著变化。这就会导致折价或溢价交易。如果某 ETFs 长久无交易,那么这个过时价格的影响会不断叠加累计,导致严重的折价或溢价现象。

4. 折价与溢价催生套利活动

套利活动会使得 ETF 价格与其 NAV 趋同。在套利成本很低的情况下,如果 ETF 价格高于每股 NAV,即 ETF 溢价交易,那么 APs 可以通过同时卖出 ETF 且买入相应证券来进行套利。相反,如果 ETF 价格低于每股 NAV,即 ETF 折价交易,APs 就可以同时卖出或卖空证券且买入相应 ETF，获得套利利润。最终，这些套利活动会使得 ETF 的价格紧密围绕其 NAV 波动。在实务中的套利还需要考虑交易成本和交易风险，如果某些证券无法及时买入或卖出，APs 则会暴露在证券价格不确定中。

实务中，ETFs 的价格比 NAV 更能够清晰地反映市场情况。特别地，如果成分证券交易不频繁，市场交易时间存在滞后等问题时，ETF 的价格发现功能尤为突出。买卖价差以及折价与溢价，还有佣金（commission）都是 ETF 交易过程中产生的费用，属于 ETF 的交易费用（trading costs）。交易费用和持有费用不一样，不因为持有时间的长短而变化，只和交易有关。

> **备考小贴士**
>
> 上述溢价和折价的计算公式（39.2），考纲要求从定性的层面上理解即可，不需要掌握具体的计算过程。

39.3.2 追踪误差

39.3.2.1 追踪差异

截至 2018 年的美国市场，按照 ETFs 资产管理规模来衡量，98% 的 ETFs 属于**追踪指数型**（index-tracking ETFs）。此类 ETFs 将某个指数作为基准，ETFs 的收益率应紧紧地追踪基准的收益率。因此，二者的实际收益率的差异即**追踪差异**（tracking difference）就至关重要。在收益率差异的计量中，除了利用均值、中位数这些中心趋势指标，还需要统计收益率差异的波动性，即利用标准差和极差等离散度指标。

39.3.2.2 追踪误差与滚动追踪差异

最常用的衡量收益差异波动性的指标为**追踪误差**（tracking error）：追踪误差等于该 ETFs 日收益率与其基准指数日收益率之间差异（日追踪差异）的年化标准差。然而，通过追踪误差只能观察出差异的波动性，但无法得出 ETFs 业绩是优于还是不及基准业绩，因此，追踪误差需要配合均值等指标一起使用。还可以计算 **12 个月滚动追踪差异**（12-month rolling return tracking difference），这样有利于比较不同时期的情况。此方法的优点在于可以与费率进行比较，用于判断基金业绩是否优于基准。如果一只 ETFs 的 12 个月滚动追踪差异的中位数低于费率，则说明此基金表现不佳。

39.3.3 投资期限与成本的关系

短期战术型投资者一般基于流动性和交易成本来选择 ETFs，因为其交易费用在总费用中的比重较大。实务中，他们往往选择管理费高、买卖价差低、可以提供连续双向交易的做市商。而对于购入后长期持有的投资者，管理费的高低更重要，因为其管理费用在总费用中的比重较大。

39.3.4 税务负担

所有 ETFs 投资者都必须考虑到以下两类税款：一方面，ETFs 可能向其投资者分配资本利得和其他利得，此处会涉及资本利得税的问题。另一方面，投资者在卖出 ETFs 的时候也将面临缴纳税款的问题。这两方面所涉及的节税效率（tax efficiency）具有很大差别。

39.3.4.1 资本利得分配

在一般情况下，基金需要在一年结束之前向所有投资者分配资本利得，有些基金会选择在年末一次性分配，有些则选择按季度分配。在税务问题上，ETFs 相对于传统共同基金具有两项优势：税务公平性(tax fairness)和节税效率(tax efficiency)。

1. ETFs 的税务公平性

对于传统的共同基金，如果某位投资者想要出售份额，那么基金管理人必须出售证券，用换得的现金进行支付。任何高价卖出证券的过程都等同于该基金确认了资本利得，而这些资本利得需要分配给剩下的基金投资人，因此，剩下的投资人将承担纳税义务。换而言之，剩下的基金投资人会因为其他投资者的出售行为而担负税款。相比之下，ETFs 的个人投资者的出售行为发生在二级市场上，因此，ETFs 管理人不需要了解交易的情况，也不需要因为份额出售而对资产配置进行调整。如果 APs 需要赎回基金份额，那么也是采用实物赎回方式。这种方式下并没有真正的现金发生，只是用 ETFs 份额换等值的一篮子证券，没有实现资本利得。总而言之，ETFs 的出售或赎回，并没有对其他投资者产生税务影响。

2. ETFs 的节税效率

当 APs 提交赎回申请时，基金管理人会优先将低成本购置的证券交付给 APs，这使得留存在 ETFs 中的证券的平均购置成本提高，降低了未实现收益(unrealized gain)，进而降低了未来的税务负担。然而，ETFs 并非不会实现资本利得。由于绝大多数的 ETFs 采用指数追踪策略，当指数的组成证券发生变化时，ETFs 也需要进行相应的调整。当 ETFs 以高价卖出之前以低价购入的证券时，就实现了资本利得。在这个过程中，如果基金管理人在指数调整日将该升值证券以实物交付给 APs，则可避免确认资本利得。一些特殊类型的 ETFs 往往面临更多的资本利得，如债券型 ETFs。如果债券型 ETFs 购买折价发行的证券，随着到期日来临，债券的价值会回归面值，导致资本利得。另外，如果该债券 ETFs 投资期限为中期，那么就必须卖掉存续期不足 12 个月的债券，也可能面临资本利得。最后，为了向市场提供足够的流动性，一些 ETFs 会偶尔采用现金申购/赎回的方式，这也会引发资本利得。

39.3.4.2 其他收入分配

1. 股票分红

对于股票型 ETFs，积累的分红需要分配给投资者，这就会使投资者面临税务负担。而在欧洲，一些 ETFs 会把累计的分红再次投入到基金建设中，这就避免了分配导致的税款。当然，投资者在进行实务投资时，需要综合分析当地的法律法规和基金运作模式。

2. 出借证券收入

ETFs 管理人可以通过出借证券给市场上做空的投资者这种方式来获得利息收益。与此同时，出借过程中往往伴随着过度抵押(overcollateralization)，即证券借入方需要将现金或其他低风险资产作为抵押品，且这些抵押品的价值高于出借证券的价值。如果采用现金抵押，则 ETFs 管理人将收到的现金投资于短期固定收益产品，获得额外的收益。运行良好的 ETFs 在出借证券上获得的总收益可完全抵消其运行成本，并且将盈余分配给 ETFs 投资者。

39.3.4.3 ETFs 的出售

在绝大多数国家,二级市场上出售 ETFs 依据该 ETFs 所持有的资产来征税。在美国,股票型 ETFs 和股票的征税方式相同,债券型 ETFs 和债券的征税方式相同。但是如果两个 ETFs 的结构和成分证券不同,则会有不同的税务负担。而对于投资者而言,需要依据所在国家及个人税务情况进行具体分析。

---考点要求---
描述(describe)
ETFs 的各类
风险(★)

39.4 ETFs 的风险

---考点要求---
描述(describe)
ETFs 追踪风险
的来源(★)

39.4.1 追踪风险 (Tracking Risk)

追踪风险主要来源于以下七个方面。

1. 费用

基准指数收益率的计量中往往认为交易无摩擦且以收盘价格计量。ETFs 的收益率计算需要将管理费从总收益中扣除。因此,理论上,ETFs 的预期收益率加上费率应等于基准的收益率。

2. 代表性抽样/最优化(Representative Sampling/Optimization)

相对于完全复制基准指数,ETFs 往往选取基准指数中具有代表性的证券进行投资,即代表性抽样。这种代表性抽样可以规避交易指数中流动性很差的证券,进而降低复制成本。然而代表性抽样也可能会导致两个不良结果。一方面,此方法使得当前基金收益的中位数无法准确预测未来收益的中位数,特别是市场中不同板块业绩差异拉大的时候。假设 ETFs 只复制了基准指数中的大盘股,忽略了中盘和小盘股。那么,当中小盘股表现强劲的时候,ETFs 的业绩就会低于基准指数。另一方面,此方法极大地扩大了业绩结果的范围。因此,代表性抽样引入了更多的追踪误差。

3. 存托凭证和其他 ETFs 费用

如果当地市场上的证券流动性不佳,那么基金管理人会通过持有美国存托凭证、全球存托凭证等方式获得境外证券。但这些证券各自的交易时间不同会导致 ETFs 和基准指数收益率计量产生差异。与此同时,基金管理人也会购买其他 ETFs 产品当作成分证券。这些被购置的 ETFs 的价值按照收盘价来衡量而不是其 NAV,同样造成 ETFs 和基准指数收益率的计量差异。

4. 基准指数变化

基准指数会定期对成分证券及配置权重进行调整。实务中,基金管理人会在新基准指数生效之前或之后进行相关证券交易,确保组合与基准匹配。如果该调整发生在市场波动性较大的时期,那么更大的买卖价差会影响最终的交易价格,进而影响 ETFs 的业绩。在这个过程中,基金管理人会利用申购/赎回机制与 APs 合作,将此因素带来的影响降到很低。

5. 基金会计操作

ETFs 对各个证券的估值与基准指数不同也会引发追踪误差。例如,美国的股票市场的收盘时间是美国东部时间下午 4 点,而很多债券 ETFs 也会在该时间点进行债券估值,这是 ETFs 的传统。然而,债券指数的估值时间其实早于 4 点。这里的估值时间差异就会导致 ETFs 的 NAV 与基准指数价值的差异。除固定收益产品以外,期货、外国证券、贵金属和外汇也会存在估值问题。

6. 监管和税务要求

ETFs 与基准指数在监管和税务要求上有所不同,这也会导致追踪误差的产生。具体而言,美国的基准指数往往从美国本国投资者的角度来计量税款,进而计算税后收益率。然而,如果非美国 ETFs 的成分证券中含有美国证券,那么针对这些证券的税务处理往往与基准指数中对该证券的税务处理不同。实务中,ETFs 要同时根据本地和美国的税务条款来具体分析,这其中涉及居民管辖地原则和来源地原则的综合考虑。

7. 资产管理人的操作

ETFs 的基金管理人会通过出借证券获得利息收入并通过进行境外分红回收的方式进一步降低成本。这些负的成本可以进一步提高基金的业绩。而基准指数的收益计量中却不涉及这些负成本,因此,也造成了追踪误差。

39.4.2 交易对手风险(Counterparty Risk)

1. 违约风险

ETNs(exchange-traded notes),即交易所交易票据。它是由投资银行等金融机构发行的债券型产品,期限通常在 10 年以上,且由发行人提供信用支持。ETNs 通常不在存续期支付利息,并且无担保。与 ETFs 不同,ETNs 虽然通常也追踪特定的指数,但投资者持有 ETNs 份额不代表其持有 ETNs 份额对应的底层资产。投资者与发行人是债权人与债务人的关系,对于持有至到期的投资者,发行人只需要偿还本金和持有期基准指数的收益即可。由于这层债权债务关系,投资者会面临来自 ETNs 发行银行的**违约风险(default risk)**。此时,投资者往往通过购买**信用违约互换(credit default swap,CDS)** 来对冲。实务中,当发现 CDS 利差(CDS spread)高于 5% 时,则说明购买信用保护的成本很高,投资者面临严重的违约风险。

2. 结算风险

一些 ETFs 使用互换来获得某些风险敞口,由于互换在 OTC 市场上进行交易,所以同样面临**结算风险(settlement risk)**。实务中的解决办法有两个:第一,结算频率加快到每日一次或每周一次;第二,在托管银行抵押美国短期国债等低风险资产。然而,即便如此,结算风险依然存在。

39.4.3 基金关闭风险(Fund Closures Risk)

与共同基金类似,ETFs 关闭时往往出售所持证券,以现金方式支付给 ETFs 的投资者。而软性关闭("Soft" closures)则是 ETNs 常用的关闭手段,即基金管理人通过停止申购/赎回(creation halts)来避免增加新份额。

基金关闭有以下四个原因。

1. 监管要求

当政府对于某些特殊基金的监管发生变化时,ETFs 就面临被迫关闭的窘境,如在大宗商品上的头寸限制就会使得许多基金无法正常运作。

2. 竞争

竞争也会引发 ETFs 关闭,如果某基金的资产管理规模(asset under management, AUM)和交易量都下降到很低的水平,该基金就难以维持。

3. 并购

ETFs 之间也会经历并购,购入方往往会选择关闭业绩不佳的 ETFs 转而将资金投向增长更快的领域。

4. 投资策略变更

当 ETFs 管理人想要改变基金策略的时候,最常见的方式是宣布改变基金追踪的指数,这也是一种软性关闭,导致 ETFs 持有的证券在国家、行业及资产类别的配置上产生巨大改变。

39.4.4 杠杆风险(Leverage Risk)

某些特殊的 ETFs 可以帮助投资者获得一些复杂的资产类别和投资策略,其中最常见的是加杠杆 ETFs 和反向 ETFs。顾名思义,加杠杆 ETFs,就是指在普通的 ETFs 上加上 X 倍杠杆。3× 标普 500 指数 ETF 含义为:如果标普 500 指数上涨 5%,那么该 ETF 就会上涨 $3 \times 5\% = 15\%$。如果指数下跌 5%,则该 ETF 就会下跌 15%。但如果投资期限超过一天,那么该加了杠杆的 ETF 的投资收益并不等于没有杠杆的 ETF 的收益乘上一个倍数,这是源于复利效用。

以 3×S&P 500 指数 ETF 为例,假设第一天 ETF 和指数都在 100 点位上。第二天,指数升到 110 点,即指数当日收益 10%,那么第二天 ETF 的当日收益为 30%,NAV 变为 $100 \times (1 + 30\%) = 130$。而如果第三天指数下跌回 100 点,即指数当日收益为 $(100 - 110)/110 = -9\%$,那么第三天 ETF 的当日收益为 -27%,NAV 变为 $130 \times (1 - 27\%) = 95$;在这两个交易日中,S&P 500 指数的总收益为 $(100 - 100)/100 = 0$,但 ETF 的收益为 $(95 - 100)/100 = -5\%$。

由于以上的复利效用会影响加杠杆 ETF,所以基金一般不会采用长期持有策略,而是不断调整头寸,以便保持的合适的净敞口。

> **知识一点通**
>
> 在实务中,加杠杆 ETFs 的费率,要比不加杠杆的 ETFs 高很多。比如纳斯达克指数 ETF(QQQ)的费率为 0.2%,而加了杠杆的 TQQQ 的费率为 0.95%,是无杠杆 ETFs 的费率的 4.75 倍。标普 500 指数 ETF 的费率为 0.04%,而加了杠杆的 SSO 的费率为 0.9%,是不加杠杆 ETFs 的 22.5 倍。

—考点要求—
识别(identify)且描述(describe) ETFs 在组合管理中的应用(★★)

39.5 ETFs 在组合管理中的应用

无论对于机构投资者或是个人投资者,ETFs 都是相当有价值的投资工具。从投资策略角度来看,无论被动还是主动投资都可利用 ETFs 达到投资目标。从涉及的资产类别来看,股票、债券、大宗商品等都有对应的 ETFs。从投资方法层面,ETFs 既可用于自上而下(top-down)的投资方法,也可以用于自下而上(bottom-up)的投资方法。从组合管理角度出发,ETFs不仅可以帮助投资者达成长期战略目标,也可应用于战术投资、再平衡以及风险管理等层面。

39.5.1 有效组合管理

1. 组合流动性管理(Liquidity Management)

投资组合经理经常使用ETFs来管理现金流,原因有两个。

(1)"现金拖累"(Cash Drag)。

基金为了应对赎回,必须在资产配置中保留一定比例的现金类资产,而现金类资产的收益率较低,拖累了整个组合的收益。而如果把这些现金投入流动性很强的ETFs中,则可以避免现金拖累的产生。

(2)降低成本。

组合经理将一部分资金购入ETFs以应对未来可预见的现金流出。相比直接出售证券,卖出ETFs的交易成本更低且更容易操作。

2. 组合再平衡(Rebalancing)

投资组合经理也可以利用ETFs对组合进行再平衡。有些投资者按照时间安排调整,一般情况下至少每个季度调整一次。另外有些投资者按照投资组合实际权重偏离目标权重的程度来调整。对于那些允许偏离程度低的投资组合,利用流动性好并且买卖价差小的ETFs可以高效地完成组合再平衡。

3. 组合完整性管理(Completion Strategies)

ETFs也经常被用于组合完整性管理,即弥补暂时存在的投资缺口。投资缺口的产生源于外部经理变更或在任经理暂时从不被看好的子市场中撤回投资,但投资者却希望保持该子市场的敞口。此时,投资经理可利用ETFs在不改变自身投资的条件下补足投资缺口。

4. 过渡管理(Transition Management)

过渡管理主要指雇佣/解雇投资经理,或与在任投资经理一起变更组合资产配置。新投资经理在逐渐出售不适合的证券时,可以将所得资金投资于ETFs来保持市场敞口。随后,投资经理可以从容地建立符合自己投资策略的新头寸并逐渐出售ETFs。另外,当某资产方向投资经理被解雇,基金管理人可以暂时投资于该类型资产的ETFs,直至寻求到合适的新经理为止。

39.5.2 资产配置

ETFs被广泛用于动态资产配置和全球多资产投资策略(dynamic asset allocation and multi-asset strategies),养老金和主权财富基金都会结合ETFs与衍生品在全球配置资产。

1. 战略资产配置

利用ETFs的主要目标之一就是获得各种资产大类和子资产类别敞口,构建分散化的投资组合。其中包括全球股票、债券、大宗商品、外汇等。股票型ETFs可包括本国/外国、大盘/小盘、增长/价值且覆盖各个行业的股票。对于大型机构投资者,交易债券组合的难度和成本都远远高于交易股票组合，特别当债券组合中包括公司债券和高收益债券的情况。此时，债券型ETFs可以帮助投资者以低成本高流动性的方式的获得此类债券的头寸。大宗商品ETFs可包括黄金及其他贵金属。随着金融科技的发展，智能投顾公司也常常使用ETFs作为主要投资工具。

2. 战术资产配置

除了为客户做战略资产配置，ETFs还可用于战术策略中。当投资研究团队发现在某领域中存在短期的获利机会，组合经理可以通过ETFs来持有该领域的头寸。如果某领域不被看好，则可以通过卖空ETFs来减少头寸。在这个过程中，投资经理往往利用主题型ETFs来达到增加或减少某领域敞口的目标。这是因为主题型ETFs成分证券来自某个行业中一部分具有共同属性的证券，可以更精确地配合投资经理的战术策略。

> **知识一点通**
>
> 美国作为最为发达的ETFs市场，产品数量高达2 000多只，随着市场和行业类产品的开发殆尽，主题型ETFs成了未来投资热点。从2017年到2018年，主题型ETFs的资产增加了一倍多，达到200多亿美元。2019年，高盛和合作伙伴Motif资本共同发行了一系列主题型ETFs产品，主题涵盖创新金融、前沿医疗、先进制造业和消费升级等方面，地域上涵盖全球11个市场。

39.5.3 主动投资策略

传统的ETFs被看作被动投资策略的主要投资工具，它们又被统称为beta基金。这些ETFs以追踪普通指数为目标，希望追踪误差越小越好，也就是只要求beta。然而，许多长期投资者希望获得alpha，因此，ETFs的主动投资策略就诞生了。

1. Smart Beta ETFs

目前市场上有两大类基金是以获得alpha为目标的指数基金，一类是策略不透明、靠基金经理主动操作的增强型指数基金，以沪深300的增强型指数基金为典型代表，还有一类是策略透明的指数基金，也就是smart beta ETFs，即比beta基金更聪明的基金。

2. Alpha来源

smart beta ETFs之所以能带来alpha，是因为它在资产配置权重和选股上都进行了优化。

（1）权重配置。

投资者熟悉的beta基金的基准指数往往按照公司的市值进行加权，市值高的公司则权重更大。然而，smart beta ETFs会采取其他的加权方式以达到收益更优或风险收益特征更明确的目的。这些不再以市值作为权重的ETFs被统称为另类加权ETFs（alternatively weighted ETFs）。

（2）选股。

smart beta ETFs选股规则一般围绕一个或多个因子建立，这些因子经过市场证明，具有内在逻辑，如股息率因子、价值因子、成长因子、低波动因子等。

3. 其他主动型 ETFs

除了以上提到的 smart beta ETFs，还有一类被称为"discretionary active" ETFs 的投资工具也属于主动型 ETFs。这类工具包含的 ETFs 品种众多。例如，"Liquid alternative" ETFs，这种 ETFs 旨在获得绝对收益或分散风险，往往通过复制对冲基金指数实现。

39.5.4 组合风险管理

不同的 ETFs 拥有不同的波动性，可用于调整投资组合风险。一些 ETFs 在选择成分证券时着重考虑这些证券包含的市场风险，这类 ETFs 可用于调整投资组合的 beta 值。投资经理还可以利用 ETFs 来管理外汇风险和久期风险。这是因为这些特殊 ETFs 既持有证券的多头头寸，同时通过衍生品对冲掉了这些证券内涵的特定风险。

39.5.5 ETFs 的缺点

然而，对于大额资产的管理人，投资 ETFs 会有以下三个缺点。其一，由于资产规模很大，资产管理人可以使用单独管理的账户（separately managed account，SMA）或混合信托账户（commingled trust accounts），这些投资方式所涉及的费用可通过协商降低。其二，SMA 可以个性化投资，满足特定的投资目标。其三，监管者要求大额度的 ETFs 持有必须向公众公开，这导致管理 ETFs 的灵活性降低。

> **知识一点通**
>
> 早在 2017 年，全球智能投顾的行业的先驱者 Betterment 就已经管理着约 91 亿美元的资产，成为当时全美最大的独立智能投顾公司。智能投顾具有费用低廉、投资门槛低等优势。其主要采用被动投资策略，而当中主要用到的投资工具即为 ETFs。2019 年，J. P. Morgan 发布名为 You Invest Portfolios 的智能投顾，该项服务的费率为每年 0.35%，且主要投资于自己旗下的 ETF 投资组合。

练一练

39-1 Which of the following statements about exchange-traded funds (ETFs) is correct?

A. The primary market for ETFs exists on an exchange basis.

B. Any investor can create or redeem shares with ETFs issuers.

C. ETFs managers disclose the creation basket daily, which serves as the portfolio for calculating net asset value (NAV).

39-2 If an ETF is trading at a discount to its intraday NAV and the arbitrage costs are very low, which of the following is most likely to occur?

A. ETF sponsor will create new ETF shares.

B. Any investor can sell the ETF shares back to ETF sponsor.

C. Authorized participants will sell/short the baskets of securities that the ETF tracks and buy ETF shares.

39-3 Which of the following statements regarding ETF's reported tracking risk is *least* likely correct?

A. Tracking error is annualized standard deviation of the difference in daily returns between an ETF and its benchmark.

B. Tracking error is the 12-month rolling return tracking difference between the ETF and its benchmark.

C. Representative sampling makes a big contribution to tracking error.

39-4 When an authorized participant (AP) creates or redeems ETF shares, the related costs are absorbed by:

A. all existing ETF investors.

B. the AP only.

C. the ETF sponsor only.

39-5 Fund-closure risk is related to:

A. changes in regulations, increased competition, and corporate activities.

B. investors' lack of understanding of complex ETFs' performance.

C. defaults from the counterparty.

39-6 Which of the following statements is correct about tracking error?

A. It indicates whether the ETF performs better than its benchmark or not.

B. It shows how far the ETF's performance deviates from its benchmark.

C. It represents the distribution of the ETF's performance.

答案与解析

39-1 C

ETFs管理者每日发布公布"实物申购与赎回"清单,以此作为衡量NAV的基础。ETFs的一级市场采用场外市场模式,由基金管理人(ETF manager/issuer/sponsor)和授权参与人(authorized participants, APs)进行交易。ETFs采用实务申购/赎回机制,只有APs才可进行申购/赎回,其他投资者想要购买ETFs需在二级市场上与APs进行交易。

39-2 C

如果某只ETF价格低于每股NAV,即ETFs折价交易,授权参与人(authorized participants, APs)就可以同时卖出或卖空证券且买入相应ETF,获得套利利润。ETFs管理人不会收到申购要求,因为实物申购时要求APs将一篮子证券交付给管理人换取相应的ETF份额,此时证券价格高但ETFs价格低。只有APs可以直接和基金管理人进行申购/赎回。

39-3 B

ETF的追踪误差等于该ETFs日收益与其基准日收益之间差异(日追踪差异)的年化标准差,它代表着ETF与基准之间收益率差异的波动性,追踪误差越小说明ETF收益越接近其基准的收益。12个月滚动追踪差异(12-month rolling return tracking difference)衡量基金表现是否超过其基准,12个月滚动计算方式有利于比较不同时期的情况。追踪误差的来源很多,其中代表性抽样/最优化以及费用对追踪误差的贡献很大。而影响追踪误差最小的因素是基准指数的变化,因为基金管理人会利用申购/赎回机制与授权参与人合作,将此因素带来的影响降到很低。

39-4 B

一般情况下,授权参与人(authorized participants, APs)在申购和赎回ETFs份额的过程中所涉及的费用,全部由APs来承担。最终,APs会将这些成本通过买卖价差(bid-ask spread)的方式转嫁给那些交易ETFs的投资者,而那些不交易的投资者不用承担该费用。

39-5 A

基金关闭风险(fund-closure risk)和政策法规的变化,竞争日益激烈以及公司的其他活动(例如:并购)有关。投资者对于复杂ETFs业绩的理解欠缺会导致对其风险的认知错误,这和ETF的杠杆风险(leverage Risk)有关。交易对手违约行为所带来的风险,属于交易对手风险(counterparty risk)。

39-6 B

追踪误差(tracking error)等于该ETFs日收益率与其基准指数日收益率之间差异(日追踪差异)的年化标准差。因此,它的大小反映的是ETFs回报与基准回报的偏离程度。此指标既不能反映ETFs业绩表现是否优于基准,也不能反映ETFs业绩的分布。

第40章 多因子模型

章节导学

知识引导

本章主要介绍多因子模型。所谓"因子",即影响投资组合回报的因素。在CFA®一级中,我们学过的资本资产定价模型(CAPM)就是典型的单因子模型,在CFA®二级中我们将其扩展到多因子的维度来讨论。我们先从套利定价理论(APT)出发,引入多因子模型的一般形式,随后再具体介绍各类多因子模型。多因子模型在实务中有着广泛的应用,有助于投资经理构建并管理投资组合,并进行收益与风险归因、敏感性分析等。

考点聚焦

本章最主要介绍了套利定价理论(APT)、宏观因子模型与基本面因子模型。考生需要掌握这三种模型的假设条件、模型公式计算以及适用场景。特别地,考生应理解APT与CAPM的区别、宏观因子与基本面因子模型的区别。

本章框架图

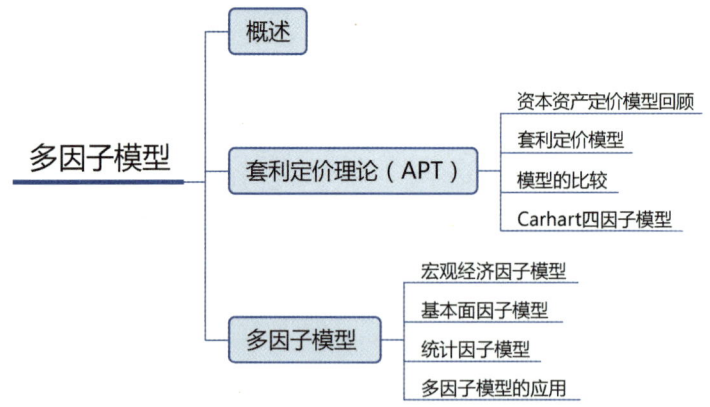

40.1 概述

在 20 世纪 50 年代，马科维茨提出的现代投资组合理论（modern portfolio theory，MPT）对现代投资组合管理产生了深远的影响。MPT 最重要的一个理念就是：投资经理必须从整个资产组合的角度，而不是单个资产的角度来构建资产组合。这是因为，只要资产之间的相关系数并不为 1，构建资产组合就会产生一定的风险分散作用。

在 MPT 的基础上，威廉·夏普又提出了资本资产定价模型（CAPM）。该模型引入了 beta，区分了系统性风险与非系统性风险的概念。该模型定量地给出了资产收益与其风险特征之间的关系，即为补偿投资者所承担的系统性风险，投资者应要求获得多少回报。CAPM 是一个典型的单因子模型。

然而，许多随后的研究表明 CAPM 并不能完整地刻画投资组合的系统风险来源。这就必须引入本章所介绍的多因子模型。

40.2 套利定价理论（Arbitrage Pricing Theory，APT）

40.2.1 资本资产定价模型（CAPM）回顾

为方便考生学习并理解多因子模型，我们先简单地回顾一下 CAPM 模型的基本知识（详见 CFA®一级中文教材）。

40.2.1.1 模型（Model）

CAPM 认为资产的要求回报率（预期回报率）等于无风险利率加上资产的 β 乘以市场预期风险溢价，其公式如下：

$$E(R_i) = R_f + \beta_i [E(R_m) - R_f] \tag{40.1}$$

其中，β 用于度量系统性风险，是线性回归里面的系数，可以通过回归得到，其公式如下：

$$\beta_i = \frac{\text{Cov}(R_i, R_m)}{\sigma_m^2} \tag{40.2}$$

> **备考小贴士**
>
> 公式（40.2）与二级定量分析中的一元回归系数的公式是完全一致的，可以结合起来记忆。

40.2.1.2 模型的假设条件

CAPM 模型的假设条件如下：
(1) 投资者是风险规避的，效用最大化的，理性的个体。
(2) 市场是无摩擦的，没有交易成本、税收和准入限制。
(3) 投资者的投资期限是单期的。

(4) 投资者都有一致的投资预期。
(5) 所有资产可以无限分割。
(6) 投资者都是价格承受者。

> **知识一点通**
>
> 在上述 6 个假设条件中,假设(1)(2)(4)与(6)是为了在理想状态下展开讨论而设;假设(3)是因为模型中的预期回报是由算术平均值计算而得(如果是多期,预期回报必须用几何平均值来计算);假设(5)是为了保证所有投资者都可以通过充分分散化的投资消除非系统性风险,因而投资者只有承担系统性风险时才会得到风险补偿。

—考点要求—
描述(describe) APT 理论,包括其假设条件及含义(★★★)

40.2.1.3 用途

由 CAPM 计算而得的要求回报(预期回报)可作为折现率在以下两种情形下使用。
(1) 资产估值(asset valuation):作为折现率对未来现金流折现。
(2) 资本预算(capital budgeting):作为折现率判定某个项目的经济可行性。

40.2.2 套利定价模型(Arbitrage Pricing Theory)

—考点要求—
定义(define)套利机会并决定(determine)是否存在套利机会(★★)

40.2.2.1 模型(Model)

套利定价模型(APT)是由斯蒂芬·罗斯在 20 世纪 70 年代提出的。该模型通过线性的方式在均衡状态下构造捕捉系统性风险的因素,其模型公式如下:

$$R_i = a_i + b_{i1}I_1 + b_{i2}I_2 + \cdots b_{ik}I_k + \varepsilon_i \tag{40.3}$$

其中,R_i 代表资产 i 的收益率;I_k 代表影响收益率的因子 k;b_{ik} 代表资产 i 的收益率对因子 k 的敏感性;a_i 为截距项;ε_i 为残差项,其期望值为 0。

—考点要求—
给定因子敏感度和风险溢价的情况下计算(calculate)资产的期望收益(★★)

> **知识一点通**
>
> 公式(40.3)与我们在"数量分析方法"科目中讲到的多元线性回归模型十分相似。我们可以将公式(40.3)两端同时减去无风险利率 R_F,并将等式进行相应的变形。这样因变量就变成了超额收益的形式,自变量中的一项也会变为超额收益的形式。后文介绍的 Carhart 模型就会以这种形式呈现。

40.2.2.2 模型的假设条件

相比于 CAPM,**APT 模型所要求的假设条件更少**,如下:
(1) 资产回报可以用 factor model(线性关系)来描述。
(2) 市场上有许多资产,投资者可以通过构造一个分散化组合来消除特定资产带来的风险。
(3) 在那些充分分散化的投资组合之间,市场上不存在套利的机会。

> **知识一点通**
>
> 假设(1)是运用 APT 模型的最基本要求;假设(2)相当于要求对于那些无法通过分散化消除的因子风险(factor risk,可看成系统性风险),投资者必须获得相应的风险溢价;假设(3)实际上是要求市场是均衡的,也就是无套利机会。

在上述三个假设条件成立的前提下,我们对公式(40.3)两端同时取期望值后可得公式(40.4),如下:

$$E(R_p)=R_F+\beta_{p,1}(\lambda_1)+\beta_{p,2}(\lambda_2)+\cdots\beta_{p,k}(\lambda_k) \quad (40.4)$$

公式(40.4)就代表了套利定价模型 APT,可以看出套利定价模型是有 k 个系统性风险因子的线性模型。其中,$\beta_{p,k}$ 是组合对于第 k 个风险因子的敏感度;λ_k 是组合对于第 k 个风险因子的预期风险溢价(factor risk premium),或者叫做因子价格(factor price)。

特别地,如果对于某一特定组合,该组合对于第 k 个风险因子的敏感度为 1,而对其他因子敏感度为 0。这种组合被称为风险因子 k 的纯因子组合(pure factor portfolio),或者叫做因子组合(factor portfolio)。例如,假设某个组合的期望收益率可写为 $E_1=R_F+\lambda_1$,这就意味着该组合是关于 λ_1 纯因子组合。如果组合期望收益为 10%,无风险利率为 5%,则可推出因子 1 的风险溢价为 5%。

40.2.2.3 用途

当某个资产通过 APT 模型计算得到的要求回报和市场实际提供的回报不同时,就会存在套利机会(arbitrage opportunity)。换言之,如果两个组合有着完全相同的风险因子和因子敏感度,但回报不同时,就会产生套利机会。在这种情况下,我们可以做多高回报(价格低)的组合,做空低回报(价格高)的组合,在没有初始投资且不承担风险的情况下获得回报差,详见下面例题。

例题 40.1

假设投资经理手头有三个充分分散的投资组合,并且这三个组合都受同一个风险因子影响,见下表:

组合	期望收益	因子敏感度
组合1	5%	0.3
组合2	10%	1.3
组合3	6%	0.5

为方便讨论,我们假设所有投资者对三个组合的期望收益预测都如上表所示,并且投资期限均为一年。通过上表求 λ_1 与 R_F。

名师解析

根据表格,上述三个组合都服从同一个单因子模型,即有:

$$E(R_p)=R_F+\beta_{p,1}(\lambda_1)$$

在已知三个组合的期望收益和因子敏感度的情况下,我们任选一对组合的数据代入上述方程,即可解出 λ_1 与 R_F。这里我们选取组合1与组合2,故有:

$$5\% = R_F + 0.3(\lambda_1)$$
$$10\% = R_F + 1.3(\lambda_1)$$

解上述二元一次方程组可得,$\lambda_1 = 5\%$,$R_F = 3.5\%$。

例题 40.2

在例题 40.1 的基础上,我们又新添了一个组合 4。组合 4 仍然受同一个因子的影响,见下表:

组合	期望收益	因子敏感度
组合 1	5%	0.3
组合 2	10%	1.3
组合 3	6%	0.5
0.5 组合 1+0.5 组合 2	7.5%	0.8
组合 4	8%	0.8

根据上表数据,如何实现套利?

名师解析

根据上表数据,组合 4 的因子敏感度为 0.8,收益率为 8%。然而,如果我们按照 1:1 的权重构建一个 0.5 组合 1+0.5 组合 2 的新组合,其因子敏感度应为:$0.5 \times 0.3 + 0.5 \times 1.3 = 0.8$,期望收益为:$0.5 \times 5\% + 0.5 \times 10\% = 7.5\%$。

我们可以看出 0.5 组合 1+0.5 组合 2 与组合 4 的因子敏感度相同,但收益率更低,说明存在套利机会。套利时我们要遵循低买高卖的原则。这里需要注意的是,0.5 组合 1+0.5 组合 2 的收益率比组合 4 更低,说明其价格被高估了(证券收益率与价格呈反比)。因此,我们应该卖出 0.5 组合 1+0.5 组合 2,买入组合 4。

40.2.3 模型的比较

(1) APT 模型是 CAPM 的一般形式,其假设条件比 CAPM 更宽松。当 APT 模型只存在一个风险因子,并且这个风险因子是市场风险因子的时候,APT 模型就变成了 CAPM。

(2) APT 模型的假设相比于 CAPM 更少,同时没有对风险因子的数量和风险因子的选取进行限制。下一小节我们就将介绍一个特殊的 APT 模型,即 Carhart 四因子模型。

(3) CAPM 假设投资者有一致的预期,从而保证所有投资者都是在无风险资产和市场组合之间分配权重,因此,唯一的系统性风险就是市场风险。

(4) 在 CFA® 中介绍的 CAPM 和 APT 计算出来的都是假设市场在均衡情况下的预期回报。

40.2.4 Carhart 四因子模型

Carhart 四因子模型是在著名的 Fama and French 三因子模型的基础上进行扩展而

得到的。具体而言,其选取了以下四个因子,见下式:

$$R_p - R_F = a_p + b_{p,1}\text{RMRF} + b_{p,2}\text{SMB} + b_{p,3}\text{HML} + b_{p,4}\text{WML} + \varepsilon_p \tag{40.5}$$

其中,四个因子的含义如下:

(1) RMRF 代表市场指数收益率 R_M 减去无风险收益率 R_F(这里用一个月的 T-bill 利率表示)。

(2) SMB(small minus big)表示小盘股收益率 S 减去大盘股收益率 B。

(3) HML(high minus low)表示高账面市值比股票的收益率 H 减去低账面市值比股票的收益率 L。

(4) WML(winners minus losers)表示上一年度盈利者的收益率 W 减去上一年度亏损者的收益率 L,该因子反映了趋势因素(去年盈利的投资者倾向于今年也盈利)。

此外,ε_p 表示投资组合回报中没有被四个因子所解释的部分,即残差。

> **知识一点通**
>
> 上述四因子中的前三个因子即为 Fama and French 三因子模型所选取的因子。具体而言,四因子模型表明市场超额收益、股票市值、账面市值比与趋势因素是影响股票收益率的四个因素。

40.3 多因子模型

因子模型是多种多样的。其中最常见的三种是:宏观经济因子模型、基本面因子模型、统计因子模型。接下来我们将分别介绍这三种模型。

—考点要求—
描述(describe)并比较(compare)宏观因子模型、基本面因子模型与统计因子模型(★★)

40.3.1 宏观经济因子模型(Macroeconomic Factor Model)

顾名思义,宏观因子模型使用的风险因子都是影响宏观经济的变量,如利率、通货膨胀、信用利差等。这些宏观因子都会显著影响公司未来预期现金流或折现率。但需要指出的是,这些宏观因子在模型中都是以超预期(surprise)的形式存在的,即用实际值减去预期值。

宏观因子的模型如下:

$$R_i = a_i + b_{i,1}F_1 + b_{i,2}F_2 + \cdots + b_{i,k}F_k + \varepsilon_i \tag{40.6}$$

其中,a_i 是资产 i 的预期回报;F_k 是第 k 个风险因子的**超预期**(实际值和预期值之差);$b_{i,k}$ 是通过回归得到的资产回报对于第 k 个风险因子的敏感度;ε_i 是残差项。

具体而言,假设 F_1 表示通货膨胀的超预期因子。如果在期初,我们预测通货膨胀为 3%,期末时这段时期的实际通货膨胀为 5%,那么这段时期的通货膨胀超预期因子(surprise inflation)应为 5%−3%=2%。

—考点要求—
描述(describe)多因子模型的使用并理解(interpret)其输出结果(★★)

> **知识一点通**
>
> 根据宏观经济因子模型,只有那些未预期到的宏观因子变动才会对资产收益率产生影响。那些已经被市场预期到的政策如加息或降息,已经体现在资产预期收益率 a_i 中,当这些政策真正实施时反而不会产生影响了。这是符合市场的实际情况的。

> **知识一点通**
>
> 模型把资产回报分解为三个部分:第一部分是资产的预期回报;第二部分是由于新信息对宏观经济因子产生影响而带来的未预期回报;第三部分是残差项。如果模型的风险因子已包括所有系统性风险,则残差项就代表资产独有的非系统性风险。
>
> 实际上,在公式(40.6)中,如果把 a_i 移到等式左边,等式左边就是资产 i 实际回报与预期回报之差。换言之,模型通过实际宏观经济因子与预期宏观经济因子的不同来解释资产 i 实际回报与预期回报的差异。如果等式右边所有 F_k 都等于 0,则说明所有风险因子都没有超预期,于是资产 i 的实际回报率就应该等于其预期回报率 a_i(不考虑残差项)。

40.3.2 基本面因子模型(Fundamental Factor Model)

顾名思义,基本面因子模型使用的因子是能反映股票基本面的指标,这些指标能够解释影响股价的不同方面,如市盈率、市净率、财务杠杆、市值等。

40.3.2.1 模型(Model)

基本面因子模型的公式如下:

$$R_i = a_i + b_{i,1}F_1 + b_{i,2}F_2 + \cdots + b_{i,k}F_k + \varepsilon_i \tag{40.7}$$

单从形式上看,基本面因子模型的公式(40.7)与宏观因子模型的公式(40.6)没有区别。然而,实际上公式(40.7)与公式(40.6)具有不同的含义。具体而言,两者的区别可归纳为以下几个方面。

(1) 公式(40.7)中的 F_k 不是风险因子超预期的形式,而代表风险因子本身。因此,F_k 的期望值就不一定为 0 了。

(2) F_k 不是风险因子超预期的形式,期望值不为 0,因此,截距项 a_i 也不再代表资产 i 的期望收益了。

(3) 公式(40.7)中的风险因子敏感性 $b_{i,k}$ 的定义也有所不同。具体而言,在基本面因子模型中,风险因子敏感性是**标准化后的贝塔(standardized beta)**,其定义公式如下:

$$b_{i,k} = \frac{资产\,i\,的因子\,k\,值 - 因子\,k\,的平均值}{因子\,k\,的标准差} \tag{40.8}$$

> **知识一点通**
>
> 不同因子的单位通常不同,因此,这里标准化的目的是方便比较不同因子之间的敏感性。例如,假设因子 F_k 代表市盈率。如果对于资产 i 来说,其市盈率为 15 倍,所有股票的平均市盈率为 20 倍,所有股票市盈率的标准差为 5,那么根据公式 (40.8)有:
>
> $$b_{i,k} = \frac{15-20}{5} = -1$$

> **知识一点通**
>
> 我们可以这样直观地理解基本面因子模型:基本面因子模型就是将某资产 i 的回报和该资产各项指标的相对"标准位置"进行回归。标准化贝塔系数越高,意味着根据标准差调整后,该因子的实际值与均值差距越大,即实际值越远离该特征在总体中的相对位置。同时,当且仅当所有一系列标准化贝塔同时为 0 时,组合回报恰好等于回归所得截距。此时,所有因子都等于对应均值,即全部因子都"不偏不倚",此时的组合就是 CFA® 一级"投资组合"中讲到的市场组合(包含全部有风险的资产,且每种资产的投资权重等于该种资产市场价值与全市场资产市场价值的比例),而截距就是市场组合回报。

40.3.2.2 基本面因子的分类

可备选的基本面因子非常多,在 Connor(1995)的论文中一共就列举了 67 个基本面因子。我们可以把基本面因子大致归为以下三类。

(1) 公司基本面因子(company fundamental factors):这类因子主要是反映公司内部运行情况的相关因子,包括盈利增长、盈利变动、财务杠杆等。

(2) 公司股份相关因子(company share-related factors):这类因子主要与股票估值或股票交易特征有关。这类因子体现了投资者对公司的预期,包括收益率、分红率、市净率、市值等。

(3) 宏观经济因子(macroeconomic factors):这类因子主要与公司身处某些行业的因子有关,包括收益率曲线水平敏感度、CAPM 的 beta、是否属于某个行业等。

> **备考小贴士**
>
> 这里说的宏观经济因子是指基本面因子中反映偏宏观部分的因子,与上一节中介绍的宏观经济因子模型中的宏观因子是不同的概念。考生应注意区分。

40.3.2.3 宏观因子模型 vs. 基本面因子模型

这里我们有必要指出在实操中运用宏观因子模型与基本面因子模型的区别,以便考生更好地理解模型。

对于宏观因子模型来说，公式(40.6)中的 F_k 为自变量，$b_{i,k}$ 为回归系数，我们先收集了关于风险因子 F_k 与资产 i 回报的相关数据后，再进行回归，从而估计出 $b_{i,k}$。而在基本面因子模型中，公式(40.7)中的 $b_{i,k}$ 为自变量，是根据收集数据计算出来的，然后再进行回归得到估计的"系数"，即风险因子 F_k。

综上所述，我们总结归纳了两个模型的区别，如表 40.1 所示。

表 40.1 宏观因子模型与基本面因子模型的区别

	宏观因子模型	基本面因子模型
因子	实际值和预期值之差	偏离均值一个标准差带来的回报变化
敏感度	回归所得斜率	因子在因子分布中的相对位置
截距	预期回报	"市场组合"的回报
数据处理	先算因子之后回归得到敏感度	先算敏感度之后回归得到因子
使用的数据	时间序列数据	横截面数据

> **知识一点通**
>
> 宏观因子模型与基本面因子模型并没有好坏之分，两者各有优缺点和使用场景。不过在实际运用中，多数分析师更喜欢运用基本面因子模型。这是因为，多数实证结果表明基本面因子解释资产收益率变化的程度更高，且在基本面因子模型的基础上添加宏观因子并不能显著增加 R^2。这说明许多宏观因素已经反映在基本面因子上了。此外，基本面因子模型非常便于分析收益归因，能更直观地体现资产收益的来源。

40.3.3 统计因子模型（Statistical Factor Model）

40.3.3.1 统计因子模型的定义与优缺点

统计因子模型使用的风险因子是那些根据历史数据，在统计学上可以显著解释组合回报的变量。统计因子模型最大的优点是不需要太严格的前提假设，只需根据历史数据找出影响因子。然而，这同时也是统计因子模型的缺点。相比于基本面因子模型和宏观经济因子模型，统计因子模型有时会缺乏经济理论的支撑，某些统计因子可能缺乏合理的经济意义。

40.3.3.2 统计因子模型的分类

常用的统计学因子模型有两种：因子分析模型与主成分分析模型。因子分析模型（factor analysis）试图解释资产回报间的协方差；主成分分析模型（principal component model）试图解释资产回报的方差。

> **备考小贴士**
>
> CFA® 协会官方教材没有对统计因子模型详细展开介绍，考生了解其优缺点即可。

40.3.4 多因子模型的应用

—考点要求—
解释（explain）主动风险并理解（interpret）追踪风险和信息比例（★★）

在实务中,多因子模型常被用于收益归因、风险归因、构建投资组合与投资策略决策。下文我们将分别来阐述这些运用。

40.3.4.1 收益归因（Return Attribution）

一般而言,评价投资经理业绩时都会事先确定一个基准(benchmark)。当投资经理管理的资产组合收益率超过基准收益率时,投资经理获得超额回报。主动回报的公式如下：

$$\text{Active return} = R_p - R_b \tag{40.9}$$

—考点要求—
描述（describe）投资者从多风险维度进行投资时的潜在收益（★★）

其中,R_p 代表组合回报；R_b 代表基准回报。

通过多因子模型,我们可以进一步将主动投资获取的回报进行分解,即有下式：

$$\text{Active return} = \sum_{i=1}^{k}(\beta_{P,i} - \beta_{B,i}) \times \lambda_i + \text{Security selection} \tag{40.10}$$

其中,$\beta_{P,i}$ 代表投资组合对不同因子的敏感度；$\beta_{B,i}$ 代表基准对不同因子的敏感度；λ_i 代表风险因子 i 的回报。

公式(40.10)将主动投资所带来的回报进一步分解为来源于各因子选择的回报和来源于个股选择的回报。来源于各因子选择的回报即 $\sum_{i=1}^{k}(\beta_{P,i} - \beta_{B,i}) \times \lambda_i$,反映了投资经理在构建组合时,由于因子敏感度选择与基准资产不同所产生的主动投资回报。个股选择的回报实际上在回归中是通过残差项表达的,也就是无法被系统性因子解释的回报来源。

40.3.4.2 风险归因（Risk Attribution）

在收益归因的基础上,我们进一步来探讨风险归因。主动投资除带来收益外,必然也伴随着主动投资风险(active risk)。我们通常将主动投资风险称为追踪误差(tracking error)或追踪风险(tracking risk),其公式如下：

$$\text{TE} = s(R_p - R_B) \tag{40.11}$$

其中,R_p 代表投资组合的收益率；R_B 代表基准资产的收益率；$s(R_p - R_B)$ 代表 $R_p - R_B$ 的样本标准差。

> **备考小贴士**
>
> 追踪误差就是 $R_p - R_B$ 的样本标准差。注意,$s(R_p - R_B)$ 不是表示 s 乘以 $R_p - R_B$,而是代表 $R_p - R_B$ 这个随机变量的标准差。

有了追踪误差的概念后,我们可以引入一个新的指标——信息比率(information ration),其公式如下：

$$\text{IR} = \frac{\bar{R}_P - \bar{R}_B}{s(R_p - R_B)} \tag{40.12}$$

其中，$\bar{R}_P$ 与 $\bar{R}_B$ 分别代表投资组合回报与基准回报的样本均值。$\bar{R}_P - \bar{R}_B$ 即代表平均主动回报（mean active return）。

从公式（40.12）可以看出，IR 指标的构造逻辑其实与夏普比率类似，即衡量每单位追踪误差所获得的超额回报。IR 可以用于比较不同投资经理之间主动投资的能力。

与上一节主动回报类似，我们同样可以利用基本面因子模型，对主动风险予以分解。但需要注意的是，由于标准差之间无法直接相加，所以更适合用方差来衡量主动风险并予以分解，而不是直接分解追踪误差本身（主动风险方差实际上就是追踪误差的平方）。分解公式如下：

$$\text{Active Risk Squared} = \text{Active Factor Risk} + \text{Active Specific Risk} \quad (40.13)$$

由公式（40.13）可以看出，主动风险方差可以分为主动因子风险与主动特定风险两个部分。其中，主动因子风险（active factor risk）是源于组合与基准资产之间因子敞口（factor exposure）的差异；而主动特定风险（active specific risk）也被称为个股选择风险，来源于投资组合与基准资产在某些证券上权重不同所带来的风险。注意这个式子中主动因子风险（active factor risk）和主动特定风险（active specific risk）中的风险，都是指方差，而不是标准差。

> **知识一点通**
>
> 从计算方差的角度看，公式（40.13）少了一项 active factor risk 和 active specific risk 的协方差项。不过，一般认为系统性风险和非系统性风险之间是不相关的，所以可以直接将两种风险的平方相加得到总的主动投资所带来的主动风险。
>
> 我们也可以利用数量方法中多元回归的知识去理解主动风险的分解。回忆公式：SST（Total Sum of Squares）＝RSS（Regression Sum of Squares）＋SSE（Sum of Squared Errors）。通过这个公式我们可以更直观地看到，组合总的主动风险可以分解为能够被因子变化所解释的部分和无法被解释的残差部分。前者对应 active factor risk，后者对应 active specific risk。

40.3.4.3　组合构建（Portfolio Construction）

将多因子模型运用于组合构建中，可以使得组合管理者控制组合相对于基准的风险，也可以使得组合管理者做聚焦性的判断（make focused bets）。在被动投资与主动投资中，都可以利用多因子模型来构造投资组合。

下面通过一道例题来体会如何利用多因子模型来构建投资组合。

例题 40.3

某投资经理构建了四个投资组合 A、B、C、D。该投资经理选取了 4 个因子构建了宏观因子模型，并将这个模型运用于这四个组合。根据多因子模型估计而得的因子敏感性数值如下表所示：

因子	组合A	组合B	组合C	组合D
通胀因子	0.3	0	1	0
GDP增长率因子	0.2	0	0	0
利率因子	2.1	1	0	0
信用因子	1.2	0	0	1

如果投资经理想要对冲已有头寸的通货膨胀风险，应当利用哪个投资组合作为对冲工具？应当进行做多还是做空操作？

名师解析

利用多因子模型的回归结果，我们可以通过匹配风险因子来实现构建投资组合的目的。

根据表格中的数据，组合C是关于通货膨胀的纯因子模型，故用组合C做对冲最合适。由于是要对冲已有头寸的通胀风险，故应当做空组合C。

40.3.4.4 战略组合决策（Strategic Portfolio Decisions）

通过使用多因子模型将单一的风险因子分解为更多的系统性风险因子，可以使得投资经理更专注于自己具有比较优势的领域，从而在自己有优势的领域承担更多的风险获得更多回报，而在自己有比较劣势的领域通过对冲等一系列方式降低自己在这些领域的风险敞口。于是，投资者可以通过选择擅长不同领域的投资经理，在不同风险因子中进行资本的配置，进而达到一个更分散化更有效的组合。

练一练

Michael James，CFA，is a fund of funds manager at Green Financial Group，a financial institution that offers investment banking and asset management services. James picks fund based on arbitrage pricing theory（APT）.

James has been tracking Fund A and Fund B for a long time，and he is sure that both funds strictly track a specific well diversified index，respectively. Recently he finds out that the performance of Fund C is inconsistent with APT. Through data collection and further research，he believes that fund C has arbitrage opportunities indeed. The related data is shown in Exhibit 40.1.

Exhibit 40.1 Expected Returns and Factor Sensitivities（One-Factor Model）

Fund	Expected Return	Factor Sensitivity
A	6%	0.7
B	10%	1.9
C	9%	1.3

After eliminating the arbitrage opportunity，James now turns to use macroeconomic factor model to evaluate the above three funds. He gives the equation of a macroeconomic factor model as：

$$R_i = a_i + b_{i,1}F_1 + b_{i,2}F_2 + b_{i,3}F_3 + \varepsilon_i$$

James believes that this model satisfies all assumptions of macroeconomic factor model and he uses four years of historical data to estimate the parameters above. The results are shown in Exhibit 40.2.

Exhibit 40.2 Factor Sensitivities and Intercept Coefficients for Macroeconomic Model

Factor	Fund A	Fund B	Fund C	Benchmark	Factor Surprise
Intercept(%)	2.33	2.76	3.28		
F_1	0.52	0	0.35	0.45	0.4
F_2	1.38	1	0.48	1.22	3.2
F_3	-0.25	0	-0.58	-0.93	0.6

James then calculates the tracking error and the mean active return for each fund. The results are shown below:

Exhibit 40.3 Tracking Error and Mean Active Return

Portfolio	Mean Active Return	Tracking Error
A	2.5%	1.8%
B	1.9%	0.8%
C	1.2%	2.3%

James considers to use fundamental factor model and statistical model as alternatives to macroeconomic model. He makes the following statements about those models.

Statement 1: Both macroeconomic factor model and fundamental factor model estimate factor sensitivities first.

Statement 2: The advantage of fundamental factor models is that it does not depend on many assumptions, and the advantage of statistical factor model is that it is based on classic economic theory.

40-1 According to the information in Exhibit 40.1, how could James exploit the arbitrage opportunity that he finds?

   A. Strategy 1: Short USD 3 000 000 Fund A and USD 7 000 000 Fund B; long USD 10 000 000 Fund C.

   B. Strategy 2: Short USD 5 000 000 Fund A and USD 5 000 000 Fund B; long USD 10 000 000 Fund C.

   C. Strategy 3: Long USD 5 000 000 Fund A and USD 5 000 000 Fund B; short USD 10 000 000 Fund C.

40-2 According to the information in Exhibit 40.2, the expected return for Fund C is closest to:

   A. 3.28%.

   B. 3.86%.

   C. 2.33%.

40-3 Which of the following funds has the least amount of return from risk factors?

   A. Fund A.

   B. Fund B.

   C. Fund C.

40-4 Based on information in Exhibit 40.2, which of the following statements is most correct?

   A. The active risk for Fund B can be best explained by surprises in F_1.

   B. The active risk for Fund B can be best explained by surprises in F_2.

C. The active risk for Fund B can be best explained by all three factors.

40-5 Based on information in Exhibit 40.3, which fund's information ratio is highest?

A. Fund A.

B. Fund B.

C. Fund C.

40-6 Which of James's statements about advantages of fundamental models and statistical models is correct?

A. Statement 1.

B. Statement 2.

C. None.

答案与解析

40-1 B

判断是否存在套利机会，第一步是先要合成一个因子敏感性与基金 C 相同的头寸，再来判断该买哪个组合。

假定投资基金 A 的比重为 x，基金 B 的比重即为 $1-x$，则有

$$0.7x + 1.9(1-x) = 1.3$$

求解上式可得，$x=0.5$，可排除选项 A。

于是，按照各 50% 的权重配置 A 与 B 的收益率应为：

$$0.5 \times 6\% + 0.5 \times 10\% = 8\% < 9\%$$

根据低买高卖的原则，获取套利利润应买入基金 C，同时卖出 A 与 B 的组合。因此，选 B。

40-2 A

在宏观因子模型中，基金的期望收益率其实就是截距项，则本题基金 C 的期望收益率就是 3.28%。因此，选 A。

40-3 C

这三只基金的 combined surprise effect 计算如下。

对于 A 基金有：$0.52 \times 0.4\% + 1.38 \times 3.2\% + (-0.25 \times 0.6\%) = 4.474\%$

对于 B 基金有：$0 \times 0.4\% + 1 \times 3.2\% + (0 \times 0.6\%) = 3.2\%$

对于 C 基金有：$0.35 \times 0.4\% + 0.48 \times 3.2\% + (-0.58 \times 0.6\%) = 1.328\%$

C 基金最小。因此，选 C。

40-4 C

这道题不要误选 B，虽然对于基金 B 而言，只有 F_2 对应的敏感因子不为 0，但考虑主动管理风险，看的是每个因子敏感性与基准敏感性之间的差异。对于基金 B 来说，其敏感性均与基准敏感性不同，所有因子都会对主动风险造成影响。因此，选 C。

40-5 B

计算信息比例：

对于基金 A 有：$2.5\%/1.8\% = 1.389$

对于基金 B 有：$1.9\%/0.8\% = 2.375$

对于基金 C 有：$1.2\%/2.3\% = 0.522$

40-6 C

宏观因子模型是先算因子之后回归得到敏感度,而基本面因子模型是先算敏感度之后回归得到因子,故 statement 1 错误。统计因子模型最大的优点是不需要太严格的前提假设,只需根据历史数据找出影响因子。然而,相比于基本面因子模型和宏观经济因子模型,统计因子模型有时会缺乏经济理论的支撑,各统计因子的影响仅在统计学上显著而经济学上不显著,故 statement 2 也错误。因此,选 C。

第 41 章
衡量和管理市场风险

章节导学

知识引导

通常,投资者所面临的金融风险主要包括市场风险和信用风险。其中,信用风险即违约风险,受一定人为因素的影响;而市场风险则是由各种宏观与市场因素如市场利率、通货膨胀率等变化而引起的。故市场风险是投资者无法规避的,对于市场风险的识别、度量与管理也显得格外重要。本章便将着重研究衡量市场风险的 3 个指标,包括在险价值 VaR(定量指标)、敏感性风险系数指标和情景风险指标(定性指标),同时对市场风险的管理也将予以讨论。

考点聚焦

通过本章的学习,考生需要重点掌握在险价值(VaR)的概念,并理解 VaR 的优势与局限性。从应用上看,考生需理解衡量 VaR 值的 3 种方法(参数法、历史模拟和蒙特卡罗模拟方法);掌握 VaR、敏感性风险系数指标以及情景风险指标这 3 个衡量市场风险指标的区别;理解敏感性风险度量和情景风险度量的优势以及局限性,并且知晓其在实践中的应用;了解如何使用风险预算、头寸限制、情景限制以及止损限制等制约条件来进行市场风险的管理和控制。

本章框架图

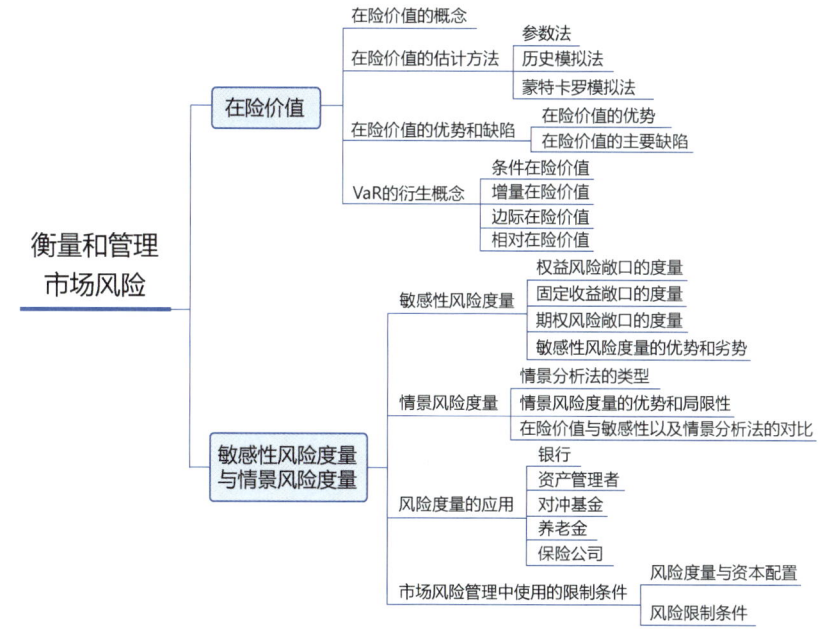

41.1 在险价值（Value at Risk，VaR）

市场风险（market risk）又称市场价格风险，是由于股票价格、利率、外汇汇率或大宗商品价格等变化所导致的风险[注意此处所述的市场风险与多因子模型中的市场风险（RMRF）是不同概念]。在险价值（通常记为 VaR）最早就是用来衡量市场风险的，后续才开始逐渐应用到其他风险类型上。

41.1.1 在险价值的概念

—考点要求—
解释（explain）VaR 在衡量组合风险时的使用（★★★）

在险价值（VaR）是指在假设的市场条件下，未来特定时期内预计在一定的概率下发生的最小损失（额）。我们也可以说 VaR 是在一定置信水平（confidence level）下，某一金融资产或组合价值在未来特定时期内可能遭受的最大损失（额）。其分布图如图 41.1 所示，x 代表的便是在既定时间段（1 天或 1 个月等）发生的最小损失（额），而蓝色部分的面积则对应损失这一取值的百分比概率。

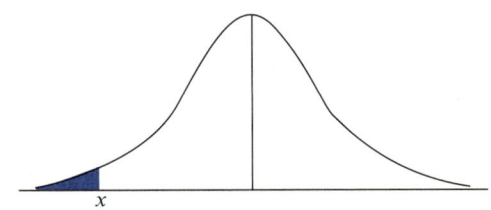

图 41.1　既定时间区间在险价值（VaR）的分布图

—知识一点通—

值得注意的是，确定特定的持有时间区间和置信区间（即概率）是 VaR 的前提条件。例如，某投资公司在未来 1 天内，其持有的证券组合，置信水平为 95% 的 VaR 值为 USD 350 万（图 41.1 中蓝色的面积是 5%）。这意味着该公司的证券组合在下一个交易日，有 5% 的概率其损失至少（at least）为 USD 350 万。换言之，有 95% 的概率该投资公司在下一个交易日内的损失至多（at most）USD 350 万。这两种表述考生均需掌握。

—备考小贴士—

在 CFA® 考试中，英语缩写的大小写不同所表示的含义是不同的。VaR 为在险价值的英语缩写，而 var 代表的是 variance 方差。实际上还有一种缩写形式 VAR，代表向量自回归（CFA® 考试中并未涉及）。

41.1.2 在险价值的估计方法

—考点要求—
比较（compare）估计 VaR 的参数法（方差-协方差）、历史模拟和蒙特卡罗模拟方法（★★★）

VaR 作为衡量市场风险敞口的重要定量指标，我们通常有三种方法对其值进行估算：参数法（即方差-协方差法）、历史模拟法以及蒙特卡罗模拟法。

不管使用哪一种方法，估算 VaR 值的前提步骤便是风险分解（risk decomposition），即投资者需要将所持的组合转化为一系列风险因子敞口(如利率风险、外汇风险等),这样才能更精确地捕获组合的潜在损失以及回报。然后,投资者需要收集各个风险因子的历史数据,不同的方法所需要的历史数据自然不同,故最终对 VaR 值的估算结果也不尽相同。我们接下来便分别讨论估算 VaR 值的三种方法。

41.1.2.1 参数法(Parametric Method)

参数法,也被称为方差-协方差法。该方法往往假设组合中所包含的各个风险因子都服从正态分布,而确定正态分布只需要两个参数:预期收益率 μ(位置参数)以及标准差 σ(形状参数)。因此,参数法便是使用每个风险因子回报的预期收益率与标准差来估算 VaR 值。预期收益率与标准差的公式分别为:

—考点要求—
使用参数法来估计(estimate) VaR(★★★)

$$\mu = E(R_P) = \sum W_i E(R_i) \quad (41.1)$$

$$\sigma_P = \sqrt{\sum_{i=1}^{n}\sum_{j=1}^{n} W_i W_j \text{cov}(R_i, R_j)} \quad (41.2)$$

公式(41.1)中,W_i 代表第 i 个风险因子的市值权重,$E(R_i)$ 为第 i 个风险因子的预期收益率。公式(41.2)中,W_i 和 W_j 分别代表第 i 个风险因子和第 j 个风险因子的市值权重,$\text{cov}(R_i, R_j)$ 则是第 i 个与第 j 个风险因子收益率之间的协方差。注意,当 $i=j$ 时,$\text{cov}(R_i, R_j) = \text{cov}(R_i, R_i) = \sigma_i^2$ 也就是第 i 个风险因子收益率的方差。

当投资者根据公式(41.1)与公式(41.2)获得组合的预期收益率与标准差之后,便可代入以下公式估算 VaR 值:

$$\text{VaR}(X\%) = E(R_P) - Z_{X\%} \times \sigma_P \quad (41.3)$$

其中,$Z_{X\%}$ 代表标准正态分布下 $X\%$ 的分位数。

> **知识一点通**
>
> 根据 VaR 的定义我们不难看出,VaR 实际上就是分布的分位数。在假设正态分布的前提下求 VaR 值实际上就是求正态分布的分位数,故有公式(41.3)。
>
> 标准的正态分布预期收益率为 0,标准差为 1。5% VaR 代表比预期收益率低 1.65 个标准差的收益率值;1% VaR 代表比预期收益率低 2.33 个标准差的收益率值。这里需要特别指出的是,VaR 度量的是损失(只存在于左尾,而不是双尾),故 1% VaR 对应的是 2.33 个标准差,而不是 2.58 个标准差。

例题 41.1

已知某投资组合的预期年化收益率为 3.87%,年化波动率为 0.048。假设每年有 250 个交易日,根据参数法求 5% 的每日 VaR 是多少?

名师解析

已知条件是年化收益率以及年化波动率,而题目所求的是每日 VaR,每年的交易日为 250 天。因此,我们首先需要将已知数据转化成每日的情况。即

每日 $\mu = E(R_P) = \dfrac{3.87\%}{250} = 0.01548\%$,每日 $\sigma = \dfrac{0.048}{\sqrt{250}} = 0.003036$

> 注意：
> 均值可以直接除以天数，而标准差需要除以天数开根号之后的值。
> 然后代入公式(41.3)求5%的每日VaR：
> $$\text{VaR} = 0.01548\% - 1.65 \times 0.003036 = -0.4855\%$$
> 因此，该组合5%的每日VaR为0.4855%。
> 注意：如果该组合的价值为USD 1 000 000，那么5%的每日VaR的金额＝0.4855%×1 000 000＝USD 4 855，即该组合有5%的概率其每日损失会超过USD 4 855。

参数法最大的优势在于简单直接，正态分布的假设使得该模型能够很轻易地利用历史数据估算预期收益率以及标准差这两个参数。

然而，参数法也存在以下缺点。

第一，VaR值对于这些参数，特别是组合资产之间的协方差会很敏感。一旦参数估计有误，那么估算的VaR值也必然有误，并且差之毫厘可能会谬以千里。

第二，参数法估算VaR值的缺陷在于，组合资产回报服从正态分布的假设在现实中并不合理，特别是当组合中包含期权时（因为当期权不被执行时，其损失是100%，也就是期权收益不对称，不符合正态分布。），该方法估算VaR值的有效性便受到了制约。

41.1.2.2 历史模拟法(Historical Simulation Method)

—考点要求—
使用历史模拟法来估计(estimate) VaR(★★★)

历史模拟法通过将回溯期期间风险因子的实际变化代入到当前的组合中重新计算当前组合的收益情况，并将收益率由高到低予以排序，然后投资者根据需要选择相应的数据来估计VaR值。

例如，某投资者价值USD 2 000 000的投资组合已累积了100天的收益率数据，若利用历史模拟法来估算5%的每日VaR值，我们将收益率从高到低排序之后，发现最低的六个收益率为－0.0021、－0.0039、－0.0045、－0.0051、－0.0093、－0.0105。**选择倒数第五个数据(而不是第六个)**，即为5%的每日VaR值。因此，VaR(5%)＝0.39%或者VaR(5%)＝0.39%×2 000 000＝USD 7 800。

相较于参数法，历史模拟法的优势在于以下两点。

第一，历史模拟法不需要假设投资组合风险因子的回报服从正态或其他分布形态，因此，该方法可以适用于参数法中正态分布假设不符合实际的情况，如组合中包含期权。

第二，历史模拟方法是基于实际发生的情况来估算VaR，因此，它不会因引入不可能的情况而失去合理性。

历史模拟法最大的弊端就是其使用的是历史数据，而没人能够保证历史会不会以相同的方式、同样的概率重演。尤其是当投资者使用的回溯期相对较短时，历史数据可能反映的是某种极端情况而非普遍情况。换句话说，利用历史模拟法估算的VaR值是否准确很大程度上取决于投资者所选取的回溯期是否能很好地预示未来的情况。

传统的历史模拟法和参数法都给历史数据/观察值赋予相同的权重，但从实际出发显然是越近的观察值对估算的影响越大，这属于传统等权重法的缺陷之一。历史模拟法允许投资者进行调整解决这一问题，通过权重的大小来反映距离现在时间远近数据的重要程度：对更近的观察值给予更多的权重，而对较远的观察值给予较少的权重。

41.1.2.3 蒙特卡罗模拟法（Monte Carlo Simulation）

蒙特卡罗模拟法是由投资者自行假设风险因子所服从的统计分布（如正态或其他分布），然后使用这些分布生成随机数最终模拟出投资组合回报的分布的方法。

蒙特卡罗模拟法的优点在于其灵活性，即它几乎可适用于任何特征的统计分布（包括复杂的分布），并且可以准确地结合期权头寸或含权债券头寸对投资组合回报的影响。只要编程能力和用于模拟的机器运算能力足够强，它可以快速地解决一些极端复杂的问题。

蒙特卡罗模拟法的缺陷如下：

第一，风险因子分布的假设对 VaR 值估算的精确性至关重要；

第二，该方法操作起来过于复杂，必须要借助计算机才可以实现估算。

—考点要求—
使用蒙特卡罗模拟法来估计（estimate）VaR（★★★）

> **备考小贴士**
>
> 三种 VaR 值的计算方法属于重要考点，除了需要掌握参数法和历史模拟法具体的计算方法，也需要重点掌握各方法的优缺点及适用场景。

41.1.3 在险价值的优势和缺陷

41.1.3.1 在险价值的优势

（1）概念简单（simple concept）：将原始数据转化为在险价值的过程虽然极为复杂，在险价值的概念却简单易懂，即使没有任何专业背景的人也很容易理解。

（2）易于沟通的概念（easily communicated concept）：在险价值将大量风险管理的信息仅归纳为一个数字。

（3）为风险比较提供基准（provide a basis for risk comparison）：在险价值可以将不同组合、资产类别或交易之间的风险进行横向的比较。

（4）促进资本配置的决策（facilitate capital allocation decisions）：由于在险价值在不同资产和交易之间可以横向比较的能力，投资者在进行资产配置时可以将其作为基准。假如股权交易的 VaR 值过大，则意味着股权交易时承受了过多的风险或是过多的资金被用在了股权投资上，投资者可以据此做出资本配置的决策从而调整 VaR 至目标值。

（5）绩效评估（performance evaluation）：在评估基金经理或资产的表现时，需要对回报或利润根据风险进行调整。VaR 值作为风险的度量指标，也可用来进行绩效评估。

（6）可被证实的有效性（reliability can be verified）：通过回溯测试（backtesting），投资者可以很容易地验证估算的在险价值是否可靠。

（7）被监管者普遍接受（widely accepted by regulator）：全球银行业监管机构都鼓励银行使用在险价值，因此，在险价值在众多金融机构的年度报表中往往是不可或缺的一项。

—考点要求—
描述（describe）VaR 的优势和局限性（★★）

41.1.3.2 在险价值的主要缺陷

（1）主观性（subjectivity）：对在险价值进行估算时，估算方法、概率、时间周期、假设分布等因素的选择都会影响到最终结果。同时，并没有一个公认的标准来判定哪一种选择在风险管理过程中比其他选择更优。因此，估算结果很大程度上取决于估算者的主观判断。尤其是当估算者有意误导时，VaR值很有可能被操纵从而失去参考价值。

（2）低估极端事件发生的频率（underestimate the frequency of extreme events）：在真实世界中，极端不良事件（左尾事件）出现的概率往往远高于理论中正态分布所估计的概率。而在使用参数法或蒙特卡罗模拟法估算VaR值时，往往使用正态分布的假设，从而导致对极端事件发生概率的低估。

（3）忽略了流动性因素（failure to take into account liquidity）：在险价值的估算并未考虑到资产的流动性问题，然而当市场价格下跌，资产流动性必然下降，两者叠加会使得损失进一步恶化，这意味着在险价值往往会低估潜在损失。

（4）对相关性风险的敏感性（sensitivity to correlation risk）：当出现极端市场事件（如金融危机）时，资产间的相关性会急剧上升从而导致风险分散化效应的降低，这样在险价值会被低估，即实际损失超过在险价值所估算的数值。

（5）易受趋势或波动性变化的影响（vulnerability to trending or volatility regimes）：投资者在管理组合时可能会使用在险价值来作为投资约束，控制组合的损失不超过VaR值。但在趋势市场中，组合可能会持续出现接近但不超过每日VaR值的损失，最终在不打破VaR值限制的情况下积累巨额损失。这意味着在趋势市场中通过VaR值进行风控可能并不有效。同时，当市场波动率处于历史低位时，VaR的估计值也会较低，进而低估潜在损失。

（6）对在险价值含义的错误理解（misunderstanding the meaning of VaR）：在险价值并不是最坏情况下的损失，因此，遭受的损失完全可以超过在险价值的估算额。

（7）过于简化（oversimplification）：在险价值将复杂的风险管理信息仅归纳为一个数字，必然存在其局限性。

（8）忽视了右尾事件（disregard of right-tail events）：在险价值只提供了关于损失的信息（即分布图中的左尾），而对于收益部分的情况（即分布图中的右尾），在险价值并没有提供任何相关的信息。

41.1.4　VaR的衍生概念

显然没有一种风险模型能满足风险管理者所有的需求。例如，在险价值衡量的是某概率下组合所面临的最小损失，无法考察损失超过VaR值时的极端情况。因此，本节便引入了VaR的四个主要衍生衡量值：条件在险价值、增量在险价值、边际在险价值和相对在险价值，对VaR进行有效补充。

—考点要求—
描述（describe）
条件在险价值与
增量在险价值（★
★）

1. 条件在险价值（Conditional VaR，CVaR）

条件在险价值（CVaR）有时候也被称为预期尾部损失（expected tail loss）或者预期亏损（expected shortfall，ES），它解决了当组合损失超过VaR值的问题。**CVaR衡量的是当损失超过在险价值时的预期损失或平均损失。**

2. 增量在险价值（Incremental VaR，IVaR）

在险价值仅考虑组合处于静态的情况，衡量组合中风险因子变化引起组合价值的变化。而当组合本身构成发生变化时，所带来的在险价值的变化就需要增量在险价值来衡量。

增量在险价值是由于组合中头寸变化而产生的在险价值的变化，它是组合中资产头寸改变前的在险价值与改变后的在险价值之间的差额。例如,某投资组合现有的95%每日 VaR 值为100万,在投资组合中新增配置资产 X 后,95%每日 VaR 值变为110万,那么增量在险价值则为10万。

3. 边际在险价值(Marginal VaR)

边际在险价值指的是由组合中某资产权重的微小变化而引起的在险价值的变化。相比增量在险价值,通过微积分求得的边际在险价值能更好地体现组合中各资产对 VaR 的边际贡献度。

4. 相对在险价值(Relative VaR)

相对在险价值又被称为事前跟踪误差(ex ante tracking error),常用于度量投资组合的表现偏离其基准(benchmark)的程度。该指标的计算方法与普通 VaR 值的计算方法类似,只不过需要用投资组合减去基准得到一个"新组合",以此"新组合"计算而得的 VaR 值就是事前跟踪误差。换句话说,基准所对应的资产会以做空头寸的形式加入投资者原有组合中。因此,如果投资组合完全匹配其基准,事前跟踪误差取值应该等于或接近于0;而投资组合越是偏离其基准,那么事前跟踪误差也就越大。

> **备考小贴士**
>
> VaR 的四种衍生需要考生定性掌握,当题目给出描述时,应能判断属于哪种衍生 VaR。

41.2 敏感性风险度量与情景风险度量

上一节我们讨论了在险价值,作为衡量资产组合市场风险的主要指标,它并非一种万能的存在,风险管理者仍然需要一系列应对风险的工具。本节便将介绍除 VaR 以外的其他风险度量指标,其中最常用的便是敏感性风险系数以及情景风险分析指标。敏感性风险系数衡量的是组合中某一风险因子发生微小变化所造成组合价值变化的程度。情景风险分析则是衡量市场中由于一系列风险因子的显著变化而对组合价值产生的影响。

41.2.1 敏感性风险度量(Sensitivity Risk Measures)

敏感性风险度量又可称为敏感性风险系数指标,我们实际上已经接触过许多这类指标,如衡量权益风险敞口的 β 值、衡量固定收益风险敞口的久期和凸度以及衡量期权风险敞口的希腊字母(delta、gamma、vega、rho、theta 等)。以下我们便分别介绍这些敏感性风险系数指标。

1. 权益风险敞口的度量

权益资产/组合最常用的敏感性风险系数就是 β 值。在一级组合中,我们学过资本资产定价模型,该模型给出了所有投资组合或单一资产的预期收益率与其风险之间的线性关系,即:

$$E(R_i) = R_F + \beta_i [E(R_M) - R_F] \tag{41.4}$$

—考点要求—
描述(describe)敏感性风险度量和情景风险度量的使用(★★★)

—考点要求—
阐述(demonstrate)权益风险度量指标是如何用于衡量市场风险和波动风险(★★)

其中，β_i 表示的便是风险资产 i 的收益率对整个市场风险的敏感系数，用以度量单一证券或投资组合相对市场总体的波动性。如果某资产的 β 值＞1，那么意味着该资产相比于整个市场波动性更大。相反，如果资产的 β 值＜1，那么该资产相比于市场波动性更小。

2. 固定收益敞口的度量

固定收益资产/组合常用的敏感性风险系数包括久期和凸度。某既定债券，其价格为 P，收益率变化为 ΔY，该债券的回报率或百分比价格变化为：

$$\frac{\Delta P}{P} = -\text{Modified Duration} \times \Delta Y + \frac{1}{2} \times \text{Convexity} \times (\Delta Y)^2 \tag{41.5}$$

久期（duration）是一阶敏感度，用于衡量利率的变化对固定收益资产组合市场价值的影响程度；而凸度（convexity）为二阶敏感系数，它弥补了久期本身也会随着利率的变化而变化的不足。

3. 期权风险敞口的度量

在衍生品章节中，我们详细介绍了希腊字母，用于衡量期权的价格对各因素变化的敏感程度。我们以看涨期权为例，其价格变化（ΔP_{call}）与标的资产价格变化（ΔS）以及价格波动率（ΔV）之间的关系为：

$$\Delta P_{call} = \text{Delta} \times \Delta S + \frac{1}{2} \times \text{Gamma} \times (\Delta S)^2 + \text{Vega} \times \Delta V \tag{41.6}$$

其中，delta 是期权价格相对于标的资产价格的敏感度，gamma 是期权的 delta 相对于标的资产价格的敏感度，vega 是期权价格相对于标的资产波动率的敏感度。

4. 敏感性风险度量的优势和劣势

敏感性风险度量是实践中使用最广泛的一种风险管理方法，其优势在于可以以简洁的方式为投资组合管理者提供资产组合对于各种风险因素的敞口信息，以便于风险管理。如果针对某风险因素的风险敞口过大或过小时，管理者可以相应地调整敏感系数使风险敞口达到适当的水平。

敏感性风险度量的局限性在于以下两点。

第一，敏感性风险度量只适用于度量风险因子变化较小时对组合的影响，而当风险因子的变化幅度较大时，该度量就会产生偏差，即使一阶和二阶敏感系数相结合的效果也只能提供近似值，需要引入更高阶的敏感系数来提高预测准确度。

第二，由于风险因素的波动率可能不同，故即使具有相同敏感性风险系数的两个投资组合也可能会具有不同的风险。换句话说，敏感系数无法辨别波动率不同的资产之间的风险大小关系。譬如两个具有相同久期的固定收益资产组合完全可以拥有不同的利率波动率，这就使得敏感性系数失去了其应有的风险管理作用。

41.2.2 情景风险度量

情景风险度量，又称为情景分析法，它是由多种风险因素的一系列变化对投资组合价值产生影响的估算方法，主要包括历史情景法和假设情景法。情景分析法是以假设某种市场现象或趋势为前提，对预测对象将来可能出现的情况或引发的后果进行估算的方法。

41.2.2.1 情景分析法的类型

情景分析法主要包括历史情景法和假设情景法。

(1) 历史情景法(historical scenario approach):假设金融市场历史上某段时间会重复,研究现有组合在此情景下的收益。譬如,研究次贷危机再次出现时组合的表现。

(2) 假设情景法(hypothetical scenario approach):使用的情景不需要在过去真实发生过,用来研究组合在某些可以想象但尚未发生过的情景下的表现。譬如,研究现有组合在第三次世界大战时的表现。

压力测试(stress testing)则是检测一个风险因素在极端变化情况下,对投资组合的影响。压力测试和情景分析法关系密切,属于另一种度量风险的方法。

在进行敏感性系数分析之后,情景分析法可被视为风险管理过程中的最后一步。情景分析法可以提供由于风险因素变化或风险因素之间的相关性变化而引起投资组合价值波动的额外信息。压力测试可以确定会危及投资可持续性的某一(极端)风险因素变化的大小。

41.2.2.2 情景风险度量的优势和局限性

情景分析法的主要优势在于以下两点。

—考点要求—
描述(describe)情景风险度量的优势和局限性(★)

(1) 它更注重极端情况的结果,不会受最近的历史事件或对参数/概率分布进行假设的制约。

(2) 情景分析法是一种开放式的估算方法,从风险管理的角度来看,投资者虽然更关注于负面事件的发生,但正面事件的结果对优化风险管理模式有着同样重要的意义。正如我们之前提及的在险价值,它的一个缺陷就是无法反映关于右尾(收益)正面事件的任何信息。情景分析法便很好地弥补了这一缺陷,它虽然重点关注的是对负面事件所致结果的评估,特别是压力测试更有意地专注于极端的负面事件,但它仍可以用于观测正面事件所带来的影响。

历史情景法的局限性在于:过去发生的情景未必能以相同的方式在未来重现。而假设情景法的不足在于:首先,假设的情景很难创建并维持,实际操作很困难;其次,由于无法预知未来的情况,这样便很难保证假设情景的合理性,故基于假设情景所得到的结论未必有实践的指导意义。这个问题在压力测试中尤为突出。由于压力测试往往聚焦于极端负面的情况,事件越极端,则偏离历史均值越远,那么它在未来发生的概率可能几乎为零。因此,在有些情况下压力测试的结论难免"杞人忧天"。

41.2.2.3 在险价值与敏感性分析法以及情景分析法的对比

在险价值(VaR)衡量的是发生某特定损失的概率,它既衡量了发生损失的概率,又衡量了对应概率的损失数额。值得注意的是,在险价值衡量的仅仅是单边下行风险(downside risk),如图41.1所示。

—考点要求—
比较(compare)敏感性风险度量、情景风险度量以及VaR(★★)

敏感性系数分析法衡量的是某一风险因子发生微小变化时组合价值的变化,但其并未提供任何关于该微小变化发生的概率。敏感性系数不像VaR仅局限于衡量下行的风险,它也可以衡量市场上行风险对组合价值产生的影响。

情景分析法衡量的是由多个风险因子同时发生变化引起投资组合价值的变化。与敏感性系数一样,情景分析法也未提供风险因子变化发生的概率。

相比于敏感性系数和在险价值两种方法，情景分析法的最大优势在于其充分考虑了多个因子之间的相关性。此外，由于在险价值和敏感性系数的主要数据来源都是历史数据，难免会过分依赖于历史情形，而这一问题可以通过假设情景法，在一定程度上予以解决。

由此可见，每个风险度量指标各有千秋，也各有缺陷。在实践中，最佳的使用方法是将这些风险度量指标结合在一起，这样可以从各个角度全面了解组合的价值及其潜在的风险。

41.2.3　风险度量的应用

本节我们将讨论风险度量指标在实践中的应用。金融机构对风险衡量指标的选择主要取决于其面临的风险敞口类型、管理风险的章程以及是否使用了杠杆。不同的金融机构所选择的风险度量方法自然不同，以下我们便分别从银行、资产管理公司、养老基金和保险公司等金融机构入手，来看看它们是如何选择并实际应用风险衡量指标的。

―考点要求―
描述（describe）银行、资产管理公司、养老基金和保险公司所使用的风险度量（★）

41.2.3.1　银行

银行作为国民经济活动的支柱性机构，在对其业务进行管理，满足各利益相关者预期时需要平衡众多不同种类的风险。因此，银行需要针对不同的风险因素应用适当的衡量工具。通常银行可以选择的风险衡量方法或指标包括以下六种。

（1）在险价值（VaR）：VaR 常用于衡量银行资产负债表中的待售（held for sale）资产和交易（trading）资产。

（2）敏感性系数（sensitivities）：敏感性系数也常用于银行资产负债表中的待售资产部分，如衡量外汇风险敞口、利用久期衡量利率风险、使用希腊字母衡量期权风险敞口等。

（3）杠杆/杠杆比率（leverage）：银行由于内部风控需求或外部监管需求往往会计算杠杆比例。在计算杠杆时不同资产应根据其风险享有不同权重。

（4）情景分析法（scenario analysis）：压力测试和情景分析法常用于衡量银行现有的资本量是否足以抵御未来极端负面冲击的影响。

（5）流动性缺口（liquidity gap）：由于银行常常存在"短存长贷"现象（存款时间相对较短，但贷款时间相对较长），流动性缺口衡量的就是资产和负债之间流动性错配的程度。

（6）经济资本（economic capital）：经济资本衡量的是在高置信水平下（如99%），银行所能承受的源于市场风险、信用风险和操作风险的总损失。它往往作为总体风险的衡量指标应用于银行的资产负债表。

其中，前四种是银行最常用的风险衡量指标，除此之外，面对银行资产－负债不匹配的问题，则需要流动性缺口以及经济资本这两个风险衡量指标。

41.2.3.2　资产管理者

传统资产管理者或管理公司采用的是"分散化、无杠杆、只做多不做空"的投资模式，故很少会出现资产价值为负的情况。这类管理者往往更关注相对风险的度量（比如表现不如基准的概率），而不太关注破产（insolvency）的概率。传统资产管理者最常用的风险度量方法包括以下几种。

（1）头寸限制（position limit）：资产管理者最常使用的风控方法就是对组合头寸做出

限制。头寸限制可以是绝对或相对的,也可以是基于国别、币种、行业或资产类别的。

（2）敏感性系数:资产管理者使用包括期权调整后的久期等全部的敏感性衡量指标,用于衡量利率风险或市场风险。

（3）情景分析法:对于只做多的资产管理者,使用情景分析法或压力测试时,是为了检验投资组合中的风险是否与披露给投资者的一致,并识别可能导致极端影响的任何异常情况。

（4）主动份额(active share):主动份额是组合中某一资产的权重与其在基准组合中权重之间的百分比差额。它衡量的是组合的权重偏离基准的程度。

（5）事前(ex ante)和事后(ex post)跟踪误差:事前跟踪误差用于辨别当前的头寸是否会导致未来非预期的潜在后果;而事后跟踪误差则用于评估组合管理者的技能与决策业绩。

除以上这些主要的风险衡量指标外,还有在险价值(传统资产管理者较少使用该衡量指标)、赎回风险(开放式基金管理者使用,用以评估高峰时组合可被赎回的比例)以及流动性(主要用于衡量权益组合)。

41.2.3.3　对冲基金

对冲基金更倾向于采取"集中化(非分散化)、广泛使用杠杆、多空策略、追求绝对回报"的投资形式,所以,对冲基金可能会出现破产清算这种传统资产管理者很难出现的困境。对冲基金关注的是绝对回报策略,所以,评价对冲基金的业绩不会分析其不如基准的概率。使用杠杆会存在损失过大进而破产的可能,故对冲基金会有很多传统资产管理者不常关注的指标。对冲基金常用的风险衡量方法包括以下几种。

（1）敏感性系数:对冲基金的策略往往以一些敏感性系数的形式(如希腊字母等)呈现,因此,敏感性系数衡量指标对于对冲基金的风险管理相对较为有效。

（2）总敞口(gross exposure):指的是所有多头头寸与空头头寸风险敞口绝对值的总和,有助于评估组合的相关性风险。

（3）杠杆:由于对冲基金经常使用杠杆,故衡量基金的综合杠杆率有助于管理者更好地进行资产的管理。

（4）在险价值:对冲基金使用在险价值时倾向于短持有期以及高置信区间,并且以绝对回报形式为主。

（5）情景分析法以及压力测试:主要用于对冲基金在极端情况(如某对冲策略无法进行)下风险的分析。

（6）回撤率(drawdown):对冲基金的回报往往不是正态分布,因此,使用标准差便无法准确地度量真正存在的风险。最大回撤率(maximum drawdown)恰恰可以用来弥补标准差的不足,它是指基金业绩最差的一段时期内,组合回报率或净资产价值的最大跌幅。

41.2.3.4　养老金

养老金计划通常分为两类:收益确定型计划(defined benefit plan)和缴费确定型计划(defined contribution plan)。相比于没有强制收益目标的缴费确定型计划,收益确定型计划存在法律意义上的负债(即承诺支付给退休人员或其继承人的款项),在管理时需要保证资产能够覆盖此债务。因此,收益确定型计划管理市场风险的责任更强,常使用以下指标衡量风险。

(1) 在险盈余(surplus at risk)：该指标是 VaR 的一种应用，是将基金资产和基金负债分别以多头头寸和空头头寸的形式合成为"新组合"，再据此"新组合"算出在险盈余。换句话说，它衡量的是养老基金在一定概率下、一定时间内的最小亏空(即负盈余)额。其估算方法与常规 VaR 值一致。

(2) 下滑路径(glide path)：下滑路径是管理在险盈余的工具，以图表的形式展示多年中基金组合向目标变化的过程。

(3) 利率与利率曲线风险(interest rate and curve risk)：养老金作为居民退休后的主要收入来源，其支付的稳定性对居民生活影响巨大。因此，养老金的投资相对保守，多数资金只能投资于固定收益类产品。但养老金参与者的年龄参差不齐，且利率是计算负债现值的折现率，故当利率曲线发生变化时，可能会对养老金能否及时全额支付产生较大的影响。

(4) 负债对冲敞口与回报产生敞口：为了使资产与负债相匹配，降低盈余的不确定性，养老金需要使资产匹配负债，换言之，需要获得对冲负债的敞口。同时，由于未来可能出现一些未预期的情况(如退休员工预期寿命的增加)，可能会增加养老金的负债额，故也需要超额回报来弥补这些未来可能出现的不利情况。管理者需要平衡这两种需求。

(5) 敏感性分析：由于管理者的目标是及时足额支付未来可能的养老金负债，所以，要尽可能保证负债端对某个风险因子的敏感度和资产端对这个风险因子的敏感度大致相同。这样做的好处是，如果某些风险因子发生变化，其对资产和负债的影响大致相同，不会严重影响支付负债的能力。

41.2.3.5 保险公司

保险公司在多数情况下都是风险的最后承担者，因此，对保险公司的监管往往较为严格。根据现代投资组合理论的观点，分散化投资可以有效降低风险。保险公司也是利用这一逻辑，即通过足够分散化的风险敞口，来尽量规避同时爆发大规模风险的情况。根据风险因子在性质上的显著不同，保险公司可分为两大类。

第一类风险因子是人的寿命，具有该风险因子的保险公司称为寿险公司(life insurance company)，其主要产品包括寿险(life insurance)和年金(annuity)，它们与金融资产市场风险相关联。第二类风险因子则是除人的寿命以外的风险因子(如财产风险或意外风险)，具有这类风险因子的保险公司统称为非寿险公司(non-life insurance)，也称为财产和意外险公司(property and casualty insurance company)，它们与金融资产市场风险并没有太大的关联性。因而，这两类保险公司衡量风险的方法截然不同。

非寿险公司并不关注资产与负债是否相匹配，所以，倾向于追求更高回报的资产管理策略。其常用的风险度量方法主要有三种。

(1) 敏感性分析法：非寿险公司使用对市场风险因子敞口(利率风险)的敏感性系数对组合的风险予以控制。

(2) 经济资本以及 VaR：非寿险公司收取的保险费(premium)往往被用来覆盖预期的所需赔付金额，只有在超过预期的灾难性损失出现时才需要使用额外的资本。经济资本是在给定概率水平下，灾难性损失预计所需要的资本金额。

(3) 情景分析法:非寿险公司通过情景分析和压力测试,分析风险因子特别是市场风险以及保险风险的重大改变,对公司在险资本的影响。

寿险公司面临的主要风险是利率风险,它对市场风险的度量方法包括以下三种。

(1) 敏感性系数:用于衡量资产与年金负债对于利率风险敞口变化的敏感性。

(2) 资产与负债的匹配:由于寿险与年金都是法律意义上的负债,故寿险公司更倾向于保证资产与负债的匹配来规避风险。

(3) 情景分析法:寿险公司的资产与负债管理同样需要基于预期。通过情景分析和压力测试来分析市场或保险风险因子对公司资产负债的影响。

> **备考小贴士**
>
> 以上内容不属于重点考查范畴,考生只需要了解这几类金融机构所常用的风险衡量方法即可。

41.2.4 市场风险管理中使用的限制条件

为了有效地进行市场风险管理,我们往往也需要在风险管理中适当地附加一些限制或约束条件。这些限制条件的形式主要包括风险预算、头寸限制、情景限制、止损限制以及资本配置。

1. 风险度量与资本配置(Capital Allocation)

资本配置在实践中是将限定的资本合理地分配给不同的业务单位或模块以确保最具盈利能力和业绩优势最突出的业务领域有足够的资源配置。企业在进行资本配置决策时,通过使用风险度量方法(如估算每一个业务单位的 VaR)来调整对应风险的预期回报率。因此,对既定总风险的分配也至关重要,而风险预算便能将限定的总风险有效地分摊至各个业务单位或模块。

—考点要求—
解释(explain)如何在资本配置决策中使用风险度量(★)

2. 风险限制条件

除资本配置外,为了限制市场风险而附加的另一些制约条件通常会由于过为苛刻而影响投资的盈利;又会由于制约不够而引起财务压力等一系列负面影响。以下我们便具体了解一下这些风险限制条件。

(1) 风险预算(risk budging):首先需要确定机构对整体风险的偏好,然后根据资产相关性等将风险合理分配给各业务单位或资产类别。风险预算的度量方式通常采用在险价值或事前跟踪误差。

(2) 头寸限制(position limit):是对持有的特定资产或类别所允许的最大额度的限制。这个限制可以是组合价值的百分比或者货币金额。

—考点要求—
解释(explain)用于市场风险管理的限制/制约条件(★★★)

> **知识一点通**
>
> 由于在险价值并不考虑流动性问题,所以,当组合的集中度较高时,往往不能有效地度量风险。为了纠正这一问题,现代风险管理理论引入了对交易头寸的限制,从而弥补在险价值的缺陷。头寸限制并没有考虑久期、波动率、相关性这些在险价值考虑的问题,同样,在险价值也没有考虑流动性这个头寸限制考虑的问题。所以,当在险价值和头寸限制同时使用时,往往能够互相补充。

(3)情景限制(scenario limit):是一种对特定情景下预期损失的限制,当预期的损失超过限制时,该资产组合资产会被要求及时纠正。

(4)止损限制(stop-loss limit):是在特定时期内,当损失超过既定金额时,立刻清算或减少资产规模的限制制度。

> **知识一点通**
>
> 由于在险价值对趋势性损失存在缺陷,即可能出现损失在不断累积而每日损失量并未超过在险价值的情况。这种情况下,仅仅依靠在险价值进行评估就无法探查到这种损失与风险的积累。但有了止损限制,便可以很好地弥补在险价值的这个缺陷。

练一练

Gavin O'Rourke, one of the risk analysts at Ulster Bank, is recently assigned to conduct a risk assessment of bank's investment portfolio. The investment portfolio includes fixed-income, mortgage loans, and an equity fund(called Index trace fund). The whole portfolio has a value of GBP 120 million, and the portfolio weights are given as follows.

- Fixed-income:35%
- Mortgage loans:14%
- Equity funds:52%

The risk assessment needs to be reported to Charles Mile, the chief risk officer at Ulster Bank.

The fixed-income investment contains two portfolios:Portfolio A and B. Portfolio A invests in zero-coupon bonds with maturities ranging from 1 to 4 years and Portfolio B invests in zero-coupon bonds with longer maturities ranging from 10 to 12 years. Exhibit 41.1 gives the details of the portfolios.

Exhibit 41.1 The details of Portfolio A and Portfolio B

	Portfolio A	Portfolio B
Weights	35%	65%
Duration	2.9	7.6
Yield to maturity	1.22%	2.01%
Market value	GBP 36.56 million	GBP 57.23 million

The equity fund is called the Index Trace Fund, which tracks the FTSE 100 index(the income return would be 2 times the FTSE 100 index price return). The Index Trace Fund has a one-day 5% VaR of GBP 12 million.

In order to estimate VaR, O'Rourke sets a few assumptions listed in Exhibit 41.2.

Exhibit 41.2 Assumptions set to estimate VaR

Methodology	Average Return Assumption	Standard Deviation Assumption
Monte Carlo simulation	0.102%	0.803%
Parametric approach	0.102%	0.803%
Historical simulation	0.961%	0.510%

He estimates the one-day 5% VaR for the equity fund using three different approaches. He also plans to use scenario analysis to ensure the possible risk exposures under extreme stress events (eg: a sudden sharp decline in the stock price).

When O'Rourke is preparing for the risk assessment report, he also needs to answer the questions raised by Mile in his report. These questions include the potential losses in extreme stress events, the shortages of VaR and the right tail events.

41-1 In O'Rourke's report, he lists a few drawbacks of using VaR. Which of the following is not one of the drawbacks of VaR?

  A. VaR is unable to facilitate capital allocation decisions.

  B. VaR is unable to take liquidity into account.

  C. VaR underestimates the frequency of extreme events.

41-2 VaR focuses exclusively on left-tail or adverse events. Which of the following risk measures can be used to deal with the right tail events?

  A. Relative VaR.

  B. Scenario analysis.

  C. Conditional VaR.

41-3 As the chief risk officer has expressed concern about the losses in extreme stress events, which of the following risk measures is most appropriate for O'Rourke to present in the report?

  A. VaR.

  B. Conditional VaR.

  C. Ex ante tracking error.

41-4 Which of the following descriptions about a one-day 5% VaR of the equity fund is false?

  A. There is a 5% chance that the loss of the equity fund expected is less than GBP 12 million in the next trading day.

  B. There is a 5% chance that the loss of the equity fund expected is at least GBP 12 million in the next trading day.

  C. There is a 95% chance that the loss of the equity fund expected is less than GBP 12 million in the next trading day.

41-5 O'Rourke uses three different approaches to estimate VaR. Which one is least flexible in estimating VaR?

  A. Monte Carlo simulation.

  B. Parametric approach.

  C. Historical simulation.

41-6 For fixed-income portfolios, duration provides an approximate estimate of how market values are affected by small changes in interest rates. Which of the following risk factors

can be used to measure the risk of equities?
A. Delta.
B. Gamma.
C. Beta.

答案与解析

41-1 A

VaR 的局限性或缺陷主要包括主观性、低估极端事件发生的频率、忽略了流动性因素、对相关性风险的敏感性、易受趋势或波动性变化的影响、对在险价值含义的错误理解、过于简化以及忽视了右尾事件。因此，A 促使资本配置的决策是错误的。促使资本配置的决策是 VaR 的优势之一。

41-2 B

在险价值衡量的仅仅是单边下行风险（downside risk），无法衡量关于右尾正面事件（如收益）的任何信息。但是情景分析法便能很好地弥补 VaR 的缺陷，它既重点关注对消极事件所致结果的评估，也可用于观测积极正面的事件。因此，选 B。

41-3 B

在险价值衡量的是一定置信区间下，某组合价值在特定时期内可能遭受的最大损失。而条件在险价值（conditional VaR）也被称为预期尾部损失，它衡量的则是当损失超过在险价值时的平均损失，也就是在极端负面/压力事件发生情况下超过 VaR 的平均损失。事前跟踪误差（ex ante tracking error）也就是相对在险价值（relative VaR），用于衡量投资组合的业绩偏离基准的程度。

41-4 A

95% 的 VaR 值为 12M 英镑，意味着在下一个交易日，有 5% 的概率该权益基金组合最小损失会超过 12M 英镑。或者说，有 95% 的概率该权益基金组合在下一个交易日内的损失在 12M 英镑以内。因此，A 是错误的。

41-5 B

蒙特卡罗模拟法的优点在于其灵活性，不受任何统计分布的限制，在实践中运用较多。而参数法则正好相反，在正态分布的假设下，只需要利用历史数据估算预期收益率以及标准差这 2 个参数即可估算 VaR 值，但是资产回报服从正态分布的假设在现实中并不合理，因此，其灵活性是最差的。

41-6 C

本题考查的是衡量组合中某一风险因子发生微小变化所造成组合价值变化的程度的敏感性风险系数，针对不同的风险敞口使用的敏感性系数自然不同。衡量固定收益风险敞口的是久期和凸度，衡量权益风险敞口的是 β 值，而 delta、gamma 这些希腊字母则用于衡量期权的风险敞口。

第 42 章
回测与模拟

章节导学

知识引导

投资策略的风险和业绩可以用回测和模拟两类方法进行评估。本章首先从目标、步骤和存在的问题几个方面来介绍回测方法以及回测中的历史情景分析,然后为解决回测存在的问题,引入了模拟方法,分别介绍了历史模拟法、蒙特卡罗模拟法的步骤和两者的区别,最后简要介绍了作为回测与模拟补充手段的敏感性分析。

考点聚焦

本章介绍了评估投资策略的四种常见的方法,主要考查方式为定性题。其中,考生需重点关注回测的步骤、回测存在的问题、历史模拟法和蒙特卡罗模拟法的对比。

本章框架图

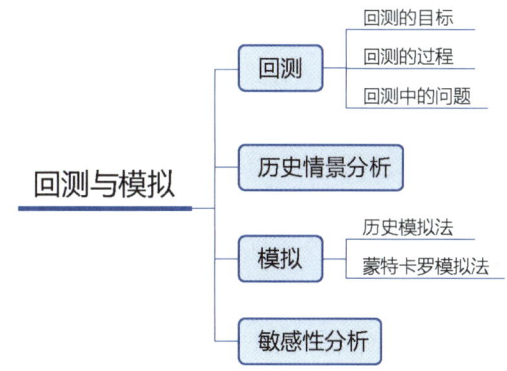

本章主要介绍了专业投资者常用的四种评估投资策略的方法,包括回溯测试（backtesting）、历史情景分析（historical scenario analysis）、模拟（simulation）和敏感性分析（sensitivity analysis）。随着一些功能强大且有现成代码的统计学软件出现,上述评估方法在操作层面上的难度越来越低,并逐渐在普通投资者中普及开来。本章主要从理解层面出发,解读上述四种评估方法的流程、假设、结果、缺陷等核心概念。

42.1 回测

42.1.1 回测的目标

—考点要求—
描述（describe）投资策略回测的目标（★）

回测（backtesting）是回溯测试的简称,是指使用历史数据来评估某一策略的历史业绩表现,从而判断该策略在未来是否能带来理想收益。回测的本质就是将投资策略放在过去的某个时间段内,按照历史数据发生的顺序组成测试样本来评估该策略的历史业绩,从而预估其在未来的表现。

虽然在回测中,表现良好的策略并不一定在未来带来超额回报,表现不好的策略也不一定在未来持续表现不佳,但回测仍然可以作为投资者判断接受或拒绝某个投资策略的标准之一。

> **知识一点通**
>
> 回测的核心思想是将某一策略放在历史环境中进行测试,看这种策略在过去如何执行,执行后的业绩表现如何。回测隐含的前提假设是,未来至少在一定程度上与历史是相似的。

42.1.2 回测的过程

—考点要求—
描述（describe）和区分（contrast）投资策略回测的过程以及步骤（★★）

回测包括三个步骤：策略设计（strategy design）、历史投资模拟（historical investment simulation）和回测结果分析（analysis of backtesting output）。

42.1.2.1 策略设计

回测的第一个步骤为投资策略设计,投资策略涉及的具体内容比较广泛,大体来说包括确定投资目标和投资假设；制定投资规则（investment rules）和具体的投资过程（investment process）；设置关键参数（key parameters）等。其中,投资假设包括交易规则、投资资产选择标准等；投资规则涵盖了投资资产类别的确定、投资期限的制定、具体的交易策略等；关键参数包括了投资领域、收益定义、再平衡频率、开始和结束时间等。

在策略设计的过程中,首先确定投资目标和投资假设,然后将这些目标和假设转化为具体的投资规则和参数,并在分析过程中,确定主要决定变量的个数。

> **知识一点通**
>
> 在主动型投资策略中,投资目标即获得超额回报（excess return over the relevant benchmark）或获取更多的风险调整绝对回报（risk-adjusted absolute return）。在被动型投资策略中,投资目标即获取与系统性或特定指数匹配的相关回报。

1. 投资领域(investment universe)

投资领域指的是可以投资的资产范围,理论上,投资领域是所有可以交易的证券。常用的投资领域是知名的市场指数成分股,如罗素3000(Russell 3000 index)、标普500等指数的成分股。

如果投资策略的目标是超额回报,那么还需要确定一个基准用来计算超额回报,这个基准可以根据具体的投资领域来选择。例如,某一投资策略中确定的投资领域是国内A股,那么基准就可以选择沪深300指数、中证50指数等与A股相关的大盘指数。

2. 收益定义(return definition)

随着跨国交易的发展,投资币种、各个国家或地区的交易和监管标准的不同已经成为交易当中必须考虑的因素。例如,跨国投资时,需要决定以何种货币来计算收益率,常用的方法包括将所有投资所得转化为投资者所在国货币,或分别使用投资标的所在国当地货币来衡量收益率。

3. 再平衡频率和交易成本(rebalancing frequency and transaction cost)

再平衡频率是指每隔多少时间将投资组合调整回目标配置方案,常见的频率为每月一次。再平衡频率增大,意味着相应的交易成本增大,所以在回测中,确定再平衡频率的时候,也要考虑交易成本的因素,如果交易成本过高,则应考虑是否减少投资组合的再平衡频率。

4. 开始和结束时间(start and end date)

开始和结束时间,即起始日期是指投资策略回测时,所采用历史数据的时间窗口,如以过去2年数据对投资策略进行回测。

在其他条件相同时,回测的时间越长,意味着历史数据越多,从统计上来说,回测结果的可靠度越高。但这并不意味着可以将回测的时间无限加长,因为时间越长,在这段时间窗口下,数据的性质可能会发生改变,根据这些数据所得出的结论就可能不准确。

考虑到金融市场不断波动的特性,在使用长期数据时,也要考虑金融数据在某段时间内的特殊情况(如某段时间内存在通货膨胀、经济衰退或经济繁荣),在这种情况下,需运用本章后面提到的历史情景分析。

42.1.2.2 历史投资模拟

回测的第二个步骤为历史投资模拟,即根据第一步确定的投资策略、投资目标和假设等,确定投资组合并定期地再平衡(rebalance)投资组合,用历史数据来检验投资策略的收益性。

可以用滚动窗口(rolling windows)数据来衡量投资策略的表现是否稳健。滚动窗口的方法是指,利用样本内(in-sample)历史数据来制定投资策略或构建投资组合,然后利用随后的样本外(out-of-sample)历史数据来测试其投资结果。随着时间的推移,这一过程会被不断重复,并且旧数据会不断被新数据所替代。

用滚动窗口数据进行回测的缺点是:它假设历史在未来会重复发生,用历史数据可以预测未来,但事实上,该假设不一定成立,未来金融市场的变化是不确定的,它的趋势不可能完全由历史来预计。

> **知识一点通**
>
> 例如,A 公司想检验一项策略的业绩表现,该策略利用过去 2 年的历史数据进行投资决策。假设回测从 2022 年 1 月开始,运用过去 2 年的历史数据,即 2020 年 1 月到 2021 年 12 月的数据做出买卖判断,根据投资决策得到 2022 年 1 月的投资结果。之后,对该策略进行滚动窗口回测。使用 2020 年 2 月到 2022 年 1 月的数据做出投资决策,得到 2022 年 2 月的投资结果。使用 2020 年 3 月到 2022 年 2 月的数据做出投资决策,得到 2022 年 3 月的投资结果。这个过程在随后的每个月都会重复,用最近一个月的数据替代最早一个月的数据,在数据变化的情况下重新做出新的决策,并得到下个月的投资表现。

42.1.2.3 回测结果分析

—考点要求—
解释(interpret)投资策略回测报告中的指标和可视化结果(★)

分析师进行回测时,不仅关注投资组合收益,还关注投资组合的风险概况。所以,回测的最后一个步骤回测结果分析,包括投资策略的收益和风险两个方面的分析。

首先,根据回测结果得出组合的业绩指标。具体的指标有夏普比率(sharpe ratio)、索提诺比率(sortino ratio)、标准差(volatility)和**最大回撤(maximum drawdown)**等指标。其中,最大回撤是指资产或组合的收益从峰值(peak)到低谷(trough)的最大损失(maximum loss)。

除上述指标外,回测结果也可以是一些可视化的结果。可视化结果是一种直观的、通过汇总许多数据点的方式来展现的信息,如投资组合收益率的概率分布。分布情况使得回测结果更加直观,并且也可以展现投资策略的风险概况,可以更清晰地识别出下行风险(downside risk)、结构性衰退(structure breaks)等事项。

在进行投资策略回测的结果分析中,要注意经济下行风险、业绩衰退和结构性衰退等事项,这些事项通常由很多投资决策中不会考虑的外部因素造成,这些外部因素一般会导致回测的结果出现较大的波动,对投资策略的未来预期没有指导性意义。

其中,结构性衰退包括但不限于如下情况:
(1) 经济衰退,如 2008—2009 年金融危机。
(2) 地区性事件,如某个国家加入或退出主要贸易组织。
(3) 货币政策和财政政策的重大改变。
(4) 重大技术变革,如机器学习的兴起等。

同时,结构性衰退或经济下行的存在也解释了为什么历史不能完美地推断未来,因为这两种情况在未来不会以相同频率或相同程度重复发生。

42.1.3 回测中的问题

—考点要求—
识别(identify)投资策略回测中存在的问题(★★)

投资者在进行回溯测试时应注意经常会出现的一些错误,这些错误通常与定量研究相关。

42.1.3.1 幸存者偏误(Survivorship Bias)

幸存者偏误是指投资者在对数据进行分析时,所用的数据都来源于幸存至今的公司(surviving firms),这些经过市场实践检验后存活下来的公司,相对而言表现较好。因此,基于这些数据所做的回测,结果会存在一定的偏差。幸存者偏误虽然在学术领域被广泛提及,但仍然是分析师在回测实践中最容易犯的错误之一。

> **知识一点通**
>
> 在过去的某一天,投资者在做投资决策时,不可能预知未来的市场上会涌现出哪些新公司,又有哪些公司会因为何种原因退出市场,而回测时运用的数据,仅仅涉及了市场上的"幸存者",基于这种数据回测出的结果,一定是有偏差的,这就是幸存者偏误。

与回测中常用的幸存者数据相对应的就是过往时间点数据(point-in-time data),即历史上所有的数据,不仅包括幸存者,还包括了没能存续到现在的公司。在回测中,使用过往时间点数据是比使用幸存者数据更优的选择。

42.1.3.2 前视偏误(Look-ahead Bias)

前视偏误是指在用历史数据回测时,实际用的数据在当时的历史时点是不知道或不能获取的,回测将未来的信息用到了现在的模型。幸存者偏误可以看作前视偏误的一种,因为在回测时,投资者已经在样本中加入了新开立公司、剔除了不再存续的公司这些相关的数据,这些信息在历史时点是无法获取的。

前视偏误最常见的产生情景有以下几种:

(1) 报告延迟(reporting lags)。

报告延迟是指某一时间点的数据在对外报告时,存在正常的延迟情况。例如,回测时采用的数据是每年年末的每股收益(earnings per share,EPS),每股收益是来自公司年报的数据,而年报是在第二年的3~4月份披露的,这种情况下,数据存在报告延迟情况,会造成前视偏误。为避免前试偏误,分析师可能会在数据中增加一些滞后报告的数据,在这个过程中可能会有陈旧数据(staledata)。

(2) 数据修正(data revisions)。

数据修正是指宏观数据在公开后,可能在后期进行多次的修正,数据库通常会用修正后的最新数值覆盖掉原先的数值。例如,一国的GDP在公布后一段时间内,根据实际经济情况,可能会有一次或多次的修正,在这种情况下,回测所用的数据是修正后的最新数值,而这些数值在历史的交易时点是不可获取的。所以,在回测时,用这些最新的宏观数据,会造成前视偏误。

(3) 数据供应商提供的数据库中包含了新开的公司。

数据供应商(data vendor)将公司新加入数据库中后,回测使用了包含该新加入公司的历史数据,而这些数据在真正的历史节点是无法获得的,由此产生了前视偏误。这种情况下的前视偏误通常使得回测结果中投资组合的表现比其实际的表现更好,因为新加入的公司往往在前期业绩较好。

解决前视偏误的最好方法就是用过往时间点数据,但这个数据的获取是非常困难的。

42.1.3.3 数据挖掘偏误(Data Snooping Bias)

数据挖掘偏误指的是在研究过程中,从数据的统计结果里发现数据之间统计上显著但实际并不存在的关系,即数据分析后,得出仅在统计意义上成立的结论,该结论只存在于某些特殊抽样,但不能从所有的数据中得出,这是金融分析中普遍存在的问题之一。与p值篡改(p-hacking)所造成的结果相似,数据挖掘偏误常常选择数据或进行分析直到得出重要的结果,该结果往往是假阳性的。

数据挖掘偏误要求研究人员在进行模型设计的时候,应深入地认识并了解市场,在有一定市场认知的基础上来理解模型并设计投资策略。

> **知识一点通**
>
> 在金融数据的分析中,假定有充足的时间、足够的尝试,可以对同一个数据集进行多次实证研究,研究人员可以不用考虑变量之间经济上的合理性,而通过数据分析,直接得出变量统计上的关系,这样几乎能从数据集中推断出任何研究人员想要的规律。例如,掷骰子游戏中,想掷到六点,只要有一定的耐心,多次投掷,一定能达到目的。

减少数据挖掘偏误的方法有:

(1) 设定更严格的统计检验标准,如设定更大的 t-检验统计量的参考值(hurdle),使得统计显著的结论更不容易获得。

(2) 运用交叉验证(cross validation)的方法,将样本划分为训练集(training data)和验证集(validation data)。其中,训练集用于设计投资策略,选出表现好的策略,验证集用来测试选出的策略是否真的表现良好。

通过跨地域的数据运用也可以实现交叉验证,例如,运用美国的市场数据作为训练集设计投资策略,然后在欧洲市场上做数据的验证。

42.2 历史情景分析

—考点要求—
评估(evaluate)和解释(interpret)历史情景分析(★)

历史情景分析(historical scenario analysis)也叫历史压力测试(historical stress testing),属于回溯测试的一种,可以用于检验市场发生重大变动时投资策略的表现和风险状况。例如,经济从扩张到衰退、市场从低波动到高波动、有贸易协定(trade agreement)到无贸易协定(no-trade-agreement)时,投资策略的表现波动。这些重大变动会使得数据性质发生根本性变化,分析师需要对此付出更多关注。

> **知识一点通**
>
> 情景分析(scenario analysis)是一种当多个风险因素同时发生显著变化时,对投资组合业绩表现进行评估的方法。情景分析分为历史情景法和假设情景法。

42.3 模拟

—考点要求—
区分(contrast)蒙特卡洛模拟和历史模拟法(★★)

在经济金融研究中,很多情形是无法预估的,因为金融市场瞬息万变,存在历史上从未出现过的极端状况发生的可能性。也就是说,未来出现的情景可能从未在历史中出现过,这就使得基于历史得到的回测结果具有局限性。模拟(simulation)方法探索了投资策略在投资者指定的环境中如何执行、执行的效果如何,可以模拟历史上没有出现过的情景并得出结果,是回测方法的有益补充。

模拟有两种基本的方法:历史模拟法和蒙特卡罗模拟法。

—考点要求—
解释(explain)模拟中的输入变量和决策(★)

42.3.1 历史模拟法

42.3.1.1 历史模拟法的假设

历史模拟法(historical simulation)的核心假设就是历史可以代表未来,它与回测一样,都是基于历史数据来对投资策略的未来表现做出评估。

—考点要求—
解释(interpret)模拟(★)

历史模拟法和回测的区别在于:采用回测方法做数据处理时,不改变数据发生的时间顺序;而历史模拟法放宽了这一限制,从历史数据中不考虑时间顺序随机抽取数据,模拟未来表现。因此,可以认为历史模拟法本质上是**不考虑(non-deterministic)时间顺序**的回测。

实践当中,历史模拟法被广泛地应用于投资管理分析,尤其是常常被银行用于市场风险分析。

> **知识一点通**
>
> 例如,历史数据显示过去3个月的月收益分别为3.1%、-1.5%、0.6%,在回测当中,此收益的顺序不能改变。但在历史模拟法中,可以得到不按顺序的模拟结果,如-1.5%、0.6%、3.1%。

42.3.1.2 历史模拟法的步骤

历史模拟法有以下七个步骤:

第一步:确定从数据库中随机抽样的方法。如有放回的随机抽样或无放回的随机抽样。其中,有放回的随机抽样又称自举法(bootstrapping),是比较常用的抽样方法。

第二步:确定目标变量(target variable),如某一投资决策中组合的收益率 R。

第三步:确定主要决定变量(key decision variable)或风险因子,以及各变量的权重,确定具体的函数。

第四步:确定样本规模 N,然后从历史数据中随机抽取样本,取得主要决定变量或风险因子的数据。

第五步:根据主要变量或风险因子的数据计算出目标变量 R。

第六步:重复上述第四步和第五步 N 次,取得 N 个目标变量数据。

第七步:根据以上的结果,可以得出目标变量的分布,进一步地计算目标变量 R 各种相关指标,如夏普比率、CVaR 等。

42.3.1.3 历史模拟法的优缺点

1. 历史模拟法的优点

(1)依赖真实的历史数据,没有对变量或风险因子的分布做任何假定,避免了分析数据前,先假设数据分布的局限。

(2)计算简单。只要有足够的历史数据,就可以通过该方法模拟出某一投资决策下组合的风险价值(VaR 或 CVaR)。

2. 历史模拟法的缺点

（1）使用历史数据，对未来的预测能力不强。历史模拟法的核心假设是历史可以代表未来，例如，某一资产收益率在过去呈现每日收益率波动 1%，在该假设下，该资产未来也会发生同样的变动，这个假设在现实中是不成立的。

（2）历史数据的数量比较有限，不一定能够满足数据分析的需要。

42.3.2 蒙特卡罗模拟法

蒙特卡罗模拟法（Monte Carlo simulation）解决了历史模拟法下，用过去的数据预测未来的缺陷。蒙特卡罗模拟的步骤和历史模拟法的步骤比较类似，差异点在于两者对数据的使用和假设上。

42.3.2.1 蒙特卡罗模拟的步骤

蒙特卡罗模拟有以下五个步骤：

第一步：确定目标变量和主要决定变量，确定样本规模 N。

第二步：根据主要决定变量历史数据的统计特征，假设主要决定变量分布的函数（functional form of the statistical distribution）。这一步骤在蒙特卡罗模拟中非常重要，假定的分布是否接近真实分布决定了模拟结果的正确性。

在确定主要决定变量的分布函数时，应考虑以下因素：

（1）首先考虑到分布函数应尽可能精确地描述数据的特征，常见的资产收益率分布多呈钟型，故常用的分布有正态分布和 t 分布。

（2）因为主要决定变量之间存在一定的相关性，所以通常考虑多元分布（multivariate distribution），而不是仅考虑单个变量的分布（standalone basis）。

（3）可以用 R、Python、Matlab 软件采用分布拟合技术进行模型校准（model calibration）来估计分布函数的参数，使得分布函数更加接近真实情况。

第三步：根据第二步确定的主要变量的分布函数，选取一种随机抽样方法，从中随机抽取数据，得出目标变量的数值。

第四步：重复第三步，获取 N 个目标变量数据。

第五步：得出目标变量的分布，进一步计算目标变量 R 各种相关指标。

42.3.2.2 蒙特卡罗模拟法的优缺点

1. 蒙特卡罗模拟法的优点

（1）蒙特卡罗模拟法基于对变量和风险因子的历史数据，考虑未来的市场情景，假定变量或风险因子的概率分布，能够更好地对投资组合的未来风险或收益进行模拟。

（2）蒙特卡罗模拟法解决了历史模拟法下，历史数据量有限的缺陷。

2. 蒙特卡罗模拟法的缺点

蒙特卡罗模拟法的运算量较大，为了提升模拟结果的精确度需要将模拟次数呈指数型增长，所以必须借助计算机软件。

42.4 敏感性分析

敏感性分析是对决定变量发生变化时目标变量的变化幅度进行的研究。它通常与前述的模拟方法相结合，揭示某一决定变量的变动给目标变量带来的影响。

前述的模拟方法最常用的是决定变量服从多元正态分布假设，该假设比较简单并且被广泛采用，但无法解释实践当中经济事项常出现的负偏和肥尾。在具体的分析中，可以将决定变量拟合到不同的分布，如多元有偏的学生七分布（multivariate skewed student's-distribution）重复进行蒙特卡罗模拟来进行敏感性分析。

—考点要求—
说明（demonstrate）敏感性分析的使用（★）

练一练

The investment committee of the ABC Fund company make a series of considerations, Mary, the chief investment officer wrote an investment strategy and prepared to test the performance of the strategy with backtesting. The main content of the backtesting is as follows:

The goal of the investment strategy

The excess return based on the MSCI China A.

The hypothesis of the investment strategy

Company will invest in high-value stocks, as measured by P/B ratios.

Key parameter

- Investment universe: China Stock Markets, and the total returns will be expressed in RMB.
- Start and end date: January 2011-January 2021.
- Rebalancing frequency: quarterly, including transaction costs.

Mary used historical data to do a backtesting to check the performance of the company's investment strategy. She is confused about the survivorship bias, look-ahead bias and data snooping.

42-1 According to the strategy design given above, which of the following situations should ABC Fund company take into consideration?

   A. The historical period of the data includes structural break caused by the global epidemic.

   B. The exchange rate of RMB has gone up.

   C. There are serious issues with computing the dividend payout ratio for many stocks.

42-2 Which of the following statements about the relationship between the rebalancing frequency and transaction costs is true?

   A. There is no relationship between rebalancing frequency and transaction cost.

   B. Decreasing the rebalancing frequency from quarterly to semi-annually is likely to increase the transaction cost.

   C. Increasing the rebalancing frequency from monthly to weekly is likely to increase the transaction cost.

42-3 Which of the following is not a potential concern when using long-term historical data in backtesting?

   A. When the data period is longer, it is more difficult to obtain the data.

   B. The portfolio manager is using a long data history which can include inflation, financial crisis.

C. The findings may apply only under the conditions present in the time frame, so the backtesting may not be useful.

42-4 Which one of the following is not a metric or visuals in the backtesting output of a factor based investment strategy?

A. Maximum drawdown.

B. Distribution of the total return.

C. A description of the factor.

42-5 Which one of the following statements is true when considering the rolling-window backtesting?

A. The data is divided into two subsets for one time.

B. As time goes by, under the rolling-window backtesting, the data becomes more and more complex.

C. Out-of-sample data become part of the next period's in-sample data.

42-6 The ABC Fund company have two kinds of data, point-in-time data and survivors data, Mary goes to a professional and asks for help. Which of the following statements about the benefits of point-in-time data is least correct?

A. Point-in-time data will help avoiding the look-ahead bias.

B. Point-in-time data can avoid the survivorship bias.

C. Point-in-time data can avoid the data snooping.

答案与解析

42-1 A

ABC基金公司的投资委员会应关注，当回测使用长期数据时，因为期限较长，所以数据稳定性较弱，在这段时间内，很有可能存在通货膨胀、利率大幅变动、金融危机等大的事项，这些事项会造成回测的结果出现大幅偏差。

因此，选A。

42-2 C

一般情况下，投资组合的再平衡频率越高，即根据投资决策，投资者需频繁地变动投资组合，会增加交易成本。

因此，选C。

42-3 C

在用长期历史数据做回测时，不用担心数据所处的宏观条件与决策的宏观条件不符，导致回测结果不理想的问题，因为长期历史数据的好处就是包括了多种经济情况（如通货膨胀、利率震荡等）。

因此，选C。

42-4 C

回测结果包括投资组合收益和风险概况，最大回撤和收益率的概率分布是回测结果的两种展现形式，对因子的描述不属于回测的结果。

因此，选C。

42-5 C

在滚动窗口的回测下,本来没有在回测样本中的数据会随着时间的推移,而进入回测的样本。

因此,选 C。

42-6　C

在回测中使用过往时间点数据可以避免幸存者偏误、前视偏误,数据挖掘偏误是说,两个变量在统计上显著并不能得出两者在经济上一定有必然的关系。

因此,选 C。

第 43 章
宏观经济与投资市场

章节导学

知识引导

一个国家的整体经济活动与金融市场是密切相关的。本章主要探讨各种金融产品与宏观经济周期的关系。我们将从最基本的现金流贴现模型出发,分别探讨经济周期是如何影响无风险债券、风险债券、权益资产以及商业地产的价值的。此外,还引入了跨期替代率的概念,以此来分析投资者在当期消费与未来消费之间的抉择。这部分内容和经济学知识深度关联,并且能够作为宏观经济理念的一部分,成为今后学习的基础。

考点聚焦

本章会涉及大量公式,这些公式的符号看起来很"可怕",但实际上官方考纲并没有任何计算上的要求。因此,学习本章时主要以记忆定性结论为主,对经济周期如何影响实际利率、信用利差、权益资产、商业地产能做定性判断即可。

本章框架图

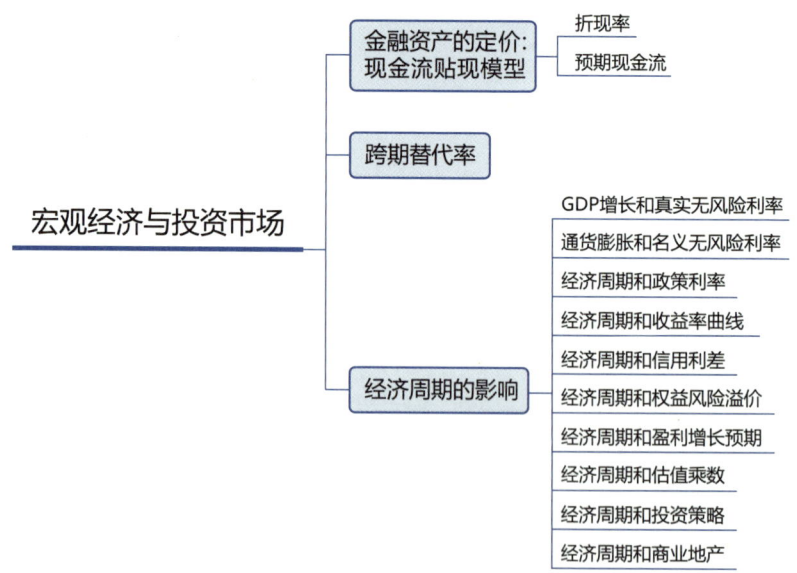

一个国家的整体经济活动与金融市场是密切相关的。金融的本质就是"资金的融通",将市场上那些企业或个人的"闲置资金"以有效的方式配置给生产效率较高的企业。由此不难看出,在金融市场上资金的流通与整体经济环境密切相关。当经济繁荣时,企业或个人更愿意拿出资金来进行投资或扩大生产,金融市场中资金的流通也更加顺畅;反之,当经济萧条时,市场上的投资活动则相对不活跃,从而也会影响到金融市场。本章将通过一个模型来具体分析整体宏观经济与金融市场的联系。

43.1 金融资产的定价:现金流贴现模型(Present Value Model)

—考点要求—
解 释(explain)
影响金融资产价值的因素(★)

先从金融资产的定价出发,逐步推导出整体经济与金融市场的联系。对于投资者而言,持有金融资产的目的是在未来获得现金流回报。然而,在对金融资产估值时并不能简单地将预期的未来现金流直接相加,这是由于货币存在时间价值。一般情况下,若要让投资者放弃当前消费用于投资(推迟至未来进行消费),必须要给出更高的预期现金流作为激励,并且预期现金流越不确定则需要的激励越多。结合上述基本思想,可以用现金流贴现模型对金融资产进行定价。现金流贴现模型适用于多数金融产品的定价。

现金流贴现模型的基本思想为,既然持有金融资产是为了获取其未来可能产生的现金流,那么该金融资产的合理定价就应该是未来现金流的现值和。值得指出的是,由于金融资产未来产生的现金流是有风险的(如股利、利息等),在计算其现金流现值时不能以无风险利率进行折现,而必须将该金融资产各种可能面临的风险体现在折现率上。具体而言,其定价公式如下:

$$P_t^i = \sum_{s=1}^{N} \frac{E[\widetilde{CF}_{t+s}^i]}{(1+l_{t,s}+\theta_{t,s}+\rho_{t,s}^i)^s} \quad (43.1)$$

其中,P_t^i 代表资产 i 在 t 时刻的价值;$\widetilde{CF}_{t+s}^i$ 代表资产 i 在 $t+s$ 时刻可能获得的名义现金流;$E[\widetilde{CF}_{t+s}^i]$ 代表基于 t 时刻所有可得信息得到的 $\widetilde{CF}_{t+s}^i$ 条件期望值;$l_{t,s}$ 代表无违约风险的债券的真实持有到期收益率;$\theta_{t,s}$ 代表在 t 到 $t+s$ 期间的预期通货膨胀率;$\rho_{t,s}^i$ 代表投资者愿意在 t 到 $t+s$ 期间持有资产 i 所要求的风险溢价。公式(43.1)中 CF 上面的波浪线表明该变量为随机变量。

通过公式(43.1)不难看出,影响金融资产定价的因素可以分为两大类:一是折现率,二是未来期望现金流。而这两类因素都会受到经济周期的影响。

43.1.1 折现率

从公式(43.1)中可以看出,未来现金流的不确定性是体现在折现率上的,可以将公式(43.1)中的折现率拆分为三个部分:

第一部分 $l_{t,s}$ 代表真实无风险收益率,通常可用与通胀挂钩的美国国债到期收益率来估计,如 TIPS 等;第二部分 $\theta_{t,s}$ 代表期间预期通货膨胀率,用于补偿通货膨胀造成的购买力损失;第三部分 $\rho_{t,s}^i$ 体现了金融资产未来现金流的不确定性。

值得指出的是,$\rho_{t,s}^i$ 既反映了该金融资产的信用风险溢价,同时也反映了各种其他风险溢价,比如流动性风险溢价。

> **知识一点通**
>
> 投资者情绪(investor sentiment)会通过影响折现率中的风险溢价进而最终影响金融资产的定价。

43.1.2　预期现金流

—考点要求—
解释(explain)期望改变对金融资产估值的影响(★)

公式(43.1)还蕴含着一些重要结论。首先,从公式中我们可以看出,决定金融资产价格的是预期现金流,而与该金融资产过去产生的现金流无关。此外,这些预期现金流是基于当前信息进行预期的。换言之,已被预期的信息已经反映在资产价格中,只有那些改变当前预期的新信息出现时,才会需要调整资产价格。

> **知识一点通**
>
> 在实务中,我们经常看到有的时候宏观经济数据虽然向好,但不及预期,仍然会导致金融资产价格下降。这就是因为,金融资产的价格是由预期现金流所决定的。新信息本身的取值大小并不会导致资产价值的变动;与预期的差异,才会导致资产价值的变动。

43.2　跨期替代率(Inter-temporal Rate of Substitution)

在上一节的基础上,可以进一步讨论实体经济与金融市场之间的关系。我们选取的出发点是折现率,先考虑真实无风险债券的折现率 $l_{t,s}$。在金融市场中,即便对于真实无风险债券来说,要求回报率也不会是零。这是因为,投资者要进行投资,意味着要放弃当下消费的机会,推迟至未来再进行消费。只有在投资存在回报,未来消费能带来更高效用时,投资者才会选择放弃当下消费。由此可见, $l_{t,s}$ 实际上反映了一种机会成本,会受到经济状况的影响。

具体而言,我们假设投资者要做这样一个抉择。

选择1:今天(即 t 期)支付 $P_{t,s}$ 元购买真实无风险债券,未来 s 期后能获得1元的收益。

选择2:今天(即 t 期)消费 $P_{t,s}$ 元。

必须强调的是,这里的抉择不仅是当前消费和未来消费金额上的抉择,**更准确地说是当前消费所带来的效用(utility)和未来消费所带来的效用的抉择**。为了衡量未来消费与当前消费所带来的差异,我们引入跨期替代率(inter-temporal rate of substitution)的概念,记为 $\widetilde{m}_{t,s}$。

> **知识一点通**
>
> 具体而言, $\widetilde{m}_{t,s}$ 的公式如下:
>
> $$\widetilde{m}_{t,s} = \delta[MU(C_{t+s})/MU(C_t)] \quad (43.2)$$
>
> 其中, $MU(C_{t+s})$、$MU(C_t)$ 分别代表 $t+s$ 时期与 t 时期的边际效用(即多增加一单位消费能带来的效用), δ 为调整系数, $\widetilde{m}_{t,s}$ 上的波浪线表明这是随机变量。
>
> 注意边际效用递减的理论,即随着财富的增加,每增加一单位消费能给个人带来的边际效用是递减的。该理论在这里仍然是适用的。

具体来说,在经济好的时期,当前个人收入会增加,从而消费也会增加,但随着消费的增加,增加一单位当前消费所能带来的效用是递减的;反之,在经济较差的时期,个人收入较低,从而消费也会减少,但随着消费的减少,增加一单位当前消费所能带来的效用是增加的。即当经济好的时期,GDP的增速变快,m_t减少,两者呈现负相关关系。

需要强调的是,$\widetilde{m}_{t,s}$是一个随机变量,这是因为即便投资于无风险债券,虽然未来获得的现金流是确定的,但是现金流能给我们带来的效用却是不确定的(因为未来的经济状况是不确定的)。于是,若我们假设存在一个零息、与通胀挂钩、且无风险的债券(面值为1),用跨期替代率来衡量这个债券的现值有如下公式:

$$P_{t,s}=E_t[1\times\widetilde{m}_{t,s}] \tag{43.3}$$

公式(43.3)表明在t时刻立刻消费$P_{t,s}$元和选择将等同金额投资到这个债券上并在$t+s$时刻拿到本金1单位货币再进行消费带来的边际效用应该相同。

> **知识一点通**
>
> 公式(43.3)一定会成立。如果不成立,比如$P_{t,s}<E_t[1\times\widetilde{m}_{t,s}]$,则意味着,无风险债券价格相对较便宜。那么,投资者会不断购买无风险债券,即减少当前消费增加未来消费。根据边际效用递减的原理,减少当前消费,则当前边际效用$MU(C_t)$会上升;增加未来消费,则未来边际效用$MU(C_{t+s})$会下降。于是,$\widetilde{m}_{t,s}$会下降,并且随着大家争相购买无风险债券,$P_{t,s}$会上升,直到公式(43.3)成立为止。反之亦然。

投资者也可以通过这个跨期替代率和无风险、通胀挂钩、零息债券的关系得到持有期的真实无风险利率。假设债券的投资期限为1年,收益是1美元,债券的收益率可以是未来的收益减去债券当前的买价,再除以债券当前买价,公式如下:

$$l_{t,s}=\frac{1-P_{t,s}}{P_{t,s}}=\frac{1}{E_t[\widetilde{m}_{t,s}]}-1 \tag{43.4}$$

通过公式可以发现一个重要的规律:当跨期替代率越小,意味着未来消费同样单位货币的边际效用越低,这个期间的真实无风险利率就越大。换言之,真实无风险利率和跨期替代率成反比。**通过投资可以获得的回报越高,跨期替代率越小,投资者相对于远期消费就会更重视即期消费**。综上所述,经济情况好,GDP增速增加,跨期替代率m_t降低,真实无风险利率增加。

> **知识一点通**
>
> 从逻辑上,也可以找到角度解读以上规律。所谓经济情况好,即未来很可能获得较高收入,这种未来高收入的预期会导致我们消费更多的当前收入,减少储蓄。由于经济情况好会导致大家都做出同样的判断,所以资金供应量下降,利率也相应上升。反过来,如果经济情况差,大家都预计未来会捉襟见肘,于是普遍采取削减当前消费,对未来的经济寒冬进行储蓄的生活方式。由于资金供应量上升,则会导致利率的下降。

> **备考小贴士**
>
> 跨期替代率更多的属于经济学概念，相对抽象，因此，考生往往疑问较多，但从考试出发，该知识点并非重点，记住结论即可。

43.3 经济周期的影响

43.3.1 GDP 增长和真实无风险利率

—考点要求—
解释（explain）经济长期增长率、增长率波动以及实际短期利率的平均水平（★）

无论理论还是实证数据均表明，**真实无风险利率与 GDP 增长率之间存在正相关关系**。这是因为，当 GDP 增长率上升时，人们未来收入也上升；然而，随着收入的上升，消费带来的边际效用是递减的，从而使得未来消费所获得的边际效用远远小于即刻消费所获得的边际效用，最终导致更低的跨期替代率 $\widetilde{m}_{t,s}$ 以及更高的真实无风险利率 $l_{t,s}$ [参考公式（43.4）]。由此可见，经济增速越高的国家往往真实无风险利率也越高。

此外，**真实无风险利率通常也与 GDP 增长率的波动率正相关**。这是因为，经济增长的波动性越大，投资者越不能确定未来能消费多少，从而投资者对投资的要求回报率也越高（作为风险的补偿）。

> **备考小贴士**
>
> 本章包含很多看似复杂的公式，但考纲均没有要求计算，考生掌握定性结论即可。

43.3.2 通货膨胀和名义无风险利率

—考点要求—
解释（explain）经济周期对政策与短期利率的影响，以及对利率结构、不同期限债券的影响（★）

43.3.2.1 名义无风险利率和通货膨胀率

我们之前的讨论还没有将通货膨胀考虑在内。通货膨胀会降低投资者在未来的购买力，因此，对于通胀，投资者会要求风险溢价作为补偿。这里我们再回顾一下前面的符号，$l_{t,s}$ 表示真实无风险利率，对应的是 t 时刻到 $t+s$ 时刻的利率。同样，需要考虑的通货膨胀率也是对应 t 时刻到 $t+s$ 时刻。该通货膨胀率在 t 时刻只能被估计而无法被确定，并且预期通货膨胀与实际通货膨胀之间通常存在误差，这种潜在预期偏差所对应的风险也应获得风险溢价作为补偿。

—考点要求—
描述（describe）影响通胀调整与非通胀调整债券之间利差的因素（★）

具体而言，我们分两种情况展开讨论。

如期限较短（即 s 较小），我们认为预期通胀的准确性是较高的。换言之，对于一个期限较短的金融资产，投资者可以忽略由于预测误差而产生的风险溢价，故有下式：

$$r_{\text{short-term}} = l_{t,s} + \theta_{t,s} \tag{43.5}$$

其中，$\theta_{t,s}$ 是 t 时刻到 $t+s$ 时刻之间的预期通胀。

如期限较长，我们则认为预期通胀与实际通胀之间是会存在误差的，且投资者都是风险厌恶的。因此，对于一个期限较长的金融资产来说，必须补偿由于预期通胀不确定所产

生的风险溢价,故有下式:

$$r_{\text{long-term}} = l_{t,s} + \theta_{t,s} + \pi_{t,s} \tag{43.6}$$

其中,GDP 增长、GDP 增长的波动与 θ 都呈正向关系,$\pi_{t,s}$ 是预期通胀不确定所对应的风险溢价。

43.3.2.2 损益平衡通胀率

在投资分析中,投资者可以利用一些根据市场数据计算而得的指标来判断市场对通货膨胀的预期。这里介绍其中一种指标,称为损益平衡通胀率。损益平衡通胀率(break-even inflation rate,BEI)是相同期限下,零息无风险名义债券(zero-coupon default-free nominal bond)和零息无风险真实债券(zero-coupon real bond)的收益率之差。其中名义债券,一般选取普通美国国债;真实债券,一般选取通胀调整的无风险债券(TIPS)。其公式如下(符号含义与前文相同):

$$BEI = \theta_{t,s} + \pi_{t,s} \tag{43.7}$$

如前文所述,短期来看投资者可以认为能准确预期通货膨胀,而长期来看投资者则无法准确预期通货膨胀。于是,公式(43.7)可拆分为两个部分:一部分代表通货膨胀预期 $\theta_{t,s}$,一部分则代表由于长期通货膨胀预期存在不确定性,投资者所要求的风险溢价 $\pi_{t,s}$。

43.3.3 经济周期和政策利率

从短期来看,政府可以通过调节政策利率(policy rate)影响经济波动。政府在设定政策利率时,要综合考虑经济产出和通货膨胀两个方面。具体而言,当经济过热通胀过高时,政府倾向于上调利率,抑制投资;反之,当经济过冷通胀过低时,政府倾向于下调利率刺激投资。

经济学家泰勒提出泰勒规则(Taylor Rule),以定量的形式给出了设定政策利率的公式,如公式(43.8):

$$r = l_t + \iota_t + 0.5(\iota_t - \iota_t^*) + 0.5(Y_t - Y_t^*) \tag{43.8}$$

其中,r 代表的是根据泰勒规则设定的短期政策利率;l_t 是平衡经济长期储蓄和借贷的短期**真实**利率,即既不刺激也不抑制实际经济行为的中性利率。ι_t 和 ι_t^* 分别代表现在的通货膨胀率和**目标**通货膨胀率。根据公式可以看出,如果当前通胀率已经高于政府的目标通胀率,就需要通过加息抑制经济过热。Y_t 和 Y_t^* 分别是实际 GDP 和潜在 GDP 的**对数值**,两者之差称为**产出缺口(output gap)**。根据公式,当产出缺口为正时意味着经济生产超过它自身的可持续能力,也就是经济过热,需要通过加息予以抑制。

—考点要求—
解释(explain)经济周期不同阶段对信用利差及债券的影响(★)

—考点要求—
解释(explain)公司所在市场的特点对公司信用质量的影响(★)

> **知识一点通**
>
> 潜在 GDP 也称为"充分就业 GDP",是一个国家在正常强度下,就业充分、且充分利用生产资料情况下的 GDP。在实证数据中,产出缺口大于零时(实际 GDP 大于潜在 GDP)通常伴随着高通胀的压力,而当产出缺口小于零时通常伴随着就业压力。

> **备考小贴士**
>
> 泰勒公式以往出现在 CFA® 二级"经济学"科目中,现在调整到"投资组合管理"科目,重要性相对下降,但泰勒公式在 CFA® 三级中还会遇到,考生还是尽量掌握其定性判断和计算。

43.3.4 经济周期和收益率曲线

前文的讨论没有区分不同的投资期限对无风险收益率带来的影响,本小节将探讨经济周期对无风险收益率曲线的影响(无风险收益率曲线反映了不同期限下的无风险收益率)。

根据前文所介绍的泰勒公式,**当经济陷入衰退阶段的时候**,政府为了刺激经济会选择下调短期政策利率,于是无风险利率曲线上的短期利率下降。另一方面,从长期来看,投资者认为政府下调利率的行为不会持续下去,于是无风险利率曲线上的长期利率不会同短期利率一样下降。综上所述,当经济处于衰退阶段时,**短期无风险收益率降低,长期无风险利率不会随短期利率同步下降,我们将得到一个更加陡峭的收益率曲线,收益率曲线的斜率会上升**。同时,由于短期利率下降,短期债券相对于长期债券将表现更好。

> **知识一点通**
>
> 相比于长期债券,短期债券在经济衰退时表现更好的原因是:当经济不好的时候,未来充满着不确定性(长期债不好),因此,投资者更倾向于那些更加安全的资产(短期债券)。

当经济处于扩张阶段时,收益率曲线有可能呈现出倒转(inverted)形态(即曲线的斜率为负)。这是因为,在经济处于扩张阶段时,政府为了防止经济过热,会提高短期利率,但长期利率不会随之提高,收益率曲线就会更加平缓,导致收益率曲线的斜率变小。如果短期利率大幅提高,收益率曲线有可能呈现倒转形态,收益率曲线的斜率甚至会变为负数。在这种情况下,短期债券的表现会比长期债券更差。

43.3.5 经济周期和信用利差

当投资者投资存在违约风险的债券时,必须要考虑信用风险。通俗地讲,信用风险就是指债券发行方未来不按合同还本付息的风险。信用风险带来的损失与对手方的违约概率、违约后的偿还能力以及风险敞口大小有关。因此,若资产存在信用风险,投资者必然会要求相应的风险溢价,这个溢价体现在利率上,就是信用利差(credit spread)。将信用风险也纳入考量后,债券的定价公式将变为:

$$P_t^i = \sum_{s=1}^{N} \frac{E[\widetilde{CF}_{t+s}^i]}{(1+l_{t,s}+\theta_{t+s}+\pi_{t+s}^i+\gamma_{t,s})^s} \qquad (43.9)$$

其中,$\gamma_{t,s}$ 就代表投资者对于承担信用风险所要求的风险溢价。显然 $\gamma_{t,s}$ 的取值与经济周期密切相关。

> **知识一点通**
>
> 例如,假设某一年到期的零息债券面值为 100 元,现定价为 95 元。当前无风险利率为 1.5%,来年通胀预期为 2%,通胀预期的不确定溢价为 0.3%,根据公式(43.9),该债券的信用风险溢价即为:
>
> $$\frac{100}{95} - 1.5\% - 2\% - 0.3\% - 1 = 1.46\%$$

当经济增长时,整体来看,公司的违约概率较低,信用利差将收缩。其他条件相同时,风险债券(评级更低的债券)的表现优于无风险债券(评级较高的债券),这是因为信用利差降低,债券价格上升,风险债券的价格上升幅度更大,因此,投资者更偏向于投资风险债券。反之,当经济衰退时,风险债券的表现就不如无风险债券的表现了,这就是我们通常所说的安全投资转移(flight to quality)。

在经济周期中,不同公司的信用利差变化也是有所不同的。这种不同主要源于以下两个方面。

第一,与公司所处的行业板块(industrial sector)相关。对于那些非周期性(non-cyclical)行业,由于这类公司的业务与经济周期相关性较低,故当经济下滑时,非周期性行业的商品销售(如自来水、食品)不会因经济下滑而受到大幅影响。因此,非周期性行业公司的收入更加稳定,违约概率相比周期性行业更低,从而信用利差也更低。

第二,与公司的信用评级相关。评级机构对盈利能力更强、负债程度较低、对债务融资依赖度较低的公司通常会给出一个更高的信用评级。更高的信用评级通常意味着该公司的信用风险较低,信用利差也相对较小,信用较差的变动受经济变动的影响也较小。

> **知识一点通**
>
> 实际上,信用利差还与公司的个体因素、国家信用风险(sovereign credit risk)相关。例如,俄罗斯政府在 1998 年就宣布国家主权债券违约,在市场上掀起了轩然大波。但这些影响信用利差的因素都比较个性化,这里就不一一讨论了。

43.3.6 经济周期和权益风险溢价

公司的权益(equity)在破产清算过程中的清算索取权是劣后于债券的,且相比于债券,投资权益所获得的未来现金流更加不确定,因此,相对于债券,权益类产品具有更高的风险溢价。于是,考虑权益类产品的风险溢价后,其定价公式变为:

$$P_t^i = \sum_{s=1}^{\infty} \frac{E_t[\widetilde{CF_{t+s}^i}]}{(1 + l_{t,s} + \theta_{t,s} + \pi_{t,s} + \gamma_{t,s}^i + \kappa_{t,s}^i)^s} \quad (43.10)$$

—考点要求—
解释(explain)消费对冲股权基金的特征以及股权风险溢价(★)

其中,$\kappa_{t,s}$ 代表权益产品相对于风险债券的风险溢价。有的时候,我们也将 $\gamma_{t,s}$ 与 $\kappa_{t,s}$ 相加后统称为权益风险溢价,即 $\gamma_{t,s} + \kappa_{t,s}$。这里相当于将常说的权益风险溢价拆成两部分,一部分是债券和权益都会面临的企业信用风险 $\gamma_{t,s}^i$,另一部分则是权益由于劣后索取权和现金流不确定等原因导致的与债券的差异 $\kappa_{t,s}^i$。

与前文债券的相关讨论类似,在进行权益类资产配置时,投资者也会关注权益资产收益与经济周期之间的相关性。对于那些收益与经济增长率负相关的权益类资产,我们通常称其具有**消费对冲特质**(consumption-hedge property)。具有消费对冲特征的权益类资产,在经济增速下滑时能提供相对较高的收益,从而平滑投资组合的收益率曲线。反之,那些收益率与经济增长率正相关的权益类资产,就不具有消费对冲特质,投资者往往会对其要求更高的权益风险溢价。

43.3.7 经济周期和盈利增长预期

> **—考点要求—**
> 解释(explain)经济周期不同阶段对短期和长期盈利预期增长的影响

根据公式(43.10),股票价格上涨的原因可归为两类:要么源于分子上的预期现金流增加(如未来分红增加),要么源于分母上的风险调整后的(risk-adjusted)折现率降低。对于单个股票来说,其价格上涨的原因更多在于公司盈利的增长(即公司盈利对分子的影响),因此,投资者要关注经济周期对于盈利增长的影响。

对于**顺周期**行业来说,身处顺周期行业的公司盈利状况往往都会与经济增长率的变化方向一致,当经济繁荣的时候这些公司的盈利增长预期也将上升,反之亦然。

对于**非周期性**(non-cyclical)行业[也称为**防御性**(defensive)行业]来说,身处非周期行业公司的业务和经济增长率变动的相关性不强,因此,这些公司的盈利增长情况往往在整个经济周期中都是相对稳定的,这类公司的股票也就有着更好的消费对冲特质。

43.3.8 经济周期和估值乘数(Valuation Multiples)

> **—考点要求—**
> 描述(describe)经济周期变动对价值乘数的影响(★)

本章所讲述的现金流贴现模型是一种绝对估值模型,其最大的缺陷在于模型中的每个参数都需要投资者进行估计,并且模型的结果对于参数取值较为敏感。在一些情况下,对于投资者来说,利用估值乘数来进行相对估值更为适宜。这就要求投资者了解经济周期下估值乘数的变动。

> **备考小贴士**
> 有关估值乘数的详细内容在"权益投资"科目中有详细介绍,这里考生对定性结论有个印象即可。

实证数据表明,估值乘数和预期盈利增长通常呈现出正相关关系,但与要求回报率通常呈现出负相关关系。比如市盈率 PE 值,等于价格除以每股净收益(EPS),由于每股净收益主要是历史数据,所以 PE 值主要取决于价格,而价格又等于未来现金流折现求和。因而预期盈利增长影响分子现金流,对 PE 值是正影响;要求回报率对应分母折现率,对 PE 值是负影响。估值乘数会随着经济扩张而上升,随着经济衰退而下降。

43.3.9 经济周期和投资策略

策略投资指的是在经济周期的不同阶段选取不同的投资策略,以试图在经济周期的每一阶段都能获得比被动投资更高的收益率。常见的投资策略风格通常会从三个维度对股票进行划分:价值股与成长股,大盘股与小盘股,周期股与防御股。

1. 价值股与成长股策略(Value Strategy vs Growth Strategy)

价值股的常见特征包括低市盈率、低市净率、高分红。这类股票往往处于一个较为成熟的行业,很难出现爆发式的增长。由于上述原因,价值股往往市场份额较为稳定,现金流也相应稳定。当经济处于衰退阶段时,价值股往往表现更好。

2. 小盘股与大盘股策略(Small-cap vs Large-cap Strategy)

小盘股往往业务分散化程度较低,企业面临困难时举债成本较高。此外,相对于大盘股,小盘股股价波动性更大。由于上述原因,小盘股的风险溢价通常更高。当经济处于扩张阶段时,小盘股往往表现更好。

3. 周期股与防御股策略

如前所述,处于周期性行业公司的业务与经济增长率变化正相关,因此,当经济处于扩张阶段时,周期股往往表现更好。

43.3.10 经济周期和商业地产

商业地产的投资逻辑是购置地产后进行出租从而获取租金收入,未来根据市场情况及自身需要选择继续出租或者售出。商业地产的价值主要受宏观经济状况和商业地产所处的地理位置这两个因素的影响。本节我们主要关注经济周期对商业地产的影响。

—考点要求—
描述(describe)影响商业地产投资的经济因素(★)

商业地产既具有类似债券(bond-like)资产的特征,同时也具有类似权益(equity-like)投资的特征。

一方面,商业地产的租期往往较长,期间定期获得的租金收入。这种形式类似固定收益类产品。租金的信用风险也可以通过分析租户的信用质量来决定。如果租赁主体是政府,折现率就不需要考虑信用风险。反之,如果租赁主体是公司,则折现率需体现信用风险溢价。如果租赁合约约定租金与通货膨胀挂钩,折现率就不需要考虑与通货膨胀有关的影响。

另一方面,商业地产的租期也不会过长。这是因为,过长的租赁期会使得双方都失去根据未来情况灵活调整条款的能力。如果当租期结束时宏观经济状况发生了转变,租金则会根据变化进行相应调整,或者租赁方也有可能直接将商业地产转售。这种与宏观经济挂钩的特性使得商业地产类似权益类产品。

此外,商业地产与金融资产还有一个最大的不同就在于流动性。商业地产具有不可分割性,寻找购买者相对困难,流动性也较差。

根据上述分析,对于商业地产来说,其定价公式变为如下:

$$P_t^i = \sum_{s=1}^{N} \frac{E[\widetilde{CF}_{t+s}^i]}{(1+l_{t,s}+\theta_{t,s}+\pi_{t+s}^i+\gamma_{t,s}+\kappa_{t,s}+\phi_{t,s})^s} \quad (43.11)$$

其中,$\phi_{t,s}$ 代表流动性风险溢价;$\kappa_{t,s}$ 代表权益风险溢价(由于商业地产 equity-like);$\gamma_{t,s}$ 代表信用风险溢价(由于商业地产 bond-like)。

> **知识一点通**
> 商业地产的名义租金收入相对稳定,但其资本价值对于经济周期高度敏感。这种顺周期性使得商业地产的消费对冲特质较差,投资者因此要求更高的风险溢价。

练一练

Jason Momoa works for Rocket Financial Servicer as a financial advisor. Rocket Financial Servicer is a small regional asset management firm providing wealth management services mainly to high-net-worth individuals. Recently, Momoa was assigned to service for an important client, named Emilia Clarke. With her latest movie, Clarke is making a hit in Hollywood, and her income will increase dramatically in the foreseeable future.

Clarke's attitude towards investment is very conservative because of her hard life in the past. The first assignment she gives to Momoa is to add fixed income asset in her portfolio. After careful analysis, Momoa considers a one year corporate zero-coupon bond, rated Aaa, is appropriate for her. This bond has a face value of USD 100 and is currently traded at USD 94.32, annually compounded. One year real risk-free rate would be around 1.75%. Momoa estimates that the expected inflation rate over the next year is 3.2% and the risk premium required for inflation uncertainty is 0.33%.

However, Clarke still thinks the corporate bond is too risky. Momoa explains the basic principle of present value model to her, and makes the following statements.

"I reckon that there is a high probability that the economy will turn better in the future. In a period of economic prosperity, spreads between corporate and government bonds are narrowing. So government bonds will underperform corporate bonds and lower rated corporate bonds will underperform higher rated corporate bonds."

Momoa also tries to persuade Clarke to invest in an emerging market. Momoa observes that the inflation rate in this country is 3.0% and the spread between two-year default-free nominal bond and default-free real zero-bond in the country is 3.0%.

Clarke is also concerned about the investment opportunities in the emerging stock market as the stock index's Price-to-earnings ratio is currently at its lowest level ever. However, Momoa responds that the emerging market may have a trade war with another country, so its inflation rate in the future is highly uncertain. Therefore, the equilibrium P/E in this country has decreased due to changes in market conditions.

43-1 Keeping the other conditions unchanged, the increase in Clarke's income will most likely result in:

A. An increase in the required risk premium.

B. A decrease in the marginal utility of consumption in the future.

C. The marginal utility of consumption will remain the same.

43-2 Based on the bond recommended by Momoa, what would be the implied credit premium embedded in the bond's price?

A. 1.602%.

B. 4.27%.

C. 0.74%.

43-3 Regarding Momoa's statement about corporate bonds and government bonds, which part is least likely to be correct?

A. In a period of economic prosperity, spreads between corporate and government bonds are narrowing.

B. In a period of economic prosperity, government bonds will underperform corporate bonds.

C. In a period of economic prosperity, lower rated corporate bonds will underperform higher rated corporate bonds.

43-4 For the emerging market Momoa mentions, what would be the two-year breakeven inflation? What would be the expected inflation rate over the next two years?

	value of breakeven inflation	expected inflation rate over the next two years
A.	>3%	=3%
B.	=3%	<3%
C.	<3%	<3%

43-5 If Momoa's statement about the country's future inflation is right, which of the following statements is correct?

A. The stock market is undervalued because its P/E ratio is at its lowest level.

B. The stock market is overvalued because its P/E ratio is at its lowest level.

C. As the equilibrium P/E in this market decreases, we cannot judge whether the stock market is overvalued or undervalued without further consideration.

43-6 If the trade war does happen and the country plunges into recession and lasts for six months, the yield curve in this country will most likely?

A. become upward sloping.

B. become downward sloping.

C. remain flat.

答案与解析

43-1 B

Clarke 由于走红，未来可预见的收入会大幅上升，有钱后，消费带来的边际效用必然下降，故 B 的描述正确，C 的描述错误，选 B。收入增加和要求的风险溢价没有关系，因此 A 描述错误。

43-2 C

隐含的信用风险溢价 $= \dfrac{100}{94.32} - 1 - 1.75\% - 3.2\% - 0.33\% = 0.742\%$。

43-3 C

在经济繁荣的时候，各种评级的违约概率都会在一定程度降低。这时候信用利差会缩小，在信用利差缩小的情形下，公司债的表现会好于国债，评级低的债券的表现会好于评级高的债券。因此，C 描述错误，选 C。

43-4 B

根据定义，两期的无风险名义利率与无风险真实利率之差即为 breakeven inflation rate，为 3%。这 3%已包含了通货膨胀不确定的溢价，因此，预期的通货膨胀率一定是低于 3%的。因此，选 B。

43-5 C

根据现金流折现模型，股票市场价值是未来现金流折现。在现金流确定的情况下，折现率越高股票的 P 越低。折现率包括了无风险利率、预期通货膨胀、预期通货膨胀不确定性的溢价和权益风险溢价。根据题目条件，未来通胀率的不确定性增加了，所以预期通货膨胀不确定性的溢价上升，故 P 下降，从而 equilibrium P/E 也下降了。因此，我们不能通过 P/E 达到历史新低就说股市被低估了，因为均衡的 P/E 也下降了，历史新低的 P/E 可能仍高于新的均衡 P/E。因此，A 与 B 错误，选 C。

43-6 A

如果贸易战开打，经济陷入衰退，为刺激经济，央行会采取降息政策，于是短期利率会下降。但由于经济衰退只会持续 6 个月，根据均值复归的原理，长期来看，利率会回升，故长期利率并不会同步下降。短期利率下降，长期利率相对固定，利率曲线应当向上倾斜。因此，选 A。

第 44 章
主动投资组合管理分析

章节导学

知识引导

作为投资组合管理理论的奠基石,马科维茨的现代投资组合理论认为所有的投资组合都是以收益和风险为基础来分析其投资效果的。本章同样从收益与风险的角度出发,介绍投资者如何运用数学方法和主动管理的基本法则来构建投资组合,并进行主动投资管理以获取超过市场平均水平的回报。同时,本章还分析了投资者获得超额回报的原因。

考点聚焦

本章涉及较多的指标计算。考生应理解各种指标的含义,掌握其计算,并能区分不同指标的适用场景及优缺点。相关指标包括主动投资的增加价值、信息比率、夏普比率等。此外,考生还应熟悉主动管理的基本法则,以及如何评价主动投资组合策略。

本章框架图

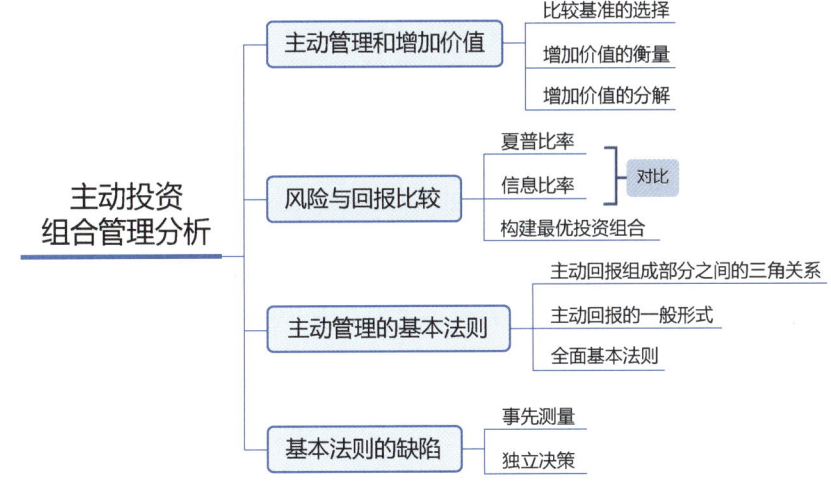

44.1 主动管理和增加价值

44.1.1 比较基准的选择

—考点要求—
描述（describe）如何测量主动管理的增加价值（★★）

当投资者试图衡量主动管理带来的"超额回报"时，会选择一个比较基准（benchmark），即衡量主动投资组合回报是否超过比较基准的回报。通常我们选取基准时，有如下三个标准：

（1）选取的比较基准能够代表投资者将从中做出选择的资产。

（2）在实际操作中，我们能以较低成本复制基准里的每一个资产，即不存在仓位、交易规则等方面的限制。

（3）比较基准的权重是投资前事先（ex-ante）确定的，而基准的回报率是事后（ex-post）能及时获得的。

具体而言，比较基准的收益率公式如下：

$$R_B = \sum_{i=1}^{N} W_{B,i} R_i \tag{44.1}$$

投资组合的收益率公式如下：

$$R_P = \sum_{i=1}^{N} W_{P,i} R_i \tag{44.2}$$

其中，R_P 代表投资组合所获得的收益率；R_B 代表比较基准所获得的收益率；R_i 代表第 i 个证券的收益率；$W_{B,i}$ 代表比较基准在第 i 个证券上所配置的权重；$W_{P,i}$ 代表投资组合在第 i 个证券上所配置的权重。

44.1.2 增加价值的衡量

增加价值（value added）或主动回报（active return）指的是投资者的投资组合回报超过基准回报的部分，即通过主动投资带来的超额回报，其公式如下：

$$R_A = R_P - R_B \tag{44.3}$$

其中，R_A 代表主动投资所获得的增加价值。注意，增加价值可能为正也可能为负。

将公式（44.1）与公式（44.2）代入公式（44.3），我们可以推得：

$$R_A = \sum_{i=1}^{N} W_{P,i} R_i - \sum_{i=1}^{N} W_{B,i} R_i = \sum_{i=1}^{N} (W_{P,i} - W_{B,i}) R_i = \sum_{i=1}^{N} \Delta W_i R_i \tag{44.4}$$

其中，ΔW_i 是投资组合里第 i 个证券组合权重和基准权重的差，称为主动权重（active weight）。

主动权重大于零表示投资组合相对于基准超配第 i 个证券，主动权重小于零代表组合相对于基准低配第 i 个证券。如果投资组合中包含了基准中不包含的证券，则基准中相应的证券权重值 $W_{B,i}$ 取零。

但需要注意的是，一个主动投资组合的所有主动权重之和必然为零，即有 $\sum_{i=1}^{N} \Delta W_i = 0$。这是因为，投资组合在某个证券上超配了，必然意味着投资者必须在其他证券上相应地低配。

由于 $\sum_{i=1}^{N} \Delta W_i R_B = 0$，我们可以将公式(44.4)变形为：

$$R_A = \sum_{i=1}^{N} \Delta W_i R_i - \sum_{i=1}^{N} \Delta W_i R_B = \sum_{i=1}^{N} \Delta W_i R_{A,i} \tag{44.5}$$

其中，ΔW_i 表示主动投资组合与基准的权重差；$R_{A,i} = R_i - R_B$，代表第 i 个证券收益率相对于基准收益率的差。

44.1.3 增加价值的分解

上面是基于单个证券的讨论，下面我们将基于资产大类讨论，比如组合和基准都购买了股票和债券两个大类，在这两个大类上组合和基准的收益是不同的，也就是 $R_{p,i}$ 不等于 $R_{B,i}$。那么，通过整理分解公式(44.3)，我们可以将主动投资带来的增加价值分解为两个来源：证券选择(security selection)与资产配置(asset allocation)。

公式(44.3)的分解过程如下：

$$R_A = R_P - R_B = \sum_{i=1}^{N} W_{P,i} R_{P,i} - \sum_{i=1}^{N} W_{B,i} R_{B,i}$$

上式右边同时加上并减去 $\sum_{i=1}^{N} W_{P,i} R_{B,i}$ 项，仍成立，故有：

$$R_A = \sum_{i=1}^{N} W_{P,i} R_{P,i} - \sum_{i=1}^{N} W_{P,i} R_{B,i} + \sum_{i=1}^{N} W_{P,i} R_{B,i} - \sum_{i=1}^{N} W_{B,i} R_{B,i}$$

将右边前两项与后两项合并同类项后有：

$$R_A = \sum_{i=1}^{N} W_{P,i} (R_{P,i} - R_{B,i}) + \sum_{i=1}^{N} (W_{P,i} - W_{B,i}) R_{B,i} = \sum_{j=1}^{N} W_{P,i} R_{A,i} + \sum_{j=1}^{N} \Delta W_i R_{B,i}$$

通过上面的推导，我们可得到下式：

$$R_A = \sum_{i=1}^{N} W_{P,i} R_{A,i} + \sum_{i=1}^{N} \Delta W_i R_{B,i} \tag{44.6}$$

在公式(44.6)中，通过证券选择获取的额外回报为 $\sum_{i=1}^{N} W_{P,i} R_{A,i}$，通过资产配置获取的额外回报为 $\sum_{i=1}^{N} \Delta W_i R_{B,i}$。

> **知识一点通**
>
> 直接观察公式(44.6)的分解是有点抽象的，我们可通过图 44.1 对此公式有个更直观的理解。
>
> | $R_{P,i}$ | | |
> |---|---|---|
> | $R_{B,i}$ | $W_{P,i} \times (R_{P,i} - R_{B,i})$ ③ | |
> | | $W_{B,i} \times R_{B,i}$ ① | $\Delta W_i \times R_{B,i}$ ② |
> | | $W_{B,i}$ | $W_{P,i}$ |
>
> **图 44.1 增加价值的分解**

> **知识一点通**
>
> 在图44.1中，横轴代表证券i的配置权重，纵轴代表证券i获得的收益率。于是，对于比较基准来说，证券i获得的收益为$W_{B,i}R_{B,i}$，在图上表现为矩形①的面积；而投资组合所获得的收益为$W_{P,i}R_{P,i}$，在图上表现为矩形①＋②＋③的面积。因此，两者相比，主动管理带来的增加收益为②＋③的面积。其中，②的面积为$\Delta W_i R_{B,i}$，其增加的收益源于资产配置上的权重差别ΔW_i；③的面积为$W_{P,i}(R_{P,i}-R_{B,i})$，其增加的收益源于证券选择项$R_{P,i}-R_{B,i}$。

例题 44.1

某投资经理选取一个银行股基准指数，通过主动研究分析构建了自己的投资组合，数据如下。

	银行指数	制造业指数	农业指数
基准指数权重	25%	50%	25%
基准收益率	10%	15%	7%
投资组合权重	30%	50%	20%
投资组合收益率	12%	15%	7%

通过上表我们可以发现投资经理超配了银行类股票，而低配了农业类股票。可以求得，银行指数的$\Delta W=+5\%$，农业指数的$\Delta W=-5\%$，制造业指数的$\Delta W=0\%$，所有的ΔW之和为0。

基准收益率为三类指数收益率的加权平均为11.75%（10%×25%＋15%×50%＋7%×25%），投资组合收益率为12.5%（30%×12%＋50%×15%＋20%×7%）。超额收益为0.75%，可分解为两个部分。

一是资产配置：(30%－25%)10%＋(50%－50%)15%＋(20%－25%)7%＝0.15%

二是证券选择：30%(12%－10%)＋50%(15%－15%)＋20%(7%－7%)＝0.6%

通过上述分析我们可以发现，之所以投资组合获得了超额收益，来源于两个方面：一是资产配置，银行类股票相对超配，而收益率较低的农业指数相对低配，使得投资组合收益率比基准收益率高了0.15%；二是证券选择，在银行指数中，我们优选了收益率相对更高的银行股，使得银行指数收益率高于基准2个百分点，投资组合收益率比基准收益率高了0.6%。资产配置和证券选择两个方面的差异，最终使得计算出的超额收益为0.75%。

44.2 风险与回报比较

在金融市场中，高回报通常是伴随着高风险的，那么对于投资者来说，如何在投资组合的收益与风险中做出权衡呢？我们可以通过一些指标来衡量单位风险下能获取的收益率。具体而言，根据度量收益形式的不同，我们可以把指标分为绝对形式和相对形式。接下来介绍的夏普比率是绝对形式，而信息比率则是相对形式。

44.2.1 夏普比率（Sharpe Ratio）

夏普比率度量投资经理通过承担总风险获得高于无风险收益的超额收益的能力，夏普比率没有考虑基准收益，因而是一种绝对形式的衡量方式。其计算公式如下：

$$SR_P = \frac{R_P - R_f}{\sigma_P} \tag{44.7}$$

其中，R_P 是投资组合的收益回报；R_f 是无风险利率；σ_P 是用标准差表示投资组合的总风险。

在保持组合中风险组合部分的各项风险资产相对比例不变的前提下，只调整风险组合和无风险资产之间的比例，即改变组合的杠杆率不影响组合的夏普比率。

> **知识一点通**
>
> 由于投资组合是由一定比例的无风险资产和一定比例的风险组合构成，投资组合总风险实际上是风险组合的波动率乘以风险组合在整个资产组合中的权重（无风险利率的风险为"零"）。当杠杆率发生变化时不会影响夏普比率（分子分母上的 w 可约掉），其数学上的推导如下：
>
> $$SR_N = [wR_P + (1-w)R_f - R_f]/(w\sigma_P)$$
> $$= (wR_P - wR_f)/(w\sigma_P) = w(R_P - R_f)/(w\sigma_P) = (R_P - R_f)/\sigma_P = SR_P$$
>
> 因此，即便新的投资组合杠杆率发生变化，通过夏普比率公式的分子分母约分之后，夏普比率也不会发生改变。然而，如果是风险组合内部的各项资产相对比例发生改变，即主动权重的激进性发生改变时，投资组合的夏普比率就会受到风险组合内部权重改变的影响。

44.2.2 信息比率（Information Ratio）

信息比率衡量的是投资组合通过承担主动风险获取主动回报的能力，是一种相对形式的衡量指标，其公式如下：

$$IR_P = \frac{\text{Active return}}{\text{Active risk}} = \frac{R_P - R_B}{\sigma_{(R_P - R_B)}} \tag{44.8}$$

其中，R_P 是我们的投资组合的收益回报率；R_B 是我们选定比较基准的回报率；$R_P - R_B$ 是我们投资组合超越比较基准的主动回报；$\sigma_{(R_P - R_B)}$ 是投资组合相对于比较基准的相对风险（即 $R_P - R_B$ 的标准差）。

信息比率可以分为事前（ex-ante）和事后（ex-post）两种形式。事后形式就如公式 (44.8) 所示，使用的是实际（realized）主动回报和实际主动风险数据，事后形式可用作事后绩效评估。事前形式使用的是预期（expected）主动回报和预期主动风险，即 $\frac{E(R_P) - E(R_B)}{E[\sigma_{(R_P - R_B)}]}$，事前形式可作为事前选择投资经理的参考指标。

与夏普比率不同，信息比率会受到组合杠杆率变化的影响，而不会受到主动权重的激进性改变的影响。具体来说，如果降低组合的杠杆，信息比率往往会降低，但是主动权重（即风险资产投资权重）的改变却不会影响信息比率的高低。

虽然夏普比率和信息比率存在诸多差异，但若将比较基准设定为无风险收益率，信息比率则会与夏普比率相同。并且，两者衡量的都是单位风险所对应的收益，投资者对于两

---考点要求---
计算（calculate）并解释（interpret）信息比率，区分（contrast）信息比率与夏普比率（★★★）

---考点要求---
描述（explain）信息比率在基金经理选取与选择主动投资组合风险水平下的运用（★★★）

个指标都是希望越高越好。

> **知识一点通**
>
> 夏普比率和信息比率分别会受何种情况影响可以通过公式证明,或者可以尝试抽象理解。夏普比率是绝对形式,杠杆比率的调整也是绝对形式的改变,因此,不影响夏普比率。信息比率是相对形式,主动权重的调整也是相对形式的改变,因此,不会影响信息比率。

例题 44.2

高顿财经银行有一款理财产品 A,年化收益率为 8%,标准差为 10%。A 的基准为高顿网校银行的指数 P,年化收益率为 5%,A 与 P 收益率之差的标准差为 6%。市场上无风险收益产品的年化收益率为 3%。

请求解高顿财经银行产品 A 的信息比率和夏普比率。

名师解析

$$夏普比率 = SR_P = \frac{R_P - R_f}{\sigma_P} = \frac{8\% - 3\%}{10\%} = 0.5$$

$$信息比率 = IR_P = \frac{R_P - R_B}{\sigma_{(R_P - R_B)}} = \frac{8\% - 5\%}{6\%} = 0.5$$

虽然两个指标的数值一样,但从公式的分子中我们看出,夏普比率的分子是组合收益率与无风险利率之差,信息比率的分子是组合收益率与基准收益率之差;分母中,夏普比率是组合收益率的标准差,信息比率是组合收益率与基准收益率之差的标准差。因此,两个指标所反映的含义是有所不同的。

44.2.3 夏普比率和信息比率的对比

综上所述,我们总结夏普比率与信息比率的异同如表 44.1 所示。

表 44.1 夏普比率 vs 信息比率

	夏普比率	信息比率
回报形式	绝对形式	相对形式
风险调整	总风险调整增加价值	相对风险调整增加价值
杠杆率变化对比率是否有影响	不影响	有影响
主动权重的激进性	有影响	不影响

当基准为无风险回报时,夏普比率和信息比率相等

44.2.4 构建最优投资组合

信息比率可以用来帮助投资者选择投资经理,具有较高信息比率的投资经理应被优先选择。在主动投资管理理论中,通过构建主动管理和基准投资构成的组合来调整主动投资风险和回报,相关公式如下:

$$SR_P^2 = SR_B^2 + IR^2 \tag{44.9}$$

其中，SR_P 是组合的夏普比率，SR_B 是基准的夏普比率，IR 是投资经理投资的信息比率。

公式(44.9)表明当主动投资组合的信息比率平方最高时，组合的夏普比率平方也会达到最高，即对于任何给定的资产类别，投资者应该选择在该资产类别的投资中信息比率最高的投资经理。最优主动投资的风险公式如下：

$$\sigma(R_A) = \frac{IR}{SR_B}\sigma_B \tag{44.10}$$

其中，$\sigma(R_A)$ 是 $\sigma(R_P - R_B)$，σ_B 是基准收益率的标准差。

当公式(44.10)成立时，说明组合的夏普比率已经达到了理论上的最优状态，即公式(44.9)也成立，该组合是最优的投资组合。

> **知识一点通**
>
> 公式(44.9)和公式(44.10)的推导过程不需要掌握，考生只需记忆公式，能够运用公式进行相关的计算。

44.3 主动管理的基本法则（Fundamental Law of Active Management）

主动管理的基本法则是指用于评估投资经理主动投资管理能力的分析框架。基本法则通过一系列数学推导，在投资组合收益的事前预测值与事后实际附加值之间建立了联系，从而能更全面地了解投资经理主动管理组合的"真实能力"。具体而言，基本法则主要包含信息系数与转换系数两个指标，下文将分别介绍。

—考点要求—
陈述（state）并解释（interpret）基本法则的组成部分包括转移系数，信息系数，宽度和主动管理风险（★★★）

44.3.1 主动回报组成部分 R_{Ai}，μ_i，Δw_i 之间的三角关系

主动回报的组成部分 R_{Ai}，μ_i，Δw_i 之间的关系，可以用三角关系来展示，如图44.2所示。

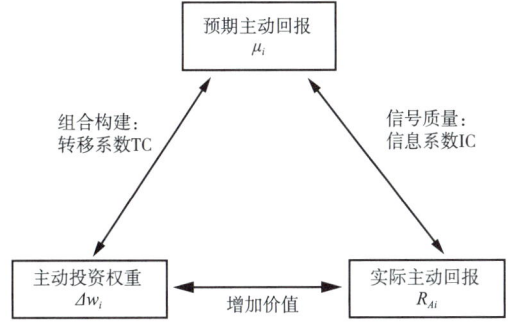

图 44.2 R_{Ai}，μ_i，Δw_i 的相关性三角关系

图44.2中的箭头表示 R_{Ai}，μ_i，Δw_i 之间的相关性。图中底部是增加价值，增加价值

来源的衡量指标可以分为信息系数和转移系数，其中信息系数是通过预期主动回报与实际主动回报之间的相关性来衡量的，只要预测在投资组合的构建中得以运用，随着时间的推移，具有较高信息系数或预测回报能力的投资者的增加价值会更高；转移系数是通过预期主动回报与主动权重的相关性来衡量的，它体现了投资者的预测被转化为实际主动权重（主动投资资产配置权重）的程度。

转移系数和信息系数本质上是相关系数 ρ，取值范围为 $-1 \sim +1$。

44.3.1.1 信息系数（information coefficient）

信息系数 IC 是用来衡量投资经理"真实"主动投资能力的指标，其公式如下：

$$\text{IC} = \text{COR}\left(\frac{R_{Ai}}{\sigma_i}, \frac{\mu_i}{\sigma_i}\right) \tag{44.11}$$

—考点要求—
对比（compare）主动管理策略（市场择时和证券选择）（★★）

其中，$R_{Ai} = R_i - R_B$ 是第 i 个资产已经实现的实际主动收益率；μ_i 是第 i 个资产的预期主动收益率，即 $E(R_{Ai})$，COR 表示两者之间的相关系数。

从公式（44.11）可以看出，信息系数 IC 度量的是预测/预期主动回报（forcasted/expected active returns）与实际主动回报（realized active returns）的相关性，**两者相关性越高说明投资经理预测能力越强，越能提高投资组合的增加价值**。IC 一定程度上能够用于衡量投资经理预测能力的准确程度，因此，有时候 IC 也被称为信号质量（signal quality）。

—考点要求—
评价（evaluate）策略在主动管理的基本法则下的改变（★★★）

> **知识一点通**
>
> 公式（44.11）中 R_{Ai} 与 μ_i 都是按照 σ_i 标准化之后再求相关系数的。这是因为，不同资产有着不同的特征，因而波动率的量级也各不相同。对于波动率较大的资产，收益率的绝对变化幅度较大，为了剔除这种不同资产特征对数据的影响，我们在实践中往往会根据资产主动收益率服从的分布先予以"标准化"，再计算"标准化"之后的预测主动回报和实际主动回报的相关性。

仅靠 IC 指标来度量投资经理的主动管理能力是不够的。例如，虽然有的投资经理预测能力较强，但由于受管理资产投资风格、市场状况或其他政策规定所限，并不能真实按照其预测完成资产配置。因此，我们要引入转移系数指标。

44.3.1.2 转移系数（Transfer Coefficient）

转移系数（TC）可用来衡量投资经理将其预测转化为主动投资资产配置的程度。在公式上，TC 是关于 Δw_i 和 μ_i（期望值）的相关系数，如下：

$$\text{TC} = \text{COR}\left(\frac{\mu_i}{\sigma_i}, \Delta w_i \sigma_i\right) = \text{COR}(\Delta w_i^* \sigma_i, \Delta w_i \sigma_i) \tag{44.12}$$

其中，Δw_i 代表组合中第 i 个证券的实际主动权重；Δw_i^* 代表理想状态下，组合中第 i 个证券的最优主动权重。

当 TC=1 时，说明投资经理构建投资组合在权重配置上没有任何限制，即投资经理可以完全按照自己的预测来构建投资组合。反之，当 TC=0 时，则说明投资经理在资产配置上没有任何自由，即使有很强的预测能力也无法为组合带来附加价值，此时采取被动管理方法更为适宜。

> **知识一点通**
>
> 需要注意的是，实务中 TC 在一些情况下是可以取负数的。例如，投资经理预测配置某资产 i 只会带来负的超额回报，但监管机构出于稳定市场的需求，要求投资经理必须配置一定比例的资产 i。此时，投资经理的预测完全与实际操作背道而驰，TC 就有可能取负数。

44.3.1.3　增加价值（Value Added）

如前所述，增加价值是 R_P 与 R_B 之差，等于投资组合各资产主动权重（Δw_i）与主动收益率（R_{Ai}）乘积之和，因此，增加价值可以看作是关于 Δw_i 和 R_{Ai} 之间的相关系数的函数。

> **备考小贴士**
>
> 增加价值可以看作是关于 Δw_i 和 R_{Ai} 之间的相关系数的函数。这个结论成立实际上需要一些前提假设，中间的证明过程并不复杂但较为烦琐。考生对此结论有印象即可，无须深究。

信息系数是分析投资经理预测的能力，转移系数是分析投资经理实际操作的能力和投资经理投资时是否受到限制，增加价值是分析投资经理进行组合投资的超额回报能力。

44.3.2　主动回报的一般形式

根据相关性三角关系，投资者可以更加直观地看到增加价值产生的原因，也就可以更精准地评估投资经理的能力，**但相关性三角仅是在单次决策下对主动回报进行分解**。显而易见的是，投资经理在组合构建过程中不可能只做一次决策，会根据实时信息对组合进行调整，并且往往一次调整会涉及多个证券。而对于投资经理的评估往往是以年度为单位的。因此，在评估投资经理业绩的时候就需要考虑一整年内多次主动决策的累积影响，这就需要引入一个相关性三角中并未出现的因素，即决策的次数。

44.3.2.1　宽度（Breadth）

用于衡量决策次数对于信息比率的影响因素称之为宽度（breadth，BR），其定义为投资者在构建组合时每年做出的<u>独立</u>积极决策的次数。其中，独立意味着不是所有交易次数都算入宽度，只有对相似的投资做出独立的分析才算在宽度中，例如，投资经理对某类证券做出一次分析，随后做出多次该类证券下具体证券的交易，在这种情况下，宽度仅增加 1。

假设证券收益只与市场因子有关且证券的主动收益率之间互相独立，这种最简化的情况下，宽度就等于组合中证券的个数。但实际情况中风险因子往往不止一个（还包括行业等因素），且主动收益率之间可能存在相关性，此时，宽度可能会大于或小于证券数量。

宽度指标一定程度上可以衡量投资经理的努力程度，宽度越大代表投资经理所做独立决策的次数越多。

> **知识一点通**
>
> BR 衡量的是独立预测的次数。换言之,相关性较高的多次预测只能记为一次预测。例如,某投资经理根据国家有关新能源汽车补贴的政策,决定投资两只直接从政策中受益的股票。这两只股票的投资只能算作一次独立预测,而不是两次。

可以证明,关于信息比率 IR 的公式(44.8)可以改写如下:

$$IR = TC \times IC \times \sqrt{BR} \qquad (44.13)$$

其中,TC 是转移系数;IC 是信息系数;BR 是宽度。当评估不仅限于单次决策的时候,势必要在评估指标中体现次数增加所带来的影响。值得指出的是,由于投资者认为主动回报之间是互不相关的,故无法直接将 IR 进行相加,而应将多个 IR 进行平方然后相加再开根号取得组合综合的 IR 水平,因此,在公式上组合 IR 的平方和 BR 成正比,或者说 IR 与 $\sqrt{BR}$ 成正比。

由公式(44.13)不难看出,要想提高 IR,除了提高预测精度 IC 和执行力 TC 之外,也可以提高独立预测的次数 BR。

44.3.2.2　市场择时(Market Timing)

任何主动决策都势必要首先判断市场的方向。对于市场涨跌的判断同样属于投资经理技能的一部分,并且这种技能可以通过判断涨跌的正确率迅速进行评估。在给定假设条件下可以证明,有关 IC 的公式(44.11)可以改写为如下形式:

$$IC = \frac{2 \times N_{correct}}{N} - 1 \qquad (44.14)$$

其中,N 代表评估期间投资者进行市场方向预测的次数;$N_{correct}$ 代表其预测正确的次数。

根据公式不难看出,当投资经理预测的正确率只有 50% 的时候,IC 为零。这表示该投资经理在预测市场方向上没有任何能力可言(准确率为 50% 和瞎猜无异)。

44.3.3　全面基本法则(Full Fundamental Law)

结合公式(44.13)和公式(44.8),就能够得到全面基本法则的公式:

$$E(R_A) = TC \times IC \times \sqrt{BR} \times \sigma_A \qquad (44.15)$$

公式(44.15)将主动投资带来的回报分解成为四个影响因素,即代表预测能力的信息系数 IC、代表组合构建限制的转移系数 TC、代表独立决策次数的 BR 和代表激进程度的主动风险 σ_A。其中,TC 和 IC 的取值在 −1 到 +1 之间。通常情况下,构建组合都存在条件限制,故 TC 一般小于 1。

在理想状态也叫作基本法则(basic fundamental law)下,我们取 TC 值为 1,公式就能化简为:

$$E(R_A)^* = IC \times \sqrt{BR} \times \sigma_A \qquad (44.16)$$

公式(44.16)代表构建组合时,在没有任何限制的理想状态下(TC=1),基于最优资产配置,主动管理能带来的最佳主动回报。

> **备考小贴士**
>
> 主动管理的分析指标属于重要考点,考生应定性掌握 IC、TC、BR 的含义,也应定量掌握 IR 的计算。

例题 44.3

高顿基金的张投资经理做了 100 个独立的股票分析预测。期望的信息系数为 0.08,转移系数为 0.5,年化的主动投资风险为 8%。按照基本法则他能给投资组合带来多少的期望增加价值?

名师解析

运用全面法则的公式:

$$E(R_A) = TC \times IC \times \sqrt{BR} \times \sigma_A = 0.5 \times 0.08 \times \sqrt{100} \times 8\% = 3.2\%$$

按照计算结果,这位张经理的投资策略能带来 3.2% 的额外主动收益。

44.4 基本法则的缺陷

基本法则实际上是将均值-方差优化法(mean-variance optimization approach)应用于相对绩效评估,以平衡主动风险与主动收益,所以基本法则有着和 CAPM 同样的缺陷:没有考虑交易成本和税费,假设收益服从正态分布等。由于这些缺陷并非基本法则所独有,所以不再赘述,这里主要着眼于基本法则中所独有的如下缺陷。

—考点要求—
描述(describe)
基本法则的优缺点(★★★)

44.4.1 事先测量

基本法则的核心之一就是信息系数。信息系数的定义是投资经理的预测回报与实际回报之间的关系。主动投资经理能获得额外收获的前提假设是,金融市场不是完全有效的,且投资经理比市场上其他的投资者能更有效地获取信息并加以分析。然而,实际上投资经理常常倾向于高估自身的能力,此外,投资经理的预测能力也会因投资领域改变和时间的推移而发生变化。因此,投资经理的预测能力在事前很难精确测量,导致分析存在较大不确定性。

44.4.2 独立决策

在理想状况下(资产收益之间不存在相关性),宽度就等于组合中证券的数量,相对容易计算。但实际情况是一些证券之间可能存在着相关性,在计算宽度时需将相关性的影响考虑在内,宽度变得更难以准确度量。

具体来说,基本法则的基本逻辑是将风险分为系统性风险和非系统性风险两部分。当从回报中扣除由系统性风险带来的部分后,剩下的即是由非系统性风险带来的主动回报,理论上应是互相独立的。这一假设对于权益类资产来说相对合理,但对于固定收益类资产来说却并不合理。大部分债券都与久期风险、信用风险、期权性等因素相关,收益率相互关联,不满足独立决策的前提假设。因此,宽度指标会更加难以估计。同样,对于时间序列数据来说,独立决策的假设也难以成立。

练一练

Allen Chen, an investment manager at Gaodun Capital Management, is known for prestigious macro investment strategy. One of his clients, Song, is reviewing the past year's performance against the benchmark(S&P 500) performance. The decompositions of Allen's investment portfolio and benchmark are listed below.

Exhibit 44.1　Allen's investment portfolio

	Benchmark weight%	Portfolio weight%	Annualized Return
Automobile	25	30	0.2
Finance	25	20	0.01
Pharmacy	25	35	0.05
Technology	25	15	0.1

After viewing decompositions of portfolio, Song wants to compare Allen's portfolio against S&P 500 benchmark. While Song agrees that Allen is a responsible and experienced investment manager, he still doubts whether Allen updated strategy and worked efficiently to beat market. According to agreement, Allen would conduct independent forecast annually to rebalance portfolio for 30 securities in the holdings. The information about Allen's portfolio are listed below.

Exhibit 44.2　Information about portfolio and benchmark

	S&P	Portfolio
Annualized return	4.65%	9.45%
Risk	9.9%	10.1%
Risk free rate	2.95%	—
Active risk	—	4.2%
Transfer coefficient	—	0.52
Information coefficient	—	0.66

After calculating Allen's Sharpe ratio, Song feels uncomfortable, because Allen's Sharpe ratio is much lower than expected. He asks Allen to make some changes in the portfolio so that he could obtain higher return without assuming higher risk. Song makes the following statement.

Statement Ⅰ: Higher leverage by borrowing cash would increase Sharpe ratio.

Statement Ⅱ: Since Sharpe ratio measures reward per unit of risk in absolute returns, Allen should moderate active weights aggressively to achieve higher information ratio under unconstrained circumstance.

In the meanwhile, Song suggests that Allen make some changes to increase the information ratio.

Proposal 1: To add 40 new securities in the portfolio gradually for better diversification.

Proposal 2: To increase the portfolio rebalancing frequency from annual basis to quarterly basis.

Proposal 3: To remove constraints of cap weights assigned to the portfolio.

44-1 What is the value added for Allen's portfolio?
A. 0.38%.
B. 0.45%.
C. 0.6%.

44-2 What is Sharpe ratio of Allen's portfolio?
A. 0.45.
B. 0.64.
C. 0.85.

44-3 What is information ratio of Allen's portfolio?
A. 0.66.
B. 1.14.
C. 1.55.

44-4 Song made two statements for Allen's portfolio. Which is/are correct?
A. Only Statement Ⅰ is correct.
B. Only Statement Ⅱ is correct.
C. Both statements are incorrect.

44-5 What is expected active return next year, if Song assigns expected active risk as 4% for Allen's portfolio, as Song believes Allen would not trade as aggressively as this year?
A. 0.075 2.
B. 0.082 2.
C. 1.001 2.

44-6 Among 3 proposals to increase information ratio, how many proposals are correct?
A. 1.
B. 2.
C. 3.

答案与解析

44-1 B

$$\text{Value added} = \sum_{i=1}^{N} \Delta W_i R_i$$
$$= (+5\%) \times 0.2 + (-5\%) \times 0.01 + (+10\%) \times 0.05 + (-10\%) \times 0.1 = 0.45\%$$

44-2 B

$$\text{Sharpe ratio} = \frac{R_P - R_f}{\sigma_P} = \frac{9.45\% - 2.95\%}{10.1\%} = 0.643\ 6$$

44-3 B

$$\text{Information ratio} = \frac{R_P - R_B}{\sigma_{(R_P - R_B)}} = \frac{9.45\% - 4.65\%}{4.2\%} = 1.142\ 9$$

44-4 C

Sharpe ratio 是不会受到杠杆率的影响的，证明如下：

$$SR_C = \frac{R_C - R_f}{\sigma_C} = \frac{W_P R_P + (1 - W_P) R_f - R_f}{W_P \sigma_P} = \frac{W_P R_P - W_P R_f}{W_P \sigma_P}$$

$$= \frac{W_P(R_P - R_f)}{W_P \sigma_P} = \frac{R_P - R_f}{\sigma_P} = SR_P$$，故 Statement Ⅰ 错误。

信息比率会受到组合杠杆率变化的影响，而不会受到主动权重改变的影响，故 Statement Ⅱ 错误。

44-5 A

Expected active return $= E(R_A) = TC \times IC \times \sqrt{BR} \times \sigma_A = 0.52 \times 0.66 \times \sqrt{30} \times 0.04 = 0.075\ 2$

44-6 C

$IR = TC \times IC \times \sqrt{BR}$，由此可见，逐步新增 40 只证券就能提高 BR 从而提高 IR(40 只证券是逐步增加的，因此，不大可能都是在一次独立决定下做出的)；每个季度 rebalance 一次也相当于增加了决策次数，因此，BR 上升，从而 IR 上升；解除一定约束相当于提升了 TC，从而 IR 也上升。

第 10 部分 伦理与职业标准

科目导学

考情分析

"伦理与职业标准"是 CFA® 所有科目中最具特色的一门,因为它是唯一会在 3 个级别考试中重复考查相同内容的科目。在 CFA® 二级考试中,"伦理与职业标准"的占比为 10%~15%,即会考查 2~3 个案例。实际上,CFA® 二级的考点在一级中已经被完全覆盖,只是考试形式不同。

目前,该部分共有三个章节,其中第 46 章为重点章节,详细解释了 CFA® 职业行为准则。此外,第 45 章简单介绍了 CFA® 职业行为准则和 CFA® 道德操守,第 47 章通过实际案例来说明 CFA® 职业行为准则的应用。

本科目的考查形式相对固定,每个案例包含多个涉及职业道德的工作情景,要求考生判断案例中各个人物的行为是否违反"CFA® 职业行为准则",或给出避免违反准则的建议。考生应掌握本书归纳的重要考点,仔细阅读和理解"经典案例分析"。

本部分框架图

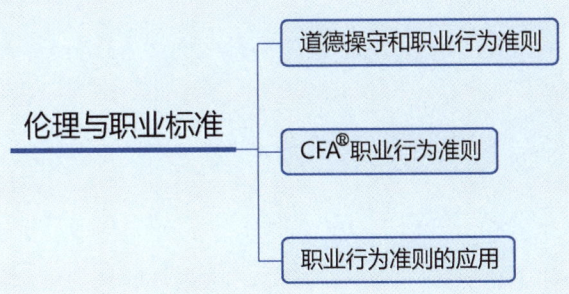

第 45 章
道德操守和职业行为准则

章节导学

知识引导

本章主要介绍 CFA® 道德操守（Code of Ethics）和职业行为准则（Standards of Professional Conduct）的内容。

考点聚焦

本章不是重点考查章节，题量不多，考点比较集中。考生应重点掌握 6 条 CFA® 道德操守的内容。

本章框架图

```
                        ┌── 道德操守
道德操守和职业行为准则 ──┤
                        └── 七大职业行为准则
```

45.1 道德操守

—考点要求—
描述（describe）道德操守的6个组成部分（★★）

CFA®道德操守（Code of Ethics）的6个组成部分如下。

（1）Act with integrity, competence, diligence, and respect and in an ethical manner with the public, clients, prospective clients, employers, employees, colleagues in the investment profession, and other participants in the global capital markets.

坚持正直、胜任、勤勉、尊敬的做事原则，以合乎职业道德的方式对待公众、客户、潜在客户、雇主、雇员、同事以及其他全球资本市场的参与者。

（2）Place the integrity of the investment profession and the interests of clients above their own personal interests.

将投资行业的诚信和客户利益置于个人利益之上。

（3）Use reasonable care and exercise independent professional judgment when conducting investment analysis, making investment recommendations, taking investment actions, and engaging in other professional activities.

进行投资分析、提供投资建议、参与投资或开展其他专业活动时，应保持合理的谨慎，做出独立的专业判断。

（4）Practice and encourage others to practice in a professional and ethical manner that will reflect credit on themselves and the profession.

遵循并鼓励其他人履行职业道德操守，彰显其自身和行业的信誉。

（5）Promote the integrity and viability of the global capital markets for the ultimate benefit of society.

提升全球资本市场诚信和活力，实现社会最终利益。

（6）Maintain and improve their professional competence and strive to maintain and improve the competence of other investment professionals.

保持和提高自己的专业胜任能力，并努力保持和提高其他投资行业专业人士的胜任能力。

> **备考小贴士**
>
> 熟悉CFA®道德操守6个组成部分的内容。常见的考查方式是让考生辨别关于道德操守的描述是否正确。比如，"CFA®考生和会员可以忽视其他同行的不道德行为（unethical conduct）"就是错误的描述。

45.2 职业行为准则

—考点要求—
描述（describe）七大职业行为准则，包括每个准则下的细则（★★）

七大职业行为准则总结如表45.1所示，每条准则的细则内容将在第46章中阐述。

表 45.1 七大职业行为准则

准则	细则
Ⅰ. 职业操守（Professionalism）	(A) 法律知识（knowledge of the law） (B) 独立性和客观性（independence and objectivity） (C) 曲解（misrepresentation） (D) 渎职（misconduct）
Ⅱ. 资本市场信誉（Integrity of Capital Markets）	(A) 重大非公开信息（material nonpublic information） (B) 操纵市场（market manipulation）
Ⅲ. 对客户的责任（Duties to Clients）	(A) 忠诚、审慎和谨慎（loyalty, prudence, and care） (B) 公平对待（fair dealing） (C) 适当性（suitability） (D) 业绩陈述（performance presentation） (E) 保密（preservation of confidentiality）
Ⅳ. 对雇主的责任（Duties to Employers）	(A) 忠诚（loyalty） (B) 其他报酬安排（additional compensation arrangements） (C) 作为上司的责任（responsibilities of supervisors）
Ⅴ. 投资分析、建议和行为（Investment Analysis, Recommendations, and Actions）	(A) 尽职和合理原则（diligence and reasonable basis） (B) 与客户和潜在客户的沟通（communication with clients and prospective clients） (C) 保留记录（record retention）
Ⅵ. 利益冲突（Conflicts of Interests）	(A) 冲突披露（disclosure of conflicts） (B) 交易优先权（priority of transactions） (C) 介绍费（referral fees）
Ⅶ. CFA® 会员或 CFA® 考生的责任（Responsibilities as a CFA® Institute Member or CFA® Candidate）	(A) CFA®协会各项目参与者的行为（conduct as participants in CFA® institute programs） (B) 关于 CFA®协会、CFA®名衔和 CFA®课程（reference to CFA® institute, designation, and program）

第 46 章

CFA® 职业行为准则

章节导学

知识引导

本章介绍和解释七大 CFA® 职业行为准则,每条准则包含若干细则,共 22 条细则。尽管每条细则会有其专门强调的领域,但细则之间存在相关性。本章将会归纳和总结每个细则的考点及相关性,并通过案例分析帮助考生理解 CFA® 职业行为准则的运用。

考点聚焦

本章是重点考查章节,"道德和行为准则"部分的多数题目出自本章。最常见的一种题型是案例分析题。例如,案例中描述某位 CFA® 会员或候选人的职业行为,考生需判断主人公是否违反 CFA® 职业行为准则、违反哪些细则或者如何避免违反准则。

本章框架图

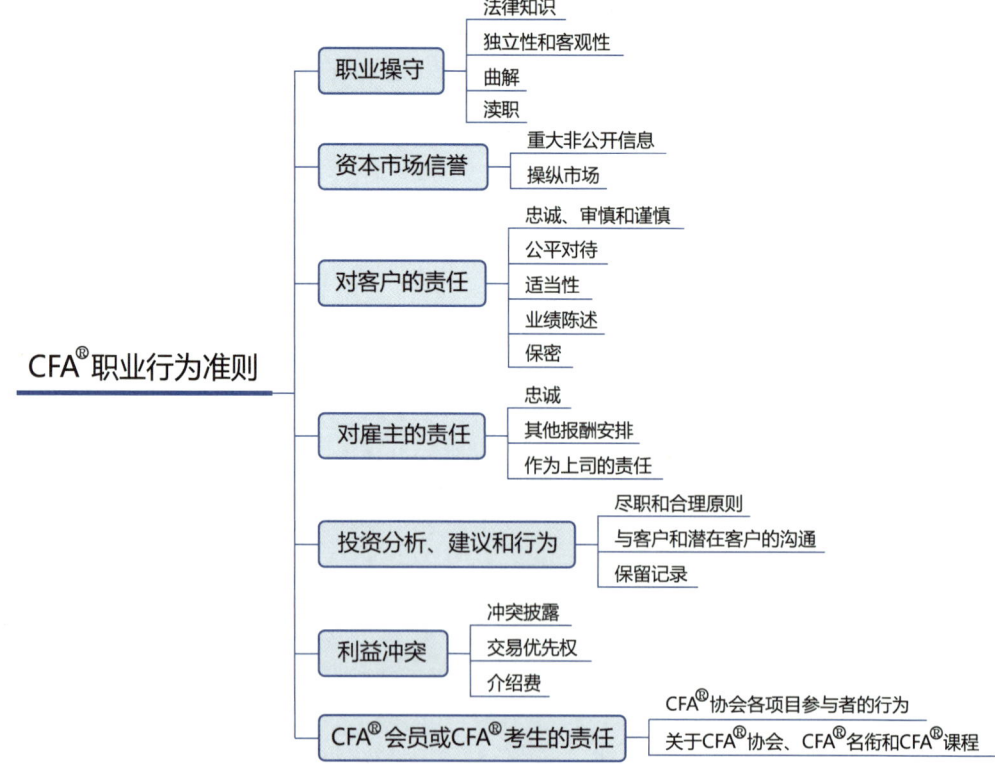

46.1 准则Ⅰ：职业操守（Professionalism）

46.1.1 Ⅰ（A）法律知识（Knowledge of the Law）

46.1.1.1 内容（Content）

（1）会员和候选人必须理解并遵守政府、监管机构、执照颁发处和职业协会出台的管理其职业行为的法律、制度、监管条例以及 CFA® 协会的道德操守和职业行为准则。

（2）当上述规定发生冲突的时候，会员和候选人必须遵守更为严格（more strict）的法律、制度或规定（包含 CFA® 协会的职业行为准则）。

（3）会员和候选人禁止故意违背或者协助他人违反法律、制度或监管条例的规定，并且必须脱离（dissociate）违反上述规定的行为。

46.1.1.2 细则指引（Guidance）

本章将每个准则的细则规定以表格的形式呈现，考生须掌握每个细则对应的具体细则指引。法律知识细则考点指引如表 46.1 所示。

表 46.1 法律知识细则考点指引表

细则指引分类	细分考点及易错点
理解法律	♦ CFA® 职业行为准则要求理解的是与职业相关的法律法规以及 CFA® 道德操守和职业行为准则
遵守法律	♦ 若公司所在地与客户所在地之间的法律相冲突，遵循更为严格的法律，将选出的更为严格的法律，再与 CFA® 职业行为准则相比较，进一步选出最为严格的规定（详见表 46.2）
发现他人违背法律法规或 CFA® 职业行为准则	♦ 向上级或者合规部门（compliance department）报告 ♦ 必须脱离违反法律和行为准则的行为，最极端情况为辞职 ♦ 该细则并未要求向政府部门举报他人违反法律法规的行为 ♦ 该细则鼓励但不要求向 CFA® 协会举报其他候选人或会员违反 CFA® 职业行为准则的行为
投资产品	♦ 了解产品发行地和销售地的法律法规 ♦ 核实销售金融产品的联营公司是否遵守相关法律法规
不需要成为法律专家	♦ 协会并没有要求会员对所有相关法律一一精通，如有需要可以咨询法律专家，但如果因为咨询错误而出现违规现象不能以"自己不是法律专家"作为辩解理由

遵守法律情况如表 46.2 所示。

表 46.2 遵守法律情况一览表

成员国家	公司所在地	客户所在地	应遵守的法律	会员应遵守
NS	LS	—	LS	行为准则
NS/LS	MS	—	MS	MS
LS	NS	—	LS	行为准则
MS	LS	—	MS	MS
LS	NS	—	LS	行为准则
LS	MS	—	MS	MS

(续表)

成员国家	公司所在地	客户所在地	应遵守的法律	会员应遵守
MS（要求遵守商业所在国法律）	LS	—	LS	行为准则
MS（要求遵守客户国家法律）	LS	LS	LS	行为准则
MS（要求遵守客户国家法律）	LS	MS	MS	MS

注：表中"NS"表示该国家没有相关法律法规；"LS"表示该国家相关法律法规不如 CFA® 行为准则严格；"MS"表示该国家相关法律法规比 CFA® 行为准则严格；"—"表示没有给出相关信息。

46.1.1.3　经典案例分析

例题 46.1

Yuan 是一名投资顾问，他的商业活动涉及三个国家。在他的居住国，相关法律并未要求从业人员持有投资顾问执照，但要求对客户尽"信托责任（fiduciary duty）"。在第二个国家，相关法律要求从业人员必须持有投资顾问执照，但不要求对客户尽"信托责任"。在第三个国家，相关法律法规要求从业人员持有投资顾问执照，又要求对客户尽"信托责任"，请问 CFA® 会员 Yuan 在哪个国家需要遵守 CFA® 职业行为准则？

名师解析

这道题考查了"法律知识"这条细则中很重要的考点：当相关法规、制度和 CFA® 职业行为准则有冲突时，要遵守其中更严格的法规、制度或 CFA® 职业行为准则。题目没有直接告诉我们每个国家的相关法律与 CFA® 职业行为准则相比哪一个更严格，我们需要根据题目的信息进行判断。CFA® 职业行为准则要求会员和候选人对客户尽"信托责任"，但并未要求持有相关从业执照。依据这个关键知识我们可以发现：Yuan 的居住国法律与 CFA® 职业行为准则相似，第二个国家的法律没有 CFA® 职业行为准则严格，第三个国家的法律比 CFA® 职业行为准则更严格。因此，Yuan 在第二个国家需要遵守更严格的 CFA® 职业行为准则。

例题 46.2

Yuan 在券商 Golden Finance 的投行部工作。Golden Finance 是某企业股票首次公开发行（IPO）的承销商。Yuan 发现该企业隐瞒了上一财年西南分公司的运营亏损，并没有在招股说明书上对该亏损进行披露。根据 CFA® 职业行为准则的要求，CFA® 会员 Yuan 该如何处理这一发现？

名师解析

该企业没有在招股说明书上披露西南分公司的亏损，这会误导投资者。根据 CFA® 职业行为准则要求，Yuan 应该向上级主管或者 Golden Finance 的合规部门（compliance department）汇报。如果主管或合规部门没有纠正此问题，Yuan 应该拒绝参与与承销相关的任何工作。需要注意，CFA® 职业行为准则并没有要求会员或候选人主动向政府部门举报（report to authorities）。

46.1.2　Ⅰ(B) 独立性和客观性（Independence and Objectivity）

46.1.2.1　内容（Content）

（1）会员和候选人在工作中必须保持独立性和客观性。

(2) 会员和候选人禁止给予、索取或接受任何可能会合理地被认为影响了其个人或他人独立性和客观性的礼物、补贴、薪酬或奖金。

46.1.2.2 细则指引（Guidance）

独立性和客观性细则指引如表 46.3 所示。

表 46.3 独立性和客观性细则指引表

细则指引分类	细分考点及易错点
买方客户 （buy-side clients）	◆ 买方（如基金经理）会从卖方（sell-side，比如券商的研究所）购买证券研究报告 ◆ 当卖方研究员对买方客户（如基金经理）所投资的证券给予卖出评级时，会导致证券价格下降，买方投资业绩下滑，投资经理的薪酬也可能会减少。因此，买方客户可能会向卖方研究员施压。卖方研究员必须拒绝施压，保持独立性和客观性
基金管理者和托管商的选择 （selection of fund manager and custodian）	◆ 养老金（pension funds）或其他机构客户（institutional clients）的有关人员在选择基金管理人和托管商时应该保持独立性，不接受礼物 ◆ 有关人员应谨慎地参加这些机构为推销自己而举办的各种宣传或讲座活动
业绩归因 （performance attribution）	◆ 负责投资业绩分析和归因的专业人员要独立做出判断，避免内部和外部的干扰
上市公司 （public companies）	◆ 上市公司通常不接受股票研究员的负面评级：一方面是因为公司的公众形象会受到影响，另一方面是因为管理层所持的股票会贬值。因此，上市公司可能会影响研究员的独立性，甚至报复给予负面评级的研究员（例如，禁止其参加有关电话会议或管理层报告等重要活动）。但是，面对施压和报复，研究员不能妥协
投行业务关系 （investment banking relationships）	◆ 通常券商内部会设有投行部门及研究部门，由于证券发行企业是投行部门的客户，当券商研究员对雇主承销的证券进行研究时，投行部门相关人员可能会要求研究员对客户公司的证券给予正面评级，研究员不能妥协 ◆ 研究员的薪酬不能与投行部业绩直接挂钩 ◆ 研究员需要披露相关利益冲突 ◆ 在投行部和研究部之间建立防火墙（firewall）
信用评级机构 （credit-rating agencies）	◆ 债券评级机构给出的债券评级会影响债券发行方的融资成本或债券价格，评级人员必须保证独立性和客观性
发行方付费研究报告 （issuer-paid research）	◆ 一些上市公司为了提升关注度，会花钱雇用研究员写研报。这类发行方付费的研报并不是纯粹的独立报告。要求： （1）研究员披露利益冲突。 （2）预先确定报酬可以对研究报告收取固定费用（flat fee）。**尤其注意，报酬不能和研究报告的结果相关**
差旅费用 （travel funding）	◆ 研究员去上市公司做尽职调查（due diligence），不能让上市公司支付差旅费用。要求： （1）最好的方式是自己或雇主公司支付差旅住宿费用。 （2）如果是去缺乏公共交通的偏远地区做尽职调查，可以接受对方安排的普通的商务招待，但必须披露给雇主公司和购买研报的客户。如果题目出现"distant""remote""far away""not easily accessible""out of the way"等词汇，说明是偏远地区

(续表)

细则指引分类	细分考点及易错点
礼物/利益的特例 (exception to gifts/benefits)	• 不能接受任何影响独立性、客观性的贵重礼物或招待安排,但存在以下特例: (1) 可以接受价值不高的礼物或一般性的商务招待,但必须披露。题目中如果出现"token items"或"customary ordinary business-related entertainment",说明可以接受。注意,由于国家的经济发展水平和风俗习惯存在差异,CFA®协会并没有规定礼物价值和招待标准。但是,国家相关法律和公司规定可能会制定具体的标准。 (2) 可以接受客户提供的礼物或好处,无论礼物价值的高低,此类礼物或好处被看成其他报酬(additional compensation),需要向雇主披露。 • 总结:调研对象的贵重礼物不能收;客户的礼物可以收(看作客户对工作的奖励),但必须披露

46.1.2.3 经典案例题分析

例题 46.3

Yuan 是投资银行 Golden Finance 研究部的一名研究员。经过深入研究,Yuan 相信上市公司 M&S 的股票目前是被高估的。M&S 与 Golden Finance 投行部有着长期良好的业务关系,Golden Finance 参与了 M&S 过去 10 年的所有并购交易。实际上,M&S 正在考虑是否聘用 Golden Finance 作为其近期股票增发的承销商。由于担心 Yuan 的研究报告会破坏 M&S 与 Golden Finance 投行部的良好关系,投行部主管要求 Yuan 改变研究推荐。CFA® 会员 Yuan 应该如何回应投行部主管的要求?

名师解析

此案例表明投资银行的投行部与研究部之间存在利益冲突。上市公司 M&S 是投行部的客户,故而投行部希望维护与 M&S 的良好合作关系。但身为研究员,Yuan 必须坚守其研究工作的独立性和客观性,任何来自公司内部或外部的压力都不应影响其研究结果。因此,Yuan 应该拒绝投行部主管的要求,要遵守更严格的 CFA® 职业行为准则。

例题 46.4

Yuan 是投资银行 Golden Finance 研究部的一名研究员。Yuan 受邀去参访一家上市矿产公司位于内蒙古偏远地区的采矿场。上市公司主动提出支付 Yuan 的所有差旅费用,包括从上海到呼和浩特的机票以及从呼和浩特到采矿场的交通安排。当 Yuan 完成参访之后,上市公司为 Yuan 安排了呼伦贝尔精品游,并支付了所有旅行费用。请问 CFA® 会员 Yuan 的哪些行为是不恰当的?

名师解析

此案例涉及差旅安排和额外好处。身为研究员,Yuan 应该保持其研究的独立性和客观性,不受上市公司的影响。Yuan 只能接受偏远地区的差旅安排和一般性的商务招待或好处。呼和浩特并不偏远,Yuan 不应接受从上海到呼和浩特的机票。但是,Yuan 可以接受从呼和浩特到偏远采矿场的交通安排(但需要向雇主和客户披露)。同时,呼伦贝尔精品游已经超出了一般商务招待的范畴,Yuan 不能接受上市公司的旅行费用支付。

46.1.3 I(C)曲解(Misrepresentation)

46.1.3.1 内容(Content)

会员和候选人在投资分析、建议、行动或其他职业活动中禁止做出一些不符合事实的、有部分信息遗漏的或者具有误导性的表述。

> **知识一点通**
>
> 在职业活动中做出的表述要完整,不能故意隐瞒,同时要真实,不能作假,不能夸张或扭曲。

46.1.3.2 细则指引(Guidance)

曲解细则指引如表46.4所示。

表46.4 曲解细则指引表

细则指引	细分考点及易错点
资历和服务 (qualifications and services)	♦ 禁止夸大自身或雇主公司所拥有的资历和可以提供的服务。比如,某投资经理实际只擅长股票投资,但他告诉客户自己也擅长债券投资。注意:除非题目中有明确说明,通常情况下,若题目出现与"we can provide all the services that you need"类似的表述,则违反了该细则 ♦ 不可以夸大自己的教育或职业背景、头衔和执业资格。比如,某CFA®会员的最高学历是硕士,但欺骗客户他有博士学位
业绩报告 (performance reporting)	♦ 准确(accurate):不能扭曲历史业绩 ♦ 除非题目给出明确证据(比如持有到期的零票息短期国债),一般禁止承诺风险投资产品的未来回报 ♦ 禁止用过去的业绩表明未来也可以取得相似的业绩 ♦ 完整(complete):报告业绩的时候不能只挑业绩优异的基金向客户展示 ♦ 要报告已经被清算和终止的账户(terminated/liquidated accounts) ♦ 使用适当的指数作为业绩比较基准
隐瞒 (omissions)	♦ 禁止遗漏量化模型的重要参数 ♦ 禁止将模型的结果陈述为事实 ♦ 禁止遗漏与其他利益相关方真实关系的披露
剽窃 (plagiarism)	♦ 禁止在未注明资料来源或作者身份的情况下抄袭或使用他人编写的材料 ♦ 从专业杂志或者平台上获得的信息,引用要标明**第一作者**。例如,使用在《华尔街日报》上看到某知名研究员的研究报道,第一作者是该知名研究员而不是《华尔街日报》 ♦ 使用自己公司的同事(甚至是已经离职的)的成果,并不算抄袭,因为这些成果是公司财产 ♦ 使用公共机构公开发布的信息或数据不算是抄袭。例如,股票价格、失业率、GDP值、通货膨胀值等

46.1.3.3 经典案例题分析

例题 46.5

分析师 Yuan 最近阅读了其他公司分析师发表的关于一家上市公司的深度研究报告。Yuan 非常认同该分析师的观点,于是在自己的研究报告中引用了该同行收集的数据和信息,但并未注明来源,请问 CFA® 会员 Yuan 是否违反了 CFA® 职业行为准则?

名师解析

这是抄袭行为,Yuan 违反了曲解(Misrepresentation)这一细则。当使用他人的研究成果或观点时,必须给予注明。但是,如果引用同事的研究成果或公认机构公布的公开信息不算抄袭。

例题 46.6

Yuan 是投资管理公司 Golden Finance 的理财顾问实习生。在接待一位潜在高净值客户时,Yuan 告诉该潜在客户"我们是业内的知名投资公司,能提供任何您需要的产品和服务。过去 10 年,我们的平均年化投资回报率超过 15%,明显高于行业平均水平。身为高级理财顾问,我能向您提供专业的理财服务"。实际上,Golden Finance 过去 10 年的年化投资回报率低于 10%。请问 CFA® 会员 Yuan 是否违反了 CFA® 职业行为准则?

名师解析

Yuan 违反了曲解(Misrepresentation)这一细则。CFA® 会员和候选人不得作出关于服务范畴、投资业绩和资历的不当陈述。Golden Finance 是一家投资管理公司,而 Yuan 却向客户保证能提供任何客户所需的服务,这是关于服务范畴的错误陈述。同时,由于 Golden Finance 过去 10 年的年化投资回报率低于 10%,因而 Yuan 夸大了实际历史投资回报率。此外,Yuan 只是实习生,但他却告诉客户自己是高级理财顾问,这是关于资历的错误陈述。

46.1.4 Ⅰ(D)渎职(Misconduct)

46.1.4.1 内容(Content)

会员和候选人禁止有不诚信的、欺骗的(deceitful)或是欺诈(fraud)的职业行为,并且禁止做出任何会对职业形象、职业信用或职业能力有负面影响的行为。

46.1.4.2 细则指引(Guidance)

渎职细则指引如表 46.5 所示。

表 46.5 渎职细则指引表

细则指引	细分考点及易错点
职业生涯 (professional life)	◆ 该细则规范会员和候选人的职业行为,与职业道德无关的个人行为不算渎职。例如,由于政治、文化、宗教信仰等参加游行抗议而被拘,虽然违反当地治安条例,但不违反本细则 ◆ 工作不尽职尽责是渎职。例如,研究员在缺少足够研究和依据的情况下,胡乱得出研究结论
渎职与法律	◆ 渎职行为不一定违法。例如,上班期间酗酒的行为通常不违法,但属于渎职 ◆ 违法行为不一定属于渎职。例如,闯红灯违反交通法规,但不一定属于渎职

(续表)

细则指引	细分考点及易错点
个人破产 (personal bankruptcy)	◆ 由于职业行为不端导致的个人破产,属于渎职,违反本细则。例如,参与内幕交易被处以巨额罚款导致个人破产,属于渎职 ◆ 由于工作以外的个人原因导致的个人破产,不属于渎职,不违反本细则。例如,支付不起巨额的医疗费用申请个人破产,不属于渎职
欺骗/欺诈/偷窃	◆ 诚信是投资从业人员的重要品质,无论是否与职业相关,会员和候选人的任何欺骗、欺诈和偷窃行为一概属于渎职。例如,恶意使用信用卡套现

46.1.4.3 经典案例题分析

例题 46.7

Yuan 在基金公司 Golden Finance 担任基金经理,由于工作的强度高,Yuan 习惯在工作的午间休息时间到公司附近的酒吧喝几杯以缓解工作压力。有几次,同事和客户发现 Yuan 到办公室时已有醉意。请问 CFA® 会员 Yuan 是否违反了 CFA® 职业行为准则?

名师解析

Yuan 违反了渎职(misconduct)这一细则。上班期间过量饮酒有损其专业形象,客户也会质疑其工作能力。同时,此行为不仅有损其个人声誉,也会损坏雇主声誉。

例题 46.8

Yuan 是私募基金公司 Golden Finance 的研究员。听闻居住的社区附近要建垃圾处理厂,Yuan 与社区住户一起到垃圾厂的建设工地进行游行抗议。Yuan 最近还碰见一件烦心事,一家竞争公司投诉 Yuan 没有公布其 8 年前的个人破产。8 年前,Yuan 依靠助学贷款完成了学业。但刚工作没多久,其母亲住院做手术花光了 Yuan 的所有积蓄,以至 Yuan 不能按时偿还助学贷款,不得不申请个人破产。请问 CFA® 会员 Yuan 是否违反了 CFA® 职业行为准则?

名师解析

Yuan 没有违反 CFA® 职业行为准则。参加抗议修建垃圾处理厂的游行活动属于与工作无关的个人行为,没有违反渎职(即使抗议违法,也不属于渎职)。此外,Yuan 的个人破产并未涉及任何不诚信的欺骗行为,尽管没有披露给雇主和客户,但不违反渎职这一细则。

46.2 准则Ⅱ:资本市场信誉(Integrity of Capital Market)

46.2.1 Ⅱ(A)重大非公开信息(Material Nonpublic Information)

46.2.1.1 内容(Content)

会员和候选人在掌握足以影响标的资产价格的重大非公开信息的情况下,禁止自己使用或让他人使用这个重大非公开信息来交易获利。

> **知识一点通**
>
> 会员和候选人既不能使用重大非公开信息为自己、雇主或他人获利,也不能擅自泄漏重大非公开信息。

46.2.1.2 细则指引（Guidance）

重大非公开信息细则指引如表46.6所示。

表46.6 重大非公开信息细则指引表

细则指引	细分考点及易错点
重大（material）的含义	◆ 一旦披露会对证券价格产生影响的信息，或者是理性投资者希望在做投资决定前掌握的信息 ◆ 信息来源可靠 ◆ 包括但不限于：公司盈利；收购兼并；资产处置；产品制作流程和新发明；公司获取产品许可证、专利、注册商标；公司管理层变更；法律纠纷
非公开（nonpublic）的含义	◆ 还未向公众披露的信息，包括只向某一群体披露的信息 ◆ 社交媒体或互联网上的信息不一定是公开消息。例如，会员制网站上的部分信息只针对会员，就不算公开信息 ◆ 工作期间获取的重大非公开信息只能用于工作本身，不能用于个人和协助他人交易获利。例如，向客户公司提供兼并收购咨询服务期间获得的非公开信息不能泄漏给不相关的个人或组织
马赛克理论 （Mosaic theory）	◆ 通过分析重大公开信息（material and public information）和非重大非公开信息（nonmaterial and nonpublic information）得到的与事实相符的结论并不违反该细则 ◆ 例如，某研究员通过重大公开信息和非重大非公开信息准确地预测出两公司合并，此行为并不违反此细则
行业专家	◆ 研究员可以在写研究报时，咨询行业专家获得相关信息，但必须判断相关信息是否为重大非公开信息，若是，则不能自己或协助他人使用该信息进行交易获利

46.2.1.3 经典案例题分析

> **例题 46.9**
>
> Yuan 是投资银行 Golden Finance 的研究员。在对上市公司 Super Stores 做尽职调查时，Super Stores 的 CEO 告诉 Yuan 公司上一财年的利润远超市场预期。回到办公室后，Yuan 在网上搜索关于 Super Stores 上一财年的财务报告，并未发现任何相关披露。Yuan 在研究报告中公布了 Super Stores 的利润数据，并向客户推荐买入 Super Stores 股票。请问 CFA® 会员 Yuan 是否违反了 CFA® 职业行为准则？
>
> **名师解析**
>
> Yuan 违反了重大非公开信息这一细则。既然 Yuan 在互联网上没有搜索到相关披露，说明 Super Stores 的上一财年的利润数据是重大非公开信息，Yuan 不能在 Super Stores 未向市场公布前使用该信息。

> **例题 46.10**
>
> Yuan 在北京出差期间，在一家有名的餐厅就餐时，看见靠窗的座位上坐着两位客人。Yuan 之前在工作场合碰见过这两位客人，他们是两家互联网公司的创始人。尽管 Yuan 没有听到这两位创始人的谈话内容，但 Yuan 凭直觉怀疑这两家公司可能会合并。回到上海办公室后，Yuan 收集了相关公开信息，虽然这两家公司从建立至今收获了用户良好的口碑，但由于激烈的市场竞争，各自的发展均面临瓶颈。在完全深入研究后，Yuan 向客户推荐买入这两家互联网公司的股票。一个月后，这两家互联网公司正式向市场公布刚刚完成的合并谈判，两家公司的股票当日随即涨停。请问 CFA® 会员 Yuan 是否违反了 CFA® 职业行为准则？

名师解析

此案例涉及马赛克理论(Mosaic theory)。Yuan 在餐厅看见两位创始人就餐时,没有听见他们的谈话内容,这属于非重大非公开信息。之后,Yuan 通过收集和研究公开信息最终成功预测了这两家互联网公司的合并交易。Yuan 的研究结论并未依靠任何重大非公开信息,所以 Yuan 没有违反 CFA® 职业行为准则。

46.2.2　Ⅱ（B）操纵市场（Market Manipulation）

46.2.2.1　内容（Content）

会员和候选人禁止通过扭曲市场价格或者人为做大交易量的方式误导其他市场参与者。

知识一点通

操纵市场指以获取利益或减少损失为目的,利用资金、信息等优势,影响证券市场价格、制造证券市场假象、误导投资者以及扰乱证券市场秩序的行为。

46.2.2.2　细则指引（Guidance）

操纵市场细则指引如表 46.7 所示。

表 46.7　操纵市场细则指引表

细则指引	细分考点及易错点
基于市场信息的操纵 （information-based）	♦ 散播谣言或不真实信息误导市场参与者 ♦ 题目中如出现"rumors""false/untrue information"等关键词,通常违反此细则
基于交易手段的操纵 （transaction-based）	♦ 通过非法交易手段操纵交易量和价格。例如,期货市场中采用的"逼仓"就是一种市场操纵手段 ♦ 合规的交易策略不是市场操纵。例如,卖空（short selling）、大宗交易（block trading）、套利（arbitrage）等

46.2.2.3　经典案例题分析

例题 46.11

Yuan 是一名专职投资者。在卖空某上市公司股票后,Yuan 在微博个人账号上散布这家公司海外投资失败的谣言,导致这家公司的股票价格大跌。请问 CFA® 会员 Yuan 是否违反了 CFA® 职业行为准则?

名师解析

Yuan 通过散布不真实的谣言误导投资者,扰乱了证券市场秩序,违反了操纵市场（market manipulation）这一细则。

> **例题 46.12**
>
> Yuan 是基金公司 Golden Finance 的基金经理,手上管理着三只创业板基金。Yuan 通过在这三只基金之间重复买入和卖出某只创业板股票,最终吸引其他投资者也买入该股票。当股票价格因受到市场关注而上涨后,Yuan 随即卖出该股票并收获超过 50% 的投资收益。请问 CFA® 会员 Yuan 是否违反了 CFA® 职业行为准则?
>
> **名师解析**
>
> Yuan 通过在其管理的三只基金之间买卖股票,造成该股票交易活跃的市场假象,误导了其他投资者,并从中收获可观收益。因此,Yuan 违反了操纵市场(market manipulation)这一细则。

46.3 准则Ⅲ:对客户的责任(Duties to Clients)

46.3.1 Ⅲ(A)忠诚、审慎和谨慎(Loyalty,Prudence,and Care)

46.3.1.1 内容(content)

(1)会员和候选人对客户有忠诚的责任,并且在进行投资活动的时候要以合理审慎的判断作为依据。

(2)会员和候选人必须做到客户利益至上,将客户利益放在雇主和自己的利益之前。

> **知识一点通**
>
> 会员和候选人对客户应尽信托责任(fiduciary duties),尽职尽责,客户利益优先。然而,客户利益至上的原则不能违背资本市场诚信的原则。例如,对客户忠诚并不意味着包庇客户的违法行为。

46.3.1.2 细则指引(Guidance)

忠诚、审慎和谨慎细则指引如表 46.8 所示。

表 46.8 忠诚、审慎和谨慎细则指引表

细则指引	细分考点及易错点
识别真正的客户 (identifying the actual clients)	◆ 对于养老基金和信托基金管理者,客户是养老金和信托基金受益人(beneficiaries),而非聘用该管理者的个人或实体 ◆ 为个人、家族或机构管理资产时,该个人、家族或机构就是客户 ◆ 管理集合投资工具——比如共同基金(mutual fund)——时,很难确定具体客户的身份和情况。此时应按照该产品的投资目标、限制、策略和要求进行管理
为客户创建投资组合 (developing portfolios for clients)	◆ 投资推荐与交易必须与客户的目标和状况相匹配 ◆ 要关注会员和候选人或其雇主公司与客户的利益冲突,尽量避免利益冲突。如果不能避免,应向客户披露利益冲突。例如,若会员因向客户推荐其他公司或个人的产品或服务时收到好处费,应事先向客户披露 ◆ 从客户总体的投资组合的角度做出投资决策。这里的总投资组合包括客户的所有财产,如不动产、证券和实业等

(续表)

准则指引	细分考点及易错点
软佣金政策 (soft commission policies)	♦ 投资经理通常可以自由选择执行交易的经纪人(broker)，并向其支付佣金。而投资经理支付给经纪人的佣金，实际来源于客户支付给投资经理的佣金。经纪人为了保证自己的竞争力，通常在提供交易服务的同时，还会提供给投资经理额外的服务。这种额外的服务通常被称为"软美元"(soft dollar)或"软佣金"(soft commission)。所以，简单来说，软美元是指客户支付的佣金的返佣 ♦ 软美元属于客户的资产，因此，软美元必须使客户受益。例如，若使用客户佣金的反佣购买的研究报告有助于管理客户资产，则购买此研究报告是正确的软美元使用方法；但若会员使用客户佣金的反佣支付个人CFA®考试费用，则是错误的软美元使用方法 ♦ 客户指定经纪费(client directed brokerage)，即客户对于直接指定经纪商的行为有明确的要求。没有违反CFA®职业行为准则 ♦ 当会员和候选人为客户选择经纪人时，要考虑以下两方面： (1) 是否能提供最佳的交易执行(best trade execution)。 (2) 交易费是否最合理(best transaction costs)。注意：交易速度越快、成交价格对客户越有利(低价买入，高价卖出)，交易执行能力越强。最合理的交易费是指如果两个经纪人的交易执行能力一样，选择交易费用较低的经纪人 ♦ 软美元(soft dollar)、软经纪费(soft brokerage)与软佣金(soft commission)是同义词
代理投票 (proxy voting)	♦ 代理投票指会员和候选人在客户授权下代替客户行使股票表决权，所以在行使代理投票权的时候，必须站在客户利益的角度进行投票 ♦ 虽然行使表决权与客户利益相关，但也会产生成本。例如，去股东大会举办地的差旅费和相关调查研究费用。在行使代理投票前，应进行成本收益分析(cost-benefit analysis)。当成本大于收益时，不应行使代理投票。因此，若在题目中看见"participate in all proxy votings"，该表述通常是错误的

46.3.1.3 经典案例题分析

例题 46.13

Golden Finance是M&S公司养老金计划的受托人。Yuan在Golden Finance担任投资经理。最近M&S正面临竞争公司恶意收购的威胁。为了抵挡恶意收购，M&S管理层劝说Yuan在二级市场为该公司的员工养老金账户买入M&S股票。尽管Yuan认为M&S股票的当前价位被高估，正常情况下不会买入，但他担心失去M&S养老金计划的受托人资格。于是，Yuan买入了大量M&S股票，导致股价进一步上涨，最终M&S的竞争公司放弃了收购计划，请问CFA®会员Yuan是否违反了职业行为准则？

名师解析

Yuan违反了忠诚、审慎和谨慎(loyalty, prudence, and care)细则。Yuan的真正客户是M&S员工(M&S的养老金计划受益人)，而非M&S管理层。Yuan需要站在养老金受益人的利益角度做出独立客观的投资决策。既然Yuan相信M&S的股价被高估而不适合投资，买入M&S股票就是不负责任且不谨慎的投资决定。同时，由于Yuan的投资决策受到M&S管理层的影响，Yuan也违反了独立性和客观性(independence and objectivity)这一细则。

例题 46.14

Yuan为客户管理股票投资，客户的投资组合只包括境内股票。Yuan不仅用软美元购买了一份关于境外股票市场的研究报告，还购买了一台高档咖啡机用于招待客户。此外，Yuan通过两家经纪人Number One和Top One为客户执行股票交易。其中，Number One收取的经纪费比其他经纪人高，也不能提供最佳的交易执行，但会为Yuan的个人股票交易提供经纪费折扣。Top One 的经纪费比 Number One 低,且能提供最佳交易执行。请问 CFA® 会员 Yuan 是否违反了 CFA® 职业行为准则?

名师解析

此案例涉及软美元(soft dollar)和选择经纪人(selection of brokers)的考点。软美元是客户资产,要以服务客户利益为使用目的。由于客户的投资组合只包括境内股票,所以用客户的经纪费购买境外股票市场的研究报告不是软美元的正确使用方法。同样,尽管购买咖啡机美其名曰是为了招待客户,但不能用软美元购买,Yuan 或者其雇主应自行承担购买费用。此外,Yuan 不应为了个人利益而选择不合适的经纪人。经纪人 Number One 不仅收取高昂的经纪费,还不能为客户提供最佳交易执行(best trade execution)。因此,选择 Number One 也违反了忠诚、审慎和谨慎(loyalty, prudence, and care)准则。相反,Top One 符合"best trade execution"和"best transaction execution"标准,该选择没有违反 CFA® 职业行为准则。

46.3.2　Ⅲ(B)公平对待(Fair Dealing)

46.3.2.1　内容(Content)

会员和候选人在提供投资分析、作出投资建议、采取投资决策或者其他活动的时候要公平、客观地对待所有的客户。

> **知识一点通**
>
> 会员或候选人要公平对待所有客户,不能歧视任何客户。需要明确的是,公平(fair)不等于平等(equal)。每个客户有其特有的需求和目标,可以根据客户额外支付的报酬提供更深度和个性化的投资服务,但是必须披露这个服务的安排且不能够对其他客户产生负面影响。

46.3.2.2　细则指引(Guidance)

公平对待细则指引如表 46.9 所示。

表 46.9　公平对待细则指引表

细则指引	细分考点及易错点
投资建议 (investment recommendations)	◆ 成员和考生在提供投资建议时,需公平对待所有客户。例如,将投资建议先告知大客户,再告知小客户,则违反此细则 ◆ 可以使用不同的方式沟通,如 email、电话、视频会议等 ◆ 如果存在不公平对待客户的现象,即使客户同意,也违反此细则 ◆ 更新投资建议时,要及时告知客户,保证他们有利用此建议公平地进行决策的机会 ◆ 如果客户没有意识到投资建议的变化,应当在接受其交易订单前告知投资建议的变化
投资行为 (investment actions)	◆ 给客户做投资要考虑客户的目标和状况 ◆ 当证券发行出现超额认购时(oversubscribed),应按照客户申购资金比率(prorated based on order size)进行公平分配,并非按照客户资产比率(prorated based on asset size)进行分配 ◆ 为了保证客户的投资需求,会员和候选人自己不得参与交易 ◆ 若亲属是客户,也要视为普通客户,需要做到一视同仁。例如,投资经理的哥哥是他的一名普通客户,该经理为了避嫌,先给所有其他客户做交易,最后才给自己的哥哥做交易,则违反该细则

46.3.2.3 经典案例题分析

例题 46.15

Yuan 是一名投资经理。在为客户账户分配股票时,Yuan 总是先将股票分配给大客户,再将剩余的股票分配给小客户。所有客户都在授权书上署名并同意 Yuan 的股票分配做法。请问 CFA® 会员 Yuan 是否违反了 CFA® 职业行为准则?

名师解析

尽管客户在授权书上署名并同意 Yuan 的股票分配做法(这是题目中常出现的陷阱信息),但这改变不了 Yuan 区别对待客户这一事实。无论是大客户还是小客户,只要满足适合性投资原则,都应公平对待。因此,Yuan 违反了公平对待(fair dealing)这一细则。

例题 46.16

Yuan 是 Golden Finance 是一名研究员。最近 Yuan 更新了上市公司 M&S 的投资评级,将其从原来的"买入"调整到"卖出"。Yuan 的岳母是 Golden Finance 的客户。由于担心其他客户质疑其职业操守,Yuan 将投资建议先披露给其他客户后才告知岳母。按公司规定,Yuan 通过电子邮件披露投资建议,一位客户由于没有查看电子邮件所以并不知道投资建议已经更新。这位客户要求 Yuan 继续买入 M&S 股票,Yuan 立即为此客户执行了买入订单。请问 CFA® 会员 Yuan 是否违反了 CFA® 职业行为准则?

名师解析

Yuan 违反了公平对待(fair dealing)这一细则。既然岳母是客户,Yuan 应一视同仁,既不能优待也不能歧视岳母。此外,由于客户没有意识到投资建议已改变,在接受客户交易请求前,Yuan 应提醒客户。

46.3.3 Ⅲ(C)适当性(Suitability)

46.3.3.1 内容(Content)

当会员和候选人向客户提供投资咨询或管理服务的时候,他们必须:

(1)在做出投资建议或是进行投资之前,仔细调查客户或者潜在客户的投资经验、风险和收益目标以及一些财务方面的限制条件,并且必须定期评估,更新这些信息。

(2)在做出投资建议或是进行投资之前,确定投资与客户的财务状况、目标、委托和限制条件相一致。

(3)基于客户的整个投资组合判断其投资的适当性。

在会员和候选人负责管理特定的投资组合期间,给出投资建议或进行投资时,必须和投资组合的目标以及限制条件相匹配。

> **知识一点通**
>
> 虽然每个客户的情况不尽相同,但是要确保投资建议适合客户。不合适的投资建议即使能让客户获利,仍然违反适当性原则。

46.3.3.2 细则指引（Guidance）

适当性细则指引如表 46.10 所示。

表 46.10 适当性细则指引表

细则指引	细分考点及易错点
撰写投资政策说明 （developing IPS）	◆ 根据客户信息写 IPS(investment policy statement) ◆ 从投资组合的整体角度判断具体的投资标的是否合适 ◆ 如果客户拒绝提供相关信息（例如，个人风险偏好等），仍可基于客户所提供的信息管理客户资产 ◆ 严格按照 IPS 进行投资，建议至少每年或发生重大投资变化之前更新 IPS
管理集合资产 （managing pooled assets）	◆ 共同基金（mutual fund）应严格按照委托要求（mandate）来管理，无须考虑单个客户的适当性 ◆ 单个客户应根据自身需要和基金信息自行决定适当性
客户提出不当投资要求的时候 （addressing unsolicited trading requests）	◆ 若对客户的投资组合影响不大，在提醒客户后，可以遵从客户的要求； ◆ 若对客户的投资组合影响重大，则要求更新 IPS，如果客户拒绝更新 IPS，就要考虑是否终止投资顾问关系

46.3.3.3 经典案例题分析

例题 46.17

Yuan 是投资管理公司 Golden Finance 的理财顾问。为了给潜在客户制定投资方案，Yuan 询问潜在客户的投资经验、财务情况、风险和回报目标。尽管潜在客户告诉 Yuan 他有丰富的投资经验，但却不愿意透露其风险偏好。请问 CFA® 会员 Yuan 如何处理该潜在客户的回应？

名师解析

尽管适当性（suitability）要求会员和候选人在为客户制定投资方案或采取投资行动前先了解客户的具体信息和情况（财务状况、风险和回报目标、投资经验等），但是否提供这些信息取决于客户。Yuan 仍然可以基于客户所提供的相关信息为客户提供投资建议，但需要提醒客户不完整的信息会影响投资建议的适当性。

例题 46.18

Yuan 是投资管理公司 Golden Finance 的理财顾问，为客户李明管理证券投资账户。由于李明已退休，他希望投资账户在保证本金安全的同时能为其提供稳定的投资收益。某日，Yuan 通过同事了解到一家在创业板上市的公司即将完成一笔收购交易。收购交易的信息一旦被公布，股票价格极可能上涨。因此，Yuan 为李明的投资账户买入了这只股票。请问 CFA® 会员 Yuan 是否违反了 CFA® 职业行为准则？

名师解析

Yuan 同时违反了适当性（suitability）和重大非公开信息（material nonpublic information）准则。客户希望在保本的同时能够获得稳定的投资收益，说明客户的投资风险偏保守。创业板股票是高风险投资，因此，并不适合该客户。同时，收购交易还未向市场公布，这是重大非公开信息，不能利用该信息做出任何投资交易。

46.3.4 Ⅲ（D）业绩陈述（Performance Presentation）

46.3.4.1 内容（Content）

在陈述业绩信息的时候，会员和候选人必须保证这些信息是公正、准确以及完整的。

> **知识一点通**
>
> 对于此细则，会员和考生要注意以下几点：
> (1) 不能扭曲实际业绩。
> (2) 不能只披露优异的业绩而遗漏不良的业绩。
> (3) 不能遗漏已被终止或清盘账户的业绩。
> (4) 不能向客户承诺风险投资产品的未来业绩。
> (5) 如果违反业绩陈述（performance presentation）细则，一定也违反曲解（misrepresentation）细则。

46.3.4.2 细则指引（Guidance）

表现介绍细则指引表如表46.11所示。

表 46.11 表现介绍细则指引表

细则指引	细分考点及易错点
准确性 （accuracy）	◆ 不可以错误地陈述业绩 ◆ 不可以用过去的业绩暗示未来的业绩 ◆ 除非特别说明（例如给客户购买持有到期的零息短期国债），否则不可以向客户承诺将来的收益
完整性 （complete）	◆ 披露业绩时不能选择性披露 ◆ 陈述业绩的时候要包含已被终止或者是清盘的账户（terminated/liquidated accounts）

46.3.4.3 经典案例题分析

例题 46.19

Yuan是投资公司Golden Finance的理财顾问。Yuan告诉一名潜在客户：Golden Finance旗下的一只股票基金拥有傲人的投资回报记录，该基金过去3年的年化投资回报率均超过25%。但是，Yuan没有将这只基金在3年前由于激进的投资策略曾经遭受过巨额亏损的事实告诉客户。Yuan同时还向客户承诺无论投资Golden Finance的任何基金产品，均能保证至少10%的投资回报率。请问CFA®会员Yuan是否违反了CFA®职业行为准则？

名师解析

Yuan同时违反业绩陈述（performance presentation）细则和曲解（misrepresentation）细则。在展示投资业绩时，应确保信息是正确和完整的。Yuan没有告知潜在客户Golden Finance旗下的这只股票基金过去曾经遭受巨额亏损的事实。因此，这些信息没有满足完整性原则。同时，Golden Finance旗下管理的基金是风险投资，不能向客户做出投资回报的承诺。除非该基金保证：如果实际回报率低于10%，公司自掏腰包补偿客户。

46.3.5　Ⅲ（E）保密（Preservation of Confidentiality）

46.3.5.1　内容（Content）

会员和候选人不能泄漏以前、当前和潜在客户的信息，除非：
(1) 客户涉及违法事件。
(2) 法律要求披露信息。
(3) 客户同意披露信息。

> **知识一点通**
>
> 此细则强调客户信息保密。如果泄漏客户的重大非公开信息，既违反保密（preservation of confidentiality）细则，也违反重大非公开信息（material nonpublic information）细则。但是，如果泄漏的不是客户信息（例如，泄漏雇主信息），则没有违反此细则。

46.3.5.2　细则指引（Guidance）

保密细则指引如表 46.12 所示。

表 46.12　保密细则指引表

细则指引	细分考点及易错点
客户的状态	● 会员和考生应该保护所有客户的信息，包括前客户（former clients）、当前客户（current clients）及潜在客户（potential clients）
客户涉及非法活动	● 如果信息涉及客户进行违法活动的证据，可以披露
法律要求	● 如果法律要求披露，那么在客户违法的前提下，可以披露 ● 如果法律明确禁止披露客户信息，那么即使客户违法，也不能披露。例如，瑞士银行保密制度规定银行为客户保密
客户同意披露	● 客户同意披露，可以披露
协助CFA®协会调查	● 当客户是CFA®会员或候选人，在当地适用的法律法规没有明确禁止的情况下，配合协会调查客户时披露客户信息没有违反此细则

46.3.5.3　经典案例题分析

> **例题 46.20**
>
> Yuan 是一名基金经理，他的一位客户是上市公司 M&S 的 CEO。在与这位客户打高尔夫时，Yuan 获知 M&S 最近的新产品出现了严重技术缺陷，预计产品上市时间会大幅延后，但外界还不了解这些情况。Yuan 随后通知客户卖出 M&S 股票。请问 CFA® 会员 Yuan 是否违反 CFA® 职业行为准则？
>
> **名师解析**
>
> Yuan 同时违反了保密细则（preservation of confidentiality）和重大非公开信息（material and nonpublic information）细则。CFA® 会员和候选人不能向任何不相关人士或组织泄露客户信息，除非涉及客户的违法调查、客户同意披露，或者法律明确要求披露。Yuan 通知客户卖出 M&S 股票，属于内幕交易，违反了重大非公开信息细则。

例题 46.21

Yuan 的一位客户也是 CFA® 持证人,最近 CFA® 协会正在针对该客户的职业行为投诉展开调查。CFA® 协会联系 Yuan,希望能获知该客户的相关信息。请问 CFA® 会员 Yuan 是否可以向 CFA® 协会披露客户信息?

名师解析

保密细则(preservation of confidentiality)没有禁止会员和候选人配合 CFA® 协会针对的调查。Yuan 如果向 CFA® 协会披露客户信息,没有违反保密细则(preservation of confidentiality)。

46.4 准则Ⅳ:对雇主的责任(Duties to Employers)

46.4.1 Ⅳ(A)忠诚(Loyalty)

46.4.1.1 内容(Content)

会员或候选人必须根据雇主利益行事,不得利用自身专业优势剥夺雇主权利,不得泄漏雇主的机密信息,不得从事其他损害雇主利益的行为。

> **知识一点通**
>
> 要对雇主忠诚,不能损害雇主利益,雇主利益在会员和候选人个人利益之上,与雇主的利益冲突需要披露。然而,一旦雇主损害客户利益或者违反法律法规,应以客户利益和维护法律为重。

46.4.1.2 细则指引(Guidance)

忠诚细则指引如表 46.13 所示。

表 46.13 忠诚准则指引表

准则指引分类	细分考点及易错点
雇主的职责 (employer responsibilities)	● 雇佣关系要求雇主与雇员都承担相应的责任与义务 ● 对于雇主来说,其有义务为雇员创造一个良好的工作环境,包括完善的职业道德管理制度
自行执业 (independent practice)	● 自行执业指与雇主业务相竞争的兼职,或与雇主有潜在利益冲突的兼职 ● 与雇主有潜在利益冲突的兼职,无论是否获得报酬,必须事先向雇主披露兼职的内容(type of service)、兼职的持续时间(duration of service)、兼职所获得的报酬(compensation),并征得雇主的书面同意(written consent)才行 ● 与雇主无潜在利益冲突的兼职,不属于自行执业,无需向雇主披露。但要注意额外兼职是否影响工作状态。例如,某分析师额外兼职是在非营利机构担任独立董事,但这些兼职活动每个月要占用 8 个工作日,影响了正常工作,因此,分析师需要事先向雇主披露并获得同意,否则违反该细则

(续表)

准则指引分类	细分考点及易错点
离职 (leaving an employer)	• 离职可以带走的东西：除了学到的知识技能，其他东西都是属于原雇主的资产，且不能擅自带走，除非雇主书面同意。例如，在职时撰写的研究报告、构建的模型资料、客户名单等都不能带走 • 在正式离职前，不能引诱客户离开雇主；但正式离职后，可以利用公开信息找到客户，说服客户转到新公司 • 将要离职的员工在终止与雇主的关系之前，可以利用业余时间准备下一份工作（包括与现雇主业务相竞争的工作），但不能开展工作，前提是这些准备不违反员工的忠诚义务 • 如果与原雇主签署了竞业禁止协议（non-compete agreement），必须遵循竞业禁止协议的相关规定 • 不能盗用原雇主的商业机密，涉及商业机密的信息离职后仍然要保密（一般在雇佣前雇主会约定好商业机密的具体内容和范畴）
社交媒体的使用 (use of social media)	• 离职时不可带走社交媒体中的客户清单，但可以通过公共平台获取客户的联系资料 • 公司的社交媒体账号是公司财产（例如，微博、公众号和企业 QQ），离职时应交还或清除这些账号，不能擅自继续使用
在职揭发 (whistleblowing)	• 对雇主的忠诚不能超出法律范围。若雇主有违法行为，必须揭发（但揭发雇主的出发点必须是为了维护客户利益和资本市场诚信，不能出于私怨）
雇佣关系的性质 (nature of employment)	• 不仅正式员工，实习生或临时工也必须遵守对雇主忠诚的相关责任

46.4.1.3 经典案例题分析

例题 46.22

Yuan 是投资管理公司 Golden Finance 的基金经理。Yuan 利用业余时间管理亲戚和朋友的投资组合。由于其良好的投资业绩，越来越多的亲友让 Yuan 管理他们的证券账户，以至于 Yuan 不得不投入其大部分的业余时间。因为没有向亲友收取任何报酬，Yuan 没有向 Golden Finance 披露这些个人业余时间的活动。请问 CFA® 会员 Yuan 是否违反了 CFA® 职业行为准则？

名师解析

此案例涉及自行执业（independent practice）。Yuan 在业余时间的工作与本职工作都是投资管理，与雇主利益存在潜在利益冲突，无论 Yuan 是否从中收取费用和报酬，都应事先告知并获得雇主的书面同意（written consent）。因此，Yuan 违反了忠诚（loyalty）这一细则。相反，如果 Yuan 的副业与雇主不存在利益冲突，且不影响工作状态，则不需要向雇主披露。

例题 46.23

Yuan 是一名投资分析师，在 Golden Finance 工作刚满 6 年。入职时，Yuan 与 Golden Finance 签署了竞业禁止协议（non-compete agreement）。该协议禁止 Yuan 在离职后两年内招揽 Golden Finance 的客户。最近，Yuan 计划离开 Golden Finance 创办自己的研究公司。Yuan 开始利用业余时间为创业做准备，如寻找未来创业的办公场地、面试员工等。在正式离职前，因担心触犯相关法律法规，Yuan 向一名法律顾问咨询竞业协议的相关法律问题。该法律顾问告诉 Yuan："The non-compete agreement is illegal." 离职时，Yuan 带走了在 Golden Finance 工作期间完成的研究报告。离职后，Yuan 成功地说服两位 Golden Finance 的客户将业务转移到他的新公司。请问 CFA® 会员 Yuan 是否违反了 CFA® 职业行为准则？

> **名师解析**
>
> Yuan利用业余时间为创业所做的准备工作没有损害雇主利益,可以不向雇主披露,也没有违反忠诚(loyalty)这一细则。考生要正确理解"the non-compete agreement is illegal"。这句话并不是指竞业协议是违法的,而是指协议没有法律效应。CFA®职业行为准则要求会员和候选人要守诚信,Yuan离职后应遵守与前雇主签订的竞业协议。因此,Yuan离职后招揽Golden Finance的客户违反了忠诚(loyalty)这一细则。同时,在工作期间完成的工作记录(研究报告、量化模型等)是雇主的财产,Yuan离职时擅自带走研究报告违反了忠诚(loyalty)细则(除非事先获得雇主书面同意)。

46.4.2　Ⅳ(B)其他报酬安排(Additional Compensation Arrangements)

46.4.2.1　内容(Content)

除非得到所有相关方的书面许可,会员或候选人不得接受有可能与雇主产生利益冲突的礼物、好处、补偿或报酬。

46.4.2.2　细则指引(Guidance)

本条细则内容不多,故直接用文字阐述。该细则要求会员与候选人在接受有可能导致与雇主产生利益冲突的好处之前,必须得到雇主的书面同意。其中,所谓"好处"是指客户给予的直接好处或第三方给予的间接好处,"书面同意"是指任何可以被记录下的文字形式(包括电子邮件)。

> **知识一点通**
>
> 应注意,客户的额外奖励与"行贿受贿"无关,是客户对服务满意的体现。例如,客户对某分析师的股票推荐非常满意,额外单独奖励了该分析师一辆轿车。对于分析师来说,这辆汽车是可以收的,但必须事先征得雇主的书面同意。

> **备考小贴士**
>
> 在运用该细则时,考生需要注意以下三点。
>
> (1)来不及征得雇主同意的情形:某分析师与客户进行惯例交流,分析师到场后意外地发现客户在某高档餐厅请他吃饭。在这种情况下,分析师无法事先征得雇主同意,接受客户的"好处"是不违反该细则的,但事后需要向雇主披露。
>
> (2)接受不会与雇主利益冲突的"好处":某分析师业余爱好是兼职做健身教练,健身房相应支付分析师一定报酬。此类"好处"就无须强制向雇主披露,因为做健身教练收到的报酬与雇主没有利益冲突。但是,如果分析师业余时间为别的证券公司写研究报告,就必须要事先征得雇主同意了,因为写研究报告是与雇主相竞争的同业业务。
>
> (3)不要混淆与雇主利益有冲突的额外报酬和影响独立性的好处。与雇主有利益冲突的额外报酬,如果获得雇主事先书面同意,可以接受。影响独立性的好处,除了价值不高的一般性礼物或者偏远地区的差旅费,都不能接受。

46.4.2.3 经典案例题分析

例题 46.24

Yuan 是投资管理公司 Golden Finance 的投资顾问。Golden Finance 的一位客户向 Yuan 提议：任何一年只要 Yuan 的回报率超过 20%，他将奖励 Yuan 及其家属参加海南豪华深度游，且承担所有费用。Yuan 没有将此奖励告知 Golden Finance。请问 CFA® 会员 Yuan 是否违反 CFA® 职业行为准则？

名师解析

这位客户提供的好处可能会损害其他客户的利益（Yuan 可能会区别对待这位客户和其他没有给予好处的客户），进而损害雇主利益。Yuan 没有事先告知并获得雇主的书面同意，违反了其他报酬安排（additional compensation arrangements）这一细则。注意：Yuan 收到的是非现金好处，在向雇主披露时，应该披露这些好处的评估金额（estimated amount）。

例题 46.25

Yuan 的主职是 Golden Finance 的高级投资顾问，同时 Yuan 也在酒店业上市公司 M&S 担任独立董事。M&S 向 Yuan 和其家人提供无限会员特权。当满足适当性（suitability）原则时，Yuan 会向客户推荐 M&S 股票。Yuan 没有向 Golden Finance 披露从 M&S 收到的好处。请问 CFA® 会员 Yuan 是否违反了 CFA® 职业行为准则？

名师解析

Yuan 在 M&S 担任董事收到额外好处的同时，也向客户推荐 M&S 股票，这两个角色之间存在利益冲突。Yuan 没有向雇主 Golden Finance 披露这些额外好处，违反了其他报酬安排（additional compensation arrangements）细则。在向雇主披露时，应该包括这些非现金好处的评估金额（estimated amount）。

46.4.3 Ⅳ（C）作为上司的责任（Responsibilities of Supervisors）

46.4.3.1 内容（Content）

管理者必须主动且积极地监督下属，确保所有的下属都遵守有关法律、法规、条例或 CFA® 道德操守以及职业行为准则。

> **知识一点通**
>
> 此细则适用于承担管理工作的会员和候选人。管理者要建立监管制度和政策，严格履行管理责任。除此之外，需要定期检查管理制度和政策。若发现不完善和不合理的地方，应进行改进。若管理者没有履行上述责任，即便下属没有违规，管理者也违反此细则。

46.4.3.2 细则指引（Guidance）

作为上司的责任细则指引如表 46.14 所示。

表 46.14　作为上司的责任细则指引表

细则指引分类	细分考点及易错点
管理系统 (system for supervision)	◆ 上司应尽最大努力促成公司建立充分、有效的管理合规制度。制度必须成文,并广泛告知所有相关人员,督促其遵循,形成有效监督体系 ◆ 合规制度不能违反法律法规及 CFA® 职业行为准则,并且至少要达到行业最低标准 ◆ 当上司发现雇员违反法规时,必须立刻作出反应,限制该雇员的行为并进行调查评估。同时,应采取措施确保违反行为不会重复出现,限制该雇员的行为并加强监管。以下是**不充分**管理的体现: (1) 仅仅汇报上级或口头警告; (2) 仅仅依赖雇员口头陈述; (3) 仅仅依赖雇员保证不再违反
主动监察的管理 (supervision includes detection)	◆ 上司必须尽自己最大努力主动去监察是否出现违规行为,定期审查公司制度是否合理并做出改进 ◆ 如果上司已经尽职尽责地把该做的都做到了,仍然有雇员暗地违反规定,此时上司不违反此准则 ◆ 如果上司不作为,没有尽职尽责地做好管理,即使没有雇员违规,上司仍然违反此细则
晋升 (promotion)	◆ 会员和候选人接受管理职责或晋升时,若公司没有监管制度和政策,或者这些制度和政策不充分,应以书面形式拒绝管理职责,直到公司采取整改措施
授权行使管理职责 (delegating supervisory duties)	◆ 如果上司把管理职责授权给他人,需要教育被授权者如何行使监管职能。如果出现雇员违法事件,上司不能免责

46.4.3.3　经典案例题分析

例题 46.26

Yuan 在投资银行 Golden Finance 的研究部担任主管,Yuan 发现部门首席研究员 Wang 最近总是先将研究报告披露给大客户后再披露给小客户。Yuan 找 Wang 了解具体情况,Wang 回应道:"公司没有相关政策禁止这种行为。"Yuan 口头提醒 Wang 今后要停止这种行为。事后,Yuan 立即制定了相关管理制度。请问 CFA® 会员 Yuan 是否违反 CFA® 职业行为准则?

由于突出的工作表现,公司高层提议任命 Yuan 担任投资部主管。为了避免违反 CFA® 职业行为准则,CFA® 会员 Yuan 应采取什么行动?

名师解析

Yuan 违反了作为上司的责任(responsibilities of supervisors)这一细则。尽管 Yuan 事后制定了管理制度,但为时已晚。Yuan 应事先建立充分的合规制度,并广泛告知所有相关人员,督促其遵循。Yuan 需要定期检查监管制度和政策,如果发现不完善的地方,应加以改进。同时,口头警告不是充分监管,Yuan 应立即展开深入调查,进行处理并采取措施确保此类行为不会重复出现。Wang 由于没有公平对待客户,违反了公平对待(fair dealing)准则。

Yuan 在接受管理职责或晋升时,应事先了解公司的监管制度和政策。如果公司没有监管制度和政策,或者这些制度和政策不充分,应以书面形式拒绝管理职责,直到公司采取措施。

46.5 准则Ⅴ：投资分析、建议和行为（Investment Analysis, Recommendation, and Actions）

46.5.1 Ⅴ（A）尽职和合理原则（Diligence and Reasonable Basis）

46.5.1.1 内容（Content）

（1）在进行投资分析、提出投资建议、采取投资行动的时候，要做到谨慎、独立、全面。

（2）任何投资分析、建议或者行动，都必须建立在尽职、合理的基础和依据上，并有适当的研究和调查作支撑。

> **备考小贴士**
>
> 在给出任何投资推荐前，都必须事先进行独立客观的研究调查，否则就违反了尽职和合理原则。此准则常与独立性和客观性（independence and objectivity）、曲解（misrepresentation）等细则结合起来考查。例如，利用道听途说的小道消息为客户投资，时间紧迫下推荐股票等。考生判断是否违反此准则的关键点在于当事人对投资建议或行为是否自行科学地研究验证过。

46.5.1.2 细则指引（Guidance）

尽职和合理原则细则指引如表 46.15 所示。

表 46.15 尽职和合理原则细则指引表

细则指引分类	细分考点及易错点
尽职和合理原则的定义 （defining diligence and reasonable basis）	• 研究与分析的深度取决于具体投资理念、产品和服务，以及会员和候选人在投资决策流程中的角色、雇主提供的资源和支持等因素。例如，首席研究员需要的尽职和研究深度高于助理研究员 • 注意：尽职和合理原则并没有保证投资结果不会出现亏损，也不意味着投资观点和预测一定正确
使用二手或第三方研究报告的尽职和合理要求 （using secondary and third party research）	• 二手研究（secondary research）指由公司同事完成的研究报告。第三方研究（third-party research）指由第三方机构提供的研究报告 • 在使用二手或第三方研究报告时，会员和候选人必须确定研究报告的来源和质量，检查的因素包括：研究的严谨性、客观性和独立性，以及研究时间
使用和开发量化模型 （using and developing quantitatively oriented research）	• 对于量化模型的使用者来说，并不要求成为建模的专家，但至少应对模型的基本假设、局限性以及如何运用模型做出决策有所了解 • 对于量化模型的开发者来说，必须了解模型各方面的知识和技能。在推广模型前必须充分测试，尤其是极端市场状况下的可能结果范围必须予以注意
选择外部投资顾问的尽职合理性要求 （selecting external advisors and sub-advisors）	• 公司可以聘用外部投资顾问以满足自身或客户的一些特定资产配置要求 • 涉及聘用外部投资顾问时，必须审查该投资顾问的： （1）道德操守和职业行为准则； （2）合规和内控程序与制度； （3）投资业绩质量； （4）投资策略是否与其宣称的相符

(续表)

细则指引分类	细分考点及易错点
团队研究与决策 (group research and decision making)	• 当会员和考生是研究团队的成员时，团队的报告或建议代表团队**最终研究结果**；有时候即使报告中包含成员和考生的姓名，也不一定代表会员和考生的**个人意见** • 参与团队研究时，若会员和考生的个人意见与最终结论不一致，只要确保最终结论的**研究过程是审慎的、合理的、独立客观的**，即可在最终研究报告中署名 • 最终的结论代表团队研究成果，一旦公布，会员和考生**不得**私自与客户沟通**与之相悖**的内容

46.5.1.3 经典案例题分析

例题 46.27

分析师 Yuan 把研究报告的初稿递交给部门主管，主管批准后，Yuan 根据收到的最新消息下调报告中的利润预期。Yuan 基于新信息更新了报告，并重新递交给主管。但 Yuan 很快发现主管准备发布缺乏合理和充分依据的初稿。为了避免违反 CFA® 职业行为准则，CFA® 会员 Yuan 应采取什么行动？

名师解析

报告的初稿缺乏合理和充分的依据，Yuan 应坚持公布包含了最新利润预期的报告。如果主管不同意，Yuan 应该要求不在缺乏依据的报告上署名。注意，这个做法符合法律知识（knowledge of the law）的要求：如果发现不当行为，应与之脱离（dissociate）。

例题 46.28

公司要求分析师 Yuan 所在的团队写一篇关于未来一年按揭贷款抵押债券利率的研究报告。完成报告后，按照公司要求，Yuan 将报告递交给公司固定收益投资委员会进行检查。虽然部分委员会成员同意 Yuan 的结论，但大部分成员持不同意见。委员会最终否决了 Yuan 的研究结论，将相关结论从报告中删除。请问 CFA® 会员 Yuan 是否应该要求不在最终报告上署名？

名师解析

此案例涉及团队研究与决策的考点。在团队研究中，即使基于相同的事实证据，不同成员仍可能会得到不同的研究结论和观点。只要委员会的最终决定符合充分和合理依据、独立性和客观性不受影响的要求，即使报告的最终观点与 Yuan 的不一致，Yuan 不必要求从报告中除名。如果研究报告缺乏充分和合理的依据、独立性和客观性受到影响，Yuan 应坚持不署名。

46.5.2　Ⅴ(B) 与客户和潜在客户的沟通 (Communication with Clients and Prospective Clients)

46.5.2.1　内容 (Content)

（1）向现有客户和潜在客户披露投资分析、证券选择、构建投资组合等投资过程中的基本形式和一般原则。对任何可能对这些过程产生重大影响的变化，要及时告知客户和潜在客户。

（2）向客户和潜在客户充分披露投资过程中的风险及局限性。

（3）根据合理的判断来确定影响投资分析、推荐和行动的重大因素，并将这些因素披露给客户或潜在客户。

(4)在展示投资分析与投资推荐时,注意区分观点(opinion)与事实(fact)。

> **备考小贴士**
>
> 与客户和潜在客户的沟通要全面,禁止考生或会员故意隐瞒一些负面或不利的因素。此细则常与曲解(misrepresentation)、适当性(suitability)结合起来考查。一般情况下,违反了与客户和潜在客户的沟通(communication with clients and prospective clients)细则,也就违反了曲解(misrepresentation)细则。此外,此细则与V(A)尽职和合理原则(diligence and reasonable basis)有所不同:V(A)尽职和合理原则更多的是对专业工作质量的要求,即研究和投资是基于科学合理分析的;而V(B)与客户和潜在客户的沟通更多强调的是诚信、透明,向客户充分披露,不能刻意隐瞒。

46.5.2.2 细则指引(Guidance)

与客户和潜在客户的沟通细则指引如表46.16所示。

表46.16 与客户和潜在客户的沟通细则指引表

细则指引分类	细分考点及易错点
告知客户投资流程 (informing clients of the investment process)	● 充分向客户和潜在客户披露会对最终投资决策产生积极和负面影响的因素,包括投资的基本特征,以及过程中的重大风险和限制。这有助于客户判断该投资是否符合自己 ● 及时告知客户和潜在客户会对投资流程、投资结果产生重大影响的事宜 ● 在使用外部投资顾问时,必须充分披露该投资顾问的特长
不同的沟通方式 (different forms of communication)	● 不论采取何种沟通形式,一定要确保信息沟通对所有客户是公平的 ● 可以针对不同客户采取不同的沟通方式。如果客户拒绝公司认定的最有效沟通方式,应警示其风险。例如,若客户拒绝提供电子邮箱(email)或电话号码,会造成沟通滞后 ● 当提供简略信息(capsule form)时,例如,在推荐列表(recommendation list)中只给出买入(buy)、卖出(sell)或持有(hold)建议,但没有提供依据,应告知客户存在相关的背景材料或数据可供客户随时查阅(available upon request)
确定风险与局限 (identifying risk and limitations)	● 风险大小因人而异,但一般而言,涉及杠杆(leverage)或衍生品(derivatives)的属于高风险投资,应向客户充分披露。其他常见的风险还包括利率风险、价格波动风险、通货膨胀风险、违约风险、国家风险等 ● 局限性包括投资标的的流动性(liquidity)与最低投资额 ● 若没有披露在做出投资推荐或决策时未知的风险和限制,并不一定违反本细则,但可能违反上一细则V(A),即尽职和合理原则
报告呈现形式 (report presentation)	● 报告必须呈现对研究分析和结论有重大影响的因素 ● 报告可以着重强调某些重要内容,简要介绍其他内容,并忽略某些不重要的内容 ● 基于量化模型得到的投资建议,必须有相关资料的支持,并且保持方法与资料所述的方法一致;如果方法变动,必须告知客户
区分报告中的事实与观点 (distinction between facts and opinions in report)	● 区分观点与事实,以免误导投资者 ● 研究报告的投资推荐和结论属于观点,不是事实 ● 关于未来的预测是观点不是事实,要与过去的历史数据(属于事实)区分出来。"will"用于表述未来事实。例如,He is 17 years old this year and will be 18 years old next year。如果题目中用"will"表述关于未来的预测肯定违反此细则。"expect""predict""estimate""think""believe"等词汇是用于表述观点的常用词汇

46.5.2.3 经典案例题分析

例题 46.29

Yuan 是汽车行业研究员。最近 Yuan 刚完成关于上市公司 M&S 的研究报告。基于 M&S 的利润预期，Yuan 相信当前股价被低估了 10%。在报告中，Yuan 写道："Based on the fact that the stock price is undervalued by 10%, I strongly recommend you to buy"。请问 CFA® 会员 Yuan 是否违反 CFA® 职业行为准则？

名师解析

Yuan 违反了与客户和潜在客户的沟通（communication with clients and prospective clients）细则。股价被低估 10% 是 Yuan 的研究观点，并非事实。在陈述时（口头或书面），不应把观点当成事实，否则会误导客户。考生在阅读题目时要特别留意这类表述。在表达关于未来的预期观点时，使用"will"是错误的，常用的正确词汇包括"expect""predict""estimate""think""believe"等。

例题 46.30

投资管理公司 Golden Finance 采取的策略是主动增长型股票投资（active growth-style equity investing）。最近，由于首席投资经理离职，Golden Finance 决定将策略改为主动价值型股票投资（active value-style equity investing）。同时 Golden Finance 还决定：将过去由首席投资经理独自负责投资决策的政策，改为由 4 位高层经理共同决策。Golden Finance 的总裁 Yuan 并未将这些改变告知客户。请问 CFA® 会员 Yuan 是否违反了 CFA® 职业行为准则？

名师解析

Yuan 违反了与客户和潜在客户的沟通（communication with clients and prospective clients）细则，无论是投资策略的改变还是投资决策流程的改变，都会给客户带来实质性影响，应立即告知客户。

46.5.3　V（C）保留记录（Record Retention）

46.5.3.1　内容（Content）

会员或候选人必须记载和保留适当的记录，以支持投资分析、建议、行动以及与客户和潜在客户沟通的投资相关事项。

> **知识一点通**
>
> 做投资凡事要留下记录，以备事后检验。这些信息记录是公司财产。

46.5.3.2　细则指引（Guidance）

保留记录细则指引如表 46.17 所示。

表 46.17 保留记录细则指引表

细则指引分类	细分考点及易错点
新媒体的记录存储 （new media records）	• 随着互联网科技发展，与客户交流信息形式越来越多种多样，包括电子邮件、微博、微信、推特等形式 • 法律法规有可能滞后于信息交流形式的发展，但这并没有免除保存与客户交流信息的责任
记录是公司财产 （records are property of the firm）	• 保存下的记录为公司财产，未经雇主允许，在离职时不可以带走 • 离职后，在新公司使用原雇主的模型、研报、文件等记录，既违反 IV(A) Loyalty，也违反 V(C) Record Retention • 题目中常见的记录包括：研究素材和报告、客户清单、量化模型、非公开的投资业绩等
当地保留时长要求 （local requirements）	• 如果没有相关法律或公司规定，协会推荐记录至少保留 7 年 • 如果有相关法律和公司规定，则以法律和公司规定为准（可以不足 7 年）

46.5.3.3 经典案例题分析

例题 46.31

分析师 Yuan 曾对大量家电制造商进行过深度研究。Yuan 的研究信息和数据来自多种渠道。例如，与公司管理层、供应商、行业专家的面谈笔记，生产现场调查，用户问卷调查，第三方研究报告等。Yuan 保留了所有研究记录。尽管 Yuan 所在的国家和公司没有针对记录保留的年限进行任何具体规定，但 Yuan 总是同时以纸质形式（hard copy）和电子形式保留 7 年以上时间。请问 CFA® 会员 Yuan 是否违反了 CFA® 职业行为准则？

名师解析

Yuan 没有违反任何 CFA® 职业行为准则。根据保留记录（record retention）细则，任何支持投资分析、建议、行动以及与客户和潜在客户沟通的相关记录都应保留。在没有相关法律和公司规定时，记录至少保留 7 年。

46.6 准则Ⅵ：利益冲突（Conflicts of Interest）

46.6.1 Ⅵ(A) 冲突披露（Disclosure of Conflicts）

46.6.1.1 内容（Content）

（1）对于任何可能影响其履行对雇主、客户或者潜在客户应尽职责或影响其独立性、客观性的事项，会员或候选人必须向其雇主、客户和潜在客户完整、公正地披露。

（2）必须确保披露的信息是相关的，使用平实的语言，并且有效地传递相关信息。

> **知识一点通**
>
> 正所谓"瓜田不纳履，李下不整冠"，为了避免不必要的误会，不仅要披露明显的利益冲突，也要披露任何潜在的利益冲突。此细则与独立性和客观性（independence and objectivity）、忠诚（loyalty）、其他报酬安排（additional compensation arrangement）等细则密切相关。只有充分披露了所有可能的利益冲突，雇主与（潜在）客户才能判断投资推荐或行为是否违反独立客观性以及是否损害其利益。

46.6.1.2 细则指引（Guidance）

冲突披露细则指引如表 46.18 所示。

表 46.18 冲突披露细则指引表

细则指引分类	细分考点及易错点
向雇主披露利益冲突 （disclosure of conflicts to employer）	◆ 与客户的利益冲突也必须向雇主披露 ◆ 任何有可能损害雇主利益的行为都要披露，联系忠诚（loyalty）、其他报酬安排（additional compensation arrangement）等知识点。例如，副业、收取客户礼物等
向客户披露利益冲突 （disclosure to clients）	◆ 与客户的利益冲突包括： （1）会员或考生是上市公司的董事会成员，向上市公司提供咨询服务，或持有股票等； （2）会员或考生的雇主与上市公司存在商业关系，如股票发行承销、做市（market-making）、兼并收购顾问等； （3）与客户有利益冲突的费用安排，如介绍费（referral fee）、激励费（incentive fees）、回扣（rebate）、基于业绩的奖金等
跨部门的利益冲突 （cross-departmental conflicts）	◆ 作为卖方分析师，写分析报告时有可能受到上市公司或投行部的压力 ◆ 作为买方分析师，可能受到市场部门的压力（因为市场部门要维护与上市公司的业务关系）
股权的利益冲突 （conflicts with stock ownership）	◆ 最常见的一种利益冲突就是分析师自己持有其推荐的股票 ◆ 一种简便处理方法就是公司强行规定分析师不能持有其推荐的股票；或者要求分析师披露所有持股信息
作为董事成员的利益冲突 （conflicts as a director）	◆ 若分析师同时也是上市公司的独立董事（非上市公司管理层），其利益冲突主要体现在以下三个方面： （1）对客户的职责与对上市公司股东的职责存在利益冲突； （2）其获得的报酬可能与上市公司股票相关； （3）有可能获得上市公司重大非公开消息，要避免泄漏，不能进行内幕交易

46.6.1.3 经典案例题分析

例题 46.32

Yuan 是 Golden Finance 一名资深分析师，其研究对象包括上市公司。同时，Yuan 也在 M&S 担任独立董事，M&S 授予 Yuan 公司股份作为报酬。Yuan 没有在研究报告中披露这些信息。请问 CFA® 会员 Yuan 是否违反 CFA® 职业行为准则？

名师解析

Yuan 违反了冲突披露（disclosure of conflicts）这一细则。Yuan 既在 M&S 担任独立董事，又在写关于 M&S 的研究报告。这种双重角色产生了利益冲突。一方面，Yuan 身为分析师要对客户负责；另一方面，Yuan 身为董事要对 M&S 股东负责。同时，Yuan 因为担任独立董事获得 M&S 的股份，这让他与客户之间也产生了利益冲突。Yuan 可能会利用自己分析师的工作优势，夸大 M&S 的投资价值，抬高股价。如此，Yuan 和 M&S 的股东可以从中获利，但代价却是损害了客户利益。因此，无论是担任 M&S 独立董事，还是个人持有股票，Yuan 都应将这些信息披露给客户和雇主。

例题 46.33

Yuan 在 Golden Finance 担任信用评级师。业余时间里,Yuan 在一家投资公司担任债券投资顾问。作为报偿,Yuan 每月可收到一笔奖金。但 Yuan 没有向雇主披露。CFA® 会员 Yuan 是否违反 CFA® 职业行为准则?

名师解析

Yuan 同时违反了冲突披露(disclosure of conflicts)、忠诚(loyalty)和其他报酬安排(additional compensation arrangement)三个细则。Yuan 的兼职工作与雇主利益产生冲突,因此,Yuan 在接受兼职工作前,应向雇主披露并获得雇主书面同意。

46.6.2 Ⅵ(B) 交易优先权(Priority of Transactions)

46.6.2.1 内容(Content)

在交易同一只证券标的时,交易的优先顺序为客户、公司、个人。

知识一点通

有交易机会,优先给客户,然后是雇主,最后才轮到自己。

46.6.2.2 细则指引(Guidance)

交易优先权细则指引如表 46.19 所示。

表 46.19 交易优先权细则指引表

细则指引分类	细分考点及易错点
避免潜在冲突 (avoiding potential conflicts)	♦ 会员和候选人的个人交易不能损害客户利益(比如,诱惑客户买股票,但自己却卖股票;或者有好股票先给自己买,然后才给客户买) ♦ 必须遵从当地法规相关要求
个人交易次于客户交易 (personal trading secondary to trading for clients)	♦ 客户和雇主的交易必须优先于会员或考生的个人交易 ♦ 该准则的目的是防止个人交易对客户或雇主的利益产生负面影响 ♦ 某些客户为了保证利益的一致性,会要求会员或考生与其拥有相同的股票或共同投资(co-investing) ♦ 即使客户要求会员或考生共同投资,会员或考生的个人交易以及雇主的交易仍然要放在客户交易之后
关于非公开信息 (standards for nonpublic information)	♦ 与细则 Ⅱ(B)一致,禁止使用重大非公开信息给客户、雇主及个人账户做交易
对所有关联账户的影响 (impact on all accounts with beneficial ownership)	♦ 直系亲属账户指配偶及未成年子女的账户,视为会员或持证人个人投资账户一样对待 ♦ 若其他家庭成员的账户是普通客户账户,应该与其他客户账户一样对待,不可因为家庭关系而受到特殊或不公平待遇

46.6.2.3 经典案例题分析

例题 46.34

Yuan 是一名基金经理,在 Golden Finance 管理着一只价值投资基金。Yuan 以他夫人的名义在几家经纪公司持有多个证券账户。当 Yuan 做出买入某只股票的决定时,Yuan 让经纪公司先为他夫人的账户买入股票,再为他所管理的基金买入该股票。请问 CFA® 会员 Yuan 是否违反了 CFA® 职业行为准则?

名师解析

Yuan 违反了交易优先权(priority of transactions)这一细则。Yuan 将自己夫人的账户交易放在基金之前,可以使他夫人账户的股票购买成本更低,而在基金购买股票之时,又可能推高股价,这些做法将让他夫人的账户获利,而损害基金客户和雇主的利益。

例题 46.35

Yuan 刚向客户推荐一只流动性不高的创业板股票。10 分钟以后,Yuan 也为自己的个人证券账户买入同一只股票。请问 CFA® 会员 Yuan 是否违反 CFA® 职业行为准则?

名师解析

Yuan 违反了交易优先权(priority of transactions)这一细则。Yuan 向客户推荐的是一支流动性(liquidity)不高的股票,这意味着客户需要较长时间才能完成买入交易。但 Yuan 推荐给客户后不久就为自己买入同一只股票,虽然个人交易时间是在推荐发布之后,但客户在这么短时间内很难完成购买。当 Yuan 向客户推荐证券时,应评估证券的流动性,确保客户有足够时间完成交易,然后再在自己的账户中进行交易。

46.6.3　Ⅵ(C)介绍费(Referral Fees)

46.6.3.1　内容(Content)

会员和候选人必须向雇主、客户和潜在客户披露因推荐产品或服务而收受或支付他人的佣金、利益或好处。

> **知识一点通**
>
> 此细则实际上是Ⅵ(A)冲突披露的特殊情况。注意:拿介绍费的行为本身是被允许的,但一定要事先披露。披露介绍费使得客户和雇主能评估适当性、潜在的利益冲突、产品和服务的真实成本。

46.6.3.2　细则指引(Guidance)

介绍费的披露需要注意以下两个方面。

(1)披露时间必须在与客户签订正式协议之前(先让客户签协议,然后再告诉客户自己拿了好处是违反该细则的)。

(2)披露介绍费必须全面,包括介绍费形式和内容。例如,介绍费是按比例提成模式还是一次性固定费用模式,是现金形式还是非现金形式,都由交易各方自由确定。注意,如果是非现金的好处,应披露其评估价值的金额。

46.6.3.3　经典案例题分析

例题 46.36

Yuan 是一名理财顾问,他与某税法专家签订了客户推荐协议。根据该协议,若 Yuan 向税法专家推荐客户,则 Yuan 将会收到免费的个人所得税管理服务。Yuan 总是在潜在客户签订了正式合同后,才向客户披露推荐协议以及收到的好处。请问 CFA® 会员 Yuan 是否违反了 CFA® 职业行为准则?

名师解析

Yuan 违反了介绍费(referral fees)细则。Yuan 因为推荐客户给税法专家而收到免费的专业服务,这使得 Yuan 与客户之间存在利益冲突。Yuan 可能会因为收到免费专业服务而向客户推荐不合适的或者昂贵的服务。Yuan 应该在与客户签订正式合用前就披露介绍费安排,并且要披露收到的免费专业服务的评估价值的金额。披露介绍费方便客户评估服务的真实成本和适当性。

46.7　准则Ⅶ:CFA®会员或 CFA®考生的责任(Responsibility as a CFA® Institute Member or CFA® Candidate)

46.7.1　Ⅶ(A)CFA®协会各项目参与者的行为(Conduct as Participants in CFA® Institute Programs)

46.7.1.1　内容(Content)

会员和候选人不得从事任何损害 CFA® 协会声誉、信用的行为,亦不得损害 CFA® 考试的信誉、有效性和安全性。

> **知识一点通**
>
> 作为群体的一员,必须严格要求自己,不能有抹黑组织形象的行为。此外,考试当然是不能作弊的,也不能泄露考题信息。

46.7.1.2　细则指引(Guidance)

CFA® 协会各项目参与者的行为细则指引如表 46.20 所示。

表 46.20　CFA®协会各项目参与者的行为细则指引表

细则指引分类	细分考点及易错点
常见的违反行为 (examples of violations)	• 违反考场规定和考生公约。例如,携带禁止物品进入考场、提前答卷、未按时停止答卷等 • 考试作弊 • 泄漏考题信息。不能泄露关于考试中涉及的任何考点、公式及具体题目信息(即使说某个知识点或公式没有考也不行)。讨论有关教材等非保密信息的内容是允许的 • 在职业行为声明(professional conduct statement,PCS)中做出不当陈述。例如,没有披露个人的违法行为和被调查情况

(续表)

细则指引分类	细分考点及易错点
观点的表达 （expression of opinions）	◆ 会员和候选人发表关于协会和考试的个人观点没有违反此细则（前提是没有泄漏协会和考试的内幕信息）。例如，考生说考试很难或者说持证要求太苛刻,这些行为都没有违反此细则

46.7.1.3 经典案例题分析

例题 46.37

Yuan 是 CFA®一级考生。在进入考场时，Yuan 携带以下个人物品：胃药、草稿纸和手机。考完试之后，同事问候 Yuan 考试情况，Yuan 回应道："今年的难度整体不大，但职业道德考得挺偏，独立性和客观性这个细则今年居然没有考。"请问 CFA® 会员 Yuan 是否违反 CFA® 职业行为准则？

名师解析

Yuan 违反了 CFA®协会各项目参与者的行为这一细则（conduct as participants in CFA® institute program）。CFA®考生必须严格遵守考场规定和考生公约。不得携带禁止物品进入考场（草稿纸、手机、钱包、有摄像功能的眼镜、食品、饮料等）。可以携带进入考场的物品包括：准考证、护照、笔、橡皮擦、计算器（德州仪器的 BA Ⅱ Plus 或者 Professional 版、惠普的 12C 或者 Platinum 版）和必备药品。考生不得泄露任何考试信息。无论是讨论出现在考试中的具体内容，还是没有出现在考试中的具体内容，都违反此细则。但发表不涉及考试内容的个人观点通常不违反此细则。例如,"这次考试难度很大"。

例题 46.38

Yuan 是 CFA®持证人。由于涉嫌操纵股票市场，Yuan 受到证券监管委员会调查。但调查结果表明 Yuan 没有违反任何法规。Yuan 在职业行为声明（professional conduct statement, PCS）中没有披露此项调查。请问 CFA® 会员 Yuan 是否违反了 CFA® 职业行为准则？

名师解析

Yuan 违反了 CFA®协会各项目参与者的行为这一细则（conduct as participants in CFA® institute program）。CFA®会员和持证人需要向 CFA®协会递交 PCS，在 PCS 中需要披露涉及个人职业行为的调查（无论调查结果如何，只要被调查，都需要披露）。

46.7.2　Ⅶ（B）关于 CFA®协会、CFA®名衔和 CFA®课程（Reference to CFA® Institute，the CFA® Designation，and the CFA® Program）

46.7.2.1　内容（Content）

在提及或引用 CFA®协会、CFA®协会会员、CFA®名衔、参加 CFA®课程的经历时，不能错误陈述或夸大其词。

> **知识一点通**
>
> 不能错误陈述 CFA®候选人、会员和持证人的资格要求。要正确引用 CFA®候选人、会员和持证人身份。不能利用 CFA®候选人、会员和持证人身份做出任何夸大陈述。

46.7.2.2 细则指引（Guidance）

关于 CFA® 协会、CFA® 名衔和 CFA® 课程细则指引如表 46.21 所示。

表 46.21 关于 CFA® 协会、CFA® 名衔和 CFA® 课程细则指引表

细则指引分类	细分考点及易错点
CFA® 协会会员 （CFA® institute membership）	♦ 保持 CFA® 会员资格有两个必要条件： （1）每年签署并递交职业行为声明（professional conduct statement，PCS）； （2）每年支付会费（停缴会费导致 CFA® 会员资格失效，重新缴纳会费可使 CFA® 会员资格恢复）
使用 CFA® 名衔 （using the CFA® designation）	♦ 获得 CFA® 持证资格的前提条件：通过 CFA® 三个级别考试且至少三年相关工作经验 ♦ 只有 CFA® 持证人（CFA® charterholders）才能使用 CFA® 名衔 ♦ CFA® 持证人同时也是 CFA® 会员，如要继续使用 CFA® 名衔，必须满足保持 CFA® 会员资格的要求（递交 PCS，交会费） ♦ 不能错误陈述或夸大 CFA® 持证资格。例如：CFA® 持证人可以说自己通过参加 CFA® 考试提高了自身资产管理技能，但不能说由于自己通过了 CFA® 考试，自己的投资业绩会高于他人 ♦ 在使用 CFA® 名衔时，必须放在持证人姓名后面，不能通过任何手段突出 CFA® 名衔（字体不能大于持证人姓名、不能加粗、不能附带标点符号等）。CFA® 名衔必须是大写或者全称 Chartered Financial Analyst，且只能作为形容词而不是名词，正确使用方式："Jie Yuan, CFA" "Jie is a CFA member"。错误使用方式包括："CFA, Jie Yuan" "Jie, Yuan, cfa" "Jie Yuan, C. F. A." "Jie is a CFA"
CFA® 候选人 （referring to candidacy in the CFA® program）	♦ CFA® 候选人是指已报名注册 CFA® 考试的考生。候选人资格有效时间从考试报名被协会接受开始，到收到考试成绩截止 ♦ 注意：如果通过某一级别考试，但却不报名参加下一级别考试，则不能称为 CFA® 候选人 ♦ 考生可以表述自己一次性通过了三个级别的考试（前提是属实），但不能声称由于自己一次性通过了三个级别的考试，所以自己的能力高于他人 ♦ 不能表明或暗示获得部分持证资格（partial designation）。例如，如果通过 CFA® 一级考试，不能说自己持有 CFA® 一级证书，也不能在简历上做出"Jie Yuan, CFA® Level 1"类似表述。考试结束后，协会只披露考试结果，且考试结果只披露考生的每个科目的正确率区间，不会披露每个科目的具体分数

46.7.2.3 经典案例题分析

例题 46.39

Yuan 是一名刚工作满 2 年的理财顾问。通过 3 年努力，Yuan 在 CFA® 三个级别考试中都一次性通过。在一次出差旅途中，Yuan 与同一航班上的邻座聊天时说道："我一次性通过所有 CFA® 考试，已具备申请持证的资格。CFA® 持证人都是行业精英，如果您有理财需求，欢迎咨询我，相信我一定能为您提供满意的投资回报。"请问 CFA® 会员 Yuan 是否违反了 CFA® 职业行为准则？

名师解析

Yuan 违反了关于 CFA® 协会、CFA® 名衔和 CFA® 课程（reference to CFA® institute, the CFA® designation, and the CFA® program）细则。Yuan 错误陈述申请持证资格，Yuan 尽管已通过 CFA® 三个级别考试，但工作刚满 2 年，而申请 CFA® 持证需要至少 3 年相关工作经验。同时，无论说 CFA® 持证人都是行业精英（elite），还是借由 CFA® 持证向客户保证投资回报，都是夸大 CFA® 持证含义的行为。

> **例题 46.40**
>
> Yuan 是 CFA® 持证人。Yuan 今年没有支付 CFA® 会员费。公司在提供给潜在客户的宣传册上写道:"Yuan is a CFA。"Yuan 的个人名片上也写道:"Yuan, **CFA**。"请问 CFA® 会员 Yuan 是否违反了 CFA® 职业行为准则?
>
> **名师解析**
>
> Yuan 违反了关于 CFA® 协会、CFA® 名衔和 CFA® 课程(reference to CFA® institute, the CFA® designation, and the CFA® program) 细则。如果 CFA® 会员或持证人没有支付会员费,将失去使用会员和持证称号的资格。因此,Yuan 不能在公司宣传册和名片上使用 CFA® 名衔。同时,CFA® 只能作为形容词使用(不能作为名词),"Yuan is a CFA"是错误表述。在书面表达中,CFA(或 Chartered Financial Analyst)称号要放在姓名后面,且不能采用任何方法突出 CFA 称号。"Yuan, **CFA**"是错误表述。CFA 不能加粗,其他常见错误表述方式包括:"CFA, Jie Yuan""Jie, Yuan, cfa""Jie Yuan, CFA""Jie Yuan, C. F. A."。

练一练

Rudy Embiid Case Scenario

Rudy Embiid, CFA, is a senior analyst at Hogwarts Financial Consultants. Hogwarts provides investment advice and strategy research to high-net-worth individuals. It has adopted the CFA® Institute Code and Standards to demonstrate that their recommendations are objective and are made based on independent research.

Recently, Embiid has received a request from a client to study a pharmaceutical company, named Novartis Gleevy. The company's main product is a drug for the treatment of chronic leukemia. Embiid investigates one hundred drugstores that sell this drug across the country and finds that compared with other drugs, this drug's production date is the most recent. Based on this information, he infers that the drug is very popular in the market. With further reasonable and adequate analysis, he and his team write a research report and make a buy recommendation for Novartis Gleevy.

Albus Dumbledore, one of his team members, disagrees with the buy recommendation, but still signs his name in the report. Before distributing the report to clients, Embiid sends the whole report to the company's CEO prior to its publication.

Mike Conley, who has been working for Novartis Gleevy for nearly thirty years, is a conservative investor. What's more, Conley happens to be a long-time client of Hogwarts Financial Consultants. After reading Embiid's analysis report about Novartis Gleevy, Conley calls Embiid to ask whether he should raise his investment percentage in Novartis Gleevy to 80%. Embiid replies, "As an employee of Novartis Gleevy, you know the efficacy of your company's new drug better than I do. Consider its promising future, there is no better time to increase investment in Novartis Gleevy's stocks. In my opinion, the price of this stock will double in a year."

Seven months later, Embiid receives a call from Conley. Conley expresses his gratitude to Embiid because he has earned two million dollars by adopting Embiid's investment advice. Conley asks Embiid if he could write more reports for him, and he will pay a normal fee plus a bonus if the recommendation is accurate. Embiid agrees with the Conley's offer. He reports this deal to his supervisor but doesn't disclose the details about incentive structure.

Hogwarts Financial Consultants continues expanding its business and recently hired Ben Simmons as Embiid's assistant. Simmons just passed Level Ⅱ of the CFA® exams, and is about to prepare the Level Ⅲ exam. He has heard that Level Ⅲ exam structure is quite different from Level Ⅰ and Level Ⅱ exams as it includes constructed response (essay) questions. In order to improve learning efficiency, Simmons asks Embiid whether he can provide some tips about the exam. And here is how Embiid responds, "There is no shortcut to pass Level Ⅲ exam. All knowledge included in LOS may be tested in the exam. However, you should pay attention to the command words in the LOS. LOS command words indicate what you should learn from each assignment, especially for command words like 'critique', 'discuss' and 'prepare' which only appear in CFA® Level Ⅲ. What's more, I remember that when I took the practice exam it seemed to have a heavier weights on wealth planning and fixed income. You should notice that."

Simmons only works for Hogwarts for just two months, and then joins Medal Fund. When he leaves Hogwarts he takes nothing except clients' contact information. After joining Medal Fund, Simmons recreates the BSM model that he used in Hogwarts to analyze option prices.

46-1 Does Embiid most likely violate the Standard Ⅱ(A) Material Nonpublic Information when he reaches the buy recommendation for Novartis Gleevy?

A. No, because the information is non-material.

B. No, because the information is public.

C. Yes.

46-2 With regard to writing and distributing the reports, does either Embiid or Dumbledore violate the CFA® Institute Standards of Professional Conduct?

A. Yes, Embiid should not send the report to CEO before distribution.

B. Yes, Dumbledore should not sign his name in the report.

C. No.

46-3 Does Embiid's statements to Conley most likely violate the CFA® Institute Standards of Professional Conduct?

A. Yes, because of his statement about increasing amount of investment in Novartis Gleevy.

B. Yes, because of his forecast about the stock price.

C. No.

46-4 With regard to the Conley's request for the new report, is there any violation of the CFA® Institute Standard of Practice and Professional Conduct?

A. No.

B. Yes, regarding the fee structure only.

C. Yes, because he doesn't disclose the fee structure to his supervisor.

46-5 Does Embiid violate Standard Ⅶ: Responsibilities as a CFA® Institute Member?

A. Yes, because of his talks about LOS command words.

B. Yes, because of his talks about weightings in the practice exam.

C. No.

46-6 When Simmons leaves Hogwarts, is there any violation of the CFA® Institute Standard of Practice and Professional Conduct?

A. Yes, regarding the client list only.

B. Yes, regarding the recreation the BSM model only.

C. Yes, regarding both the client list and the BSM model.

答案与解析

46-1 A

Embiid 是调研了 100 家分布在全国的药店，发现格列宁药的生产日期比一般的较新，从而据此间接推断出该药销售量较好的。首先，这个信息是通过自身调研的非公开渠道获得的。其次，这并不是 material information。实际上，证券分析师的工作就是通过各种公开信息及非公开的非重大信息来推断公司股价的未来走势的，所以 Embiid 的行为并不违反准则，故选 A。

46-2 A

在分析报告公开前，Embiid 最多只能将报告中有关客观事实的部分发给目标公司的 CEO 审核，而不能将整份报告（尤其是含有推荐级别的报告）发给 CEO，故选 A。只要分析报告是分析充分且尽了尽职义务，就算 Dumbledore 不同意报告的推荐级别也可以在报告上签字，故 B 错，C 也错。

46-3 A

因为 Embiid 强调了未来股价翻倍是自己的观点，而不是事实，并没有违反准则，故 B 错。从题目信息中我们可以得知，Conley 是一个保守的投资者，且本身就是格列宁的员工，再大幅提高自己所在公司的股票无疑是风险很大的（尤其是达到 80% 的配比）。如在安然事件中，许多安然员工几乎所有身家都在公司股票上，安然事件的发生导致其最终破产。不管最终收益如何，这样的资产配置并不适合 Conley。故 C 错，选 A。

46-4 C

这里需要注意的是，本题讨论的是客户提供的费用结构，而不是被评级机构。对于证券分析师来说，预测准确客户愿意多付钱，天经地义，这种费用结构没有违反任何准则。但是这个费用结构必须向上级汇报。这是为了杜绝以下现象：由于这个客户给钱多，分析师私下多照顾该客户，而忽略了其他的客户，故选 C。

46-5 C

Embiid 和 Simmons 所讨论的都是有关考试的公开信息，并没有违反任何一条准则。有关 LOS command word 的相关信息可以在协会网站上公开下载到，并不是机密信息。而有关各科目中的权重，在协会官网上也能找到，同样不是机密信息。并且他们在讨论的是官方 practice exam 中的权重，而不是真题。但如果两人讨论的是有关 CFA® 三级考试下午题真题的内容，则违反了"CFA® 协会各项目参与者的行为"这一细则的要求。

46-6 A

当员工离职时，除了自己学到的知识与技术，其他什么都不能带走。题干中强调了，Simmons 仅带走了客户名单，这是违反职业道德的，故选 A。此外，Simmons 重新构建模型这没有违反准则。BSM 模型是公有的知识，并非某公司专有的知识产权，只要 Simmons 不是基于原公司的文件（如已经编好程序的 EXCEL VBA 文档）构建模型，就没有违规。

第47章 职业行为准则的应用

章节导学

知识引导

随着时代的发展,量化交易、数据共享、金融创新产品与互联网金融等逐渐进入人们的视线。新事物与新商业模型的兴起对金融从业人员的职业与道德规范提出了新的要求与挑战。本章中,CFA®协会紧随时代潮流,对新环境下职业行为准则的应用进行了举例与说明。

考点聚焦

本章包括5个案例分析。这5个案例都与当前金融活动中的热点问题相联系,能够帮助考生理解新环境下CFA®职业行为准则的应用。

本章框架图

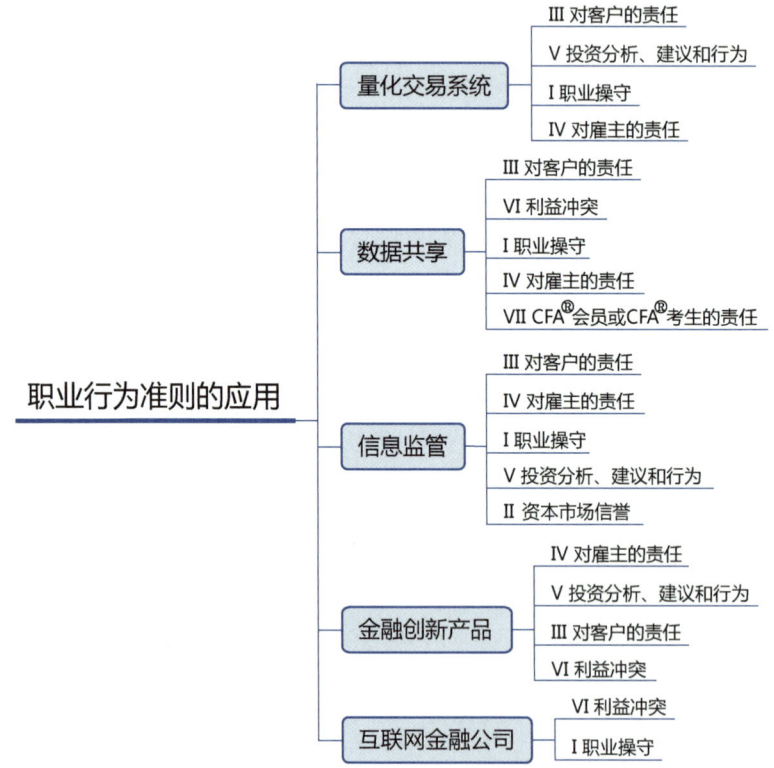

47.1 量化交易系统

Pinco是一家全球领先的、利用量化交易策略进行投资的资产管理公司。四年前，该公司雇用了著名的金融学家、CFA®持证人——袁嘉博士。袁博士为Pinco设计了一套人工智能量化交易系统。该系统由三个模型组成：超额回报模型、风险评估模型和最优化模型。由于该量化交易系统仅适用于机构客户，Pinco并未向高净值个人客户提及该系统。袁博士和他的技术团队一般会季度检验基于计算机交易的模型，但是，为了确保量化交易系统的有效性，袁博士和他的技术团队会每月检查最优化模型，并对其进行情景测试。

最近，由于人工智能量化交易系统管理的投资组合业绩表现不佳，一些机构客户对该系统提出质疑，认为组合中某些行业的持仓过重，系统并未有效管理风险。冯杰——袁嘉的领导、CFA®持证人——要求袁博士重新检查该系统。经过详细的检测后，袁博士发现风险评估模型的设置确实存在问题，并立即报告给冯杰。袁博士认为应当立刻着手、尽快修复该问题，但冯杰坚持先停用风险评估模型到月末再对系统进行调整。同时，冯杰要求袁博士和他的技术团队遵守入职时签订的保密协议，在月末投资委员会向客户披露相关问题前，不得擅自向客户和相关人员透露相关信息。

之后一周，金融市场经历了剧烈的震荡调整，量化交易系统管理的投资组合业绩进一步下滑。冯杰将系统模型的错误告知基金经理牛章，并在客户询问组合的业绩表现时，将业绩不佳归因于市场波动和模型本身的设计。

由于冯杰迟迟不向客户披露模型设置的错误，袁博士决定离开Pinco并获得了Pinco竞争对手——中顿投资公司的面试机会。在面试中，袁博士展示了他自主研发的交易模型。该模型是袁博士在过去3年下班业余时间开发完成的。模型的理论基础来源于袁博士的博士毕业论文。模型开发过程中，除了进行必要的回测，袁博士还基于模型对个人账户和父母的账户进行了实盘操作。最终，袁博士被中顿录用并从Pinco离职。

入职中顿后，袁博士在宣传手册中介绍自己的模型时，表示："该模型不仅在回测期间业绩回报高于基准收益率，而且已经被实盘操作3年并持续获得超额收益"。为了更直观展示业绩，袁博士提供了如表47.1所示的数据。

表47.1 模型业绩

	模型业绩	基准收益率
回测		
2011	10.9%	5.3%
2012	8.7%	2.5%
2013	1.1%	−0.8%
2014	8.5%	3.6%
2015	6.7%	9.7%

(续表)

	模型业绩	基准收益率
实盘		
2016	9.5%	5.1%
2017	7.6%	1.5%
2018	15.1%	10.9%

根据案例，判断下列七种行为是否违反了 CFA® 的准则要求？（见表 47.2）

表 47.2　量化交易系统案例行为分析

行为 1	由于该量化交易系统仅适用于机构客户，Pinco 并未向高净值个人客户提及该系统
行为分析	该行为未违反任何准则要求。根据准则 Ⅲ（B）对客户的责任：公平对待（fair dealing），不同的客户有其特有的需要和目标，对于不同的客户可以使用不同的模型。由于人工智能量化交易系统仅适用于机构客户，即使 Pinco 并未向高净值个人客户提及该系统也并不违反公平对待这一原则
行为 2	虽然 Pinco 公司规定所有基于计算机交易的模型需要进行季度检验，但是，为了确保量化交易系统的有效性，袁博士和他的技术团队会每月检查最优化模型，并对其进行情景测试
行为分析	该行为违反了准则 Ⅴ（A）投资分析、建议和行为：尽职和合理原则（diligence and reasonable basis）。对于量化模型的开发者来说，必须了解模型各方面的知识和技能。虽然公司规定所有基于计算机交易的模型需要进行季度检验，但是袁博士应该明白，系统由三个部分（超额回报模型、风险评估模型和最优化模型）组成，且这三个模型之间相互影响。因此，这三个模型的检查频率应该相同，超额回报模型和风险评估模型也应该每月检查
行为 3	袁博士认为应当立刻着手、尽快修复该问题，但冯杰坚持先停用风险评估模型到月末再对系统进行调整
行为分析	冯杰违反了准则 Ⅲ（A）对客户的责任：忠诚、审慎和谨慎（loyalty, prudence, and care）。准则要求会员和候选人必须做到客户利益至上，如若不立刻修复系统问题，客户可能会遭受损失。因此，冯杰应该要求袁博士立即修复系统问题
行为 4	冯杰要求袁博士和他的技术团队遵守入职时签订的保密协议，在月末投资委员会向客户披露相关问题前，不得擅自向客户和相关人员透露
行为分析	袁博士应该立刻修复该问题，否则会损害客户的利益。同时，他应该向公司更高的管理层反映该问题。如果更高的管理层也不同意立即修复问题并向客户披露，他应该脱离该公司
行为 5	冯杰将系统模型的错误告知基金经理牛章，并在客户询问组合的业绩表现时，将业绩不佳归因于市场波动和模型本身的设计
行为分析	冯杰违反了准则 Ⅰ（C）职业操守：曲解（misrepresentation）。准则要求会员和候选人在职业活动中做出的表述要完整、真实，不能够故意隐瞒、作假、夸张或扭曲。冯杰隐瞒了模型错误和风险评估模型已经被停用的事实，将业绩不佳错误归因于市场波动和模型本身的设计
行为 6	在面试中，袁博士展示了他自主研发的交易模型。该模型是袁博士在过去 3 年下班业余时间开发完成的。模型的理论基础来源于袁博士的博士毕业论文
行为分析	该行为未违反任何准则要求。因为交易模型是在袁博士的下班业余时间开发完成的，并没有利用上班时间；并且，模型的理论基础来源于袁博士的博士毕业论文而非工作资源。故而，袁博士的行为没有损害雇主的利益，未违反准则 Ⅳ（A）对雇主的责任：忠诚（loyalty）
行为 7	为了更直观展示业绩，袁博士以表格的形式展示了过往的回测和实盘业绩表现
行为分析	该行为未违反任何准则要求。袁博士在陈述业绩信息时，明确区分了回测业绩和实盘业绩，信息准确且完整。因此，未违反准则 Ⅲ（D）表现介绍（performance presentation）

47.2 数据共享

京西北是一家服务于高净值客户的全球投资咨询公司，该公司所有正式员工均为CFA®持证人。该公司由来自金雷律师事务所的首席律师——张京、来自德永会计师事务所的前合伙人——王西和来自中银的投资银行家——赵北三人共同创立。京西北的大多数客户都是通过三位创始人介绍安排获得的。

为了获得更多的客户，张京与金雷律师事务所的前同事之间开展了费用共享计划。如果他的前同事介绍律师事务所的客户给张京，不仅客户可以享受低于市场价的资产管理费率，而且前同事也可以按照一定比例与京西北共享客户的资产管理费。金雷律师事务所向所有被介绍给京西北的客户披露了该费用共享计划。同时，张京也在所有的客户签约完成时，向其披露了该计划。

王西与德永会计师事务所的会计师之间同样存在类似的费用共享计划。最近，王西发现很多京西北的客户在进行投资咨询时，并没有向投资顾问完全披露他们的财务与股票持仓状况。为了更全面地了解客户的财务状况，投资顾问与会计师之间形成了信息共享协议。会计师会将经介绍客户的税务信息分享给京西北的投资顾问。作为交换，京西北会定期将客户的投资账户信息提供给会计师。因为客户分别与他们直接签订的保密协议并常将投资顾问和会计师看作一个团队，所以该信息共享协议并不需要获得客户的许可。

赵北的共享计划与张京和王西的略有不同。中银会介绍一些小机构客户给京西北。依照共享计划，这些客户的账户后续交易之后都需要交由中银来执行。因为中银总是能将最佳的交易执行以最合理的价格提供给客户，所以赵北认为没有必要向客户披露该共享计划。

杨磊是张京的朋友，目前就职于一家养老基金管理公司。热心公益的杨磊建立了自己的公益基金。在过去的几年，杨磊介绍了很多养老基金公司的客户给京西北。为了答谢杨磊，京西北和张京每年会向杨磊的公益基金进行大额捐赠。由于每年都捐赠，所以这些捐赠没有披露给经杨磊介绍给京西北的客户。

为了进一步发展新客户，京西北从它的竞争对手中顿资产管理公司挖角了郁洋。郁洋在中顿工作时，中顿允许他通过个人社交账户与客户联系。因此，郁洋不仅可以建立完整的客户数据库，而且可以通过社交平台了解客户的动态，从而为客户提供更优质的服务。虽然郁洋离职时，没有从中顿带走任何物品。但是离职后，郁洋通过他的个人社交账户与中顿的客户取得联系，并招揽其成为京西北的客户。郁洋每介绍一个竞争对手的客户给京西北，可以获得五千元的奖励。但是，他没有向被招揽的客户提及该奖励。

由于京西北的业务发展过快，郁洋开始招聘一些实习生来打杂。其中，新来的实习生李世民刚通过CFA®三级考试。虽然李世民的相关经验还不满4年，但郁洋向客户介绍李世民时，称其为CFA®持证人，李世民也并未提出异议。在一次公司内部的CFA®考试经验分享会上，李世民谈道：

(1) 其实我能通过考试，必须感谢判卷者对我的宽容。
(2) 虽然我通过了考试，但是这次考试的道德题目真的很难。

（3）尽管我组合管理部分的得分显著高于最低分数线，然而我并不确定个人投资者的要求回报率是否计算准确。

根据案例，判断下列九种行为是否违反了CFA®的准则要求？（见表47.3）

表 47.3　数据共享案例行为分析

行为 1	为了获得更多的客户，张京与金雷律师事务所的前同事之间开展了费用共享计划。如果他的前同事介绍律师事务所的客户给张京，客户可以享受低于市场价的资产管理费率
行为分析	张京给经介绍的客户低于市场价的资产管理费率未违反任何准则要求。准则Ⅲ(B)对客户的责任：公平对待（fair dealing）要求会员或候选人要公平对待客户，不能歧视任何客户。需明确的是，公平（fair）不等于平等（equal）。每个客户有其特有的需要和目标，可以根据客户额外支付的报酬提供更深度和个性化的投资服务，但是服务的安排不能够对其他客户产生负面影响。该案例中，该计划并未对其他客户产生负面影响
行为 2	张京也在所有的客户签约完成时，向其披露了该计划
行为分析	张京的行为违反了准则Ⅵ(C)利益冲突：介绍费（referral fees）。该准则要求：会员和候选人必须向雇主、客户和潜在客户披露因推荐产品或服务而收受或支付他人的佣金、利益或好处，且披露时间必须在与客户签订正式协议之前。张京在签约完成后才向客户披露，不符合准则要求
行为 3	会计师会将经介绍客户的税务信息分享给投资顾问。作为交换，投资顾问会定期将客户的投资账户信息提供给会计师。因为客户分别与他们直接签订的保密协议并将投资顾问和会计师看作一个团队，所以该信息共享协议并不需要获得客户的许可
行为分析	投资顾问的行为违反了准则Ⅲ(E)对客户的责任：保密（preservation of confidentiality）。准则要求会员和候选人不能泄漏以前、当前和潜在客户的信息，除非客户涉及违法事件、法律要求披露信息或者客户同意披露信息。投资顾问未获得客户的同意就将客户的信息分享给会计师，不符合准则要求
行为 4	因为中银总是能将最佳的交易执行以最合理的价格提供给客户，所以赵北认为没有必要向客户披露该共享计划
行为分析	赵北的行为违反了准则Ⅵ(C)利益冲突：介绍费（referral fees）。该准则要求：会员和候选人必须向雇主、客户和潜在客户披露因推荐产品或服务而收受或支付他人的佣金、利益或好处。无论中银是否以最合理的价格提供了最佳交易执行，站在客户的角度，介绍费的存在都有可能会导致利益冲突。因此，赵北应该向客户披露
行为 5	为了答谢杨磊，京西北和张京每年会向杨磊的公益基金进行大额捐赠。由于每年都捐赠，所以这些捐赠没有披露给经杨磊介绍给京西北的客户
行为分析	张京的行为违反了准则Ⅰ(B)职业操守：独立性和客观性（independence and objectivity）。该准则要求：会员和候选人禁止给予、索取或是接受任何可能会合理地被认为是影响了自己或他人独立性和客观性的礼物、补贴、薪酬或是奖金。张京捐赠的行为很明显会合理地被认为影响了杨磊的独立客观性，所以张京的行为不符合准则要求
行为 6	郁洋在中顿工作时，中顿允许他通过个人社交账户与客户联系。虽然郁洋离职时，没有从中顿带走任何物品。但是离职后，郁洋通过他的个人社交账户与中顿的客户取得联系，并招揽其成为京西北的客户
行为分析	郁洋离职后联系前雇主客户的行为未违反任何准则要求。因为中顿允许郁洋通过个人社交账户与客户联系，且郁洋离职时，没有从中顿带走任何公司的资产。而郁洋通过他的个人社交账户与中顿的客户取得联系是发生在离职后。所以，郁洋的行为符合准则要求，不违反准则Ⅳ(A)对雇主的责任：忠诚（loyalty）
行为 7	郁洋每介绍一个竞争对手的客户给京西北，可以获得五千元的奖励。但是，他没有向被招揽的客户提及该奖励

(续表)

行为分析	郁洋未向客户披露奖励的行为未违反任何准则要求。介绍客户所获得的奖励视为郁洋的销售提成,既不属于介绍费或额外报酬,也未产生任何利益冲突。所以,该奖励不需要向客户披露,不违反准则Ⅵ(C)利益冲突:介绍费(referral fees)
行为8	虽然李世民的相关经验还不满4年,但郁洋向客户介绍李世民时,称其为CFA®,李世民也并未提出异议
行为分析	郁洋向客户介绍李世民为CFA®的行为违反了准则Ⅶ(B)CFA®会员或CFA®考生的责任:CFA®协会、CFA®名衔和CFA®课程(reference to CFA® Institute, the CFA® designation, and the CFA® Program)。由于李世民的相关经验还不满4年,还不是CFA®持证人。所以,李世民还不能被称为CFA®持证人
行为9	在公司内部的CFA®考试经验分享会上,李世民谈道: (1) 其实我能通过考试,必须感谢判卷者对我的宽容。 (2) 虽然我通过了考试,但是这次考试的道德题目真的很难。 (3) 尽管我组合管理部分的得分显著高于最低分数线,然而我并不确定个人投资者的要求回报率是否计算准确
行为分析	李世民谈及的第3点违反了准则Ⅶ(A)CFA®会员或CFA®考生的责任:CFA®会员及CFA®考生的行为准则(conduct as participants in CFA® institute programs)。该准则禁止考生泄露关于考试中涉及的任何考点、公式及具体题目信息。李世民的第3个观点涉及了个人投资者的要求回报率计算这一具体考点,故而不符合准则要求

47.3 信息监管

高顿是一家总部位于上海的全球资产管理公司且其所有正式员工均为CFA®持证人。上个月,袁磊设立了一个专门服务于公司自营部的交易平台。高顿的机构和个人客户的订单交易由公司的主交易平台负责,不归自营部专属交易平台的交易员负责。为了促进交易员之间的协作、进而为客户提供最佳交易执行,主交易平台和自营部专属交易平台均设立在公司总部的第三层。因为两个交易平台的办公区相邻,自营部交易员能够通过主交易平台交易员的显示屏看到机构和个人客户的交易订单信息。为了进一步加强两个交易平台的合作,袁磊制定了激励方案:如果专属交易员能够为了客户的利益向主交易员提供交易意见,公司将奖励该交易员一万元。

为了打消客户关于自营交易"抢跑"的顾虑,袁磊向客户保证,公司会对客户的交易信息和商业信息保密。他宣称:"公司规定,除非必要,员工禁止与他人提及客户的商业信息。如果自营部的交易订单与客户的订单发生冲突,交易员会优先执行客户的订单。"

3个月前,袁磊为了争取一家主权基金对他所管理基金的投资,承诺会在交易完成后,向主权基金最偏爱的慈善机构进行一笔巨额捐赠。现在,作为对主权基金的感谢,他进行了该笔捐赠。

两年前,高顿设立了一家非上市股权信托,命名为高顿中国先锋加强基金。该基金禁止使用杠杆外,且当前的交易指令为:

(1) 在任何时刻都至少投资于7个不同的国家。
(2) 投资于任何一个国家的比例不得超过整个组合的20%。
(3) 以现金及现金等价物形式进行的投资比例不得超过整个组合的15%。
(4) 该基金的投资组合中半数以上的公司必须是在上海证券交易所或深圳证券交

所交易的。

(5) 投资于任何一家公司的比例不得超过组合的 10%。

由于该基金自成立以来，业绩表现一直显著低于大盘且连续多个月收益率为负，获得媒体的差评。为了挽回高顿的声誉，袁磊解雇了原基金经理并雇用了金牌基金经理牛大伟。牛大伟接管了该基金后对投资组合做出了以下三方面的调整：

调整1：之前是由分析师团队的不同分析师进行投资决策，现在由牛大伟一个人做出所有的买卖决策。

调整2：为了进一步分散化风险，在任何时刻基金都至少投资于10个不同的国家。

调整3：由于基金存在大量的现金流入，以现金及现金等价物形式进行投资占组合的最高比例由原来的15%上调为20%。

做出调整的三个月后，该基金业绩斐然。基金销售主管主动联系牛大伟，希望牛大伟对新基金销售宣传册提出建议和意见。牛大伟对销售主管说：

观点1：对我们已有客户而言，我对基金所进行的三方面调整其实微不足道，不必告知他们。但是你应该将之告知所有的潜在客户。

观点2：为了达到更好的宣传效果，你可以展示我在其他公司任职时的业绩表现。但因为我前雇主是高顿的竞争对手，所以不要提及前雇主的名字。

目前基金的投资组合中，中国石化占比为8%。由于中国石化刚披露的年报显示，该公司近期的销售收入和利润率都明显下降。牛大伟判断，该公司的业绩表现会进一步下跌，故而开始逐步减持中国石化。但是，在与好友——中国石化的财务总监刘强喝咖啡时，刘强告诉牛大伟，中国石油想要现金溢价收购中国石化的一个子公司。中国石化的董事会将会在下周对该收购议案进行表决。得知该消息后，牛大伟立即将之告诉了跟踪中国石化的分析师张艳。张艳立即对自己的估值模型做出了调整，认为结果表示该公司的股价被明显低估。牛大伟马上邮件通知了高顿的交易员，开始大笔买入中国石化的股票。发完邮件，牛大伟即刻开始为自己的股票账户买入中国石化的股票。

根据案例，判断下列八种行为是否违反了 CFA® 的准则要求？（见表47.4）

表47.4 信息监管案例行为分析

行为1	为了促进交易员之间的协作、进而为客户提供最佳交易执行，主交易平台和自营部专属交易平台均设立在公司总部的第三层。因为两个交易平台的办公区相邻，自营部交易员能够通过主交易平台交易员的显示屏看到机构和个人客户的交易订单信息
行为分析	主交易平台的交易员违反了准则Ⅲ(E)对客户的责任：保密（preservation of confidentiality），该准则要求：一般情况下，会员和候选人不能泄漏以前、当前和潜在客户的信息。两个部门的交易员共享办公空间导致机构和个人客户的订单交易信息被泄露，主交易平台的交易员没有妥善保护客户的信息，故而违反了该准则
行为2	为了进一步加强两个交易平台的合作，袁磊制定了激励方案：如果专属交易员能够为了客户的利益向主交易员提供交易意见，公司将奖励该交易员一万元
行为分析	袁磊的行为违反了准则Ⅳ(C)对雇主的责任：作为上司的责任（responsibilities of supervisors），该准则要求：上司必须采取一切合理的努力以监督下属，确保下属遵守有关法律、法规、条例或CFA®道德操守以及职业行为准则。袁磊在设计激励方案时，未能采取有效措施来防止自营部的专属交易员从主交易平台的交易员那里获得客户的保密信息。因此，袁磊没有尽到上司的职责

(续表)

行为3	三个月前,袁磊为了争取一家主权基金对他所管理基金的投资,承诺会在交易完成后,向主权基金最偏爱的慈善机构进行一笔巨额捐赠。现在,作为对主权基金的感谢,他进行了该笔捐赠
行为分析	袁磊的行为违反了准则Ⅰ(B)职业操守:独立性和客观性(independence and objectivity),该准则要求:会员和候选人禁止给予、索取或是接受任何可能会合理地被认为是影响了其个人或他人独立性和客观性的礼物、补贴、薪酬或是奖金。袁磊向主权基金所偏爱的慈善机构进行捐赠的行为,很有可能会被其他客户认为影响了主权基金的独立客观性
行为4	牛大伟接管了该基金后对投资组合做出了以下三方面的调整: 调整1:之前是由分析师团队的不同分析师进行投资决策,现在由牛大伟一个人做出所有的买卖决策。 调整2:为了进一步分散化风险,在任何时刻基金都至少投资于10个不同的国家。 调整3:由于基金存在大量的现金流入,以现金及现金等价物形式进行投资占组合的最高比例由原来的15%上调为20%
行为分析	牛大伟应向客户和潜在客户及时披露这3点变化。准则Ⅴ(B)投资分析、建议和行为:与客户和潜在客户的沟通(communication with clients and prospective clients)。要求:会员和候选人应当充分并及时地告知客户投资流程及对流程产生重大影响的改变事项。
行为5	牛大伟的观点1:对我们已有客户而言,我对基金所进行的三方面调整其实微不足道,不必告知他们。但是你应该将之告知所有的潜在客户。
行为分析	牛大伟的行为违反了准则Ⅴ(B)投资分析、建议和行为:与客户和潜在客户的沟通(communication with clients and prospective clients)。该准则要求:会员和候选人应当充分并及时地告知客户投资流程及对流程产生重大影响的改变事项。因此,相关调整不仅应该披露给潜在客户,也应该披露给当前的已有客户。
行为6	牛大伟的观点2:为了达到更好的宣传效果,你可以展示我在其他公司任职时的业绩表现。但因为我前雇主是高顿的竞争对手,所以不要提及其他公司的名字
行为分析	牛大伟的行为违反了准则Ⅲ(D)对客户的责任:表现介绍(performance presentation)。该准则要求:在陈述业绩信息的时候,会员和候选人必须保证这些信息是公正、准确以及完整的。牛大伟禁止销售主管在展示他过往业绩时提及其他公司的名称,因此,未能说明在何处取得的业绩以及牛大伟所担当的角色,故而展示的业绩不完整,违反了该准则
行为7	得知该消息后,牛大伟立即将之告诉了跟踪中国石化的分析师张艳。张艳立即对自己的估值模型做出了调整,认为结果表示该公司的股价被明显低估。牛大伟马上邮件通知了高顿的交易员,开始大笔买入中国石化的股票
行为分析	牛大伟的行为违反了准则Ⅱ(A)资本市场信誉:重大非公开信息(material nonpublic information)。该准则要求:会员和候选人在掌握足以影响投资价值的重大内幕信息的情况下,禁止自己使用或是让他人使用这个重大内幕信息。中国石化的财务总监所透露的信息可以被认为是重大的,并且该信息未公开,牛大伟不仅自己不能使用,也不能让分析师张艳使用,更不能根据该信息进行交易
行为8	发完邮件,牛大伟即刻开始为自己的股票账户买入中国石化的股票
行为分析	牛大伟的行为违反了准则Ⅱ(A)资本市场信誉:重大非公开信息(material nonpublic information)。该准则要求:会员和候选人在掌握足以影响投资价值的重大内幕信息的情况下,禁止自己使用或是让他人使用这个重大内幕信息。中国石化的财务总监所透露的信息可以被认为是重大的,并且该信息未公开,牛大伟不能使用该信息并为自己的个人账户交易

47.4 金融创新产品

约翰是一个看好数字加密货币(高顿币)的投资顾问,就职于G银行,高顿币可以用于互联网交易和结算。经过简单学习和了解,他推荐部分客户去投资高顿币。被推荐的客户都投资了高顿币后,为了更好地了解高顿币,约翰自己也开始挖币且积累了一定的高顿币。由于首批投资高顿币的客户获得了高额的回报,约翰推荐他所有的客户都配置一定的高顿币。虽然约翰的客户对高顿币知之甚少,但是都听从了投资高顿币的建议,准备购入高顿币。由于高顿币的日交易量较少,约翰为他的大客户提供便利,使得大客户能够直接从他手里购买高顿币。

表 47.5　Ⅳ(B)对雇主的责任:其他报酬安排(Additional Compensation Arrangements)

准则要求	除非得到所有相关方的书面许可,会员或候选人不得接受可能与雇主产生利益冲突的礼物、好处、补偿或报酬
不当行为	约翰就职于G银行。高顿币可以用于互联网交易和结算,约翰推荐客户去投资高顿币,自己挖币从中获益
行为分析	高顿币可以用于交易和结算,其本身和银行的信用卡或支票业务之间存在竞争关系。因此,约翰与雇主G银行存在利益冲突。未经雇主同意,约翰不可以从高顿币的交易中获得报酬
正当行为	约翰在开始挖币之前,应该向雇主披露其挖币的意图和可能的收益,并且需要获得雇主的书面许可

表 47.6　Ⅴ(A)投资分析、建议和行为:尽职和合理原则(Diligence and Reasonable Basis)

准则要求	任何投资分析、建议或者行动,都必须建立在尽职、合理的基础和依据上,并有适当的研究和调查作支撑
不当行为	经过简单学习和了解后,约翰推荐部分客户去投资高顿币
行为分析	尽管约翰是在学习和了解高顿币之后才推荐客户去投资,但是他自己还在学习的过程中,没有做到尽职的调查和审慎的研究
正当行为	约翰应该对高顿币进行研究并撰写书面评估,内容需要包括:详细的背景调查、适当的依据、高顿币的风险和收益等

表 47.7　Ⅲ(C)对客户的责任:适当性(Suitability)

准则要求	在做出投资建议或是进行投资之前,确保投资与客户的财务状况、目标、委托和限制条件相一致
不当行为	由于首批投资高顿币的客户获得了高额的回报,约翰推荐他所有的客户都配置一定的高顿币
行为分析	虽然首批投资高顿币的客户获得了高额的回报,但是并非所有的客户都与首批客户的财务状况、目标、委托和限制条件一致
正当行为	约翰应该对每一位客户的风险承受能力和投资目标进行评估,再具体决定每位客户是否应该投资高顿币及投资的比例

表 47.8　Ⅲ(B)对客户的责任:公平对待(Fair Dealing)

准则要求	在为客户提出投资分析、进行投资推荐以及采取投资行为或从事其他专业活动时,必须客观公正地对待所有客户
不当行为	由于高顿币的日交易量较少,约翰为他的大客户提供便利,使得大客户能够直接从约翰手里购买高顿币
行为分析	该情形类似传统的超额认购:所有的客户都听从了约翰的建议,准备投资高顿币,但是市场上的高顿币有限。约翰不应该依据客户的资产规模(大客户或是小客户)来执行交易,不应该只对大客户提供购币的便利
正当行为	在市场上高顿币有限的前提下,约翰有两种选择: (1) 接受所有客户的购币要求,按客户的订单比例分配; (2) 不向任何客户出售高顿币

表47.9 Ⅵ(A)利益冲突:冲突披露(Disclosure of Conflicts)

准则要求	对于任何可能影响其履行对雇主、客户或者潜在客户应尽职责或影响其独立性、客观性的事项,会员或候选人必须向其雇主、客户和潜在客户完整、公正地披露
不当行为	(1) 约翰自己挖币且向所有客户推荐投资高顿币。 (2) 由于高顿币的日交易量较少,约翰为他的大客户提供便利,使得大客户能够直接从约翰手里购买高顿币。 (3) 约翰就职于G银行。高顿币可以用于互联网交易和结算,约翰推荐客户去投资高顿币,自己挖币从中获益
行为分析	对于表现1,约翰自己持有高顿币的同时推荐客户投资,与客户之间存在利益冲突。 对于表现2,只有大客户能够直接从约翰手里购买高顿币,这可能与其他客户的利益存在冲突。 对于表现3,高顿币可以用于交易和结算,其本身和银行的信用卡或支票业务之间存在竞争关系。因此,约翰与雇主G银行存在利益冲突
正当行为	约翰应该向雇主和所有的客户披露其挖币和投资推荐中可能存在的利益冲突

47.5 互联网金融公司

CFA®持证人凯特加入高顿,担任尽调负责人。高顿成立于2年前,是一家从事在线众筹业务的互联网金融公司,在投资者和有融资需求的创业公司之间搭建桥梁。缴费后,一旦创业公司满足高顿的尽调要求,就可以在高顿的平台上发布众筹产品。虽然任何人都可以注册成为高顿的会员,投资高顿平台上的众筹产品。但是,高顿会为其平台上的高净值客户额外开通VIP服务,向他们提供创业公司额外的情报信息。

随着业务的高速发展,由于时间有限,高顿的创始人建议凯特减少尽调的时间,以确保其平台上有足够的众筹产品。最近,凯特正在对高吉公司做尽职调查,该公司的主要销售手段是通过吸引青少年,由青少年推荐他们的朋友或家人购买该公司的众筹产品。同时,为了保持其高速发展,高顿正在考虑投资其平台上的众筹公司。

表47.10 Ⅵ(A)利益冲突:冲突披露(Disclosure of Conflicts)

准则要求	对于任何可能影响其履行对雇主、客户或者潜在客户应尽职责或影响其独立性、客观性的事项,会员或候选人必须向其雇主、客户和潜在客户完整、公正地披露
不当行为	(1) 任何人都可以注册成为高顿的会员,投资高顿平台上的众筹产品。但是,高顿会为其平台上的高净值客户额外开通VIP服务,向他们提供创业公司额外的情报信息。 (2) 为了保持其高速发展,高顿正在考虑投资其平台上的众筹公司
行为分析	(1) 高顿向其特定客户群(高净值客户)提供额外的情报信息可能会对其他投资者不利。 (2) 高顿自己也投资其平台上的众筹公司有可能与投资者之间存在利益冲突
正当行为	高顿应该向其平台上所有的投资者披露上述两种行为

表47.11 Ⅰ(A)职业操守:法律知识(Knowledge of the Law)

准则要求	会员和候选人必须理解并遵守任何一个政府、监管机构、执照颁发处和职业协会出台的管理他们职业行为的法律、制度、监管条例以及CFA®协会的道德规范和职业准则
不当行为	高吉公司通过吸引青少年向其朋友或家人销售众筹产品
行为分析	许多国家的法律禁止未经监护人许可,搜集青少年的信息。因此,高吉的这种销售手段有可能违反当地的法律。若高顿在其平台上销售高吉的产品,则也有可能违反当地的法律
正当行为	高顿应该确保高吉的行为遵循所有适用的法律和规章制度

表 47.12　Ⅰ(B)职业操守：独立性和客观性(Independence and Objectivity)

准则要求	会员和候选人在工作中必须保持独立性和客观性
不当行为	随着业务的高速发展，由于时间有限，高顿的创始人建议凯特减少尽调的时间，确保其平台上有足够的众筹产品
行为分析	若凯特接受了高顿创始人的建议，放松了其尽调的要求，则有可能违反独立客观性
正当行为	高顿领导层应该建立规范的尽调过程。同时，凯特应该保持其独立客观性

练一练

Tom Durant Case Scenario

Tom Durant, CFA, used to manage all-equity portfolios at Thunder Asset Management, a small regional asset management firm. Two weeks ago, Durant left Thunder and joined Warrior Investment as vice president. After his leaving, Durant successfully persuades two of his former clients, Adam Smith and Roger Davis, to transfer their capital from Thunder to Warrior. Based on reasonable and adequate research, Durant recommends these two clients to diversify their portfolios into commodity. He refers them to a futures company who specializes in commodity investments. Once one of the clients, Davis, makes a decision to invest, Durant fully discloses the fact that the futures company will pay him a referral fee.

Two weeks after he joined in Warrior Investment, Durant is shocked by the breaking news in today's front page, which says that some executives of Thunder Asset Management are deeply involved in a bribery scandal about IPO. However, the article does not mention any details of the scandal. When working for Thunder, Durant has been in charge of this IPO of a stock, and he did not discover any behavior involving bribery. To get more details about this scandal, he calls his former colleague, Reggie Miller, who is responsible for the supervision of IPO process. Miller tells Durant that he is also shocked by this news. The prospectus for the IPO was diligently prepared by the team and he did not discover any illegal actions during the whole process. Durant agrees with Miller's statement.

To avoid similar things happening in Warrior Investment, Durant decides to review Warrior's policies and procedures to make sure that they do comply with the CFA® Institute Standards of Professional Conduct. After his review, he recommends that Warrior should change its policies related to conflicts of interest. Specifically, he suggests the following three policies.

Policy 1: Family accounts that are client accounts should trade after all other client accounts.

Policy 2: Under no circumstances can employees participate in any private placements.

Policy 3: Under no circumstances can employees accept any form of gift, benefits, and compensation.

Next day, a very important prospective client comes to Durant's office to consult some information about the Warrior Investment. Durant introduces Warrior's investment style to the client, and adds, "All of our investment decisions are based on thorough analysis of research reports which are offered by third-party research providers. If you choose our financial product, we can guarantee you a minimum return of 4.5%. If actual return is lower than the minimum requirement, our company will pay you the difference" The client then asks about Warrior's organizational structure and executives' working experience. Not wanting to lose this important client, Durant deliberately avoids mentioning the fact that he has worked at Thunder, and it is now deep in the scandal of bribery. He just gives the company's brochure to the client and says all related information can be found there. This brochure was written eight months ago.

In spare time, Durant likes to practice yoga. Recently he receives a paid part-time job offer as a yoga instructor. He accepts this offer but does not disclose it to his company. Meanwhile, another famous investment company asks Durant to develop a financial model that can make investment decisions according to dynamic market data. Durant accepts this well-paid job, and then discloses it to his supervisor.

It turns out that this financial model built by Durant is very effective. One day, his model sends a signal that the stock of ABC Company has a large probability to rise. With further in-deep research, he gives the strong buy recommendation on ABC's stock, and presents his forecast on his personal blog which is contrary to the conclusion of the company's published research.

47-1 With regard to his actions related to his former clients, does Durant most likely violate the CFA® Institute Standards of Professional Conduct?

A. Yes, with regard to soliciting former clients.

B. Yes, with regard to referral fee.

C. No.

47-2 Based only on the information given in this case, does Durant or Miller violate the CFA® Institute Standards of Professional Conduct?

A. Yes, both Durant and Miller most likely violate the Standard V(A): Diligence and Reasonable Basis.

B. Yes, Miller most likely violates the Standard IV(C): Responsibilities of Supervisors.

C. No.

47-3 Would Durant's suggestion about conflict of interest policies most likely violate the CFA® Institute Standards of Professional Conduct?

A. Yes, in regard to Policy 1.

B. Yes, in regard to Policy 2.

C. Yes, in regard to Policy 3.

47-4 When communicating with the prospective client, does Durant comply with Standard I(C): Misrepresentation?

A. No, because of the use of a third party's research report.

B. No, because of guaranteed minimum return.

C. No, because of offering past brochure to the client.

47-5 With regard to accepting part-time jobs, does Durant comply with Standard IV(A): Loyalty to employer?

A. No, because he accepts the job offer as yoga instructor only.

B. No, because he accepts the job to develop a financial model only.

C. No, because he can't accept any job mentioned above.

47-6 With regard to the strong buy recommendation given by Durant, does Durant violate the CFA® Institute Standards of Professional Conduct?

A. No.

B. Yes, because the strong buy recommendation is not based on adequate analysis.

C. Yes, because he is not allowed to express a recommendation different from firm's current published recommendation.

答案与解析

47-1 B

Durant 在已经离开原公司的情况下,抢客户是不违反道德准则的(但不能带走原公司的客户名单或联系方式,只能通过公开渠道获得),故 A 错。Durant 仅在客户做出投资决定的时候才披露其获得的介绍费,这是不够的。必须在劝说客户投资时就披露其将拿到介绍费,故 C 错,选 B。

47-2 C

注意,这道题是基于文中给出的信息做出判断,不要臆测文中没有给出的信息。题目中已经强调了 Durant、Miller 及整个团队在制作整个 IPO 过程中是尽职的,因此,不违反准则,故 A 错。并不是只要出事,上司就违反准则了,因为不管如何严苛的监管都不能保证整个流程中没有个别人违反。只有在监管不到位的情况下(如监管条例不完善,应该发现但没有发现手下犯错),上司才违反准则,故 B 错,选 C。

47-3 A

只要是客户就必须平等对待,不能为了显示工作而落后对待亲属的账户(前提是亲属必须是公司的客户),故选 A。不能参与私下募集,这是 CFA® 准则的推荐做法,故不选 B。CFA® 准则没有说不能接受任何礼物,只是强调不能接受有可能被认为会影响独立客观性的礼物。然而,虽然 Policy 3 比 CFA® 准则更严苛(任何形式的礼物都不能拿),但并没有违反 CFA® 准则,故不选 C。

47-4 C

使用第三方研究报告并不违反准则,并且 Durant 把这个情况告诉了顾客,且最终投资决策是经过透彻分析的,不是盲目使用第三方研究报告,故 A 错。Durant 不能保证客户某个投资一定盈利,但可以为客户提供保底的理财产品(要是没达到最低收益,公司自掏腰包补差价),这是不违反准则的,故 B 错。Durant 为了不失去这个客户,故意隐瞒了自己的工作经历,并给客户过时的公司介绍手册,这是违反准则的。Durant 是两周前才上任当 VP 的,这属于公司重要高管变动,是不能故意隐瞒客户的,故选 C。

47-5 B

Durant 可以接受瑜伽教练的工作,且不需要向上级汇报,因为这个工作与其本职工作不相关。但 Durant 不能擅自接受为另一个公司开发投资模型的工作,因为这是与其所在公司具有竞争性的业务。文中 Durant 是在接受这份工作后,才告知公司的,这是违反准则的,必须事先征得公司同意后才能接受,故选 B。

47-6 C

文中指出,Durant 在得到结论时是经过充分论证的,不仅仅是模型发出一个信号就得出的,已经尽了尽职义务,故不选 B。Durant 不是不能得出相反结论,但在公司已经公开发表推荐评级的情况下,Durant 必须和公司撰写报告的人讨论,如果要更改评级,必须及时通知所有客户,而不是自己在博客上擅自公布结论,故 A 错,选 C。

扫码练习更多题目